단기 고득점을 위한
해커스 매경TEST만의 특별 혜택

경제 핵심 특강 (4강)

V F N 9 D F 4 4 4 7 6 3 4 7 E A A 3

실전모의고사 해설 특강 (6강)

V F N C F 8 7 7 2 7 F D 9 4 A D F M

KB234517

이용방법 해커스금융 사이트(fn.Hackers.com) 접속 후 로그인 ▶ 우측 상단의 [마이클래스] 클릭 ▶ 좌측 메뉴의 [결제관리 → My 쿠폰 확인] 클릭 ▶ 수강권 입력란에 해당 수강권 번호 입력 후 이용

* 유효기간 : 등록 후 7일간 수강 가능
* 이 외 쿠폰 관련 문의는 해커스금융 고객센터(02-537-5000)로 연락 바랍니다.

매경TEST 온라인 모의고사 1회분

V F N 2 9 C 8 5 B E 9 C 5 B A 8 Y 9

이용방법 해커스금융 사이트(fn.Hackers.com) 접속 후 로그인 ▶ 우측 상단의 [마이클래스] 클릭 ▶ 좌측 메뉴의 [결제관리 → My 쿠폰 확인] 클릭 ▶ 수강권 입력란에 해당 수강권 번호 입력 후 이용

* 유효기간 : 등록 후 7일간 사용 가능

매경TEST 이론정리+문제풀이 무료 인강

이용방법 해커스금융 사이트(fn.Hackers.com) 접속 후 로그인 ▶ 우측 상단의 [무료강의] 클릭 ▶ 과목별 무료강의 중 [시사상식자격증] 클릭 후 이용

기초경제/경영용어 100선 (PDF)

M 9 P J F F 9 S A 8 D A

이용방법 해커스금융 사이트(fn.Hackers.com) 접속 후 로그인 ▶ 우측 상단의 [교재] 클릭 ▶ 좌측 메뉴의 [무료 자료 다운로드] 클릭 ▶ 본 교재의 '기초경제/경영 용어 100선 PDF' [다운로드] 클릭 ▶ 위 쿠폰 번호 입력 후 이용

무료 바로 채점 및 성적 분석 서비스

▼ 바로가기

이용방법 해커스금융 사이트(fn.Hackers.com) 접속 후 로그인 ▶ 우측 상단의 [교재] 클릭 ▶ 좌측 메뉴의 [바로채점/성적분석 서비스] 클릭 ▶ 본 교재 이미지 클릭 후 이용

20%
할인쿠폰

해커스 매경TEST 동영상강의 할인쿠폰

B 7 3 8 C 6 5 7 A 1 6 2 W 8 0 5

해커스금융 사이트(fn.Hackers.com) 접속 후 로그인 ▶ 우측 상단의 [마이클래스] 클릭 ▶ 좌측 메뉴의 [결제관리 → My 쿠폰 확인] 클릭 ▶ 위 쿠폰번호 입력 후 이용

* 유효기간 : 등록 후 3일간 사용 가능
* 본 쿠폰은 1회에 한해 등록 가능하며 매경TEST 강의에만 사용 가능합니다.
* 이 외 쿠폰 관련 문의는 해커스금융 고객센터(02-537-5000)로 연락 바랍니다.

해커스금융 단기 합격생이 말하는
매경/테셋 고득점 비밀!
해커스금융과 함께해야 합격이 쉬워집니다!

**대학생 2주
매경 우수 등급
서*주**

"해커스 2주 완성으로 우수 취득하기!"

개념강의가 자세하게 되어있어서 시험을 처음 준비하는 학생들도
빠르게 1회독을 할 수 있어서 효율적인 것 같습니다.
그리고 각 장마다 실전문제가 수록되어 있어 개념이 문제에 어떻게 적용되는지
파악이 가능해 어떤 식으로 암기할지, 공부할지 감을 잡기 좋았던 것 같습니다.

**사무직 2주
매경 최우수 등급
이*현**

"직장인 2주 공부 후 1트 최우수"

매경 테스트 교재에 있는 핵심요약노트를 들고 다니면서
출퇴근 시간을 이용하여 전날 들은 인강 내용을 스스로 정리할 수 있었습니다.
인강만 듣다 보면 수동적인 학습밖에 할 수 없는데 해당 노트에는 중요한 개념에
빈칸이 뚫어져 있어 빈칸을 채우면서 능동적인 공부가 가능했습니다.

**대학생 2주
테셋 S급
박*환**

"해커스 강의 듣고 목표(S급) 달성했습니다."

해커스금융 인강과 교재의 장점은 이론 강의 그리고 뒤에 있는 모의고사 문제가
테셋 시험 보다 비교적 높은 수준의 내용과 문제들을 담고 있다는 것입니다.
강사님이 말씀해 주신 것처럼 이 교재와 강의로 공부하니
실전에서 시험 난이도가 쉽게 느껴졌습니다.

해커스
매경TEST
2주 완성

이론+적중문제+모의고사

해커스금융

서호성

학력
경희대학교 일반대학원 경제학 석사 수료
경희대학교 행정학과 졸업

경력
현 | 해커스금융 온라인 전임 교수
　　해커스 경영아카데미 온라인 및 오프라인 전임교수
전 | 서울시립대학교, 상지대학교 등 매경TEST 특강강사
　　한경TESAT캠프 TESAT 특강강사

저서
해커스 매경TEST 2주 완성
해커스 TESAT 2주 완성
해커스 세무사 재정학
해커스 세무사 객관식 재정학
7급 경제학 핵심문제집
셀파 수능 경제
TESAT/매경TEST 이론서

이인호

학력
연세대학교 일반대학원 경영학과 졸업(경영학 박사)

경력
현 | 해커스 공무원 경영학 강의
　　해커스JOB 공기업 경영학 강의
　　해커스경영아카데미 공인회계사 1차 경영학 강의
　　합격의 법학원 공인노무사 1차 경영학 강의
　　합격의 법학원 공인노무사 2차 인사노무관리·경영조직론 강의
전 | 연세대학교, 이화여자대학교 등 강의

저서
해커스 매경TEST 2주 완성
해커스군무원 이인호 경영학 기본서
가자 군무원 경영학 기출예상문제집
CPA 경영학
CPA 객관식 경영학
위너스 공사공단 경영학
핵심정리 경영학
공인노무사 객관식 경영학

매경TEST 단기 합격 비법,
해커스가 알려드립니다.

"비전공자도 단기 합격이 가능한가요?"

"시사형 문제는 어떻게 대비하나요?"

많은 학습자가 매경TEST 시험 학습방법을 몰라 위와 같은 질문을 합니다.
경제·경영 관련 배경지식이 부족하고,
시사에 대하여 두려움을 갖는 학습자들을 보며 해커스는 고민했습니다.
해커스는 매경TEST 합격자들의 학습방법과 최근 출제경향을 면밀히 분석하여
단기 합격 비법을 「해커스 매경TEST 2주 완성」에 모두 담았습니다.

매경TEST 단기 합격 비법

1. 최근 출제경향을 반영한 핵심이론을 체계적으로 학습한다.

2. 출제 가능성 높은 문제로 학습한 이론을 점검한다.

3. 중요도 높은 시사용어만 빈틈없이 학습한다.

4. 실전모의고사로 실력을 점검하고, 최우수 등급 대비 실전모의고사로 고등급을 목표로 전략적으로 학습한다.

「해커스 매경TEST 2주 완성」을 통해
매경TEST 시험을 준비하는 수험생 모두 단기 합격의 기쁨을 누리시길 바랍니다.

목차

1부 경제편

PART 1 미시경제

PART 2 거시경제

PART 3 국제경제

[별책부록]
막판 뒤집기 핵심요약노트
이론정리 + 빈칸 채우기 문제 + OX 문제

1 출제 가능성 높은 핵심이론을 <u>체계적으로 학습</u>한다!

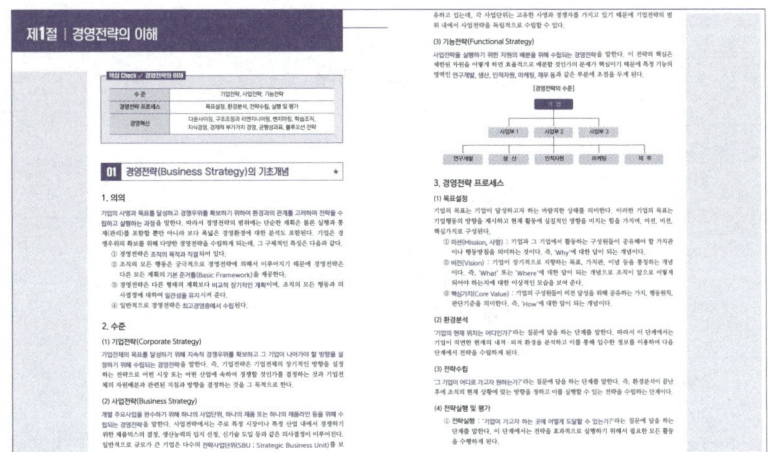

핵심 Check

학습할 핵심용어를 미리 짚어주어 경제/경영 입문자도 이론을 쉽게 학습할 수 있습니다.

중요 문장/단어 표시

특히 중요한 문장이나 단어는 보라색 표시하여 한 번 더 짚고 넘어갈 수 있습니다.

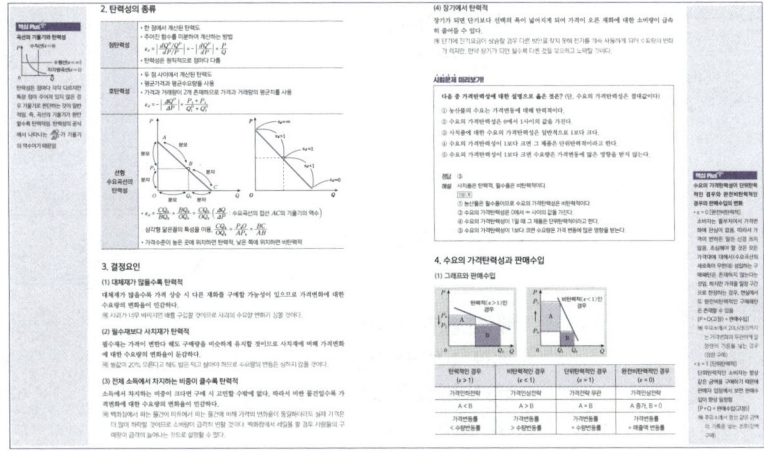

핵심 Plus

이론과 관련된 심화이론으로 이론을 보다 깊이 있게 이해할 수 있습니다.

시험문제 미리보기

최근 출제경향을 반영한 예시문제로 학습한 이론이 실제 시험에 어떻게 출제되는지 파악할 수 있습니다.

2 시사용어 250선으로 **시사문제에 철저히 대비**한다!

시사용어 250선

중요도 높은 시사용어를 엄선하여 시사문제에도 빈틈없이 대비할 수 있습니다.

특히 최근 많이 언급된 시사용어에는 별(★) 표시하여 출제 가능성 높은 최신 시사를 파악할 수 있습니다.

3 출제예상문제로 문제풀이 감각을 키운다!

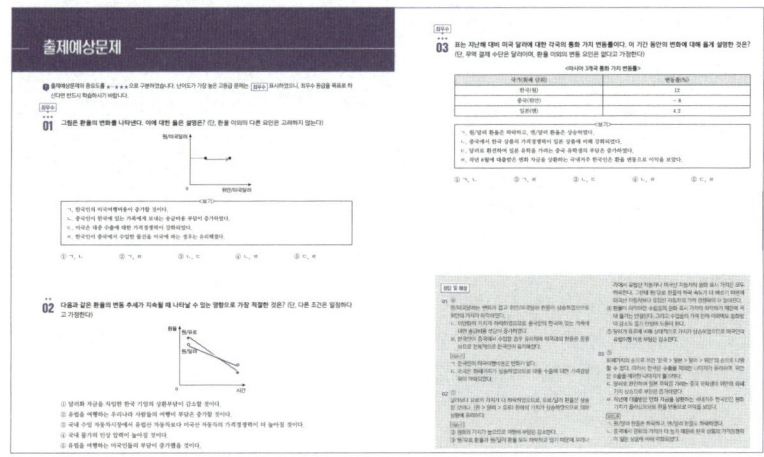

출제예상문제

출제 가능성이 높은 문제를 엄선하여 출제 경향을 파악하고, 학습한 이론을 문제에 적용하는 연습을 할 수 있습니다.

또한, 중요도(★ ~ ★★★) 표시로 중요한 이론과 문제 유형을 한 번 더 점검하고, 고난도 문제는 "최우수" 표시하여 고난도 달성을 위한 문제 유형을 익힐 수 있습니다.

4 **실전모의고사로** 실력을 점검하고 **실전 감각을 극대화**한다!

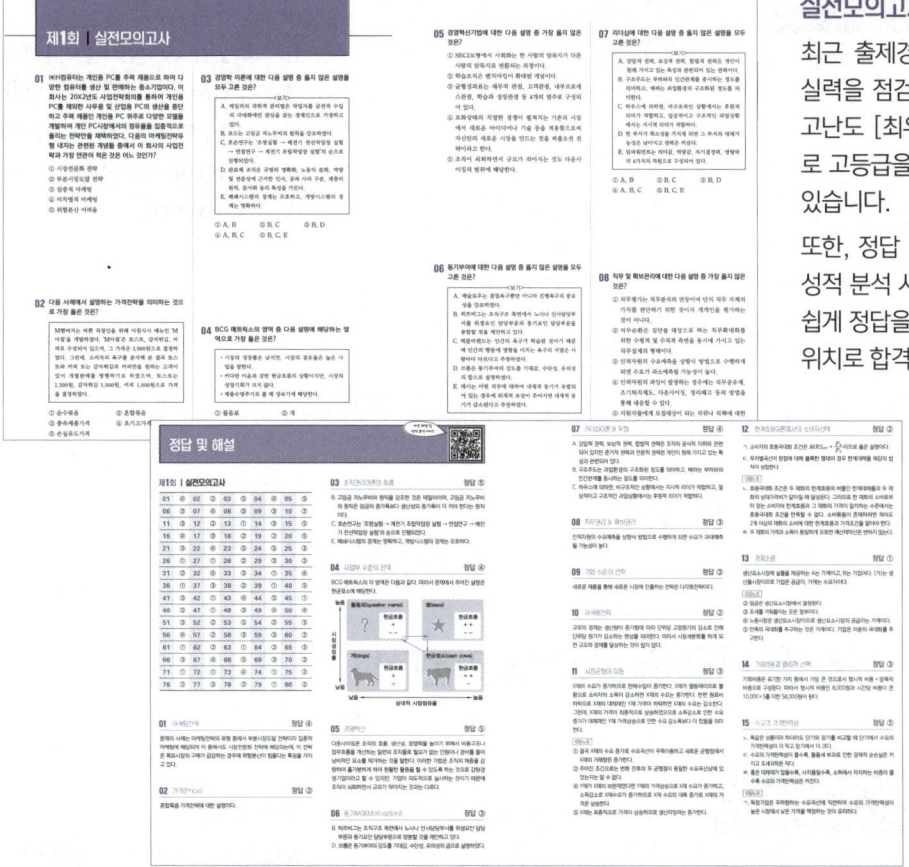

실전모의고사(교재 3회 + 온라인 1회)

최근 출제경향을 반영한 실전모의고사로 실력을 점검하고, 실전에 대비할 수 있고, 고난도 [최우수 등급 대비 실전모의고사]로 고등급을 목표로 전략적으로 학습할 수 있습니다.

또한, 정답 및 해설에 있는 [바로 채점 및 성적 분석 서비스] QR코드를 스캔하여 손쉽게 정답을 채점하고 응시 인원 대비 성적 위치로 합격 가능성을 예측할 수 있습니다.

5 시험 직전 핵심요약노트로 **최종 마무리**한다!

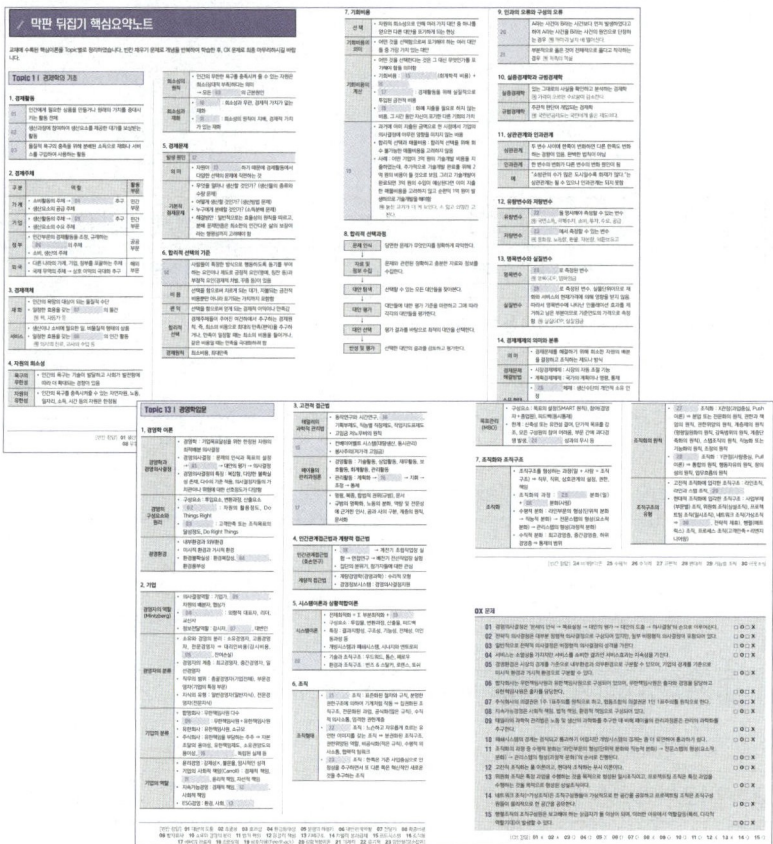

막판 뒤집기 핵심요약노트(별책부록)

교재 이론 중 반드시 알아야 할 핵심이론을 정리한 핵심 요약노트로 핵심이론만 빠르게 복습할 수 있습니다.

또한, 빈칸 문제와 OX 문제로 시험 직전 최종 점검할 수 있습니다.

매경TEST 시험 안내

매경TEST란?

매일경제신문이 만드는 비즈니스 사고력테스트인 국가공인 매경TEST는 경제·경영의 기초적인 개념과 지식은 물론, 응용력과 전략적인 사고력을 입체적으로 측정하는 시험입니다.

매경TEST 시험 안내

▌시험 일정

시험 일정	시험 접수 마감일	성적 발표
연 8회 실시	시험일 약 2주 전	시험일 약 1주 후

* 시험 일정은 주관처 사정에 의해 변경될 수 있으므로 주관처 홈페이지에서 반드시 확인하시길 바랍니다.

▌시험 관련 세부 사항

시험주관	매일경제신문사
신청방법	매경TEST 홈페이지에서 온라인 접수(http://exam.mk.co.kr)
시험시간	10:00 ~ 11:30(90분)
응시자격	제한 없음
문제형식	객관식 5지선다형
점수 / 배점	1000점 만점(600점 이상 국가공인 점수) / 문항별 배점 상이
성적발표	시험실시일 약 1주일 후 사이트에서 공개
성적 유효기간	성적발표일(성적교부일)로부터 2년

▌평가등급

등급	국가공인		민간자격	
	최우수	우수	보통	미흡
점수	800점 이상	600점 이상 ~ 800점 미만	400점 이상 ~ 600점 미만	400점 미만

▌영역별 문항 수 및 배점

영역	지식	사고력	시사
경제(40문항)	15문항/150점	15문항/250점	10문항/100점
경영(40문항)	15문항/150점	15문항/250점	10문항/100점
계(80문항/1,000점)	30문항/300점	30문항/500점	20문항/200점

■ **출제범위**

영 역	구 분	분 야	세부 출제내용
경 제	경제 필수 개념의 이해	미시 경제	• 기초 경제개념(기회비용, 희소성) • 합리적인 의사결정 • 시장의 종류와 개념 • 시장과 정부(공공경제, 시장실패)
	경제 안목 증진 및 정책의 이해	거시 경제	• 기초 거시변수(GDP, 물가, 금리) • 고용과 실업 • 화폐와 통화정책 • 경기변동(경기안정화 정책, 경제성장 등)
	글로벌 경제감각 향상	국제 경제	• 국제 무역과 국제수지의 이해 • 환율 변화와 효과
경 영	기업과 조직의 이해	경영일반/인사·조직	• 기업에 대한 일반 지식과 인사조직의 필수개념 • 경영자료의 해석
	기업 경쟁우위의 이해	전략·마케팅	• 경영전략 • 국제경영 • 마케팅의 개념과 원리에 대한 사례 응용
	재무제표와 재무 지식의 이해	회계·재무관리의 기초	• 기본적인 재무제표 해석 • 기초 재무지식 • 금융·환율 상식

학습자가 가장 궁금해하는 질문 BEST 3

1. 매경TEST 단기 합격을 위해서는 얼마 동안 공부해야 할까요?

약 10일 정도 공부하면 충분합니다. 매경TEST는 관련 학문에 대한 지식 수준을 평가하는 시험이 아니라, 사고력을 평가하는 시험입니다. 따라서 깊이 있는 이론의 학습을 요구하지 않기 때문에, 단기간 학습으로 합격을 기대할 수 있습니다.

2. 비전공자도 독학으로 준비할 수 있을까요?

누구나 독학으로 단기 합격이 가능합니다. 시험에 출제되는 핵심이론을 학습하고, 출제예상문제로 실전 감각을 키운다면 독학으로 단기 합격이 가능합니다. 다만, 내용을 더 쉽고 자세하게 학습하기를 원하시는 경우, 본 교재에 해당하는 동영상 강의(fn.Hackers.com)를 함께 수강한다면 더 효율적으로 학습할 수 있습니다.

3. 매경TEST는 어떻게 학습해야 하나요? 시사용어는 어떻게 준비하나요?

이론과 시사용어는 함께 학습하는 것이 좋습니다. 이론과 관련된 시사용어를 수시로 확인하고, 문제풀이 연습을 통해 문제유형을 파악하는 것이 중요합니다.

매경TEST 학습플랜

4주 완성 학습플랜

경제/경영학 비전공자 또는 입문자에게 추천합니다.

1일 ☐	2일 ☐	3일 ☐	4일 ☐	5일 ☐	6일 ☐	7일 ☐
PART 1						**PART 2**
제1장 경제학의 기초 [요약노트] TOPIC 1	제2장 시장가격의 결정과 변동 [요약노트] TOPIC 2	제3장 탄력성 [요약노트] TOPIC 3	제4장 시장이론 [요약노트] TOPIC 4	제5장 시장실패와 정부실패 [요약노트] TOPIC 5	제6장 생산요소시장과 소득분배 [요약노트] TOPIC 6	제1장 GDP [요약노트] TOPIC 7

8일 ☐	9일 ☐	10일 ☐	11일 ☐	12일 ☐	13일 ☐	14일 ☐
PART 2			**PART 3**			**PART 1**
제2장 화폐금융론 [요약노트] TOPIC 8	제3장 물가와 실업 [요약노트] TOPIC 9	제4장 경기변동과 안정화정책 [요약노트] TOPIC 10	제1장 무역 [요약노트] TOPIC 11	제2장 환율과 국제수지 [요약노트] TOPIC 12	경제편 복습 [요약노트] TOPIC 1~12	제1장 경영학입문 [요약노트] TOPIC 13

15일 ☐	16일 ☐	17일 ☐	18일 ☐	19일 ☐	20일 ☐	21일 ☐
PART 1			**PART 2**		**PART 3**	
제2장 조직행동론 [요약노트] TOPIC 14	제2장 조직행동론 [요약노트] TOPIC 14	제3장 인적자원관리 [요약노트] TOPIC 15	제1장 경영전략과 국제경영 [요약노트] TOPIC 16	제2장 마케팅 [요약노트] TOPIC 17	제1장 회계 [요약노트] TOPIC 18	제2장 재무관리 [요약노트] TOPIC 19

22일 ☐	23일 ☐	24일 ☐	25일 ☐	26일 ☐	27일 ☐	28일 ☐
PART 3	**시사용어**	**실전모의고사**				
경영편 복습 [요약노트] TOPIC 13~19	시사용어 250선	제1회 실전모의고사	제2회 실전모의고사	제3회 실전모의고사	온라인 모의고사	실전모의고사 복습

2주 완성 학습플랜

경제/경영학 전공자 또는 관련 자격증 소지자 등 배경지식이 있는 학습자에게 추천합니다.

1일 □	2일 □	3일 □	4일 □	5일 □	6일 □	7일 □
PART 1			**PART 2**		**PART 3**	**PART 1**
제1장 경제학의 기초 제2장 시장가격의 결정과 변동 [요약노트] TOPIC 1~2	제3장 탄력성 제4장 시장이론 [요약노트] TOPIC 3~4	제5장 시장실패와 정부실패 제6장 생산요소시장과 소득분배 [요약노트] TOPIC 5~6	제1장 GDP 제2장 화폐금융론 [요약노트] TOPIC 7~8	제3장 물가와 실업 제4장 경기변동과 안정화정책 [요약노트] TOPIC 9~10	제1장 무역 제2장 환율과 국제수지 [요약노트] TOPIC 11~12	제1장 경영학입문 제2장 조직행동론 [요약노트] TOPIC 13~14

8일 □	9일 □	10일 □	11일 □	12일 □	13일 □	14일 □
PART 1	**PART 2**	**PART 3**	**시사용어**	**실전모의고사**		
제3장 인적자원관리 [요약노트] TOPIC 15	제1장 경영전략과 국제경영 제2장 마케팅 [요약노트] TOPIC 16~17	제1장 회계 제2장 재무관리 [요약노트] TOPIC 18~19	시사용어 250선	제1회 실전모의고사	제2회 실전모의고사	온라인 모의고사

1부

경제편

해커스 매경TEST 2주 완성

PART 1

미시경제

제1장 경제학의 기초

🔲 학습전략

본격적으로 경제를 공부하기 이전에 기본용어인 경제주체, 객체, 생산, 소비, 분배를 이해해야 한다. 특히 경제학에서의 분배는 나누어 주는 것이 아닌 생산요소를 제공한 대가임을 알고 있어야 한다.

경제학의 기본문제는 자원의 희소성으로 시작된다. 자원의 희소성이란 우리의 욕구보다 자원량이 적기 때문에 선택의 문제인 경제문제를 만나 비용과 편익의 분석을 통해 선택함을 의미한다. 특히 기회비용과 매몰비용에 대한 개념정리와 구분을 명확히 해야 한다. 우리는 시간과 같이 현실에서 돌이킬 수 없는 매몰비용도 비용으로 잡지만 경제학에서는 미래에 대한 기회비용만을 비용으로 잡는다.

경제체제는 자원의 희소성으로 야기된 경제문제를 해결하는 방식이 관습적 혹은 제도적으로 굳어진 것을 의미한다. 시장에서는 자원배분과 생산수단의 사유를 중시하여 경제활동을 하기 때문에 효율적이고 자원배분이 원활하지만, 빈부격차와 시장실패가 발생할 수 있음을 유념해야 한다.

🔲 출제비중

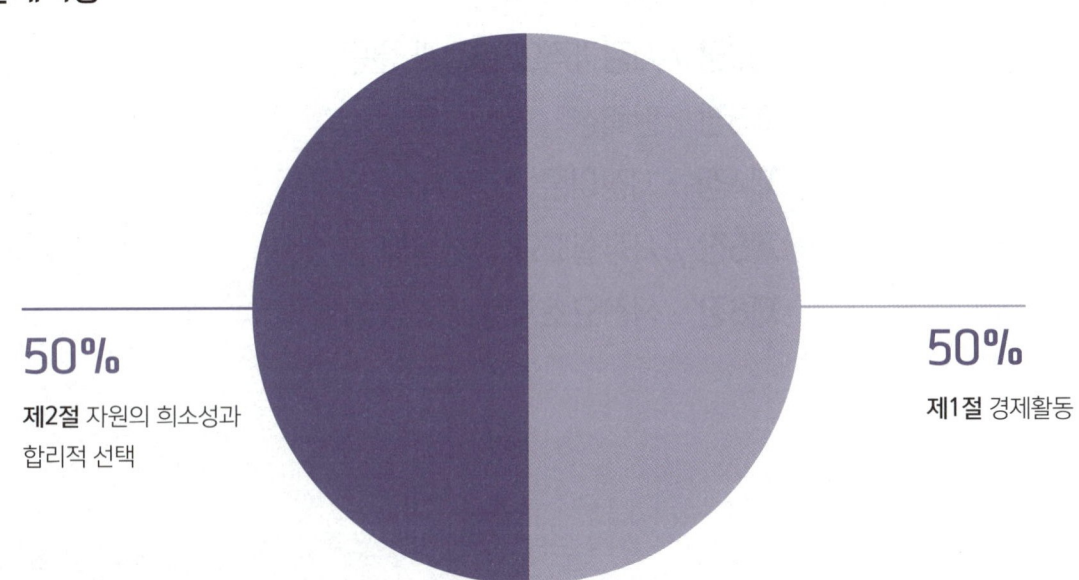

50%
제2절 자원의 희소성과
합리적 선택

50%
제1절 경제활동

■ 출제 유형

제1절과 관련된 내용에서는 경제주체와 객체, 생산물시장 간의 경제순환과 관련된 문제가 출제된다. 제2절과 관련된 내용에서는 기회비용의 의미와 수치를 구하는 문제가 출제되며 경제체제에 관해서는 의미보다는 기준을 통해 구분하는 문제가 출제되고 있다.

■ 학습구성

구 분	출제포인트	중요도
제1절 경제활동	**01** 경제주체	★★
	02 경제객체와 생산요소	★
	03 생산 · 소비 · 분배	★★
	04 경제순환	★★★
	05 경제학의 기초개념	★
제2절 자원의 희소성과 합리적 선택	**01** 자원의 희소성	★
	02 기회비용과 합리적 선택	★★★
	03 생산가능곡선과 기회비용	★★
	04 경제체제	★

제1절 | 경제활동

핵심 Check ✔ 경제의 구성

경제주체	가계, 기업, 정부, 외국
경제객체	재화와 서비스
경제활동	생산, 소비, 분배

01 경제주체 ★★

자기의 의지와 판단에 의해 경제활동을 행하는 주체로서 가계, 기업, 정부, 외국 등이 전형적인 경제주체이다.

① **가계** : 기업과 함께 민간부문을 차지하며 소비활동의 주체로서 효용[1]의 극대화를 추구한다.
② **기업** : 생산활동의 주체로서 이윤의 극대화를 추구한다.
③ **정부** : 민간부문의 경제·경제활동을 조정·규제하는 재정의 주체로서 공공부문에 해당한다. 정부는 사회후생 극대화를 추구한다.
④ **외국** : 다른 나라의 가계, 기업, 정부를 포괄하는 국제무역의 주체로서 상호이익의 극대화를 추구한다.

02 경제객체와 생산요소 ★

경제객체는 경제활동의 대상이 되는 것을 의미하며 재화와 서비스(= 용역)가 존재한다. 재화와 서비스는 생산물이므로 이에 대응되는 생산요소도 함께 알아보도록 하자.

1. 경제객체(생산물)

① **재화** : 사람들이 소비하기를 원하여 시장에서 거래하는 **유형**의 물건
　　예 마이크, 휴대폰 등
② **서비스** : 사람들이 소비하기를 원하여 시장에서 거래하는 **무형**의 상품으로, 인간의 활동이나 노력으로 표현되는 경우가 많음　예 가수의 공연, 의사의 진료 등

---

1) 효용
인간의 욕망을 만족시키는 재화의 능력 또는 재화를 소비함으로써 얻는 개인의 주관적 만족의 정도

핵심 Plus +

경제학
인간의 물질적 욕구를 충족시키기 위해 희소한 자원을 어떻게 활용할 것인가를 연구하는 학문

미시경제학
경제활동을 영위하는 개개의 주체. 즉, 소비자(가계)·생산자(기업)의 행동분석을 통하여 사회적 경제현상을 해명하려는 근대경제학의 한 분야

거시경제학
재화와 용역의 총량을 전체적인 흐름에 초점을 두는 연구분야. 즉, 국민경제의 전체적인 견지에서 볼 때 국민소득이나 고용수준, 그리고 물가수준이 어떻게 결정되며 국민소득 중에서 얼마만큼의 부분이 소비되고 저축되는가, 또 투자는 무엇에 의하여 결정되는가 등의 문제를 연구대상으로 하는 경제학의 한 분야로 국민소득이론이라고도 함

2. 생산요소

생산활동에 투입되는 요소로 생산자원이라고도 한다. 노동, 자본, 토지, 경영이 여기에 해당한다.

① **노동** : 인간의 정신적, 육체적 노력을 의미한다.
② **자본** : 인간이 만들어 낸 생산요소로, 건물, 기계, 설비, 공구처럼 장기적으로 생산활동에 사용 가능한 것을 의미한다.
③ **토지** : 인간이 만들지 않은 생산요소로, 토지뿐만 아니라 광물 등 생산활동에 사용되는 모든 자연자원을 의미한다.
④ **경영** : 여러 가지 생산요소를 결합하는 방법으로 경영자의 아이디어, 위험부담 등을 포함하는 기업가의 노력이다.

03 생산·소비·분배 ★★

1. 생산

판매를 목적으로 생산요소를 구입, 결합하여 새롭게 생산물을 만들어 내거나 이 과정에서 부가가치[2]를 창출한 경우를 의미한다. 즉, 제조, 운송, 보관, A/S도 모두 생산활동에 포함된다.

⑩ 점심 식사로 자장면을 주문했을 때 주방장이 자장면을 만드는 것과 배달원이 가져다주는 것 모두 생산에 해당한다.

2. 소비

생산물을 구입하여 사용하는 것을 의미한다. 반드시 만족을 극대화하는 것을 목적으로 해야 하며 생산을 하기 위한 재료를 구입하는 것은 생산 과정에 포함된다.

⑩ 어머니가 쌀을 구입하는 것은 식사를 통해 만족감을 얻기 위한 행위이므로 소비이지만, 김밥전문점에서 쌀을 구입하는 것은 김밥을 생산하기 위한 행위이므로 소비라고 할 수 없다.

3. 분배

생산활동에 기여한 정도에 따라 생산요소 제공에 대한 대가를 시장가격으로 보상받는 것을 의미한다. 정리하면 노동에 대한 임금, 자본에 대한 이자, 토지에 대한 지대, 경영에 대한 이윤이 이에 해당한다.

실생활에서 분배는 나누어준다는 의미로 많이 쓰이지만, 경제학에서의 분배는 일반적으로 소득(Income)을 의미한다. 따라서 무상으로 얻은 것이 아니다. 무상으로 얻은 경우는 이전 (Transfer)이라는 단어를 쓰는데, 저소득층에게 정부가 제공하는 급여인 이전지출 등이 이에 해당한다.

2) 부가가치
기업이 생산활동을 한 결과, 생산물의 가치 등에 새로 부가된 가치시험문제 미리보기!

(가) ~ (다)에 해당하는 경제활동의 유형을 〈보기〉에서 골라 바르게 묶은 것은?

> (가) 생산과정에 참여하여 생산요소를 제공한 대가를 받는 모든 활동
> (나) 경제적으로 가치 있는 어떤 것을 새로 만들거나 원래의 가치를 증대시키는 모든 활동
> (다) 일상생활에서 만족감을 높이기 위해 재화나 서비스를 구입하여 사용하거나 소모하는 모든 활동

〈보기〉

> ㄱ. 렌터카 회사가 영업용 승용차를 구입하는 것
> ㄴ. 근로자에게 임금을 지급하는 것
> ㄷ. 세탁소에 5만 원을 주고 지난겨울에 입었던 옷의 세탁을 맡기는 것

	(가)	(나)	(다)		(가)	(나)	(다)
①	ㄱ	ㄴ	ㄷ	②	ㄱ	ㄷ	ㄴ
③	ㄴ	ㄱ	ㄷ	④	ㄴ	ㄷ	ㄱ
⑤	ㄷ	ㄱ	ㄴ				

정답 ③

해설 (가) 분배, (나) 생산, (다) 소비에 대한 설명이다.

04 경제순환 ★★★

생산물시장은 재화와 서비스 등이 거래되는 시장이다. 대표적으로 해당하는 것은 휴대폰 시장으로, 휴대폰의 공급자는 실물을 제공하는 기업이고 휴대폰의 수요자는 구입하려는 가계이다.

생산요소시장은 노동, 자본, 토지 등이 거래되는 시장이다. 대표적으로 해당하는 것은 노동시장으로, 노동을 판매하여 소득을 올리려는 주체(= 공급자)는 가계이며 수요자는 기업이다. 정리하면 시장을 구분할 때 공급자는 실물을 제공하며, 수요자는 화폐를 지불한다. 따라서 경제순환을 통해 국민소득 3면 등가의 법칙[3]이 성립함을 알 수 있다.

3) 국민소득 3면 등가의 법칙
생산·분배·지출의 세 측면에서 계측한 국민소득은 서로 다른 면에서 동일한 활동을 포착한 것이므로 결국은 서로 똑같고, 이를 국민소득 3면 등가(三面等價)의 법칙이라고 함

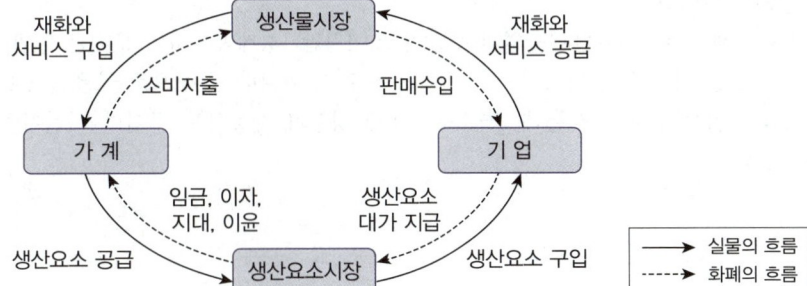

시험문제 미리보기!

그림은 민간 경제의 흐름을 나타낸 것이다. ㉠~㉤에 해당하는 사례로 적절하지 않은 것은?

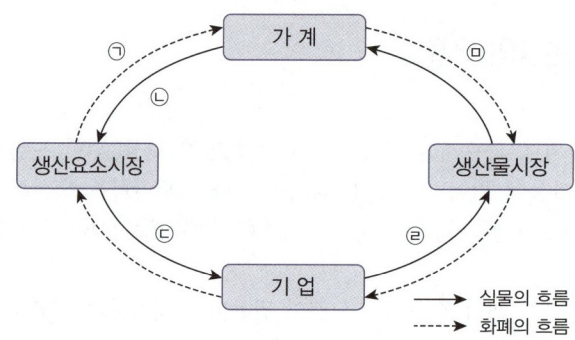

① ㉠ - 회사원 갑이 상여금을 받았다.
② ㉡ - 일용직 노동자 을이 공사장에서 일하였다.
③ ㉢ - 기업 병은 노동자 100명을 고용하였다.
④ ㉣ - 양계업자 정이 달걀을 시장에 내다 팔았다.
⑤ ㉤ - 강사 무가 인터넷 강의를 시작하였다.

정답　⑤
해설　㉠은 임금, 이자, 지대 등 요소소득, ㉡은 노동, 자본 등 생산요소의 공급, ㉢은 생산요소의 수요, ㉣은 재화와 서비스의 공급, ㉤은 소비지출이다.

05　경제학의 기초개념　★

1. 경제적 효율성과 공평성

현재 경제상태가 얼마나 바람직한 상태에 있는가를 판단하는 기준은 효율성과 공평성이다.

(1) 경제적 효율성(경제원칙, 경제적 합리성)

자원의 희소성에 의해 주어진 자원을 효과적으로 선택하여 재화를 생산해야 하는 것이 경제문제의 핵심으로, 경제학에서의 효율성은 다음과 같이 두 가지로 본다.
① **최대효과의 원칙** : 주어진 자원(비용)으로 최대의 효과(산출량)를 얻는 것
② **최소비용의 원칙** : 일정한 효과(산출량)를 얻기 위해 최소의 자원(비용)을 사용하는 것

(2) 공평성

희소자원에 의해 생산된 재화가 사회구성원에게 공정하게 분배되는 것을 의미한다.

2. 부분균형분석과 일반균형분석

① 부분균형분석(Partial Equilibrium Analysis)
"다른 조건은 모두 일정하다"는 가정하에 한 부분만을 분석하는 방법이다.

② 일반균형분석(General Equilibrium Analysis)

모든 시장 간의 상호연관관계를 명시적으로 고려하며 특정부문을 분석하는 방법으로, 정확한 결론에 도달할 수 있다는 장점이 있으나 복잡하다는 단점이 있다.

3. 경제학 방법론상의 오류

① 인과의 오류

경제현상 간의 인과관계를 규명함에 있어서 먼저 현상(A)이 관찰되었다는 이유로, 현상(A)이 다음에 일어난 사건(B)의 원인이라고 판단하는 오류로서 귀납법이 적용되는 과정에서 발생한다.   예 에어컨 판매량이 증가하므로 날씨가 더워진다.

② 구성의 오류

부분에 맞는다고 해서 전체에도 그것이 맞는다고 생각하는 오류로서 연역법이 적용되는 과정에서 발생한다.   예 절약의 역설[4], 가수요 등

4. 실증경제학과 규범경제학

① 실증경제학

경제현상을 있는 그대로 분석할 뿐 가치판단이 개입되지 않은 인과관계만을 나타내는 경제학을 말한다.   예 이자율이 높으면 투자는 감소한다.

② 규범경제학

가치판단이 개입되어 바람직한 경제상태로의 개선방안을 제시하는 경제학을 말한다.   예 현재 우리나라의 경제상태는 투자가 저조하므로 이자율을 낮추어야 한다.

4) 절약의 역설
절약을 통하여 소비를 줄이고 저축을 늘리는 개인의 합리적 행위가 사회 전체로 볼 때 오히려 소비 수요를 줄여 국민소득의 감소를 초래할 수 있다는 이론

제2절 | 자원의 희소성과 합리적 선택

핵심 Check✓ 자원의 희소성과 합리적 선택

자원의 희소성	• 절대량이 아닌 상대량
경제문제	• What & How Many, How, For Whom
기회비용	• 명시적 비용 + 암묵적 비용 • 합리적 선택 : 기회비용 최소화
경제체제	• 시장경제체제 & 자본주의 • 계획경제체제 & 사회주의

01 자원의 희소성 ★

1. 자원[1]의 희소성

모든 경제문제는 자원의 희소성에서 비롯된다. 자원의 희소성이란 인간의 욕구는 무한하나 자원은 한정되어 있다는 것을 의미하며 시대와 장소에 따라 달라지는 상대성을 가진다. 과거에 식수는 돈을 주고 사 먹는 것이 아니었으나, 현재는 식수가 부족하게 되어 돈을 지불하고 구입하는 것이 당연하게 되었다. 이는 식수가 희소성이 없던 자유재에서 희소성이 있는 경제재로 바뀌었음을 의미한다.

2. 자유재와 경제재

① **자유재**
희소성이 없어 시장에서 대가를 지불할 필요 없이 공짜로 얻을 수 있는 것 공기 등
② **경제재**
희소성이 있어 시장에서 대가를 지불하고 사용해야 하는 것 예 핸드폰 등

---

1) 자원
인간에게 유용하게 쓰일 수 있는 석탄, 석유, 시간 등을 모두 포괄하는 개념

핵심 Plus➕

희귀성과 희소성
• 희귀성 : 절대적인 양이 부족한 것
• 희소성 : 절대적인 양은 많으나 인간의 소비욕구가 더 많은 경우 발생하는 것 예 석유 등

자유재
• 유용성(사용가치)이 있음
• 자유재를 얻기 위한 비용이 발생하지 않음
• 희소성과 교환가치가 없음
• 시장에서 거래되지 않음

3. 경제문제

(1) 개념

자원의 희소하다는 것은 결국 모든 것을 누릴 수 없다는 것을 의미한다. 따라서 우리는 선택의 문제에 직면하게 되는데 이를 경제문제라 한다. 경제문제를 구분하면 다음과 같다.

구 분	내 용	경제원칙	사 례
자원배분	• 무엇을 얼마나 생산할 것인가 (What, How many?) • 생산물의 종류와 수량의 결정	효율성[2]	• 음식점을 할까, 휴대폰 대리점을 할까? • 생산량은 어느 정도?
생산방법	• 어떻게 생산할 것인가(How?) • 생산요소의 배분과 결합비율 결정	효율성	• 원가관리 시스템을 도입해서 인력 절감을 해볼까?
소득분배	• 누구에게 어느 정도 분배할 것인가 (For Whom?) • 생산물 분배(소득분배)	효율성, 형평성[3]	• 최 과장과 박 부장의 임금 격차는 어느 정도가 적당하지?

(2) 경제의 3대 문제 적용

① 경제의 3대 문제는 경제체제나 경제발전단계에 관계없이 모든 사회에 적용된다.
② 경제문제를 자본주의 경제체제는 시장의 가격기구가, 사회주의 경제체제는 정부의 계획 · 통제하에 해결한다.

(3) 자원의 희소성과 경제문제의 관계

모든 경제문제의 시작은 자원의 희소성이다. 이를 정리하면 다음과 같다.

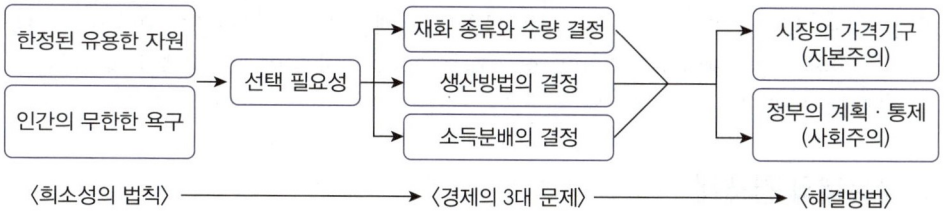

2) 효율성
최소한의 투입으로 기대하는 산출을 얻는 것을 의미함. 투입과 비교된 산출의 비율로 정해지며 그 비율의 값이 커질수록 효율이 높은 것으로 평가됨

3) 형평성
동등한 자를 동등하게, 동등하지 않은 자를 동등하지 않게 취급하는 것을 의미함

시험문제 미리보기!

다음 지문에 대한 의견으로 옳은 것은?

> 물은 모든 생명의 원천이면서도 값이 매우 싼 반면, 다이아몬드는 극히 제한적으로 쓰이는 데 비해 그 값이 아주 비쌉니다. 이것이 '물과 다이아몬드의 역설'이라고 하는 것입니다. 그렇다면 이러한 역설은 왜 생겨날까요?

① 재화의 가격은 희소성과 비례하기 때문입니다.
② 물보다 다이아몬드의 수요가 많기 때문입니다.
③ 재화의 가격과 유용성은 반비례하기 때문입니다.
④ 물은 자유재이고 다이아몬드는 경제재이기 때문입니다.
⑤ 다이아몬드보다 물 소비의 기회비용이 크기 때문입니다.

정답 ①
해설 다이아몬드가 물보다 비싼 이유는 물보다 다이아몬드의 희소성이 높기 때문이다.
오답노트
④ 자유재는 아무 대가 없이 얻을 수 있는 재화를 말하며, 물값이 매우 싸다는 진술로 보아 물은 자유재로 볼 수 없다.

02 | 기회비용과 합리적 선택 ★★★

자원의 희소성으로 발생하는 경제문제를 해결하는 방법은 합리적 선택이다. 합리적 선택을 위해서는 선택을 통해 얻어지는 편익(+)과 지불해야 하는 비용(−)이 발생한다. 비용은 기회비용과 매몰비용으로 나눌 수 있다.

1. 매몰비용

기회비용은 회수 가능한 비용으로 경제학의 고려대상이다. 그러나 매몰비용은 회수 불가능한 비용으로 경제학의 고려대상이 아니다. 경제학의 주된 관심은 과거가 아닌 미래에 있다는 것이 특징이다.

예 영화를 보다가 영화에 전혀 흥미를 느낄 수 없더라도 영화를 본 지난 시간을 되돌려 영화 티켓값을 회수할 수 없다. 따라서 영화 티켓값은 매몰비용이다. 합리적 선택은 매몰비용을 고려하지 않아야 하므로 지출한 영화 티켓값을 무시하고 바로 영화관 밖으로 나와야 한다.

2. 기회비용

기회비용은 선택으로 인해서 실제로 지불해야 하는 명시적 비용과 포기해야 하는 여러 대안 중 가장 가치가 큰 것인 묵시적 비용(= 암묵적 비용)으로 나누어진다.

$$기회비용 = 명시적\ 비용 + 암묵적\ 비용$$

핵심 Plus＋

기회비용의 특징
- 모든 경제학적 비용은 기회비용으로 봄
- 정확성이 높아서 합리적 선택에 도움을 줌. 회계학적 비용은 명시적 비용만 계산하지만, 경제학적 비용은 '명시적 비용 + 암묵적 비용'이기 때문임
- '현재'의 가치를 기준으로 계산함
- '상대적'임(같은 선택을 하더라도 기회비용은 다를 수 있음)

매몰비용을 고려한 사례
- 재미없는 영화지만 요금이 아까워서 끝까지 관람함
- 잘못된 투자로 판정 난 사업도 들인 돈이 아까워서 계속 진행함
- 근교에 위치한 아울렛에 쇼핑을 가면 대부분 과소비를 하게 됨
- 주문한 음식이 맛없지만 아까워서 남기지 않고 다 먹게 됨

(1) 명시적 비용(Explicit Cost)

현금지출을 필요로 하는 비용 예 영화 티켓값 등

(2) 묵시적(암묵적) 비용(Implicit Cost)

현금지출을 필요로 하지 않고, 받을 수 있었던 비용
① **귀속임금** : 선택한 일 이외의 다른 일을 해서 얻을 수 있는 소득
② **귀속이자** : 자기자본을 선택한 대안 이외의 곳에 투자했을 때 얻을 수 있는 소득
③ **귀속지대** : 토지소유자 자신이 자기 토지를 이용하는 경우에 자기에게 귀속되는 지대
④ **정상이윤** : 기업가로 하여금 동일한 상품을 계속 생산하게 하는 유인으로서 충분한 정도의 이윤

3. 합리적 선택

편익(+)과 비용(−) 중에서 반드시 편익이 커야 하며 동일 편익일 때는 최소비용, 동일 비용일 때는 최대편익을 추구해야 한다.

(1) 편익이 주어지지 않는 경우의 합리적 선택

기회비용이 가장 작은 대안의 선택이 합리적 선택이다.
예 호성 씨가 강의를 할 경우 시간당 10만 원을, 서빙을 할 경우 시간당 1만 원을 번다고 가정해보자. 강의를 선택할 경우에는 서빙해서 얻는 소득인 1만 원이 기회비용이 되고, 서빙을 선택할 경우에는 강의를 해서 얻는 소득인 10만 원이 기회비용이 된다. 선택의 기로에서 당연히 강의를 선택할 것이므로 이 경우 기회비용이 최소가 된다.

(2) 사례분석

> 연간 7,200만 원을 받고 H호텔 한식당 요리사로 일하는 갑은 요리사직을 그만두고 레스토랑을 새로 열려고 한다. 창업과 관련해 컨설팅 회사에 이미 500만 원의 수수료를 지급했다. 현재 그는 연간 이자율 2%인 예금계좌에 2억 원을 가지고 있는데 이를 인출해 창업 자금으로 이용할 계획이다. 또 매달 200만 원의 임대료를 받고 남에게 빌려주었던 자신 소유의 건물에서 영업하려고 한다. 레스토랑 영업을 개시한다면 첫해에 음식 재료비와 종업원 인건비, 수도 및 전기요금 등 기타 경비가 4,500만 원 소요될 것으로 예상된다. 갑이 현 직장을 그만두고 새로운 일을 시작하기 위해서는 첫해에 총매출액이 최소 얼마가 되어야 하는가?

① 문제는 '총매출액이 최소 얼마가 되어야 하는가?'인데 합리적 선택은 '편익 > 비용'이므로, 최소한의 편익은 선택을 위한 기회비용을 의미한다.
② 명시적 비용은 음식 재료비, 종업원 인건비, 수도 및 전기요금 등 기타경비 4,500만 원이다.
③ 묵시적 비용은 연간 7,200만 원의 급여, 예금계좌 2억 원에 대한 400만 원(= 2억 원 × 2%)의 이자, 연간 2,400만 원(= 200만 원 × 12개월)의 임대료이므로 이를 더하면 1억 원이다.
④ 창업과 관련해 컨설팅 회사에 500만 원의 수수료를 지불했지만 이는 회수 불가능하여 기회비용이 아닌 매몰비용이므로 고려하지 않는다.
⑤ 명시적 비용과 암묵적 비용의 합인 1억 4,500만 원이 기회비용이므로, 레스토랑 개업에 따른 매출액이 최소 1억 4,500만 원 이상이 되어야 한다.

시험문제 미리보기!

다음 사례에서 ㉠에 들어갈 최소한의 액수로 옳은 것은? (단, 호성 씨는 합리적 선택을 하는 경제주체이다)

> H호텔의 주방장 호성 씨는 자신의 음식점을 차리려고 생각하고 있다. 예상되는 수입은 월 2,000만 원이고, 비용은 임대료 300만 원, 종업원 인건비 250만 원, 재료비 500만 원, 기타 잡비 250만 원이다. 이 소식을 들은 H호텔 사장은 주방장 호성 씨에게 ㉠으로 월급을 인상해 줄 테니 계속 함께 일하자고 제안하였고, 호성 씨는 제안을 받아들여 H호텔에 계속 남기로 하였다.

① 500만 원　　② 600만 원　　③ 700만 원　　④ 800만 원　　⑤ 900만 원

정답　③

해설　개업을 했을 경우의 수입은 월 2,000만 원이고, 비용은 '1,300만 원(명시적 비용) + 호텔에서 받는 임금(암묵적 비용)'이다. 그러므로 최소한 호텔에서 월 700만 원 이상 받을 경우 호성 씨는 개업을 하지 않는 것이 합리적이다.

03 생산가능곡선과 기회비용　★★

1. 생산가능곡선(PPC ; Production Possibility Curve)

한 사회의 모든 생산요소를 가장 효율적으로 사용하여 최대로 생산 가능한 두 재화(X재, Y재)의 조합을 나타내는 곡선이다. 생산가능곡선이 우하향하는 것은 희소성의 법칙 때문에 한정된 자원으로는 모두를 다 늘릴 수 없고 하나를 늘리면 다른 하나를 줄여야 하기 때문이다.

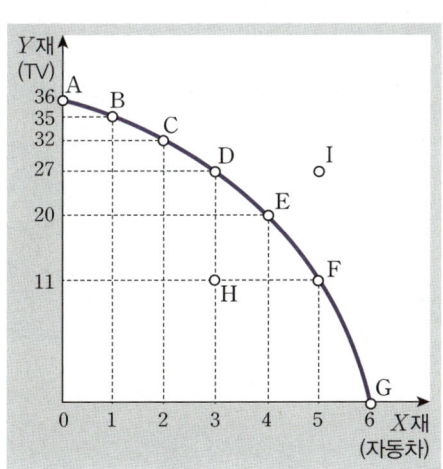

- 생산가능곡선 위에 있는 점 A(TV만 36대 생산), B, C, D, E, F, G(자동차만 6대 생산)는 모두 생산이 효율적으로 이루어지는 점이다.
- 생산가능곡선 내부에 있는 점 H는 생산이 비효율적으로 이루어지는 점이다.
- 생산가능곡선 외부에 있는 점 I는 현재의 주어진 자원과 기술로는 생산할 수 없는 점이다.

(1) 생산가능곡선의 내부에서 곡선상으로의 이동 : H → F

① 비효율적인 생산점에서 효율적인 생산점으로 이동하는 것을 의미한다.
② 불완전고용 생산점에서 완전고용 생산점으로 이동하는 것을 의미한다.
③ 파레토 개선[4]을 통해 파레토 최적[5]이 달성된다.

4) 파레토 개선
하나의 자원배분상태에서 어느 누구에게도 손해가 가지 않게 하면서 최소한 한 사람 이상에게 이득을 가져다주는 변화

5) 파레토 최적
파레토 개선이 불가능한 상태로 한 사람이 이익을 보려면 반드시 다른 사람도 피해를 봐야 하는 상황을 의미

6) MRT

Marginal Rate of Transfor-
mation, 한계변환율

(2) 생산가능곡선의 이동 : E → I

① 점 E에서 점 I를 통과하는 새로운 생산가능곡선으로 이동하는 상황을 가정한다.

② 기술진보, 교육수준 향상, 천연자원 발견, 인구증가 등이 원인이다.

2. 기회비용체증의 법칙

어떤 재화의 생산량을 증가시킴에 따라 포기하여야 할 재화의 양(기회비용 = MRT[6])이 점점 증가하는 법칙이다.

3. 기회비용의 측정

① 자원은 유한하므로 어떤 재화의 생산을 늘릴 때 포기하는 것이 반드시 생긴다. 포기한 것이 생산의 기회비용이 된다. <예> X재 생산의 기회비용 = (X재 생산으로 인해) 포기한 Y재

② 직선인 경우

한 재화의 생산을 늘려갈 때 다른 재화로 표시되는 1단위 생산의 기회비용은 일정하다.

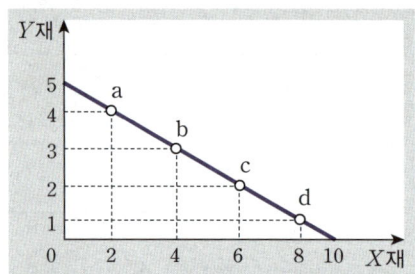

- a → b : $2X = 1Y$
- b → c : $2X = 1Y$
- c → d : $2X = 1Y$

⇨ $X = \frac{1}{2}Y$로 일정

③ 원점에 대하여 오목한 곡선인 경우

한 재화의 생산을 늘려갈 때 다른 재화로 표시되는 1단위 생산의 기회비용이 체증한다.

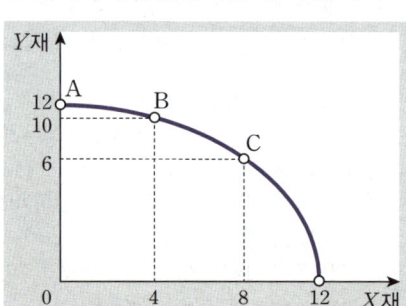

- A → B : $4X = 2Y$, $X = \frac{1}{2}Y$
- B → C : $4X = 4Y$, $X = Y$
- C → D : $4X = 6Y$, $X = \frac{3}{2}Y$

⇨ X재 생산 증가 시 X재 1단위 추가 생산의 기회비용 증가

4. 여러 가지 생산가능곡선

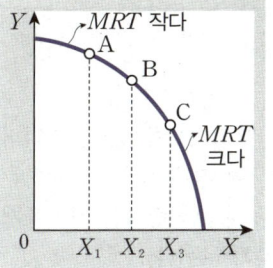

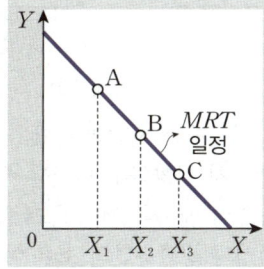

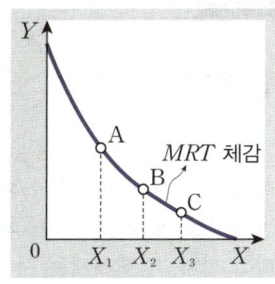

- 원점에 대하여 오목
  : 기회비용이 체증

- 우하향 직선
  : 기회비용이 일정

- 원점에 대하여 볼록
  : 기회비용이 체감

시험문제 미리보기!

그림은 주어진 자원을 사용하여 생산할 수 있는 자동차와 탱크의 생산량 조합을 나타낸 생산가능곡선이다. 이에 대한 옳은 설명을 〈보기〉에서 고른 것은?

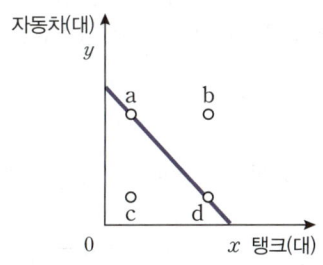

<보기>
ㄱ. 생산이 가능한 조합은 a, c, d이다.
ㄴ. 탱크 1단위 생산의 기회비용은 자동차 y/x 단위이다.
ㄷ. 자동차나 탱크의 판매 가격이 하락하면 b에서 생산이 가능하다.
ㄹ. 어느 한 재화의 생산을 늘리기 위해서 반드시 다른 재화의 생산을 줄여야 하는 조합은 c이다.

① ㄱ, ㄴ 　　② ㄱ, ㄷ 　　③ ㄴ, ㄷ
④ ㄴ, ㄹ 　　⑤ ㄷ, ㄹ

정답 　①
해설 　ㄱ. a, c, d는 생산가능곡선 안쪽에 있는 점이므로 생산할 수 있는 조합이다.
　　　ㄴ. 탱크 x대를 생산하기 위해서 포기한 자동차의 생산량이 y대이므로 탱크 1대 생산의 기회비용은 자동차 y/x대이다.

[오답노트]
　　　ㄷ. 생산요소 가격이 하락하거나, 혹은 생산 기술이나 생산 능력이 향상될 경우 생산가능곡선이 밖으로 이동하여 이전에 불가능했던 점의 위치가 생산 가능 영역으로 변화되기도 한다. 그러나 생산물의 판매가격과는 상관이 없다.
　　　ㄹ. c가 아니라 a와 d에 해당하는 설명이다. c점에서는 생산 능력을 최대로 발휘한 조합이 아니기 때문에 두 재화의 생산량을 동시에 늘릴 수 있다.

04 경제체제 ★

1. 의미

앞에서 자원의 희소성으로 인해 경제문제와 선택의 문제가 발생한다고 설명하였다. 합리적 선택의 방식은 각각의 사회나 국가에서 다양하게 나타날 수 있다. 이 경제문제를 해결하는 방식이 굳어진 것, 혹은 희소한 자원의 배분을 결정하고 조직하는 제도나 방식을 경제체제라고 한다. 경제체제는 자원배분방식과 생산수단의 소유 여부에 따라 나뉜다.

2. 자원배분 방식에 따른 구분

① **시장경제체제** : 시장의 자동 조절 기능을 중시한다.
② **계획경제체제** : 국가의 계획이나 명령으로 경제활동을 통제한다.

3. 생산수단의 소유형태에 따른 구분

① **자본주의체제** : 생산수단의 개인적 소유를 인정하는 경제체제이다.
② **사회주의체제** : 생산수단의 국가와 공공 단체의 소유를 인정하는 경제체제이다.

4. 자본주의의 변천과정

① **상업 자본주의** : 상품의 유통이나 고리대금업 등과 같은 비생산적인 활동을 통해 이윤을 추구하였다.
② **산업 자본주의** : 상품의 생산과정에서 부가가치 형태로 이윤을 얻는 경제활동을 중시하였다.
③ **독점 자본주의** : 거대한 소수 기업이 지배력을 행사하는 경제활동이 주로 나타났다.
④ **수정 자본주의** : 대공황 해결을 위해 계획경제체제의 원리를 도입한 경제활동이 등장하였다.
⑤ **신자유주의** : 국가권력의 시장개입을 비판하고 시장의 기능과 민간의 자유로운 활동을 중시하였다.

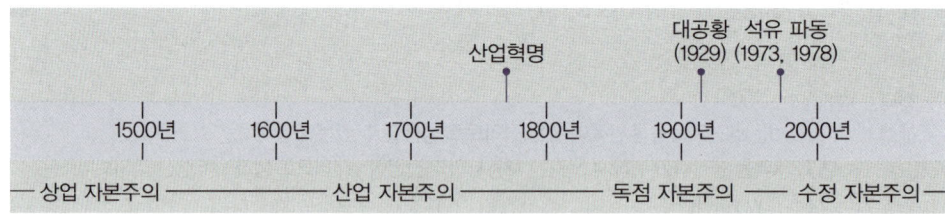

핵심 Plus+

전통경제체제
· 경제문제 해결 : 전통적 관습, 신념
· 특징 : 급속한 변화에 따른 긴장과 불확실한 의사결정의 불안감이 거의 없음
· 문제점 : 자원의 개발이나 기술 발전에 제한

보이지 않는 손
애덤 스미스가 주장한 것으로서, 개인이 오직 자신만의 이익(사익)을 위해 경쟁하는 과정에서 누가 의도하거나 계획하지 않아도 사회구성원 모두에게 유익한 결과(공익)를 가져오게 된다는 시장경제의 암묵적인 자율작동 원리

(가)에서 (나)로의 변화를 지향하는 정책으로 볼 수 있는 것은?

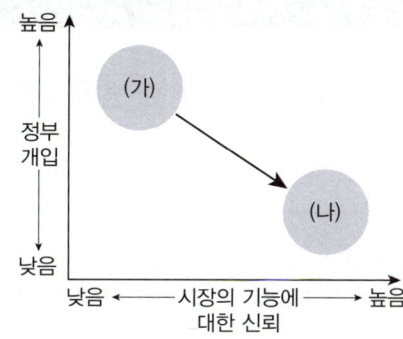

① 사회보장제도의 확대 실시

② 토지거래 허가제도의 시행

③ 공개입찰 방식에 의한 공기업 매각

④ 경영상 이유에 의한 해고요건 강화

⑤ 사기업을 공기업으로 바꾸는 정부의 노력

정답 ③

해설 (가)에서 (나)로의 이동은 정부의 개입을 줄이고 시장의 기능을 확장하는 것을 의미한다. 대표적인 예로는 공기업을 사적 영역으로 전환하는 민영화를 들 수 있다. 정부의 개입을 낮추고 시장 기능에 대한 신뢰를 높인 정책은 신자유주의를 지향하는 정책이라고 할 수 있다.

오답노트

①② 사회보장제도의 확대 실시나 토지거래 허가제도의 시행은 정부의 개입을 높이는 정책이다.

④ 시장의 영역에서는 기업의 상태에 따라 해고를 결정하는 것이므로 해고요건이 약화될 것이다.

⑤ 사기업을 공기업으로 바꾸는 정부의 노력이 아닌 공기업을 사기업으로 바꾸는 민영화가 시행되어야 할 것이다.

❗ 출제예상문제의 중요도를 ★~★★★으로 구분하였습니다. 난이도가 가장 높은 고등급 문제는 최우수 표시하였으니, 최우수 등급을 목표로 하신다면 반드시 학습하시기 바랍니다.

★★
01 다음 글의 경제활동에 대한 설명으로 옳은 것은?

> • 갑 : 주문하신 음식 ㉠ 배달 왔습니다.
> • 을 : 이번 달 ㉡ 보너스를 많이 받아서 기분이 좋아.

<보기>
> ㄱ. 갑의 활동은 생산에 해당한다.
> ㄴ. 을의 상황은 분배에 해당한다.
> ㄷ. ㉠과 ㉡은 모두 생산물시장에서 거래된다.
> ㄹ. 갑과 달리 을의 활동에서는 효율성이 고려된다.

① ㄱ, ㄴ   ② ㄱ, ㄷ   ③ ㄴ, ㄹ   ④ ㄱ, ㄷ, ㄹ   ⑤ ㄴ, ㄷ, ㄹ

★★
02 다음 그림은 민간 경제주체 간 실물의 흐름을 나타낸 것이다. 이에 대한 옳은 설명만을 <보기>에서 있는 대로 고른 것은? (단, (가)는 이윤 극대화를 추구하는 경제주체이다)

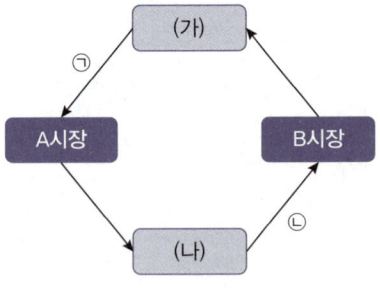

<보기>
> ㄱ. B시장에서 임금, 이자, 지대 등이 결정된다.
> ㄴ. A시장에서 ㉠의 수요자는 (가)이다.
> ㄷ. (가)에 정부가 조세를 부과하면 A시장에서 공급이 감소한다.
> ㄹ. (나)에 정부가 보조금을 지급하면 B시장에서 수요가 감소한다.

① ㄱ, ㄴ   ② ㄱ, ㄷ   ③ ㄴ, ㄹ   ④ ㄱ, ㄷ, ㄹ   ⑤ ㄴ, ㄷ, ㄹ

03 다음 그림은 경제활동의 순환을 보여 준다. 이에 대한 옳은 설명을 <보기>에서 고른 것은? (단, 실선은 실물의 흐름을 나타내고 점선은 화폐의 흐름을 나타낸다)

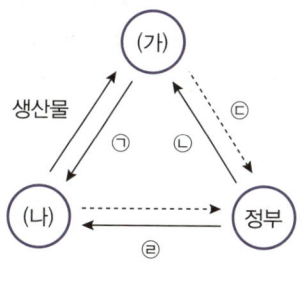

─────────────<보기>─────────────

ㄱ. (가)는 기업이고, (나)는 가계에 해당한다.
ㄴ. ©은 (가)가 ©을 받은 대가로 지급한 것이다.
ㄷ. ©과 @에 공통적으로 들어갈 수 있는 것은 공공재이다.
ㄹ. ⊙이 거래되는 시장에서 가계는 공급자의 역할을 담당한다.

① ㄱ, ㄴ   ② ㄱ, ㄷ   ③ ㄴ, ㄷ   ④ ㄴ, ㄹ   ⑤ ㄷ, ㄹ

정답 및 해설

01 ①
갑은 배달을 통해 서비스를 생산하고, 을은 노동의 대가로 보너스라는 임금을 받고 있다. 임금은 분배에 해당한다.

오답노트
ㄷ. ⊙은 서비스로 생산물시장에서 거래되고, ©은 임금으로 생산요소시장에서 거래된다.
ㄹ. 갑, 을의 활동에서 모두 효율성이 고려된다.

02 ②
(가)는 기업, (나)는 가계이다. 화살표는 실물의 흐름을 나타낸 것이므로 ⊙은 재화와 서비스이고, ©은 생산요소이다. 따라서 A시장은 생산물시장, B시장은 생산요소시장이다.
ㄱ. 생산요소시장에서 임금, 이자, 지대 등이 결정된다.
ㄷ. 정부가 기업에 조세를 부과하면 생산물시장에서 공급이 감소하게 된다.

오답노트
ㄴ. 생산물시장에서 수요자는 가계이다.
ㄹ. 보조금을 주면 수요가 증가한다.

03 ⑤
ㄷ. 정부는 가계와 기업으로부터 징수한 조세를 바탕으로 공공재 및 공공서비스를 공급한다.
ㄹ. ⊙은 생산요소이다. 생산요소시장에서 가계는 노동, 토지, 자본을 제공하는 공급자 역할을 담당한다.

오답노트
ㄱ. (나)는 생산물시장에서 공급자이므로 기업이고, (가)는 수요자이므로 가계에 해당한다.
ㄴ. ©은 조세에 해당하는 것으로 경제활동의 대가로 징수하는 것이 아니다. 즉, 공공재에 대한 사용료 개념도 아니고, 소득 및 수입에 대한 대가도 아니다.

다음 글을 바탕으로 기회비용에 대한 설명으로 옳은 것은? (단, 다른 조건은 고려하지 않는다)

> 갑은 여름휴가를 통해 서핑, 수상스키, 암벽등반 중에서 하나를 선택하여 즐기고자 한다. 이때 편익의 크기를 따져보니 서핑은 20, 수상스키는 15, 암벽등반은 12의 편익을 얻을 수 있을 것으로 예상되었다.

① 서핑의 순편익이 가장 크다.
② 서핑을 선택하게 되면 기회비용은 27이다.
③ 수상스키를 선택할 때가 암벽등반을 선택할 때보다 기회비용이 크다.
④ 서핑을 선택할 때의 기회비용이 가장 작다.
⑤ 암벽등반을 선택할 때의 기회비용이 가장 작다.

최우수
★★★
05 다음 자료에 근거하여 갑, 을, 병은 스마트폰을 합리적으로 구매하고자 한다. 이에 대한 분석으로 옳지 않은 것은?
(단, 5점 만점 기준이다)

제품 \ 평가 기준	성 능	가 격	크 기	A/S
A	5	3	3	4
B	4	4	5	5
C	3	5	4	4

※ 갑은 가격 이외의 다른 평가 기준을 고려하지 않는다.
※ 을은 평가 기준 중 어느 항목이라도 3점 이하인 제품은 선택하지 않는다.
※ 병은 각 평가 기준별 점수를 더하여 가장 높은 점수의 제품을 선택한다.

① 갑이 C제품을 선택할 때 기회비용이 가장 작다.
② 을은 B제품을 신뢰한다.
③ 병에게 있어 A제품과 C제품 선택의 기회비용은 같다.
④ 을, 병이 선택한 제품은 다르다.
⑤ 갑, 병이 선택한 제품은 다르다.

06 다음 사례에 대한 옳은 설명을 <보기>에서 고른 것은?

> 갑은 최근 40대가 넘게 되면서 탈모 때문에 고민이 많다. 약국에 가서 약사와 상의한 후 20만 원짜리 탈모약을 구입하였다.
> 구입한 약을 다 먹었음에도 효과가 없자 탈모 전문병원에서 100만 원짜리 탈모 패키지를 받을지 고민하고 있다.

<보기>

ㄱ. 기회비용은 100만 원이다.
ㄴ. 기회비용은 120만 원이다.
ㄷ. 매몰비용은 120만 원이다.
ㄹ. 지불한 20만 원은 고려하지 말아야 한다.

① ㄱ, ㄴ   ② ㄱ, ㄹ   ③ ㄴ, ㄷ   ④ ㄴ, ㄹ   ⑤ ㄷ, ㄹ

정답 및 해설

04 ④

서핑을 선택할 때의 기회비용은 15, 수상스키와 암벽등반을 선택했을 때의 기회비용은 20이므로 서핑을 선택할 때 기회비용이 가장 작다.

오답노트
① 비용이 정확히 언급되지 않았으므로 '편익 – 비용'인 순편익을 판단할 수 없다.
② 서핑을 선택하게 되면 포기한 가치 중 가장 큰 것이 기회비용이므로 기회비용은 15이다.
③ 수상스키, 암벽등반을 선택하면 기회비용은 20으로 동일하다.
⑤ 서핑을 선택할 때의 기회비용이 가장 작다.

05 ④

위의 조건을 고려하면 갑은 C제품, 을은 B제품, 병은 B제품을 선택한다.

오답노트
① 갑에게 있어 C제품을 선택하는 것이 가장 합리적이다. 따라서 C제품을 선택할 때 기회비용이 가장 작다.
③ 병에게 있어 A제품과 C제품 선택의 기회비용은 'B제품 선택'으로 동일하다.

06 ②

탈모약은 이미 지불하였으므로 매몰비용이다. 따라서 매몰비용 20만 원, 기회비용 100만 원이다.

오답노트
ㄴ. 기회비용은 100만 원이다.
ㄷ. 매몰비용은 20만 원이다.

07 다음 그림은 컴퓨터와 자동차만을 생산하는 어떤 나라의 생산가능곡선이다. 옳은 설명은?

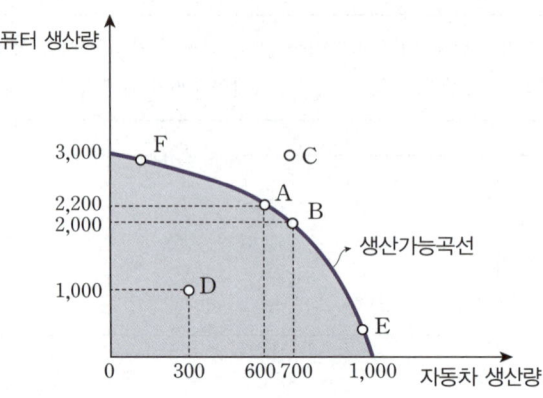

<보기>
ㄱ. 골고루 생산한 A점이 E점보다 더 효율적이다.
ㄴ. 기술개발이 존재하지 않아도 D점에서 A점으로의 이동은 가능하다.
ㄷ. B점에서 A점으로 생산조합을 변경할 때의 기회비용은 컴퓨터 200대이다.
ㄹ. 생산가능곡선이 원점에 대하여 오목한 모양을 가지는 것은 기회비용이 체증하기 때문이다.

① ㄱ, ㄴ   ② ㄱ, ㄷ   ③ ㄴ, ㄷ   ④ ㄴ, ㄹ   ⑤ ㄷ, ㄹ

최우수

08 뮤지컬 배우가 꿈인 대학생 갑은 학교 앞 서점에서 시간당 8,000원짜리 아르바이트를 하고 있다. 갑은 기다려왔던 3시간짜리 뮤지컬을 관람하기 위해 아르바이트 근무를 포기하기로 하고 100,000원짜리 입장권을 구입했다. 공연 당일이 되자 마음의 동요가 생겨 입장권 환불에 대해 극장에 문의해본 결과, 공연 시작 전에는 50% 환불을 받을 수 있다는 것을 알게 되었다. 갑의 뮤지컬 관람에 따른 기회비용은? (단, 사례에 제시된 것 이외의 비용은 고려하지 않는다)

① 24,000원   ② 50,000원   ③ 62,000원   ④ 74,000원   ⑤ 124,000원

---

09 다음 중 비용과 편익에 대한 설명으로 옳은 것은?

<보기>
ㄱ. 비용과 관계없이 편익이 크면 좋다고 할 수 있다.
ㄴ. 매몰비용은 절대로 회수할 수 없는 비용이다.
ㄷ. 기회비용은 명시적 비용과 암묵적 비용을 더한 값이지만 때로는 매몰비용도 포함한다.
ㄹ. 기회비용은 무엇을 얻기 위해 포기한 것들의 합이 아닌 포기한 것 중 가장 큰 것만을 의미한다.

① ㄱ, ㄴ   ② ㄱ, ㄷ   ③ ㄴ, ㄷ   ④ ㄴ, ㄹ   ⑤ ㄷ, ㄹ

10 다음은 경제 체제의 유형을 도식화한 것이다. (가) ~ (라)에 대한 진술로 옳은 것은?

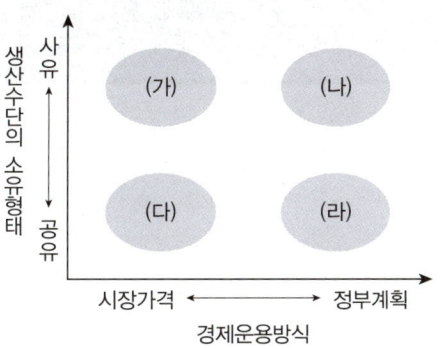

<보기>

ㄱ. (가)와 달리 (나)는 소비자의 기호에 맞는 제품을 생산해야 한다.

ㄴ. 우리나라 경제개발계획의 시행은 (다)의 사례이다.

ㄷ. (라)는 효율성보다 형평성을 중시하는 체제이다.

ㄹ. 중국의 경제개방정책은 (라)에서 (가)로의 변화를 추구한다.

① ㄱ, ㄴ　　　　② ㄱ, ㄷ　　　　③ ㄴ, ㄷ　　　　④ ㄴ, ㄹ　　　　⑤ ㄷ, ㄹ

정답 및 해설

07 ④

생산가능곡선은 주어진 자원으로 최대한 생산할 수 있는 조합을 의미한다. A, B, E, F점은 효율적, D점은 내부에 있으므로 비효율적, C점은 생산가능곡선 외부의 점이므로 생산이 불가능한 조합을 의미한다. 생산가능곡선이 원점에 대하여 오목한 것은 기회비용이 점점 더 늘어나기 때문이다.

오답노트

ㄱ. 골고루 생산하는 것과 관계없이 생산가능곡선 위에 있는 점은 모두 효율적이다.

ㄷ. B점에서 A점으로 생산조합을 변경할 때의 기회비용은 컴퓨터 200대를 늘리기 위해서 줄어든 자동차 100대이다.

08 ④

뮤지컬 관람에 따른 최초 기회비용은 명시적 비용 100,000원, 암묵적 비용 3시간 × 8,000원 = 24,000원이므로 총 124,000원이다. 그러나 입장권은 모두 환불받을 수 없고 50%만 환불받을 수 있으므로 환불받을 수 없는 매몰비용은 고려하지 말아야 한다. 따라서 최종적인 기회비용은 100,000 × 0.5 + 24,000 = 74,000원이다.

09 ④

매몰비용은 절대로 회수할 수 없는 비용이며 기회비용은 선택 시 포기한 가치 중에서 가장 큰 것이다.

오답노트

ㄱ. 비용을 고려한 순편익이 큰 것이 가장 좋다고 할 수 있다.

ㄷ. 기회비용은 경제학적 비용이므로 매몰비용이 포함되지 않는다.

10 ⑤

ㄷ. (가)는 자본주의 & 시장경제체제, (라)는 사회주의 & 계획경제체제이다. (가)는 효율성, (라)는 형평성을 추구한다.

ㄹ. (라)에서 (가)로 가는 것은 최근 중국의 경제개방정책과 관련이 높다.

오답노트

ㄱ. (나)는 국가의 계획을 중시하는 것이다. 따라서 소비자의 기호가 아닌 정부의 계획에 입각하여 생산하여야 한다.

ㄴ. 우리나라 경제개발계획의 시행은 (나)의 사례이다.

제2장 시장가격의 결정과 변동

📖 학습전략

경제학은 시장을 분석하는 데서 시작된다. 어떠한 시장이든 구매하려는 경제주체인 수요자와 판매하려는 경제주체인 공급자가 존재한다. 다른 조건이 일정하다는 전제하에 수요자의 입장에서 가격과 수요량은 반비례하고, 공급자의 입장에서 가격과 공급량은 비례한다.

수요곡선와 공급곡선은 가격이 변동했을 때 수요량과 공급량을 모아 곡선으로 표현한 것이다. 이때 가격이 움직인다면 수요·공급곡선 내에서 이동하게 되는 반면, 가격이 아닌 다른 요인이 변동할 경우는 수요·공급곡선 자체가 이동하게 된다. 이러한 수요와 공급의 변화는 시장가격의 결정과 변동에 영향을 주기 때문에 양자의 원인을 정확하게 이해하여야 한다.

경제학에서의 잉여는 현실의 개념과 다르다. 현실에서 잉여는 '쓸모없이 남아있다'는 의미를 가지지만 경제학에서는 Surplus의 의미로 더 얻은 것을 뜻한다. 잉여를 분석하기 위해서는 소비자와 생산자가 가격에 대해 어떠한 생각을 가지고 있는지 알아야 한다. 소비자는 재화나 서비스를 구매할 때 항상 최대지불용의를 생각하고 생산자는 재화와 서비스를 생산할 때 항상 최소비용을 생각한다. 최소비용 이상을 얻지 못하면 기업의 존립이 불가능하기 때문이다.

📖 출제비중

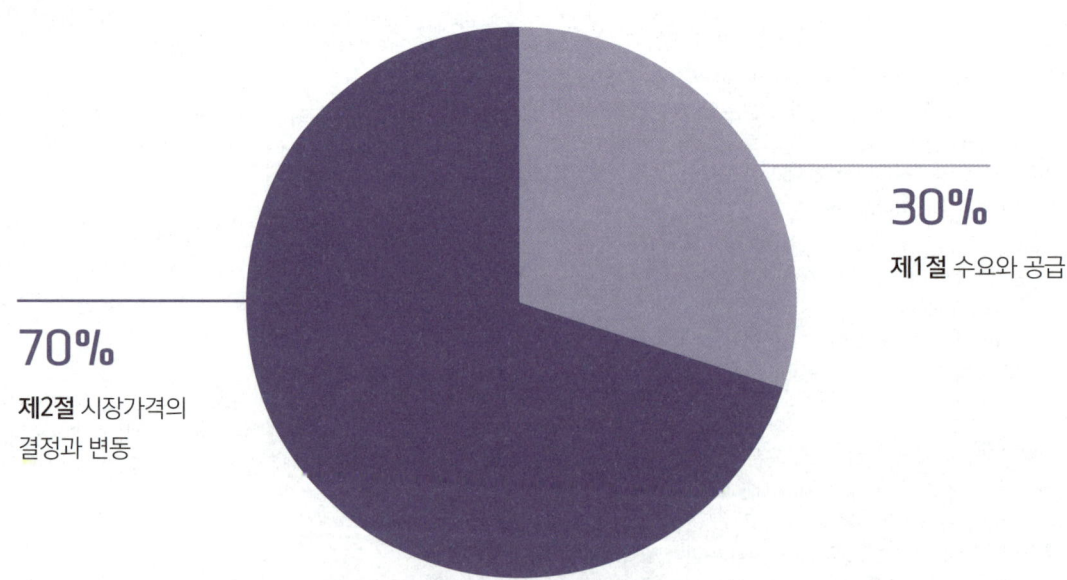

30%
제1절 수요와 공급

70%
제2절 시장가격의
결정과 변동

▣ 출제 유형

제1절과 관련된 내용에서는 수요와 수요량, 공급과 공급량을 구분하는 문제가 출제된다. 제2절과 관련된 내용에서는 문장으로 제시된 수요·공급의 변동 원인을 정확하게 파악하여 균형가격과 거래량의 변동을 파악할 수 있어야 한다. 잉여는 소비자잉여 혹은 생산자잉여의 삼각형 계산문제로 출제될 수 있다.

▣ 학습구성

구 분	출제포인트	중요도
제1절 수요와 공급	01 수요	★★
	02 공급	★★
제2절 시장가격의 결정과 변동	01 시장가격의 결정	★★
	02 시장균형의 이동	★★★
	03 잉여	★★

핵심 Check ✓ 수요와 공급	
수요량 & 공급량	• 가격변동이 원인, 곡선 내 점 이동
수요의 변동	• 가격 외 요인 변동이 원인, 곡선 자체의 이동 • 소득, 인구, 기호, 대체재 & 보완재의 가격 등의 변동 • 우측이동 - 증가, 좌측이동 - 감소
공급의 변동	• 가격 외 요인 변동이 원인, 곡선 자체의 이동 • 생산비, 생산기술, 조세, 보조금 등의 변동 • 우측이동 - 증가, 좌측이동 - 감소

01 수요 ★★

1. 수요(D ; Demand)

주체가 일정기간 동안 어떤 상품을 구입하고자 하는 욕구로서 실제 구입량이 아니라 의도된 양을 의미한다.

2. 수요법칙

(1) 개념

다른 조건이 일정하다면 상품의 가격과 수요량 사이에 역(= 반비례)의 관계가 성립한다. 즉, 가격이 싸면 구입하고 비싸면 구입하지 않는다.

(2) 예외

매점(투기적 수요)[1] 현상, 과시소비(베블렌 효과[2]) 현상, 기펜재[3]

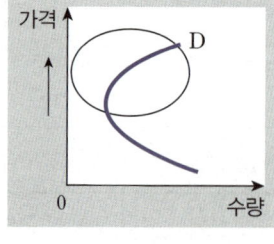
<투기적 수요>

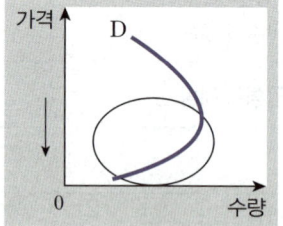
<기펜재>

1) 매점
물건값이 오를 것을 예상하고 폭리를 얻기 위해서 물건을 몰아서 사들이는 것

2) 베블렌 효과
가격이 오르는데도 일부 계층의 과시욕이나 허영심 등으로 인해 수요가 줄어들지 않고 오히려 증가하는 효과

3) 기펜재
기펜재는 열등재(= 소득과 수요량이 반비례하는 재화) 중에서도 그 열등성이 아주 강해서 가격이 하락함에도 불구하고 수요량이 감소하는 재화를 의미함. 단, 모든 열등재가 기펜재인 것은 아님

3. 수요곡선

(1) 개념

① 일정 기간 동안 그 상품의 여러 가지 가격수준과 수요량의 조합을 연결한 곡선이다.

② 수요곡선은 주어진 가격수준에서 구입하고자 하는 최대수량, 또는 일정량을 구매하고자 할 때 지불할 용의가 있는 최고가격(수요가격, Demand Price)을 보여준다.

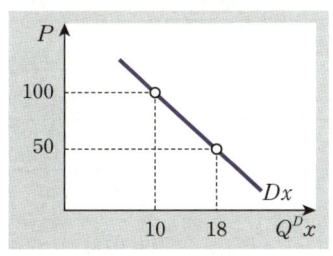

- 100원일 때 구입하고자 하는 최대수량 = 10개
- 18개 구매하고자 할 때, 지불할 용의가 있는 최대가격 = 50원

(2) 개별수요곡선과 시장수요곡선

① 개별수요곡선 : 개별소비자들의 수요곡선이다.

② 시장수요곡선 : 개별수요곡선의 수평의 합으로 개별수요곡선보다 완만(탄력적)하다.

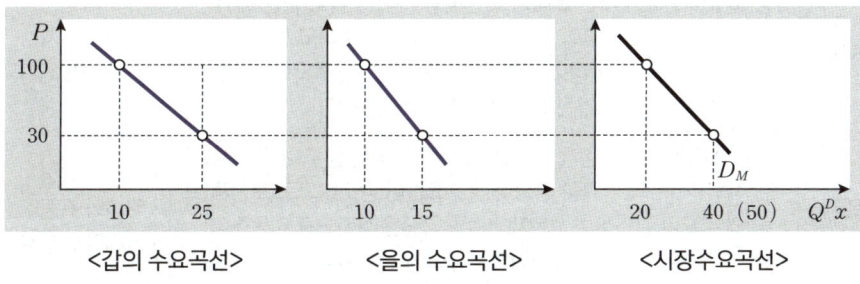

<갑의 수요곡선>   <을의 수요곡선>   <시장수요곡선>

4. 수요량과 수요의 변동

(1) 수요량의 변동

그 재화의 가격 변동에 따라 구매량이 달라지는 것으로, 수요곡선 상에서 점의 이동을 말한다. 가격이 상승하면 수요량이 감소하고, 가격이 하락하면 수요량이 증가한다.

(2) 수요의 변동

그 재화의 가격 이외 요인에 의해 구매량이 달라지는 것으로, 수요곡선 자체의 이동을 말한다.

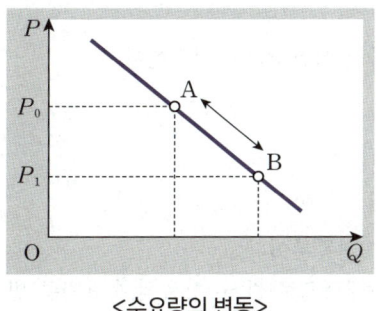

<수요량의 변동>

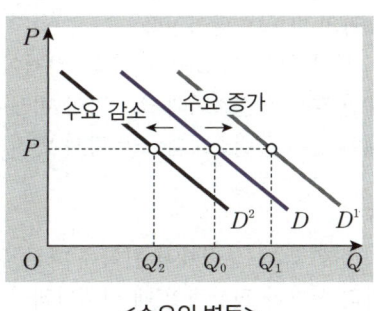

<수요의 변동>

5. 수요의 변동요인

(1) 변동요인에 따른 수요의 변화

구 분		수요 증가	수요 감소
소득수준		증가 → 정상재 수요 증가	감소 → 정상재 수요 감소
		감소 → 열등재 수요 증가	증가 → 열등재 수요 감소
대체재 가격		상 승	하 락
보완재 가격		하 락	상 승
기 호		상 승	하 락
인 구		증 가	감 소
소비자의 가격 예측		상승 예측	하락 예측

(2) 대체재와 보완재

재 화	재화의 특징	예
대체재	• 용도가 비슷하여 대신 소비해도 만족의 차이가 별로 없는 재화 • 한 재화(커피)의 가격이 상승하면 수요량이 감소하고 대신 대체재 (홍차)의 수요가 증가하여 대체재의 수요곡선은 우측으로 이동한다. • 연관 상품의 가격과 같은 방향으로 수요가 변화한다.	• 커피와 홍차 • 소고기와 돼지고기
보완재	• 따로 소비할 때보다 함께 소비할 때 더 큰 만족을 얻을 수 있는 재화 • 한 재화(커피)의 가격이 상승하면 수요량이 감소하므로 보완재(프 림)의 수요가 감소하여 보완재의 수요곡선은 좌측으로 이동한다. • 연관 상품의 가격과 반대 방향으로 수요가 변화한다.	• 커피와 설탕 • 커피와 프림 • 카메라와 필름

6. 가격효과

(1) 의미
① 가격이 변화할 때 변화하는 수요량의 변동분을 가격효과라 한다.
② 가격효과가 나타나는 것은 소득효과와 대체효과 때문이다.

(2) 소득효과
① 가격이 변화할 때 실질소득의 변화에 따른 수요의 변동분이다. 재화의 성격에 따라 소득효과의 방향이 달라진다.
② 가격이 하락하면 실질소득이 상승, 가격이 상승하면 실질소득이 하락한다.
③ 정상재인 경우 실질소득과 소비량이 비례한다.
④ 열등재인 경우 실질소득과 소비량이 반비례한다.

(3) 대체효과
① 가격이 변화할 때 상대가격 변화에 따른 수요량의 변동분이다.
② 소비자의 선호가 정상적일 때 상대가격이 내린(상대적으로 싸진) 상품의 수요량은 반 드시 증가한다.
③ 정리하면 가격이 내린 재화는 소비량을 늘리고, 가격이 올라간 재화는 소비량을 줄인다.

02 공급 ★★

1. 공급(S ; Supply)

일정 기간 동안에 어떤 상품을 판매하고자 하는 욕구로 실제 공급된 양이 아니라 의도된 양을 의미한다.

2. 공급법칙

(1) 의미

다른 조건이 일정하다면 상품의 가격과 공급량 사이에 비례의 관계가 성립한다. 가격이 비싸지면 공급량을 늘리고 저렴해지면 줄인다.

(2) 예외

① **노동공급** : 임금이 오를수록 여가의 가치가 소비의 가치보다 높아지므로 예외가 나타 날 수 있다.

② **투매현상** : 가격 하락이 공급량을 더 늘리는 것으로, 주가 하락 시 기업이 도산할 것을 우려하여 주가 하락에도 주식을 내놓는 것을 예로 들 수 있다.

③ **공급이 고정된 경우** : 골동품이나 명화는 가격이 아무리 오른다고 할지라도 새롭게 생산이 불가능하기 때문에 수직인 공급곡선이 나타난다.

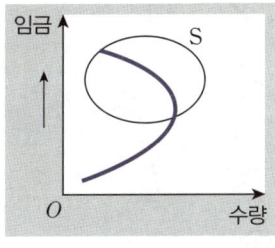

<노동공급곡선>

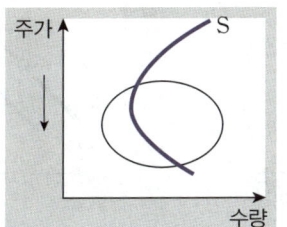

<투매현상>

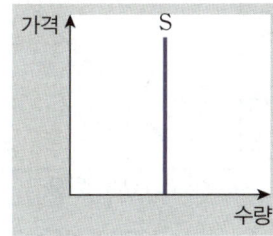

<공급이 고정된 경우>

3. 공급곡선

(1) 의미

① 일정 기간 동안 그 상품의 여러 가지 가격수준과 공급량의 조합을 연결한 곡선으로, 일반적으로 우상향의 형태이다.

② 공급곡선은 주어진 가격수준에서 공급하고자 하는 최대수량, 또는 일정량을 공급할 때 받고자 하는 단위당 최저가격(공급가격, Supply Price)을 나타낸다.

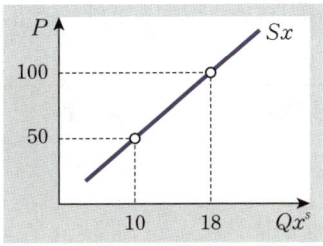

- 100원일 때 공급하고자 하는 최대수량 = 18개
- 10개 공급할 때 받고자 하는 최저가격 = 50원

(2) 개별공급곡선과 시장공급곡선

　① 개별공급곡선 : 개별생산자들의 공급곡선이다.

　② 시장공급곡선 : 개별공급곡선의 수평의 합으로, 개별공급곡선보다 완만(탄력적)하다.

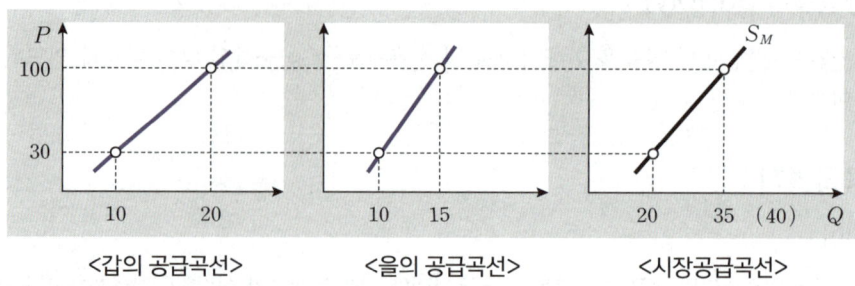

<갑의 공급곡선>　　　<을의 공급곡선>　　　<시장공급곡선>

4. 공급량과 공급의 변동

(1) 공급량의 변동

그 재화의 가격 변동에 따라 생산량이 달라지는 것으로, 공급곡선 상에서 점의 이동을 말한다.

(2) 공급의 변동

그 재화의 가격 이외의 요인에 따라 생산량이 달라지는 것으로, 공급곡선 자체의 이동을 말한다.

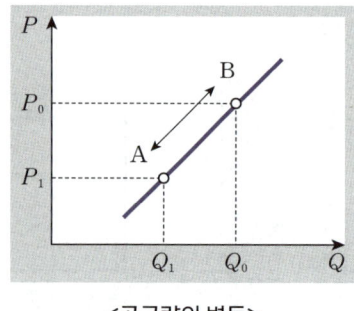
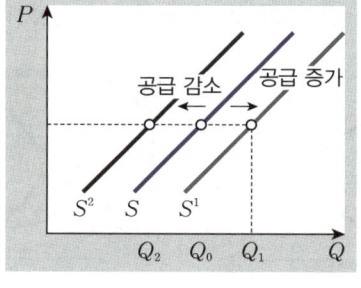

<공급량의 변동>　　　　　　　　　<공급의 변동>

5. 공급의 변동요인

구 분		공급 증가	공급 감소
미래 경기		낙 관	비 관
신규기업 진입		증 가	감 소
상품의 판매가격 변동 예상		하 락	상 승
생산비용	생산요소 가격	하 락	상 승
	원자재[4] 가격	하 락	상 승
	신기술	개 발	–
	생산에 대한 정부개입	보조금 지급	조세 부과

생산기술의 변화	기술진보가 있으면 생산비가 하락하여 공급이 증가
생산요소 가격	생산요소 가격이 하락하면 생산비가 하락하여 공급이 증가
조 세	세금이 오르면 생산비가 상승하여 공급이 감소
정부보조금	보조금이 주어지면 상품의 생산비가 하락하여 공급이 증가
공급자의 예상	공급자가 해당 상품의 가격이 앞으로 오를 것으로 예상하면 오를 때 팔기 위해 공급이 감소
경기전망	경기가 호전될 것으로 전망되면 공급이 증가
기업 수	기업 수가 증가하면 공급이 증가

시험문제 미리보기!

그래프는 사과 시장의 수요곡선이다. 점 E의 이동 방향과 발생한 상황을 바르게 짝지은 것은?
(단, 다른 조건은 일정하다고 가정한다)

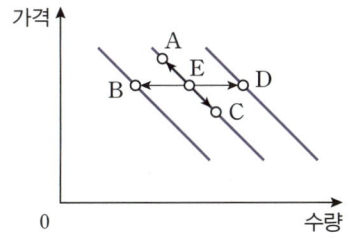

① A – 사과 가격이 하락했다.
② B – 소비자들의 소득이 증가했다.
③ C – 대체관계에 있는 배의 가격이 하락했다.
④ D – 사과가 노화를 예방한다는 연구결과가 발표되었다.
⑤ 수요량은 곡선 자체의 이동을 가리키므로 B, D가 해당한다.

정답 ④

해설 A는 수요량 감소, B는 수요 감소, C는 수요량 증가, D는 수요 증가이다. 기호 증가는 수요 증가 요인이다.

오답노트
① 수요량 증가 요인이다.
② 정상재인지 열등재인지 알 수 없으므로 수요의 증감 여부는 알 수 없다.
③ 대체재의 가격 하락은 수요 감소 요인이다. C는 수요량 증가이다.
⑤ 수요량 변동은 가격 변동에 의한 곡선 내 이동을 가리킨다.

제2절 | 시장가격의 결정과 변동

핵심 Check ✓ 시장가격의 결정과 변동

수요	공급	균형가격	균형거래량
증가	불변	상승	증가
감소	불변	하락	감소
불변	증가	하락	증가
불변	감소	상승	감소
증가	증가	알 수 없음	증가
증가	감소	상승	알 수 없음
감소	증가	하락	알 수 없음
감소	감소	알 수 없음	감소

핵심 Plus +

시장가격의 기능

- 효율적 자원배분 기능
  수요와 공급의 불일치 상태를
  일치 상태로 만들어 주는 매개
  변수 기능
- 신호등 기능
  - 가격 상승 : 공급자 생산↑,
    소비자 소비↓
  - 가격 하락 : 공급자 생산↓,
    소비자 소비↑
- 합리적 배분 기능
  - 희소한 자원이 필요한 곳에
    필요한 양만큼 생산, 분배,
    소비되도록 하는 기능
  - 무엇을 얼마나 어떠한 방법
    으로 누구를 위하여 생산할
    것인가의 경제문제를 해결
    하는 기능

각 시장에서의 시장가격

구 분	가격	
생산요소 시상	노동(L)	임금(w)
	자본(K)	이자(r)
	부동산 (토지)	지 대
외환시장	외 환	환 율

01 시장가격의 결정 ★★

1. 시장의 균형

① 균형(Equilibrium) : 수요량과 공급량을 일치시키는 시장가격에 도달한 상태
② 균형가격(Equilibrium Price) : 수요량과 공급량을 일치시키는 가격
③ 균형거래량 : 균형가격에서의 수요량과 공급량

2. 초과수요량과 초과공급량

(1) 초과수요

어떤 가격수준에서 소비자들의 수요량이 생산자들의 공급량보다 많아서 발생하는 상품의 부족분이다. 초과수요 발생 시 가격이 상승하여 균형에 도달한다.

(2) 초과공급

어떤 가격수준에서 소비자들의 수요량보다 생산자들의 공급량이 많아서 발생하는 상품의 잉여분이다. 초과공급 발생 시 가격이 하락하여 균형에 도달한다.

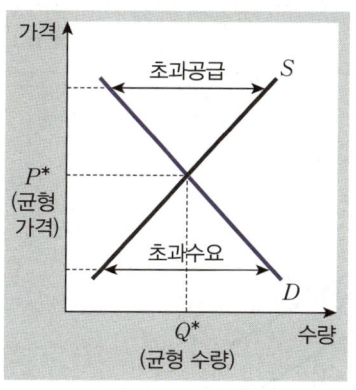

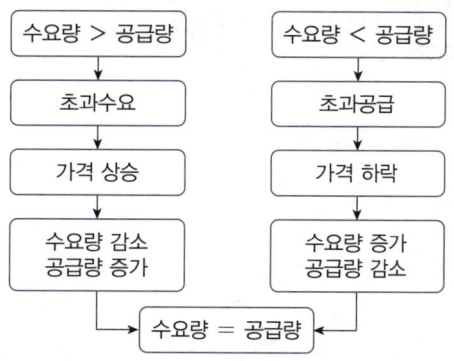

• 가격이 변하게 되면 일시적 불균형인 초과수요나 초과공급이 발생하게 된다. 그러나 일반적으로 수요량과 공급량 변동의 조정을 통해서 균형으로 회복한다.

3. 균형이 존재하지 않는 경우

① 자유재

모든 가격수준에서 초과공급이 발생하므로 시장가격이 존재하지 않고 무료로 이용 가능한 재화이다. 〔예〕 공기 등

② 거래되지 않는 경제재

수요곡선으로 표현되는 수요자의 지불용의보다 공급곡선으로 표현되는 공급자의 최소비용이 너무 커서 거래되지 않는 재화이다. 〔예〕 우주여행 등

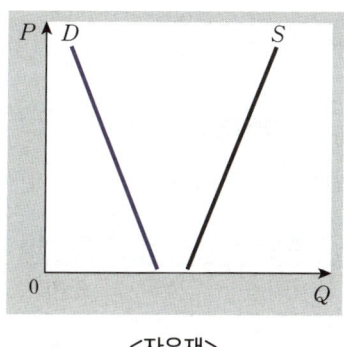

<자유재>

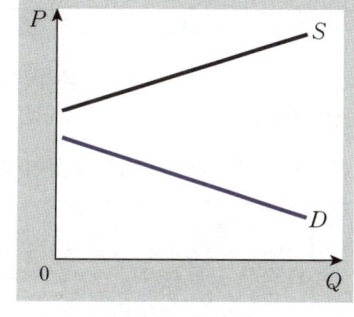

<거래되지 않는 경제재>

(1) 수요만 변할 때

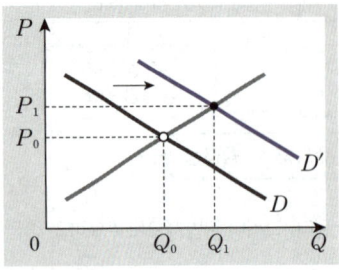 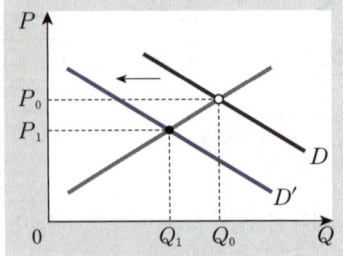

• 수요 증가
  ⇨ 균형가격 상승, 균형거래량 증가

• 수요 감소
  ⇨ 균형가격 하락, 균형거래량 감소

(2) 공급만 변할 때

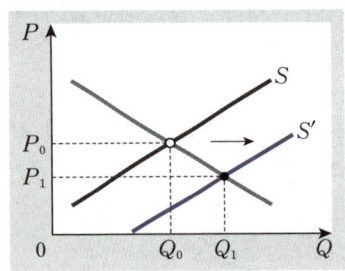 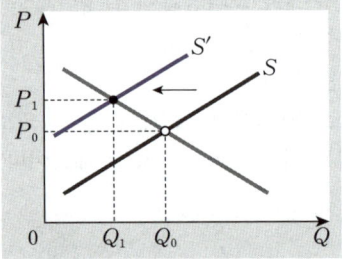

• 공급 증가
  ⇨ 균형가격 하락, 균형거래량 증가

• 공급 감소
  ⇨ 균형가격 상승, 균형거래량 감소

수요 및 공급의 변동에 따른 균형가격과 균형거래량의 변화를 표로 정리하면 다음과 같다.

구 분	균형가격	균형거래량
수요 증가, 공급 불변	상 승	증 가
수요 감소, 공급 불변	하 락	감 소
수요 불변, 공급 증가	하 락	증 가
수요 불변, 공급 감소	상 승	감 소
수요의 증가와 공급의 증가가 동시에 나타나는 경우	알 수 없음	증 가
수요의 감소와 공급의 감소가 동시에 나타나는 경우	알 수 없음	감 소
수요는 증가하고 공급은 감소하는 경우	상 승	알 수 없음
수요는 감소하고 공급은 증가하는 경우	하 락	알 수 없음

03 잉여 ★★

1. 소비자잉여

① 소비자가 교환으로 얻는 이익

② 소비자잉여 = '지불할 용의가 있는 금액 − 실제 지불한 금액'의 합

2. 생산자잉여

① 생산자가 교환으로 얻는 이익

② 생산자잉여 = '실제로 받은 금액 − 최소한 받아야 할 금액'의 합

3. 사회적잉여

① 사회적잉여 = 소비자잉여 + 생산자잉여

② 시장의 자유로운 거래가 이루어질 경우 사회적잉여가 극대화된다. (완전경쟁시장에서의 극대화)

③ 잉여가 감소하는 것을 사회적 후생손실이라고 한다.

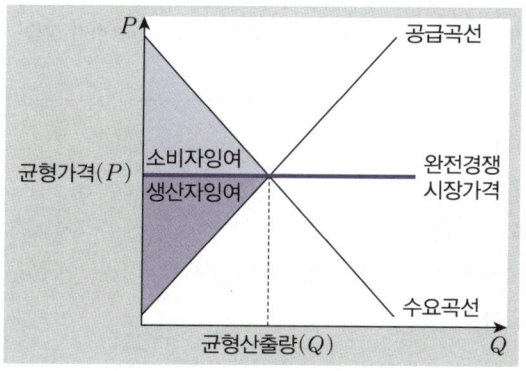

핵심 Plus➕

소비자와 생산자의 가격에 대한 생각

• 사고 싶은 욕망(수요) ⇨ 욕망을 가격으로 환산(편익) ⇨ 수요자가 생각하는 가격(지불용의)

• 팔고 싶은 욕망(공급) ⇨ 비용을 가격으로 환산(비용) ⇨ 공급자가 생각하는 가격(비용)

4. 과소 생산과 과다 생산 시 잉여

(1) 과소 생산 시

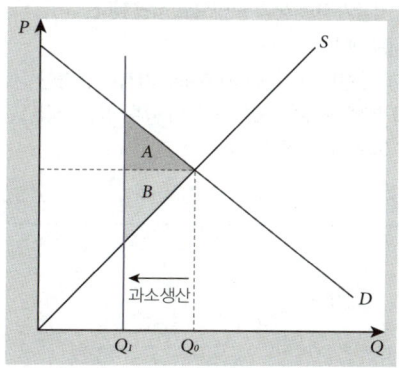

① A는 소비자잉여의 감소분, B는 생산자잉여의 감소분이다.

(2) 과다 생산 시

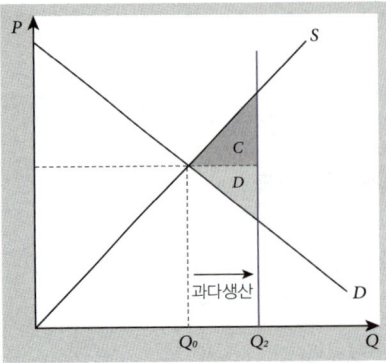

① C는 최소비용보다 적은 가격을 받았으므로 생산자잉여의 감소분이다.
② D는 최대지불용의보다 더 높은 가격을 지불하였으므로 소비자잉여의 감소분이다.

시험문제 미리보기!

밑줄 친 A재에 대한 설명 중 옳은 것은?

> 지난 몇 년 동안 A재에 대한 수요는 지속적으로 감소되어 왔으나, A재의 가격은 오히려 상승하였다.

① 수요와 공급의 변화가 함께 일어났다.
② 수요 감소는 시장가격의 상승 요인으로 작용했다.
③ 가격 상승은 공급의 증가로 설명될 수 있다.
④ 가격이 상승했음에도 공급량이 감소했으므로 공급의 법칙에 어긋난다.
⑤ 위의 현상은 시장에서 일어날 수 없다.

정답 ①

해설 A재의 가격 상승은 수요 감소의 크기에 비해 공급 감소의 크기가 더 큰 것에서 찾아야 한다. A재의 가격 상승은 수요 감소와 공급 감소가 동시에 나타난 결과이다.

오답노트
② 수요 감소는 시장가격의 하락 요인이며, 공급 감소는 시장가격의 상승 요인으로 작용했다.
③ A재의 가격 상승은 수요 감소보다 더 큰 공급 감소 때문이다.
④ 공급 법칙은 가격과 공급량 간의 정(+)의 관계를 말한다. 반면에 사례에서 A재의 가격이 상승한 것은 공급이 감소했기 때문이다. 다시 말하면 재화의 시장가격은 수요와 공급의 함수이다. 따라서 공급 감소로 가격이 상승했다고 해서 공급 법칙에 어긋난다고 말할 수는 없다.
⑤ 시장에서 존재할 수 있는 현상이다.

fn.Hackers.com

금융 · 자격증 전문 교육기관 **해커스금융**

출제예상문제

🔵 출제예상문제의 중요도를 ★~★★★으로 구분하였습니다. 난이도가 가장 높은 고등급 문제는 [최우수] 표시하였으니, 최우수 등급을 목표로 하신다면 반드시 학습하시기 바랍니다.

★★
01 그래프가 다음과 같이 이동하는 원인으로 옳은 것은?

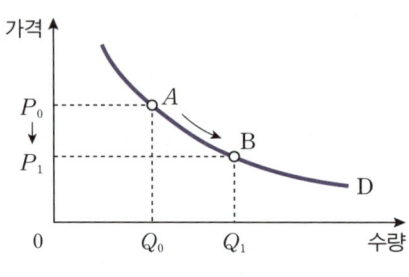

<보기>

ㄱ. 소득이 증가했을 때
ㄴ. 정부로부터 보조금을 받았을 때
ㄷ. 사과 시장에서 사과 가격이 하락했을 때
ㄹ. 외환시장에서 환율이 하락했을 때

① ㄱ, ㄴ   ② ㄱ, ㄷ   ③ ㄴ, ㄷ   ④ ㄴ, ㄹ   ⑤ ㄷ, ㄹ

★★
02 그림은 X재의 균형점 변화를 나타낸 것이다. 이러한 변화를 초래하는 원인으로 옳은 것은? (단, X재는 정상재이다)

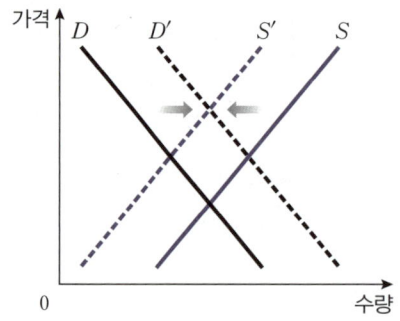

① 대체재 가격의 상승, 생산비의 상승
② 보완재 가격의 상승, 생산 기술의 향상
③ 가계 소득의 증가, 원자재 가격의 하락
④ 소비자 선호의 증가, 신규 기업의 생산 참가
⑤ 대체재 가격의 하락, 보완재 가격의 상승

03 그림은 X재 시장에서 균형점 a → b로의 변화가 Y재, Z재 시장에 준 영향이다. 이 재화들 간의 관계로 옳은 것은?

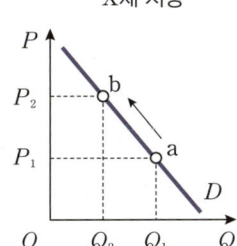
X재 시장

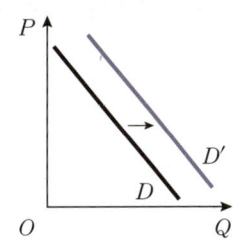
Y재 시장

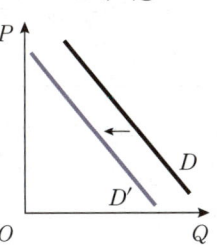
Z재 시장

① X재와 Y재는 독립 관계이다.
② X재에 조세를 부과하면 Y재의 수요는 증가한다.
③ Y재와 Z재는 보완 관계이다.
④ Z재의 가격 상승은 X재의 수요를 증가시킨다.
⑤ X는 정상재, Y는 열등재이다.

정답 및 해설

01 ⑤
그래프는 가격 하락에 따른 수요량의 증가를 나타내고 있다. 수요량의 증가는 해당 시장의 가격이 하락할 때 나타난다.

오답노트
ㄱ. 소득이 증가했을 때 정상재인 경우는 수요가 증가하고, 열등재인 경우에는 수요가 감소한다.
ㄴ. 정부로부터 보조금을 받는 것은 공급의 증가 요인이다.

02 ①
그림에서는 수요 증가와 공급 감소에 따른 균형가격 상승이 나타나 있다. 대체재 가격의 상승은 수요 증가 요인이고, 생산비의 상승은 공급 감소 요인이다.

오답노트
② 보완재 가격의 상승은 수요 감소 요인이고, 생산 기술의 향상은 공급 증가 요인이다.

③ 가계 소득의 증가는 수요 증가 요인이고, 원자재 가격 하락은 공급 증가 요인이다.
④ 소비자 선호의 증가는 수요 증가 요인이고, 신규 기업의 생산 참가는 공급 증가 요인이다.
⑤ 대체재 가격의 하락은 수요 감소 요인이고, 보완재 가격의 상승은 수요 감소 요인이다. 공급차원의 대체재와 보완재도 존재하나 일반적으로 잘 출제하지 않는다.

03 ②
연관재를 구분하는 문제이다. X재의 가격 상승이 이루어졌을 때 Y재의 수요는 증가하였으므로 대체재, Z재의 수요는 감소하였으므로 보완재이다. X재에 조세를 부과하면 X재의 가격이 상승하므로 Y재의 수요는 증가한다.

오답노트
③ 두 재화의 관계는 위의 자료만으로는 알 수 없다.
④ 보완 관계이므로 Z재의 가격 상승은 X재의 수요를 감소시킬 것이다.
⑤ 이 자료만으로 정상재와 열등재를 판단할 수 없다.

04 다음 내용을 바탕으로 한 추론이 옳은 것은?

> • 최근 다이어트 열풍으로 돼지고기를 기피하는 현상이 나타나고 있다.
> • 정부는 외국산 돼지고기 수입을 규제하였다.

① 닭고기의 가격은 크게 하락할 것이다.
② 생선을 구입하려는 사람들은 줄어들 것이다.
③ 돼지고기의 가격 변동은 알 수 없을 것이다.
④ 돼지고기의 공급곡선은 오른쪽으로 이동할 것이다.
⑤ 돼지고기와 쇠고기의 수요곡선은 오른쪽으로 이동할 것이다.

최우수

05 그림은 (가), (나) 재화의 수요곡선과 공급곡선이다. 두 재화를 구분할 수 있는 질문으로 가장 적절한 것은?

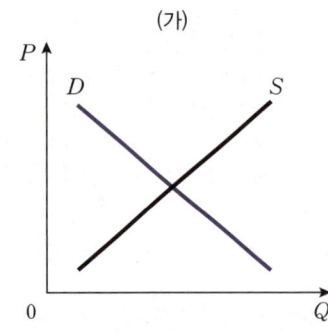
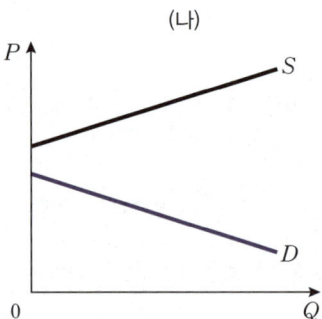

① 희소한 재화인가?
② 사용 가치가 존재하는가?
③ 시장실패를 야기하는가?
④ 사회적잉여를 발생시키는가?
⑤ 실제로 존재하는 재화인가?

★★★
06 그림은 사과 시장의 균형점 이동을 나타낸 것이다. A점으로 이동할 수 있는 요인을 <보기>에서 고른 것은? (단, 사과는 정상재이다)

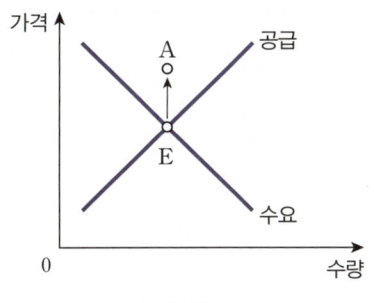

─────────<보기>─────────
ㄱ. 국민들의 소득이 증가했다.
ㄴ. 태풍으로 사과의 수확량이 감소했다.
ㄷ. 대체 관계에 있는 귤의 가격이 하락했다.
ㄹ. 새로운 품종의 개발로 생산량이 늘어났다.

① ㄱ, ㄴ   ② ㄱ, ㄷ   ③ ㄴ, ㄷ   ④ ㄴ, ㄹ   ⑤ ㄷ, ㄹ

─────────────────────────

정답 및 해설

04 ③
지문은 돼지고기의 수요 감소와 공급 감소를 나타내며, 그래프 상에서는 수요곡선과 공급곡선이 동시에 모두 좌측으로 이동하는 모습을 보인다. 그러므로 돼지고기의 균형가격은 알 수 없다.

오답노트
① 돼지고기의 가격변화를 알 수 없으므로 닭고기의 수요변동을 예측할 수 없고 가격도 알 수 없다.
② 생선을 구입하려는 사람들은 늘어날 수 있다.
④ 돼지고기의 공급곡선은 왼쪽으로 이동할 것이다.
⑤ 돼지고기의 수요곡선은 왼쪽으로 이동할 것이며, 쇠고기의 수요는 알 수 없다.

05 ④
시장에서 거래가 되는 (가)는 사회적잉여를 발생시키지만, 시장에서 거래되지 않는 (나)는 사회적잉여를 발생시키지 않는다.

오답노트
① (가), (나) 모두 희소한 재화이다.
② (가), (나) 중 어느 한 재화만 사용 가치가 없다고 할 수 없다.
③ (가), (나)가 시장실패를 야기하는지 여부는 알 수 없다.
⑤ 둘 다 실제로 존재할 수 있으므로 구분할 수 있는 질문은 아니다.

06 ①
사과 시장의 균형점이 A점으로 이동하기 위해서는 수요가 증가하고 공급이 감소해야 한다. 국민들의 소득이 증가하면 사과 수요가 증가하고, 태풍으로 인해 사과의 수확량이 감소하면 사과 공급이 감소한다.

오답노트
ㄷ. 대체 관계에 있는 귤의 가격 하락은 수요 감소 요인이다.
ㄹ. 공급 증가 요인이다.

07 표는 X재의 전기 대비 수요·공급 변동을 나타낸 것이다. 이에 대한 분석으로 옳은 것은? (단, X재는 수요·공급 법칙을 따른다)

구 분	20X1	20X2	20X3
수 요	증 가	증 가	불 변
공 급	불 변	증 가	증 가

① X재 가격은 20X1년에 가장 높다.

② 20X1년 이후로 X재 거래량은 지속적으로 증가했다.

③ 20X3년에는 X재에 대한 초과 수요가 나타났다.

④ 대체재 가격 하락은 20X1년에 나타난 변화의 요인이 될 수 있다.

⑤ 수요가 증가하는 20X1년과 20X2년은 모두 가격이 상승할 것이다.

08 밑줄 친 ㉠ ~ ㉤에 대한 설명으로 옳은 것은?

㉠ 장어는 우리나라의 대표적인 보양식이다. 대표적인 보양식으로 장어 외에도 ㉡ 삼계탕을 꼽을 수 있다. 삼계탕에 최고로 치는 닭은 알을 낳기 전의 ㉢ 영계이다. ㉣ 마늘은 여름철 설사를 막아주는 효능이 있고, ㉤ 황기는 기력을 회복해주는 효능이 있어 삼계탕을 끓일 때 거의 빠지지 않는다.

① ㉠과 ㉡은 보완 관계에 있다.

② ㉢의 가격과 ㉡의 공급은 정(│)의 관계에 있다.

③ ㉣과 ㉤의 관계는 '꿩 대신 닭'으로 표현될 수 있다.

④ ㉢의 가격 상승은 ㉣과 ㉤의 가격 하락의 원인이 된다.

⑤ 정답 없음

09 표는 교환에 대한 의미를 설명하기 위해 교사가 제시한 것이다. 이를 보고 옳게 분석한 학생을 <보기>에서 고른 것은?

〈사과 시장에서 시장 참여자의 이해관계〉

사려는 사람	주려고 하는 최대 금액	팔려는 사람	받으려고 하는 최저금액
호 성	1,000원	선 재	2,000원
진 민	4,400원	영 식	3,500원
현 철	5,000원	종 석	6,000원

─────〈보기〉─────
갑 : 호성과 종석은 이 시장에서 사과를 거래하지 못해.
을 : 호성이와 선재의 거래에서는 호성이가 이익을 보게 돼.
병 : 진민과 영식의 거래에서는 진민만 900원의 이익을 봐.
정 : 거래 가능한 가격의 범위는 2,000원에서 5,000원까지야.

① 갑, 을   ② 갑, 정   ③ 을, 병   ④ 을, 정   ⑤ 병, 정

정답 및 해설

07 ②
20X1년 이후로 X재의 거래량은 지속적으로 증가한다.

오답노트
① 20X2년 가격 변화를 알 수 없으므로 20X1년에 가격이 가장 높다고 단정할 수 없다.
③ 20X3년에 초과수요가 나타났다고 볼 수 없다.
④ 대체재 가격 하락은 해당 재화의 수요 감소 요인이다.
⑤ 수요가 증가하는 20X1년은 공급이 불변이므로 가격이 상승하지만, 20X2년은 공급도 함께 증가하므로 가격 상승 여부는 불투명하고 거래량은 증가할 것이다.

08 ④
마늘과 황기는 영계의 보완재이다. 따라서 영계의 가격이 상승하면 마늘과 황기의 수요가 감소한다. 수요 감소는 가격 하락의 원인이다.

오답노트
① 장어와 삼계탕은 대체재이다.

② 영계는 삼계탕의 원재료이다. 따라서 영계의 가격이 상승(하락)하면 삼계탕의 공급은 감소(증가)한다.
③ 마늘과 황기를 대체재로 볼 수 없다.

09 ②
갑. 호성은 팔려는 사람들이 받으려는 최저 금액보다 싸게 사려 하고, 종석이는 사려는 사람들이 주려고 하는 최대 금액보다 비싸게 받으려고 하므로 두 사람은 거래할 수 없게 될 것이다.
정. 상품 거래는 두 당사자들에게 이익이 발생해야 이루어진다. 따라서 거래가 이루어지는 가격의 범위는 사려는 사람이 최대로 지불할 용의가 있는 가격(5,000원)이 상한선이 되고, 팔려는 사람이 최소한으로 받을 용의가 있는 가격(2,000원)이 하한선이 되어 그 범위가 정해질 것이다.

오답노트
을. 호성은 1,000원까지만 줄 용의가 있는 반면, 선재는 최소 2,000원을 받으려 하므로 거래가 이루어지지 못할 것이다.
병. 진민과 영식의 거래는 3,500원에서 4,400원까지 이루어지게 되므로, 거래 가격이 3,500원이면 진민이 900원의 이익을 보고, 거래 가격이 4,400원이면 영식이가 900원의 이익을 본다.

제**3**장 탄력성

학습전략

탄력성은 경제학에서 원인과 결과를 간단하게 표현하는 방법이다.

탄력성을 공부할 때 유념할 사항이 있다. 첫째, 변화분이 아닌 변화율을 사용하는 탄력성의 원리를 파악해야 한다. 둘째, 원인과 결과에 따라 다양하게 표현한 탄력성을 철저히 구분할 수 있어야 한다. 이 두 가지를 유념하여 아래의 내용을 이해할 수 있다면 흔들림 없이 경제학의 재미를 느낄 수 있을 것이다.

수요의 가격탄력성은 가격이 변동할 때 소비자가 구매하려는 양이 얼마나 변동하는가를 알아보는 지표이다. 예를 들어 식당에서 가격을 올렸을 때 소비자가 많이 줄어든다면 가격을 올릴 수 없지만, 적게 줄어든다면 가격을 올리는 것이 바람직하다.

수요의 소득탄력성은 소득이 증가했을 때 수요량이 어떻게 변화하는가를 알 수 있는 지표이다. 예를 들어 신제품 출시를 하려는 기업에서 시장조사를 통해 국민소득이 올라갈 것이라고 예측했다면 소득탄력성이 양의 값을 가지는 정상재를 출시하고, 국민소득이 떨어질 것이라고 예측했다면 열등재를 출시할 것이다.

수요의 교차탄력성은 출시할 재화가 타 재화와 어떤 관계를 가지고 있는가에 대한 자료이다. 수요의 교차탄력성이 (+)이면 대체재, (−)이면 보완재가 된다.

공급의 가격탄력성은 가격이 변동할 때 공급자의 공급조절능력을 보는 것이다. 가격변동에 비해 많이 공급할 수 있다면 공급의 가격탄력성이 탄력적이고 공급조절이 어렵다면 비탄력적이다. 유의할 점은 공급의 가격탄력성은 가격변동에 따른 공급조절능력 이므로 소비에 의해 결정되는 판매수입과는 관련이 없다는 것이다.

출제비중

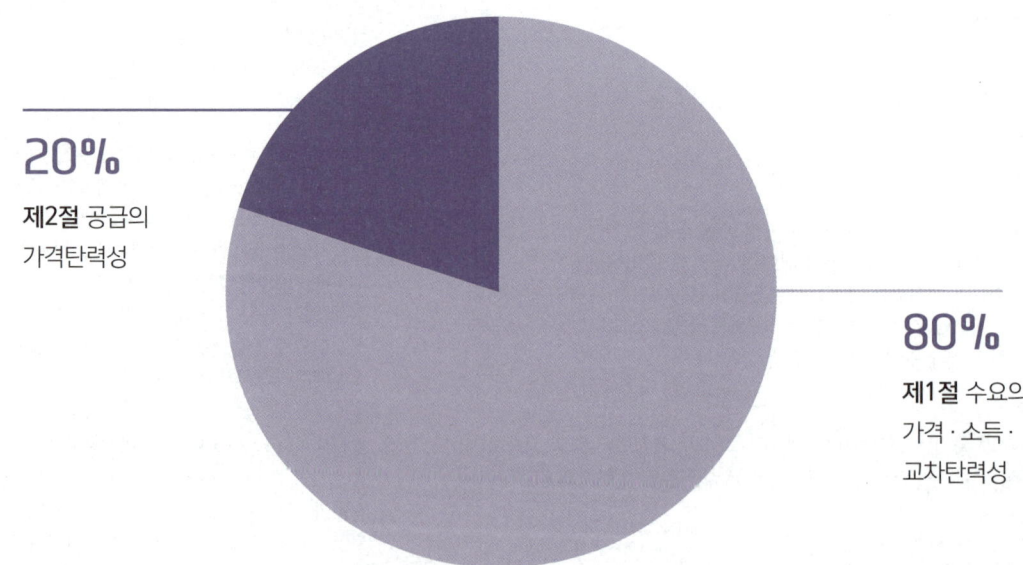

20%
제2절 공급의
가격탄력성

80%
제1절 수요의
가격 · 소득 ·
교차탄력성

📓 출제 유형

제1절의 수요의 가격탄력성에서는 탄력성에 따른 재화의 구분, 가격변동에 따른 판매수입의 변화 등이 자주 출제된다. 따라서 반드시 숙지하여야 한다. 제1절의 수요의 소득탄력성과 수요의 교차탄력성, 제2절의 공급의 가격탄력성에서는 재화를 구분하는 문제가 출제된다.

📓 학습구성

구 분	출제포인트	중요도
제1절 수요의 가격·소득·교차탄력성	**01** 탄력성	★★★
	02 수요의 가격탄력성	★★★
	03 수요의 소득탄력성	★★
	04 수요의 교차탄력성	★★
제2절 공급의 가격탄력성	**01** 공급의 가격탄력성	★★

핵심 Check ✓ 수요의 가격 · 소득 · 교차탄력성

탄력성 공식	• 결과의 변화율/원인의 변화율	
탄력성 기울기	• 기울기 완만 : 탄력 • 기울기 급함 : 비탄력	
탄력성과 판매수입	• 탄력적 : 가격 하락 시 판매수입 증가 • 비탄력적 : 가격 상승 시 판매수입 증가 • 단위탄력적 : 가격 변화와 관계없이 판매수입 일정 • 완전비탄력적 : 가격의 변동률과 판매수입의 변화율이 동일	
수요의 소득탄력성	• + : 정상재	• − : 열등재
수요의 교차탄력성	• + : 대체재	• − : 보완재

01 탄력성　　　　　　　　　　★★★

1. 개념

원인과 결과의 관계를 알아보기 위한 것이다.

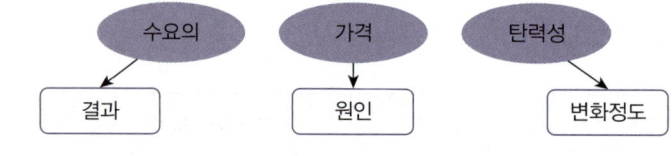

$$탄력성 = \frac{결과의\ 변화율}{원인의\ 변화율}$$

탄력성은 변화분(나중 수치 − 처음 수치)이 아닌 $\dfrac{나중\ 수치 - 처음\ 수치}{처음\ 수치} \times 100$을 사용한 변화율을 말한다. 변화분과 변화율은 다른 개념이므로 반드시 구분하여 사용하여야 한다.

예 가격이 100원에서 200원으로 증가한 후, 200원에서 300원으로 증가하면 변화분은 둘 다 100원이지만 변화율은 100%에서 50%로 줄어든다.

2. 여러 가지 탄력도(탄력성)

$$A\text{의 } B\text{탄력도} = \frac{A\text{의 변화율}}{B\text{의 변화율}}$$

구 분	수요(량)	공급(량)	화폐수요(량)	투자(량)
가 격	수요의 가격탄력도	공급의 가격탄력도		
소 득	수요의 소득탄력도		화폐수요의 소득탄력도	투자의 소득탄력도
연관 상품의 가격	수요의 교차탄력도			
이자율			화폐수요의 이자율탄력도	투자의 이자율탄력도

3. 결론

결과의 변화율이 크면(민감하면) 탄력적, 원인의 변화율이 크면 비탄력적이다.

예 화폐수요의 이자율탄력성이 크다는 것은 이자율변화(원인)에 화폐수요(결과)가 민감하게 반응하는 것을 의미한다.

02 수요의 가격탄력성　　★★★

1. 개념

가격변화에 따른 소비자 소비량의 반응 정도를 나타낸 것이다. 수요의 가격탄력성이 탄력적이면 가격의 변화에 민감하게 수요량이 변하는 것이고, 비탄력적이면 가격이 변화하더라도 수요량이 적게 변하는 것이다.

$$\varepsilon_d = \frac{\text{수요량의 변동률(\%)}}{\text{가격의 변동률(\%)}} = \frac{\dfrac{\text{수요량의 변동분}}{\text{원래의 수요량}} \times 100}{\dfrac{\text{가격의 변동분}}{\text{원래의 가격}} \times 100} = \left| \dfrac{\dfrac{\Delta Q}{Q}}{\dfrac{\Delta P}{P}} \right| = \left| -\frac{\Delta Q}{\Delta P} \times \frac{P}{Q} \right|$$

수요의 가격탄력성은 반드시 (−)값이 나와야 한다. 왜냐하면 가격과 수요량은 반비례하기 때문이다. 항상 (−)값이 나오므로 일반적으로 절댓값을 씌워서 사용한다. 따라서 수요의 가격탄력성을 이용하여 수요량을 구하는 문제는 (−)가 반드시 있다는 것을 기억하여 풀어야 한다.

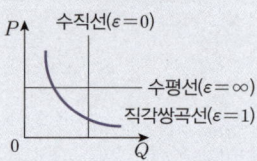

곡선의 기울기와 탄력성

탄력성은 점마다 각각 다르지만 특정 점이 주어져 있지 않은 경우 기울기로 판단하는 것이 일반적임. 즉, 곡선의 기울기가 완만할수록 탄력적임. 탄력성의 공식에서 나타나는 $\frac{\Delta Q}{\Delta P}$가 기울기의 역수이기 때문임

점탄력성	• 한 점에서 계산된 탄력도 • 주어진 함수를 미분하여 계산하는 방법 $\varepsilon_d = \left\lvert \dfrac{dQ^D/Q^D}{dP/P} \right\rvert = -\left\lvert \dfrac{dQ^D}{dP} \right\rvert \times \dfrac{P}{Q}$ • 탄력성은 원칙적으로 점마다 다름
호탄력성	• 두 점 사이에서 계산된 탄력도 • 평균가격과 평균수요량을 사용 • 가격과 거래량이 2개 존재하므로 가격과 거래량의 평균치를 사용 $\varepsilon_d = -\left\lvert \dfrac{\Delta Q^D}{\Delta P} \right\rvert \times \dfrac{P_1 + P_2}{Q_1^D + Q_2^D}$
선형 수요곡선의 탄력성	• $\varepsilon_d = \dfrac{CQ_0}{BQ_0} \times \dfrac{BQ_0}{OQ_0} = \dfrac{CQ_0}{OQ_0}$ $\left(\dfrac{\Delta Q}{\Delta P} : \text{수요곡선의 접선 } AC \text{의 기울기의 역수}\right)$ 　　삼각형 닮은꼴의 특성을 이용, $\dfrac{CQ_0}{OQ_0} = \dfrac{P_0O}{AP_0} = \dfrac{BC}{AB}$ • 가격수준이 높은 곳에 위치하면 탄력적, 낮은 쪽에 위치하면 비탄력적

3. 결정요인

(1) 대체재가 많을수록 탄력적

대체재가 많을수록 가격 상승 시 다른 재화를 구매할 가능성이 있으므로 가격변화에 대한 수요량의 변화율이 민감하다.

🄔 사과가 너무 비싸지면 배를 구입할 것이므로 사과의 수요량 변화가 심할 것이다.

(2) 필수재보다 사치재가 탄력적

필수재는 가격이 변한다 해도 구매량을 비슷하게 유지할 것이므로 사치재에 비해 가격변화에 대한 수요량의 변화율이 둔감하다.

🄔 쌀값이 20% 오른다고 해도 밥은 먹고 살아야 하므로 수요량의 변동은 심하지 않을 것이다.

(3) 전체 소득에서 차지하는 비중이 클수록 탄력적

소득에서 차지하는 비중이 크다면 구매 시 고민할 수밖에 없다. 따라서 비싼 물건일수록 가격변화에 대한 수요량의 변화율이 민감하다.

🄔 백화점에서 파는 물건이 마트에서 파는 물건에 비해 가격의 변화율이 동일하더라도 실제 가격은 더 많이 하락할 것이므로 소비량이 급격히 변할 것이다. 백화점에서 세일을 할 경우 사람들의 구매량이 급격히 늘어나는 것으로 설명할 수 있다.

(4) 장기에서 탄력적

장기가 되면 단기보다 선택의 폭이 넓어지게 되어 가격이 오른 재화에 대한 소비량이 급속히 줄어들 수 있다.

[예] 단기에 전기요금이 상승할 경우 다른 방안을 찾지 못해 전기를 계속 사용하게 되어 수요량의 변화가 적지만, 만약 장기가 되면 될수록 다른 것을 찾으려고 노력할 것이다.

시험문제 미리보기!

다음 중 가격탄력성에 대한 설명으로 옳은 것은? (단, 수요의 가격탄력성은 절대값이다)

① 농산물의 수요는 가격변동에 대해 탄력적이다.

② 수요의 가격탄력성은 0에서 1사이의 값을 가진다.

③ 사치품에 대한 수요의 가격탄력성은 일반적으로 1보다 크다.

④ 수요의 가격탄력성이 1보다 크면 그 제품은 단위탄력적이라고 한다.

⑤ 수요의 가격탄력성이 1보다 크면 수요량은 가격변동에 많은 영향을 받지 않는다.

정답 ③

해설 사치품은 탄력적, 필수품은 비탄력적이다.

오답노트
① 농산물은 필수품이므로 수요의 가격탄력성은 비탄력적이다.
② 수요의 가격탄력성은 0에서 ∞ 사이의 값을 가진다.
④ 수요의 가격탄력성이 1일 때 그 제품은 단위탄력적이라고 한다.
⑤ 수요의 가격탄력성이 1보다 크면 수요량은 가격 변동에 많은 영향을 받는다.

4. 수요의 가격탄력성과 판매수입

(1) 그래프와 판매수입

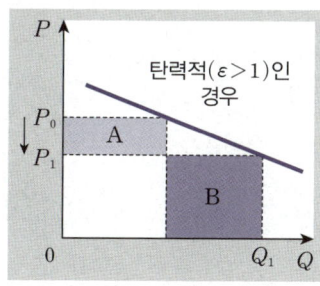
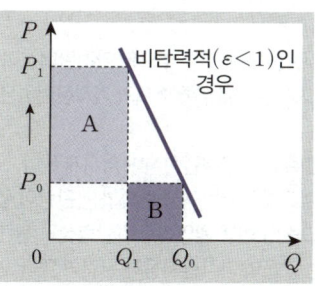

탄력적인 경우 ($\varepsilon > 1$)	비탄력적인 경우 ($\varepsilon < 1$)	단위탄력적인 경우 ($\varepsilon = 1$)	완전비탄력적인 경우 ($\varepsilon = 0$)
가격인하전략	가격인상전략	가격전략 무관	가격인상전략
A < B	A > B	A = B	A 증가, B = 0
가격변동률 < 수량변동률	가격변동률 > 수량변동률	가격변동률 = 수량변동률	가격변동률 = 매출액 변동률

핵심 Plus⁺

수요의 가격탄력성이 단위탄력적인 경우와 완전비탄력적인 경우의 판매수입의 변화

• $\varepsilon = 0$ [완전비탄력적]
소비자는 돌부처여서 가격변화에 관심이 없음. 따라서 가격이 변하든 말든 신경 쓰지 않음. 조심해야 할 것은 모든 가격대에 대해서(수요곡선의 세로축이 무한대) 성립하는 구매패턴은 존재하지 않는다는 것임. 하지만 가격을 일정 구간으로 한정하는 경우, 현실에서도 완전비탄력적인 구매패턴은 존재할 수 있음
[P × Q(고정) = 판매수입]

[예] 주유소에서 20L(리터)까지는 가격변화와 무관하게 일정량의 기름을 넣는 경우 (정량 구매)

• $\varepsilon = 1$ [단위탄력적]
단위탄력적인 소비자는 항상 같은 금액을 구매하기 때문에 판매자 입장에서 보면 판매수입이 항상 일정함
[P × Q = 판매수입(고정)]

[예] 주유소에서 항상 같은 금액의 기름을 넣는 경우(정액 구매)

(2) 가정 : 가격 상승 시(하락은 반대)

① **탄력적** : 가격이 상승한 것에 비해 수요량이 더 많이 감소할 것이므로 판매수입이 감소할 것이다.

② **비탄력적** : 가격이 상승한 것에 비해 수요량이 덜 감소할 것이므로 판매수입이 증가할 것이다.

③ **단위탄력적** : 가격이 상승한 만큼만 수요량이 감소할 것이므로 판매수입이 동일하다. (정액소비)

④ **완전비탄력적** : 가격이 상승하더라도 소비량을 종전과 같이 유지하므로 판매수입이 가격상승률만큼 상승할 것이다. (정량소비)

시험문제 미리보기!

다음 그림에서 X재의 수요곡선이 D에서 D'로 변화한 이유를 옳게 진술한 것은?

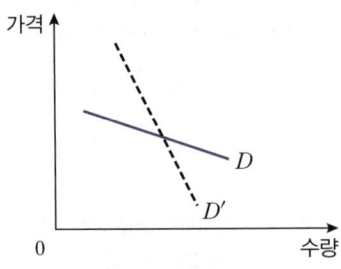

① X재의 대체재가 증가했다.
② X재의 보완재가 감소했다.
③ X재의 가격이 지속적으로 상승했다.
④ 일상생활에서 X재가 차지하는 중요도가 증가했다.
⑤ 생산기간이 기술개발로 인해 짧아졌다.

정답 ④

해설 수요곡선이 D에서 D'로 변화한 것은 수요의 가격탄력성이 비탄력적으로 변했음을 의미한다. 일상생활에서 X재의 중요도가 증가할수록 수요의 가격탄력성은 낮아진다.

> 오답노트
> ① 대체재가 증가하면 수요의 가격탄력성이 커지게 된다.
> ② 보완재의 감소와 수요의 가격탄력성 변화와는 관련이 없다.
> ③ 가격의 변화는 수요량의 변동 원인이므로 탄력성과 관련이 없다.
> ⑤ 생산기간의 변화는 공급의 가격탄력성과 관련이 있다.

03 수요의 소득탄력성 ★★

1. 개념

소득의 변화정도에 따른 수요량의 반응 정도를 나타낸 것이다.

$$\varepsilon_M = \frac{수요량의\ 변화율(\%)}{소득의\ 변화율(\%)}$$

2. 재화의 구분

정상재와 열등재의 개념은 상대적이다. 일반적으로 국산소형차와 국산중형차를 비교하면 국산중형차가 정상재이고, 국산중형차와 외제차를 비교하면 국산중형차가 열등재가 된다.

  ① **정상재** : 수요의 소득탄력성이 정(+)의 값을 갖는 재화로 소득이 증가하면 수요량이 증가한다.

  ② **열등재** : 수요의 소득탄력성이 부(−)의 값을 갖는 재화로 소득이 증가하면 수요량이 감소한다.

  ③ **기펜재** : 수요법칙의 예외로 열등재 중에서도 열등성이 아주 강한 극히 일부에 해당한다.

> • 필수재 : $0 < \varepsilon_M < 1$ • 사치재 : $\varepsilon_M > 1$

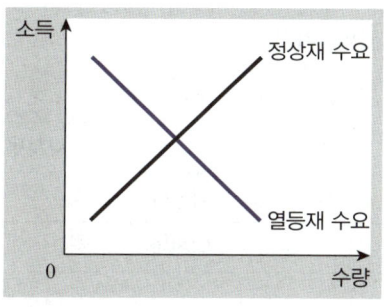

• 수요곡선과는 달리 종축이 가격이 아닌 소득이다. 따라서 정상재와 기펜재를 제외한 열등재는 수요법칙이 통한다.

3. 유의사항

  ① 소득탄력성은 소득 대비 수요의 변화를 의미하는 개념이므로 절대 공급측면이 존재하지 않는다. 공급에는 소득 개념이 없고, 소득은 일반적으로 생산요소를 제공한 대가를 의미한다.

  ② 소득탄력성의 개념은 상대적이다. 따라서 사치재, 필수재, 열등재가 고정되어 있는 것이 아니며, 같은 재화라 하더라도 시간과 공간에 따라 사치재, 필수재, 열등재의 종류는 얼마든지 바뀌는 것이 가능하다.

    예 • 공간에 따른 구분 : 흑백TV가 2014년 한국에서는 열등재, 짐바브웨에서는 사치재였음

        • 시간에 따른 구분 : 검정고무신이 2014년 한국에서는 열등재, 조선시대에는 사치재였음

  ③ 사치재, 필수재는 가격과 수요량의 관계인 수요법칙과는 범주가 다르다. 따라서 대부분의 재화는 사치재든 필수재든 열등재든 간에 수요법칙($P\uparrow = Q\downarrow$)을 따른다.

1. 개념

연관 재화의 가격변화 정도에 따른 수요량의 반응 정도를 나타낸 것이다.

$$\varepsilon_{AB} = \frac{A재\ 수요량의\ 변화율(\%)}{B재\ 가격의\ 변화율(\%)}$$

2. 재화의 구분

① 대체재 : 수요의 교차탄력성이 정(+)의 값을 갖는 재화 예 버스 ↔ 지하철
② 보완재 : 수요의 교차탄력성이 부(−)의 값을 갖는 재화 예 커피 ↔ 설탕
③ 독립재 : 수요의 교차탄력성이 0의 값을 갖는 재화 예 버스 ↔ 설탕

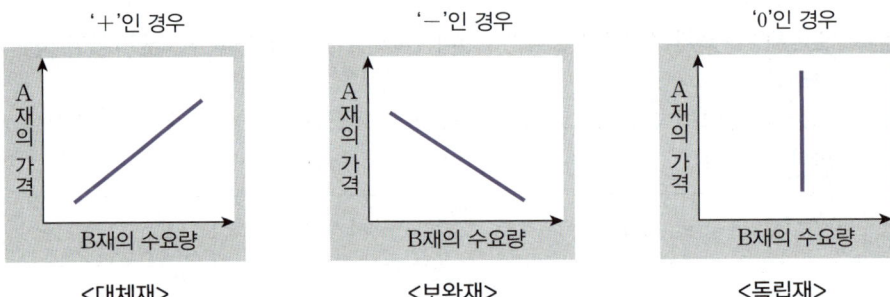

[수요의 탄력도에 따른 재화의 구분]

구 분	$\varepsilon < 0$	$\varepsilon = 0$	$0 < \varepsilon < 1$	$\varepsilon = 1$	$\varepsilon > 1$
소득탄력도	열등재		필수재		사치재
			정상재		
교차탄력도	보완재	독립재[1]	대체재		

1) 독립재
커피와 소금의 관계와 같이 사용상 별다른 관련이 없고 독자적인 목적으로 사용되는 재화

제2절 | 공급의 가격탄력성

공급의 가격탄력성	• 탄력적 : 공산품 • 비탄력적 : 농산물 • 기업수입과는 관련 없음

01 공급의 가격탄력성 ★★

1. 개념

가격의 변화에 대응하여 공급량의 반응정도를 나타낸 것이다. 가격변화에 공급량이 쉽게 조절이 가능하면 탄력적이고, 그렇지 못하면 비탄력적이다.

$$\varepsilon_s = \frac{공급량의\ 변화율(\%)}{가격의\ 변화율(\%)}$$

핵심 Plus

수요의 가격탄력성과 공급의 가격탄력성의 구분
수요의 가격탄력성은 소비자의 입장에서 판단하는 것이고 공급의 가격탄력성은 생산자의 입장에서 파악하는 것임

2. 탄력성의 종류

점탄력성	• 한 점에서 계산된 탄력도 • 주어진 함수를 미분하여 계산하는 방법 : $\varepsilon_s = \left\lvert \dfrac{dQ^S/Q^S}{dP/P} \right\rvert = \left\lvert \dfrac{dQ^S}{dP} \right\rvert \times \dfrac{P}{Q^S}$ • 탄력성은 원칙적으로 점마다 다르다.
호탄력성	• 두 점 사이에서 계산된 탄력도 • 평균가격과 평균공급량을 사용 • 가격과 거래량이 2개 존재하므로 가격과 거래량의 평균치를 사용 $\varepsilon_s = \left\lvert \dfrac{\Delta Q^S}{\Delta P} \right\rvert \times \dfrac{P_1 + P_2}{Q_1^S + Q_2^S}$
선형 공급곡선의 탄력성	• 종축을 자르는 경우 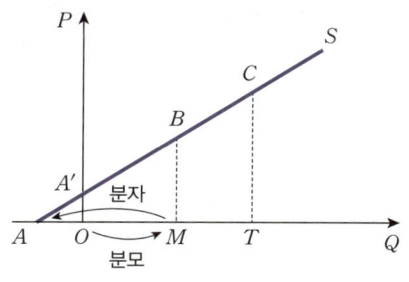 − B점에서의 공급탄력도 : $\varepsilon_s = \dfrac{dQ^S}{dP} \times \dfrac{P}{Q^S} = \dfrac{AM}{BM} \times \dfrac{BM}{OM} = \dfrac{AM}{OM} > 1$

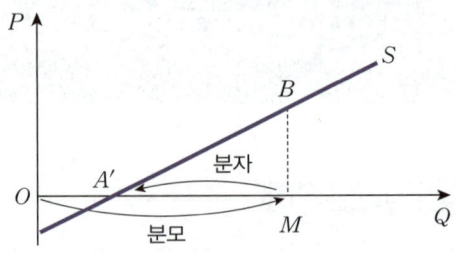

• 횡축을 자르는 경우

- B점에서의 공급탄력도 : $\varepsilon_s = \dfrac{dQ^s}{dP} \times \dfrac{P}{Q^s} = \dfrac{A'M}{BM} \times \dfrac{BM}{OM} = \dfrac{A'M}{OM} < 1$

• 원점을 지나는 경우
공급곡선상의 모든 점에서 점탄력도는 항상 1이다. P축을 지나면 탄력적이고 Q축을 지나면 비탄력적이다. 따라서 원점을 지나게 되면 공급의 가격탄력성은 1이다. 유의할 점은 선형 공급곡선이 원점을 지난다면 기울기에 관계없이 공급의 가격탄력성은 언제나 1이라는 것이다.

3. 결정요인

(1) 생산기간이 짧을수록 탄력적

생산기간이 짧을수록 가격이 상승했을 때 생산량을 급격히 늘릴 수 있다.

예 • 탄력적 : 특정 모자가 유행한다고 하면 공장을 돌려서 모자를 바로 생산 가능하다.
  • 비탄력적 : 배추는 자라는 데 시간이 오래 걸리기 때문에 바로 생산 불가능하다.

(2) 저장시설이 잘 갖추어져 있고 저장비용이 저렴할수록 탄력적

저장비용이 저렴하면 가격이 조금만 하락해도 판매하지 않을 수 있고, 반대로 가격이 조금만 상승해도 공급량을 급격히 늘릴 수 있다.

(3) 생산요소의 조달에 쉽게 변화를 줄 수 있을 때 탄력적

생산요소를 쉽게 조달할 수 있다면 가격변화에 민감하게 언제든지 생산량을 늘릴 수 있으므로 탄력적이다.

(4) 장기에서 탄력적

시간이 많을수록 가격에 대해서 생산량을 조절하는 것이 용이하다.

(5) 재화의 종류

위의 요소를 고려하면 짧은 시간에 생산 가능하고, 저장이 용이한 공산품이 공급의 가격탄력성이 탄력적이고, 생산에 긴 시간이 필요하고 저장에 불리한 농산물이 공급의 가격탄력성이 비탄력적인 재화이다.

4. 곡선의 형태

구 분	탄력성	기울기
탄력성 = 0	완전비탄력적	수직선
탄력성 < 1	비탄력적	기울기 가파름 예 농축산물
탄력성 = 1	단위탄력적	기준 역할 / 원점 지남
탄력성 > 1	탄력적	기울기 완만 예 공산품
탄력성 = ∞	완전탄력적	수평선

5. 탄력도와 잉여

(1) 수요곡선

① 수요곡선이 탄력적일수록 시장가격과 수요곡선이 유사해지므로 소비자잉여가 감소한다.

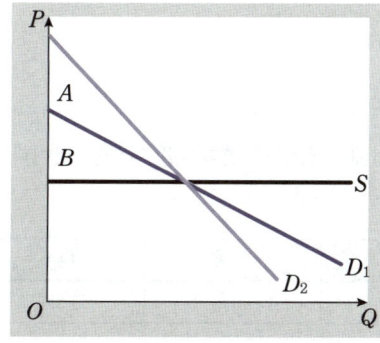

• 탄력적인 경우 소비자잉여 = B
• 비탄력적인 경우 소비자잉여 = A + B

② 수요곡선이 완전탄력적이면(수평선) 소비자잉여는 0이다. 반대로 수요곡선이 완전비탄력적이면(수직선) 시장가격과 멀어지므로 소비자잉여는 커진다.

(2) 공급곡선

① 공급곡선이 탄력적일수록 시장가격과 공급곡선이 유사해지므로 생산자잉여가 감소한다.

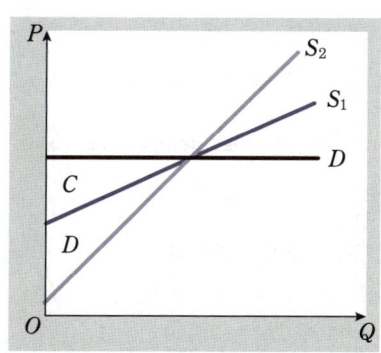

• 탄력적인 경우 생산자잉여 = C
• 비탄력적인 경우 생산자잉여 = C + D

② 공급곡선이 완전탄력적이면(수평선) 생산자잉여는 0이다. 반대로 공급곡선이 완전비탄력적이면(수직선) 시장가격과 멀어지므로 생산자잉여는 커진다.

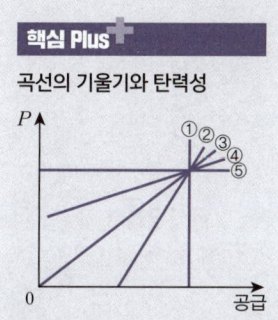

6. 농산물 가격파동(농부의 역설)

농산물 가격파동이란 농산물의 공급이 증가(풍년)하면 농산물 가격이 폭락하여 농부의 총수입이 감소하는 현상이다. 농산물 가격파동이 생기는 이유는 농산물의 특성이 수요와 공급의 가격탄력도가 비탄력적이기 때문이다.

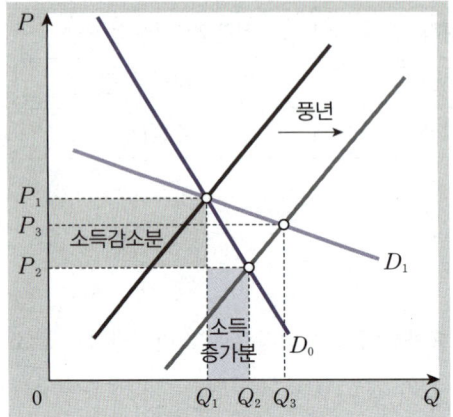

- 수요곡선이 비탄력적이고(D_0) 풍년으로 공급이 증가하는 경우 : 판매량 약간 증가($Q_2 - Q_1$), 가격 폭락 ($P_1 - P_2$) ⇨ 총수입 감소
- 수요곡선이 탄력적이고(D_1) 풍년으로 공급이 증가하는 경우 : 판매량 크게 증가($Q_3 - Q_1$), 가격 약간 하락 ($P_1 - P_3$) ⇨ 총수입 증가

시험문제 미리보기!

다음 표는 어떤 재화의 가격이 10% 상승하였을 때 공급량의 변화율을 나타낸 것이다. 이에 대한 옳은 설명만을 〈보기〉에서 있는 대로 고른 것은?

구 분	A재	B재	C재	D재
공급량의 변화율	0%	5%	10%	15%

〈보기〉
ㄱ. 사망한 유명 화가의 미술 작품은 A재에 해당한다.
ㄴ. 공급곡선의 기울기는 B재보다 D재가 더 완만하게 나타난다.
ㄷ. 매번 생산할 때마다 500만 원어치를 생산하는 재화는 C재에 해당한다.
ㄹ. 소득에서 차지하는 비중이 가장 큰 재화는 D재에 해당한다.

① ㄱ, ㄴ   ② ㄱ, ㄹ   ③ ㄴ, ㄹ
④ ㄱ, ㄴ, ㄷ   ⑤ ㄴ, ㄷ, ㄹ

정답 ①

해설 공급의 가격탄력성을 순서대로 적어보면 A재는 완전비탄력적, B재는 비탄력적, C재는 단위탄력적, D재는 탄력적인 재화에 해당한다.
ㄱ. 화가의 미술작품은 완전비탄력적 재화에 해당한다.
ㄴ. 탄력적 재화의 공급곡선의 기울기가 비탄력적 재화에 비해 더 완만하다.
오답노트
ㄷ, ㄹ. 수요의 가격탄력성과 관련이 있다.

출제예상문제

❗ 출제예상문제의 중요도를 ★~★★★으로 구분하였습니다. 난이도가 가장 높은 고등급 문제는 [최우수] 표시하였으니, 최우수 등급을 목표로 하신다면 반드시 학습하시기 바랍니다.

01 ★ 스마트폰 회사가 최근 스마트폰 가격을 8% 올렸을 때 그 제품의 판매량이 5% 감소하였다면 다음 중 옳은 것은?

① 공급의 가격탄력성이 1이다.
② 공급의 가격탄력성이 1보다 크다.
③ 공급의 가격탄력성이 1보다 작다.
④ 수요의 가격탄력성이 1보다 크다.
⑤ 수요의 가격탄력성이 1보다 작다.

[최우수]

02 ★★ 수요의 가격탄력성에 대한 설명으로 옳은 것은?

─────────────〈보기〉─────────────
ㄱ. 생산기간이 길수록 수요의 가격탄력성이 탄력적이다.
ㄴ. 수요의 가격탄력성이 탄력적인 경우 가격인하 정책이 바람직하다.
ㄷ. 직선인 수요곡선인 경우 기울기가 일정하므로 모든 점에서 탄력성이 같다.
ㄹ. 소득에서 차지하는 비중이 큰 사치품은 수요의 가격탄력성이 탄력적이다.

① ㄱ, ㄴ   ② ㄱ, ㄷ   ③ ㄴ, ㄷ   ④ ㄴ, ㄹ   ⑤ ㄷ, ㄹ

03 ★★ 밑줄 친 ㉠, ㉡의 영향으로 옳은 것은? (단, X재와 Y재는 수요·공급 법칙을 따른다)

구 분	수요의 가격탄력성	시장 변화
X재	1보다 작음	㉠ X재의 원자재 가격이 상승하였다.
Y재	1보다 큼	㉡ Y재에 대한 소비자들의 선호도가 증가하였다.

① X재의 판매수입이 감소한다.
② X재의 균형가격이 하락한다.
③ Y재의 판매수입이 증가한다.
④ Y재의 균형거래량이 감소한다.
⑤ 정답 없음

04 다음 그래프는 가격 인하($P_1 \rightarrow P_2$)에 따른 판매수입의 변화를 나타낸 것이다. 이에 대한 설명으로 옳은 것은?

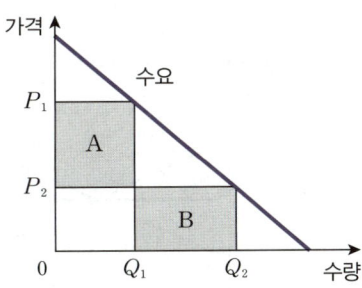

① A는 판매수입의 증가를 보여준다.

② B는 가격 인하의 기회비용이 된다.

③ 판매수입은 A + B로 계산한다.

④ A > B일 때, 대체재가 많을 것이다.

⑤ A < B일 때, 가격탄력성은 1보다 크다.

정답 및 해설

01 ⑤
가격이 8% 오르고 제품 판매량이 5% 감소하였다면, 공급가격 변화로 수요량이 변화하였으므로 수요의 가격탄력성은 5 ÷ 8 = 0.625이다.

02 ④
ㄴ. 수요의 가격탄력성이 탄력적인 경우 가격인하 정책이 바람직하고 비탄력적인 경우 가격인상 정책이 바람직하다.
ㄹ. 소득에서 차지하는 비중이 큰 사치품은 수요의 가격탄력성이 탄력적이고 비중이 작은 필수품은 비탄력적이다.

오답노트
ㄱ. 대체재가 많을수록 수요의 가격탄력성이 탄력적이다.
ㄷ. 직선인 수요곡선인 경우 기울기가 일정하지만 탄력성의 공식에 따라 점마다 탄력성이 다르다.

03 ③
㉠은 X재의 공급 감소 요인, ㉡은 Y재의 수요 증가 요인이다.

오답노트
①② X재 수요의 가격탄력성은 1보다 작고, 공급 감소로 인해 균형 가격이 상승하였다. 따라서 X재의 판매수입은 증가한다.
④ 수요가 증가하면 균형가격이 상승하고 균형거래량이 증가하므로 수요의 가격탄력성과 관계없이 판매수입이 증가한다.

04 ⑤
판매수입은 가격 × 판매량으로 계산할 수 있다. 가격 인하 시 탄력성이 1보다 크면 B가 크기 때문에 판매수입은 증가하게 된다. 대체재가 많이 존재할수록 탄력성은 커진다.

05 그림의 X재 ~ Z재를 수요의 가격탄력성이 큰 순서대로 나열한 것은? (단, X재 ~ Z재는 수요와 공급의 법칙을 따르며, 수요의 변동은 없다)

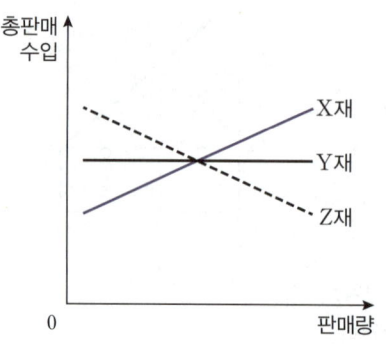

① X재 > Y재 > Z재
② X재 > Z재 > Y재
③ Y재 > X재 > Z재
④ Z재 > X재 > Y재
⑤ X재 = Z재 > Y재

06 자료는 가격이 10% 상승했을 때 A ~ D재의 가격변화율 대비 매출액변화율의 크기를 나타낸 것이다. 이에 대한 설명 중 옳지 않은 것은?

구 분	A재	B재	C재	D재
매출액변화율(%)	0	5	10	−10

① A재 수요의 가격탄력성은 1이다.
② B재 수요의 가격탄력성은 1보다 크다.
③ C재의 수요곡선은 수직선의 형태를 띤다.
④ D재는 C재보다 수요의 가격탄력성이 크다.
⑤ 수요법칙의 예외를 보이는 재화는 C재이다.

07 그림은 연관재인 X재 ~ Z재의 관계를 나타낸 것이다. 이에 대한 분석으로 옳은 것은? (단, 세로축은 원인을, 가로축은 결과를 나타낸다)

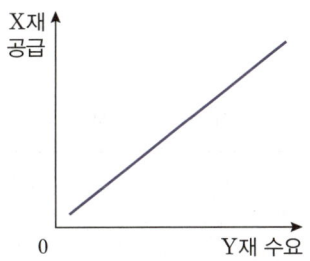

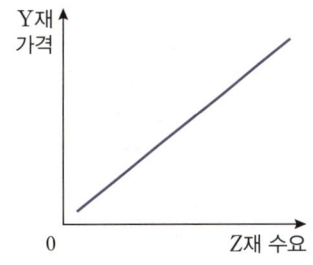

① X재, Y재는 대체재 관계이다.

② X재 가격과 Y재 수요는 정(+)의 관계이다.

③ X재 가격과 Z재 수요는 부(−)의 관계이다.

④ Y재 생산비 상승은 Z재 수요 증가 요인이다.

⑤ 두 재화 모두 수요의 소득탄력성이 (+)로 나타난다.

정답 및 해설

05 ①

수요의 변동이 없으므로 판매량의 변화는 곧 수요곡선상의 수요량의 변화와 일치하며, 공급이 증가함에 따라 판매량은 증가하고 가격은 하락한다. X재의 경우 판매량의 증가, 즉, 가격이 하락함에 따라 총판매수입이 증가하므로 X재 수요의 가격탄력성은 1보다 크다. Y재의 경우 가격이 하락해도 총판매수입은 변하지 않으므로 Y재 수요의 가격탄력성은 1이다. Z재의 경우 가격이 하락함에 따라 총판매수입이 감소하므로 Z재 수요의 가격탄력성은 1보다 작다. 따라서, X재 > Y재 > Z재이다.

06 ②

A는 단위탄력적, B는 비탄력적, C는 완전비탄력적, D는 탄력적인 재화이다. B재는 가격이 10% 상승했을 때 매출액이 5% 증가하였다. 수요의 가격탄력성이 1보다 작은 비탄력적인 재화는 가격이 상승할 때 매출액도 증가한다.

오답노트
① A재는 가격이 10% 상승했을 때 매출액의 변화가 없었다. 수요의 가격탄력성이 1인 단위탄력적인 재화는 가격변화와 무관하게 매출액이 일정하다.

③ C재는 가격상승률과 매출액증가율이 같은 크기로 변하였다. 수요의 가격탄력성이 0인 완전비탄력적인 재화에 해당한다.

④ D재는 가격이 10% 상승했을 때 매출액이 10% 감소하였다. 가격이 상승했을 때 매출액이 감소하는 재화는 수요의 가격탄력성이 1보다 큰 탄력적인 재화이다. 따라서, D재가 C재보다 수요의 가격탄력성이 크다.

⑤ 수요법칙의 예외를 보이는 재화는 완전비탄력적인 C재이다. A재는 단위탄력적이므로, 수요법칙이 통하는 직각쌍곡선이다.

07 ④

Y재, Z재는 대체재 관계이다. Y재 생산비가 상승해 Y재 공급이 감소하면 Y재 가격은 상승한다. Y재 가격이 상승하면 대체재 관계인 Z재 수요는 증가한다.

오답노트
①② 보완재인 X재 가격과 Y재 수요는 부(−)의 관계이다.
③ X재, Z재가 어떤 연관재 관계에 있는지는 확인할 수 없다.
⑤ 위 자료로 소득탄력성을 판단할 수 없다.

08 다음 자료에 대한 분석으로 옳은 것은?

- A재와 B재의 수요의 교차탄력성은 2이다.
- A재와 C재의 수요의 교차탄력성은 −1이다.
- 최근 A재의 부품 가격이 급격히 하락하였다.
- A재의 수요의 가격탄력성은 1보다 작고, B재와 C재의 수요의 가격탄력성은 1보다 크다.

---

① B재의 거래량은 증가한다.
② C재의 가격은 하락한다.
③ A재와 B재의 가격은 모두 상승한다.
④ A재의 판매수입은 감소한다.
⑤ B재와 C재의 관계는 대체재이다.

09 치킨 전문점에서 치킨과 맥주를 판매한다고 한다. 이 매장에서 판매하는 치킨과 맥주는 보완재라고 가정했을 때, 이 가게에서 한 달 동안 치킨 가격을 10% 인하해 판매하기로 하였다면 다음 중 옳은 것은? (단, 치킨은 수요법칙을 따른다)

〈보기〉

ㄱ. 치킨의 판매는 증가할지 감소할지 알 수 없다.
ㄴ. 맥주의 판매수입은 반드시 증가할 것이다.
ㄷ. 치킨 가격에 대한 맥주 수요의 교차탄력성이 0보다 작다.
ㄹ. 치킨 가격에 대한 맥주의 소득탄력성은 0보다 크다.

---

① ㄱ, ㄴ   ② ㄱ, ㄷ   ③ ㄴ, ㄷ   ④ ㄴ, ㄹ   ⑤ ㄷ, ㄹ

10 (가), (나)에 대한 옳은 진술을 <보기>에서 고른 것은?

• 시장 가격은 (가)곡선과 (나)곡선이 만나는 곳에서 형성된다.
• 대체재의 가격 변화는 (가)의 변동 요인이고, 원자재의 가격 변화는 (나)의 변동 요인이다.

<보기>
ㄱ. 자유재는 모든 가격대에서 (가)의 양보다 (나)의 양이 많다.
ㄴ. (가)의 가격탄력성이 탄력적일 때, (나)가 증가하면 판매수입은 증가한다.
ㄷ. (나)의 가격탄력성이 탄력적일 때, (가)가 감소하면 판매수입은 증가한다.
ㄹ. 대체재의 가격 상승과 원자재의 가격 상승은 (가)와 (나)를 모두 증가시킨다.

① ㄱ, ㄴ 　　② ㄱ, ㄷ 　　③ ㄴ, ㄷ 　　④ ㄴ, ㄹ 　　⑤ ㄷ, ㄹ

정답 및 해설

08 ④
• A재의 부품가격이 하락하면 공급이 증가하여 가격은 하락하게 된다. 그런데 수요의 가격탄력성이 비탄력적이므로 판매수입은 하락한다.
• 대체재인 B재 수요는 감소하여 가격과 판매수입은 하락한다. 반면 보완재의 C재 수요는 증가하게 되어 가격과 판매수입이 상승한다.

오답노트
① 수요가 감소하므로 거래량도 감소한다.
② 수요가 증가하므로 가격은 상승한다.
③ 둘 다 하락한다.
⑤ 두 재화의 관계는 판단할 수 없다.

09 ③
ㄴ. 보완재의 가격 하락은 수요 증가 요인이므로 치킨의 가격이 하락하여 맥주의 수요가 증가하면 맥주의 판매수입도 반드시 증가할 것이다.
ㄷ. 보완재의 교차탄력성은 0보다 작다.

오답노트
ㄱ. 치킨의 가격이 하락하였으므로 치킨의 판매는 수요법칙에 따라 반드시 증가한다.
ㄹ. 소득이 제시되어 있지 않으므로 소득탄력성에 대해서는 알 수 없다.

10 ①
(가)는 수요, (나)는 공급이다.
ㄱ. 자유재는 모든 가격대에서 공급량이 수요량보다 많다.
ㄴ. 공급이 증가하면 가격은 하락한다. 이때 수요의 가격탄력성이 탄력적이면 가격보다 수요량이 더 크게 증가하므로 판매수입은 증가한다.

오답노트
ㄷ. 수요가 감소하면 공급의 가격탄력성에 관계없이 판매수입이 감소한다.
ㄹ. 대체재의 가격 상승은 수요 증가의 원인이고, 원자재의 가격 상승은 공급 감소의 원인이다.

제**4**장 시장이론

▣ 학습전략

우리가 지금까지 분석했던 수요와 공급에 의한 시장가격의 결정은 모두 완전경쟁시장을 가정하고 분석한 것이다. 그러나 현실에는 완전경쟁시장만 존재하는 것이 아니라 불완전경쟁시장도 존재한다.

완전경쟁시장은 다수의 수요자와 공급자가 존재하는 등 경제학에서 이상적으로 생각하는 시장이다. 개별기업은 가격지배력이 없으므로 시장에서 주어진 가격을 받아들인다.

독점시장은 한 개의 기업이 모든 수요를 차지한다. 따라서 기업은 자신이 가격을 결정할 수 있기 때문에 필요한 만큼 생산하지 않고 가격을 높인다. 독점시장의 한계수입은 수요곡선의 기울기 2배로 그려지며 이로 인해 이윤극대화 생산량에서는 과소생산된다. 따라서 발생하는 후생손실의 면적을 구할 수 있어야 한다.

독점적 경쟁시장에서는 시장 내에 많은 기업이 있기 때문에 특별한 상품을 내놓아야만 한다. 우리 주변에 있는 미용실, 식당 등이 모두 여기에 해당한다.

과점시장은 소수의 기업이 시장을 지배하는 형태이다. 게임이론을 통해 설명하는데 담합이 왜 이루어지고 쉽게 와해될 수 있는지 보여준다.

▣ 출제비중

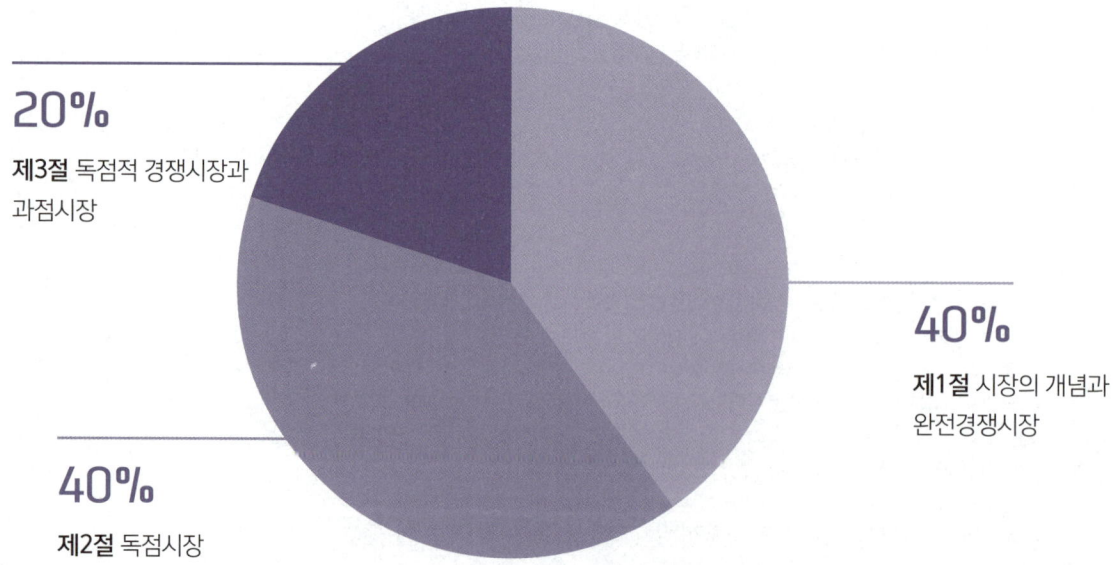

20%
제3절 독점적 경쟁시장과 과점시장

40%
제1절 시장의 개념과 완전경쟁시장

40%
제2절 독점시장

■ 출제 유형

해당 영역은 완전경쟁시장과 불완전경쟁시장인 독점시장, 독점적 경쟁시장, 과점시장에 대한 분석을 기본으로 한다. 따라서 4가지 시장을 구분하는 문제가 출제된다. 특히 단기 완전경쟁시장에서는 가격이 평균비용보다 작고 평균가변비용보다 크다면 손해는 보지만 생산해야 한다는 것을 염두에 두고 있어야 한다. 과점시장에서는 게임이론을 읽고 내쉬균형 또는 우월전략을 찾는 문제가 출제된다.

■ 학습구성

구 분	출제포인트	중요도
제1절 시장의 개념과 완전경쟁시장	**01** 시장의 개념과 구분	★★★
	02 이윤극대화 조건	★
	03 완전경쟁시장	★★★
제2절 독점시장	**01** 독점(Monopoly)의 개념과 특징	★★
	02 독점시장에서의 총수입, 평균수입, 한계수입	★★
	03 독점도(DM ; Degree of Monopoly)	★
	04 가격차별	★★★
	05 묶어팔기	★
	06 독점의 규제	★
	07 완전경쟁시장과 독점시장의 비교	★★★
제3절 독점적 경쟁시장과 과점시장	**01** 독점적 경쟁시장	★★
	02 과점시장	★
	03 게임이론	★★★

제1절 | 시장의 개념과 완전경쟁시장

핵심 Check ✓ 완전경쟁시장

기업의 이윤극대화 생산량 결정	• MR = MC
완전경쟁시장	• 동질의 상품 • 가격수용자 • 효율적 시장 등 • P = MR = MC
단기 완전경쟁시장	• P > AC : 초과이윤 • P = AC : 손익분기점 • AC > P > AVC : 단기에 손해지만 고정비용을 줄일 수 있으므로 생산해야 함 • P = AVC : 조업중단점

01 시장의 개념과 구분 ★★★

1. 시장의 개념

(1) 좁은 의미

일반적으로 시장(Market)은 재화와 서비스의 거래가 이루어지는 구체적인 장소이다.

(2) 넓은 의미

① 경제학에서는 훨씬 넓은 의미로 재화 및 서비스의 거래가 이루어지는 추상적인 메커니즘을 시장으로 정의한다.

② 시장은 수요자와 공급자의 만남이 이루어지는 '만남의 장'이며, 수요자와 공급자의 상호작용에 의해 재화의 가격과 거래량이 결정된다.

2. 시장의 구분

(1) 거래되는 상품의 종류에 따른 구분

① 생산물시장 : 농산물시장, 자동차시장 등

② 생산요소시장 : 노동시장, 자본시장 등

(2) 시장의 구조에 따른 구분

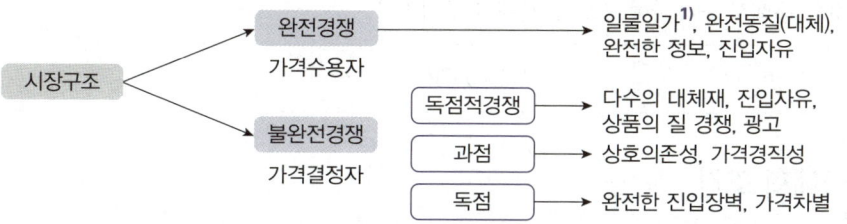

시장구조 → 완전경쟁 (가격수용자)	→ 일물일가[1], 완전동질(대체), 완전한 정보, 진입자유
시장구조 → 불완전경쟁 (가격결정자)	독점적경쟁 → 다수의 대체재, 진입자유, 상품의 질 경쟁, 광고
	과점 → 상호의존성, 가격경직성
	독점 → 완전한 진입장벽, 가격차별

> 합리적인 개별기업이 시장가격을 조정할 수 있으면 불완전경쟁, 조정 못하면 완전경쟁시장이 된다.

- 완전경쟁시장 : 쌀시장, 주식시장, 외환시장, 자본시장 등
- 독점적 경쟁시장 : 비디오방, 노래방, PC방, 생맥줏집 등
- 과점시장 : 시내전화, 자동차 등
- 독점시장 : 잎담배(수요독점), 한국전력(공급독점) 등

02 이윤극대화 조건 ★

1. 총이윤

$$\pi = TR - TC$$

2. 수입곡선과 수요곡선

(1) 총수입(TR ; Total Revenue)

소비자가 판매한 총액을 의미하며, 매출액이라고도 한다.

$$TR = P \times Q$$

(2) 평균수입(AR ; Average Revenue)

소비자가 1개당 구입한 금액이며, 가격 또는 수요곡선으로 표현된다.

$$AR = \frac{TR}{Q} = \frac{PQ}{Q} = P$$

(3) 한계수입(MR ; Marginal Revenue)

한계수입은 판매량이 1단위 증가할 때 총수입의 증가분이다.

$$MR = \frac{\Delta TR}{\Delta Q}$$

1) 일물일가
모든 재화의 가격이 동일한 것을 의미

핵심 Plus +

동질적인 재화 (Homogeneous Product)
품질뿐만 아니라 판매 조건, 애프터서비스 조건 등 모든 것이 동일한 재화

우리가 배운 수요와 공급곡선
우리가 배운 수요와 공급곡선은 균형가격에서 거래될 경우 소비자잉여와 생산자잉여가 합해진 총잉여가 극대화된 경우로서, 이는 우리가 배운 모든 시장이 완전경쟁시장이었음을 말해주고 있음

(4) 총비용(TC ; Total Cost)

총비용함수를 통해서 구해지며 주로 문제에서 주어진다.

$$TC = TC(Q)$$

3. 이윤극대화 조건

'총수입 – 총비용'이 최대가 되는 수량을 구하는 것이다.

(1) 이윤극대화 1계조건

① 이윤함수의 1계 미분이 0(극치를 갖는 조건)

② $\dfrac{d\pi}{dQ} = \dfrac{dTR}{dQ} - \dfrac{dTC}{dQ} = MR - MC = 0$이므로,

MR(한계수입) = MC(한계비용)

(2) 이윤극대화 2계조건

① 이윤함수의 2계 미분이 음(위로 볼록)

② $\dfrac{d^2\pi}{dQ^2} = \dfrac{d^2TR}{dQ^2} - \dfrac{d^2TC}{dQ^2} = MR' - MC' < 0$이므로,

MR곡선의 기울기 $< MC$곡선의 기울기

(3) MR과 MC가 일치하지 않는 경우

만일 기업의 한계수입이 한계비용보다 크다면, 생산량을 늘릴 경우 이윤이 증가하므로 한계수입과 한계비용이 같아지는 점까지 생산을 증가시키고, 한계수입이 한계비용보다 작다면 마지막 재화는 생산할 유인이 없어지므로 생산을 줄일 것이다. 그러므로 이윤극대화 조건은 'MR(한계수입) $= MC$(한계비용)'가 된다.

4. 수입극대화 가설

경영자의 입장에서는 이윤극대화가 아닌 매출액극대화를 추구한다는 이론이다.

(1) 원인

① 경영자의 지위와 보수가 매출액에 의해 결정되는 경우가 많다.
② 매출액과 금융기관 신뢰도는 주로 비례관계에 있다.
③ 매출이 높은 것이 시장점유율이 높음을 의미한다.

(2) 단점

경영자가 주주의 의사에 반하는 행위를 할 수 있다. 즉, 도덕적 해이의 일종인 주인–대리인이론에 해당한다.

03 완전경쟁시장 ★★★

1. 완전경쟁시장의 특징

① 완전경쟁시장에는 다수의 수요자와 공급자가 존재하며, 개별수요자와 공급자는 가격에 영향을 미칠 수 없으므로 **가격수용자(Price Taker)**로 행동한다.
② 모든 기업은 한 동질적인 재화를 생산하므로 각 재화는 완전대체재이다.
③ 특정산업으로의 진입과 퇴거가 자유롭다.
④ 경제주체들이 가격에 관한(정확하게는 가격이 결정되는 모든 조건에 관한) 완전한 정보를 보유하고 공유하므로 **일물일가의 법칙**이 성립한다.

2. 단기 완전경쟁시장에서의 수요곡선

(1) 시장 전체의 수요곡선

① 시장 전체 수요량은 개별소비자들의 수요량을 합한 것이므로 시장 전체 수요곡선은 개별소비자들의 수요곡선을 수평으로 합하여 구한다.
② 개별소비자들의 수요곡선이 우하향하므로 시장 전체의 수요곡선도 우하향한다.

(2) 개별기업의 수요곡선

① 시장 전체의 수요·공급곡선에 의하여 균형가격이 결정되면 개별기업은 주어진 가격 수준에서 원하는 만큼 판매가 가능하다.
② 개별기업은 자신의 생산능력 범위 내에서 생산량을 증가시키더라도 시장가격이 전혀 변하지 않으며, 주어진 가격으로 원하는 만큼 판매가 가능하므로 **개별기업이 인식하는 수요곡선은 수평선이다.**

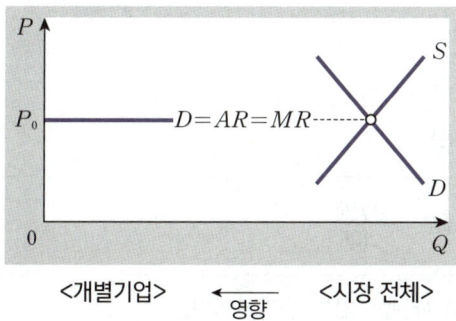

<개별기업>　←영향→　<시장 전체>

3. 기업의 단기적 이윤

(1) 총수입(TR ; Total Revenue)

$$TR = P \times Q$$

① 완전경쟁시장에서 개별기업은 가격수용자이므로 판매량이 증가할수록 총수입도 비례적으로 증가한다.

② 완전경쟁시장에서 기업의 총수입곡선은 원점을 통과하는 직선의 형태이다.

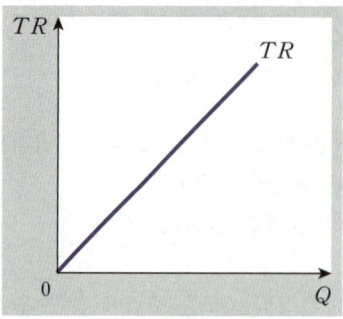

(2) 평균수입(AR ; Average Revenue)

$$AR = \frac{TR}{Q} = \frac{P \times Q}{Q} = P$$

① 평균수입은 단위당 판매수입으로서 총수입을 판매량으로 나눈 값이다.
② 총수입곡선에서의 한 점과 원점을 연결한 직선의 기울기로 측정하기도 한다.
③ 총수입을 판매량으로 나누면 항상 가격과 일치하므로 단기 완전경쟁시장에서의 평균수입곡선은 수평선의 형태이다.

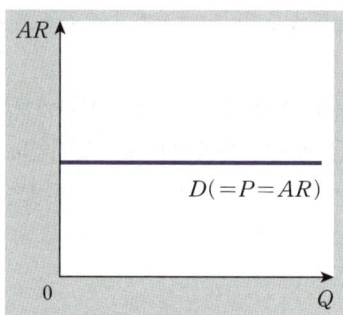

(3) 한계수입(MR ; Marginal Revenue)

$$MR = \frac{\Delta TR}{\Delta Q}$$

① 한계수입은 판매량이 1단위 증가할 때 총수입의 증가분이다.
② 총수입곡선의 한 점에서 접점을 연결한 직선의 기울기로 측정하기도 한다.
③ 단기 완전경쟁시장에서는 판매량이 1단위 증가할 때 총수입의 증가분(= 가격)은 항상 일정하므로 한계수입곡선은 수평선의 형태이다.

(4) 이윤극대화 생산량

① 1단위 추가 판매 시 얻어지는 한계수입(MR)과 1단위 추가 생산 시 들어가는 한계비용(MC)이 일치하는 지점에서 생산한다.
② 완전경쟁시장은 $P = MR$이고 이윤극대화 조건에 따라 $MR = MC$이므로 결론적으로 $P = MC$가 성립한다.

(5) 사례분석

① 가정 : 가격이 100인 재화 1개만 존재하는 완전경쟁시장이다.

가격(P)	수량(Q)	총수입(TR)	평균수입(AR)	한계수입(MR)
100	1	100	100	100
100	2	200	100	100
100	3	300	100	100
100	4	400	100	100

② 분석 : 완전경쟁시장의 특징은 시장에서 가격이 결정되면 무한정으로 판매가 가능하다는 것이다. 따라서 가격의 변동은 없으며 이로 인해 '평균수입(AR) = 가격(P) = 한계수입(MR)'이 성립한다.

4. 완전경쟁기업의 장기균형

긴 기간에 걸쳐 초과이윤이 발생하면 기업들이 시장에 진입하여 시장가격이 하락하게 되고, 손실이 발생하게 되면 시장에서 나가게 되므로 궁극적으로 장기균형에서는 더 이상 기존 기업의 퇴거나 새로운 기업의 진입, 설비규모 조정도 이루어지지 않게 된다.

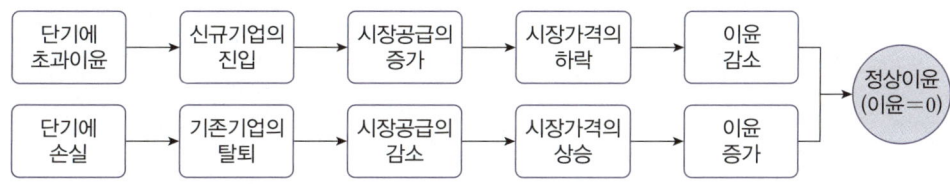

5. 완전경쟁시장에 대한 평가

(1) 장점

① **효율적인 자원배분** : 장·단기에 항상 $P = MC$가 성립하므로 사회적인 관점에서 가장 효율적 생산이 이루어지며, 사회후생이 극대화된다.

② **최적 시설 규모에서 생산** : 장기 균형에서 $P = MR = LAC$의 요건이 충족되며, **개별 기업은 장기평균비용(LAC)의 최저점에서 생산 가능하다.** 최적 시설 규모에서 최적 산출량만큼의 재화가 생산되므로 시설에 대한 낭비요인이 없어진다.

③ **의사결정의 분권화** : 모든 경제주체의 경제적 자유와 균등한 기회가 보장된다.

(2) 단점

① **비현실적인 가정** : 완전경쟁시장은 기본적으로 수많은 전제조건들이 전부 충족되는 경우에 가능하지만 현실에서 상품의 동질성, 정보의 완전성 등의 조건들을 완벽하게 실현하는 것은 불가능에 가깝다.

② **소득분배의 불공정성** : 완전경쟁시장은 '자원배분의 효율성'이 달성되는 시장이지, '소득분배의 공평성'을 기대할 수 있는 시장은 아니다.

완전경쟁시장에 대한 설명과 거리가 먼 것은?

① 시장수요곡선은 우하향한다.

② 효율성이 극대화된 시장이다.

③ 개별기업이 직면하는 수요곡선은 수평이다.

④ 단기에 기업이 양(+)의 이윤을 창출하는 것은 가능하다.

⑤ 기업의 단기공급곡선은 기업의 평균비용을 상회하는 기업의 한계비용곡선이다.

정답 ⑤

해설 기업의 단기공급곡선은 기업의 평균가변비용을 상회하는 기업의 한계비용곡선이다.

제2절 | 독점시장

독점시장의 수요곡선	• 우하향하는 직선 • MR곡선은 수요곡선의 기울기 2배
독점시장의 특징	• P > MR = MC • 완전경쟁시장에 비해 수량은 적고 가격은 높음 • 초과설비, 후생손실 발생
1급 가격차별	• 지불용의대로 받음 • 효율적 시장 • 모두 생산자잉여
2급 가격차별	• 수량별 가격차별
3급 가격차별	• 수요의 가격탄력성을 이용한 가격차별

01 독점(Monopoly)의 개념과 특징 ★★

1. 독점의 개념

모든 재화의 공급이 시장지배력을 갖는 1개의 기업에 의해 이루어지는 시장형태를 의미한다.

2. 독점의 특징

(1) 시장지배력

① 독점기업은 시장지배력을 갖고 있으므로 **가격결정자(Price Setter)**로 행동한다.
② 완전경쟁시장에서의 기업과 달리 가격차별(Price Discrimination)이 가능하다.

(2) 독점기업의 수요곡선과 공급곡선

① 수요곡선 : 독점기업이 직면하는 수요곡선은 독점기업이 다 가져가므로 우하향하는 시장 전체의 수요곡선이다. 결국 가격을 올리면 수요량이 감소하고, 가격을 내리면 수요량이 증가한다.
② 공급곡선 : 독점기업은 자신에게 가장 유리한 생산점을 선택할 수 있다. 따라서 일정 가격에 생산량을 정하는 공급곡선은 존재하지 않으며, MC로 공급곡선을 대체한다.

(3) 대체재 부재

독점의 경우에는 직접적인 대체재가 존재하지 않으므로 경쟁상대가 없다. 따라서 가격경쟁과 비가격경쟁이 존재하지 않는다.

핵심 Plus ➕

산업의 정의와 독점
산업의 정의에 따라 독점으로 볼 수도 있고 과점으로 볼 수도 있는 경우가 발생할 수 있는데, 산업을 좁게 정의하면 독점으로 분류되는 경우가 많이 발생함
㉲ 철도시장에서 철도공사는 독점공급자이지만 운수업으로 산업을 정의하면 대체재인 고속버스, 항공기 등이 있으므로 과점에 속함

(4) 완벽한 진입장벽

① 독점기업은 장기 혹은 단기와 무관하게 신규기업의 시장진입이 불가능하다.
② 독점기업은 이 진입장벽을 근거로 생산량을 결정할 때, 효율적 자원배분에 의한 최적 생산이 아닌, 기업의 최대이윤을 달성하는 수준에서 생산량을 결정한다.

02 독점시장에서의 총수입, 평균수입, 한계수입 ★★

1. 총수입(TR ; Total Revenue)

독점기업의 경우는 직면하는 수요곡선이 우하향하므로, 가격변화 시 총수입의 증감여부는 수요의 가격탄력성에 따라 달라진다. 수요의 가격탄력성이 1일 때 극대화된다.

2. 평균수입(AR ; Average Revenue)

① 재화 1단위당 수입의 크기로 총수입을 판매량으로 나눈 값과 가격이 일치한다.

$$AR = \frac{TR}{Q} = \frac{P \times Q}{Q} = P$$

② 수요곡선까지의 높이가 평균수입을 나타내므로 수요곡선과 평균수입곡선은 일치한다.

3. 한계수입(MR ; Marginal Revenue)

① 판매량이 1단위 증가할 때 총수입의 증가분이다.

$$MR = \frac{\Delta TR}{\Delta Q}$$

② 한계수입은 수요곡선과 절편은 동일하고 기울기는 2배인 곡선이다.
③ 독점시장이 맞이하는 수요곡선의 절반에서 수입이 극대화된다.

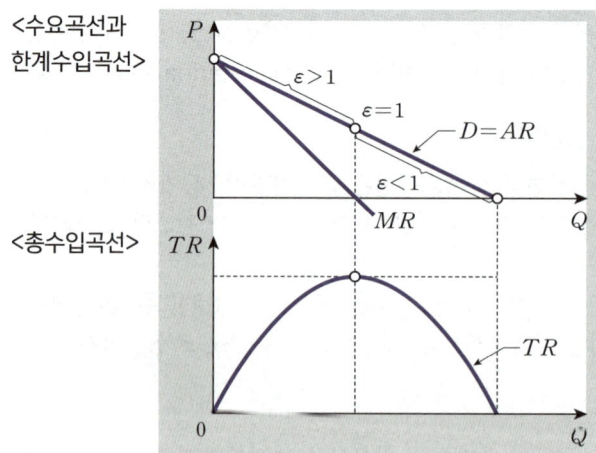

<수요곡선과 한계수입곡선>

<총수입곡선>

④ Amoroso-Robinson공식으로도 한계수입을 구할 수 있다.

$$MR = \frac{dTR}{dQ} = \frac{d(P \times Q)}{dQ} = P + Q \times \frac{dP}{dQ} = P\left(1 + \frac{Q}{P} \times \frac{dP}{dQ}\right) = P\left(1 - \frac{1}{\varepsilon_d}\right)$$

4. 독점의 이윤극대화

① 한계수입과 한계비용이 일치하는 지점에서 이윤극대화 생산량이 결정된다.
② 완전경쟁수준보다 가격은 높고, 수량은 적으며 후생손실이 발생한다.

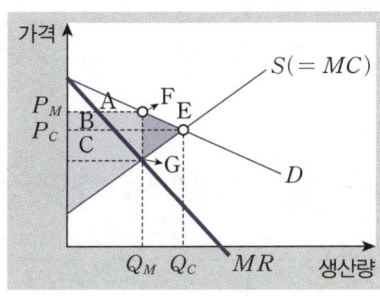

- ΔFEG : 후생손실
- $_M$: 독점시장
- $_C$: 완전경쟁시장

5. 독점의 단기균형과 장기균형

(1) 단기균형의 도출

① 독점기업은 $MR = MC$가 충족되는 점에서 가격과 생산량을 결정한다.
② 독점기업은 단기적으로 시행착오를 겪을 수도 있으므로 초과이윤을 볼 수도 있고, 정상이윤만 얻을 수도 있으며, 손실을 볼 수도 있다.

(2) 장기균형의 도출

장기균형은 장기한계비용(LMC)과 한계수입(MR)이 일치하는 점에서 이루어지므로 장기에 독점기업은 바람직한 양보다 적게 생산하며 가격은 효율적인 상태보다 높다.

6. 독점시장의 평가

(1) 긍정적 측면

① 규모의 경제가 적용되는 경우 생산비용이 감소할 수 있다.
② 기술개발과 생산방법의 혁신을 위한 연구·개발 투자의 여력이 생길 수 있어 국제 경쟁력 강화 가능성이 있다.

(2) 부정적 측면

① 완전경쟁체제에 비해 생산량은 더 적고 가격은 높다. 이로 인해 사회적 후생의 손실 발생, 비효율적 자원배분이 이루어진다.
② 최적 규모로 생산시설을 가동하지 않음으로 인해 자원의 최적 활용에 실패하였다. (초과설비 보유)

03 독점도(DM ; Degree of Monopoly) ★

1. 러너(A. Lerner)의 독점도

러너는 가격이 한계비용을 초과하는 비율이 높을수록 독점의 정도가 크다는 것에 착안하여 그 정도를 재는 지표를 제시하였다. 완전경쟁시장은 $P = MC$이다. 따라서 0과 가까울수록 완전경쟁시장에, 커질수록 독점시장에 가깝다.

$$DM = \frac{P - MC}{P}$$

2. 힉스(Hicks)의 독점도

힉스는 독점도가 수요의 가격탄력도에 반비례한다고 주장하였다. 완전경쟁의 경우 $P = MC$이고 $\varepsilon_d = \infty$이므로 DM은 0이 된다.

$$DM = \frac{P - MC}{P} = \frac{P - MR}{P} = \frac{P - P\left(1 - \frac{1}{\varepsilon_d}\right)}{P} = \frac{1}{\varepsilon_d}$$

04 가격차별 ★★★

1. 가격차별

(1) 개념

동일한 재화에 대하여 서로 다른 가격을 설정하는 것을 의미한다.

(2) 가격차별의 성립조건

　　① 기업이 독점력(시장지배력)을 갖고 있어야 한다.
　　② 시장의 분리 또는 서로 다른 수요 집단으로의 분리가 가능하여야 한다.
　　③ 각 시장의 수요의 가격탄력성이 서로 달라야한다. (3급 가격차별에 한함)
　　④ 시장 간 재판매가 불가능하여야 한다.
　　⑤ 시장분리비용이 시장분리에 따른 이윤증가분보다 작아야 한다.

2. 제1급 가격차별(완전가격차별, Perfect Price Discrimination)

(1) 개념

재화에 대하여 각각의 소비자들이 지불할 용의가 있는 최대 금액을 독점기업이 가격으로 설정하여 개별 소비자들의 지불용의를 모두 가격으로 받는 것이다.

(2) 특징

　① 자원배분이 효율적이나 모든 잉여는 생산자잉여로 귀속된다.
　② 독점기업이 모든 소비자의 지불용의를 아는 것이 불가능하므로 현실에서 찾기 어렵다.

3. 제2급 가격차별(Second Degree Price Discrimination)

(1) 개념

재화의 구입량에 따라 각각 다른 가격을 설정하는 것이다.　예 공동구매 등

(2) 특징

가격차별을 실시하지 않는 경우보다 생산량이 증가한다.

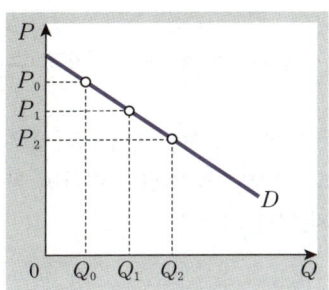

4. 제3급 가격차별

(1) 개념

　① 소비자들의 특징에 따라 시장을 몇 개로 분할하여 각 시장에서 서로 다른 가격을 설
　　정하는 것이다.
　② 일반적으로 가격차별이라고 하면 제3급 가격차별을 의미한다.
　　예 극장에서 일반인과 학생의 입장료를 다르게 설정하는 것, 가전제품을 국내에서는 높은 가
　　　격으로 판매하고 해외에서는 낮은 가격으로 판매하는 것, 이발관에서 어린이와 성인의 이
　　　발요금을 다르게 설정하는 것 등

(2) 특징

제1시장의 탄력적인 재화에는 가격을 저렴하게, 제2시장의 비탄력적인 재화에는 가격을 높
여서 판매한다.

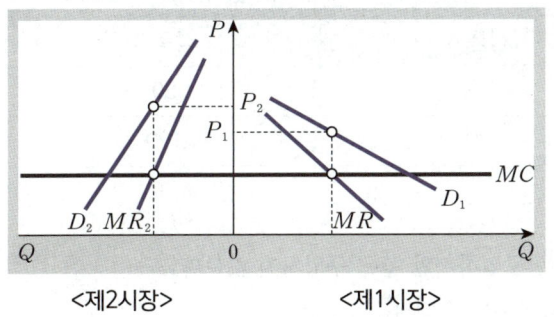

<제2시장>　　　　<제1시장>

핵심 Plus+

보상수요곡선과 통상수요곡선
가격이 변화할 때 보상수요곡선
은 대체효과만 고려한 반면, 통
상수요곡선은 소득효과와 대체
효과 모두 고려한 것임. 우리가
쓰는 수요곡선은 통상수요곡선
을 의미함

제3급 가격차별을 고르는 팁
가격차별은 동일한 제품의 가격
을 다르게 설정하여 기업의 이윤
극대화를 추구하는 것임. 따라
서 비슷해 보이기는 하지만 다른
것일 경우는 가격차별이 아님.
예를 들어 비행기 좌석의 등급에
따라 가격이 다를 경우 가격차
별이 아님. 왜냐하면 상품이 다
르기 때문이며, 이와 같이 연습
용 기타와 전문가용 기타, 신상
양복과 이월상품 양복의 가격이
다른 것은 가격차별이라고 볼 수
없음

5. 기타 가격차별

① 광고지의 할인권 또는 쿠폰을 가져오는 경우

할인권이나 쿠폰을 가져오는 경우는 가격에 민감한(탄력적인) 사람이므로 가격을 내려주고, 그렇지 않은 경우는 가격에 둔감한(비탄력적인) 사람이므로 가격을 올려서 판매한다.

② 관광지에서 지역주민에게 입장료를 할인해주는 것

지역주민은 많이 와봤기 때문에 가격에 민감한(탄력적인) 사람이므로 가격을 내려주고, 관광객들은 가격에 둔감한(비탄력적인) 사람이므로 가격을 올려준다.

6. 가격차별의 평가

(1) 장점

① 가격차별에 따른 생산량 증가로 자원배분의 비효율이 상당부분 해소된다. (사회적 후생손실의 감소)

② 제3급 가격차별의 경우 가격차별은 가격탄력성이 큰 소비자 그룹에 대해서는 낮은 가격을 책정하는 형태로 이루어지는데, 빈곤하여 가격탄력성이 높게 된 것이라면 이들에게 상대적으로 유리하게 소득이 재분배되는 효과가 있다.

(2) 단점

① 소비자 차별대우에 따른 불쾌감이 초래될 수 있다.

② 소비자잉여가 독점기업의 수익으로 전환된다.

05 묶어팔기 ★

1. 개념

여러 상품을 한꺼번에 묶어서 판매하는 것으로 넓게 보면 가격차별의 일종이라고 할 수 있다.
예 음식점의 코스요리 판매 등

2. 사례분석

구분	지불할 용의가 있는 최고 금액(원)	
	상품 A	상품 B
갑	100	50
을	70	120

(1) 상품 A를 구매하는 경우

① 상품 A를 100원에 판매하면 갑은 구입하지만 을은 구입하지 않는다.

② 70원에 판매하면 갑과 을이 모두 구입할 것이다.

③ 따라서 둘 다 구입하게 하는 경우 70 × 2 = 140원이 갑만 구입하는 경우인 100원보다 크게 되므로 기업은 가격을 70원에 설정할 것이다.

(2) 상품 B를 구매하는 경우

① 상품 B를 50원에 판매하면 갑과 을이 모두 구입할 것이다.

② 120원에 판매하면 갑은 구입하지 않고 을만 구입할 것이다.

③ 따라서 둘 다 구입하게 되는 경우 50 × 2 = 100원보다 을만 구입하는 경우 120원이 더 크므로 기업은 가격을 120원에 설정할 것이다.

(3) 묶음판매하는 경우

① 두 상품을 묶어서 총액으로 판매하는 경우 갑의 지불용의의 합인 150원으로 판매하면 갑과 을이 모두 구매하게 된다.

② 을의 지불용의의 합인 190원에 판매하게 되면 을만 구매할 것이다.

③ 따라서 둘 다 구매하게 되는 150 × 2 = 300원이 을만 구입하는 190원보다 크므로 묶음상품의 가격은 150원이 될 것이다.

06 독점의 규제 ★

1. 독점규제의 필요성

독점은 자원배분의 비효율성을 가져오므로 정부의 규제가 필요하다. 공정거래에 관한 법률 등이 있지만 여기에서는 가격규제를 중심으로 살펴보려고 한다.

2. 자연독점의 가격규제

(1) 한계비용가격규제(P = MC)

수요곡선과 한계비용(MC)곡선의 교점에서 가격규제를 하면 $P = MC$가 성립하여 자원배분이 효율적으로 이루어지나 가격이 평균비용(AC)보다 낮으므로, 자연독점기업은 적자가 발생하여 생산의 유인이 사라진다. 이 경우 정부가 보조금을 지원하여 생산을 유도한다.

(2) 평균비용가격규제(P = AC)

정부의 보조금 지원이 여의치 않은 경우 적자가 발생하지는 않지만, $P > MC$가 되어 자원배분이 비효율적으로 이루어지고 자연독점기업은 평균비용을 낮추려는 기술혁신의 유인이 사라진다.

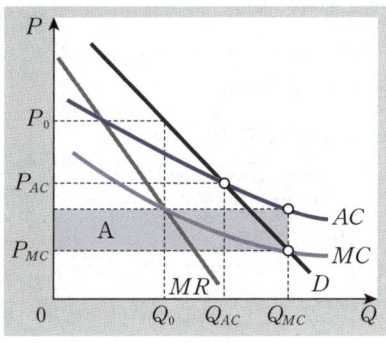

① 자연독점기업의 이윤극대화(MR = MC)

한계수입과 한계비용이 일치하는 지점에서 결정되므로 생산량 = Q_0, 가격 = P_0이다.

② 한계비용가격정책(P = MC < AC)

자원배분이 효율적으로 이루어지나 가격 P_{MC}가 평균비용(AC)보다 낮으므로 자연독점기업은 A만큼 적자가 발생한다.

③ 평균비용가격정책(P = AC > MC)

자연독점기업은 적자가 발생하지는 않지만 $P_{AC} > MC$가 되어 자원배분이 비효율적이 된다.

07 완전경쟁시장과 독점시장의 비교 ★★★

구 분	완전경쟁시장	독점시장
시장지배력	• 없음	• 있음
개별기업이 직면하는 수요곡선	 • 개별기업이 직면하는 수요곡선 : 수평선	 • 개별기업이 직면하는 수요곡선 : 우하향
일물일가의 법칙	• 성립	• 가격차별 가능

균형조건	• 단기 : P = AR = MR = MC
	• 장기 : P = AR = MR
	     = SMC = SAC
	     = LMC = LAC
		• 단기 : P = AR > MR = MC
		• 장기 : P = AR > SAC = LMC
		     = AR > MR
		     = SAC = LMC

단기공급곡선	• AVC 곡선을 상회하는 MC	• 존재하지 않음
이 윤	• 단기 : 초과이윤, 정상이윤, 손실 가능 • 장기 : 정상이윤	• 단기 : 초과이윤, 정상이윤, 손실 가능 • 장기 : 초과이윤
경제적 효과	• 효율적 자원배분(P = MC) • 시장기능의 활성화로 독점시장보다 낮은 가격으로 더 많은 생산량 공급 • 경제력의 분산	• 비효율적 자원배분(P > MC) • 완전경쟁시장보다 높은 가격으로 더 적은 생산량 공급 • 경제력의 집중

독점사업자의 최적생산량 결정에 관한 다음의 설명 중에 옳지 않은 것은?

① 독점사업자는 완전경쟁사업자와 동일하게 한계수입(Marginal Revenue)과 한계비용
(Marginal Cost)이 같아지는 점에서 최적생산량을 결정한다.

② 독점사업자는 절대로 수요탄력성이 1보다 큰 구간, 즉 탄력적인 구간에서 최적생산량
을 결정하지 않는다.

③ 독점사업자의 판매가격은 한계비용보다 크다.

④ 독점사업자의 한계수입곡선은 독점사업자에게 주어진 수요곡선보다 아래에 있는데, 그
이유는 독점사업자가 판매량을 늘리면 모든 판매량에 대해 낮은 가격을 받기 때문이다.

⑤ 독점사업자의 최적 공급량은 사회적인 최적 공급량보다 작다.

정답　②

해설　우하향하는 수요곡선에서 중점을 중심으로 탄력적인 구간에서는 판매수입이 증가하고 비탄력적인
　　　구간에서는 판매수입이 감소하므로 독점사업자는 절대로 수요탄력성이 1보다 작은 구간, 즉 비탄
　　　력적인 구간에서 최적생산량을 결정하지 않는다.

제3절 | 독점적 경쟁시장과 과점시장

01 독점적 경쟁시장 ★★

1. 개념

① 독점적 경쟁시장은 진입과 퇴거가 대체로 자유롭고, 다수의 기업이 존재하며, 개별기업들은 대체성이 높지만 차별화된 재화를 생산하는 시장형태이다.
② 독점적 경쟁시장에는 독점의 요소(일반적으로 단기)와 경쟁적인 요소(일반적으로 장기)가 공존한다.
③ 독점적 경쟁시장은 현실에 존재하는 가장 흔한 시장이며 단골을 만든다는 개념으로 생각하면 된다.
　예 학교 앞 분식점, 시내 주유소, 미용실, 목욕탕, 세탁소, 약국, 음식점, 노래방, 책방, 우유시장, 비누시장, 커피전문점 등이 있다.

2. 특징

① 제품 차별화를 통해 자신의 제품을 어필해야 한다.
② 광고, 판매조건, 디자인 등을 통한 비가격경쟁이 치열하다.
③ 경쟁시장이므로 다수의 기업(공급자)과 다수의 소비자(수요자)가 존재한다.

3. 독점적 경쟁시장의 균형

(1) 단기적으로는 초과이윤발생 가능 : 독점시장의 성격

① $P > MR = MC$
② 비탄력적 구간에서 생산하지 않는다.
③ 공급곡선이 존재하지 않는다.
④ 초과이윤을 얻을 수도, 정상이윤을 볼 수도, 손실을 입을 수도 있다. (그래프에서는 초과이윤 A가 발생하나 반드시 그런 것은 아님)

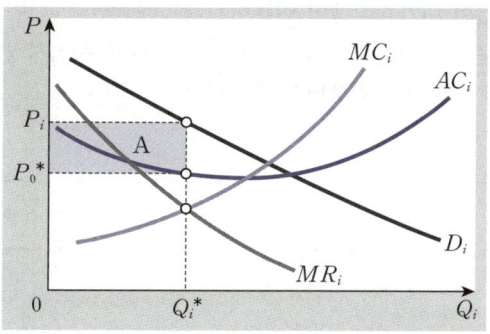

(2) 장기적으로는 정상이윤발생 : 완전시장의 성격

① 이윤측면에서 정상이윤만 발생하므로 완전시장의 성격을 가진다.

② 비용곡선의 최저점에서 생산하지 않으므로 초과설비가 생기고, 자원배분은 비효율적이다.

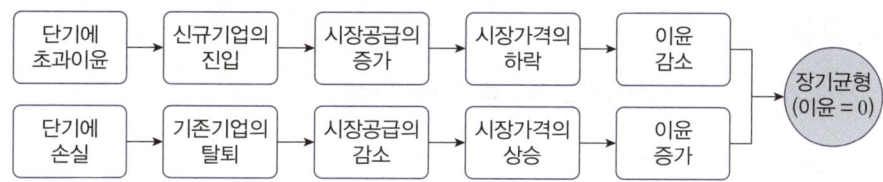

4. 독점적 경쟁시장의 평가

(1) 긍정적인 측면

다양한 재화의 생산, 적절한 수준에서 기업 간 경쟁 등이 이루어진다.

(2) 부정적인 측면

① 과소생산이 이루어져 자원배분이 비효율적이다.

② 비가격경쟁에 따른 자원의 낭비가 일어날 수 있다.

③ 평균비용곡선의 최저점에서 생산하지 못하므로 초과설비(= 유휴설비)를 보유한다.

---

02 과점시장 ★

1. 개념

① 새로운 기업의 진입이 어렵거나 불가능한 상황에서 소수의 대기업에 의해 지배되는 시장형태이다.

② 과점시장은 현실에서 보편적으로 관찰되는 시장형태이며, 과점기업이 생산하는 재화는 상품의 질이 동질적인 경우(설탕, 시멘트, 휘발유 등)와 이질적인 경우(자동차, 냉장고, 맥주, 휴대폰 등)로 나누어 볼 수 있다.

2. 특징

① 기업의 수가 소수이므로 상호의존성이 크고, 상호의존성으로 인해 담합으로의 발전 가능성이 크다.

핵심 Plus ✚

진입장벽

독점의 경우와 마찬가지로 규모의 경제, 생산요소의 독점, 정부의 인·허가나 특허권 등에 의한 것 외에 다음과 같은 진입장벽을 쌓음

• 진입저지 가격 설정 : 새로운 기업이 진입하면 기존기업은 가격을 낮추어 손실을 보게 함으로써 진입을 저지함

• 광고활동으로 인지도를 높임

• 다양한 재화 생산 : 많은 차별화된 재화를 생산하여 소비자의 기호를 충족

② 상품의 질이 동질적인 경우 치열한 비가격경쟁이 이루어진다. 예 광고
③ 과점은 소수의 기업만 존재하는 시장이므로 진입장벽이 높다. 물론 독점시장보다는 낮지만 과점의 경우에도 상당한 정도의 진입장벽이 존재한다.

03 게임이론 ★★★

1. 개념

과점시장 내의 기업들 사이에는 강한 상호의존성이 존재하여 각 기업은 경쟁기업이 어떤 반응을 보일 것이라고 예상하는지에 따라 선택을 달리해야 하는 전략적 상황에 직면하게 된다. 게임이론은 이러한 전략적 상황에 직면한 과점시장을 연구하는 이론이다.

2. 구성

경기자, 전략, 전략을 통해 얻는 보수로 구성되어 있다.

3. 균형

게임이론에서 균형이란 모든 경기자들이 현재의 결과에 만족하여 더 이상 자신의 전략을 바꿀 유인이 없는 상태를 의미한다. 게임이론의 균형에는 우월전략균형, 내쉬균형, 혼합전략 내쉬균형, 최소극대화전략균형 등이 있다.

4. 우월전략(지배전략)

(1) 개념

상대방이 어떤 전략을 선택하는지에 관계없이 자신의 보수를 가장 크게 만드는 전략을 우월전략(지배전략)이라 하며, 이때 도달한 균형을 우월전략균형이라고 하며, 우월전략은 반드시 파레토 효율적인 상황을 가져다주는 것은 아니다.

(2) 사례분석

아래 표는 기업 A, B가 각각의 전략으로 나타낸 보수행렬이다.

		기업 B	
구 분		b_1	b_2
기업 A	a_1	(65, 50)	(275, 25)
	a_2	(35, 250)	(135, 85)

① 기업 A의 전략

a_1전략을 사용하면 보수는 65 또는 275이고 a_2전략을 사용하면 보수는 35 또는 135이므로 기업 B의 전략에 관계없이 전략 a_1을 선택하는 것이 우월전략이다.

② 기업 B의 전략

b_1전략을 사용하면 보수는 50 또는 250이고 b_2전략을 사용하면 보수는 25 또는 85이므로 기업 A의 전략에 관계없이 전략 b_1을 선택하는 것이 우월전략이다.

③ 따라서 우월전략균형은 (a_1, b_1)이며 그때의 보수는 (65, 50)이다.

5. 내쉬균형

(1) 개념

상대방의 전략을 주어진 것으로 보고 각 경기자가 자기에게 가장 유리한 전략을 선택하였을 때 도달하는 균형을 찾는 것으로, 게임이론에서 가장 일반적으로 사용하는 균형개념이다.

(2) 사례분석

아래 표는 기업 A, B가 각각의 전략으로 나타낸 보수행렬이다.

		기업 B	
구 분		b_1	b_2
기업 A	a_1	(9, 7)	(5, 5)
	a_2	(5, 5)	(7, 9)

① 기업 A의 전략

a_1전략을 사용하면 보수는 9 또는 5이고 a_2전략을 사용하면 보수는 5 또는 7이므로 기업 B가 b_1을 선택하면 a_1, b_2를 선택하면 a_2를 선택하는 것이 최선이다.

② 기업 B의 전략

b_1전략을 사용하면 보수는 7 또는 5이고 b_2전략을 사용하면 보수는 5 또는 9이므로 기업 A가 a_1을 선택하면 b_1, a_2를 선택하면 b_2를 선택하는 것이 최선이다.

③ 이 게임의 경우에는 (a_1, b_1) (a_2, b_2)의 2개의 내쉬균형이 존재한다.

(3) 특징

① 내쉬균형은 반드시 파레토 효율적인 결과를 가져다주는 것은 아니다.
② 내쉬균형은 하나 이상 존재할 수 있다.
③ 내쉬균형은 현재균형상태에서 전략을 변경할 유인이 없으므로 안정적 균형이다.

6. 용의자의 딜레마

(1) 가정

① 두 명의 용의자가 체포되어 서로 다른 취조실에서 격리되어 심문을 받고 있으며, 서로 간에 의사소통은 불가능하다.
② 두 사람의 형량(단위 : 년)은 자백 여부에 따라 결정되는데, 자백 여부에 따라 형량이 아래와 같은 보수행렬로 주어져 있다.

		용의자 B	
구 분		자 백	부 인
용의자 A	자 백	(20, 20)	(2, 25)
	부 인	(25, 2)	(3, 3)

(2) 균형

① 용의자 A의 전략

용의자 B가 자백 전략을 사용하면 보수는 20 또는 25이고 부인 전략을 사용하면 보수는 2 또는 3이므로 용의자 A는 자백을 선택하는 것이 최선이다.

제4장 시장이론 **101**

② 용의자 B의 전략

　　용의자 A가 자백 전략을 사용하면 보수는 20 또는 25이고 부인 전략을 사용하면 보수는 2 또는 3이므로 용의자 B는 자백을 선택하는 것이 최선이다.

③ 따라서 두 용의자의 우월전략은 모두 자백하는 것이므로 (자백, 자백)이 우월전략균형이 된다.

(3) 시사점

① 만약 두 용의자가 서로 의사소통할 수 있다면 서로 협조하여 끝까지 부인하는 전략을 고수함으로써 형량을 감소시킬 수 있으나, 여기서는 서로 간의 의사전달이 불가능하므로 상호협조가 불가능하다.

② 만약 상대방이 자백할 경우에도 자신이 부인한다면 자신의 형량만 대폭 높아지므로 우월전략인 자백을 선택할 수밖에 없다.

③ 용의자의 딜레마는 '정보의 부족'으로 인해 발생하는 것이 아니고 '개인의 이기심'에 의해 발생하는 현상으로, 개인적 합리성이 집단적 합리성을 보장하지 못함을 의미한다.

④ 현실에서는 과점기업 A와 B가 카르텔을 결성하여 독점처럼 행동하면 막대한 초과이윤을 얻을 수 있으나 상대방이 카르텔협정을 위반할 경우 더 큰 손실이 발생하므로 처음부터 비협조적으로 행동하는 상황과 유사하다.

시험문제 미리보기!

다음 표는 이동통신시장을 양분하고 있는 갑과 을의 전략(저가요금제와 고가요금제)에 따른 보수행렬이다. 갑과 을이 전략을 동시에 선택하는 일회성 게임에 관한 설명으로 옳지 않은 것은? (단, 괄호 속의 왼쪽은 갑의 보수, 오른쪽은 을의 보수를 나타낸다)

		을	
		저가요금제	고가요금제
갑	저가요금제	(500, 500)	(900, 400)
	고가요금제	(300, 800)	(700, 600)

① 갑은 을의 전략과 무관하게 저가요금제를 선택하는 것이 합리적이다.

② 갑이 고가요금제를 선택할 것으로 을이 예상하는 경우 을은 고가요금제를 선택하는 것이 합리적이다.

③ 갑과 을의 합리적 선택에 따른 결과는 파레토 효율적이지 않다.

④ 내쉬균형(Nash Equilibrium)이 한 개 존재한다.

⑤ 을에게는 우월전략이 존재한다.

정답　②

해설　갑이 고가요금제를 선택할 것으로 예상한다면 을은 저가요금제를 선택할 경우 800, 고가요금제를 선택할 경우 600의 편익을 얻게 되어 저가요금제를 선택할 것이다.

fn.Hackers.com

금융·자격증 전문 교육기관 **해커스금융**

출제예상문제

! 출제예상문제의 중요도를 ★~★★★으로 구분하였습니다. 난이도가 가장 높은 고등급 문제는 [최우수] 표시하였으니, 최우수 등급을 목표로 하신다면 반드시 학습하시기 바랍니다.

★★
01 완전경쟁시장에 대한 다음의 설명 중 옳은 것은?

① 완전경쟁시장 균형점에서 사회적 형평성이 극대화 된다.
② 완전경쟁시장은 자원을 가장 효율적으로 배분하고 그렇지 않은 시장은 시장실패이므로 이를 교정하기 위해 정부가 개입해야 한다.
③ 완전경쟁시장 균형점에서 소비자는 효용극대화, 생산자는 이윤극대화를 달성한다.
④ 완전경쟁시장이 자원을 가장 효율적으로 배분하기 때문에 시장을 경쟁적으로 만들기 위해서는 시장지배력이 큰 기업으로 합쳐야 한다.
⑤ 완전경쟁시장이 자원을 효율적으로 배분하는 조건은 가격과 한계비용이 일치하는 것이므로 이 조건을 만족하지 않는 시장은 반드시 정부가 규제해야 한다.

★★
02 단기에 A기업은 완전경쟁시장에서 손실을 보고 있지만 생산을 계속하고 있다. 시장수요의 증가로 시장가격이 상승하였는데도 단기에 A기업은 여전히 손실을 보고 있다. 다음 설명 중 옳은 것은?

① A기업의 한계비용곡선은 아래로 평행이동한다.
② A기업의 한계수입곡선은 여전히 평균비용곡선 아래에 있다.
③ A기업의 평균비용은 시장가격보다 낮다.
④ A기업의 총수입은 총가변비용보다 적다.
⑤ A기업의 평균가변비용곡선의 최저점은 시장가격보다 높다.

★
03 완전경쟁시장에서 기업의 장기 정상이윤에 대한 설명으로 옳은 것은?

① 기업은 장기적으로 퇴출된다.
② 기업의 회계학적 이윤은 0보다 크다.
③ 기업은 고정비용만큼 손실을 보고 있다.
④ 명시적 비용과 암묵적 비용의 합이 0이라는 의미이다.
⑤ 기업은 장기적으로 도산할 것이라는 의미이다.

04 다음 중 독점시장에 대한 설명으로 옳은 것은?

<보기>

ㄱ. 독점시장에서 판매량을 늘리기 위해서는 반드시 가격을 내려야 한다.
ㄴ. 독점시장에서는 가격이 한계수입보다 크다.
ㄷ. 독점시장은 완전경쟁시장보다 가격이 높지만 생산량은 많다.
ㄹ. 독점시장에서 단기에는 초과이윤이 발생하지만 장기에는 경제적 이윤이 0이다.

① ㄱ, ㄴ   ② ㄱ, ㄷ   ③ ㄴ, ㄷ   ④ ㄴ, ㄹ   ⑤ ㄷ, ㄹ

정답 및 해설

01 ③
완전경쟁시장은 완전한 정보를 가지고 있다. 따라서 완전경쟁시장 균형점에서 소비자는 효용극대화, 생산자는 이윤극대화를 달성할 수 있다.

오답노트
① 완전경쟁시장은 사회적 효율성은 달성하지만 형평성을 달성한다고 볼 수 없다.
② 반드시 정부가 개입할 필요는 없다.
④ 완전경쟁시장이 자원을 가장 효율적으로 배분하기 때문에 시장을 경쟁적으로 만들기 위해서는 시장지배력이 큰 기업을 여러 기업으로 분할해야 한다.
⑤ 반드시 규제해야 하는 것은 아니다.

02 ②
완전경쟁기업이 손실을 보면서도 단기적으로 생산을 지속하는 것은 시장가격이 평균비용보다는 낮지만 평균가변비용보다는 높을 때이다. 완전경쟁시장에서 시장수요가 증가하여 가격이 상승하면 개별기업이 인식하는 수요곡선(= 한계수입곡선)이 상방으로 이동한다. 시장수요가 증가하였음에도 불구하고 여전히 손실을 보고 있다면 수요곡선(= 한계수입곡선)이 여전히 평균비용곡선보다 하방에 위치하는 상태이다. 그러므로 가격 상승 이후에도 여전히 평균비용이 시장가격보다 높다.

03 ②
경제적 이윤이 0이라는 것은 '총수입 − (명시적 비용 + 암묵적 비용) = 0'을 의미한다. 따라서 현실에서는 암묵적 비용만큼 벌고 있는 것으로 회계학적 이윤은 (+)이다.

04 ①
ㄱ. 독점시장의 기업은 시장 전체의 수요곡선을 차지하기 때문에 독점시장에서 판매량을 늘리기 위해서는 반드시 가격을 내려야 한다.
ㄴ. 독점시장에서는 P > MR = MC가 성립한다.

오답노트
ㄷ. 독점시장은 완전경쟁시장보다 가격은 높고 생산량은 적다.
ㄹ. 독점시장에서 단기에는 이윤과 손실이 다 발생할 수 있지만 장기에는 초과이윤만을 얻는다.

05 ★★ 기업은 가격차별을 통해 보다 많은 이윤을 내고자 한다. 다음 중 기업이 가격차별을 하는 데 있어 유리한 환경이 아닌 것은?

---〈보기〉---
ㄱ. 제품의 재판매가 용이하다.
ㄴ. 기업의 독점적 시장지배력이 높다.
ㄷ. 분리된 시장에서 수요의 가격탄력성이 서로 다르다.
ㄹ. 시장분리비용이 가격차별에 따른 이윤 증가분보다 크다.
---

① ㄱ, ㄴ　　　② ㄱ, ㄹ　　　③ ㄴ, ㄷ　　　④ ㄴ, ㄹ　　　⑤ ㄷ, ㄹ

최우수

06 ★★★ H씨는 아래와 같은 최대지불용의금액을 갖고 있는 두 명의 고객에게 빵, 커피, 쿠키들을 판매한다. 판매전략으로 묶어팔기(Bundling)를 하는 경우, 빵과 묶어 팔 때가 따로 팔 때보다 이득이 더 생기는 품목과 해당 품목을 빵과 묶어 팔 때 얻을 수 있는 최대 수입은?

구 분	최대지불용의금액(원)		
	빵	커 피	쿠 키
갑	800	500	300
을	1,200	600	200

① 커피, 2,600원　　　② 커피, 2,800원　　　③ 쿠키, 2,000원
④ 쿠키, 2,200원　　　⑤ 쿠키, 2,400원

07 ★ 독점기업의 가격전략에 관한 설명으로 옳지 않은 것은?

① 독점기업이 시장에서 한계수입보다 높은 수준으로 가격을 책정하는 것은 가격차별전략이다.
② 1급 가격차별의 경우 생산량은 완전경쟁시상과 같나.
③ 2급 가격차별은 소비자들의 구매수량과 같이 구매 특성에 따라서 다른 가격을 책정하는 경우 발생한다.
④ 3급 가격차별의 경우 재판매가 불가능해야 가격차별이 성립한다.
⑤ 영화관 조조할인은 3급 가격차별의 사례이다.

08 다음 중 완전가격차별화에 대한 설명으로 적절한 것은?

① 소비자잉여를 소비자가 온전히 누린다.
② 여름철의 전기료 누진제도 여기에 해당된다.
③ 비행기의 1등석과 2등석 구분이 전형적인 사례이다.
④ 독점의 이윤극대화 가격보다 사회후생의 손실이 크다.
⑤ 소비자 선호에 대한 정보를 기업이 모두 알고 있어야 한다.

09 독점적 경쟁시장에서 관한 설명으로 옳지 않은 것은?

① 기업의 수요곡선은 우하향하는 형태이다.
② 진입장벽이 존재하지 않으므로, 단기에는 기업이 양(+)의 이윤을 얻지 못한다.
③ 기업의 이윤극대화 가격은 한계비용보다 크다.
④ 단기에 기업의 한계수입곡선과 한계비용곡선이 만나는 점에서 이윤극대화 생산량이 결정된다.
⑤ 장기에 기업의 수요곡선과 평균비용곡선이 접하는 점에서 이윤극대화 생산량이 결정된다.

정답 및 해설

05 ②

가격차별은 같은 상품을 구입자 혹은 구입량에 따라 다른 가격을 받는 행위이다. 경쟁시장에서는 기업이 시장가격보다 높은 가격을 받으면 소비자가 다른 기업 상품을 구입할 것이기 때문에 기업들은 가격차별을 할 수 없다. 따라서 가격차별이 가능하다는 것은 기업에 시장지배력이 있다는 뜻이다. 가격차별을 하는 이유는 이윤을 극대화하기 위해서다.
ㄱ. 동일 재화 시장을 나눠서 다른 가격을 설정하기 때문에 제품의 재판매가 가능하면 가격차별이 어려워진다.
ㄹ. 시장분리비용이 가격차별에 따른 이윤 증가분보다 작아야한다. 크다면 비용이 더 많이 들어가므로 시장을 나눌 필요가 없다.

오답노트
ㄴ. 기업의 독점적 시장지배력이 높으면 기업이 가격을 조정하기 쉽다.
ㄷ. 분리된 시장에서 수요의 가격탄력성이 서로 달라야 하며 수요의 가격탄력성이 탄력적인 시장에서 가격인하, 비탄력적인 시장에서 가격인상정책을 펼쳐야 한다.

06 ④

• 묶어팔기가 수입이 증가하기 위해서는 두 품목의 가격이 고객에 대해 역의 관계가 있어야 하므로 빵과 쿠키가 된다.
• 빵과 쿠키를 1,100원에 판매하면 갑의 지불용의는 1,100원, 을의 지불용의는 1,400원이므로 갑과 을이 모두 구매하여 총수입은 2,200원이다.
• 빵과 쿠키를 1,400원에 판매하면 갑의 지불용의는 1,100원, 을의 지불용의는 1,400원이므로 을만 구매하여 총수입은 1,400원이다.
• 따라서 최대수입은 2,200원이다.

07 ①

가격차별이란 소비자를 몇 개의 그룹으로 구분하여 동일한 재화를 각 그룹별로 서로 다른 가격에 판매하는 것을 말한다. 독점기업이 시장에서 한계수입보다 높은 수준으로 가격을 책정하는 것은 가격차별 전략이 아니라 이윤극대화를 추구한 결과이다.

08 ⑤

공급자가 가격을 완전차별화하면 기업이 소비자의 모든 지불용의를 알고 있으므로 가격은 소비자 개인별로 결정된다. 이때 소비자잉여는 0이 되고 생산자가 모든 잉여를 가져간다. 다만 모든 잉여를 생산자가 가져가기 때문에 사회적 후생손실은 발생하지 않는다.

오답노트
① 소비자잉여를 생산자가 모두 가져간다.
② 여름철의 전기료 누진제는 수요의 가격탄력성을 이용한 3급 가격차별의 사례이다.
③ 비행기의 1등석과 2등석 구분을 하는 것은 상품이 다르기 때문에 가격차별이 아니다.
④ 독점의 이윤극대화 가격보다 사회후생의 손실이 없다. 왜냐하면 지불용의를 다 생산자가 가져가기 때문에 소비자잉여가 0일 뿐 후생손실은 발생하지 않기 때문이다.

09 ②

독점적 경쟁기업은 단기에 초과이윤을 얻을 수도 있고, 손실을 볼 수도 있다.

10 여러 형태의 시장 또는 기업에 관한 다음 설명 중 옳지 않은 것은?

① 독점기업이 직면한 수요곡선은 시장수요곡선 그 자체이다.
② 독점시장의 균형에서 가격과 한계수입의 차이가 클수록 독점도는 커진다.
③ 독점적 경쟁시장에서 제품의 차별화가 클수록 수요의 가격탄력성이 커진다.
④ 모든 기업의 이윤극대화 필요조건은 한계수입과 한계비용이 같아지는 것이다.
⑤ 독점기업은 수요의 가격탄력성이 서로 다른 두 소비자 집단이 있을 때 가격차별로 이윤극대화를 꾀할 수 있다.

11 아래의 그림은 기업 A와 B의 의사결정에 따른 이윤을 나타낸다. 두 기업은 모든 선택에 대한 이윤을 사전에 알고 있다. A사가 먼저 선택하고, B사는 A사의 결정을 확인한 다음 선택한다. 두 회사 간의 신빙성 있는 약속이 없을 때 각 기업이 얻게 되는 이윤의 조합은? (단, 괄호 안은 A사가 얻는 이윤, B사가 얻는 이윤을 나타낸다)

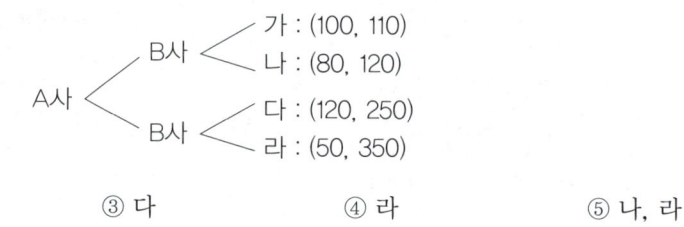

① 가   ② 나   ③ 다   ④ 라   ⑤ 나, 라

12 과점시장의 특징에 대한 설명으로 옳지 않은 것은?

① 담합으로 부당한 이득을 얻기도 한다.
② 이 시장은 정부 허가에 의해 형성되기도 하나.
③ 기업이 제품 가격을 높일수록 이윤도 증가한다.
④ 정부는 공정거래위원회를 통해 공정한 경쟁을 유도한다.
⑤ 상품이 동질인 경우가 일반적이지만 이질인 경우도 있다.

13 A, B 두 기업은 각각 가격인상을 하거나 가격인하를 하는 전략을 가지고 있다. 각각의 경우 보수표는 다음과 같다. 각 항목의 첫 번째 숫자는 A기업의 보수이며, 두 번째 숫자는 B기업의 보수이다. 이 게임에서 내쉬균형은?

구 분		B	
		가격인상	가격인하
A	가격인상	(20, 20)	(5, 10)
	가격인하	(10, 5)	(20, 15)

① 가격인상, 가격인상   ② 가격인상, 가격인하   ③ 가격인하, 가격인상

④ 가격인하, 가격인하   ⑤ ①과 ④

PART 1 \ 미시경제

해커스 매경TEST 2주 완성

정답 및 해설

10 ③
독점적 경쟁시장에서 각 기업이 생산하는 재화의 차별화 정도가 클수록 재화 간의 대체성이 낮아진다. 그러므로 차별화 정도가 클수록 수요의 가격탄력성이 작아진다.

11 ②
• A사가 선택을 먼저 한다는 것은 B사의 결정을 반영하여 선택한다는 의미이다. 이러한 경우 역진적 귀납법으로 B의 선택을 먼저 확인한 후 A가 결정한다.
• A사가 위쪽을 선택할 때 B사가 가를 선택하면 자신의 이윤이 110인데 비해, 나를 선택하면 120의 이윤을 얻으므로 B사는 나를 선택할 것이다. B사가 나를 선택하면 A사는 80의 이윤을 얻게 된다.
• A사가 아래쪽을 선택하는 경우 B사가 다를 선택하면 250의 이윤을 얻는데 비해, 라를 선택하면 350의 이윤을 얻으므로 B사는 라를 선택할 것이다. B사가 라를 선택하면 A사는 50의 이윤을 얻는다.
• A사가 위쪽을 선택하면 B사가 나를 선택하므로 A사는 80의 이윤을 얻고, A사가 아래쪽을 선택하면 B사가 라를 선택하므로 A사는 50의 이윤만을 얻는다. 그러므로 A사가 먼저 선택한다면 위쪽을 선택할 것이고, B사는 나를 선택하게 된다.

12 ③
과점시장은 가격이 경직적이므로 광고, 제품 차별화 등 비가격경쟁이 치열하다. 과점시장의 수요곡선은 우하향하므로 제품 가격을 높일수록 판매량이 줄어 기업 이윤은 감소하게 된다.

13 ⑤
• A기업이 가격인상을 할 경우 B기업은 가격을 인상하면 20, 인하하면 10을 얻게 되므로 가격인상을 한다.
• A기업이 가격인하를 하는 경우 B기업은 가격을 인상하면 5, 인하하면 15를 얻게 되므로 가격인하를 한다.
• B기업이 가격인상을 할 경우 A기업은 가격을 인상하면 20, 인하하면 10을 얻게 되므로 가격인상을 한다.
• B기업이 가격인하를 하는 경우 A기업은 가격을 인상하면 5, 인하하면 20을 얻게 되므로 가격인하를 한다.
• 따라서 내쉬균형은 (가격인상, 가격인상), (가격인하, 가격인하)이다.

🔲 학습전략

경제주체의 자유남용으로 인한 자원의 비효율적 배분을 시장실패라고 한다. 이러한 시장실패는 외부효과, 공공재 부족, 정보의 비대칭성 등으로 나타난다. 반대로 시장실패의 해결을 위해 정부가 과도하게 개입하여 발생하는 부패와 비효율의 문제를 정부실패라고 한다. 해당 영역에서는 정부실패보다 시장실패가 빈출되므로 시장실패에 주안점을 가지고 학습하여야 한다.

외부효과는 시장에서 자원이 비효율적으로 배분되는 것을 의미한다. 태풍, 홍수, 가뭄 등과 같은 자연재해와는 관련 없으며 적정 생산이 아닌 과다 혹은 과소 생산에 의해 나타난다.

외부경제는 제3자에게 이익을 주는 것으로 과소 생산되며 외부불경제는 반대로 과다 생산된다. 특히 외부불경제를 해결하기 위해서는 조세를 부과해야 하는데, 조세는 필연적으로 후생손실을 가져온다. 그에 따라 시장자율에 맡겨 시장실패를 해결하려는 코즈의 정리가 등장하게 되었다.

공공재는 정부가 생산하는 것이 아니라 비경합성과 비배제성을 동시에 가지고 있는 것을 말한다. 공공재는 대가를 지불하지 않고 누구나 쓸 수 있기 때문에 시장에서 잘 생산되지 않는다.

정보의 비대칭성은 수요자와 공급자가 시장의 불완전성으로 인해 가지고 있는 정보가 동일하지 않은 것을 뜻하며 감추어진 속성을 잘 파악하지 못하여 잘못된 선택을 하는 역선택과 감추어진 행동을 파악하지 못하는 도덕적 해이가 발생한다.

시장실패를 해결하기 위해서 다양한 방법으로 정부가 개입하는데 대표적인 방법으로 최고가격제와 최저가격제가 있다. 최고가격제는 가격의 상한선, 최저가격제는 가격의 하한선을 설정하여 시장참여자를 보호하려는 것이다.

🔲 출제비중

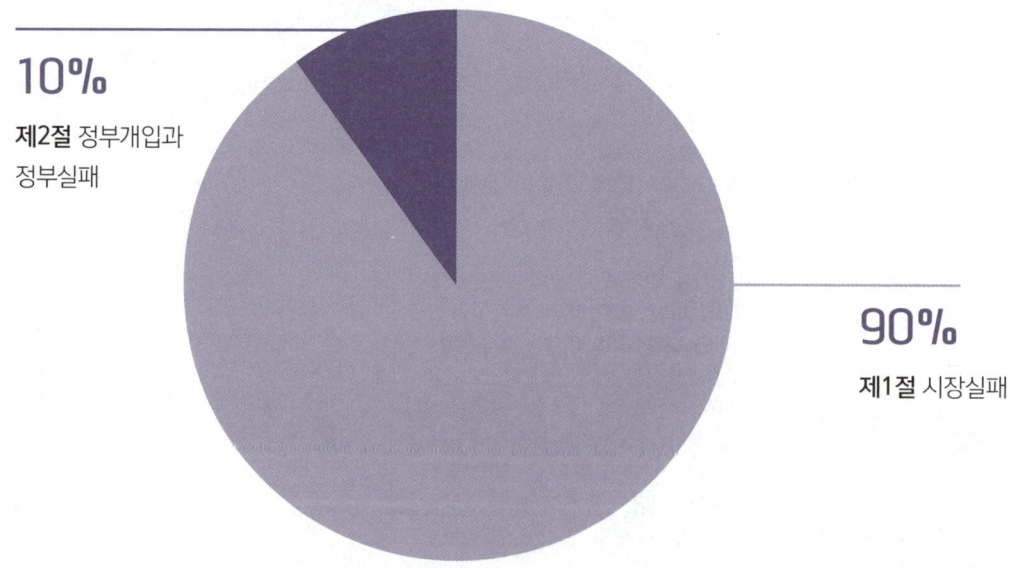

10%
제2절 정부개입과 정부실패

90%
제1절 시장실패

🔳 출제 유형

제1절과 관련된 내용에서는 외부경제와 외부불경제의 과다 혹은 과소 생산여부를 묻는 문제와 코즈의 정리를 정확하게 이해하고 여부를 묻는 문제가 출제된다. 공공재에서는 경합성과 배제성에 따라 재화의 종류를 구분하는 문제가 출제되며, 정보의 비대칭성에서는 역선택과 도덕적 해이의 사례와 대책과 관련된 문제가 출제된다.

제2절과 관련된 내용에서는 최고가격제와 최저가격제의 사례와 특징을 묻는 문제가 출제된다.

🔳 학습구성

구 분	출제포인트	중요도
제1절 시장실패	**01** 시장실패	★
	02 외부효과(외부성)	★★★
	03 코즈의 정리	★★★
	04 오염배출권	★
	05 공공재	★★★
	06 정보의 비대칭성	★★★
제2절 정부개입과 정부실패	**01** 최고가격제와 최저가격제	★★★
	02 정부실패	★

핵심 Check ✓ 시장실패

외부효과	• 외부경제 : 과소 • 외부불경제 : 과다
외부경제	• 사적 편익(PMB) < 사회적 편익(SMB) • 사적 비용(PMC) > 사회적 비용(SMC)
외부불경제	• 사적 편익(PMB) > 사회적 편익(SMB) • 사적 비용(PMC) < 사회적 비용(SMC)
공공재의 특징	• 비경합성 • 비배제성

01 시장실패 ★

1. 의미

① 시장 자체의 기능에 의해서 자원이 효율적으로 배분되지 못하는 현상이다.
② 도덕적, 자연재해와는 관련이 없으며, 사회적 최적생산량에 비해서 과잉 생산되거나 부족 생산되는 것으로 정부개입의 이론적 근거가 된다.

2. 사례

독과점, 외부효과, 공공재부족, 정보의 비대칭성 등이 존재한다.

02 외부효과(외부성) ★★★

1. 의미

① 수요자, 공급자 이외에 제3자에게 의도 없이 이익이나 손해를 가져다주면서도 그에 대한 대가를 받지도 지급하지도 않는 경우를 말한다.
② 외부성은 금전적 외부성[1]과 실질적 외부성이 있는데 일반적으로 외부성은 실질적 외부성을 의미한다.

1) 금전적 외부성
시장의 가격기구를 통해서 제3자에게 유리하거나 불리한 영향을 미치는 것. 금전적 외부성은 소득분배에만 영향을 미치고 자원배분에는 영향을 미치지 않음
예) 정부의 내ー구보 건실공사 빌주로 건축자재의 가격이 상승함에 따라 민간 건설업자가 피해를 본 것

2. 외부경제와 외부불경제

구 분	외부경제(긍정적 외부효과)	외부불경제(부정적 외부효과)
의 미	어떤 경제활동이 제3자에게 이익을 주는데도 시장을 통해 대가를 받지 못한 경우	어떤 경제활동이 제3자에게 손해를 주는데도 시장을 통해 대가를 지불하지 않는 경우
예산선	사회 전체적으로 필요한 것보다 부족	사회 전체적으로 필요한 것보다 초과
시장실패	과소 생산 또는 소비	과잉 생산 또는 소비
소비측면	사적 편익(PMB) < 사회적 편익(SMB)	사적 편익(PMB) > 사회적 편익(SMB)
생산측면	사적 비용(PMC) > 사회적 비용(SMC)	사적 비용(PMC) < 사회적 비용(SMC)
해결방안	보조금 지급	조세 부과
기출사례	과수원, 임업, 아름다운 정원, 신기술	환경오염, 흡연, 자동차 매연

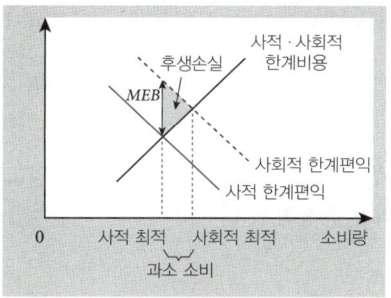

<소비·긍정적>

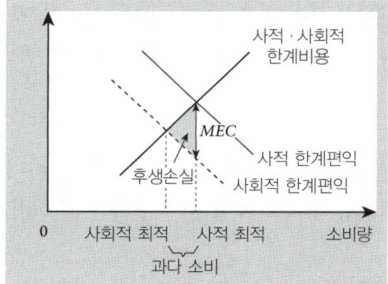

<소비·부정적>

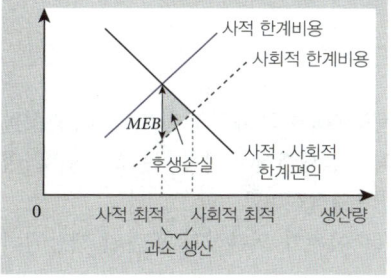

<생산·긍정적>

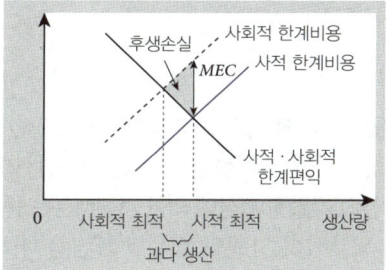

<생산·부정적>

3. 소비의 외부효과(네트워크 효과)

(1) 네트워크 효과

① 타인의 영향을 받는 소비로, 소비에서의 외부효과가 발생한 경우이다.

② 소비의 양의 외부효과는 어떤 재화를 소비하는 사람의 수가 많을수록 그 재화의 추가 소비에서 얻는 편익이 증가하는 경우이다.

③ 소비의 음의 외부효과는 어떤 재화를 소비하는 사람의 수가 많을수록 그 재화의 추가 소비에서 얻는 편익이 감소하는 경우이다.

(2) 밴드왜건 효과

① 유행에 따르는 소비로 악대차 효과, 시류 효과라고도 한다.
② 소비에서의 양의 외부효과가 있는 경우로 시장수요는 개별수요자의 수요를 더한 것
보다 크다.

(3) 스놉 효과

① 타인과의 차별성을 추구하는 소비로 백로 효과라고도 한다.
② 소비에서의 음의 외부효과가 있는 경우로 시장수요는 개별수요자의 수요를 더한 것
보다 작다.

4. 외부성의 해결

(1) 보조금과 조세

과소 생산되는 외부경제의 경우에는 정부에서 보조금을 지급하여 생산을 늘리는데, 이러한
보조금을 피구보조금이라고 한다. 반면에 과다 생산되는 외부불경제의 경우에는 정부에서
조세를 부과하는데, 이러한 조세를 피구세라고 한다.

(2) 협상

조세를 부과하는 경우 후생손실(잉여의 상실분)이 발생하므로, 후생손실이 발생하지 않고
시장의 자율조절능력으로 해결을 추구하는 코즈의 정리가 등장하게 된다.

03 코즈의 정리 ★★★

1. 개념

① 협상비용이 무시할 정도로 작고 협상으로 인한 소득재분배가 각 개인의 한계효용에 영향을
미치지 않는다면, 외부성에 관한 권리(재산권)가 어느 경제주체에 귀속되는가와 상관없이
당사자 간의 자발적 협상에 의한 자원배분은 동일하며 효율적이다.
② 코즈는 외부성이 자원의 효율적 배분을 저해하는 이유가 외부성과 관련된 재산권이
제대로 정해져 있지 않기 때문이라고 보았다.
③ 재산권(소유권)이 적절하게 설정되면 시장기구가 스스로 외부효과의 문제를 해결할
수 있다고 주장한다.

2. 한계

협상비용이 너무 크면 협상 자체가 이루어지기 어렵고, 외부효과로 인한 피해를 측정하기
어렵다.

3. 사례분석

① 강 상류에 있는 화학공장(A)이 오염물질을 배출함에 따라 강 하류에 있는 어부(B)가
피해를 입는 상황을 가정한다.

② 맑은 물에 대한 소유권이 주어져 있지 않은 경우에는 서로 자신의 권리를 주장할 것이므로 외부성 문제를 해결할 수 없다.

③ 정부가 맑은 물에 대한 소유권을 A 혹은 B에게 부여하면 서로 협상을 통해 문제를 해결할 수 있다.

④ 예를 들어, 맑은 물에 대한 소유권을 A에게 부여하면 협상을 통해 B가 A에 보상을 지급하는 조건으로 오염물질을 줄이는 것에 합의하게 된다.

⑤ 맑은 물에 대한 소유권을 B에게 부여하면 협상을 통해 A가 B에 보상을 지급하는 조건으로 오염물질을 줄이는 것에 합의하게 된다.

04 오염배출권

1. 개념

① **정부의 배출권 분배** : 정부가 오염배출 허용량을 설정하고 정부가 설정한 오염배출량만큼의 오염배출권을 발행한 다음, 각 기업이 오염배출권을 가진 한도 내에서만 오염을 배출할 수 있도록 하는 방법이다.

② **배출권의 자유로운 거래** : 오염배출권 제도가 시행되는 초기에는 각 기업이 정부로부터 오염배출권을 구입하도록 할 수도 있고 무료로 일정량의 오염배출권을 배부할 수도 있다.

③ 오염배출권 제도하에서는 오염배출권의 자유로운 거래가 허용된다.

2. 거래원리

① 오염배출권의 자유로운 거래가 허용되면 시장에서 오염배출권 가격이 결정된다.

② 각 기업은 자신이 오염을 직접 줄이는 데 드는 비용과 오염배출권 가격을 비교하여 오염배출권의 매각 혹은 매입 여부를 결정한다.

③ 오염배출권 가격보다 낮은 비용으로 오염을 줄일 수 있는 기업은 오염배출권을 시장에서 매각하고 자신이 직접 오염을 줄인다.

④ 오염절감 비용이 높은 기업은 오염배출권을 매입한 다음 오염을 배출한다.

3. 효과

① 오염배출권 제도하에서는 낮은 비용으로 오염을 줄일 수 있는 기업이 오염을 줄이게 되므로 사회적으로 보면 적은 비용으로 오염을 일정 수준으로 줄일 수 있다.

② 오염배출 총량을 일정 수준으로 규제하면서도 시장유인을 사용하여 적은 비용으로 오염을 줄일 수 있는 기업이 줄이도록 하는 방법이다.

③ 이 제도는 미국 등 일부 선진국에서 시행 중에 있으며, 우리나라에서도 시행되고 있다.

> **다음 중 외부효과에 관한 설명으로 옳지 않은 것은?**
>
> ① 과수원의 이웃에 양봉업자가 이주해옴으로써 사과 수확량이 증가한 것은 외부효과의 사례이다.
> ② 기업이 생산과정에서 제3자에게 끼친 손해를 전액 보상하더라도 생산측면에서 외부효과는 여전히 존재한다.
> ③ 사회적 비용이 사적 비용보다 큰 경우 이 기업의 균형생산량은 최적생산량보다 많은 상태이다.
> ④ 섬진강 상류에서 돼지를 키우는 사람이 축산폐수를 방류한 결과, 하류의 고기잡이에 부정적인 영향이 발생한 것은 외부효과의 사례이다.
> ⑤ 긍정적인 의미의 외부성이 존재한다는 것은 사회적 편익이 사적 편익보다 크다는 것을 의미한다.
>
> **정답** ②
> **해설** 기업이 생산과정에서 제3자에게 끼친 손해를 전액 보상한다면 제3자에게 미치는 영향이 기업의 생산비용에 반영되므로 외부성이 내부화된다.

---

05 공공재 ★★★

1. 개념

① 공공재란 비경합성과 비배제성을 갖는 재화나 서비스이다.
② 민간부문에서 공급되기도 하지만, 대부분의 공공재는 비경합성과 비배제성 때문에 시장에서 과소 생산되므로 정부나 지방자치단체에서 등에 의하여 공급된다.

2. 특징

(1) 비경합성(Non Rivalry)

소비에 참여하는 사람의 수가 아무리 많아도 한 사람이 소비할 수 있는 양에는 변함이 없는 재화나 서비스의 특성을 의미한다. 즉, 추가소비의 한계비용이 0임을 의미한다.

(2) 비배제성(Non Excludability)

재화나 서비스에 대하여 대가를 치르지 않고 이를 소비하는 사람도 소비에서 배제할 수 없는 것을 말한다. 비배제성으로 인해 무임승차자의 문제가 발생한다.

핵심 Plus⁺

공공재와 가치재
공공재는 경합성과 배제성이 없는 재화이고 가치재는 사회적인 가치가 개인적인 가치보다 큰 재화로 교육, 의료서비스 등이 해당함

클럽재
배제성은 있고, 경합성은 최초에는 존재하지 않다가 나중에 발생할 수 있음
예 헬스클럽, 테니스 클럽 등

3. 재화의 구분

구 분		경합성	
		유(막히는 도로)	무(막히지 않는 도로)
배제성	유(유료도로)	사적 재화(만화책, 컴퓨터 등)	자연독점(케이블 TV 등)
	무(무료도로)	공유자원 (울릉도 바다의 오징어 등)	공공재 (국방, 막히지 않는 무료도로 등)

4. 사용재와 공공재의 적정공급

(1) 사용재의 적정공급

① 사용재(일반적인 재화)의 시장수요곡선은 개별수요곡선의 수평 합으로 도출한다. 이 때 시장수요곡선과 공급곡선의 교점에서 균형가격(P_0)과 균형량(Q_0)이 결정된다.

② 재화가격이 P_0로 결정되면 개별 소비자들은 동일한 가격으로 각각 q_A, q_B 만큼의 재화를 구입하여 소비한다. 그러므로 사용재의 적정공급 조건은 $MB_A = MB_B = MC$ 이다.

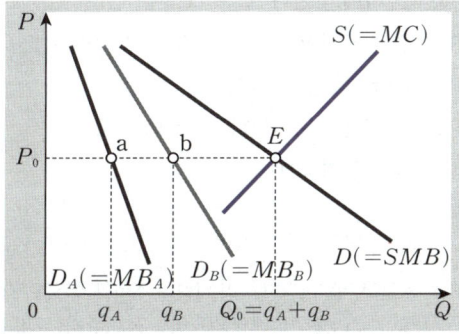

(2) 공공재의 적정공급

① 공공재는 비배제성 때문에 무료로 이용하려는 성질이 있어 자발적인 선호의 표현인 수요곡선을 표출하지 않아 가상수요곡선으로 수요곡선을 도출한다.

② 공공재의 시장수요(사회적 한계편익)곡선은 개별수요(한계편익)곡선의 수직 합으로 도출한다. 이때 시장수요곡선과 공급곡선의 교점에서 균형가격과 균형량이 결정된다.

③ 공공재의 공급량이 결정되면 비경합성으로 인해 개별 소비자들은 동일한 양을 소비하면서 각각 한계편익만큼의 가격을 지불한다. 그러므로 공공재의 적정공급 조건은 $MB_A + MB_B = MC$이다.

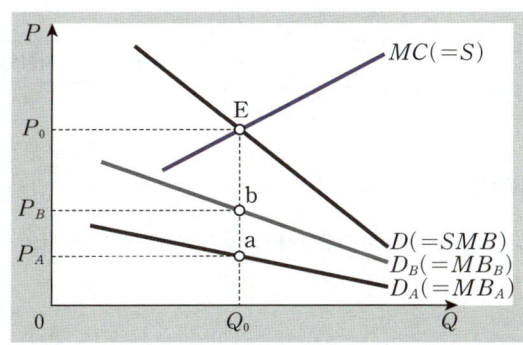

5. 공유지의 비극(Tragedy of Commons)

(1) 개념

소유권이 명확하게 규정되어 있지 않은 공공자원의 경우, 자원의 과다사용으로 인하여 비효율적인 결과를 초래하는 현상이다.

예 마을 공동목초지가 쉽게 황폐화되거나, 어민들의 공동소유인 연근해 어장에서 고기의 씨가 마르는 현상

(2) 발생원인

소유권이 제대로 정해져 있지 않기 때문에 발생한다. 만약 자원에 대한 소유권이 정해져 있다면 자원사용에 대하여 사용료를 부과할 수 있게 되고 자원배분의 효율성이 달성될 수 있으나, 현실적으로는 모든 희소한 자원에 대하여 소유권을 설정하는 것이 불가능하기 때문이다.

시험문제 미리보기!

> **공공재에 관한 설명으로 옳지 않은 것은?**
>
> ① 공공재는 높은 외부경제 효과가 발생하는 재화에 속한다.
> ② 비경합성이 강한 공공재일수록 공공재가 주는 사회적 편익의 크기는 더 커진다.
> ③ 비배제성이 강한 공공재일수록 공공재의 공급비용이 더 크다.
> ④ 공공재의 생산을 정부가 직접 담당하지 않고 민간에 위탁하는 경우도 있다.
> ⑤ 공공재의 무임승차 문제는 자원배분의 효율성을 저해한다.
>
> 정답 ③
> 해설 비경합성이 강한 공공재일수록 그 공공재의 공급이 이루어지면 여러 사람이 소비할 수 있으므로 사회적인 편익의 크기가 커진다. 그런데 공공재의 공급비용은 비배제성이 어느 정도로 강한지와는 무관하다.

핵심 Plus⁺

완전경쟁과 파레토 효율성(최적성)
· 후생경제학의 제1정리
시장구조가 완전경쟁이고 경제 안에 외부성(시장실패)이 존재하지 않는다면 일반경쟁균형(왈라스균형)의 배분은 파레토 효율적임
· 후생경제학의 제1정리의 의미
완전경쟁시장 구조 하에서는 개별 경제주체들이 오로지 자신의 이익을 추구하는 과정에서 자원배분의 효율성이 달성된다는 뜻으로, 이는 애덤 스미스의 보이지 않는 손을 현대적으로 증명한 것으로 볼 수 있음

06 | 정보의 비대칭성 ★★★

정보의 비대칭성은 정보가 불완전하게 구비된 상황에서 경제적 이해당사자 중 한쪽만 정보를 가지고 있고, 다른 한쪽은 정보가 없거나 부족한 상황을 말한다.

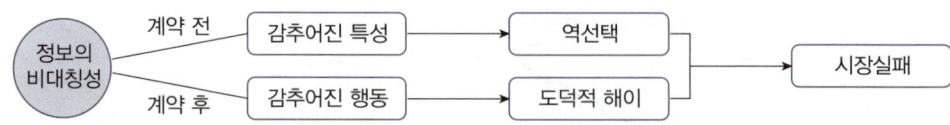

1. 역선택(Adverse Selection)

감추어진 특성의 상황에서 정보수준이 낮은 쪽이 바람직하지 않은 상대방과 거래의 가능성이 커지는 현상을 의미한다.

(1) 중고시장에서의 역선택

중고시장에서 거래되는 자동차의 품질에 대한 정보의 비대칭성이 존재하는 경우 나쁜 품질의 중고차만 거래되는 현상으로 레몬시장(개살구시장)이라고도 함

> **해결방안**
> * 신호 발송(Signaling) : 좋은 품질의 자동차를 가진 사람이 품질보증을 함

(2) 보험시장에서의 역선택

보험회사에서 사고 또는 발병 발생확률을 근거로 보험료를 산정하면 사고(발병) 발생확률이 높은 사람만 보험에 가입하는 현상

> **해결방안**
> * 선별(Screening) : 보험회사가 피보험자에게 건강진단서를 요구함
> * 강제보험(집행) : 의료보험, 고용보험, 국민연금 등은 가입이 강제됨

(3) 금융시장에서의 역선택

대출이자율을 상승시키면 위험한 사업에 투자하려는 투자자만 대출을 받아 파산위험이 커지므로 은행이 대출원금도 회수할 수 없을 가능성이 증대하는 현상

> **해결방안**
> * 신용할당 : 신용상태가 우수한 대출자에게 낮은 이자율로 대출

(4) 노동시장에서의 역선택

노동자를 고용하려는 기업이 노동자들이 원하는 임금의 평균값으로 임금을 제시하면 낮은 능력의 노동자만 고용되는 현상

> **해결방안**
> * 신호 발송 : 높은 능력의 노동자가 학력이나 자격증, 높은 영어점수 등을 제시
> * 효율성임금(Efficiency Wage) : 평균임금보다 높고, 한계생산성이 가장 높아지는 임금을 제시하여 높은 능력의 노동자를 확보

2. 도덕적 해이(Moral Hazard)

도덕적 해이란 감추어진 행동이 문제가 되는 상황에서, 정보를 갖지 못한 측에서 보면 정보를 가진 측이 바람직하지 않은 행동을 취하는 경향을 의미한다.

(1) 노동시장에서의 도덕적 해이

직장에 취업하고 나서 열심히 일할 유인이 없으면 근무를 게을리하는 현상으로, 주인-대리인 문제에서의 사용자와 노동자의 예와 동일함

> **해결방안**
> * 유인설계(Incentive Design)에 의한 승진, 포상, 징계, 효율성임금 등이 있음

핵심 Plus +

효율성임금이론

효율성임금이론에 의하면 노동자의 근로의욕은 실질임금의 크기에 의해 결정되며, 이에 따라 효율성임금은 균형실질임금보다 높은 수준에서 경직적으로 유지됨. 즉, 근로자의 임금이 높으면 이직률이 줄어들어 생산성 유지는 물론 직장을 잃지 않으려고 열심히 일할 것이므로 자연히 생산성이 올라간다는 것

(2) 보험시장에서의 도덕적 해이

보험 가입 후 사고 예방을 게을리하여 사고 발생확률이 높아지는 현상

> **해결방안**
> * 공동보험(Co-Insurance)제도 : 사고 시 손실액의 일정비율만 보상하는 방식
> * 기초공제(Initial Deduction)제도 : 손실액의 일정액은 본인이 부담하는 방식

(3) 금융시장에서의 도덕적 해이

자금 차입자는 자금을 차입 후 수익률과 위험률이 높은 사업에 투자하여 파산확률이 높아지고 금융기관은 원금을 회수하지 못할 가능성이 커지는 현상

> **해결방안**
> * 담보 : 파산 시 차입자도 손해를 보므로 위험한 사업의 투자를 회피함
> * 감시 : 금융기관에서 해당 기업에 감사 등을 파견하여 위험률이 높은 사업에 투자하려는 시도가 있을 시 대출금을 회수하는 방식

(4) 재화시장에서의 도덕적 해이

생산자가 생산비를 낮추어 이윤을 증가시키기 위하여 재화의 품질을 떨어뜨리는 현상

> **해결방안**
> * 기업의 평판이나 상표에 대한 신뢰도에 손상을 입히면 더 큰 손실이 발생한다는 사실을 인지시켜 줌으로써 도덕적 해이를 해소할 수 있음

3. 주인 - 대리인 이론

도덕적 해이의 일종으로 대리인이 자신의 이익을 위해서 주인에게 손해를 끼치는 현상을 말한다. 대리인 문제도 정보비대칭으로 인해서 발생하며 주인이 대리인을 감시할 수 없는 상황에서 발생한다.

(1) 기업의 경영자와 주주

경영자가 자신의 이익을 위해서 주주에게 손해를 끼치는 현상

> **해결방안**
> * 경영자가 주주의 이익을 극대화했을 경우 충분한 보상을 받을 수 있도록 유인체계를 만듦

(2) 정치인과 국민

정치인이 당선된 이후에 국민의 이익을 위하여 노력하지 않는 현상

> **해결방안**
> * 정치인이 국민의 이익을 위해서 봉사했을 때 충분한 보상이 주어지고, 반대의 경우 손해가 가도록 제도적 장치를 마련함
> * 다음 선거에서 정치 행위에 대해서 평가를 받도록 함

(3) 의뢰인과 변호사

변호사가 선임된 이후에 의뢰인의 이익을 위하여 노력하지 않는 현상

> **해결방안**
> • 변호사와의 계약 시 변론에 성공할 때 보상이 이루어지는 방식으로 경제적 보상을 뒤로 늦추는 것도 방법이 될 수 있음

(4) 사장과 종업원

종업원이 취직 이후에 태만하게 되는 현상

> **해결방안**
> • 감시체계의 강화를 통해 태만을 막거나 인센티브를 통해서 근로의욕을 높임

시험문제 미리보기!

> **다음 중 정보비대칭에 따른 역선택 문제를 해결하기 위한 노력으로 볼 수 없는 것은?**
>
> ① 모든 기업에 충분히 높은 대출금리를 물린다.
> ② 직장 동료들이 쉬는 동안 야간 MBA 과정을 이수한다.
> ③ 중고차를 살 사람이 일정 기간 보증 수리 조건을 요구한다.
> ④ 자동차보험회사가 자기부담금과 보험료가 각기 다른 상품들을 낸다.
> ⑤ 낯선 관광지에서 여러 식당 가운데 맥도날드 햄버거 가게를 찾아간다.
>
> **정답** ①
> **해설** 역선택이란 정보수준이 낮은 측이 바람직하지 못한 거래를 할 가능성이 높아지는 현상을 의미한다. 중고차시장, 보험시장, 금융시장 등은 역선택이 가장 빈번히 발생하는 시장이다. 높은 금리를 물리면 위험한 사업을 하는 기업만 대출받을 가능성이 높다. 이를 해결하기 위해 신용할당 등의 방법을 사용한다.

핵심 Check ✓ 가격통제

최고가격제	• 가격의 상한선 • 소비자 보호 • 초과수요, 암시장 발생
최저가격제	• 가격의 하한선 • 생산자 보호 • 초과공급, 실업 발생

01 최고가격제와 최저가격제 ★★★

1. 최고가격제

(1) 개념

가격 급등이 예상되는 상품에 대해서 정부가 가격상한을 설정하여 가격을 규제하는 제도이다. 소비자 보호가 목적이며 현실 사례로는 분양가 상한제, 이자율 상한제 등이 있다.

(2) 주의점

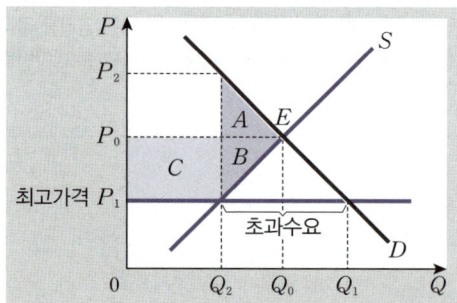

① 초과수요 발생

  가격을 올릴 수는 없기 때문에 이 경우 재화의 분배 문제를 해결하기 위해서는 선착 순, 추첨, 배급제 등의 방법을 사용하게 되는데, 이때 재화를 분배받는 것이 자신의 노력이 아닌 '운'이라는 요소에 의해 결정된다는 점에서 사회적인 불만이 커진다는 단점이 존재한다. 예 국공립유치원 추첨입학사태 등

② 재정적 부담의 증가

  가격 통제가 성공한다는 것은 정부의 지속적인 감시를 전제로 한다.

③ 상품의 질 하락

  가격 통제가 성공하면 공급자는 낮은 비용으로 상품을 공급해야 한다.

④ 암시장의 발생

시장이 초과수요 상태에 있는데 정부의 가격 통제가 유명무실해지는 경우, 공급자는 가격을 올리려는 유인이 발생한다. 이 경우 가격의 상한선은 균형 가격선이 아닌 공급자의 이익이 최대가 되는 지점까지가 된다. 이러한 경우를 우리는 '암시장'이라고 표현하고 암시장의 시장가격은 가격상한제를 시행하기 전의 가격(P_0)보다 훨씬 높은 수준(P_2)에서 결정된다.

2. 최저가격제

(1) 개념

정부가 공급자를 보호하기 위해서 최저가격 이하로는 거래하지 못하도록 통제하는 제도로 현실 사례로는 최저임금제가 대표적이다.

(2) 주의점(노동시장의 경우)

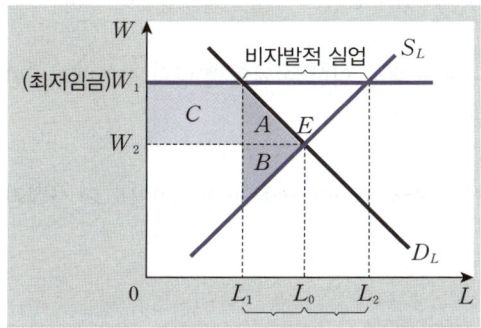

① 초과공급 발생(실업의 증가)

수요보다 공급이 많아져 균형 고용량보다 줄어들게 된다.

② 노동수요의 탄력성이 탄력적인 경우

처음의 노동자 전체 임금보다 줄어들게 된다. 따라서 최저임금은 수요의 가격탄력성이 비탄력적인 경우에 한해서만 실시해야 사회적 후생손실의 발생이 최소한으로 생긴다고 많은 경제학자가 말한다.

3. 수량규제

(1) 개념

수량규제(Quantity Control)는 정부가 어떤 상품의 거래량에 제한을 가하는 것으로 수량할당, 쿼터(Quota)라고 부르기도 한다.

(2) 주의점(택시 운송여객 시장에서의 수량규제)

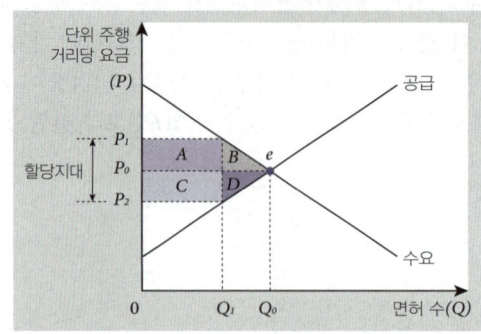

① **가격 상승**

수량규제로 인해 공급량이 감소하여 가격이 상승한다.

② **소비자잉여 감소**

가격 상승으로 인해 소비자잉여는 A+B 감소한다.

③ **생산자잉여 변화**

가격 상승으로 생산자는 A만큼의 수량규제로 인한 이익인 할당지대가 생기지만 거래량 감소로 D만큼의 생산자잉여 감소도 나타난다.

④ **사회적 후생손실 발생**

최종적으로 소비자잉여 변화(-A-B), 생산자잉여 변화(+A-D)이므로 사회적 후생손실은 -(B+D)만큼 발생한다.

02 정부실패 ★

1. 의미

시장의 실패를 보완하기 위한 정부의 개입이 오히려 효율적 자원배분을 악화시키는 현상

📝 예 큰 정부 아래에서 무거운 세금과 관료적인 경직성으로 인한 국민 부담의 증대, 이익 단체 압력에 의한 불필요한 공공 지출 증가, 대기업과 정부의 유착, 공기업의 비효율성, 민간부문의 자율과 창의성 저해, 사회복지제도의 부작용 등

2. 해결방안

① **규제 완화**

예외적으로 보건, 환경, 소비자 보호, 산업재해방지 등 공익 관련 분야와 직접 관련된 규제는 오히려 강화되어야 한다.

② **민영화**

공기업에 경쟁원리의 도입으로 서비스의 개선, 가격의 인하, 경영의 효율화를 추구해야 한다.

③ **공무원의 의식 전환**

국민의 의사에 따르는 새로운 공무원상 정립, 공무원 사회에 경쟁 개념 도입, 승진·보수제도 등의 제도 개선, 경제적 유인 제공 등의 방법이 있다.

④ 시민단체 활성화

시민단체의 감시, 정책 제안 등을 통해 정부의 정책을 감시해야 한다.

시험문제 미리보기!

밑줄 친 ㉠, ㉡과 관련하여 옳은 진술을 한 사람은?

> 그림과 같은 수요와 공급을 나타내는 어떤 재화의 시장에서 정부는 ㉠ 가격 통제 정책을 실시한 후, 수급 불균형을 해결하기 위하여 ㉡ 초과공급분 200개를 통제 가격으로 정부가 직접 구입하는 정책을 실시하였다.

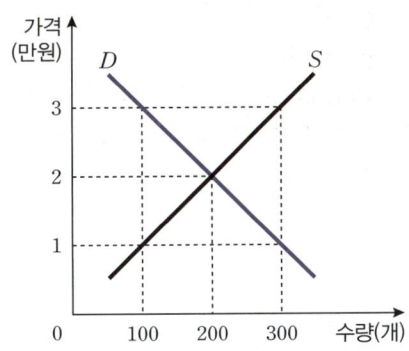

① 갑 : ㉠은 3만 원을 최고가격으로 설정한 정책이야.

② 을 : ㉠의 실시로 소비자의 지출은 100만 원 증가해.

③ 병 : ㉡은 수급 불균형 해소를 위한 초과수요 측면의 해결책이야.

④ 정 : ㉠, ㉡의 실시로 생산자의 판매수입은 900만 원이 되는군.

⑤ 무 : 정부정책에 관계없이 균형가격은 2만 원이야.

정답 ④

해설 ㉠, ㉡을 실시한 후의 생산자 판매수입은 900만 원이다.

> [오답노트]
> ① 초과공급을 발생시키는 가격 통제 정책은 최저가격제이다.
> ② 정책을 실시하기 전의 소비자의 지출은 400만 원이고, 최저가격제를 실시한 후의 소비자의 지출은 300만 원이다.
> ③ ㉡은 수급 불균형 해소를 위한 초과공급 측면의 해결책이다.
> ⑤ 정부가 초과공급분을 구입하였으므로 균형가격이 3만 원으로 상승하였다.

출제예상문제

출제예상문제의 중요도를 ★~★★★으로 구분하였습니다. 난이도가 가장 높은 고등급 문제는 최우수 표시하였으니, 최우수 등급을 목표로 하신다면 반드시 학습하시기 바랍니다.

★★
01 외부효과에 관한 설명으로 옳은 것을 모두 고른 것은?

<보기>
ㄱ. 외부효과가 존재할 경우 시장은 자원을 비효율적으로 배분한다.
ㄴ. 부정적 외부효과가 존재할 경우 사회적 비용은 사적 비용보다 작다.
ㄷ. 부정적 외부효과를 시정하기 위해 고안된 세금을 피구세(Pigouvian Tax)라고 한다.
ㄹ. 긍정적 외부효과가 존재할 경우 시장생산량은 사회적으로 바람직한 생산량보다 많다.

① ㄱ, ㄴ　　　　② ㄱ, ㄷ　　　　③ ㄴ, ㄹ　　　　④ ㄷ, ㄹ　　　　⑤ ㄱ, ㄷ, ㄹ

★
02 외부효과(Externality)에 관한 설명으로 옳은 것을 모두 고른 것은? (단, 수요곡선은 우하향하고 공급곡선은 우상향한다)

<보기>
ㄱ. 생산 측면에서 부(−)의 외부효과가 존재하면, 시장균형생산량은 사회적 최적생산량보다 적다.
ㄴ. 외부효과는 보조금 혹은 조세 등을 통해 내부화시킬 수 있다.
ㄷ. 거래비용 없이 협상할 수 있다면, 당사자들이 자발적으로 외부효과로 인한 비효율성을 줄일 수 있다.

① ㄱ　　　　② ㄱ, ㄴ　　　　③ ㄱ, ㄷ　　　　④ ㄴ, ㄷ　　　　⑤ ㄱ, ㄴ, ㄷ

★★
03 시장실패는 자원배분이 효율적으로 이뤄지지 않는 상황에서 종종 발생한다. 다음 중 시장실패에 해당하는 것은?

<보기>
ㄱ. 한 기업이 혁신적 제품으로 시장을 장악하고 있다.
ㄴ. 기업이 최대한의 이윤을 추구하고 있다.
ㄷ. 재화의 비배제성과 비경합성으로 인해 문제가 발생하는 상황이다.
ㄹ. 신종 독감 예방 백신값이 너무 비싸 접종률 저하로 독감이 급속하게 퍼지고 있다.

① ㄱ, ㄴ　　　　② ㄱ, ㄷ　　　　③ ㄴ, ㄷ　　　　④ ㄴ, ㄹ　　　　⑤ ㄷ, ㄹ

04 다음은 코즈의 정리가 현실에서 성립하기 어려운 이유에 대한 설명이다. 옳지 않은 것은?

① 협상의 제비용, 즉 당사자들의 참여비용과 협상에 필요한 통역, 변호사 비용 등이 높기 때문이다.
② 외부성에 대한 재산권의 정의를 명확히 하기 어렵기 때문이다.
③ 가급적 많은 수의 이해당사자가 필요하지만 그렇지 못하기 때문이다.
④ 협상 시 손해를 보는 측은 피해액수를 가급적 과다보고 하려는 유인이 상존하기 때문이다.
⑤ 협상 시 이익을 보는 측은 편익액수를 가급적 과소보고 하려는 유인이 상존하기 때문이다.

05 배출권거래제도에 관한 설명으로 옳지 않은 것은?

① 기업들에게 허용되는 오염물질 배출의 총량을 미리 정해 놓는다.
② 공해를 줄이는 데 드는 한계비용이 상대적으로 낮은 기업은 배출권을 판매한다.
③ 탄소배출권의 시행은 기업의 생산비용을 상승시킨다.
④ 배출권의 총량이 정해지면 배출권을 각 기업에게 어떻게 할당하느냐와 관계없이 효율적 배분이 가능하다.
⑤ 환경오염 감축효과가 불확실한 것이 단점이다.

정답 및 해설

01 ②

오답노트
ㄴ. 부정적 외부효과가 존재할 경우 '사회적 비용 사적 비용 + 양의 사회적 비용'으로 이루어지므로 사적 비용보다 크다.
ㄹ. 긍정적 외부효과가 존재할 경우 시장생산량은 사회적으로 바람직한 생산량보다 적다.

02 ④

ㄴ. 외부효과는 피구보조금 혹은 피구세 등을 통해 내부화시킬 수 있다.
ㄷ. 거래비용 없이 협상할 수 있다면, 당사자들이 자발적으로 외부효과로 인한 비효율성을 줄일 수 있다. 이를 코즈의 정리라고 한다.

오답노트
ㄱ. 생산 측면에서 부(−)의 외부효과가 존재하면, 시장균형생산량은 사회적 최적생산량보다 많다.

03 ⑤

시장실패는 외부효과(Externality), 독과점(시장지배력), 공공재의 존재 등 때문에 발생한다. 외부효과는 한 사람의 행위가 금전적 보상 없이 제3자의 경제적 후생에 영향을 미치는 현상을 일컫는다. 시장지배력은 소수의 사람 혹은 기업이 시장가격에 임의의 영향을 미칠 수 있는 힘을 말한다. 공공재는 비배제성(사람들이 재화를 소비하는 것을 막을 수 있는 가능성)과 비경합성을 갖고 있어 역시 시장실패가 발생한다.

오답노트
ㄱ. 한 기업이 혁신적 제품으로 시장을 장악하고 있다는 것만으로 독점이라고 볼 수 없다.
ㄴ. 기업이 최대한의 이윤을 추구하는 것은 기업의 당연한 목표이다.

04 ③

이해당사자의 수가 많을수록 협상비용(거래비용)이 크게 소요되므로 코즈의 정리가 성립할 가능성이 낮아진다.

05 ③

탄소배출권의 시행은 기업의 생산비용과는 관련이 없다.

06 다음 중 역선택과 도덕적 해이에 대한 설명으로 옳은 것은?

<보기>
ㄱ. 역선택은 감추어진 행동, 도덕적 해이는 감추어진 속성에 기인한다.
ㄴ. 주인-대리인 이론은 도덕적 해이의 일종이며 인센티브 제공 등을 통해 약화시킬 수 있다.
ㄷ. 효율성임금은 도덕적 해이를 줄일 수 있는 방법이다.
ㄹ. 역선택의 해결방안으로 기초공제제도를 들 수 있다.

① ㄱ, ㄴ   ② ㄱ, ㄷ   ③ ㄴ, ㄷ   ④ ㄴ, ㄹ   ⑤ ㄷ, ㄹ

07 공공재 및 시장실패에 관한 설명으로 옳은 것을 모두 고른 것은?

ㄱ. 정(+)의 외부효과가 있는 재화의 경우 시장에서 사회적 최적수준에 비해 과소생산 된다.
ㄴ. 공유지의 비극(Tragedy of the Commons)은 배제성은 없으나 경합성이 있는 재화에서 발생한다.
ㄷ. 공공재의 경우 개인들의 한계편익을 합한 것이 한계비용보다 작다면 공공재 공급을 증가시키는 것이 바람직하다.

① ㄱ   ② ㄱ, ㄴ   ③ ㄱ, ㄴ, ㄷ   ④ ㄱ, ㄷ   ⑤ ㄴ, ㄷ

08 공공재의 성격에 관한 설명으로 옳은 것은?

① 공공재 소비로부터 얻는 한계편익의 총합이 공공재 공급의 한계비용보다 크다면 공공재 공급을 늘려야 한다.
② 순수공공재는 배제성과 비경합성을 동시에 충족한다.
③ 대부분 공공재는 순수공공재로 볼 수 있으며, 시장이 성립하지 못한다.
④ 클럽재는 배제성 적용이 불가능하다.
⑤ 공공재의 소비자들은 자신의 수요를 정확하게 표출한다.

09 최고가격제에 관한 설명으로 옳은 것을 모두 고른 것은?

<보기>
ㄱ. 암시장을 출현시킬 가능성이 있다.
ㄴ. 초과수요를 야기한다.
ㄷ. 사회적 후생을 증대시킨다.
ㄹ. 최고가격은 시장의 균형가격보다 높은 수준에서 설정되어야 한다.

① ㄱ, ㄴ   ② ㄱ, ㄷ   ③ ㄱ, ㄹ   ④ ㄴ, ㄷ   ⑤ ㄷ, ㄹ

10 정부가 어떤 목적에서 재화의 균형가격 P*를 P̄수준으로 규제하려고 한다. 이에 대한 옳은 설명은?

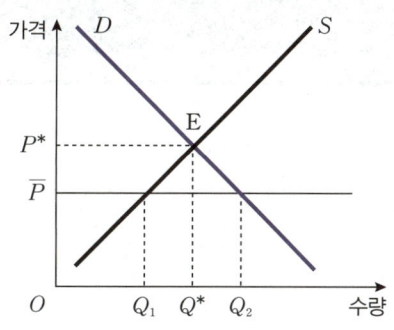

〈보기〉

ㄱ. Q_1Q_2만큼의 초과수요로 인해 암시장이 형성될 수 있다.

ㄴ. 소비자 보호를 위해 생성된 정책이지만 후생손실이 발생한다.

ㄷ. 수요가 증가하여 가격이 P̄를 초과하여 상승한다 해도 소비자 보호를 위해 가격은 P̄로 유지된다.

ㄹ. 공급이 증가하여 가격이 P̄ 미만으로 하락한다 해도 생산자 보호를 위해 가격은 P̄로 유지된다.

① ㄱ, ㄴ   ② ㄱ, ㄷ   ③ ㄴ, ㄷ   ④ ㄱ, ㄴ, ㄷ   ⑤ ㄴ, ㄷ, ㄹ

정답 및 해설

06 ③

ㄴ. 주인-대리인 이론은 대리인이 주인의 의도대로 행동하지 않는 도덕적 해이의 일종이며 인센티브 제공 등을 통해 약화시킬 수 있다.

ㄷ. 자신의 노동생산성보다 높은 임금을 책정하는 효율성임금은 도덕적 해이를 줄일 수 있는 방법이다.

오답노트

ㄱ. 역선택은 감추어진 속성, 도덕적 해이는 감추어진 행동에 기인한다.

ㄹ. 역선택의 해결방안으로 의무(강제)가입 등이 있으며 비용의 일부를 공제하는 기초공제제도는 도덕적 해이의 해결방안 중 하나이다.

07 ②

오답노트

ㄷ. 공공재의 경우 개인들의 한계편익을 합한 것이 한계비용보다 크다면 공공재 공급을 증가시키는 것이 바람직하다.

08 ①

오답노트

② 순수공공재는 비배제성과 비경합성을 동시에 충족한다.

③ 대부분 공공재는 순수공공재로 볼 수 없으며, 비순수공공재도 많이 존재한다.

④ 클럽재는 비용을 지불하므로 배제성 적용이 가능하다.

⑤ 공공재의 소비자들은 비경합성과 비배제성 때문에 자신의 수요를 정확하게 표출하지 않는다.

09 ①

오답노트

ㄷ. 최고가격제는 사중손실을 발생시킨다.

ㄹ. 최고가격은 가격의 상한선을 설정하는 것이므로 시장의 균형가격보다 낮은 수준에서 설정되어야 한다.

10 ④

위의 그래프는 최고가격제를 나타낸다. 소비자 보호를 위해 최고가격을 정하고 인위적으로 가격을 낮추는 제도이지만, 초과수요가 발생하고 후생손실이 발생하는 단점도 가지고 있다. 물론 수요가 증가하여 가격이 상승해도 최고가격은 유지된다.

오답노트

ㄹ. 공급이 증가하여 가격이 P̄ 미만으로 하락하면, 하락한 가격으로 거래된다.

제6장 생산요소시장과 소득분배

■ 학습전략

경제학에서 분배란 소득을 의미한다. 고용된 노동자는 소득을 가지게 되는데 소득은 각각이 노동자가 제공하는 노동의 양과 질에 따라 달라진다. 따라서 소득의 분배 상태에 따라 사회계층이 나누어지고 빈부의 격차가 발생한다.

빈부의 격차가 커지게 되면 사회가 불안정해지므로 이를 줄이는 노력이 필요하다. 빈부격차를 판단하기 위해서는 로렌츠곡선, 지니계수, 10분위 분배율 등이 필요하다. 로렌츠곡선은 대각선에 가까울수록, 지니계수는 작을수록, 10분위 분배율은 클수록 소득분배가 균등하다고 할 수 있다. 따라서 대부분의 정부는 소득분배를 균등하게 만들기 위해 사회보장제도를 실시하고 있다.

소득의 재분배를 위한 사회보장제도는 반드시 정부의 역할이 필요하며 정부의 기본적인 재원은 조세이다. 조세는 부과대상에 따라 나뉘는데 소득이나 재산에 부과하는 직접세는 주로 누진세율을 사용한다. 반면 소비에 주로 부과되는 간접세는 주로 비례세율을 사용한다.

수요와 공급 중 한쪽에 조세를 부과한다고 해서 부과한 쪽만 모두 조세를 부담하지는 않는다. 따라서 조세의 귀착이 일어나며 이로 인해 정부가 모든 조세수입을 가져가는 것 같지만 후생손실도 발생한다는 것을 유념해야 한다.

■ 출제비중

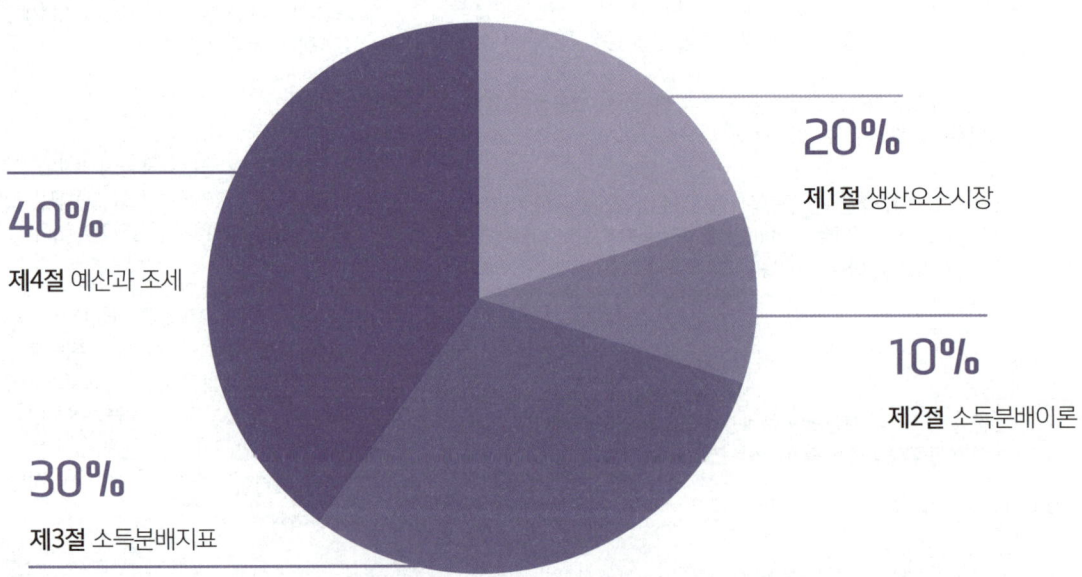

20% 제1절 생산요소시장
10% 제2절 소득분배이론
30% 제3절 소득분배지표
40% 제4절 예산과 조세

📖 출제 유형

제1절과 관련해서는 생산물시장과 생산요소시장 모두 완전경쟁인 경우가 주로 출제되며 한계생산물가치와 한계요소비용이 같은 수준에서 기업의 이윤극대화 생산량이 결정된다는 것을 숙지하고 있어야 한다. 주로 표를 통해 이윤극대화 노동고용량을 구하는 문제가 출제된다.

제3절과 관련해서는 각 지표별로 소득분배가 잘 되는 경우와 안 되는 경우의 지표를 구분하는 문제가 출제된다.

제4절의 조세와 관련해서는 주로 종량세가 출제되며 종량세를 통해 소비자가 지불하는 가격과 생산자가 지불하는 가격, 조세수입과 후생손실의 수치를 묻는 문제가 출제된다.

📖 학습구성

구 분	출제포인트	중요도
제1절 생산요소시장	**01** 생산요소시장	★
	02 생산요소시장의 이윤극대화 원리	★★
제2절 소득분배이론	**01** 소득과 저축	★
	02 기능별 소득분배이론	★
제3절 소득분배지표	**01** 계층별 소득분배와 사회보장제도	★
	02 소득분배지표	★★★
제4절 예산과 조세	**01** 예산과 조세의 의미	★
	02 조세의 종류	★★★
	03 조세의 귀착	★★★

제1절 | 생산요소시장

01 생산요소시장 ★

1. 개념

생산요소가 거래되는 시장을 의미하며 노동, 자본, 토지시장이 여기에 해당한다.

2. 특징

① 소득분배의 결정

생산요소시장에서 생산요소의 가격과 고용량이 결정되는데 이는 생산요소의 소득을 결정한다.

② 파생수요

생산물시장에서 이윤극대화 원리에 의해 생산량이 결정되면 이에 따라 생산요소의 수요가 결정된다. 따라서 생산요소의 수요는 생산물시장에서 결정된 생산물수요에 의하여 그 크기가 결정되는 파생수요(Derived Demand)의 성격을 가지고 있다.

02 생산요소시장의 이윤극대화 원리 ★★

1. 한계수입생산(MRP)

(1) 개념

한계수입생산(Marginal Revenue Product)이란 생산요소를 1단위 추가적으로 고용할 때(노동자를 1명 더 고용할 때)의 총수입의 증가분으로 다음과 같이 나타낸다.

$$MRP_L = \frac{\Delta TR}{\Delta L} = \frac{\Delta Q}{\Delta L} \times \frac{\Delta TR}{\Delta Q} = MP_L \times MR$$

즉, 한계수입생산 = 한계생산물 × 한계수입

(2) 특징

① 수확체감의 법칙에 의해 한계생산물(MP_L)이 체감한다.

② 한계수입(MR)은 생산물시장이 완전경쟁이면 일정하고 불완전경쟁이면 감소하므로 한계수입생산물 곡선은 우하향한다.

③ 노동시장이 완전경쟁시장이라면 '$P = MR$'이므로 '한계수입생산 = 한계생산물가치'이다.

④ 한계수입생산은 생산요소 1단위를 추가했을 때 추가적으로 얻는 총수입을 화폐로 표현한 것이다.

2. 한계요소비용(MFC)

(1) 개념

한계요소비용(Marginal Factor Cost)이란 생산요소를 1단위 추가적으로 고용할 때(노동자를 1명 더 고용할 때)의 총비용의 증가분으로 다음과 같이 나타낸다.

$$MFC_L = \frac{\Delta TC}{\Delta L} = \frac{\Delta Q}{\Delta L} \times \frac{\Delta TC}{\Delta Q} = MP_L \times MC$$

즉, 한계요소비용 = 한계생산물 × 한계비용

(2) 특징

한계요소비용곡선은 요소시장의 형태에 따라 다르게 나타난다.

3. 이윤극대화 조건

(1) 생산물시장의 이윤극대화 조건

생산물시장의 이윤극대화 조건은 생산물 한 단위를 만드는 비용인 한계비용(MC)과 그 한 단위의 생산물수입인 한계수입(MR)이 같아질 때인 것을 배웠다.

(2) 생산요소시장의 이윤극대화 조건

마찬가지로 요소시장에서는 생산요소를 1단위 추가적으로 고용할 때(노동자를 1명 더 고용할 때)의 총비용의 증가분인 한계요소비용(MFC)과 그 노동자가 만든 재화를 팔아 얻은 수입인 한계수입생산물(MRP_L)이 같아질 때까지(완전경쟁시장을 주로 가정하므로 한계생산물 가치인 VMP) 생산요소(노동)를 고용할 때 이윤이 극대화될 것이다.

$$P \times MP = w$$

(3) 생산물시장과 생산요소시장의 비교

구 분	생산물시장	생산요소시장
수요주체	• 소비자(가계)	• 생산자(기업)
공급주체	• 생산자(기업)	• 소비자(가계)
이용되는 개념	• 한계생산물 $MP_L = \dfrac{\Delta Q}{\Delta L}$ • 한계수입 $MR = \dfrac{\Delta TR}{\Delta Q}$ • 한계비용 $MC = \dfrac{\Delta TC}{\Delta Q}$	• (노동의)한계수입생산물 $MRP_L = \dfrac{\Delta TR}{\Delta L} = \dfrac{\Delta Q}{\Delta L} \times \dfrac{\Delta TR}{\Delta Q} = MP_L \times MR$ • (노동의)한계요소비용 $MFC_L = \dfrac{\Delta TC}{\Delta L} = \dfrac{\Delta Q}{\Delta L} \times \dfrac{\Delta TC}{\Delta Q} = MP_L \times MC$
이윤극대화 조건	• $MR = MC$	• $MRP_L = MFC_L$

시험문제 미리보기!

(ㄱ)과 (ㄴ)에 들어갈 내용으로 옳은 것은?

완전경쟁시장에서 이윤극대화를 추구하는 기업은 생산물시장에서 제품가격이 (ㄱ)과 일치하는 수준에서 생산량을 결정한다. 동시에 노동시장에서 임금이 (ㄴ)와(과) 일치하는 수준에서 노동수요를 결정한다.

① (ㄱ) : 한계비용, (ㄴ) : 한계생산가치
② (ㄱ) : 한계비용, (ㄴ) : 평균생산가치
③ (ㄱ) : 한계수입, (ㄴ) : 한계생산가치
④ (ㄱ) : 한계수입, (ㄴ) : 평균생산가치
⑤ (ㄱ) : 한계수입, (ㄴ) : 한계비용

정답 ①
해설 기업의 이윤극대화는 MR = MC에서 이루어진다. 완전경쟁시장은 P = MC이므로 제품가격이 한계비용과 일치하는 수준에서 이루어진다. 동시에 한계요소비용인 임금과 한계생산물가치가 일치하는 수준에서 노동수요를 결정한다.

제2절 | 소득분배이론

소득의 종류	• 경상소득 : 근로, 사업, 재산, 이전소득 • 비경상소득 : 복권당첨금 등
저축의 역설	• 저축을 늘리면 소득이 줄어들어 저축이 감소함(구성의 모순)

01 소득과 저축 ★

1. 소득

구 분		내 용
경상소득	근로소득	노동의 대가로 얻은 봉급이나 임금
	사업·부업소득	사업을 하여 획득한 이윤이나 부업을 통해 얻은 소득, 경영에 대한 이윤
	재산소득	재산(자본, 주식, 토지, 주택)으로부터 얻는 소득 예 이자, 배당금, 임대료 등
	이전소득	생산에 직접 참여하지 않고 무상으로 얻는 소득 예 정부로부터 받는 각종 연금, 생계비 등의 사회보장금 등
비경상소득		예상치 못하거나 일시적으로 들어오는 소득 예 퇴직금, 복권당첨금, 상여금, 장학금 등

2. 저축

(1) 개념

소득 중 소비하지 않는 부분으로 미래의 소비를 위해 현재의 소비를 줄인 것이다.

(2) 장·단점

① 장점

적정한 저축은 투자 자금의 원천으로 국민경제성장의 기본이 되고, 높은 저축률은 외채 의존율을 줄인다.

② 단점(저축의 역설)

저축 증가가 총수요를 줄이고, 생산 위축, 실업 증가, 소득 감소로 이어져서 결국 경제 성장에 부정적 영향을 미치는 현상이다.

다음 중 소득의 사례와 소득 원천을 바르게 연결한 것은? (단, 집세는 임대사업자가 아닌 개인 소득이다)

① 월급 – 사업소득, 집세 – 근로소득

② 집세 – 재산소득, 월급 – 근로소득

③ 월급 – 이전소득, 집세 – 사업소득

④ 집세 – 근로소득, 기초연금 – 이전소득

⑤ 월급 – 근로소득, 기초연금 – 사업소득

정답 ②

해설 집세는 재산소득, 월급은 근로소득, 기초연금은 이전소득이다.

02 기능별 소득분배이론 ★

생산과정에 투입된 다양한 생산요소의 소유자들 사이에 이루어진 소득분배로 토지소유자에게는 지대, 노동소유자에게는 임금, 자본소유자에게는 이자소득의 형태로 분배된다.

1. 임금

(1) 개념

① 노동 : 노동자가 재화나 서비스를 생산하는 활동으로서 노동서비스를 의미하며, 일정 기간 측정한 유량변수이다.

② 임금 : 생산과정에서 노동자가 제공하는 노동서비스에 대한 대가이다.

(2) 종류

① 명목임금(w)

노동자가 노동서비스를 제공한 대가로 지불받는 명시적인 화폐액으로 화폐임금이라고도 한다.

② 실질임금

명목임금으로 구입할 수 있는 재화나 서비스의 수량으로서 명목임금이 지니는 실질적인 구매력을 의미한다. 실질임금$\left(\dfrac{w}{p}\right)$은 명목임금($w$)을 물가($p$) 또는 재화의 가격으로 나눈 값으로서 노동자의 생활수준을 측정할 수 있는 지표가 된다.

2. 이자

(1) 경제학에서의 자본

재화를 생산하기 위해 생산된 생산요소로서 소비자들이 직접 소비하는 소비재와 구분하여 생산재라고 한다.

(2) 자본의 가격

기계나 설비와 같은 자본재 그 자체의 가격이 아니라, 그것의 서비스를 일정 기간 사용하는 데 대해 지급하는 대가, 즉 자본서비스의 가격인 임대료를 의미한다.

3. 지대(Rent)

(1) 개념

원래 토지같이 그 공급이 완전히 고정된 생산요소에 대하여 지불되는 보수를 의미하였으나 오늘날은 공급이 고정된 생산요소에 대한 보수로 확대 해석한다.

(2) 지대학설

① 차액지대설(D. Ricardo)

지대는 토지의 위치나 비옥도에 따른 생산성의 차이에 의해서 발생한다. 즉, 한계지(노는 땅)에는 지대가 발생하지 않았으나 인구증가에 의한 곡물가격 상승으로 인해 한계지가 경작되면 기존의 우등한 토지의 지대가 상승한다.

② 절대지대설(K. Marx)

지대는 토지의 위치나 비옥도에 관계없이 자본주의 아래서의 토지사유화로 인하여 발생한다. 즉, 토지소유자의 요구로 지대가 발생하며 지대의 상승으로 인하여 곡물 가격이 상승한다.

(3) 경제적 지대와 전용수입

① 경제적 지대(Economic Rent)

어떤 생산요소가 현재 고용되고 있는 곳에서 받는 일정한 금액의 보수 중 전용수입을 제외한 부분을 의미하며, 이는 생산요소가 얻은 소득 중에서 기회비용을 초과하는 부분으로 생산요소 공급자의 잉여라 할 수 있다. 생산물시장의 공급자잉여를 생산자잉여라 하면, 생산요소시장의 공급자잉여를 경제적 지대라 한다.

② 전용수입(Transfer Earnings, = 이전수입)

생산요소를 현재의 고용상태에 붙들어 두기 위하여 최소한 지불하여야 하는 금액을 의미하며 이는 생산요소공급에 의한 기회비용의 의미이다.

(4) 지대추구행위

고정된 생산요소로부터 발생되는 경제적 지대를 얻거나 지키기 위하여 단체행동이나 로비 활동, 뇌물수여 등을 하는 것으로 지대추구행위를 하면 사회 전체적으로 자원의 낭비를 초래하여 사회적 후생은 감소한다.

(5) 생산요소공급의 탄력도에 의한 경제적 지대의 변화

생산요소공급의 탄력도가 클수록 전용수입이 커지며 완전탄력적(요소공급곡선이 수평선)이면 요소소득이 모두 전용수입이 되고 완전비탄력적(요소공급곡선이 수직선)이면 요소소득이 모두 경제적 지대가 된다.

① 생산요소공급이 완전탄력적

생산요소공급곡선이 수평, 생산요소소득의 전부가 전용수입(A)

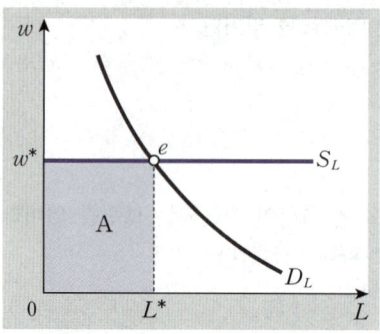

② 일반적인 경우

생산요소공급곡선이 우상향, 경제적 지대(B)와 전용수입(A)이 동시에 발생

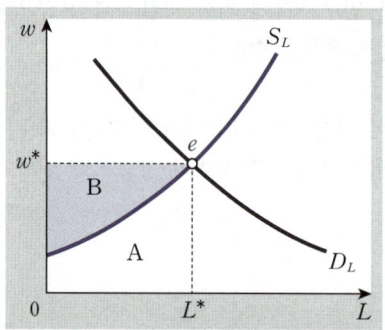

③ 생산요소공급이 완전비탄력적

생산요소공급곡선이 수직, 생산요소소득의 전부가 경제적 지대

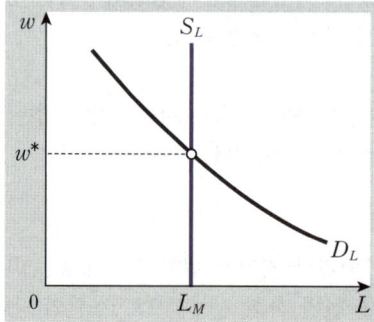

제3절 | 소득분배지표

핵심 Check ✓ 소득분배지표

로렌츠곡선	대각선에 가까울수록 소득분배가 잘됨
지니계수	작을수록 소득분배가 잘됨
10분위 분배율	2와 0의 사잇값을 가지며 2에 가까울수록 소득분배가 잘됨
앳킨슨지수	0과 1의 사잇값을 가지며 0에 가까울수록 소득분배가 잘됨

01 계층별 소득분배와 사회보장제도 ★

1. 계층별 소득분배

소득이 가장 큰 사람부터 차례로 배열했을 때 각 소득계층에 소득이 얼마나 균등하게 분배되어 있는지 분석하는 이론이다.

2. 소득분배 불평등과 임금격차의 발생원인

(1) 소득분배 불평등의 발생원인

① 개인적인 요인

개인별 능력이나 노력의 차이, 교육·훈련기회의 차이, 출신환경(부모의 교육정도 등), 상속재산의 차이 등이 있다.

② 사회적인 요인

신분제도와 남녀차별 등의 사회제도, 경제성장위주의 정책하에 농민·노동·기업가 사이의 소득분배 불균형이 발생하는 경제제도, 조세제도나 사회복지제도 등의 경제 구조변화에 따른 노동시장의 변화 등이 있다.

③ 기타 요인

운(Luck), 자산가격변동 등이 있다.

(2) 임금격차의 발생원인

① 작업조건에 따른 요인

어렵고 위험한 직업의 임금이 더 높다. 이를 보상적 임금격차라고 한다.

② 인적자본에 따른 요인

인적자본(교육, 훈련 등에 의한 지식)수준이 높으면 생산성이 높기 때문에 임금도 높다.

3. 소득분배론

(1) 공리주의(Unitarianism)

국민들의 행복도(만족도)의 합을 최대로 하는 것을 목표로 한다(최대다수의 최대행복). 단, 한계효용체감의 법칙을 가정하므로 소득재분배정책은 필요하다고 보는 입장이다. 그러나 재분배정책을 과도하게 할 경우 근로의욕을 떨어뜨려 사회 전체의 부를 증진시키는 원동력을 떨어뜨릴 수 있고 세금 징수와 배분 과정의 누수현상이 일어날 수 있으므로 적절한 수준에서 정책을 펴야 한다고 주장한다.

(2) 점진적 자유주의(Liberalism) – 존 롤스

절차적 공정성을 따르면 내용과 관계없이 정의라고 본다. 사회적, 자연적 우연성을 배제한 '무지의 베일[1]' 상태에서는 최소 수혜자 최대 이익의 원칙이 지켜질 것이라고 생각한다.

(3) 급진적 자유주의(Libertarianism) – 로버트 노직

소득재분배는 필요 없다고 주장한다. 최약자를 기준으로 재분배를 할 경우 열심히 노력한 사람을 역차별하게 된다고 본다. 노직은 이에 따라 재분배정책은 필요 없으며 모든 사람들에게 기회를 균등하게 제공하는 것이 정의라고 주장한다.

4. 경제발전과 소득분배 : 쿠즈네츠의 U자 가설

(1) 경제발전 초기

소득분배가 비교적 균등하지만, 절대빈곤이 문제된다.

(2) 경제발전 진행

절대빈곤에서는 벗어나지만, 소득분배의 불균등이 악화되며, 상대적 빈곤이 문제가 된다. 소득분배상태가 악화되는 이유는 자본축적의 부족으로 인한 선택과 집중방식 등에 있다.

(3) 경제발전 후기

소득재분배정책과 고용보험, 연금제도, 의료보험제도, 최저임금제 등을 실시하기 때문에 소득불균등상태가 점차 개선된다.

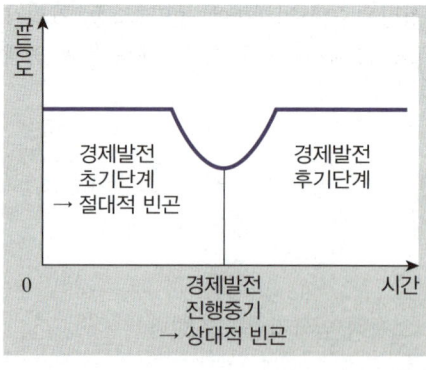

1) 무지의 베일
계약 상황에서 합의 당사자의 능력 및 재능, 심리 상태 및 가치관, 사회 경제적 지위 따위를 모르게 하는 원리

5. 사회보장제도

구 분	사회 보험	공공 부조
목 적	• 산업재해, 노령, 실업 등 미래의 불안에 대처	• 생활 무능력자의 최저 생활 보장
대 상	• 경제적 능력이 있는 사람	• 경제적 능력이 없는 사람
재정 부담	• 본인, 기업, 국가	• 국가가 비용 전액 부담
종 류	• 국민연금, 국민건강보험, 산업재해보험, 고용보험, 노인장기요양보험	• 의료급여, 국민기초생활제도, 기초노령연금제도
특 징	• 강제 가입을 원칙으로 함 • 수혜 여부와 상관없는 능력별 부담 • 상호 부조 • 사전 예방, 보편적 복지	• 소득재분배 효과 큼 • 대상자 선정 시 부정적 낙인 • 복지병[2](근로 의욕 저하, 국가 재정 부담 증가) • 사후 처방, 선별적 복지

02 소득분배지표 ★★★

1. 로렌츠곡선

(1) 개념
계층별 소득분포 자료로 세로축을 소득누적점유율, 가로축을 인구누적점유율로 하여 나타낸 곡선이다.

(2) 균등정도의 판단
소득분배가 균등할수록 로렌츠곡선은 대각선에 접근한다.

(3) 로렌츠곡선의 평가(서수적 소득분배)
① 소득분포상태를 시각적으로 나타내므로 간단명료하나 불평등정도를 측정할 수 없다.
② 로렌츠곡선이 서로 교차하는 경우 소득분배상태를 비교할 수 없는 단점이 있다.

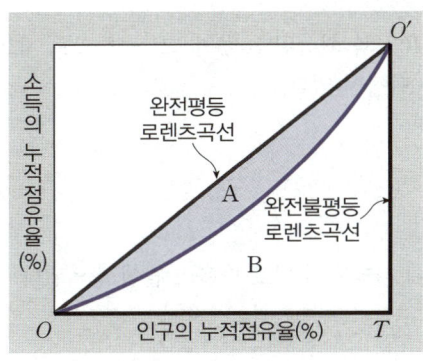

• 직선 OO' : 완전평등
• 곡선 OO' : 면적 A가 클수록 불평등
• △ OTO' : 완전불평등

2) 복지병
과도한 사회보장으로 인해 만성적 인플레이션과 재정 적자, 임금의 상승 압력, 노동 의욕의 감퇴 등이 나타나 전체적으로 국가 경제의 효율이 크게 저하되는 현상

2. 지니계수

(1) 개념

로렌츠곡선에서 나타난 소득분배상태를 수치로 나타낸 것으로 다음과 같이 나타낸다.

$$\text{지니계수} = \frac{\text{A의 면적}}{\Delta OTO' \text{ 면적}} = \frac{A}{A+B}$$

(2) 균등정도의 판단

지니계수가 취하는 값의 범위는 '0 ≤ 지니계수 ≤ 1'로 그 값이 작을수록 소득분배가 평등하다. 소득분배가 완전히 균등하면 지니계수의 값은 0이다.

(3) 지니계수의 평가(기수적 소득분배)

① 측정이 간단하여 많이 이용되고 있으나 전 계층의 소득분배 상태를 하나의 수치로 나타내므로 특정 소득계층의 소득분배상태를 나타내지 못한다.
② 두 로렌츠곡선이 교차하면 비교할 수 없다는 단점이 있다.

3. 10분위 분배율

(1) 개념

계층별 소득분포 자료에서 최하위 40%의 소득점유율이 최상위 20%의 소득점유율에서 차지하는 비율을 의미하며 다음과 같이 측정한다.

$$\text{10분위 분배율} = \frac{\text{최하위 40\% 소득계층의 소득점유율}}{\text{최상위 20\% 소득계층의 소득점유율}}$$

(2) 균등정도의 판단

10분의 분배율이 취하는 값의 범위는 '0 ≤ 10분위 분배율 ≤ 2'로 그 값이 클수록 소득분배가 평등하다. 소득분배가 완전히 균등하면 10분의 분배율의 값은 2이다.

(3) 10분위 분배율의 평가

측정이 간단하여 많이 이용되고 있으나 최하위 40%와 최상위 20%만으로 구하므로 사회구성원 전체의 소득분배상태를 나타내지 못한다는 단점이 있다.

4. 앳킨슨 지수

(1) 개념

현재의 평균소득과 균등분배대등소득을 이용하여 나타낸 수치로 다음과 같이 정의된다.

$$A = 1 - \frac{Y_E}{Y_A}$$

- Y_E : 균등분배대등소득
- Y_A : 현재의 평균소득

(2) 균등정도의 판단

① 소득분배가 완전균등 : $Y_E = Y_A \rightarrow A = 0$

② 소득분배가 완전불균등 : $Y_E = 0 \rightarrow A = 1$

③ 앳킨슨 지수가 취하는 값의 범위는 '0 ≤ 앳킨슨 지수(A) ≤ 1'로 그 값이 작을수록 소득분배가 평등하며 소득분배가 완전히 균등하면 앳킨슨 지수(A)의 값은 0이다. (지니계수와 동일)

(3) 앳킨슨 지수의 평가

소득분배에 대한 사회구성원의 주관적인 가치가 반영된 개념으로 균등분배대등소득이 작으면 앳킨슨 지수는 커진다. (소득분배가 불균등)

(4) 균등분배대등소득

① 균등분배대등소득이란 현재에 동일한 사회후생을 얻을 수 있는 완전히 평등한 소득분배상태에서의 평균소득을 의미한다.

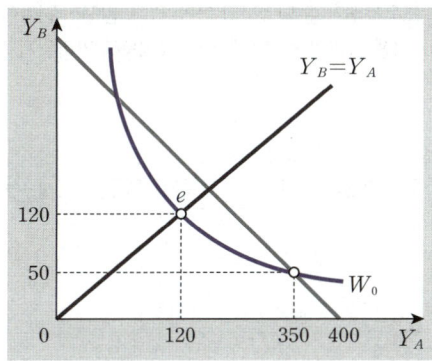

② 현재의 불평등한 상태에서 각각의 소득이 50만 원과 350만 원이라면 1인당 평균소득이 200만 원이 된다. 이때 사회 전체의 후생을 표현하는 무차별곡선이 W_0이고 사회구성원 모두에게 균등한 120만 원을 재분배해도 현재와 동일한 후생 W_0을 유지할 수 있다면 균등분배대등소득은 120만 원이다.

③ 이때 앳킨슨 지수 $A = 1 - \dfrac{120}{200} = 1 - \dfrac{6}{10} = 0.4$이다.

다음 중 지니계수에 관한 설명으로 옳은 것은?

① 지니계수가 같으면 소득계층별 소득분포가 같음을 의미한다.

② 완전히 평등한 소득분배상태를 나타내는 45도 대각선과 로렌츠곡선이 일치한다면, 지니계수는 1이다.

③ 완전히 평등한 소득분배상태를 나타내는 45도 대각선과 로렌츠곡선 사이의 면적이 클수록, 지니계수는 커진다.

④ 지니계수는 완전히 평등한 소득분배상태를 나타내는 45도 대각선의 길이를 로렌츠곡선의 길이로 나눈 값이다.

⑤ 지니계수는 빈곤층을 구분하기 위한 기준이 되는 소득수준을 의미한다.

정답 ③

해설 지니계수는 0 ~ 1 사이의 값을 가지며 작을수록 소득분배가 잘 되었다고 볼 수 있다. 완전히 평등한 소득분배상태를 나타내는 45도 대각선과 로렌츠곡선 사이의 면적이 클수록 불평등에 가까워지므로, 지니계수는 커진다.

오답노트
① 지니계수가 같아도 소득계층별 소득분포가 같은지는 알 수 없다.
② 완전히 평등한 소득분배상태를 나타내는 45도 대각선과 로렌츠곡선이 일치한다면, 지니계수는 0이다.
④ 불평등 면적을 전체면적으로 나눈 값이다.
⑤ 관련이 없다.

핵심 Check ✓ **예산과 조세**

조세의 종류	• 조세전가에 따라 : 직접세, 간접세 • 세율에 따라 : 누진세, 비례세, 역진세
조세부담과 귀착	• 비탄력적인 경우 큼
조세에 따른 사중손실	• 탄력적일수록 큼

01 예산과 조세의 의미

1. 예산

(1) 의미

일정 기간(회계 연도) 동안 정부의 재정 수입(세입)과 지출(세출)에 대한 계획을 말한다.

(2) 원칙

지출 계획에 따른 수입액을 결정한다.

(3) 목표

국민의 복지 수준을 향상하는 것이다.

(4) 예산의 편성과정

(5) 예산의 종류

① **본예산** : 의회의 의결을 얻어 확정, 성립한 예산

② **수정예산** : 정부가 예산안을 제출한 후 의결이 확정되기 이전에 예산의 일부를 변경한 예산

③ **추가경정예산** : 본예산이 의회에서 의결된 이후 본예산에 추가 또는 변경을 가하여 변경한 예산

④ **준예산** : 예산이 법정기한 내에 의회의 의결을 받지 못한 경우 최소한도로 지출하는 예산

2. 조세

(1) 개념

국가·공공단체가 재정권에 의하여 일반국민으로부터 개별적인 대가를 지급하지 않고 강제적으로 획득하는 수입을 말한다.

(2) 조세의 특징

① 납세의 강제성 : 시장에서의 물건 구입 여부는 자유이지만, 정부 서비스는 마음에 들지 않아도 세금을 납부해야 한다.
② 세 부담액 결정의 일방성 : 정부 서비스로부터 혜택을 받은 수준과 상관없이 다른 기준에 의해(일반적으로는 소득수준) 담세액을 결정한다.
③ 납세에 대한 대가의 불확실성 : 특정 항목의 세금을 제외하고는 납세의 목적이 불분명하다.
④ 세금 지출 용도의 불특정성 : 세금은 반드시 정부가 어떤 서비스를 생산하기 위하여 사용되는 것은 아니다.

(3) 래퍼곡선

미국의 A.래퍼가 제시한 세수와 세율과의 관계를 나타낸 곡선으로, T^*보다 높은 세율은 경제주체의 경제활동의욕을 감퇴시키고 국민경제활동을 위축시켜, 결과적으로 세수의 감소를 가져온다는 것을 의미한다.

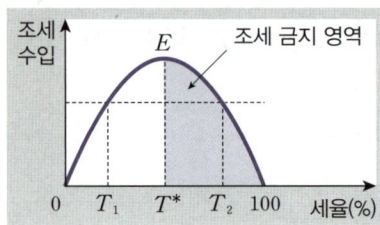

02 조세의 종류 ★★★

1. 직접세와 간접세

구 분	직접세	간접세
의 미	• 납세자 = 담세자 ∴ 조세전가 불가	• 납세자 ≠ 담세자 ∴ 조세전가 가능
과세 대상	• 소득의 원천이나 재산의 규모	• 소비 지출 행위
종 류	• 개인 소득 : 개인소득세, 법인세 • 재산 규모 : 종합부동산세, 재산세 • 재산의 상속 · 거래 : 상속세, 증여세 등	• 부가가치세, 개별소비세, 주세, 증권거래세

특 징	• 누진세율 적용 : 가처분 소득의 격차 완화
	  (소득재분배)
	• 조세 저항이 강하여 조세 징수 곤란
	• 저축과 근로 의욕의 저해
		• 비례세율 적용 : 저소득층 불리(조세 부담
		  의 역진성)
		• 조세 저항이 약하여 조세 징수 용이
		• 상품의 가격 상승으로 물가 상승 우려

구 조	정부 → 납세자(= 담세자)	정부 → 기업(납세자) ← 담세자

2. 세율에 따른 조세의 분류

① 누진세 : 과세대상금액이 증가했을 때 세율이 올라가는 것. 주로 직접세에서 사용한다.
② 비례세 : 과세대상금액이 증가하더라도 세율이 일정한 것. 주로 간접세에서 사용한다.
③ 누진세를 제외한 나머지 조세에서 조세의 역진성이 나타난다.

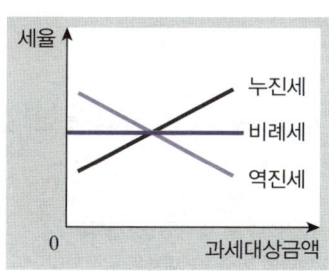

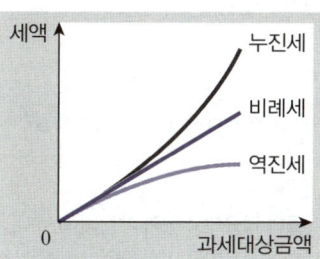

3. 세입과 세출

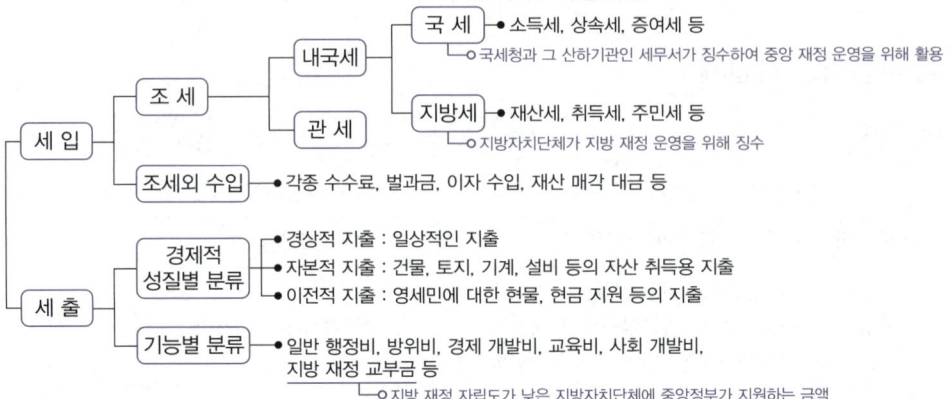

시험문제 미리보기!

(가), (나)는 갑국에서 시행 중인 서로 다른 조세 제도이다. 이에 대한 설명으로 옳지 않은 것은?

> (가) : 과세소득의 증가율 < 조세수입의 증가율
> (나) : 과세소득의 증가율 = 조세수입의 증가율

① (가)는 과세 대상 소득이 커질수록 세액이 증가한다.
② (나)는 제품 가격 대비 세액의 비중이 동일하다.
③ (가)는 (나)보다 조세 저항이 강하다.
④ (나)는 (가)보다 소득재분배 효과가 크다.
⑤ (가)는 직접세, (나)는 간접세에 주로 사용되는 세율이다.

정답 ④
해설 (가)는 누진세율, (나)는 비례세율이 적용된다. 일반적으로 소득재분배 효과는 누진세의 특징에 해당한다.

오답노트
① (가)는 누진세율이 적용되고 있기 때문에 과세 대상 소득이 커질수록 세액도 증가한다.
② (나)는 비례세율이 적용되고 있기 때문에 제품 가격 대비 세액의 비중, 즉 세율은 일정하다.
③ (가)는 소득세로 직접세에 해당하고, (나)는 소비세로 간접세에 해당한다. 일반적으로 직접세가 간접세보다 조세 저항이 강하다.
⑤ (가)는 직접세, (나)는 간접세에 주로 사용되는 세율이다.

03 조세의 귀착 ★★★

1. 조세의 귀착(Incidence)

(1) 개념
궁극적으로 조세 부담이 누구에게 지어지는가를 뜻한다.

(2) 법적 귀착
조세법상으로 누가 조세 납부의 의무를 지도록 규정하고 있는지에 의해 결정된다.

(3) 경제적 귀착
법에 정해진 조세 납부의 의무자와 상관없이 조세로 유도된 실질 소득 분포의 변화로 조세를 부담할 사람이 결정되는 것이다.

(4) 법적 귀착과 경제적 귀착이 차이를 보이는 이유
조세 부담이 다른 사람에게 전가(Shifting)되는 현상이 발생하기 때문이다.

2. 조세의 전가

(1) 개념
① 법적 귀착보다 경제적 귀착이 적은 경우 다른 경제주체에게 조세 부담을 이동시킨 것이다. 즉, 조세를 전가했다고 할 수 있다.
② 조세의 전가 = 조세 납부액 − 실질 처분가능소득의 변화폭
③ 조세의 전가는 각 경제주체가 가지고 있는 경제적 관계의 특성에 의해 저절로 일어나게 된다.

(2) 조세전가의 종류
① 전방전가(= 전전) : 조세의 전가가 생산물(생산요소)의 거래 방향과 일치하는 것이다.
   예 생산자 → 소비자에게 전가
② 후방전가(= 후전) : 조세의 전가가 생산물(생산요소)의 거래 방향과 반대로 이루어지는 것이다. 예 생산자 → 요소공급자에게 전가
③ 소전 : 생산자가 경영합리화 등을 통해 생산의 효율성을 제고함으로써 조세 부담을 흡수하는 것. 조세는 납부하나 실질적으로 누구도 조세를 부담하지 않는 것이 특징이다.
④ 자본화 : 부동산 등과 같이 공급이 고정된 경우 그 재화의 가격이 조세 부담의 현재가치만큼 하락하는 것이다.

3. 조세부과 방식

구 분	종량세(단위당 t원 고정)	종가세(가격의 t% 체증)
부과 방식	• 상품 한 단위마다 일정액의 세금 부과 • 상품가격과 무관하게 단위당 조세액이 일정	• 상품가격의 일정 비율만큼 세금 부과 • 상품가격이 높을수록 단위당 조세액이 증가
그래프 이동형태	• 평행이동	• 회전이동
예	• 휘발유 1리터당 100원의 세금	• 맥주 출고가격에 10%의 세율
생산자에게 부과 (공급곡선의 이동)	• S → S + T	• S → (1 + t)S
소비자에게 부과 (수요곡선의 이동)	• D → D – T	• D → (1 – t)D

4. 조세부과의 효과

(1) 그래프 분석

① 가정 : 물품세는 상품 1단위당 일정액의 세금을 매기는 방식, 종량세 방식으로 부과 되며, 조세를 납부할 의무를 갖는 측은 상품의 공급자이다.

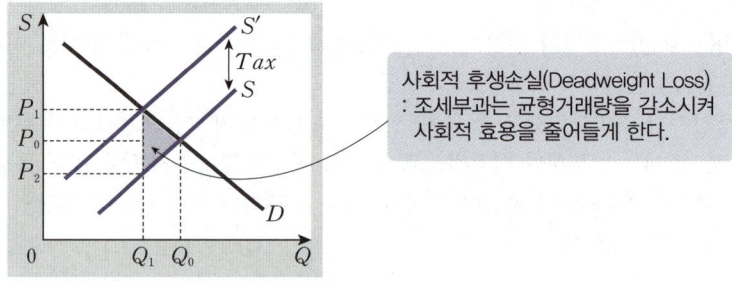

사회적 후생손실(Deadweight Loss)
: 조세부과는 균형거래량을 감소시켜 사회적 효용을 줄어들게 한다.

② 조세부과 후의 시장가격은 P_1으로 상승하고 균형거래량은 감소한다. 주의해야 할 점은 일반적으로 조세부과액만큼 균형가격이 상승하는 것은 아니라는 점이다. 그 이유는 조세부과로 인해 거래량이 감소하기 때문인데, 수요나 공급이 완전비탄력적이어서 거래량 감소가 없는 경우를 제외하고 균형가격의 상승분은 항상 조세부과액보다 작다.

③ 조세부담의 상대적 크기
- 소비자 부담 : 소비자의 부담으로 귀착되는 조세액은 $P_1 - P_0$ 사이의 금액이다.
- 생산자 부담 : 생산자는 P_1가격으로 판매하지만 조세 납부 후에 P_2를 판매수입으로 확보하게 되어 결국 $P_0 - P_2$ 사이의 금액을 부담하게 된다.

(2) 생산자와 소비자에게 각각 부담시킬 때의 효과

구 분	생산자에게 종량세 부과(단위당 t원)	소비자에게 종량세 부과(단위당 t원)
부과 효과 (종량세)	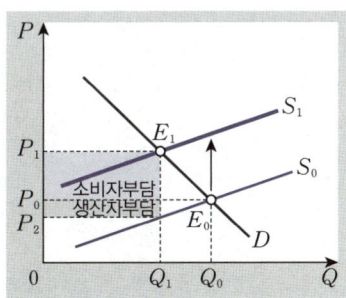 • 소비자잉여 : – (A + C) • 생산자잉여 : – (B + D) • 조세수입 : A + B • 사회후생 : – (C + D)	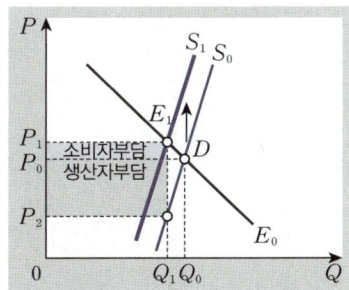 • 소비자잉여 : – (A + C) • 생산자잉여 : – (B + D) • 조세수입 : A + B • 사회후생 : – (C + D)

5. 탄력성과 조세의 귀착

(1) 수요가 탄력적이거나 공급이 비탄력적이면 생산자 부담이 크다.

수요곡선이 탄력적일수록 소비자 부담이 줄어들고, 수요가 완전탄력적(수평)이거나 공급이 완전비탄력적(수직)이면 조세는 모두 생산자에 귀착된다.

(2) 수요가 비탄력적이거나 공급이 탄력적이면 소비자 부담이 크다.

공급곡선이 탄력절일수록 생산자 부담이 줄어들고, 수요가 완전비탄력적(수직)이거나 공급이 완전탄력적(수평)이면 조세는 모두 소비자에게 귀착된다.

- 탄력적 공급곡선
  - 소비자 부담 : P_1P_0
  - 생산자 부담 : P_0P_2
  - 소비자 부담 > 생산자 부담

- 비탄력적 공급곡선
  - 소비자 부담 : P_1P_0
  - 생산자 부담 : P_0P_2
  - 소비자 부담 < 생산자 부담

핵심 Plus➕

탄력성에 따라 조세부담이 발생하는 이유
탄력적일수록 비탄력적인 사람보다 협상력(Bargaining Power)이 커지기 때문

탄력성과 후생손실
후생손실은 세율의 제곱과 탄력성에 비례. 따라서 탄력적일수록 후생손실이 큼

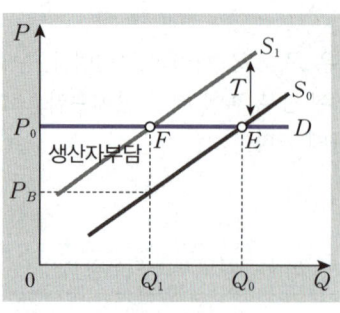

- 수요곡선이 완전탄력적($\varepsilon = \infty$)
  : 생산자가 모두 부담

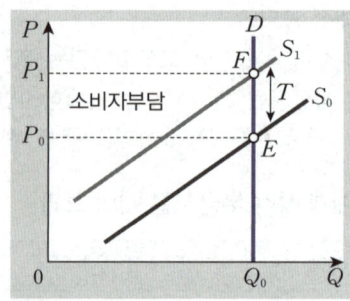

- 수요곡선이 완전비탄력적($\varepsilon = 0$)
  : 소비자가 모두 부담

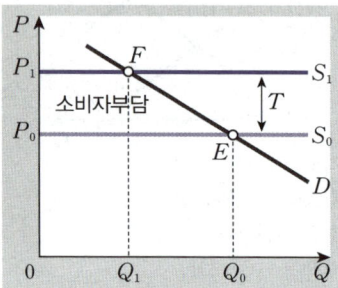

- 공급곡선이 완전탄력적($\varepsilon = \infty$)
  : 소비자가 모두 부담

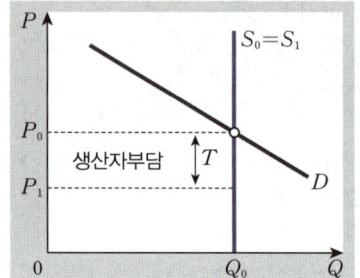

- 공급곡선이 완전비탄력적($\varepsilon = 0$)
  : 생산자가 모두 부담

(3) 결론

① 수요와 공급의 가격탄력성이 비탄력적일수록 조세부담이 크다.

② 조세의 부담비율

• 소비자 부담비율 $= \dfrac{\varepsilon_s}{\varepsilon_d + \varepsilon_s}$ • 생산자 부담비율 $= \dfrac{\varepsilon_d}{\varepsilon_d + \varepsilon_s}$
(ε_d : 수요곡선의 가격탄력도)   (ε_s : 공급곡선의 가격탄력도)

시험문제 미리보기!

수요의 가격탄력성이 0이면서 공급곡선은 우상향하고 있는 재화에 대해 조세가 부과될 경우, 조세부담의 귀착에 관한 설명으로 옳은 것은?

① 조세부담은 모두 소비자에게 귀착된다.

② 조세부담은 모두 판매자에게 귀착된다.

③ 조세부담은 양측에 귀착되지만 소비자에게 더 귀착된다.

④ 조세부담은 양측에 귀착되지만 판매자에게 더 귀착된다.

⑤ 조세부담은 소비자와 판매자에게 똑같이 귀착된다.

정답 ①

해설 물품세가 부과될 때 상대적인 조세부담은 상대적인 수요와 공급의 탄력성에 의해 결정되는데 일반적으로 탄력적인 측의 부담이 작아진다. 예외적으로 수요가 완전비탄력적이면 공급의 탄력성과는 관계없이 조세가 전부 소비자에게 귀착되고, 공급이 완전비탄력적이면 수요의 가격탄력성에 관계없이 조세가 전부 판매자에게 귀착된다.

출제예상문제

> 🔔 출제예상문제의 중요도를 ★~★★★으로 구분하였습니다. 난이도가 가장 높은 고등급 문제는 최우수 표시하였으니, 최우수 등급을 목표로 하신다면 반드시 학습하시기 바랍니다.

★

01 완전경쟁적인 생산물시장에 참여하고 있는 어떤 기업은 생산요소시장에서 수요를 독점하고 있다. 이 기업은 이윤극대화를 위해 생산요소 투입량을 어떻게 결정하는가? (단, 생산요소시장에서 요소의 공급곡선은 우상향한다고 가정한다)

① 한계생산물가치(VMP_L)곡선과 한계요소비용(MFC_L)곡선이 만나는 점에서 결정된다.
② 한계생산물가치(VMP_L)곡선과 요소의 공급곡선이 만나는 점에서 결정된다.
③ 한계수입생산(MRP_L)곡선과 평균요소비용(AFC_L)곡선이 만나는 점에서 결정된다.
④ 한계수입생산(MRP_L)곡선과 평균비용(AC)곡선이 만나는 점에서 결정된다.
⑤ 정답 없음

★★

02 효율성임금이론에 대해 가장 잘 설명한 것은?

① 노동시장에서 수요와 공급에 의하여 결정된 균형임금이 효율성임금이다.
② 노동조합이 결성된 기업의 경우 노동조합의 임금협상력이 크기 때문에 협상된 임금이 시장균형임금보다 높게 형성된다.
③ 높은 임금을 지급하면 근로자의 생산성이 높아져 기업의 수익이 증가된다.
④ 직업 간의 비금전적인 속성의 차이를 보상해야 한다.
⑤ 인적자본이 많이 축적된 근로자의 임금이 그렇지 못한 근로자의 임금과 같아야 한다.

★

03 경제학자 케인즈의 '저축의 딜레마'에 대해 가장 잘 설명한 것은?

① 케인즈의 거시모형에서 소비는 미덕이므로 저축할 필요가 없고, 따라서 예금은행의 설립을 불허해야 하는 상황
② 모든 개인이 저축을 줄이는 경우 늘어난 소비로 국민소득이 감소하고, 결국은 개인의 저축을 더 늘릴 수 없는 상황
③ 모든 개인이 저축을 늘리는 경우 총수요의 감소로 국민소득이 줄어들고, 결국은 개인의 저축을 더 늘릴 수 없는 상황
④ 모든 개인이 저축을 늘리는 경우 늘어난 저축이 투자로 이어져 국민소득이 증가하고, 결국은 개인의 저축을 더 늘릴 수 있는 상황
⑤ 모든 개인이 저축을 늘리는 경우 늘어난 저축이 소비와 국민소득의 증가를 가져오고, 결국은 개인의 저축을 더 늘릴 수 있는 상황

04 다음 글에서 설명하고 있는 것은?

정액 이하의 저소득 근로자 또는 사업자(전문직 제외) 가구에 대하여 가구원 구성과 총급여액 등에 따라 산정된 근로장려금을 지급함으로써 근로를 장려하고 실질소득을 지원하는 근로연계형 소득지원 제도이다.

① 기초연금   ② 생계형저축   ③ 근로장려세제
④ 기초생활보장제도   ⑤ 조합법인에 대한 과세특례

정답 및 해설

01 ①
한계생산물가치(VMP_L)곡선과 한계요소비용(MFC_L)곡선이 만나는 점에서 결정된다.

02 ③
효율성임금이론은 근로자의 임금크기가 생산성을 결정하는 요인이 된다는 이론으로, 근로자의 임금은 근로자의 생산성에 따라 결정된다고 설명하는 전통적인 임금이론과는 정반대의 견해이다.

03 ③
'저축의 딜레마'는 개인이 소비를 줄이고 저축을 늘리는 것은 합리적이지만, 사회 전체로 볼 때 오히려 소득의 감소를 초래할 수 있다는 이론이다. 저축을 위해 소비를 억제해야 하고 줄어든 소비로 인해 생산된 상품은 팔리지 않고 재고로 쌓인다. 이는 총수요 감소로 이어져 국민소득이 줄어들 수 있다.

04 ③
근로장려세제(EITC)는 차상위 소득계층의 저소득 근로자 가구를 대상으로 한 근로연계형 소득지원 제도다.

05 다음 표는 한 국가의 구간별 소득세율을 보여준다. 이에 대한 설명 중 옳은 것은? (단, 소득공제는 없다)

소득 구간 \ 연 도	T년	T+1년
2,000만 원 이하	5%	10%
2,000만 원 초과 5,000만 원 이하	25%	20%
5,000만 원 초과	35%	30%

① 소득세 부과방식이 T년의 누진세제에서 T+1년에는 비례세제로 바뀌었다.
② 연간 소득이 2,000만 원인 사람의 T+1년 소득세액은 T년의 소득세액에 비해 5% 증가하였다.
③ 연간 소득이 3,000만 원인 사람의 T+1년 소득세액은 T년의 소득세액에 비해 증가하였다.
④ 연간 소득이 6,000만 원인 사람의 T+1년 소득세액은 연간 소득이 2,000만 원인 사람의 T+1년 소득세액의 3배이다.
⑤ 최초소득구간의 세율이 낮아지면 저소득자만 혜택을 본다.

06 소득분배에 관한 설명으로 옳은 것을 모두 고른 것은?

―〈보기〉―
ㄱ. 지니계수의 값이 클수록, 더욱 평등한 분배상태이다.
ㄴ. 교차하지 않는 두 로렌츠곡선 중, 대각선에 더 가까이 위치한 것이 더 평등한 분배상태를 나타낸다.
ㄷ. 지니계수의 값이 커질수록, 10분위 분배율은 작아진다.
ㄹ. 로렌츠곡선이 대각선과 일치할 때, 지니계수는 1이다.

① ㄱ, ㄴ   ② ㄱ, ㄷ   ③ ㄴ, ㄷ   ④ ㄴ, ㄹ   ⑤ ㄷ, ㄹ

07 다음은 A국의 지니계수 변화 추이이다. 다음 중 옳은 것을 고르면?

연 도	20X1	20X2	20X3
지니계수	0.355	0.354	0.345

―〈보기〉―
ㄱ. A국의 소득분배는 양호해지고 있다.
ㄴ. 로렌츠곡선의 대각선과 점점 밀어지고 있다.
ㄷ. 위의 수치를 앳킨슨 지수로 표현한다면 커지고 있을 것이다.
ㄹ. 지니계수는 전체 인구의 평균적인 소득 격차의 개념을 활용하고 있다.

① ㄱ, ㄴ   ② ㄱ, ㄹ   ③ ㄴ, ㄷ   ④ ㄴ, ㄹ   ⑤ ㄷ, ㄹ

08 어떤 제품의 수요와 공급함수는 아래와 같다. 정부가 공급자에게 제품 1개당 10만큼의 물품세를 부과하는 경우, 물품세 부과 후 균형가격은 얼마인가? (단, P는 가격이다)

• 수요함수 : $Q_d = -2P + 300$	• 공급함수 : $Q_s = 2P - 100$

① 90　　　　　　② 102　　　　　　③ 105　　　　　　④ 108　　　　　　⑤ 110

09 공급에 비해 수요의 가격탄력성이 상대적으로 큰 휴대폰에 대해서 종량세를 부과한다면 조세는 누가 더 많이 부담하겠는가?

① 판매자가 모두 부담　　　　② 소비자가 모두 부담　　　　③ 판매자보다 소비자가 더 부담
④ 소비자보다 판매자가 더 부담　　⑤ 소비자와 판매자가 균등 부담

정답 및 해설

05 ③
연간 소득이 3,000만 원인 사람은 T년에는 (2,000×0.05) + (1,000×0.25) = 350만 원, T+1년에는 (2,000×0.1) + (1,000×0.2) = 400만 원이다. 따라서 T+1년 소득세액은 T년의 소득세액에 비해 증가하였다.

오답노트
① 세율이 증가하므로 둘 다 누진세에 해당한다.
② 연간 소득이 2,000만 원인 사람은 T년에 2,000×0.05 = 100만 원, T+1년에는 2,000×0.1 = 200만 원으로 T년의 소득세액에 비해 100% 증가하였다.
④ 연간 소득이 6,000만 원인 사람의 T+1년 소득세액은 (2,000×0.1) + (3,000×0.2) + (1,000×0.3) = 200 + 600 + 300 = 1,100만 원이다. 연간 소득이 2,000만 원인 사람은 2,000×0.1 = 200이므로 T+1년에 소득이 6,000만 원인 사람이 2,000만 원인 사람보다 5.5배 더 납부한다고 볼 수 있다.
⑤ 최초소득구간의 세율이 낮아지면 모두 적용세율이 낮아지므로 혜택을 본다.

06 ③

오답노트
ㄱ. 지니계수의 값이 작을수록, 더욱 평등한 분배상태이다.
ㄹ. 로렌츠곡선이 대각선과 일치할 때, 지니계수는 0이다.

07 ②
지니계수는 0 ~ 1 사이의 값을 가지며 작을수록 소득분배가 잘 이루어짐을 알 수 있다.

ㄱ. 지니계수가 작아졌으므로 A국의 소득분배는 양호해지고 있다.
ㄹ. 지니계수는 전체인구를 모두 반영하므로 전체 인구의 평균적인 소득 격차의 개념을 활용하고 있다.

오답노트
ㄴ. 로렌츠곡선은 대각선과 가까울수록 소득분배가 공평하므로 위의 수치를 대입시키면 대각선과 가까워질 것이다.
ㄷ. 앳킨슨 지수는 지니계수와 마찬가지로 작을수록 소득분배가 평등하므로 작아지고 있을 것이다.

08 ③
공급자에게 단위당 10만큼의 물품세를 부과하면 공급곡선이 단위당 조세의 크기만큼 상방으로 이동한다. 그러므로 조세부과 후의 공급곡선을 구하기 위해서는 공급함수를 P에 대해 정리한 후 절편에 단위당 조세를 더해주면 된다. 공급함수를 P에 대해 정리하면 $P = 50 + \frac{1}{2}Q$이므로 절편에 단위당 조세 10을 더해 주면 조세부과 이후의 공급곡선 식은 $P = 60 + \frac{1}{2}Q$임을 알 수 있다. 수요곡선이 $P = 150 - \frac{1}{2}Q$이므로 이를 조세부과 후의 공급곡선 식과 연립해서 풀면 $150 - \frac{1}{2}Q = 60 + \frac{1}{2}Q$이므로 조세부과 후의 거래량 Q = 90으로 계산된다. 이제 Q = 90을 수요곡선 혹은 조세부과 이후의 공급곡선 식에 대입하면 조세부과 이후의 균형가격 P = 105임을 알 수 있다.

09 ④
조세부담은 가격탄력성이 비탄력적인 경우가 더 심하다. 따라서 공급의 가격탄력성이 작으므로 대부분 공급자가 부담할 것이다.

해커스 매경TEST 2주 완성

PART 2

거시경제

■ 학습전략

거시파트는 하나하나의 개념파악을 함과 더불어 각각의 개념이 어떻게 연결되는지를 파악하는 것이 더 중요하다고 할 수 있다. 따라서 GDP에 대하여 명확히 파악할 수 있어야 한다.

GDP는 거시경제를 판단하는 가장 기본적 지표로, 국내총생산을 뜻한다. 과거에는 국제거래가 활발하지 않았으므로 GNP를 사용하여 생산과 소득을 모두 도출하였다. 그러나 현재는 생산물과 생산요소가 자유롭게 이동이 가능하기 때문에 GDP를 사용하여 한 나라의 생산 측면 경제규모를 측정하고, 소득은 GNI를 사용한다.

거시파트와 미시파트의 다른 점은 물가가 변동한다는 것이다. 명목GDP는 측정 시점의 가격으로 나타낸 것이고 실질GDP는 기준 시점의 가격으로 나타낸 것이다. 이 둘을 정확히 구할 수 있어야 경제성장률, GDP디플레이터 등을 무리 없이 구할 수 있다.

국민소득 결정이론에서는 고전학파와 케인즈의 생각이 서로 갈린다. 고전학파는 시장가격이 불균형이 없이 완전신축적이므로 항상 완전고용이 이루어진 상태의 국민소득이 구해진다고 주장한다. 반면 케인즈는 가격의 경직성으로 인해 완전고용이 이루어지지 않고 불경기가 발생할 수 있으므로 정부지출을 통해 경기부양에 적극적으로 나서야 한다는 것이다.

■ 출제비중

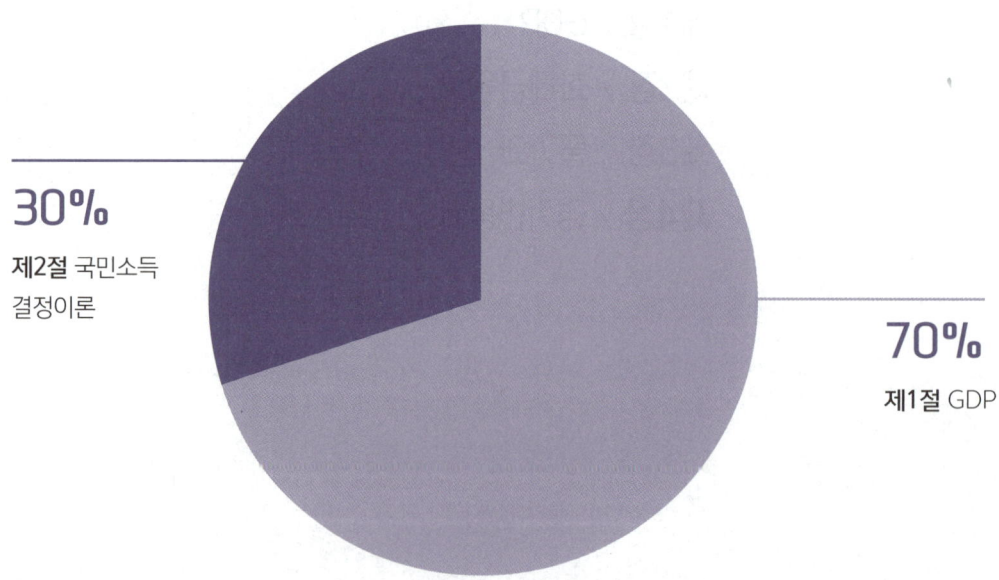

30%
제2절 국민소득 결정이론

70%
제1절 GDP

🔲 출제 유형

제1절과 관련된 내용에서는 간단한 GDP의 계산과 GDP와 GNI의 차이점을 묻는 문제가 출제된다. 특히 명목GDP와 실질GDP를 구하는 것은 아주 유력한 출제 포인트이다.

제2절과 관련된 내용에서는 승수를 구하는 문제와 정부지출을 통해 국민소득이 얼만큼 증가하는지를 계산하는 문제가 출제된다. 정부지출과 조세는 실제 지출한 것보다 큰 효과인 승수효과를 야기하는데 이를 분석하기 위해서는 수학적 방법을 약간은 사용하여야 한다.

구 분	출제포인트	중요도
제1절 GDP	**01** GDP(국내총생산)	★★★
	02 GDP의 측정	★★★
	03 GNI(국민총소득)	★★
	04 평가방법에 따른 GDP	★★★
	05 GDP의 유용성과 한계	★★
	06 저축	★★
제2절 국민소득결정이론	**01** 고전학파의 국민소득결정이론	★
	02 케인즈의 국민소득결정이론	★★★

핵심 Check ✓ GDP

GDP **(Gross Domestic Product)**	• 국적에 관계없는 영토적 개념 • 경제규모 파악 • 중고거래 제외(측정 기간 생산시장가치만 반영) • 삶의 질 측정 불가
국민소득 3면 등가의 법칙	• 생산 = 지출 = 분배

01 GDP(국내총생산) ★★★

용 어	설 명
일정 기간 동안	• 유량 개념으로 통상 1년 동안 생산된 생산물의 시장가치를 의미함
한 나라 안에서	• 국적에 관계없이 국내에서 생산된 것이 포함됨 • 한 나라의 국민을 대상으로 하는 경우도 있는데, 이를 GNP라 함
새롭게 생산된	• 그 해의 생산과 관계없는 것은 제외 예 중고차 거래금액, 골동품 판매수입
최종생산물	• 중간생산물을 포함시키면 이중계산이 되므로 제외 (단, 중간재 중에서 판매되지 않은 부분은 재고투자로 간주하여 GDP에 포함)
시장가치	• 원칙적으로 시장에서 거래된 것만 포함하므로 시장거래를 통하지 않은 것 제외 예 가사도우미의 가사노동은 GDP에 포함되나 주부의 가사노동은 제외

02 GDP의 측정 ★★★

1. 국민소득 3면 등가의 법칙

① GDP는 일정 기간 동안의 생산액이므로 생산측면에서 측정할 수 있고, 생산된 것은 생산에 참여한 생산요소의 소득으로 분배되므로 요소소득측면에서 측정할 수 있으며, 소득은 다시 지출되므로 지출측면에서도 측정할 수 있다.

② 이론적으로 보면 동일한 대상을 다른 각도에서 측정하는 것이므로 '생산GDP = 분배 GDP = 지출GDP'가 성립하므로 이를 국민소득 3면 등가의 법칙이라고 한다.

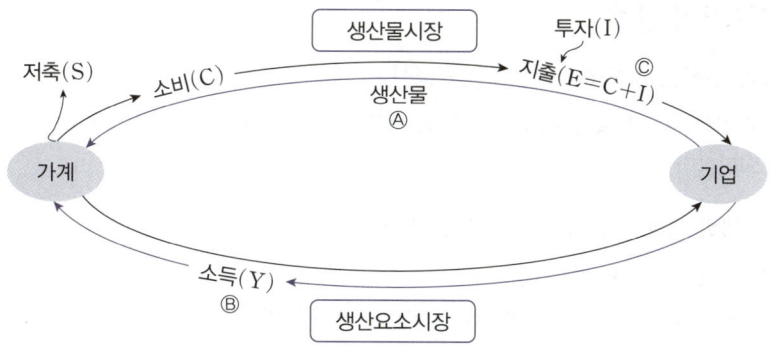

2. 생산GDP(= 국내총생산)

① 생산GDP = 최종생산물의 시장가치의 합 = 부가가치 + 고정자본소모
② 부가가치(Value-Added) : 각 생산단계에서 새로이 창출된 가치이다.
③ 고정자본소모(Fixed Capital Consumption) : 생산활동에서 사용되는 기계설비와 같은 자본재가 마모되어 가치가 감소한 부분을 말한다(감가상각과 유사한 개념). 문제에서는 고정자본소모가 없다고 가정하는 경우가 일반적이다.

> 예 어떤 나라에서 20X2년에 쌀 10가마, 냉장고 5대, 자동차 2대가 생산되었고, 각 재화의 가격이 10만 원, 60만 원, 1,000만 원이라면 이 나라의 20X2년 GDP는 (10×10만 원) + (5×60만 원) + (2×1,000만 원) = 2,400만 원이다.

3. 분배GDP(= 국내총소득, The Income Approach)

① 분배GDP = 임금 + 지대 + 이자 + 이윤 + 순간접세(간접세 − 보조금) + 고정자본소모
② 문제 출제 시에는 순간접세와 고정자본소모는 없다고 가정하는 것이 일반적이므로 '임금 + 이자 + 지대 + 이윤' 정도만 기억해도 무방하다.

4. 지출GDP(= 국내총지출, The Expenditures Approach)

① 국내에서 생산된 재화와 서비스는 누군가에 의해 사용되므로 지출측면에서도 GDP를 집계할 수 있다.
② 총수요(AD) = 소비지출(C) + 투자지출(I) + 정부지출(G) + 순수출(X − M)

구 분	의 미	결정 요소	유의사항
소비 (지출)	가계의 최종재 소비	소득, 이자율, 조세, 경기전망 등	수입품의 소비도 포함된다. 다만 순수출의 항목에서 수입을 제하므로 GDP에는 변화가 없다.
투자 (지출)	기업의 설비, 건설, 재고	경기전망, 이자율, 자본 조달 등	토지나 지어진 건물은 들어가지 않는다. 실물투자이므로 금융투자는 포함되지 않는다.
정부 지출	정부의 소비, 투자	경제정책(재정정책)	무상으로 지원되어 이전소득을 만드는 이전지출은 포함되지 않는다. 이전지출을 포함하면 분배국민소득과 일치하지 않는다.
순수출	수출(X) − 수입 (M)	해외, 국내 경제상황	외국의 경제가 호전되면 수출이 증가하는 경향이 있다.

핵심 Plus+

정부지출에서 이전지출은 지출 국민소득에 들어가지 않는 이유
이전지출은 이전소득을 만들어 주는 것이지만 이전소득은 분배 국민소득에 포함되지 않음. 왜냐하면 분배국민소득은 노동, 자본, 토지, 경영의 대가에 해당하는 것만 들어가기 때문임

5. GDP와 GNP의 관계

(1) GNP(Gross National Product, 국민총생산)

한 나라의 국민이 일정 기간(보통 1년) 동안 새로이 생산한 재화와 서비스의 최종생산물의 시장가치를 합한 것을 의미한다.

(2) 폐쇄경제와 개방경제에서 GDP와 GNP의 관계

① 폐쇄경제인 경우 : GDP = GNP

② 개방경제에서 자국민의 해외생산액이 외국인의 국내생산액보다 많은 경우 :
  GNP > GDP

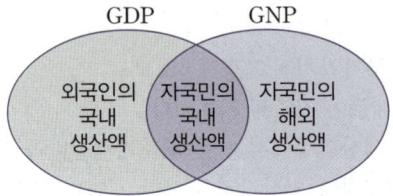

시험문제 미리보기!

국내총생산(GDP) 계산과 관련된 다음 설명 중 옳지 않은 것은?

① 생산단계별로 발생한 부가가치를 모두 합산함으로써 GDP를 계산할 수 있다.

② 외국인이 소유한 서울의 한 빌딩에서 나오는 임대소득은 한국의 GDP 계산에 포함된다.

③ GDP를 계산하기 위해 최종생산물의 가치를 모두 합하는 방법을 사용할 수 있다.

④ 자동차 제조기업에서 자동차 재고가 증가했을 경우 이는 GDP 계산에 포함되지 않는다.

⑤ 생산, 분배, 지출측면에서 측정했을 때의 GDP가 동일한 것을 국민소득 3면 등가의 법칙이라고 한다.

정답 ④

해설 재고 증가도 재고투자라고 해서 투자로 분류된다. 예를 들어 현대자동차가 생산한 자동차가 판매되지 않아 재고로 쌓인다면 현대차가 자사에서 만든 자동차를 구입한 것으로 간주된다. 이 자동차가 팔린다면 현대차의 재고투자는 마이너스가 되고 이를 구입한 사람의 소비지출과 상쇄된다.
재고를 이렇게 처리하는 이유는 GDP를 계산하는 것이 일정 기간 동안 한 나라의 경제가 만들어낸 생산물의 가치를 측정하는 데 의의가 있고, 재고로 쌓이는 재화도 그 기간 동안 생산된 재화이기 때문이다. 하지만 지난해 생산되어 재고로 쌓인 자동차가 올해 팔린다면 올해 GDP계산에는 포함되지 않는다.

03 GNI(국민총소득) ★★

1. 개념

한 나라 국민이 일정 기간 생산활동에 참여하여 벌어들인 소득의 합계이다.

2. 특징

① 폐쇄경제에서는 GNP로 생산과 소득을 모두 평가했으나 GNP가 교역조건변화로 인한 실질소득변화를 반영하지 못하는 문제점이 있어 GNI로 대체되었다.
② 최근에는 GDP로 한 나라의 생산활동을 측정하고, 소득활동은 GNI로 측정한다.

3. GNI와 GDP

(1) GNI와 GDP의 관계

① 국민소득 3면 등가의 원칙에 따라 '명목 국내총소득(GDI) = 명목 국내총생산(GDP)'이다.
② 국민소득지표의 실질변수를 구할 때는 '교역조건 변화에 따른 실질무역손익'을 조정하여야 한다.
③ 실질GDI = 실질GDP + 교역조건 변화에 따른 실질무역손익
④ 실질GNI = 실질GDI + 국외 순수취 요소소득
⑤ **실질GNI = 실질GDP + 교역조건 변화에 따른 실질 무역손익 + 실질 대외 순수취 요소소득**

(2) 교역조건

① 수출상품과 수입상품 간의 국제적 교환비율을 의미하며 수출상품의 가격이 수입상품의 가격보다 상대적으로 더 높아지는 것을 교역조건의 개선이라 한다.
② 수출상품의 가격이 상승하면 교역조건이 좋아지므로 100을 넘지만, 수입상품의 가격이 상승하면 100 아래로 떨어진다.
③ 실질 대외 순수취 요소소득이 0이라면 수출상품의 가격이 상승하여 교역조건이 좋아질 경우 실질GNI > 실질GDP이고, 수입상품의 가격이 상승하여 교역조건이 악화될 경우 실질GNI < 실질GDP가 된다.

$$\text{순교역조건(상품교역조건)} = \frac{\text{수출재가격}}{\text{수입재가격}} \times 100 = \frac{P_X}{P_M} \times 100$$

시험문제 미리보기!

A국의 20X1년 국민소득계정의 일부이다. 다음 자료에서 실질국민총소득(실질GNI)은 얼마인가?

- 실질 국내총생산(실질GDP) : 1,500조 원
- 교역조건 변화에 따른 실질 무역손익 : 60조 원
- 실질 대외 순수취 요소소득 : 10조 원

① 1,430조 원 ② 1,450조 원 ③ 1,500조 원 ④ 1,550조 원 ⑤ 1,570조 원

정답 ⑤
해설 'GNI = GDP + 교역조건 변화에 따른 실질무역손익 + 해외 순수취 요소소득'이다.

04 | 평가방법에 따른 GDP ★★★

1. 명목GDP와 실질GDP

(1) 개념

① 명목GDP : 측정시점의 가격으로 나타낸 GDP

② 실질GDP : 기준시점의 가격으로 나타낸 GDP

명목GDP	실질GDP
• 그해의 생산물에 당해연도 가격을 곱하여 계산한 GDP • 명목GDP = $P_t \times Q_t$ • 물가가 상승하면 명목GDP는 증가함 • 산업구조를 분석할 때 사용	• 그해의 생산물에 기준연도 가격을 곱하여 계산한 GDP • 실질GDP = $P_0 \times Q_t$ • 실질GDP는 물가의 영향을 받지 않음 • 경제성장, 경기변동을 분석할 때 사용

(2) 사례

아이스크림만 생산하는 나라의 GDP(기준연도 : 20X1년)

• 연도별 아이스크림의 가격과 생산량

연 도	아이스크림 가격	생산량
20X1	300원	100개
20X2	500원	150개
20X3	700원	200개

• 명목GDP와 실질GDP 계산

연 도	명목GDP	실질GDP
20X1	300원×100개 = 30,000원	300원×100개 = 30,000원
20X2	500원×150개 = 75,000원	300원×150개 = 45,000원
20X3	700원×200개 = 140,000원	300원×200개 = 60,000원

(3) 경제성장률

$$경제성장률 = \frac{금년도 \ 실질GDP - 전년도 \ 실질GDP}{전년도 \ 실질GDP} \times 100$$

2. 실제GDP와 잠재GDP

(1) 실제GDP(Actual GDP)

한 나라의 국경 안에서 실제로 생산된 모든 최종생산물의 시장가치

(2) 잠재GDP(Potential GDP)

한 나라에 부존하는 모든 생산요소가 정상적으로 고용될 경우 달성할 수 있는 최대의 GDP

(3) GDP갭

① GDP갭 = 실제GDP − 잠재GDP

② GDP갭 < 0 : 생산요소가 정상적으로 고용되지 못해 실업이 존재하고 경기가 침체되었다고 판단

③ GDP갭 > 0 : 생산요소가 과잉 고용되고 있으므로 경기가 과열된 상태라고 판단

3. 여러 가지 국민소득지표

① 국민총처분가능소득(GNDI ; Gross National Disposable Income)

GNDI = GNI + 국외순수취경상이전(국외수취경상이전 − 국외지급경상이전)

② 국민순소득(NNI ; Net National Income)

NNI = GNI − 고정자본소모(감가상각) = 모든 부가가치의 총합

③ 국민처분가능소득(NDI ; National Disposable Income)

NDI = GNDI − 고정자본소모(감가상각)

= GNI + 국외순수취경상이전 − 고정자본소모(감가상각)

④ 국민소득(NI ; National Income)

NI = NNI − 순간접세 = NNI − (간접세 − 대기업 보조금) = 임금 + 지대 + 이자 + 이윤

⑤ 개인본원소득(PPI ; Personal Primary Income)

PPI = NI − 법인세 − 사내유보이윤 − 정부의 재산소득

⑥ 개인처분가능소득(PDI ; Personal Disposable Income)

PDI = PPI + 순이전소득 = 민간소비지출 + 개인저축

⑦ 개인조정처분가능소득

개인조정처분가능소득 = PDI + 사회적 현물이전(무상교육, 보건소 서비스)

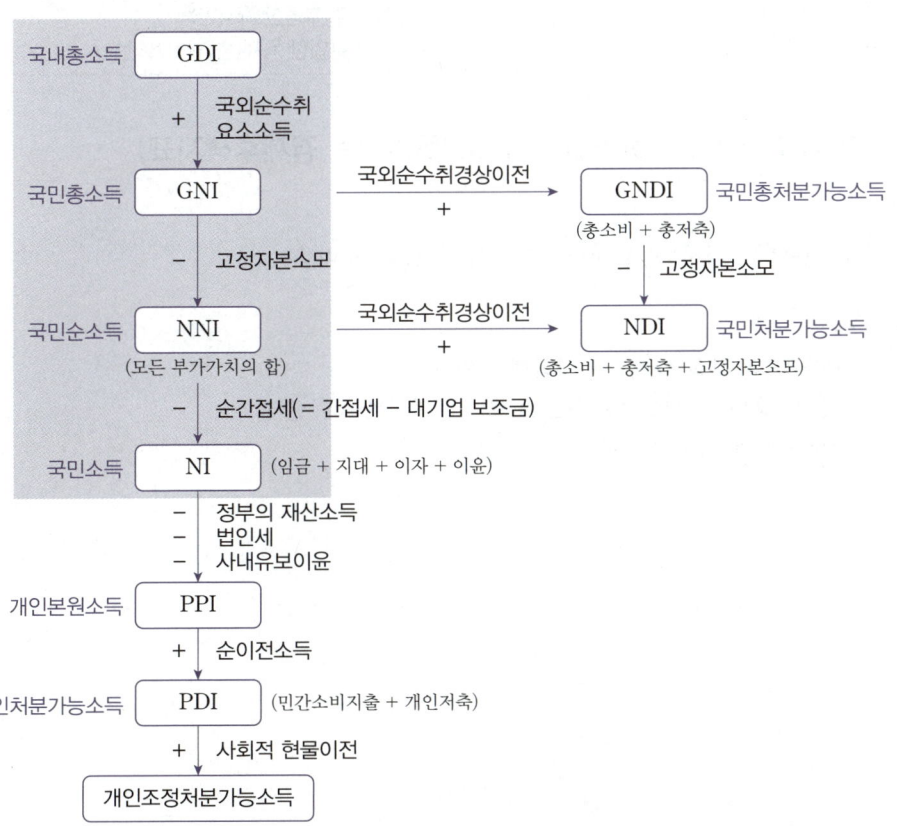

1. GDP의 유용성

① 경제활동수준을 나타내는 지표이다.
② 측정과정에서 경제구조 파악이 가능하다.
③ 간접적으로 후생수준을 측정한다.

2. GDP의 한계

① **여가의 가치 미포함** : 여가는 후생을 증가시키지만 그 가치를 고려하지 않는다.
② **삶의 질 반영 불가** : 생산과정에서 발생하는 대기오염, 수질오염, 소음, 교통체증, 자연파괴 등에 의해 발생되는 삶의 질 저하를 계산하지 않는다.
③ **지하경제, 자본이득 측정 불가** : 사채, 부동산투기, 탈세, 밀수 등의 지하경제를 반영하지 못하며 주식가격 변동에 의한 후생의 증감을 고려하지 못하고 있다.
④ **측정상의 문제** : GDP는 직접 계산하는 것이 아니라 각종 통계에 의해 추계하므로 정확한 수치를 기대하기 어렵다.

GDP에 포함되는 항목	GDP에 포함되지 않는 항목
• 파출부의 가사노동	• 여가, 주부의 가사노동
• 자가소비 농산물(농부)	• 자가소비 농산물(도시의 텃밭)
• 신규주택매입	• 기존주택매입
• 귀속임대료(자기 집 사용료)	• 상속, 증여
• 국방, 치안서비스	• 주식가격, 부동산 가격변동
• 판매되지 않은 재고(투자)	• 목수가 구입한 목재(중간생산물)

3. MEW(Measure of Economic Welfare, 경제후생지표)

(1) 개념

MEW = GDP + 가사노동서비스 + 여가의 가치 − 공해비용

(2) 특징

① GDP보다 사회후생을 잘 나타내고 있다.
② 공해비용의 증가로 인하여 GDP보다 완만하게 증가한다.
③ 객관적인 측정이 어렵다.

핵심 Plus＋

경제성장률
• 경제성장의 속도와 양적성장을 알 수 있는 지표
• {(금년도 실질GDP − 전년도 실질GDP)/전년도 실질GDP} ×100

1인당 경제성장률
= 경제성장률 − 인구증가율

1인당 GNI
GNI를 인구수로 나눈 값으로 평균적인 생활수준을 알 수 있음

다음 표는 빵과 옷만을 생산하는 경제의 연도별 생산 현황이다. 20X1년을 기준연도로 할 때, 20X3년의 GDP디플레이터(㉠)와 물가상승률(㉡)은? (단, GDP디플레이터 $= \dfrac{\text{명목GDP}}{\text{실질GDP}} \times 100$이다)

연 도 \ 재 화	빵		옷	
	가격(원)	생산량(개)	가격(원)	생산량(벌)
20X1	30	100	100	50
20X2	40	100	110	70
20X3	40	150	150	80

	㉠	㉡
①	144	18.2%
②	144	23.1%
③	157	18.2%
④	157	23.1%
⑤	162	25.1%

정답 ②

해설 GDP디플레이터는 파셰방식으로 측정된 물가지수이므로 다음과 같다.

- GDP Deflator$_{20X3}$ $= \dfrac{P_1 Q_1}{P_0 Q_1} = \dfrac{(40 \times 150) + (150 \times 80)}{(30 \times 150) + (100 \times 80)} \times 100 = \dfrac{18,000}{12,500} \times 100 = 144$

- GDP Deflator$_{20X2}$ $= \dfrac{P_1 Q_1}{P_0 Q_1} = \dfrac{(40 \times 100) + (110 \times 70)}{(30 \times 100) + (100 \times 70)} \times 100 = \dfrac{11,700}{10,000} \times 100 = 117$

그러므로 GDP디플레이터를 이용한 물가상승률은 다음과 같다.

20X3년 인플레이션율 $= \dfrac{\text{GDP Deflator}_{20X3} - \text{GDP Deflator}_{20X1}}{\text{GDP Deflator}_{20X1}} \times 100 = \dfrac{144 - 117}{117} \times 100 = 23.1$

06 저축 ★★

1. 저축(Saving)

(1) 의미

현재의 소득 중에서 소비에 사용되지 않은 부분으로 총저축은 민간저축과 정부저축의 합으로 구성된다.

(2) 총저축(S_N : National Saving)의 구성

① 민간저축(S_P : Private Saving) = Y(소득) − C(소비) − T(조세)
② 정부저축(S_G : Government Saving) = T(조세) − G(정부지출)
③ 총저축 = 민간저축 + 정부저축 = (Y − C − T) + (T − G) = Y − C − G

(3) 투자와 저축

① 폐쇄경제인 경우 투자와 저축은 동일하다.
② 개방경제의 경우 국민저축은 투자와 순수출의 합으로 나타난다.
③ 개방경제의 경우 국내에서 투자를 하고 남는 부분이 있다면 해당 부분은 외국으로 흘러나감을 의미한다. 이 경우 순수출은 순자본유출이라고도 한다.

2. 국부(National Wealth)

(1) 의미

일정 시점에서 한 나라 국민이 소유한 부의 총액이다.

(2) 구성

① 국내에 있는 자본과 토지와 같은 모든 물리적인 자산
② 해외 자산에서 해외 부채를 뺀 순해외자산

케인즈	수요 중시, 가격경직성
승수효과	정부지출승수, 조세승수, 균형재정승수

01 고전학파의 국민소득결정이론

1. 기본 가정

(1) 세이의 법칙

① 공급은 스스로 수요를 창출한다는 프랑스 고전학파 경제학자 세이의 시장이론이다.

② 공급이 되면 그만큼 소득이 창출되고, 이 소득이 수요로 지출된다. 결국 기업이 재화나 서비스를 생산하기만 한다면 반드시 판매되므로 초과공급이 발생하지 않는다.

③ 물론 단기적이고 일시적으로 마찰적 원인에 의한 부분적 불균형은 있지만 바로 균형을 찾는다. 따라서 기업은 생산하는 대로 다 팔리므로 항상 생산할 수 있는 최대량을 생산한다. 또한 노동시장도 항상 완전고용이 이루어진다. (수직의 총공급곡선)

(2) 가격변수의 완전신축성

모든 가격변수(물가, 명목이자율, 명목임금)는 완전신축적이므로 수요와 공급의 일시적 불균형은 즉각적으로 수정된다.

(3) 완전예측가능성

각 경제주체들은 물가에 대한 완벽한 정보가 있다. 따라서 물가의 변화를 완벽하게 예상하며, 물가 상승 시 자신의 실질임금을 지키기 위해 명목임금의 즉각적인 상승을 요구한다.

(4) 완전경쟁시장

세상에 존재하는 모든 시장은 완전경쟁시장이다.

(5) 화폐수량설이 적용됨

화폐수량설은 통화량과 물가가 정비례 관계를 보인다는 주장이다.

2. 국민소득의 결정

고전학파의 국민소득결정이론의 골자는 노동시장에서 자율적으로 고용수준이 결정되고(완전고용), 이것이 한 나라 전체의 생산함수와 결합하여 총공급곡선(수직)을 결정하며, 이러한 총공급에 의하여 국민소득이 결정된다는 것이다.

(1) 노동시장

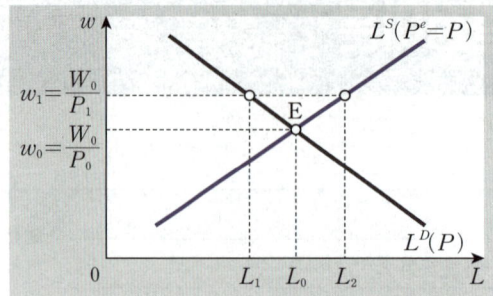

① 물가가 P_0일 때 노동의 수요와 공급이 일치하는 E점에서 균형실질임금 $w_0 = \dfrac{W_0}{P_0}$ 이고 고용량은 L_0로 결정된다.

② 만약 물가가 P_1으로 하락하면 실질임금 $w_1 = \dfrac{W_0}{P_1}$으로 상승하여 노동시장에서는 일시적으로 초과공급이 발생하나, 가격변수의 신축성에 의해 즉시 명목임금이 W_1으로 하락하여 실질임금은 전과 동일한 $w_0 = \dfrac{W_0}{P_0} = \dfrac{W_1}{P_1}$이 되고 균형고용량도 L_0로 동일하게 된다. 이때의 균형고용량 L_0는 완전고용 수준이다.

(2) 총생산함수

균형노동량을 생산함수에 넣으면 Y_0의 균형생산량이 도출된다.

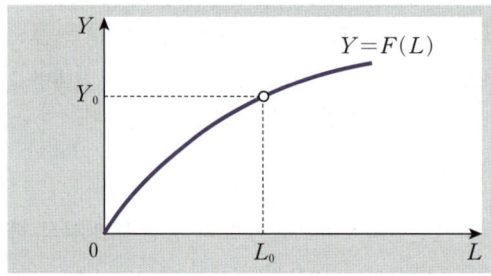

---

02 | 케인즈의 국민소득결정이론 ★★★

1. 기본 가정

(1) 유휴설비의 존재

충분한 정도의 유휴설비가 존재하고 물가가 경직적인 단기에는 주어진 물가수준하에서 산출량이 조정 가능하다.

(2) 수평인 총공급곡선

주어진 물가수준하에서 원하는 만큼 생산이 가능한 경우에는 총공급곡선이 수평이 된다.

(3) 가격의 경직성

고전학파는 모든 가격변수가 신축적이라고 보는 데 비해, 케인즈는 단기적으로 가격과 임금이 경직적(특히 하방으로)이라고 보았다.

(4) 수요중시

가격이 경직적이고 충분한 정도의 유휴설비가 존재하는 경우 경제 전체 생산액(= GDP)은 경제 전체 생산물에 대한 수요(= 총지출)에 의해 결정된다.

(5) 불균형의 조정

고전학파가 실질이자율(가격)의 신축적인 조정에 의해 생산물시장의 균형이 이루어지는 것으로 보는 데 비해, 케인즈는 생산량의 조정에 의해 불균형이 조정된다고 보았다.

2. 케인즈의 승수효과

(1) 개념

① 케인즈에 따르면 유효수요가 변할 경우 균형국민소득도 변하게 되는데, 균형국민소득에 어떤 변화를 초래하는지를 분석하는 이론이다.
② 독립투자 증가분에 대한 균형국민소득 증가분의 비율로서, 예를 들어 정부지출이 1원 증가할 경우, 균형국민소득이 얼마나 증가하는가를 나타내는 비율을 말한다. 즉, **승수 = 균형국민소득증가분/독립지출증가분**이다.
③ 정부지출이 약간만 증가하더라도 '소득 증가 ⇨ 소비 증가 ⇨ 소득 증가 ⇨ 소비 증가'의 연쇄적인 과정을 통해 최종적으로는 국민소득이 훨씬 크게 증가하는 효과이다.
④ 케인즈의 국민소득의 결정은 총수요와 총공급이 일치하여 결정된다.

(2) 가정

① 잉여생산능력이 존재하며 한계소비성향$\left(MPC = \dfrac{\Delta C}{\Delta Y} \right)$이 일정하다.
② 물가가 고정되어 있으며, 폐쇄경제이다.

(3) 도출과정

① 케인즈의 단순모형에서의 투자수요는 독립투자[1]로서 일정한 상수이다.
   (단, Y : GDP, C : 소비, I : 기업의 투자수요)

$$Y = C + I + G = a + c(Y_d - T_0) + I_0 + G_0$$
- $C = C_0 + cY$ (C_0 : 기초소비, c : 한계소비성향 = 소비의 증가분/소득의 증가분)
- $I = I_0$, $G = G_0$ (G는 정부지출(G_0)로 상수)

② 공급측면인 Y와 수요측면 Y_d가 균형상태에서 동일하므로 $Y_d = Y$로 놓고 이를 Y에 대해서 풀면 다음과 같다.

$$Y = \frac{1}{1 - c} [a - cT_0 + I_0 + G_0]$$

핵심 Plus+

한계소비성향 (MPC, Marginal Propensity to Consume)
추가 소득 중 저축되지 않고 소비되는 금액의 비율. 추가 소득 중 저축되는 금액 비율은 한계저축성향(MPS)이라고 함. 예를 들어 한계소비성향(MPC)이 0.5라면 추가로 벌어들이는 100만 원의 수입 중 50만 원을 소비한다는 뜻. 일반적으로 소득이 많은 사람이 소득이 적은 사람에 비해 한계소비성향이 낮고 한계저축성향은 높게 나타남. 또한 인플레이션 때 한계소비성향이 높게 나타남
한계소비성향이 높을수록 소득이 증가함에 따라 소비가 더 큰 폭으로 증가해 경제의 소비증대 효과가 큼. 따라서 한계소비성향이 높을수록 재정정책의 효과가 커짐

1) 독립투자
이자율의 변화 등과 관계없이 경제주체의 자발적인 의사에 따라 투자를 결정하는 것

핵심 Plus⁺

정부지출승수가 조세승수보다 큰 이유

한계소비성향이 1이 아니라면 조세를 감면했을 때 처분가능소득은 증가하지만 그 소득을 전부 소비로 전환하지 않기 때문임. (저축 때문) 하지만, 정부의 지출은 100%가 지출되므로 승수효과가 큼

2) 균형재정
수입과 지출이 일치하여 흑자도 적자도 없는 재정

(4) 승수

① 정부지출승수 : $\dfrac{dY}{dG} = \dfrac{1}{1-c}$

② 조세승수 : $\dfrac{dY}{dT} = \dfrac{-c}{1-c}$

③ 투자승수 : $\dfrac{dY}{dI} = \dfrac{1}{1-c}$ (투자승수 = 정부지출승수)

④ 균형재정[2]승수 : $\dfrac{dY}{dG} + \dfrac{dY}{dT} = \dfrac{1-c}{1-c} = 1$

(5) 유의사항

① 정부지출, 투자, 조세감면 등 모두 승수가 존재한다.
② 정부지출승수와 투자승수는 동일하다.
③ 정부지출이 조세감면보다 효과가 더 크다.
④ 균형재정승수는 1이다. 즉, 정부지출을 100억 원 늘리고 조세를 100억 원 걷으면 국민소득이 100억 원 증가한다.

(6) 한계

① 한계소비성향이 안정적이지 않다면 승수효과를 확정적으로 표시할 수 없다.
② 승수효과가 일어나는 동태적 과정이 순조롭지 못하다면 승수효과는 발생하지 않을 수 있다.
③ 공급측면에 장애가 있다면 승수효과는 발생하지 않을 수 있다.
④ 기업의 형태에 의해 승수효과가 제약될 수도 있다.

3. 고전학파와 케인즈의 기본가정 비교

구 분	고전학파의 기본가정	케인즈
국민 소득결정	세이의 법칙이 성립한다. → 공급은 스스로 수요를 창출한다.	총수요가 총공급(생산)을 결정하고 이에 따라 국민소득이 결정된다.
가격 변수	가격변수(물가, 임금, 이자)가 신축적이다.	가격변수가 경직적이다.
노동시장	노동에 대한 수요와 공급은 실질임금$\left(w = \dfrac{W}{P}\right)$의 함수이다.	노동에 대한 공급은 명목임금(W)의 함수이다.
시장의 가정	완전경쟁시장 → 항상 완전고용 달성	불완전 경쟁시장 → 불완전고용 달성
미래예견	완전예견	정태적기대[3]

3) 정태적기대
현재 상태가 앞으로도 계속될 것으로 가정하고 행동하는 것

한계소비성향이 0.9인데 정부가 재정지출을 25만큼 증가시키고 이를 위한 재원조달로서 25만큼의 세금을 증대시킨다면 국민소득은?

① 12.5만큼 감소한다.

② 25만큼 증가한다.

③ 25만큼 감소한다.

④ 승수가 10이므로 250만큼 증가한다.

⑤ 변동하지 않는다.

정답　②

해설　국민소득방정식은 $Y = C + I + G$이므로,
　　　$C = a + b(Y - T)$
　　　$Y = a + b(Y - T) + I + G$
　　　$\Delta Y = b(\Delta Y - \Delta T) + \Delta G$
　　　$\Delta Y = 0.9(\Delta Y - 25) + 25$
　　　$\therefore \Delta Y = 25$(균형재정승수 = 1)

출제예상문제의 중요도를 ★~★★★으로 구분하였습니다. 난이도가 가장 높은 고등급 문제는 최우수 표시하였으니, 최우수 등급을 목표로 하신다면 반드시 학습하시기 바랍니다.

★

01 금년도 국내총생산(GDP) 산출에 포함되는 경제활동은?

① 전년도에 생산된 중고 자동차를 매입한 것
② 국내기업 소유의 해외공장에서 금년도 생산된 자동차를 판매한 것
③ 본인이 소유한 식당에서 금년도에 직접 요리하여 친구들에게 대접한 것
④ 전업주부의 금년도 가사활동
⑤ 홍수로 유실된 도로를 정부가 금년도에 복구한 것

★★

02 20X1년도에 이 나라의 밀 생산 농부들은 밀을 생산하여 그중 반을 소비자에게 1,000억 원에 팔고, 나머지 반을 제분회사에 1,000억 원에 팔았다. 제분회사는 밀가루를 만들어 나머지를 제과회사에 1,900억 원에 팔았다. 제과회사는 밀가루로 빵과 과자를 만들어 2,400억 원에 소비자에게 모두 팔았다. 이 나라의 20X1년도 GDP를 계산하라. (단, 이 국가는 밀 생산 농부, 제분회사, 제과회사만으로 이루어져 있다)

① 1,600억 원   ② 1,800억 원   ③ 3,400억 원
④ 4,100억 원   ⑤ 5,800억 원

★

03 한 나라의 노동, 자본 등 생산요소를 모두 투입해 추가적인 인플레이션을 유발하지 않고 달성할 수 있는 최대 생산 수준을 뜻하며, 경제 상황 판단이나 향후 정책 방향 선택 등의 기준이 되는 이 경제개념은?

① 잠재GDP   ② 실질GDP   ③ 명목GDP
④ 1인당 GNI   ⑤ GDP디플레이터

04 쌀과 자동차만 생산하는 어떤 나라의 상품가격과 생산량이 다음 표와 같다. 20X1년을 기준연도로 할 때 20X2년과 20X3년의 GDP디플레이터는 각각 얼마인가?

구 분	쌀		자동차	
	가 격	생산량	가 격	생산량
20X1년	20만 원/가마	100가마	1,000만 원/대	2대
20X2년	24만 원/가마	100가마	1,200만 원/대	4대
20X3년	30만 원/가마	200가마	1,500만 원/대	4대

	20X2년	20X3년			20X2년	20X3년
①	83.33%	66.67%		②	120%	150%
③	150%	200%		④	180%	300%
⑤	200%	300%				

정답 및 해설

01 ⑤
복구를 위한 정부지출은 GDP에 포함된다.

오답노트
① 중고 자동차는 전년도의 GDP에 포함된다.
② 해외공장에서 생산된 것이므로 GDP에 들어가지 않는다.
③④ 시장에서 거래된 것이 아니므로 GDP에 들어가지 않는다.

02 ③
최종재의 합으로 계산하면 된다. 최종재로서 소비자에게 팔린 밀 절반 1,000억 원어치 + '나머지 밀 ⇨ 밀가루 ⇨ 빵과 과자 2,400억 원어치'를 더하면 GDP는 3,400억 원이 된다.

03 ①
잠재GDP는 한 나라의 경제가 물가를 자극하지 않으면서 노동·자본 등 생산요소를 완전히 고용해 달성할 수 있는 최대 생산수준이다.

오답노트
② 실질GDP : 기준시점의 가격으로 표시한 GDP
③ 명목GDP : 측정시점의 가격으로 표현한 GDP이다.
④ 1인당 GNI : GNI를 인구수로 나눈 것으로 평균적인 생활수준을 알려준다.
⑤ GDP디플레이터 : 명목GDP를 실질GDP로 나눈 값으로 통상 그 나라 국민 경제의 물가수준을 나타낸다.

04 ②
· GDP Deflator = $\dfrac{\text{명목GDP}}{\text{실질GDP}} \times 100(\%)$이다.

20X1년이 기준연도이므로 20X2년과 20X3년 GDP Deflator는 다음과 같다.

· GDP Def$_{20X2}$ = $\dfrac{24\text{만 원} \times 100 + 1,200\text{만 원} \times 4}{20\text{만 원} \times 100 + 1,000\text{만 원} \times 4} \times 100$

   = $\dfrac{7,200\text{만 원}}{6,000\text{만 원}} \times 100 = 120\%$

· GDP Def$_{20X3}$ = $\dfrac{30\text{만 원} \times 200 + 1,500\text{만 원} \times 4}{20\text{만 원} \times 200 + 1,000\text{만 원} \times 4} \times 100$

   = $\dfrac{12,000\text{만 원}}{8,000\text{만 원}} \times 100 = 150\%$

05 ★
20X0년에 A국에서 생산되어 재고로 있던 제품을 20X1년 초에 B국에서 수입해 자국에서 판매했다고 할 때 이것의 효과에 대한 설명으로 옳은 것은?

<보기>

ㄱ. A국의 20X1년 GDP와 GNP가 모두 증가한다.
ㄴ. A국의 20X1년 수출은 증가하고 GDP는 불변이다.
ㄷ. B국의 20X1년 수입은 증가하고 GDP는 불변이다.
ㄹ. B국의 20X0년 수입은 증가하고 20X1년 수입은 불변이다.

① ㄱ, ㄴ   ② ㄱ, ㄷ   ③ ㄴ, ㄷ   ④ ㄴ, ㄹ   ⑤ ㄷ, ㄹ

 최우수
★★★
06
다음은 갑국의 1년간 경제활동 내역을 나타낸 것이다. 갑국의 GDP를 옳게 계산한 것은? (단, 제시된 조건만 고려한다)

- 가계의 소비 지출액 : 1,000억 달러
- 기업의 투자 지출액 : 500억 달러
- 정부지출 : 100억 달러
- 지하경제 : 200억 달러
- 수출액 : 300억 달러
- 수입액 : 60억 달러

① 2,180억 달러   ② 2,120억 달러   ③ 2,100억 달러
④ 1,840억 달러   ⑤ 1,960억 달러

최우수
★★★
07
A국의 2020년 3분기 순상품교역조건은 72.3으로 2010년 이후로 가장 악화된 것으로 나타났다. 이에 대한 설명으로 옳은 것은?

<보기>

ㄱ. 고부가가치 수출상품을 개발하는 대책이 필요하다.
ㄴ. 교역조건의 악화는 실질무역의 손실을 초래하여 국내총소득(GDI) 감소를 가져온다.
ㄷ. 2010년에 비해 2020년에 재화 1단위를 수출해 번 돈으로 많은 수입재를 사게 되었다는 의미이다.
ㄹ. 2010년(100)을 기준으로 2020년 3분기 수입단가지수는 109, 수출단가지수는 141이었다.

① ㄱ, ㄴ   ② ㄱ, ㄷ   ③ ㄴ, ㄷ   ④ ㄴ, ㄹ   ⑤ ㄷ, ㄹ

08 GDP에 대한 옳은 설명만을 <보기>에서 있는 대로 고른 것은?

<보기>

ㄱ. 20X0년에 생산된 중간생산물이 수출되었다면 GDP에 포함된다.

ㄴ. 20X0년에 생산되어 재고로 보유되다가 20X1년에 소비된 재화의 가치는 20X0년 GDP에 포함된다.

ㄷ. 20X1년 학교 교육에 실망한 부모님들이 직장을 그만두고 집에서 자식을 가르치면 20X1년 GDP는 증가한다.

ㄹ. 20X1년 우리나라에서 생산하여 미국에 수출한 자동차는 우리나라의 20X1년 GDP에 포함된다.

---

① ㄱ, ㄴ   ② ㄱ, ㄹ   ③ ㄴ, ㄷ

④ ㄱ, ㄴ, ㄹ   ⑤ ㄴ, ㄷ, ㄹ

정답 및 해설

05 ③

ㄴ. 수출이 증가하지만 20X1년의 재고투자가 감소하므로 20X1년 GDP에 변함이 없다.

ㄷ. B국이 수입한 제품을 소비자에게 판매하였다면 20X1년 소비지출이 증가하고 동액만큼의 순수출이 감소하므로 B국의 20X1년 GDP도 변하지 않는다.

오답노트

ㄱ. A국에서 20X0년에 생산되어 재고로 있던 제품은 20X0년의 GDP와 GNP에 포함되고 20X1년에 포함되지 않는다.

ㄹ. B국의 20X1년 수입이 증가한다.

06 ④

지출국민소득인 '소비 + 투자 + 정부지출 + 순수출'의 합으로 구한다. 지하경제는 GDP에 포함되지 않으므로 고려되지 않는다.
따라서 1,000 + 500 + 100 + 300 − 60 = 1,840억 달러가 된다.

07 ①

교역조건은 수출품의 가격이 상승할수록, 수입품의 가격이 하락할수록 좋아진다. 따라서 교역조건이 나빠졌다는 것은 수출해서 번 돈으로 살 수 있는 수입상품이 줄어들었다는 뜻이다. 교역조건의 악화는 국내총소득이 줄어드는 것과 마찬가지인 효과를 초래한다. 수출상품의 가격이 하락하거나, 원유 등 국제 원자재 가격이 상승하면 교역조건이 나빠진다.

오답노트

ㄷ. 2020년에 재화 1단위를 수출해 번 돈으로 적은 수입재를 사게 되었다는 의미이다.

ㄹ. 2010년(100)을 기준으로 2020년 3분기 수입단가지수는 109, 수출단가지수는 141인데 수출품의 가격이 높기 때문에 100보다 큰 것이다. 문제에서는 순상품교역조건이 100보다 작으므로 성립하지 않는다.

08 ④

GDP는 국내총생산이다.

ㄱ. 20X0년에 생산된 중간 생산물이 수출되었다면 우리나라 입장에서는 최종재이므로 GDP에 포함된다. 예를 들어 아이폰에 들어가는 삼성메모리는 중간재이지만 그 자체로 GDP에 포함된다.

ㄴ. 재고는 생산된 그해의 GDP에 포함된다.

ㄹ. 그해 생산하여 수출하였으므로 GDP에 포함된다.

오답노트

ㄷ. 20X1년 학교 교육에 실망한 부모님들이 직장을 그만두고 집에서 자식을 가르치면 직장을 그만둔 것으로 인해 GDP가 감소할 수 있다. 또한 시장에서 거래되지 않는, 집에서 가르치는 행위는 GDP와 관련이 없다.

09 다음 사례에 대한 옳은 분석을 <보기>에서 고른 것은?

> 호성기업은 밀을 구입하여 5억 원어치의 밀가루를 생산하였다. 이 중 1억 원어치는 직접 시장에서 판매하였으며, 나머지 4억 원어치는 A기업에 납품하였다. A기업은 밀가루를 과자로 만들어 10억 원에 모두 판매하였다.

<보기>
ㄱ. 위 사례에서 국내총생산은 11억 원이다.
ㄴ. A기업이 창출한 부가가치는 10억 원이다.
ㄷ. A기업은 4억 원어치의 중간생산물을 구입하여 10억 원어치의 최종생산물을 생산하였다.
ㄹ. A기업에 납품된 밀가루는 중간생산물이므로 국내총생산 추계에 포함된다.

① ㄱ, ㄷ   ② ㄱ, ㄹ   ③ ㄴ, ㄷ   ④ ㄴ, ㄹ   ⑤ ㄷ, ㄹ

10 케인즈의 이론에 관한 설명으로 옳지 않은 것은?

① 노동시장에서 명목임금은 하방경직성을 갖는다.
② 투자는 기업가의 심리에 큰 영향을 받는다.
③ 경기침체 시에는 확대재정정책이 필요하다.
④ 공급은 스스로의 수요를 창조하므로 만성적인 수요부족은 존재하지 않는다.
⑤ 저축의 역설이라는 관점에서 '소비는 미덕, 저축은 악덕'이라고 주장한다.

11 어떤 나라 국민의 한계소비성향이 0.5라고 하자. 만약 이 나라가 완전고용을 달성하는 데 200만큼의 생산량 증대가 필요하다고 한다면 이 나라 정부는 완전고용을 달성하기 위해 정부지출을 얼마만큼 늘려야 하는가? (단, 정부지출 때 구축효과가 발생하지 않고 세금을 고려하지 않는다)

① 20   ② 40   ③ 80   ④ 100   ⑤ 200

12 갑국정부가 재정지출을 70만큼 증가시키고 이를 위한 재원조달로서 70만큼의 세금을 증대시킨다면 국민소득은?
(단, 한계소비성향은 0.9이다)

① 70만큼 증가한다.   ② 70만큼 감소한다.   ③ 630만큼 감소한다.
④ 700만큼 증가한다.   ⑤ 700만큼 감소한다.

13 다음의 자료를 바탕으로 추론한 내용으로 옳은 것은? (단, 인구수는 동일하다)

<국가별 경제성장률>

구 분	20X1	20X2	20X3
갑 국	1.7%	2.1%	3.4%
을 국	1.1%	0.3%	−1.3%
병 국	4.9%	4.4%	5.0%

① 갑국의 실업률은 매번 높아지고 있다.
② 1인당 GDP가 가장 큰 곳은 병국이다.
③ 20X2년 을국의 물가수준은 큰 폭으로 상승하였다.
④ 병국은 을국에 비해 빠른 속도로 경제가 성장하고 있다.
⑤ 20X3년의 을국의 경제성장률이 (−)를 기록하였으므로 GDP가 가장 작을 것이다.

정답 및 해설

09 ①
호성기업이 만들어낸 밀가루는 5억 원, A기업이 과자로 만들어낸 부가가치는 10억 원 − 4억 원 = 6억 원이므로 부가가치인 GDP는 11억 원이다.

오답노트
ㄴ. A기업이 창출한 부가가치는 최종재인 과자 10억 원에서 중간재인 밀가루 4억 원을 차감한 6억 원이다.
ㄹ. A기업에 납품된 밀가루는 중간생산물이다. 중간 생산물은 중복 계산을 막기 위해 포함되지 않는다.

10 ④
케인즈의 이론에서는 세이의 법칙이 성립하지 않으며, 유효수요의 부족으로 인해 경기침체가 발생하는 것으로 본다.

11 ④
한계소비성향이 0.5이므로 정부지출승수는 1/(1 − 0.5) = 2이다. 따라서 정부가 200만큼의 산출량 증대 효과가 필요한 경우 100만큼의 정부지출을 늘리면 승수(2배)만큼 추가적으로 총수요가 늘어나게 된다.

12 ①
정부지출을 70만큼 늘리고, 조세를 70만큼 걷으면 균형재정이다. 균형재정승수는 1이다. 따라서 국민소득의 증가분은 70이다.

13 ④
경제성장률은 경제성장의 속도를 보여주는 지표이다. 경제성장률이 병국이 높으므로 갑, 을국보다 경제성장의 속도가 빠름을 알 수 있다.

오답노트
① 위 자료로 실업률을 판단할 수 없다.
② 최초의 GDP가 주어져 있지 않으므로 1인당 GDP를 판단할 수 없다.
③ 위 자료로 물가수준을 판단할 수 없다.
⑤ 최초의 GDP가 주어져 있지 않으므로 20X3년의 을국의 경제성장률이 (−)를 기록하였다 할지라도 GDP가 가장 작다고 단정 지을 수 없다.

제2장 화폐금융론

◼ 학습전략

화폐시장도 타 시장과 마찬가지로 수요와 공급의 원리가 적용된다. 화폐공급은 중앙은행에서 발행하는 본원통화로 분석한다. 다양한 원인으로 발행되는 본원통화는 발행액 자체로 끝이 나는 것이 아니다. 본원통화가 일반 은행으로 들어가게 되면 은행은 반복된 대출을 통해 통화량의 증가를 가져온다.

화폐의 수요이론은 다양한 이론이 있다. 그중 대표적인 것이 고전학파의 화폐수량설과 케인즈의 유동성 선호설이다. 화폐수량설은 화폐의 유통속도는 그 사회마다 관습에 따라 일정하고 완전고용에 의해 국민소득도 일정하므로 물가는 화폐적 현상이라는 것이다. 케인즈의 유동성 선호설에서는 화폐수요의 동기를 거래적, 예비적, 투기적 동기로 나누어 설명한다. 특히 투기적 동기에서 채권가격과 이자율은 반비례한다는 것을 이용하여 화폐수요를 이자율에 반비례하는 함수라고 주장하였다. 여기서 통화정책을 통해 이자율을 낮추는 것이 소비를 가져올 수 없다는 유동성함정을 도출한다.

◼ 출제비중

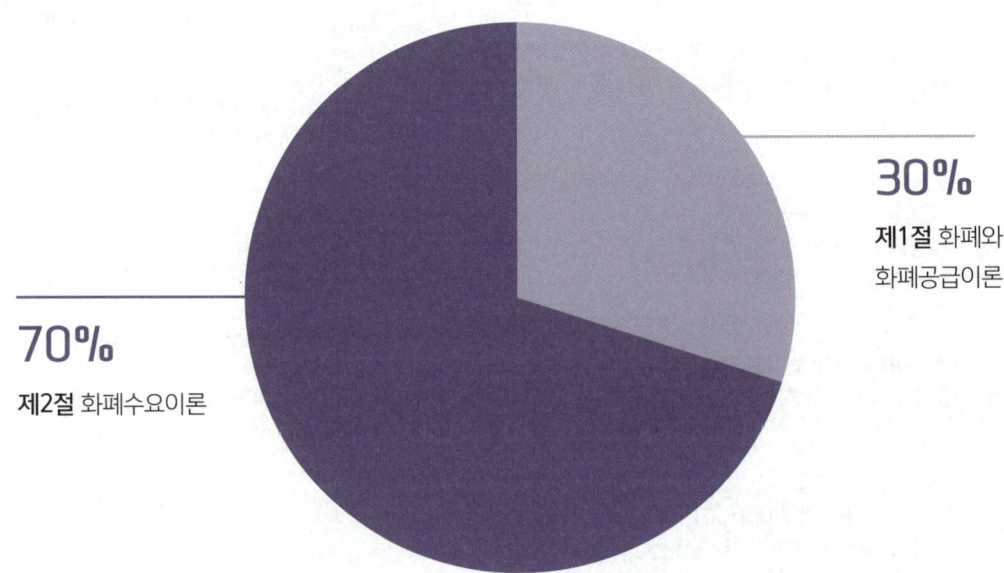

30%
제1절 화폐와
화폐공급이론

70%
제2절 화폐수요이론

▦ 출제 유형

제1절에 관한 내용에서는 먼저 통화에 대한 정의를 내려야 하는데 시험에서는 주로 M1 정도가 출제된다.
본원통화의 조절은 통화량에 큰 영향을 미치게 된다. 본원통화의 증가와 감소 원인을 구분하는 문제가 출제된다.
제2절에 관한 내용에서는 화폐수량설 공식에 대입하여 통화량 혹은 물가상승률을 구하는 문제가 출제된다.
유동성함정은 통화정책을 비판하는 이론이므로 잘 이해해야 한다. 채권가격과 이자율의 관계, 유동성함정의 개념을 묻는 문제가
출제된다.

▦ 학습구성

구 분	출제포인트	중요도
제1절 화폐와 화폐공급이론	**01** 화폐	★
	02 통화량과 통화지표	★
	03 금융시장	★★
	04 화폐의 공급	★★★
제2절 화폐수요이론	**01** 화폐수량설	★★★
	02 유동성 선호설 – 케인즈의 화폐수요이론	★★★

핵심 Check ✓ 화폐와 통화공급이론

M1	• 현금통화(민간보유현금) + 예금통화(요구불예금 : 보통예금, 당좌예금)
본원 통화	• 현금통화 + 지급준비금 • 현금통화 + 시재금 + 예치금 • 화폐발행액 + 예치금
신용승수	• 1/지급준비율

01 화폐 ★

1. 정의

① 재화와 서비스의 거래, 채권·채무관계의 청산 등 일상적인 거래에서 통용되는 자산을 의미한다.

② 구체적인 형태를 가져야 하는 것은 아니며, 한 사회에서 일반적인 거래수단으로 통용된다.

2. 발달과정

물품화폐 → 주조화폐 → 지폐 → 예금화폐 → 전자화폐

3. 기능

① 교환의 매개 수단(가장 본원적인 기능)

거래과정에서 거래비용의 절감을 위해 화폐가 매개물이 되어 일반적인 지불수단으로 사용된다.

② 회계의 단위 및 가치의 척도

화폐가 상품거래의 표준이 되고, 각 상품의 가치를 화폐의 단위로 측정할 수 있다.

③ 가치 저장 수단

화폐가 한 시점에서 다른 시점까지 구매력을 보장해주는 역할을 한다는 것을 의미한다. 케인즈가 투기적 화폐수요에서 강조한 화폐의 기능이다. 물가가 안정적이어야 가치 저장 기능이 잘 발휘될 수 있다.

④ 장래지불의 표준

미래의 지불의무가 화폐단위로 표시될 때 화폐는 장래지급의 표준으로서의 기능을 수행한다. 상품을 외상으로 구매했을 경우 지급할 대가가 화폐단위로 표시된다면 화폐는 장래지급의 표준으로서의 기능을 하고 있는 것이다.

핵심 Plus +

그레샴의 법칙

'악화(惡貨)는 양화(良貨)를 구축한다.' 쉽게 말해 '나쁜 돈이 좋은 돈을 몰아낸다.'는 뜻인데 과거에 은이나 금을 갈아서 나온 것으로 새로운 화폐를 만들어 쓰다 보니 좋은 돈은 사용하지 않고 나쁜 돈만 사용하게 된다는 것을 의미함

02 통화량과 통화지표 ★

1. 통화량

① 일정시점에서 시중에 유통되고 있는 화폐의 양을 의미한다.
② 통화량이 너무 많으면 인플레이션을 유발할 수도 있고, 너무 적으면 거래가 위축될 수 있으므로 통화량을 적정수준으로 유지하는 것이 중요하다.

2. 통화지표

우리나라에서는 금융기관이 취급하는 금융상품의 유동성에 따라 $M1$, $M2$, Lf, L 등의 통화지표를 사용한다. 이를 통해 통화량의 크기와 변화를 측정하는 기준이 된다.

(1) 협의통화(M1)

① 협의통화($M1$) = 현금통화 + 요구불예금 + 수시입출금식 저축성 예금
② 화폐의 지급 결제수단으로서의 기능을 중시한 지표로서 시중에 유통되는 현금에 예금취급기관의 결제성 예금을 더한 것으로 정의된다.

(2) 광의통화(M2)

① 협의통화(M1) + 저축성예금 + 시장형 금융상품 + 실적배당형 금융상품 + 금융채 + 거주자 외화예금 등
② 만기 2년 이상의 금융상품은 제외
③ 시장형 금융상품 : 양도성예금증서, 환매조건부채권, 표지어음 등
④ 실적배당형 금융상품 : 금전신탁, 수익증권 등

(3) 주요 금융상품의 종류

구 분	내 용
요구불예금	고객이 요구할 때 은행이 즉시 지불해 주어야 하는 예금으로 이를 기초로 수표를 발행하며 우리나라에서는 보통예금·당좌예금·가계종합예금 등이 있음
저축성예금	이자수익이 높은 대신 약정된 기간이 경과한 후에야 찾을 수 있는 예금으로 이자수익만 포기하면 언제라도 현금으로 찾을 수 있는 예금
거주자외화예금	우리나라 사람이 외화를 우리나라에 있는 은행에 예금한 것
양도성예금증서 (CD ; Certificate of Deposit)	일종의 정기예금증서로 양도가 가능하여 유동성이 높은 상품으로 은행의 주요 자금조달수단의 하나
기업어음 (CP ; Commercial Paper)	기업체가 자금조달을 목적으로 발행하는 어음. 상거래에 수반하여 발행되고 융통되는 진성어음과는 달리 단기자금을 조달할 목적으로 신용상태가 양호한 기업이 발행한 약속어음으로, 기업과 어음상품투자자 사이의 자금수급관계에서 금리가 자율적으로 결정됨
금전신탁	은행이 고객의 금전을 예탁받아 이를 운용한 뒤 일정 기간 후에 원금과 수익을 고객에게 지급하는 것

환매조건부채권 (RP ; RePurchase)	일정 기간 경과 후 일정한 가격으로 동일한 채권을 매수하거나 매도할 것을 조건으로 한 채권으로 증권회사, 은행 등의 수신상품
MMF (Money Market Fund)	투신사들에서 고객들의 돈을 모아 금리가 높은 CD, CP 등 단기금융상품에 집중 투자하여 여기서 얻은 수익을 되돌려주는 상품으로 요구불예금과 같이 유동성이 매우 큼

03 금융시장 ★★

1. 개념
자금의 수요자와 공급자 사이에 자금거래가 지속적으로 이루어지는 조직이나 기구이다.

2. 기간에 의한 구분

(1) 단기금융시장(화폐시장)
① 일반적으로 만기가 1년 미만인 금융자산이 거래되는 시장이다.
⟮예⟯ 콜시장, 어음할인시장, CP시장, CD시장, RP시장 등
② 콜시장은 만기가 하루에서 2주 정도인 최단기금융시장으로 주로 금융기관 상호 간에 일시적인 유휴자금이 거래되는 금융시장이며 이때의 금리를 콜금리라 한다.
③ 어음할인시장은 상업어음·융통어음 등이 거래되는 시장이다.

(2) 장기금융시장(자본시장)
기업의 시설자금이나 장기자금이 조달되는 목적으로 형성된 시장이다.
⟮예⟯ 장기대부시장과 주식시장, 채권시장 등

3. 참여방식에 의한 구분

(1) 직접금융시장
자금의 수요자와 공급자가 자금을 직접 거래하는 시장이다. ⟮예⟯ 주식시장, 채권시장 등

(2) 간접금융시장
금융중개기관이 개입하여 자금의 수요자와 공급자를 연결시켜주는 시장이다. ⟮예⟯ 예금시장

4. 금융상품 창출에 의한 구분

(1) 발행시장
새로운 금융상품이 발행되는 시장으로 증권발행자, 증권응모자, 증권인수자가 중심이 된다.

(2) 유통시장
기존의 금융상품이 거래되는 시장이다. 발행시장에서 발행된 유가증권의 시장성과 유동성을 높여서 언제든지 적정한 가격으로 현금화할 수 있는 기회를 제공한다.

핵심 Plus+

은행의 주요기능
- 만기전환 : 짧은 예금을 장기 대출로 바꾸어줌
- 정보생산기능 : 기업의 상환능력을 개인보다 더 정확히 파악 가능
- 거래비용절감 : 대량의 금융거래처리를 통한 비용감소
- 위험분산 : 개인보다 손실액 변동성을 낮출 수 있음

은행 부실화
- 뱅크런 : 은행부도와 예금지급 불능이 예상될 때 예금자들이 예금을 인출하기 위해 은행으로 달려가는 것
- 유동성위기 : 은행이 현금을 확보하는데 어려움을 겪는 현상
- 신용경색 : 은행들이 자금부족이나 기업부도위험 증가로 인해 대출을 줄이면서 자금조달에 장애를 겪는 상황

5. 채권

(1) 의미

① 발행주체 : 정부 및 지방단체, 기업과 같이 법률로 정해진 기관과 회사이다.

② 타인자본 : 불특정 다수에게 비교적 장기의 자금을 조달하기 위해서 발행한 차용증서로서 채무를 표기한 유가증권이다. 예 국채, 지방채, 특수채, 금융채, 회사채 등

(2) 본질(주식과의 비교)

① 조달자금의 성격 : 주식은 회사의 자본, 채권은 회사의 부채이다.

② 기한부증권 : 주식은 기간이 주어져 있지 않지만 채권(영구채 제외)은 정해져 있다.

③ 이자지급증권 : 주식은 배당을 받고, 채권은 이자를 받는다.

④ 확정이자증권 : 발행기관의 수익률과 관계없이 받을 돈이 정해져 있다.

⑤ 경영참여 : 주식은 경영에 참여할 수 있으나 채권은 경영에 참여하지 않는다.

⑥ 안정성과 유동성은 비교적 높은 편이나 수익성은 주식에 비하여 낮다.

6. 채권의 종류

(1) 이표채

① 액면가로 채권을 발행하고, 표면이율에 따라 연간 지급해야 하는 이자를 일정 기간 나누어 지급하는 채권이다.

② 채권에 이자표(쿠폰)가 붙어 있어 쿠폰본드라고도 한다.

(2) 할인채

① 이자가 붙지는 않지만 반드시 이자 상당액을 미리 액면가격에서 차감하고, 발행가격이 액면가격(상환가격)보다 낮은 채권이다.

② 발행가격과 액면가격의 차액을 이자라고 볼 수 있다.

(3) 영구채

① 원금을 상환하지 않고 일정 이자만을 영구히 지급하는 채권이다.

② 주로 국가기관이나 대형 사업체에서 초대형 프로젝트를 위해 장기적인 자금조달이 필요할 경우에 발행한다.

③ 매년 A원의 이자를 지급받는 영구채의 가격 $P = \dfrac{A}{r}$이다.

④ 예를 들면 이자율이 5%일 때 매년 300만 원의 이자를 지급받는 영구채의 가격

$P = \dfrac{300만\ 원}{0.05} = 6,000$만 원이다.

7. 채권수익률

(1) 표면이자율과 시장수익률

① 표면이자율 : 이표채권의 경우 이표이자액은 채권에 표시되어 있는 대로 지급된다. 이를 표면이자율이라고 한다.

② 시장수익률
- 채권의 시장가격은 채권시장의 수요와 공급에 따라 결정된다.
- 채권의 수익률을 높이기 위해서는 채권을 저렴하게 구입해야 한다.

- 예를 들어 100만 원, 10%짜리 이표채가 있다고 가정하면 이자액은 10만 원이다.
- 시장에서 이 채권을 실제로 80만 원에 구입했다면 이자율은 $\frac{10}{80} \times 100 = 12.5\%$가 되므로 시장수익률이 표면이자율보다 높아진 것이다.

(2) 채권수익률

① 채권수익률은 채권가격과 반비례한다.
② 채권수익률의 결정요인
  - 기업외적요인 : 명목이자율에 비례한다.
  - 기업내적요인 : 채무의 만기가 길수록, 신용등급과 관련된 채무불이행 위험과 비례한다.
③ 장단기 금리차
  - 일반적으로 장기채가 유동성이 낮기 때문에 수익률이 높다.
  - 그러나 장기에 금리가 낮아질 것을 예상하여 장기금리가 단기금리보다 낮아지면 장단기 금리차가 발생한다. 이는 경기침체의 신호로 여겨진다.

(3) 채권의 신용등급

① 신용 스프레드(= 위험 프리미엄) : 회사채 금리와 국채금리와의 차이로, 금융시장에서 회사채의 신용위험을 평가하는 지표이다.
② 채권 신용등급과 위험 프리미엄

신용등급	구 분	채무상환능력	위험 프리미엄
AAA	우량	최상	낮음 ⇧
AA		매우 높음	
A	비우량	높으나 경기와 시장 환경변화에 영향받기 쉬움	
BBB		충분하나 경기와 시장 환경변화에 영향받기 쉬움	
BB	정크본드 (투기등급)	근시일 내에 채무불이행 가능성은 낮으나 상황이 악화되면 가능성이 충분히 고려됨	
B		현재는 채무상환능력 있으나 상황이 악화되면 가능성이 높음	
CC		채무불이행 가능성 상당히 높음	⇩
C ~ D		파산신청 중이나 채무불이행 중	높음

8. 이자율의 기간구조

(1) 기대이론

① 의미 : 기대이론은 시장 참가자들이 평균적으로 예상하는 미래 단기이자율이 장기이자율을 결정한다는 주장이다.
② 특징
  - 만기가 서로 다른 채권 간에 완전한 대체관계가 존재한다고 가정하고, 장기이자율은 단기이자율로 여러 차례에 걸쳐 재투자한 것과 같다고 본다.
  - 즉, 장기이자율은 단기이자율의 기하학적 평균과 같을 때 시장참가자들은 이 둘을 무차별적으로 본다는 주장이다.

③ 계산법
- 현재 시점에서 채권시장에 1년 만기, 2년 만기 국채만 존재하고 각각의 이자율이 3%, 5%가 존재한다고 하자.
- 현재 시점으로부터 1년 이후에 성립하리라 기대되는 1년 만기 국채의 이자율은

$$\frac{\text{첫 1년 만기 이자율} + \text{1년 이후에 성립하는 1년 만기 국채이자율}}{2} = 2\text{년 만기 국채}$$

이자율이 성립하는 것이 기대이론이다.
- 따라서 제시된 조건을 공식에 대입하면

$$\frac{3\% + \text{1년 이후에 성립하는 1년 만기 국채이자율}}{2} = 5\%$$이므로 1년 이후에 성립하리라

기대되는 1년 만기 국채이자율은 7%로 유추할 수 있다.

(2) 유동성 프리미엄론

① 의미 : 유동성 프리미엄이론은 장기이자율은 평균적인 미래 단기이자율에 현금보유를 포기하는 대가(= 유동성 프리미엄)의 합으로 결정된다는 이론이다.

② 공식 : 기대이론 + 유동성 프리미엄(항상 양의 값을 가짐)

③ 특징
- 만기가 서로 다른 채권 간에 대체관계는 존재해도 그 둘은 완전대체제는 아니다.
- 현금보유를 포기한 대가인 유동성 프리미엄의 값이 다르며 기대이론과 더하여 장기이자율이 결정된다는 주장이다.

④ 미래의 단기이자율 상승 시 : 기대이론(미래의 단기이자율 상승이 예상되므로 수익률 우상향) + 유동성 프리미엄(수익률 우상향)의 합이 수익률이므로 수익률곡선이 우상향함을 의미한다.

⑤ 미래의 단기이자율 하락 시 : 기대이론(미래의 단기이자율 하락이 예상되므로 수익률 우하향) + 유동성 프리미엄(수익률 우하향)의 합이 수익률이므로 수익률곡선이 반드시 우하향한다고 볼 수 없다.

(3) 분할시장이론

① 의미 : 분할시장이론은 단기이자율과 장기이자율은 특정 만기에 대한 시장 참가자의 선호도가 결정한다는 이론이다.

② 특징
- 만기가 서로 다른 채권 간에는 대체관계가 존재하지 않는다.
- 단기이자율과 장기이자율은 각각 단기자금과 장기자금의 수요와 공급에 따라 결정된다는 주장이다.

수익률곡선(Yield Curve)에 대한 설명으로 옳지 않은 것은?

① 만기 외에 다른 조건이 동일한 채권의 만기와 이자율 사이의 관계를 나타내는 곡선이다.
② 이자율의 기간구조에 대한 분할시장이론(Segmented Markets Theory)은 단기채권과 장기채권의 이자율이 시간의 흐름에 따라 같은 방향으로 움직이는 이유를 설명해 준다.
③ 이자율의 기간구조에 대한 유동성 프리미엄이론(Liquidity Premium Theory)은 수익률곡선이 전형적으로 우상향하는 이유를 설명해 준다.
④ 이자율의 기간구조에 대한 기대이론(Expectations Theory)에 따르면, 중앙은행이 앞으로 계속 단기이자율을 낮추겠다는 공약을 할 경우 장기이자율은 하락해야 한다.
⑤ 장단기 금리차가 발생하면 경기는 악화될 가능성이 높다.

정답 ②

해설 • 분할시장이론은 단기이자율과 장기이자율은 특정 만기에 대한 시장 참가자의 선호도가 결정한다는 이론이다.
  • 따라서 단기채권과 장기채권은 시장 자체가 다르므로 이자율이 시간의 흐름에 따라 같은 방향이라고 단정지어 말할 수 없다.

04 | 화폐의 공급 ★★★

1. 본원통화

(1) 개념

① 중앙은행의 창구를 통하여 시중에 나온 현금으로 예금은행의 신용창조의 토대가 된다. 따라서 기초 통화(Reserve Base)로 부른다.
② 본원통화가 1단위 공급되면 통화량은 신용창조 과정을 통해 본원통화 공급량보다 훨씬 더 크게 증가한다. 따라서 고성능통화(High-Powered Money)라고 부른다.

(2) 본원통화의 공급 경로

① 중앙은행에서 통화가 나오면 됨
② 정부의 재정 적자 ⇨ 정부가 중앙은행으로부터 차입해야 하므로 본원통화 증가
③ 예금은행의 차입 증가 ⇨ 중앙은행이 대출해주므로 본원통화 증가
④ 국제수지 흑자, 차관 도입 ⇨ 외환 유입 ⇨ 중앙은행에서 외화를 원화로 교환 ⇨ 본원통화 증가
⑤ 중앙은행의 유가증권 구입, 건물 구입 ⇨ 중앙은행이 대금을 지급하므로 본원통화 증가

핵심 Plus⁺

중앙은행의 기능

• 발권은행으로서의 기능 : 지폐와 주화를 발행하고 그 양의 조절
• 은행의 은행으로서의 기능 : 예금은행으로부터 예금을 받기도 하고 필요 시에는 예금은행에 대출함
• 통화금융정책의 집행 : 통화가치의 안정과 국민경제의 발전을 위하여 각종 정책수단을 이용하여 통화량을 조절하고 자금의 효율적 배분을 도모함(중앙은행의 가장 중요한 목표)
• 정부의 은행으로서의 기능 : 국고금을 관리하고 정부에 대하여 신용을 공여하는 기능을 수행
• 외환관리업무 : 국제수지 불균형의 조정, 환율의 안정 등을 위하여 각종 외환 관리 업무를 수행

(3) 구성(예시)

본원통화(10억)			
현금통화(2억)	지급준비금(8억)		
	예금은행 지급준비금 : 시재금(7억)		중앙은행 지급준비예치금(1억)
	화폐발행액(9억)		

(4) 지급준비금

① 예금은행이 고객의 예금인출 요구에 대비하기 위하여 보유하고 있는 현금

② 지급준비금(지준금) = 법정지급준비금 + 초과지급준비금 = 지급준비예치금 + 시재금

(5) 지급준비율

① 지급준비금을 예금액으로 나눈 값

② 지급준비율(지준율) = 법정지급준비율 + 초과지급준비율

　예　예금 100억 중에 법정지급준비금이 10억이라면 법정지급준비율은 10%이다. 실제로 15억
　　을 지급준비금으로 은행이 보유한다면 초과지급준비율은 5%가 된다.

(6) 통화량의 변화

① 통화량의 변화분(ΔM) = 통화승수 × 본원통화의 변화분(ΔH)

② 통화승수

$$\frac{1}{c+z(1-c)}$$
- c : 현금통화비율$\left(\dfrac{C}{M}\right)$　　・z : 지급준비율

$$\frac{k+1}{k+z}$$
- k : 현금예금비율$\left(\dfrac{C}{D}\right)$

2. 신용창조

(1) 가정

① 요구불예금만 존재하고 저축성예금은 없다.

② 예금은행 조직 밖의 현금누출은 없다.

③ 예금은행은 대출의 형태로만 자금을 운영한다. 즉, 유가증권투자를 하지 않는다.

④ 예금은행은 법정지급준비금만 보유한다. 즉, 초과지준금은 없다.

(2) 개념

은행이 본원적 예금(예금은행 밖에서 예금은행으로 최초로 들어온 예금)을 기초로 하여 대
출을 통해 예금통화를 창조하는 것

(3) 과정

갑이 W원의 본원적예금을 A은행에 예금 ⇨ A은행이 을에게 $(1-z)W$원을 대출 ⇨ 을이 B은행에 $(1-z)W$원을 예금 ⇨ B은행이 병에게 $(1-z)^2W$원을 대출 ⇨ 병이 C은행에 $(1-z)^2W$원을 예금 ⇨ C은행이 정에게 $(1-z)^3W$원을 대출 ……

(4) 신용창조승수

$$신용창조승수 = \frac{1}{지급준비율(z)}$$

(5) 신용창조 사례

본원통화(w) 100억, 지급준비율(z)을 10%로 가정한다.

신용창조 과정	예금통화(요구불예금)	통화량(대출액)	지급준비금
갑이 W의 본원적예금을 A은행에 예금	100억	-	0.1×100억
A은행이 을에게 (1 - z)W원을 대출	$(1-0.1) \times 100억$	$(1-0.1) \times 100억$	-
을이 B은행에 (1 - z)W원을 예금	-	-	$0.1(1-0.1) \times 100억$
B은행이 병에게 $(1-z)^2$ W원을 대출	-	$(1-0.1)^2 \times 100억$	-
병이 C은행에 $(1-z)^2$ W원을 예금	$(1-0.1)^2 \times 100억$	-	$0.1(1-0.1)^2 \times 100억$
C은행이 정에게 $(1-z)^3$ W원을 대출 ⋮	⋮	$(1-0.1)^3 \times 100억$ ⋮	⋮
합 계	$\frac{1}{z}W$	$\frac{1-z}{z}W$	W

① **총예금창조액**(D^G)

예금은행조직 밖에서 예금은행조직으로 최초로 들어온 예금과 예금은행조직 내에서 대출의 형태로 증가한 예금을 합한 금액이다.

$$D^G = W + (1-z)W + (1-z)^2W + \cdots\cdots = \frac{1}{z}W$$

② **순예금창조액**(D^N)

총예금창조액에서 본원적 예금을 뺀 것이 순예금창조액이다.

$$D^N = \frac{1}{z}W - W = \frac{1-z}{z}W$$

③ 초과지급준비금으로 대출을 하는 경우에는 순예금창조액(통화량 증가분)이 총예금창
조액과 동일하다.

시험문제 미리보기!

다음 중 본원통화 및 통화량에 관한 설명으로 옳은 것을 모두 고른 것은?

<보기>
ㄱ. 본원통화가 증가할수록 통화량은 증가한다.
ㄴ. 지급준비율이 높을수록 통화승수는 증가한다.
ㄷ. 본원통화는 민간보유현금과 은행의 지급준비금을 합한 것이다.
ㄹ. 중앙은행이 민간은행에 대출을 하는 경우 본원통화가 증가한다.

① ㄱ, ㄴ   ② ㄱ, ㄹ   ③ ㄴ, ㄷ   ④ ㄱ, ㄷ, ㄹ   ⑤ ㄴ, ㄷ, ㄹ

정답 ④

해설 통화공급량은 '통화승수×본원통화'이므로 본원통화가 증가할수록 통화량이 증가한다. 통화승수
$= \frac{1}{z}$이므로 지급준비율(z)이 높을수록 통화승수가 작아진다.

제2절 | 화폐수요이론

화폐수량설	• MV = PY • 통화량증가율 + 유통속도증가율 = 물가상승률 + 경제성장률
유동성함정	• 화폐수요의 이자율 탄력성이 무한대

01 화폐수량설 ★★★

1. 교환방정식(The Equation of Exchange)

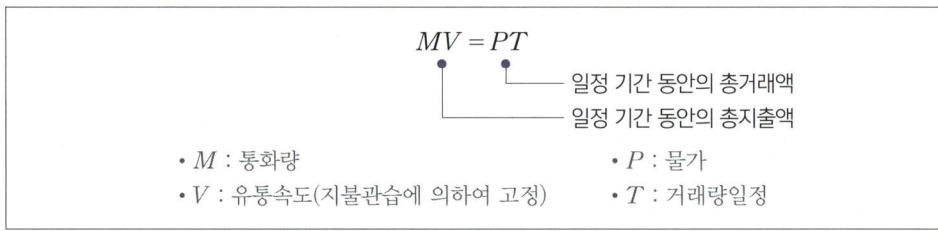

$$MV = PT$$

일정 기간 동안의 총거래액
일정 기간 동안의 총지출액

- M : 통화량
- V : 유통속도(지불관습에 의하여 고정)
- P : 물가
- T : 거래량일정

① 일정 기간 동안에 일어난 모든 생산물 거래에서 화폐의 각 단위가 평균적으로 몇 번씩 사용되었는가 하는 횟수. 즉, 회전율의 개념이다.
② 고전학파는 화폐의 유통속도가 그 사회의 관습 등에 의하여 고정되어 있다고 보고 있다.
③ **교환방정식에 의한 화폐수요** : 단기적으로 보면 거래량(T)과 최종생산물(Y) 간에는 일정한 비례관계가 성립하므로 교환방정식의 T를 Y로 대체하면 교환방정식은 다음과 같이 나타낼 수도 있다.

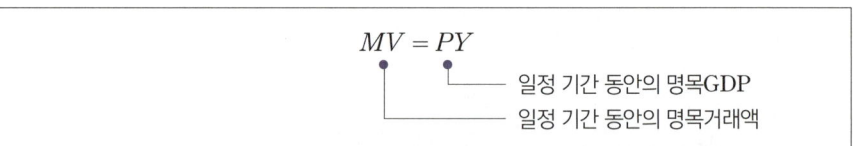

$$MV = PY$$

일정 기간 동안의 명목GDP
일정 기간 동안의 명목거래액

④ 고전학파는 완전고용이 이루어짐에 따라 총생산 Y가 일정하다고 보기 때문에 화폐의 증가가 물가를 변동시키는 원인이라고 본다. 이는 화폐가 실물변화에 영향을 주지 못한다는 화폐의 중립성과 연관이 있다.

핵심 Plus+

화폐의 환상
사람들이 실질가치를 중심으로 하지 않고 명목가치를 중심으로 하여 경제행위를 하는 것. 화폐의 환상에 의하면 사람들은 물가 수준의 변화에 따른 실질소득의 변화를 간과하고 명목소득의 변화에만 집착하여 재화에 대한 소비 형태나 노동의 공급 형태 등을 결정함

화폐의 중립성
통화량의 변화는 실질변수에 영향을 주지 못한다는 이론. 가령 중앙은행이 화폐 공급을 2배로 늘렸는데 물가가 2배로 오른다면 화폐의 가치는 절반으로 떨어짐. 즉, 명목변수는 2배로 증가하였지만 실질변수는 변함이 없는 것임. 이러한 화폐의 중립성은 장기에서의 현실 경제에 일어나는 변화를 설명하기에 유용함

⑤ 교환방정식과 통화공급(EC방정식[1]) : 일반적인 교환방정식 $MV = PY$에 대한 수학적인 변형

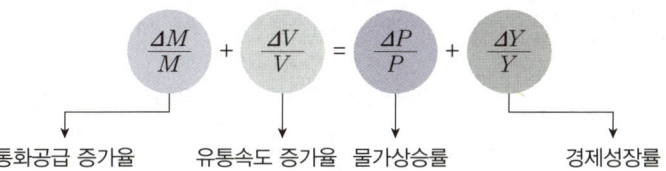

통화공급 증가율   유통속도 증가율 물가상승률   경제성장률

- 좌변 식을 이항하여 정리하면 $\dfrac{\Delta M}{M} = \dfrac{\Delta P}{P} + \dfrac{\Delta Y}{Y} - \dfrac{\Delta V}{V}$
- 통화공급 증가율 = 물가상승률 + 경제성장률 − 유통속도 증가율

1) EC방정식
유럽공동체(현재는 EU로 확대통합) 각료 이사회가 1972년 전 회원국에 채택할 것을 권고한 적정 통화공급규모 산정방식

2. 현금잔고수량설

(1) 마샬(Marshall)의 화폐수요함수

① 마샬이 주장한 경제주체의 화폐보유동기

화폐보유동기는 화폐보유에 따른 거래의 편리함과 안정성이다. 따라서 화폐보유량은 화폐를 보유함으로써 얻을 수 있는 효용과 다른 형태의 자산을 보유함으로써 얻을 수 있는 효용을 비교함으로써 결정된다.

② 이러한 효용을 얻기 위하여 자산의 일정부분을 화폐로 보유한다고 단순화하였다. 이때 부(Wealth)가 단기에서 소득에 비례한다면 화폐에 대한 수요는 다음과 같이 표시할 수 있다.

$$M^D = kPY$$

- M^D : 현금잔고   • k : 마샬의 k • P : 물가   • Y : 실질국민소득

(2) 마샬의 k와 유통속도 V

① 마샬의 k는 사회의 거래관습상 변화가 적으므로 일정한 상수로 볼 수 있다.

② 교환방정식과 비교하면 $k = \dfrac{1}{V}$이므로 현금잔고방정식과 교환방정식은 동일하다고 볼 수 있지만 교환방정식의 유통속도 V는 유량의 개념이 포함되어 있다. 반면에 k는 저량의 개념으로 이는 현금잔고방정식이 화폐의 기능 중 가치저장 수단으로서의 기능을 중시함을 의미한다.

02 유동성 선호설 – 케인즈의 화폐수요이론 ★★★

1. 고전학파와 케인즈의 이자율에 대한 견해차이

(1) 대부자금설 – 고전학파

실물부문에서의 투자(대부자금수요)는 이자율과 반비례하고 저축(대부자금공급)은 이자율에 비례하여 이 둘이 만나는 지점에서 균형이자율이 결정되는 것으로 본다.

핵심 Plus⁺

대부자금설
대부자금설에서는 이자율을 대부자금의 가격으로 보아 다른 상품가격의 결정과 같이 대부자금의 총수요와 총공급에 의하여 결정된다고 봄. 대부자금총수요는 이자율의 감소함수이며, 대부자금총공급은 이자율의 증가함수임

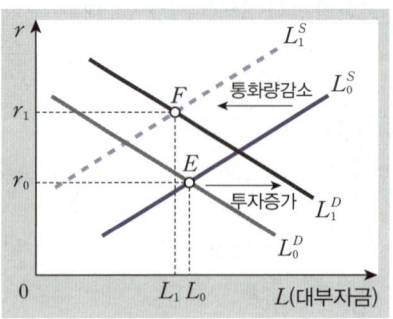

- 대부자금에 의한 이자율결정
  - 대부자금의 공급 : $L^S = S_P + (T - G) + \Delta M^S$
    = 민간저축 + 정부저축 + 화폐공급의 변화분
  - 대부자금의 수요 : $L^D = I + \Delta M^D$
    = 투자 + 화폐수요의 변화분
  - $L^S = L^D$를 만족하는 균형점 E점에서 이자율 : r_0
    → 투자 증가, 화폐공급 감소
    → 이자율 상승($r_0 \to r_1$)

(2) 유동성 선호설 - 케인즈

① 케인즈는 화폐부문에서 화폐의 수요와 공급에 의해 이자율이 결정되는 것으로 본다.

② 케인즈는 이자율이란 기본적으로 유동성(Liquidity)을 희생한 대가라고 보고, 반대로 고전학파는 소비를 미래로 지연시킨 것에 대한 보상이라고 본다.

2. 화폐수요의 동기

(1) 거래적 동기

일상적인 지출(= 거래)을 위해 화폐를 보유하려는 동기. 소득이 클수록, 물가수준이 높을수록 화폐수요는 증가한다.

(2) 예비적 동기

예상하지 못한 지출에 대비하기 위한 화폐를 보유하려는 동기. 소득이 클수록, 물가수준이 높을수록 화폐수요는 증가한다.

(3) 투기적 동기 (케인즈의 화폐수요이론에서 가장 중요)

① 장래 수입을 극대화하기 위한 화폐 수요, 즉 화폐를 하나의 자산으로 보고 실물자산에 비해 화폐자산을 보유하는 것이 상대적으로 유리하다는 입장에서 화폐를 보유하려는 동기이다.

② 투기적 동기는 이자율에 민감하게 반응하므로 이자율이 높을수록 화폐수요는 감소한다.

3. 채권가격과 이자율의 관계

(1) 이자수익이 확정된 채권의 이자율

① 현재가치(PV)

연 이자율이 $r\%$일 때 1년 후 가격인 B원의 현재가치 $PV = \dfrac{B}{1 + r}$이다.

② 이자수익이 확정된 채권의 가격

1년 후 상환하기로 되어 있는 채권의 액면가가 10,000원이고 표면금리가 10%인 채권의 1년 후 가격은 11,000원이므로, 이자율이 10%일 때의 현재가치(판매가)는 $\dfrac{11,000}{1 + 0.1} = 10,000$원이 되고 이자율이 5%일 때의 현재가치(판매가)는 $\dfrac{11,000}{1 + 0.05} = 10,476$원이 된다. 즉, 채권가격은 이자율과 반비례함을 알 수 있다.

(2) 사례

① 연간 10%의 표면이자[2]를 지급하기로 약속한 7년 만기 5백만 원짜리 액면가의 채권[3]이 있다.

② 시중의 연간 이자율이 15%라면 사람들은 이 채권을 사려고 하지 않을 것이다. (시중의 이자율이 15%라는 것은 남에게 돈을 빌려주면 그만큼의 이자를 받을 수 있다는 것을 의미한다)

③ 따라서 채권의 액면가[4]는 5백만 원이지만 실제로 거래되는 가격은 그보다 훨씬 낮을 것이 분명하다. 만약 시장이자율이 20%로 상승하면 채권가격[5]은 한층 더 떨어지게 된다. 반면에 시장이자율이 5%로 떨어지면 그 채권의 가격은 올라 액면가 이상의 가격에 거래될 것이다.

4. 유동성 선호설 – 케인즈의 이자율 결정이론

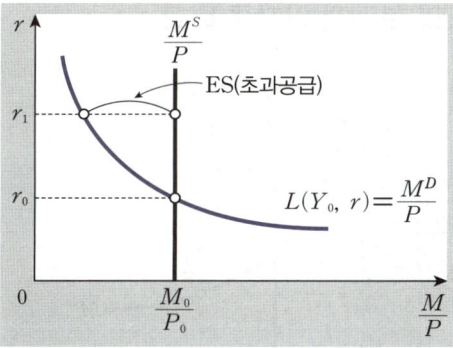

① 통화량은 이자율에 관계없이 중앙은행에 의해서 결정(정책변수)되므로 통화공급곡선은 수직선(고정)이고, 화폐수요는 이자율의 감소함수이므로 화폐수요곡선은 우하향의 형태이다.

② 현재의 이자율이 균형수준보다 높은 r_1이라면 화폐시장이 초과공급 상태이다.

③ 자산은 화폐와 채권 두 가지만 존재하므로 화폐시장이 초과공급 상태이면 채권시장은 초과수요 상태이다.

④ 실제 보유한 화폐의 양이 보유하고자 하는 화폐의 양보다 많으면 사람들은 남은 돈으로 채권을 사려고 할 것이므로 채권가격이 상승한다.

⑤ 이자율이 r_0로 하락하면 화폐시장에서 초과공급이 해소되므로 채권시장에서도 초과수요가 해소되어 화폐의 수요와 공급이 일치하는 점에서 균형이자율이 결정된다.

⑥ 이자율은 화폐시장에서 화폐의 수요와 공급에 의해 결정되는 화폐적 현상이다.

5. 유동성함정(Liquidity Trap)

① 경기가 극심한 침체상태일 때 발생한다.

② 이자율이 매우 낮은 수준(채권가격이 매우 높은 수준)이 되면 개인들은 이자율 상승(채권가격 하락)을 예상하고, 사회구성원 전체가 모든 자산을 화폐로 보유하기 위해서 화폐수요를 무한히 증대시키게 된다. 이때 개인들의 화폐수요곡선이 수평선이 되는 구간(화폐수요의 이자율 탄력성이 무한대)이 도출되는데 이를 유동성함정이라 한다.

2) 표면이자
만기일 전까지 매기 지급되는 이자

3) 채권(Bond)
이를 발행한 채무자가 이를 갖고 있는 경제주체 즉, 채권자에게 미래의 정해진 시점에 일정한 이자와 원금을 지급하기로 약속한 증서

4) 채권의 액면가
채권에 표시되어 있는 가격

5) 채권가격
채권이 실제로 거래되는 가격으로 채권의 수요와 공급에 의해 결정됨

PART 2 \ 거시경제

해커스 매경TEST 2주 완성

③ 화폐수요의 이자율 탄력성이 무한대 : 화폐의 수요곡선은 수평선이 된 구간이 유동성 함정인데, 화폐공급이 증가하더라도 증가된 통화량이 모두 화폐수요로 흡수되므로 이자율이 전혀 변하지 않는다.

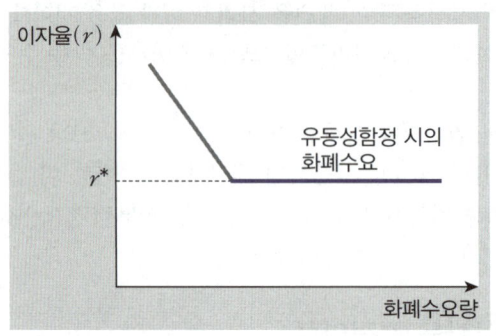

6. 고전학파의 실물적 이자론과 케인즈의 화폐적 이자론 비교

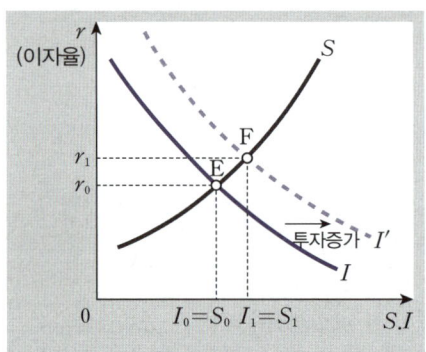 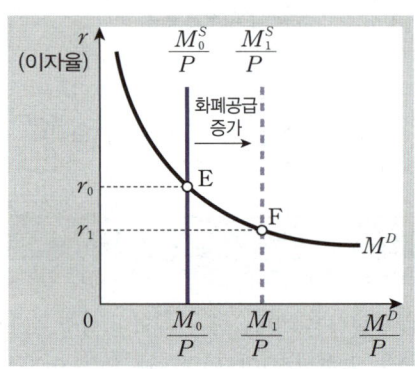

- 고전학파의 이자율 결정 : 투자(I) = 저축(S)
  - 실물변수인 실질저축과 실질투자에 의해 이자율이 결정
  - 균형점 E점에서 이자율 : r_0
    ⇨ 투자 증가(투자함수 $I \rightarrow I'$)
    ⇨ 이자율 상승($r_0 \rightarrow r_1$)

- 케인즈의 이자율 결정 : 공급($\frac{M^S}{P}$) = 수요($\frac{M^D}{P}$)
  - 화폐시장에서의 화폐의 수요와 공급에 의해서 이자율이 결정
  - 균형점 E점에서 이자율 : r_0
    ⇨ 화폐공급 증가(통화량 $\frac{M_0}{P} \rightarrow \frac{M_1}{P}$)
    ⇨ 이자율 하락($r_0 \rightarrow r_1$)

7. 고전학파의 대부자금설

(1) 의미

① 대부자금설에서는 이자율을 대부자금의 가격으로 보아 다른 상품가격의 결정과 같이 대부자금의 총수요와 총공급에 의하여 결정된다고 보는 이론이다.
② 대부자금 총수요는 이자율의 감소함수이며, 대부자금 총공급은 이자율의 증가함수이다.

(2) 이자율 결정

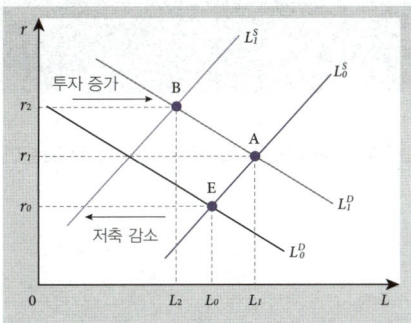

① 대부자금의 공급 : $L^S = S_H = S_P + S_G =$ 민간저축 + 정부저축 $= (-T-C) + (T-G)$
$= Y - C - G$

② 대부자금의 수요 : $L^D = I =$ 투자

③ $L^S = L^D$ 을 만족하는 균형점 E점에서 이자율 r_0 로 결정된다.

④ 최초의 균형(E)에서 투자가 증가하면 대부자금의 수요가 증가하여 점 A로 이동한다. 따라서 이자율이 상승($r_0 \rightarrow r_1$)한다.

⑤ 변화된 균형(A)에서 저축공급이 감소하면 대부자금 공급이 감소하여 점 B로 이동한다. 따라서 이자율이 상승($r_1 \rightarrow r_2$)한다.

시험문제 미리보기!

화폐수량방정식은 $M \times V = P \times Y$이다. (단, M은 통화량, V는 화폐유통속도, P는 산출물의 가격, Y는 산출량이고, 화폐유통속도는 일정하다) **갑국의 화폐유통속도가 을국의 화폐유통속도보다 크고 양국의 중앙은행이 각각 통화량을 5% 증가시켰다. 이때 화폐수량설에 따른 추론으로 옳은 것은?** (단, 갑국과 을국에서 화폐수량설이 독립적으로 성립한다)

① 물가상승률은 갑국이 을국보다 높다.

② 물가상승률은 을국이 갑국보다 높다.

③ 산출량증가율은 갑국이 을국보다 높다.

④ 산출량증가율은 을국이 갑국보다 높다.

⑤ 갑국과 을국의 명목산출량은 각각 5% 증가한다.

정답 ⑤

해설 화폐수량설이 독립적으로 성립하므로 화폐의 유통속도가 빠른 것과 관계없이 사회에 따라 일정하다. 화폐수량설에 따라 화폐의 유통속도와 산출량이 일정하므로 명목산출량은 통화량의 증가율만큼 증가할 것이다.

출제예상문제

출제예상문제의 중요도를 ★~★★★으로 구분하였습니다. 난이도가 가장 높은 고등급 문제는 최우수 표시하였으니, 최우수 등급을 목표로 하신다면 반드시 학습하시기 바랍니다.

★★
01 다음 중 본원통화에 대한 설명으로 옳은 것은?

<보기>

ㄱ. 중앙은행이 지폐 및 동전 등 화폐발행의 독점적 권한을 통하여 공급한 통화이다.
ㄴ. 본원통화는 현금통화와 예금은행이 중앙은행에 예치한 지급준비예치금으로 구성된다.
ㄷ. 중앙은행이 정부가 중앙은행에 보유하고 있는 정부예금을 인출하는 경우 본원통화가 공급된다.
ㄹ. 공급된 통화의 일부가 예금은행으로 환류될 경우 나머지는 대출 등으로 운용하는데 이러한 과정이 반복되면서 신용과 예금을 창출하게 된다.

① ㄱ, ㄴ　　　　② ㄱ, ㄷ　　　　③ ㄴ, ㄷ　　　　④ ㄱ, ㄷ, ㄹ　　　　⑤ ㄴ, ㄷ, ㄹ

★
02 아래는 갑국의 거시경제지표를 나타낸 것이다. 옳지 않은 것은? (단, 화폐수량설이 성립하며 단위는 조 원임)

구 분	T년	T+1년
본원통화	100	120
현금통화	40	36
지급준비금	60	88
소비지출	1,200	1,300
투자지출	800	840
정부지출	400	400
수 출	500	600
수 입	500	500
통화량(M2)	2,000	2,400

① T년의 명목GDP는 2,400이다.
② M2의 통화승수는 증가하였다.
③ T년의 화폐유통속도는 1.2이다.
④ T+1년 경제주체들의 M2 현금통화비율은 0.15이다.
⑤ 순자본유출은 증가하였다.

03 다른 조건이 일정할 때, 통화승수의 증가를 가져오는 요인으로 옳은 것을 모두 고른 것은?

<보기>

| ㄱ. 법정지급준비율 증가 | ㄴ. 초과지급준비율 증가 | ㄷ. 현금통화비율 하락 |

① ㄱ   ② ㄴ   ③ ㄷ   ④ ㄱ, ㄷ   ⑤ ㄴ, ㄷ

04 중앙은행이 화폐공급을 늘렸다. '장기적으로 우리는 모두 죽는다'는 말로 압축할 수 있는 케인즈학파 이론에 따르면 이때 경제에는 어떤 현상이 일어나는가?

<보기>

| ㄱ. 단기적으로 물가가 하락한다. | ㄴ. 단기적으로 이자율이 하락한다. |
| ㄷ. 장기적으로 GDP가 증가한다. | ㄹ. 장기적으로 GDP에 영향을 주지 못한다. |

① ㄱ, ㄴ   ② ㄱ, ㄷ   ③ ㄴ, ㄷ   ④ ㄴ, ㄹ   ⑤ ㄷ, ㄹ

정답 및 해설

01 ④

본원통화는 중앙은행이 독점적으로 발행한 통화로서 통화승수를 일으켜 통화량을 증가시킨다.

오답노트

ㄴ. 본원통화는 화폐발행액과 예금은행이 중앙은행에 예치한 지급준비예치금으로 구성된다.

02 ②

통화승수는 $\frac{통화량}{본원통화}$ 이므로 M2통화승수는 $\frac{2,000}{100} = 20$, $\frac{2,400}{120} = 20$으로 동일하다.

① T년의 명목GDP는 소비 + 투자 + 정부지출 + 순수출이므로 1,200 + 800 + 400 + 500 - 500 = 2,400이다.

③ 화폐수량설에서 MV = PY이며 T+1년의 명목GDP는 2,400이다. 통화량이 2,000이므로 유통속도는 1.2이다.

④ 경제주체들의 현금통화비율은 $\frac{현금통화}{통화량} = \frac{36}{2,400} = 0.15$이다.

⑤ 순자본유출=순수출이므로 T년에는 500 - 500 = 0, T+1년에는 600 - 500 = 100이다.

03 ③

법정지급준비율이나 초과지급준비율이 인상되면 실제지급준비율(z)이 높아지므로 통화승수가 낮아진다. 반면에 현금통화비율(c)이 낮아지면 통화승수가 커진다.

04 ④

실물 현상은 화폐부문의 변화에도 크게 영향을 받는다. 이런 의미에서 문제에서 인용된 케인즈의 말은, 가격이 경직되어 있는 단기에서 재정 및 통화정책에 따라 각종 경제 변수가 달라질 수 있지만 장기에는 고전학파의 주장대로 실물부문에 영향을 미치지 못한다는 의미이다.

중앙은행이 통화량을 늘리면 먼저 이자율이 하락한다. 이자율이 하락하면서 실물 투자가 활성화되기 때문에 국내총생산(GDP)이 증가하게 된다. 하지만 시간이 흐르면 통화량 증가로 인해 물가가 상승하게 되고 그 결과 GDP가 원래 상태로 되돌아간다.

오답노트

ㄱ. 통화량 증가로 인해 단기적으로 물가가 상승한다.

ㄷ. 장기적으로는 자연산출량 수준으로 돌아갈 것이므로 GDP가 일정하다.

05 갑국의 화폐유통속도가 을국의 화폐유통속도보다 크고 양국의 중앙은행이 각각 통화량을 5% 증가시켰다. 이때 화폐수량설에 따른 추론으로 옳은 것은? (단, 갑국과 을국에서 화폐수량설이 독립적으로 성립한다)

─────────────────────〈보기〉─────────────────────

ㄱ. 갑국의 물가상승률이 을국의 물가상승률보다 높을 것이다.

ㄴ. 갑국은 명목산출량이 5% 증가한다.

ㄷ. 을국은 실질산출량이 5% 증가한다.

ㄹ. 갑국과 을국의 실질산출량은 변화가 없다.

① ㄱ, ㄴ   ② ㄱ, ㄷ   ③ ㄴ, ㄷ   ④ ㄴ, ㄹ   ⑤ ㄷ, ㄹ

06 다음 중 유동성함정에 빠진 경제에 대한 설명으로 옳은 것은?

─────────────────────〈보기〉─────────────────────

ㄱ. 통화정책보다는 재정정책의 효과가 클 수 있다.

ㄴ. 극심한 경기 침체기에 나타나기 쉽다.

ㄷ. 명목이자율이 마이너스에 가깝다.

ㄹ. 화폐수요의 이자율 탄력성이 0이다.

① ㄱ, ㄴ   ② ㄱ, ㄹ   ③ ㄴ, ㄷ   ④ ㄴ, ㄹ   ⑤ ㄷ, ㄹ

최우수

07 법정지급준비율이 0.2이고, 은행시스템 전체의 지급준비금은 300만 원이다. 은행시스템 전체로 볼 때 요구불예금의 크기는? (단, 초과지급준비금은 없고, 현금통화비율은 0이다)

① 1,000만 원   ② 1,200만 원   ③ 1,500만 원

④ 2,000만 원   ⑤ 2,500만 원

08 ★★

화폐수량설과 피셔방정식(Fisher Equation)이 성립하고 화폐유통속도가 일정한 경제에서 실질 경제성장률이 3%, 통화량 증가율이 6%, 명목이자율이 10%라면 실질이자율은?

① 3%   ② 5%   ③ 7%   ④ 8%   ⑤ 9%

최우수
09 ★★★

정책당국이 내년의 경제성장률은 7%, 화폐유통속도는 1.5% 수준으로 예상하고 있다고 가정한다. 급격한 물가상승을 우려한 정책당국이 내년 물가상승률을 3%로 억제하기 위한 내년도의 적정 통화성장률은?

① 6.5%   ② 7.5%   ③ 8.5%   ④ 9.5%   ⑤ 12%

정답 및 해설

05 ④

화폐수량설이 독립적으로 성립하므로 화폐의 유통속도가 빠른 것과 관계없이 사회에 따라 일정하다. 화폐수량설에 따라 화폐의 유통속도와 산출량이 일정하므로 명목산출량은 통화량의 증가율만큼 증가할 것이다.

오답노트
ㄱ. 화폐의 유통속도가 다르다고 해도 독립적으로 화폐수량설이 성립하므로 물가는 5% 증가할 것이다.
ㄷ. 을국은 실질산출량의 변화가 없을 것이다.

06 ①

유동성함정에서는 명목이자율이 0에 가깝기 때문에 통화정책의 무력성을 설명한다. 따라서 재정정책을 통해 경기의 침체를 극복해야 할 것이다.

오답노트
ㄷ. 실질이자율이 마이너스에 가깝다.
ㄹ. 화폐수요가 이자율에 대해 완전탄력적이다.

07 ③

은행이 예금액(D)의 20%를 지급준비금으로 보유하는데, 은행이 보유하고 있는 지급준비금이 300만 원이므로 0.2D = 300의 관계가 성립한다. 그러므로 예금액의 크기는 1,500만 원이다.

08 ③

화폐수량설에 따라 '통화량 증가율 + 화폐유통속도 증가율 = 물가상승률 + 실질 경제성장률'이다.
6% + 0% = 물가상승률 + 3%이므로 물가상승률이 3%이다. 따라서 '실질이자율 = 명목이자율 − 물가상승률'이므로 10 − 3 = 7%이다.

09 ③

MV = PY을 증가율로 표현하면 '통화량 증가율 + 화폐유통속도 증가율 = 물가상승률 + 실질GDP 증가율'이다. 경제성장률 = 실질 GDP 증가율 = 7%, 화폐유통속도 증가율 = 1.5%, 물가상승률 = 3%를 위의 식에 대입하면 '통화량 증가율 + 1.5% = 3% + 7%'이므로 내년도의 적정 통화성장률은 8.5%가 된다.

제**3**장 물가와 실업

🔲 학습전략

거시경제에서 중요한 부분을 차지하는 것은 물가와 국민소득이다. 물가와 국민소득은 총수요와 총공급을 분석하여 도출할 수 있다. 물가지수는 기준연도의 물가와 비교하여 측정연도의 물가를 나타내는 것이다. 물가지수를 이용하여 변화율을 구하면 물가상승률이 된다. 물가지수는 100이 기준이며 물가상승률은 0이 기준이다.

인플레이션은 물가가 지속적으로 상승하는 현상이다. 인플레이션에는 총수요가 증가하는 수요견인 인플레이션과 총공급이 감소하는 비용인상 인플레이션이 있다.

실업은 15세 이상 인구 중에서 구직활동을 하고 있는 경제활동인구 중 직업을 가지지 않은 사람을 의미한다. 실업지표로는 실업률, 취업률, 고용률, 경제활동 참가율 등이 있다.

물가와 실업의 관계를 분석하는 것이 필립스곡선이다. 총수요 측면에서 물가와 실업은 반비례하며 이는 정부의 개입을 정당화한다. 그러나 총공급 측면에서는 성립하지 않으며 장기적으로 정부개입은 실업률에 영향을 미치지 않고 물가만 올린다는 프리드만의 자연실업률 가설이 있다.

모든 주제가 현실경제와 민감하게 연결되어 있다. 따라서 확실히 개념을 정리하고 특히 시사에 민감한 사안들이므로 뉴스에도 신경을 쓰는 자세가 필요할 것이다.

🔲 출제비중

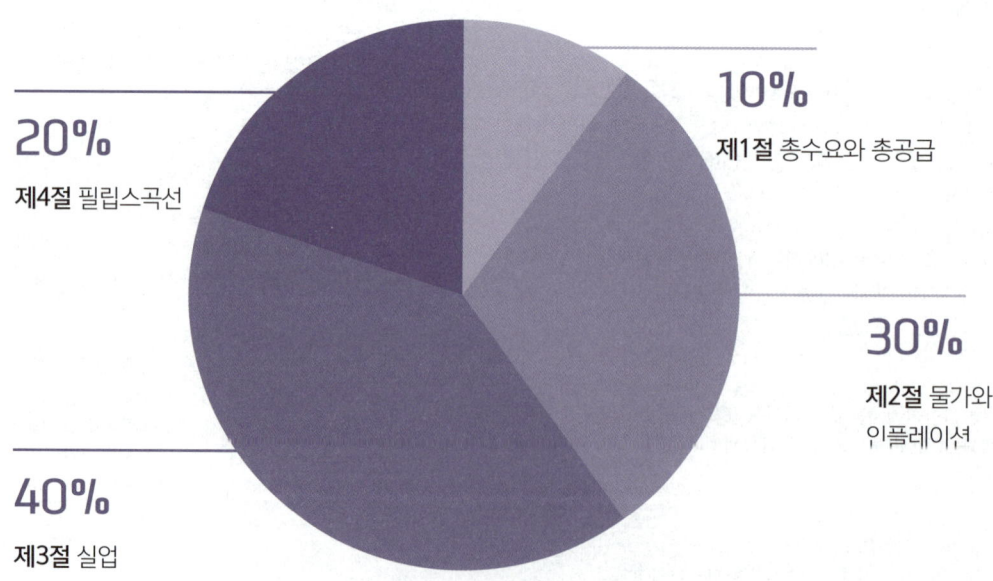

20% 제4절 필립스곡선

10% 제1절 총수요와 총공급

30% 제2절 물가와 인플레이션

40% 제3절 실업

▣ 출제 유형

제2절에 관련된 내용에서는 여러 가지 종류의 물가지수가 있으나 소비자물가지수와 GDP디플레이터가 많이 출제된다. 특히 GDP디플레이터를 구하고 물가의 차이를 구하는 문제가 출제된다. 이때 소비자물가지수에는 수입품이 포함되나, GDP디플레이터에는 수입품이 포함되지 않는다는 것을 염두에 두어야 한다.

문장을 통해 수요견인과 비용인상 인플레이션을 구분하는 문제가 출제된다. 또한 인플레이션에서는 화폐가치가 하락하고 실물가치가 상승하므로 채무자, 실물보유자가 유리하며 채권자, 화폐보유자가 불리하다. 유리한 자와 불리한 자를 구분하는 문제가 출제된다.

제3절에 관련된 내용에서는 실업지표에 해당하는 것을 실제로 계산하는 문제가 출제 된다.

제4절에 관련된 내용에서는 총수요곡선과 총공급곡선의 이동에 따른 필립스곡선의 변화와 자연실업률 가설의 단기 필립스곡선과 장기 필립스곡선의 특성을 구분하는 문제가 출제된다.

▣ 학습구성

구 분	출제포인트	중요도
제1절 총수요와 총공급	**01** 총수요	★★
	02 총공급	★
	03 균형GDP의 결정	★
제2절 물가와 인플레이션	**01** 물가와 물가지수	★★
	02 인플레이션	★★★
제3절 실업	**01** 실업통계	★★★
	02 실업에 대한 대책	★
제4절 필립스곡선	**01** 필립스곡선	★★★
	02 자연실업률 가설	★★★

총수요	소비 + 투자 + 정부지출 + 순수출
총공급	인구, 원료가격, 기술수준에 의해 변동
총수요와 총공급 일치	균형물가, 균형국민소득이 만들어짐

01 총수요 ★★

1. 총수요와 총수요곡선

(1) 총수요

① 한 나라에서 일정 기간 동안 구입하고자 하는 재화와 용역의 총량을 말한다.
② 총수요 = 민간소비(C) + 민간투자(I) + 정부지출(G) + 순수출(X − M)

(2) 총수요곡선

각각의 물가수준에서 총수요의 크기를 나타내는 곡선으로 물가와 총수요는 반비례(우하향)한다.

(3) 총수요곡선의 형태

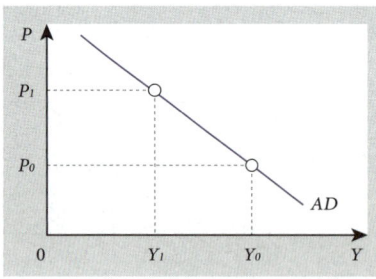

2. 총수요곡선의 이동

① 곡선 내 점 이동 : 물가변동이 원인이 되어 물가가 하락하면 총수요가 증가한다.
② 곡선 자체의 이동 : 물가변동이 아닌 소비, 투자, 정부지출, 수출, 수입이 변동하면 곡선 자체가 이동한다. 총수요가 증가하면 우측, 감소하면 좌측으로 이동한다.

3. 소비의 결정요인

① **절대소득가설** : 가처분소득이 증가하면 반드시 소비가 늘어난다는 이론으로 케인즈의 국민소득결정이론에서 사용한다.

② **항상소득가설** : 보너스, 복권당첨금과 같은 일시소득으로는 소비가 늘어나지 않고 연봉 등과 같은 항상소득을 통해 소비가 증가한다는 이론이다.

③ **상대소득가설** : 개인이 소비를 결정할 때 과거의 자신이나 비슷한 수준의 타인의 소비를 고려한다는 이론이다.

④ **생애주기가설** : 개인은 평생에 걸친 소득과 소비를 결정하기 때문에 순간적으로 소득이 늘어난다고 해서 소비가 늘어나지는 않는다는 이론이다.

4. 투자결정이론

(1) 총투자

① 총투자 = 대체투자 + 순투자

② **대체투자** : 자본재의 고정자본 소모분을 보충하기 위한 투자이다.

③ **신규투자(순투자)** : 자본량의 증대를 위한 투자로 고정자본 소모를 상회하는 투자이다.

(2) 현재가치법(NPV ; Net Present Value)

① 투자로부터 얻는 예상수입의 현재가치와 투자재의 구입비용을 비교해 투자여부를 결정하는 것이다.

$$PV = \frac{B_1 - C_1}{(1+r)} + \frac{B_2 - C_2}{(1+r)^2} \cdots \cdots \frac{B_n - C_n}{(1+r)^n}$$
$$즉, \ NPV = PV - C$$
- PV : 현재가치　　　　　• C : 비용

② $PV > C$(즉, $NPV > 0$)이면 투자를 증가시키고, $PV < C$(즉, $NPV < 0$)이면 투자를 중지한다.

③ **투자와 이자율** : 현재 $PV > C$여서 투자를 증가시킬 가치가 있는 투자안에 대하여 이자율(r)이 상승하면, 위 식에 의하여 현재가치(PV)가 줄어들어 $PV < C$가 된다면 투자를 포기하는 경우가 발생한다. 할인율이 높아질수록 미래가치를 현재가치로 환산했을 때 작아진다. 따라서 할인율이 높을수록 사업의 타당성이 줄어들게 된다.

④ 이자율이 상승하면 투자는 감소하게 되므로 투자는 이자율의 감소함수이다. 이를 수학적으로 나타내면 $I = I(r)$, $\frac{\Delta I}{\Delta r} < 0$이다.

　예 현재 이자율이 10%이면 100만 원은 1년 뒤에 110만 원이 된다. 따라서 1년 뒤에 110만 원의 수익이 발생한다면 현재의 비용은 100만 원 이하가 들어가야 한다.

(3) 내부수익률법

① 내부수익률(투자의 한계효율)과 이자율을 비교해 투자를 결정한다는 케인즈의 투자결정이론으로, 투자의 한계효율이란 투자로부터 얻게 되는 수입의 현재가치(PV)와 투자비용(C)이 같아지는 할인율(m)을 의미한다.

② 즉, 투자의 순현재가치를 0으로 만드는 할인율을 의미한다.

$$PV = \frac{B_1 - C_1}{(1+m)} + \frac{B_2 - C_2}{(1+m)^2} \cdots\cdots\cdots \frac{B_n - C_n}{(1+m)^n} = 0$$

③ 내부수익률을 투자의 한계효율이라고도 하는데 투자의 한계효율(MEI)이란 기업가의 예상수익률을 의미하므로 투자의 한계효율($m = MEI$)과 이자율(r)을 비교하여 투자를 결정한다.

④ $m = MEI > r$: 투자 증가, $m = MEI = r$: 투자 중지, $m = MEI < r$: 투자 감소

⑤ 내부수익률은 기업가가 결정하는 것이므로 투자는 기업가의 기대와 (동물적)감각에 의해 결정된다.

예 어떤 투자의 내부수익률이 9%일 경우 시장이자율이 9% 미만이라면 투자를 실시한다.

(4) 토빈의 q이론

① 주식시장과 기업의 투자를 연계시킨 이론으로 주가에 반영된 미래를 고려한 투자이론이다.

$$토빈의\ q = \frac{주식시장에서\ 평가된\ 기업의\ 시장가치(시가총액)}{기업실물자본의\ 대체비용(공장설비비용)}$$

② 1보다 클 경우 시장에서 평가하는 기업가치가 자본량을 늘리는 데 드는 비용보다 크므로 투자하는 것이 바람직하다.

③ 주식투자의 투자는 총수요의 투자가 아니라 실제 건물을 짓는 투자가 총수요의 투자이다.

02 총공급 ★

1. 총공급과 총공급곡선

(1) 총공급

한 나라 안에서 일정 기간 동안 판매하고자 하는 재화와 용역의 총량. 총공급의 크기는 한 나라가 보유한 노동, 자본 등 생산 요소 부존량과 생산 기술에 의하여 결정된다.

(2) 총공급곡선

각각의 물가수준에서 기업 전체가 생산하는 총생산을 나타내는 곡선으로 물가와 비례하여 증가하므로 우상향의 형태이다.

2. 총공급곡선의 이동

(1) 곡선 내 점이동

물가변동이 원인이 되어 물가가 상승하면 총공급이 증가한다.

(2) 곡선 자체의 이동

우측이동이면 총공급이 증가, 좌측이동이면 총공급이 감소한 것이다.

① **노동부분의 변동** : 인구가 증가하면 총공급이 늘어난다.

② **자본부분의 변동** : 물적자본이나 인적자본이 증가하면 총공급이 늘어난다.

③ **자연자원의 변동** : 새로운 광물자원 등 가용 자연자원이 증가하면 총공급이 늘어난다.

④ **기술지식의 변동** : 기술이 발전하면 총공급이 늘어난다.

3. 총공급곡선(AS)의 형태

(1) 고전학파

① 노동시장에서의 수급 불일치는 매우 신속하게 조정되므로 물가수준이 변하더라도 완전고용 및 완전고용 수준이 항상 그대로 유지되어 총공급곡선의 형태는 수직선이다.

② 총공급곡선이 우측으로 이동하는 경우는 기술 혁신에 의한 생산성의 증가, 자본 축적, 노동력의 증가 등이 일어날 때 발생한다.

(2) 케인즈

① 1930년대의 경제 상황을 배경으로 주어진 물가수준을 상승시키지 않아도 얼마든지 총공급을 증가시킬 수 있다고 보므로 총공급곡선은 수평선의 형태를 띤다.

② 완전고용 국민소득수준에 도달하기 전에는 유효수요의 크기가 전적으로 균형국민소득을 결정한다.

(3) 오늘날의 총공급곡선

① 물가가 변하지 않는 기간을 단기, 물가와 명목 임금이 시장상황에 부응하여 완전 신축적으로 변하는 시간을 장기라고 정의한다.

② 단기에는 수평의 케인즈 총공급곡선, 장기에는 수직의 고전학파 총공급곡선을 사용한다.

03 균형 GDP의 결정 ★

1. 물가의 변동

① **총수요 > 총공급** : 고용 및 투자 증가 ⇨ 생산 활발 ⇨ 물가 상승

② **총수요 < 총공급** : 재고 증가 ⇨ 생산 위축 ⇨ 실업 증가

③ **총수요 = 총공급** : 균형국민소득, 물가 결정

핵심 Plus╋

총공급곡선의 형태

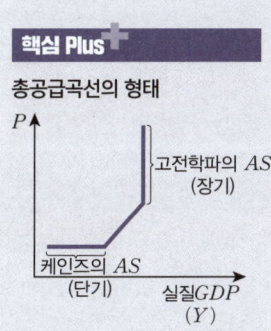

2. 균형의 변동

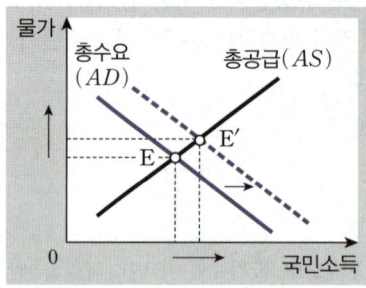

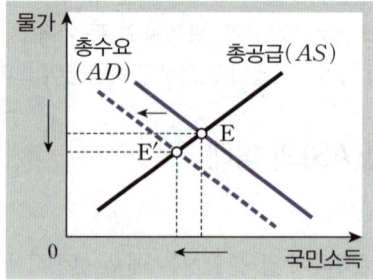

- 총수요 증가 : 수요견인 인플레이션
  ⇨ 물가 상승, 국민소득 증가

- 총수요 감소
  ⇨ 물가 하락, 국민소득 감소

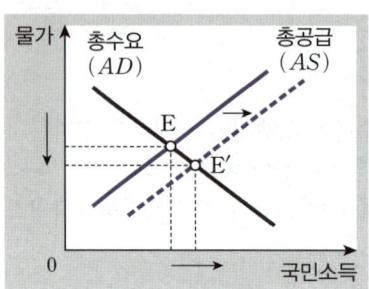

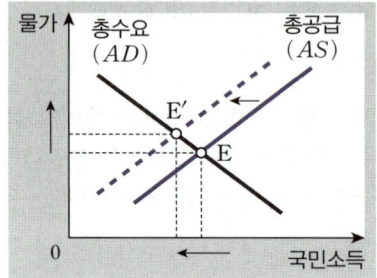

- 총공급 증가
  ⇨ 물가 하락, 국민소득 증가

- 총공급 감소 : 비용인상 인플레이션
  ⇨ 물가 상승, 국민소득 감소

3. 장기균형의 변동

(1) 총수요 증가

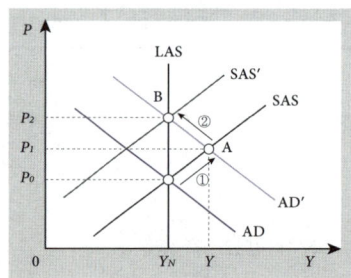

총수요 증가로 물가와 국민소득 증가(A) ⇨ 실제GDP > 잠재GDP이므로 경기호황으로 임금 상승 ⇨ 시간이 지나 임금 상승으로 인한 고용 감소 ⇨ 장기총공급수준으로 총공급 감소 ⇨ 장기적으로 물가는 상승하지만 국민소득은 불변(B)한다.

(2) 총수요 감소

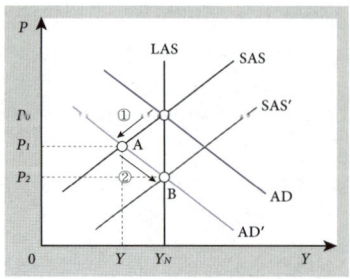

총수요 감소로 물가와 국민소득 감소(A) ⇨ 실제GDP < 잠재GDP이므로 경기불황으로 임금 하락 ⇨ 시간이 지나 임금 하락으로 인한 고용 증가 ⇨ 장기총공급수준으로 총공급 증가 ⇨ 장기적으로 물가는 하락하지만 국민소득은 불변(B)한다.

(3) 총공급 증가

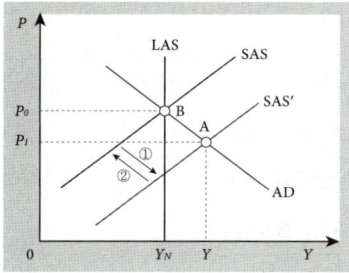

총공급 증가로 물가는 하락하고 국민소득은 증가(A) ⇨ 실제GDP > 잠재GDP이므로 경기호황으로 임금 상승 ⇨ 시간이 지나 임금 상승으로 인한 고용 감소 ⇨ 장기총공급수준으로 총공급 감소 ⇨ 장기적으로 물가와 국민소득 모두 불변(B)한다.

(4) 총공급 감소

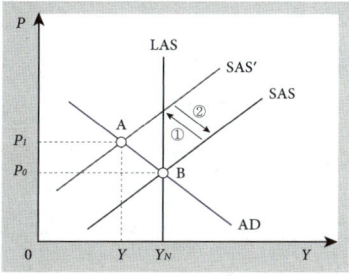

총공급 감소로 물가는 상승하고 국민소득은 감소(A) ⇨ 실제 GDP < 잠재GDP이므로 경기불황으로 임금 하락 ⇨ 시간이 지나 임금 하락으로 인한 고용 증가 ⇨ 장기총공급수준으로 총공급 증가 ⇨ 장기적으로 물가와 국민소득 모두 불변(B)한다.

시험문제 미리보기!

> 주어진 물가에서, 총수요곡선을 오른쪽으로 이동시키는 원인으로 옳은 것을 모두 고른 것은?
>
> ───────〈보기〉───────
> ㄱ. 개별소득세 인하   ㄴ. 장래경기에 대한 낙관적인 전망
> ㄷ. 통화량 감소에 따른 이자율 상승   ㄹ. 해외경기 침체에 따른 순수출의 감소
>
> ① ㄱ, ㄴ   ② ㄴ, ㄷ   ③ ㄷ, ㄹ   ④ ㄱ, ㄴ, ㄷ   ⑤ ㄴ, ㄷ, ㄹ

정답 ①

해설 소득세가 인하되면 민간소비가 증가하고, 장래경기를 낙관적으로 전망하면 민간소비와 민간투자가 증가한다. 민간소비가 증가하거나 민간투자가 증가하면 총수요곡선이 오른쪽으로 이동한다.

오답노트
ㄷ. 통화량 감소로 이자율이 상승하면 민간투자가 감소하므로 총수요곡선이 왼쪽으로 이동한다.
ㄹ. 해외경기 침체로 순수출이 감소하면 마찬가지로 총수요곡선이 왼쪽으로 이동한다.

제2절 | 물가와 인플레이션

물가지수	기준연도와 비교한 물가
물가상승률	물가지수의 변화율(전년대비)
피셔가설	명목이자율 − 물가상승률 = 실질이자율
인플레이션 시 유리한 사람	채무자, 실물보유자, 자영업자, 수입업자

01 물가와 물가지수 ★★

1. 물가의 의미와 변동요인

(1) 의미

개별적인 상품의 가격을 종합하여 평균한 것을 의미한다.

(2) 물가변동의 요인

생산원가의 변동, 수요와 공급의 변동, 독과점적 기업행동 등이 있다.

(3) 물가변동과 국민 경제

물가는 화폐의 구매력을 결정하므로 국민경제에 큰 영향을 준다. 따라서 물가안정은 국민경제의 주요 정책 목표이다.

2. 물가지수

(1) 의미

① 기준시점의 물가를 100으로 하여 비교시점의 물가변동 정도를 표시한 것으로 다음과 같이 표현한다.

$$물가지수 = \frac{비교시점의\ 물가수준}{기준시점의\ 물가수준} \times 100(\%)$$

② 100을 기준으로 100을 초과하면 비교시점의 물가가 높고, 100 미만이면 비교시점의 물가가 낮다.

(2) 물가상승률

① 물가지수의 변화율로 다음과 같이 표현한다.

$$전월(년) \ 대비 \ 물가상승률 = \frac{금월(년) \ 물가지수 - 전월(년) \ 물가지수}{전월(년) \ 물가지수} \times 100(\%)$$

② 0을 기준으로 (+)이면 물가상승, (−)이면 물가하락이다.

(3) 물가지수의 종류

구 분	소비자물가지수	생산자물가지수	GDP디플레이터
작성목적	• 일상적인 소비 생활과 밀접한 관련이 있는 재화와 서비스의 가격 변동을 종합적으로 측정하는 물가지수	• 기업들이 생산을 위하여 구매하는 재화와 서비스의 가격 변동을 종합적으로 측정하는 물가지수	• 명목GDP와 실질GDP를 이용하여 사후적으로 구함 $\frac{명목GDP}{실질GDP} \times 100$
포괄범위	• 가계의 소비지출대상인 모든 재화와 서비스 • 원자재, 자본재 등 제외 • 수입품가격, 주택임대료 포함 • 주택가격 제외	• 기업 간에 거래되는 재화와 서비스 • 원자재, 자본재, 소비재 포함 • 수입품가격, 주택임대료, 주택가격 제외	• GDP에 포함되는 모든 재화와 서비스 • 국내에서 생산된 최종생산물 모두 포함 • 수입품가격 제외 • 주택임대료, 신규주택가격 포함
이용범위	• 소비자의 생계비 변동 파악, 노사 간 임금조정 기초자료 등	• 시장동향분석, 예산편성 및 심의, 자산재평가 등	• 기술구조의 변화나 생산성의 변화, 실질GDP, 경제성장률 등
작성기관	• 통계청	• 한국은행	• 한국은행

(4) 물가지수 작성방식

구 분	라스파이레스 방식 (LPI ; Laspeyres Price Index)	파셰 방식 (PPI ; Paasch Price Index)
가중치	• 기준연도의 거래량(Q_0)을 가중치로 사용	• 비교연도의 거래량(Q_t)을 가중치로 사용
측정방법	• LPI = $\frac{\Sigma P_t \times Q_0}{\Sigma P_0 \times Q_0} \times 100$ (P_t : 비교연도 물가, Q_0 : 기준연도 거래량)	• PPI = $\frac{\Sigma P_t \times Q_t}{\Sigma P_0 \times Q_t} \times 100$ (P_0 : 기준연도 물가, Q_t : 비교연도 거래량)
특 징	• 작성이 비교적 간편하다. • 일반적(물가상승 시)으로 과대평가되는 경향 • 신상품을 물가에 반영하지 못한다.	• 비교연도의 가중치와 대상품목을 매년 조사하여야 하므로 번거로움이 있다. • 비교적 정확한 물가지수를 나타낸다.
사용지수	• 소비자물가지수나 생산자물가지수	• GDP디플레이터

1. 인플레이션의 의미

물가가 지속적으로 상승하는 현상을 말한다. 물가가 지속적으로 하락하는 것은 디플레이션이라고 한다.

2. 인플레이션의 종류

(1) 수요견인 인플레이션

① 총수요의 증가로 나타나는 인플레이션이다.
② 고전학파는 화폐에 의해 나타난다고 보며 대책으로 통화량조절을 주장한다.
③ 케인즈는 소비나 투자의 증가 등을 통한 실물부분의 변동 때문에 나타난다고 보며 대책으로 소비억제, 긴축재정 등 총수요억제를 주장한다.

(2) 비용인상 인플레이션

임금, 원유가격 상승 등에 따른 총공급의 감소로 나타난다. 기술개발로 해결이 가능하다.

3. 인플레이션의 사회적 비용

(1) 예상된 인플레이션

① 피셔가설 : 명목이자율 = 실질이자율 + (예상)인플레이션율
물가상승률을 정확히 예측함으로써 비용이 발생하지 않는다는 것이다.
② 예상된 인플레이션도 비용이 발생한다는 견해
은행에 자주 가서 자산을 바꿔야 하는 구두창비용, 메뉴판을 자주 교체해야 하는 메뉴비용이 발생한다는 것이다.

(2) 예상되지 못한 인플레이션

① 부와 소득의 재분배
채권자로부터 채무자에게 부가 재분배되고(= 채무자 유리, 채권자 불리), 화폐를 보유하고 있는 급여생활자·연금생활자가 불리하게 소득이 재분배된다.
② 경제의 불확실성 증대
장기계약 회피, 단기성 위주의 자금 대출 등의 경향이 생기게 된다. 모두 단기계약만을 선호한다면, 때로는 기업이 긴 안목에서 장기 투자계획을 실행에 옮길 필요가 있을 텐데 장기대출이 불가능해 자금조달을 할 수 없다면 기업들은 머지않아 경쟁력을 상실하게 될 것이다.
③ 투기의 성행
경험적으로 보면 인플레이션하에서 상품별 가격상승률 격차가 상당한 것을 알 수 있다. 따라서 가격이 더 많이 오를 것이라고 생각되는 부동산, 골동품, 금 등에 대한 투기가 성행하게 된다.

최근의 인플레이션

- 에코플레이션(Ecoflation)
환경(Ecology)과 인플레이션(Inflation)의 합성어로 환경적 요인으로 발생하는 인플레이션을 의미. 환경기준 강화나 기후변화로 인한 가뭄, 산불, 허리케인의 잦은 발생으로 기업의 제조원가가 상승해 결과적으로 소비재 가격이 인상되는 것
- 애그플레이션(Agflation)
농업(Agriculture)과 인플레이션(Inflation)을 합성한 신조어. 농산물 가격이 오르면서 일반 물가도 오르는 현상
- 아이언플레이션(Ironflation)
철(Iron)과 인플레이션(Inflation)의 합성어로 철강재 가격이 올라 철강의 후방산업인 자동차, 조선 등 제조업체들의 원가가 상승하고 뒤따라 소비자물가도 오르는 것
- 차이나플레이션(Chinaflation)
중국(China)과 인플레이션(Inflation)의 합성어로 중국발 인플레이션을 의미함

피셔가설

채권자와 채무자 사이에 명목이자율을 결정할 때 인플레이션율을 반영한다는 것으로서, 실질이자율이 일정하게 됨. 따라서 돈을 빌려주는 사람이 인플레이션 때문에 손해를 보는 일은 일어나지 않음. 그러므로 예상된 인플레이션의 사회적 비용은 별로 크지 않고, 부의 재분배 효과도 미미함. 예를 들어 실질이자율이 1% 감소하고, 기대물가상승률이 2% 증가한다면, 피셔효과에 의해 명목이자율은 1% 상승함. 그러나 아무리 완벽하게 예상된 인플레이션이라도 사회적 비용이 발생할 수 있는 한계를 가지고 있음

다음 중 인플레이션에 관한 설명으로 옳은 것은?

① 피셔가설은 '명목이자율 = 실질이자율 + 물가상승률'이라는 명제로서 예상된 인플레이션이 금융거래에 미리 반영됨을 의미한다.

② 예상된 인플레이션의 경우에는 어떤 형태의 사회적 비용도 발생하지 않는다.

③ 실제 물가상승률이 예상된 물가상승률보다 더 큰 경우, 채권자는 이득을 보고 채무자는 손해를 본다.

④ 실제 물가상승률이 예상된 물가상승률보다 더 큰 경우, 고정된 명목임금을 받는 노동자와 기업 사이의 관계에서 노동자는 이득을 보고 기업은 손해를 보게 된다.

⑤ 예상하지 못한 인플레이션 발생의 불확실성이 커지면 장기계약이 활성화되고 단기계약이 위축된다.

정답 ①

해설 오답노트

② 예상된 인플레이션이라고 하더라도 메뉴비용, 구두창비용 등의 사회적 비용이 발생한다.

③ 실제 물가상승률이 예상 물가상승률보다 높다면 사후적 실질이자율이 사전적 실질이자율보다 낮아지므로 채권자는 불리해지고 채무자는 유리해진다.

④ 명목임금이 고정되어 있을 때 물가상승률이 예상보다 높다면 실질임금이 예상보다 낮아지므로 노동자는 불리해지고 기업은 이득을 보게 된다.

⑤ 경제의 불확실성이 커지면 경제주체들은 장기계약을 기피하게 될 것이므로 단기계약이 많아지게 될 것이다.

핵심 Check ✓ 실업

고용지표	• 실업률 • 취업률 • 경제활동참가율 • 고용률
실업의 종류	• 마찰적 실업 • 구조적 실업

01 실업통계 ★★★

1. 실업통계

(1) 실업의 의미

일할 의사와 능력이 있음에도 불구하고 일자리를 가지지 못한 상태를 말한다.

(2) 실업자

① 조사대상기간 중 주간에 수입 있는 일에 전혀 종사하지 못한 자로서, 적극적으로 구직활동을 하고, 즉시 취업이 가능한 자

② 30일 이내에 새로운 직장에 들어갈 것이 확실한 취업 대기자는 구직활동여부에 관계없이 실업자로 분류한다.

③ 일자리가 없다고 해도 일할 의사가 없다면 실업자가 아니므로 구직포기자는 실업자가 아니다.

(3) 취업자

① 조사대상기간 중 주간에 수입을 목적으로 1시간 이상 일한 자

② 자기에게 직접적으로는 이득이나 수입이 오지 않더라도 자기 가구에서 경영하는 농장이나 사업체의 수입을 높이는 데 도운 가족종사자로서 주당 18시간 이상 일한 자 (무급가족종사자)

③ 직장 또는 사업체를 가지고 있으나 조사대상기간 중 주간에 일시적인 병, 일기불순, 휴가 또는 연가, 노동쟁의 등의 이유로 일하지 못한 일시휴직자

2. 취업자와 실업자의 분류

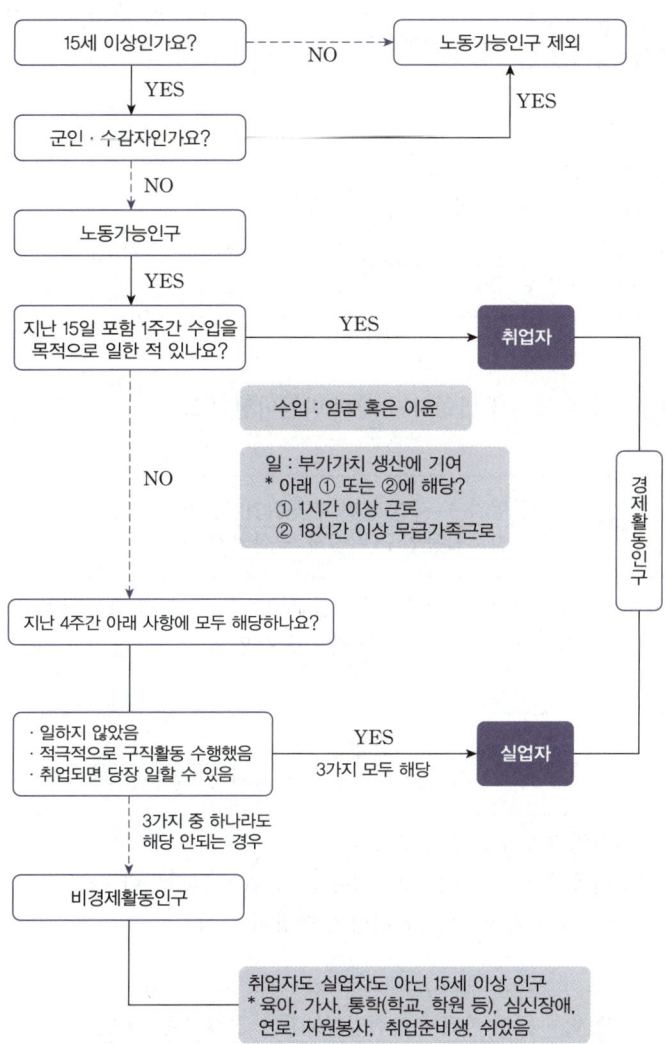

3. 실업관련 지표

(1) 단순도식화

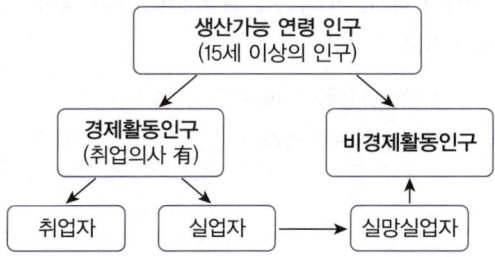

핵심 Plus ➕

실업률 통계의 문제점

· 실망실업자(Discouraged Workers)같이 '직장을 구하기 위하여 노력하였으나 마땅히 일자리를 구하지 못해 구직활동을 포기한 노동자'는 비경제활동인구에 속하므로 실업률 통계에 포함되지 않아 과소평가되는 경향이 있음

· 실업률 통계를 작성할 때는 1주일에 수입을 목적으로 1시간 이상만 일하더라도 취업자로 분류되기 때문에 어떤 근로자가 해고되어 사실상 실업상태이나 생계를 위해 어쩔 수 없이 1주일에 3 ~ 4시간씩 시간제로 근무자로 근무할 경우 취업자로 분류함

핵심 Plus⁺

실업률이 고용상태를 적절히 반영하지 못하는 점을 보완하기 위한 지표가 고용률임. 우리나라는 실업률이 선진국에 비해 양호하지만, 고용률은 선진국에 비해 열악함

(2) 공식

- 실업률 $= \dfrac{\text{실업자수}}{\text{경제활동인구(취업자수 + 실업자수)}} \times 100(\%)$

- 취업률 $= \dfrac{\text{취업자수}}{\text{경제활동인구수}} \times 100(\%)$

- 경제활동참가율 $= \dfrac{\text{경제활동인구(취업자수 + 실업자수)}}{\text{생산(노동)가능인구(15세 이상 인구)}} \times 100(\%)$

- 고용률 $= \dfrac{\text{취업자수}}{\text{생산(노동)가능인구(15세 이상 인구)}} \times 100(\%)$

(3) 고용보조지표

① 통계적 실업률과 체감실업률의 괴리를 반영하기 위해 만들어진 지표

② **고용보조지표 1**

고용보조지표 1 $= \dfrac{\text{실업자 + 시간 관련 추가취업가능자}}{\text{경제활동인구(취업자 + 실업자)}}$

- 시간제 근로자(주당 취업시간이 36시간 미만) : 추가취업을 희망하고, 추가취업이 가능한 취업자(시간 관련 추가취업가능자)를 고려한 것으로 불완전취업을 반영한 값

③ **고용보조지표 2**

고용보조지표 2 $= \dfrac{\text{실업자 + 잠재경제활동인구}}{\text{확장경제활동인구(경제활동인구 + 잠재경제활동인구)}}$

- 잠재경제활동인구 : 잠재취업가능자 + 잠재구직자
- 잠재취업가능자 : 구직노력을 했으나(육아 등의 이유로) 취업이 불가능한 사람
- 잠재구직자 : 최근 구직활동을 하지 않았으나 취업을 희망하는 자

④ **고용보조지표 3**

고용보조지표 3 $= \dfrac{\text{실업자 + 시간 관련 추가취업가능자 + 잠재경제활동인구}}{\text{확장경제활동인구(경제활동인구 + 잠재경제활동인구)}}$

시험문제 미리보기!

생산가능인구가 1,000만 명인 어떤 나라가 있다고 하자. 이 가운데 취업자가 570만 명이고 실업자가 30만 명인 경우에 관한 설명으로 옳지 않은 것은?

① 실업률은 5%이다.　　　　　　② 비경제활동률은 40%이다.

③ 경제활동인구는 600만 명이다.　④ 고용률은 60%이다.

⑤ 이 나라의 전체 인구는 알 수 없다.

정답　④

해설　생산가능인구 1,000만 명 중에서 취업자와 실업자를 합한 경제활동인구가 600만 명이므로 비경제활동인구는 400만 명이다. 그러므로 생산가능인구 중에서 비경제활동인구가 차지하는 비율은 40%이다. 경제활동인구 600만 명 중에서 실업자가 30만 명이므로 실업률은 5%이고, 생산가능인구 1,000만 명 중 취업자가 570만 명이므로 고용률은 57%이다.

02 실업에 대한 대책 ★

1. 실업의 종류와 대책

구분		의미	대책
자발적 실업	마찰적 실업	직장 이동 과정에서 일시적으로 생기는 실업	취업 정보 제공
	탐색적 실업	더 나은 일자리를 찾는 과정에서 생기는 실업	
비자발적 실업	경기적 실업	불경기로 노동 수요가 부족하여 생기는 실업	공공사업, 경기부양
	구조적 실업	산업구조나 기술의 변동 속에서 생기는 실업으로, 최저임금으로 생기는 실업도 포함	기술교육, 인력개발

2. 실업의 학파별 대책

(1) 고전학파

① 노동시장이 완전신축적이므로 자발적 실업만 존재한다.
② 만약 비자발적 실업이 발생한다면 이는 노동조합이나, 최저임금제, 실업수당 같은 정부개입에 의한 제도적인 원인들 때문이다.

(2) 케인즈학파 : 경기적 실업과 같은 비자발적 실업을 중시한다.

① 실업 원인
명목임금의 하방경직성과 노동시장의 경직성. 한 가계가 살아가기 위해서는 일정금액 이상의 생활비가 필요하며 이는 소득이 없더라도 반드시 필요한 돈이다. 만약 시장의 균형임금이 써야 할 돈보다 낮은 상황이라면 노동자는 노동을 포기하게 된다.
② 임금 하방경직성의 원인
• 화폐환상(케인즈)
임금이나 소득의 실질가치는 변화가 없는데도 명목단위가 오르면 임금이나 소득이 올랐다고 받아들이는 것이다.
㉠ 노동자가 물가 상승과 동일한 비율로 임금이 상승했는데도 임금이 올랐다고 생각하면 그는 화폐환상에 빠져 있는 것으로 볼 수 있다.
• 효율성임금이론(새 케인즈학파)
생산활동에 대한 노동자의 기여를 상회하는 임금을 지불함으로써 노동자로 하여금 노동효율을 높이도록 유도하는 임금제도이다.
• 내부자 · 외부자이론(새 케인즈학파)
새로운 저임금의 노동자(외부자)가 현재의 노동자(내부자)를 대체할 것을 두려워하는 현재의 노동자가 새로운 노동자와 협력하거나 새로운 노동자를 훈련시키지 않고 임금을 올려 실업을 발생시킨다는 것이다.
• 실업대책
총수요 확대정책(확대재정 · 금융정책)을 통해 해결 가능하다.

핵심 Plus

완전고용(Full-Employment)
• 완전고용이란 한 나라 경제에 경기적 실업이 0인 상태를 의미함. 따라서 완전고용은 실업률이 0인 상태를 말하는 것이 아니라 정상적이면서도 자연스러운 상태(총수요, 경기변동에 영향을 받지 않은 상태)에서도 발생하는 실업이 존재함
• 완전고용상태의 실업률을 자연실업률이라고 함
• 고전학파에서는 명목임금이 신축적이므로 비자발적 실업은 발생하지 않는다고 봄

(3) 통화주의자 & 새고전학파

① **실업**

모든 실업은 기본적으로 자발적 실업(대부분 탐색적 실업)으로 결국 실업을 줄이기 위해 확대적인 정책을 실시하더라도 장기에는 인플레이션율만 상승한다. 따라서 적극적인 정책실시를 반대한다.

② **실업원인**

실업은 자발적 실업만 존재하므로 합리적 선택의 결과일 뿐이라고 주장한다.

③ **실업대책**

실업수당을 감소시켜 탐색비용 인상하면 적극적으로 일자리를 찾을 것이고, 직업정보 제공을 하게 되면 실업이 줄어든다고 주장한다.

④ **자연실업률 가설**

장기에 정부의 안정화정책에 관계없이 자연실업률 수준은 변하지 않는다. 굳이 총수요관리정책을 실시하더라도 자연실업률 수준을 낮추지는 못할 뿐만 아니라, 물가상승만 초래한다.

핵심 Check ✓ 필립스곡선

필립스곡선	• 총수요측면 성립 • 총공급측면 성립 안 함
자연실업률 가설	• 정부지출은 물가만 올릴 뿐 실업과는 관련이 없음

01 필립스곡선 ★★★

1. 필립스곡선의 의미

(1) 의미

물가와 실업은 반비례(상충관계)이므로 물가안정과 완전고용을 동시에 달성하는 것은 불가능하다.

$$\pi = -\alpha(U - U_N)$$

• $\alpha > 0$ ・U : 실제실업률 ・U_N : 자연실업률 ・π : 인플레이션율

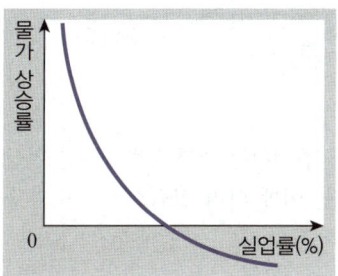

(2) 케인즈학파의 해석

필립스곡선이 우하향하므로 물가 안정과 완전고용을 동시에 달성하는 것은 비록 불가능하나, 재량적인 재정·금융정책을 통하여 사회후생이 극대화될 수 있다고 해석한다.

(3) 미조정(Fine-Tuning)

재정정책과 금융정책을 적절하게 사용함으로써 경제를 안정된 상태로 유지시키려는 정책이다. 기본적으로 케인즈학파는 미조정을 통해 경제를 안정시키는 것이 가능하다고 본다.

(4) 오쿤의 법칙과 희생비율

① **오쿤의 법칙**

미국의 경우 실업률이 1% 포인트 증가하면 국내총생산이 2% 포인트 정도 감소한다는 내용의 경험법칙으로서, 실업에 따른 산출량의 손실을 보여주고 있다.

② **희생비율(Sacrifice Ratio)**

인플레이션율을 1% 포인트 낮추기 위해 GDP가 몇 % 포인트 감소하는지를 의미한다.

$$s = \frac{GDP \ 감소율}{인플레이션율 \ 하락율}$$

예 긴축정책으로 인플레이션율이 5% 낮아졌으나 GDP가 20% 감소했다면, 희생비율 s = 4로 측정된다.

2. 총수요·총공급곡선의 이동과 필립스곡선

(1) 총수요곡선의 이동과 필립스곡선

① 우하향의 필립스곡선은 우상향의 총공급곡선과 밀접한 관계이다.

② 총공급곡선상에서의 이동은 필립스곡선상에서의 이동에 대응한다. 따라서 총공급곡선을 다르게 표현한 것이라고 볼 수 있다.

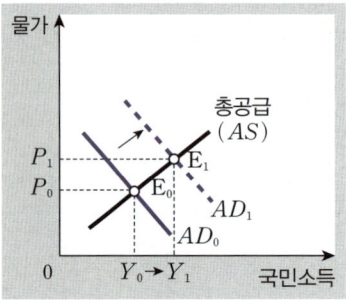 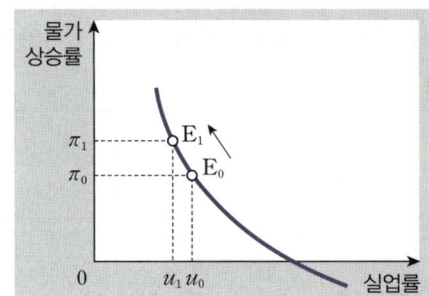

(2) 스태그플레이션과 필립스곡선

① 1970년대에 들어와 인플레이션율도 높아지고 경기도 침체하는 스태그플레이션 현상이 발생함에 따라 필립스곡선이 우상방으로 이동했다. 이에 따라 필립스곡선이 안정적이라고 생각하던 기존의 견해가 붕괴되었다.

② 물가와 실업의 비례관계가 성립한다.

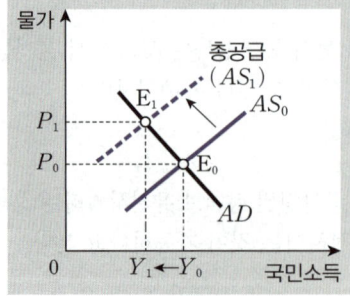 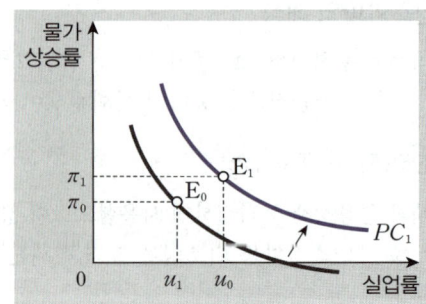

02 자연실업률 가설 ★★★

1. 개념

① 프리드먼(Friedman)과 펠프스(Phelps)에 의해 제기되었다.

② 프리드먼과 펠프스는 경제주체들의 예상 인플레이션율이 변하면 필립스곡선이 이동한다고 보고 기대 부가 필립스곡선을 도입하였다.

③ 실제 인플레이션율에서 기대 인플레이션율을 빼면 예상치 못한 인플레이션율이 된다.

④ 기대 부가 필립스곡선은 예상치 못한 인플레이션율과 실업률 간에 음의 관계가 있다고 본다.

⑤

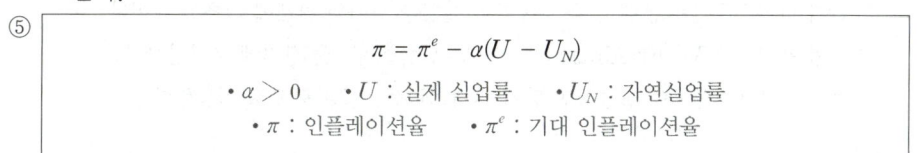

$$\pi = \pi^e - \alpha(U - U_N)$$

- $\alpha > 0$ • U : 실제 실업률   • U_N : 자연실업률
- π : 인플레이션율   • π^e : 기대 인플레이션율

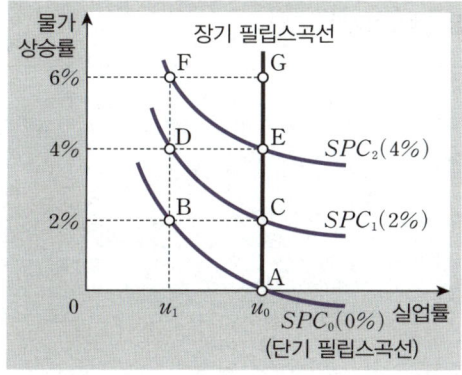

- 최초에 A점에서 실업을 줄이기 위해 확장정책을 시행하면 단기적으로 B점으로 이동하여 물가가 상승하고 실업률이 하락한다.

- 시간이 흘러 노동자들이 물가가 2% 상승했다는 사실을 알게 되면 기대 물가가 2%로 상향 조정된다.

- 기대 물가가 상향 조정되면 임금의 상승으로 인해 공급 곡선이 좌측으로 이동하고 실업률은 다시 상승하게 된다.

- 이러한 과정이 반복되면 처음의 실업률인 자연실업률 수준에서 변화가 없으며 물가만 상승한다.

- 따라서 장기 필립스곡선은 자연실업률 수준에서 수직선의 형태로 도출된다.

2. 결론

(1) 필립스곡선의 형태

① 단기에는 우하향의 형태를 띤다. ($\pi \neq \pi^e$)

② 장기에서는 경제주체들이 물가상승률을 정확히 예상하므로 장기 필립스곡선은 수직선으로 도출된다. ($\pi = \pi^e$)

핵심 Plus ⁺

완전고용 = 자연실업률

적응적 기대 (Adaptive Expectation)
과거의 자료를 바탕으로 예상오차를 조금씩 수정하여 미래를 예측하는 것

합리적 기대가설
합리적 기대가설은 통화공급의 체계적 변화에 의해 산술량을 변화시킬 수 없다고 봄. 통화당국이 통화공급을 체계적으로 변화시키면 사람들은 이러한 정책을 충분히 인지하여 물가나 임금수준의 결정에 충분히 반영할 것이므로 결국 체계적인 통화정책인 실업수준이나 산출수준에 아무런 영향을 주지 못하게 되는 것임. 사람들이 예상하지 못하는 방법으로 통화공급을 변화시키는 경우에만 민간경제주체의 정보부족으로 인하여 실업과 산출수준에 영향을 줄 수 있음. 이것을 정책무력성의 명제라 함

(2) 정부개입의 불필요성 강조

장기적으로는 확대 재정정책을 실시하더라도 실업률을 자연실업률 이하로 낮추는 것은 불가능하며 결국 물가만 상승하게 된다는 것이 자연실업률 가설의 내용이다.

시험문제 미리보기!

적응적 기대가설 하에서 필립스곡선에 관한 설명으로 옳지 않은 것은?

① 단기 필립스곡선은 총수요 확장정책이 효과적임을 의미한다.
② 단기 필립스곡선은 희생률(Sacrifice Ratio) 개념이 성립함을 의미한다.
③ 단기 필립스곡선은 본래 임금 상승률과 실업률 사이의 관계에 기초한 것이다.
④ 밀턴 프리드만(M. Friedman)에 의하면 필립스곡선은 장기에 우하향한다.
⑤ 예상 인플레이션율이 상승하면 단기 필립스곡선은 오른쪽으로 이동한다.

정답 ④
해설 밀턴 프리드먼에 의하면 필립스곡선은 장기에 수직이다.

fn.Hackers.com

금융·자격증 전문 교육기관 **해커스금융**

출제예상문제

출제예상문제의 중요도를 ★~★★★으로 구분하였습니다. 난이도가 가장 높은 고등급 문제는 최우수 표시하였으니, 최우수 등급을 목표로 하신다면 반드시 학습하시기 바랍니다.

01 ★
단기 총공급곡선이 수평이고 장기 총공급곡선이 수직일 때, 통화공급의 증가가 미치는 장단기 효과에 대한 설명이다. 다음 중 옳은 것은?

① 단기에는 물가만 상승하고, 장기에는 소득만 증가한다.
② 단기에는 소득만 증가하고, 장기에는 물가만 상승한다.
③ 단기에는 물가와 소득이 모두 증가하고, 장기에는 물가만 상승한다.
④ 단기에는 물가와 소득이 모두 증가하고, 장기에는 물가와 소득에 모두 영향이 없다.
⑤ 단기에는 물가와 소득에 영향이 없지만, 장기에는 물가와 소득이 모두 증가한다.

02 ★
총수요가 증가하지만, 기업이 생산량의 증가를 위해 필요한 노동과 자산을 증가시키기 어려운 상황이다. 다음 설명 중 옳은 것은?

① 재고량은 감소하고, 재고품의 가격은 하락한다.
② 재고량은 감소하고, 재고품의 가격은 상승한다.
③ 재고량은 증가하고, 재고품의 가격은 하락한다.
④ 재고량은 증가하고, 재고품의 가격은 상승한다.
⑤ 재고량은 불변하고, 재고품의 가격은 하락한다.

03 ★
다음 중 물가와 물가지수에 대한 설명으로 옳은 것은?

<보기>
ㄱ. 물가지수와 물가상승률은 반비례하는 관계에 있다.
ㄴ. 소비자물가지수가 GDP디플레이터보다 큰 경우 수입품의 물가가 더 상승한 것이다.
ㄷ. 인플레이션이 발생할 경우 물가와 실업은 동시에 증가한다.
ㄹ. 수요견인 인플레이션의 경우 흑자재정 등의 정책을 실시하여 인플레이션을 줄일 수 있다.

① ㄱ, ㄴ   ② ㄱ, ㄷ   ③ ㄴ, ㄷ   ④ ㄴ, ㄹ   ⑤ ㄷ, ㄹ

04 명목GDP가 20X0년 500억 원에서 20X1년에는 600억 원으로 증가했다고 한다. 같은 기간에 GDP디플레이터는 100에서 120으로 상승했다. 20X1년 실질GDP는 20X0년에 비해 얼마나 변동했나?

① 5억 원 증가   ② 10억 원 증가   ③ 50억 원 증가

④ 100억 원 증가   ⑤ 변화 없음

정답 및 해설

01 ②
통화공급 증가는 총수요를 증가시켜 AD곡선을 우측으로 이동시키므로 단기(총공급곡선이 수평)에는 소득만 증가하고, 장기(총공급곡선이 수직)에는 물가만 상승한다.

02 ②
노동과 자산을 증가시키기 어려운 상황이면 총공급곡선이 수직인 경우를 가정한 것이므로 이때 총수요가 증가하면 재고량은 감소하고, 재고품의 가격은 상승한다.

03 ④
ㄴ. 소비자물가지수에는 수입품이 포함되지만 GDP디플레이터에는 수입품이 포함되지 않는다.
ㄹ. 수요견인 인플레이션의 경우 총수요를 줄여야 하므로 흑자재정 등의 정책을 실시하여 인플레이션을 줄일 수 있다.

오답노트

ㄱ. 물가상승률은 물가지수의 변화율이므로 물가지수와 물가상승률은 비례하는 관계에 있다.
ㄷ. 비용인상 인플레이션이 발생할 경우 물가와 실업은 동시에 증가한다. 그러나 수요견인 인플레이션인 경우 물가와 실업은 반비례 관계가 성립한다.

04 ⑤
문제에서 20X0년 GDP디플레이터는 100, 명목GDP는 500억 원이었으니 GDP디플레이터 공식을 이용하여 실질GDP도 500억 원이라는 것을 알 수 있다. 20X1년 GDP디플레이터는 120, 명목GDP는 600억 원이니 실질GDP는 500억 원이다. 따라서 실질GDP에는 변화가 없었다.

05 다음 표는 A국이 소비하는 빵과 의복의 구입량과 가격을 나타낸다. 소비자물가지수로 구한 물가상승률은? (단, 기준연도는 T년이다)

	빵		의복	
	가격	수량	가격	수량
T년	10	10	30	5
T+1년	30	12	60	6

① 140%　　② 188%　　③ 240%　　④ 288%　　⑤ 300%

06 인플레이션에 관한 설명으로 옳지 않은 것은?

① 수요견인 인플레이션은 총수요의 증가가 인플레이션의 주요한 원인이 되는 경우이다.

② 정부가 화폐공급량 증가를 통해 얻게 되는 추가적인 재정수입을 화폐발행이득(Seigniorage)이라고 한다.

③ 물가상승과 불황이 동시에 나타나는 현상을 스태그플레이션이라고 한다.

④ 예상하지 못한 인플레이션은 채권자에게서 채무자에게로 소득재분배를 야기한다.

⑤ 예상한 인플레이션의 경우에는 메뉴비용(Menu Cost)이 발생하지 않는다.

07 다음 중 인플레이션에 관한 설명으로 옳지 않은 것은?

───────〈보기〉───────

ㄱ. 메뉴비용과 구두창비용이 대표적이다.

ㄴ. 화폐가 가치척도로서의 기능을 하기 어려워진다.

ㄷ. 명목임금(Nominal Wage)이 상승해 실업률이 오른다.

ㄹ. 미래에 대한 불확실성이 커져 자금의 대차거래가 잘 이루어진다.

① ㄱ, ㄴ　　② ㄱ, ㄷ　　③ ㄴ, ㄷ　　④ ㄴ, ㄹ　　⑤ ㄷ, ㄹ

08 물가지수에 관한 설명으로 옳지 않은 것은?

① 소비자물가지수는 소비재를 기준으로 측정하고, 생산자물가지수는 원자재 혹은 자본재 등을 기준으로 측정하기 때문에 두 물가지수는 일치하지 않을 수 있다.

② 소비자물가지수는 상품가격 변화에 대한 소비자의 반응을 고려하지 않는다.

③ GDP디플레이터는 국내에서 생산된 상품만을 조사 대상으로 하기 때문에 수입상품의 가격동향을 반영하지 못한다.

④ 물가수준 그 자체가 높다는 것과 물가상승률이 높다는 것은 다른 의미를 가진다.

⑤ 물가지수를 구할 때 모든 상품의 가중치를 동일하게 반영한다.

정답 및 해설

05 ①
- 소비자물가지수는 기준연도 구입량을 가중치로 사용한다.
- T+1년의 물가지수는 $\frac{(30 \times 10)+(60 \times 5)}{(10 \times 10)+(30 \times 5)} \times 100 = \frac{600}{250} \times 100 =$ 2400이다.
- 기준연도의 물가지수는 100이고, 물가지수의 변화율이 물가상승률이므로 140%(= $\frac{240 - 100}{100}$)이다.

06 ⑤
인플레이션이 예상되면 기업들은 인플레이션율에 맞추어 자신이 생산하는 재화의 가격을 조정하려고 할 것이므로 가격조정비용인 메뉴비용(Menu Cost)이 발생한다.

07 ⑤
인플레이션은 여러 가지 비용을 발생시킨다. 화폐의 실질가치가 떨어짐으로써 경제주체들이 현금 보유를 줄이는 구두창비용과 가격조정비용(메뉴비용)이 발생한다. 인플레이션은 상대가격을 왜곡해 소비자의 의사결정과 시장 자원배분의 왜곡을 초래할 수 있다.
ㄷ. 실업률은 명목임금(Nominal Wage)과 관계가 없고 실질임금과 관련이 있다.
ㄹ. 미래에 대한 불확실성이 커져 자금의 대차거래가 잘 이루어지지 않는다.

08 ⑤
물가지수는 동일한 상품묶음을 구입할 때 기준연도보다 비교연도에 얼마나 더 많은 금액이 소요되는지를 계산한 것이므로 구입량이 많은 상품일수록 해당 상품의 가격변화가 물가지수에 미치는 영향이 더 크다. 즉, 물가지수 작성에 있어서는 구입량이 많은 상품일수록 가중치가 높게 반영된다.

09 다음 중 일반적인 필립스곡선에서 볼 수 있는 실업률과 인플레이션과의 관계에 대해 가장 거리가 먼 설명은?

① 단기보다 장기 필립스곡선의 기울기가 가파르다.

② 자연실업률 가설에 의하면 장기적으로 정책당국이 실업률을 통제할 수 없다.

③ 단기적으로는 인플레이션율과 실업률이 반대방향으로 움직이는 경우가 대부분이다.

④ 인플레이션에 대한 높은 기대 때문에 인플레이션이 나타난 경우에도 실업률은 하락한다.

⑤ 1970년대 스태그플레이션(Stagflation)은 필립스곡선의 불완전성을 입증했다.

---

10 다음은 A국과 B국의 고용시장 동향이다. 이 표를 올바르게 분석한 것을 <보기>에서 고른 것은?

구 분	15세 이상 인구(명)	경제활동참가율(%)	고용률(%)
A국	80,000	80.0	75.0
B국	120,000	65.0	55.0

<보기>

ㄱ. A국의 인구는 B국보다 적다.

ㄴ. A국이 B국보다 실업률이 더 낮다.

ㄷ. A국보다 B국의 취업자 수가 더 많다.

ㄹ. B국보다 A국이 경제활동인구가 많다.

① ㄱ, ㄴ   ② ㄱ, ㄹ   ③ ㄴ, ㄷ   ④ ㄴ, ㄹ   ⑤ ㄷ, ㄹ

---

11 다음 내용을 토대로 할 때 대학을 졸업한 학생들의 실업률은 얼마인가?

- 총 졸업생 : 5,000명
- 대학원 진학생 : 800명
- 국가고시 준비 : 400명
- 유학 준비 : 1,000명
- 취업생 : 2,000명
- 군대 입대 : 300명
- 구직 포기 : 2,000명
- 구직 활동 : 500명

① 10%   ② 12.5%   ③ 20%   ④ 25%   ⑤ 30%

12 우리나라 고용통계에 관한 설명으로 옳은 것은?

① 부모가 경영하는 가게에서 무급으로 하루 5시간씩 주 5일 배달 일을 도와주는 아들은 취업자이다.

② 학생은 유급 파트타임 노동을 하더라도 주로 하는 활동이 취업이 아니므로 취업자가 될 수 없다.

③ 다른 조건이 모두 동일한 상태에서 고교 졸업생 중 취업자는 줄고 대학 진학자가 증가하였다면, 취업률은 감소하지만 고용률은 변화가 없다.

④ 실업률은 '100% − 고용률'이다.

⑤ 실업자 수는 취업률 계산에 영향을 미치지 못한다.

정답 및 해설

09 ④

인플레이션 기대나 원자재 가격 상승 때문에 물가가 상승할 때는 실업률이 하락하지 않을 수 있다. 1970년대 미국 경제가 물가와 실업률이 동시에 높게 나타난 스태그플레이션이 발생했는데 그 이유는 높은 인플레이션 때문에 사람들이 물가상승률에 대한 기대값을 높게 조정한 데다 오일 쇼크가 있었기 때문이다. 원자재 가격 상승으로 인한 총공급의 감소는 기업의 채산성을 악화시키기 때문에 물가뿐 아니라 실업률도 상승시킨다.

10 ③

A국의 경제활동인구는 64,000명이고 취업자는 60,000명, 실업자는 4,000명이다. 따라서 실업률은 6.25%이다. B국의 경제활동인구는 78,000명이고 취업자는 66,000명, 실업자는 12,000명이다. 따라서 실업률은 약 15%이다.

[오답노트]

ㄱ. 전체인구는 15세 이상 인구와 이하의 인구가 더해져야 하는데 위의 자료로는 알 수 없다.

ㄹ. A국보다 B국이 경제활동인구가 더 많다.

11 ③

경제활동인구는 '취업생 + 구직활동을 하는 실업자'이다. 또한 실업률은 '실업자/경제활동인구'이다. 따라서 500명/2,500명 × 100이므로 20%이다.

12 ①

가족이 경영하는 사업체에서 일주일에 18시간 이상 일하는 경우는 월급을 받지 않더라도 취업자로 분류한다. 따라서 부모가 경영하는 가게에서 무급으로 하루 5시간씩 주 5일 배달 일을 도와주는 아들은 취업자이다.

[오답노트]

② 일주일에 수입을 목적으로 한 시간 이상 일하는 사람은 모두 취업자로 분류되므로 유급 파트타임 노동을 하는 학생은 취업자로 분류된다.

③ 고용률은 생산가능인구(15세 이상의 인구) 중에서 취업자가 차지하는 비율이므로 고교 졸업생 중 취업자가 줄고 대학 진학자가 증가하면 고용률이 낮아진다.

④ 고용률은 생산가능인구 중에서 취업자가 차지하는 비율이므로 '100% − 고용률'은 생산가능인구 중에서 비경제활동인구와 실업자가 차지하는 비율을 합한 것이 된다.

⑤ '취업률 = 100 − 실업률'이므로 다른 조건이 일정할 때 실업자의 수가 증가하면 취업률이 낮아지게 된다.

13 A국에서 실업률이 6%일 때 실업자가 60만 명이라면, 취업자 수는 얼마인가?

① 60만 명   ② 940만 명   ③ 1,000만 명

④ 1,060만 명   ⑤ 1,100만 명

최우수

★★★

14 다음 중 실업률을 하락시키는 변화로 옳은 것을 모두 고른 것은? (단, 취업자 수와 실업자 수는 0보다 크다)

<보기>

ㄱ. 취업자가 비경제활동인구로 전환
ㄴ. 실업자가 비경제활동인구로 전환
ㄷ. 비경제활동인구가 취업자로 전환
ㄹ. 비경제활동인구가 실업자로 전환

① ㄱ, ㄴ   ② ㄱ, ㄷ   ③ ㄴ, ㄷ   ④ ㄴ, ㄹ   ⑤ ㄷ, ㄹ

★

15 실업에 관한 주장으로 옳은 것은?

① 정부는 경기적 실업을 줄이기 위하여 기업의 설비투자를 억제시켜야 한다.
② 취업자가 존재하는 상황에서 구직포기자의 증가는 실업률을 감소시킨다.
③ 전업주부가 직장을 가지면 경제활동참가율과 실업률은 모두 낮아진다.
④ 실업급여의 확대는 탐색적 실업을 감소시킨다.
⑤ 정부는 구조적 실업을 줄이기 위하여 취업정보의 제공을 축소해야 한다.

16 다음 중 필립스곡선(Phillips Curve)에 관한 설명으로 옳은 것을 모두 고른 것은?

<보기>

ㄱ. 필립스곡선은 단기에 인플레이션율과 실업률 간에 음(-)의 상관관계를 나타낸다.
ㄴ. 밀턴 프리드만(M. Friedman)에 의하면 필립스곡선은 장기에 우하향한다.
ㄷ. 예상 인플레이션율이 상승하면 단기 필립스곡선은 오른쪽으로 이동한다.
ㄹ. 스태그플레이션이 발생하는 경우는 장기 필립스곡선으로 설명할 수 있다.

① ㄱ, ㄴ   ② ㄴ, ㄷ   ③ ㄱ, ㄷ   ④ ㄴ, ㄹ   ⑤ ㄷ, ㄹ

정답 및 해설

13 ②
실업률이 6%일 때 실업자가 60만 명이라면 경제활동인구는 1,000만 명이다. 따라서 취업자는 경제활동인구에서 실업자를 빼면 되므로 940만 명이 된다.

14 ③
실업률은 '실업자/경제활동인구 × 100'이므로 실업률이 하락하기 위해서는 경제활동인구가 일정한 상태에서 실업자가 감소하는 경우와 경제활동인구가 급격히 증가하면 된다.
ㄴ. 실업자가 비경제활동인구로 전환하면 실업자의 수가 감소하고 경제활동인구가 감소하므로 실업률은 하락한다.
ㄷ. 비경제활동인구가 취업자로 전환하면 실업자의 수는 동일하고 경제활동인구가 증가하므로 실업률은 하락한다.
[오답노트]
ㄱ. 취업자가 비경제활동인구로 전환하면 실업자의 수는 변함없고 경제활동인구가 감소하므로 실업률은 증가한다.
ㄹ. 비경제활동인구가 실업자로 전환하면 실업자의 수가 증가하고 경제활동인구가 증가하므로 실업률은 증가한다.

15 ②
[오답노트]
① 경기적 실업을 줄이려면 정부는 기업들의 설비투자를 촉진하여 경기를 활성화시켜야 한다.
③ 비경제활동인구에 속하던 전업주부가 직장을 갖게 되면 경제활동인구와 취업자 수가 모두 증가한다. 그러므로 전업주부가 직장을 갖게 되면 경제활동참가율은 높아지나 실업률은 낮아진다.
④ 실업급여가 확대되면 직업탐색에 따른 한계비용이 낮아지므로 탐색적 실업이 증가한다.
⑤ 구조적 실업을 줄이려면 취업정보의 제공을 늘리고 직업훈련을 시키는 등의 대책이 필요하다.

16 ③
필립스곡선은 물가와 실업률의 관계를 나타내며 단기에는 우하향한다. 프리드만이 주장한 자연실업률 가설에서는 단기에는 우하향하지만 장기에는 정부의 인위적 개입이 물가에만 영향을 미칠 뿐 실업에는 영향을 주지 않는다고 주장하였다.
[오답노트]
ㄴ. 밀턴 프리드만(M. Friedman)에 의하면 필립스곡선은 장기에 물가와 관계없이 수직이다. 이를 자연실업률 가설이라고도 한다.
ㄹ. 공급충격으로 발생하는 스태그플레이션은 물가와 실업을 동시에 증가시키므로 단기, 장기 필립스곡선 모두 설명할 수 없다.

제**4**장 경기변동과 안정화정책

■ 학습전략

경기는 한 나라 경제의 전반적인 수준을 의미한다. 정부의 기본은 국민들을 만족시키는 것이다. 따라서 정확한 경기 판단을 할 수 있어야 한다.

경기를 판단하는 방법은 선행, 동행, 후행지수와 같은 경기 종합지수를 이용하거나 국민들에게 직접 묻는 방식인 기업경기실사지수 등을 활용하는 것이다. 기업경기실사지수는 주관적 지표이며 100보다 크면 경기를 긍정적으로 보는 사람이 많고, 작으면 부정적으로 보는 사람이 많다는 것을 기억해야 한다.

경기를 판단하게 되면 정부는 재정정책이나 통화정책과 같은 일반적 정책과 대출한도제 등과 같은 선별적 정책을 단독 혹은 병행하여 경기를 조절하여야 한다. 일반적으로 상승 국면에서는 총수요가 증가하여 물가 상승이 문제가 되므로 총수요를 억제하는 정책을 쓴다. 총수요를 억제하기 위한 재정정책으로는 흑자재정이 있고, 통화정책으로는 지급준비율과 재할인율 인상, 국·공채 매각을 들 수 있다. 반면 하강 국면에서는 총수요가 감소하여 실업이 문제가 되므로 총수요를 늘리는 정책을 쓴다. 총수요를 늘리기 위한 재정정책으로는 적자재정이 있고, 통화정책으로는 지급준비율과 재할인율 인하, 국·공채 매입을 들 수 있다.

■ 출제비중

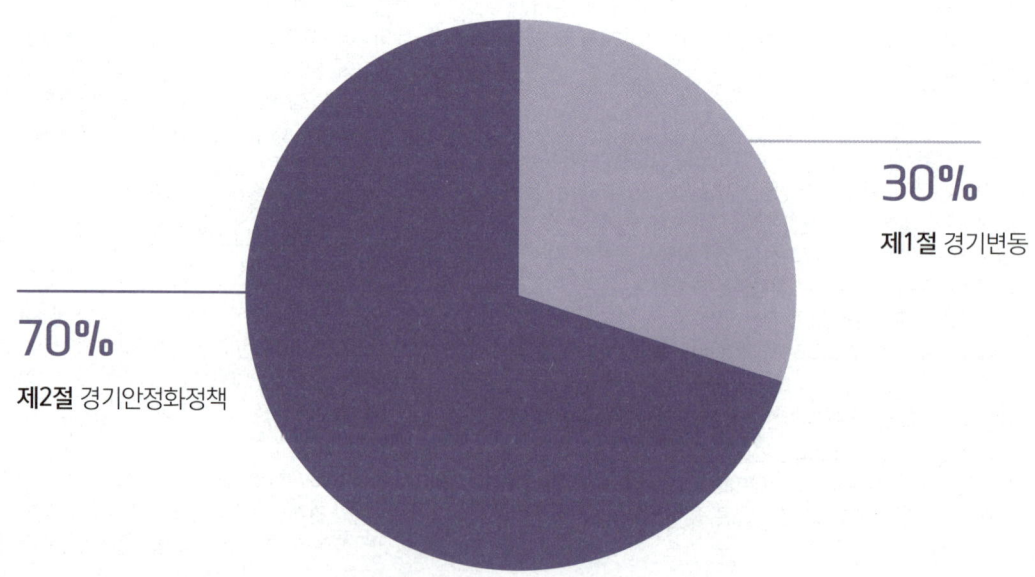

30%
제1절 경기변동

70%
제2절 경기안정화정책

■ 출제 유형

해당 영역에서는 경기 판단에 따라 어떠한 재정정책 혹은 금융정책을 쓸 것인지를 구분하는 문제가 반드시 출제된다.

■ 학습구성

구 분	출제포인트	중요도
제1절 경기변동	**01** 경기변동과 경기순환	★
	02 경기예측방법	★
제2절 경기안정화정책	**01** 재정정책	★
	02 금융정책	★★
	03 경기안정화정책	★★★
	04 새고전학파의 정책무력성정리	★

01 경기변동과 경기순환 ★

1. 경기변동(Business Cycle)

(1) 의미

총체적인 경제활동수준을 측정하는 지표인 생산, 투자, 고용, 소비 등이 주기적으로 상승과 하강을 반복하는 현상을 말한다.

(2) 종류

① 장기파동 : 50 ~ 60년 주기의 경기변동. 기술 혁신, 전쟁, 신자원의 개발 등이 원인이다. 콘트라티에프(*Kontratiev*)파동이라고도 한다.
② 중기파동 : 8 ~ 10년을 주기로 하는 경기변동. 기업의 설비 투자의 변동으로 발생한다. 쥬글러(*Juglar*)파동이라고도 한다.
③ 단기파동 : 3 ~ 5년을 주기로 하는 경기변동. 통화공급이나 이자율의 변동, 기업의 재고 변동 등이 원인으로 작용한다. 키친(*Kitchen*)파동이라고도 한다.

2. 경기순환

호경기, 후퇴기, 불경기, 회복기의 네 국면이 일정한 주기로 반복되는 현상을 말한다.

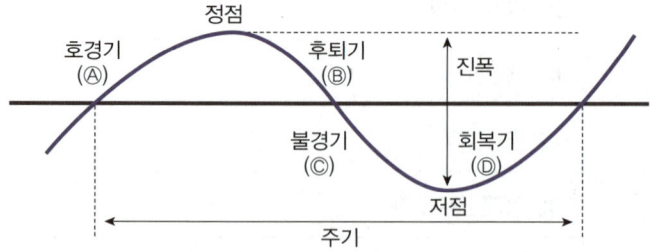

핵심 Plus ➕

커플링(Coupling)현상
동조화 현상으로서 한 국가의 경제상황이 다른 국가의 경제상황과 동일한 방향으로 움직이는 것

디커플링(Decoupling)현상
비동조화로서 한 국가의 경제가 인접한 다른 국가나 보편적인 세계경제의 흐름과 달리 독자적인 경제흐름을 보이는 현상

구 분	생산	투자	물가	고용(실업)	소비	재고
Ⓐ	최고	최고	최고	최고(최저)	최고	최저
Ⓑ	↓	↓	↓	↓(↑)	↓	↑
Ⓒ	최저	최저	최저	최저(최고)	최저	최고
Ⓓ	↑	↑	↑	↑(↓)	↑	↓

3. 경기변동원인

(1) 총수요의 변동 : 가계소비, 기업투자, 정부지출, 순수출 등의 변동 원인이다.

① 총수요 증가 ⇨ GDP 증가 (고용 증가, 실업 감소), 물가 상승 ⇨ 경기 활성화
② 총수요 감소 ⇨ GDP 감소 (고용 감소, 실업 증가), 물가 하락 ⇨ 경기 침체

(2) 총공급의 변동 : 원자재 가격, 임금 등 생산비 변동 등이 원인이다.

① 총공급 증가 ⇨ GDP 증가(고용 증가, 실업 감소), 물가 하락 ⇨ 경기 활성화
② 총공급 감소 ⇨ GDP 감소(고용 감소, 실업 증가), 물가 상승 ⇨ 경기 침체

---

02 경기예측방법 ★

1. 경기예측방법의 종류

(1) 개별경제지표에 의한 방법
국내총생산의 분기별 변화 또는 수출입 관련 지표 등 단일지표로 파악하는 방법이다.

(2) 종합경제지표에 의한 방법
경기종합지수나 경기동향지수 등 여러 개의 개별경제지표를 종합하는 방법이다.

(3) 설문조사에 의한 방법
기업경기실사지수나 소비자태도지수 등 개별경제주체들의 심리적 변화 측정에 유용한 방법이다.

① BSI(Business Survey Index, 기업경기실사지수)와 CSI(Consumer Survey Index, 소비자동향지수)
각각 기업인과 가계를 대상으로 한 설문을 통해 경기동향을 판단함. 기준은 100으로 100을 초과하면 경기낙관, 100 미만은 경기비관, 100은 현재와 동일로 예측함을 뜻한다.

② PMI(Purchasing Managers' Index, 구매관리자지수)
기업의 구매 담당자들을 대상으로 설문조사를 통해 작성하는 경기지표. 50이 기준점으로 50을 초과하면 경기상승, 50 미만이면 경기하강을 뜻한다.

③ ISM지수
미 공급관리협회(Institute for Supply Management)가 기업 구매 담당자를 대상으로 조사한 결과를 종합해 산출한 지수. 50이 기준점으로 50을 초과하면 경기상승, 50 미만이면 경기하강을 뜻한다.

- 경제변수가 경기변동의 기준 지표인 실질GDP와 같은 방향으로 변하는 경우를 경기 순응적, 실질GDP와 반대방향으로 변하는 것을 경기 역행적이라고 표현함
- 실질GDP보다 먼저 변하는 변수를 경기 선행적, 실질GDP와 동시에 변하는 변수를 경기 동행적, 실질GDP가 변화하고 나서 변하는 변수를 경기 후행적이라고 함
- 경기변동 모형의 적합성 여부는 위에서 설명한 경제변수의 움직임을 얼마나 잘 설명하는지에 의해 결정됨
- 경기종합지수는 경제활동의 변화방향, 전환점 및 진폭을 동시에 나타내는 종합적인 경기지수로서 각종 경제변수 중에서 경기와 밀접한 관련이 있는 변수를 선행·동행·후행지수로 구분하여 이들을 종합적으로 판단하여 작성함

2. 경기종합지수

① **경기선행지수** : 보통 3 ~ 6개월 후의 경기동향을 예측하는 지표로 장단기금리차, 코스피지수 등이 대표적이다.

② **경기동행지수** : 조사 시점의 경기 수준을 나타내는 지표로 광공업생산지수, 서비스업생산지수 등이 대표적이다.

③ **경기후행지수** : 조사 시점으로부터 3 ~ 6개월 전의 경기상황을 나타내는 지표로 생산자제품재고지수, 취업자수 등이 대표적이다.

[경기지수의 구성]

선행종합지수	동행종합지수	후행종합지수
• 재고순환지표	• 비농림어업취업자수	• 취업자수
• 소비자기대지수	• 광공업생산지수	• 생산자제품재고지수
• 기계류 내수출하지수 (선박 제외)	• 서비스업생산지수 (도소매업 제외)	• 소비자물가지수변화율
• 건설수주액(실질)	• 소매판매액지수	• 소비재수입액(실질)
• 수출입물가비율	• 내수출하지수	• 기업어음유통수입률
• 코스피지수	• 건설기성액(실질)	• 도시가계소비지출
• 장단기금리차	• 수입액(실질)	

시험문제 미리보기!

향후 경기국면을 예측하기 위해 우리나라 통계청에서 발표하는 선행종합지수의 구성지표가 아닌 것은?

① 건설수주액 ② 기계수주액

③ 코스피지수 ④ 소비자기대지수

⑤ 도시가계소비지출

정답 ⑤

해설 도시가계소비지출만 후행종합지수이다.

제2절 | 경기안정화정책

01 재정정책 ★

1. 재정정책의 의미와 예산제약식

(1) 의미

재정정책이란 정부지출과 조세를 변화시켜 총수요를 조절함으로써 경제성장, 물가안정, 완전고용, 국제수지균형, 공평분배 등의 정책목표를 달성하려는 경제정책을 의미한다.

(2) 정부의 예산제약식

$$정부지출(G) = 국공채 발행(\Delta B) + 중앙은행 차입(\Delta M) + 조세수입(T)$$

2. 확장 재정정책

(1) 확장 재정정책을 실시하는 3가지 방법

① 조세를 증가하여 정부지출을 증가시키는 방법
② 국공채를 발행하여 정부지출을 증가시키는 방법
③ 중앙은행으로부터 차입을 통하여 통화공급을 늘려 정부지출을 증가시키는 방법

(2) 일반적인 확장 재정정책

일반적으로 확장 재정정책이란 정부가 국공채 발행을 통하여 정부지출(G)을 증가시키는 정책을 의미한다.

1. 금융정책체계

금융정책의 체계는 최종목표, 중간목표, 운영목표, 정책수단으로 이루어져 있다.

(1) 최종목표

금융정책이 달성하려는 국민경제상 목표로 물가안정, 완전고용 달성, 경제성장 등이 있다.

(2) 중간목표

금융정책의 최종목표를 달성하기 위하여 금융정책 당국이 조정 가능한 지표로 이자율과 통화량이 있다.

(3) 운영목표(Operating Target)와 정책수단

① 운영목표

설정된 중간목표의 달성을 위해 중앙은행이 직접 영향을 미치는 경제변수(금융기관 간 초단기 금리, 본원통화 또는 지준총액 등)를 운영목표라고 한다.

② 정책수단

금융정책의 중간목표인 이자율과 통화량을 조정하기 위한 정책도구로 공개시장조작·지급준비율정책·대출(재할인율)정책 등이 있다.

[금융정책의 전달경로]

정책수단		운영목표		중간목표		최종목표
• 공개시장조작정책 • 대출(재할인율)정책 • 지급준비율정책 • 대출한도제 • 이자율규제	⇨	• 단기금리(콜금리) • 본원통화 • 지준총액	⇨	• 장기금리 • 통화량 • 환율	⇨	• 물가안정 • 완전고용 • 경제성장 • 국제수지균형

2. 일반적인 금융정책수단(양적 금융정책)

(1) 공개시장조작정책

① 개념

공개시장조작이란 중앙은행이 기관투자자(은행 등)를 대상으로 국·공채(RP, 통화안정증권 등)를 매입하거나 매각함으로써 통화량과 이자율을 조정하는 정책을 의미한다. 금융정책수단이란 주로 공개시장조작정책을 의미한다.

② 효과

• 중앙은행이 국·공채를 매입 ⇨ 본원통화가 증가 ⇨ 통화량이 증가 ⇨ 이자율은 하락
• 중앙은행이 국·공채를 매각 ⇨ 본원통화가 감소 ⇨ 통화량이 감소 ⇨ 이자율은 상승

(2) 재할인율(대출)정책

① 개념

재할인율정책이란 중앙은행이 예금은행에 빌려주는 자금의 금리인 재할인율을 조정함으로써 통화량과 이자율을 조정하는 정책을 의미한다.

핵심 Plus⁺

물가안정목표제

• 의미 : 사전에 정해진 기간 내에 달성하고자 하는 인플레이션 목표를 설정한 후, 원칙적으로 중간목표 없이 공개시장조작정책, 재할인율정책 등의 정책수단을 이용하여 인플레이션 목표를 직접 달성하는 통화정책 운용체계를 말함. 금리, 환율, 자산가격 등 다양한 정보변수가 활용됨

• 도입효과 : 중앙은행의 목표가 '물가안정'으로 단일화됨에 따라 중앙은행의 통화정책에 대한 신뢰도가 높아짐

• 목표 : 2006년까지 근원 인플레이션율을 물가안정목표로 설정하였으나, 2007년부터는 소비자물가상승률을 물가안정목표로 설정하고 있음

정책시차(내부시차 + 외부시차)

정책이 수립·집행되어 실제로 효과가 나타날 때까지는 어느 정도 시간이 흘러야 하는 것이 보통인데 이와 같은 시차를 가리켜 정책 시차라 함

• 내부 시차 : 정책 당국이 경기변동을 발생시킨 요인을 찾아내고 관련 정보를 수집해 정책을 수립·입법화하는데 걸리는 시간

• 외부 시차 : 시행된 정책이 실제로 효과를 내기 시작하는 데까지 걸리는 시간

정책시차에 대한 견해차

• 케인즈학파 : 금융정책의 외부시차가 길어 재정정책이 더 유효한 정책이라 봄

• 통화주의자 : 재정정책의 내부시차가 길어 금융정책이 한층 더 효과적인 안정화정책이라 봄

② 효과
- 중앙은행이 재할인율을 인하 ⇨ 예금은행의 차입이 증가 ⇨ 본원통화가 증가 ⇨ 통화량이 증가 ⇨ 이자율은 하락
- 중앙은행이 재할인율을 인상 ⇨ 예금은행의 차입이 감소 ⇨ 본원통화가 감소 ⇨ 통화량이 감소 ⇨ 이자율은 상승
- 단, 예금은행이 초과지준금을 보유하고 있다면 재할인율정책은 효과가 없다.

(3) 지급준비율정책

① 개념

지급준비율정책이란 중앙은행이 예금은행의 법정지급준비금을 변화시켜 통화량과 이자율을 조정하는 정책을 의미한다.

② 효과
- 중앙은행이 지급준비율을 인하 ⇨ 통화승수 커짐 ⇨ 통화량이 증가 ⇨ 이자율 하락
- 중앙은행이 지급준비율을 인상 ⇨ 통화승수 작아짐 ⇨ 통화량이 감소 ⇨ 이자율 상승

3. 선별적 금융정책수단(질적 금융정책)

① 대출한도제 : 국내여신(대출)에 대해 최고한도를 설정하여 통화량증가를 억제하는 것이다.
② 이자율규제 정책 : 예금은행의 이자율 상한설정하여 이자율 상승을 억제하는 것이다.
③ 창구규제 : 금융기관들의 행동 지도·규제를 통해 예금과 대출에 영향을 미치려는 것이다.

4. 통화정책에 대한 견해차

(1) 케인즈학파

① 통화정책의 무력성

통화정책은 이자율 변화를 통해 투자에 영향을 주게 되는데 통화정책의 전달경로가 너무 길고 불확실해 별로 믿을 수 없다. 금융시장이 유동성함정에 빠져 있는 상황에서는 통화량을 아무리 늘려도 이자율이 좀처럼 떨어지지 않는다.

② 재정정책이 효과적

정부지출의 증가는 곧바로 총수요의 증가로 이어지며 조세의 감면은 가처분소득을 늘려 소비지출 증가를 확실히 가져온다.

③ 유동성함정

경제주체들이 돈을 가지고 있으나 쓰려고 하지 않는 것으로 통화정책을 통해 이자율을 낮추더라도 총수요가 늘어나지 않는다.

(2) 통화주의자

① 재정정책의 무력성

재정지출을 늘리는 것은 구축효과 때문에 경기를 활성화시키는 데 별 효과를 거두지 못한다.

② 통화정책의 효과

화폐는 교환의 매개 수단으로 사용되기 때문에 화폐공급량의 변화는 이자율의 변화를 거치지 않고도 국민경제의 총거래량을 직접적으로 변화시킨다.

③ **구축효과**

경제학에서 정부지출 증가 때문에 발생하는 민간부문의 소비 및 투자 감소를 의미한다. 세금 증대로 정부지출을 늘리면, 늘어난 세금은 민간 소비를 줄어들게 한다. 대신 세금에 의한 정부지출이 아니라면, 늘어난 정부지출을 충당하기 위한 정부차입은 이자율을 올려 민간 투자를 줄이는 결과를 낳는다.

5. 배로(R. Barro)의 리카도의 대등 정리(Ricardian Equivalence Theorem)

(1) 의미

① 정부지출이 일정한 수준으로 결정되어 있다면, 그것이 조세로 조달되든 국채를 통해 조달되든 총수요에 아무런 영향을 미치지 못한다.

② 국채는 기본적으로 미래의 조세부담을 뜻하며 그 부담의 현재가치는 국채의 가치와 정확하게 일치한다. 따라서 민간부분의 경제활동에 아무런 영향을 미치지 못한다.

③ 리카도의 대등 정리가 성립하게 되면 국채의 발행이 이자율을 상승시키는 결과는 나타나지 않고, 따라서 구축효과도 나타나지 않는다.

(2) 등가 정리가 성립하기 위한 조건

① 경제활동인구(조세부담을 지는 경제주체)의 증가율이 0%이어야 한다.

⇨ 국채발행으로 감세정책이 이루어졌을 때, 경제활동인구 증가율이 양(+)이면 미래 조세부담이 감소하므로 소비를 증가시킨다.

② 소비자가 합리적이고 미래지향적이어야 한다.

⇨ 현실적으로 사람들은 근시안적 소비형태를 보이므로 실제 성립하기는 어렵다.

③ 정부는 정부지출수준이 일정하고 항상 균형재정을 준수한다.

⇨ 미래의 국채상환을 다시 국채발행으로 대신한다면(적자재정) 민간이 부담하지 않아도 되므로 현재소비를 증가시킨다.

④ 저축과 차입이 자유롭고 저축이자율과 차입이자율이 동일하다는 완전자본시장 가정이 성립하여야 한다. ⇨ 유동성 제약(차입제약)이 성립하지 않아야 한다.

03 경기안정화정책 ★★★

1. 재정정책

정부가 조세(세율)와 정부지출(세출)을 통해 경제의 성장과 성장을 도모하는 정책이다.

(1) 경기 과열 시 재정정책 : 총수요를 줄여야 하므로 세율 인상, 정부지출 축소(긴축 재정)

(2) 경기 침체 시 재정정책 : 총수요를 늘려야 하므로 세율 인하, 정부지출 확대(확장 재정)

2. 통화정책

(1) 의미

중앙은행이 통화량이나 이자율(금리)을 조절하여 경제의 안정적 성장을 도모하는 정책이다.

(2) 경기 과열 시의 통화정책

① 통화량 감소 ⇨ 이자율 상승 ⇨ 소비 감소, 투자 위축 ⇨ 생산 위축, 실업 증가 ⇨ 물가 하락(안정)

② 지급준비율, 재할인율, 이자율을 올리고 국·공채는 매각하여야 한다.

(3) 경기 침체 시 통화정책

① 통화량 증가 ⇨ 이자율 하락 ⇨ 소비 증가, 투자 증가 ⇨ 생산 확대, 고용 증대 ⇨ 물가 상승

② 지급준비율, 재할인율, 이자율을 내리고 국·공채는 매입하여야 한다.

(4) 통화정책의 수단

재할인율 정책	의 미	중앙은행이 일반 은행에 대출 이자율(재할인율)과 대출 규모를 조정하여 통화량을 조절
	영 향	재할인율 인상(인하) ⇨ 은행 대출 감소(증가) ⇨ 통화량 감소(증가)
지급준비율 정책	의 미	시중은행의 고객 인출을 대비하는 법정지급준비금 비율을 조절하는 정책
	영 향	지급준비율 인상(인하) ⇨ 대출 감소(증가) ⇨ 통화량 감소(증가)
공개시장조작	의 미	중앙은행이 국·공채 또는 통화안정증권을 매입 또는 매각하여 통화량을 조절하는 정책
	영 향	매각(매입) ⇨ 통화량 감소(증가)

(5) 비전통적 통화정책

① 양적완화(QE ; Quantitative Easing) : 중앙은행이 국채나 민간이 가지고 있는 일정 신용등급 이상의 채권을 매입하여 시중에 유통되는 통화량을 늘리는 적극적인 통화정책이다.

② 선제적 지침 : 중앙은행의 미래에 대한 통화정책 기조를 시장참여자들에게 전달하게 하는 것으로 미래 예상금리에 영향을 주려는 정책의도를 가지고 있다.

---

04 새고전학파의 정책무력성정리 ★

1. 경제학에서 사용하는 기대의 종류

기대 종류	개 념	사용 학파
완전예견 (Perfect Foresight)	• 기대치(P_t^e)와 실제치(P_t)가 항상 일치하는 것으로, 비현실적인 가정이다.	• 고전학파
정태적 기대 (Static Expectation)	• 현재의 상태(P_{t-1})가 미래(P_t^e)에도 그대로 될 것으로 예상하는 고정된 기대로 예측의 정확성이 낮다.	• 케인즈

적응적 기대 (Adaptive Expectation)	• 기대를 형성할 때 경제주체들은 과거의 기대 가운데 잘못된 것이 있으면 그것을 반영하여 다음 기에 대한 기대를 형성한다는 것이다. • 과거의 경제상황을 가중 평균하여 미래의 경제상황을 예상하며 단기적으로는 체계적 오류를 범하나 장기적으로는 정확한 예측이 가능하다.	• 케인즈학파 • 통화주의학파
합리적 기대 (Rational Expectation)	• 경제주체들이 기대를 형성할 때 현재이용 가능한 모든 관련 정보를 활용하여 경제변수를 예상한다는 것이다. • 경제주체들은 평균적으로 정확히 경제상태를 예상하여 체계적 오류는 범하지 않으나 입수·처리된 정보와는 무관한 오류인 확률적(예측) 오류는 발생한다.	• 새고전학파 • 새케인즈학파

2. 새고전학파의 정책무력성정리(Policy Ineffectiveness Proposition)

(1) 예상된 정책의 경우

① 정부의 예상된 정책은 경제주체들이 합리적 기대를 이용하여 물가를 정확히 예상하면$(P = P^e)$ 수직의 총공급곡선이$(Y_N =$ 자연산출량 수준) 도출되어 안정화정책이 불필요해지는 것을 정책무력성정리라 한다.

② 물가를 정확히 예상하면$(P = P^e)$ 수직의 총공급곡선이$(Y_N =$ 자연산출량 수준) 도출되어 예상된 확장적 재정정책은 총수요곡선을 AD_0에서 AD_1으로 이동하여 물가만 상승시킬 뿐 국민소득은 단기에도 전혀 증가시키지 못함 ⇨ 시장청산 ⇨ 정책무력성정리 성립

(2) 예상되지 못한 정책의 경우

예상하지 못한 정책은 경제주체들이 물가를 정확히 예상하지 못하면$(P > P^e)$ 일반적인 총공급곡선인 우상향의 AS_0가 도출되어 예상하지 못한 확장적 재정정책은 국민소득을 Y_1까지 증가시킨다. 즉, 안정화정책이 예상하지 못한 경우에만 단기적으로 효과가 있다. 그러나 민간의 물가예상이 실제물가에 반영되는 즉시 총공급곡선이 AS_1으로 이동하여 효과가 사라진다.

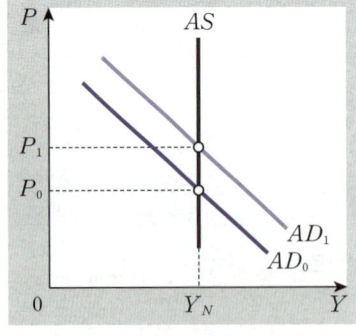

<예상된 총수요관리정책>
⇨ 효과 없음

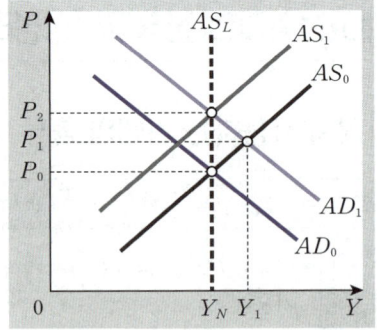

<예상치 못한 총수요관리정책>
⇨ 단기적으로 효과가 있으며 장기적으로는 효과가 없음

3. 새고전학파의 최적정책의 동태적 비일관성

(1) 의미

① 경제정책은 독립적인 일회적 사건이 아니라 여러 기간에 걸쳐 정책당국과 합리적인 경제주체 사이에 벌이는 동태적 게임으로 볼 수 있다.

② 현재시점에서 수립된 최선의 정책이 미래에도 최선의 정책이라면 이러한 정책은 동태적 일관성이 있다고 한다. 그러나 현재시점에서 수립한 최선의 미래정책이 미래가 도래했을 때 최선의 정책이 아니라면 동태적 일관성이 없는 것이다.

(2) 내용

현재시점에서 수립한 최선의 미래경제정책은 독립적인 일회적 사건이 아니므로 미래가 도래했을 때 이미 이전의 정책은 최선이 아니기 때문에 최선의 정책이 바뀌게 된다. 따라서 이렇게 민간경제주체들이 정책의 비일관성을 합리적으로 예상하는 상황에서는 정책당국이 최적정책을 변경해도 원하는 효과를 얻지 못하고 오히려 사회후생을 감소시킨다.

(3) 사례

화폐금융정책에서 인플레이션 억제정책(축소 화폐금융정책)을 공표한 후 물가가 안정되면 통화당국은 고용량을 증가시키는 것이 현시점의 최적정책이 되어 확장적 화폐금융정책을 사용하려는 유인을 가진다. 실제로 통화당국이 정책을 수정한다면 정책은 동태적 일관성을 상실하게 된다.

시험문제 미리보기!

중앙은행이 통화량을 증가시키고자 한다. ( )에 들어갈 내용을 순서대로 나열한 것은?

- 공개시장조작을 통하여 국채를 (   )한다.
- 법정지급준비율을 (   )한다.
- 재할인율을 (   )한다.

① 매입 – 인하 – 인하   ② 매입 – 인하 – 인상   ③ 매입 – 인상 – 인하

④ 매각 – 인상 – 인상   ⑤ 매각 – 인상 – 인하

정답 ①

해설 통화량을 증가시키려면 국채를 매입하고, 법정지급준비율을 낮추고, 재할인율은 인하하면 된다.

출제예상문제

! 출제예상문제의 중요도를 ★~★★★으로 구분하였습니다. 난이도가 가장 높은 고등급 문제는 최우수 표시하였으니, 최우수 등급을 목표로 하신다면 반드시 학습하시기 바랍니다.

★★
01 다음 경제지표 중 우리나라 경기동행지수에 해당하는 것은?

<보기>

ㄱ. 광공업생산지수
ㄴ. 코스피지수
ㄷ. 비농림어업취업지수
ㄹ. 장단기금리차

① ㄱ, ㄷ   ② ㄱ, ㄹ   ③ ㄴ, ㄷ   ④ ㄴ, ㄹ   ⑤ ㄷ, ㄹ

★★
02 다음을 읽고 중앙은행이 실시할 통화정책 방향을 바르게 말한 것은?

옷 가게를 하는 지은씨는 매일 경기가 좋지 않다며 투덜댄다. 앞으로도 좋아질 것 같지가 않다는 것이 그녀의 주장이다. 최근 1년간 수입은 3년 전 수입의 반도 안 된다고 말한다. 게다가 물가는 계속 높아져서 장을 보러 가면 살 게 없고, 두 살배기 딸의 보육원비까지 내면 심지어 적자가 나서 가게를 팔아야 할까 고민한다.

<보기>

ㄱ. 지급준비율을 인하할 것이다.
ㄴ. 공개 시장을 조작하여 통화량을 줄일 것이나.
ㄷ. 이자율을 하락시키도록 할 것이다.
ㄹ. 국·공채를 매각할 것이다.

① ㄱ, ㄴ   ② ㄱ, ㄷ   ③ ㄴ, ㄷ   ④ ㄴ, ㄹ   ⑤ ㄷ, ㄹ

03 ★★ (가) ~ (다)에 대한 설명으로 옳은 것은?

> (가) 정부가 세입과 세출의 조절을 통해서 경기 부양이나 물가 안정을 목적으로 실시하는 경기 조절 정책
> (나) 중앙은행이 시중은행에 대하여 적용하는 이자율을 조절하는 정책
> (다) 중앙은행이 국·공채의 매각·매입 등을 통해 통화량을 조절하는 정책

① (가)의 수단으로 정부지출규모의 조정을 들 수 있다.

② 경기 과열 시 (나)의 방향은 이자율 인하로 결정된다.

③ 경기 침체 시 (다)의 방향은 국·공채 매각으로 결정된다.

④ (다)와 달리 (나)는 통화량 조절 수단으로 볼 수 없다.

⑤ 세 가지 정책을 동시에 사용할 수 없다.

정답 및 해설

01 ①
경기동행지수는 현재 경기동향을 보여주는 지표로 노동투입량, 총산업생산지수(광업 제조업 전기가스제조업 포함), 제조업가동률지수, 생산자출하지수, 전력사용량, 도소매판매지수, 비내구소비재 출하지수, 시멘트소비량, 실질수출액, 실질수입액 등 10개 지표를 합성해 산출한다.

오답노트
코스피지수, 장단기금리차 등은 경기선행지수이다.

02 ②
경기가 좋지 않다는 표현을 하고 있다. 따라서 불경기의 정책을 펼쳐야 하므로 지급준비율과 이자율을 인하하여 통화공급을 늘릴 것이다.

오답노트
ㄴ. 공개시장을 조작하여 통화량을 늘릴 것이다.
ㄹ. 국·공채를 매입할 것이다.

03 ①
(가)는 경제 안정화정책 중 재정정책이다. 재정정책의 주요 수단으로 조세나 정부지출규모의 조정을 들 수 있다.

오답노트
② (나)는 재할인율 정책이다. 일반적으로 중앙은행은 경기가 과열된 경우 재할인율을 인상하는 정책을 실시한다.
③ (다)는 공개시장조작정책이다. 일반적으로 중앙은행은 경기가 침체된 경우 국·공채 매입 정책을 실시한다.
④ 재할인율정책도 공개시장조작정책과 마찬가지로 시중 통화량을 조절하는 수단에 해당한다.
⑤ 선택에 따라 동시에 사용 가능하다.

04 <보기 1>의 밑줄 친 '정책'으로 적절한 것을 <보기 2>에서 모두 고른 것은?

───────────────<보기 1>───────────────

현재 갑국은 소비와 투자의 감소로 경기침체가 심화되고 있다. 이에 정부와 중앙은행은 경기활성화를 위한 정책을 시행하기로 하였다.

───────────────<보기 2>───────────────

ㄱ. 소득세율 인하   ㄴ. 기준금리 인하
ㄷ. 지급준비율 인상   ㄹ. 국·공채 매각

① ㄱ, ㄴ   ② ㄴ, ㄷ   ③ ㄷ, ㄹ   ④ ㄱ, ㄴ, ㄹ   ⑤ ㄴ, ㄷ, ㄹ

05 다음은 갑국과 을국의 정부 및 중앙은행이 실시하고자 하는 경제 안정화정책이다. 이에 대한 설명으로 옳은 것은?

• 갑국은 정부가 법인세율 인하정책을 실시하였다.
• 을국은 중앙은행이 국·공채 매각을 시행하였다.

① 갑국 정부는 물가 안정을 목적으로 한다.
② 갑국 중앙은행의 정책은 통화량 감소의 요인이다.
③ 을국 정부는 총수요 증대를 목적으로 한다.
④ 을국 중앙은행의 정책은 이자율 상승의 요인이다.
⑤ 갑국과 을국 모두 총공급을 증가시켜 경기를 활성화시키려고 한다.

06 아래의 표는 갑국의 경제지표 추이를 나타낸 것이다. 이와 같은 추세가 지속되어 문제가 발생될 때 갑국이 취할 정책으로 가장 적절한 것은?

구 분	20X1년	20X2년	20X3년	20X4년
명목GDP 증가율(%)	5	9	13	16
실질GDP 증가율(%)	1	3	5	6

① 세율 인하   ② 국·공채 매입   ③ 재할인율 인하
④ 정부지출 축소   ⑤ 해외투자 증가

07 그림에 대한 설명 및 분석으로 옳은 것은?

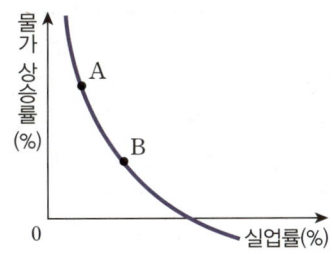

① 총수요와 총공급 모두 위의 곡선 내의 변화를 가져온다.
② 경제 상황이 B점에서 A점으로 바뀌었다면 정부는 물가상승을 더 문제로 생각한 것이다.
③ 물가 안정과 실업률 감소는 동시에 달성하기 어려움을 의미한다.
④ 정부의 불경기 대책은 경제 상황을 A점에서 B점으로 변화시킨다.
⑤ 위의 곡선과 관련 없이 정부는 총수요를 지속적으로 증가시켜야 한다.

정답 및 해설

04 ①
소비와 투자가 감소한 상황은 총수요의 감소로 인한 불경기라고 볼 수 있다. 따라서 경기활성화를 위한 대책은 총수요를 증가시키는 것이다. 소득세율 인하, 기준금리 인하는 총수요 증가를 위한 정책이다.

오답노트
ㄷ. 지급준비율을 인상하면 이자율이 높아져 저축이 많아지고 소비가 줄어들어 총수요가 감소한다.
ㄹ. 국·공채를 매각하면 중앙은행으로 통화가 들어오므로 시중의 자금이 줄어든다. 따라서 이자율이 상승하여 총수요가 감소한다.

05 ④
국·공채 매각은 통화량 감소, 이자율 상승의 요인이다.

오답노트
① 법인세율 인하는 물가 안정이 아니라 경기 부양을 목적으로 한다.
② 지급준비율 인하는 통화량 증가, 이자율 하락의 요인이다.
③ 정부지출 축소는 총수요를 감소시킨다.
⑤ 갑국과 을국 모두 총공급과는 관련이 없다.

06 ④
명목GDP 증가율 − 물가상승률 = 실질GDP 증가율이다.

구분	20X1년	20X2년	20X3년	20X4년
명목GDP 증가율(%)	5	9	13	16
실질GDP 증가율(%)	1	3	5	6
물가상승률(%)	4	6	8	10

표에서 물가가 지속적으로 상승하고 있으므로 총수요를 줄여야 한다. 따라서 정부지출을 축소하여야 한다.

07 ③
필립스곡선은 총수요측면의 이동에서 보았을 때 물가상승률과 실업률은 상충(반비례)관계에 있다는 것을 의미한다. 즉, 물가와 실업 두 마리의 토끼를 잡기는 어려우며 정부의 개입으로 인해 한 마리 토끼는 반드시 잡을 수 있음을 의미한다.

오답노트
① 총수요 측면만 가능하다.
② A점으로의 이동은 물가가 더 올라가는 것이므로 실업을 더 문제로 생각한 것이다.
④ B점으로의 이동은 실업을 더 증가시키므로 불경기의 대책이 될 수 없다.
⑤ 정부가 총수요를 지속적으로 증가시킨다면 물가가 급등하는 문제가 발생할 수 있다.

08 통화정책 및 재정정책에 관한 케인즈학파 경제학자와 통화주의자의 견해로 옳은 것은?

<보기>
ㄱ. 케인즈학파 경제학자는 통화정책의 외부시차가 길다는 점을 강조한다.
ㄴ. 케인즈학파 경제학자는 재량적 재정정책을, 통화주의자는 준칙적 통화정책을 주장한다.
ㄷ. 통화주의자는 구축효과가 커서 정부의 적극적 개입정책이 의미가 없다고 주장하였다.
ㄹ. 통화주의자는 이자율이 매우 낮을 때 화폐시장에 유동성함정이 존재할 수 있다고 주장한다.

① ㄱ, ㄴ   ② ㄱ, ㄹ   ③ ㄴ, ㄷ   ④ ㄱ, ㄴ, ㄷ   ⑤ ㄴ, ㄷ, ㄹ

09 밑줄 친 ㉠ ~ ㉢에 대한 분석 및 추론으로 옳은 것은?

갑국 정부는 지난 몇 년 동안 ㉠ 경기 과열에 따른 인플레이션을 해결하기 위해 ㉡ 재정정책을 시행하였다. 그러나 갑국 정부는 각종 경제지표의 분석을 통해 앞으로 ㉢ 경기가 침체기에 접어들 것으로 판단하여 경기 부양을 위한 재정정책을 시행하고자 한다. 갑국의 중앙은행 역시 경기를 부양하기 위한 ㉣ 금융정책을 모색하고 있다.

<보기>
ㄱ. 총수요 증가는 ㉠의 요인이다.
ㄴ. ㉡은 확대 재정정책이다.
ㄷ. 투자지출 증가는 ㉢의 근거가 될 수 있다.
ㄹ. ㉣에는 국·공채 매입이 포함될 수 있다.

① ㄱ, ㄴ   ② ㄱ, ㄹ   ③ ㄴ, ㄷ   ④ ㄴ, ㄹ   ⑤ ㄷ, ㄹ

10 통화정책과 재정정책에 관한 설명으로 옳지 않은 것은?

① 경제가 유동성함정에 빠져 있을 경우에는 통화정책보다 재정정책이 효과적이다.

② 전통적인 케인즈학파 경제학자들은 통화정책이 재정정책보다 더 효과적이라고 주장했다.

③ 재정정책과 통화정책을 적절히 혼합하여 사용하는 것을 정책혼합(Policy Mix)이라고 한다.

④ 화폐공급의 증가가 장기에 물가만 상승시킬 뿐 실물 변수에는 아무런 영향을 미치지 못하는 현상을 화폐의 장기중립성이라고 한다.

⑤ 정부지출의 구축효과란 정부지출을 증가시키면 이자율이 상승하여 민간투자지출이 감소하는 효과를 말한다.

정답 및 해설

08 ④
ㄱ. 케인즈학파 경제학자는 통화정책의 외부시차가 길어 문제가 된다고 주장하였다.
ㄴ. 케인즈학파 경제학자는 재정정책, 통화주의자는 통화정책을 강조한다.
ㄷ. 통화주의자는 정부지출로 인한 이자율상승이 일어나는 구축효과로 인해 재정정책의 효력이 약함을 강조하였다.

오답노트
ㄹ. 이자율이 매우 낮을 때 화폐시장에 유동성함정이 존재할 수 있다고 주장하는 것은 케인즈학파 경제학자이다.

09 ②

오답노트
ㄴ. 경기 과열 시 총수요를 줄여야 하므로 ⓒ은 긴축 재정정책이 되어야 한다.
ㄷ. 투자지출 감소가 ⓒ의 근거가 될 수 있다.

10 ②
케인즈학파 경제학자들은 재정정책이 통화정책보다 효과적이라고 보는 반면, 통화주의학파는 통화정책이 재정정책보다 효과적이라고 주장한다.

해커스 매경TEST 2주 완성

금융 · 자격증 전문 교육기관 **해커스금융**
fn.Hackers.com

PART 3

국제경제

제**1**장 무역

🔲 학습전략

세계화 시대인 현재 가장 중요하게 다루어지고 공부해야 할 파트이다. 국제무역이론은 절대우위와 비교우위를 구분하여야 한다. 절대우위는 각국이 잘하는 것이 존재하는 것이고 비교우위는 A국가가 더 잘하지만 B국이 상대적으로 더 잘하는 것을 하는 것이다. 상대적으로 더 잘하는 것은 기회비용이 최소화된 것을 의미하고 이를 특화해서 모두 이익을 얻을 수 있다는 것이 비교우위이론의 주요 내용이다.

자유무역을 하게 되면 수출국의 생산자잉여와 수입국의 수요자잉여가 증가한다. 전체적으로는 잉여가 증가하여 세계화 찬성론자의 근거가 된다. 그러나 수입국의 생산자는 손해를 보게 되어 산업기반 자체를 잃을 수 있으므로 보호무역을 실시하려고 한다. 이에 대표적인 방법이 관세부과이다. 관세는 유치산업보호와 수입억제의 효과를 가져오나 후생손실이 발생한다.

🔲 출제비중

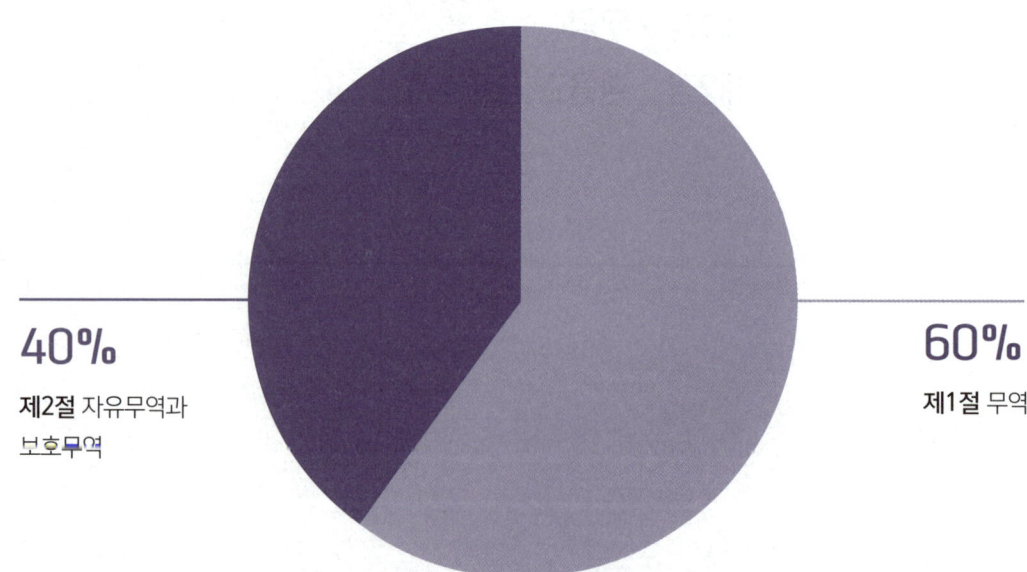

40%

제2절 자유무역과
보호무역

60%

제1절 무역

🔲 출제 유형

제1절과 관련된 내용에서는 비교우위에 있는 재화를 특화품목과 무역의 이익을 구하는 문제가 주로 출제된다.
제2절과 관련된 내용에서는 관세부과 시 소비자잉여와 생산자 잉여의 변화, 관세수입과 후생손실을 복합적으로 출제한다.

🔲 학습구성

구 분	출제포인트	중요도
제1절 무역	**01** 절대우위론과 비교우위론	★★★
	02 무역이론	★
제2절 자유무역과 보호무역	**01** 자유무역	★★
	02 보호무역	★★★
	03 경제통합	★★★

핵심 Check ✓ 무역

무역의 특화	• 기회비용이 작은 것
절대우위	• 동일한 자원을 사용했을 때 생산성이 높은 것을 이용하여 무역
비교우위	• 동일한 자원을 사용했을 때 생산성이 모두 높지만 더 잘하는 것을 선택하여 무역
자유무역 시	• 수출국의 생산자, 수입국의 소비자 유리
관세	• 국내생산 증가 • 수입 감소 • 후생손실 발생

01 절대우위론과 비교우위론 ★★★

1. 국제거래

(1) 의미

국가 간의 모든 경제적 거래를 의미한다.

(2) 발생원인

재화 생산에 유리한 자연환경, 부존자원, 기술 수준의 차이로 발생한다.

(3) 국제거래의 장단점

  ① 장점

   생산의 효율성 향상, 규모의 경제 실현, 소비자의 다양한 선택 기회, 부존자원과 기술의 취약을 해결, 기술과 정보의 축적 등이 있다.

  ② 단점

   경쟁력 없는 유치산업의 도태, 국내 경제정책의 자율성 침해, 실업의 발생 등이 있다.

2. 절대우위론 – A. Smith

(1) 정의

각국이 절대적으로 생산비가 싼 재화의 생산에 특화하여 그 일부를 교환함으로써 상호이익을 얻을 수 있다는 이론이다.

핵심 Plus ⁺

교역조건

• 수출상품 1단위와 교환되는 수입상품의 수량. 즉, 수입상품으로 표시한 수출상품의 교환가치

• 순상품교역조건

 $= \dfrac{수출단가지수}{수입단가지수} \times 100$

(2) 생산비 측면 사례분석

구 분	갑 국	을 국
직물 1단위	10명	11명
포도주 1단위	12명	8명

* 1단위 생산에 필요한 노동을 의미하며 교역조건은 1 : 1을 가정

① 노동 투입량은 적을수록 좋다.

② 각각 노동비가 상대국에 비해 적은 것을 찾으면 갑국은 직물, 을국은 포도주에 절대 우위가 있다.

③ 갑국과 을국이 스스로 생산할 경우와 절대우위 품목을 특화하여 무역한 후 차이

구 분	스스로 직물과 포도주를 각각 1단위씩 생산할 경우	스스로 각각 생산할 자원으로 절대우위에 있는 항목을 특화 생산할 경우	교역조건 1 : 1로 교역했을 때 얻는 이익 (무역의 이익)
갑 국	직물(10명) + 포도주(12명) = 22명	22명 → 직물 2개(20명) + 직물 $\frac{2}{10}$개(2명)	직물 1개 + 포도주 1병 + 직물 $\frac{2}{10}$개(2명)
을 국	직물(11명) + 포도주(8명) = 19명	19명 → 포도주 2병(16명) + 포도주 $\frac{3}{8}$병(3명)	직물 1개 + 포도주 1병 + 포도주 $\frac{3}{8}$병(3명)

- 양국은 직물과 포도주를 각각 1단위씩 스스로 생산할 자원으로 갑국은 직물을 특화하고 을국은 포도주에 특화하여 2단위씩 생산한 후 남는 1단위씩을 교환하면 서로에게 이득이 된다. (갑국은 직물 0.2 단위, 을국은 포도주 0.375 단위의 무역 이익 획득)

(3) 생산물 측면 사례분석

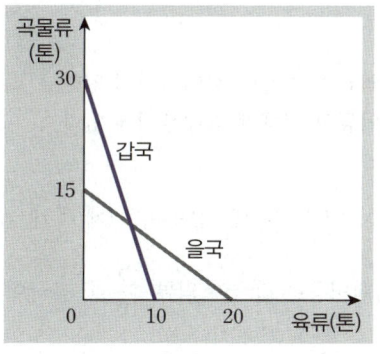

* 교역조건은 1 : 1을 가정

① 생산량은 많을수록 좋다.

② 각국의 특화 시 생산량이 상대국에 비해 많은 것을 찾으면 갑국은 곡물에, 을국은 육류에 절대우위가 있다.

③ 특화품목만 생산하여 1 : 1로 교역할 경우 생산가능곡선이 확장되어 더 많은 소비가 가능해진다. 즉, 무역의 이익이 발생한다.

(4) 의의와 한계

① 의의 : 자유무역의 근거를 최초로 제시하였다.

② 한계 : 양국 중 한 나라가 모든 재화에 절대우위가 있을 때 무역이 발생하지 않는다.

3. 비교우위론(비교 생산비설) – D. Ricardo

(1) 의미

한 나라가 두 재화 생산에 있어 모두 절대우위 혹은 절대열위에 있더라도 양국이 상대적으로 생산비가 낮은 재화 생산에 특화하여 무역을 할 경우 양국 모두 무역으로부터 이익을 얻을 수 있다는 이론이다. 즉, 기회비용이 작은 쪽을 특화하여 무역한다.

(2) 가정

① 노동만이 유일한 생산 요소이다.
② 모든 노동의 질은 동일하다.
③ 재화 1단위를 생산하는 데 필요한 노동량은 재화의 생산량과 관계없이 일정하다.
④ 생산 요소의 국가 간 이동은 없다.

(3) 비교 우위의 결정 요인

각국의 부존자원, 노동·자본·기술 수준, 특화의 역사로 인한 학습 효과 등이 있다.

(4) 비교 우위의 효과

각국의 자원이 효율적으로 이용되고 세계적으로는 국제 분업의 효과가 극대화되는 결과를 가져온다.

(5) 생산비 측면 사례분석

구 분	갑 국	을 국
의류(1단위)	10명	9명
기계(1단위)	12명	8명

* 생산에 필요한 노동을 의미하며 교역조건은 1 : 1을 가정

① 노동 투입량은 적을수록 좋음
② 갑국은 두 재화 모두 노동비가 많이 들어가므로 의류와 기계에 절대열위에 있다.
③ 을국은 두 재화 모두 노동비가 적게 들어가므로 의류와 기계에 절대우위에 있다.
④ 갑국은 의류에 을국은 기계에 비교우위가 있다.

- 기회비용을 계산하면 의류의 기회비용은 갑국이 기계 $\frac{10}{12}$대, 을국이 기계 $\frac{9}{8}$대로 갑국이 작아 갑국이 의류를 특화하며, 기계의 기회비용은 갑국이 의류 $\frac{12}{10}$벌, 을국이 의류 $\frac{8}{9}$벌로 을국이 작아 을국이 기계를 특화하게 된다.

- 갑국은 을국에 비해 의류의 기회비용이 작고 기계의 기회비용이 크므로 갑국은 을국에 비해 의류에 비교우위가 있고 기계에 비교열위에 있다.

- 을국은 갑국에 비해 의류의 기회비용이 크고 기계의 기회비용이 작으므로 을국은 갑국에 비해 의류에 비교열위가 있고 기계에 비교우위에 있다.

⑤ 갑국과 을국이 스스로 생산할 경우와 무역을 할 경우의 이익

구 분	스스로 의류와 기계를 각각 1단위씩 생산할 경우	스스로 각각 생산할 자원으로 비교우위에 있는 항목을 특화 생산할 경우	교역조건 1 : 1로 교역했을 때 얻는 이익 (무역의 이익)
갑 국	의류(10명) + 기계(12명) = 22명	22명 → 의류 2벌(20명) + 의류 $\frac{2}{10}$벌(2명)	의류 1벌 + 기계 1대 + 의류 $\frac{2}{10}$벌(2명)
을 국	의류(9명) + 기계(8명) = 17명	17명 → 기계 2대(16명) + 기계 $\frac{1}{8}$대(1명)	의류 1벌 + 기계 1대 + 기계 $\frac{1}{8}$대(1명)

- 갑국은 의류와 기계를 각각 1단위씩 스스로 생산할 자원으로 갑국은 의류를 특화하고 을국은 기계에 특화하여 2단위씩 생산한 후 남는 1단위씩을 교환하면 서로에게 이득이 된다. (갑국은 의류 0.2 단위, 을국은 기계 0.125 단위의 무역 이익 획득)

⑥ 특화품목의 기회비용은 커짐

스스로 생산할 때보다 무역을 통해서 더 많은 것을 얻을 수 있으므로 특화품목의 교환가치가 높아진다.

⑦ 양국이 무역의 이익을 얻는 교역조건

한 재화의 생산에 대하여 양국의 기회비용(상대가격) 사이에서 이루어질 경우

예 기계 $\frac{10}{12}$대 < 의류 1벌 < 기계 $\frac{9}{8}$대 / 의류 $\frac{8}{9}$벌 < 기계 1대 < 의류 $\frac{10}{12}$벌 이므로 1 : 1의 교역조건이면 양국 모두 무역의 이익을 얻음

(6) 생산물 측면 사례분석

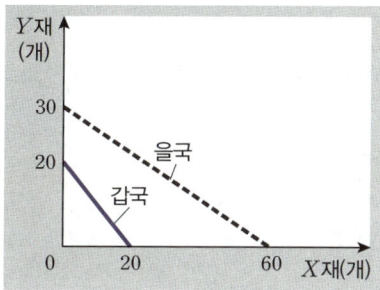

① 생산량은 많을수록 좋다.
② 갑국은 동일한 자원으로 $20X = 20Y$가 성립하여 각각의 기회비용으로 표현하면 $X = Y$, $Y = X$이다.
③ 을국은 동일한 자원으로 $60X = 30Y$가 성립하여, 각각의 기회비용으로 표현하면 $X = \frac{1}{2}Y$, $Y = 2X$이다.
④ 특화는 기회비용이 작은 것을 특화하므로 갑국은 Y재, 을국은 X재를 특화한다.
⑤ 양국 간 이익이 발생하는 범위 내에서 교역을 한다면 교역조건의 범위는 'X재 1개 < Y재 1개 < X재 2개'에서 결정된다.

(7) 의의와 한계

① 의의 : 절대우위론에 의해 불가능한 무역발생을 설명하게 된다.
② 한계 : 생산비의 차이가 어떻게 발생하는가에 대한 설명을 하지 못한다.

1. 부존자원과 비교우위

(1) 핵셔-올린 정리 : 생산기술이 동일하더라도 무역이 발생한다.

① 비교우위의 결정

각국은 자국에 상대적으로 풍부한 부존요소를 집약적으로 사용하는 재화 생산에 비교우위가 있다. 따라서 노동풍부국은 노동집약재, 자본풍부국은 자본집약재 생산에 비교우위가 있다.

② 생산요소가격 균등화 정리

자유무역이 이루어지면 비록 생산요소가 직접 이동하지 않더라도 국가 간에 생산요소의 가격이 균등화된다.

(2) 스톨퍼-사무엘슨 정리

① 어떤 재화의 상대가격이 상승하면 그 재화에 집약적으로 사용되는 생산요소소득은 증가하고, 다른 생산요소소득은 감소한다는 것이다.

② 노동집약재인 X재 가격이 상승하면 노동의 실질소득은 증가하는 반면 자본의 실질소득은 감소한다.

(3) 립진스키 정리

한 생산요소의 부존량이 증가하면 그 생산요소를 집약적으로 사용하는 재화의 생산량은 증가하고 다른 재화의 생산량이 감소한다는 정리이다.

(4) 레온티에프 역설

핵셔-올린 정리와는 달리 상대적으로 자본풍부국인 미국이 자본집약재를 수입하고, 노동집약재를 수출하는 현상을 설명한다.

2. 현대적 무역이론

(1) 제품 생애주기이론 - R. Vernon

신제품이 출현하고 시간의 경과에 따라 그 제품이 성숙 단계와 표준화 단계를 거치는 과정을 무역의 동태적 변화에 따라 적용한 이론이다.

① 신제품 단계 : 고도의 기술을 가진 고급 노동력에 의해 소규모 생산이 이루어지는 단계. 제품을 개발한 선진국이 제품을 생산·수출한다.

② 성숙 단계 : 대량생산이 이루어지는 단계로 신제품 개발국뿐만 아니라 여타 선진국도 생산한다. 신제품 개발국의 비교우위는 점차 사라지고 모방 제품을 생산하는 여타 선진국들의 수출이 증가한다.

③ 표준화 단계 : 생산 기술이 완전히 표준화되어 미숙련 노동자에 의한 대량 생산이 가능한 단계. 저임금의 노동자가 풍부한 후진국이 비교우위를 갖게 되어 오히려 후진국에서 선진국으로 수출이 이루어진다.

(2) 기술격차이론

특정국가가 개발한 기술을 다른 국가가 습득하기까지는 모방시차가 존재하며, 이러한 기술 격차로 인해 산업 내 무역이 일어난다고 보는 이론이다.

(3) 규모의 경제이론

양국에서 생산요소의 부존도에 차이가 없는데도 무역이 발생한다면 그 이유는 규모의 경제 때문이다.

(4) 국제 독점적 경쟁시장이론

독점적 경쟁 하에서는 동일 산업 내에서도 해당 기업들이 규모의 경제에 따른 무역이득을 얻기 위해 더욱더 차별화된 상품생산에 특화하게 된다.

(5) 대표적 수요이론

제조업 부분에서 한 나라의 비교우위는 국내수요가 상대적으로 큰 나라의 대표적 수요에 의해 결정되고, 대표적 수요는 그 나라의 1인당 국민소득 수준에 의해 결정된다.

3. 산업 내 무역이론

(1) 산업 내 무역

① **개념** : 동일 산업 내에서 수출과 수입이 이루어지는 것을 의미한다.
② **무역의 발생원인** : 세계화 시대에 맞춘 시장확대로 규모의 경제발생과 독점적 경쟁시 장화 경향 때문이다.
③ **사례** : 선진국 A에서는 소형승용차를, 선진국 B에서는 대형승용차를 수출하는 것

(2) 산업 내 무역과 산업 간 무역의 비교

구 분	산업 내 무역	산업 간 무역
개 념	• 동일한 산업 내의 수출 · 수입	• 서로 다른 산업 간에 생산되는 재화의 수출 · 수입
발생원인	• 규모의 경제, 독점적 경쟁(제품의 차별화)	• 비교우위, 자원부존의 차이
발생국가	• 경제발전 정도가 비슷한 국가	• 경제발전 정도가 상이한 국가
사 례	• 일본이 미국에 소형자동차를 수출하고 대형자동차를 수입하는 경우	• 우리나라가 중국에 휴대폰을 수출하고 마늘을 수입하는 경우
비 고	• 주로 제조업 분야에서 발생 • 국제 간 분쟁소지 적음 • 시장확대로 규모가 커지면 재화가격이 하락하여 무역 이익 발생	• 소득재분배 발생 • 국제간 분쟁소지 많음 • 상대가격이 변화하여 무역 이익 발생

A국과 B국은 각각 가죽과 와인을 생산하는 폐쇄경제 상태에 있다. 이 경제에서는 노동만이 유일한 투입요소이며, A국과 B국이 가죽과 와인을 한 단위 생산하는 데에 필요한 노동량은 아래의 표와 같다. 이를 바탕으로 양국의 교역과 관련된 설명으로 옳은 것은?

(단위 : 명)

구 분	A국	B국
가 죽	8	4
와 인	16	6

① B국은 와인 산업에 절대열위를 갖는다.
② 양국이 교역을 하는 경우 A국은 가죽을 수출한다.
③ A국이 가죽 산업과 와인 산업에 모두 절대우위를 갖는다.
④ 양국이 교역을 하는 경우 A국은 와인 산업에 비교우위가 있다.
⑤ 위의 조건일 경우 양국의 무역은 일어나지 않는다.

정답 ②

해설 무역이론에 대한 문제이다. 기회비용을 표현하면 다음과 같다.

(단위: 명)

구 분	A국	B국
가 죽	와인 8/16	와인 4/6
와 인	가죽 16/8	가죽 6/4

따라서 A국은 가죽, B국은 와인을 특화하게 된다.

오답노트
① B국은 와인 산업에 절대우위를 갖는다.
③ A국이 가죽 산업과 와인 산업에 모두 열위를 갖는다.
④ 양국이 교역을 하는 경우 A국은 가죽 산업에 비교우위가 있다.

제2절 | 자유무역과 보호무역

핵심 Check ✓ 자유무역과 보호무역

자유무역 시	• 수출국의 생산자, 수입국의 소비자 유리
관세	• 국내생산 증가 • 수입 감소 • 후생손실 발생
국제수지	• 경상수지 • 상품수지, 서비스수지, 본원소득수지, 이전소득수지 • 자본금융계정

01 자유무역 ★★

1. 자유무역의 의미와 특징

(1) 자유무역의 의미

민간업체에 의한 무역활동을 국가가 일체 간섭하지 않고 자유롭게 방임(放任)함으로써 국가의 무역관리 또는 통제가 가해지지 않는 무역이다.

(2) 자유무역의 특징

① 동일한 종류의 재화라 할지라도 나라마다 독특한 특징이 있으므로, 각국의 소비자에게 다양한 소비 기회를 제공한다.

② 비교우위의 재화를 수출할 경우 생산량이 크게 늘어나 규모의 경제를 통해 생산비를 절감할 수 있다.

③ 자유무역은 경제를 활성화(진입장벽 낮춤 → 독과점의 폐해 방지)시켜 경제 전체의 후생 수준을 높인다.

④ 기술 이동, 아이디어 전파 등을 통해 각국의 기술 개발을 촉진하는 긍정적 파급효과를 가진다.

⑤ 대부분의 경제학자들이 자유무역을 옹호하고 있지만, 자유무역을 할 경우 모든 나라, 모든 사람의 후생이 증가하는 것이 아니라 일부 나라, 일부 계층은 불리해지는 현상이 발생하기도 한다.

2. 자유무역 그래프 분석

(1) 수출국

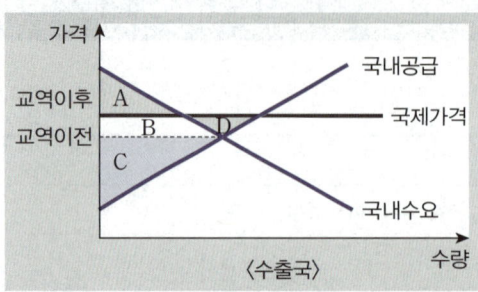

구 분	교역 이전	교역 이후	변 화
소비자잉여	A + B	A	− B
생산자잉여	C	B + C + D	+ (B + D)
총잉여	A + B + C	A + B + C + D	+ D

(2) 수입국

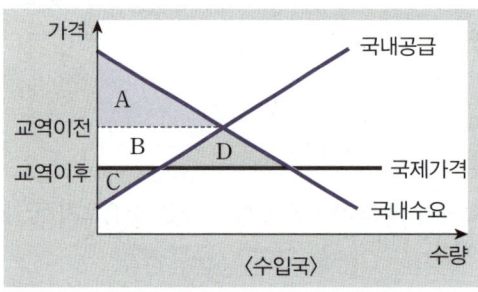

구 분	교역 이전	교역 이후	변 화
소비자잉여	A	A + B + D	+ (B + D)
생산자잉여	B + C	C	− B
총잉여	A + B + C	A + B + C + D	+ D

02 보호무역 ★★★

1. 보호무역의 의미와 필요성

① 의미 : 관세와 같은 정책을 이용하여 자유무역 시 피해를 보는 산업을 없애고 자국의 산업을 발전시키는 것이다.
② 필요성 : 자국민의 실업방지, 유치산업보호, 불공정 무역대응, 국가안보를 위해 필요하다.

2. 보호무역정책수단

무역을 통해 거래되는 재화에 부과되는 조세인 관세가 대표적이다.

① 반덤핑관세

특정국가의 상품이 정상가격 이하로 수입되는 덤핑행위에 대하여 부과하는 관세이다.

② 상계관세

수출국에서 직·간접적으로 생산 또는 수출에 대하여 장려금이나 보조금을 지급하였을 때 이를 상쇄하기 위하여 부과하는 관세이다.

③ 긴급관세

국내산업 보호를 위하여 긴급한 조치가 필요하거나, 긴급히 특정상품의 수입을 억제하기 위하여 특정상품에 대해 부과하는 고율의 관세이다.

④ 재정관세

국가의 관세수입을 증대시키기 위하여 부과하는 관세이다.

⑤ 할당관세

특정상품의 수입에 대하여 일정량을 정해놓고 정해진 수량 이내의 수입품에 대하여는 낮은 관세를 부과하지만, 정해진 수량 이상의 수입에 대해서는 고율의 관세를 부과하는 것이다.

3. 관세의 효과

(1) 관세 그래프

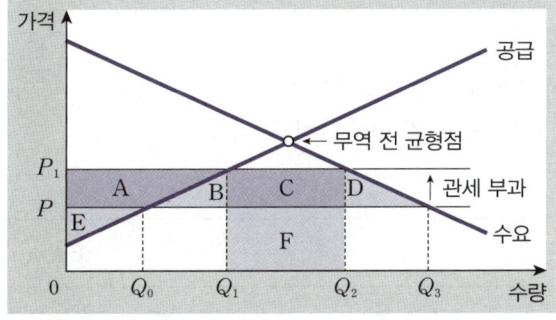

- P : 국제가격
- P_1 : 관세 부과 후 국내가격
- $Q_3 - Q_0$: 관세 부과 이전 수입량
- $Q_2 - Q_1$: 관세 부과 이후 수입량

① 관세부과 후 줄어드는 소비자잉여 : $A + B + C + D$
② 관세부과 후 늘어나는 생산자잉여 : A
③ 관세수입 : C
④ 관세로 인한 후생손실 : $B + D$

(2) 관세의 효과

① 생산 증가 효과 : 관세 부과로 국내 생산량이 증가한다.
② 소비 억제 효과 : 관세를 부과하면 국내 수요량이 감소하게 되는데 이를 소비 억제 효과라 한다.
③ 재정 수입의 증대 : 수입량에 따른 관세 부과는 정부의 재정 수입을 늘려주게 된다.
④ 국제수지 개선 효과 : 관세를 부과하면 국제수지가 개선되는 효과를 가져올 수 있다.
⑤ 소비자후생 및 사회적 후생의 손실 : 소비자잉여가 감소하고 사회 전체의 후생이 줄어든다.

4. 수입품에 대한 관세 부과로 인한 대국과 소국의 변화

① 대국(Large Country)의 수입품에 대한 관세 부과가 국제시장에 미치는 영향
  대국의 수입물량 감소로 이어져 국제시장에서 수입품의 초과공급이 발생한다. 이때 수입품의 국제가격이 하락하여 교역조건이 개선된다.

② 대국(Large Country)의 수입품에 대한 관세 부과가 자국에 미치는 영향
  수입물량이 감소하므로 경상수지가 개선된다.

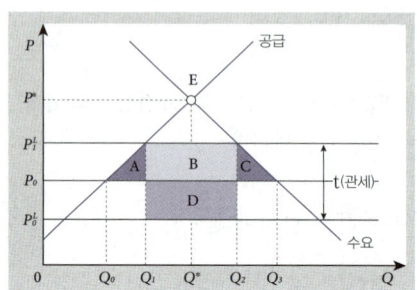

- P_0 : 관세 부과 전 국제가격
- P_0^L : 관세 부과 후 국제가격
- P_1^L : 관세 부과 후 국내가격

- 관세가 부과되면 국제가격이 하락(P_0^L)하여 교역조건은 개선된다.
- 관세 부과 후 국내가격은 하락된 새로운 국제가격에 관세를 부과($P_0^L + t = P_1^L$)한 만큼 가격이 상승한다.
- 대국의 경우는 소국에 비하여 국내가격이 작게 상승하여 작은 관세효과($P_1^L - P_0$)가 발생한다.
- 국내생산 증가, 국내소비 감소, 국제수지 개선, 소비자잉여 감소, 생산자잉여 증가 등이 발생한다.
- 재정 수입 = B+D
- 소비자잉여 감소 + 생산자잉여 증가 + 관세수입 = 후생손실 = D-(A+C)
- D의 크기에 따라 사회적 후생 변화분은 양일 수도 음일 수도 있다.

03 | 경제통합 ★★★

1. 경제통합의 유형

① **자유무역지역(자유무역협정)** : 가맹국 간에는 관세 및 비관세장벽을 철폐하고 비가맹국에 대하여는 각 가맹국이 독립적으로 관세 및 비관세장벽을 유지한다.
② **관세동맹** : 가맹국 간에는 관세 및 비관세장벽을 철폐하고 비가맹국에 대하여는 모든 가맹국이 동일한 관세를 부과한다.
③ **공동시장** : 가맹국 간에는 관세 및 비관세장벽을 철폐하고 노동과 자본 등 생산요소의 자유로운 이동을 보장하며 비가맹국에 대하여는 모든 가맹국이 동일한 관세를 부과한다.
④ **경제동맹** : 공동시장에 더하여 경제정책에도 상호협력하고 공동보조를 맞춘다.
⑤ **경제완전통합** : 경제면에서 한 국가로 행동한다.

⑥ 경제통합의 유형 특성비교

구 분	관세철폐	비가맹국 공동관세	생산요소 이동	경제정책 협조	통합기구
자유무역지역	○				NAFTA
관세동맹	○	○			
공동시장	○	○	○		CACM
경제동맹	○	○	○	△	EU
경제완전통합	○	○	○	○	

2. 경제통합의 경제적 효과

(1) 무역창출 효과

① 개념 : 관세동맹 이전에는 무역이 없었지만 관세동맹으로 인하여 새로운 무역기회가 생겨나는 효과를 말한다.

㉠ 한국의 자동차가 아세안 자국이 생산하는 자동차보다 가격 대비 성능이 우수하나 아세안 국가들이 고율의 관세를 부과하여 한국이 수출할 수 없었다. 그러나 한국과 아세안 국가가 관세동맹이나 자유무역협정을 맺으면 관세가 없어지므로 한국이 아세안 여러 나라에 새로이 자동차를 수출할 수 있다.

② 평가 : 무역창출 효과는 재화의 공급이 비효율적인 국가(아세안)에서 효율적인 국가(한국)로 이동되므로 국제적 자원배분의 효율성이 높아진다.

(2) 무역전환 효과

① 개념 : 관세동맹이전에는 저비용의 국가에서 수입하던 재화를 관세동맹 이후에는 고비용의 역내국가(관세동맹국가)로 수입선이 전환되는 효과를 말한다.

㉠ 한국의 냉장고가 멕시코가 생산하는 냉장고보다 가격 대비 성능이 우수하여 미국은 냉장고를 한국에서 주로 수입하였다. 그러나 미국이 멕시코와 관세동맹을 맺어 관세가 철폐되면 멕시코산 냉장고의 가격 대비 성능이 높아지므로 미국의 수입선이 한국에서 멕시코로 전환된다.

② 평가 : 무역전환 효과는 재화의 공급이 효율적인 국가(한국)에서 비효율적인 국가(멕시코)로 전환되므로 국제적 자원배분의 효율성이 낮아진다.

다음 그림은 X재의 국내 수요곡선(*D*)과 공급곡선(*S*)을 나타내고 있다. 폐쇄경제 하의 국내균형은 E, 무관세 자유무역 하에서의 소비자가격은 P_1, X재 수입에 대하여 한 개당 t원의 관세가 부과되는 경우의 소비자가격은 P_2이다. 이에 관한 설명으로 옳지 않은 것은?

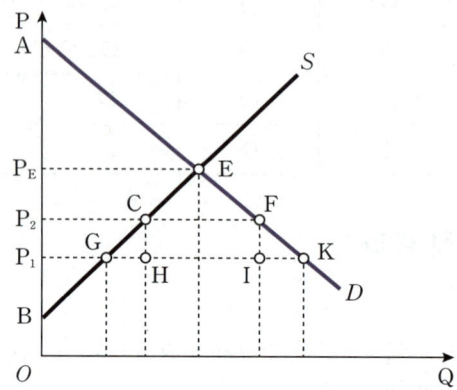

① 관세부과 후 X재의 수입량은 CF이다.
② 폐쇄경제와 비교하면 관세부과 무역으로 인한 소비자잉여 증가분은 P_EEFP_2이다.
③ 폐쇄경제와 비교하면 무관세 자유무역으로 인한 총잉여 증가분은 EGK이다.
④ 무관세 자유무역과 비교하면 관세부과로 인한 경제적순손실은 CFKG이다.
⑤ 무관세 자유무역과 비교하면 관세부과로 인한 생산자잉여 증가분은 P_2CGP_1이다.

정답　④
해설　관세부과 후 사중손실은 삼각형 CGH와 FIK이다.

⚠️ 출제예상문제의 중요도를 ★~★★★으로 구분하였습니다. 난이도가 가장 높은 고등급 문제는 [최우수] 표시하였으니, 최우수 등급을 목표로 하신다면 반드시 학습하시기 바랍니다.

★
01 **다음 중 비교우위론에 관한 설명으로 옳지 않은 것은?**

① 대기업의 CEO가 화단에 직접 물을 주지 않고 정원사를 고용하는 것은 비교우위론의 예측과 부합한다.
② 한 국가에서 모든 산업이 비교열위에 있는 경우도 종종 관찰된다.
③ 절대열위에 있는 산업이라도 비교우위를 가질 수 있다.
④ 국가 간의 무역뿐만 아니라 개인 간의 교역을 설명하는 데에도 응용된다.
⑤ 비교우위는 국가의 지원이나 인간의 투자에 의해 그 양상이 변할 수 있다.

★★
02 **A재 1단위를 생산하기 위해서 한국에서는 노동시간으로 20시간, 미국에서는 10시간이 필요하다. 그리고 B재 1단위를 생산하기 위해서 한국에서는 노동시간으로 15시간, 미국에서는 5시간이 필요하다. 다음 중 옳은 것은?**

① 미국에서 A재 1단위 생산하기 위한 기회비용은 B재 1/2단위이다.
② A재는 미국에, B재는 한국에 절대우위가 있다.
③ 한국은 미국에 비하여 B재에 비교우위가 있다.
④ 한국에서 B재 1단위를 생산하기 위한 기회비용은 노동 15단위이다.
⑤ 교역을 하면 교역조건은 B재 1단위에 대해서 A재 1/2단위와 3/4단위 사이에서 결정된다.

03 다음은 A국과 B국의 시간당 노동 생산량이다. 자료에 대한 분석으로 옳은 것은? (단, 양국만 무역하고 양국의 노동 시간은 같으며 밀과 반도체 생산에 정확하게 절반씩 배분하고 있다)

구 분	A	B
밀	18kg	12kg
반도체	8개	4개

<보기>
ㄱ. 반도체 생산의 기회비용은 A국이 B국보다 작다.
ㄴ. 비교우위론에 따를 때 두 나라 간에 교역은 발생하지 않는다.
ㄷ. 교환이 발생할 때 밀의 총생산량은 증가하게 된다.
ㄹ. B국은 반도체보다 밀 생산에 특화하는 것이 유리하다.

① ㄱ, ㄴ   ② ㄱ, ㄹ   ③ ㄴ, ㄷ   ④ ㄴ, ㄹ   ⑤ ㄷ, ㄹ

정답 및 해설

01 ②
한 국가에서 모든 산업이 절대열위에 있는 경우는 종종 관찰될 수 있으나 비교열위는 상대적인 개념이므로 모든 산업이 비교열위가 될 수는 없다.

02 ⑤
주어진 조건을 표로 만들면 다음과 같다. (표의 숫자는 노동시간)

구 분	A재	B재
한국	20	15
미국	10	5

• 한국의 국내가격비 : $\frac{P_A}{P_B} = \frac{20}{15} = \frac{4}{3}$
즉, A재 1단위를 생산하기 위한 기회비용은 B재 $\frac{4}{3}$단위이다.
• 미국의 국내가격비 : $\frac{P_A}{P_B} = \frac{10}{5} = 2$
즉, A재 1단위를 생산하기 위한 기회비용은 B재 2단위이다. 따라서 한국은 A재에 비교우위가 있고 미국은 B재에 비교우위가 있다.
• 한편, 교역조건은 두 나라의 국내가격비 사이에서 결정되므로 A재 1단위에 대해서 B재 $\frac{4}{3}$단위와 2단위 사이에서 결정된다. 따라서 A재로 나타낸 교역조건은 B재 1단위에 대해서 A재 $\frac{1}{2}$단위와 $\frac{3}{4}$단위 사이에서 결정된다.

오답노트
① 미국에서 A재 1단위를 생산하기 위한 기회비용은 B재 2단위이다.
② A재와 B재 모두 미국에 절대우위가 있다.
③ 한국은 미국에 비하여 A재에 비교우위가 있다.
④ 한국에서 B재 1단위를 생산하기 위한 기회비용은 A재 $\frac{3}{4}$단위이다.

03 ②
다음을 기회비용으로 나타내면 다음과 같다.

구 분	A	B
밀의 기회비용	밀 18kg = 반도체 8개 밀 1kg = 반도체 $\frac{4}{9}$개	밀 12kg = 반도체 4개 밀 1kg = 반도체 $\frac{1}{3}$개
반도체의 기회비용	반도체 1개 = 밀 $\frac{9}{4}$kg	반도체 1개 = 밀 3kg

따라서 밀은 B국이, 반도체는 A국이 특화하게 된다.
ㄱ. 반도체 생산의 기회비용은 A국이 밀 $\frac{9}{4}$kg으로 B국보다 작다.
ㄹ. B국은 반도체보다 밀 생산의 기회비용이 작으므로 밀에 특화하는 것이 유리하다.

오답노트
ㄴ. 절대우위론은 각각 잘하는 것이 존재해야 한다. 여기서는 A국이 다 잘하므로 절대우위론에 따를 때 두 나라 간에 교역은 발생하지 않는다.
ㄷ. 총 2시간이 주어져 있다고 가정하면 각각 밀을 생산할 때는 30kg이지만 B가 특화하여 생산하면 밀 24kg이므로 오히려 줄어든다.

★★
04 그림은 동일한 양의 노동력을 이용하여 자동차와 컴퓨터를 생산하는 갑국과 을국의 생산가능곡선을 나타낸다. 이에 대한 분석으로 옳은 것은? (단, 두 나라가 생산하는 자동차와 컴퓨터의 품질은 동일하며 교역에 따른 비용은 발생하지 않는다)

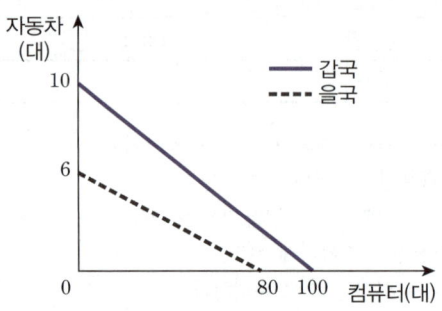

＜보기＞

ㄱ. 갑국이 을국에 대해서 두 재화 모두 절대우위에 있다.
ㄴ. 컴퓨터 1단위 생산에 따른 기회비용은 갑국이 을국보다 작다.
ㄷ. 갑국의 자동차 10대 생산에 따른 기회비용은 컴퓨터 100대이다.
ㄹ. 갑국은 자동차 1대당 컴퓨터 0.5대의 교역조건이라면 무역을 하지 않을 것이다.

① ㄱ, ㄴ   ② ㄱ, ㄹ   ③ ㄴ, ㄷ   ④ ㄱ, ㄴ, ㄹ   ⑤ ㄱ, ㄷ, ㄹ

★★
05 다음 표는 갑국과 을국이 노동 1단위를 투입하여 생산할 수 있는 X재와 Y재의 수량을 나타낸 것이다. 이에 대한 분석으로 옳은 것은? (단, 필요 생산요소는 노동뿐이고, 양국이 보유한 노동의 양은 같다)

국가 ＼ 재화	X재	Y재
갑국	5개	5개
을국	4개	2개

① 갑국은 X재 생산에, 을국은 Y재 생산에 비교우위가 있다.
② 을국에서 X재 1개 생산의 기회비용은 Y재 2개이다.
③ Y재 1개를 더 생산할 때 포기해야 하는 X재는 갑국이 을국보다 크다.
④ 양국이 비교우위 재화를 특화하여 무역을 할 때, 양국의 특화 품목 1개 소비의 기회비용은 무역 이전보다 커진다.
⑤ 갑국이 둘다 절대우위에 있으므로 무역은 발생하지 않는다.

★★
06 A국의 구리에 대한 국내 수요곡선은 Q = 12 − 2P이고, 국내 공급곡선은 P = Q이다. 구리의 국제시장가격이 5라면, A국 구리 생산업체들의 국내판매량과 수출량은? (단, Q는 수량, P는 가격을 나타내고, 이 나라는 소규모 개방경제라고 가정한다)

① 국내판매량 : 2, 수출량 : 3   ② 국내판매량 : 3, 수출량 : 2   ③ 국내판매량 : 3, 수출량 : 3
④ 국내판매량 : 4, 수출량 : 0   ⑤ 국내판매량 : 4, 수출량 : 1

갑국은 세계 철강시장에서 무역을 시작하였다. 무역 이전과 비교하여 무역 이후에 갑국 철강시장에서 발생하는 현상으로 옳은 것을 모두 고른 것은? (단, 세계 철강시장에서 갑국은 가격수용자이며 세계철강가격은 무역 이전 갑국의 국내 가격보다 높다. 또한 무역 관련 거래비용은 없다)

─────────────〈보기〉─────────────

ㄱ. 갑국의 국내철강가격은 세계가격보다 높아진다.
ㄴ. 갑국의 국내철강거래량은 감소한다.
ㄷ. 소비자잉여는 감소한다.
ㄹ. 생산자잉여는 증가한다.
ㅁ. 총잉여는 감소한다.

① ㄱ, ㄴ, ㄷ   ② ㄱ, ㄴ, ㄹ   ③ ㄱ, ㄷ, ㅁ
④ ㄴ, ㄷ, ㄹ   ⑤ ㄷ, ㄹ, ㅁ

정답 및 해설

04 ⑤
생산가능곡선을 이용한 무역문제이다. 상대적으로 많이 생산하는 품목에 대해 특화가 이루어져야 한다.
ㄱ. 갑국이 컴퓨터와 자동차 생산량이 많으므로 둘 다 절대우위에 있다.
ㄷ. 갑은 컴퓨터 100대 = 자동차 10대, 을은 컴퓨터 80대 = 자동차 6대이다.
ㄹ. 특화품목을 생산한 후에 교역조건에 의해 무역을 하면 소비점이 줄어들므로 무역을 하지 않을 것이다.

[오답노트]
ㄴ. 컴퓨터 1대당 갑은 자동차 0.1, 을은 3/40 = 0.075에 해당한다. 따라서 갑국의 기회비용이 더 크다.

05 ④
생산가능곡선을 통해 비교우위를 구하는 문제이다. 생산비로 풀면 오류이다. 갑국은 5X = 5Y, 을국은 4X = 2Y로 기회비용을 구해야 한다. 각국은 전보다 더 많은 것을 특화품목을 통해서 얻어야만 무역을 할 것이다. 이는 특화품목의 가치가 높아지는 것을 의미하므로 무역 후에는 특화품목의 기회비용이 커질 것이다.

[오답노트]
① 갑국은 Y재에 을국은 X재에 비교우위가 있다.
② Y재 1/2개이다.
③ 갑국이 1Y = 1X, 을국이 1Y = 2X이므로 을국이 더 크다.
⑤ 비교우위에 입각하여 무역할 것이다.

06 ①
국제시장가격 P = 5를 국내수요곡선 식에 대입하면 국내수요량이 2단위이고, P = 5를 국내공급곡선 식에 대입하면 공급량이 5단위이다. 그러므로 국제시장가격이 5로 주어져 있다면 A국의 구리 생산업체들은 5단위를 생산하여 국내에 2단위를 판매하고 3단위를 수출할 것이다.

07 ④
세계철강가격이 갑국의 철강가격보다 높으므로 갑국이 무역을 하게 되면 갑국은 철강을 수출하게 되는데, 갑국은 가격수용자(소국)이므로 무역 이후 갑국의 철강가격은 세계가격과 같아진다. 갑국의 국내 가격이 세계가격수준으로 상승하면 갑국의 소비자잉여는 A부분의 면적만큼 감소하고, 생산자잉여는 (A + B)부분의 면적만큼 증가하므로 총잉여는 B의 면적만큼 증가한다. 무역을 함에 따라 국내가격이 상승하면 국내거래량은 감소하게 된다.

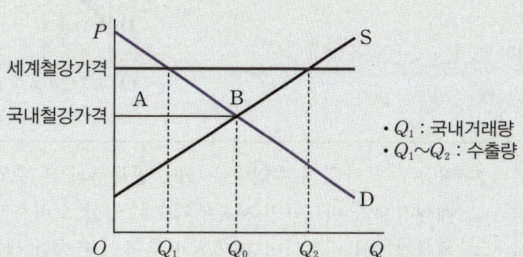

08 다음 그래프는 A국의 X재에 대한 국내수요와 국내공급을 나타낸 것으로 자유무역을 실시하기 전 E점에서 균형을 이루고 있다. A국이 시장을 전면 개방할 경우, 국내의 X재 시장에 미치는 영향에 대한 설명으로 옳지 않은 것은? (단, X재의 국제 시장가격은 P_1이고, A국은 이 가격을 주어진 것으로 받아들이며, 이 가격에서 X재를 얼마든지 수입할 수 있다)

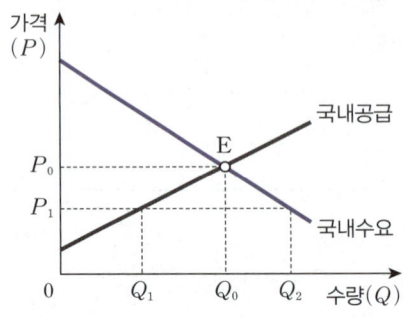

① 시장균형가격은 하락한다.　　　　　　　　② 소비자잉여는 증가한다.

③ 사회적잉여는 감소한다.　　　　　　　　　④ 국내 생산자의 국내 판매수입은 감소한다.

⑤ A국 정부는 이득을 보지 않는다.

09 다음 그래프는 X재의 국내 수요곡선(D)과 공급곡선(S)을 나타내고 있다. 폐쇄경제 하의 국내균형은 E, 무관세 자유무역 하에서의 소비자가격은 P_1, X재 수입에 대하여 한 개당 t원의 관세가 부과되는 경우의 소비자가격은 P_2이다. 이에 관한 설명으로 옳은 것은?

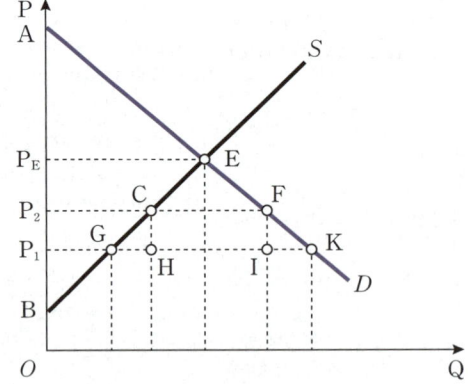

<보기>
- ㄱ. 자유무역 시 X재 수입량은 GK, 관세부과 후 수입량은 CF이다.
- ㄴ. 폐쇄경제와 비교하면 자유무역으로 인한 소비자잉여 증가분은 $P_E P_1 KE$이다.
- ㄷ. 폐쇄경제와 비교하면 관세부과 무역으로 인한 생산자잉여 증가분은 $P_E E F P_2$이다.
- ㄹ. 무관세 자유무역과 비교하면 관세부과로 인한 경제적순손실은 CFKG이다.

① ㄱ, ㄴ　　　　② ㄱ, ㄹ　　　　③ ㄴ, ㄷ　　　　④ ㄴ, ㄹ　　　　⑤ ㄷ, ㄹ

10 국내 쌀시장의 수요곡선과 공급곡선이 다음 그래프에서와 같이 주어졌다고 하자. 국제시장의 쌀 가격이 10이고 국내시장의 개방이 국제시장 균형가격에 영향을 미치지 않는다고 하자. 다음 설명 중 옳은 것은?

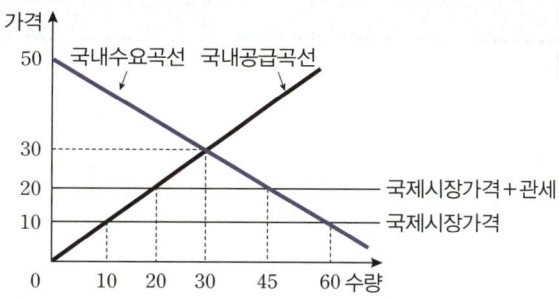

① 쌀시장 개방으로 인하여 국내 소비자잉여와 국내 생산자잉여가 모두 증가한다.
② 쌀시장 개방 후 국내 소비자들의 쌀 소비량은 60이고 이 중에서 국내균형생산량 30을 뺀 나머지가 수입된다.
③ 쌀시장 개방 후 10의 관세를 부과하면 국내 생산자잉여는 관세부과 전보다 200 증가한다.
④ 쌀시장 개방 후 10의 관세를 부과하면 관세부과 전보다 125의 자중손실(Deadweight Loss)이 발생한다.
⑤ 10의 관세 대신 15의 수입할당을 하더라도 국내 소비자잉여는 동일하다.

정답 및 해설

08 ③
자유무역을 하게 되면 가격이 P_1으로 내려가고 거래량은 증가하므로 소비자잉여는 증가하고 생산자잉여는 감소한다. 이때 소비자잉여의 증가분이 생산자잉여의 감소분보다 크다. 따라서 사회적잉여는 증가한다.

오답노트
① P_0에서 P_1으로 감소한다.
② 소비자잉여가 증가, 생산자잉여가 감소한다.
④ 가격이 떨어지고 수입량이 증가하므로 국내 판매수입은 감소한다.
⑤ 자유무역이 이루어지면 관세가 없으므로 이익을 보지 않는다.

09 ①
자유무역상황에서 관세를 부과하는 상황이 되면 수입량과 소비자잉여가 감소한다. 반면 생산자잉여는 증가한다.

오답노트
ㄷ. 폐쇄경제와 비교하면 관세부과 무역으로 인한 생산자잉여 감소분은 $P_E E C P_2$이다.
ㄹ. 무관세 자유무역과 비교하면 관세부과로 인한 경제적순손실은 CGH와 IFK이다.

10 ④

오답노트
① 쌀시장 개방으로 인하여 국내 소비자잉여는 증가하나 국내 생산자잉여는 감소한다.
② 쌀시장 개방 후 국내 소비자들의 쌀 소비량은 60이고 이 중에서 국내균형생산량 10을 뺀 나머지인 50만큼 수입된다.
③ 쌀시장 개방 후 10의 관세를 부과하면 국내 생산자잉여는 관세부과 전보다 10과 20 평행선과 공급곡선으로 둘러싸인 면적이므로 200 − 50 = 150만큼 증가한다.
⑤ 관세부과 후 수입량이 45 − 20 = 25이므로 10의 관세 대신 25의 수입할당을 하더라도 국내 소비자잉여는 동일하다. 한편 자중손실은 $\frac{1}{2} \times 10 \times 10 + \frac{1}{2} \times 10 \times 15 = 125$이다.

제2장

환율과 국제수지

■ 학습전략

환율은 자국 화폐와 타국 화폐의 교환 비율이다. 환율은 외환시장에서 거래되는데 외환의 공급과 수요에 의해 결정되고, 이로 인해 유리해지는 경제주체와 불리해지는 경제주체가 있다. 단적으로 말하면 화폐가치가 상승하면 수출을 제외하고 모두 유리하다. 환율 결정이론으로는 빅맥지수를 활용한 구매력평가설, 이자율을 이용한 이자율평가설이 있다. 구매력평가설은 '자국의 환율상승률 = 자국의 물가상승률 − 외국의 물가상승률'이고, 이자율평가설은 '자국의 환율상승률 = 자국의 이자율 − 외국의 이자율'이다. 이 두 가지 공식은 자주 출제되므로 반드시 숙지하여야 한다.

■ 출제비중

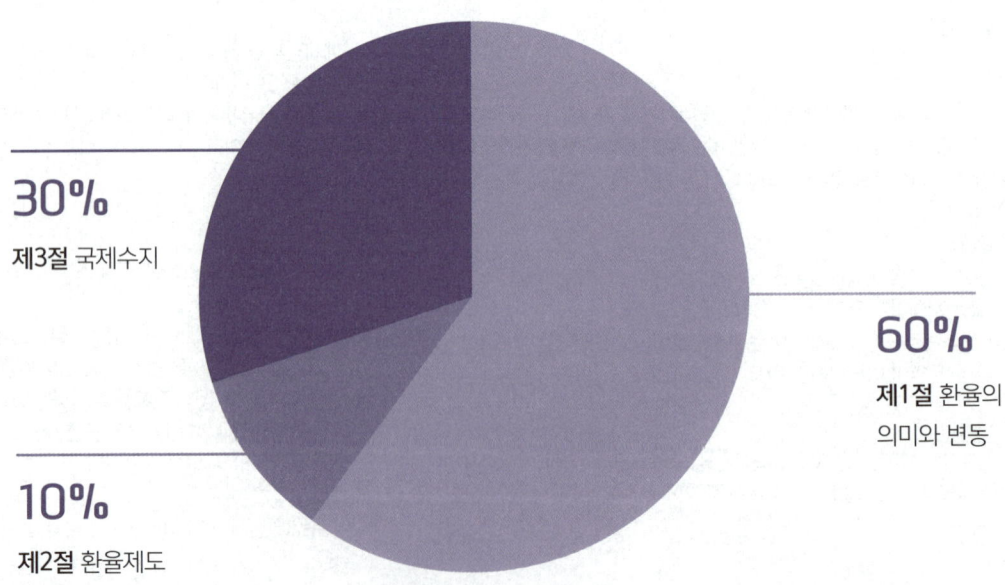

30%
제3절 국제수지

10%
제2절 환율제도

60%
제1절 환율의
의미와 변동

■ 출제 유형

환율변동의 영향과 결과는 현재 국내 경제상태를 이해하는 데 필요하므로 반드시 출제된다.
국제수지는 경상수지와 자본금융계정으로 이루어지는데 국가의 경제에 환율과 경기에 영향을 준다. 이와 관련된 내용에서는 항목을 구분하여 계산하는 문제가 자주 출제된다.

■ 학습구성

구 분	출제포인트	중요도
제1절 환율의 의미와 변동	**01** 외환 시장과 환율	★
	02 환율의 종류	★★
	03 환율의 변동과 결정	★★★
	04 환율결정이론	★★★
	05 환율과 경상수지	★
제2절 환율제도	**01** 환율제도의 종류	★
	02 환율제도의 변화	★
제3절 국제수지	**01** 국제수지의 의미와 구성	★★★
	02 국제수지의 균형	★★

제1절 | 환율의 의미와 변동

01 외환 시장과 환율 ★

1. 외환 시장

(1) 의미
외환의 수요자와 공급자가 외환을 거래하는 추상적인 시장을 말한다.

(2) 기능
① 재화나 서비스의 국제 거래에 대한 지불 수단인 외환을 교환해주는 역할을 한다.
② 투자 활동과 관련하여 외환을 활용할 수 있는 기회를 제공한다.

2. 환율

(1) 의미
자국 화폐와 외국 화폐의 교환 비율(자국 화폐에 대한 외화의 가격)을 말한다.

(2) 특징
① 기본적인 환율은 외환 시장의 수요와 공급에 의해 결정된다. 그러나 물가상승률, 국내외 금리차이, 정치·사회의 안정성 등 복합적인 요인에 의해 영향을 받는다.
② 환율은 수출입되는 재화와 서비스 가격에 직접적으로 영향을 미친다. 따라서 물가, 총생산(= 산출량), 국제수지 등의 결정에 중요한 요인으로 작용한다.
③ 환율은 명목환율과 실질환율로 구분할 수 있는데, 명목환율은 다시 현물환율과 선물환율로 구분된다.

핵심 Plus➕

외환 시장의 참가자
- 기업이나 개인 고객
  해외여행자, 수출입 업자, 국제 투자자 등
- 외국환 은행
  외환의 수요자와 공급자 사이를 연결하여 국제적인 자금의 결제나 이동의 중재자 역할을 함
- 외환 당국(중앙은행)
  환율을 일정하게 유지하거나 환율의 변동을 일정한 범위 내로 한정시키기 위하여 외환 시장에 개입함
- 외환 시장은 시장 참가자가 누구냐에 따라 은행 간에 거래가 이루어지는 은행 간 시장과 개인·기업 등 고객과 은행 사이에 거래가 이루어지는 대고객 시장으로 나누어지는데 보통 외환 시장이라고 하면 은행 간 시장을 말함

02 환율의 종류 ★★

1. 명목환율과 실질환율

(1) 명목환율

자국화폐와 외국화폐의 교환비율로 현재 우리가 쉽게 쓰는 환율을 의미한다.

예 1달러 = 1,000원(원/달러)

(2) 실질환율

한 나라의 재화와 서비스가 다른 나라의 재화와 서비스와 교환되는 비율로 두 나라의 물가를 고려한 환율을 의미한다. (일종의 물물교환 형태라고 생각하는 것이 이해하기 쉬움)

예 실질환율 $e = \dfrac{e \times P_f}{P}$ (e : 명목환율, P_f : 외국물가, P : 국내물가)

2. 현물환율과 선물환율

(1) 현물환율

① 현물환 거래에 적용되는 환율을 말하며, 일반적으로 환율이라 하면 현물환율을 말한다.
② 현물환 거래 : 외환의 매매계약과 동시에 외환의 인도와 대금결제가 이뤄지는 외환거래를 의미하며, 계약일로부터 통상 2영업일 이내에 결제가 이루어지게 된다.

(2) 선물환율

① 선물환 거래에 적용되는 환율을 말하며, 선물환율은 거래시점에서 미리 정해진다.
② 선물환 거래 : 외환의 매매계약일로부터 일정기간이 경과한 후 특정일에 계약시점에서 합의된 환율(선물환율)로 외환인도와 대금결제를 약정하는 거래를 말한다.

03 환율의 변동과 결정 ★★★

1. 환율의 표시방법과 변동

(1) 명목환율 표시방법

① 대부분 자국통화표시환율(지급환율)을 사용한다. 예 원/달러 환율 1$ = 1,200원
② 환율계산에서 기준은 외국화폐이며 그 중에서도 특히 미국 달러화가 가장 기준이 된다. 이렇게 기준이 되는 외국화폐를 '기축통화'라고 한다.
③ 일반적으로 기축통화는 외환거래에 가장 중심이 되는 통화들을 의미하며 주로 USD($)/유로(€)/엔화(¥) 등을 의미한다.

(2) 환율변동

① 원/달러 환율 상승(원화 평가절하)
　달러화에 대해 상대적으로 원화의 가치가 떨어진 것이다.
② 원/달러 환율 인하(원화 평가절상)
　달러화에 대해 상대적으로 원화의 가치가 높아진 것이다.

2. 환율의 결정

(1) 외환의 수요와 공급

① 외환 시장은 외화의 수요자와 공급자가 만나 거래가 이루어지는 추상적 시장이다.
② 외환 시장에서 외화의 수요와 공급에 의해 균형 환율이 결정된다.

(2) 외환의 수요

① 환율이 상승하면 원화로 표시한 외국제품의 가격 상승으로 수입이 감소하므로 외환 수요량도 감소한다.
② 환율이 상승하면 외환의 수요량이 감소하므로 외환의 수요곡선은 우하향의 형태로 도출된다.
③ 외환의 수요는 외국의 재화나 서비스 구입 등을 위해 외환을 필요로 하는 것이다.
　예 상품 수입, 유학, 해외여행, 해외투자, 외채상환, 국내에 투자된 외국자본의 철수, 중앙은행의 외환매입 등

(3) 외환의 공급

① 환율이 상승하면 달러로 표시한 수출품의 가격 하락으로 수출이 증가하므로 외환공급량이 증가한다.
② 환율이 상승하면 외환의 공급량이 증가하므로 외환의 공급곡선은 우상향의 형태로 도출된다.
③ 외환의 공급은 보유하고 있는 외환을 원화로 환전하기 위해 외환 시장에 내놓는 것이다.
　예 상품 수출, 외국인의 국내투자, 해외차관의 도입, 중앙은행의 외환매각 등

(4) 환율의 주요결정요인

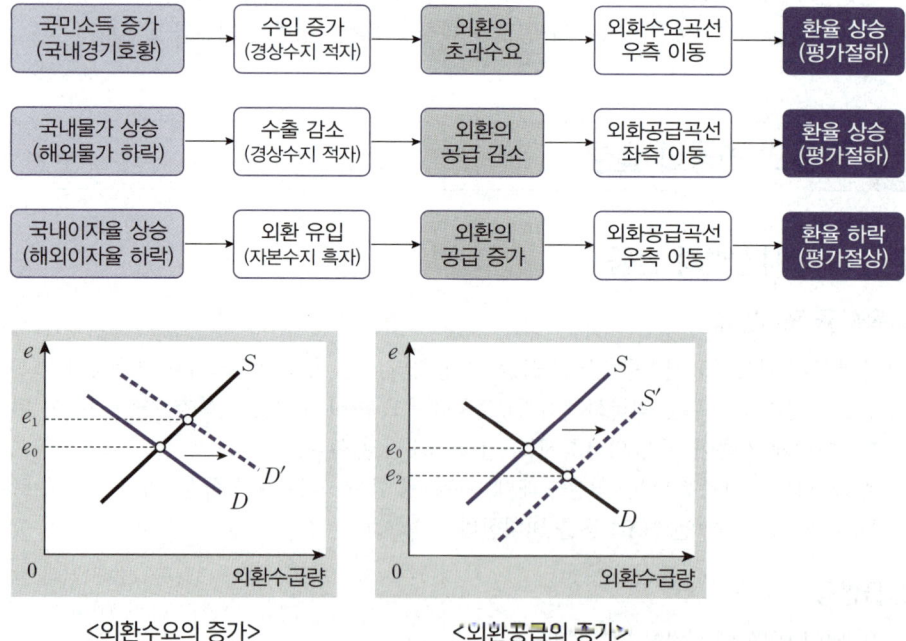

국민소득 증가 (국내경기호황)	→	수입 증가 (경상수지 적자)	→	외환의 초과수요	→	외화수요곡선 우측 이동	→	환율 상승 (평가절하)
국내물가 상승 (해외물가 하락)	→	수출 감소 (경상수지 적자)	→	외환의 공급 감소	→	외화공급곡선 좌측 이동	→	환율 상승 (평가절하)
국내이자율 상승 (해외이자율 하락)	→	외환 유입 (자본수지 흑자)	→	외환의 공급 증가	→	외화공급곡선 우측 이동	→	환율 하락 (평가절상)

<외환수요의 증가>　　　　<외환공급의 증가>

3. 환율변동의 영향

구 분	환율 하락(원화 평가절상)	환율 상승(원화 평가절하)
수 출	• 국산 재화의 외화표시가격 상승 ⇨ 수출 감소	• 국산 재화의 외화표시가격 하락 ⇨ 수출 증가
수 입	• 외국산 재화의 원화표시가격 하락 ⇨ 수입 증가	• 외국산 재화의 원화표시가격 상승 ⇨ 수입 감소
외자도입 기업	• 원화환산 외채 감소(= 외채 상환부담 감소)	• 원화환산 외채 증가(= 외채 상환부담 증가)
경상수지	• 수출 감소, 수입 증가로 상품수지 악화 • 해외여행 경비 감소로 해외여행 증가, 국내 여행 경비 증가로 외국인의 국내여행 감소 ⇨ 서비스수지 악화	• 수출 증가, 수입 감소로 상품수지 개선 • 해외여행 경비 증가로 해외여행 감소, 국내 여행 경비 감소로 외국인의 국내여행 증가 ⇨ 서비스수지 개선
통화량	• 수출액 감소와 수입액 증가 ⇨ 외화 순유입액 감소 – 통화량 감소요인	• 수출액 증가와 수입액 감소 ⇨ 외화 순유입액 증가 – 통화량 증가요인
국내물가	• 수입재화, 원자재 가격 하락으로 물가 안정 • 원유 및 국제 원자재의 국내 가격 하락으 로 생산비가 낮아져 물가 하락	• 수입재화, 원자재 가격 상승으로 물가 상승 • 원유 및 국제 원자재의 국내 가격 상승으 로 생산비가 높아져 물가 상승

04 환율결정이론 ★★★

1. 구매력평가설(경상수지 초점)

(1) 의미

① '국제적 일물일가의 법칙'에 이론적 바탕을 두고, 만약 국제무역에 있어서 수송비, 거래수수료, 정보획득비용, 보호무역장벽 등 일체의 거래비용이 없다고 가정하면, 통화 1단위의 실질가치가 모든 나라에서 동일하도록 환율이 결정된다는 이론이다.

② 환율은 양국 통화의 구매력이 같아지는 수준에서 결정(환율의 결정)되며, 양국의 물가상승률에 차이가 생기면 구매력에 차이가 생기므로 환율이 변한다(환율의 변동)는 이론이다.

③ 대표적인 예로 빅맥지수[1]가 있다.

(2) 구매력평가설의 구분

① **절대적 구매력평가설**
일물일가의 법칙이 성립한다는 가정하에 환율이 국내 물가수준과 외국 물가수준의 비율에 의해 결정된다는 이론이다.

② **상대적 구매력평가설**
국내 물가상승률과 외국 물가상승률의 차이만큼 환율이 변동된다는 이론이다.

[1] **빅맥지수**
각국의 통화가치가 적정 수준인지 살피기 위해 각국의 맥도날드 빅맥 햄버거의 현지 통화가격을 달러로 환산한 가격. 이와 유사한 지수는 아이폰 지수, 갤럭시 지수 등이 있음

(3) 일반화(상대적 구매력평가설)

$$\frac{\Delta e}{e}\text{(환율상승률)} = \frac{\Delta P}{P}\text{(자국의 물가상승률)} - \frac{\Delta P_f}{P_f}\text{(외국의 물가상승률)}$$

(4) 문제점

① 생산하는 상품이 동질적일 수 없으므로 일물일가의 법칙이 성립하지 않는다.
② 수많은 비교역재[2]가 존재하므로 일물일가의 법칙이 성립할 수 없다.

(5) 평가

① 단기적인 환율의 움직임은 잘 나타내고 있지 못하고 있으나 장기적인 환율의 변화추세에는 잘 반영하는 것으로 평가된다.
② 거래비용이 낮은 선진국들 사이에서는 구매력평가설이 잘 적용되는 것으로 나타난다.

2. 이자율평가설(자본수지 초점)

(1) 의미

① 구매력평가설이 경상수지, 특히 무역수지를 중요시하는 관점에서 균형환율을 설명하는 이론이라면, 이자율평가설은 자본수지에 초점을 맞추어 균형환율을 설명하는 이론이다.
② 이자율평가설은 국가 간 자본이동에 아무런 제약이 없다면, 국내에 투자하건 외국에 투자하건 그 자본투자에 따른 수익률이 같아야 한다는 것이다. 즉, 이자율평가설은 환율이 두 나라 간 명목이자율 차이에 의해 결정된다고 본다.

(2) 가정

① 국가 간 자본이동 완전히 자유롭고 거래비용도 존재하지 않는다.
② 위험도가 동일한 금융상품이다.

(3) 일반화

$$\frac{\Delta e}{e}\text{(환율상승률)} = i\text{(국내이자율)} - i_f\text{(해외이자율)}$$

(4) 평가

① 자본통제와 같은 제도적 제약이 존재하거나 거래비용으로 인해 국가 간 자본이동성이 완전하지 못하면 이자율평가설이 성립하지 않는다.
② 이자율평가설의 현실 부합성 여부는 두 나라 간 자본이동이 얼마나 자유로운지, 금융자산이 얼마나 동질적인지에 따라 결정된다.

2) 비교역재
강사의 강의, 미용사의 미용서비스와 같이 무역이 되지 않는 품목

핵심 Plus⁺

캐리 트레이드(Carry Trade)
원래는 보유한 주식을 담보로 자금을 차입한 후, 보다 수익성 높은 주식에 투자하여 차입비용을 상환하고도 추가 수익을 실현하는 투자행위를 말하는 용어로 사용됐다. 지금은 저금리로 자금을 차입해 상품이나 주식 등 자산에 투자하는 기법을 지칭하는 용어로 자주 사용됨. 저금리가 오랫동안 지속될 때 성행하여 자산에 거품을 초래함. 한편, 이때 투자한 유가증권의 수익률이 차입금리보다 높을 경우 '포지티브 캐리(Positive Carry)'라 하고, 그 반대를 '네거티브 캐리(Negative Carry)'라고 함. 또한 캐리 트레이드는 저금리 국가의 자금을 빌려(캐리) 고금리 국가의 자산에 투자하는(트레이드) 것을 뜻하기도 함
㉎ 기준금리가 사실상 제로인 일본에서 엔화 자금을 연 1%의 조건으로 빌려 1년 만기 금리가 연 4%대인 한국의 채권에 투자하면 돈을 바꾸면서 들어가는 비용을 제외할 경우 연 3%의 이자 수익을 얻을 수 있게 됨. 캐리 대상이 되는 자금은 엔화(엔-캐리 트레이드) 이에드 역시 금리가 낮은 미국 달러화(달러-캐리 트레이드), 유럽의 유로화(유로-캐리트레이드) 등이 있음

05 환율과 경상수지 ★

1. J곡선 효과

(1) 의미

평가절하(환율인상)를 하면 국제수지가 개선되는데 이때 즉시 개선되지 않고 단기적으로는 악화되었다가 시간이 경과함에 따라 서서히 증가하는 현상으로, 그래프가 J곡선 모양으로 그려진다.

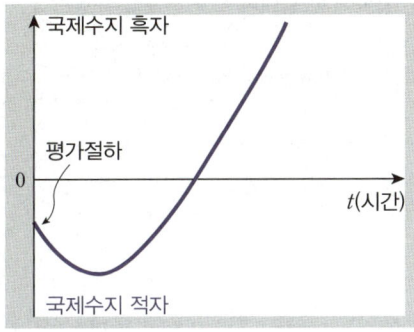

(2) 단기와 장기

① 단기 : 평가절하(환율인상) ⇨ 수출가격 하락 ⇨ 경상수지 악화
② 장기 : 평가절하(환율인상) ⇨ 수출량 증가 ⇨ 경상수지 개선

2. 마샬 – 러너조건(Marshall – Lerner Condition)

(1) 의미

자국 화폐의 평가절하를 실시할 경우 국제수지가 개선될 조건을 의미한다.

(2) 개선조건

① (자국의) 수입수요의 가격탄력성 + (자국의) 수출공급의 가격탄력성 > 1
② (자국의) 수입수요의 가격탄력성 + (외국의) 수입수요의 가격탄력성 > 1

환율이 1달러에 1,000원에서 2,000원으로 변화할 경우 나타날 수 있는 경제의 변화로 옳은 것만을 보기에서 있는 대로 고른 것은?

<보기>
ㄱ. 50만 원짜리 한국 텔레비전이 미국 시장에서 500달러에서 1,000달러로 상승하여 미국 사람들의 텔레비전 구매가 감소하였다.
ㄴ. 한국 시장에서 6개에 4,000원이던 오렌지가 8,000원으로 상승하여 소비가 감소하였다.
ㄷ. 미국에서 부모님이 송금하는 한 달 용돈 400달러가 한국 돈 40만 원에서 20만 원이 되니 생활이 더욱 어려워졌다.
ㄹ. 미국 은행에서 10만 달러를 빌린 섬유 공장 사장은 갚아야 할 금액이 한국 돈 1억 원에서 2억 원이 되어 채무 부담이 증가하였다.
ㅁ. 연봉 500만 달러를 받는 한국인 야구 선수는 한국 돈으로 50억 원에서 25억 원으로 감소하였다.

① ㄱ, ㄷ   ② ㄴ, ㄹ   ③ ㄱ, ㄷ, ㄹ
④ ㄴ, ㄹ, ㅁ   ⑤ ㄷ, ㄹ, ㅁ

정답 ②
해설 오답노트
    ㄱ. 환율이 상승하였으므로 외국에서 가격이 싸질 것이다.
    ㄷ. 미국에서 송금하는 400달러가 80만 원이 될 것이다.
    ㅁ. 100억 원으로 증가할 것이다.

제2절 │ 환율제도

환율제도의 변천	• 브레턴우즈 체제 : 고정환율제도 • 킹스턴 체제 : 변동환율제도

01 환율제도의 종류 ★

1. 고정환율제도

(1) 고정환율제도의 개념
정부가 외환 시장에 개입하여 환율을 일정수준으로 고정시키는 제도이다.

(2) 고정환율제도의 특징
① 국제수지 적자 ⇨ 외환의 초과 수요 ⇨ 중앙은행이 외환 시장 개입(외환매각)하여 고정환율유지
② 한편, 중앙은행이 외환 시장에서 외환을 팔고 국내통화를 사면, 국내통화가 중앙은행으로 환수되어 통화량이 감소한다. 즉, 금융정책의 자율성이 없다.
③ 이때 중앙은행은 고정환율 유지에 따른 부수적 결과인 통화량 변동을 상쇄하기 위하여 외환매매와 반대방향으로 국·공채를 사고파는 공개시장조작정책을 쓴다. 이를 불태화정책 또는 중화(Sterilization)정책이라고 한다.

2. 변동환율제도

(1) 변동환율제도의 개념
원칙적으로 중앙은행의 외환 시장 개입 없이 외환 시장의 수요, 공급을 일치시키는 수준에서 환율이 자유롭게 결정되는 제도이다.

(2) 변동환율제도의 특징
① 환율의 자동안정화장치 기능으로 외환 시장이 항상 균형을 이룬다.
② 외환 시장의 수급상황이 국내 통화량에 영향을 미치지 않아 금융정책의 자율성이 유지된다.
③ 단기적으로 환율이 불안정할 수 있으므로 국제무역과 투자 위축, 환투기 증가 등의 문제가 발생할 수 있다.

1. 금본위제도

(1) 개요

각국이 자국통화와 금과의 교환비율(금평가)을 고정시키는 제도이다.

(2) 특징

① 고정환율제도를 채택하였다.
② 금의 유출입에 따라 국제수지가 자동적으로 조정된다.
③ 국제수지 불균형이 조정되는 과정에서 국내물가가 불안정해진다.

2. 브레턴우즈 체제

(1) 브레턴우즈 협정

1944년 체결한 협정으로 단기국제금융기구인 IMF와 장기국제금융기구인 국제부흥개발은행이 설립되었다.

(2) 주요 내용

① 금환본위제
미국의 달러화를 기축통화로 하는 금환본위제도로서 달러화에 대해 금태환 의무를 부여하고 각국은 달러화의 교환비율을 일정하게 유지한다.
② 조정 가능 고정환율제도
각국은 국제수지의 구조적 불균형이 발생하는 경우 자국통화의 환율을 1% 범위 내에서 조정 가능하다. (예외적으로 기초적인 국제수지 불균형이 일어날 경우에는 IMF의 승인을 얻어 10%까지 조정 가능)
③ 특별인출권(SDR ; Special Drawing Rights)
국제유동성 부족을 해소하기 위하여 국제통화인 특별인출권(SDR)을 만들었다.

(3) 문제점

① 기초적인 국제수지 불균형이 발생하더라도 환율조정이 원활하게 이루어지지 못하였다.
② 유동성 딜레마
국제 경제규모가 커지면 기축통화인 달러공급의 증가가 필요하나 그러기 위해서는 미국의 국제수지 적자가 필수적이다. 그러나 미국의 국제수지 적자가 지속되면 달러의 신뢰도가 하락하여 기축통화의 기능이 저하된다. 기축통화인 달러의 공급을 증가시키면서 달러의 신뢰도를 유지하는 것이 불가능한 유동성 딜레마, 즉 트리핀의 역설이 발생한다.

(4) 스미소니언 협정 체결

브레턴우즈 체제가 붕괴함에 따라 고정환율제도로 복귀하고자 스미소니언 협정을 체결하였다.

핵심 Plus+

특별인출권(SDR)
국제통화기금(IMF)이 국제금융시장에서 달러화와 금의 한계를 보완하기 위해 1969년에 마련한 가상의 국제통화이며, IMF와 각국 정부·중앙은행 간 거래에 사용됨. SDR의 가치는 스탠더드 바스켓(Standard Basket) 방식으로 산정됨. 스탠더드 바스켓 방식이란 단위바스켓 중에 16개 주요국통화를 적당한 단위 수로 넣어 놓고 매일 변화하는 각국 통화의 가치를 당일의 외국환시장의 비율(Rate)에 상응한 달러로 환산하고, 이것으로부터 역산하여 각국 통화표시의 SDR의 가치를 정하는 것임

3. 스미소니언 체제

(1) 개요

브레턴우즈 체제가 붕괴하면서 고정환율제도로 복귀하고자 체결된 협정으로서 브레턴우즈 체제와 동일하게 미국의 달러화를 기축통화로 하는 금환본위제도이다.

(2) 내용

미국 달러화의 가치 평가절하, 환율의 변동폭 확대, 각국 통화를 미국 달러화에 대해 평가절상하는 것이 기본골자이다.

4. 킹스턴 체제

(1) 개요

1976년 자메이카의 킹스턴에서 열린 IMF회의에서 현존하는 통화체제를 인정함에 따라 킹스턴 체제가 성립되었다.

(2) 내용

① 회원국에게 독자적인 환율제도를 선택할 수 있는 재량권을 부여한다.
② 금의 공정가치 폐지 : 금달러본위에서 SDR본위로 이행한다.
③ SDR의 사용범위가 확대되었다.
④ IMF의 신용공여를 확대하고 이용조건도 대폭 완화되었다.

5. 플라자 합의

1985년 플라자 협정의 결과로 마르크와 엔의 가치가 상승하고 달러가치가 하락하였다.

시험문제 미리보기!

다음 중 국제통화제도에 대한 설명으로 옳지 않은 것은?

① 금본위제도는 전형적인 고정환율제도이다.
② 킹스턴 체제는 회원국들이 독자적인 환율제도를 선택할 수 있는 재량권을 부여하고 있다.
③ 브레턴우즈 체제는 달러화를 기축통화로 하는 변동환율제도 도입을 골자로 한다.
④ 스미소니언 협정에서는 고정환율제도를 사용하며 8개국 통화가 기축통화로 사용되었다.
⑤ 1985년 플라자협정의 결과로 달러화의 가치가 하락하였다.

정답 ③

해설 브레턴우즈 체제는 고정환율제도를 이용하며 달러가 기축통화이다. 금본위제도(고정환율제) ⇨ 브레턴우즈(1944, 고정환율제도, 환율변동폭은 상하 1% 허용, 달러가 기축통화로 사용) ⇨ 스미소니언 협정(1971, 고정환율제도 환율변동폭 2.5%, 8개국 통화가 기축통화로 사용) ⇨ 킹스턴 체제(1976, 변동환율제도, SDR의 역할 증진)

제**3**절 | 국제수지

01 국제수지의 의미와 구성 ★★★

1. 의미

1년간 한 나라가 수취한 외화와 지불한 외화의 차액으로 경상수지, 자본·금융계정, 오차 및 누락 등으로 구성된다.

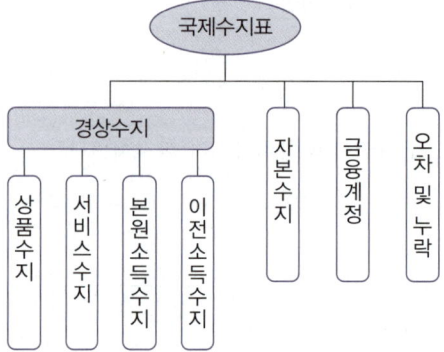

2. 구성

(1) 경상수지

재화, 서비스, 생산요소 등의 거래(경상 거래)에 따른 외화의 수취와 지급의 차액으로, 상품수지, 서비스수지, 본원소득수지, 이전소득수지의 합으로 이루어진다.

① **상품수지** : 상품의 수출액과 수입액의 차이를 기록하며, 경상수지에서 가장 큰 비중을 차지한다.

② **서비스수지** : 외국과의 서비스 거래(운송, 여행, 통신, 보험, 특허권 등의 지식 재산권 사용료, 기타 서비스의 수출입 등)로 수취한 외화와 지급한 외화의 차이 등을 기록한다.

③ **본원소득수지** : 거주자와 비거주자 간에 근로의 대가로 지급된 급료 및 임금수지와 배당금·이자로 지급된 투자소득수지를 기록한다.

④ **이전소득수지** : 거주자와 비거주자 간에 대가 없이 이루어진 무상 원조·증여성 송금 등 이전 거래 내역을 기록한다.

핵심 Plus +

준비자산증감
외화의 순유입 시에는 음(-)의 값으로, 외화의 순유출 시에는 양(+)의 값으로 나타남. 국제수지표의 특성상 준비 자산의 증가는 음(-)으로, 준비 자산의 감소는 양(+)으로 나타남

지적 재산권(지식 재산권)
지적 창작물에 대한 권리로 법률에 의해 일정기간 배타적 지배권을 보호받음. 지적 재산권은 저작권과 산업 재산권으로 구분하는데 산업 재산권으로는 특허권, 상표권, 의장권, 실용신안권 등이 있음

경상수지와 자본·금융계정의 관계
일반적으로 경상수지가 흑자이면 자본·금융계정은 음(-)의 값을 가지며, 경상수지가 적자이면 자본·금융 계정은 양(+)의 값을 가지게 됨. 경상 거래의 결과 부족한 외화는 외국에서 빌려와야 하며, 남는 돈은 해외 투자가 가능하기 때문임

(2) 자본·금융계정

① **자본수지** : 자산 소유권의 무상 이전, 채권자에 의한 채무 면제 등을 기록하는 자본 이전과 브랜드 네임, 상표 등 마케팅 자산과 기타 양도 가능한 무형 자산의 취득과 처분을 기록하는 비생산·비금융 자산으로 구분된다.

② **금융계정** : 거주자와 비거주자 간에 기업에의 경영 참여를 목적으로 하는 직접 투자, 주식과 채권 거래를 나타내는 증권 투자, 파생금융상품 거래를 계상하는 파생금융상품, 기타 투자 및 준비 자산으로 구분된다.

③ **오차 및 누락** : 경상수지 및 자본수지의 합계와 금융계정 금액이 같지 않을 경우, 이를 조정하기 위한 항목이다.

02 국제수지의 균형 ★★

1. 국제수지의 균형

(1) 균형

① 외화의 수취 = 외화의 지급
② 흑자나 적자가 없는 상태이다.
③ 현실적으로 매번 달성하는 것은 불가능하지만 중장기적으로 균형을 추구하는 것이 바람직하다.

(2) 국제수지 흑자(수취 > 지급)

① 장점 : 소득 증가, 고용 확대, 외채상환, 국가 신인도 상승, 원자재 안정적 공급, 외국인 투자 확대, 해외 직접 투자 확대 등
② 단점 : 통화량 증대, 물가 상승, 무역 마찰 등

(3) 국제수지 적자(수취 < 지급)

① 단기적 적자를 무조건 손해라고 볼 필요는 없다.
② 만성적 적자, 경기 침체 지속, 통화량 감소, 외채 증가, 국가 신인도 하락, 외환위기 발생 등의 문제가 발생할 수 있다.

2. 경상수지와 환율

(1) 경상수지가 환율에 미치는 영향

① 경상수지 흑자 : 외화의 유출액(외화 수요)에 비해 외화의 유입액(외화 공급)이 많아 환율이 하락한다.
② 경상수지 적자 : 외화의 유입액(외화 공급)에 비해 외화의 유출액(외화 수요)이 많아 환율이 상승한다.

(2) 환율이 경상수지에 미치는 영향

① 환율 상승 : 원화 가치의 하락으로 수출이 증가하고, 수입 상품의 원화 가격이 상승하여 수입은 감소하므로 경상수지 개선이 이루어진다.
② 환율 하락 : 원화 가치의 상승으로 수출이 감소하고, 수입 상품의 원화 가격이 하락하여 수입은 증가하므로 경상수지가 악화된다.

핵심 Plus⁺

쌍둥이 적자

총저축이 국내총투자를 상회하면 경상수지는 흑자가 됨. 정부가 재정적자를 시현하면 정부저축이 (−)가 되어 총저축이 감소하고 결과적으로 경상수지 적자로 귀결되기 쉬움. 재정적자와 경상수지 적자가 동시에 발생할 가능성이 있는 것임. 이 경우 민간저축이 충분히 큰 경우에는 경상수지 적자는 발생하지 않을 수 있음

국제수지가 균형에 있다고 가정하고 식으로 쓰면 다음과 같음. $Y = C + S + T$, $Y = C + I + G + Nx$에서 두 식을 정리하면 $S + T − G = I + Nx$(S는 민간저축, $T − G$는 재정흑자 즉 정부저축)임. 따라서 미국경제는 '낮은 국민저축 = 높은 투자 + 마이너스 순수출'로 균형을 이루고 있음. $S = I + Nx$(S는 국민저축으로 민간저축과 정부재정흑자의 합)

출제예상문제

출제예상문제의 중요도를 ★~★★★으로 구분하였습니다. 난이도가 가장 높은 고등급 문제는 최우수 표시하였으니, 최우수 등급을 목표로 하신다면 반드시 학습하시기 바랍니다.

최우수

★★★

01 그림은 환율의 변화를 나타낸다. 이에 대한 옳은 설명은? (단, 환율 이외의 다른 요인은 고려하지 않는다)

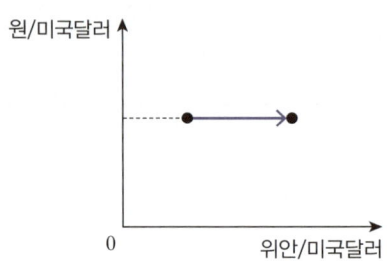

<보기>

ㄱ. 한국인의 미국여행비용이 증가할 것이다.
ㄴ. 중국인이 한국에 있는 가족에게 보내는 송금비용 부담이 증가하였다.
ㄷ. 미국은 대중 수출에 대한 가격경쟁력이 강화되었다.
ㄹ. 한국인이 중국에서 수입한 물건을 미국에 파는 경우는 유리해졌다.

① ㄱ, ㄴ   ② ㄱ, ㄹ   ③ ㄴ, ㄷ   ④ ㄴ, ㄹ   ⑤ ㄷ, ㄹ

★★

02 다음과 같은 환율의 변동 추세가 지속될 때 나타날 수 있는 영향으로 가장 적절한 것은? (단, 다른 조건은 일정하다고 가정한다)

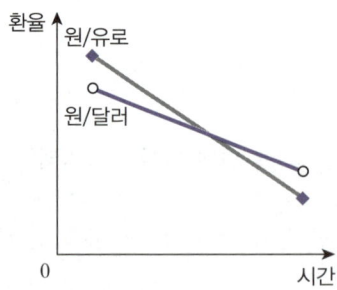

① 달러화 자금을 차입한 한국 기업의 상환부담이 감소할 것이다.
② 유럽을 여행하는 우리나라 사람들의 여행비 부담은 증가할 것이다.
③ 국내 수입 자동차시장에서 유럽산 자동차보다 미국산 자동차의 가격경쟁력이 더 높아질 것이다.
④ 국내 물가의 인상 압력이 높아질 것이다.
⑤ 유럽을 여행하는 미국인들의 부담이 증가했을 것이다.

03 표는 지난해 대비 미국 달러에 대한 각국의 통화 가치 변동률이다. 이 기간 동안의 변화에 대해 옳게 설명한 것은?
(단, 무역 결제 수단은 달러이며, 환율 이외의 변동 요인은 없다고 가정한다)

<아시아 3개국 통화 가치 변동률>

국가(화폐 단위)	변동률(%)
한국(원)	12
중국(위안)	− 8
일본(엔)	4.2

<보기>

ㄱ. 원/달러 환율은 하락하고, 엔/달러 환율은 상승하였다.
ㄴ. 중국에서 한국 상품의 가격경쟁력이 일본 상품에 비해 강화되었다.
ㄷ. 달러로 환전하여 일본 유학을 가려는 중국 유학생의 부담은 증가하였다.
ㄹ. 작년 8월에 대출받은 엔화 자금을 상환하는 국내거주 한국인은 환율 변동으로 이익을 보았다.

① ㄱ, ㄴ   ② ㄱ, ㄹ   ③ ㄴ, ㄷ   ④ ㄴ, ㄹ   ⑤ ㄷ, ㄹ

정답 및 해설

01 ④
원/미국달러는 변화가 없고 위안/미국달러 환율이 상승하였으므로 위안의 가치가 하락하였다.
ㄴ. 위안화의 가치가 하락하였으므로 중국인의 한국에 있는 가족에 대한 송금비용 부담이 증가하였다.
ㄹ. 한국인이 중국에서 수입할 경우 유리하며 미국과의 환율은 동일하므로 전체적으로 한국인이 유리해졌다.

오답노트
ㄱ. 한국인의 미국여행비용은 변화가 없다.
ㄷ. 미국은 화폐가치가 상승하였으므로 대중 수출에 대한 가격경쟁력이 약화되었다.

02 ①
달러보다 유로의 가치가 더 하락하였으므로, 유로/달러 환율은 상승할 것이다. (원 > 달러 > 유로) 원화의 가치가 상승하였으므로 외화 상환에 유리하다.

오답노트
② 원화의 가치가 높으므로 여행비 부담은 감소한다.
③ 원/유로 환율과 원/달러 환율 모두 하락하고 있기 때문에 우리나라에서 유럽산 자동차나 미국산 자동차의 원화 표시 가격은 모두 하락한다. 그런데 원/유로 환율의 하락 속도가 더 빠르기 때문에 미국산 자동차보다 유럽산 자동차의 가격 경쟁력이 더 높아진다.
④ 환율이 하락하면 수입품의 원화 표시 가격이 하락하기 때문에 국내 물가는 안정된다. 그리고 수입품의 가격 인하 이외에도 통화량이 감소도 물가 안정에 도움이 된다.
⑤ 달러가 유로에 비해 상대적으로 가치가 상승하였으므로 미국인의 유럽여행 비용 부담은 감소한다.

03 ⑤
화폐가치의 순으로 쓰면 '한국 > 일본 > 달러 > 위안'의 순으로 나열할 수 있다. 따라서 한국은 수출을 제외한 나머지가 유리하며, 위안은 수출을 제외한 나머지가 불리하다.
ㄷ. 달러로 환전하여 일본 유학을 가려는 중국 유학생의 위안화 화폐가치 상승으로 부담은 증가하였다.
ㄹ. 작년에 대출받은 엔화 자금을 상환하는 국내거주 한국인은 원화 가치가 올라갔으므로 환율 변동으로 이익을 보았다.

오답노트
ㄱ. 원/달러 환율은 하락하고, 엔/달러 환율도 하락하였다.
ㄴ. 중국에서 원화의 가치가 더 높기 때문에 한국 상품의 가격경쟁력이 일본 상품에 비해 약화되었다.

04 다음 중 원/미국 달러 환율에 관한 설명으로 옳지 않은 것은?

① 환율이 올라간다는 것은 원화 가치가 미국 달러화의 가치에 비해 상대적으로 하락함을 의미한다.
② 장기에서 우리나라의 물가상승률이 미국의 물가상승률보다 더 높은 경우 환율은 올라간다.
③ 환율이 내려가면 국내 대미 수출기업들의 수출은 증가한다.
④ 환율이 내려가면 미국에 유학생 자녀를 둔 부모들의 학비 송금에 대한 부담이 줄어든다.
⑤ 미국인의 주식투자자금이 국내에 유입되면 환율은 내려간다.

05 금년도 한국의 물가상승률은 4%, 미국의 물가상승률은 2%, 그리고 원/달러 명목환율의 하락률이 5%일 때 실질환율의 변화는?

① 2% 상승　　　　② 3% 상승　　　　③ 2% 하락　　　　④ 3% 하락　　　　⑤ 7% 하락

06 다음 구매력평가설(Purchasing Power Parity)에 대한 설명 중 올바른 것을 <보기>에서 모두 고르면?

―――――――――――――――――<보기>―――――――――――――――――
ㄱ. 거래비용과 비교역재가 없어야 성립한다.
ㄴ. 로컬시장에는 다양한 경쟁자들이 존재해 모든 나라에서 일물일가의 법칙이 성립할 수 없다.
ㄷ. 상대적으로 물가상승률이 높은 국가의 통화가치는 상대적으로 상승한다.
ㄹ. 현재환율이 구매력평가설로 측정한 환율보다 낮다면, 현재의 명목환율은 원화의 구매력을 과소평가하고 있다.

① ㄱ, ㄴ　　　　② ㄱ, ㄹ　　　　③ ㄴ, ㄷ　　　　④ ㄴ, ㄹ　　　　⑤ ㄷ, ㄹ

07 다음 우리나라의 교역조건에 대한 설명 중 옳은 것은?

―――――――――――――――――<보기>―――――――――――――――――
ㄱ. 환율이 상승하면 교역조건이 개선된다.
ㄴ. 국제 유가가 오르면 교역조건은 악화된다.
ㄷ. 교역조건이 개선되면 우리나라 사람들의 생활수준은 악화된다.
ㄹ. 수출상품 가격이 수입품 가격에 비해 하락하면 교역조건이 악화된다.

① ㄱ, ㄴ　　　　② ㄱ, ㄹ　　　　③ ㄴ, ㄷ　　　　④ ㄴ, ㄹ　　　　⑤ ㄷ, ㄹ

08 다음 중 미국 달러화에 대하여 유로화의 가치가 하락하는 경우는?

① EU 중앙은행이 고금리정책을 실시한다.

② 미국의 경기회복으로 EU로부터의 수입이 증가한다.

③ 미국의 물가상승률이 EU의 물가상승률보다 높다.

④ 미국의 EU에 대한 해외직접투자가 증가한다.

⑤ EU의 미국에 대한 증권투자가 증가한다.

정답 및 해설

04 ③

예를 들어 환율이 1달러 = 1,000원에서 1달러 = 800원으로 하락하면 10,000원짜리 재화의 수출가격이 10달러에서 12.5달러로 상승한다. 환율하락으로 달러표시 수출가격이 상승하면 수출이 감소하게 된다. 반면, 환율이 1달러 = 1,000원에서 1달러 = 800원으로 환율이 하락하면 유학생 자녀에게 100달러를 송금할 때 소요되는 원화 금액이 100,000원에서 80,000원으로 감소한다. 따라서 환율이 하락하면 유학생 부모의 학비부담은 감소한다.

05 ⑤

실질환율 변화율 = 명목환율 변화율 + 미국의 물가상승률 − 한국의 물가상승률이다. 따라서 −5 + 2 − 4 = − 7%이다.

06 ①

구매력평가설은 환율 결정에 있어서 각국 화폐의 구매력이 가장 중요한 요인이 된다는 이론이다. 일물일가의 원칙을 통해 환율이 결정되며 거래비용과 비교역재가 없어야 성립한다.

오답노트

ㄷ. 물가가 상승했다는 것은 화폐의 가치가 떨어졌다는 것을 의미한다. 그러므로 구매력평가설에 따르면 특정 국가의 물가가 상승하면 해당 국가의 화폐가치는 하락한다.

ㄹ. 현재환율이 구매력평가설로 측정한 환율보다 낮다면, 궁극적으로 구매력평가설로 측정한 환율로 가야 하므로 현재의 명목환율은 올라가야 한다. 따라서 원화의 구매력을 과대평가하고 있다.

07 ④

교역조건은 '수출가격/수입가격 × 100'이다. 교역조건은 수출품 한 단위에서 벌어들인 외화로 살 수 있는 수입품의 단위 수를 말한다. 따라서 수출품 가격이 오르거나 수입품 가격이 하락하면 교역조건이 개선된다. 환율이 상승하면 수입물가가 올라 교역조건은 악화되고, 환율이 오르면 수출이 늘어나지만 교역조건은 악화된다는 점에 유의해야 한다.

오답노트

ㄱ. 환율이 상승하면 수출가격이 하락하고 수입가격이 상승하므로 교역조건이 악화된다.

ㄷ. 교역조건이 개선되면 더 많은 상품을 구입할 수 있으므로 우리나라 사람들의 생활수준은 좋아질 수 있다.

08 ⑤

미국 달러화에 대하여 유로화의 가치가 하락하는 경우는 달러가치가 상승하므로 'EU의 미국에 대한 증권투자 증가 ⇨ 달러화 EU 유출 ⇨ 달러공급 감소 ⇨ 달러가치 상승'

오답노트

① EU 중앙은행이 고금리정책을 실시 ⇨ 달러화 EU 유입 ⇨ 달러공급 증가 ⇨ 달러가치 하락

② 미국의 경기회복으로 EU로부터의 수입이 증가 ⇨ 달러화 EU로 유입 ⇨ 달러가치 하락

③ 미국의 물가상승률이 EU의 물가상승률보다 높음 ⇨ EU수출 증가 ⇨ 달러공급 증가 ⇨ 달러가치 하락

④ 미국의 EU에 대한 해외직접투자가 증가 ⇨ 달러화 EU로 유입 ⇨ 달러가치 하락

★★
09 변동환율제도 하에서 원/달러 환율을 하락시키는 요인이 아닌 것은?

① 미국 달러자본의 국내 투자 확대　　　② 미국산 제품의 국내 수입 증가
③ 미국 달러자본의 국내 부동산 매입　　④ 국내산 제품의 수출 증가
⑤ 미국 달러자본의 국내 주식 매입

★★
10 다음 중 외환당국이 시장에 개입하여 원화 가치를 끌어올리려고 할 때 불필요한 통화량의 변화를 방지하기 위해 취해야 할 불태화 정책으로 옳지 않은 것은?

┌─────────────────────────〈보기〉─────────────────────────┐
│ ㄱ. 국채의 매입　　　　　　　　　　　　ㄴ. 국채의 매각　　　　　　　　　　　　│
│ ㄷ. 정부지출의 축소　　　　　　　　　　ㄹ. 외화표시 자산의 매입　　　　　　　│
└──┘

① ㄱ, ㄴ　　　　　② ㄱ, ㄷ　　　　　③ ㄴ, ㄷ　　　　　④ ㄴ, ㄹ　　　　　⑤ ㄴ, ㄷ, ㄹ

★★
11 A국의 20X0년 국제수지표의 일부 항목이다. 다음 표에서 경상수지는 얼마인가?

┌──┐
│ • 상품수지 : 54억 달러　　　• 서비스수지 : −17억 달러　　　• 본원소득수지 : 3억 달러　│
│ • 이전소득수지 : −5억 달러　• 직접투자 : 26억 달러　　　　• 증권투자 : 20억 달러　　│
└──┘

① 35억 달러 흑자　② 40억 달러 흑자　③ 60억 달러 흑자　④ 61억 달러 흑자　⑤ 81억 달러 흑자

12 ★★ 표는 우리나라의 국제수지표이다. 이에 대한 설명으로 옳은 것은? (단, 오차 및 누락은 0이다)

구 분		수 취	지 급
㉠	상품수지		
	서비스수지	㉡	
	본원소득수지		㉢
	이전소득수지		
자본·금융계정	자본수지	㉣	
	금융계정		

① ㉠이 흑자라면 자본·금융 계정도 흑자이다.
② ㉠의 적자가 지속되면 국내 통화량이 증가하여 인플레이션의 우려가 높다.
③ 국내 기업이 보유하고 있는 특허권을 외국 기업에 팔면 ㉡이 감소한다.
④ 국내 기업의 주식을 보유한 외국인이 배당금을 해외로 송금하면 ㉢이 증가한다.
⑤ 한국은행이 국내 외환 시장에서 달러화를 매각하면 ㉣이 감소한다.

13 ★ 한 나라에서 자본도피가 일어나면 환율과 순수출은 어떻게 변하는가?

① 환율은 상승하고 순수출은 증가한다.
② 환율은 상승하고 순수출은 감소한다.
③ 환율은 하락하고 순수출은 증가한다.
④ 환율은 하락하고 순수출은 감소한다.
⑤ 환율과 순수출 모두 변하지 않는다.

PART 3 \ 국제경제

해커스 매경TEST 2주 완성

정답 및 해설

09 ②
미국산 제품의 국내 수입 증가는 외화의 수요증가요인이므로 환율이 상승한다.

오답노트
① 미국 달러자본의 국내 투자 확대는 외화의 공급증가요인이므로 환율이 하락한다.
③ 미국 달러자본의 국내 부동산 매입은 외화의 공급증가요인이므로 환율이 하락한다.
④ 국내산 제품의 수출 증가는 외화의 공급증가요인이므로 환율이 하락한다.
⑤ 미국 달러자본의 국내 주식 매입은 외화의 공급증가요인이므로 환율이 하락한다.

10 ⑤
원화가치를 끌어올리려면 외환을 매각해 원화가치를 높이면서 외환 매각으로 인해 줄어든 원화통화량을 늘려야 한다. 이를 위해서는 국채의 매입이 필요하다.

오답노트
ㄴ, ㄷ, ㄹ. 불태화 정책과 관련이 없다.

11 ①
경상수지는 상품수지, 서비스수지, 본원소득수지, 이전소득수지이다. 따라서 54 − 17 + 3 − 5 = 35억 달러 흑자이다.

12 ④
외국인이 받은 배당금은 본원소득수지에 포함되는 항목이다. 따라서 이를 해외로 송금하면 ㉢이 증가하게 된다.

오답노트
① 경상수지(㉠)가 흑자이면 자본·금융계정은 적자가 된다.
② 경상수지 적자가 지속되면 외화의 순유출로 국내 통화량이 감소할 수 있다.
③ 특허권 매매는 서비스수지 지급에 포함된다.
⑤ 한국은행이 국내 외환 시장에서 달러화를 매각한다고 해서 외화의 유출입이 발생하지는 않으므로 자본수지에 대한 영향은 없다.

13 ①
한 나라에서 해외로의 자본도피가 발생하면 달러가 유출되므로 외화의 수요가 증가하고 환율은 상승한다. 이로인해 순수출은 증가한다.

해커스 매경TEST 2주 완성

2부

경영편

해커스 매경TEST 2주 완성

금융·자격증 전문 교육기관 **해커스금융**
fn.Hackers.com

PART 1

경영학과 조직관리

제1장 경영학입문

📖 학습전략

제1장 경영학입문은 경영과 기업, 조직관리이론의 흐름, 조직구조의 형태로 구성되어 있으며, 전반적인 내용을 숙지한 다음에 자주 출제되는 부분에 대해서는 좀 더 자세하게 정리하는 방향으로 준비하여야 한다.

특히, '제1절 경영과 기업'에서는 기업의 분류와 관련하여 합명회사, 합자회사, 유한회사, 주식회사 등의 개념과 특징을 중심으로 학습이 이루어져야 하고, '제2절 조직관리이론의 흐름'에서는 고전적 접근법과 호손연구 중심으로 학습이 이루어져야 한다.

또한, '제3절 조직구조의 형태'에서는 기계적 조직과 유기적 조직의 차이를 이해하고, 조직구조의 형태 중 사업부제(부문별) 조직, 위원회 조직, 프로젝트팀 조직, 네트워크 조직(가상 조직), 행렬 조직, 프로세스 조직을 중심으로 학습하여야 한다.

📖 출제비중

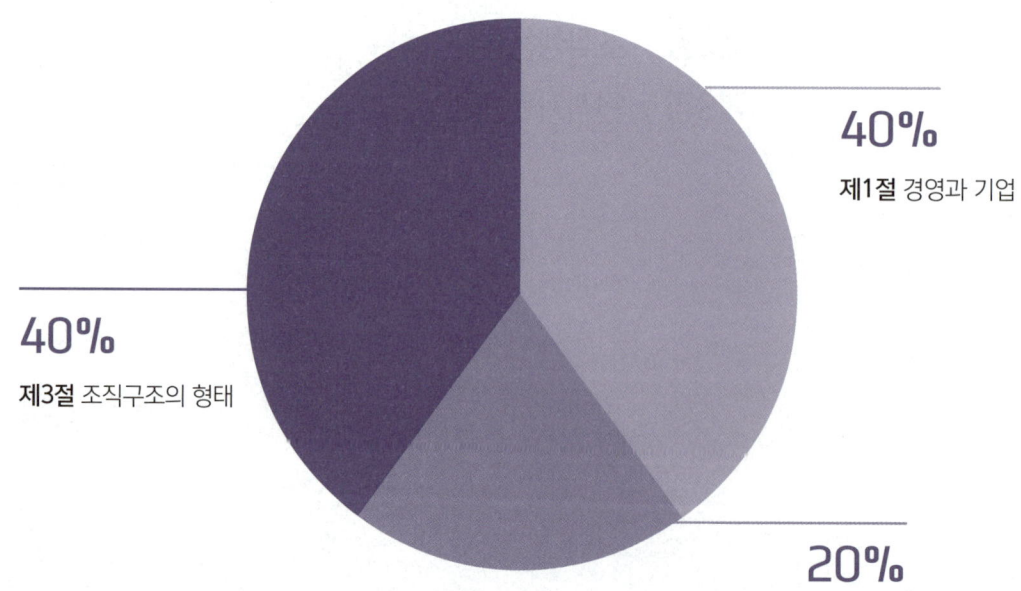

40%
제1절 경영과 기업

40%
제3절 조직구조의 형태

20%
제2절 조직관리 이론의 흐름

■ 출제유형

제1장 경영학입문에서는 기업의 분류 및 개념(특히, 주식회사)에 대한 문제와 기업의 역할에 해당하는 기업의 사회적 책임과 관련된 개념을 확인하는 문제가 자주 출제된다. 또한, 조직구조와 관련하여 기계적 조직과 유기적 조직의 차이점을 비교하는 문제와 개별 조직구조의 특성을 확인하는 문제도 자주 출제되는 유형에 해당한다.

■ 학습구성

구 분	출제포인트	중요도
제1절 경영과 기업	**01** 경영	★
	02 기업	★★★
제2절 조직관리이론의 흐름	**01** 개요	★
	02 고전적 접근법	★★
	03 인간관계 접근법과 계량적 접근법	★★
	04 시스템이론과 상황적합이론	★
제3절 조직구조의 형태	**01** 조직(Organization)	★★★
	02 조직화와 조직구조	★★★

핵심 Check ✓ 경영과 기업

경영의 원리	효율성과 효과성
경영자	소유경영자, 고용경영자, 전문경영자
기 업	합명회사, 합자회사, 유한회사, 주식회사
기업의 역할	윤리경영, 기업의 사회적 책임, 지속가능경영, ESG 경영

01 경영 ★

1. 경영학(Business Management)

(1) 의의

경영현상을 이해하는 학문체계를 말한다. 여기서 경영현상이란 주어진 **목표**를 위해 **한정된 자원**을 가장 효율적으로 사용하려는 기업조직의 행위를 의미하고, 기업조직의 행위는 **의사결정**을 의미한다. 따라서 경영학은 **한정된 자원의 최적배분을 위한 의사결정**을 이해하는 학문이라고 정의할 수 있다.

(2) 구성

경영학은 의사결정이라는 관점에서 재무관리, 인적자원관리, 생산운영관리, 마케팅 등으로 구분할 수 있다. 그 외에 이러한 의사결정을 도와주는 분야로써 회계학, 조직행동론, 경영과학, 경영정보시스템 등이 있다.

① 재무관리(Financial Management)

다루는 주제에 따라 기업재무론과 금융투자론으로 구분할 수 있다. 기업재무론(Corporate Finance)은 기업이 필요로 하는 자본(Capital)을 조달하고, 조달된 자본을 운용하는 것과 관련된 이론과 기법을 연구하는 학문이다. 금융투자론(Financial Investments)은 주식, 채권 등 정형화된 금융상품과 이로부터 파생된 선물, 옵션, 스왑 등 파생금융상품에 대한 투자와 관련된 이론과 기법을 연구하는 학문이다.

② 인적자원관리(Human Resources Management)

기업이 가지고 있는 인적자원들의 육체적인 노동력을 생산요소의 측면에서 파악하고 이를 조달, 유지, 개발, 이동하는 등의 경영활동을 말한다. 따라서 인적자원관리는 인적자원의 조달(직무관리, 인적자원계획, 노십과 선발 등), 유지(인사평가, 보상관리 등), 개발(교육훈련, 경력개발 등), 이동(전환배치, 승진, 해고, 퇴직 등)으로 분류 가능하다.

③ 생산운영관리(Operations Management)

원재료를 투입하여 고객에게 필요한 재화나 서비스와 같은 산출물을 생산하는 활동과 관련된 의사결정을 말한다. 따라서 생산운영관리에서는 생산전략과 생산시스템의 설계(Design), 운영(Operation), 통제(Control) 등과 같은 다양한 관리활동을 강조한다.

④ 마케팅(Marketing)

개인과 조직의 목표를 충족시킬 수 있는 교환을 창조하기 위하여 제품, 아이디어 및 서비스에 대한 개념정립, 가격결정, 촉진 및 유통에 대한 계획을 수립하고 이를 수행하는 과정을 말한다(미국마케팅학회, 1985). 즉, 마케팅은 조직이나 개인이 자신의 목적을 달성시키는 교환을 창출하고 유지할 수 있도록 시장을 정의하고 관리하는 과정(한국마케팅학회, 2002)이라고 정의할 수 있다.

2. 경영의사결정

(1) 의의

경영학은 한정된 자원의 최적배분 의사결정이라고 정의할 수 있으며, 이는 경영의사결정이라고 이해할 수 있다. 여기서 경영의사결정이란 기업의 목표를 달성하기 위하여 하나 이상의 대안 중에서 최적의 대안을 선택하는 과정을 말한다.

경영의사결정은 의사결정자가 **현실(as-is)과 바람직한 상태(to-be) 사이의 차이(Gap)**를 인식함과 동시에 시작되는데, 여기에는 현실에 대한 문제의식을 바탕으로 현실을 개선하려는 목표의식이 내포되어 있다. 그리고 경영학에서 '현실과 바람직한 상태 사이의 차이'를 **문제(Problem)**라고 하는데, 이러한 이유 때문에 경영의사결정을 **문제해결(Problem Solving)**이라고도 한다.

(2) 과정

경영의사결정과정은 어느 정도 정형화된 순서를 따르는데, 그 순서는 '**문제의 인식과 목표의 설정 → 대안의 도출 → 대안의 평가 → 의사결정**'이다.

① **문제의 인식과 목표의 설정**

문제라는 것은 현재의 상황과 바람직하다고 판단되는 상황의 차이를 의미하기 때문에 이러한 **문제를 인식함과 동시에 경영의사결정은 시작**된다. 문제가 인식되면 우선 바람직하다고 판단되는 상황을 확인하게 되는데, 이를 목표(Objectives)의 설정이라고 한다. 이러한 목표의 설정과정을 통해 의사결정자가 취해야 할 행동의 방향을 설정할 수 있게 된다.

② **대안의 도출**

문제를 인식하고 그에 대한 목표가 설정되면, 그 목표를 달성하기 위해 적용 가능한 다수의 대안(Alternatives)을 도출해야 한다.

③ **대안의 평가**

도출된 다수의 대안들 중에서 어떤 대안이 목표에 가장 부합하는지를 판단하기 위해 각 대안들의 상대적 장점과 단점을 비교 및 평가한다.

④ **의사결정(대안의 선택)**

대안평가의 결과를 통해 여러 대안들 중에서 가장 좋은 대안을 선택한다.

(3) 특징

① 경영의사결정과 관련된 문제는 **복잡하기 때문에** 의사결정자가 문제를 정확하게 파악하는 것이 쉽지 않다.
② 경영의사결정과정에는 정보의 불확실성, 환경의 불확실성, 의사결정성과의 불확실성 등 **다양한 불확실성이** 존재한다.
③ 경영의사결정에는 기업의 이익, 비용, 규모, 이미지, 위험 및 기술력 등 다양한 요소들이 동시에 고려되기 때문에 각 대안들을 비교할 때 하나의 기준을 적용하는 것이 아니라 **다수의 기준을** 적용한다.
④ 경영의사결정에 참여하는 **의사결정자들의 가치관이나 위험에 대한 선호정도가 다양하기** 때문에 경영의사결정결과가 달라질 수 있다.

[경영의사결정의 유형]

기 준	유 형	특 징	
의사결정 상황	확실한 상황	의사결정단위 = 1, 완전정보 ⇒ 수학	
	위험한 상황	의사결정단위 = 1, 불완전정보(확률정보 포함) ⇒ 통계학	
	불확실한 상황	의사결정단위 = 1, 불완전정보(확률정보 제외) ⇒ 의사결정기준	
	상충상황	의사결정단위 ≥ 2 ⇒ 게임이론	
정보의 유형	정성적	정성정보를 이용한 의사결정(주관적)	
	정량적	정량정보를 이용한 의사결정(객관적)	
의사결정 성격	정형적(구조적)	일상적, 반복적, 안정적, 과학적	
	비정형적(비구조적)	비일상적, 간헐적, 불안정적, 창의적	
의사결정 수준	전략적	최고경영자	전략적 의사결정은 대부분 비정형적 의사결정으로 구성되어 있지만, 일부 정형적 의사결정을 포함
	관리적(전술적)	중간경영자	
	운영적(업무적)	일선(하위)경영자	

3. 경영의 구성요소

경영의 구성요소는 투입요소(Input), 변환과정(Transformation Process), 산출요소(Output) 등이 있으며, 투입요소와 산출요소는 형태의 유무에 따라 구분할 수 있다.

[경영의 구성요소]

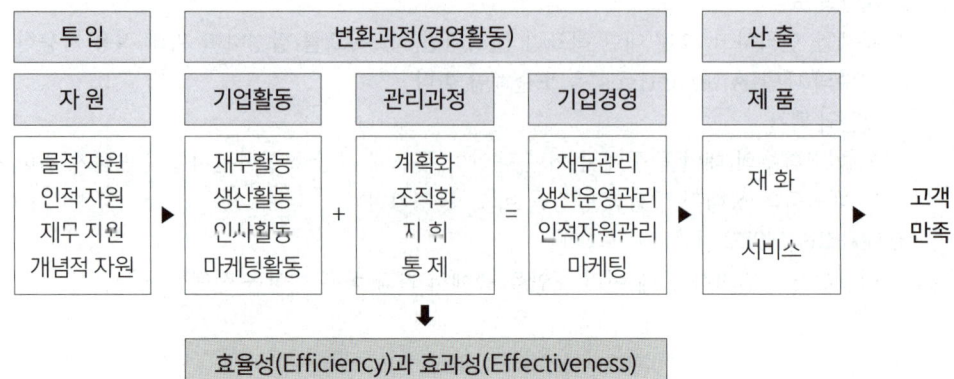

(1) 투입요소

① 유형자원(Tangible Resources, 유형의 투입)

눈에 보이고 형태를 가지는 자원을 말한다. 유형자원에는 기업이 제품을 생산하는 데 직접적으로 사용되는 자원 즉, 토지, 건물, 기계와 같은 물리적 시설, 각종 원자재, 인적자원(Human Resources), 재무자원(Financial Resources) 등을 포함한다.

② 무형자원(Intangible Resources, 무형의 투입)

개념적 자원(Conceptual Resources)이라고도 하며, 전략(Strategy), 기술(Technology), 정보(Information), 지식(Knowledge) 등과 같이 눈에 보이지 않지만, 기업활동에 기여하는 자원을 말한다. 전략은 기업을 어떤 방향으로 그리고 어떤 방법으로 운영할지를 결정하는 것을 의미하며, 이러한 전략수립과 실행의 과정에서 기술, 정보 및 지식이 필요하게 된다.

(2) 관리과정

① 계획화(Planning)

달성할 목표를 설정하고, 그러한 성과를 달성하기 위해서 어떤 행동이 이루어져야 하는가를 결정하는 과정을 말한다. 계획화를 통해서 경영자는 목표를 확인하고 그 목표를 달성하는 방법을 인식하게 된다.

② 조직화(Organizing)

설정된 목표를 달성하기 위해서 기업이 가지고 있는 자원을 배분하고, 계획을 실행하기 위해서 개인과 집단의 행동을 조정하고 조율하는 과정을 말한다. 조직화를 통해서 경영자는 직무를 규정하고 인적자원을 배치하며, 기술 및 자원의 지원을 통해 계획을 실행에 옮기게 된다.

③ 지휘(Leading)

사람들의 열정을 끌어내어 계획을 실행하기 위해 더 열심히 일하도록 사람들을 고취하고 목표를 달성하는 과정을 말한다. 지휘를 통해서 경영자는 인적자원의 행동을 목표에 맞추어 실행에 옮길 수 있도록 촉구하고 최선의 작업을 할 수 있게 영향력을 행사하게 된다.

④ 통제(Control)

목표와 성과를 비교하고 그 차이를 수정하는 과정을 말한다. 통제를 통해 경영자는 작업을 하는 과정에서 사람들과 역동적인 관계를 유지하고 성과에 대한 정보를 수집하고 분석하여 보다 발전적인 행동을 설계하게 된다.

(3) 산출요소

① 재화(Goods, 유형의 산출)

창출될 수 있고 전달될 수 있는 유형적인 물적 대상을 말한다. 이는 재고의 형태를 가질 수 있기 때문에 추후에 창출 또는 사용이 가능하다. 따라서 생산시점과 소비시점이 일치할 필요가 없다.

② 서비스(Service, 무형의 산출)

재고의 형태로 보유할 수 없으며, 일정시간이 지나면 소멸해 버린다. 따라서 **생산시점과 소비시점이 일치(비분리성)**해야 한다.

[재화와 서비스]

속 성	재 화	서비스
성 격	유형의 제품	무형의 제품
재고 축적 여부	재고 축적 가능	재고 축적 불가능
고객접촉정도	낮은 고객접촉정도	높은 고객접촉정도
반응시간	긴 반응시간	짧은 반응시간
시장규모	넓은 시장	좁은 시장
설비의 규모	대규모 설비	소규모 설비
통제/관리의 형태	집권적	분권적
집약도의 성격	자본집약적	노동집약적
품질의 측정	품질측정 용이(객관적)	품질측정 곤란(주관적)

▶ 서비스는 소멸성을 가지지만, 서비스를 소비한 결과인 서비스효과는 지속성을 가진다.

(4) 경영의 원리

① 수익성(Profitability)

투입자본에 비해 이익이 크면 클수록 좋다는 원칙을 말한다. 이는 순수한 화폐가치상의 비율을 의미하고, 최대이윤을 얻는 것을 지향하는 원리이다. 수익성은 영리원칙이라고도 하며 비영리 경제주체에는 적용할 수 없다.

② 효율성(Efficiency)

자원의 활용정도를 의미한다. 이는 **조직 내부에서 평가**하게 되며, 기업의 **단기적인 생존**과 관련이 있는 개념이다. 효율성은 능률이라고도 한다.

③ 효과성(Effectiveness)

고객만족 또는 조직목표의 달성정도를 의미한다. 이는 **조직 외부에서 평가**되며, 기업의 **장기적인 생존**과 관련이 있는 개념이다. 효과성은 유효성이라고도 한다.

[효율성과 효과성]

구 분	효율성	효과성
의 의	자원의 활용정도 ⇒ 최소한의 자원투입으로 최대한의 산출	고객만족 또는 조직목표의 달성정도 ⇒ 목표를 최대한 달성
수단과 목표	목표달성을 위한 수단(Do Things Right) ⇒ 효율성이 높으면 목표달성이 쉽다.	목표를 달성하는 것(Do Right Things) ⇒ 효과성이 높아야 목표달성이 된다.

▶ 성공적인 조직이라면 효율성이 높고, 효과성도 높다.

4. 경영환경(Business Environment)

(1) 의의

경영환경이란 **경영성과에 영향을 미치는 기업 내외의 요인들**을 말한다. 즉, **기업조직에 영향을** 미치는 모든 상황적 요소라고 할 수 있으며, 경영활동과 상호작용하는 모든 주변상황 및 영향요인을 포함한다.

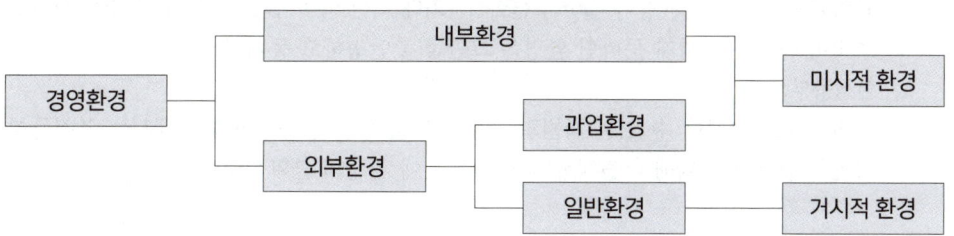

[경영환경의 분류]

경영환경 — 내부환경 — 미시적 환경
경영환경 — 외부환경 — 과업환경 — 미시적 환경
외부환경 — 일반환경 — 거시적 환경

(2) 분류

① 내부환경(Internal Environment)

기업의 경계선 안에서 기업성과에 영향력을 행사하는 모든 요소들을 말한다. 기업 내에서 작업이 수행되고 목표가 달성되는 방식에 직접적으로 영향을 미치는 여러 요인을 의미하는데, 여기에는 근로자, 작업흐름, 공장배치, 경영스타일, 보상제도, 조직구조, 조직문화, 자원 등이 포함된다.

② 외부환경(External Environment)

기업의 경계선 밖에서 기업성과에 영향력을 행사하는 모든 요소들을 말하는데, 과업환경과 일반환경으로 구분할 수 있다. **과업환경(Task Environment)**은 기업과 매우 밀접한 관련을 가지면서 통제가 가능하고 기업의 목표달성에 직접적으로 영향을 미치는 환경요소를 의미하고, **일반환경(General Environment)**은 특정 대상이 파악되지 않기 때문에 기업의 영향권에서 벗어나 기업이 전혀 통제할 수 없으나 사회 전체의 모든 기업에 간접적으로 공통적인 영향을 미치는 환경요인을 의미한다.

③ 미시적 환경(Micro Environment)

기업이 속한 산업의 주요 구성요소들을 의미하는데, 여기에는 경쟁자, 소비자, 유통기관, 원재료 공급업자, 주주, 기업의 내부환경 등과 같이 기업의 목표달성에 직접적인 영향을 미치는 요인들이 포함된다.

④ 거시적 환경(Macro Environment)

정치적, 법률적, 경제적, 인구변화 등과 같이 **기업이 속한 산업 밖에서 발생하여 기업활동에 영향을 미치는 요인**을 말한다. 일반적으로 거시적 환경은 장기적이고 기업의 외부에서 영향을 미치게 된다. 거시적 환경에는 **인구통계학적 환경(인구변화, 가구수 및 가구당 가족수 등), 경제적 환경(경기변동, 물가상승, 소득수준, 경상수지 등), 기술적 환경 및 법률적 환경 등**이 포함된다.

(3) 환경불확실성

불확실성이란 의사결정자가 충분한 정보를 가지고 있지 못함으로써 외부 변화를 예측하지 못하는 상태를 의미한다. 따라서 환경불확실성이란 불확실성의 원천이 조직의 외부환경에서 발생한 불확실성을 의미한다. 조직은 지속적으로 환경에 직면하게 되는데, 환경이 복잡하고 불안정하게 됨에 따라 환경의 불확실성은 증가하게 된다. 이러한 환경의 불확실성이 발생하는 원천에는 **환경복잡성, 환경동태성, 환경풍부성** 등이 있다.

① 환경복잡성

조직이 관리해야 하는 특수하고 일반적인 **영향력의 강도, 수, 상호결합성에 대한 함수**이다. 조직에게 규칙적으로 영향을 미치는 외부요소가 많을수록, 조직의 활동영역에 다양한 조직이 포함되어 있을수록 복잡성의 수준은 높아진다. 따라서 조직의 환경이 더 복잡하면 복잡할수록 환경불확실성은 더욱 커지게 된다.

② 환경동태성

과업환경이나 일반환경이 **얼마나 변화하는가에 대한 함수**이다. 환경의 변화가 심하고 조직이 이를 예측하지 못하면 환경은 그만큼 불안정하고 동태적이 된다.

③ 환경풍부성

조직영역을 지지할 수 있는 **자원의 양에 대한 함수**이다. 풍부한 환경에서는 조직들이 자원을 확보하기 위해서 경쟁하지 않기 때문에 환경의 불확실성은 낮다.

시험문제 미리보기!

다음 설명 중 가장 적절하지 않은 것은?

① 경영환경은 산업을 경계로 미시적 환경과 거시적 환경으로 구분할 수 있다.
② 외부환경은 통제가 가능한 일반환경과 통제가 불가능한 과업환경으로 구분할 수 있다.
③ 유형의 산출인 재화는 생산시점과 소비시점이 일치하지 않을 수 있다.
④ 효율성은 자원의 활용 정도를 의미한다.
⑤ 효과성은 조직의 외부에서 평가되며 기업의 장기적인 생존과 관련이 있다.

정답 ②
해설 외부환경은 통제가 불가능한 일반환경과 통제가 가능한 과업환경으로 구분할 수 있다.

02 | 기업 ★★★

1. 경영자(Manager)

(1) 의의(역할)

기업의 목표를 효과적으로 달성하기 위해 기업을 이끌어 경영활동을 수행하고, 그 결과에 대해서 책임을 지는 사람을 말한다. 경영자는 기업의 목표를 달성하기 위해 다양한 역할을 수행하는데, 민쯔버그(Mintzberg)는 경영자의 역할을 의사결정역할, 대인관계역할, 정보전달역할로 구분하였다.

① **의사결정역할** : 경영자는 의사결정자로서의 역할을 수행하며, 이러한 의사결정역할은 세부적으로 **기업가(Entrepreneur)**, **분쟁의 해결자(Disturbance Handler)**, **자원의 배분자(Resource Allocation)**, **협상가(Negotiator)** 등이 있다.

② **대인관계역할** : 경영자가 수행하는 대인관계역할은 경영자가 기업을 지속적으로 원만히 운영해 나가는데 도움을 주는 역할로써 경영자가 다른 사람과의 관계를 개선시키고 좋게 유지하는 역할을 수행한다. 이러한 대인관계역할은 세부적으로 **외형적 대표자(Figurehead)**, **리더(Leader)**, **교신자(Liaison)** 등이 있다.

③ **정보전달역할** : 경영자는 정보를 교환하고 가공하는 역할을 수행한다. 이러한 정보전달역할은 세부적으로 **감시자(Monitor)**, **전달자(Disseminator)**, **대변인(Spokesman)** 등이 있다.

(2) 능력

경영자의 다양한 역할을 수행하기 위해서는 경영자는 능력을 갖추어야 하는데, **카츠(Katz)**는 경영자가 수행해야 할 역할을 위한 능력을 개념적 능력, 인간적 능력, 기술적·전문적 능력의 세 가지로 분류하였다.

① **개념적 능력(Conceptual Skill)** : 기업의 경영을 조정 및 통합할 수 있는 분석적인 사고능력으로 통합적으로 **기업의 문제를 해결할 수 있는 능력**을 의미한다.

② **인간적 능력(Human Skill)** : 다른 사람과 잘 협조하는 **인간관리 능력**으로 신뢰, 열정, 대인관계에서의 순수함 등으로 나타난다.

③ **기술적·전문적 능력(Operational Skill)** : 특정한 과업을 수행하기 위해서 **특수한 기량과 전문성을 사용할 수 있는 능력**으로 경험을 응용하고 특정업무의 능숙한 처리가 가능한 능력을 의미한다.

[경영자의 능력]

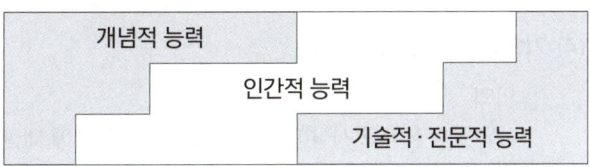

최고경영자(전략적 의사결정) — 개념적 능력
중간경영자(관리적·전술적 의사결정) — 인간적 능력
하위경영자(운영적 의사결정) — 기술적·전문적 능력

(3) 경영자의 분류

① **소유와 경영의 분리에 따른 분류**

- **소유경영자(Owner Manager)** : 소규모 개인기업을 운영하는 경우에 기업의 소유주가 곧 경영자인 경우를 말한다. 따라서 소유경영자는 **소유와 경영이 분리되지 않은 상태**에서 자본가가 경영자를 겸하는 경우를 의미한다.

- **고용경영자(Employed Manager)** : 소유경영자가 경영하는 기업의 규모가 점차 커지게 되면 **소유와 경영이 완전히 분리되지 않은 상태**에서 소유경영자가 기업 외부에서 경영자를 고용하여 경영의 일부를 분담시키는 경우가 발생하게 되는데, 이러한 경영자를 고용경영자라고 한다.

- **전문경영자(Expert Manager)** : 주식회사가 기업의 일반적인 형태가 되면서, **소유와 경영이 완전히 분리된 상태**에서 자본가는 출자자의 자격으로 경영일선에서 물러나고, 전문적인 경영능력과 지식을 갖춘 전문경영자에게 경영의 전부를 위탁하는 경우를 의미한다. 이러한 경영자들은 주주로부터 경영권을 위임받았기 때문에 **수탁경영층**이라고 부르기도 한다. 전문경영자의 출현은 필연적으로 대리인 문제를 발생시키게 되며, 이로 인해 발생하는 비용을 **대리인비용**[1]이라고 한다. 즉, 주주는 대리인인 경영자가 주주의 부를 극대화하기 위해 노력할 것을 원하지만, 전문경영자는 자신의 이익을 위하여 행동할 수도 있기 때문에 주주는 경영자의 도덕적 해이(Moral Hazard)로 손해를 볼 수 있다.

② **경영자계층에 따른 분류**

- **최고경영자(Top Manager)** : 기업의 계층구조에서 최상위에 위치하여 기업전체를 책임지는 회장, 대표이사, 사장, 부회장, 부사장 등을 의미한다.

- **중간경영자(Middle Manager)** : 기업의 계층구조에서 중간에 위치하여 주요 영업단위 또는 부서를 책임지는 사업본부장, 지점장, 부장, 실장, 소장, 차장 등을 의미한다.

- **하위(일선)경영자(First-Line Manager)** : 작업자의 활동을 감독하고 조정하는 경영자로서 기업 내에서 최하위에 있는 경영자를 의미한다.

1) 대리인비용(Agent Cost)

기업의 소유주(주주, 채권자)와 대리인(경영자)과의 상충된 이해관계로 인하여 발생하는 비용으로 감시비용(Monitoring Cost), 확증비용(Bonding Cost), 잔여손실(Residual Cost)로 구분할 수 있음. 감시비용은 본인이 대리인의 이탈행위를 방지하고자 대리인을 감시하기 위해 발생하는 비용을 말하고, 확증비용은 대리인 스스로가 이탈행위를 하지 않고 있음을 확증하기 위해 발생하는 비용을 말함. 잔여손실은 대리문제의 발생으로 인해 최적의 의사결정을 하지 않음에 따라 발생하는 부의 감소를 말함

③ 직무의 범위에 따른 분류
- **총괄경영자(General Manager)** : 기업전체의 범위에서 경영을 하는 사람을 의미하며, 이는 책임자인 동시에 기업목표를 설정하고 이를 달성하기 위한 전략을 담당한다.
- **부문경영자(Divisional Manager)** : 직능경영자라고도 하며, 생산, 마케팅, 재무 등 기업의 일정한 한 부문을 담당하여 그 활동에 책임을 지고 있는 경영자를 말한다.

④ 지식의 유형에 따른 분류
- **일반경영자** : 최고경영자, 공장관리자 등과 같이 여러 전문분야가 연계된 복합적 관리업무를 수행하는 경영자를 말하는데, 일반적으로 **일반지식 위주의 지식**을 가지고 업무를 수행하게 된다.
- **전문경영자** : 기업경영의 특정 분야에 국한된 업무를 수행하면서 그 분야에 전문성을 가진 경영자를 말하는데, 일반적으로 **전문지식 위주의 지식**을 가지고 업무를 수행하게 된다.

(4) 기업가(Entrepreneur)

① 의의
사업을 구상하고 시작하는 사람으로서 그 사업에 대한 조직화, 방향설정, 지휘·감독의 책임을 가진 사람을 의미하는데, 앞에서 설명한 경영자와는 개념상의 차이를 가진다. 일반적으로 기업가는 기업을 시작하는 사람이고 경영자는 기업을 운영하는 사람이라고 구분할 수 있으며, 경영자가 좀 더 포괄적인 개념이라고 할 수 있다.

② 기업가정신(Entrepreneurship)
새로운 기업을 설립하고 사업을 개시하려는 의욕과 능력, 그리고 끊임없이 혁신을 추구하려는 의지를 말한다. 기업가는 이러한 정신으로 사업기회를 창출하거나 선점하여 가치 있는 재화나 서비스를 제공하며 사회에 대한 봉사나 새로운 가치를 창조하는 혁신적 활동도 이에 포함된다. **슈페터(Schumpeter)는 기술혁신**을 통해 창조적 파괴(Creative Destruction)에 앞장서는 혁신자를 기업가로 보았다. 슈페터가 주장하는 혁신(Innovation)에는 **새로운 상품의 개발, 새로운 생산방법의 도입, 새로운 시장의 개척, 새로운 원료나 부품의 공급, 새로운 조직의 개발** 등이 있다.

2. 기업(Corporation)

(1) 의의

목표를 달성하기 위해 자원을 투입하여 재화와 서비스를 생산하고 판매함으로써 이익을 추구하고 고객들에게 만족을 주는 활동의 수행주체 또는 경제단위를 말한다. 따라서 기업은 다음과 같은 특징을 가진다.
- ① 기업은 협동성을 바탕으로 하는 하나의 **협동시스템**이다.
- ② 기업은 본질적으로 **생산기능**을 수행하며, 여기서 생산기능은 일반적으로 **부가가치의 창출**을 의미한다.
- ③ 기업은 실체(Entity)로서의 **독립적 존재**이다.
- ④ 가계, 정부와 함께 기업은 **개별경제의 단위로서, 경제활동의 직접적인 주체**이다

(2) 목적

전통적인 관점에서 기업은 이익극대화를 목적으로 한다. 그러나 현대적 관점에서는 기업의 최종적인 목적을 그 존속과 발전에 두고 있으며, 이를 위하여 다차원적인 목적을 달성하는

것 또한 중요하게 되었다. 그리고 기업은 기업의 상황에 따라 추구하고자 하는 목적의 내용과 수를 달리 할 수 있다. 따라서 기업의 목적은 직면하고 있는 상황에 따라 하나의 목적을 추구하는 **단일목적론**과 다양한 목적을 동시에 추구하는 **다수목적론**으로 구분할 수 있으며, 기업이 추구하는 목적에는 다음과 같은 것들이 있다.

① **이익극대화 목적론** : 기업의 실질적인 원리는 이익을 추구하는 데 있다는 견해로 기업은 자본주의적인 경영으로 이익을 극대화하는 것을 목적으로 한다는 것이다.

② **생산성증진 목적론** : 생산기능을 수행하는 기업은 생산에 있어서 기술적인 효율성을 높여야 하고, 적은 투입으로 많은 산출을 하여 그 결과를 적절하게 배분해야 한다는 것이다.

③ **봉사목적론** : 기업활동의 원리는 봉사동기에 있다는 것이다. 포드(Ford)는 종업원에게는 높은 임금을 지불하고 소비자에게는 품질이 좋고 값싼 제품을 공급하는 것이 기업의 목적이고 이익은 그에 대한 봉사의 대가라고 주장하였다.

④ **고객창조목적론** : 드러커(Drucker)에 의하면 기업은 사회로부터 부를 산출하도록 자원을 위탁받은 하나의 사회적 기관이므로 기업의 목적은 사회에 있어야 하며 이것은 고객의 창조라는 것이다.

(3) 분류

① **개인기업(Sole Proprietorship)**

개인이 출자하여 경영하는 기업으로 기업형태 중 가장 오래된 사기업이다. 개인기업은 소유와 경영이 분리되지 않은 기업으로 기업에 대한 책임은 무한하다.

② **합명회사(Partnership)**

회사의 채무에 관해 직접·무한·연대책임을 지는 사원(무한책임사원)들로만 구성되고, 각 사원이 회사를 대표하며 업무를 집행하는 기업으로 출자자 상호 간의 신뢰관계를 중심으로 설립된 기업을 말한다.

③ **합자회사(Limited Partnership)**

무한책임을 지는 출자자(무한책임사원)와 유한책임을 지는 출자자(유한책임사원)로 구성되는 기업를 말한다. 무한책임사원은 출자와 더불어 경영에도 참여하는 반면에 유한책임사원은 출자만 하고 경영에는 참여하지 않으며 출자액을 한도로 책임을 진다. 따라서 이러한 기업의 형태는 자본은 없으나 경영능력이 있는 사람과, 자본은 있으나 경영능력이 없는 사람이 결합하기에 적합한 형태이다.

④ **유한회사(Limited Company)**

출자액을 한도로 하여 기업채무에 대해 유한책임을 부담하는 출자자로 구성되는 소규모 기업을 말한다. 이 형태는 합명회사와 주식회사의 장점을 절충한 것으로 소규모 경영에 직접 참여하면서도 책임의 유한성이라는 이점을 살리려는 의도에서 발달한 기업형태이다. 또한, 소유지분의 일부 또는 전부의 양도는 사원총회의 결의에 의해 허용되며 정관에 양도의 제한을 가하는 것이 가능하고 사원 상호 간의 양도도 정관으로 정하기 때문에 유한회사는 인적 요인에 의해 규제받는 자본적 공동기업이라는 특징을 가지고 있다.

⑤ **주식회사(Corporation)**

자본과 경영의 분리를 통하여 일반 투자자로부터 거액의 자본을 조달하고 전문경영자가 기업을 경영하는 자본주의 경제체제에서 가장 대표적인 기업으로 **유한책임사원(주주)으로 구성된 회사**를 말한다. 주식회사는 **자본증권화제도(자본조달의 용이성, 소유권양도의 용이성), 유한책임제도, 소유와 경영의 분리, 독립된 실체의 특성**을 가진다. 또한, 이러한 주식회사의 대표적인 기구에는 **주주총회, 이사회, 감사** 등이 있다.

핵심 Plus⁺

협동조합

소비자나 비생산자가 이윤배제를 전제로 상부상조의 목적으로 공동사업을 영위하는 것으로서 인적 결합체에 해당한다. 따라서 협동정신에 따라 경제적 복리를 향상시키기 위해 구매, 생산, 판매 등의 사업을 영위할 수 있으나, 원칙적으로 영리 그 자체가 목적이 되지는 않음. 즉, 협동조합의 운영원칙은 조합자체의 영리보다 조합원의 상부상조를 목적으로 하고, 조합원은 출자액의 다소에 관계없이 동등한 의결권(1인 1표)이 부여되며 조합의 잉여금 배분은 원칙적으로 조합원의 이용도에 비례. 따라서 주식회사는 자본결합체이기 때문에 1주(1원) 1표 주의가 원칙이고, 협동조합은 1인 1표 주의가 원칙임

- **주주총회**
주식회사의 주주들이 모여 상법에 정해 놓은 회사의 중요한 사안을 정하는 최고 의사결정회의이다. 주주는 1주당 1개의 의결권을 가지며 의결권 행사는 직접 참석은 물론 위임장을 작성해 대리인을 통해서도 가능하다. 2개 이상의 주식을 가진 주주는 서로 다르게 의결권을 행사할 수도 있다. 단, 예외적으로 이익배당 우선주 같이 회사가 발행할 때부터 정관에 의해 의결권이 없는 주식을 보유했다면 주주총회(주총)에 참여할 수 없다.

- **이사회**
회사의 업무집행에 관한 의사를 결정하기 위하여 이사전원으로 구성되는 주식회사의 필요상설기관이다. 이사회는 상설적 기관이지만 그 활동은 정기 또는 임시의 회의형식으로 하게 되며, 법령 또는 정관에 의하여 주주총회의 권한으로 되어 있는 것을 제외하고는 회사의 업무집행에 관한 모든 의사결정을 할 권한이 있다.

- **감사**
주식회사의 감사를 주요한 직무권한으로 하는 필요적 상설기관이다. 감사가 될 수 있는 자의 자격에는 제한이 없으나, 이사 또는 지배인, 기타의 사용인을 겸하지 못한다.

⑥ 공기업과 공사합동기업(Public Enterprise & Mixed Undertaking)
공기업은 **공공 내지 행정적 목적을 가지고 국가나 지방공공단체가 출자자가 되어 경영상의 책임을 지는 기업**을 의미한다. 따라서 영리경영 그 자체를 최종 목적으로 하지 않고 복리경영 또는 실비경영을 목적으로 한다.
공사합동기업은 **사기업과 공기업의 단점을 배제하고 장점만을 취하려는 목적으로 국가 또는 지방공공단체가 개인 또는 사적단체와 공동출자하여 경영하는 기업**이다. 일반적으로 국가 또는 지방공공단체가 자본출자를 하지 않을지라도 개인과 함께 기업경영에 참여하는 경우는 공사합동기업이 되지만, 자본만 출자하고 경영에 참여하지 않는 경우는 공사합동기업이라 하지 않는다.

2) 법인(法人)
법에 의해서 권리·의무의 주체가 될 수 있는 자격을 부여받은 자

3) 회사(會社)
사원(Partner, 출자자 또는 주인이라고도 함)이 다수인 기업

4) 무한책임사원
회사의 채무에 대해 무한책임을 지는 사원

5) 유한책임사원
회사의 채무에 대해 출자한 금액을 한도로 책임을 지는 사원

[기업의 분류]

```
                              ┌─ 개인기업
                 ┌─ 자연인기업 ┤
                 │            └─ 조합기업
                 │
      ┌─ 사기업 ─┤            ┌─ 합명회사3) : 무한책임사원4)으로만 구성됨
      │          │            ├─ 합자회사 : 무한책임사원과 유한책임사원5)으로 구성됨
기 업 ─┤          └─ 법인2)기업 ─┤
      │                       ├─ 유한회사 : 유한책임사원으로만 구성됨
      │                       └─ 주식회사 : 유한책임사원(주주)으로만 구성됨
      ├─ 공기업
      └─ 공사합동기업
```

(4) 역할

① 윤리경영
경영활동의 옳고 그름을 구분해주는 규범적 기준을 사회의 윤리적 가치체계에 두는 경영방식을 의미한다. 즉, 기업윤리에 입각한 경영방식을 말하는데, 기업윤리(Business Ethics)는 경영자의 행동이나 결정의 판단기준과 원칙을 의미하지만, 일반적으로 그

의미를 간단하게 설명하는 것이 그리 쉬운 것은 아니다. 기업윤리는 법률과 같이 정부가 제정할 성격이 아니어서 **강제성이 없기 때문에 사회가 일반적으로 기대하는 기업행동에 관한 불문율에 불과하며, 암시적인 성격을 띠고 있다.** 윤리경영은 기업이 시장으로부터 지속적인 신뢰를 얻는데 기여할 수 있으며, 이를 통해 달성한 긍정적인 기업이미지를 무형자산화하여 기업경쟁력을 강화할 수 있다. 또한, 기업의 경영성과에도 긍정적인 영향을 미치게 된다.

② 기업의 사회적 책임(CSR ; Corporate Social Responsibility)

기업이 기업활동으로 인해 발생하는 사회적 또는 경제적인 문제를 해결하기 위해 기업의 이해관계자와 사회 일반의 요구나 기대를 충족시키는 기업행동의 규범적인 체계를 세우고 그에 따라 올바르게 행동하는 것을 의미한다. 따라서 사회적 책임을 가지는 기업은 이윤을 내기 위해 노력하는 동시에 법을 준수하고, 윤리적이고 성실한 기업시민의 역할을 수행한다고 할 수 있다. 기업의 사회적 책임은 시대와 기업환경의 변화에 따라서 동태적으로 변화하는 것이 일반적이다. 기업은 이러한 사회적 책임을 이행함으로써 기업의 매출액도 높아지게 되고, 자금조달도 더욱 원활하게 되어 성장과 발전에 더욱 유리하다. 미국 조지아대의 캐롤(Carroll) 교수는 기업의 사회적 책임을 다음과 같이 네 가지의 책임으로 구분하였다.

- **경제적 책임** : 사회가 필요로 하는 재화와 서비스를 생산하여 공급하고 주주를 위해 이윤을 극대화할 책임을 가진다. 즉, 기업은 사회를 구성하는 기본적인 경제단위로서 재화와 서비스를 생산할 책임을 지고 있다는 것이다.
- **법적 책임** : 기업이 국가가 제정한 각종 법률이나 규칙을 준수할 책임을 말하는 것으로 기업이 법적 요구사항의 구조 내에서 경제적 임무를 수행할 것을 요구한다는 것이다.
- **윤리적 책임** : 기업의 직접적인 경제적 이익과 관계를 가지지 않으며 법률에도 규정되어 있지 않은 기업의 윤리적 의사결정에 관한 책임을 의미한다.
- **자선적 책임** : 기업이 경제적·법률적·윤리적 책임과는 관계없이 순전히 **자유재량으로 사회에 공헌할 의도로 수행하는 책임을** 의미하며, 사회적 기부행위, 약물남용방지 프로그램, 보육시설 운영, 사회복지시설 운영 등이 이에 속한다.

③ 지속가능경영(CSM ; Corporate Sustainability Management)

기업의 사회적 영향력이 커짐에 따라 전 세계적으로 기업의 사회적 책임에 대한 관심과 요구가 증가하였고, 경쟁이 점점 치열해지면서 기업이 지속적으로 경쟁력을 확보하기 위해서는 제품 가격 및 품질과 같은 기본적인 것 이외에 경영투명성과 윤리경영 등의 이행 여부가 중요한 요소가 되었다. 따라서 **기업이 지속적으로 경쟁력을 확보하기 위한 전략적 목표와 사회문제에 대한 적극적 해결방안을 제시할 수 있는 수단으로 떠오른 개념이 지속가능경영이다.**

지속가능경영이란 기업들이 전통적으로 중요하게 생각했던 매출과 이익 등 재무성과뿐만 아니라 윤리, 환경, 사회문제 등 비재무성과에 대해서도 함께 고려하는 경영을 통해 기업의 가치를 지속적으로 향상시키려는 경영기법이다. 이는 기업이 경제적·사회적·환경적 책임을 다하고 다양한 이해관계자와의 협력과 합의를 통해 서로 공생하는 길을 모색해야만 기업의 생존과 성장도 가능하다는 문제의식에서 비롯된 것이다. 지속가능경영과 관련된 대표적인 평가기준으로는 국제표준화기구(ISO)가 2010년 발표한 기업의 사회적 책임에 관한 지침인 ISO 26000, 다우존스지수의 평가기준인 **다우존스 지속가능경영지수(DJSI ; Dow Jones Sustainability Index)[6]** 등이 있다.

핵심 Plus⁺

공유가치창출

기업의 사회적 책임의 성장에 힘입어 공유가치창출(CSV ; Creating Shared Value)이라는 용어도 등장하였다. 기업의 사회적 책임(CSR)이 기업의 몫을 일방적으로 사회에 떼어주는 것이라면, 공유가치창출(CSV)은 사회문제를 해결하고 이 과정에서 기업도 이익을 늘리는 윈윈(Win-Win)을 추구한다.

6) 다우존스 지속가능경영지수

지속가능경영이 발전된 개념으로 ESG 경영이 있다. ESG는 기업의 비재무적 요소인 환경(Environment)·사회(Social)·지배구조(Governance)를 뜻하는 말

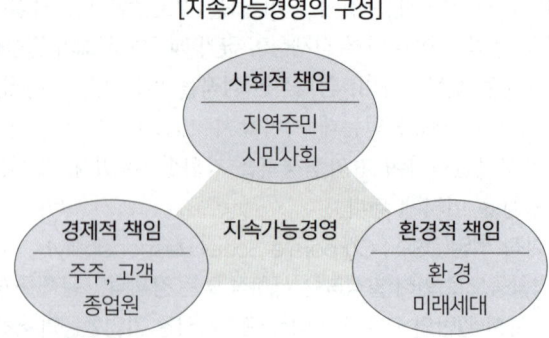

[지속가능경영의 구성]

사회적 책임
지역주민
시민사회

경제적 책임
주주, 고객
종업원

지속가능경영

환경적 책임
환 경
미래세대

시험문제 미리보기!

기업의 형태에 대한 다음 설명 중 가장 적절하지 않은 것은?

① 개인기업은 소유와 경영이 분리되지 않은 기업으로 기업에 대한 책임은 유한하다.

② 합명회사란 무한책임사원만으로 구성되고 각 사원이 회사를 대표한다.

③ 합자회사란 무한책임을 지는 출자자와 유한책임을 지는 출자자로 구성되는 기업형태를 말한다.

④ 유한회사란 유한책임을 부담하는 출자자로 구성되는 회사의 형태로 1인 이상 50인 이내의 출자자로 구성되는 소규모 기업을 말한다.

⑤ 주식회사는 1인 이상의 유한책임사원(주주)으로 구성된 회사이다.

정답 ①

해설 개인기업은 소유와 경영이 분리되지 않은 기업으로 기업에 대한 책임은 무한하다.

제2절 | 조직관리이론의 흐름

핵심 Check ✓ 조직관리이론의 흐름

고전적 접근법	테일러의 과학적 관리법, 포드시스템, 페이욜의 관리과정론, 베버의 관료제
인간관계 접근법	호손연구
시스템이론	전체최적화 = Σ부분최적화 + 상호작용(Feedback)
상황적합이론	기술과 조직구조, 환경과 조직구조

01 개요 ★

조직관리이론은 그 관점과 역사적 배경에 따라 발전하는데, 그 흐름은 '고전적 접근법 → 인간관계접근법 → 계량적 접근법 → 현대 경영이론'의 순서를 따른다. 현대 경영이론은 다양한 경영학 이론들로 구성되는데, 그중에 가장 중요한 의미를 가지는 연구가 시스템이론과 상황적합이론이다.

[조직관리이론의 흐름]

관점	이론	특징
고전적 접근법	테일러의 과학적 관리법	동작연구와 시간연구, 차별적 성과급제, 기획부제도, 직능별 직장제도, 작업지도표제도 ⇨ 고임금 저노무비
	길브레스 부부의 과학적 관리법	기본동작(Therblig)
	포드시스템	컨베이어 벨트 시스템(대량생산 목적, 동시관리) ⇨ 봉사주의(저가격 고임금)
	페이욜의 관리과정론	계획화, 조직화, 지휘, 조정, 통제
	베버의 관료제	명령, 복종, 합법적 권위(규범), 문서 ⇨ 규범의 명확화, 노동의 분화, 역량 및 전문성에 근거한 인사, 공과 사의 구분, 계층의 원칙, 문서화
인간관계 접근법	호손연구 (E. Mayo & F. Roethlisberger)	조명실험 → 계전기 조립작업장실험 → 면접연구 → 배전기 전선작업장 실험 ⇨ 집단의 분위기, 참가자에 대한 관심
계량적 접근법	계량경영학(경영과학)	수리적 모형
	경영정보시스템	경영의사결정지원
현대 경영이론	시스템이론	전체최적화 = Σ부분최적화 + 상호작용
	상황적합이론	기술과 조직구조, 환경과 조직구조

핵심 Plus ➕

맥그리거의 XY이론

맥그리거(McGregor)는 경영자들이 가지는 인간의 본성에 대한 관점을 X이론의 사고방식으로부터 Y이론의 사고방식으로 전환해야 한다고 주장함. 즉, 경영자들이 종업원에게 굳은 신뢰와 지속적인 지원을 보인다면 종업원들은 경영자들의 기대를 저버리지 않고 최선을 다할 것이라는 것을 말함. 여기서 X이론은 인간이 타율적 존재이기 때문에 외부 통제가 필요하다고 보는 관점이며, Y이론은 인간이 자율적 존재이기 때문에 자아통제가 가능하다고 보는 관점임

02 | 고전적 접근법   ★★

1. 테일러(Taylor)의 과학적 관리법

(1) 의의

테일러는 각 과업을 수행하는 최선의 방법(Best Way)을 찾아 작업자의 생산성을 향상시 키기 위해 과학적 관리법을 주장하였다. 일반적으로 과학적 관리법은 동작연구와 시간연구, 차별적 성과급제, 기획부제도, 직능별 직장제도, 작업지도표제도 등을 그 주요내용으로 한다.

① **동작연구와 시간연구(Motion Study & Time Study)**

작업자들이 수행하는 과업의 양은 단순히 과거의 경험에 의해서 결정하는 것이 아니 라 과학적인 방법인 동작연구와 시간연구를 통한 표준화에 의해 결정한다. 동작연구 는 작업자가 실시하는 직무(Job)를 과업(Task)으로, 과업을 다시 요소동작 (Element)으로 구분하여 불필요하고 낭비적인 동작을 제거한 후에 **과업을 수행하는 최선의 표준화된 작업방법을 도출**하는 것이다. 이러한 동작연구와 함께 시간연구를 동 시에 실시하는데, 시간연구는 과업을 수행하는데 소요되는 표준시간(Standard Time)을 측정하여 하나의 과업 또는 일련의 과업을 수행하는데 소요되는 시간을 분 석하여 생산성을 평가하는 방법을 의미한다.

② **차별적 성과급제**

동작연구와 시간연구를 통해 설정된 표준과업 또는 표준시간을 달성한 자에게는 높은 임금 을 지급하고, 실패한 자에게는 낮은 임금을 지급하는 형태를 의미한다.

③ **기획부제도**

과학적 관리법은 작업자를 금전적 수입의 극대화에만 관심을 갖는 경제인으로 가정 하기 때문에 차별적 성과급제를 적용하게 되면 자연스럽게 작업자의 생산성은 향상 하게 되고, 이로 인해 표준과업을 초과달성하여 고임금을 받게 되는 작업자들의 규모 가 점점 더 커지게 된다. 따라서 기업의 입장에서는 **주기적인 동작연구와 시간연구를** 통해 표준과업 또는 표준시간을 조정할 필요가 있으며 이 역할을 담당하는 기획부가 생겨나게 된다. 즉, 기획부에서는 작업의 변경과 조건을 표준화하고 시산연구에 의 하여 과업을 설정하며 작업에 관한 모든 계획을 수립하게 된다.

④ 직능별 직장제도

　　작업을 전문화하고 각 전문분야마다 감독자인 직장(Foreman)을 각각 두어 작업자를 전
　　문적으로 지휘 및 감독하고자 하는 것을 말한다.

⑤ 작업지도표제도

　　작업을 분담하여 감독하는 직능별 직장들에게 작업지도표에 따라 작업을 지도하게 하는 제
　　도를 말한다. 여기서 작업지도표란 표준작업방법과 이에 대한 표준시간이 동작의 순
　　서에 따라 기입되어있는 표를 의미한다.

(2) 과학적 관리법의 4대 원칙

테일러는 동작연구와 시간연구라는 개념을 도입해 어떤 과업을 수행하는 데 필요한 동작을
하나하나 분석함으로써 그 과업을 가장 효율적으로 수행하는 방법을 찾고자 하였다. 이를
위해 다음과 같은 작업자와 경영자 모두에게 경제적으로 도움이 될 수 있는 4가지 원칙을
제시하였다.

　　① 낡은 주먹구구식 방법을 대체할 수 있는 작업의 과학화 실현
　　② 종업원의 과학적인 선발, 훈련, 교육 및 개발
　　③ 모든 작업이 과학의 원리와 일치하도록 경영자와 작업자 간의 긴밀한 협조관계 유지
　　④ 경영자와 작업자 간의 균등한 작업 및 책임 분배

(3) 과학적 관리법의 특징 및 한계

테일러의 과학적 관리법은 **고임금 저노무비(High Wage, Low Labor Cost)의 원칙**[1]에 근거
하고 있으며, 테일러는 이를 통해 노사 간 공존공영이 실현될 수 있다고 생각하였다. 그러
나 이러한 과학적 관리법은 **인간적 측면을 경시**하고 **인간노동을 기계시**하고 있으며, 공장생산
노무관리에 지나지 않는 한계점을 보이고 있다. 또한, 과업의 설정과정이 **시간연구자의 주관**
에 의해 설정될 수 있으며, **금전적인 유인에 의한 능률의 논리만을 강조**하였다.

2. 포드(Ford)시스템

(1) 의의

포드는 테일러시스템을 바탕으로 자동적인 기계의 움직임을 종합적으로 연구함으로써 **컨베
이어벨트시스템(Conveyor-Belt System)**에 의한 **대량생산방식**을 개발하였다. 이는 **동시관
리(Management by Synchronization)**를 기본원리로 하여 대량생산을 목적으로 설계된
시스템이다. 포드는 **표준화(Standardization)**, **단순화(Simplification)**, **전문화
(Specialization)의 3S 개념**을 이용하여 컨베이어벨트시스템으로 인해 발생하는 문제를 최
소화하기 위해 노력하였으며, 이를 통해 생산량을 증가시키게 된다. 이러한 생산량 증가는
규모의 경제(Economies of Scale)를 통해 생산원가를 낮추게 되고 낮은 가격으로 제품을
고객에게 전달하는 것을 가능하게 하였다. 이러한 과정을 통해 기업은 이윤이 목적이 아니
라 사회에 봉사하기 위한 기관이라는 경영이념을 포드는 주장하게 되는데, 이를 **봉사주의
(고임금 저가격)**라고 한다.

(2) 포드시스템의 한계

포드시스템은 **인간노동을 여전히 기계시**하고 있으며, 컨베이어벨트시스템을 기본으로 하고
있기 때문에 **한 공정의 정지가 다른 공정에 미치는 영향이 크다**. 또한, 설비투자비용 과다발생
과 조업도 하락 시 제조원가의 부담이 크고, 시장 수요변동에 대처하기 위한 제품을 추가하
거나 생산설비의 변경이 쉽지 않아 **유연성이 떨어진다는** 한계점을 보인다.

1) 고임금 저노무비의 원칙
노동생산성 향상에 따라 작업자
는 고임금을 받게 되는 동시에
경영자는 일정 금액에 대한 생산
량 증가에 따른 저노무비의 혜택
을 받게 된다는 원칙

3. 페이욜(Fayol)의 관리과정론

페이욜은 경영자를 위한 지침과 방향으로써 경영자가 수행해야 할 5개 기능과 경영의 14원칙을 개발하였으며, 집중화가 모든 상황에서 바람직한 것이 아니고 자유재량(Latitude)과 분권화(Decentralization)는 개별 조직에 의해서 결정되어야 할 균형의 문제라고 제안하였다.

    ① **경영활동** : 기술활동(생산, 가공 등), 상업활동(구매, 판매, 교환 등), 재무활동(자본의 조달, 운용 등), 보호활동(인적자원의 보호), 회계활동(재무제표, 원가통제 등), 관리활동

    ② **관리활동** : 계획화, 조직화, 지휘, 조정, 통제

    ③ **경영의 14원칙** : 업무의 분화, 권한과 책임, 규율, 명령체계의 단일화(명령일원화), 지휘방향의 단일화, 전체이익에 대한 개인의 복종, 종업원에 대한 보상, 집중화, 계층연쇄, 질서, 공정성, 재직의 안정성, 주도권, 집단정신

4. 베버(Weber)의 관료제(Bureaucracy)

명령, 복종, 합법적 권위(규범), 문서에 기반을 둔 이상적인 조직의 형태를 말한다. 베버는 사회조직이 전통적·세습적 또는 카리스마적 권력자에 의해 지배되어 왔기 때문에 아주 비효율적으로 운영될 수밖에 없었다고 보고, 미리 정해진 규칙과 제도에 따라 조직을 운영하는 것이 가장 합법적이라고 주장하였다. 이러한 관료제 조직은 **규범의 명확화, 노동의 분화, 역량 및 전문성에 근거한 인사, 공과 사의 구분, 계층의 원칙, 문서화 등의 특성**을 가진다. 이러한 관료제는 전문화를 통해 효율을 올릴 수 있으며, 직위에 대한 책임과 권한이 명시되어 있기 때문에 명령계통이 체계적으로 이루어져 있고, 예측가능성과 안정성을 제공해 주는 장점이 있으나, 개인적인 성장을 막고 계층구조로 이루어져 있기 때문에 쌍방향의 의사소통을 어렵게 만드는 단점이 있다.

시험문제 미리보기!

고전적 접근법에 대한 다음 설명 중 가장 적절하지 않은 것은?

① 페이욜은 경영자를 위한 지침과 방향으로써 그가 수행해야 할 5개 기능과 14개의 원칙을 제시하였다.

② 포드는 테일러시스템을 바탕으로 자동적인 기계의 움직임을 종합적으로 연구함으로써 컨베이어벨트시스템에 의한 대량생산방식을 개발하였다.

③ 포드시스템은 표준화, 단순화, 전문화를 특징으로 한다.

④ 관료제 조직은 규칙의 명확화, 노동의 분화, 계층의 원리, 문서화 등을 특성으로 한다.

⑤ 길브레스 작업의 흐름을 조정하는 그래프적 수단으로 작업공정이나 제품별로 계획된 작업의 실제 진행상황을 도표화함으로써 전체적인 기간관리를 가능하게 하는 도표를 개발하였다.

정답 ⑤

해설 ⑤는 간트(Gantt)가 개발한 간트차트(Gantt chart)에 대한 설명이다.

03 인간관계 접근법과 계량적 접근법 ★★

1. 인간관계 접근법 : 호손연구(Hawthorne Studies)

(1) 의의

미국 일리노이주의 웨스턴 전기회사라는 전화기 제조회사의 호손공장에서 메이요(E. Mayo)와 뢰슬리버거(F. Roethlisberger)를 중심으로 행한 일련의 연구들을 말한다. 당시 호손공장에서는 테일러의 과학적 관리법에 입각한 성과급 제도를 도입하고 있었으나 생산성 측면에서 만족스럽지 못했다. 따라서 호손공장에서는 작업환경의 물리적 변화나 작업시간, 임률의 변화 등이 종업원의 작업능률에 어떠한 변화를 미치는가를 연구하기 위해 1924년부터 1932년까지 4차에 걸쳐 연구가 진행되었다.

① 조명실험(1924 ~ 1927)

미국 국립과학아카데미 연구팀과 웨스턴 전기회사 내의 자체 엔지니어 합동팀에 의해 수행되었으며, 작업자들을 **실험집단(Experiment Group)과 통제집단(Control Group)**으로 나눈 후 통제집단에는 조명을 항상 일정하게 한 반면, 실험집단에는 조명 밝기를 다양하게 하면서 두 집단의 생산성을 비교하였다. 이 연구는 과학적 관리법의 관점에서 제조단계에서 **조명의 밝기가 생산성에 영향을 미칠 것이라는 기대** 하에서 실시되었으나, 그 결과는 실험집단의 생산성이 조명이 밝을 때나 어두울 때 모두 높아진 것으로 나타나 조명과 생산성 간에는 아무런 관련성이 없는 것으로 나타났다. 따라서 연구자들은 보이지 않는 '심리적 요인'이 더 중요한 영향을 미칠 것이라는 결론을 도출하였고, 이로 인해 작업현장에서 인간의 상호작용에 대한 관심을 불러일으키게 되었다.

② 계전기 조립작업장 실험(1927 ~ 1929)

여성근로자 6명을 대상으로 생산성과 관련될 것으로 간주되는 휴식시간 제공, 간식의 제공, 작업시간 단축 등 물리적인 작업조건들을 변화시키며 생산성의 변화를 살펴보았으나, 이 작업장의 생산성은 물질적 작업조건과 관계없이 서서히 향상되었다. 연구자들은 생산성이 향상된 이유를 **작업장 내 우호적인 분위기, 관리자의 칭찬과 실험집단에 대한 기대감 표시, 작업자들이 연구에 참여하게 된 점에 대한 자부심, 작업장에 감독자가 있지 않아 스스로 작업에 대한 책임감**을 느꼈기 때문이라고 판단하였다.

③ 면접연구(1928 ~ 1930)

계전기 조립작업장 실험에서 발견한 작업자들 간의 생산성에 미치는 심리적 요인을 다시 확인하기 위해 공장의 **전체 근로자들을 대상**으로 면접연구를 실시하였다. 이 연구를 통하여 작업자의 감정이 생산성에 미치는 영향을 확인할 수 있었으며, 작업자의 작업의욕은 개인적인 감정에 의해서도 영향을 받지만 그가 속한 집단의 사회적 조건에 따라서 더 크게 좌우된다는 것이 밝혀졌다.

④ 배전기 전선작업장 실험(1931 ~ 1932)

작업자를 둘러싸고 있는 사회적 조건이 작업능률에 미치는 영향을 파악하기 위해 **관찰연구**를 실시한 실험이다. 이 실험을 통해 해당 작업장에서는 공장의 공식집단과는 별도로 **자생적으로 형성된 비공식집단이 존재**한다는 것을 발견하였다. 이 작업집단에는 비공식적인 작업규범이 존재하였고 이 규범이 작업집단의 공동이익을 추구하는 특징을 가지고 있었다.

(2) 결과 및 시사점

① 결과

- **집단적인 분위기**

    종업원은 다른 사람들과의 사회적 관계를 통해서 즐거움을 공유하고 일을 잘 수행하기를 원한다는 것이다. 개인적으로는 생산량의 증가를 통하여 임금을 더 받는 것도 좋지만, 누군가의 해고로 인해 집단 전체가 피해를 입을 수 있다는 두려움이 생산량에 더 큰 작용을 미칠 수 있고 그 결과 스스로 생산량을 조절할 수도 있다는 것이다. 이는 집단적인 분위기가 개인별 생산성에 긍정적 또는 부정적인 영향을 동시에 미칠 수 있다는 것을 보여주었다.

- **참가자들에 대한 관심**

    실험실의 종업원들은 연구과정에서 스스로가 존중받는다는 느낌을 가지게 되고, 이러한 느낌이 생산성에 많은 영향을 미칠 수 있다는 것을 보여주었다.

② 시사점

호손연구는 계획이나 방법이 매우 조악한 수준이었고 실험의 결론을 뒷받침할 만한 실증적인 증거도 부족했기 때문에 연구자들이 몇 가지 사실을 통해서 성급하게 일반화하는 오류를 범할 수 있다. 그러나 호손연구는 생산성 향상에 대한 고전적 접근법의 관점에서 벗어나 인간적인 측면에 초점을 맞추는 계기가 되어 경영적 사고가 변환하는 전환점이 되었다는 것에 의미가 있다. 이 연구는 1950년대와 60년대에 경영적 사고에 중요한 영향을 미친 **인간관계운동(Human Relations Movement)의 등장**에 기여하였으며, 인간관계운동의 통찰력은 조직 내에서 개인과 집단에 대해 연구하는 분야인 **조직행동론(Organizational Behavior)의 영역**으로 발전하였다.

2. 계량적 접근법

(1) 계량경영학(OR ; Operations Research)

Du Pont와 같은 기업들이 군대와 군장비를 이동하고 잠수함을 배치하기 위해 세계대전 중에 개발되었던 기법들을 기업의 문제에 응용하는 것에서 시작되었다. 이는 **다양한 수리적 모형(확정적 모형, 확률적 모형 등)을 이용하여 문제에 대한 해결책을 제시하고 의사결정과정에서 여러 개의 선택방안 중 최선의 것을 선택하는 것**을 그 목적으로 하고 있다. 최근에는 계량경영학을 경영과학(Management Science)이라고도 한다.

(2) 경영정보시스템(MIS ; Management Information System)

경영자에게 경영의사결정에 필요한 정보를 제공하여 경영의사결정을 지원할 수 있도록 설계된 정보기술체계를 의미한다. 따라서 **경영자가 의사결정을 수행하는 데 필요한 정보를 제공하는 것**을 목적으로 하며, 이를 통해 조직의 내부 및 외부환경에 대한 자료를 보유하고 각 경영계층(최고경영자, 중간경영자, 하위/일선경영자)과 경영활동(재무, 생산, 인사, 마케팅 등)에 필요한 정보를 제공해준다.

시험문제 미리보기!

호손연구에 관한 다음 설명 중 가장 적절하지 않은 것은?

① 하버드 대학의 메이요 교수가 중심이 되어 시카고 교외의 웨스턴 전기회사의 호손공장에서 실시된 연구이다.

② 호손연구는 경영관리에 있어 인간관계를 중시하는 인간관계론의 급속한 발전을 촉구하는 계기가 되었다.

③ 새로운 인간관계의 측면에 초점을 두어 과학적인 실험을 통해 경제적 조건뿐만 아니라 심리적 조건이나 사회적 조건에 의해 영향을 받는 다면적인 인간행동을 파악하였다.

④ 인간을 기계시하고 오직 능률향상만을 위주로 한 테일러의 과학적 관리에 대한 반성으로 연구가 설계되었다.

⑤ 작업장에는 공식적 조직과 별도로 자생적인 비공식 조직이 존재하며, 거기에서 구성원의 행동이나 생산량을 규제하는 집단규범이 강하게 작용하고 있음을 파악하였다.

정답 ④

해설 호손연구는 테일러의 과학적 관리에 대한 내용을 입증하기 위해 연구가 설계되었지만, 그 결과는 예상과는 다른 방향으로 나타나게 되었다. 이로 인해 인간관계론이 대두 되었으며 인간에 대한 이해가 심화되고 테일러의 경제적 인간관에서 탈피하는 계기가 되었다.

04 시스템이론과 상황적합이론 ★

1. 시스템이론(System Theory)

(1) 의의

대상을 구성하는 다수의 하위시스템을 분리해서 취급하려는 것이 아니고 **하나의 전체로 보려는 관점**으로, 조직의 어떤 분야의 활동이 다른 모든 분야의 활동에 영향을 미친다는 이론이다. 여기서 시스템이란 특정목표를 달성하기 위하여 하나의 전체로써 기능하는 상호관련성을 가지는 구성요소들의 집합을 말하며, 독립된 구성요소들은 또 하나의 개별 시스템을 형성하게 되는데 이러한 시스템을 하위시스템(Sub‑System)이라고 한다. 즉 **하나의 시스템은 다수의 하위 시스템으로 구성**되어 있다.

(2) 시스템의 구성요소 및 속성

구성요소	투입물(Input), 변환과정(Transformation Process), 산출물(Output), 피드백(Feedback)[4] 등
속 성	결과지향성(Goal Seeking), 구조성(Structure), 기능성(Function), 전체성(Holism), 이인동과성(Equifinality)[5], 통제성(Control), 개방성(Openness), 상호관련성(Correlation)

4) 피드백
시스템이 안정상태를 유지하고 있는가의 여부 또는 파괴의 위험 상태에 있는가의 여부를 말해주는 정보적 투입(상호작용). 시스템은 피드백을 통해 시스템의 동태적 균형을 이루게 됨

5) 이인동과성
시스템 목표를 달성하는 데에는 다양한 수단과 방법이 사용될 수 있다는 것으로, 똑같은 결과를 보이더라도 여기에 작용하는 원인요소는 각기 다를 수 있다는 것을 의미함

(3) 관련 개념

① 개방시스템(Open System)과 폐쇄시스템(Closed System)

시스템은 환경과의 상호작용 여부에 따라 개방시스템과 폐쇄시스템으로 구분할 수 있다. **개방시스템**은 환경과 상호작용이 이루어지고 있는 시스템을 의미하는데, 일반적으로 조직은 환경과의 상호작용 정도에 차이가 있지만 대부분 개방시스템에 해당한다. 이에 반해 **폐쇄시스템**은 환경과 상호작용이 이루어지고 있지 않은 시스템을 의미한다.

② 시스템 경계(System Boundary)

시스템과 그 환경을 분리시키는 경계를 말한다. 일반적으로 폐쇄시스템의 경계는 경직되고 통과하기 어렵지만 개방시스템의 경계는 좀 더 유연하여 통과하기 쉽다.

③ 시너지(Synergy)와 엔트로피(Entropy)

시너지란 **전체가 부분의 합보다 크다**는 것을 의미한다. 그러나 모든 시스템에서 시너지가 발생하는 것은 아니며, 피드백 또는 상호작용이 원활하지 않은 경우에는 시스템은 잠식효과(Erosion Effect)가 발생하고 엔트로피가 증가하여 시스템은 결국 소멸하게 된다. 여기서 엔트로피란 시스템이 쇠퇴하고 소멸되어 가는 과정을 말한다.

2. 상황적합이론(Contingency Theory)

(1) 의의

모든 환경이나 상황에 적용할 수 있는 유일최선의 관리방식(One Best Way)은 존재할 수 없다. 따라서 환경이나 상황, 조건이 바뀌게 되면 그에 따라 유효한 관리방식과 조직도 달라져야 한다. 이러한 입장을 취하고 있는 이론을 총칭하여 상황적합이론이라고 한다. 즉, **조직은 상황에 따라 다른 원칙을 적용해야 한다는 것**이다. 이러한 상황적합이론은 **상황변수, 조직특성변수, 조직유효성변수**로 구성되어 있다. 대표적인 상황변수에는 조직규모, 환경, 기술, 조직전략 등이 있고, 조직특성변수에는 조직구조가 대표적이다. 또한, 조직유효성변수에는 직무만족, 직무성과, 조직몰입, 조직시민행동 등이 있다.

(2) 기술과 조직구조와의 상황적합이론

① 우드워드(Woodward)의 연구

우드워드는 기술을 복잡성의 정도가 높아짐에 따라 고객의 요구에 따라 맞춤생산하는 단위소량생산(Small-Batch & Unit Production), 조립라인에 따라 표준품을 생산하는 대량생산(Large-Batch & Mass Production), 정유공장과 같이 계속흐름을 통해 생산되는 연속공정생산(Continuous Process Production)의 세 범주로 구분하여 기술유형과 조직구조 간의 관계를 살펴보았다. 그 결과, **대량생산의 경우에는 기계적 조직구조가 적합하고 단위소량생산과 연속공정생산의 경우에는 유기적 조직구조가 적합**하다는 사실을 발견하였다.

② 톰슨(Thompson)의 연구

톰슨은 과업의 상호의존성을 집합적(Pooled) 상호의존성, 순차적(Sequential) 상호의존성, 교호적(Reciprocal) 상호의존성으로 분류하고, 이에 따라 기술을 중개형(Mediating) 기술, 장치형(Long-Linked) 기술, 집약형(Intensive) 기술로 분류하고 있다. 이 기술유형에 따라 관리과정이 다르게 나타나며, 결국에는 **중개형 기술과 장치형 기술에 있어서는 기계적 조직구조가 적합하고 집약형 기술의 경우에는 유기적 조직구조가 적합**하다고 주장하였다.

핵심 Plus+

기술복잡성

제조과정이 기계화(Mechanization)된 정도와 예측가능성을 의미함. 즉, 기술복잡성이 높다는 것은 대부분의 작업이 기계에 의해 이루어지고 예측이 용이하다는 것을 의미하고, 기술복잡성이 낮다는 것은 사람들이 생산과정에서 더 큰 역할을 수행하고 예측이 어려움을 의미함. 기술의 복잡성이 높아짐에 따라 관리계층의 수가 많아지고 전체 구성원 중에서 관리자가 차지하는 비율은 높아지게 됨

- **집합적 상호의존성**
  각 구성요소가 각각 독립적으로 달성한 성과의 합이 조직 전체의 성과가 되는 상호의존성을 의미하며, **중개형(매개형) 기술**을 사용한다.
- **순차적 상호의존성**
  한 구성요소의 산출이 다른 구성요소의 투입이 되는 상호의존성을 의미하며, 장치형(연속형) 기술을 사용한다.
- **교호적(호환적) 상호의존성**
  순차적 상호의존성에 피드백 또는 상호작용이 추가된 상호의존성으로 상호의존성의 정도가 가장 크고, **집약형 기술**을 사용한다.

[상호의존성의 유형]

집합적 상호의존성	순차적 상호의존성	교호적(호환적) 상호의존성
A, B, C의 세 부서가 각각 독립적으로 업무를 수행하여 합한 값이 조직전체의 성과가 되는 관계	A부서의 일이 끝나면 그 다음 단계에서 B부서가 일을 받아 수행하고, 마지막으로 C부서가 일의 마무리를 짓고 완성하는 관계	A, B, C부서가 모두 협력을 통해 많은 정보를 주고받으며 업무를 수행해야 하므로 의존관계도 높고 그만큼 갈등이 발생할 소지가 가장 크다.

[톰슨의 기술유형]

기술	상호의존성	조직구조	유연성	의사소통	예시
중개형(매개형)	집합적	기계적	중 간	낮 음	은 행
장치형(연속형)	순차적	기계적	낮 음	중 간	자동차 공장
집약형	교호적(호환적)	유기적	높 음	높 음	병 원

③ 페로우(Perrow)의 연구
  페로우는 기술을 **과업다양성**[6]과 **분석가능성**[7]에 따라 공학적 기술, 일상적 기술, 비일상적 기술, 장인 기술로 유형화하였다.

[페로우의 기술유형]

분석가능성＼과업다양성	고	저
고	공학적 기술 (조선업, 건축, 회계사 등)	일상적 기술 (석유정제, 철강, 자동차 조립라인 등)
	집권적이고 공식화가 낮은 조직	집권적이고 공식화가 높은 조직
저	비일상적 기술 (기초과학, 우주항공산업 등)	장인기술 (공예산업, 제화업, 가구수선 등)
	분권적이고 공식화가 낮은 조직	분권적이고 공식화가 높은 조직

6) 과업다양성(Variety)
변환과정에서 나타나는 예상하지 못한 새로운 일들의 빈도를 의미함. 즉, 사람들이 조직의 투입물을 산출물로 변환시킬 때 작업절차가 매번 같은 방식으로 수행되는지 아니면 다른 방식으로 수행되는지를 의미함. 개인들이 예상하지 못한 상황에서 여러 가지 다양한 문제에 직면할 경우에 다양성은 매우 높고, 문제가 거의 없고 직무가 반복적일 경우에는 다양성이 매우 낮음

7) 분석가능성(Analyzability)
작업이 기계적 단계로 나누어질 수 있고, 문제를 해결하는 절차가 얼마나 객관적이고 계산이 가능한지를 의미함. 즉, 문제를 해결하는 데 필요한 탐색행동의 정도임. 분석가능성이 낮은 경우에는 정확한 해결책을 찾기가 어려우며, 문제의 원인이나 해결책이 분명하지 않기 때문에 다양한 사람들의 경험이나 직관, 판단에 의존해야 하고 많은 시행착오를 해야 하는 경우가 있음

(3) 환경과 조직구조와의 상황적합이론

① 번즈(Burns)와 스탈커(Stalker)의 연구

번즈와 스탈커는 상황변수를 환경의 동태성으로 규정하여 환경을 정태적인 환경과 동태적인 환경으로 구분하고, 정태적인 환경에서는 기계적인 조직구조가 적합하고 동태적인 환경에서는 유기적인 조직구조가 적합하다고 주장하였다. 물론, 번즈와 스탈커의 연구가 기계적 조직구조와 유기적 조직구조 중 어느 한 쪽이 더 좋다는 것을 의미하는 것은 아니며, 가장 효과적인 조직구조는 조직이 직면한 환경의 특성에 적합한 구조라는 것이다.

[번즈와 스탈커의 연구]

	정태적인 환경	동태적인 환경
조직구조	기계적 조직구조	유기적 조직구조
업무처리	문서화된 규칙이나 절차에 의존	문서화된 규칙이나 절차 거의 없음
의사결정권	집권적	분권적
갈등해결방법	상급자의 의사결정	토론이나 상호작용
정보의 흐름	제한적, 하향적	상하 자유로움
공식화	높음	낮음(유연한 대응 가능)

② 로렌스(Lawrence)와 로쉬(Lorsch)의 연구

로렌스와 로쉬는 환경의 불확실성을 조직구조의 상황변수로 보고 환경의 불확실성이 높을수록 조직은 분화를 보다 많이 해야 하고, 분화를 많이 할수록 통합하기 위해서는 별도의 통합부서가 필요하다고 주장하였다. 즉, 환경의 불확실성이 낮거나 중간 정도인 산업에서는 규율, 규칙, 절차, 방침만으로도 통합이 가능하나 그렇지 않은 경우에는 전문통합부서나 전문통합스탭이 추가로 필요함을 주장하였다. 로렌스와 로쉬의 연구에서 분화와 함께 중요한 개념이 통합인데 일반적으로 조직 전체의 목적을 달성하기 위해서는 부서 간의 분화를 조정해 줄 통합이 필요하다는 것이다.

시험문제 미리보기!

다음 중 시스템의 속성으로 가장 적절하지 않은 것은?

① 이인동과성
② 개방성
③ 상호관련성
④ 통제성
⑤ 부분성

성납 ⑤
해설 시스템은 복잡한 환경 내에서 전체적인 목표를 달성하기 위해 독립적으로 또는 공통적으로 작용하는 상호관련된 부분의 집합이며, 이는 결과지향성, 전체성, 상호관련성, 개방성, 통제성, 이인동과성 등의 속성을 가진다.

핵심 Check ✓ 조직구조의 형태

조 직	기계적 조직, 유기적 조직, 양면형 조직
목표관리	목표설정, 참여, 피드백
고전적 조직화	라인조직, 라인과 스탭 조직, 기능별 조직
현대적 조직화	사업부제 조직, 위원회 조직, 프로젝트팀 조직, 네트워크 조직, 행렬 조직, 프로세스 조직

01 조직(Organization) ★★★

1. 의의

(1) 개념

조직은 하나 이상의 명확한 목적을 가지고 그 목적을 달성하기 위해 둘 이상의 사람들이 상호작용하는 협동체계이다. 따라서 조직구성원들은 공통된 목적을 가지고 그 목적을 달성하기 위해 지속적인 상호작용을 하게 된다. 이러한 조직의 특성은 다음과 같다.

① 인간에 의해 창조된 사회집단이다.
② 일반적으로 환경과 상호작용을 하는 **개방시스템**이지만, 어느 정도의 폐쇄성도 가지고 있다.
③ 외부환경과 구분되는 경계와 활동영역이 존재하며, 지속적으로 외부환경으로부터 영향을 받기 때문에 이에 대한 적응의 과정이 필요하다.

(2) 기계적 조직(Mechanistic Organization)과 유기적 조직(Organic Organization)

조직은 기계적-유기적이라는 두 개념의 연속선에서 구분할 수 있다. 이 개념은 번즈와 스탈커에 의해서 처음 사용되었는데, **기계적 조직은 표준화된 절차와 규칙, 분명한 권한구조에 의하여 기계처럼 작동한다.** 이런 조직은 매우 공식화되어 있고 의사결정권한이 상층에 집중되어 집권화가 높다.

유기적 조직은 느슨하고 자유롭게 흐르는 유연한 이미지를 갖는 조직이다. 규칙이나 규정이 문서화되어 있지 않고 간혹 문서화가 되어 있다고 하여도 매우 유연하게 적용된다. 사람들은 자신들의 방식으로 일을 처리할 수 있으며 권한계층은 느슨하면서도 분명하지 않다. 의사결정은 분권화되어 있다.

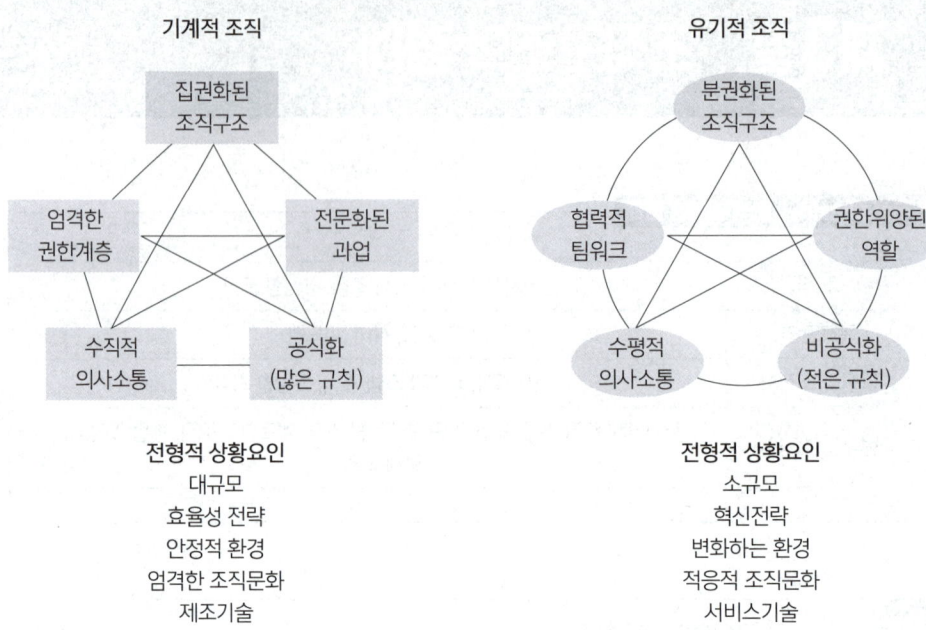

[기계적 조직과 유기적 조직]

기계적 조직

집권화된 조직구조

엄격한 권한계층

전문화된 과업

수직적 의사소통

공식화 (많은 규칙)

유기적 조직

분권화된 조직구조

협력적 팀워크

권한위양된 역할

수평적 의사소통

비공식화 (적은 규칙)

전형적 상황요인
대규모
효율성 전략
안정적 환경
엄격한 조직문화
제조기술

전형적 상황요인
소규모
혁신전략
변화하는 환경
적응적 조직문화
서비스기술

(3) 양면형 조직(Ambidextrous Organization, 양손잡이 조직)

기업의 규모가 크거나 수행 중인 기존 사업이 잘되고 있을수록 혁신을 도모하기 위해서는 절실히 요구되는 조직구조이다. 양면형 조직은 **한쪽은 기존 사업중심으로 안정성을 추구하면서 또 다른 쪽은 혁신적인 새로운 것을 추구하는 조직**을 말한다. 즉, 기존 역량을 활용하면서 새로운 기회를 탐험하는 능력을 가진 조직을 의미한다. 한쪽 조직은 기존의 일이나 사업을 잘해서 최대한의 수익을 내는 일에 초점을 맞추어 두 조직이 공존하는 것이다.

2. 조직의 목표와 변화

(1) 의의

조직목표는 **조직이 달성하고자 하는 바람직한 상태**를 의미한다. 조직목표는 조직행동의 방향을 제시하고 현재 활동에 실질적 영향을 미치는 사회적 힘을 가지고 있는데, 조직목표의 구체적인 역할은 다음과 같다.

   ① **조직행동의 기준과 방향 제시** : 조직목표는 미래지향적인 의미를 가지고 있기 때문에 조직이 앞으로 나아갈 방향에 대한 지침과 조직의 행동근거를 제시하는 기준을 제공한다. 이를 통해 조직은 합법성과 정당성을 확보할 수 있게 된다.

   ② **효과성(유효성)의 평가기준** : 효과성 또는 유효성은 조직목표의 달성정도를 의미한다. 따라서 조직목표는 각 조직의 효과성을 평가하기 위한 기준이 된다.

   ③ **조직구성원들에 대한 동기부여의 원천** : 조직구성원들을 동기부여시키기 위해서는 조직구성원들의 자발적인 참여가 필수적이다. 따라서 조직목표와 조직구성원의 목표가 일치하여야 한다.

(2) 조직목표의 변화

조직목표는 다양한 요인들에 의해 지속적으로 수정되고 변화하게 된다. 조직목표의 변화에 영향을 미치는 요인들은 다음과 같다.

① **내부요인** : 조직내부의 권력체계의 변동이나 조직구조의 변동이 대표적이다. 일반적으로 최고경영자가 바뀌면 새로운 경영자의 경영철학에 따라 목표가 바뀌게 된다. 또한, 새로운 부서, 새로운 기준의 도출 또는 새로운 담당자의 출현 같은 경우도 조직의 변화를 일으킨다.

② **외부요인** : 기술의 개발, 사회적·정치적·경제적 변화 등이 있다.

3. 목표에 의한 관리(MBO ; Management By Objectives)

(1) 의의

드러커(Drucker)와 맥그리거(McGregor)가 주장한 개념으로, **측정가능한 특정 성과목표를 상급자와 하급자가 함께 합의하여 설정하고, 그 목표를 달성할 책임부문을 명시하여 이의 진척사항을 정기적으로 점검한 후 이러한 진도에 따라 보상을 배분하는 경영시스템**을 말한다. MBO의 목적은 하급자들을 목표설정과 계획과정에 참여시켜 그들의 목소리를 반영하고, 일정기간 동안 그들이 구성원으로서 또는 작업집단으로서 달성해야 할 일이 무엇인가를 분명히 인식시킴과 동시에 그들의 활동을 기업의 목표달성과 직접적으로 연관시키는 것이다.

[MBO의 과정]

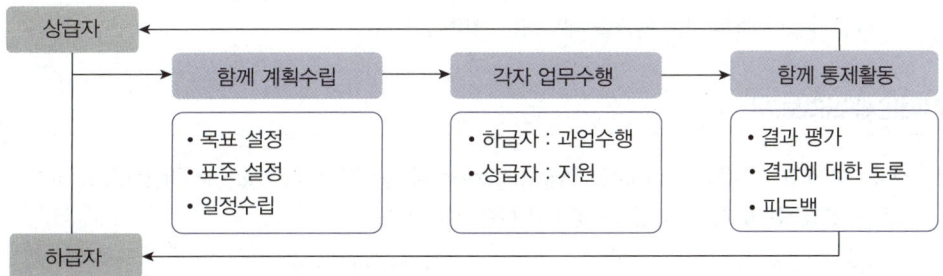

(2) 구성요소

① **목표의 설정(Goal Setting)** : 측정 가능하고 비교적 단기적인 목표를 설정하는 것을 말한다. 또한 그 목표는 조직의 장기적이고 일반적 목표와 관련되어 설정되어야 하며, 조직계층별로 목표가 수립되어야 한다. 구체적이고 검증가능한 목표의 설정은 조직구성원 각자의 책임영역을 분명히 하고, 역할갈등과 역할모호성을 최소화시켜 보다 효과적인 관리를 가능하게 한다.

② **참여(Participation)** : **하급자를 목표설정에 참여시키는 것**을 말한다. 하급자가 수행할 목표를 상급자와 하급자의 협의를 거쳐 설정하게 되면 그 목표는 보다 현실성이 있게 되고, 목표설정에 참여한 사람은 그 목표를 보다 쉽게 수용하게 되기 때문에 직무만족도와 생산성이 향상될 것이다.

③ **피드백(Feedback)** : **상급자와 하급자 사이의 상호작용**을 말한다. 목표를 설정할 때 하급자의 의견이 상급자에게 반영되도록 해야 하며, 상급자와 하급자가 함께 각각의 목표추구과정과 달성정도를 **정기적으로 검토·측정·평가**해야 한다.

(3) 특징

① **목표설정과 관리과정을 동시에 강조하고**, 목표를 명확히 하여 갈등상황에 있는 다양한 목표를 확인한다.

② 참여의 기회를 제공하여 **구성원들의 참여의욕을 고취시키고**, 목표달성도의 측정과 피드백을 통하여 효과적인 통제기구역할을 한다.

③ 구성원으로부터 성과에 대한 약속을 유도하여 **결과에 대한 책임**을 명확히 하고, 구성원 및 경영자를 **합리적으로 평가하는 수단**을 제공한다.

(4) 성공요건

① 최고관리층이 MBO의 실행을 솔선수범하여 지원한다.
② MBO를 실시할 수 있도록 조직구조의 분화 및 통제과정이 있어야 하며, 조직의 다른 관리활동과 상호보완적이어야 한다.
③ 개인과 개인, 조직단위와 조직단위, 그리고 조직과 환경 사이에 의사가 소통되고 피드백 과정이 마련되어 있어야 한다.
④ 미래의 상황을 어느 정도 정확하게 예측할 수 있도록 조직 내외의 여건이 안정되어 있어야 한다.

(5) 한계

① **신축성 또는 유연성이 결여**되기 쉽고, **단기적 목표를 강조**하는 경향이 있다.
② 모든 구성원의 참여가 현실적으로 쉽지 않으며, **부문 간에 과다경쟁**이 일어날 수 있다.
③ 숫자 또는 계량적인 측정의 강조로 인해 **계량화할 수 없는 성과가 무시**되는 경우가 있다.
④ 전략적 목표보다는 당장 시급한 업무적 목표가 우선시되는 경향이 있다.
⑤ 하급자들이 **너무 쉬운 목표**를 세우려는 경향이 있다.

시험문제 미리보기!

조직은 기계적 조직(Mechanistic Organization)과 유기적 조직(Organic Organization) 으로 구분할 수 있다. 다음 중 그 성격이 다른 하나는?

① 표준화된 직무내용   ② 수직적 의사소통
③ 계층, 권한, 방침, 계획 등   ④ 방법과 수단을 강조
⑤ 정보피드백, 상호작용 등

정답 ⑤
해설 ⑤번은 유기적 조직구조와 관련되어 있는 내용이고, 나머지는 기계적 조직구조와 관련되어 있는 내용이다. 유기적 조직구조는 그 외에도 신축적 직무내용과 권한관계, 수평적 의사소통 등이 있다.

02 | 조직화와 조직구조 ★★★

1. 조직화(Organizing)

(1) 의의

조직의 목표를 효과적으로 달성하기 위하여 수행해야 할 직무의 내용과 인적자원 간의 상호관계를 설정하는 과정을 말한다. 이러한 과정을 통해 직무수행에 필요한 권한과 책임을 부여하고, 조직목표를 실현하기 위해서 기업이 가지고 있는 다양한 자원을 배분하게 된다. 즉, 조직화는 기업이 각종 자원을 활용하는 방법과 관련이 있다. 일반적으로 조직화의 결과는 조직구

조로 나타난다. 따라서 조직화는 **조직의 목표, 자원 및 환경에 적합하도록 조직구조를 형성하는 과정**이라고 볼 수 있다.

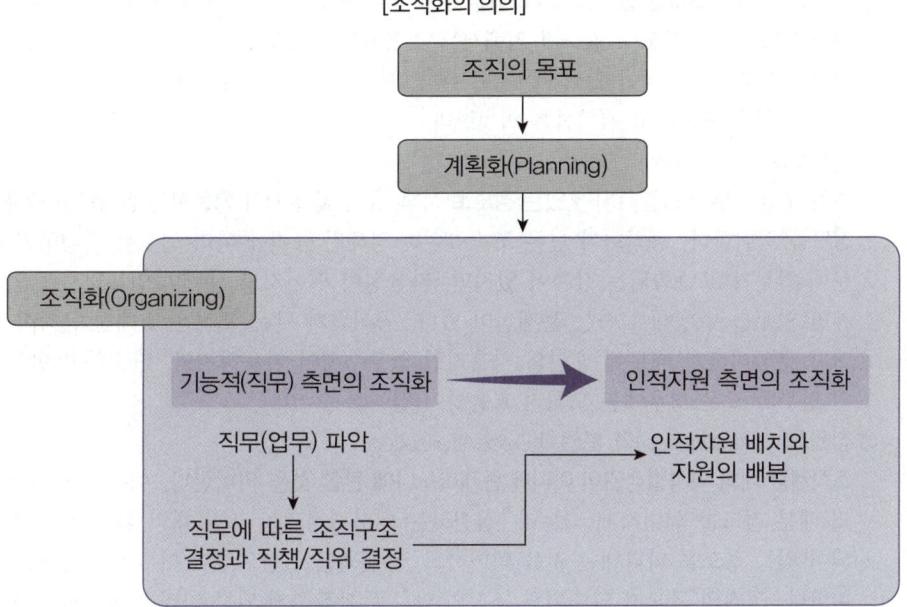

[조직화의 의의]

(2) 구성요소

① 직무(Job)

조직의 목표달성에 필요한 인적자원의 활동을 말한다. 일반적으로 개인이 담당할 수 있는 일정분량을 단위로 하여 계획하고 확정되는 것이다. 이러한 직무가 전문화의 원칙을 가미하여 기능별로 정돈될 때 이를 직능이라고 한다.

② 직위(Position)

직무 또는 직능이 권한의 계층적 관계와 결부되어 형성된 조직상의 위치를 말한다. 즉 수행해야 할 일정한 직무가 할당되고, 그 직무를 수행하는데 필요한 권한 및 책임이 구체적으로 규정되어 조직의 각 구성원인 개인에게 부여된 조직상의 위치이다.

③ 상호관계의 설정

조직을 합리적으로 편성하기 위해서는 **조직 상호 간의 중복 및 모순을 최소화**해야 한다. 따라서 각 직위의 직무범위와 권한을 규정하고 직위 상호 간에도 관계를 합리적으로 설정해야 한다.

④ 권한(Authority)

일정한 직무를 스스로 수행하거나 또는 다른 사람으로 하여금 수행하도록 하는데 필요한 공식적인 힘 또는 권리를 말한다. 따라서 권한이 효율성을 가지기 위해서는 조직 내에서 공식적인 성격을 가지고 있어야 하며, 하급자의 수용이 이루어져야 한다.

⑤ 책임(Responsibility)

조직목표를 달성하기 위해 일정한 권한을 행사하고 직무를 수행하는데 따르는 의무를 말한다. 즉, 지시된 기준에 따라 책임사항을 수행하고 권한을 행사하는 모든 구성원은 그 업무수행 결과에 대해 책임을 져야 한다.

(3) 기본변수

① 복잡성(Complexity)
과업의 분화정도에 관한 것으로 과업을 분할하고 통합시키는 정도를 의미한다. 조직을 효과적으로 통제하고 조정하기 위해서는 경영자의 통제권한이 미치는 범위의 조정과 업무프로세스가 원활하게 이루어져야 한다. 복잡성은 이런 시스템이 잘 작동될 수 있도록 과업을 조합하고 배치함을 의미한다.

② 공식화(Formalization)
조직 내의 직무가 표준화되어 있는 정도로 정책, 규칙 및 절차가 명문화된 형태로 존재하는 정도를 의미한다. 공식화가 높은 조직일수록 정해진 규칙에 따라 업무를 수행하기 때문에 업무가 표준화되는 장점이 있지만, 자율성이 떨어지고 상관의 업무지시에 의해서만 업무를 수행해야 하는 문제점이 있다. 공식화가 낮은 조직은 정해진 규칙이 없거나 무의미하기 때문에 개인의 자율적인 업무수행이 가능하지만, 단순하고 반복적인 업무와 같은 경우에는 오히려 효율성이 떨어질 수 있다.

③ 집권화(Centralization)와 분권화(Decentralization)
조직계층 내의 의사결정권이 어디에 존재하느냐에 관한 것을 의미한다. 이는 의사결정권의 배분 정도를 의미하게 되는데, 집권화는 의사결정권이 조직 내의 한 지점에 집중되어 있는 정도를 나타내는 것을 의미하고, 분권화는 권한위양이 이루어진 상태를 의미한다. 조직의 규모가 확대되면 조직의 업무는 복잡하게 되고 이러한 복잡성은 전문화를 필요로 하면서 점차 분권화가 촉진되게 된다. 따라서 집권화와 복잡성 사이에는 역의 관계가 존재한다.

(4) 과정

① 수평적 분화
조직이 수평적으로 몇 개의 업무단위로 나누어져 있는가를 의미하는데, 조직 내에서 분업이 이루어진 정도를 나타내며, 조직 내에서 기능이 많이 필요할수록 수평적 세분화 수준이 높아진다. 이러한 수평적 분화는 '라인부문의 형성(단위적 분화 → 직능적 분화) → 전문스탭의 형성(요소적 분화) → 관리스탭의 형성(과정적 분화)'의 순서로 그 절차가 진행된다.

② 수직적 분화
기업을 구성하고 있는 인적자원 특히, 경영자들을 구분하는 과정을 말하는데, 조직의 계층구조가 몇 개의 직급으로 나누어져 있는가를 의미한다. 수직적 분화의 정도는 한 사람이 통제할 수 있는 인원수를 의미하는 통제의 범위(Span of Control)에 의해 영향을 받는데, 수직적 분화의 수준이 높아질수록 통제의 범위는 감소하게 된다. 일반적으로 경영자는 수직적 분화에 의해 **최고경영층, 중간경영층, 하위경영층**으로 분화된다.

[조직화의 과정]

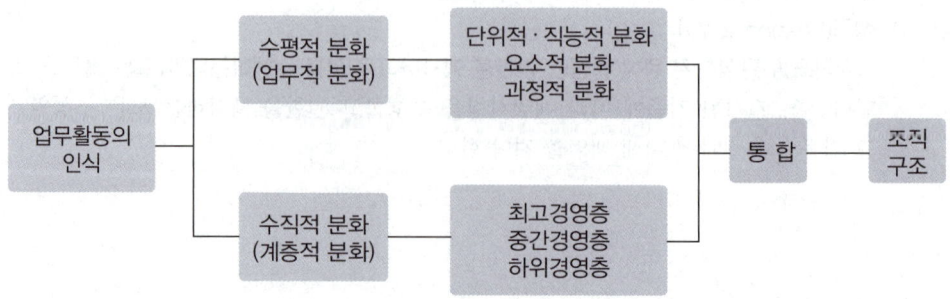

핵심 Plus+

통제의 범위

통제의 범위가 넓다는 것은 한 사람의 관리자가 통제해야 할 부하의 수가 많다는 것을 의미하고 통제의 범위가 좁다는 것은 한 사람의 관리자가 통제해야 할 부하의 수가 적다는 것을 의미함. 따라서 보는 소건이 똥일할 경우에 통제의 범위가 좁을수록 수직적 분화가 발생하여 고층구조가 형성되고 통제의 범위가 넓을수록 평면구조가 이루어짐

2. 조직화 원칙

(1) 고전적 조직화

① 의의

맥그리거의 XY이론 중 X이론에 근거하여 조직구조를 형성하는 것을 말한다. 즉, 인간을 **타율적 존재**로 규정하고 조직구조를 형성하기 때문에 **과업을 중심으로 조직구조를** 형성하게 되며, 이를 **기계적 조직구조**라고 한다. 이러한 고전적 조직화의 원칙은 다음과 같다.

- **분업 또는 전문화의 원칙** : 조직구성원에게 가능한 한 하나의 **전문화된 업무를 분담시켜야 한다는 원칙**이다. 분업 또는 전문화를 통해 조직의 구성원들은 직무수행에 필요한 전문지식을 보다 쉽게 얻을 수 있고, 숙련될 수 있으므로 조직의 능률은 촉진된다.
- **권한과 책임의 원칙** : 각 조직구성원들의 직무분담과 권한 및 책임의 상호관계를 **명확히 해야 한다는 원칙**이다. 모든 직위에는 각각 직무가 할당되어 있고 그 직무를 수행할 수 있는 권한이 주어져 있으므로, 해당 직위에 있는 사람은 권한을 행사한 결과에 대해서 책임져야 한다. 이 원칙은 '**직무·책임·권한의 삼면등가 원칙**'이라고도 한다.
- **권한위양의 원칙** : 상급자가 하급자에게 직무의 일부를 위임한 경우에는 그 직무수행에 **필요한 권한까지도 부여해야 한다는 원칙**이다.
- **계층제의 원칙** : 조직의 전체구조가 **피라미드 형태를 가지는 계층구조를 형성해야 한다는** 원칙이다.
  - **명령일원화의 원칙** : 한 사람의 하급자는 항상 한 사람의 직속상관으로부터 명령과 지시를 받아야 한다는 원칙
  - **감독범위의 원칙** : 능률적인 감독을 위해서는 한 사람 또는 하나의 상위직위가 통제하는 하급자 또는 하위직위의 수를 적정하게 제한해야 한다는 원칙
  - **계층단축화의 원칙** : 감독범위의 원칙과 반대되는 것으로 조직의 능률을 높이기 위해서는 조직의 계층을 가능한 한 줄여야 한다는 원칙
- **스탭조직의 원칙** : 상위경영자의 관리능력을 보완하고 전문적 감독을 촉진하기 위해서 **스탭(Staff)조직을 따로 구성하고 이것을 라인(Line)조직과 구별해야 한다는 원칙**이다.
- **직능화 또는 기능화의 원칙** : 전문화의 원칙에 따라서 업무의 종류와 성질에 따라 업무를 분류해야 한다는 것으로 **사람중심이 아니라 일중심의 사고방식에 기인한 원칙**이다. 이러한 원칙을 통해 각자의 직무에 따라 적합한 담당자가 배치되어 그 기능이 발휘되면 조직은 보다 효율적으로 성과를 달성하게 된다.
- **조정의 원칙** : 경영운영에 있어서 효율적인 조정을 도모함으로써 **조직적인 마찰을 최소화시켜야 한다는 원칙**이다.

② 한계

- 조직의 공식적 요인만을 중요시하고, **비공식적 요인을 무시한다.**
- 조직구성원의 자아실현, 자율규제, 창의성 발휘를 방해하고, 하급자는 상급자의 명령에 복종만 하는 **수동적 존재**이다.
- **조직의 구조와 인간을 기계시하여** 조직의 운영이 경직되고 신축성이 없다.
- 상급자와 하급자 간의 의사소통이 **일방통행적**으로 이루어지기 때문에 조직 내의 원활한 의사소통이 어렵다.
- 고전적 원칙 가운데 **감독범위의 원칙과 계층단축화의 원칙은 서로 모순된다.**
- 고전적 원칙은 경험적으로 입증된 것이 아니기 때문에 보편적으로 적용될 수 없다.

(2) 현대적 조직화

맥그리거의 XY이론 중 Y이론에 근거하여 조직구조를 형성하는 것을 말한다. 즉, 인간을 **자율적 존재**로 규정하고 조직구조를 형성하기 때문에 **사람을 중심**으로 조직구조를 형성하게 되며, 이를 유기적 조직구조라고 한다. 이러한 현대적 조직화의 원칙은 다음과 같다.

① **통합의 원칙** : 조직의 각 부문 간의 통합을 중요시해야 한다.

② **행동자유의 원칙** : 구성원의 행동에 대한 자율성을 확대함으로써 구성원의 업무수행에 대한 제약을 최소화해야 한다.

③ **창의성의 원칙** : 과거에는 안정성(Stability)을 중요시하였으나, 앞으로는 새로운 것과 창의성을 중요시해야 한다.

④ **업무흐름의 원칙** : 과거에는 직능(Function), 즉 업무 자체를 중요시하였으나, 앞으로는 업무의 흐름을 중심으로 조직을 편성해야 한다.

3. 조직구조

(1) 고전적 조직화에 입각한 조직구조

① **라인조직(Line Organization)** : 상급자의 권한과 명령이 직선적으로 하급자에게 전달되는 조직형태로 가장 단순하고 편성하기 쉬운 조직형태이다.

② **라인과 스탭 조직(Line & Staff Organization)** : 조직의 기본적인 기능을 수행하는 라인과 라인을 보조하는 기능을 수행하는 스탭을 결합시킨 조직형태이다. 스탭은 라인에 대하여 전문화된 조언과 서비스를 제공하고 적절한 균형을 유지한다.

[라인과 스탭 조직]

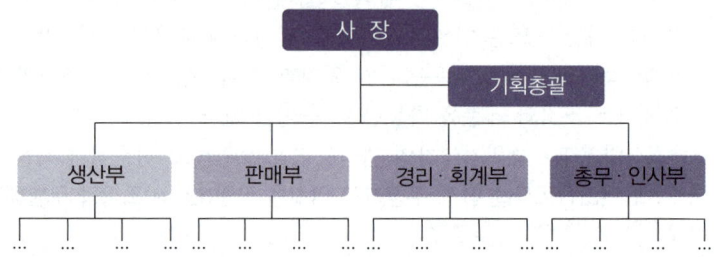

③ **기능별 조직(Functional Organization)** : 업무의 공통성에 근거하여 유사한 것끼리 묶는 전형적인 방식으로 **상호 관련성 있는 업무를 동일 부서에 배치하는 조직형태**이다. 이러한 기능별 조직은 부서와 부서 간의 의존성이 크고 상호작용이 많이 필요하다는 특징을 가진다. 일반적으로 기능별 조직은 조직의 규모가 비교적 작고 업무내용이 단순한 경우, 기업의 사업분야가 한정된 경우, 환경이 상당히 안정적이고 업무상 고도의 전문화를 필요로 하는 경우와 같은 상황에서 적합하다.

[기능별 조직]

(2) 현대적 조직화에 입각한 조직구조

① 사업부제(부문별) 조직(Divisional Organization)

경영활동을 **제품별, 지역별 또는 고객별 사업부 등의 단위로 분화**하고, 독립성을 인정하여 권한과 책임을 위양함으로써 자주적인 이익중심점(Profit Center)으로 운영하고자 하는 조직형태를 말한다. 사업부제 조직은 외부환경에 유연하게 적용할 수 있지만, 각 사업부가 공통적인 직능을 각자 수행하기 때문에 불필요하게 중복되는 비용이 있고 규모의 경제로 얻는 이익을 기대할 수 없으며 사업부 간의 협조가 안 된다.

[사업부제 조직]

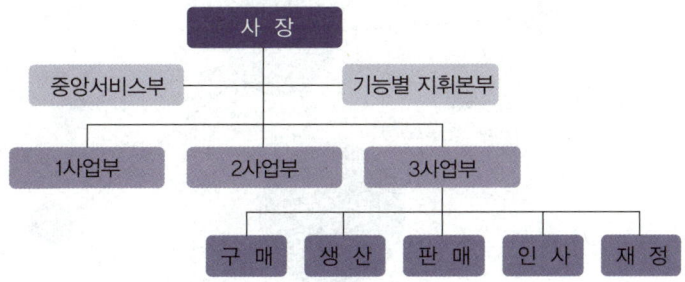

② 위원회 조직(Committee Organization)

경영정책이나 특정한 문제해결에 관련되는 여러 사람들을 각 계층으로부터 선출하여 구성한 위원회가 조직 내에 **상시적으로 설치**되어 있는 것을 말한다. 위원회 조직의 목적은 각 부문 간의 갈등과 마찰을 피하면서 구성원들이 민주적인 의사결정을 하고 그 의사결정을 수행할 수 있도록 하는 것이다.

③ 프로젝트팀 조직(Project Team Organization)

특정 과업 또는 프로젝트를 해결하기 위해 일시적으로 구성되는 조직형태를 말한다. 이 조직은 과업(Task)에 따라서 형성되는 기동적인 조직의 특성을 갖기 때문에 **태스크 포스 팀(Task Force Team)**이라고도 한다. 프로젝트팀 조직은 정태적인 기능별 조직이 환경변화에 능동적으로 대처하지 못하는 문제점을 극복하기 위하여 등장한 보완적 성격의 조직인데, 특정 경영상황에서 활동하는 **한시적·동태적 성격의 조직**이다. 따라서 조직의 기동성, 신축성 및 환경적응력이 높지만, 일시적인 혼합조직이기 때문에 성패의 여부는 프로젝트 관리자 개인의 능력에 크게 의존하고 프로젝트 구성원의 소속부문과 프로젝트팀 조직 사이의 관계를 조정하는 것이 쉽지 않다.

④ 네트워크 조직(Network Organization)

전통적인 조직의 핵심요소는 간직하고 있으나 일부 전통적인 조직의 경계(Boundary)와 구조가 없는 조직을 말한다. 즉, 기존의 전통적인 계층형 조직과 비교되는 개념으로 조직의 위계적 서열과는 관계없이 조직구성원 개개인의 전문적 지식과 자율권을 기초로 하는 연결조직이다. **개인의 능력을 최대로 발휘하게 하고, 여러 기능과 사업부문 간에 의사소통을 활성화하기 위한 신축적인 조직 운영방식**이다. 네트워크 조직에서 조직의 경계와 구조를 발견하기 어려운 이유는 조직의 구성요소들이 물리적으로 연결되어 있는 것이 아니라, 가상공간을 통해 연결되어 있기 때문이며, 이러한 이유로 **가상조직(Virtual Organization)**이라고도 한다. 네트워크 조직은 조직의 개념에 최근 급격하게 발달하고 있는 컴퓨터, 정보통신 등 정보기술을 적용함에 따라 **전통적인 의미에서의 조직의 경계와 구조가 허물어져 도입된 개념**이라고 할 수 있다. 조직의 규모와 상관없이 전 세계에서 인력과 자원의 획득이 가능하기 때문에 특정한 활동을 낮은 비용으로 수행할 수 있는 외부 기업들을 확보함으로써 생산비를 감소시킬 수 있고 소비자의 요구변화에 신속하고 유연하게 대응할 수 있지만, 협력업체와의 관계 유지 및 갈등 해결에 많은 시간이 소요되고 조직구성원의 충성심과 기업문화가 약하다는 특징이 있다.

[네트워크 조직]

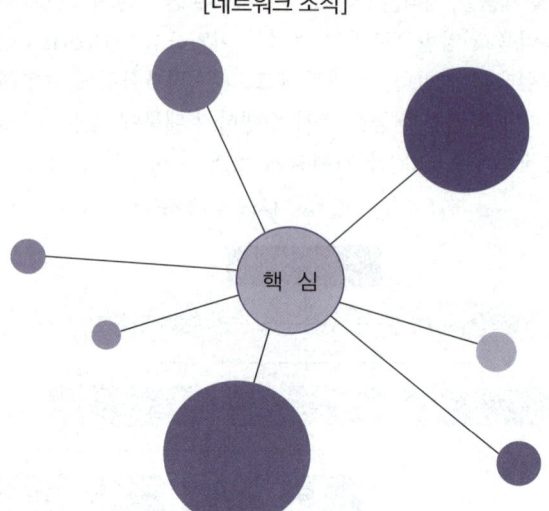

⑤ 행렬 조직(Matrix Organization)

기능에 의해 편성된 조직과 목표(Objectives)에 의해 편성된 조직을 결합하여 두 조직형태의 장점을 살리려는 조직구조의 형태를 말하는데, 일반적으로 **기능별 또는 부문별 조직형태에 프로젝트팀 조직을 결합시킨 형태로 많이 운영된다.** 또한, 행렬 조직은 복잡하고 급변하는 환경상황에서도 성장을 추구하려는 조직에서 주로 응용되는 조직유형이다. 따라서 행렬 조직은 효율성과 유연성을 동시에 추구할 수 있는 장점을 가진다. 그러나 **조직구성원은 적어도 두 개 이상의 공식적인 집단에 동시에 속하기 때문에 보고해야 하는 상급자도 둘 이상이 되며,** 이러한 이유에서 **역할갈등(다각적 역할기대)이 발생**할 수 있다.

[행렬 조직]

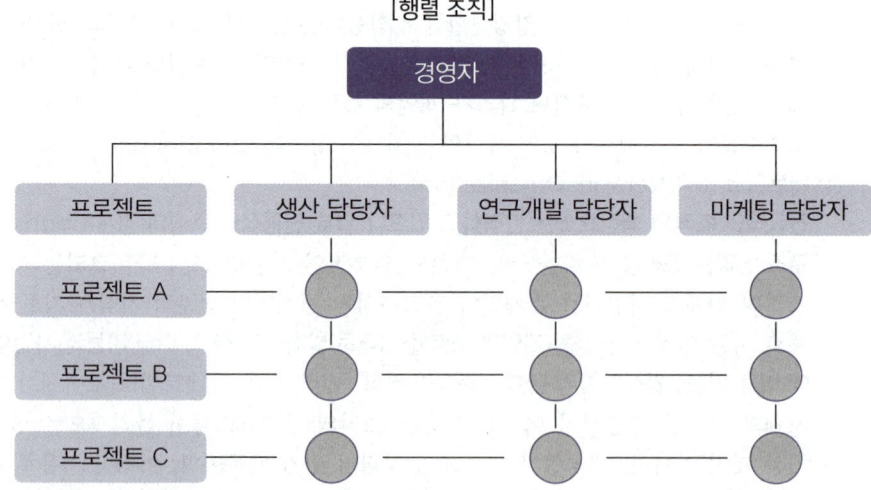

⑥ 프로세스 조직(Process Organization)

리엔지니어링(Reengineering)에 의해 **고객의 입장(고객만족)**에서 기존의 업무처리 절차를 재설계하여 획기적인 경영성과를 도모하도록 설계된 조직이다. 즉 조직구조, 평가 및 보상시스템, 기업문화 등의 전체 조직시스템을 중심으로 근본적으로 재설계한 조직이다. 따라서 프로세스 조직은 고객을 중심으로 고객의 가치를 가장 이상적으로 반영할 수 있도록 **전체 업무프로세스를 근본적으로 재설계**했다는 점에서 단순한 업무 프로세스의 개선과는 다르다.

[기능별 조직과 프로세스 조직의 비교]

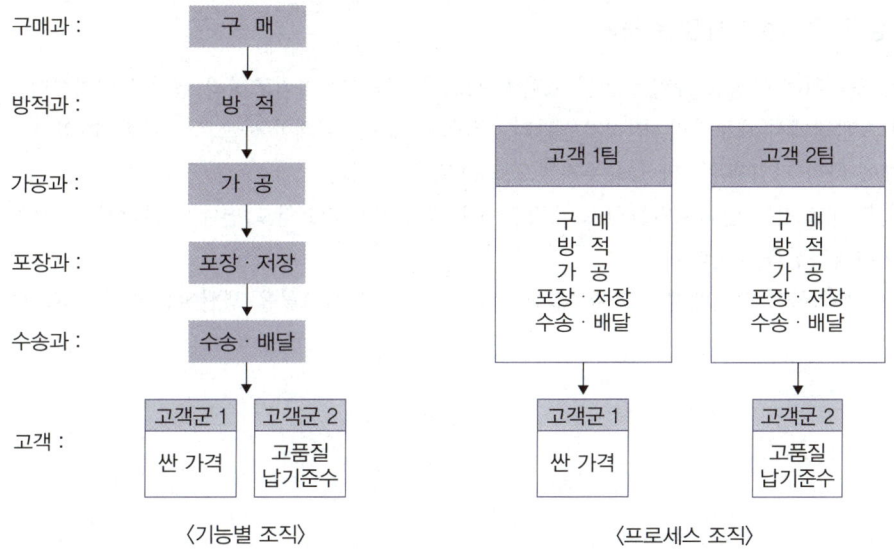

〈기능별 조직〉   〈프로세스 조직〉

시험문제 미리보기!

다음 설명은 어떤 조직 형태에 대한 설명인가?

기능에 의하여 편성된 조직과 목표에 의해 편성된 조직을 결합하여 두 조직형태의 장점을 살리려는 조직구조의 형태로 그 조직의 구성원은 적어도 두 개 이상의 공식적인 집단에 동시에 속하기 때문에 보고해야 하는 상급자도 둘 이상이 된다.

① 위원회 조직　　　　　② 프로젝트팀 조직　　　　　③ 행렬 조직
④ 사업부제 조직　　　　⑤ 네트워크 조직

정답　③

해설　행렬 조직은 두 개 이상의 공식적인 집단에 동시에 속하기 때문에 둘 이상의 상급자가 존재하게 된다.

출제예상문제

❗ 출제예상문제의 중요도를 ★~★★★으로 구분하였습니다. 난이도가 가장 높은 고등급 문제는 최우수 표시하였으니, 최우수 등급을 목표로 하신다면 반드시 학습하시기 바랍니다.

01 ★

경영학에 대한 다음 설명 중 가장 적절하지 않은 것은?

① 경영현상이란 주어진 목표를 위해 한정된 자원을 가장 효율적으로 사용하려는 기업조직의 행위를 의미한다.

② 경영학은 의사결정이라는 관점에서 재무관리, 인적자원관리, 생산운영관리, 회계학 등으로 구분할 수 있다.

③ 재무관리는 다루는 주제에 따라 기업재무론과 금융투자론으로 구분할 수 있다.

④ 인적자원관리는 기업이 가지고 있는 인적자원들의 육체적인 노동력을 생산요소의 측면에서 파악하고 조달, 유지, 개발, 이동 등의 일련의 경영과정을 말한다.

⑤ 생산운영관리는 원재료를 투입하여 고객에게 필요한 재화나 서비스와 같은 산출물을 생산하는 활동과 관련된 의사결정을 말한다.

02 ★★

경영의사결정에 대한 다음 설명 중 가장 적절하지 않은 것은?

① 문제는 현실과 바람직한 상태 사이의 차이를 의미한다.

② 경영의사결정을 수행하는 의사결정자의 가치관이나 위험에 대한 선호정도에 따라 경영의사결정의 결과는 다르게 나타날 수 있다.

③ 경영의사결정과정은 '문제의 인식과 목표의 설정 → 대안의 평가 → 대안의 도출 → 의사결정'의 순이다.

④ 경영의사결정에는 다양한 불확실성이 존재한다.

⑤ 경영의사결정은 문제해결이라고도 한다.

03 ★★

경영의사결정의 유형에 대한 다음 설명 중 가장 적절하지 않은 것은?

① 상충상황하의 의사결정은 의사결정단위가 1개인 경우에 수행되는 의사결정이다.

② 확실한 상황하의 의사결정은 의사결정자가 의사결정에 필요한 모든 정보를 가지고 의사결정을 하는 것을 말한다.

③ 정형적 의사결정은 일상적이고 보편적인 문제에 관한 의사결정을 말한다.

④ 전략적 의사결정은 최고경영자가 수행하는 의사결정으로 대부분 비정형적 의사결정으로 구성되어 있다.

⑤ 정성적 의사결정은 의사결정자의 주관이나 판단 또는 여러 사람들의 의견에 입각하여 의사결정을 수행하는 것이다.

04 경험의 구성요소 중 재화와 서비스에 대한 내용으로 가장 적절하지 않은 것은?

	구 분	재 화	서비스
①	재고 축적 여부	재고 축적 가능	재고 축적 불가능
②	반응시간	긴 반응시간	짧은 반응시간
③	시장규모	넓은 시장	좁은 시장
④	통제의 형태	분권적	집권적
⑤	집약도의 성격	자본집약적	노동집약적

05 효과성과 효율성은 그 의미상 분명한 차이를 지니고 있다. 다음 중 그 성격이 다른 하나는?

① 목표의 달성 정도
② Do Right Things
③ 외부적으로 평가됨
④ 장기적인 기업의 생존과 관련된 문제
⑤ 최소한의 자원투입으로 최대한의 산출

정답 및 해설

01 ②
경영학은 의사결정이라는 관점에서 재무관리, 인적자원관리, 생산운영관리, 마케팅 등으로 구분할 수 있다.

02 ③
경영의사결정과정은 '문제의 인식과 목표의 설정 → 대안의 도출 → 대안의 평가 → 의사결정'의 순이다.

03 ①
상충상황하의 의사결정은 의사단위가 2개 이상인 경우에 수행되는 의사결정이다.

04 ④
일반적으로 재화는 집권적인 통제를 실시하고, 서비스는 분권적인 통제를 실시한다.

05 ⑤
⑤번은 효율성에 대한 설명이고, 나머지는 효과성에 대한 설명이다.

06 다음 중 기업의 거시적 환경에 속하는 것으로 가장 적절하지 않은 것은?

① 기술요소   ② 경쟁자   ③ 사회문화   ④ 고용 및 물가수준   ⑤ 관련법률

07 경영자의 역할은 의사결정역할, 대인관계역할, 정보전달역할로 구분할 수 있다. 다음 중 그 성격이 다른 하나는?

① 기업가   ② 분쟁의 해결자   ③ 자원의 배분자   ④ 협상가   ⑤ 전달자

08 소유와 경영의 분리에 따른 경영자 분류에 대한 다음 설명 중 가장 적절하지 않은 것은?

① 소유경영자는 기업의 소유주가 곧 경영자인 경우를 말한다.
② 소유와 경영이 완전히 분리되지 않은 중간과정에서 나타나는 경영자의 형태를 총괄경영자라고 한다.
③ 소유와 경영이 완전히 분리되면서 기업경영은 전문적인 경영능력을 가진 전문경영자에게 위임하게 되었다.
④ 주주로부터 경영권을 위임받은 경영자들을 수탁경영층이라고 한다.
⑤ 대리비용은 감시비용, 확증비용, 잔여손실로 구성된다.

09 슘페터가 정의한 혁신의 관점에 대한 다음 설명 중 가장 적절하지 않은 것은?

① 새로운 상품의 개발   ② 새로운 노사관계의 개발   ③ 새로운 생산방법의 도입
④ 새로운 시장의 개척   ⑤ 새로운 조직의 개발

10 기업에 대한 다음 설명 중 가장 적절하지 않은 것은?

① 기업은 협동성을 바탕으로 하는 하나의 협동시스템이다.

② 기업은 본질적으로 생산기능을 수행한다.

③ 기업은 실체로서의 독립적 존재이다.

④ 기업은 경제활동의 직접적인 주체이다.

⑤ 기업은 이익극대화 목적, 생산성증진 목적, 봉사목적, 고객창조목적 중 하나를 선택해야 한다.

11 다음 중 주식회사에 대한 설명으로 가장 적절하지 않은 것은?

① 무한책임제도   ② 소유권양도의 용이성   ③ 소유와 경영의 분리

④ 자본조달의 용이성   ⑤ 독립된 실체

정답 및 해설

06 ②
경쟁자 또는 경쟁기업들은 경쟁환경을 구성하며 이는 거시적인 환경이 아니라 소비자, 생산자, 정부부처와 더불어 미시적인 외부환경에 속한다.

07 ⑤
기업가, 분쟁의 해결자, 자원의 배분자, 협상가는 의사결정역할과 관련된 개념들이고, 전달자는 정보전달역할과 관련된 개념이다.

08 ②
소유와 경영이 완전히 분리되지 않은 중간과정에서 나타나는 경영자의 형태를 고용경영자라고 한다.

09 ②
슘페터는 혁신을 새로운 상품의 개발, 새로운 생산방법의 도입, 새로운 시장의 개척, 새로운 원료나 부품의 공급, 새로운 조직의 개발 등의 관점에서 정의하였다.

10 ⑤
기업은 직면하고 있는 상황에 따라 하나의 목적을 추구하는 단일목적론과 다양한 목적을 동시에 추구하는 다원목적론으로 구분할 수 있다.

11 ①
주식회사는 자본조달의 용이성, 유한책임제도, 소유권양도의 용이성, 소유와 경영의 분리, 독립된 실체 등을 특징으로 한다.

★★
12 지속가능경영에 대한 다음 설명 중 가장 적절하지 않은 것은?

① 기업이 경영에 영향을 미치는 경제적, 환경적, 사회적 책임을 종합적으로 고려하면서 기업의 지속가능성을 추구하는 경영활동이다.

② 사회발전과 환경보호에 대한 공익적 기여보다는 수익증대라는 경영의 전통적인 가치를 중시한다.

③ 재무적 성과뿐만 아니라 비재무적 성과에 대해서도 함께 고려한다.

④ 대표적인 평가기준에는 ISO 26000과 다우존스 지속가능경영지수(DJSI) 등이 있다.

⑤ 다양한 이해관계자와의 협력과 합의를 통해 서로 공생하는 길을 모색한다.

최우수
★★★
13 다음 설명 중 가장 적절하지 않은 것은?

① 테일러는 각 과업을 수행하는 최선의 방법을 찾아 노동력을 착취하기 위해 과학적 관리법을 주장하였다.

② 컨베이어벨트시스템은 동시관리를 기본원리로 한다.

③ 맥그리거는 경영자들이 가지는 인간의 본성에 대한 관점을 Y이론의 사고방식에서 X이론의 사고방식으로 전환해야 한다고 주장하였다.

④ 시스템이론은 대상을 구성하는 다수의 하위시스템을 하나의 전체로 보려는 관점이다.

⑤ 페로우는 기술을 과업다양성과 분석가능성에 따라 공학적 기술, 일상적 기술, 비일상적 기술, 장인기술로 유형화하였다.

★★
14 베버의 관료제에 대한 다음 설명 중 가장 적절하지 않은 것은?

① 명령과 복종　　　　　② 합법적 권위　　　　　③ 문서화
④ 역량 및 전문성에 근거한 인사　　⑤ 노동의 통합

★
15 시스템이론에 대한 다음 설명 중 가장 적절하지 않은 것은?

① 시스템은 환경과의 상호작용 여부에 따라 개방시스템과 폐쇄시스템으로 구분할 수 있다.

② 시스템은 피드백이 긍정적인 역할을 할 경우에는 엔트로피가 되고, 부정적인 역할을 할 경우에는 시너지가 된다.

③ 시스템 경계란 시스템과 그 환경을 분리시키는 경계를 말한다.

④ 폐쇄시스템은 시스템 경계가 경직되고 통과하기 어렵다.

⑤ 사이먼은 합리인 가설 대신에 관리인 가설을 기본으로 하여 인간행동을 분석하였다.

★
16 상황적합이론에 대한 다음 설명 중 가장 적절하지 않은 것은?

① 우드워드는 대량생산기술을 사용하는 기업의 경우 유기적 조직구조가 적합하다고 주장하였다.

② 톰슨은 과업의 상호의존성을 집합적 상호의존성, 순차적 상호의존성, 호환적 상호의존성으로 구분하였다.

③ 페로우는 기술을 과업다양성과 분석가능성이라는 기준에 따라 구분하였다.

④ 번즈와 스탈커는 상황변수를 환경의 동태성으로 규정하였다.

⑤ 로렌스와 로쉬는 환경의 불확실성이 높을수록 조직은 분화를 보다 많이 해야 한다고 주장하였다.

정답 및 해설

12 ②
지속가능경영은 수익증대라는 경영의 전통적인 가치 외에 경영투명성 및 윤리경영의 강조를 통해 사회발전과 환경보호에 대한 공익적 기여를 중시한다.

13 ③
맥그리거는 경영자들이 가지는 인간의 본성에 대한 관점을 X이론의 사고방식에서 Y이론의 사고방식으로 전환해야 한다고 주장하였다.

14 ⑤
베버는 관료제를 통해 명령, 복종, 합법적 권위(규범), 문서에 기반을 둔 이상적인 조직의 형태를 제시하고자 하였다. 이러한 관료제는 규범의 명확화, 노동의 분화, 역량 및 전문성에 근거한 인사, 공과 사의 구분, 계층의 원칙, 문서화 등의 특성을 가진다.

15 ②
시스템은 피드백이 긍정적인 역할을 할 경우에는 시너지가 되고, 부정적인 역할을 할 경우에는 엔트로피가 된다.

16 ①
우드워드는 대량생산기술을 사용하는 기업의 경우 기계적 조직구조가 적합하다고 주장하였다.

17 목표에 의한 관리(Management By Objectives)의 구성요소들로만 구성된 것으로 가장 적절한 것은?

┌─────────────────────────────〈보기〉─────────────────────────────┐
│ A. 실행(Do)   B. 참여(Participation)   C. 피드백(Feedback) │
│ D. 조치(Act)   E. 목표의 설정(Goal Setting)   │
└──┘

① A, B, D   ② A, B, E   ③ B, C, D
④ B, C, E   ⑤ B, D, E

18 다음 조직구조 중 현대적 조직화 원칙에 입각한 조직구조로 짝지어진 것으로 가장 적절한 것은?

┌─────────────────────────────〈보기〉─────────────────────────────┐
│ A. 프로젝트팀 조직   B. 사업부제 조직   C. 라인 조직   │
│ D. 네트워크 조직   E. 라인-스탭 조직   │
└──┘

① A, B, D   ② A, B, E   ③ B, C, D
④ B, C, E   ⑤ B, D, E

19 고전적 조직화 원칙의 특징에 대한 다음 설명 중 가장 적절하지 않은 것은?

① 직위에 대한 책임과 권한이 명시되어 있기 때문에 명령계통이 체계적으로 이루어져 있다.
② 감독범위의 원칙과 계층단축화의 원칙은 동시달성이 가능하다.
③ 조직의 운영이 경직되고 신축성이 없다.
④ 상급자들이 의사소통을 일방통행적으로 하기 때문에 조직 내의 원활한 의사소통이 어렵다.
⑤ 조직의 관점에서 예측가능성과 안정성을 제공해준다.

최우수
★★★
20 조직화에 대한 다음 설명 중 가장 적절하지 않은 것은?

① 조직화는 조직의 목표, 자원 및 환경에 적합하도록 조직구조를 형성하는 과정이다.

② 조직화의 구성요소로는 직무, 직위, 상호관계의 설정, 권한, 책임 등이 있다.

③ 조직화의 과정은 경영자와 관련된 수평적 분화와 직무와 관련된 수직적 분화를 통해 이루어진다.

④ 수평적 분화는 '라인부문의 형성 → 요소적 분화 → 과정적 분화'의 순서로 그 절차가 진행된다.

⑤ 단위적 분화는 업무의 통일성 또는 생산, 판매 등의 경영활동을 지역별, 제품별 또는 고객별로 분화하는 것을 의미한다.

최우수
★★★
21 조직에 대한 다음 설명 중 가장 적절하지 않은 것은?

① 유기적 조직은 기계적 조직에 비해 공식화 정도가 낮다.

② 행렬 조직에서는 명령일원화의 원칙이 적용된다.

③ 프로젝트팀 조직은 동태적이고 일시적인 특성을 가진다.

④ 사업부제(부문별) 조직은 각 사업영역이나 제품에 대한 책임이 명확하다.

⑤ 네트워크 조직은 가상조직이라고도 한다.

정답 및 해설

17 ④
MBO의 구성요소에는 목표의 설정, 참여, 피드백 등이 있다.

18 ①
고전적 조직화 원칙에 입각한 조직구조에는 라인 조직과 라인-스탭 조직이 있으며, 현대적 조직화 원칙에 입각한 조직구조에는 사업부제 조직, 행렬 조직, 위원회 조직, 프로젝트팀 조직, 네트워크 조직 등이 있다.

19 ②
고전적 원칙 가운데 감독범위의 원칙과 계층단축화의 원칙은 서로 모순된다.

20 ③
조직화의 과정은 직무와 관련된 수평적 분화와 경영자와 관련된 수직적 분화를 통해 이루어진다.

21 ②
행렬 조직의 구성원은 적어도 두 개 이상의 공식적인 집단에 동시에 속하기 때문에 보고해야 하는 상급자도 둘 이상이 된다. 따라서 명령일원화의 원칙을 적용하는 것이 쉽지 않다.

제2장 조직행동론

📖 학습전략

조직행동론은 조직행동론의 의해, 동기부여이론, 리더십이론과 유형으로 구성되어 있으며, 전반적인 내용을 숙지한 다음에 자주 출제되는 부분에 대해서는 좀 더 자세하게 정리하는 방향으로 준비하여야 한다.

특히, '제1절 조직행동론의 이해'보다는 '제2절 동기부여이론'과 '제3절 리더십이론과 유형'에서 문제가 출제될 가능성이 매우 높기 때문에 제2절과 제3절은 자세하게 학습이 이루어져야 한다.

📖 출제비중

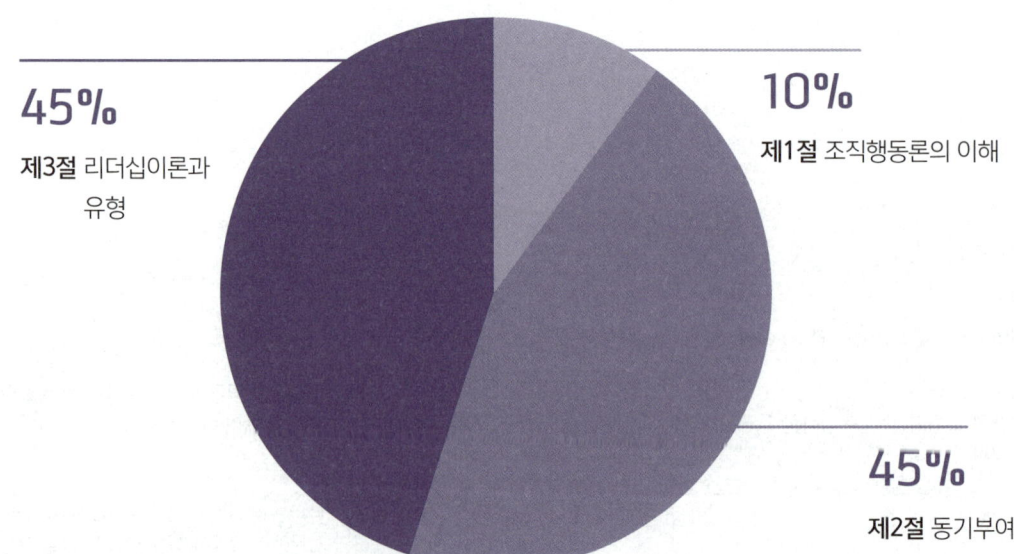

45%
제3절 리더십이론과 유형

10%
제1절 조직행동론의 이해

45%
제2절 동기부여

📇 출제유형

제2장 조직행동론에서는 동기부여이론 중 매슬로우의 욕구단계이론과 허쯔버그의 2요인이론의 개념을 확인하는 문제와 리더십이론 중 허쉬와 블랜차드의 수명주기이론의 개념을 확인하는 문제가 자주 출제된다.

📇 학습구성

구 분	출제포인트	중요도
제1절 조직행동론의 이해	**01** 조직행동론의 기초개념	★
	02 조직행동론과 관련된 개념들	★★
제2절 동기부여이론	**01** 동기부여(Motivation)	★
	02 동기부여의 내용이론(Content Theory)	★★★
	03 동기부여의 과정이론(Process Theory)	★★
제3절 리더십이론과 유형	**01** 리더십(Leadership)	★
	02 리더십의 특성이론과 행동이론	★★
	03 리더십의 상황이론과 현대적 리더십이론	★★★

조직행동론	Behavior = f(Person, Environment)
관련 개념	성격, 가치관, 지각, 학습, 태도

01 조직행동론의 기초개념 ★

1. 의의

조직행동론(Organizational Behavior)은 조직의 목적을 달성하기 위하여 조직 내에 있는 개인에 대한 문제를 이해하려는 측면에 초점을 두는 분야를 말한다. 일반적으로 개인은 개인의 욕구를 충족시키고 동시에 조직의 목표달성에 공헌하려는 의지를 가졌기 때문에 조직에 참여한다. 따라서 조직행동론에서는 다양한 욕구를 지닌 개인의 욕구를 어떻게 충족시키고, 개인이 조직의 목표달성에 기여하게 할 것인가가 중요한 관심사이다. 일반적으로 **행동과학적, 성과지향적, 상황적합적, 인간중심적** 성격을 가진다. 조직행동론은 조직에서의 개인행동을 조직 내 개인(Person)과 그 개인을 둘러싸고 있는 환경(Environment)과의 함수라고 가정하고 개인의 행동을 이해·예측·통제하려고 한다. 이를 바탕으로 조직에서의 개인행동은 다음과 같이 표현할 수 있다.

$$Behavior = f(Person, \ Environment)$$

① 개인(P) : 개인의 능력, 심리를 반영하는 내부요소이다. 내부요소로는 성격, 지각, 학습, 태도, 동기, 능력 등이 있다.
② 환경(E) : 환경적인 측면을 반영하는 외부요소이다. 외부요소로는 직무의 성격, 관리시스템, 조직분위기, 성과에 대한 보상과 평가, 가족, 사회, 문화 등이 있다.

2. 인간에 대한 이해

(1) 개인행동의 접근법

① **행동주의적(강화적) 접근법** : 개인과 환경의 함수관계에서 환경을 강조하고 개인의 행동을 자극과 반응의 관계로 보았다. 개인행동을 객관적 관찰이나 실험을 통해 검증하는 연구방식을 도입해 과학적 이론을 수립하려고 했다는 점에서 의의가 있지만, 동일한 자극에도 상이한 반응이 나타나는 것을 설명할 수 없기 때문에 개인 내부의 심리적 과정을 간과했다는 한계점을 가지고 있다.
② **인지적 접근법** : 인지적 접근법은 환경보다는 개인에 초점을 맞춰 개인의 인지가 개인행동을 결정하는 주요한 요소라고 보았다. 여기에서의 개인은 자극을 단순히 수동적으로

수용하는 것이 아니라 받아들인 정보를 능동적으로 처리한다.

③ **절충적 접근법** : 절충적 접근법은 **환경과 개인을 동시에 고려**한다. 따라서 자극은 인지 과정이나 심리적 과정을 통해 행동을 유발하고, 각 변수들 간에는 상호관련성을 가지기 때문에 이들을 연결하는 피드백(Feedback)이 존재한다.

(2) 인간에 대한 다양한 가정

① **합리적·경제적 인간(Rational & Economic Man)** : 인간은 경제적 요인에 의해 동기부여가 되고 자기의 이익을 최대한 추구한다는 것이다. 또한, 개인의 목표와 조직의 목표가 대립되므로 조직의 목표를 달성하기 위해서는 외부적인 힘에 의해 통제되어야 한다.

② **사회적 인간(Social Man)** : 인간을 사회적 존재로 파악하고 인간은 집단에 대한 소속 감이나 일체감과 같은 사회적 욕구의 충족을 통해 동기부여가 유발된다.

③ **자아실현적 인간(Self Actualizaing Man)** : 인간은 자질 또는 잠재적 능력을 생산적으로 활용하고 성장하려는 욕구를 지닌 존재이다. 인간의 자율성, 동기부여의 내재성, 개인과 조직 목표의 일치를 강조하며, 내재적 보상을 기초로 하여 구성원에게 더 많은 자율을 준다.

④ **복잡한 인간(Complex Man)** : 인간은 복잡하고 변동적이며, 다양한 경험을 통해 욕구를 학습할 수 있고, 동일한 일을 하는 경우에도 상이한 동기가 작용할 수 있다.

시험문제 미리보기!

조직행동론의 학문적 성격에 대한 다음 설명 중 가장 적절하지 않은 것은?

① 조직구성원들의 행동과학을 기초로 성립하였다.
② 인간행동을 이해하고 응용하여 조직의 성과를 높이고자 한다.
③ 동태적으로 변하는 환경에 따라 상황을 고려해 상황에 적합한 이론이나 원리를 도출한다.
④ 인간중심적인 성향을 지니고 있다.
⑤ 인간에 대한 부정적 측면을 강조한 X이론적 입장을 취한다.

정답 ⑤
해설 인간에 대한 긍정적 측면을 강조한 Y이론적 입장을 취한다.

02 | 조직행동론과 관련된 개념들 ★★

1. 성격(Personality)

(1) 의의

개인이 가지고 있는 독특한 심리적 특성을 의미하며, 개인차를 명백히 구별할 수 있는 인간행동의 기본적 결정요인이다. 일반적으로 개인의 성격은 환경이나 학습 등에 의해 **변화하기** 전까지 일관되게 **지속적으로 나타난다**. 성격은 다양한 요인에 의해 결정되는데 대표적인 성격의 결정요인으로는 **유전적 요인, 상황적 요인, 문화적 요인, 사회적 요인** 등이 있다.

(2) 긍정심리자본(Positive Psychological Capital)

개인이 실현할 수 있는 최대한의 잠재력을 실현하기 위한 개인의 긍정적인 심리와 의지의 역할을 강조한 개념이다. 이때 긍정심리자본은 마냥 행복한 마음상태만을 의미하는 것이 아니라 개인의 복합적인 긍정적 심리상태로 정의된다. 이러한 긍정심리자본은 **자기효능감(Self Efficacy), 희망(Hope), 낙관주의(Optimism), 복원력(Resiliency)**의 4가지 구성요소를 가진다.

① **자기효능감** : 특정한 맥락 속에서 주어진 구체적인 과업을 성공적으로 수행하는데 필요한 동기부여 수준, 인지적 자원 및 일련의 행위과정을 동원할 수 있는 **자신의 능력에 대한 믿음**을 의미한다.

② **희망** : 현실적인 계획을 세울 수 있으며, 중요한 목표에 도달할 수 있다는 믿음의 결과로 생기는 심리상태이다. 즉, **긍정적인 동기부여상태**를 의미하며, 특정 목표를 달성하기 위해 자신이 에너지를 투입하겠다는 의지(Willpower)와 목표달성경로(Pathways)에 대한 긍정적인 평가를 포함한다.

③ **낙관주의** : 자신에게 일어난 사건의 원인을 어떻게 설명하고 접근하는가에 대한 심리적 태도와 관련되어 있으며, 비현실적으로 어떤 상황에 대한 허황된 태도가 아니라 **현실에서 동떨어지지 않은 낙관주의적 사고**를 의미한다.

④ **복원력(회복력)** : 다양한 사건들에서 겪는 **좌절과 슬픔 등을 극복**할 뿐만 아니라 더 긍정적인 결과를 만들어 낼 수 있는 심리적 역량을 의미한다.

(3) 유형

① A형과 B형

프리드만(Friedman)이 **신경세포의 조바심물질**과 관련하여 개인의 성격유형을 구분한 것이다. 다만 실제적으로 극단적인 A형과 B형은 없으며 어느 쪽이 더 나은지에 대한 구분도 쉽지 않다.

- **A형** : 야심이 크고 경쟁적이며 공격적인 성향을 가진다. 항상 시간 압박에 쫓기는 성격으로 **업무수행측면에서 유리**하다.
- **B형** : 물건에 대한 욕심이 별로 없고 양적인 면보다 질적인 면을 중요시하며 **인간관계측면에서 상대적으로 유리**하다.

② 내재론자(Internals)와 외재론자(Externals)

자신의 행동이 삶의 결과에 얼마나 영향을 줄 수 있을지 믿는 정도를 의미하는 **통제위치(Locus of Control)**에 따라 분류된다. 모든 직무가 내재론자에게 맞는 것은 아니며 상황에 따라 외재론자가 적합할 수도 있다.

- **내재론자** : 자신이 자신의 운명을 통제한다고 믿는 사람으로, 통제위치에 대한 대부분의 연구들은 개인의 능력과 성과가 내재론자에게 더 높게 나타남을 보여준다.
- **외재론자** : 자신에게 일어난 운명이 외부의 요인에 의해 결정된다고 믿는 사람으로, 내재론자에 비하여 스스로 통제가 불가능하기 때문에 상대적으로 평소에 걱정을 더 많이 한다.

(4) 빅 파이브 모형

노만(Norman)이 1963년에 동료평정의 요인분석연구에서 5개의 기본적인 성격요인늘을 발견한 이후 다양한 표본과 측정도구를 사용한 많은 연구에서 유사한 5가지 요인이 반복해서 발견되었다. 5가지 요인을 영문 이니셜을 따서 NEOAC라고 부르기도 한다. 이런 과정을 통해 얻어진 5가지 특성과 각각의 하위척도들은 다음과 같다.

① **신경증성향(Neuroticism)** : **스트레스에 잘 견디는 정도**를 의미하며, 하위척도들은 불안, 분노, 적대감, 우울, 자의식, 충동성, 상처받기 쉬움 등이 있다. **정서적 안정성(Emotional Stability)**이라고도 하는데, 정서적 안정성이 높은 사람은 자신감이 있고 확신이 있으나 정서적 안정성이 낮은 사람은 신경질적이고 우울하다.

② **외향성(Extraversion)** : **대인관계에 있어서의 편안한 정도**를 의미하며, 하위척도들은 따뜻함, 사교성, 자기주장성, 활동성, 흥분추구, 정적 정서 등이 있다. 외향적인 사람은 집단적이고 사교적이지만 내향적인 사람은 조심스럽고 조용하다.

③ **경험에 대한 개방성(Openness to Experience)** : **관심과 열정 및 새로운 것에 대한 호기심의 범위**를 의미하며, 하위척도들은 환상, 미적 감수성, 감정, 행위, 관념, 가치 등이 있다. 개방성 수준이 높은 사람은 창조적이며 예술적 감각이 뛰어나지만 개방성 수준이 낮은 사람은 진부하며 편안함을 추구한다.

④ **우호성 또는 친화성(Agreeableness)** : **타인을 따르는 개인성향**을 의미하며, 하위척도들은 신뢰, 솔직함, 이타성, 순종성, 겸손, 온유함 등이 있다. 우호성(친화성)이 높은 사람은 협조적이며 믿음이 가지만 우호성(친화성)이 낮은 사람은 비협조적이며 적대감을 가진다.

⑤ **성실성(Conscientiousness)** : **신뢰감의 수준**을 의미하며, 하위척도들은 유능함, 질서, 의무감, 성취노력, 자기절제, 신중함 등이 있다. 성실한 사람은 믿을 만하고 끈기가 있지만 성실성이 부족한 사람은 주의가 산만하고 신뢰도가 낮다.

2. 가치관(Values)

(1) 의의

개인이 믿고 따르는 도덕적 신념을 말한다. 가치관은 개인의 생각을 내포하는 판단기준이 되며 성격, 지각, 태도, 동기유발 등의 이해를 위한 기초가 된다. 개인의 가치관은 그 사람이 겪은 독특한 문화적 경험뿐만 아니라 종교적 신념 및 철학적 판단에 기반을 두며, 개인의 판단기준과 관련 있다.

(2) 가치의 유형

로키치(Rokeach)는 가치관이란 어떤 구체적인 행동양식이나 존재양식이 그 반대의 행동양식이나 존재양식보다 개인적으로 또는 사회적으로 더 바람직하다는 신념이라고 하였다. 또한, 개인의 가치체계는 가치관의 상대적 중요성에 따라 순위가 매겨져 있으며 그 순위에 기인하여 하나의 가치체계를 형성한다고 하였다. 이에 따라 가치를 최종적 가치(Terminal Value)와 최종적 가치를 달성하기 위한 수단적 가치(Instrumental Value)로 나눈 다음 각각에 해당되는 구체적인 내용을 18개 항목으로 제시하고 있다.

① **최종적 가치** : 개인이 궁극적으로 달성하고자 하는 최종의 목표

　예 성취감, 평등한 세상, 행복 등

② **수단적 가치** : 최종적 가치를 달성하기 위해 개인적으로 선호되는 행동방식

　예 야심, 너그러움, 정직, 책임감 등

3. 지각(Perception)

(1) 의의

환경으로부터 자극이 투입되어 이에 대한 반응을 형성하는 과정을 말하며, 지각과정이라고도 한다. 이러한 과정을 통해 개인이 접하는 환경에 특정한 의미를 부여하게 되는데, 이 과정은 세부적으로 선택, 조직화, 해석의 과정으로 이루어진다.

① 선택(Selection)

선택이란 지각자가 관심이 있는 것은 지각하고 관심 밖에 있는 것은 지각하지 않는 것을 말한다. 개인은 가만히 있어도 수많은 자극에 노출되지만 모든 사람이 모든 자극을 똑같이 지각하지 않고 관심이 있는 일부의 자극에 주의를 기울이게 되며, 이처럼 개인에게 필요한 자극만을 받아들이는 경향을 **선택적 지각(Selective Perception)**이라고 한다. 이러한 선택적 지각은 의사소통의 과정에서 부분적 정보만을 받아들여 오류를 유발시키기도 한다.

② 조직화(Organization)

이미지를 형성하는 과정, 즉 지각이 된 대상이 분리된 형태로 존재할 수 없기 때문에 하나의 형태로 만들어 가는 과정을 의미하며 게스탈트[1) 과정이라고도 한다. 이러한 조직화의 형태에는 **집단화(범주화), 폐쇄화, 단순화, 전경-배경의 원리** 등이 있다.

- **집단화(Grouping)** : 접근성(Proximity)이나 유사성(Similarity)을 근거로 하여 사물 또는 사람을 하나로 묶는 경향을 말한다.
- **폐쇄화(Closure)** : 불완전한 정보에 직면하게 되었을 때 임의대로 **불완전한 정보를 채워서** 전체로 지각하려는 경향을 말한다.
- **단순화(Simplification)** : 지각자가 **눈에 덜 띄는 정보를 빼버리는 것**을 말한다. 정보가 너무 많을 경우 그 중에서 이해가능하고 중요하다고 생각하는 것만 골라 정보를 줄이려 하는 것이다.
- **전경-배경의 원리(Law of Figure & Background)** : 개인은 하나의 대상을 지각할 때, **주요 요소(전경)와 부수적 요소(배경)로 조직화하려는 경향**을 보인다. 즉, 선택된 대상은 전경으로 구분하고 그 배후의 대상은 배경으로 구분한다.

[조직화의 형태]

 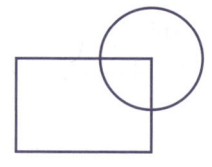 

〈폐쇄화〉   〈단순화〉   〈전경-배경의 원리〉

③ 해석(Interpretation)

조직화된 지각에 대한 판단의 결과를 말한다. 이러한 해석은 **주관적**이기 때문에 판단과정이 **쉽게 왜곡**될 수 있으며, 이로 인해 **지각오류가 발생**한다.

(2) 지각오류

① 후광효과(Halo Effect)와 뿔효과(Horn Effect)
- 후광효과 : 어떤 대상이 가지는 개인적 특성(지능, 사교성, 용모 등)으로 인해 **호의적인 인상**이 만들어져 대상에 대한 평가에 **좋은 영향**을 주는 지각오류
- 뿔효과 : 어떤 대상이 가지는 개인적 특성으로 인해 **비호의적인 인상**이 만들어져 대상에 대한 평가에 **좋지 못한 영향**을 주는 지각오류

② 상동적 태도(Stereotyping)

어떤 대상이 속한 집단(종족, 나이, 성별, 출신지역, 출신학교 등)에 대한 지각을 바탕으로 지각대상을 판단하는 지각오류를 말한다. 이러한 상동적 태도는 평가자가 평가대상이 속한 집단의 특성을 통하여 그의 특성을 추론하려고 하기 때문에 발생하며, 이로 인해 사람에 대한 경직적인 편견을 가지는 지각, 즉 **고정관념**을 뜻한다. 후광효과는 지각

1) 게스탈트(Gestalt)
형태라는 뜻을 가진 독일어

대상의 개인적 특성에 근거한 지각오류이고, 상동적 태도는 지각대상이 속한 집단의 특성에 근거하여 대상을 판단하는 지각오류이다.

③ 지각적 방어(Perceptual Defense)

개인에게 위협을 안겨주는 자극이나 상황적 사건이 있을 경우에 이에 대해 담을 쌓거나 인식하기를 거부함으로써 방어를 구축하는 지각오류를 말한다. 자신의 상동적 태도와 일치하지 않는 사실에 직면할 때 그 불일치를 제거할 목적으로 정보를 회피하거나 지각에 맞도록 정보를 왜곡시키는 오류이다.

④ 투영효과

평가대상에 지각자의 감정을 귀속시키는 데서 발생하는 지각오류를 말하며, 투사(Projection)라고도 한다. 다른 사람들도 나의 태도나 감정 등과 똑같을 것이라고 단정하는 경향으로 지각자가 처해 있는 주관적인 상황을 객관적인 상황으로 인식하는 지각오류이다.

⑤ 자성적 예언(Self - Fulfilling Prophecy)

개인의 기대나 믿음이 그의 행위나 성과를 결정하게 되는 지각오류를 말한다. 지각자가 지각대상자의 특성이나 사건의 발생에 대해 미리 기대를 가짐으로써 실제 결과에 무비판적으로 사실을 지각할 수 있는 지각오류로 피그말리온 효과(Pygmalion Effect)라고도 한다.

⑥ 자존적 편견(Self - Serving Bias)

평가자가 자신의 자존심을 지키기 위하여 자신이 실패했을 때는 자신의 외부적 요인에서 원인을 찾고, 자신의 성공에 대해서는 내부적 요인에서 원인을 찾으려는 경향을 의미한다.

⑦ 통제의 환상(Illusion of Control)

자신이 모든 행동의 원인을 통제할 수 있다고 착각하는 지각오류이다. 즉, 자기만 잘하면 모든 일이 잘 될 수 있다고 믿으면서 어떤 결과(행동)의 원인을 외부보다 자신의 내부로 돌리려는 경향을 말한다.

⑧ 순위효과(Order Effect)

대상을 평가할 때 받은 지각의 순서에 따라 평가결과가 달라지는 지각오류를 말한다. 일반적으로 순위효과가 발생할 때는 지각자가 스스로 오류를 범하고 있다는 사실을 인지하지 못하는 경우가 많다.

- **최초효과(Primacy Effect)** : 지각순서 중 가장 먼저 투입된 지각대상의 첫인상이 평가에 크게 작용하는 것
- **최근효과(Recency Effect)** : 지각순서 중 가장 늦게 투입된 지각대상의 최근 인상이 평가에 크게 작용하는 것

⑨ 대비오류(Contrast Error)

지각대상을 평가함에 있어서 다른 대상과 비교해서 평가함으로써 범하게 되는 지각오류를 말하며, 대조효과(Contrast Effect)라고도 한다.

　예 면접 시 두 사람이 들어왔을 때 한 명이 서류전형이나 1차 면접에서 최하위 성적을 기록한 사람이라면 다른 한 사람은 그렇게 뛰어나지 않더라도 상대적으로 더 높은 평가를 받는 것

⑩ 유사효과(Similar to Me Effect)

지각대상과 비교하는 대상은 지각자 자신이 될 수도 있다. 이 경우 지각자는 자신과 유사한 지각대상을 더 좋아하게 되는데 그로 인해 그 대상을 더 호의적으로 평가하는 지각오류를 범하게 된다.

　예 면접 시 면접관이 자신과 동일한 학교 출신의 피면접자를 더 좋게 평가하는 것

⑪ 상관편견(Correlational Bias)

지각자가 다수의 지각대상 간에 논리적인 상관관계가 높지 않음에도 불구하고 상관관계가 높다고 생각할 때 나타나는 지각오류를 말하며, 논리적 오류(Logical Error)라고도 한다. 일반적으로 지각자는 지각대상 중에 하나가 우수하면 다른 지각대상도 우수할 것이라고 판단하게 되며, 지각자가 지각대상에 대한 정보가 부족할 때 발생한다.

⑫ 관대화·중심화·가혹화 경향

- 관대화 경향(Lenient Tendency) : 지각대상을 평가할 때 가급적 긍정적으로 평가하려는 경향

- 가혹화 경향(Harsh Tendency) : 지각대상을 평가할 때 가급적 부정적으로 평가하려는 경향

- 중심화 경향(Central Tendency) : 집단화 경향이라고도 하며 평가가 중간으로 몰리는 성향을 말한다. 이러한 지각오류는 지각능력이 부족하거나 지각방법에 대한 이해가 부족하여 지각대상에 대해 정확하게 알지 못하는 경우에 나타나게 된다.

(3) 귀인(귀속)이론(Attribution Theory)

① 의의

귀인(귀속)이란 개인이 지각된 상황에 대해 그 원인을 해석하는 인지과정, 즉 지각대상이 보인 성과에 대한 원인을 찾아가는 과정을 의미한다. 하이더(Heider)의 귀인이론에 의하면, 개인의 행동은 근본적으로 개인의 내적 귀인(능력, 노력 등)과 외적 귀인(과업의 난이도, 운 등)의 결합작용에 의해 형성되고 개인이 지각한 상황을 내적 귀인과 외적 귀인 중 어느 것에 적용시키느냐에 따라 행동이 달라진다.

② 귀인의 판단기준과 켈리(Kelley)의 입방체이론(Cubic Theory)

입방체이론 또는 공변모형(Covariance Model)에 따르면, 개인행동의 원인을 동료 구성원, 과업, 시간의 세 가지 차원으로 분류하고 각각의 차원에 대한 귀인정도를 합의성(Consensus), 특이성(Distinctiveness), 일관성(Consistency)의 세 가지 판단기준에 의해 결정한다.

[귀인의 판단]

귀인의 판단기준	외적 귀인	내적 귀인
합의성(성과와 동료구성원)	높음	낮음
특이성(성과와 과업)	높음	낮음
일관성(성과와 시간)	낮음	높음

- 합의성(일치성) : 개인의 성과가 다른 사람의 성과와 얼마나 일치하느냐에 관한 것이다. 특정 상황에서 개인의 성과가 다른 사람의 성과와 유사할수록 합의성(일치성)이 높다.

- 특이성 : 개인의 특정 과업에 대한 성과가 다른 과업에 대한 성과에 비해 얼마나 다른지에 대한 정도이다. 개인의 특정 과업에 대한 성과가 다른 과업에 대한 성과에 비해 많이 다를수록 특이성이 높다.

- 일관성 : 개인의 특정 과업에 대한 성과가 일정 기간 동안 얼마나 똑같이 나타나는가에 대한 정도이다. 개인의 성과가 유사할수록 일관성이 높다.

③ 귀인오류(Error of Attribution)

결과와 원인이 반대로 해석되는 경우이다. 인사평가에서 피평가자의 업적이 낮을 때 그 원인이 외적 귀인에 있음에도 불구하고 내적 귀인에서 찾거나, 피평가자의 업적이 높

을 때 그 원인이 내적 귀인에 있음에도 불구하고 외적 귀인에서 찾게 되는 경우이다. 이런 오류가 나타나는 원인은 행위에 대해 자신과 타인이 상이한 정보를 가지고 있을 때 발생한다. 또한, 행위자가 자신의 행동을 귀인할 때와 타인의 행동을 관찰자로서 귀인할 때에 차별적인 경향을 보이는 귀인(귀속)오류를 **행위자-관찰자 효과(Actor-Observer Effect)**라고 한다. 사람들은 자신의 행동에 대한 원인을 찾을 때와 타인의 행동에 대한 원인을 찾을 때 서로 다른 경향을 보인다. 이러한 행위자-관찰자 효과가 발생하는 이유는 **자존적 편견**과 관련되어 있다.

[귀인(귀속)오류]

성 과 〳 행위자	본 인	타 인
높은 성과	내적 귀인	외적 귀인
낮은 성과	외적 귀인	내적 귀인

4. 학습(Learning)

(1) 의의

반복적인 연습이나 경험을 통해 이루어진 지속적인 행동변화(Relatively Permanent Behavioral Change)를 의미한다. 일반적으로 학습은 유기체 내에서 일어나는 내재적인 변화과정을 의미하기 때문에 직접 관찰가능한 것이 아니라 수행(Performance)으로 표현된다.

① **연습과 경험** : 자연적인 행동변화나 일시적 조작에 의한 행동변화가 아니라, 실제 연습과 경험에 의하여 이루어진 변화를 의미한다.

② **강화** : 연습이나 경험을 통해 지속적인 행동변화를 유발시키기 위해서는 연습이나 경험을 반복시키는 강화가 필요하다.

③ **지속적인 행동변화** : 행동변화는 행동형성의 요인(성격, 지각, 태도, 동기 등)의 변화를 의미한다. 이러한 행동변화는 지속적인 성격을 지니고 있다는 점에서 개인이 임시적으로 취하는 적응행동과는 차이점을 보인다.

(2) 강화이론(Reinforcement Theory)

행동주의 학습이론 중 조작적 조건화와 관련된 이론으로 손다이크에 의해 그 기반이 형성되었고, 스키너에 의해 발전되었다. 여기서 강화란 **행동을 발생하게 하거나 행동의 빈도 또는 강도를 증가시키는 절차**를 말한다.

① **강화의 유형(강화전략)**

강화는 바람직한 행동을 증가시키는 목적과 바람직하지 못한 행동을 감소시키는 목적을 가지고 있다.

• 긍정적(적극적) 강화 : 바람직한 행동이 발생했을 때 보상을 부여하여 그 행동을 반복시키는 것을 의미한다.

• 부정적 강화 : 바람직한 행동이 발생했을 때 불편자극을 철회하여 그 행동을 반복시키는 것을 의미한다.

• 소거 : 바람직하지 못한 행동이 발생했을 때 보상을 철회하여 그 행동을 감소시키는 것을 의미한다.

• 벌 : 바람직하지 못한 행동이 발생했을 때 불편자극을 부여하여 그 행동을 감소시키는 것을 의미한다.

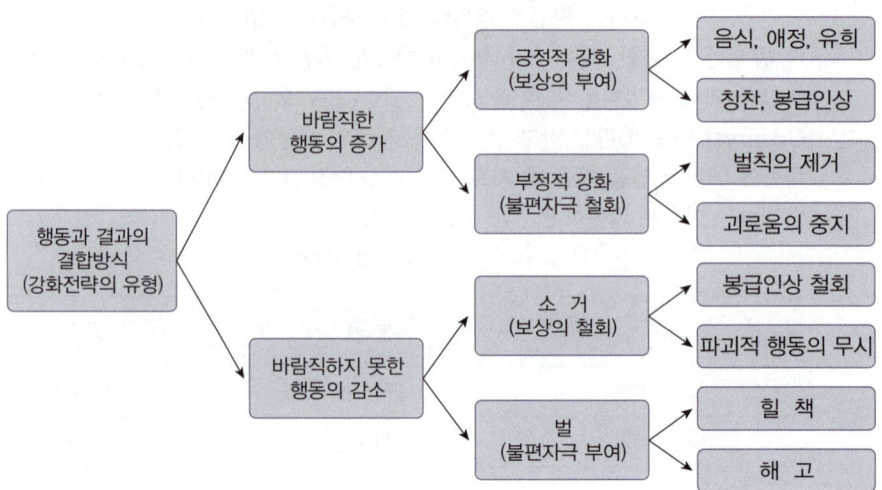

[강화의 유형(강화전략)]

2) 고정간격법
작동행동이 얼마나 많이 발생했든지 간에 어느 정도 일정한 기간을 간격으로 강화요인을 적용하는 방법. 시간급제나 일정한 기간에 지급하는 보너스나 연봉 등이 고정간격법에 해당함. 일반적으로 강화의 효과가 가장 낮음

3) 변동가격법
강화요인의 적용시기에 일정한 간격을 두지 않고 변동적인 간격으로 강화요인을 적용하는 방법. 이 방법은 강화작용에 대한 예측성이 낮으므로 고정간격법에 비하여 동기효과가 더 큼. 또한, 강력하고 지속적인 성과향상의 결과를 가져 오고, 소거에 대한 저항력도 강함

4) 고정비율법
작동행동의 일정한 비율에 의하여 강화요인을 적용하는 방법. 생산량에 기초하여 급여를 지급하는 성과급제도(Piece-Rate System)가 하나의 예가 될 수 있음

5) 변동비율법
작동행동의 일정한 비율을 사용하지 않고 변동적인 비율을 사용하여 강화요인을 적용하는 방법. 이 방법은 강력하고 지속적인 행동을 유발하며, 소거에 대한 저항력도 강한 것으로 알려져 있음. 일반적으로 강화의 효과가 가장 높음

② 강화의 일정계획

행동에 따르는 강화요인 제공의 시점과 빈도를 조절함으로써 바라는 행동을 지속시키려는 것을 말한다.

• **연속적 강화(Continuous Reinforcement Schedule) : 바람직한 반응행동이 작동될 때마다 강화요인을 적용하는 방법**이다. 학습의 효과를 단기간 동안에 높일 수 있는 장점이 있으나 강화요인이 중단되면 작동행동도 반복되지 않음으로써 학습의 효과가 감소될 수 있다. 또한, 가장 이상적인 강화방법이기는 하지만 비용부담과 실현불가능으로 인해 실무적인 부분에서는 사용하기 어렵다.

• **단속적 강화(Intermittent Reinforcement Schedule) : 바람직한 반응행동에 대해 부분적으로 또는 불규칙적으로 강화요인을 적용하는 방법**이다. 이러한 단속적 강화는 바람직한 행동에 대한 반응간격과 반응횟수를 고정하느냐 변동하느냐에 따라 **고정간격법[2], 변동간격법[3], 고정비율법[4], 변동비율법[5]** 등이 있다.

5. 태도(Attitude)

(1) 의의

어떤 대상에 대해서 어느 정도 일관성 있게 반응하려는 준비상태를 말한다. 따라서 태도는 유전적인 것이 아니라 다른 사람들과 상호작용을 통해 형성되는 사회학습의 결과물이다. 또한, 태도는 개인의 선호와도 관련되어 있기 때문에 개인의 선택에 따라 행동으로 나타나기도 하고, **지속성과 변화가능성의 특징**을 가진다. 태도는 **인지적 요소(Cognitive Component), 정서적 요소(Affective Component), 행동적 요소(Behavioral Component)**로 구성되어 있는데, 이러한 요소들은 균형을 유지하기도 하지만 그 중의 한 가지 요소가 우세하거나 결핍되는 경우도 있다. 그리고 이들은 서로 긴밀하게 연결되어 있어 세 요소의 일관성이 높으면 강한 태도가 나타나고 일관성이 낮으면 약한 태도가 나타난다.

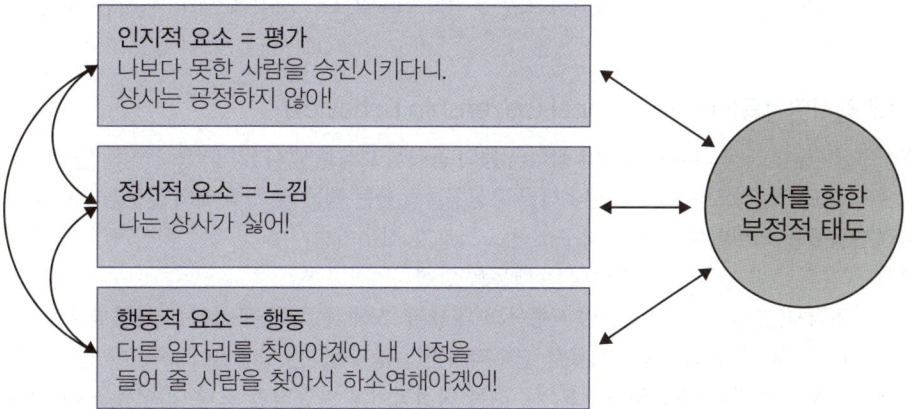

[태도의 구성요소]

인지적 요소 = 평가
나보다 못한 사람을 승진시키다니.
상사는 공정하지 않아!

정서적 요소 = 느낌
나는 상사가 싫어!

행동적 요소 = 행동
다른 일자리를 찾아야겠어 내 사정을
들어 줄 사람을 찾아서 하소연해야겠어!

상사를 향한
부정적 태도

(2) 가치관과 태도

태도가 구체적인 개념이라면 가치관은 태도에 비해 보다 광범위하고 포괄적인 개념이다. 일반적으로 가치관과 태도는 대개 조화를 이루지만 항상 그런 것은 아니다. 또한, 개인의 행동을 결정하는 데 있어 태도는 가치관보다 더 많은 영향을 행사한다. 가치관이 모든 상황에 있어서의 행위에 영향력을 미치는 광범위한 믿음이라면 태도는 특정의 대상이나 상황에 있어서 행위에 직접적으로 영향을 미친다. 가치관과 태도와의 구체적인 관계는 다음과 같다.

① 태도는 잠재되어 있는 가치관을 기반으로 형성된다.
② 하나의 가치관에서 비롯된 두 개의 태도가 서로 상충될 수도 있다.
③ 두 사람의 태도가 서로 같더라도 각각 다른 가치관에서 비롯될 수 있다.
④ 태도나 가치관은 둘 다 장기간 지속되지만 가치관은 한 번 정립되면 좀처럼 변화하지 않는 반면에 태도는 작은 원인으로도 자주 변화한다.
⑤ 어떤 가치관이 한 집단 안에서 대부분의 구성원들 사이에서 오랫동안 지속될 때 그것은 문화의 일부가 된다. 그러므로 한 집단의 문화는 사실 여러 가치관의 집합이라고 할 수 있으며, 각 가치관은 문화 안에서 보존되고 지속된다.

(3) 조직몰입(Organization Commitment)

자신이 일하는 조직에 애착을 가짐으로써 자신의 목표와 조직의 목표를 동일시하고, 그 조직에서 지속적으로 소속되기 위하여 조직의 가치와 목표를 적극적으로 수용하게 되는 심리상태를 의미한다. 마이어와 알렌(Meyer & Allen)에 따르면 이러한 조직몰입은 다음의 세 가지 몰입으로 이루어져 있다.

① **정서적 몰입**

조직에 대한 **정서적 애착**을 의미한다. 핵심요인은 조직을 자신의 확장이라고 생각하는 **조직동일시**[6]이다. 조직몰입이 높으면 조직에 대해서 긍정적 감정을 가지게 되며 다른 사람들이 자신이 속한 조직을 비판적으로 대하면 자신과 조직을 동일시하여 다른 사람들에 대해 부정적인 감정을 갖게 된다.

② **지속적 몰입**

조직에 잔류하고자 하는 의도를 의미한다. 이직에 대한 대안이 없으면 몰입은 증가하게 된다. 즉, 조직에 절대적으로 만족하지 않지만 현재 자신의 처지에서 다른 조직으로 옮길 자신이 없다면 현재의 조직에 대한 몰입이 증가한다. 따라서 지속적 몰입은 **다분히 거래적이며 경제적인 관점에서의 몰입**이라고 할 수 있다.

6) 조직동일시(Organization Identification)
조직구성원이 그가 속한 조직과 하나됨을 의미함. 즉, 조직동일시는 한 개인이 조직을 자신의 생각과 행동의 준거로 삼고 이를 모방하고자 시도하는 과정이나 자신의 일부분이라고 생각하는 조직이나 집단에 대해 고착하는 과정이라고 할 수 있음

③ 규범적 몰입

조직에 대해서 가지는 **도덕적 또는 윤리적 의무감**으로 조직에 남고자 하는 것을 의미한다.

(4) 조직시민행동(Organizational Citizenship Behavior)

조직구성원들이 조직 내에서 급여나 상여금 등의 공식적 보상을 받지 않더라도 조직의 발전을 위해서 희생하고 **자발적으로 일을 하거나 다른 구성원들을 돕는 행동** 및 조직 내의 갈등을 줄이려는 **자발적 행동들**을 의미한다. 즉, 조직구성원 스스로가 직무기술서에 열거된 핵심적인 과업 이상으로 조직의 효율성 증진에 기여하는 행동을 말한다.

① **조직시민행동-개인(OCB-I)** : 행동의 대상이 조직 내 다른 구성원을 지향한다.
- **이타주의(Altruism)** : 직무상 필수적이지는 않지만, 한 구성원이 조직 내 업무나 문제에 대해 다른 구성원들을 도와주려는 직접적이고 자발적인 조직 내 행동을 의미한다.
- **예의(Courtesy)** : 직무수행과 관련하여 타인들과의 사이에서 발생하는 문제나 갈등을 미리 막으려고 노력하는 행동을 의미한다.

② **조직시민행동-조직(OCB-O)** : 행동의 대상이 조직을 지향한다.
- **성실성 또는 양심(Conscientiousness)** : 조직에서 요구하는 최저수준 이상의 역할을 수행하는 것을 의미한다. 성실성은 조직구성원들이 갈등상황에 처했을 때 더욱 나타나기 쉬운 것으로 알려져 있다.
- **시민의식(Civil Virtue)** : 조직에서 불의를 참지 못하고 조직을 긍정적으로 변화시키려는 적극적 행동을 하는 것을 의미한다.
- **스포츠맨십(Sportsmanship)** : 조직 내에서 어떠한 갈등이나 문제가 발생하더라도 그에 때해 불평이나 비난을 하는 대신에 가능하면 조직생활의 고충이나 불편함을 스스로 해결하려는 행동을 의미한다.

(5) 장의 이론(Field Theory)

① **의의**

서로 상충관계에 있는 태도변화를 억제시키는 요인과 촉진시키는 요인에 의해서 태도가 균형을 유지한다는 이론으로 레빈(Lewin)이 주장하였다. 장의 이론은 집단의 힘으로 개인과 조직을 변화시키는 **집단역학(Group Dynamics)**의 발전을 촉진시켰다.
- **태도변화를 촉진시키는 요인** : 일을 좋아함, 효과적 감독, 보상, 강압적 방법 등
- **태도변화를 억제시키는 요인** : 피로, 집단의 작업규범, 적개심, 반발심 등

② **태도변화의 과정**

레빈은 특정 태도형성을 동결상태로 가정했을 때 '**해빙 → 변화 → 재동결**'이라는 과정을 거쳐 태도변화가 이루어진다고 주장하였다. 이러한 태도변화는 개인, 집단, 조직의 모든 수준에서 적용이 가능하다.
- **해빙(Unfreezing)** : 어떤 일을 하는 데 있어서 과거의 방식을 깨뜨림으로써 새로운 방식을 받아들일 준비태세를 갖도록 하는 과정을 말한다.
- **변화(Change)** : 새로운 방식으로의 변화를 위해 순응, 동일화, 내면화가 나타나는 과정을 말한다.
  - 순응(Compliance) : 한 개인이 다른 사람이나 집단의 호의적인 반응을 얻거나 부정적인 반응을 회피하기 위해 그들의 영향력을 받아들이는 과정
  - 동일화(Identification) : 한 개인이 다른 사람이나 집단의 태도를 받아들여 자신의 일부로 인정하는 것

－ 내면화(Internalization) : 다른 사람이나 집단의 행위가 한 사람의 가치체계에 부
　　　합될 때 나타나는 과정
　　• 재동결(Refreezing) : 새로 획득된 태도, 지식, 행위 등이 개인의 성격이나 정서에
　　　통합되어 가는 과정을 말한다.

(6) 균형이론(Balance Theory)

하이더(Heider)의 균형이론은 **특정인(P), 타인(O), 특정대상(X)이 상호 간에 가지는 태도관계
를 요소들 간의 삼각관계로 설명한 이론**이다. 즉, 각 관계(PO, OX, PX)를 각각 ＋와 －로 분
류하고 그 곱이 ＋의 값을 가지면 **균형상태**로 구분하고 －의 값을 가지면 **불균형상태**로 구분
한다. 그리고 불균형상태가 발생하는 경우에 개인은 균형상태를 회복하기 위해 기존의 태도
를 변화시킨다는 것이다.

[균형이론]

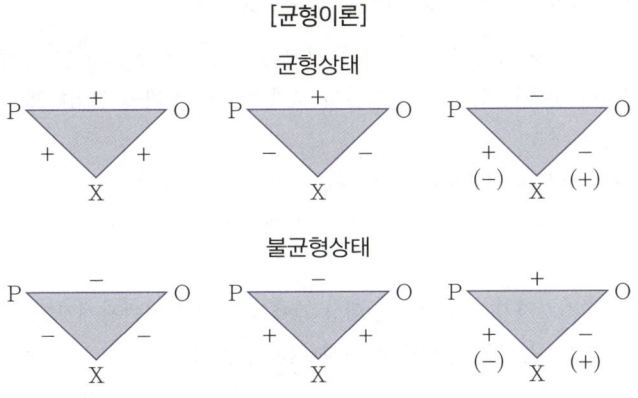

(7) 인지부조화이론(Cognitive Dissonance Theory)

페스팅거(Festinger)의 인지부조화이론은 인지부조화를 감소시키기 위해 개인의 태도변화
가 유발된다는 이론이다. 따라서 인지부조화이론은 두 개의 인지가 심리적으로 불일치할 때
인간은 부조화(긴장)를 경험하게 되고 이러한 부조화를 제거함으로써 심리적 균형을 이루어
인지의 일관성을 유지하려는 인간의 본능을 강조하고 있으며, **동기부여이론 중에서 과정이론에
속하는 공정성이론의 근거**가 되었다. 또한, 인간이 인지부조화를 감소시키고자 하는 욕구는
부조화가 생기게 된 상황의 중요성, 개인이 믿는 상황변화에 대한 영향력의 정도, 부조화에
수반된 비용 등에 의해서 결정된다. 일반적으로 인지부조화가 발생하는 대표적인 갈등은
다음과 같다.

　① **접근-접근 갈등** : 긍정적 결과가 발생하는 두 개 이상의 대안에서 하나만을 선택해야
　　　하는 상호배타적인 상황에서 발생하는 갈등을 말한다. 이런 형태의 갈등은 일시적으
　　　로는 불안감을 갖게 하지만 개인에게 악영향을 미치지는 않는다.
　② **접근-회피 갈등** : 어떤 대안이 긍정적 결과와 부정적 결과를 모두 가지고 있을 때 발
　　　생하는 갈등을 말한다. 이러한 유형의 갈등이 개인에게 가장 강한 인지부조화를 유발
　　　시킨다.
　③ **회피-회피 갈등** : 부정적 결과가 발생하는 두 개 이상의 대안에서 하나를 선택해야 하
　　　는 상황에서 발생하는 갈등을 말한다.

[인지부조화의 해결과정]

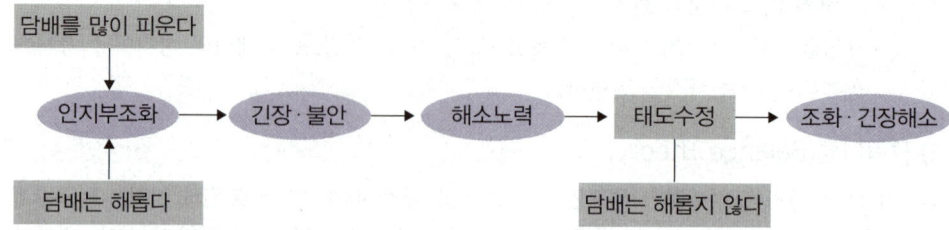

시험문제 미리보기!

지각오류에 대한 다음 설명 중 가장 적절하지 않은 것은?

① 투사는 평가대상에 지각자의 감정을 귀속시키는 데서 발생하는 지각오류이다.
② 피그말리온 효과는 개인의 기대나 믿음이 그의 행위나 성과를 결정하게 되는 지각오류이다.
③ 상동적 태도는 지각대상의 개인적 특성에 근거한 지각오류이다.
④ 최근효과는 지각순서 중 가장 늦게 투입된 지각대상의 인상이 평가에 크게 작용하는 지각오류이다.
⑤ 논리적 오류는 지각자가 다수의 지각대상 간에 논리적인 상관관계가 높지 않음에도 불구하고 상관관계가 높다고 생각할 때 나타나는 지각오류이다.

정답 ③

해설 후광효과는 지각대상의 개인적 특성에 근거한 지각오류이고, 상동적 태도는 지각대상이 속한 집단의 특성에 근거하여 대상을 판단하는 지각오류이다.

제2절 | 동기부여이론

핵심 Check ✓ 동기부여이론

내용이론	욕구단계이론, ERG 이론, 2요인이론, 성취동기이론, XY이론
과정이론	기대이론, 공정성이론, 목표설정이론, 자기결정이론

01 동기부여(Motivation)　★

1. 의의

개인으로 하여금 주어진 일을 수행하게 하는 힘을 의미한다. 동기부여는 목표를 추구하는데 필요한 내적 충동상태라고 할 수 있는데, 일반적으로 개인행동의 동인이 되며 개인의 성과를 결정하는 중요한 요소가 된다.

성과(Performance) = 능력(Ability) × 동기부여(Motivation)

2. 유형

동기부여는 그 원천의 위치에 따라 내재적 동기부여(Intrinsic Motivation)와 외재적 동기부여(Extrinsic Motivation)로 구분할 수 있다.

① **내재적 동기부여** : 자기 자신에게서 우러나오는 동기부여를 의미하고, 성취감, 도전감, 확신 등이 있다.

② **외재적 동기부여** : 자기 자신이 아닌 외부에 의해 발생된 동기부여를 의미하고, 급여, 승진정책, 감독 등이 있다.

02 동기부여의 내용이론(Content Theory)　★★★

1. 의의

개인의 동기요인을 욕구(Need)로 보고 어떤 욕구가 더 크게 동기부여에 기여하는지를 규명하고자 하는 이론을 말한다. 따라서 내용이론에서는 인간의 기본적인 욕구가 무엇인지를 중심으로 연구가 이루어졌으며, 주로 개인이 내면에 갖고 있는 욕구를 동기부여의 원천으로 보았다.

[내용이론]

욕구단계이론	ERG이론	2요인이론	성취동기이론
자아실현 욕구	성장 욕구	동기요인	성취 욕구
존경(자존) 욕구			권력 욕구
사회적(소속) 욕구	관계 욕구		친교 욕구
안전 욕구	존재 욕구	위생요인	
생리적 욕구			

상위 욕구 / 하위 욕구

2. 욕구단계이론(Theory of Need Hierarchy)

(1) 의의

매슬로우(Maslow)는 욕구의 단계를 통해 욕구와 동기부여의 관계를 밝히고자 하였으며, 개인행동이 자신의 욕구를 충족시키는 과정에서 형성된다는 전제 하에 **개인의 공통된 욕구와 욕구의 단계적 구조를 이론화**시켰다. 매슬로우는 다섯 가지 욕구의 계층적 구조를 형성함으로써 욕구충족상의 **순서적 중요성**을 강조하였다. 그러나 매슬로우의 욕구단계이론은 욕구구분에 대한 이론적 근거가 불명확하며, **각 욕구의 동시발생가능성을 무시**한 부분이 있다.

(2) 욕구구분

① **생리적 욕구(Physiological Needs)** : 개인이 자신의 생리적 균형을 유지하는데 요구되는 기본적인 의식주와 관련된 욕구이다. 생존을 위한 의식주, 성욕, 호흡 등이 여기에 해당한다.

② **안전 욕구(Safety Needs)** : 개인의 육체적 안전과 심리적 안정에 대한 욕구이다. 신체적 보호, 가족의 안전, 안정된 직업 등이 여기에 해당된다.

③ **사회적(소속) 욕구(Social Needs)** : 대인관계에서 나타나는 욕구로 어느 한 부분에 소속되기를 원하는 욕구를 의미하며, 소속 욕구(Belongingness Needs)라고도 한다.

④ **존경(자존) 욕구(Esteem Needs)** : 타인으로부터 인정이나 존경을 받고자 하는 심리적 욕구를 의미한다.

⑤ **자아실현 욕구(Self-Actualization Needs)** : 자기가치를 추구하여 좀 더 보람차고 가치가 있는 삶을 추구하는 욕구를 의미한다. 모든 욕구가 충족되었을 때 나타나는 욕구이다.

3. ERG 이론

(1) 의의

알더퍼(Alderfer)는 개인의 욕구동기를 보다 현실적으로 설명하기 위해 매슬로우의 욕구단계이론을 수정·보완하였다. 따라서 알더퍼는 인간의 욕구를 세 가지로 구분하였으며, **매슬로우가 강조한 각 욕구 간의 순서적 중요성을 수정·보완**하였다. 즉, 인간은 하위욕구에서 상위욕구로 올라가는 진행뿐만 아니라 특정욕구의 충족이 좌절되었을 때 그 하위욕구를 더욱 강화하는 **좌절퇴행욕구**도 가지기 때문에, 하위수준의 욕구가 충족될수록 상위욕구에 대한 강도가 더욱 강하게 나타날 뿐만 아니라 상위욕구가 충족되지 않을수록 하위욕구에 대한 강도도 더욱 강해진다는 것이다. 따라서 개인은 **한 가지 이상의 욕구를 동시에 충족**시킬 수 있게 된다.

(2) 욕구구분

① **존재 욕구(Existence Needs)** : 인간이 생존하기 위한 물질적이고 생리적인 욕구를 의미한다. 매슬로우가 주장한 욕구 중 **생리적 욕구와 안전 욕구에 해당하는 욕구**이며, 여기에는 급여, 육체적 작업에 대한 욕구, 물질적 욕구가 포함된다.

② **관계 욕구(Relatedness Needs)** : 타인이나 사회집단과의 상호작용 관계에 있어서 바람직하고 아름다운 관계를 유지하려는 욕구이다. 매슬로우가 주장한 욕구 중 **사회적(소속) 욕구와 존경(자존) 욕구에 해당하는 욕구**이며, 생각이나 감정을 주변 사람들과 공유하게 될 때 관계 욕구가 충족된다.

③ **성장 욕구(Growth Needs)** : 개인적 성장 또는 창조적 성장을 위한 노력과 관계되는 모든 욕구이다. 매슬로우가 주장한 욕구 중 **존경(자존) 욕구와 자아실현 욕구에 해당하는 욕구**이며, 인간으로서 성장하고 자신의 능력을 잠재적 한계까지 발휘해보고 싶은 욕구이다.

4. 2요인이론(Two Factor Theory)

(1) 의의

허쯔버그(Herzberg)는 개인의 동기를 자극하는 요인은 위생요인과 동기요인이라는 두 가지가 있다고 하며, 이 두 가지 요인은 인간의 만족과 불만족과 관련하여 각각 다른 차원에서 존재하고 있음을 강조하였다. 2요인이론은 기사(Engineer)와 회계사 등과 같은 전문직업인들을 연구대상으로 하였기 때문에 이론 자체가 다른 직종의 구성원들에게도 일반적으로 적용되기는 힘들다.

(2) 욕구구분

① **위생요인(Hygiene Factor)** : 개인의 불만족을 방지해 주는 욕구로 **불만족요인**이라고도 한다. 위생요인은 충족되었다 하더라도 불만족이 생기는 것을 예방하는 역할만 할 뿐, 만족을 증가시키거나 일을 열심히 하고자 하는 동기를 유발시키는 것은 아니다. 위생요인에는 **임금, 안정된 직업, 작업조건, 지위, 경영방침, 관리, 대인관계 등이 있는데, 이들은 직무 외적인 요인**들이다.

② **동기요인(Motivator)** : 개인의 만족을 증가시켜 주는 욕구로 **만족요인**이라고도 한다. 동기요인이 충족되면 개인은 만족을 느끼게 되지만, 충족되지 않으면 불만족이 아니라 무만족을 느끼게 된다. **동기요인에는 성취감, 인정, 책임감, 성장, 발전, 보람 있는 직무내용, 존경 등이 있는데, 이들은 직무 자체 또는 개인의 정신적·심리적 성장에 관련된 요인**들이다.

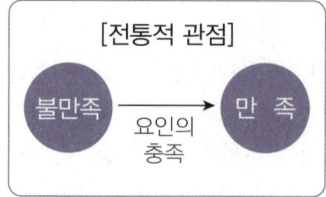

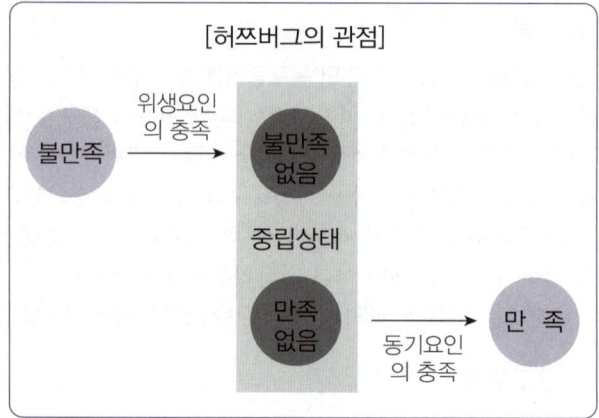

5. 성취동기이론(Achievement Motivation Theory)

(1) 의의

맥클리랜드(McClelland)는 개인과 환경이 상호작용하는 과정을 통해 학습이 일어나고, 이러한 학습을 통해 개인의 동기가 유발될 수 있다고 주장했다. 각 욕구에 대한 개인의 욕구수준은 성장 초기의 사회화 과정에서 남과 어울리고 공동생활을 하면서 경험을 통하여 학습된다. 이렇게 학습된 욕구는 평소에는 잠재되어 있다가 주변 상황이 적합해지면 표출되어 개인의 의식과 행동을 지배하면서 동기를 유발하게 된다. 또한, **인간의 욕구는 학습된 것이기 때문에 인간의 행동에 영향을 미치는 욕구의 서열은 사람마다 다르다**고 주장하였다.

(2) 욕구구분

① **친교 욕구(Need for Affiliation)** : 타인과 바람직한 또는 좋은 관계를 유지하여 협력을 얻으려는 욕구이다. 친교 욕구가 강한 사람은 타인에 대해 따뜻하고 친근한 관계 유지에 관심이 있다. 그러나 친교 욕구가 너무 강하면 갈등을 일으킬 만한 소지가 있는 조직 내 의사결정을 수행할 때 다른 사람과의 친화력으로 인해 결정에 어려움을 겪을 수 있다.

② **권력 욕구(Need for Power)** : 환경을 지배하려는 욕구 또는 타인의 행동에 영향을 미치고자 하는 욕구이다. 강한 권력 욕구를 가진 사람은 일반적으로 타인을 통제하거나 타인에게 지시하고자 하며 리더-부하의 관계를 유지하는데 관심을 둔다.

③ **성취 욕구(Need for Achievement)** : 개인이 우수한 목표 또는 보다 높은 목표를 설정해 놓고 이를 달성하려는 욕구이다. 성취 욕구가 강한 개인은 과업완수만을 생각하는 경향이 있기 때문에 수행하는 과업에 대한 해결책을 찾는데 몰두하고, 약간 어려운 목표를 설정하려는 경향이 있으며 수행한 업무에 대해서는 구체적인 피드백을 받고자 한다. 반대로 성취 욕구가 약한 개인은 금전적인 보상이 주어지는 경우에만 동기부여되는 경향을 보인다.

6. 맥그리거(McGregor)의 XY이론

맥그리거는 관리자들이 가지는 인간의 본성에 대한 관점을 X이론의 사고방식으로부터 Y이론의 사고방식으로 전환해야 한다고 주장하였다. 즉, 조직구성원에 대한 관리가 지시와 통제를 중심으로 하여서는 안 되며, 조직구성원 개인의 잠재력과 능동성에 근거한 자율적 관리가 필요하다는 것이다.

① X이론 : 인간이 타율적 존재이기 때문에 외부통제가 필요하다고 보는 관점이다. 즉, 대부분의 사람들은 생리적 욕구나 안전 욕구에 해당하는 경제적 보상이나 처벌의 위협에 동기부여된다고 본다. 따라서 X이론의 관리전략은 하위욕구의 충족과 외부통제의 강화이다.

② Y이론 : 인간이 자율적 존재이기 때문에 자아통제가 필요하다고 보는 관점이다. 즉, 대부분의 사람들은 근본적으로 자아만족, 자기실현 등의 상위욕구를 중시하는 자아통제가 가능한 존재라고 주장하며, X이론이 가정하는 인간관을 비판한다. 따라서 Y이론의 관리전략은 조직구성원 스스로의 노력을 조직의 성공에 지향시킴으로써 그들 자신의 목적을 가장 잘 달성할 수 있는 조건을 형성하여 개인과 조직이 원하는 바를 통합시키는 것이다.

시험문제 미리보기!

동기부여이론에 대한 다음 설명 중 가장 적절하지 않은 것은?

① 동기부여의 내용이론은 사람들의 동기요인을 개인의 욕구라고 보고 어떤 욕구가 더 크게 동기부여 시키는가를 규명하고자 하는 이론이다.

② 동기부여의 내용이론 중 매슬로우, 알더퍼, 허쯔버그의 이론은 상당한 유사점을 가지고 있지만, 맥클리랜드는 후천적으로 습득된 욕구만을 강조하고 있다는 점에서 차이점을 보인다.

③ 매슬로우의 욕구단계이론에 의하면 개인욕구를 생리적 욕구, 안전 욕구, 사회적 욕구, 존경 욕구, 자아실현 욕구의 순으로 정형화하였다.

④ 아지리스의 미성숙-성숙이론은 미성숙인의 행동양식과 성숙인의 행동양식이 다르다고 보았다.

⑤ 허쯔버그의 2요인이론에서는 동기부여의 요인을 위생요인과 동기요인으로 구분하였는데, 위생요인은 개인의 성과를 높여주는 만족요인을 의미하고 동기요인은 개인의 불만족을 방지해주는 불만족요인을 의미한다.

정답 ⑤

해설 허쯔버그의 2요인이론에서는 동기부여의 요인을 위생요인과 동기요인으로 구분하였는데, 위생요인은 개인의 불만족을 방지해주는 불만족요인을 의미하고 동기요인은 개인의 성과를 높여주는 만족요인을 의미한다.

03 동기부여의 과정이론(Process Theory) ★★

1. 의의

동기유발의 과정을 중심으로 동기부여를 규명하고자 하는 이론을 말한다. 즉, 동기유발에 영향을 주는 변수들이 어떻게 서로 연관되어 있는가를 중심으로 분석하여 개인의 동기유발과 행동선택과정을 설명하였다.

2. 기대이론(Expectancy Theory)

(1) 의의

브룸(Vroom)은 동기부여의 강도를 개인들이 어떤 행동을 하면 특정 결과가 나타날 것이라는 기대감, 수단성, 유의성의 곱으로 설명하면서 그 강도에 따라 각 개인은 상이하게 행동한다고 주장하였다. 이러한 기대이론은 곱셈모형이기 때문에 세 가지 요소 중에 어느 하나가 0이 된다면 동기부여 자체가 0이 될 수 있으며, 심지어 음(-)의 값을 가질 수도 있다. 또한, 개인의 욕구를 설명할 때 다른 사람들과의 관계를 배제하고 있으며, 개인이 의사결정을 할 때는 동기부여의 강도(Motivation Force)의 값이 가장 큰 대안을 선택한다고 설명하고 있다.

> 동기부여의 강도 = 기대감 × 수단성 × 유의성

[기대이론]

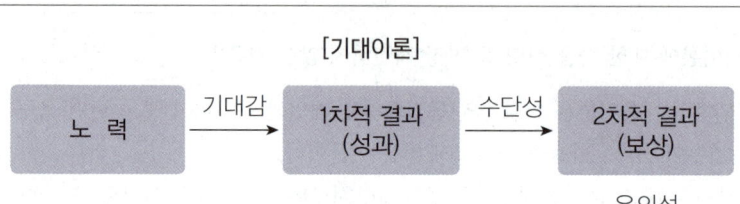

(2) 구성요소

① 기대감(Expectancy)

개인이 노력했을 때 얼마나 1차적 결과를 달성할 수 있는가에 대한 가능성 또는 확률에 대한 확신($-1 \leq e \leq 1$)을 의미한다. 기대감은 과거에 성공했거나 실패한 경험과 자신감 등의 영향을 받기 때문에 주관적인 속성을 가진다.

② 수단성(Instrumentality)

개인이 지각하는 1차적 결과(성과)와 2차적 결과(보상) 사이의 상관관계($0 \leq i \leq 1$)를 의미한다. 수단성을 강화하기 위해서는 1차적 결과와 2차적 결과와의 관련성을 명확히 해야 한다.

③ 유의성(Valence)

각 개인들이 2차적 결과에 대해서 느끼는 중요성 또는 가치의 정도로 특정 보상에 대한 선호의 강도를 의미한다. 따라서 유의성은 개인의 욕구를 반영시키며, 보상, 승진, 인정과 같은 긍정적(적극적) 유의성(Positive Valence)과 과업과정에서의 압력과 벌 등의 부정적 유의성(Negative Valence)으로 구분된다.

3. 공정성이론(Equity Theory)

(1) 의의

아담스(Adams)는 개인이 보상의 크기와 공정성을 극대화시키는데 초점을 두고, 자신의 공헌과 보상의 크기를 준거인물의 공헌과 보상의 크기와 비교하여 동기부여의 수준을 결정한다고 주장하였다. 그러나 공정성이론은 개인이 준거인물을 어떻게 선정하는지에 대한 구체적인 설명이 필요하며, 투입과 산출의 객관적 측정이 어렵기 때문에 투입 또는 결과를 인식하는 과정에 대한 심리적 과정의 보완이 필요하다.

중심인물(F)
(Focal Person)

산출(O)
(Outcome)
보상, 인정, 칭찬, 지위 등

투입(I)
(Input)
노력, 기술, 생산 등

비교

$$\left(\frac{O}{I}\right)_F \leftrightarrow \left(\frac{O}{I}\right)_R$$

중심인물(R)
(Reference Person)

산출(O)
(Outcome)
보상, 인정, 칭찬, 지위 등

투입(I)
(Input)
노력, 기술, 생산 등

$$\left(\frac{O}{I}\right)_F < \left(\frac{O}{I}\right)_R$$
불공정성
(과소보상)

$$\left(\frac{O}{I}\right)_F = \left(\frac{O}{I}\right)_R$$
공정성

$$\left(\frac{O}{I}\right)_F > \left(\frac{O}{I}\right)_R$$
불공정성
(과다보상)

산출 상향조정 　투입 하향조정

만족

산출 하향조정 　투입 상향조정

(2) 불공정성의 해소방법

① **투입 또는 산출의 변경** : 투입 또는 산출을 증가시키거나 감소시킴으로써 타인과의 균형을 유지하려고 하는 것이다.

② **준거인물의 투입 또는 산출의 변경** : 준거인물의 투입 또는 산출을 변경하는 것은 자기자신의 투입 또는 산출을 조정하는 것보다 훨씬 어려운 방법이다. 일반적으로 자기자신의 투입과 산출의 조정방향과는 반대로 나타난다.

③ **투입과 산출의 인지적 왜곡** : 실제로 투입이나 산출을 변경시키지 않고 투입과 산출의 중요성에 대한 개념을 변경 또는 조정함으로써 준거인물의 비율과 균형을 맞추려고 노력한다.

④ **이직** : 극단적인 대처방안으로 아예 직장을 옮겨버림으로써 사회적 관계를 끊는 방법이다. 이러한 이유에서 공정성이론을 통해 이직이나 사직의 원인을 설명하기도 한다.

⑤ **준거인물의 변경** : 개인은 준거인물을 변경함으로써 불공정성을 해소시킬 수 있다.

4. 목표설정이론(Goal Setting Theory)

(1) 의의

록크(Locke)는 개인의 목표가 개인의 동기유발에 직접적인 요인으로 작용한다는 전제 하에 조직구성원의 의식적인 목표와 과업성과 간의 관계를 설명하였다. 일반적으로 목표는 다음과 같은 네 가지 측면에서 중요하다.

① **관심을 나타낸다** : 무엇이 적절하고 중요한지에 대한 종업원들의 관심에 초점을 두고 있다.

② **노력을 조절한다** : 우리들의 관심사를 말해줄 뿐만 아니라 그렇게 행동하도록 동기를 부여해 준다.

③ **지속성을 증가시킨다** : 지속성이 있는 사람들은 장애물을 극복할 수 있는 방법을 찾아내며, 만약 실패하더라도 변명을 하지 않는다.

④ **전략과 실행프로그램 개발을 조장한다** : 사람들로 하여금 목표를 달성할 수 있도록 해주는 전략과 실행프로그램을 개발하도록 도와준다.

핵심 Plus⁺

불공정성의 해소
공정성이론은 페스팅거(Festinger)의 인지부조화 개념에 근거하고 있음. 즉, 각 개인은 상대방으로부터 자신의 공헌에 대한 정당하고 공평한 대가를 받아야 한다고 보는데 그 정당성 여부는 자기의 공헌·보상만 보고 판단하는 것이 아니라 남의 것과 비교한 후에 판단하며 덜 받은 것으로 판단되면 화를 내거나 더 받으면 죄책감을 느끼고 이 불공정성을 줄이려고 노력함

(2) 효과적인 목표의 특성

록크는 개인의 목표가 개인의 동기유발에 직접적인 요인으로 작용한다고 주장하였기 때문에 목표의 설정이 매우 중요한데, 효과적인 목표의 특성은 다음과 같다.

① **구체적인 목표**

개인은 추상적인 목표를 설정하는 것보다 **구체적인 목표**가 설정되었을 때 동기유발이 더 잘 일어난다. 그리고 지시에 의해 설정된 목표가 아니라 **공동의 참여**를 통해 목표를 설정하였을 때 개인의 목표에 대한 수용도를 높여주기 때문에 동기유발이 더 잘 일어난다.

② **목표의 난이도**

개인은 **달성하기 쉬운 목표보다는 도전적인 목표(적정한 수준의 난이도)가 설정**되었을 때 동기유발이 더 잘 일어난다. 이러한 도전적인 목표는 목표달성이라는 성취감을 통해 개인의 성장욕구를 충족시켜 주기 때문이다. 그러나 달성가능성이 없는 목표수준에서는 구성원이 목표달성노력을 포기하여 오히려 성과가 저하되는 경향이 있다.

5. 자기결정이론(Self-Determination Theory)

인지적 평가이론[1]은 자기결정이론으로 발전하였다. 자기결정이론은 **사람들이 자기행동에 대해서는 자기 스스로 통제할 수 있기를 희망한다는 이론**으로 자기 일은 자기가 결정하려 한다는 이론이다. 즉, **자신이 스스로 결정한 일이 아니라 외재적 보상 때문에 의무감에서 행동하는 것이라면 사기가 줄어든다는 것**이다. 따라서 자기결정이론은 개인행동의 통제원천이 내면에 있는지 또는 외부에 있는지에 초점을 맞추고, 개인들이 자발적으로 나서서 업무를 수행하는 과정에서 외부적으로 금전적 보상을 해주면 내부적 동기가 손상된다는 이론이다. 따라서 자기결정이론에 따르면 칭찬과 피드백 같은 형태의 외재적 보상은 개인의 내재적 동기를 개선시켜 주지만, 강제된 과업에 대한 보상은 동기유발을 줄이게 된다.

1) 인지적 평가이론(Cognitive Evaluation Theory)
데시(Deci)의 이론으로 어떤 직무에 대하여 내재적 동기가 유발되어 있는 경우에 외재적 보상이 주어지면 내재적 동기가 감소된다는 것

시험문제 미리보기!

> **브룸의 기대이론에 대한 다음 설명 중 가장 적절하지 않은 것은?**
>
> ① 기대감은 노력했을 때 얼마나 성과를 달성할 수 있는가에 대한 가능성 또는 확률에 대한 객관적인 확신이다.
> ② 기대감은 과거의 경험과 자신감 등에 의해 영향을 받는다.
> ③ 수단성은 개인이 지각하는 1차적 결과와 2차적 결과와의 상관관계를 말한다.
> ④ 유의성은 각 개인들이 보상에 대해 느끼는 중요성 또는 가치의 정도를 말한다.
> ⑤ 기대이론에 의하면 동기부여 자체가 0이 될 수 있다.
>
> **정답** ①
>
> **해설** 기대감은 개인이 노력했을 때 얼마나 성과를 달성할 수 있는가에 대한 가능성 또는 확률에 대한 주관적인 확신이다.

제3절 | 리더십이론과 유형

리더십	강압적 권력, 보상적 권력, 합법적 권력, 준거적 권력, 전문적 권력
행동이론	아이오아 대학의 연구, 탄넨바움과 슈미트의 연구, 오하이오 대학의 연구, 관리격자이론, PM이론
상황이론	피들러의 상황적합이론, 하우스의 경로목표이론, 허시와 블랜차드의 수명주기이론
현대적 리더십이론	리더-부하 교환이론, 카리스마 리더십, 변혁적 리더십

01 리더십(Leadership) ★

1. 의의

일정한 상황에서 목표달성을 위해 리더가 개인이나 집단의 행동에 권력을 행사하는 과정이나 능력을 의미한다. 리더십은 목표를 달성하려는 목표지향적인 행동이기 때문에 그 결과는 리더와 부하 간의 영향과정에 의존한다. 이러한 영향과정에 의해 부하의 행동과 성과의 달성여부가 결정되고 나아가서는 부하의 만족도도 결정된다.

2. 권력

(1) 의의

다른 구성원들의 행동에 영향을 줄 수 있는 잠재능력을 의미한다. 따라서 권력은 둘 이상의 사람들 또는 집단 간의 관계를 전제로 하며, **쌍방성, 상대성, 가변성 등의 속성**을 가진다. 프렌치(French)와 레이븐(Raven)은 다양한 원천에 따라 권력을 강압적 권력, 보상적 권력, 합법적 권력, 준거적 권력, 전문적 권력으로 구분하였으며, 이 중에 **강압적 권력, 보상적 권력, 합법적 권력**은 조직의 공식적 지위와 관련되어 있지만 준거적 권력과 전문적 권력은 개인이 원래 가지고 있는 특성과 관련되어 있다.

① **강압적 권력(Coercive Power)** : **처벌이나 위협을 전제로 하여 권력 수용자에게 벌을 줄 수 있는 능력을 원천으로 하는 권력**이다. 권력 수용자는 두려움 때문에 권력 행사자의 의도대로 행동하게 된다. 가장 많이 사용되는 권력이고 남용되는 경우도 많지만, 가장 통제하기 힘든 권력의 유형이다.

② **보상적 권력(Reward Power)** : **권력 수용자에게 원하는 보상을 해 줄 수 있는 능력을 원천으로 하는 권력**이다. 보상에는 임금, 보너스 등과 같은 경제적 보상과 승진의 지원, 직무성과의 인정·칭찬, 인기직무의 배정 등과 같은 정신적 보상이 있다.

1) 권한(Authority)

한 개인이 조직 내에서 차지하고 있는 위치로 인하여 가지게 되는 공식적인 힘. 따라서 권한은 권력의 한 요소이며 합법성이 강조됨. 일반적으로는 하향적인 권한을 의미하지만, 하급자들이 상급자의 권한을 인정하고 받아들일 경우에 비로소 상급자의 권한이 효력을 발휘하기 때문에 상향적인 영향력도 포함함. 이러한 권한은 개인보다는 개인의 직위를 바탕으로 하고, 하급자에 의해 받아들여져야 하며, 위에서 아래로의 수직적인 흐름이라는 특징을 가짐

③ **합법적 권력(Legitimate Power)** : 권력행사에 대한 정당한 권리를 전제로 하여 조직의 규범을 원천으로 하는 권력이다. 권한[1]이라고도 하는데, 이러한 권력은 조직으로부터 정당성을 부여받은 권력이기 때문에 권력 수용자로부터 순종을 강요할 수 있는 권력 행사자의 공식적인 통제권리이다. 일반적으로 강압적 권력이나 보상적 권력의 행사가 지나치면 부하들은 저항하지만, 합법적 권력은 공동체가 약속한 것이기 때문에 무조건 따라야 한다고 믿는 경향이 있다.

④ **준거적 권력(Reference Power)** : 권력 수용자의 행동기준을 권력 행사자가 제시하는 것을 원천으로 하는 권력이다. 대부분의 사람들은 자신보다 뛰어나다고 인식되는 사람을 존경하고 닮고자 하는데, 권력 수용자에게 동일화(일체감)가 조성될 때 준거적 권력이 발생한다. 기업 내에서는 준거적 권력을 가지고 있는 권력 행사자는 권력 수용자로부터 존경심을 받게 된다.

⑤ **전문적 권력(Expert Power)** : 권력 행사자의 전문기술 또는 독점적 정보를 원천으로 하는 권력이다. 특수한 분야에 있어서 탁월한 능력이나 정보를 가지고 있는 사람은 전문적 권력을 가지게 된다. 또한, 전문적 권력은 조직계층의 상하에 관계없이 발생할 수 있다.

(2) 권력수준의 결정요인

① **불확실성의 대처능력** : 한 주체의 권력수준은 그 주체가 조직운영과정에서 발생하는 예기치 못한 문제나 사건을 성공적으로 처리할 수 있는 능력을 얼마나 가지고 있는가에 따라 결정된다. 불확실성의 대처능력이 높을수록 권력수준은 커진다.

② **자원의 조달 및 통제능력** : 다른 주체가 필요로 하는 자원에 대한 조달 및 통제능력을 많이 가지고 있을수록 다른 주체에 대한 권력은 커진다.

③ **중심성(Centrality)** : 한 부서나 다른 주체의 직무 수행결과가 전체 조직의 최종 산출물에 미치는 효과의 정도를 의미한다. 업무흐름상 보다 중심적(핵심적) 위치에 있는 부서나 주체들이 더 큰 권력을 가지게 된다. 한 부서의 직무수행이 다른 부서에 보다 즉각적인 영향을 미치는 경우에도 권력의 수준은 커진다.

④ **대체가능성(↔희소성)** : 대체가능성은 다른 주체들이 특정 주체의 직무를 대신할 수 있는 정도를 의미한다. 어느 한 부서가 하는 일을 많은 부서가 동일한 수준에서 할 수 있다면 그 부서는 대체가능성이 높은 부서이고 그에 따라 부서의 권력수준도 낮아진다. 그러나 한 부서가 독점적 능력(희소성)을 가지게 되면 그 부서의 대체가능성은 낮아지고 권력은 커진다.

[권력수준의 결정]

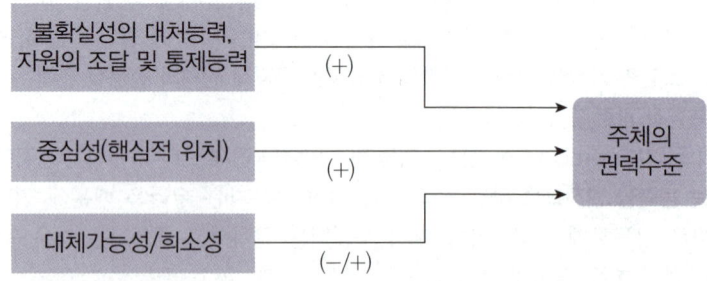

(3) 조직정치(Organization Politics)

개인이나 집단이 원하는 결과를 얻는 데 필요하다고 판단되는 권력을 획득하거나 이를 증가시키기 위해 하는 행동을 의미하며, 이러한 행동은 합법적일 수도 있고 비합법적일 수도 있다. 이러

한 조직정치가 발생하는 원인은 **자원의 필요성과 희소성, 불확실한 의사결정과정이나 장기적인 의사결정, 목표의 불확실성, 기술의 복잡성, 조직의 변화, 신뢰감의 미형성, 불명확한 조직구성원들의 역할** 등이 있다.

(4) 임파워먼트(Empowerment)

조직구성원들에게 자신이 조직을 위해서 많은 일을 할 수 있는 권력, 힘, 능력 등을 가지고 있다는 **확신을 심어주는 과정**을 의미한다. 그러한 확신을 심어주기 위해서는 영향력을 체험하게 하는 일이 전제되어야 하는데, 임파워먼트의 개념은 조직 내 권력의 분배문제를 뛰어넘어 권력의 증대 문제에 초점을 두고 있다. 이러한 임파워먼트는 **의미감(Meaning), 역량감(Competence), 자기결정력(Self-Determination), 영향력(Impact)**의 4가지 차원으로 구성되어 있다.

시험문제 미리보기!

> 프렌치와 레이븐이 제시한 권력의 원천 중 조직의 공식적 지위와 관련되지 않은 것만으로 묶인 것은?
>
> | | | |
> |---|---|---|
> | A. 보상적 권력 | B. 강압적 권력 | C. 합법적 권력 |
> | D. 전문적 권력 | E. 준거적 권력 | |
>
> ① A, B   ② B, C   ③ C, D   ④ D, E   ⑤ A, E
>
> 정답   ④
> 해설   조직의 공식적 지위와 관련이 있는 권력은 보상적 권력, 강압적 권력, 합법적 권력 등이 있다.

02 | 리더십의 특성이론과 행동이론   ★★

1. 특성이론

(1) 의의

특성이론은 리더와 일반인을 구분하는 특성이 존재한다는 생각에 근거한다. 과거에는 사회적으로 명성이 높은 지도자들을 중심으로 그들의 공통적인 특성을 연구하는 위인이론(Great Man Theory)에 치중하다가 점점 조직의 경영자를 대상으로 성공적인 리더의 특성을 연구하게 되었다. 특성이론은 리더의 다양한 특성을 연구하게 되는데, 특성이론에서 중시한 리더의 특성은 다음과 같다.

- ① **신체적 특성** : 연령, 체중, 신장, 외모 등과 같은 신체적 특성이 리더십의 발휘와 밀접한 관계가 있다.
- ② **사회적 배경** : 교육의 수준, 사회적 지위, 가정배경 등과 같은 사회적 배경에 따라 리더의 지위에 영향을 준다.
- ③ **지능과 능력** : 판단력, 결단력, 설득력 등은 리더십 효과에 긍정적인 영향을 미친다.

④ **성격특성** : 독립심, 지배력, 자신감, 적극성 등과 같은 성격특성은 리더십의 유효성에 많은 영향을 미친다.

⑤ **과업수행특성** : 성취욕구 및 책임감이 강하고 과업지향적이며 좌절하지 않고 목표를 추구한다.

⑥ **인간관계능력** : 타인과 원만한 관계를 유지하는 탁월한 인간관계능력을 가진다.

(2) 한계점

① 성공적인 리더의 특성을 연구할수록 리더의 특성은 무한정 증가하게 된다.

② 리더의 특성을 몇 가지로 정의할 수 없기 때문에 이론적으로 증명하는 것이 쉽지 않다.

③ 리더의 특성과 리더십 효율성과의 관계에 대한 연구결과의 일관성이 결여되어 있다.

④ 리더십의 효율성은 리더의 특성뿐만 아니라 부하의 특성, 과업의 성격 등과 같은 다양한 상황적 요소에 의해서 결정되기 때문에 리더의 특성만으로 리더십을 설명하는 것이 쉽지 않다.

2. 행동이론

(1) 아이오와 대학의 연구

아이오와 대학의 레빈(Lewin), 화이트(White), 리피트(Lippitt)는 10세의 소년들로 구성되어 있는 한 집단을 대상으로 리더십 유형이 변화함에 따라 소년들이 어떤 행동을 보이는가에 대한 실험을 통해 리더십을 권위형, 민주형, 자유방임형으로 구분하였다.

① **권위형(Authoritarian) 리더** : 리더 자신이 조직의 기능을 독점하고자 하기 때문에 부하의 의견을 들으려 하지 않고 조직목표와 운영방침 및 상벌을 리더가 독단적으로 결정한다.

② **민주형(Democratic) 리더** : 조직계획과 운영방침을 조직구성원의 토의를 거쳐 결정한다. 업적평가 및 상벌은 객관적 근거에 의해 시행한다.

③ **자유방임형(Laissez Faire) 리더** : 조직계획이나 운영상의 결정에 관여하지 않고 수동적 입장에서 행동한다.

(2) 탄넨바움(Tannenbaum)과 슈미트(Schmidt)의 연구

탄넨바움과 슈미트는 의사결정과정에서 **리더의 권한영역과 부하의 자유재량영역**이 어느 정도인가에 따라 리더를 **경영자 중심의 리더십을 갖춘 전제적 리더**와 **종업원 중심의 리더십을 갖춘 민주적 리더**로 구분하였다.

(3) 오하이오 대학의 연구

오하이오 대학에서는 리더십의 행동유형과 이에 따른 집단성과 및 구성원의 만족감 간의 상호관계를 분석할 목적으로 리더십 유형을 측정하였다. 측정도구로는 **리더행동기술설문서(Leader Behavior Description Questionnaire)**와 **리더의견설문서(Leader Opinion Questionnaire)**를 사용하였고, **구조주도(Initiating Structure)와 배려(Consideration)**라는 두 가지 기준을 가지고 리더의 유형을 구분하였다. 구조주도와 배려가 높은 리더행동이 일반적으로 심난성과와 만족감을 높게 가져오지만, 일부 연구결과에서는 높은 결근율과 고충처리율 등의 부정적 효과도 나타났다.

① **구조주도** : 과업환경의 구조화된 정도를 의미한다. 구조화 정도가 클수록 과업과 목표가 뚜렷하며 지시적 리더십을 발휘한다. 높은 구조주도형 리더는 일반적으로 집단의 목표와 결과에 중점을 둔다.

② **배려** : 부하와의 인간관계를 중시하는 정도를 의미한다. 배려가 높을수록 우정, 신뢰, 상호존중, 온정, 상호협력의 정도가 크다. 또한 부하에게 후원적이고 자유로운 의사소통과 참여를 지원한다.

(4) 관리격자(Grid)이론

① 의의

블레이크(Blake)와 모튼(Mouton)은 오하이오 대학의 리더십 개념을 연장시켜 **생산에 대한 관심(Production Concern)과 인간에 대한 관심(People Concern)을 기준**으로 관리격자의 형태로 계량화하여 리더의 유형을 구분하였다. 오하이오 대학의 리더 유형은 부하나 동료가 리더를 평가한 태도의 분류인데 반해 관리격자이론의 리더 유형은 리더가 자기 자신을 어떤 리더라고 생각하는지에 대한 태도의 분류라는 점에서 차이가 있다.

② 리더의 유형

생산에 대한 관심을 보이는 직무중심적 리더는 생산과업을 중요시하고 생산방법과 절차 등 세부적인 사항에 관심을 가지며, 공식적인 권한에 비교적 많이 의존하면서 부하들을 치밀하게 감독하는 유형의 리더이다. 그에 반해 인간에 대한 관심을 보이는 부하중심적 리더는 부하와의 관계를 중요시하고 부하에게 권한을 위임하며, 지원적 업무환경을 조성하여 부하의 개인적 발전에 관심을 가지는 유형의 리더이다. 관리격자이론의 대표적인 리더 유형은 다음과 같다.

- **(1, 1): 무관심형 리더(Impoverished Leader)**로 생산에 대한 관심과 인간에 대한 관심이 모두 낮은 유형이다. 자신의 직분을 유지하는 데 필요한 최소한의 노력만을 투입하는 리더이다.
- **(1, 9): 인기형 리더(Country Club Leader)**로 인간에 대한 관심은 매우 높으나 생산에 대한 관심은 매우 낮은 유형이다. 구성원과의 친밀한 분위기를 조성하는 데 중점을 두는 리더이다.
- **(9, 1): 과업형 리더(Task Leader)**로 생산에 대한 관심은 매우 높으나 인간에 대한 관심은 매우 낮은 유형이다. 인간적인 요소보다는 과업수행상의 능력을 최고로 중요시하는 리더이다.
- **(5, 5): 타협형 리더(Middle of the Road Leader)**로 과업의 능률과 인간적 요소를 절충하여 적당한 수준의 성과를 지향하는 리더이다.
- **(9, 9): 이상형(팀형) 리더(Team Leader)**로 구성원들과 조직의 공동목표 및 상호의존관계를 강조한다. 상호신뢰적이고 상호존중적인 관계에서 구성원들의 몰입을 통해 과업을 달성하는 리더로 가장 성과가 높다.

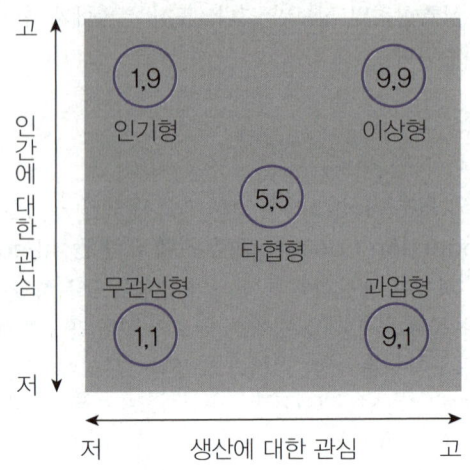

[관리격자이론]

(5) PM이론

미스미(Misumi)와 피터슨(Peterson)은 리더의 구조주도행동과 배려행동을 각각 성과(Performance)와 관계(Maintenance)로 간주하고 리더의 유형을 구분하였다. 각각이 높으면 대문자로 표시하고 낮으면 소문자로 표시하여 리더를 PM, Pm, pM, pm으로 구분하였다.

시험문제 미리보기!

리더십의 행동이론에 대한 다음 설명 중 가장 적절하지 않은 것은?

① 탄넨바움은 구조주도와 배려에 따라 리더십의 유형을 구분하였다.
② 오하이오 대학의 연구에서는 리더십의 측정도구로 리더행동기술설문서와 리더의견설문서를 사용하였다.
③ 블레이크와 모튼은 오하이오 대학의 연구를 연장시켰다.
④ 블레이크와 모튼은 리더십의 유형을 구분하기 위한 기준으로 생산에 대한 관심과 인간에 대한 관심을 사용하였다.
⑤ 미스미는 리더의 구조주도행동과 배려행동을 각각 성과와 관계로 보았다.

정답 ①
해설 탄넨바움은 의사결정과정에서 리더의 권한영역과 부하의 자유재량영역이 어느 정도인가에 따라 리더십의 유형을 구분하였다.

03 리더십의 상황이론과 현대적 리더십이론 ★★★

1. 리더십의 상황이론

(1) 의의

상황이론이란 리더에게 주어진 상황에서 가장 적합한 리더의 특성, 기능, 행동과 같은 요소에 관심을 둔 이론이다. 따라서 상황이론은 상황이 리더십과 어떻게 연관되며 리더십 과정에서 어느 정도 효과를 나타내는지를 연구하였으며, 여러 상황요소를 고려하고 있어 특성이론과 행동이론 모두를 결합시키는 기틀을 마련하였다.

[상황이론의 개요]

연구자	리더의 유형	상황적 요소	
피들러	과업지향적 관계지향적	리더-구성원 관계 과업구조 리더의 직위권력	
하우스	지시적 후원적 참여적 성취지향적	부하의 특성	부하의 능력, 통제위치, 욕구와 동기 등
		과업환경요소	과업의 난이도, 목표의 수준, 리더의 권한, 집단의 성격, 조직요소 등
허쉬 블랜차드	지시형 → 설득형 → 참여형 → 위임형	부하의 성숙도(역량과 의지)	

(2) 피들러(Fiedler)의 상황적합이론

① 의의

리더십의 중요상황요소를 토대로 하여 리더십 상황에 적합하고 효과적인 리더십행동을 개념화한 이론이다. 따라서 집단성과는 부하와 상호작용하는 리더의 유형, 상황이 리더에게 주는 영향력, 통제의 범위 간의 적합성에 달려 있다고 본다.

② 리더의 유형

리더의 유형을 **과업지향적 리더와 관계지향적 리더로 구분**하였다. 리더의 유형을 측정하는 방법으로는 리더가 자신이 가장 싫어하는 동료들을 대상으로 평가하는 설문지인 LPC 설문지(Least Preferred Coworker Questionnaire)를 사용하였다. **LPC 점수가 높으면 대인관계를 통해 높은 수준의 만족감을 얻는 성향의 관계지향적인 리더이고, LPC 점수가 낮으면 과업성과에서 보다 높은 수준의 만족감을 얻으려는 과업지향적 리더이다.**

③ 상황변수

리더십 상황을 상황의 호의성이라는 관점에서 설명하기 위해 **리더-구성원 관계, 과업구조, 리더의 직위권력이라는 변수를 사용하여 총 8가지의 상황을 도출**하였다.

- **리더-구성원 관계** : 집단의 분위기와 구성원들의 태도를 의미한다. 리더가 구성원들과 좋은 관계를 유지하는지 나쁜 관계를 유지하는지에 따라 상황이 리더에게 호의적일 수도 있고 그렇지 못할 수도 있다.
- **과업구조** : **과업의 구조화 정도**를 의미한다. 과업목표의 명확성, 목표달성과정의 복잡성, 의사결정의 변동성 및 구체성에 따라 리더십 상황이 결정된다. 일반적으로 과업의 구조화 정도가 높으면 리더가 부하의 과업행동을 감독하고 영향력을 행사하는 것이 수월하다.
- **리더의 직위권력** : 리더가 부하들에 대해 가지는 공식적인 권위의 정도를 의미한다. 리더가 직위권력을 가지고 있을 때에는 리더의 정책 및 통제에 부하가 순응할 수 있도록 보상과 벌을 조정할 수 있다.

④ 상황적합

리더십 상황이 리더에게 호의적이거나 비호의적인 경우에는 과업지향적 리더가 적합하고, 리더십 상황이 리더에게 호의적이지도, 비호의적이지도 않은 경우에는 관계지향적 리더가 적합하다.

(3) 경로목표이론(Path-Goal Theory)

① 의의

하우스(House)는 리더의 행동이 부하들의 기대감에 영향을 미치는 정도에 따라 동기가 유발된다고 주장했다. 즉, 리더는 부하가 바라는 보상(목표)을 받게 해줄 수 있는 행동(경로)이 무엇인가를 명확히 해줌으로써 성과를 높일 수 있다는 것이다. 따라서 경로목표이론은 동기부여이론 중 브룸(Vroom)의 기대이론에 이론적 기반을 두고 있으며, 다음의 두 가지 핵심사항을 가지고 있다.

- 리더는 부하에게 뚜렷한 목표와 목표를 달성하는 과정과 경로를 제시해 주어야 한다.
- 목표가 달성되어 감에 따라 경로가 변하는데 그 진행에 따라 리더십의 형태도 계속 변해야 한다.

② 리더의 유형

오하이오 대학의 리더십 연구를 활용하여 리더의 유형을 지시적 리더, 후원적 리더, 참여적 리더, 성취지향적 리더로 구분하였다.

- **지시적 리더(Instrumental Leader)** : 구조주도적 측면을 강조하여 부하들의 과업을 계획하고 구체화하여 그들을 적극적으로 지시 또는 조정해 나가는 리더이다. 도구적 리더십(Instrumental Leadership)이라고도 하는데, 규정을 마련하여 준수하도록 하고 부과된 작업일정을 수립하거나 직무를 명확히 해주는 리더이다.
- **후원적 리더(Supportive Leader)** : 배려 측면을 강조하여 온정적이면서 부하들의 욕구와 친밀한 집단분위기에 많은 관심을 보이는 리더이다. 부하들의 욕구와 복지에 관심을 보이고 언제든지 친구처럼 대해 주며, 동지적 관계를 중시하는 리더이다.
- **참여적 리더(Participative Leader)** : 집단 중심의 관리를 중요시하고, 부하들과 정보를 공유하여 부하들의 의견을 의사결정에 많이 반영시키는 리더이다.
- **성취지향적 리더(Achievement Oriented Leader)** : 부하들의 의욕적인 성취동기 행동을 기대하고, 높은 수준의 목표설정과 의욕적인 목표달성행동을 강조하면서 부하들의 능력을 믿는 리더이다. 도전적 목표를 수립하고 최선을 지향하며 자신의 능력에 자신감을 갖도록 함으로써 부하들이 최고의 성과를 달성할 수 있도록 하는 리더이다.

③ 상황변수

리더십 과정에서 작용하는 중요한 상황적 요소들을 부하의 특성과 과업환경요소로 구분하였다. 부하의 특성은 리더의 태도형성에 많은 영향을 주며 과업환경요소는 리더십 과정에 중요한 영향을 준다.

- **부하의 특성** : 부하의 능력, 통제위치(내·외재론적 성향), 욕구와 동기 등
- **과업환경요소** : 과업의 난이도, 목표의 수준, 리더의 권한, 집단의 성격, 조직요소 등

④ 상황적합

리더의 역할은 부하가 목적지(Goal)에 이르도록 경로(Path)와 방향을 계속 인도하면서 코치해 주며 도와주는 것이다. 그 과정에서 부하의 특성이 변화하기도 하고 과업환경요소의 변화(과업의 진행단계)에 따라 요구되는 부하의 업무행동과 능력수준이 달라질 수도 있기 때문에 리더십 형태도 진행단계별로 변화해야 한다. 따라서 과업환경요소의

변화(과업의 진행단계)에 따라 리더십 유형이 순차적으로 모두 필요하고, 리더는 융통성을 갖고 네 가지 유형을 상황에 따라 수시로 바꾸어 가며 행사해야만 효율적 리더가 된다. 일반적으로 비구조적인 상황에서는 지시적 리더가 적합하고, 일상적이고 구조적인 과업상황에서는 후원적 리더가 적합하다.

(4) 수명주기이론

① 의의

허쉬(Hersey)와 블랜차드(Blanchard)의 수명주기이론은 아지리스의 미성숙-성숙이론과 맥클리랜드의 성취동기이론에서 발전된 이론으로 궁극적으로 리더의 역할은 부하의 성숙도를 높이는 것이라고 설명하고 있다. 효과적인 리더십은 부하의 욕구를 얼마나 잘 충족시키느냐에 달려 있다는 전제 하에 리더와 부하 간의 상호관계를 중시하였다.

② 리더의 유형

과업지향적 행동과 관계지향적 행동을 기준으로 리더의 유형을 지시형(Directing), 설득형(Coaching), 참여형(Participating), 위임형(Delegating)으로 구분하였다.

* **지시형(S1)** : 과업지향적 행동이 높고 관계지향적 행동이 낮은 리더이다. 지시형 리더는 자세한 지시를 하여 부하의 과업행동을 엄격히 감독한다. 부하가 일할 의욕이 없고 일의 방식을 모르는 경우에 적합하다.
* **설득형(S2)** : 과업지향적 행동이 높고 관계지향적 행동이 높은 리더이다. 설득형 리더는 부하에게 기대하는 것에 대해서 설명하고 질문을 받는다. 부하가 일할 의욕은 있으나 일의 방식을 모르는 경우에 적합하다.
* **참여형(S3)** : 과업지향적 행동이 낮고 관계지향적 행동이 높은 리더이다. 참여형 리더는 부하와 의견교환을 하며 의사결정에 부하를 참여시킨다. 부하가 일할 의욕은 없으나 일의 방식을 알고 있는 경우에 적합하다.
* **위임형(S4)** : 과업지향적 행동이 낮고 관계지향적 행동이 낮은 리더이다. 위임형 리더는 의사결정과 일을 진행시키는 방법을 부하에게 전부 맡긴다. 부하가 일할 의욕이 있고 일의 방식도 알고 있는 경우에 적합하다.

[수명주기이론]

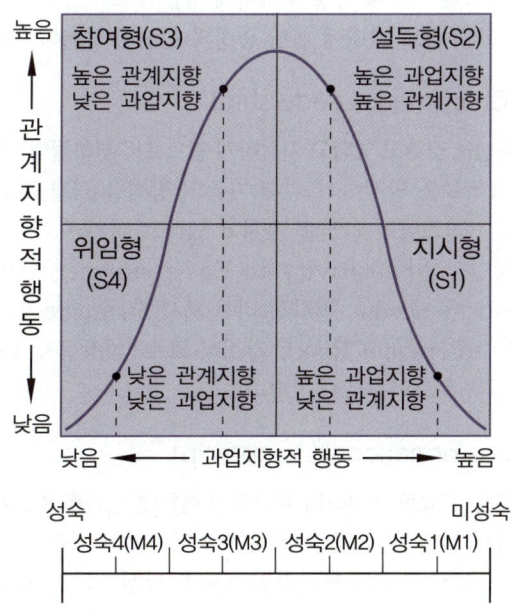

핵심 Plus +

성숙도

• 직무상의 성숙도 : 해당 직무를 수행하는 데 필요한 역량(기능 및 지식)을 보유하고 있는 정도
• 심리상의 성숙도 : 자신감, 몰입의 정도, 일하고자 하는 의지(Willingness) 등
• 부하의 성숙도 분류
 - M1 : 역량과 의지 모두 매우 낮은 단계
 - M2 : 역량은 낮지만 의지가 높은 단계
 - M3 : 역량은 높지만 의지가 낮은 단계
 - M4 : 역량과 의지가 모두 높은 단계

③ 상황변수와 상황적합

부하의 성숙도를 상황변수로 하여 부하의 성숙도가 미성숙에서 성숙으로 발전됨에 따라 적합한 리더의 유형은 지시형, 설득형, 참여형, 위임형의 순서대로 변화한다.

2. 현대적 리더십이론

(1) 리더-부하 교환이론(LMX ; Leader-Member Exchange)

① 의의

리더-부하 교환이론이란 전통적인 관점인 수직쌍 연결이론(VDL ; Vertical Dyad Linkage)에서 발전하여 리더와 부하 사이의 역할형성과정을 통해 시간이 지남에 따라 리더가 부하와의 교환관계를 어떻게 발전시켜 나가는가를 연구한 이론을 말한다. 여기서 리더와 부하의 관계는 리더가 부하 각각에 대하여 개별적인 관계를 형성하기 때문에 리더와 부하 전체와의 관계가 아닌 부하 한 사람 한 사람과의 일대일 관계라고 할 수 있다. 부하와 낮은 수준의 교환관계를 가지고 있을 때에는 리더는 부하가 공식적인 역할요건(의무, 규칙, 표준절차, 리더의 적합한 지시 등)에만 따르도록 하면 된다. 그러나 부하와 높은 수준의 교환관계를 가지는 것은 부하들의 직무몰입, 조직몰입, 리더에 대한 충성도 등을 높여 주기 때문에 정보의 공유, 개인적 지원과 승인, 부하 경력의 촉진 등을 통해 교환관계 수준을 높여 주어야 한다.

② 내집단과 외집단

리더-부하 교환이론에서는 리더가 자신의 부하와 가지는 교환관계의 유형에 따라 내집단(In-Group)과 외집단(Out-Group)으로 구분하고, 두 집단에 대해 각기 다른 관계를 발전시켜 나간다.

• 내집단 : 부하들은 리더와 높은 수준의 교환관계를 가지기 때문에 조직에 대한 충성심이 매우 높고 리더에게 신뢰를 받는다. 따라서 부하는 리더가 원하는 조직목표에 더 몰입하고 리더의 관리감독 임무까지 도와주려고 할 것이다.

• 외집단 : 부하들은 리더와 낮은 수준의 교환관계를 가지기 때문에 조직에 대한 충성심과 리더의 신뢰가 낮다. 낮은 수준의 교환관계는 경제적·거래적 계약관계의 특징을 가지며, 리더와 부하의 상호 영향력이 상대적으로 낮아 리더가 부하에게 미치는 영향력도 약하고 부하도 리더에 대한 충성과 헌신이 약하다.

(2) 카리스마 리더십(Charismatic Leadership)

리더가 높은 수준의 전문성을 갖추고 있다고 지각하게 함으로써 부하들이 따라오게 하는 리더십을 말한다. 리더가 이상적 목표를 달성하기 위해 기존의 방식을 과감히 탈피한 방법을 사용하게 되면 부하는 리더가 카리스마적 기질을 가지고 있다고 여기게 된다. 이러한 카리스마 리더십은 자기확신·환경민감성(Sensitivity to Environment), 이미지관리·욕구민감성(Sensitivity to Member's needs), 전략적 비전 제시(Strategic Vision Articulation), 솔선수범·개인위험 감수(Personal Risk), 감정적 호소·비정형적 행동(Unconventional Behavior)의 다섯 가지 행동요인들로 구성된다.

(3) 변혁적 리더십(Transformational Leadership)

리더가 업무에 대한 새로운 시각을 제시하여 부하들의 행동에 변화를 일으키는 리더십을 말한다. 따라서 변혁적 리더십은 리더가 부하들의 사기를 진작시키기 위해 미래의 비전과 공동체적 사명감을 강조하고 이를 통해 조직의 장기적인 목표를 달성하는 것이 핵심이기 때문에 단기

적인 성과를 강조하고 보상으로 부하의 동기를 유발하려는 거래적 리더십과는 차이가 있다. 변혁적 리더십의 구성요소는 카리스마, 개별적 배려, 지적 자극, 영감적 동기 등이 있다.

① 카리스마(Charisma)

부하들에게 비전과 사명감을 부여하고, 자긍심을 고양하며, 부하들로부터 존경과 신뢰를 획득한다. 즉, 부하의 관계에서 상호 윈-윈(Win-Win)하는 권한관계를 형성하여 조직 내 자신뿐만 아니라 부하의 업무에 대한 권한의 양도 증가시켜 주게 된다. 이러한 리더의 모습은 부하들에게 심리적 편안함을 제공하고 모든 부하들의 미래 모델상이며 마음 속에 성공의 상징으로 여겨지게 된다.

② 개별적 배려(Individualized Consideration)

부하들의 개인문제에도 관심을 갖는 등 개별적으로 배려한다. 즉, 부하들을 모두 획일적인 기준으로 생각하는 것이 아니라 개인 한 사람 한 사람의 감정과 관심 그리고 욕구에 대해 존중함으로써 부하들을 동기유발 시키는 것이다. 이러한 리더는 종업원 개개인들이 가지고 있는 특성이나 상이한 점을 항상 파악하고 있으며, 세심한 주의를 기울이는 특성이 있다.

③ 지적 자극(Intellectual Stimulation)

지능, 합리성, 신중한 문제해결을 촉진한다. 즉, 과거의 구태의연한 사고방식과 업무관습에서 벗어나 항상 새로운 업무방식으로 부하들을 동기유발 시키는 것이다.

④ 영감적 동기(Inspiration Motivation)

높은 기대를 전달하고 노력을 촉진시키기 위한 상징을 활용하며, 중요한 목적을 간단명료하게 표현하는 것이다.

[거래적 리더십과 변혁적 리더십]

속 성	거래적 리더십	변혁적 리더십
목표달성	현재상태와 비슷한 수준의 목표를 설정하여 현재상태를 유지	현재상태보다 높은 수준의 목표를 설정하여 현재상태를 변화
시 각	단기적 전망	장기적 전망
초 점	하위 경영자	최고 경영자
문제해결	반응적 관리(사후 해결)	선행적 관리(사전 예방)

(4) 서번트 리더십(Servant Leadership)

타인을 위한 봉사에 초점을 두고, 부하와 고객을 우선으로 그들의 욕구를 만족시키기 위해 헌신하는 리더십을 말한다. 즉, 인간존중을 바탕으로 부하들이 잠재력을 발휘할 수 있도록 앞에서 이끌어주는 리더십이라 할 수 있으며, 그린리프(Greenleaf)가 정립한 리더십이다.

(5) 임파워링 리더십(Empowering Leadership)과 슈퍼 리더십(Super Leadership)

임파워링 리더십이란 부하에게 권한을 위임하고 책임을 부여함으로써 그들이 각자의 직무에 대해 주인의식과 통제감을 경험하도록 하는 리더십을 말한다. 이러한 임파워링 리더십은 일반적으로 슈퍼 리더십으로 발전하는데, 슈퍼 리더십이란 지시와 통제에 의해서가 아니라 부하가 자발적으로 리더십을 발휘하도록 여건을 조성하는 리더십을 의미한다. 즉, 부하를 셀프리더(Self Leader)로 만들어 주는 리더십으로 부하의 주체적 존재를 인정하고 그 역량발휘를 지원하는 리더십이다.

핵심 Plus⁺

거래적 리더십(Transactional Leadership)

전통적 리더십이론들의 통칭으로 사용되는 용어로서 리더가 상황에 따른 보상에 기초하여 부하들에게 영향력을 행사하는 과정. 조건적 보상과 예외에 의한 관리(자유방임)가 대표적인 구성요소임

조건적 보상

일정한 조건이 충족되면 보상을 지급하는 것
• 긍정적 보상 : 급여인상, 직위 향상, 독려 등
• 부정적 보상 : 합의된 표준 이하의 성과가 얻어질 때 가해지는 부정적 피드백, 벌금, 무급 정직, 지원의 중단 등

예외에 의한 관리(Management by Exception)

문제(예외)가 발생하면 그 문제를 해결하기 위한 조치를 내리거나 단편적 처방을 시행하는 것. 반응적 관리라고도 하며 평소에는 리더가 부하에 대해서 크게 관심을 가지지 않기 때문에 자유방임도 거래적 리더십의 구성요소로 볼 수 있음

(6) 윤리적 리더십과 진정성 리더십

① 윤리적 리더십(Ethical Leadership)

리더가 **도덕성**을 갖추어야 한다거나 기업이 **사회적 책임**을 다해야 한다는 리더십을 말한다. 윤리적 리더십은 최근 들어 리더십에 **윤리성(Ethics)**을 추가해야 한다는 주장이 대두되면서 등장한 개념으로 기업윤리나 기업의 사회적 책임이 강조되고 있는 사회분위기와 무관하지 않다.

② 진정성[2] 리더십(Authentic Leadership)

평소에 자신이 가지고 있는 **핵심가치, 정체성, 감정** 등에서 벗어나지 않고 이를 근거로 하여 **타인과 상호작용**하는 리더십을 말한다. 진정성 리더십은 개인차원의 **긍정심리자본(자기효능감, 희망, 낙관주의, 복원력)**과 조직차원의 **긍정적 조직맥락(참여적 조직문화 등)**으로부터 자아인식이 형성되고 이것이 **리더의 자기규제적 행동[3]**으로 이어진 결과로 나타난다. 진정성 리더십에서 주목할 만한 사실은 이러한 리더십을 발휘하는 리더의 특성이 주어진 것이라기보다는 개발 가능하다는 것이다.

시험문제 미리보기!

리더십이론에 해당하는 다음 설명 중 가장 적절하지 않은 것은?

① 피들러는 리더십의 유효성은 지도자의 특성과 상황에 따라 결정된다고 보았다.

② 브룸과 예튼은 리더가 의사결정을 함에 있어서 하급자들을 어느 정도까지 참여시켜야 하는지를 상황에 따라 규명하였다.

③ 피들러의 리더십이론에서 리더의 직위권력이란 구성원 행동에 영향을 줄 수 있는 능력을 말한다.

④ 하우스의 경로-목표이론은 동기부여이론 중 기대이론에 기초하고 있다.

⑤ 리더-부하 교환이론에 의하면 리더는 외집단에 대하여는 리더십에 의존하고 내집단에 대하여는 공식적 권한에 입각한 감독에 의존한다.

정답 ⑤

해설 리더는 내집단에 대하여는 리더십에 의존하고 외집단에 대하여는 공식적 권한에 입각한 감독에 의존한다.

fn.Hackers.com

금융·자격증 전문 교육기관 **해커스금융**

출제예상문제

🔔 출제예상문제의 중요도를 ★~★★★으로 구분하였습니다. 난이도가 가장 높은 고등급 문제는 최우수 표시하였으니, 최우수 등급을 목표로 하신다면 반드시 학습하시기 바랍니다.

01 ★★ 성격에 대한 다음 설명 중 가장 적절하지 않은 것은?

① 개인의 성격은 환경이나 학습 등에 의해 변화하기 전까지 일관되게 지속적으로 나타난다.
② 성격의 결정요인으로는 유전적 요인, 상황적 요인, 문화적 요인, 사회적 요인이 있다.
③ 외향성을 지닌 사람은 폭넓은 활동력을 보이며 내향성을 지닌 사람은 내적인 면을 중요시 여기고 집중력이 높다.
④ 인간이 가지고 있는 통제의 위치에 따라 내재론자와 외재론자로 구분된다.
⑤ 내재론자는 일반적으로 맥그리거의 X이론적 성향을 가진다.

02 ★ Big 5모형에 대한 다음 설명 중 가장 적절하지 않은 것은?

① 개방성 : 호기심이 많고, 새로운 것에 대해 많은 관심을 보이지만 변화에 두려워하는 경향을 보인다.
② 외향성 : 사교적이고, 명랑하며, 말이 많고, 자신감이 넘친다.
③ 성실성 : 소수의 한정된 목표에 초점과 관심을 집중시키는 정도를 나타낸다.
④ 우호성 : 남에게 양보하는 정도를 나타내는 것이다.
⑤ 정서적 안정성 : 스트레스나 신경질을 제어하는 능력으로서 안정성이 높은 사람은 침착하다.

03 ★★ 가치관에 대한 다음 설명 중 가장 적절하지 않은 것은?

① 개인의 생각을 내포하는 판단기준이 된다.
② 마키아벨리적 성향을 가지고 있는 개인은 일반적으로 사회중심적 가치관을 가지고 있다.
③ 개인이 겪은 독특한 문화적 경험과 종교적, 철학적 요인들의 영향을 받는다.
④ 로키치는 가치관을 최종적 가치와 수단적 가치로 구분하였다.
⑤ 개인의 가치체계는 가치관의 상대적 중요성에 따라 순위가 매겨져 있다.

04 지각의 과정에 대한 다음 설명 중 가장 적절하지 않은 것은?

① 수용 : 사건이나 사람 등 외부환경이 오감을 통해서 지각세계로 들어오는 현상이다.

② 처리 : 투입요소들이 선택, 조직화, 해석으로 구성된 지각 메커니즘에 의하여 처리된다.

③ 영향요인 : 지각 메커니즘은 욕구, 경험에 의한 학습, 자아개념, 성격 등 외부환경요인과 크기, 강도, 대비, 반복, 동작 등 내부환경요인에 의하여 영향을 받는다.

④ 산출 : 지각산출은 태도, 견해, 감정 등을 나타낸다.

⑤ 반응 : 지각자의 행동은 피지각자의 반응을 유발한다.

05 지각정보처리모형에 대한 다음 설명 중 가장 적절하지 않은 것은?

① 해석은 객관적이며 쉽게 왜곡될 수 없다.

② 조직화에는 집단화, 폐쇄화, 단순화 등의 방법이 있다.

③ 해석이란 조직화된 지각에 대한 판단의 결과이다.

④ 조직화란 지각이 된 대상이 분리된 형태로 존재할 수 없기 때문에 하나의 형태로 만들어가는 과정을 말한다.

⑤ 선택이란 지각자가 관심이 있는 것은 지각을 하고 관심 밖에 있는 것은 지각하지 않는다는 것을 말한다.

정답 및 해설

01 ⑤
내재론자는 일반적으로 맥그리거의 Y이론적 성향을 가진다.

02 ①
개방성은 호기심이 많고, 새로운 것에 관심을 보이며, 변화를 두려워하지 않고 새로운 것을 추구하는 혁신적 성향을 말한다.

03 ②
마키아벨리적 성향이란 실질적이고 비인간적이며 목적달성을 위해 수단방법을 가리지 않고, 권력을 확보하기 위해서 온갖 조작적 수단

을 동원하는 권리지향적인 성격 또는 행동경향을 의미한다. 따라서 마키아벨리적 성향을 가지고 있는 개인은 일반적으로 조작적 가치관을 가지고 있다.

04 ③
지각 메커니즘은 욕구, 경험에 의한 학습, 자아개념, 성격 등 내부환경요인과 크기, 강도, 대비, 반복, 동작 등 외부환경요인에 의하여 영향을 받는다.

05 ①
해석은 주관적이며 쉽게 왜곡될 수 있다.

06 조직구성원의 동기부여를 위한 강화 방법 중 바람직하지 않은 행동이 발생하였을 경우에 보상을 제거하는 강화 방법으로 가장 적절한 것은?

① 긍정적 강화 ② 부정적 강화 ③ 소거 ④ 벌 ⑤ 귀인

최우수
★★★
07 지각이론 중 귀인이론에 대한 다음 설명 중 가장 적절하지 않은 것은?

① 귀인이란 개인이 지각된 상황에 대해 그 원인을 해석하는 인지과정이다.
② 귀인의 판단기준 중 합의성은 개인의 행동이 다른 사람의 행동과 얼마나 일치하느냐에 관한 것이다.
③ 귀인의 판단기준 중 특이성은 개인의 특정과업에 대한 행동이 다른 과업에 대한 행동에 비해 얼마나 다른지에 관한 것이다.
④ 귀인의 판단기준 중 일관성은 개인의 특정과업에 대한 성과가 일정기간 동안 얼마나 똑같이 나타나는가에 관한 것이다.
⑤ 일반적으로 합의성과 특이성이 높고, 일관성이 낮은 경우에 내적귀인을 한다.

★★
08 단속적 강화유형에 대한 설명으로 가장 적절하지 않은 것은?

① 단속적 강화는 바람직한 반응행동이 작동될 때마다 연속적으로 강화요인을 적용하는 방법이다.
② 고정간격법은 작동행동이 얼마나 많이 발생했든지 간에 어느 일정한 기간을 간격으로 강화요인을 적용하는 방법이다.
③ 변동간격법은 강화요인의 적용시기에 일정한 간격을 두지 않고 평균을 기준으로 변동적인 시간간격에 따라 강화요인을 적용하는 방법이다.
④ 고정비율법은 작동행동의 일정한 비율에 의하여 강화요인을 적용하는 방법이다.
⑤ 변동비율법은 작동행동의 비율이 평균적으로 일정 수치가 넘었을 경우 강화요인을 적용하는 방법이다.

09 태도이론에 대한 다음 설명 중 가장 적절하지 않은 것은?

① 행동주의이론은 강화이론을 적용한 것으로 학습원리에 의해 개인의 태도변화가 가능하다는 이론이다.

② 레빈에 의하면 서로 상충관계에 있는 태도변화를 억제시키는 요인과 촉진시키는 요인에 의해 태도가 균형을 유지한다.

③ 하이더는 개인의 태도 간에 불균형이 발생할 경우 균형을 회복하기 위해 기존의 태도를 변화시킨다고 하였다.

④ 페스팅거는 두 개의 인지가 심리적으로 불일치할 때 부조화를 제거함으로써 심리적 균형을 유지하려는 인간의 본능을 강조하고 있다.

⑤ 레빈(Lewin)에 의하면 태도변화를 억제하는 요인에는 일을 좋아함, 효과적 감독, 보상, 강압적 방법 등이 있다.

10 동기부여에 관한 이론은 내용이론과 과정이론이 있다. 다음 중 동기부여에 관한 과정이론에 해당하는 것으로 가장 적절한 것은?

① 기대이론   ② 욕구단계이론   ③ ERG이론   ④ 성취동기이론   ⑤ 2요인이론

정답 및 해설

06 ③
바람직하지 않은 행동이 발생하였을 경우에 보상을 제거하는 강화방법은 소거이다.

07 ⑤
일반적으로 합의성과 특이성이 높고, 일관성이 낮은 경우에 외적귀인을 한다.

08 ①
단속적 강화는 요구되는 행동이 나타날 때마다 연속적으로 강화요인을 적용하는 것이 아니라 부분적 또는 불규칙적으로 제공하는 방법이다.

09 ⑤
레빈에 의하면 태도변화를 촉진하는 힘에는 일을 좋아함, 효과적 감독, 보상, 강압적 방법 등이 있고, 억제하는 힘에는 피로, 집단의 작업규범, 적개심, 반발심 등이 있다.

10 ①
브룸이 제시한 기대이론은 동기부여에 관한 이론 중 과정이론에 해당한다.

11 매슬로우의 욕구단계이론에 대한 설명으로 가장 적절하지 않은 것은?

★★★

① 상위욕구가 동기를 유발시키기 위해서는 반드시 하위욕구가 충족되어야 한다.

② 한 가지 이상의 욕구가 동시에 작용할 수 있다.

③ 인간의 욕구를 다섯 계층으로 분류하였다.

④ 각 단계의 욕구가 충족됨에 따라 전 단계의 욕구는 더 이상 동기유발의 역할을 수행하지 못한다.

⑤ 최초로 인간의 욕구에 대한 체계적인 인식을 갖게 한 이론이다.

최우수

★★★

12 동기부여이론에 대한 다음 설명 중 가장 적절하지 않은 것은?

① 매슬로우의 욕구단계이론에서 네 번째에 해당하는 욕구는 자존 욕구이다.

② ERG이론에서 관계 욕구는 매슬로우의 소속 욕구와 자존 욕구에 해당한다.

③ 허쯔버그의 2요인이론에서 위생요인에는 임금, 안정된 직업, 대인관계 등이 있으며, 이들은 직무 자체와 관련된 요인에 해당한다.

④ 맥클리랜드에 따르면 인간의 욕구는 학습된 것이기 때문에 인간의 행동에 영향을 미치는 욕구의 서열은 사람마다 다르다.

⑤ 브룸에 따르면 동기부여의 강도는 음(−)의 값을 가질 수 있다.

★★

13 동기부여와 관련된 다양한 이론에 대한 다음 설명 중 가장 적절하지 않은 것은?

① 알더퍼의 ERG이론에 의하면 상위욕구가 행위에 영향을 미치기 전에 하위욕구가 먼저 충족되어야 한다.

② 매슬로우의 욕구단계이론은 각 수준의 욕구가 동시발생할 수 있다는 점을 무시하였다.

③ 브룸의 기대이론은 개인에 대한 동기부여의 강도를 기대감, 수단성, 유의성의 곱으로 보는 이론이다.

④ 맥클리랜드의 성취동기이론은 동기를 성취욕구, 권력욕구, 친교욕구로 구분하였다.

⑤ 아담스의 공정성이론은 인지부조화이론을 동기부여와 연관시킨 이론이다.

14 아담스의 공정성이론에 대한 다음 설명 중 가장 적절하지 않은 것은?

① 보상의 크기와 공정성을 극대화시키는데 초점을 둔다.
② 자신의 공헌과 보상의 크기를 준거인물의 공헌과 보상의 크기와 비교하여 동기부여의 수준을 결정한다.
③ 불공정을 결정하는 요인으로는 투입, 산출, 투입과 산출, 준거인물 등이 있다.
④ 투입과 산출의 객관적 측정이 어렵다.
⑤ 페스팅거의 인지부조화이론에 영향을 미쳤다.

15 리더십이론에 대한 다음 설명 중 가장 적절하지 않은 것은?

① 변혁적 리더십은 조건적 보상과 예외에 의한 관리를 그 특징으로 한다.
② 리더-부하 교환이론에서는 리더와 부하 간 교환관계의 수준에 따라 내집단과 외집단으로 구성된다.
③ 허쉬와 블랜차드는 리더십의 유형을 지시형, 설득형, 참여형, 위임형으로 구분하였다.
④ 피들러는 리더의 상황이 호의적일수록 과업지향적 리더가 적합하다고 주장하였다.
⑤ 피들러는 LPC점수를 기준으로 리더십을 구분하였다.

정답 및 해설

11 ②
한 가지 이상의 욕구가 동시에 작용할 수 있다고 주장한 이론은 ERG 이론이며, 매슬로우는 한 가지 이상의 욕구가 동시에 충족될 수 없다고 하였다.

12 ③
허쯔버그의 2요인이론에서 위생요인에는 임금, 안정된 직업, 작업조건, 지위, 경영방침, 관리, 대인관계 등이 있으며, 이들은 직무 외적인 요인에 해당한다. 동기요인에는 성취감, 인정, 책임감, 성장, 발전, 보람있는 직무내용, 존경 등이 있으며, 이들은 직무 자체 또는 개인의 정신적·심리적 성장에 관련된 요인들이다.

13 ①
ERG 이론은 상위욕구가 행위에 영향력을 행사하기 전에 반드시 하위욕구가 충족되어야 한다는 매슬로우의 가정을 배제한다.

14 ⑤
아담스의 공정성이론은 페스팅거의 인지부조화이론의 영향을 받았다.

15 ①
변혁적 리더십은 카리스마, 개별적 배려, 지적 자극, 영감적 동기를 그 특징으로 한다.

16 리더십에 관련된 다음 설명 중 가장 적절하지 않은 것은?

① 오하이오 대학의 리더십 중 고려가 높고 구조주도가 낮은 것은 관리격자이론의 (1, 9)형에 해당된다.

② PM이론은 성과와 관계의 행동으로 리더십을 구분하였다.

③ PM이론의 Pm은 관리격자 이론의 (9, 1)형에 해당된다.

④ 오하이오 대학의 리더십 연구는 설문 대답에만 의존하는 한계점을 보이고 있다.

⑤ 관리격자이론의 (5, 5)형은 리더 자신의 직분을 유지하는데 필요한 최소의 노력만을 투입하는 리더이다.

17 리더십이론에 대한 다음 설명 중 가장 적절하지 않은 것은?

① 리더십행동이론은 리더의 지속적인 행위양식과 성과와의 관계를 관찰하여 그 관계를 규명하려는 이론이다.

② 피들러의 상황이론에 따르면 상황이 매우 호의적일 경우와 매우 비호의적일 경우 과업지향적 리더십이 유효하다고 한다.

③ 하우스의 경로-목표이론에 따르면 리더는 부하가 얻고자 하는 기대를 높여주고 그 목표를 향한 경로를 열어주는 등의 행동을 하여야 한다고 한다. 이러한 관점에서 리더십의 유형을 전제형, 협의형, 집단형의 3가지로 구분했다.

④ 허쉬와 블랜차드의 상황적 리더십이론에 따르면 참여적 리더(S3)는 낮은 과업지향과 높은 관계지향을 추구하는 리더를 뜻한다.

⑤ 슈퍼 리더십이란 지시, 통제에 의해서가 아니라 부하를 셀프리더로 만드는 리더로서 부하의 주체적 존재를 인정하고 그 역량 발휘를 지원하는 리더십이다.

18 변혁적 리더십과 거래적 리더십을 비교한 다음 설명 중 가장 적절하지 않은 것은?

	변혁적 리더십	거래적 리더십
①	현상을 변화시키고자 노력함	현상을 유지하기 위해 노력함
②	현상과 너무 괴리되지 않은 목표지향	현상보다 매우 높은 이상적인 목표지향
③	부하들에게 자아실현과 같은 높은 수준의 목표를 동경하도록 동기부여	부하들에게 즉각적이고 가시적인 보상으로 동기부여
④	변화적이고 새로운 시도에 도전하도록 부하를 격려함	부하들은 규칙과 관례를 따르기를 좋아함
⑤	질문을 하여 부하들이 스스로 해결책을 찾도록 격려하거나 함께 일함	부하들을 위해 문제를 해결하거나 해답을 찾을 수 있는 곳을 알려줌

19 리더십에 대한 다음 설명 중 가장 적절하지 않은 것은?

① 피들러는 LPC 점수가 낮으면 과업지향적 리더로 구분하고 LPC 점수가 높으면 관계지향적 리더로 구분하였다.

② 하우스는 구조적인 상황에서는 후원적 리더가 적합하고 비구조적인 상황에서는 지시적 리더가 적합하다고 주장하였다.

③ 프렌치와 레이븐의 권력유형 중에서 준거적 권력과 전문적 권력은 조직의 공식적 지위와 관련되어 있다.

④ 블레이크와 모튼은 리더십의 유형을 구분하기 위한 기준으로 생산에 대한 관심과 인간에 대한 관심을 사용하였다.

⑤ 거래적 리더십은 조건적 보상과 예외에 의한 관리가 구성요소가 된다.

정답 및 해설

16 ⑤
관리격자이론 중 리더 자신의 직분을 유지하는데 필요한 최소의 노력만을 투입하는 리더는 (1, 1)형이다.

17 ③
하우스(House)의 경로-목표이론에 따르면, 리더십의 유형은 후원적, 지시적, 참여적, 성취지향적의 4가지로 구분된다. 전제형, 협의형, 집단형의 3가지로 구분한 것은 리더참여모형에 해당한다.

18 ②
변혁적 리더십은 현상보다 매우 높은 이상적인 목표를 지향하고, 거래적 리더십은 현상과 너무 괴리되지 않은 목표를 지향한다.

19 ③
프렌치와 레이븐의 권력유형 중에서 강압적 권력, 보상적 권력, 합법적 권력은 조직의 공식적 지위와 관련되어 있지만, 준거적 권력과 전문적 권력은 개인이 원래 가지고 있는 특성과 관련되어 있다.

제**3**장 인적자원관리

■ 학습전략

인적자원관리는 인적자원관리의 이해와 인적자원관리제도로 구성되어 있으며, 전반적인 내용을 숙지한 다음에 자주 출제되는 부분에 대해서는 좀 더 자세하게 정리하는 방향으로 준비하여야 한다.

특히, '제1절 인적자원관리의 이해'에서는 전략적 인적자원관리를 중심으로 학습이 이루어져야 하고, '제2절 인적자원관리제도'에서는 전체 내용에 대해서 빠짐없이 학습하는 것이 중요하다.

■ 출제비중

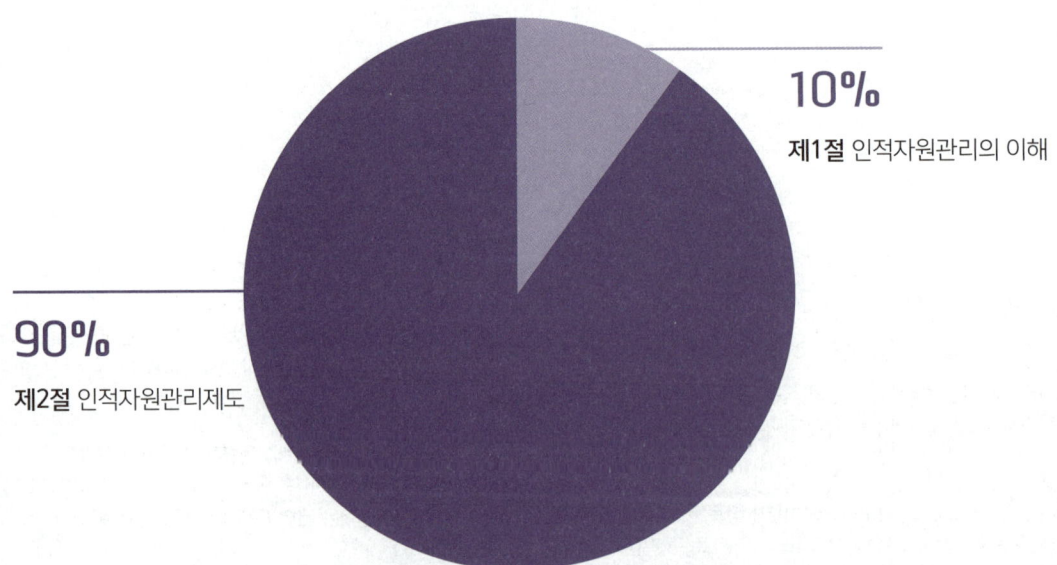

10%
제1절 인적자원관리의 이해

90%
제2절 인적자원관리제도

▣ 출제유형

제3장 인적자원관리에서는 직무설계의 유형(직무확대화, 직무충실화, 직무교차, 직무순환, 준자율적 작업집단 등)의 개념과 특징을 확인하는 문제와 임금체계의 특징을 확인하는 문제가 주로 출제된다.

▣ 학습구성

구 분	출제포인트	중요도
제1절 인적자원관리의 이해	**01** 인적자원관리의 의의의 구성	★
	02 인적자원관리의 변화와 전략적 인적자원관리	★★
제2절 인적자원관리제도	**01** 직무관리	★★★
	02 확보관리	★★
	03 개발관리(교육훈련)와 인적자원의 이동	★★
	04 인사평가(성과관리)와 보상관리	★★★

제1절 | 인적자원관리의 이해

01 인적자원관리의 의의와 구성 ★

1. 의의

인적자원관리(Human Resource Management)란 여러 자원 중에서 **기업의 종업원이라는 인적자원을 확보, 개발, 평가, 유지함으로 인해 효율적이고 효과적으로 관리하고자 하는 분야를** 의미한다. 즉 인적자원관리의 목표는 개인의 목표와 조직의 목표 사이에서 **균형을 유지하고 기업에서 인적자원관리활동이 얼마나 효율적인가를 판단하는 것이다.** 인적자원관리는 경영활동 중의 한 기능분야로써 경영활동의 목표를 달성하기 위한 수단이기 때문에 인적자원관리의 목표 또한 기업조직의 목표달성에 공헌해야 하는 본질적 특성을 가지게 된다. 인적자원관리의 목표는 경제적 효율성의 추구와 사회적 효율성의 추구로 나누어 볼 수 있는데, **경제적 효율성과 사회적 효율성은 상호보완적 관계뿐만 아니라 상호경쟁적 관계(갈등관계)도 존재한다.**

(1) 경제적 효율성의 추구

인적자원관리는 기업을 **경제 및 기술시스템**으로 간주하고 기업의 경영활동에 필요한 다양한 직무에 대해 양적, 질적, 시간적 및 공간적 요구에 따라 인적자원을 제공함으로써 **노동에 대한 성과를 극대화시키는 것을** 목표로 한다.

(2) 사회적 효율성의 추구

인적자원관리는 기업을 개인이 모여 협동함으로써 존속 및 발전하는 **사회시스템**으로 간주하고 기업을 구성하고 있는 인적자원의 만족을 극대화시키는 것을 목표로 한다. 사회적 효율성을 추구하기 위해서는 **종업원들의 다양한 욕구를 만족**시켜야 한다.

2. 구성

(1) 인적자원의 조달

기업이 인적자원을 조달하는 이유는 인적자원을 활용하여 기업의 목적을 달성하기 위해서이다. 기업은 목적을 달성하기 위해 다양한 직무를 수행하여야 하는데 그 역할을 인적자원이 담당하게 되는 것이다. 따라서 인적자원의 조달과 관련된 내용으로는 직무관리, 확보관리(인적자원계획, 모집과 선발) 등이 있다.

(2) 인적자원의 개발

기업은 시간이 지남에 따라 성장을 하여야 한다. 이러한 기업의 성장에 원동력이 되는 것이 바로 인적자원이다. 따라서 기업은 인적자원의 개발을 통해 성장을 꾀할 수 있으며, 확보된 인적자원의 능력을 최대한 개발함으로써 조직의 목표달성의 정도인 유효성 또는 효과성을 높일 수 있다. 인적자원의 개발과 관련된 내용으로는 **교육훈련과 경력개발, 전환배치와 승진** 등이 있다.

(3) 인적자원의 평가와 보상

기업이 인적자원을 조달하게 되면 그 인적자원은 기업에게 노동력을 제공한다. 따라서 기업은 기업의 목표달성에 공헌한 정도를 기준으로 인적자원을 평가하여 보상을 제공하게 된다. 따라서 인적자원의 평가와 보상에 관련된 내용으로는 **인사평가, 보상관리** 등이 있다.

(4) 인적자원의 유지

기업이 인적자원의 성과창출 의지 및 능력을 계속 유지하는 것은 매우 중요하다. 여기서 성과창출 의지는 동기부여(Motivation)라고도 하는데, 성과창출 능력에는 인적자원이 가지고 있는 지식, 기술, 태도(Knowledge, Skill, Attitude ⇒ KSA) 등이 포함된다. 인적자원의 성과창출 의지는 개인수준에서는 직무의 내용, 상사의 리더십, 조직목표에의 동의, 보상에 대한 만족 등에 의해 결정되고, 집단수준에서는 기업과 노조와의 관계에 의해 결정적인 영향을 받는다. 따라서 인적자원의 유지와 관련된 내용으로는 **동기부여, 산업안전, 노사관계** 등이 있다.

(5) 인적자원의 방출

인적자원은 소속된 기업을 떠나 다른 기업으로 이동하는 경우가 있는데 이러한 이동을 조직 외 이동 또는 이직이라고 한다. 따라서 인적자원의 방출과 관련된 내용으로는 **자발적 이직, 비자발적 이직** 등이 있다.

시험문제 미리보기!

인적자원관리의 구성요소로 가장 적절하지 않은 것은?

① 인적자원의 조달   ② 인적자원의 유지

③ 인적자원의 개발   ④ 인적자원의 이동   ⑤ 인적자원의 설계

정답   ⑤

해설   인적자원의 구성요소는 인적자원의 조달, 유지, 개발, 이동으로 구성되어 있다. 인적자원의 설계의 개념은 존재하지 않는다.

02 인적자원관리의 변화와 전략적 인적자원관리 ★★

1. 인적자원관리의 변화

(1) 역사적 변화

인적자원관리의 접근법은 시간이 흐름에 따라 기계적 접근, 인간관계적 접근, 전략적(인적자원적) 접근으로 변화되어 왔다. 이러한 변화는 인적자원을 바라보는 관점이 X관점에서 Y관점으로 변화되어 가는 과정과 관련되어 있다.

① 기계적 접근

기계적 접근에서 직무는 가능한 한 전문화(분업)되어야 하고, 인간(노동)은 하나의 생산요소로 간주되었다. 또한, 인간의 노동을 '**경제적 동물**'이라는 관점에서 이해하고자 하였기 때문에 인간은 본능적으로 경제적 이득이 극대화되는 방향으로 행동한다고 보았다. 이러한 논리를 적용시킨 가장 대표적인 예가 **테일러(Taylor)의 차별적 성과급제**이다.

② 인간관계적 접근

인간관계적 접근에서는 인간을 '**사회적 동물**'이라는 관점에서 이해하고자 하였기 때문에 작업장에서의 작업능률은 작업자들 간의 사회적 관계에 의해서 대부분 결정된다고 보았다. 작업자의 개별행동은 이 작업집단의 규범에 의해 상당히 영향을 받으며 작업집단 내에는 종종 비공식집단이 자연발생적으로 형성되기도 한다.

③ 전략적(인적자원적) 접근

전략적(인적자원적) 접근은 **인간과 노동을 기업의 의사결정과 통합하고자 하는 접근**으로, 인적자원을 기업경쟁력의 주요 요소로 인식하고 동기를 부여하며 개발해야 한다는 것이다. 이러한 관점은 인적자원을 수많은 잠재력을 지닌 자원으로 간주하고 기업경쟁력 확보에 있어서 가장 중요한 요소로 인식한다. 따라서 인적자원이 기업경쟁력 향상을 위한 중요한 요소가 되기 위해서는 **교육훈련을 통해 인적자원을 개발**시켜야 한다.

(2) 관점적 변화

인적자원관리는 인적자원을 그 대상으로 하고 있으며, 인적자원에 대한 가정은 시간이 흘러감에 따라 X관점에서 Y관점으로 변화되어 왔다.

① 반응적 관리 → 선행적 관리

전통적 관점에서는 문제가 발생하면 그 문제를 해결하기 위한 조치를 내리거나 단편적 처방을 시행하였는데, 이러한 관리를 **반응적 관리**라고 한다. 현대적 관점에서는 문제발생을 사전에 예방하고 문제가 발생했을 때를 대비해 대응책을 미리 준비하여 지속적이고 장기적인 관점에서 문제를 풀어나가게 되는데, 이러한 관리를 **선행적 관리**라고 한다.

② 일원관리 → 다원관리

전통적 관점에서는 조직전체 관점에서 세워진 일정한 규칙에 따라 인적자원을 획일적으로 관리하였다. 그러나 현대적 관점에서는 전체 종업원을 여러 차원으로 분류하고 분류된 특성에 맞게 부문별 인적자원관리를 병행하면서 관리해 나가고 있다.

③ 비용중심 → 수익(투자)중심

전통적 관점에서는 인적자원관리와 관련된 인건비 등은 기업의 성과에 기여하지 못한다는 생각에 줄이려고만 하였다. 그러나 현대적 관점에서는 인적자원관리와 관련된 인건비 등을 비용이 아닌 수익창출을 위한 투자라는 관점에서 해석하고 있다.

④ 연공중심 → 능력중심

전통적 관점에서는 근속기간에 따라 보상이 주어지는 연공중심의 보상제도가 일반적이었다. 그러나 현대적 관점에서는 인적자원의 능력중심의 다양한 보상제도가 도입되고 있다.

⑤ 표준형 인재관 → 이질적 인재관

전통적 관점에서는 기업이 원하는 인재들은 어느 정도의 유사점을 가지고 있었으며, 이러한 인재관을 표준형 인재관이라고 한다. 그러나 현대적 관점에서는 기업이 처해 있는 환경들이 다양하기 때문에 기업마다 원하는 인재가 다양하게 되었으며, 이러한 인재관을 이질적 인재관이라고 한다.

⑥ 전자적 인적자원관리(Electric Human Resource Management)의 대두

전자적 인적자원관리란 **인터넷과 정보기술을 활용하여 인적자원관리를 하는 것**을 의미한다. 정보기술의 발달로 인해 정보처리의 신속성이 향상되고, 시스템의 자동화 등이 가능해졌으며, 이를 통해 시간과 비용이 절감되고 인적자원의 채용과 교육에 있어서 체계적인 정보의 정리와 활용이 가능하게 되었다. 전자적 인적자원관리로 인한 구체적인 효과에는 **인사기능 개선을 통한 비용 절감, 종업원에 대한 서비스 개선을 통한 종업원 만족도 제고, 인적자원관리의 전략기능 강화, 기업문화 변혁** 등이 있다.

2. 전략적 인적자원관리(Strategic Human Resource Management)

(1) 의의

경영전략과 인적자원관리를 통합하여 함께 수행하는 것으로, 인적자원관리를 염두에 두고 경영전략을 형성하고 경영전략을 염두에 두고 인적자원관리를 계획하고 실행하는 것을 의미한다. 즉, 인적자원관리가 경영전략의 목적을 반영해 경영전략과 잘 연계되고, 인적자원관리 방식 간에도 조화를 이루어 경영전략의 목적을 효율적으로 달성시키는 과정이라고 할 수 있다.

(2) 경영전략과의 연결관계

기업의 성과는 기업이 당면한 환경에 얼마나 잘 적응해 나가느냐에 달려 있다. 따라서 기업은 대체로 환경에 적합한 경영전략을 추구하고 기업의 전략목적을 효율적으로 달성할 수 있는 조직구조와 관리체계 및 경영행동을 형성하게 된다. 그리하여 환경, 전략, 인적자원관리 간에 적합성 관계가 얼마나 잘 형성되느냐에 따라 기업의 성과가 결정된다.

전략적 인적자원관리는 여러 가지 기능과 활동이 상호 간에 균형과 조화를 이루고 일관성 있게 전개됨으로써 인적자원관리의 효율성은 물론 시너지효과를 달성하게 해준다. 경영전략과 인적자원관리 간의 밀접한 연결관계는 기업의 성과에 영향을 미친다.

따라서 전략적 인적자원관리는 경영전략과 통합함으로써 이해관계자들의 욕구를 충족시키는 동시에 기능 간의 균형과 조화를 통해 인적자원관리의 효율성을 높인다. 경영전략과 인적자원관리 간의 연결관계는 **행정적 연결관계, 일방적 연결관계, 쌍방적 연결관계, 통합적 연결관계**의 수준으로 분류될 수 있다.

① **행정적 연결관계(Administrative Linkage)** : 경영전략과 인적자원관리 간의 연결관계 수준이 가장 낮은 것으로 **전략수립과 인적자원관리가 별개**로 이루어진다.

② **일방적 연결관계(One-Way Linkage)** : 기업이 전략을 수립하고 이를 인적자원관리 부서에 알린다. 이에 따라 인적자원관리 부서에서는 전략실행을 지원하는 시스템 및 프로그램을 개발한다. 일방적 연결관계에서는 전략실행에 있어서 인적자원관리의 중

요성을 고려하고 있지만, 전략수립이 인적자원 이슈에 대한 고려가 배제되어 있다. 그 결과 일방적 연결관계의 수준에서는 성공적으로 실행될 수 없는 전략이 수립되는 경우가 종종 있다.

③ 쌍방적 연결관계(Two-Way Linkage) : 전략수립에 있어서 인적자원 이슈가 고려되며, 전략수립 기능과 인적자원관리 기능이 쌍방적으로 연결되어 상호 영향을 미치게 된다.

④ 통합적 연결관계(Integrative Linkage) : 가장 높은 수준의 연결관계로 매우 역동적이고 다양한 측면을 가지고 있다. 쌍방적 연결관계에서는 인적자원관리와 전략이 순차적으로 상호작용하지만 통합적 연결관계에서는 동시적이고 계속적으로 상호작용이 일어난다. 통합적 연결관계는 전략적 인적자원관리의 취지에 가장 부합한다고 할 수 있다.

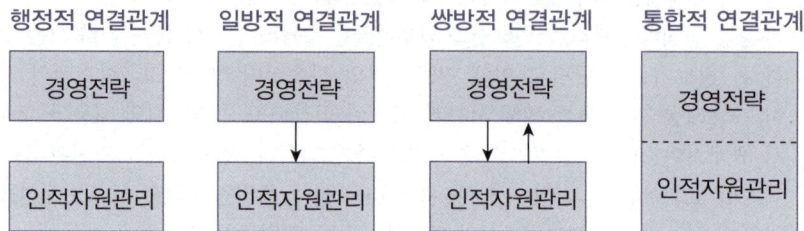

[경영전략과 인적자원관리]

3. 인사부서의 역할 : 울리히(Ulrich) 모형

(1) 의의

인사부서가 과거에는 업무적인 측면, 즉 반복되는 인사기능을 차질없이 수행하여 현상을 유지하는 관리측면에만 초점을 두었다면, 오늘날 인사부서는 전략적인 측면, 즉 환경변화에 적응하고 조직의 핵심역량을 키우는 데 관심의 초점이 맞춰져 있다. 따라서 오늘날의 인사부서는 성장, 자율경영, 인간존중 등 경영전략과 기본가치를 직무설계에 반영하고 이를 강화하기 위하여 교육훈련과 보상시스템 등 관련 인적자원관리 기능을 연계시키는 전략적 동반자 역할을 수행해야 한다. 이에 울리히는 인적자원관리 부서에 행정전문가(Administrative Expert) 역할, 근로자의 대변인(Employee Spokesman) 역할, 최고경영자의 전략적 파트너(Strategic Partner) 역할, 조직의 변화를 선도하는 변화담당자(Change Agent)의 역할이 있다고 하였다. 이처럼 현대적 인적자원관리를 수행하는 인사부서는 전략적 파트너 역할 또는 변화담당자의 역할이 중요해지고 있으며, 이에 따라 인사부서의 위상도 높아지고 있다. 그리고 전통적으로 인사부서의 역할이 시스템 지향성을 띠고 있었으나, 오늘날에는 사람(개인) 지향적인 역할이 강조되고 있다.

(2) 유형

① 행정전문가 : 단기적(업무적) - 시스템(프로세스) 관점

인사부서의 역할은 직무 프로세스와 관련하여 리엔지니어링 및 서비스 공유 등과 같은 기업 내 효율적인 인적자원관리 시스템을 구축해야 한다는 것이다. 이러한 역할은 인적자원관리의 전통적인 역할로서 인력확보부터 시작하여 인력방출까지의 전 과정을 효율적으로 관리하는 것이나.

② 근로자의 대변인 : 단기적(업무적) - 사람(개인) 관점

인사부서의 역할은 인사부서가 종업원의 기업에 대한 공헌도(업적)를 높이는 데 초점을 맞추고 있다. 즉, 종업원의 역량을 높일 수 있도록 지원하는 것과 높은 역량을 가

진 종업원이 열심히 일할 수 있도록 정신적 에너지를 극대화시키는 것이 인사부서의 역할이 된다.

③ 전략적 파트너 : 장기적(전략적) – 시스템(프로세스) 관점

인사부서의 역할은 기업의 경영전략이 성공을 거둘 수 있도록 지원하는 것이다. 즉, 경영전략을 수립할 수 있는 인력의 양성과 이를 집행할 역량을 개발해야 한다.

④ 변화담당자 : 장기적(전략적) – 사람(개인) 관점

인사부서의 역할은 조직의 쇄신, 조직문화의 변화와 같이 장기적 관점에서 종업원을 변화시키는 데 초점을 둔다. 이러한 변화관리의 핵심은 조직 내 신뢰관계의 구축 및 문제해결이다.

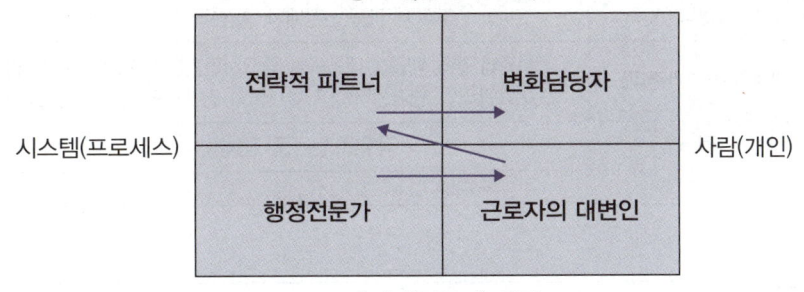

[울리히(Ulrich) 모형]

시험문제 미리보기!

전략적 인적자원관리에 대한 다음 설명 중 가장 적절하지 않은 것은?

① 전략적 인적자원관리란 경영전략과 인적자원관리를 통합하여 함께 수행하는 것이다.

② 인적자원관리가 경영전략의 목적을 반영해야 한다.

③ 전략적 인적자원관리는 여러 가지 기능과 활동의 균형과 조화가 중요하다.

④ 전략적 인적자원관리는 이해관계자들의 욕구를 충족시킨다.

⑤ 경영전략과 인적자원관리 간의 밀접한 연결관계는 기업의 성과에 영향을 미치지는 못한다.

정답 ⑤

해설 경영전략과 인적자원관리 간의 밀접한 연결관계는 기업의 성과에 영향을 미친다.

핵심 Check ✓ 인적자원관리제도

직무관리	직무분석, 직무평가, 직무설계
확보관리	인적자원계획, 모집, 선발
교육훈련	직장 내 훈련, 직장 외 훈련, 이러닝, 멘토링
인적자원의 이동	조직 내 이동(전환배치, 승진)과 조직 외 이동
인사평가(성과관리)	서열법, 평정척도법, 대조표법, 중요사건기록법, 행동기준평가법, 목표관리법, 평가센터법, 자율서술법, 강제할당법, 다면평가제도
보상관리	직무급, 연공급, 직능급, 성과급

01 직무관리 ★★★

1. 직무분석(Job Analysis)

(1) 의의

분석대상 직무에 대해서 그 직무와 관련된 중요한 정보를 수집하는 것을 목적으로 하는 체계적인 프로세스를 의미한다. 즉, 직무분석은 직무를 구성하는 구체적인 과업을 설정하고 직무에서 요구되는 기술과 지식 및 책임 등 **직무수행에 관한 기본정보를 수집, 분석, 정리하는 과정**이다. 직무분석의 절차는 '**배경정보의 수집 → 분석대상 직무의 선정 → 직무정보의 획득(직무분석) → 직무기술서 작성 → 직무명세서 작성**'의 순서로 이루어진다. 직무분석에 있어서 먼저 직무 및 관련 개념들에 대한 이해가 필요하며, 직무와 관련된 개념들은 다음과 같다.

① **요소동작(Element Motion)** : 관련된 동작, 정신적 과정을 분리시켰을 때 가장 작은 단위의 일을 말한다. 요소동작은 과업이 보다 세분된 것으로 동작연구나 시간연구의 분석단위가 된다.

② **과업(Task)** : 독립된 목적으로 수행되는 하나의 명확한 작업활동으로 조직활동에 필요한 기능과 역할을 가진 일을 뜻한다. 과업은 직무분석에 있어서 분석단위가 된다.

③ **직무(Job)** : 유사한 과업들이 모여 일의 한 범위를 형성하는 것을 말한다.

(2) 방법

직무에 대한 정보를 수집하기 위한 직무분석은 범위, 정보의 내용, 정보수집방법 등에 따라 그 목적이 달라진다. 직무에 관한 정보를 수집하는 방법은 그 의미나 정확성에 따라 나양하며, 직무분석의 대표적인 방법들은 다음과 같다.

① **경험법(Experiential Method)**

직무분석자가 실제로 직무를 체험함으로써 직무에 대한 정보를 수집하는 방법이다. 효과가 가장 좋은 방법이기는 하지만, 기술발전과 지식의 증가로 실질적인 직무체험에 의해 연구될 수 있는 직무가 많지 않기 때문에 보통 다른 직무분석방법을 보완하는 목적으로 사용하거나 직무분석자의 양성과 훈련을 위한 방법으로 사용되는 경우가 많다.

② 관찰법(Observation Method)

직무분석에서 가장 오래된 정보수집방법으로 **해당 직무수행자를 직접 관찰하여 직무에 대한 정보를 수집하는 방법**이다. 직무담당자나 상황, 시간의 흐름 등에 따라 직무가 크게 바뀌지 않는 것을 전제로 하기 때문에 일반적으로 작업주기가 짧은 반복적 육체노동에 자주 활용되지만, 정신적인 직무에 대해서는 관찰시간도 길고 작업자가 의식적으로 행동할 수 있다는 문제점을 가지고 있다. 따라서 정신적 작업 및 집중을 요구하는 직무보다 생산직이나 기능직 직무에 더 적합한 방법이다.

③ 질문지법(Questionnaire Method)

질문지를 배포하여 자신이 맡은 직무에 대해 응답하도록 하여 직무에 대한 정보를 수집하는 방법이다. 이러한 질문지법은 직무가 요구하는 과업, 숙련도, 지식 및 능력에 대한 서술을 대부분 직무수행자에게 의존하고 있다는 특징이 있다.

④ 면접법(Interview Method)

직무분석을 실시하는 담당자가 해당 직무 수행자에게 면접을 실시하여 직무에 대한 정보를 수집하는 방법이다. 면접법은 직무분석자와 직무수행자 간에 친밀한 관계를 유지해야 하고, 직무수행자들이 직무분석 과정을 호의적이고 유용한 것으로 받아들일 수 있어야 한다. 면접법은 직무수행이 오래걸리는 경우 직무수행자가 이를 요약하여 설명해 줄 수 있고, 직무수행자의 정신적·육체적 활동을 모두 파악할 수 있다는 장점이 있지만, 피면접자가 직무분석의 결과로 인해 자신이 피해를 입을지도 모른다고 판단하는 경우 직무에 대해 정확한 정보를 제공하는 것을 기피하는 경우가 발생할 수 있다는 단점도 있다.

⑤ 작업기록법(Employee Recording Method)

직무수행자가 작성하는 작업일지나 메모사항을 활용하여 직무에 대한 정보를 수집하는 방법이다. 지속적으로 작성된 작업일지는 그 내용에 대한 신뢰도를 충분히 확보할 수 있지만, 작업일지를 작성할 때 필요한 정보를 누락시켰을 경우에는 직무분석을 할 수 없다. 따라서 작업기록법은 엔지니어, 과학자, 고급관리자가 수행하는 직무와 같은 관찰하기가 매우 어려운 직무를 분석할 때 많이 활용된다.

⑥ 중요사건기록법(Critical Incident Method)

직무수행에 결정적인 역할을 한 사건이나 사례를 중심으로 직무에 대한 정보를 수집하는 방법이다. 따라서 중요사건기록법은 직무행동과 직무성과 간의 관계를 직접적으로 파악할 수 있다는 장점을 가지지만, 수집된 직무행동을 분석하는 데 많은 시간과 노력이 필요하고 직무분석에서 필요로 하는 포괄적인 정보를 획득하는 데에는 한계가 있다는 단점을 가진다.

(3) 직무기술서와 직무명세서

① **직무기술서(Job Description)**

직무의 내용, 직무수행에 필요한 원재료 및 설비, 작업도구, 작업조건, 직무수행방법 및 절차 등이 **직무특성분석에 의한 과업요건에 중점을 두고 기록**된다. 일반적으로 직무기술서는 간략하게 기술되어야 하며, 직무기술서의 작성내용을 토대로 직무의 내용이 재검토될 수 있다.

② 직무명세서(Job Specification)

하나의 직무를 수행하기 위해 필요한 최소한의 인적자원에 대한 설명이라고 할 수 있다. 따라서 직무명세서는 해당직무를 수행할 직무수행자가 갖추어야 하는 **자격요건(인적 특성)**을 그 내용으로 한다.

2. 직무평가(Job Evaluation)

(1) 의의

직무분석에 의한 직무기술서와 직무명세서를 기초로 하여 개별적인 직무를 전체 조직 내의 다른 직무와 연관시키는 종합적인 방법을 말한다. **조직 내의 직무가 지닌 책임도, 중요성, 난이도, 위험성 등을 비교 및 평가하여 각각의 직무에 대한 상대적 가치를 결정하게** 된다. 따라서 직무평가는 직무분석의 연장이며 이를 통해 **합리적인 임금격차를 결정**하는 데 그 목적이 있다. 단, 직무평가는 단지 직무 자체의 가치를 판단하기 위한 것이지 개개인을 평가하기 위한 것이 아니다.

(2) 방법

① 서열법(Ranking Method)

직무의 상대적 가치에 기초를 두고 직무의 중요도, 직무수행상의 난이도, 작업환경 등을 포괄적으로 고려하여 그 가치에 따라 서열을 매기는 방법을 의미한다. 서열법은 간단하고 신속하게 등급을 매길 수 있다는 장점이 있지만, 평가자마다 등급을 매기는 기준이 다르고 비슷한 명칭을 가진 직무 간에 혼란을 가져올 수 있기 때문에 주관적이라는 단점이 있다. 이러한 단점을 극복하기 위해 개발된 여러 서열법이 있는데 가장 대표적인 방법으로는 다음 세 가지가 있다.

- **교대서열법** : 평가대상 직무들 전체를 놓고 가장 가치가 높다고 판단되는 직무와 가장 가치가 낮다고 판단되는 직무를 선정하고, 그 다음 나머지 직무들에 대해 동일한 방법을 계속적으로 적용하여 전체 직무들의 서열을 매기는 방법이다.
- **쌍대비교법** : 포괄적인 관점에서 직무매트릭스(Job Matrix)를 만들어 각 직무를 2개씩 짝을 지어 상호비교하는 것을 되풀이하여 서열을 결정하는 방법이다. 이 방법은 평가대상 직무의 수가 많은 경우 쌍대(짝)의 수가 증가하여 평가의 일관성에 모순이 발생할 가능성이 있다.
- **위원회방법** : 평가위원회를 설치하여 서열을 매기는 방법인데, 이 방법은 서열매김의 방법이라기보다 여러 명이 서열매김에 참여하기 때문에 평가에서의 주관성을 줄이는데 의미가 있다.

② 분류법(Job–Classification Method)

미리 등급정의를 위한 직무등급명세표[1]를 만들어 놓고 해당 직무를 해당 등급으로 분류하는 방법을 말하는데, **등급법(Job Grading Method)**이라고도 한다.

- **장점** : 등급에 대한 분류만 정확하게 이루어지면 다른 직무평가방법보다 간단하고 이해하기 쉽다.
- **단점** : 개별 등급에 대한 정의를 내리는 것이 쉽지 않고 주관적인 판단이 개입될 수 있다.

③ 점수법(Point Rating Method)

모든 직무에 공통적으로 적용될 수 있는 평가요소들을 몇 개의 항목으로 선정하고 각 항목별로 점수를 부여하여 각 항목의 점수합계를 통해 직무의 상대적 가치를 결정하는 방법을

1) 직무등급명세표
직무의 중요성, 난이도, 직무환경 등을 고려하여 개별등급에 대해 포괄적으로 기술되어야 함

의미한다. 일반적으로 점수법은 '평가요소의 선정 → 평가요소별 가중치 설정 → 평가요소별 점수부여'의 과정으로 이루어진다.

- 장점 : 주관적 요소의 개입이 최소화되어 신뢰도가 높고 간단하다.
- 단점 : 실제로 각 직무에 공통되는 평가요소를 선정하는 것이 쉽지 않고 가중치의 결정이나 점수부여의 과정에 주관이 개입될 수 있다.

④ 요소비교법(Factor Comparison Method)

조직의 핵심이 되는 기준직무(Key Job) 몇 개를 우선 선정한 후에 평가대상 직무를 기준직무와 상호비교함으로써 각 직무들 간의 상대적 가치를 결정하는 방법을 의미한다. 요소비교법은 서열법에서 발전된 기법으로서 서열법이 여러 직무들을 포괄적으로 가치를 평가하여 서열을 매기는 반면 요소비교법은 여러 직무들을 전체로 비교하지 않고 직무가 갖고 있는 요소별 직무들 간의 서열을 매기는 데에서 출발한다. 요소비교법은 서열법보다 훨씬 복잡하고 요소별 서열을 가지고 임금과 직접 연결시키는 점이 다르다.

- 장점 : 평가의 기준이 구체적이고 명확하기 때문에 비교가 용이하다.
- 단점 : 기준직무를 선정하는 것이 쉽지 않다.

3. 직무설계(Job Design)

(1) 의의

조직을 구성하고 있는 개인이나 집단이 수행하는 직무 또는 과업의 수를 결정하는 과정을 의미한다. 따라서 직무설계는 개인수준에서뿐만 아니라 집단수준에서도 일어난다. 직무설계는 조직의 생산성을 강조하는 조직목표와 조직구성원의 이익과 만족을 달성하려는 개인적 목표가 원만하게 융합되도록 직무설계가 이루어져야 한다. 직무설계의 주요 요인으로는 직무의 내용, 직무의 요건, 요구되는 대인관계 및 성과 등이 있다.

(2) 직무구조 설계

직무구조 설계는 직무전문화와 직무확대화로 구분할 수 있는데, 직무전문화는 다시 수평적 직무전문화와 수직적 직무전문화로 구분할 수 있고 직무확대화는 다시 수평적 직무확대화와 수직적 직무확대화로 구분할 수 있다. 수평적 직무확대화는 양적 직무확대화라고도 하고 수직적 직무확대화는 질적 직무확대화라고도 한다.

[직무확대화]

구 분	개인 대상	집단 대상
수평적 직무확대화	직무확대 (Job Enlargement)	직무교차 (Overlapped Workplace)
		직무순환(Job Rotation)
수직적 직무확대화	직무충실 (Job Enrichment)	준자율적 작업집단 (Semi-Autonomous Workgroup)

① 직무전문화

한 작업자가 수행하는 다양한 종류의 과업을 숫자 면에서 감소시키는 것을 말한다.

- 수평적 직무전문화 : 동일 수준의 책임이 따르는 단순반복적인 작업공정을 여러 일로 분업화시키는 것을 말한다.
- 수직적 직무전문화 : 책임의 위계구조를 가지는 공정을 쪼개어 하위자에게 일을 맡김으로써 분업화시키는 것을 말한다.

② 직무확대

한 작업자가 수행하는 기존 과업의 숫자를 늘리되 의사결정과 관련된 권한이나 책임의 정도는 별로 증가되지 않는 수평적 직무확대이다. 즉, 개인의 직무에서 기본작업의 수를 증가시키거나 기존에 여러 작업자로 세분화되어 수행되던 작업들을 통합하여 소수 인원의 작업이 되도록 직무내용을 재편성하는 것이다. 과업의 수를 늘리는 이유는 작업자가 일련의 완성감을 가지고 작업자의 직무에 대한 몰입과 만족을 향상시킬 수 있기 때문이다. 또한, 이로 인해 작업자는 과업에 대한 단조로움과 싫증이 감소되어 과업완성에 대한 도전감이 증가되고 동기부여수준이 향상된다.

③ 직무충실

한 작업자가 수행하고 있는 직무에 의사결정의 권한과 책임이 추가로 부여되는 과업을 더 할당하는 수직적 직무확대이다. 직무충실은 허쯔버그(Herzberg)의 2요인이론에 근거를 두고 있으며, 작업자에게 의미 있는 직무는 책임감, 성취감, 통제, 피드백, 개인적 성장 및 발전, 작업속도 등의 요소에 의해 평가된다. 직무충실에서 강조되고 있는 점은 전통적으로 관리자의 고유기능에 속하였던 계획과 통제를 작업자에게 위양하는 것이다. 작업자로 하여금 작업의 실행뿐만 아니라 계획과 통제도 어느 정도 담당하도록 하여 구성원들에게 일의 보람과 자아성취감을 느낄 수 있게 해서 동기유발과 생산성향상을 이루고자 하는 것이다.

④ 직무교차

집단 내 작업자가 수행하는 직무의 일부분을 다른 작업자의 직무와 중복되게 하여 직무의 중복된 부분을 다른 작업자와 공동으로 수행하게 하는 직무설계이며, 집단을 대상으로 도입할 수 있는 수평적 직무확대에 해당한다. 직무교차는 본질적으로 개인수준의 직무확대와 크게 다르지 않지만, 직무확대가 한 명의 작업자를 대상으로 개별적으로 설계할 수 있는데 반해, 직무교차는 반드시 직무의 일부분을 다른 작업자와 공동으로 수행해야 한다. 직무교차는 작업자들 간의 상호협력을 통한 능률향상과 직무수행에 따른 싫증감소를 목적으로 하고 있지만, 교차된 직무를 작업자가 서로 미루고 소홀히 할 경우 생산성에 문제가 야기될 수 있다는 단점을 가지고 있다.

⑤ 직무순환

집단을 대상으로 하는 직무확대화를 위한 수평적 및 수직적 측면을 동시에 가지고 있는 직무설계의 형태로 여러 직무를 여러 작업자가 순환하여 수행하는 경우이다. 직무순환은 작업자가 수행하는 여러 가지 과업이 호환성을 가지며, 작업자는 작업흐름에 큰 지장 없이 이동이 가능하다는 사실을 전제로 하고 있다. 직무순환의 단점은 특정 직무에 대해 작업자를 자주 교체함으로써 생산성 저하 등의 문제점이 발생할 수 있으며, 작업집단에 이미 형성되어 있던 긴밀한 인간관계를 통한 협동시스템을 훼손시킬 수 있다는 점이다.

⑥ 준자율적 작업집단

몇 개의 직무들이 하나의 작업집단을 형성하게 하여 이를 수행하는 작업자들에게 어느 정도의 자율성(Autonomy)을 허용해 주는 것이다. 집단구성원들은 자신들이 수립한 집단규범에 따라 직무를 스스로 통제 및 조정할 수 있으나 기업과 준자율적 작업집단 간이나 작업집단 내 구성원 간에 갈등이 발생할 수 있다. 준자율적 작업집단은 작업집단 내 직무들 간의 상호의존성이 높을 때, 직무들이 심리적 스트레스를 많이 야기시킬 때 그 효과가 보다 높게 나타난다.

(3) 근무시간 설계

① 압축근무시간제(Compressed Work Hours) : 근무일수를 압축하는 개념으로 주당 40 시간 근무를 기준으로 할 경우에 근무시간을 압축하여 주 4일 근무, 하루 10시간 근무하는 형태의 근로시간 설계이다.

② 선택적 근로시간제(Flexible Worktime) : 하루 8시간 근무를 지키면서 핵심시간이라고 하는 공통근무시간대를 정해 놓고 그 시간 이외의 시간은 **자유롭게 출퇴근을 하도록 하는 제도**이다.

③ 부분시간근로제(Part-Time Work) : 정규근무시간보다 적게 근무하면서 이에 상응하는 낮은 급여가 지급되는 경우이다.

④ 교대근무제(Shift Work) : 제품의 생산을 늘릴 필요가 있는 경우에 1일 근무시간의 연장을 위해 교대근무제를 도입할 수 있다. 이는 생산시설의 확장과 관계없이 생산장비를 1일 24시간 가동해야 하는 자동화공장이나 연속공정산업, 병원 등에서 주로 활용되고 있다.

⑤ 직무공유제(Job Sharing) : 비교적 최근에 등장한 개념으로 **둘 또는 그 이상의 근로자가 주당 40시간의 근무시간을 나누어 담당하는 것이다.** 예를 들어, 한 사람이 오전 9시에서 정오까지 근무하고 오후 1시부터 6시까지 다른 사람이 일을 하거나 두 사람이 교대로 하루씩 일을 할 수도 있다. 이러한 근무제도는 기업이 불황 등으로 종업원의 일부를 감축하거나 일시해고 시켜야 하는 경우에 이를 대체하는 방안으로 활용될 수 있다.

⑥ 재택근무(Telecommuting) : **사무실에 직접 출근하지 않고 컴퓨터통신으로 연결된 집에서 일주일에 적어도 이틀 이상 근무하는 형태**를 말한다.
- 장점 : 대규모의 노동력 풀(Pool) 활용이 가능, 참여직원들의 높은 사기와 낮은 이직률, 사무실 공간비용 절감 등
- 단점 : 근로자의 작업수행과정을 직접 확인하거나 감독할 수 없으며 오늘날 빈번히 요구되는 팀 중심의 작업환경에서 팀워크 형성과 조정을 어렵게 함

시험문제 미리보기!

직무와 관련된 다음 설명 중 가장 적절하지 않은 것은?

① 직무기술서는 하나의 직무를 적절히 수행하기 위하여 필요한 인적자원의 자질에 초점을 맞추어 작성하는 반면에 직무명세서는 직무 자체의 과업요건에 초점을 맞추어 작성한다.

② 직무분석의 방법에는 경험법, 관찰법, 질문지법, 면접법, 중요사건법 등이 있다.

③ 직무평가의 목적은 임금과 급여에 대한 내적 및 외적 일관성을 확보하는데 있다.

④ 직무설계의 목적은 조직적 목표와 개인적 목표가 원만하게 융합되도록 하는데 있다.

⑤ 직무평가의 방법 중 서열법은 직무의 상대적 가치에 기초를 두고 각 직무의 중요도에 따라 직무의 서열을 정하는 평가방법이다.

정답 ①
해설 직무명세서는 하나의 직무를 적절히 수행하기 위하여 필요한 인적자원의 자질에 초점을 맞추어 작성하는 반면에 직무기술서는 직무 자체의 과업요건에 초점을 맞추어 작성한다.

1. 인적자원계획(Human Resource Planning)

(1) 의의

기업에서 필요로 하는 인적자원을 적시에 확보하기 위한 인적자원관리 기능을 의미한다. 즉, **현재 및 미래의 각 시점에서 기업이 필요로 하는 인원의 수를 예측하고, 이에 대한 사내외 인력 공급을 계획해서 인력의 수급을 조정하는 계획활동**이다. 따라서 인적자원의 관리를 위한 노력을 조직의 목표와 연결시키는 과정으로 각 직무상의 종업원 수와 유형을 예측하는 것과 소요인력을 공급할 방법을 판단하는 것도 인적자원계획의 범주에 포함된다.

(2) 구성

① 인적자원의 수요예측

외부환경과 내부환경에 기초하여 미래에 필요로 하는 인적자원의 양이나 질의 예측을 통해 계획을 수립하는 것이다. 수요예측기법에는 자격요건분석기법, 시나리오기법, 명목집단법, 델파이법 등과 같은 **정성적 방법**과 추세분석, 회귀분석, 생산성 비율분석, 작업연구기법(노동과학적 기법), 마코브체인 분석 등과 같은 **정량적(계량적) 방법**이 있다.

② 인적자원의 공급예측

기업에서 요구하는 특정자질을 갖춘 인적자원의 이용가능한 공급에 대한 예측이다. 인사기록카드, 생산성 수준, 이직률, 결근율, 직무 간 이동 등을 통해 공급인원을 예측한다. 인적자원의 공급을 예측하기 위해서는 인적자원의 유형별 규모를 파악하기 위해 기술목록[2] 분석이나 대체도[3] 분석이 활용될 수 있으며, 인력변동추이 분석에 마코브체인(Markov Chain) 분석이 활용될 수 있다.

③ 인적자원의 조치

예상되는 인적자원의 수요를 이용가능한 인적자원의 공급과 맞추는 것이다. 즉, 기업은 공급이 특정 시점에서 수요와 같게 되도록 하는 다양한 조치를 시행하게 된다. 인적자원의 수요예측과 공급예측의 결과로 인해 발생하는 활동인 조치활동은 **정리해고, 무급휴가, 작업공유, 조기퇴직, 자연감축, 고용, 훈련, 경력관리, 생산성 프로그램[4]**(Productivity Programs) 등의 방법이 있다.

[인적자원의 부족과 과잉에 대한 대응전략]

인력부족에 대한 대응전략	인력과잉에 대한 대응전략
• 초과근무확대	• 다른 직무의 수행이 가능하도록 교육훈련 제공
• 훈련을 통한 능력개발	• 자연 감소 및 신규채용 동결
• 신규채용	• 조기퇴직 또는 명예퇴직 유도
• 임시직 및 계약직원 고용	• 임시직 및 계약직 축소
• 퇴직자 재고용	• 전출
• 해외생산거점 이전	• 근로시간 단축
• 외국인 근로자 채용	• 초과근무 단축
• 휴일근무	• 정리해고 또는 일시해고
• 적은 인원이 필요한 직무재설계	• 직무공유제

---

2) 기술목록(Skill Inventory)
개인의 직무적합성에 대한 정보를 정확하게 찾아내기 위한 도구이며, 일반적으로 종업원 개인의 학력, 직무경험, 기능, 자격증, 교육훈련 경험 등이 포함됨

3) 대체도(Replacement Chart)
조직 내 특정직무가 공석이 된다고 가정할 경우 누가 여기에 투입될 수 있을 것인가를 파악할 수 있게 작성된 표. 대체도는 구성원들의 연령, 성과수준, 승진가능성 등에 초점을 두어 이를 시각적으로 표시한 것으로 이를 통해 현재의 조직구성원들로서 충원될 수 있는 직무가 어떠한 것들이 있는가를 살펴볼 수 있으므로 특히 구성원들의 장기근속을 전제로 하는 기업에 있어서 매우 중요함

4) 생산성 프로그램
노동력의 생산성을 극대화시키기 위하여 특별한 프로그램을 신설하는 방법으로 고봉의 증가 없이 이용가능한 인적자원의 공급을 증가시키는 방법

2. 모집(Recruitment)

(1) 의의

인력선발을 전제로 양질의 지원자를 확보하기 위한 활동을 말한다. 따라서 모집은 조직의 유능한 인재를 선발하는 것이며 선발을 전제로 하여 실질적인 인적자원을 조직으로 유인하는 과정이라고 할 수 있다. 이러한 모집과정에서 중요한 것은 지원자들에게 **모집대상이 되는 직위나 직책에 대한 정확한 정보(Realistic Job Preview, 현실적 직무소개)**가 주어져야 한다는 것이다. 인적자원계획에 의해 인력을 확보하고자 할 때에는 조직내부에서 충원하는 방법과 조직외부에서 충원하는 방법이 고려될 수 있으며, 그 원천에 따라 내부모집과 외부모집으로 구분할 수 있다.

(2) 모집의 유형과 주요 지표

① 모집의 유형
  - 내부모집
    조직 내의 현직 종업원을 대상으로 수행되는 모집활동을 의미한다. 내부모집에는 기술목록(Skill Inventory)을 활용한 방법과 사내공개모집 등이 있다. **기술목록을 활용하는 방법**은 종업원들에게 비공개로 진행되는데, 공개적으로 이루어진다면 충분한 자격을 가진 사람이 다른 기업으로 스카우트되어 빠져나갈 수 있다는 위험이 있다. **사내공개모집**은 직무에 공석이 생겼을 때 회사가 외부모집을 하기 전에 사내 직원들에게 사보나 사내게시판을 통해 공지하여 관심 있는 사람들이 지원하게 만드는 방법으로 대기업에서 주로 사용한다.
  - 외부모집
    조직 외에 있는 인적자원을 대상으로 수행되는 모집활동을 의미한다. 외부모집의 방법으로는 광고, 고용 에이전시, 인턴제도, 기존 종업원의 추천, 교육기관의 추천, 자발적 지원, 웹기반 모집 등의 방법이 있다.

[내부모집과 외부모집의 장·단점]

구 분	장 점	단 점
내부모집	• 지원자에 대한 정확한 평가 가능 • 내부인력의 조직 및 직무지식 활용 가능 • 외부인력 채용에 따르는 위험(조직적응 실패 등)의 제거 • 재직자의 개발동기부여와 장기근속유인 제공 • 적응시간 단축 • 신속한 충원과 충원비용 절감 • 하급직 신규채용 수요 발생	• 과다경쟁 유발 가능 • 인재선택의 폭이 좁아짐 • 조직의 폐쇄성 강화 • 조직내위험요소존재(불합격자의불만등) • 인력수요를 양적으로 충족시키지 못할 가능성이 높음(내부승진으로 인해 전체 인원이 증가하지 않으므로 항상 일정수의 인력부족 발생 가능)
외부모집	• 인재선택의 폭이 넓어짐 • 조직분위기의 쇄신 • 이미 자격을 갖춘 자의 선발로 인한 직무훈련비용 절감 • 인력수요에 대한 양적 충족 가능 • 새로운 지식 및 경험의 축적 가능	• 기존 종업원과의 마찰 발생 가능 • 많은 적응시간 발생 • 많은 충원시간과 충원비용이 발생 • 내부인력의 승진기회 축소

② 주요 지표

- **산출비율(Yield Ratio)** : 지원자들이 모집과 선발의 각 단계에서 어떻게 인원이 선택되고 **축소되는지를 보여주는 비율**이다. 모집평가를 위해서 산출비율을 측정하는 이유는 각 선발단계에서 선발이 효과적으로 되기 위해서 필요한 적정한 지원자의 풀(Pool)이 형성되고 있는지를 점검하려고 하는 것이다. 산출비율은 **각 단계별로 모집과 선발 과정에서 지원자 중에서 선택되는 인원을 비교하여 측정**한다.
- **선발비율** : 지원자 가운데 최종 선발된 **인원의 비율**을 말한다. 선발비율은 특정집단의 인적자원 중에서 실제로 선발되는 인적자원이 얼마인지를 보여준다.
- **수용비율** : 선발에 최종합격하고 회사로부터 채용제의(Job Offer)를 받은 지원자가 실제로 채용제의를 받아들여 입사하는지를 나타내는 지표인데, 최종합격자 가운데 입사자의 비율로 측정한다. 따라서 수용비율은 해당 조직이 채용하기를 원하는 지원자를 성공적으로 유치할 수 있는 능력을 나타낸다.
- **기초비율 또는 기초성공률** : 모집의 질적 성공을 측정하는 지표로, 기초비율 또는 기초성공률은 지원자들 가운데 선발과정을 거치지 않고 무작위로 선택하여 채용했을 때 일정기간이 경과한 후 업무수행에 성공적인 사람이 얼마나 있는지를 보여주는 비율이다. 즉, 지원자 가운데 채용될 경우 성공적으로 회사업무를 수행하고 이직하지 않은 지원자가 얼마나 되는지를 측정하는 지표이다. 기초비율 또는 기초성공률이 높다는 의미는 총 지원자 가운데 자격을 갖춘 지원자의 수가 많다는 의미이다.

3. 선발(Selection)

(1) 의의

공석이 된 직무를 어떤 지원자가 가장 성공적으로 수행할 수 있는지를 판단하여 지원자들 중에서 우수한 지원자를 선별하는 과정을 의미한다. 선발의 과정에서 고려되어야 하는 원칙은 다음과 같다.

① **효율성의 원칙** : 선발에 있어서 채용자에게 제공할 비용보다 훨씬 큰 수익을 가져다 줄 사람을 선발해야 한다는 원칙이다.
② **형평성의 원칙** : 선발에 있어서 지원자의 조건이 동일하다면 지원자를 차별해서는 안 된다는 원칙이다.
③ **적합성의 원칙** : 기업의 목표와 분위기에 알맞은 사람을 선발해야 하지만, 지나치게 직무적합성만을 따지거나 시험성적 위주로 합격자를 선정하면 입사 후에 조직과 맞지 않아 이직할 확률이 높아지게 된다. 이러한 적합성을 판단하는 기준에는 **직무중심적 접근, 경력중심적 접근, 기업문화중심적 접근** 등이 있다.

(2) 선발도구

① 유형

- **바이오데이터 분석** : 선발에 있어서 개인의 신상에 대한 모든 정보를 활용하는 방법으로 활용되는 정보에는 검증가능한 정보와 검증불가능한 정보를 모두 포함한다.
- **프로파일링** : 성과가 높은 종업원의 표준적인 자질을 데이터화하여 개발된 이상적인 프로파일(Ideal Profile)과 지원자를 비교하여 **유사한 자질을 가진 지원자를 선발하는 방법**이다. 일반적으로 이상적인 프로파일과 개별 지원자의 프로파일 간의 유사성을 검증하는 기준에는 수준(Level)과 형태(Shape)가 있다.
- **선발시험** : 지원자들이 가지고 있는 능력이나 지식 등을 측정하기 위해 실시하는 시험으로 가장 널리 사용되는 선발도구 중의 하나이다. 대표적인 선발시험에는 능력

검사(Ability Test), 성격 및 흥미도 검사(Personality and Interest Test), 실무 능력 검사(Work Sample Test) 등이 있다.

- **선발면접 : 면접자와 지원자가 서로 정보를 교환하는 쌍방향 의사소통의 선발도구**로 선발시험과 함께 가장 널리 사용되는 선발도구 중의 하나이다. 선발면접은 첫인상에 입각한 오류, 면접자가 면접시간을 주도하는 행동, 질문의 일관성 문제, 후광효과, 대비효과, 면접자의 편견, 비언어적 행동 등 **다양한 오류가 발생**할 수 있기 때문에 면접만으로 선발하는 것은 문제가 있다.
  - 질문내용의 공개여부에 따른 분류 : **구조적 면접, 비구조적 면접**
  - 피면접자의 수에 따른 분류 : **집단면접, 위원회면접**
  - **상황면접, 스트레스(압박) 면접 등**
- **평가센터법 :** 다수의 지원자를 특정 장소에 며칠간 **합숙**시켜 여러 종류의 선발도구를 동시에 적용하여 지원자를 평가하는 방법이다. 관리직 인적자원을 선발할 때 주로 사용하는 선발도구이며 지원자의 능력 및 개인적 특성을 파악하는데 다른 선발도구보다 우수하다고 알려져 있다. 그러나 선발비용이 많이 발생한다는 단점이 있다.

② 적용방법

일반적으로 직무수행의 다양성으로 인해 하나의 선발도구로 지원자를 선발하는 경우는 거의 없다. 대부분의 직무는 단순직무가 아니기 때문에 다수의 선발도구를 활용하는 방법으로 보다 완벽한 정보를 얻을 수 있고 상황에 따라 유연하게 운용할 수 있다.

- **종합적 평가법 : 모든 지원자들은 다수의 선발도구를 모두 경험하고 그 결과에 따라 합격자가 결정되는 방법**이다. 이 방법은 하나의 선발도구에서의 실수를 다른 선발도구를 통해 만회할 수 있기 때문에 **보완적 방식(Compensatory Rule)**이라고 하며, 최소 자격요건이 없는 경우에 주로 사용된다. 모든 지원자가 모든 선발도구를 경험하기 때문에 시간과 비용이 많이 드는 단점이 있지만, 모든 정보를 선발과정에서 활용할 수 있고 우수한 지원자를 놓칠 위험성이 낮다는 장점이 있다.
- **단계적 제거법 : 선발과정에 있어 다음 단계로 진행하기 위해서는 그 전 단계를 통과해야 하는 방법**이다. 이 방법은 하나의 선발도구에서의 실수를 다른 선발도구를 통해 만회할 수 없기 때문에 **비보완적 방식(Noncompensatory Rule)**이라고 한다. 일부 지원자들만 다수의 모든 선발도구를 경험하기 때문에 시간과 비용이 저렴하다는 장점이 있지만, 우수한 지원자를 탈락시킬 위험성이 크다는 단점이 있다.

③ 선발도구의 평가 : 신뢰도분석(Reliability Analysis)

해당 선발도구가 어떠한 상황에서도 동일한 결과를 나타내는 일관성을 가지는지를 측정하는 분석을 의미한다. 장소나 시간에 따라 선발도구의 결과가 영향을 받거나 선발도구의 해석에 따라 결과가 다르다면 선발도구의 안정성이 저해되는 것이고 이로 인해 신뢰도에도 손상을 초래하게 된다. 즉 어떤 선발도구로 한 사람을 반복하여 측정하였을 때 **결과가 항상 일정하다면 그 선발도구는 신뢰도가 높은 것이고, 시간과 장소에 따라 또는 평가자에 따라 다르게 나온다면 일관성이 없어 신뢰도가 낮은 것**이다. 선발도구의 신뢰도는 선발도구의 타당도를 높이기 위한 필수조건이기도 하며, 특정 선발도구가 선발에 사용되려면 일반적으로 신뢰도가 0.8 이상이 되어야 한다. 신뢰도를 측정하는 대표적인 방법은 다음과 같다.

- **시험-재시험법 :** 선발도구의 측정결과가 안정적인지를 알아보기 위해서 동일한 집단에게 **동일한 시험을 시간적 간격을 두고 재실시하여 두 측정치의 일치정도를 측정하는 방법**이다. 즉, 두 시점에서 시험을 실시한 후에 이 시험결과들 간의 상관관계를 구하여 특정시험의 신뢰도 정도를 판단한다. 단, 첫 번째 시험의 기억이 두 번째 시험의 시행에 아무런 영향을 미치지 않아야 한다.

- **대체형식법** : 필기시험 문제처럼 동일한 문제를 사용하여 재시험을 보게 되면 피평가자가 이미 첫 번째 시험을 통해 지식을 습득하였으므로 재실시가 의미가 없게 된다. 이럴 경우에는 동일한 유형의 난이도가 유사한 시험을 재실시하여 신뢰성을 검증한다.
- **평가자 간 신뢰도 측정** : 복수의 평가자가 동일 시점에 동일한 평가대상을 평가할 때 평가자들이 얼마나 동일하게 평가하는지를 검증하는 것을 말한다. 평가자들의 1차 평가결과 가장 높은 점수와 가장 낮은 점수를 제외하고 나머지 점수를 평균해서 평가값을 결정하는 방법은 예외적인 평가(Outliers)를 배제하고 평가자 간 신뢰도를 높이기 위한 노력이라고 할 수 있다.
- **내적 일관성에 의한 신뢰도 측정** : 내적 일관성은 특정 피평가집단에 대해서 하나의 평가표로 측정한 결과만 있을 때 평가항목 점수들 간의 일관성(Consistency)을 말한다. 예를 들어, 지원자의 성격이 외향적인지 또는 내향적인지를 측정하기 위해 5개의 질문이 주어졌을 때 이 질문들에 대한 대답을 일부는 외향적인 요소에 대답하고 일부는 내향적인 요소에 대답한다면 이는 내적 일관성이 결여된 것이다.

④ 선발도구의 평가 : 타당도분석(Validation Analysis)

측정도구가 측정하고자 하는 대상을 올바르게 측정하고 그 측정결과가 측정하고자 하는 대상이 갖는 사실 상태를 그대로 나타내고 있는가를 분석하는 것을 의미한다. 일반적으로 타당도분석에는 직무성과(Job Success), 예측값(Predictors), 선발도구(Instrument) 등의 요소들이 포함된다.

- **기준타당도(Criterion Validity)** : 선발도구의 결과와 실제성과와의 상관계수이다. 따라서 기준타당도는 통계적인 방법을 통해 측정된다. 기준타당도는 다시 현직 종업원을 대상으로 측정되는 동시(현재)타당도(Concurrent Validity)와 지원자를 대상으로 측정되는 예측(미래)타당도(Predictive Validity)로 구분할 수 있다.

[동시타당도와 예측타당도의 장·단점]

구 분	장 점	단 점
동시 타당도	• 관리적 측면에서 볼 때, 시간이 적게 들고 편리하다. • 예측수단과 기준에 대한 점수가 획득됨과 동시에 타당도 검증의 결과를 알 수 있다.	• 현직 종업원은 지원자와 마찬가지로 열성적으로 시험에 응하지 않는다. • 현직 종업원은 여러 가지 측면(교육수준, 연령 등)에서 지원자와 다를 수 있기 때문에 현직 종업원을 대상으로 하는 타당도 검증이 미래의 지원자에게도 일반화될 수 있을지 의문이다.
예측 타당도	• 예측수단에 대한 점수를 지원자로부터 얻기 때문에 동시타당도 검증의 단점을 극복할 수 있다. • 지원자들은 타당도 검증의 대상이 되는 예측수단에 대해서 동일하게 열성적으로 응시한다.	• 예측타당도 검증은 관리적 측면에서 볼 때 편리하지도 않고 신속하지도 않다. • 기준에 대한 점수는 시간이 경과한 후에 얻어지므로 타당도 검증의 결과를 즉시 알 수 없다.

- **내용타당도(Content Validity)** : 선발도구의 내용이 얼마나 실제업무와 유사한가를 측정하는 타당도이다. 내용타당도는 측정대상의 취지를 얼마나 선발도구에 담고 있는가를 측정하는 것인데, 해당 직무에 대해 풍부한 지식을 가지고 있는 전문가들의 주관적인 판단에 의해 측정된다. 일반적으로 선발도구의 내용이 실제업무에 유사할수록 내용타당도는 커진다.

- **구성타당도(Construct Validity)** : 선발도구의 측정치가 가지고 있는 이론적 구성과 가정을 측정하는 타당도이다. 즉, 선발도구의 측정항목들이 얼마나 이론적 속성에 부합되고 논리적인지를 표시하는 지표로 **해당 선발도구가 측정도구로서의 적격성을 갖고 있는지를 나타낸다.** 일반적으로 구성타당도는 요인분석(Factor Analysis)과 같은 **통계적인 방법을 통해 측정된다.**

⑤ 선발오류

선발오류는 예측값의 잘못으로 발생한다. 선발도구에 의해 지원자를 평가한다면 선발도구의 타당도가 1이 아닌 이상 1종오류와 2종오류가 발생하게 되지만 타당도나 신뢰도를 증가시킴으로써 선발오류를 감소시킬 수 있다.

- **1종오류(Type 1 Error)** : 만약 선발되었더라면 만족스러운 성과를 올릴 수 있었던 지원자를 선발도구의 결과가 합격선에 미달하여 실제로 탈락시키는데서 발생하는 오류이다. 일반적으로 1종오류는 종합적 평가법을 적용하면 감소시킬 수 있다.
- **2종오류(Type 2 Error)** : 선발도구의 결과는 합격선을 초과하였지만 실제성과는 만족스럽지 못한 지원자를 선발하는데서 발생하는 오류이다. 2종오류로 인해 선발된 선발자는 조직내부에 남아 있게 되기 때문에 기업의 관점에서는 2종오류에 더 큰 관심을 가지게 된다. 따라서 기업은 2종오류를 줄이기 위한 노력을 하게 되고, **선발비율(Selection Ratio, 합격자수/지원자수)의 감소를 통해 2종오류를 감소시킬 수 있다.**

시험문제 미리보기!

내부모집의 장점으로 가장 적절하지 않은 것은?

① 내부 종업원들의 사기가 오른다.
② 자신의 경력개발을 위한 계획을 세우고 실천한다.
③ 정확한 평가를 내릴 수 있다.
④ 불합격한 사람들에게 쉽게 이해를 구할 수 있다.
⑤ 광고비나 채용비용을 줄일 수 있다.

정답 ④
해설 내부모집의 단점으로는 불합격된 사람들의 불만이 쌓이게 되면 위험한 요소로 조직에 남을 수 있다.

03 개발관리(교육훈련)와 인적자원의 이동 ★★

1. 개발관리(교육훈련)

(1) 의의

교육훈련(Education & Training)이란 인적자원의 직무에 대한 지식이나 기술을 증진시키고 직무태도나 직무행동을 개선함으로써 개인의 자기개발(사회적 효율성)과 기업의 목표달성(경제적 효율성)에 기여하도록 하는 공식적 절차를 의미한다. 즉, 구성원들이 직무를 수행하는 데 필요한 지식, 기술, 능력 등을 배양시켜 조직의 목적을 달성하도록 돕는 과정이라고 정의할 수 있다. 물론, 교육과 훈련은 보편적 지식을 학습하는 교육과 특정 기능이나 기술을 학습하는 훈련과 같이 별개의 개념으로 구분할 수도 있지만, 일반적으로 두 개념을 통합하여 교육훈련이라고 한다. 교육훈련은 '**교육훈련 필요성(수요)분석 → 교육훈련 설계 → 교육훈련 실시 → 교육훈련 평가**'의 프로세스를 통해 이루어진다.

(2) 교육훈련방법

① **직장 내 교육훈련(OJT ; On the Job Training)**

직장 내 교육훈련은 직무수행과 교육훈련이 **동시**에 이루어지는 형태의 교육훈련이다. 일반적으로 **1명의 교육실시자별로 소수의 교육대상자가 할당**된다.

② **직장 외 교육훈련(Off JT ; Off the Job Training)**

직장 외 교육훈련은 직무수행과 교육훈련이 **별도**로 이루어지는 형태의 교육훈련이다. 따라서 직장 외 훈련은 작업장과는 별도로 연수원이나 교육원 등과 같은 교육훈련을 담당하는 전문교육시스템에 의해서 실시된다. 일반적으로 **1명의 교육실시자별로 다수의 교육대상자가 할당**된다.

[직장 내 훈련과 직장 외 훈련의 장·단점]

구 분	장 점	단 점
직장 내 훈련	• 교육훈련이 현실적이고 실제적이다. • 상사나 동료 간의 협동정신이 강화된다. • 교육훈련과 생산이 직결되어 경제적이다. • 종업원이 개인적 능력에 따른 교육훈련이 가능하다.	• 많은 종업원을 한 번에 훈련시킬 수가 없다. • 작업과 교육훈련 모두 철저하지 못할 가능성이 있다. • 통일된 내용을 가진 교육훈련이 어렵다. • 작업수행의 지장을 초래할 수 있다.
직장 외 훈련	• 많은 종업원에게 통일적으로 수행할 수 있다. • 전문적 지도자 밑에서 집중적으로 교육훈련 받을 수 있다. • 직무부담에서 벗어나 교육훈련에만 전념할 수 있다. • 계획적인 교육훈련이 가능하다.	• 작업시간의 감소와 교육훈련시설 설치 및 이용에 따른 추가적인 경제적 부담이 발생한다. • 교육훈련결과를 현장에서 바로 활용하기가 곤란하다.

③ **이러닝(E-Learning)**

인터넷이나 사내 인트라넷(Intranet)을 사용하여 실시하는 **온라인 교육**을 의미한다. 오늘날 정보기술의 발전과 이러닝 컨텐츠의 개발로 이러닝을 실시하는 기업이 크게 증가하고 있다.

• **장점** : 시간과 장소에 구애받지 않고 교육대상자가 학습의 속도를 조절하면서 교육훈련을 실시할 수 있다.

• **단점** : 직원들의 컴퓨터 사용능력이 어느 정도 갖추어져야만 도입이 가능하고, 최초 도입기에 많은 비용이 예상되어 최고경영자의 이해와 후원이 필수적이다.

④ **멘토링(Mentoring)**

다양한 발달기능을 제공하는 부하와 상급자 간 관계 또는 동료 간 관계로 정의된다. 즉, 멘토(Mentor)는 멘티(Mentee)에 역할모델을 제공할 뿐만 아니라 도전적 직무부여, 상담 및 조직에 대한 지식의 제공 등을 통해 그의 대인관계 개발 및 경력관리에 도움을 주는 자로 이해할 수 있다. 멘토의 유형에는 공식적인 멘토와 비공식적인 멘토가 있다. **공식적인 멘토는 신입사원에게 기존 조직구성원을 특정하여 기업이 공개적으**

로 정해주는 것을 말하고 비공식적인 멘토는 조직과 상관없이 신입사원과 비공개된 관계를 맺는 것이다.

⑤ 조직사회화(Organizational Socialization)

조직사회화는 개인이 조직에서의 역할을 수행하고 조직구성원으로서 참여하는 데 필요한 **가치, 능력, 기대되는 행동, 사회 지식 등을 알게 하는 과정**을 말한다. 조직은 신입사원이 직무를 수행하고 조직에 적응하는 것을 도와주어야 하고, 신입사원이 조직의 철학을 수용하도록 만들어야 하며 이를 위해 신입사원을 새로운 작업환경에 사회화시켜야 한다. 사회화는 본질적으로 개인의 역할이 새롭게 바뀌는 학습과정이기 때문에 개인의 동기, 직무만족, 조직몰입에 긍정적인 영향을 미치게 되고, 이를 통해 개인과 조직의 성과가 증가하고 종업원의 이직률이 낮아지게 된다. 사회화 과정은 **종업원이 조직에 입사하기 전부터 시작되고, 선행사회화(조직진입 전 사회화), 입사(조직과의 대면), 변화와 획득(조직에 정착)의 단계를 거쳐** 이루어지게 된다.

(3) 교육훈련효과의 평가

교육훈련의 효과를 측정하는 것은 매우 중요한 부분이지만, 가장 잘 안 되는 부분이기도 하다. 일반적으로 기업은 교육훈련의 지속여부 결정, 교육훈련의 개선, 실무와 교육훈련과의 연계성 강화, 교육훈련의 가치 극대화 등을 목적으로 교육훈련의 효과를 측정한다. 교육훈련의 효과를 평가하기 위해 가장 많이 활용되는 평가모형이 **커크패트릭(Kirkpatrick)의 교육평가모형**인데, **반응(Reaction), 학습(Learning), 행동(Behavior), 성과(Result)의 4가지 평가수준**으로 구성되어 있다. 또한, 평가하고자 하는 영역이 분명하며, 단순한 구조로 인해 설명하고 이해하기 쉬운 특징을 가지고 있다.

2. 인적자원의 이동

(1) 조직 내 이동

① 전환배치(Reassignment & Transfer)

동일수준의 다른 직무로 수평이동하는 것을 의미하는데, 이는 임금, 지위, 권한, 책임 등의 수준에 변화가 따르지 않는 이동을 말한다.

- **적재적소적시의 원칙(Right Man, Right Place, Right Timing)** : 인적자원을 전환배치함에 있어서 해당 인적자원의 '**능력(적성)-직무-시간**'이라는 세 가지 측면을 모두 고려하여 이들 간의 적합성(Fitness)을 극대화시켜야 한다는 원칙이다.
- **인재육성의 원칙** : 인적자원에게 전환배치를 통해 다양한 능력이 신장될 수 있도록 해야 한다는 원칙이다.
- **균형의 원칙** : 적재적소적시의 원칙과 인재육성의 원칙을 실행함에 있어서 조직전체의 상황을 고려하여 전환배치를 해야 한다는 원칙이다. 즉, 개별 인적자원이 보유하고 있는 능력과 성장욕구들을 현재 존재하는 직무들이 100% 충족시킬 수 없을 때, '능력-직무', '성장욕구-직무' 간의 적합성 정도를 상대적으로 극대화시켜야 한다는 것이다.

② 승진(Promotion)

인적자원이 한 직무에서 더 나은 직무로 또는 한 지위에서 더 높은 지위로 이동하는 수직적 이동을 의미한다. 따라서 승진은 임금, 지위, 권한, 책임 등의 수준이 높아지게 된다. 그러나 단지 직위명칭만 상승하는 경우도 있다.

핵심 Plus⁺

멘토의 유형

이 외에도 멘토는 1차적 멘토(Primary Mentor)와 2차적 멘토(Secondary Mentor)로 구분할 수도 있음. 1차적 멘토는 어떤 이슈가 발생하였을 때 가장 먼저 도움을 청하는 사람으로 거의 모든 영역에서 일반적인 도움을 줄 수 있는 자로서 선배, 가족 등이 해당됨. 2차적 멘토는 특정 관심영역에 대해 도움을 제공하는 자로서 전문적 지식을 가진 사람이 해당됨

수직이동과 수평이동

인적자원의 조직 내 이동은 수평이동과 수직이동이 있음. 수평이동은 새로 맡을 직무가 기존의 직무와 비교해 볼 때 권한, 책임, 보상 측면에서 별다른 변화가 없는 경우를 말하는데 이를 전환배치라고 함. 반면에 수직이동 중 상향적 이동은 승진(Promotion)을 말하는데, 새로 배치된 직무가 기존의 직무에 비해 권한, 책임, 보상이 증가하는 경우를 말함. 반대로 하향적 이동은 강등(Demotion)이라고 함.

- **직급(역직 또는 직책)승진**

  연공주의나 능력주의에 입각하여 인적자원을 상위직급으로 이동시키는 것이다. 직급승진을 위해서는 상위직급의 특정 직무 또는 지위가 공석이 되어야 하므로 인적자원 간의 경쟁이 발생하게 되며, 이로 인해 **상대평가**가 요구된다. 직급승진은 승진이 된 인적자원에게는 권한, 책임, 보상의 증가가 수반되지만, 상위직급이 T/O에 묶여 직급승진이 원활하게 이루어지지 않을 때에는 승진정체인력의 사기저하가 발생할 수 있고 이로 인해 다른 조직으로 이동하는 결과를 초래할 수 있다.

- **자격승진**

  인적자원이 갖추고 있는 **직무수행능력(직능)을 기준으로 승진시키는 제도이다.** 자격승진은 상위직능등급에 대한 T/O의 개념이 없기 때문에 누구라도 해당 직능을 갖추게 되면 상위직능등급으로 승진이 일어난다. 따라서 인적자원 간의 경쟁이 발생하지 않으며 인적자원에 대한 직능의 평가는 **절대평가**가 요구된다. 이러한 제도를 소위 **'직능자격제도'**라고도 하는데, 기업은 직종별 직급과 직능의 수준을 분리하여 관리하게 된다. 기업이 직능자격제도를 도입하는 이유는 인적자원의 능력신장을 인정하고 인적자원으로 하여금 능력신장을 위해 노력하도록 자극을 주는 데 있다. 뿐만 아니라 승진정체현상으로 인해 유능한 인재가 해당 기업을 떠나지 못하게 도달한 능력의 수준을 공식적으로 인정하는 데 있다. 직능자격제도 하에서는 개인의 직능이 상위등급으로 이동할 경우 자격의 상승을 의미하기 때문에 '승격'이라고도 한다.

- **대용승진(Surrogate Promotion)**

  직무내용이나 보상 등의 실질적인 변동 없이 직급명칭 또는 자격명칭만 변경되는 **형식적 승진으로 준승진(Quasi-Promotion) 또는 건조승진(Dry Promotion)**이라고도 한다. 대용승진은 조직내부 사정상 승진정체로 인해 조직분위기가 정체되었을 경우나 인적자원이 대외업무를 수행하는 경우에 접촉고객의 해당 인적자원에 대한 신뢰감을 높이기 위해 도입하게 된다.

- **조직변화승진(OC 승진 ; Organization Change Promotion)**

  승진대상자에 비해 승진대상직위가 부족한 경우에 조직변화를 통해 **승진대상직위를 늘림으로써 인적자원들에게 (직급)승진의 기회를 확대**하는 방법이다.

- **직계(직위)승진(Position Promotion)**

  직무주의에 입각하여 직무의 분석·평가·분류가 이루어진 후에 직무의 자격요건에 따라 적격자를 선정하여 승진시키는 방법이다. 직계(직위)승진은 구성원의 역량구조와 직계요건이 일치하는 최적의 승진자를 선발하게 되어 **이론적으로 최적의 승진제도**라고 할 수 있는데 현실적으로는 구성원 역량구조와 직계요건의 일치가 어려운 경우가 있다. 또한, 급격한 환경변화에 따라 직무요건에 변화가 발생하는 경우가 많기 때문에 직계구조가 안정적이지 않은 경우도 적지 않다. 따라서 이 제도는 다른 승진제도와 보완하여 융통성 있게 활용되는 경우가 많다.

(2) 조직 외 이동

광의의 이직(Turnover)은 종업원의 입직(Accession)과 이직(Separation)을 모두 포함하는 개념이지만, 협의의 이직(Separation)은 조직으로부터 금전적 보상을 받는 인적자원이 자발적 또는 비자발적으로 조직에서 구성원 자격을 일시적 또는 영구적으로 종결짓고 조직을 떠나는 것을 의미한다. 이직은 인적자원의 의지에 따라 자발적 이직과 비자발적 이직으로 구분할 수 있다. 자발적 이직에는 전직(Turn Over), 사직(Resign) 등이 있으며, 비자발적 이직에는 해고(Dismissal)와 퇴직(Retirement) 등이 있다.

> **승진에 대한 다음 설명 중 가장 적절하지 않은 것은?**
>
> ① 직급승진은 연공주의나 능력주의에 입각하여 인적자원이 상위직급으로 이동하는 것을 말한다.
> ② 직급승진을 위해서는 상위직급의 특정직무가 공석이 되어야 한다.
> ③ 직급승진이 된 자에게는 권한, 책임 및 보상의 증가가 동반된다.
> ④ 자격승진은 누구라도 직능을 갖추게 되면 상위직능등급으로 자격이 상승된다.
> ⑤ 조직변화승진은 조직변화를 통해 대용승진의 기회를 확대하는 방법이다.
>
> **정답** ⑤
> **해설** 조직변화승진은 조직변화를 통해 직급승진의 기회를 확대하는 방법이다.

04 인사평가(성과관리)와 보상관리 ★★★

1. 인사평가(성과관리)

(1) 의의

인사평가(Personnel Rating)는 인사고과라고도 하는데, 일정한 기준에 따라 인적자원의 업무성과, 업무수행능력, 업무태도 등을 종합적으로 평가하는 과정을 의미한다. 즉, 조직 내의 여러 직무에 종사하고 있는 조직원 또는 관리자의 근무성적이나 능력, 업적, 태도 등을 조직에 대한 유효성의 관점에서 정기적으로 검토, 평가하여 이들의 상대적 가치를 조직적으로 결정하고자 하는 과정이다. 이러한 인사평가의 가장 중요한 목적은 보상을 결정하는 것이 되며, 대표적인 평가요소에는 **능력 또는 역량 평가, 적성 및 태도 평가, 성과 평가** 등이 있다.

(2) 구성요건

기업에서 추구하고 있는 인사평가의 목적을 달성하기 위해서는 몇 가지 사항을 갖추고 있어야 한다. 평가를 통해 측정된 결과는 실제 직무성과와 얼마나 관련성이 높은가(평가내용이 평가목적을 얼마나 잘 반영하고 있느냐)를 의미하는 **타당성(Validity)**, 평가결과가 나타내는 일관성 또는 안정성을 의미하는 **신뢰성(Reliability)**, 인사평가를 피평가자가 정당하다고 느끼는 정도인 **수용성(Acceptability)**, 인사평가를 비용-편익(Cost-Benefit) 측면에서 검토하는 **실용성(Practicability)** 등에 따라 인사평가의 질이 달라진다. 따라서 인사평가는 **타당성, 신뢰성, 수용성, 실용성 등을 최대한 갖추고 있는 방향으로 설계되고 운영되어야 한다.** 또한, 이러한 구성요건들은 상호배타적인 것이 아니고 상호보완적인 측면이 강하기 때문에 복합적인 관점에서 접근하면 할수록 그만큼 평가는 완벽에 가까운 평가가 될 수 있다. 그러나 아무리 완벽한 평가도구라 할지라도 실제로 사용하는데 있어서 인간적 오류(Human Error)가 극복되는 것은 아니다.

[구성요건의 증대방안]

구성요건	증대방안
타당성	목적별 평가, 피평가자 집단의 세분화 등
신뢰성	평가결과의 공개, 다면평가, 평가자 교육 등
수용성	피평가자의 평가참여, 능력개발형 평가, 평가제도 개발시 종업원대표 참여 등
실용성	비용과 편익의 정확한 측정

(3) 인사평가방법

① 서열법(Ranking Method)

피평가자의 능력 및 업적을 통틀어 그 가치에 따라 서열을 매기는 방법을 의미한다. 서열법은 간단하고 신속하게 등급을 매길 수 있다는 장점이 있지만, 주관적이라는 단점이 있다. 이러한 주관성을 완화시키기 위해 개발된 발전된 형태의 서열법이 있는데, 가장 대표적인 방법으로는 교대서열법(Alternative Ranking Method), 쌍대비교법(Paired Comparison Method), 대인비교법(Person-to-Person Comparison) 등이 있다.

② 평정척도법(Rating Scale Method)

피평가자의 자질을 직무수행상 과업달성의 정도에 따라 사전에 마련된 평정척도를 근거로 평가자가 평가하는 방법을 의미한다. 즉, 피평가자의 능력, 개인적 특성, 성과 등을 평가하기 위해 평가요소를 제시하고 이에 대해 단계별 차등을 두어 평가하는 방법으로 가장 널리 사용되는 인사평가기법 중의 하나이다. 평정척도법은 대인비교법의 약점을 보완하기 위해 개발된 것인데, 대인비교법에서는 평가요소별 피평가자의 서열을 매기지만 평정척도법에서는 등급을 매기기 때문에 보다 구체적인 평가정보를 제공해준다. 그러나 평정척도법은 **관대화경향, 중심화경향, 가혹화경향, 후광효과 등의 오류가 발생할 가능성이** 있다.

③ 대조표법(Checklist Method)

평가내용이 되는 피평가자의 능력(잠재능력), 태도, 작업행동, 성과 등과 관련되는 표준행동을 제시하고 그 중에서 피평가자의 행동이라고 여겨지는 것을 체크하여 인적자원을 평가하는 방법을 의미한다. 대조표법을 사용하는 경우에 일반적으로 평가자는 대조표를 작성하여 보고만 할 뿐 그 평가는 인사부서에서 하게 된다. 이 방법은 직무마다 해당되는 질문이 다르기 때문에 전체적인 평가가 쉽지 않고, 직무마다 별도의 질문들을 설계해야 하므로 많은 시간이 필요하다.

④ 중요사건기록법(Critical Incident Method)

평가기간 동안에 발생한 중요사건을 기록해 두었다가 이를 중심으로 피평가자를 평가하는 방법을 의미한다. 사건에 대한 기록을 유지하기에 많은 시간이 요구될 뿐만 아니라 어떤 사건을 기록해야 할지에 대한 개념이 평가자에 따라 상이할 수 있다.

⑤ 행동기준평가법(BARS ; Behaviorally Anchored Rating Scale)

평정척도법과 중요사건기록법을 혼용하여 보다 정교하게 계량적으로 수정한 방법을 의미한다. 행동기준평가법은 직무를 수행할 때 발생하는 수많은 중요사건을 추출하여 몇 개의 범주로 나눈 후에 각 범주의 중요사건을 척도에 따라 평가한다. 이 방법은 다양하고 구체적인 직무에 적용이 가능하고, 이해가 쉽기 때문에 인사평가 대한 적극적인 관심과 참여를 유도할 수 있다. 그러나 많은 시간과 비용이 소요되고 평가자의 편견이 개입될 수 있다.

- **행동기대평가법(Behavior Expectation Scale)** : 평가요소가 피평가자의 행동을 '우수', '평균', '평균이하'와 같이 규정하도록 하는 설명이 있는 방법
- **행동관찰평가법(Behavior Observation Scale)** : 서술되어 있는 행동기준을 피평가자가 얼마나 자주 보여 주는지 그 빈도를 측정하는 방법
- 행동기준평가법의 개발 절차
  BARS 개발 위원회 구성 → 중요사건의 열거 → 중요사건의 범주화 → 중요사건의 재분류 → 중요사건의 등급화(점수화) → 확정 및 시행

⑥ 목표관리법(MBO Method)

측정가능한 특정 성과목표를 상급자와 하급자가 함께 합의하여 설정하고, 그 목표를 달성할 책임부문을 명시하여 목표의 진척사항을 정기적으로 점검한 후 이러한 진도에 따라 보상을 배분하는 경영시스템인 **목표관리의 개념을 이용한 인사평가방법**을 의미한다.

⑦ 평가센터법(Assessment Center Method)

기업이 주로 관리자계층의 선발을 위하여 사용하는 방법인데, 다수의 피평가자를 특정 장소에 며칠간 **합숙**시키면서 훈련받은 관찰자들이 이들을 집중적으로 관찰하고 평가함으로써 **관리자 선발이나 승진의사결정**에 있어서 신뢰성과 타당성을 높이기 위해 시행되는 체계적인 선발방법을 의미한다. 이 방법은 관리자의 **신규선발뿐만 아니라 기존 관리자들의 공정한 평가와 인력개발을 위해서도 활용**되고 있지만, **비용이 많이 발생**한다는 단점이 있다.

⑧ 자율서술법(Essay Method)

피평가자 자신이 작성한 **자기신고서**를 활용하여 평가하는 방법을 의미한다. 최근에 많은 기업들이 도입하고 있지만 **주관적인 특성과 신뢰성에 대한 의문이 제기되고 있는 방법**이다. 자기신고서를 활용하여 평가하기 때문에 피평가자를 가장 자세히 설명할 수 있는 방법이기는 하지만 자기신고서의 서술방법에 따라 평가내용이 차이가 날 수 있기 때문에 피평가자 간 비교가 쉽지 않다.

⑨ 강제할당법(Forced Distribution Method)

피평가자 집단의 성과에 대한 분포가 **정규분포**를 이룬다는 가정 하에 미리 몇 개의 범위와 평가요소에 따라 피평가자들을 평가하여 범위 또는 등급별로 **피평가자들을 강제로 할당하는 방법**을 의미한다. 이 방법은 관대화경향, 중심화경향, 가혹화경향을 어느 정도 극복할 수 있으나 **평가집단이 전체적으로 우수하거나 열등한 경우에는 적합하지 않은 방법**이다.

⑩ 다면평가제도(Multi-Source Feedback)

다면평가제도란 **피평가자를 관찰하고 있는 주변의 많은 사람들(상급자, 동료, 하급자, 고객, 외부전문가 등)이 평가자가 되어 피평가자를 평가하는 방법**을 의미하며 360도 성과피드백이라고도 한다. 이 방법은 피평가자의 동료뿐만 아니라 하급자도 평가자로 참여할 수 있기 때문에 피평가자를 다각도로 평가하는 것이 가능하고 이로 인해 주관적인 편견을 개선할 수 있다는 장점을 가진다. 그러나 인사평가과정에서 시간과 비용이 많이 발생하며, 피평가자가 인사평가로 인해 받는 스트레스를 증가시킬 수 있다는 단점을 가진다.

2. 보상관리(Compensation Management)

(1) 의의

3) 보상
사용자의 입장에서 보면 노동자가 기업에게 제공한 노동에 대한 경제적 대가이며, 노동자의 입장에서 볼 때는 생활의 원천이 되는 소득

보상[3]을 합리적으로 계획하고 적용하는 것을 의미한다. 일반적으로 보상관리는 종업원 생활의 안정성과 보상결정의 공정성을 고려하여야 하며, 공정성은 다시 절차공정성과 배분공정성으로 구분할 수 있다.

① **안정성** : 종업원 개인의 경제적 생활안정과 기업의 경영안정을 달성할 수 있도록 적당한 균형을 유지하여야 하므로 **생활보장의 원칙, 노동대가의 원칙, 고정임금과 변동임금의 균형원칙** 등을 수립하여야 한다.

② **절차공정성** : 보상이 결정되는 모든 절차가 공정하게 이루어졌는지를 의미하는 것으로 정보정확성, 수정가능성, 대표성, 도덕성 등이 이에 해당한다.

③ **배분공정성** : 개인의 입장에서 자신이 기업에 공헌한 만큼에 해당하는 적정한 보상을 받았다고 지각하는 정도이다.

- **내부공정성** : 비교대상이 기업 내에 있어 종업원 간의 보상격차가 적절한가를 비교하는 것으로 **임금체계**에 반영된다.

- **외부공정성** : 비교대상이 기업 외에 있어 경쟁기업의 임금수준을 비교하는 것으로 **임금수준**에 반영된다.

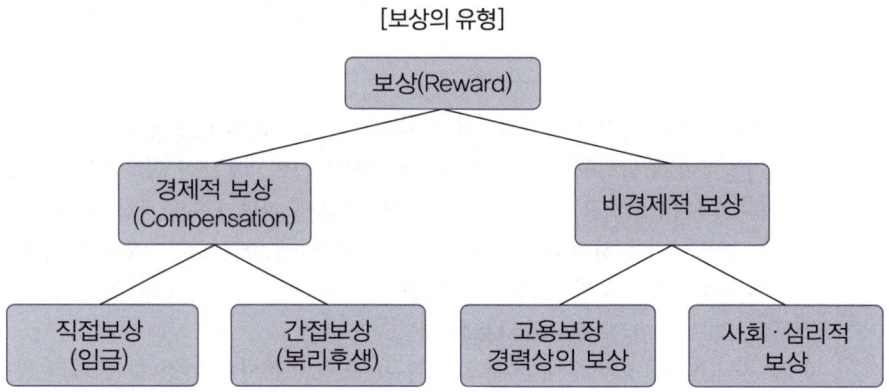

[보상의 유형]

(2) 임금체계(Wage Structure)

① 의의

핵심 Plus+

임금수준
임금수준은 일정기간동안 기업 내의 모든 종업원에게 지급되는 평균임금의 크기를 의미하고, 대표적인 임금수준의 결정요인에는 기업의 지불능력, 종업원의 생계비, 최저임금제, 사회적 균형요인(경쟁기업의 임금수준, 노동조합의 교섭력, 노동시장의 수급상황 등) 등이 있음

임금형태
임금형태는 정해진 임금제도에 의하여 일정한 액수의 임금이 산정되었다면 그 임금을 어떤 방식으로 지급하는지를 의미함. 이러한 임금형태의 유형에는 상여금, 수당, 연봉제 등이 있음

일정한 임금의 총 재원을 특정방식에 의해 조직구성원들에게 공정하게 배분하는 기준을 의미한다. 임금체계의 관리는 공정한 배분을 통해 노동의욕을 확대시키는데 그 목적이 있으며, 가장 대표적인 임금체계에는 직무급, 연공급, 직능급, 성과급 등이 있다. 여기서 직무급은 **직무가치 기준 임금체계**에 해당하고, 연공급과 직능급은 **종업원가치 기준 임금체계**에 해당한다. 그리고 성과급은 **결과가치 기준 임금체계**에 해당한다.

[임금체계의 구조]

```
                    ┌──── 직무가치 ──── 직무급
                    │
임금배분의 기준 ─────┼──── 종업원가치 ──┬── 연공급
                    │                   └── 직능급
                    │
                    └──── 결과가치 ──── 성과급
```

② **직무급**

직무들이 가지는 상대적 가치에 따라 임금을 결정하는 임금제도를 의미한다. 따라서 부가가치를 많이 생산하거나 어려운 직무라면 직무의 가치가 높기 때문에 그 직무를 수행하는 인적자원의 임금은 높게 책정된다. 직무급이 공정하고 합리적으로 적용되기 위해서는 직무분석과 직무평가가 제대로 이루어져 직무마다 정확한 가치가 산정되어야 한다.

③ **연공급**

인적자원이 기업 또는 해당직무에 종사한 기간인 연공을 기준으로 임금을 차별화하는 제도를 의미한다. 연공에 따라 임금이 차별화될 수 있는 이유는 근속연수가 많아짐에 따라 학습에 의해 숙련수준이 높아진다고 가정하기 때문이다.

④ **직능급**

인적자원이 보유하고 있는 직무수행능력(직능)을 기준으로 임금을 차별화하는 제도를 의미한다. 직능급은 연공급과 직무요소 기준의 직무급을 절충한 형태라고 할 수 있다.

⑤ **성과급**

인적자원이 달성한 성과의 크기를 기준으로 임금액을 결정하는 임금제도를 의미한다. 인적자원이 기업의 성과에 직접적으로 기여한 만큼 보상을 받는 것이 공정하다는 논리에 입각한 제도라고 할 수 있으며, 동일한 가치를 가진 직무를 수행한다 하더라도 인적자원들의 임금은 성과에 따라 다르게 책정될 수 있다. 성과급은 그 수준에 따라 개인성과급제도, 집단성과급제도, 기업(조직)성과급제도가 있다.

[개인성과급제도의 형태]

임률 \ 임률 결정방법	일정시간당 생산단위	제품단위당 소요시간
임률 고정	• 단순 성과급	• 표준시간급
임률 변동	• 테일러식 복률성과급 • 메릭식 복률성과급 • 리틀식 복률성과급	• 간트식 할증급 • 비도우식 할증급 • 할시식 할증급 • 로완식 할증급

(3) 새로운 임금제도

① **기술급(지식급)**

좁은 의미로는 숙련급, 기능급 등으로 불리는데, 환경변화에 신속하게 대처하지 못하는 직무급의 대안으로 종업원이 수행하고 있는 기술이 아니라 보유하고 있는 기술

이나 지식의 종류와 수준에 따라 임금이 결정되는 제도이다. 즉, 종업원이 현재 담당하고 있는 직무가 종업원이 보유한 기술이나 지식을 요구하지 않더라도 검정된 모든 기술이나 지식에 대해서 해당 종업원에게 임금을 지급하는 제도이다.

② 역량[4]급

종업원들이 현재 담당하고 있는 직무와는 상관없이 그들이 보유하고 있는 역량의 범위와 수준에 따라 임금이 결정되는 제도이다. 기술급과 마찬가지로 직무급의 대안으로 개발 및 도입되었다. 역량급은 인적인 특성에 기초한 임금제도라는 점에서 기술급과 동일하지만, 기술급을 능가하는 임금제도라고 할 수 있다. 또한, 일반적으로 역량은 가시적 요소인 기술, 지식과 내면적 요소인 자아개념,특질, 동기 등으로 구성된다.

③ 스톡옵션제

기업이 경영자 및 종업원들에게 장래의 일정한 기간(권리행사기간) 내에 사전에 약정된 가격(권리행사가격)으로 일정 수량의 자사주를 매입할 수 있는 권리를 부여하는 제도로 주식에 근거한 보상에 해당한다. 원래 최고경영자를 위한 개별 인센티브 보상제도로 실시되어 왔으나, 최근에는 종업원도 그 대상으로 실시되고 있다.

④ 브로드밴딩(Broadbanding)

정보기술의 발달로 인해 조직계층 수의 축소와 수평적 조직의 확산에 따라 이에 적합한 직무등급체계로 등장한 신임금체계로, 전통적인 다수의 계층적인 임금구조를 통합하여 보다 폭넓은 임금범위를 갖는 소수의 임금등급(Pay Grade)으로 축소시키는 것을 말한다. 즉, 브로드밴딩은 직무의 중요도나 가치에 따라 유사한 수준의 직무를 묶어 밴드로 설정하고 밴드 내에서 최대임금과 최소임금의 폭을 결정하는 것이다. 이는 전통적인 직무급에서처럼 높은 직무등급으로 수직 이동하는 승진보다 개인의 능력과 공헌도를 중요시하고 개인의 역량 발전에 따라 역할의 범위와 중요도가 확대되는 것을 중시한다. 그렇기 때문에 직무가 변하지 않더라도 동일 직무 내에서 성과 및 숙련 등에 따른 동기부여의 효과를 얻을 수 있다.

4) 역량
성공적인 직무수행을 위해 요구되는 기술·지식·동기·행동 등을 포함한 개인적인 특성

시험문제 미리보기!

인사평가의 방법에 대한 다음 설명으로 가장 적절한 것은?

> 이 방법은 피평가자의 수가 증가하면 정규분포를 이룬다는 가정 하에 미리 마련한 몇 개의 범위와 평가요소에 따라 피평가자를 구별하는 방법이며, 중심화·관대화·가혹화 경향을 어느 정도 극복할 수 있다는 장점을 가지고 있다. 그러나 평가집단이 전체적으로 우수하거나 열등한 집단이라면 커다란 오류를 범할 수 있는 단점이 있다.

① 서열법 　② 쌍대비교법 　③ 강제할당법 　④ 중요사건기록법 　⑤ 평정척도법

정답 ③
해설 강제할당법은 표본집단이 정규분포를 이룬다는 것을 가정하고 있는 인사평가의 방법이다.

출제예상문제

! 출제예상문제의 중요도를 ★~★★★으로 구분하였습니다. 난이도가 가장 높은 고등급 문제는 [최우수] 표시하였으니, 최우수 등급을 목표로 하신다면 반드시 학습하시기 바랍니다.

★
01 인적자원관리 패러다임의 변화에 대한 다음 내용 중 가장 적절하지 않은 것은?

① 반응적 관리 → 선행적 관리   ② 일원관리 → 다원관리
③ 비용중심 → 수익중심   ④ 이질적 인재관 → 표준형 인재관
⑤ 연공중심 → 능력중심

[최우수]
★★★
02 전략적 인적자원관리에 대한 다음 설명 중 가장 적절하지 않은 것은?

① 전략적 인적자원관리는 경영전략과 인적자원관리를 통합하여 상호 연계시키는 인적자원관리 활동 및 체계이다.
② 전략적 인적자원관리는 전통적인 인사관리와 달리 기업의 경영전략과 인적자원관리시스템간의 적합성을 강조한다.
③ 전략적 인적자원관리의 취지에 가장 부합하는 연결관계는 통합적 연결관계이다.
④ 전략적 인적자원관리는 경쟁우위의 원천으로 인적자원보다 물적자원을 중시한다.
⑤ 울리히(Ulrich) 모형에서 인사부서의 역할은 행정전문가, 근로자의 대변인, 전략적 파트너, 변화담당자의 순으로 변화되어 왔다.

★★
03 직무분석의 방법에 대한 다음 설명 중 가장 적절하지 않은 것은?

① 경험법 : 분석자가 실제로 직무를 체험함으로써 정보를 수집한다.
② 관찰법 : 해당 직무를 수행하는 사람 옆에서 직접 관찰을 하면서 수집을 한다.
③ 질문지법 : 질문지를 배포하여 응답하도록 하여 자료를 수집한다.
④ 면접법 : 가장 짧은 시간에 정보를 수집할 수 있으며, 직접 질문을 하여 필요한 정보를 수집하는 방법이다.
⑤ 작업기록법 : 자신의 직무를 마치고 작업일지를 쓰는 것을 의미하며, 이러한 작업일지나 메모지를 기초로 하여 직무를 분석하는 것이다.

04 다음의 설명으로 가장 적절한 것은?

> 하나의 직무를 적절히 수행하기 위하여 필요한 최소한의 인적자원에 대한 설명을 하고 있으며, 사람에 대한 기준에 더 중점을 두고 성공적인 직무수행을 위하여 직무에서 요구되는 자질을 중심으로 기술한 것을 의미한다.

① 직무명세서 ② 직무기술서 ③ 직무평가서 ④ 작업일지 ⑤ 직무계획서

최우수

05 직무평가와 직무분석에 대한 설명으로 가장 적절하지 않은 것은?

① 직무평가는 직무의 상대적 가치를 평가하는 것이며 담당자의 평가를 위한 것은 아니다.
② 직무평가는 직무의 중요도, 난이도, 위험도 등의 평가요소에 의해 직무간의 상대적인 가치를 결정하는 과정이다.
③ 직무평가는 직무분석에 의해 작성된 직무기술서나 직무명세서를 기초로 하여 이루어진다.
④ 직무분석은 특정 직무에 적합한 특성을 가진 사람을 선발, 배치, 훈련, 보상 등을 하기 위하여 직무담당자의 자질과 능력을 분석하는 것이다.
⑤ 직무분석은 직무평가의 기초가 되므로 직무평가보다 먼저 이루어져야 한다.

정답 및 해설

01 ④
인적자원관리 초기개념에서는 표준적인 인재관을 강요했지만, 현대의 인적자원관리 개념에서는 구성원들에게 각자 나름대로의 아이디어와 특성을 살려나가도록 터전을 마련해 주어야 한다.

02 ④
전략적 인적자원관리는 경쟁우위의 원천으로 인적자원을 중시한다.

03 ④
면접법은 가장 탄력적으로 정보를 수집할 수 있지만, 자료의 수집시간과 노력이 많이 걸리며 분석자가 그 직무에 대하여 잘 알고 있어야 한다는 단점이 있다.

04 ①
직무명세서에 대한 설명이다. 직무명세서는 직무분석의 결과에 따라 직무수행에 필요한 종업원의 행동, 기능, 능력 및 지식 등을 일정한 서식으로 기록한 문서이다.

05 ④
직무분석의 범위에 현재 직무를 수행하고 있는 직무담당자(직무수행자)는 포함되지 않는다.

06 기업이나 어떤 조직에 있어서 각 직무가 지니는 상대적 가치를 결정하는 과정을 직무평가라고 한다. 다음 중 일반적인 직무평가의 방법에 속하지 않는 것은?

① 서열법 　　　② 점수법 　　　③ 대조법 　　　④ 분류법 　　　⑤ 요소비교법

07 직무설계에 대한 다음 설명 중 가장 적절하지 않은 것은?

① 직무전문화는 동일 작업자가 수행하는 다양한 종류의 과업을 숫자면에서 감소시키는 것을 의미한다.
② 직무확대는 한 작업자가 수행하는 기존 과업의 숫자를 늘리되 의사결정과 관련된 권한 내지 책임의 정도는 별로 증가되지 않는 경우이다.
③ 직무교차는 집단을 대상으로 도입할 수 있는 수직적 직무확대이다.
④ 직무순환은 작업자가 수행하는 여러 가지 과업이 호환성을 가지며, 작업자는 작업흐름에 큰 지장없이 이동이 가능하다는 사실을 전제로 하고 있다.
⑤ 준자율적 작업집단은 몇 개의 직무들이 하나의 작업집단을 형성하게 하여 이를 수행하는 작업자들에게 어느 정도의 자율성을 허용해 주는 것이다.

08 직무충실화에 대한 다음 설명 중 가장 적절하지 않은 것은?

① 종업원들이 참여와 그들 간의 상호작용을 장려하는 것이다.
② 작업자가 스스로 작업계획을 수립함으로써 개인적인 책임감을 느끼도록 장려한다.
③ 자유재량권 확대를 통한 직무수행자의 창의력 개발을 촉진시킬 수 있다.
④ 직무수행의 범위를 넓혀 직무의 완성도를 증대시킬 수 있다.
⑤ 제3자의 감독과 통제를 완전히 배제함으로써 직무담당자의 자율권을 보장해 준다.

최우수
★★★
09 내부모집과 외부모집의 특성에 관한 설명으로 다음 중 가장 적절하지 않은 것은?

① 내부모집은 내부인끼리의 경쟁이라서 선발에 탈락되어도 불만이 적으며 과다경쟁도 거의 없다.

② 내부모집의 경우 이미 지원자들에 대해 많은 정보를 가지고 있어서 정확한 평가와 결정을 내릴 수 있다.

③ 내부모집은 내부인들 개인이 경력개발을 위해 계획을 세우고 실천하도록 함으로써 사내직원 전체의 능력향상을 도모할 수 있다.

④ 외부모집은 외부인이 자기직무에 잘 적응하기까지의 적응 비용과 시간이 많이 든다.

⑤ 외부모집을 통해 기업은 조직 내부의 분위기에 신선한 충격을 줄 수 있다.

★★
10 선발도구에 대한 다음 설명 중 가장 적절하지 않은 것은?

① 동시타당도는 현직 종업원을 대상으로 기준치와 예측치를 결정하는 것이다.

② 예측타당도는 선발시험에 합격한 사람의 시험성적과 입사 후의 직무성과를 비교하여 검사하는 것이다.

③ 내용타당도는 측정도구가 측정하고자 하는 개념들을 얼마나 잘 나타내고 있는가를 검토하는 개념이다.

④ 신뢰도는 선발도구가 어떠한 상황에서도 똑같은 결과를 나타내는 일관성을 가져야 한다는 것을 말한다.

⑤ 선발오류 중 1종오류는 선발비율(합격자수/지원자수)의 감소를 통해 줄일 수 있다.

정답 및 해설

06 ③
직무평가는 경영자가 종업원의 성과평가를 위한 것이며, 또한 개인적인 개발을 위한 목적으로 이용이 된다. 직무평가방법에는 서열법, 점수법, 분류법, 요소비교법 등이 있다.

07 ③
직무교차는 집단을 대상으로 도입할 수 있는 수평적 직무확대이다.

08 ⑤
직무충실화는 작업자 스스로 작업계획을 수립함으로써 자율권을 많이 부여하는 개념으로 더욱 그 직무에 책임감을 느껴 능동적으로 작업을 하도록 하는 데 목적이 있다. 이때 제3자의 감독과 통제는 완전히 배제하는 것이 아니라 줄이는 것이라고 할 수 있다.

09 ①
내부모집은 불합격된 사람들의 불만이 쌓이게 되면 위험한 요소로 조직에 남을 수 있으며, 서로 좋은 자리에 채용되려고 과다경쟁을 벌일 수 있다.

10 ⑤
선발오류 중 2종오류는 선발비율(합격자수/지원자수)의 감소를 통해 줄일 수 있다.

11 다음 직장 내 훈련에 대한 설명 중 가장 적절하지 않은 것은?

① 훈련성과가 작업성과와 직결된다.

② 훈련성과가 직속상사의 능력에 따라 좌우된다.

③ 기초능력의 훈련에 적합한 훈련방법이다.

④ 인사부의 도움을 받아서 계획적으로 실시하여야 한다.

⑤ 훈련과 작업이 직접적으로 연관될 수 있다.

12 커크패트릭의 교육평가모형에서 고려하고 있는 평가수준으로 가장 적절하지 않은 것은?

① 반응　　　　② 학습　　　　③ 행동　　　　④ 과정　　　　⑤ 성과

13 직무내용이나 보상의 실질적인 변동 없이 직급명칭 또는 자격명칭만 변경되는 형식적 승진을 무엇이라 하는가?

① 직급승진　　　② 자격승진　　　③ 조직변화승진　　　④ 대용승진　　　⑤ 직계승진

14 인사평가에 대한 다음 설명 중 가장 적절하지 않은 것은?

① 인사평가의 가장 큰 목적은 임금결정과 연관되어 있다.

② 인사평가요소로는 성과평가, 능력평가, 업무태도 등이 있다.

③ 인사평가는 조직구성원과 직무를 결합시키는 데에 유용한 자료를 제공한다.

④ 인사평가는 구성원의 미래성과를 향상시키는데 도움을 준다.

⑤ 인사평가의 결과에 의해 결정되는 보상에는 직무급, 직능급, 연공급, 성과급 등이 있다.

15 인사평가의 방법에 대한 다음 설명으로 가장 적절한 것은?

이 방법은 피평가자를 관찰하고 있는 주변의 많은 사람들이 피평가자에 대한 평가를 실시하고 그 결과를 평가자에게 피드백 해 줌으로써 스스로를 개발해 나갈 수 있도록 해주는 평가방법이다.

① 다면평가제도   ② 자율서술법   ③ 평가센터법   ④ 대조표법   ⑤ 행위기준평가법

정답 및 해설

11 ④
직장 내 훈련은 직속상사가 자신의 교육자가 되는 것으로 훈련의 계획성이라는 측면과는 다소 거리가 멀다.

12 ④
커크패트릭의 교육평가모형은 반응, 학습, 행동, 성과의 4가지 평가수준으로 구성되어 있다.

13 ④
대용승진은 건조승진 또는 준승진이라고 하며 승진은 발생했지만 직무내용이나 보상이 변동되지 않는 명칭만 변경되는 형식적 승진이다.

14 ⑤
인사평가의 결과에 의해 결정되는 보상에는 직능급, 연공급, 성과급 등이 있다. 직무급은 직무평가의 결과에 의해 결정되는 보상이다.

15 ①
다면평가제도에 대한 설명이다.

16 ★ 인사평가에 대한 다음 설명 중 가장 적절하지 않은 것은?

① 직무평가는 직무 자체의 가치를 판단하는데 반해, 인사평가는 직무상의 인간을 평가하는 것이다.

② 인사평가는 직무평가를 위한 선행조건이다.

③ 직무평가와 인사평가는 상대적인 개념이다.

④ 인사평가의 기준은 객관성을 높이기 위해 특정 목적에 적합하도록 조정된 경향이 있다.

⑤ 임금을 위해서는 실적중심의 인사평가, 승진을 위해서는 능력중심의 인사평가가 행해질 수 있다.

★★★
17 보상에 대한 다음 설명 중 가장 적절하지 않은 것은?

① 보상은 사용자의 입장에서 보면 노동자가 기업에 제공한 노동에 대해 지불하는 경제적 대가이다.

② 보상은 노동자의 입장에서 보면 생활의 원천이 되는 소득이 된다.

③ 보상은 일반적으로 종업원 생활유지의 안정성, 배분의 공정성, 절차의 공정성이라는 기준을 통해 이루어져야 한다.

④ 보상수준의 결정에 영향을 미치는 내부적 요인에는 조직체 규모, 생산성, 경영방침, 직무의 가치, 조직구성원의 능력 및 성과 등이 있다.

⑤ 내부공정성은 임금수준에 반영되고, 외부공정성은 임금체계에 반영된다.

★★★
18 직무급에 대한 다음 설명 중 가장 적절하지 않은 것은?

① 직무들의 상대적인 가치에 따라 임금을 결정하는 제도이다.

② 특수업무의 인재확보가 용이하다.

③ 동일노동에 동일임금을 적용하는 것이 쉽지 않다.

④ 연공주의 풍토에서는 인적자원의 저항이 발생할 수 있다.

⑤ 직무가치의 평가와 산정절차가 복잡하다.

19 **다음에서 설명하는 개념으로 가장 적절한 것은?**

> 정보기술의 발달로 인해 조직계층 수의 축소와 수평적 조직의 확산에 따라 이에 적합한 직무등급체계로 등장한 신임금체계
> 이다. 이는 전통적인 다수의 계층적인 임금구조를 통합하여 보다 폭넓은 임금범위를 갖는 소수의 임금등급으로 축소시키는
> 것을 말한다.

① 브로드밴딩   ② 기술급   ③ 지식급   ④ 역량급   ⑤ 스톡옵션제

정답 및 해설

16 ②
직무평가는 인사평가를 위한 선행조건이다. 직무분석을 통해 얻어진 직무기술서와 직무명세서를 기초로 하여 직무평가가 이루어지며, 직무평가의 결과에 근거하여 인사평가가 실행된다.

17 ⑤
내부공정성은 임금체계에 반영되고, 외부공정성은 임금수준에 반영된다.

18 ③
직무급은 동일노동에 동일임금을 적용하는 것이 가능한 임금체계이다.

19 ①
브로드밴딩에 대한 설명이다.

해커스 매경TEST 2주 완성

PART 2

경영전략과 마케팅

제**1**장 경영전략과 국제경영

🔲 학습전략

경영전략과 국제경영은 경영전략의 이해, 환경분석, 전략의 유형으로 구성되어 있으며, 전반적인 내용을 숙지한 다음에 자주 출제되는 부분에 대해서는 좀 더 자세하게 정리하는 방향으로 준비하여야 한다.

특히, '제1절 경영전략의 이해'에서는 경영혁신을 중심으로 학습이 이루어져야 하고, '제2절 환경분석'에서는 다양한 환경분석도구(SWOT 분석, VRIO 분석, 산업구조분석, 가치사슬분석 등)에 대해서 개념 중심으로 학습이 이루어져야 한다. 또한, '제3절 전략의 유형'은 전체 내용에 대해서 빠짐없이 학습하는 것이 중요하다.

🔲 출제비중

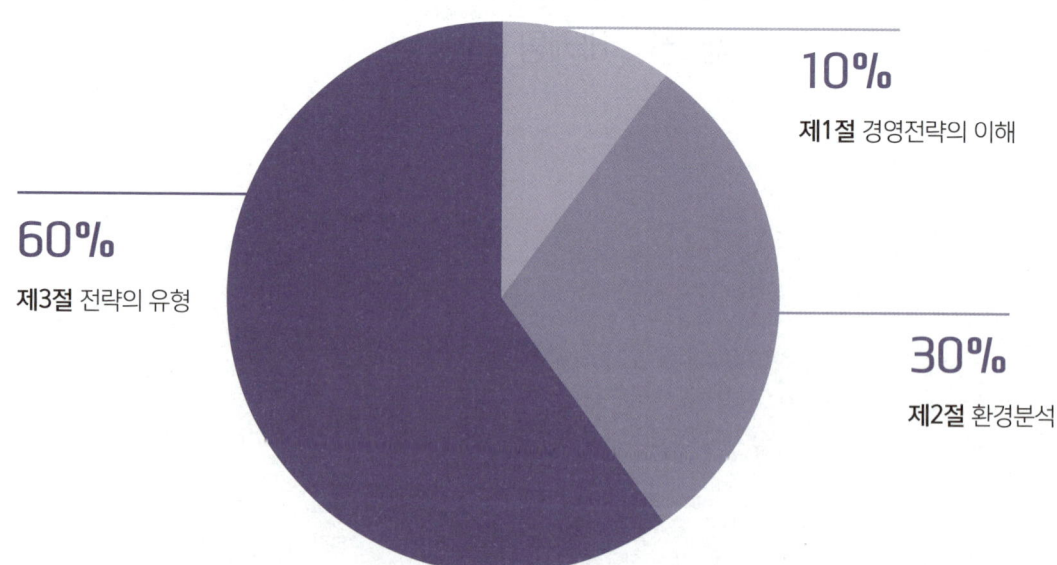

10%
제1절 경영전략의 이해

30%
제2절 환경분석

60%
제3절 전략의 유형

■ 출제유형

제1장 경영전략과 국제경영에서는 경영전략의 유형과 해외시장진출에 대한 문제들이 다수 출제된다. 특히, 경영전략의 유형 중에서 인수·합병을 포함한 기업집단화와 관련된 다양한 개념들이 자주 출제되고, 해외시장진출의 유형에 대한 문제들이 자주 출제된다. 또한, 마이클 포터(M. Porter)와 관련된 이론들(산업구조분석, 가치사슬분석, 본원적 전략, 다이아몬드 모형 등)과 엔소프(H. Ansoff)의 성장전략에 개념도 자주 출제된다.

■ 학습구성

구 분	출제포인트	중요도
제1절 경영전략의 이해	**01** 경영전략(Business Strategy)의 기초개념	★
	02 경영혁신	★★
제2절 환경분석	**01** 조직자원과 역량의 분석	★★
	02 산업구조분석	★★★
	03 가치사슬분석	★★★
제3절 전략의 유형	**01** 사업부 수준의 전략	★★
	02 기업 수준의 전략	★★★
	03 다국적 기업과 글로벌 경영	★★

핵심 Check ✓ 경영전략의 이해

수 준	기업전략, 사업전략, 기능전략
경영전략 프로세스	목표설정, 환경분석, 전략수립, 실행 및 평가
경영혁신	다운사이징, 구조조정과 리엔지니어링, 벤치마킹, 학습조직, 지식경영, 경제적 부가가치 경영, 균형성과표, 블루오션 전략

01 경영전략(Business Strategy)의 기초개념 ★

1. 의의

기업의 사명과 목표를 달성하고 경쟁우위를 확보하기 위하여 환경과의 관계를 고려하며 전략을 수립하고 실행하는 과정을 말한다. 따라서 경영전략의 범위에는 단순한 계획은 물론 실행과 통제(관리)를 포함할 뿐만 아니라 보다 폭넓은 경영환경에 대한 분석도 포함된다. 기업은 경쟁우위의 확보를 위해 다양한 경영전략을 수립하게 되는데, 그 구체적인 특징은 다음과 같다.

① 경영전략은 **조직의 목적과 직결**되어 있다.
② 조직의 모든 행동은 궁극적으로 경영전략에 의해서 이루어지기 때문에 경영전략은 다른 모든 계획의 **기본 준거틀(Basic Framework)**을 제공한다.
③ 경영전략은 다른 형태의 계획보다 **비교적 장기적인 계획**이며, 조직의 모든 행동과 의사결정에 대하여 **일관성**을 유지시켜 준다.
④ 일반적으로 경영전략은 **최고경영층에서 수립**된다.

2. 수준

(1) 기업전략(Corporate Strategy)

기업전체의 목표를 달성하기 위해 지속적 경쟁우위를 확보하고 그 기업이 나아가야 할 방향을 설정하기 위해 수립되는 경영전략을 말한다. 즉, 기업전략은 기업전체의 장기적인 방향을 설정하는 전략으로 어떤 시장 또는 어떤 산업에 속하여 경쟁할 것인가를 결정하는 것과 기업전체의 자원배분과 관련된 지침과 방향을 결정하는 것을 그 목적으로 한다.

(2) 사업전략(Business Strategy)

개별 주요사업을 완수하기 위해 하나의 사업단위, 하나의 제품 또는 하나의 제품라인 등을 위해 수립되는 경영전략을 말한다. 사업전략에서는 주로 특정 시장이나 특정 산업 내에서 경쟁하기 위한 제품믹스의 결정, 생산능력의 입지 선정, 신기술 도입 등과 같은 의사결정이 이루어진다. 일반적으로 규모가 큰 기업은 다수의 **전략사업단위(SBU ; Strategic Business Unit)**를 보유하고 있는데, 각 사업단위는 고유한 사명과 경쟁자를 가지고 있기 때문에 기업전략의 범위 내에서 사업전략을 독립적으로 수립할 수 있다.

(3) 기능전략(Functional Strategy)

사업전략을 실행하기 위한 자원의 배분을 위해 수립되는 경영전략을 말한다. 이 전략의 핵심은 제한된 자원을 어떻게 하면 효율적으로 배분할 것인가의 문제가 핵심이기 때문에 특정 기능의 영역인 **연구개발, 생산, 인적자원, 마케팅, 재무** 등과 같은 부분에 초점을 두게 된다.

[경영전략의 수준]

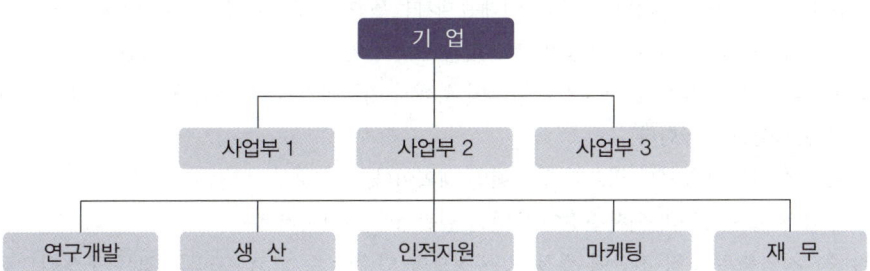

3. 경영전략 프로세스

(1) 목표설정

기업의 목표는 기업이 달성하고자 하는 바람직한 상태를 의미한다. 이러한 기업의 목표는 기업행동의 방향을 제시하고 현재 활동에 실질적인 영향을 미치는 힘을 가지며, 미션, 비전, 핵심가치로 구성된다.

    ① **미션(Mission, 사명)** : 기업과 그 기업에서 활동하는 구성원들이 공유해야 할 가치관이나 행동방침을 의미하는 것이다. 즉, 'Why'에 대한 답이 되는 개념이다.

    ② **비전(Vision)** : 기업이 장기적으로 지향하는 목표, 가치관, 이념 등을 통칭하는 개념이다. 즉, 'What' 또는 'Where'에 대한 답이 되는 개념으로 조직이 앞으로 어떻게 되어야 하는지에 대한 이상적인 모습을 보여 준다.

    ③ **핵심가치(Core Value)** : 기업의 구성원들이 비전 달성을 위해 공유하는 가치, 행동원칙, 판단기준을 의미한다. 즉, 'How'에 대한 답이 되는 개념이다.

(2) 환경분석

'기업의 현재 위치는 어디인가?'라는 질문에 답을 하는 단계를 말한다. 따라서 이 단계에서는 기업이 직면한 현재의 내적·외적 환경을 분석하고 이를 통해 입수한 정보를 이용하여 다음 단계에서 전략을 수립하게 된다.

(3) 전략수립

'그 기업이 어디로 가고자 원하는가?'라는 질문에 답을 하는 단계를 말한다. 즉, 환경분석이 끝난 후에 조직의 현재 상황에 맞는 방향을 정하고 이를 실행할 수 있는 전략을 수립하는 단계이다.

(4) 전략실행 및 평가

    ① **전략실행** : **'기업이 가고자 하는 곳에 어떻게 도달할 수 있는가?'**라는 질문에 답을 하는 단계를 말한다. 이 단계에서는 전략을 효과적으로 실행하기 위해서 필요한 모든 활동을 수행하게 된다.

② 전략평가 : '기업이 목표지점에 도착하였음을 어떻게 알 수 있는가?'라는 질문에 답을 하는 단계를 말한다. 이 단계에서는 경영전략을 효과적으로 실행하여 목표를 제대로 달성하기 위하여 모든 활동들이 잘 진행되어 왔는가를 검토하게 된다.

시험문제 미리보기!

경영전략에 대한 다음 설명 중 가장 적절하지 않은 것은?

① 조직의 존속과 직결되며, 조직의 이해관계자들은 어떤 조직이나 기업에 대해 그 조직의 전략이 무엇인가, 그들의 행동이 그 조직의 전략과 일치하는가의 여부를 확인하고자 한다.

② 조직의 모든 행동은 궁극적으로 전략에 의해서 이루어지기 때문에 다른 모든 계획의 기본 준거틀을 제공한다.

③ 다른 형태의 계획보다 비교적 장기적인 계획이다.

④ 조직의 모든 행동과 의사결정에 대하여 일관성을 유지시켜 준다.

⑤ 중간경영층은 조직 전반에 걸친 모든 정보를 입수할 수 있고, 조직의 모든 구성원으로부터 협조를 얻어내기 위해서는 중간경영층에 의한 지지가 필요하기 때문에 일반적으로 중간경영층에서 수립된다.

정답 ⑤

해설 일반적으로 경영전략은 최고경영층에서 수립된다.

02 경영혁신 ★★

1. 의의

시대의 흐름이나 환경의 변화에 맞춰 기업을 기업전체의 차원에서 과감하게 변화시킴으로써 기업의 지속적인 성장과 발전을 꾀하려는 기업구성원들의 의도적인 노력을 말한다. 이러한 경영혁신의 대상은 유형 또는 무형의 산출물(Output), 관리과정 및 조직구조(Managerial Process and Structure), 조직의 구성원(People) 등이 된다.

경영혁신은 일반적으로 목표를 달성하고 있지 못한 경우, 새로운 목표를 추구하는 경우 및 기업이 처해 있는 환경이 급변하는 경우 등에 필요한 노력이라고 할 수 있다. 따라서 경영자는 유행에 민감하기 때문에 시대에 따라 유행하는 경영혁신기법이 달라질 수 있다는 점을 고려하여 그 당시 경영환경을 반영해야 하고, 만병통치약과 같은 경영혁신기법은 없기 때문에 신중하게 경영혁신기법을 선택해야 한다.

2. 경영혁신기법

(1) 다운사이징(Downsizing)

조직의 효율, 생산성, 경쟁력을 높이기 위해서 비용구조나 업무흐름을 개선하는 일련의 조치들로 필요가 없는 인원이나 경비를 줄여 낭비적인 요소를 제거하는 것을 말한다. 이러한 기법은 조직의 체중을 감량하여 원활한 활동을 할 수 있도록 하는 것으로 감량경영기업이라고 할 수 있지만, 기업이 의도적으로 실시하는 것이기 때문에 조직이 쇠퇴하면서 규모가 작아지는 것과는 다르다. 또한, 이 기법은 기업이 위기에서 벗어나기 위한 방어적인 수단뿐만 아니라 성과를 높이기 위한 공격적인 수단으로도 사용될 수 있다.

(2) 구조조정과 리엔지니어링

① 구조조정(Restructuring)

기업이 장기적으로 치열한 경쟁에서 살아남아 경쟁우위를 확보하기 위해 제품이나 사업의 편성을 변경하고, 사업의 생산·판매·개발시스템을 구조적으로 변화시키고 재편성하는 등 **의도적이고 계획적으로 사업구조를 재구성하는 것**을 의미한다.

② 리엔지니어링(BPR ; Business Process Re-engineering)

업무방식을 단순히 개선 또는 보완하는 차원이 아니라 **고객만족이라는 전제하에서 업무를 처리하는 방식을 근본적으로 개선하고 업무프로세스 자체를 바꿈으로써 경영효율을 높이는 기법**을 말한다. 즉, 기존의 조직단위나 규칙 또는 순서를 완전히 무시하고 프로세스를 근본적으로 뜯어고쳐 고객가치의 증가라는 관점에서 기업의 모든 활동을 프로세스 중심으로 재편하여 처음부터 다시 시작하는 것을 의미한다.

(3) 벤치마킹(Benchmarking)

제품이나 업무수행과정 등 경영의 어느 특정부문에서 **최고의 성과(Best Practice)**를 올리고 있는 다른 기업을 선정하고 그 부문에서 우리 기업과 그 기업 사이의 차이를 비교·검토한 후에 **학습과 자기혁신을 통해 성과를 올리려는 지속적인 노력**을 말한다. 벤치마킹의 대상은 기업경영에서 측정가능한 모든 것이 될 수 있는데, 특정 제품의 품질, 고객서비스 수준, 생산프로세스 등 모두 그 대상이 될 수 있다.

(4) 학습조직(Learning Organization)

① 의의

급변하는 경영환경 속에서 승자로 살아남기 위해서 조직구성원이 학습할 수 있도록 기업이 모든 기회와 자원을 제공하고, 학습결과에 따라 지속적 변화를 이루는 조직을 의미한다. 학습조직은 **벤치마킹에서 한 단계 발전된 개념**인데, 벤치마킹이 다른 기업의 장점을 수용하려는 자세를 강조한 것이라면 학습조직은 벤치마킹을 전사적으로 확대할 수 있는 방법을 집중적으로 다루고 있다.

② 구성요소

센게(Senge)는 학습조직의 구성요소로 개인적 수련, 정신모형, 공유비전, 팀학습, 시스템 사고의 5가지를 제시하였다.

- **개인적 수련(Personal Mastery)** : 개인의 비전과 현실에 대한 명확한 인식을 동시에 유지하도록 **학습하는 것**이다. 원하는 결과를 창출할 수 있는 개인적 역량을 확장하는 방법을 학습하고 조직구성원들이 선택한 목표나 목적을 향해 각자 자신을 개발할 수 있는 조직의 여건을 조성하는 훈련이다.
- **정신모형(Mental Model)** : 세상에 대한 조직구성원들의 생각과 관점들을 끊임없이 성찰하고 다듬는 훈련이다.
- **공유비전(Shared Vision)** : 조직 내의 공감대(공생의식)를 구축하는 훈련이다. 조직구성원들이 만들고자 하는 미래의 이미지를 창조하고 목표에 도달하기 위한 원칙과 관행들에 대한 공감대 확대를 통해 이루어진다.

- **팀학습(Team Learning)** : 대화와 집단적인 사고방법으로 전환하는 훈련으로 구성원들이 바람직한 결과를 얻기 위해 의도적·체계적으로 지속하는 학습행위이다. 조직 구성원들이 개개인이 가지고 있는 능력의 단순함을 뛰어넘는 지혜와 능력을 구축할 수 있도록 해준다.
- **시스템 사고(System Thinking)** : 전체와 부분을 동시에 볼 수 있는 기술을 향상시킬 수 있는 훈련이다. 시스템의 동태성을 결정짓는 요인들과 그들 간의 관계를 기술하고 이해할 수 있는 언어와 사고방식을 체득한다.

(5) 지식경영(Knowledge Management)

지식의 창출 및 공유활동을 통해 조직 내의 개인과 조직이 지니고 있는 지식을 효율적으로 관리하여 부가가치를 창출하는 경영기법으로 통합적인 지식경영 프레임워크를 성공적으로 수행하기 위해서는 **조직문화, 조직전략, 프로세스, 정보기술**과 같은 네 가지의 구성요소가 필요하다. 또한, 지식경영은 **지식생산, 지식저장, 지식공유, 지식활용**의 프로세스를 가지는데, 지식경영의 핵심은 지식의 창출과 공유라고 할 수 있다. 노나카 이쿠지로(Nonaka Ikuziro)는 SECI 모형을 통해 지식을 **암묵지[1]**와 **형식지[2]**로 분류하고, 지식은 '**사회화 → 표출화 → 연결화 → 내면화 → 사회화 → …**'의 활동들이 순차적이고 지속적으로 순환하는 암묵지와 형식지 간의 상호변환과정을 통해 창출된다고 하였다. 또한, 창출된 지식은 '**개인(Individual)수준 → 집단(Group)수준 → 조직(Organization)수준 → 개인수준 → …**'으로 지식의 공유가 일어나게 된다. 일반적으로 **지식의 창출과 공유는 동시에 발생**한다.

1) 암묵지(Tacit Knowledge)
언어로는 설명할 수 없이 전적으로 개인의 경험이나 잠재적인 능력에서 비롯되는 지식을 의미함. 인간의 정신과 신체 속에 체화되어 있기 때문에 부호화나 전달이 어렵고, 특정 상황하에서 오직 행동과 노력을 통해서만 표출되고 이전될 수 있는 지식임

2) 형식지(Explicit Knowledge)
언어로 명료화되어 전달될 수 있는 지식을 의미함. 책, 기술사양서, 설계도 형태로 부호화되어 있고 관찰이 가능하므로 손쉽게 습득하고 이전할 수 있는 지식임

[지식의 창출과정]

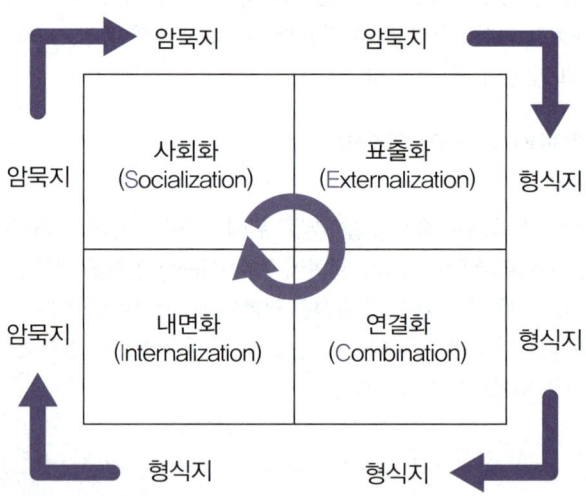

① **사회화(Socialization)**
한 사람의 암묵지가 다른 사람의 암묵지로 변환되는 과정이다. 이 과정에서는 구성원들 간의 경험공유를 통해서 새로운 암묵지가 창출된다. 이러한 사회화는 경험의 공유를 통해서 새로운 지식이 창출되는 방식이기 때문에 구성원들의 상호작용을 위한 공간(Field)을 만들어 주는 것이 중요하다.

② **표출화(Externalization)**
개인이나 집단의 암묵지가 공유되고 통합되어 새로운 형식지가 만들어지는 과정이다. 즉, 머릿속의 지식을 실천에 옮겨 새로운 지식을 얻어내는 과정이다.

③ **연결화(Combination)**
각기 다른 형식지를 분류, 가공, 조합, 편집해서 새로운 형식지로 체계화되는 과정이다.

④ 내면화(Internalization)

글이나 문서형태로 표현된 형식지를 암묵지로 개인의 머리와 몸속에 체화시키는 과정이다. 기업에서는 종업원이 표준작업절차, 업무매뉴얼, 기계사용설명서 등으로부터 작업에 필요한 지식을 얻어 자신의 머릿속에 기억하고 저장하는 것을 말한다.

(6) 경제적 부가가치(EVA ; Economic Value-Added) 경영

EPS(주당순이익), PER(주가수익률), ROE(자기자본수익률)와 같은 이익중심의 기업평가 방법들은 기업의 안정성과 흑자도산의 가능성을 잘 보여주지 못하기 때문에 기업이 구조조정, 신규사업 선택 등의 투자의사결정, 사업부의 업적평가 및 종업원들의 인사평가 등을 할 때 자본의 효율성을 나타내는 경제적 부가가치를 의사결정의 기준으로 삼는 경영기법을 말한다. 경제적 부가가치는 **기업이 투자자와 채권자들의 기대에 부응한 후에 어느 정도의 부가가치를 창출했는가를 나타내는 지표**이며, 기업의 근본활동인 영업에서 창출된 이익이 투자된 자본의 비용을 초과하는 액수이다. 따라서 경제적 부가가치는 회계지표들과는 달리 기업이 장기적인 수익성을 확보하고 있는지 또는 실질적인 가치를 창출하고 있는지를 나타내는 것이 특징이다.

경제적 부가가치(EVA) = 세후영업이익 − 자본비용
= (영업이익 − 법인세) − (타인자본비용 + 자기자본비용)

(7) 균형성과표(BSC ; Balanced Score Card)

① 의의

기업의 전략적 목표를 일련의 성과측정지표로 전환할 수 있는 종합적인 틀로써 **재무적 관점, 고객 관점, 내부프로세스 관점, 학습과 성장관점** 등 4개의 범주로 구분하여 성과를 측정하는 것을 말하며, **카플란(Kaplan)**이 제시한 개념이다. 균형성과표의 목표와 측정치는 조직의 비전과 전략으로부터 도출되며 네 가지 관점에서 조직의 성과를 평가한다.

② 특징

성과측정을 위한 목표와 측정치는 각 사업단위의 비전과 전략에 따라 도출되어야 하며, 각각의 목표와 측정치는 다음과 같이 서로 균형을 이루어야 한다.

- 주주와 고객을 위한 외부적인 측정치와 내부프로세스의 개선 및 학습과 성장이라는 내부적인 측정치 간의 균형을 이루어야 한다.
- 과거 노력의 산출물인 결과 측정치와 미래 성과를 창출할 측정치 간의 균형을 이루어야 한다.
- 객관적으로 계량화되는 측정치와 주관적인 판단이 요구되는 비계량적 측정치 간의 균형을 이루어야 한다.
- 재무적 관점에 의한 단기적 성과와 나머지 세 가지 관점에 의한 장기적 성과 간의 균형을 이루어야 한다.

③ 구성

- 재무적 관점

주주에게 어떻게 보일 것인가를 중요시하는 관점으로서 전략을 실행하여 영업이익이나 순이익 등과 같은 재무성과가 얼마나 개선되었는지를 측정하는 것이다. 성과측정지표로는 **영업이익, 투자수익률, 잔여이익, 경제적 부가가치, 판매성장, 현금흐름** 등을 사용한다.

- **고객 관점**
  고객에게 어떻게 보일 것인가를 중요시하는 관점으로서 전략을 실행하여 고객과 관련된 성과가 얼마나 개선되었는지를 측정하는 것이다. 성과측정지표로는 **고객만족도, 시장점유율, 고객수익성** 등을 사용한다.
- **내부프로세스 관점**
  주주나 고객을 만족시키기 위해 어떤 내부프로세스가 탁월해야 하는지를 중요시하는 관점으로서 전략을 실행하여 기업 내부에 가치를 창출할 수 있는 프로세스가 얼마나 개선되었는지를 측정하는 것이다. 성과측정지표로는 **경영시스템(관리비, 제안건수), 제품개발, 생산, 품질, 적송, 사후 서비스, 정보기술** 등을 사용한다.
- **학습과 성장관점**
  비전을 달성하기 위해 변화하고 개선하는 능력을 어떤 방법으로 길러야 하는지를 중요시하는 관점으로서 전략을 실행하여 장기적인 성장과 발전을 위해 인적자원과 정보시스템 및 조직의 절차 등이 얼마나 개선되었는지를 측정하는 것이다. 성과측정지표로는 **직원숙련도, 직원만족, 정보획득 가능성, 연구개발(R&D)** 등을 사용한다.

(8) 블루오션 전략(Blue Ocean Strategy)

① **의의**
기존 경쟁시장에 얽매이지 않고 경쟁이 없는 새로운 시장을 개척하고자 하는 전략을 말한다. 즉, 산업혁명 이후 기업들이 끊임없이 거듭해 온 경쟁의 원리에서 벗어나 발상의 전환을 통해 고객이 모르던 전혀 새로운 시장을 창출해야 한다는 전략이다. 이를 통해 기업은 기회를 최대화하고 위험(Risk)을 최소화하는 것이 가능하다는 것이다.

② **레드오션(Red Ocean)**
이미 잘 알려진 시장, 즉 기존의 모든 산업을 의미한다. 산업경계가 이미 정의되어 있고 이를 수용하고 있어서 게임의 경쟁법칙이 잘 알려졌기 때문에 레드오션에 있는 기업들은 기존 시장수요의 점유율을 높이기 위해 경쟁기업보다 우위에 서려고 노력한다.

③ **블루오션(Blue Ocean)**
잘 알려지지 않은 시장, 즉 현재 존재하지 않아서 경쟁이 무의미한 모든 산업을 말한다. 시장수요는 경쟁에 의해 얻어지는 것이 아니라 창조에 의해서 얻어지며, 높은 수익과 빠른 성장을 가능하게 하는 엄청난 기회가 존재한다. 또한, 게임의 법칙이 아직 정해지지 않았기 때문에 경쟁은 무의미하다. 이러한 블루오션에 존재하는 소비자를 블루슈머라고 한다.

핵심 Plus⁺

블루슈머(Bluesumer)
경쟁자가 없는 시장의 새로운 소비자를 뜻하는 말로 블루오션(Blue Ocean)과 소비자(Consumer)를 합성한 용어

[레드오션과 블루오션]

속 성	레드오션	블루오션
개 념	이미 알려진 시장	잘 알려지지 않은 시장
시장과 경쟁	기존 수요시장 공략 ⇒ 경쟁의 원리	새로운 수요창출 및 장악 ⇒ 무경쟁(경쟁이 무의미)
목 표	가치와 비용 가운데 택일	가치와 비용을 동시에 추구

④ **퍼플오션(Purple Ocean)**
치열한 경쟁시장인 레드오션과 경쟁자가 없는 시장인 블루오션을 조합한 말로, 기존의 레드오션에서 발상의 전환을 통하여 새로운 가치의 시장을 만드는 전략을 퍼플오션 전략이라고 한다. 즉, 포화상태의 치열한 경쟁이 펼쳐지는 기존의 시장에서 새로운 아

이디어나 기술 등을 적용함으로써 자신만의 새로운 시장을 만든다는 의미로 발상의 전환을 통하여 새로운 가치의 시장을 만드는 것을 일컫는다.

시험문제 미리보기!

프로세스 혁신기법 중 프로세스를 설계함에 있어서 기존의 프로세스를 고려하지 않고 Zero-Base에서 출발하여 프로세스를 재설계하는 프로세스 혁신기법을 무엇이라고 하는가?

① 시간기반 경영　　　　　② 리스트럭처링　　　　　③ 종합적 품질경영

④ 리엔지니어링　　　　　⑤ 벤치마킹

정답　④

해설　기존의 프로세스를 고려하지 않고 Zero-Base에서 출발하여 프로세스를 재설계하는 프로세스 혁신기법을 리엔지니어링 또는 BPR이라고 한다.

핵심 Check ✓ **환경분석**

조직자원과 역량의 분석	SWOT 분석, VRIO 분석
산업구조분석	산업 내 경쟁, 신규진입자(진입장벽), 대체재의 존재, 공급자의 교섭력, 소비자(구매자)의 교섭력
가치사슬분석	본원적 활동, 지원적 활동

01 조직자원과 역량의 분석 ★★

1. SWOT 분석

(1) 의의

전략을 수립함에 있어 조직의 내부환경과 외부환경에 대한 분석은 필수적이다. SWOT 분석이란 내부환경이라는 관점에서 기업의 강점(S ; Strength)과 약점(W ; Weakness)에 대한 분석과 외부환경이라는 관점에서 기회(O ; Opportunity)와 위협(T ; Threat)에 대한 분석을 실시하여 현재 기업이 가지고 있는 자원과 역량을 분석하는 기술적 방법(Descriptive Method)을 말한다.

(2) 목적

기업은 경쟁우위를 달성하기 위해 기업이 가지고 있는 핵심역량을 이용하여 기업의 강점을 최대화하고 약점을 최소화하는 전략을 수립하고자 한다. 따라서 기업은 SWOT 분석을 통해 경쟁기업과 비교하여 해당 기업의 특별한 강점인 핵심역량(Core Competencies)을 발견하고자 하는 것이다. 핵심역량은 다른 경쟁기업들보다 더 잘하는 독특한 활동들의 집합체를 의미하는데, 이는 실질적으로 희소성을 가지며, 모방하는데 비용이 많이 들고, 경쟁우위를 달성하는 과정에서 대체가 불가능한 특징을 가지고 있다. 핵심역량의 예로는 우월한 지식이나 기술 및 노하우, 효과적인 제조기술 또는 시스템 등을 들 수 있다.

(3) 장점

SWOT 분석을 사용하게 되면 전략분석에 있어 내부적인 상황과 외부적인 상황에 대해서 전체적인 관점에서 파악 및 적용이 가능하고 이해하기 쉽다. 또한, 전체적인 분석부터 세부적인 분석까지 그 분석의 수순을 소설하는 것이 용이하다.

(4) 단점

SWOT 분석의 과정에서 요인 각각에 대한 충분한 정보를 얻지 못하게 되면 효과적인 분석에 어려움을 가져올 수 있다. 또한, 외부환경에 대한 기회(O)와 위협(T)이 분석되기 전까지는 SWOT 분석이 완성될 수 없다.

[SWOT 분석과 전략]

	강점(Strength)	약점(Weakness)
기회(Opportunity)	**성장전략** 다각화, 인수합병, 시장진출	**약점극복(안정화 전략)** 핵심역량 개발, 전략적 제휴
위협(Threat)	**위협극복(안정화 전략)** 다각화, 전략적 제휴	**축소전략** 철수, 제거

2. VRIO 분석

(1) 의의

자원기반이론을 분석하기 위해 **바니(Barney)**가 고안한 분석도구로, 기업이 가지고 있는 자산에 대하여 **내부보유가치, 보유한 자산의 희소성, 모방 가능성의 정도, 조직에 대한 질문을 통해 성장 잠재력을 가늠하고, 기업이 보유한 내부 자원과 능력을 통해 지속가능한 경쟁우위를 확보할 수 있는지를 판단**하는 모형이다.

(2) 목적

단순히 어떤 자원을 보유하고 있는지를 확인하는 것이 아니라 그 자원을 활용할 능력 (Capability)이 있는지를 보는 것이다. 또한, 기업이 가진 자원과 능력의 우위성을 종합적으로 분석할 때는 가치사슬(Value Chain)이나 7S와 같은 경영자원에 관한 프레임워크가 함께 고려되어야 한다. 그렇게 하면 조직의 강점과 약점을 객관적으로 파악할 수 있고 어떤 부분을 경쟁우위로 키울 것인지 검토할 수 있다.

(3) 구성요소

VRIO 분석은 기업이 소유한 자원의 속성을 정의하고 전략적으로 유용한 내부자원을 판별하기 위한 방법론으로서 자주 활용된다.

① **내부보유가치(Value)** : 자원과 능력이 기업의 성과와 이익으로 직결될 수 있어야 함을 의미한다.

② **희소성(Rarity)** : 기업이 보유한 자원과 능력이 희소하거나 접근하기 어려워 경쟁기업이 보유할 가능성이 낮아야 함을 의미한다.

③ **모방가능성(Imitability)** : 경쟁기업이 자원과 능력을 완벽하게 모방할 수 없거나 모방하는 데 상당한 비용이 들수록 기업이 지속가능한 경쟁우위를 확보할 수 있음을 의미한다.

④ **조직(Organization)** : 시장 변화에 빠르게 대처할 수 있는 내부의사결정구조 등 보유한 자원과 능력을 잘 활용할 수 있도록 조직체계가 구성되어 있는지를 의미한다.

핵심 Plus⁺

자원기반이론

자원기반이론의 핵심적 주장은 기업이 시장에서 경쟁적 우위를 확보하고 유지하기 위해서는 경쟁자들과 다른 자원을 보유하여야 한다는 것임

SWOT 분석에 대한 다음 설명 중 가장 적절하지 않은 것은?

① SWOT 분석이란 내부환경과 외부환경의 관점에서 현재 기업이 가지고 있는 자원과
   역량을 분석하는 계량적 방법이다.
② S-O 상황에서는 성장전략을 수립한다.
③ S-T 상황에서는 안정화 전략을 수립한다.
④ W-O 상황에서는 안정화 전략을 수립한다.
⑤ W-T 상황에서는 축소전략을 수립한다.

정답 ①
해설 SWOT 분석이란 내부환경과 외부환경의 관점에서 현재 기업이 가지고 있는 자원과 역량을 분석하는 기술적 방법이다.

02 산업구조분석 ★★★

1. 의의

(1) 개념

산업구조분석이란 **산업에 영향을 미치는 5개의 힘과 산업수익률 사이의 관계를 분석**하고자 하는 방법을 말한다. 마이클 포터(M. Porter)는 모든 기업이 주어진 시장에서 경쟁하기 위해 다양한 자원을 보유하고 있는데, 전략을 수립할 때 이러한 자원에 대한 고려뿐만 아니라 산업구조에 영향을 미치는 5개의 힘(Five Forces)도 고려해야 한다는 점을 강조하고 있다. 이러한 힘은 산업경쟁에 영향을 미치기 때문에 강하게 작용하면 작용할수록 기업은 이익을 내기 어려워지며 해당 산업은 투자자들에게 매력적이지 못하게 된다.

(2) 장·단점

① **장점** : 산업구조분석은 해당 산업의 미래에 대한 예측을 가능하게 하며, 산업수익률을 구성하는 요소들을 고려함으로써 각 요소별 전략을 세우는데 도움이 된다.
② **단점** : 산업구조분석은 **정태적 분석**이기 때문에 산업이 지속적으로 변화하는 현실을 제대로 설명하기 어렵고, 기업 간 경쟁전략에 의한 상호 영향 등을 고려하지 못한다.

2. 구성요소

산업구조분석은 산업을 구성하는 다섯 가지의 힘 중 **수평적 힘**으로 산업 내 경쟁, 신규진입자(진입장벽), 대체재의 존재를 고려하고, **수직적 힘**으로 공급자의 교섭력과 소비자(구매자)의 교섭력을 고려하였다.

(1) 산업 내 경쟁

산업에는 일반적으로 다수의 기업들이 존재하고 있으며, 이러한 기업들 간에는 동일한 고객을 대상으로 경쟁이 존재하게 된다. 따라서 산업구조를 이해하기 위해서는 동일 산업 내에 존재하는 경쟁기업 사이의 경쟁구조를 분석해야 한다. 일반적으로 산업 내 경쟁이 치열해지면 산업의 수익률에 부정적 영향을 미치게 되는데 이러한 산업 내 경쟁에 영향을 미치는 요인에는 다음과 같은 것들이 있다.

① 산업의 집중도
시장을 구성하는 기업의 수와 관련되어 있다. 일반적으로 산업의 집중도가 낮을수록 산업 내 경쟁이 치열해져 산업수익률은 낮아지게 되고, 반대로 산업의 집중도가 높을수록 독과점시장이 된다.

② 제품차별화 정도
산업 내의 제품이 차별화가 이루어지지 않아 가격 이외에 경쟁할 만한 이점이 없는 경우에는 가격경쟁이 심화되어 산업수익률이 낮아지게 된다. 따라서 제품차별화 정도가 높을수록 산업수익률은 높아지게 된다.

③ 경쟁기업과의 동질성
일반적으로 경쟁기업과의 동질성이 높을수록 산업 내 경쟁이 치열해지기 때문에 산업수익률은 낮아지게 된다. 그러나 경쟁기업과의 동질성으로 인해 담합을 추구하는 것이 가능한 경우에는 오히려 산업수익률이 높아질 수 있다.

④ 산업 내의 비용구조
고정비용과 변동비용의 비중을 의미한다. 일반적으로 고정비용의 비중이 높을수록 기업은 고정비용을 회수하기 위하여 생산량을 늘리게 되고, 이로 인해 경쟁이 심화되어 산업수익률이 낮아지게 된다. 그러나 높은 고정비용이 진입장벽을 형성하는 경우에는 오히려 산업수익률이 높아질 수 있다.

⑤ 철수장벽
기업의 수익이 마이너스 상태에서도 기업은 철수장벽으로 인해 해당 산업에 머물 수밖에 없게 된다. 따라서 철수장벽이 높을수록 산업 내 경쟁은 치열해지기 때문에 산업수익률은 낮아지게 된다. 철수장벽의 예로는 **특수한 자산, 철수에 따른 고정비 부담, 감정적인 집착, 정부 정책, 기업의 전략적 선택 등**이 있다.

⑥ 초과생산능력

일반적으로 기업이 수요 이상의 초과생산능력을 가지게 되면 비용이 증가하게 되어 산업수익률이 낮아지게 된다. 그러나 이러한 초과생산능력은 급격하게 수요가 증가하게 되는 경우에는 진입장벽으로 작용하여 오히려 산업수익률이 높아질 수 있다.

(2) 신규진입자(진입장벽)

새로운 기업의 진입이 쉬울수록 산업 내의 경쟁이 치열해지기 때문에 산업수익률은 낮아지게 된다. 그렇기 때문에 일반적으로 산업에 속해 있는 기존 기업들은 진입장벽을 만들기 위해 노력하게 되고, 진입장벽이 높은 경우에는 산업수익률이 높아질 수 있다. 진입장벽의 예로는 **자본소요량, 규모의 경제, 절대적 비용우위, 제품차별화, 유통경로, 정부규제 및 제도** 등이 있다.

(3) 대체재의 존재

대체재가 존재하는 경우에 기업은 시장에서의 교섭력을 상실하여 제품의 가격을 올릴 수 없게 되기 때문에 산업수익률에 부정적인 영향을 미치게 된다.

(4) 공급자의 교섭력

기업이 재화나 서비스를 생산하기 위해서는 공급자로부터 자원을 공급받아야 한다. 일반적으로 공급자의 교섭력이 강하게 되면 기업의 원가부담이 증가하여 이윤은 감소하게 된다. 특히 공급자의 가격인상을 소비자에게 전가시킬 수 없는 기업의 경우에는 이런 현상이 더욱 심하게 나타난다.

(5) 소비자(구매자)의 교섭력

시장에 다수의 기업이 존재하게 되면 소비자들의 구매선택권이 확대되고, 이를 통해 소비자들의 교섭력이 증가하게 되면 제품의 가격이 낮아지게 되어 해당 기업의 산업수익률은 낮아지게 된다.

시험문제 미리보기!

포터의 산업구조분석에 대한 설명으로 가장 적절하지 않은 것은?

① 산업의 집중도가 낮을수록 시장의 수익률이 낮다.
② 경쟁기업과의 동질성이 높을수록 경쟁이 치열해진다.
③ 산업구조분석은 공급자와 구매자, 신규진입자, 대체재 및 산업 내 경쟁의 다섯 가지 요소로 이루어져 있다.
④ 초과설비가 존재하고 시장의 수요가 없을 경우에는 시장수익률이 올라갈 수 있다.
⑤ 고정비용의 비율이 높을수록 경쟁이 심화될 수 있다.

정답 ④
해설 초과설비가 존재하고 시장의 수요가 없으면 경쟁이 심화되므로 시장수익률이 낮아지게 된다.

03 가치사슬분석 ★★★

1. 가치사슬(Value Chain)

기업의 부가가치창출에 직접 또는 간접적으로 관련된 활동들의 연계를 의미한다. 가치사슬은 1985년 마이클 포터가 모형으로 정립한 이후 광범위하게 활용되고 있는 개념이다.

(1) 본원적 활동(Primary Activities)

상품의 물리적 변화에 직접적으로 관련된 기능을 수행하는 활동을 의미하며, **가치창출에 직접적으로 기여하는 활동**이다. 이러한 본원적 활동에는 다음과 같은 다섯 가지 활동이 있다.

① **내부물류(Inbound Logistics)** : 투입물의 계획 및 관리에 관련된 활동, 접수, 보관, 재고관리, 수송계획 등
② **생산/운영(Manufacturing/Operations)** : 투입물을 최종제품으로 변환시키는 가공, 포장, 조립, 장비 유지, 검사 등
③ **외부물류(Outbound Logistics)** : 최종제품을 고객에게 전달하는 데 필요한 활동, 창고관리, 주문 실행, 배송, 유통관리 등
④ **판매 및 마케팅(Sales & Marketing)** : 구매자들이 제품을 구매하도록 하는 데 관련된 모든 활동
⑤ **사후서비스(After Service)** : 기업의 제품의 가치를 유지·강화하는 활동, 고객지원, 수리업무 등

(2) 지원적 활동(Supportive Activities)

본원적 활동을 지원하는 활동을 의미하며, **가치창출에 간접적으로 기여하는 활동**이다. 지원적 활동에는 다음과 같은 네 가지 활동이 있다.

① **기업의 하부구조(Firm Infra Structure)** : 일반관리, 회계, 법률, 재무, 전략적 계획, 기타 기업의 전반적 운영에 있어서 필수적인 활동
② **인적자원관리(Human Resource Management)** : 인력의 충원, 동기부여, 훈련, 개발 등
③ **연구/기술개발(Technology Development)** : 제품 및 제반 가치 활동을 개선하기 위한 노력이나 활동
④ **구입/조달(Procurement)** : 기업의 특정 부분에 국한되지 않는 원재료, 서비스, 기계 등의 전체적인 구입/조달 활동

[가치사슬의 구조]

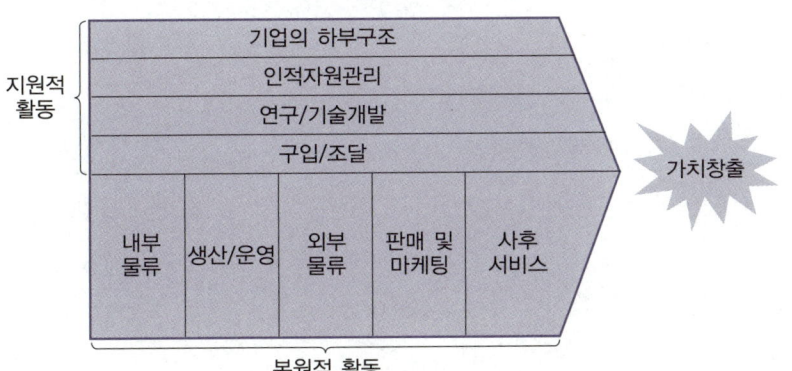

2. 가치사슬분석

가치사슬의 개념을 이용하여 가치를 최종소비자에게 전달하는 데 연관된 기업의 프로세스와 활동들을 분석하는 것을 의미하고, 그 결과로 기업의 프로세스와 활동들에 대해 창출하는 가치를 기준으로 **경쟁우위(가치창출 부분)와 열세(가치비창출 부분)**를 파악하게 된다. 그렇게 함으로써 각 기업의 핵심역량이 어디에 있는지를 정확히 파악하게 되고, 어떤 부분을 보완해야 하는지를 알게 되는 것이다. 즉, **가치창출부분은 기업이 가지고 있는 자원을 투입하여 직접 수행하지만, 가치비창출부분은 아웃소싱(Outsourcing)**을 하게 된다.

이러한 가치사슬의 분석과정을 통하여 가치활동 각 단계에 있어서 부가가치 창출과 관련된 핵심활동이 무엇인가를 규명할 수 있으며, 각 단계 및 핵심활동들의 강점이나 약점 및 차별화 요인을 분석할 수 있다. 나아가 각 활동단계별 원가동인을 분석하여 경쟁우위 구축을 위한 도구로 활용할 수 있으며, 기업의 내부역량 분석도구로도 많이 사용된다.

시험문제 미리보기!

포터(Porter)는 가치사슬분석에서 가치를 증가시키는 활동들을 본원적 활동과 지원적 활동으로 분류하고 있다. 다음 중 본원적 활동으로 가장 적절하지 않은 것은?

① 기업의 하부구조(Firm Infra Structure)
② 원자재(Inbound Logistics)
③ 생산(Manufacturing)
④ 사후서비스(After Service)
⑤ 마케팅(Marketing)

정답 ①

해설 본원적 활동은 재고보유 원자재(Inbound Logistics), 생산, 물류, 마케팅/영업, 사후서비스(A/S)이고, 지원활동은 기업의 하부구조(Firm Infra Structure), 인적자원관리, 기술개발 등이다.

사업부 수준의 전략	본원적 전략, 사업 포트폴리오 분석
기업 수준의 전략	제품-시장 매트릭스, 마일즈와 스노우의 전략유형, 기업집단화
글로벌 경영	해외시장 진출전략, 국가경쟁우위 다이아몬드 모형

01 사업부 수준의 전략　　★★

1. 본원적 전략

(1) 의의

마이클 포터는 경쟁우위와 경쟁범위라는 차원에서 전략을 구분하고 이를 본원적 전략이라고 하였다. 여기서 경쟁우위는 기업이 경쟁에서 살아남기 위해 우선시해야 하는 요소를 의미하고, 경쟁범위란 기업이 목표로 하는 시장의 넓이를 의미한다.

(2) 유형

마이클 포터는 경쟁우위와 경쟁범위라는 차원에서 본원적 전략을 원가우위 전략, 차별화 전략, 집중화 전략으로 구분하였으며, 그 과정에서 고려한 경쟁우위는 원가(Cost)와 고객화(Customization)이다. 또한, 경쟁범위의 관점에서 어떤 기업은 매우 폭넓은 시장을 겨냥하지만 어떤 기업은 상대적으로 좁은 시장의 일부분을 겨냥한다.

① 원가우위 전략(Cost Leadership Strategy)

기업이 가지고 있는 역량을 발휘하여 경쟁자보다 낮은 원가로 제품을 생산하고, 이를 통해 낮은 가격으로 소비자에게 제품을 제공하는 전략을 말한다. 원가우위를 달성할 수 있는 방법으로는 규모의 경제, 학습효과, 투입요소 가격의 자체적인 차이 및 효율적인 프로세스 등이 있다.

② 차별화 전략(Differentiation Strategy)

경쟁기업과는 다른 독특한 재화나 서비스를 제공함으로써 경쟁우위를 확보하려는 전략을 말한다. 제품이 가지는 차별성은 소비자의 특수한 욕구를 만족시키는 것으로부터 시작되기 때문에 기업들은 다양한 소비자 수요의 특성을 이해하기 위해 다차원척도법(Multi-Dimensional Sealing)이나 컨조인트 분석(Conjoint Analysis)을 이용하게 된다. 또한, 차별화 전략은 차별적 특성을 갖는 제품을 공급하기 때문에 시장의 평균가격보다 높은 프리미엄 가격을 부과할 수 있으며, 이러한 이유 때문에 프리미엄 전략(Premium Strategy)이라고도 한다.

③ 집중화 전략(Focus Strategy)

특정 지역이나 시장의 한 부분에 있는 제한된 고객들에게 재화나 서비스를 제공하는 전략을 말하는데, 이러한 전략을 추구하는 기업들은 특정 시장에 관심을 두기 때문에 넓은 시장을 목표로 하는 기업과의 경쟁을 피할 수 있게 된다.

[본원적 전략의 유형]

		경쟁우위	
		원가(저원가 생산)	고객화(차별화)
경쟁범위	넓은 범위	원가우위 전략	차별화 전략
	좁은 범위	집중화된 원가우위 전략	집중화된 차별화 전략

2. 사업 포트폴리오 분석(Business Portfolio Analysis)

(1) 의의

사업 포트폴리오 전략을 실행하기 전에 현재 운영 중인 사업단위 중에서 전략적 측면을 고려하여 해당 사업단위의 유지 및 철수에 대한 의사결정을 내리기 위해 **현 사업단위들의 위치와 성과를 분석하고 평가하는 기법**을 말한다. 여기서 사업 포트폴리오 전략은 다수의 **전략사업단위[1]**를 운영하는 전략을 말한다. 대표적인 사업 포트폴리오 분석의 방법으로는 BCG 매트릭스와 전략적 사업계획 그리드(GE Matrix) 등이 있다.

(2) BCG 매트릭스(Matrix)

① 의의

사업포트폴리오 분석의 한 방법인 포트폴리오 매트릭스를 이용하는 방법 중의 하나인데, 이는 보스턴 컨설팅 그룹이 고안한 방법이기 때문에 붙여진 이름이다. 이 기법은 **특정 사업단위의 상대적 시장점유율(매출액), 해당 사업단위가 속한 시장의 성장률, 사업의 추진에 따른 현금흐름**이라는 세 가지 측면에서 사업단위(SBU)를 평가하게 되며, 기업은 이 기법을 활용하여 모든 사업단위를 분석하고 어떤 사업에 자원을 할당해야 하는지에 대한 투자의 우선순위를 결정하게 된다. BCG 매트릭스는 상대적 시장점유율과 시장(산업)성장률을 기준으로 각 사업단위의 경쟁적 지위를 알아볼 수 있게 설계되어 있으며, 조직의 모든 사업단위들은 상대적 시장점유율과 시장(산업)성장률에 따라 매트릭스 상의 한 곳에 위치하게 된다.

• 상대적 시장점유율

같은 시장에서 가장 성공적인 경쟁자의 매출액에 대한 해당 사업단위의 매출액 비율로 측정하는 것으로, 상대적 시장점유율은 1을 기준으로 하여 고·저로 구분한다. 즉, 상대적 시장점유율은 1보다 클 수 있으며, 상대적 시장점유율이 1보다 크다는 것은 해당 사업단위가 시장에서 가장 높은 시장점유율을 차지하고 있음을 의미한다.

• 시장(산업)성장률

해당 사업단위가 속한 시장의 연간 성장률을 의미하는데, 10%를 기준으로 고·저를 분류한다.

1) 전략사업단위(SBU ; Strategic Business Unit)

최고경영자로부터 권한을 위임받고 경영성과에 대해서 책임을 지는 독립적 사업단위. 다양한 제품이나 사업을 영위하는 대부분의 기업들은 전략수립을 위해 관련된 제품이나 사업들을 묶어 별도의 사업단위로 분류하게 되며, 기업의 전체 규모, 기업이 취급하는 제품의 특성 따라 사업단위의 규모나 범위가 결정됨

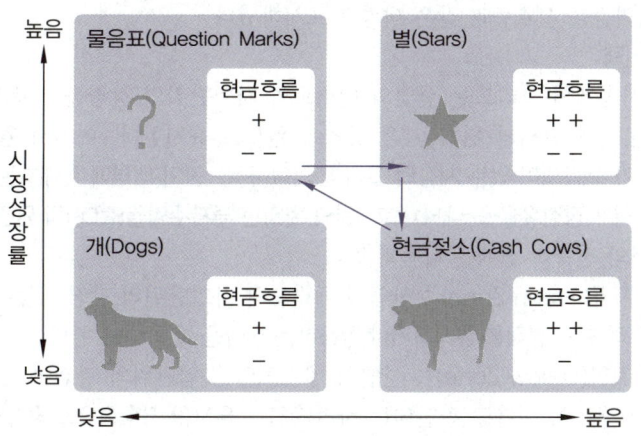

[BCG 매트릭스]

② 전략적 선택

　　BCG 매트릭스는 상대적 시장점유율과 시장(산업)성장률이라는 기준으로 4개의 영역을 도출하게 되며, 이 영역은 각각 **물음표, 별, 현금젖소, 개**라고 명명한다. 또한, BCG 매트릭스는 이 4개의 영역을 **제품수명주기(PLC ; Product Life Cycle)의 개념과 연결**시켜 전략적 문제를 설명한다. BCG 매트릭스는 사업단위의 위치를 원으로 표시한다. 여기서 **원의 크기는 해당 사업단위의 크기를 의미하며, 원의 위치는 현금흐름과 연관**되어 있다.

핵심 Plus ➕

물음표
야생고양이(Wild Cats) 또는 문제아(Problem Children)라고도 한다.

[BCG 매트릭스의 전략적 선택]

영 역	경쟁적 지위(제품수명주기)	전략적 선택
물음표 (Question Marks)	• 성장하는 산업에서 열등한 경쟁적 지위(도입기)	• 확대 또는 축소전략(안정화 전략) • 전망이 좋으면 자원을 확대 투입하고, 그렇지 않으면 자원 투입을 축소
별 (Stars)	• 성장하는 산업에서 지배적 경쟁적 지위(성장기)	• 확대전략 • 시장예측에 기반을 두어 사업을 더 확장하고 자원을 추가투입
현금젖소 (Cash Cows)	• 낮은 성장산업에서 지배적 경쟁적 지위(성숙기)	• 안정화 또는 점진적 성장전략 • 자원투자를 최소화로 유지하여 보다 많은 현금흐름의 편익을 유지
개 (Dogs)	• 낮은 성장산업에서 열등한 경쟁적 지위(쇠퇴기)	• 축소전략 • 자원의 유출을 제거하기 위해 사업을 매각·분사·청산

(3) GE 매트릭스

① 의의

　　GE(General Electric)는 BCG 매트릭스 기법을 수정하여 전략적 사업계획 그리드(Strategic Business Planning grid) 또는 **신호등 전략(Stoplight Strategy)**이라고 불리는 기법을 개발하였다. GE는 매년 판매, 이윤, 투자수익률 등을 기준으로 각 제품을 평가하고, 그 제품이 속하는 산업을 기술적 요구, 시장점유율, 경쟁상태, 산업에서의 종업원 충성도 및 사회적 요구 등을 기준으로 해당 산업을 평가하여 **사업단**

위의 강점(Strength)과 산업의 매력도(Attractiveness)를 각각 고·중·저로 구분하고 각 영역들을 신호등과 같은 색깔로 표시하였다.

② 전략적 선택

전략적 사업계획 그리드는 산업의 매력도와 사업단위의 강점을 기준으로 영역을 도출하는데, 사업단위의 위치는 각 영역에 원으로 표시한다. 여기서 **원의 크기는 해당 사업단위가 포함되어 있는 시장의 크기**를 의미하며, **원의 내부에 존재하는 부채꼴은 해당 사업단위의 시장점유율**을 나타내고, **원의 위치는 투자수익률(ROI)**과 연관되어 있다. 각 영역에서의 전략적 선택은 다음과 같다.

• 청신호 지역(Green Zone) : 산업의 매력도와 사업단위의 강점이 높은 지역으로, 투자를 통해 **현재 상태를 유지하거나 성장하는 전략**을 추구해야 한다.

• 황신호 지역(Yellow Zone) : 산업의 매력도와 사업단위의 강점이 중간정도인 지역으로, 경쟁력이 있다고 판단되는 사업단위는 **투자를 지속적으로 증가**시키고, 그렇지 않은 사업단위에 대해서는 투자감소를 통해 철수하거나 매각하는 전략을 추구해야 한다.

• 적신호 지역(Red Zone) : 산업의 매력도와 사업단위의 강점이 낮은 지역으로, **투자감소를 통해 철수하거나 매각하는 전략**을 추구해야 한다.

시험문제 미리보기!

BCG 매트릭스에 대한 설명으로 가장 적절하지 않은 것은?

① 회사 내의 여러 사업들을 시장성장률과 시장점유율이라는 두 변수를 양축으로 하는 2차원 공간상에 표시하여 각 사업의 상대적 매력도를 비교한다.

② 자사의 시장점유율을 시장점유율이 가장 큰 경쟁기업의 시장점유율로 나눈 상대적 시장점유율은 1보다 클 수 있다.

③ 시장성장률이 높고 낮음과 상대적 시장점유율이 높고 낮음에 의해 문제아 또는 물음표, 별, 현금젖소, 개로 분류한다.

④ 사업단위들과의 현금의존성을 제외한 상호의존성을 무시하고 있고 그것으로 인하여 발생하는 시너지 효과에 대한 고려를 등한시하고 있다.

⑤ 매트릭스상에 각 사업단위는 원으로 표시되는데, 원의 위치는 각 사업단위의 시장성장률과 상대적인 시장점유율의 값을 나타내며, 원의 크기는 해당 사업단위의 이익액을 의미한다.

정답 ⑤

해설 매트릭스상에 각 사업단위는 원으로 표시되는데, 원의 위치는 각 사업단위의 시장성장률과 상대적인 시장점유율의 값을 나타내며, 원의 크기는 해당 사업단위의 매출액을 의미한다.

1. 제품-시장 매트릭스

기업의 마케팅 관리자는 마케팅목표를 명확히 설정하고 그 목표에 대한 마케팅전략을 구체적으로 수립해야 한다. 구체적인 마케팅목표에는 이익증대, 판매량증대, 시장점유율확대, 신제품홍보 등이 있는데, 이는 대부분 기업의 성장과 관련되어 있는 마케팅목표들이다. 기업은 이러한 목표들을 시장과 제품을 통해 달성하게 되고, **앤소프(Ansoff)** 는 목표 달성을 위한 성장전략으로 다음의 4가지를 제시하였다.

① **시장침투전략(Market Penetration)** : 기존 고객으로 하여금 더욱 많이 이용하게 하거나 경쟁기업의 고객을 자사의 고객으로 유도하는 등 기존 제품으로 기존 시장에서 승부하여 시장점유율, 판매량을 제고하는 전략을 의미한다.

② **제품개발전략(Product Development)** : 기존 시장에서 신제품을 출시하는 전략을 의미한다. 여기서 마케팅관점에서의 신제품이란 고객이 새롭다고 느끼는 것을 의미한다.

③ **시장개발전략(Market Development)** : 기존 제품으로 새로운 시장을 창출하는 전략을 의미한다.

④ **다각화전략(Diversification)** : 새로운 시장에 새로운 제품을 출시하는 전략을 의미한다. 4가지 유형 중 가장 위험이 높은 전략이지만 특정 시점에서는 특정 기업에게 가장 적합하고 합리적인 성장전략이 될 수도 있다. 다각화전략은 관련다각화와 비관련다각화로 구분할 수 있으며 각각의 구분은 다음과 같다.

• **관련다각화** : 기존 사업과 관련된 사업범위로 제휴 또는 흡수합병 등의 네트워크를 형성하여 시너지효과를 누리는 전략이다. **집중적 다각화**[2]와 **수평적 다각화**[3] 등이 여기에 해당한다.

• **비관련다각화** : 완전히 무관한 사업을 전개하는 전략이며 **복합적 다각화**[4]가 여기에 해당한다.

[제품-시장 매트릭스]

시장 \ 제품	기존 제품	새로운 제품
기존 시장	시장침투전략(점포확대 및 판매촉진)	제품개발전략(기능 추가 신제품)
새로운 시장	시장개발전략(수출 및 신시장 개척)	다각화전략

2. 마일즈(Miles)와 스노우(Snow)의 전략유형

(1) 공격형(Prospectors)

개척형이라고도 하며, **신제품 및 신시장 기회를 적극적으로 찾아내고 이용하는 기업군**으로 기술과 정보의 급속한 발전과 변화를 조기에 포착하고 기술혁신을 통하여 신제품을 개발한다. 따라서 이러한 유형은 **고도의 전문지식을 필요로 하고 분권적 조직과 수평적 의사소통이 필수적**이다. 이러한 전략은 창의성이 효율성보다 더 중요시되는 동태적이고 급변하는 환경에 적합한 전략이다.

2) 집중적 다각화
기존 제품에서 활용했던 기술과 마케팅전략, 기존의 유통채널 등에 새로운 제품을 추가하여 성장하는 전략

3) 수평적 다각화
확보된 기존 고객을 기반으로 하여 전혀 새로운 사업에 뛰어들어 기존 고객의 욕구를 충족시킬 수 있는 제품으로 다각화를 추구하는 전략. 은행이 기존 고객을 대상으로 하여 보험상품을 판매하는 경우가 이에 해당함

4) 복합적 다각화
기존 제품이나 기술, 노하우 등과 전혀 관련이 없는 별개의 새로운 시장에서 새로운 제품 및 고객에게 접근하여 성장하려는 전략. 콩글로메리트라고도 하며, 선박회사가 금융회사를 인수하여 새로운 사업에 참여하는 경우가 이에 해당함

(2) 방어형(Defenders)

위험을 추구하거나 새로운 기회를 탐색하기 보다는 안정성을 중요시하거나 좁은 제품시장을 정해 놓고 제품을 경쟁적인 가격으로 공급하는 기업군이다. 방어전략을 채택하는 기업들은 가장 효율적으로 제품을 생산 및 공급하며 기술적 효율이 성공의 관건이다. 이러한 유형은 환경분석을 소홀히 하고 새로운 사업기회에 소극적이기 때문에 시장환경의 변화에 신속하게 적응하지 못한다는 단점이 있다. 이러한 전략은 쇠퇴기에 있는 산업이나 안정적인 환경에 있는 조직에 적합한 전략이다.

(3) 분석형(Analyzers)

제한된 범위의 방어전략과 공격전략을 혼합하여 사용하는 기업군으로 변화하는 정보기술에 효과적으로 대응하는 동시에 전통적 사업에도 충실하고자 노력한다. 이들은 안정적인 제품시장에서 합리적인 생산을 추구하며 최소의 비용으로 제품을 생산하거나 최고품질의 제품을 생산함과 동시에, 새로운 기회에 부응하여 시장성 있는 신제품의 개발도 추진한다.

(4) 반응형(Reactors)

낙오형이라고도 하며, 적극적으로 환경을 개척하는 것이 아니라 전략형성에 실패한 기업군을 말한다.

3. 기업집단화

(1) 의의

기술의 발전과 자본규모의 증가에 따라 기업의 규모가 대형화되면서 보다 많은 제품을 보다 저렴한 가격으로 시장에 공급하게 되었고, 이로 인해 어떤 제품은 시장수요를 초과하여 과잉생산이 되고 있으며 때로는 생산원가 이하로 판매하는 경우도 있다. 이러한 경우에 기업 유지를 위해 기업들은 과도한 경쟁을 서로 제한하거나 배제하여 시장에 대한 지배 강화, 이윤 확보 및 경영의 합리화를 추구하게 되고 몇 개의 기업이 모여 보다 큰 경제단위로 결합하게 되는데, 이를 기업집단화라고 한다. 즉, 기업집단화는 단독기업에서 벗어나 둘 이상의 단위 기업이 보다 큰 경제단위로 결합하는 것이다.

(2) 협력전략(Cooperate Strategy)

전략적 제휴(Strategic Alliances)라고도 하며, 두 개 이상의 기업이 상호 공동의 관심 또는 목표를 추구하기 위해서 서로 협력하는 전략을 말한다. 즉, 특별한 관계를 갖고 있지 않았던 기업들이 각자의 독립성을 유지하면서 특정 분야에 한해서 상호보완적이고 지속적인 협력관계를 위한 제휴를 맺음으로써 둘 또는 그 이상의 기업들이 각각의 약점을 서로 보완하고 경쟁우위를 강화하고자 하는 방법을 말한다.

(3) 분류
　① 결합방향에 따른 분류

　　기업집단화는 결합방향에 따라 수평적 결합과 수직적 결합으로 분류할 수 있다. 여기서 수평적이라는 것은 동일 단계를 의미하고, 수직적이라는 것은 다른 단계를 의미한다.
　　• 수평적 결합(Horizontal Integration)
　　　같은 산업에서 생산활동단계가 비슷한 기업 간에 이루어지는 통합을 의미하는데, 서적이 고객에게 전달되는 경우에 출판사와 경쟁 출판사와의 통합과, 서점과 경쟁 서점과의 통합 등이 이에 해당한다.

- **수직적 결합(Vertical Integration)**

  한 기업이 생산과정이나 판매경로상 이전 또는 이후의 단계에 있는 기업과의 통합을 의미하는데, 서적이 고객에게 전달되는 경우에 출판사와 종이 공급업체와의 통합과 출판사와 서점과의 통합 등이 이러한 형태의 결합에 해당한다.
  - **전방통합** : 통합주체의 입장에서 고객방향에 있는 기업을 통합하는 것
  - **후방통합** : 통합주체의 입장에서 공급업체방향에 있는 기업을 통합하는 것

② 독립성에 따른 분류

  기업의 독립성은 크게 **경제적 독립성과 법률적 독립성**으로 구분할 수 있는데, 이러한 경제적 독립성과 법률적 독립성의 존재유무에 따라 기업집단화는 카르텔, 콘체른, 트러스트로 분류할 수 있다.

- **카르텔(Kartel, Cartel)**

  다수의 동종 또는 유사기업이 경쟁을 제한하고 시장의 독점적 지배를 위해 **경제적 독립성과 법률적 독립성을 유지하면서 기업 간 협정을 통해 결합**하는 기업집단화의 형태로, 기업연합이라고도 한다. 카르텔에 참여하는 기업들은 경제적 및 법률적으로 완전히 독립되어 있기 때문에 협정에 구속력이 없다. 여기서 카르텔(협정)에 참여하지 않는 기업을 **아웃사이더(Outsider)**라고 한다.

- **콘체른(Konzern, Concern)**

  여러 개의 기업이 **법률상으로는 형식적 독립성을 유지하면서 실질적으로는 출자관계 또는 금융관계를 통해 경제적 독립성을 상실한 기업집단화**의 형태이다. 일반적으로 대기업이 여러 산업에 속하는 많은 기업을 지배할 목적으로 형성되며, 수평적으로는 물론 수직적 또는 다각적으로 결합되기도 한다.

- **트러스트(Trust)**

  시장의 경쟁을 제한하고 시장을 독점하기 위해 각각의 개별기업들이 경제적 독립성과 법률적 독립성을 완전히 상실하고 자본적으로 결합하는 기업집단화의 형태로 기업결합(Corporate Combination)이라고도 한다. 트러스트는 시장의 지배뿐만 아니라 생산공정의 합리화 및 생산비의 절약도 가능하며, 각 기업이 자발적으로 결합하거나 하나의 기업이 다른 기업의 주식을 매수함으로써 결합되는데, 이는 **기업의 인수 및 합병(M&A)**과 같다고 할 수 있다.

[독립성에 따른 기업집단화의 분류]

구 분	카르텔	콘체른	트러스트
독립성	경제적 독립성 유지 법률적 독립성 유지	경제적 독립성 상실 법률적 독립성 유지	경제적 독립성 상실 법률적 독립성 상실
존속성	협정기간 동안	자본적 지배	완전한 통일체
구속력	제한적	경영활동의 구속	내부 간섭
결합방법	동일업종의 수평적 결합	수평적/수직적 결합	수평적/수직적 결합

(4) 기업의 인수 및 합병(M&A)

① 의의

  기업의 성장전략은 크게 **내부성장[5]전략**과 **외부성장[6]전략**으로 구분된다. 기업의 인수 및 합병은 외부성장전략으로서 **별개의 기업들 또는 사업들을 하나의 기업으로 통합하는 것**을 의미하는데, 이러한 기업의 인수 및 합병을 통한 외부성장은 다음과 같은 이점이 있다.

5) 내부성장
(Internal Growth)
효율적인 자금조달과 조달된 자금을 이용한 최적투자를 통해 성장하는 것

6) 외부성장
(External Growth)
다른 기업과의 인위적인 사업결합을 통해 성장하는 것

- 자사의 제품에 원료를 공급하는 기업과 결합하거나 또는 자사의 제품을 판매하는 기업과 결합함으로써 **원가를 절감**시킬 수 있다.
- 동일한 업종에 종사하는 기업과 결합함으로써 시장점유율의 확대를 통해 **시장에서 지배적인 위치를 확보**할 수 있다.
- 영업상 서로 관련이 없는 기업과의 결합을 통해 **경영위험을 크게 분산**시킬 수 있다.

② 합병

둘 이상의 기업이나 사업이 경제적·법률적으로 하나의 보고기업으로 통합되는 결합을 의미한다. 이러한 합병에서는 흡수합병과 신설합병이 있다.

- **흡수합병(Merger)** : 한 기업이 다른 기업 또는 사업의 순자산을 양도받고 다른 기업 또는 사업은 법률적으로 소멸하는 것을 의미하는데, 이를 진정한 합병이라고도 한다. 예컨대, 기업 A가 기업 B의 모든 자산·부채를 이전받고 기업 B를 법률적으로 소멸시키는 형태의 합병이 흡수합병인 것이다. 여기서 합병이 완료된 후 존속기업인 기업 A를 합병기업이라고 하며, 합병이 완료된 후에 소멸되는 기업인 기업 B를 피합병기업이라고 한다.
- **신설합병(Consolidation)** : 둘 이상의 독립된 기업 또는 사업이 결합하여 하나의 새로운 기업을 신설하는 것을 의미하는데, 이를 대등합병이라고도 한다. 예컨대, 기업 A와 기업 B가 모든 자산·부채를 새로운 기업 C에 이전하고 기업 A와 기업 B는 법률적으로 소멸하는 형태의 합병이 신설합병인 것이다. 이때 기업 C는 합병기업이 되며, 기업 A와 기업 B는 피합병기업이 된다.

(5) 적대적 M&A

① 의의

인수기업(취득자, 합병기업, 지배기업)과 인수대상기업(피취득자, 피합병기업, 종속기업)의 경영자 간에 협상을 통해 M&A가 이루어지는 것이 아니라, 인수기업이 인수대상기업 경영자의 의사와는 무관하게 M&A를 하는 것을 말한다. 여기서는 인수기업이 수행하는 적대적 M&A의 공격방법과 인수대상기업이 수행하는 적대적 M&A의 방어방법에 대해서 살펴보기로 한다.

② 공격방법

- **주식공개매수(Tender Offer, TOB ; Take Over Bid)** : 인수대상기업의 주주들에게 공개매수기간 동안 특정한 공개매수가격에 주식을 매입하겠다는 것을 공고 등의 방식을 통해 **공개적으로 제안하여 주식을 매입함으로써 인수대상기업의 지배력을 획득하는 방법**을 말한다. 따라서 인수대상기업의 주주들은 장내보다 비싼 가격에 주식을 매도할 수 있다.
- **백지위임장투쟁(Proxy Contest)** : 주주총회에서 현 경영진에 반대하는 주주들의 의결권을 위임받아 인수대상기업의 지배력을 획득하는 방법을 말한다. 이러한 위임장투쟁을 이용하면 합병이나 취득에 비해 훨씬 경제적으로 지배력을 획득할 수 있다.
- **차입매수(LBO ; Leverage Buy-Out)** : 인수대상기업의 자산이나 수익력을 담보로 자금을 차입하여 해당 기업의 지배력을 획득한 후에 인수대상기업의 현금흐름이나 자산매각을 통해 해당 채무를 상환해가는 지배력 획득방법을 말한다. 이러한 차입매수를 이용하면 상대적으로 적은 자기자본만으로 기업을 인수할 수 있다는 이점이 있지만, 부채비율이 높아져서 채무불이행위험과 재무위험이 증가하는 문제점이 있다.
- **파킹(Parking)** : 법률상 제한을 회피할 목적으로 인수기업에게 우호적인 관계에 있는 제3자(흑기사)에게 대상기업의 주식을 매입해 일정 기간 보유하도록 하는 것을 말한

다. 이는 주식시장에서 목표주식을 비공개로 원하는 지분율까지 지속적으로 매수하는 방법이 된다.

③ 방어방법

- **역공개매수(Counter Tender Offer)** : 인수기업이 인수대상기업의 주식에 대해 공개매수를 하는 경우에, 이에 맞서 **인수대상기업이 인수기업의 주식에 대한 공개매수를 하여 정면대결을 펼치는 전략**을 말하며, 팩맨 방어(Pac-Man Defense)라고도 한다. 이는 상호보유주식에 대해 의결권이 제한되는 상법규정을 이용하는 방법이다.

- **의결정족수특약(Super Majority Voting Provision)** : 합병승인에 대한 **주주총회의 결의요건을 강화하는 방법**을 말한다. 즉, 합병승인을 위한 주주총회에서 결의요건을 일반적인 주주총회에서의 결의요건보다 훨씬 많은 의결정족수를 요구하는 의결정족수특약을 미리 회사의 정관에 둔다면, 적대적 M&A를 시도하는 투자자는 의결정족수특약을 충족시키기 위해 보다 많은 대가를 지불해야 하므로 적대적 M&A를 어렵게 만들 수 있다.

- **황금낙하산(Golden Parachute)** : 기존의 경영진이 적대적 M&A로 인해 임기만료 이전에 타인에 의해 해임되는 경우 거액의 보상금을 지급하도록 하는 고용계약을 말한다. 사전에 이와 같은 고용계약을 체결해 두는 경우에는 기업의 인수비용이 과다하게 되므로 적대적 M&A의 유인이 감소될 수 있다.

- **이사임기교차제(Staggered Terms for Directors)** : 이사들의 임기만료시점이 분산되도록 **하는 것**을 말한다. 사전에 이와 같이 일시에 선출되는 이사의 수를 제한하는 규정을 두는 경우에는 이사들의 임기만료 시기가 서로 다른 시점으로 분산되어 기업을 인수하더라도 기업 지배력의 조기 확보가 어렵게 된다.

- **백기사(White Knight)** : 적대적 M&A의 대상이 되는 기업의 기존 경영진에게 우호적인 제3자를 말한다. 기존의 경영진은 백기사와의 우호적인 협상을 통해 적대적 M&A 시도를 방어하면서 경영자의 지위를 계속 유지할 수 있다.

- **독소조항(Poison Pill)** : 적대적 M&A가 성사되는 경우에 인수자가 매우 불리한 상황에 **처할 수 있도록 하는 규정이나 계약**을 말한다. 기존 주주들에게 적대적 M&A가 성사되는 경우에 새 기업 주식의 상당량을 할인된 가격에 매입할 수 있는 권리를 부여하는 규정을 두는 것이나 채권자에게 기업이 인수되는 경우 만기일 이전에 고액의 현금상환을 청구할 수 있는 채권을 발행하는 것 등을 예로 들 수 있다. 대표적인 독소증권에는 **상환우선주[7], 전환우선주[8], 신주인수권부사채[9], 전환사채[10]** 등이 있다.

- **자기주식의 취득(자사주 매입)** : 적대적 M&A의 대상이 되는 기업이 자기주식을 취득함으로써 적대적 M&A를 방어할 수 있다. 적대적 M&A를 시도하려는 기업으로 하여금 인수대상기업의 주식확보를 어렵게 하고 발행주식수도 감소되어 자연히 대주주의 지분을 상승시키는 효과를 얻을 수 있으며, 인수대상기업의 주식매수 수요가 증가됨으로써 **주가를 상승시켜 매수비용을 증가**시키기도 한다.

- **왕관의 보석(Crown Jewel)** : 적대적 M&A 시도가 있는 경우에 왕관의 보석과 같이 기업의 **핵심적인 사업부문을 매각하여 인수시도를 저지하는 방법**을 말한다. 인수대상기업이 새로운 기업을 설립하고 동 기업에 핵심자산을 매각하는 것을 예로 들 수 있다.

- **불가침협정(Standstill Agreement)** : 인수기업이 매입한 자사 주식을 높은 가격에 재매입해주는 대신에 인수의도를 포기하도록 **계약을 맺는 방법**이다. 그리고 인수대상기업의 주식을 매집한 후에 적대적 M&A를 포기하는 대가로 프리미엄이 포함된 높은 가격에 주식을 재매입하도록 인수대상기업의 경영자 또는 대주주에게 제안하는 것을 **녹색편지(Green Mail)**라고 한다.

---

7) 상환우선주
특정 기간 동안 우선주의 성격을 가지고 있다가 기간이 만료되면 발행회사에서 이를 되사도록 한 주식

8) 전환우선주
다른 종류의 주식으로 전환할 수 있는 권리가 부여된 우선주로, 발행은 우선주의 형태지만 일정 기간이 지난 후 보통주로 전환할 수 있는 주식

9) 신주인수권부사채
발행회사의 주식을 매입할 수 있는 권리가 부여된 사채. 즉, 사채권자에게 사채 발행 이후에 기채회사가 신주를 발행하는 경우 미리 약정된 가격에 따라 일정한 수의 신주 인수를 청구할 수 있는 권리가 부여된 사채

10) 전환사채
사채로 발행되었지만 일정 기간 경과 뒤 소유자의 청구에 의하여 주식으로 전환할 수 있는 사채

마일즈(Miles)와 스노우(Snow)의 전략유형에 대한 다음 설명 중 가장 적절하지 않은 것은?

① 방어형은 좁은 제품시장을 정해놓고 제품을 경쟁적인 가격으로 공급하는 기업군이다.
② 공격형은 신제품 및 신시장 기회를 적극적으로 찾아내고 이용하는 기업군이다.
③ 분석형은 제한된 범위의 방어전략과 공격전략을 혼합하여 사용하는 기업군이다.
④ 반응형은 적극적으로 환경을 개척하는 것이 아니라 전략형성에 실패한 기업이다.
⑤ 방어형은 성장전략이 중심이 되고, 공격형은 안정화 전략이 중심이 된다.

정답 ⑤
해설 공격형은 성장전략이 중심이 되고, 방어형은 안정화 전략이 중심이 된다.

핵심 Plus ➕

라이선싱(Licensing)과 프랜차이징(Franchising)
프랜차이징은 라이선싱의 한 형태라고 볼 수도 있으나, 일반적으로 프랜차이징이 라이선싱보다 가맹회사의 운영에 보다 강한 통제를 함

국제하청계약
라이선싱과 직접투자의 절충형으로 해외의 독립된 제조업체로부터 제품을 조달하면서 그 제품을 현지시장이나 제3국에 판매하게 됨

턴키 프로젝트(Turn-Key Project)
생산설비를 건설하고 설비가 가동되어 생산이 개시될 수 있는 시점에서 소유권자에게 넘겨주는 계약형태. 턴키 프로젝트는 대규모 사업인 경우가 많아서 소수의 대규모 기업이 시장을 점유하고 있음

경영관리계약
해외기업의 일상적인 운영을 관리할 수 있는 권리를 계약하는 것. 일반적으로 이 권리에는 새로운 자본투자, 장기부채의 기채, 배당정책, 기본적인 경영정책, 소유권 등에 대한 결정권은 포함되지 않음

03 다국적 기업과 글로벌 경영 ★★

1. 해외시장 진출전략

기업이 해외시장에 진출할 경우, 기업은 해외시장에서 어떠한 방법으로 진출할 것인가를 선택하여야 한다. 일반적으로 그 진출유형은 해외사업의 비중과 해외에 투입한 자원의 비율에 따라 수출에 의한 진출, 계약에 의한 진출, 직접투자에 의한 진출로 구분할 수 있다.

① **수출에 의한 진출** : 일회성 거래의 형태를 띠고 있으며 단기적이고 위험의 정도가 낮은 가장 단순한 해외시장 진출방식이다. 대부분의 기업은 수출을 통하여 처음으로 국제경영활동에 참가하게 되며, 간접적인 유통경로를 통하여 비교적 적은 비용과 낮은 위험을 부담하고 해외시장에 접근할 수 있다. 수출에 의한 대표적인 진출형태에는 **간접수출과 직접수출**이 있다.

② **계약에 의한 진출** : 주로 외국의 현지기업과의 계약에 의해 해외사업을 운영하는 방식으로, **라이선싱과 프랜차이징**이 대표적인 형태이다. 이는 단순한 상품뿐만 아니라 기술이나 산업재산권을 임대 또는 판매하는 것을 포함한다. 또한, **국제하청계약, 턴키 프로젝트, 경영관리계약** 등도 계약에 의한 진출의 예에 해당한다.

③ **직접투자에 의한 진출** : 대부분의 기업은 해외시장에 대한 충분한 지식을 가지고 자본 및 경영능력이 축적되면 해외에 직접투자를 하게 된다. 해외직접투자는 다른 유형의 진출전략보다 해외시장에 투입되는 자원의 규모가 크기 때문에 그 성공여부는 기업 전체에 중대한 영향을 미치게 된다. 따라서 기업측면에서 가장 통제의 정도가 크고 많은 자본과 인적자원이 투입되며 위험이 높은 진출유형이 된다. 직접투자에 의한 진출은 **단독투자와 합작투자**로 구분할 수 있고, **그린필드 투자(Green-Field Investment)와 브라운필드 투자(Brown-Field Investment)**로 구분할 수도 있다. 그린필드 투자는 회사가 직접 새로운 시장에 자금을 들여 투자하고 운영하는 형태이고, 브라운필드 투자는 회사가 이미 설립되어 운영하는 회사를 전략과 사업성에 기반하여 인수하고 그 회사의 사업방향에 적합하게 운영하는 형태를 의미한다.

2. 국가경쟁우위 다이아몬드 모형

포터(M. Porter)는 국가 내의 특정 산업이 국제 경쟁우위를 제공하는 자원과 역량을 개발하는 역학 관계를 조사함으로써 비교우위에 대한 이해를 넓혔다. 포터의 다이아몬드 이론(Porter's Diamond Theory)은 특정 부문 내에서 국가의 경쟁우위를 결정하는 네 가지 속성, 즉 요소 조건, 수요 조건, 관련 및 지원 산업, 전략 및 구조와 경쟁을 설명한다. 포터는 그 후 정부와 기회를 이 모델에 추가하였다.

① **요소 조건** : 천연자원, 기후, 지역인 기본 요소와 통신 인프라, 숙련된 고급 인력, 기술적 노하우인 고급요소가 국가 경쟁우위를 결정 짓는 중요한 요소인데 고급 요소가 경쟁우위를 창출하는데 더 중요한 역할을 한다.

② **수요 조건** : 산업내의 재화나 서비스에 대한 자국 수요가 역량 개발에 영향을 미친다. 소비자들의 요구가 고품질의 제품을 내놓도록 압박하고 경쟁적인 환경을 조장한다.

③ **관련 및 지원 산업** : 국제적으로 경쟁력 있는 연관 산업과 영향력 있는 공급자의 산업을 의미한다.

④ **전략 및 구조와 경쟁** : 한 국가 내에서 기업이 어떻게 만들어지고 조직화되며 경영되는지, 또한 자국 경쟁자의 성향은 어떤지를 의미한다.

[국가경쟁우위 다이아몬드 모형]

시험문제 미리보기!

다음 해외시장 진출전략 중 계약에 의한 진출에 해당하지 않는 것은?

① 라이선싱   ② 턴키 프로젝트   ③ 그린필드 투자

④ 경영관리계약   ⑤ 국제하청계약

정답 ③

해설 해외시장 진출전략 중 계약에 의한 진출에는 라이선싱, 프랜차이징, 턴키 프로젝트, 경영관리계약, 국제하청계약 등이 있고, 그린필드 투자는 직접투자에 의한 진출에 해당한다.

❗ 출제예상문제의 중요도를 ★~★★★으로 구분하였습니다. 난이도가 가장 높은 고등급 문제는 최우수 표시하였으니, 최우수 등급을 목표로 하신다면 반드시 학습하시기 바랍니다.

★
01 경영전략 프로세스를 순서대로 배열한 것으로 가장 적절한 것은?

① 목표설정 → 환경분석 → 전략수립 → 실행 및 평가
② 목표설정 → 전략수립 → 환경분석 → 실행 및 평가
③ 환경분석 → 목표설정 → 전략수립 → 실행 및 평가
④ 전략수립 → 환경분석 → 목표설정 → 실행 및 평가
⑤ 전략수립 → 목표설정 → 환경분석 → 실행 및 평가

★★
02 다음 중 학습조직의 구성요소로 가장 적절하지 않은 것은?

① 시스템 사고　　② 개인적 수련　　③ 상징 모형　　④ 공유 비전　　⑤ 팀 학습

★★★
03 노나카 이쿠지로는 지식을 암묵지와 형식지로 분류하고 4개의 창을 통해 암묵지와 형식지가 상호작용을 하면서 지식이 창출된다고 설명하고 있다. 그 4개의 창에 해당하지 않는 것은?

① 연결화　　② 내면화　　③ 외부화　　④ 공유화　　⑤ 사회화

04 균형성과표에 대한 다음 설명 중 가장 적절하지 않은 것은?

① 기업의 전략적 목표를 일련의 성과측정지표로 전환할 수 있는 종합적인 틀이다.

② 재무적 관점, 고객 관점, 내부프로세스 관점, 학습과 성장관점 등 4개의 범주로 구분하여 성과를 측정한다.

③ 균형성과표는 학습과 성장관점에 의한 단기적 성과와 나머지 세 가지 관점에 의한 장기적 성과 간의 균형을 이루어야 한다.

④ 과거 노력의 산출물인 결과 측정치와 미래성과를 창출할 측정치 간의 균형을 이루어야 한다.

⑤ 객관적으로 정량화되는 재무적 측정치와 주관적인 판단이 요구되는 비재무적 측정치 간의 균형을 이루어야 한다.

05 레드오션 전략과 블루오션 전략을 비교한 다음 설명 중 가장 적절하지 않은 것은?

	레드오션 전략	블루오션 전략
①	기존 시장 공간 안에서 경쟁	경쟁자 없는 새 시장 공간의 창출
②	경쟁의 원리	경쟁이 무의미
③	새 수요 창출 및 장악	기존 수요시장 공략
④	가치와 비용 가운데 택일	가치와 비용을 동시에 추구
⑤	차별화와 저비용 가운데 택일	차별화와 저비용을 동시에 추구

정답 및 해설

01 ①
경영전략 프로세스는 '목표설정 → 환경분석 → 전략수립 → 실행 및 평가'의 순이다.

02 ③
학습조직의 구성요소는 시스템 사고, 개인적 수련, 정신 모형, 공유 비전, 팀 학습이다.

03 ④
노나카 이쿠지로는 지식창출을 위한 4개의 창으로 연결화, 내면화, 외부화 및 사회화를 제시하였다.

04 ③
균형성과표는 재무적 관점에 의한 단기적 성과와 나머지 세 가지 관점에 의한 장기적 성과 간의 균형을 이루어야 한다.

05 ③
레드오션 전략은 기존 수요시장을 공략하는 전략이고, 블루오션 전략은 새 수요 창출 및 장악하는 전략이다.

06 A기업은 자체적인 SWOT 분석 결과 현재 S-O 위치에 속해 있는 것으로 결론을 내고 전략을 세우기로 하였다. 다음 중 A기업이 취할 수 있는 전략으로 가장 적절하지 않은 것은?

① 비슷한 시장의 관련 기업들을 인수하여 사업을 확장한다.
② 해외시장으로 진출한다.
③ 새로운 제품을 개발한다.
④ 시장에서의 기반을 확고히 하기 위해 다른 기업들과 전략적 제휴를 맺는다.
⑤ 다른 기업을 벤치마킹하여 부족한 역량을 학습한다.

07 바니가 고안한 분석도구인 VRIO 분석에 대한 다음 설명 중 가장 적절하지 않은 것은?

① 기업이 가지고 있는 자산에 대하여 내부보유가치, 보유한 자산의 희소성, 모방가능성의 정도, 운영에 대한 질문을 통해 성장 잠재력을 가늠한다.
② 단순히 어떤 자원을 보유하고 있는지를 확인하는 것이 아니라 그 자원을 활용할 능력이 있는지를 보는 것이 목적이다.
③ 기업이 가진 자원과 능력의 우위성을 종합적으로 분석할 때는 가치사슬이나 7S와 같은 경영자원에 관한 프레임워크가 함께 고려되어야 한다.
④ 기업이 소유한 자원의 속성을 정의하고 전략적으로 유용한 내부자원을 판별하기 위한 방법론으로서 자주 활용된다.
⑤ 기업이 보유한 내부 자원과 능력을 통해 지속가능한 경쟁우위를 확보할 수 있는지 판단하는 모형이다.

최우수

08 포터의 산업구조분석에 대한 설명으로 가장 적절하지 않은 것은?

① 산업구조분석은 산업경쟁에 영향을 미치는 5개의 힘과 산업수익률 사이의 관계를 분석하고자 하는 방법이다.
② 산업구조분석은 산업 전체의 수익률에 대해 설명해주기 때문에 해당 산업의 미래에 대한 예측이 가능하다.
③ 산업구조분석은 산업수익률을 구성하는 요소들을 고려함으로써 각 요소별 전략을 세우는데 도움이 된다.
④ 산업구조분석은 동태적 분석이기 때문에 산업이 지속적으로 변화하는 현실을 제대로 설명해준다.
⑤ 산업구조분석은 기업 간 경쟁전략에 의한 상호영향 등을 고려하지 못하고 있다.

09 포터가 산업구조분석에서 제시한 다섯 가지 요인들 중 산업의 수익률에 미치는 영향이 다른 하나는?

① 산업 내 경쟁   ② 진입장벽   ③ 대체재의 존재   ④ 소비자의 교섭력   ⑤ 공급자의 교섭력

10 포터의 가치사슬분석에 대한 설명으로 가장 적절하지 않은 것은?

① 가치사슬이란 부가가치 창출에 직접 또는 간접적으로 관련된 일련의 활동·기능·프로세스의 연계를 의미한다.

② 가치사슬분석은 기업이 가치를 최종소비자에게 전달하는데 연관된 프로세스와 활동들을 분석하고, 그 각각의 프로세스 또는 그 연계활동에서 창출하는 가치에 따른 경쟁우위와 열세를 파악하는 것을 그 목적으로 한다.

③ 가치사슬분석을 통해 각 기업의 핵심역량이 어디에 있는지를 정확히 파악하게 되고, 어떤 부분을 보완해야 하는지를 알게 되는 것이다.

④ 본원적 활동에는 내부물류, 생산, 외부물류, 마케팅 및 판매, 사후서비스, 구입활동 등이 있다.

⑤ 지원적 활동에는 기업의 하부구조, 인적자원관리, 연구개발 등이 있다.

정답 및 해설

06 ⑤
다른 기업을 벤치마킹하여 부족한 역량을 학습하는 전략은 W-O의 위치나 W-T의 위치에 있을 때 취할 수 있는 전략이다.

07 ①
기업이 가지고 있는 자산에 대하여 내부보유가치, 보유한 자산의 희소성, 모방가능성의 정도, 조직에 대한 질문을 통해 성장 잠재력을 가늠한다.

08 ④
산업구조분석은 정태적 분석이기 때문에 산업이 지속적으로 변화하는 현실을 제대로 설명하기 어렵다.

09 ②
진입장벽이 높을수록 산업의 수익률은 높아지지만, 나머지 요인들이 증가할수록 산업의 수익률은 낮아진다.

10 ④
본원적 활동에는 내부물류, 생산, 외부물류, 마케팅 및 판매, 사후서비스 등이 있고, 지원적 활동에는 기업의 하부구조, 인적자원관리, 연구개발, 구입활동 등이 있다.

11 포터의 본원적 전략에 대한 설명으로 가장 적절하지 않은 것은?

① 경쟁범위라는 차원에서 원가우위 전략과 차별화 전략을 구분하고, 경쟁우위라는 차원에서 집중화 전략을 제시하였다.

② 사용한 경쟁우위는 원가와 고객화이다.

③ 원가우위 전략은 기업이 가지고 있는 역량을 발휘하여 경쟁자보다 낮은 원가로 제품을 생산하고, 궁극적으로 낮은 가격으로 소비자에게 제품을 제공하는 전략을 말한다.

④ 차별화 전략은 경쟁기업과는 다른 독특한 재화나 서비스를 제공함으로써 경쟁우위를 확보하려는 전략을 말한다.

⑤ 집중화 전략은 특정 지역이나 시장의 한 부분에 있는 제한된 고객들에게 독특한 재화나 서비스를 제공하는 전략을 말한다.

12 사업 포트폴리오 분석에 대한 다음 설명 중 가장 적절하지 않은 것은?

① 대표적인 사업 포트폴리오 분석의 방법으로는 BCG 매트릭스와 전략적 사업계획 그리드 등이 있다.

② 전략사업단위란 최고경영자로부터 권한을 위임받고 경영성과에 대해서 책임을 지는 독립적 사업단위를 의미한다.

③ BCG 매트릭스는 하나의 축에 절대적 시장점유율을, 또 다른 하나의 축에 시장성장률을 나타내어 각 사업단위의 경쟁적 지위를 알아볼 수 있게 설계되어 있다.

④ BCG 매트릭스에서 시장점유율이 낮고, 시장성장률이 높은 사업부를 문제아라고 한다.

⑤ BCG 매트릭스에서 시장점유율이 높고, 시장성장률이 높은 사업부를 별이라고 한다.

13 BCG 매트릭스를 구성하는 영역 중 제품수명주기의 성장기에 해당하는 영역을 의미하는 것으로 가장 적절한 것은?

① 야생고양이   ② 별   ③ 현금젖소   ④ 개   ⑤ 물음표

14 사업 포트폴리오 분석에 대한 다음 설명 중 가장 적절한 것은?

① GE 매트릭스는 산업(시장)의 매력도와 사업의 강점이라는 두 가지 차원으로 구성된다.

② GE 매트릭스에서 원의 크기는 해당 사업단위의 매출액을 의미한다.

③ BCG 매트릭스에서 자금흐름은 별에서 가장 긍정적이다.

④ BCG 매트릭스는 자금흐름보다는 투자수익률을 더 중시한다.

⑤ 상대적 시장점유율이 1보다 크다는 것은 해당 사업의 성장성이 가장 크다는 것을 의미한다.

정답 및 해설

11 ①

본원적 전략은 경쟁우위라는 차원에서 원가우위 전략과 차별화 전략을 구분하고, 경쟁범위라는 차원에서 집중화 전략을 제시하였다.

12 ③

BCG 매트릭스는 하나의 축에 상대적 시장점유율을, 또 다른 하나의 축에 시장성장률을 나타내어 각 사업단위의 경쟁적 지위를 알아볼 수 있게 설계되어 있다.

13 ②

BCG 매트릭스를 구성하는 영역 중 제품수명주기의 성장기에 해당하는 영역은 별이다.

14 ①

오답노트

② GE 매트릭스에서 원의 크기는 해당 사업부가 속한 산업의 크기를 의미한다.

③ BCG 매트릭스에서 자금흐름은 현금젖소에서 가장 긍정적이다.

④ GE 매트릭스는 자금흐름보다는 투자수익률을 더 중시한다.

⑤ 상대적 시장점유율이 1보다 크다는 것은 해당 사업이 시장에서 가장 높은 시장점유율을 차지하고 있음을 의미한다.

15 기업집단화에 대한 다음 설명 중 가장 적절하지 않은 것은?

① 기업집단화는 단독기업에서 벗어나 둘 이상의 단위기업이 보다 큰 경제단위로 결합하는 것을 말한다.

② 기업은 생산기술의 합리화로 생산비의 절감을 기하거나, 원료의 안정적 확보를 위한 목적으로 집단화하는 특성이 있다.

③ 기업집단화는 그 독립성에 따라 카르텔, 콘체른, 트러스트 등으로 구분할 수 있다.

④ 기업의 독립성은 경제적 독립성과 법률적 독립성으로 구분할 수 있는데, 일반적으로 경제적 독립성보다 법률적 독립성을 상실시키는 것이 더 쉽다.

⑤ 수직적 결합은 다시 전방통합과 후방통합으로 구분할 수 있다.

16 기업집단화에 대한 다음 설명 중 가장 적절하지 않은 것은?

① 카르텔은 다수의 동종 또는 유사기업이 경쟁을 제한하고 시장의 독점적 지배를 위해 법률적·경제적 독립성을 유지하면서 기업 간 협정을 통해 결합하는 것이다.

② 콘체른은 여러 개의 기업이 법률상으로는 형식적 독립성을 유지하지만 경제적 독립성을 상실한 기업집단화의 형태이다.

③ 트러스트는 각각의 기업들이 경제적·법률적 독립성을 완전히 상실하고 자본적으로 결합하는 기업집단화의 형태이다.

④ 수직적 결합은 같은 산업에서 생산활동단계가 비슷한 기업 간에 이루어지는 통합을 말한다.

⑤ 기업의 인수 및 합병은 기업의 외부성장전략의 하나라고 할 수 있다.

17 적대적 M&A와 관련된 다음 개념들 중 그 실행주체가 동일한 것들로만 구성된 것으로 가장 적절한 것은?

<보기>

A. 공개매수	B. 독소증권의 발행	C. 황금낙하산
D. 역공개매수 전략	E. 위임장대결	

① A, B, D   ② A, B, E   ③ B, C, D   ④ B, C, E   ⑤ B, D, E

18 적대적 M&A의 방어방법에 대한 다음 설명 중 가장 적절하지 않은 것은?

① 독소조항은 상호보유주식에 대한 의결권이 제한되는 상법규정을 이용하는 방법이다.

② 의결정족수특약이란 합병승인에 대한 주주총회의 결의요건을 강화하는 방법을 말한다.

③ 백기사란 적대적 M&A의 대상이 되는 기업의 기존 경영진에게 우호적인 제3자를 말한다.

④ 이사임기교차제를 통해 기업 지배력의 조기 확보를 어렵게 할 수 있다.

⑤ 자기주식의 취득을 통해 대주주의 지분을 상승시키고 주가상승의 효과를 얻을 수 있다.

정답 및 해설

15 ④
기업의 독립성은 경제적 독립성과 법률적 독립성으로 구분할 수 있는데, 일반적으로 법률적 독립성보다 경제적 독립성을 상실시키는 것이 더 쉽다.

16 ④
수평적 결합은 같은 산업에서 생산활동단계가 비슷한 기업 간에 이루어지는 통합을 말한다.

17 ③
A, E는 적대적 M&A의 주요 공격방법(인수기업)들이며, B, C, D는 적대적 M&A에 대한 방어전략(인수대상기업)의 예이다.

18 ①
상호보유주식에 대한 의결권이 제한되는 상법규정을 이용하는 방법은 역공개매수이다.

제**2**장 마케팅

◪ 학습전략

마케팅은 마케팅의 이해, 소비자 행동과 마케팅전략, 마케팅믹스로 구성되어 있으며, 전반적인 내용을 숙지한 다음에 자주 출제되는 부분에 대해서는 좀 더 자세하게 정리하는 방향으로 준비하여야 한다.

특히, '제1절 마케팅의 이해'에서는 마케팅개념(관리철학)을 중심으로 학습이 이루어져야 하고, '제2절 소비자 행동과 마케팅전략'과 '제3절 마케팅믹스'는 전체 내용에 대해서 빠짐없이 학습하는 것이 중요하다.

◪ 출제비중

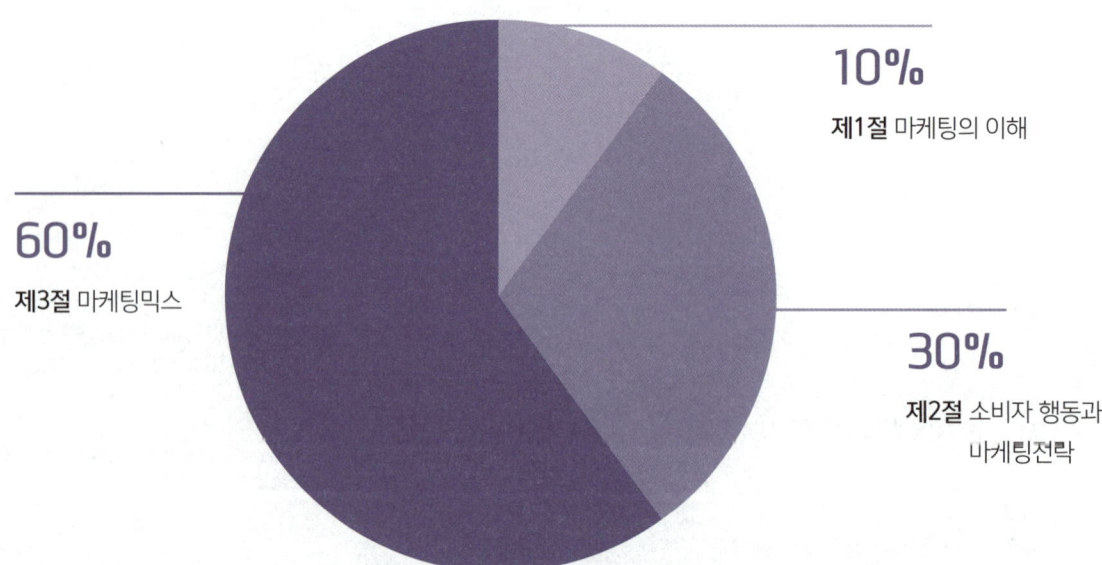

10%
제1절 마케팅의 이해

30%
제2절 소비자 행동과
마케팅전략

60%
제3절 마케팅믹스

🔲 출제유형

제2장 마케팅에서는 제품수명주기에 대한 문제와 마케팅전략 중 STP 전략에 포함되는 시장세분화, 목표시장 선정, 포지셔닝의 개념에 대한 문제가 자주 출제된다. 또한, 마케팅믹스(제품, 가격, 유통, 촉진) 또는 촉진믹스(광고, PR, 인적판매, 판매촉진)와 관련된 내용을 확인하는 문제가 다수 출제된다.

🔲 학습구성

구 분	출제포인트	중요도
제1절 마케팅의 이해	**01** 마케팅(Marketing)	★
	02 마케팅개념(관리철학)	★
제2절 소비자 행동과 마케팅전략	**01** 소비자 행동(Consumer Behavior)	★★
	02 마케팅전략	★★★
제3절 마케팅믹스	**01** 제품(Product)	★★
	02 가격(Price)	★★★
	03 유통(Place)	★★
	04 촉진(Promotion)	★★★

핵심 Check ✓ **마케팅의 이해**

마케팅	소비재 마케팅, 산업재 마케팅, 서비스 마케팅
마케팅개념(관리철학)	생산개념, 제품개념, 판매개념, 마케팅개념, 사회지향적 마케팅개념

01 마케팅(Marketing) ★

1. 의의

개인과 조직의 목표를 충족시킬 수 있는 소비자와의 교환(Exchange)을 창조하기 위하여 재화 및 서비스에 대한 개념정립, 가격결정, 촉진 및 유통에 대한 계획을 수립하고 이를 수행하는 과정을 말한다. 소비자(고객)는 시장을 통해 자신의 욕구를 충족시키기 위해 재화 또는 서비스를 소비하게 되는데, 이러한 시장에서 발생되는 일련의 교환활동(Exchange Activity)이 마케팅의 대상이 된다.

2. 범위

기업이 생산 및 판매하는 산출물은 유형의 재화와 무형의 서비스로 구분할 수 있으며, 그 형태에 따라 기업이 수행하는 마케팅활동은 달라진다. 특히, **재화는 소비목적에 따라 최종소비를 목적으로 하는 소비재와 중간소비를 목적으로 하는 산업재로 구분**할 수 있으며, 마케팅은 그 범위에 따라 소비재 마케팅, 산업재 마케팅, 서비스 마케팅으로 구분할 수 있다.

① **소비재 마케팅(Consumer Goods Marketing)** : 소비재를 대상으로 하는 마케팅활동으로 개인적인 소비를 목적으로 제품을 구매하는 **개인과 가정을 대상**으로 하는 마케팅을 말한다.

② **산업재 마케팅(Industrial Goods Marketing)** : 산업재를 대상으로 하는 마케팅활동으로 다른 제품을 생산해 낼 목적으로 제품을 구매하는 기업들을 대상으로 하는 마케팅을 말하고, **조직 간 마케팅(Business to Business marketing)**이라고도 한다.

③ **서비스 마케팅(Service Marketing)** : 서비스를 대상으로 하는 마케팅을 말한다.

핵심 Plus ➕

시장
마케팅이라는 용어는 시장을 의미하는 'Market'과 활동을 의미하는 'ing'의 합성어로 해석할 수 있음. 여기서 시장은 생산자(판매자)와 고객이 만나는 장소라는 관점과 고객의 집단이라는 관점에서 해석이 가능함

[산업재시장의 특징]

구 분	특 징
시장구조와 수요	• 산업재 시장은 더 적은 수 그러나 더 큰 규모의 구매자를 가지고 있다. • 산업재 고객은 지역적으로 더 집중되어 있다. • 산업재 구매자 수요는 최종소비자 수요로부터 나온다. • 산업재 시장에서의 수요는 더 비탄력적이다. 즉, 수요가 단기적 가격변화에 덜 영향을 받는다. 원자재의 가격하락이 소비자의 제품수요를 증가시킬 만큼의 가격하락으로 연결되지 않는다면 제조업체가 원자재를 더 많이 구입하도록 하지는 않을 것이다. • 산업재 시장에서의 수요는 더 변동이 심하고, 더 빨리 변동한다. 소비자 수요의 작은 증가가 산업재 수요의 큰 증가를 유발할 수 있다.
구매단위의 성격	• 산업재 구매는 더 많은 의사결정 참여자를 포함한다. • 산업재 구매는 더 전문적인 구매노력이 수반된다.
의사결정유형과 의사결정과정	• 산업재 구매자는 보통 더 복잡한 구매의사결정에 직면한다. • 산업재 구매절차는 더 공식화되어 있다. • 산업재 구매에서는 구매자와 판매자가 긴밀하게 협력하며, 장기적 관계를 형성한다.

시험문제 미리보기!

마케팅의 정의에 해당하는 내용으로 가장 적절하지 않은 것은?

① 마케팅은 소비자가 원하는 다양한 재화와 서비스를 생산하고 고객에게 제공하고자 한다.
② 마케팅은 재화와 서비스를 어떻게 생산하고, 어떤 점이 우수한지를 고객에게 알리고자 한다.
③ 마케팅은 소비자들이 재화와 서비스를 구입할 수 있도록 적절한 가격을 책정하는 것이다.
④ 마케팅은 소비자들이 재화와 서비스를 편리하게 구입할 수 있도록 구입 장소를 잘 선정하는 것이다.
⑤ 마케팅은 소비자가 원하는 모든 것을 경쟁자들과 유사하게 제공하여 소비자들이 선택의 어려움을 극복할 수 있도록 하는 것이다.

정답 ⑤
해설 마케팅은 소비자가 원하는 모든 것을 경쟁자들과 차별화하여 소비자에게 다가서는 것이다.

02 마케팅개념(관리철학) ★

1. 마케팅개념(관리철학)의 변화

(1) 생산개념(Production Oriented Concept)

초과수요상황에서 생산만 하면 판매가 이루어지는 것은 큰 문제가 되지 않는다는 개념이다. 생산개념에서 생산증가는 바로 이윤확보와 연결되기 때문에 기업들은 자연스럽게 생산성

향상에 모든 역량을 집중하게 되었다. 그러나 생산개념의 가장 중요한 문제점은 소비자욕구를 간과하였다는 점이다.

(2) 제품개념(Product Oriented Concept)

생산개념에서 판매개념으로 이전되는 과도기적인 개념이다. 제품개념은 **소비자가 제품의 품질에 관심을 가지는 단계**이기 때문에 기업은 품질향상에 초점을 맞추게 되고, 소비자는 좀 더 품질이 좋은 제품을 구매하려고 하였다.

(3) 판매개념(Selling Oriented Concept)

초과공급상황에서 시장에서의 주도권이 점점 기업으로부터 소비자에게로 넘어가게 되면서, 기업은 대량생산으로 인한 재고가 축적되기 시작하고 이로 인해 기업은 **재고의 소진**에 가장 큰 관심을 가지게 되는 개념이다. 그러나 여전히 소비자의 욕구와 선호에 대해서는 별로 관심을 기울이지 않았다.

(4) 마케팅개념(Marketing Oriented Concept)

고객의 욕구를 파악하여 이에 적절한 마케팅활동이 이루어져야 고객이 제품을 구매하기 때문에 기업은 **시장욕구 파악과 장기적 고객만족에 초점**을 맞추어야 한다는 개념이다. 마케팅개념은 고객의 욕구를 이해하고 반응하는데 초점을 맞추고 있으며, 모든 기업조직의 활동을 고객의 욕구에 부응하도록 통합하고, 고객의 욕구를 충족시킴으로써 모든 목표를 달성할 수 있다는 점을 강조한다.

(5) 사회지향적 마케팅개념(Social Marketing Oriented Concept)

마케팅개념의 장점을 포함하면서 그 한계점을 극복하기 위한 개념이다. 이는 목표시장의 욕구를 파악하고 소비자와 사회복지를 보존 및 향상시킬 수 있는 가치를 전달하는 것이 기업의 목적이 되고, 기업은 장기적 고객만족에 초점을 맞추어 소비자와 사회를 위해 기여하려고 한다는 개념이다. 즉, 사회지향적 마케팅개념은 **마케팅개념에 기업의 사회적 책임이 추가된 개념**이라고 이해할 수 있다.

2. 마케팅의 유형

(1) 고압적 마케팅(Push Marketing)

표준화·규격화에 의해 대량으로 생산된 제품을 소비자에게 밀어붙여 판매하는 강압적 전략을 기본방침으로 정하고, 소비자의 욕구는 무시한 채 기업의 내부적인 관점에서 생산가능한 제품들만을 생산하여 판촉활동을 통해 판매하는 마케팅활동을 말한다. 이러한 마케팅은 피드백을 고려하지 않는 **선형 마케팅**으로, 기업 입장에서 생산 제품을 강압적으로 판매하는 개념이기 때문에 생산과정 이후에 관심을 가지는 **후행적 마케팅**[1] 노력을 하게 된다. 따라서 고압적 마케팅은 판매개념에 근거한 마케팅 유형이라고 할 수 있다.

(2) 저압적 마케팅(Pull Marketing)

기업이 소비자의 욕구를 파악하는 것에 관심을 가지고 고객이 제품의 계획단계에서부터 적극 참여하도록 유도하는 마케팅활동을 말한다. 이러한 마케팅은 피드백을 반영하는 **순환 마케팅**으로, 기업 입장에서 소비자가 원하는 것을 생산하여 판매하는 개념이기 때문에 생산과정 이전에 관심을 가지는 **선행적 마케팅**[2] 노력을 하게 된다. 따라서 저압적 마케팅은 **마케팅개념에 근거한 마케팅 유형**이라고 할 수 있다.

1) 후행적 마케팅
생산이 이루어진 후 또는 일정한 제품이 생산된다는 전제 하에 수행되는 기능. 경로, 가격, 촉진, 물적 유통활동 등이 여기에 해당함

2) 선행적 마케팅
생산이 이루어지기 전에 수행되는 마케팅 기능. 마케팅 조사 활동(판매 예측), 마케팅 계획 활동(제품 계획) 등이 여기에 해당함

3. 마케팅의 과정

기업이 수행하는 마케팅활동은 지속적인 조정 및 통제의 과정을 수반하게 되며 이러한 마케팅활동을 수행하는 과정은 다음과 같다.

① **마케팅목표 설정 및 마케팅 기회분석** : 가장 먼저 목표를 확인하고, 현재의 시장상황에 대한 분석을 실시함으로써 시장에 어떤 기회가 있는지를 파악한다.

② **목표시장선정** : STP전략을 수행함으로써 마케팅활동을 전개할 세분화된 특정 목표시장을 선정한다.

③ **제품 포지셔닝** : 목표시장 내의 고객들에게 자사의 제품을 위치시키는 절차를 수행한다.

④ **마케팅믹스 개발 및 마케팅활동** : 마케팅전략을 수행하기 위한 구체적인 수단을 개발하여 구체적인 마케팅활동을 수행한다.

[마케팅의 과정]

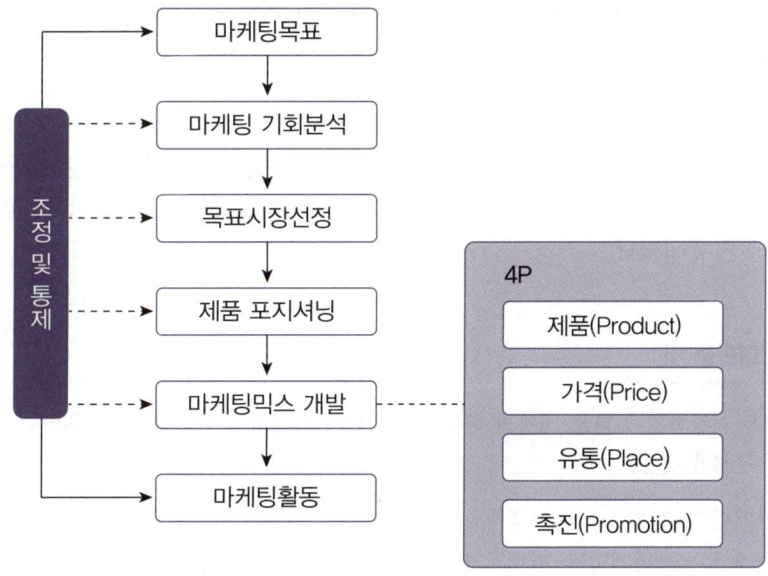

4. 마케팅믹스

각 기업들은 자신이 진입할 시장의 특성을 고려하여 한정된 자원을 기반으로 마케팅전략을 추진하게 된다. 이때 활용가능한 마케팅의 요소들을 혼합하여 전략을 수립하게 되는데 이를 마케팅믹스(Marketing Mix)라고 한다. 기업들이 활용하는 가장 대표적인 마케팅믹스에는 제품, 가격, 유통, 촉진 등이 있는데 이 4가지 모두가 영어 P로 시작하기 때문에 마케팅믹스를 4P라고도 칭한다.[3] 또한, 로터본(Lauterborn)은 4P보다 소비자(고객)의 관점에서 바라본 개념으로 4C를 제시하였는데, **소비자(고객) 문제해결(Customer Solution), 소비자(고객) 비용(Customer Cost), 소비자(고객) 편리성(Convenience), 소비자(고객)와의 대화(Communication)**이다. 이를 4P와 연결시키면 다음과 같다.

4P	4C
제품(Product)	소비자(고객) 문제해결(Customer Solution)
가격(Price)	소비자(고객) 비용(Customer Cost)
유통(Place)	소비자(고객) 편리성(Convenience)
촉진(Promotion)	소비자(고객)와의 대화(Communication)

3) 요즘은 여기에 사람(People), 서비스과정(Process), 서비스에 대한 물리적 근거(Physical Evidence)를 합쳐 7P라고도 함

(1) 제품

제품(Product)이란 기업과 교환과정을 거쳐 소비자가 구입하는 재화 또는 서비스를 말한다. 여기에는 디자인, 포장, 특성, 서비스, 운송, 배달, A/S, 반품, 보증 등 재화와 서비스에 관한 모든 것이 포함된다.

(2) 가격

가격(Price)이란 소비자가 비용을 지불하고 구입한 제품에 대하여 갖게 되는 가치인식을 말한다. 여기에는 다양한 가격책정방법, 가격할인, 외상판매, 공제, 신용 기간 등이 포함된다.

(3) 유통

유통(Place)이란 소비자가 원하는 제품을 필요한 시간과 장소에 적절히 공급할 수 있도록 하는 것을 말한다. 여기에는 유통경로를 포함하여 물적 유통(운송, 보관, 하역) 및 유통전략 등이 포함된다.

(4) 촉진

촉진(Promotion)이란 제품에 관하여 소비자들에게 정보를 제공하여 설득하고 구매활동으로 이어지게 하는 모든 노력을 말한다. 여기에는 광고, PR(Public Relation), 인적판매, 판매촉진 등이 포함된다.

시험문제 미리보기!

> 마케팅은 시장환경에 따른 개념의 변화를 거치면서 발전하여 왔는데 그 흐름을 순서대로 바르게 구성한 것은?
>
> ① 생산개념 → 판매개념 → 제품개념 → 마케팅개념 → 사회지향적 마케팅개념
> ② 생산개념 → 제품개념 → 판매개념 → 마케팅개념 → 사회지향적 마케팅개념
> ③ 제품개념 → 생산개념 → 판매개념 → 마케팅개념 → 사회지향적 마케팅개념
> ④ 판매개념 → 제품개념 → 생산개념 → 마케팅개념 → 사회지향적 마케팅개념
> ⑤ 사회지향적 마케팅개념 → 마케팅개념 → 판매개념 → 제품개념 → 생산개념
>
> 정답 ②
> 해설 마케팅개념의 변화는 '생산개념 → 제품개념 → 판매개념 → 마케팅개념 → 사회지향적 마케팅개념'의 순서로 변화하였다.

제2절 | 소비자 행동과 마케팅전략

소비자 행동	욕구(필요) 인식, 정보(대안)탐색, 대안평가, 구매결정, 구매 후 행동
마케팅전략	STP 전략, 수요상황별 마케팅전략, 인터넷마케팅, 전자상거래, 바이럴 마케팅, 버즈 마케팅, 엠부시 마케팅, 캐즘 마케팅, 넛지 마케팅, 코즈 마케팅

01 소비자 행동(Consumer Behavior) ★★

1. 의의

(1) 개념

소비자가 재화와 서비스를 구매할 때 언제, 어디서, 무엇을, 어떻게, 누구로부터 구매하는가 등의 **구매의사결정**을 의미하며, 구매의사결정에 영향을 미치는 모든 요인들을 포함하고 있다. 구매의사결정에 영향을 미치는 요인들로는 구매자의 특성, 판매자의 특성, 제품의 특성, 상황의 특성 등이 있으며, 그 중에서도 구매자의 특성이 가장 중요한 요인이라고 할 수 있다. 구매의사결정에 영향을 미치는 요인들은 사회적 요인, 문화적 요인, 개인적 요인으로도 구분할 수 있다.
- **사회적 요인** : 사회계층, 준거집단, 가족 등
- **문화적 요인** : 관습, 가치, 도덕 등
- **개인적 요인** : 인구통계학적 요인, 라이프 스타일(Life Style), 성격, 학습 등

(2) 관여도(Involvement)

소비자가 특정 제품에 대해 가지는 중요성, 관심도와 자신과 관련되었다고 지각하는 정도를 의미한다. 따라서 관여도는 상대적이고 주관적인 개념이며, 소비자의 구매의사결정과정이나 정보처리과정에 큰 영향을 미친다. 그 강도에 따라 **고관여**(High Involvement)와 **저관여**(Low Involvement)로 구분할 수 있다.
① **고관여** : 소비자가 특정 제품의 구매를 중요시하여 오랜 시간 동안 생각하고 정보를 수집하여 구매과정에 깊이 관여하는 경우를 의미한다. 일반적으로 제품의 가격이 비싸고, 고관여 하에서의 의사결정은 확장된 문제해결과정으로 의사결정의 모든 단계가 포함된다.
② **저관여** : 소비자가 특정 제품의 구매에 대한 중요도가 낮은 경우를 의미한다. 일반적으로 가격이 싸고, 잘못 구매했을 때 위험이 삭은 제품의 구매 시에 나타나는 것으로 구매정보처리과정이 간단하고 신속하다. 저관여 하의 의사결정은 축소된 문제해결과정으로 의사결정의 단계가 생략될 수 있다.

구 분	고관여	저관여
정보탐색	소비자는 다양한 정보원을 이용하여 능동적으로 제품 및 상표 정보를 탐색하며 탐색동기가 높다.	소비자의 제품 및 상표 탐색은 제한되어 있으며, 구매시점광고의 영향을 많이 받고 탐색동기가 낮다.
인지적 반응	소비자는 불일치하는 정보에 저항하고 반박 주장을 펼친다.	소비자는 불일치하는 정보를 수동적으로 받아들여 제한된 반박 의견만을 가진다.
정보처리 과정	소비자는 정보처리과정을 철저하게 수행한다.	소비자는 정보처리과정을 대충 지나간다.
태도변화	태도변화는 어렵고 드물다.	태도변화는 빈번하고 일시적이다.
반 복	설득을 위하여 메시지의 수보다 메시지의 내용이 더 중요하다.	메시지의 빈번한 반복이 설득을 유도할 수 있다.
인지적 부조화	구매 후 부조화가 일반적이다.	구매 후 부조화 현상이 적다.
구 매	비교쇼핑을 선호하며 의사결정을 통해 점포를 선정한다.	셀프 서비스(Self Service)를 선호하고 판매촉진에 이끌려 구매한다.
구매 후 행동	자신이 한 구매에 대해서 인정받고 싶어 한다.	불만족한 경우 다른 상표를 구매한다.

(3) 충성도(Loyalty)

충성도는 **고객이 특정 재화나 서비스를 지속적으로 구매하거나 구매하고자 하는 몰입 정도**를 의미하고, 애호도라고도 한다. 이러한 충성도는 고객이 해당 기업의 제품을 지속적으로 구입하게 하여 기업의 이익을 증대시키고, 신규 고객을 확보하는 것보다 기존 고객을 유지하는 것이 비용이 적게 들기 때문에 기업은 적극적으로 충성도를 높이기 위해 노력하게 된다. 이러한 충성도의 유형에는 **비충성도(No Loyalty), 타성적 충성도(Inertial Loyalty), 잠재적 충성도(Latent Loyalty), 초우량 충성도(Premium Loyalty)**가 있다.

반복구매의 정도(행동적 충성도)

심리적 애착도 (태도적 충성도)		낮음	높음
	낮음	비충성도	타성적 충성도
	높음	잠재적 충성도	초우량 충성도

(4) 관여도에 따른 소비자 행동의 유형

소비자 행동은 관여도에 따라 **포괄적 문제해결, 제한적 문제해결, 일상적 문제해결**로 구분할 수 있다. 소비자는 관여도가 높을수록 포괄적 문제해결의 행동을 보이며, 관여도가 낮을수록 일상적 문제해결의 행동을 보이게 된다.

① 포괄적 문제해결(Extended Problem Solving)

고객들이 신제품을 구매하거나 여러 대체품들에 대한 사전지식이 없고 각 대체품들의 평가기준을 모르는 상황에서 발생한다. 이러한 상황하에서 고객은 많은 양의 제품 관련 정보가 필요하기 때문에 정보탐색과 정보처리활동에 많은 신경을 쓰고 구매 후 평가 또한 포괄적이 되는 경향이 있다. 그러므로 마케팅 관리자들은 인적 접촉이나 대중매체를 통해 구매결정의 정당함을 재강화시켜 줌으로써 제품에 대한 고객의 구매 후 만족을 높일 수 있다.

조직구매자가 새로운 형태의 제품을 구매할 경우 잘못된 선택의 위험이 매우 높기 때문에 종종 포괄적인 문제해결을 통해 보다 포괄적인 정보탐색을 시작하고, 부적당한 제품을 구매하거나 부적당한 공급자에게 주문을 하는 위험을 최소화하기 위해 대안들을 철저하게 분석한다.

② 제한적 문제해결(Limited Problem Solving)

고객들이 제품에 대해 제한적이나마 어느 정도의 경험을 가지고 있는 상황에서 일어난다. 일반적으로 이 경우에는 문제해결과 정보탐색의 양이 줄어들며, 구매 후 평가도 포괄적 문제해결에서만큼 심층적인 분석을 하지 않는다. 조직구매에서 일반적으로 나타나는 **수정재구매(Modified Rebuying)**도 제한적 문제해결에 해당한다.

③ 일상적 문제해결(Routinized Problem Solving)

고객들이 동일제품을 반복구매하여 그 제품에 대한 상당한 경험을 가지고 있고 제품의 성능에 대해 매우 만족하고 있을 때 일어난다. 이때 고객들은 이미 최상의 제품을 구매하고 있으므로 대안을 탐색할 어떤 충동도 느끼지 않기 때문에 제품구매에 필요한 탐색노력의 양은 최소화된다. 고객들은 특정한 상표의 구매를 선호하기 때문에 상표애호도를 가지고 있다. 그러므로 구매 후 평가에 필요한 심리적 노력의 정도도 상당히 낮을 것이다. 즉, 조직의 재구매상황에서 직접적으로 과거의 만족스런 제품을 공급했던 판매자로부터 **자동적으로 재구매**를 하는 것이 일상적 문제해결이다.

(5) 관여도와 상표 간 차이에 따른 소비자 행동의 유형

소비자 행동은 **관여도와 상표 간 차이**를 동시에 고려하여 **복잡한 구매행동, 다양성 추구 구매행동, 부조화감소 구매행동, 습관적 구매행동**으로 구분할 수 있다.

[관여도와 상표 간 차이에 따른 소비자 행동의 유형]

상표 간 차이 / 관여도	고관여	저관여
상표 간 큰 차이	복잡한 구매행동	다양성추구 구매행동
상표 간 작은 차이	부조화감소 구매행동	습관적 구매행동

① 복잡한 구매행동(Complex Buying Behavior)

소비자들이 제품의 구매에 있어서 높은 관여를 보이고 각 상표 간 뚜렷한 차이점이 있는 제품을 구매하는 경우에 발생하는 구매행동을 말한다. 즉, 상표 간 차이가 큰 제품을 구매할 경우에는 제품에 대한 지식과 정보에 근거하여 그 제품에 대해 주관적으로 갖게 되는 신념(인식)을 형성한 후에 그 제품을 좋아하거나 싫어하는 등의 태도를 형성하고 가장 합리적이라고 판단되는 구매대안을 선택하는 학습과정(행동)을 거친다.

② 다양성추구 구매행동(Variety - Seeking Buying Behavior)

구매하는 제품에 대하여 비교적 저관여 상태이며 제품의 각 상표 간 차이가 뚜렷한 제품을 구매하는 경우에 발생하는 구매행동을 말한다. 이러한 구매행동을 보이는 소비자들은 잦은 상표전환을 하게 되는데, 상표전환은 기존 상표에 대한 불만족 때문이라기보다는 다양성을 추구하기 위해 일어난다. 또한, 시장선도상표와 추종상표 간의 마케팅 전략이 다르게 이루어져야 한다.

핵심 Plus⁺

시장선도상표와 추종상표
- 시장선도상표 : 넓은 진열면적을 점유하고, 재고부족을 없애고 빈번한 광고를 통하여 소비자로 하여금 습관적 구매를 유도하는 전략을 사용하는 것이 유리함
- 추종상표 : 낮은 가격, 할인 쿠폰, 무료샘플 등을 활용하여 시장을 선도하는 제품을 사용하고 있는 소비자들로 하여금 신제품의 시험구매를 하도록 하여 상표전환을 유도하는 전략을 사용하는 것이 유리함

③ 부조화감소 구매행동(Dissonance-Reducing Buying Behavior)

소비자들이 제품의 구매에 있어서 비교적 관여도가 높지만, 각 상표 간 차이가 크지 않은 제품을 구매하는 경우에 발생하는 구매행동을 말한다. 이러한 경우에는 소비자들이 스스로 상표들의 차이를 판단할 수 있는 능력이 부족하기 때문에 소비자들은 유용한 정보를 얻기 위한 노력을 하지만 최종 구매의사결정은 비교적 빨리 이루어진다. 일반적으로 소비자들은 적절한 가격이나 구매 용이성과 같은 내용에 우선적으로 반응하게 되며, 구매를 한 뒤에는 구매한 제품에 대한 불만사항을 발견하거나 구입하지 않은 제품에 대한 호의적인 정보를 얻게 되면 구매 후 부조화를 경험하게 된다. 따라서 소비자는 구매 후 인지부조화를 줄이기 위해 널리 알려진 제품을 구입하여 위험을 줄이려고 노력한다.

④ 습관적 구매행동(Habitual Buying Behavior)

제품에 대하여 소비자가 비교적 낮은 관여도를 보이며 제품의 상표 간 차이가 미미할 경우에 발생하는 구매행동을 말한다. 일반적으로 제품의 가격이 비교적 낮고 일상적으로 빈번히 구매하는 저관여 제품에 대하여 소비자들은 습관적 구매행동을 보인다. 따라서 반복적인 광고를 통해 상표에 대한 확신을 심어주기보다는 상표 친숙성을 이끌어 내는 것이 중요하다.

2. 구매의사결정과정

(1) 욕구(필요) 인식

소비자는 특정 사안에 대하여 자신의 현재 상태와 이상적인 상태 간의 차이를 지각하게 되면 이를 충족시키고자 하는 욕구가 생기게 되는데, 이러한 욕구의 유발로부터 구매의사결정은 시작된다.

(2) 정보(대안)탐색

소비자가 구매의사결정과정을 시작하게 되면 최상의 선택을 위하여 정보를 탐색하게 되고, 이러한 정보탐색을 통해 다양한 대안(**고려상표군 등**)을 도출하게 된다. 정보탐색은 내부탐색과 외부탐색으로 나눌 수 있다. 일반적으로 **내부탐색비용이 외부탐색비용보다 저렴하기 때문에 소비자들은 외부탐색보다 내부탐색을 우선적으로 수행**한다.

(3) 대안평가

소비자들은 평가기준과 평가방식을 결정하여 각 대안들을 비교평가하게 된다. 대안을 평가하는 대표적인 방식은 보완적 평가방식과 비보완적 평가방식으로 구분할 수 있다.

① **보완적 평가방식(Compensatory Rule)** : 대안을 평가함에 있어 여러 가지 대안을 여러 가지 중요한 평가기준을 사용하여 종합적으로 비교 및 평가하는 방식을 의미한다. 보완적 방식에는 **피쉬바인(Fishbein)의 다속성태도 모형, 다속성태도 확장모형, 바고지(Bagozzi)의 의도적 행동모형 등**이 있다.

② **비보완적 평가방식(Noncompensatory Rule)** : 한 평가기준에서 약점(낮은 점수)이 다른 평가기준에서의 강점(높은 점수)으로 보완되지 않는 방식을 의미한다. 비보완적 방식에는 **사전식[1], 속성제거식[2], 결합식[3], 분리식[4]** 등의 방법이 있다.

(4) 구매결정

소비자가 여러 대안의 평가과정을 통해 각 제품에 대한 평가를 마치게 되면 가장 선호하는 제품에 대하여 구매의도를 형성하게 되고 구매를 행동으로 옮기게 된다.

핵심 Plus

내부탐색

소비자의 기억 속에서 대안을 찾는 방법으로 소비자의 경험이 중요한 탐색의 원천이 되며, 내부탐색을 통해 회상된 브랜드들의 집합을 상기 상표군(Evoked Set)이라고 함

1) 사전식(Lexicographic Rule)

사전을 찾는 방법처럼 소비자가 구매대안에 대한 최고의 우선순위를 먼저 결정하고 만약 동순위라면 차선의 우선순위에 따라 대안을 다시 평가하는 방식이다.

2) 속성제거식(Aspect Model Filtering Rule)

소비자가 구매대안에 대하여 최고 우선순위를 먼저 정하고, 특정 속성에 대해 최저수용기준을 설정하여 그 기준을 만족시키지 못하는 대안을 순차적으로 제거해 최종 대안이 남을 때까지 계속 평가하는 방식이다.

3) 결합식(Conjunctive Rule)

소비자가 각 속성에 대하여 최소한의 평가기준점을 선정하고, 이 평가기준을 만족하지 못한 대안은 모두 탈락시키는 평가방식이다.

4) 분리식(Disjunctive Rule)

소비자가 정한 최소기준 중의 하나라도 만족시키는 대안은 모두 선택집합에 포함시키는 평가방식이다.

(5) 구매 후 행동

소비자는 제품의 구매시점이나 사용 중에 만족 또는 불만족을 느끼게 되는데, 이러한 현상은 구매 이전의 기대감과 구매 후 제품 사용에 대해서 소비자가 느끼는 불일치 정도의 크기에 따라 결정된다. 이와 같은 심리적 갈등을 구매 후 인지부조화라고 하는데, 일반적으로 소비자는 인지부조화 상태가 되면 나름대로 이를 해소하기 위해 다양한 노력을 하게 된다. 소비자가 제품을 구입한 후에 그 결과에 대하여 만족할 경우에는 긍정적 구매태도가 형성되어 재구매행동으로 이어지지만, 불만족할 경우에는 인지부조화가 발생하고 이를 적극적으로 해소하기 위해 노력하거나 다양한 불만족 행동으로 이어져 재구매행동을 자제한다.

3. 고객관계관리(Customer Relationship Management)

(1) 의의

신규고객 확보, 기존 고객 유지 및 고객수익성의 증대를 위하여 지속적인 의사소통을 통해 고객행동을 이해하고 영향을 주기 위한 광범위한 접근을 말하며, 관계마케팅(Relationship Marketing)이라고도 한다. 즉, 고객에 대한 매우 구체적인 정보를 바탕으로 고객 개개인에게 적합한 차별적인 재화 및 서비스를 제공함으로써 고객과의 개인적 관계를 지속적으로 유지하고 새롭게 변화시키려는 일련의 경영활동이다. 고객관계관리는 과거 대중마케팅에서 지향하고 있는 불특정 다수를 대상으로 하는 마케팅 노력이 아닌 고객 개개인을 대상으로 하는 일대일 마케팅(개인화 마케팅 또는 개별마케팅)을 지향하는 개념이다. 이는 쌍방향적이면서도 개인적인 의사소통이 필수적이며, 개별고객에 대한 상세한 데이터베이스의 구축이 있어야 비로소 가능하다.

(2) 데이터베이스 마케팅(Database Marketing)

① 의의

판촉활동에 대한 소비자의 응답, 소비자의 설문지나 제품보증서에서 수집된 소비자 신상정보, 제품구입이나 소비자 불만 처리과정에서 얻은 정보 등을 데이터베이스에 저장하여 마케팅전략에 활용하는 것을 의미한다. 일반적으로 데이터베이스 마케팅은 관계마케팅 또는 고객관계관리를 달성하기 위한 하위 개념 또는 수단으로 이해되며, 직접 마케팅을 수행하기 위한 필수조건이기도 하다.

② 빅 데이터(Big Data) 분석

기존 데이터베이스 관리도구로 데이터를 수집, 저장, 관리, 분석할 수 있는 역량을 넘어서는 대량의 정형 또는 비정형 데이터 집합과 이러한 데이터로부터 가치를 추출하고 결과를 분석하는 기술을 총칭하는 것이다. 이러한 빅 데이터는 부피가 크고, 변화의 속도가 빠르며, 속성이 매우 다양하여 양(Volume), 속도(Velocity), 다양성(Variety)의 세 가지 특징을 가지고 있다. 이 외에 최근에는 정확성(Veracity), 가변성(Variability), 시각화(Visualization), 가치(Value) 등이 빅 데이터의 새로운 특징으로 제시되고 있다.

이러한 빅 데이터를 분석하는 가장 중요한 분석도구인 데이터마이닝은 대용량 데이터에 대한 탐색적 분석도구라는 관점에서 거대한 데이터 더미 속에서 가치 있는 어떠한 것을 채굴하는 것이다. 따라서 데이터마이닝은 방대한 양의 데이터 속에서 쉽게 드러나지 않는 유용한 정보를 찾아내는 과정이라고 할 수 있으며, 데이터의 방대함, 높은 처리 복잡도, 개방형 소프트웨어, 비정형 데이터 중심, 분산처리 등의 특징을 가지고 있다.

(3) 목적

고객관계관리의 주된 목적은 고객에 대한 상세한 지식을 토대로 고객들과의 장기적 관계를 구축하고 충성도(애호도)를 제고시킴으로써 고객의 생애가치[5]를 극대화하는 것이다. 고객관계관리의 관점에서 고객과의 관계는 '용의자(Suspect) → 잠재 고객(Prospect) → 사용자(User) → 고객(Customer) → 옹호자(Advocate)' 순으로 발전되며, 이러한 과정을 통해서 기업은 소비자의 재구매율을 향상시킬 수 있으며, 충성도(Loyalty)의 향상 및 신규고객 창출 등의 효과를 얻을 수 있다.

(4) 전략

① 기존 고객을 유지하기 위한 전략

- **고객활성화 전략** : 기존 고객 중 자사와 지속적인 관계를 유지하는 우량고객에게 반복구매를 유도하거나 사용빈도를 높일 수 있는 인센티브를 부여하여 충성도가 높은 고객으로 발전시키는 전략이다.
- **애호도 제고전략(Loyalty Enhancement Strategy)** : 고객의 이탈을 방지하기 위한 전략을 의미하는데 고객활성화 전략과 애호도 제고전략의 개념을 구별하는 것은 쉽지 않다.
- **교차판매전략(Cross-Selling Strategy)** : 기업이 여러 가지 제품을 생산하는 경우 한 제품의 고객 데이터베이스를 이용하여 다른 제품의 판매를 촉진하고자 하는 전략이다.

② 신규고객 확보를 위한 전략

기업이 장기적으로 성장하기 위해서는 신규 고객의 창출도 매우 중요한 의미를 가지는데, 일반적으로 신규 고객을 확보하기 위해서는 잠재 고객을 규명하고 이들을 고객으로 전환하는 것이 필요하다. 이 과정에서 각종 마케팅 데이터베이스가 유용하게 활용될 수 있고, 신규 고객을 확보하기 위한 장기적인 수단으로는 기존 고객들을 활용하는 것이 가장 중요하다.

(5) 유형

① **분석적 CRM** : 고객들에 대한 유용한 정보를 활용하기 위해 정보를 추출하고 분석하는 유형으로 고객들의 정보를 분석하고 마케팅활동에 활용한다.
② **운영적 CRM** : 고객과의 접점에서 종업원들이 서비스를 수행할 수 있도록 지원하는 기능에 중점을 두는 유형으로 구체적인 실행을 지원한다.
③ **협업적 CRM** : 분석적 CRM과 운영적 CRM을 통합하여 고객과 기업 간 상호작용을 촉진하는 것에 중점을 두는 유형으로 고객과 기업 간의 다양한 접점을 지원한다.

(6) 고객자산(Customer Equity)

충성고객이 한 기업의 특정 제품 브랜드뿐만 아니라 그 기업이 판매하는 모든 제품들을 오랜 기간 동안 애용할 때 구축된다. 따라서 고객자산은 브랜드자산을 포괄하는 보다 광의의 개념이며, **기업의 모든 고객들이 가지는 생애가치를 합친 것이다.** 이러한 관점에서 고객관계관리에 기반한 고객자산 구축과 강화는 마케팅 의사결정자가 높은 매출과 이익을 지속적으로 유지하기 위해 궁극적으로 추구해야 할 마케팅목표 중 하나이다. 고객자산은 **객관적 가치(Value Equity), 브랜드 가치(Brand Equity), 관계가치(Relationship Equity)**라는 세 가지의 하부가치로 구성되어 있다.

5) 고객의 생애가치(Lifetime Value)
한 고객이 처음 구매한 시점부터 그 고객이 특정 기업의 고객으로 남아있는 동안의 총 누적 구매액

소비자 구매의사결정단계를 순서대로 정리한 것으로 가장 적절한 것은?

① 문제인식 → 대안평가 → 정보탐색 → 구매결정 → 구매 후 행동

② 문제인식 → 정보탐색 → 대안평가 → 구매결정 → 구매 후 행동

③ 정보탐색 → 대안평가 → 문제인식 → 구매결정 → 구매 후 행동

④ 구매결정 → 구매 후 행동 → 문제인식 → 정보탐색 → 대안평가

⑤ 정보탐색 → 대안평가 → 구매결정 → 문제인식 → 구매 후 행동

정답 ②

해설 소비자 구매의사결정단계는 '문제인식 → 정보탐색 → 대안평가 → 구매결정 → 구매 후 행동'의 순
으로 일어난다.

---

02 마케팅전략 ★★★

1. STP 전략

(1) 시장세분화(Market Segmentation)

① 의의

전체 시장을 일정한 기준에 의해 동질적인 세분시장으로 구분하는 과정을 의미한다. 시장
세분화를 통해 다양한 소비자의 욕구를 파악할 수 있고, 이를 통해 소비자들의 욕구를
충족시킬 수 있을 뿐만 아니라, 자사상표들 간의 불필요한 경쟁을 억제할 수 있다.
효과적인 시장세분화가 이루어지기 위해서는 각각의 세분시장이 **측정가능성
(Measurability), 충분한 규모(Substantial size), 접근 가능성(Accessibility), 차별적
반응/유효성(Validity), 신뢰성(Reliability), 실행가능성(Actionability)**의 요건을 갖추
어야 한다.

② 시장세분화의 기준

시장을 세분화하는 기준으로 어떠한 기준이 사용되더라도 시장세분화는 기업전략목
표와 부합되어야 하고, 세분화된 시장별로 상이한 욕구와 소비패턴이 존재해야 하며,
마케팅전략이나 프로그램을 통해 차별화 전략을 구체적으로 실현할 수 있어야 한다.

• 지리적 기준 : 국가, 지방, 지역, 인구밀도, 도시규모, 기후 등에 의한 시장세분화 기준을
말한다.

• 인구통계적 기준 : 연령, 성별, 가족구성원의 수, 가족 생애주기, 소득, 직업, 교육수준, 종교,
인종 및 국적 등과 같은 인구통계상의 변수들에 의한 시장세분화기준을 말한다.

• 심리특성적 기준 : 사회계층, 라이프스타일(Life Style) 및 개성 등과 같은 심리특성에
의한 시장세분화 기준을 말한다.

• 구매행동적 기준 : 구매 또는 사용상황, 소비자가 추구하는 편익(Benefit), 제품의 사용
경험, 충성도 및 태도 등과 같은 소비자와 상품과의 관계에 초점을 맞춘 시장세분화
기준을 말한다.

(2) 목표시장 선정(Targeting)

① 의의

구분된 세분시장들 중에서 한 개 또는 다수의 세분시장을 선택하여 마케팅역량을 집중시키는 것을 말한다. 기업들은 목표시장을 선정하기 위해 각 세분시장별 매력도를 평가하게 되는데 이때 **고객(Customer), 경쟁기업(Competitor) 및 자사(Company)** 등의 내용을 고려하게 되고 이러한 분석을 3C분석이라고 한다. 이러한 세분시장별 매력도 평가의 과정을 통해 기업들은 목표시장을 선정하게 된다.

② 경쟁의 범위

- **제품형태에 의한 경쟁** : 동일한 제품형태에 의해 발생하는 경쟁으로 경쟁을 가장 좁게 보는 관점이다. 이 경쟁을 흔히 **상표에 의한 경쟁**이라고 하며, 동일한 세분시장 내에서 현재의 주요 경쟁자가 누구인지를 파악하는 것이다. ⑩ 코카콜라와 펩시의 경쟁
- **제품범주에 의한 경쟁** : 유사한 속성을 가진 **제품을 경쟁자로 파악하는 방법**이다. 마케팅 의사결정자들은 이 수준의 경쟁을 가장 일반적으로 경쟁집합이라고 생각한다. ⑩ 청량음료시장에서의 코카콜라와 칠성사이다의 경쟁
- **본원적 효익에 의한 경쟁** : 소비자의 동일한 욕구를 충족시키는 제품 모두를 경쟁관계에 있다고 하는 관점이다. ⑩ 갈증해소 욕구 ⇒ 청량음료와 주스, 생수, 맥주 등의 경쟁
- **예산 경쟁** : 가장 포괄적이고 넓은 의미의 경쟁으로 소비자가 예산을 어떤 제품에 사용할 것인가에 관한 것이다. 즉, 소비자의 한정된 예산을 확보하기 위하여 경쟁하는 모든 제품들이 경쟁관계에 있다고 파악하는 것이다.

③ 유형

- **비차별적 마케팅(Undifferentiated Marketing)** : 기업이 세분시장들의 차이를 무시하고 **하나의 제품을 가지고 전체 시장에 접근하는 방법**을 말한다. 즉, 수요의 동질성이 높은 제품에 대해 최대 다수의 구매자를 만족시킬 수 있는 제품과 마케팅믹스를 개발하는 전략으로 제품수명주기상 도입기에 적합하다.
- **차별적 마케팅(Differentiated Marketing)** : 세분화된 시장들 중에서 각 세분시장마다 **다른 제품을 가지고 접근하는 방법**을 말한다. 즉, 제품의 특성이 차이가 나거나, 시장이 이질적인 경우, 경쟁업자가 적극적으로 차별화 전략을 사용하는 경우에 유리한 전략이다.
- **집중적 마케팅(Concentrated Marketing)** : 하나의 세분시장에서 하나 또는 그 이상의 **제품을 소비자에게 판매하기 위한 방법**을 말한다. 즉, 기업의 자원이 한정 또는 제약되어 있는 경우에 주로 사용되는 전략으로 하나 또는 소수의 적은 시장부문에만 진출하고자 하는 전략이다.

(3) 포지셔닝(Positioning)

① 의의

소비자들의 인식 속에 자사의 제품이 경쟁업체의 제품과 비교하여 어느 위치를 차지하고 있는가에 대한 상대적 위치를 탐색하고 자사제품을 경쟁업체의 제품보다 소비자의 기억과 인식 속에서 우위에 있도록 하는 것을 의미한다. 포지셔닝의 핵심은 소비자의 제품에 대한 인식체계를 파악해서 자사제품을 경쟁제품과 차별화되도록 위치시키는 것이며, 이러한 차별화의 유형에는 **제품 차별화, 서비스 차별화, 유통경로 차별화, 인적 차별화, 이미지 차별화** 등이 있다. 포지셔닝과정은 소비자분석과 경쟁자확인을 거쳐 경쟁제품의 위치분석, 자사제품의 포지셔닝개발, 포지셔닝의 확인 및 재포지셔닝의 단계를 거치게 된다.

② 기법

- **다차원척도법(MDS ; Multi-Dimensional Scaling)** : 소비자의 인지상태를 기하학적 공간에 표시하는 기법을 말한다. 즉, 다차원의 공간에서 소비자의 특정 욕구를 만족시킬 수 있는 제품들에 대한 소비자의 인지사항을 지도화하여 핵심 속성들의 차원을 규명하기 위한 방법이다. 이러한 다차원척도법의 결과로 **포지셔닝맵(Positioning Map)**을 얻을 수 있으며, 포지셔닝맵은 시장에 출시된 여러 상표들에 대한 소비자의 생각(경쟁상표들에 대한 지각 및 경쟁관계)을 도표상에 표시한 것을 의미하고, 제품 주요 속성들이 축이 되며 좌표 공간 내에 소비자의 지각된 특성을 표시한다. 포지셔닝 맵은 **지각도(Perceptual Map)**라고도 한다.

[포지셔닝맵(지각도)]

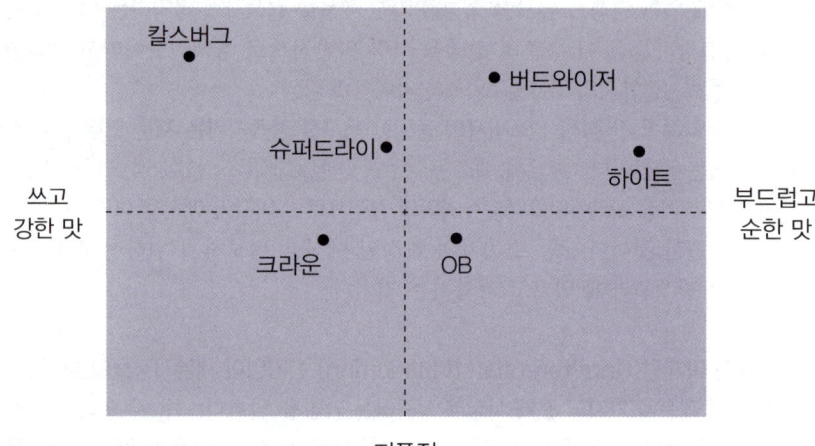

- **컨조인트 분석(Conjoint Analysis)**
  다양한 제품속성(예 색상)과 각 속성의 수준(예 적색, 흑색, 백색 등)에 대한 상대적 매력도를 평가하여 최적의 속성조합을 도출해 내기 위한 방법을 말한다.

2. 기타 마케팅전략

(1) 수요상황별 마케팅전략

① **전환마케팅(Conversional Marketing)** : 특정 재화나 서비스를 싫어하거나 부정하는 상황에서 필요한 마케팅을 말한다. 즉, **부정적 수요[6]**를 긍정적 수요로 전환시켜 공급수준과 동일한 수준까지 수요를 끌어 올리는 전략이다.

② **개발마케팅(Development Marketing)** : **잠재적 수요[7]**를 실제 수요로 바꾸는 전략으로 수요를 개발하는 형태의 마케팅을 말한다.

③ **자극마케팅(Stimulation Marketing)** : **무수요[8]**를 환경의 변화나 제품에 관한 정보를 유포하여 관심을 불러일으키는 마케팅을 말한다.

④ **재마케팅(Re-Marketing)** : **감퇴적 수요[9]**를 수요가 침체되거나 하락하기 전 상황으로 복귀시키려는 마케팅을 말한다.

⑤ **동시마케팅(Synchro Marketing)** : 수요와 공급의 시기를 맞추기 위해 **불규칙 수요[10]**의 원인을 찾아 수요의 평준화를 모색하는 마케팅을 말한다.

⑥ **유지마케팅(Maintenance Marketing)** : 현 상태의 마케팅활동을 통해 수요를 유지

6) 부정적 수요(Nagative Demand)
잠재시장의 중요부분이 특정 재화나 서비스를 싫어하고 이를 회피하려는 상황

7) 잠재적 수요(Latent Demand)
명확한 소비자의 욕구는 존재하나 이를 충족할 만한 재화나 서비스가 존재하지 않는 경우

8) 무수요(No Demand)
잠재적 시장의 중요부분이 특정 재화나 서비스에 대하여 지식이나 관심이 전혀 없는 상태

9) 감퇴적 수요(Faltering Demand)
특정 재화나 서비스에 대한 수요가 예전보다 적어지는 상황

10) 불규칙 수요(Irregular Demand)
현재 수요시기의 패턴이 계절성을 나타내거나 현재의 공급시기 패턴과의 차이로 인해 일시적 변동이 심한 상태

하고 수요의 잠식을 방지하는 마케팅을 말한다. 즉, **완전수요**[11]상황에서 기존의 판매 수준 또는 시장점유율을 유지하려는 과제를 지닌 마케팅활동을 의미한다.

⑦ **역마케팅(De-Marketing)** : **초과수요**[12]상황을 가격상승 등을 통해 수요 자체를 감소 시키거나 없애려는 마케팅을 말한다.

⑧ **대항마케팅(Counter-Marketing)** : **불건전 수요**[13]일 때 이러한 재화나 서비스에 대한 수요를 없애는 마케팅을 말한다. 이러한 마케팅은 기업이 제공하는 특정 재화 또는 서비스의 품질이나 사용이 바람직하지 않기 때문에 수요를 억제해야 한다고 판단되 는 상황에서 정부나 공익단체의 주도하에 주로 시행되지만, 최근에는 기업의 사회적 책임이 강조되면서 기업이 참여하기도 한다.

11) 완전수요(Full Demand)
현재의 수요시기와 수준이 기업 이 기대하는 시기와 수준에 맞는 상황

12) 초과수요(Excess Demand)
수요가 공급자의 공급능력이나 기대치를 훨씬 상회하고 있는 상황

13) 불건전 수요
수요 자체가 사회, 기업 및 소비 자 측면에서 바람직하지 못한 대상에 대한 수요

[수요상황별 마케팅전략]

목 적	수요 상황	해결 방법	마케팅 전략
수요 확대	부정적 수요	수요의 전환	전환마케팅
	잠재적 수요	수요의 개발	개발마케팅
	무수요	수요의 창출	자극마케팅
	감퇴적 수요	수요의 부활	재마케팅
수요 안정화	불규칙 수요	수요·공급시기 일치	동시마케팅
	완전수요	수요의 유지	유지마케팅
수요 축소	초과수요	수요의 감소	역마케팅
	불건전 수요	수요의 파괴	대항마케팅

(2) 인터넷마케팅(Internet Marketing)

인터넷을 기반으로 하여 마케팅활동을 수행하는 사이버 공간상의 마케팅을 의미한다. 기존의 전 통적 마케팅을 오프라인 마케팅(Off – Line Marketing)이라 하고, 인터넷마케팅을 온라 인마케팅(On-Line Marketing)이라고 한다. 인터넷마케팅의 특징은 다음과 같다.

① 다양한 의사소통기능들을 통합한 **디지털 융합기능(Digital Convergence)**을 실현하 였다.

② 인터넷의 특정 사이트를 이용하는 사람이 증가할수록 그 사이트의 가치는 더욱 높아 지게 되는 **네트워크 효과(Network Effect)**가 발생한다.

③ 투입요소량이 증가할수록 산출량이 더불어 증가하는 **수확체증의 법칙(Increasing Return to Scale)**이 적용된다.

④ 소비자와 기업 간 **원활한 상호 의사소통이 가능**하고, 시간과 공간의 제약 없이 **정보를 무제한으로 활용**할 수 있다.

⑤ 고객정보 확보 및 분석이 가능해져 **고객과의 관계구축이 용이**하고 필요한 정보획득 및 정보이용이 자유롭다.

(3) 전자상거래(Electric Commerce)

인터넷을 통해 이루어지는 재화 및 서비스의 구매, 주문, 광고 등의 모든 온라인상 거래를 말한다. 전자상거래는 B2C, C2B, C2C, B2B, B2G, P2P, B2E, O2O 등으로 구분할 수 있다.

① B2C(Business to Customer) : 소비자가 중개인 없이 조직과 직접 거래하는 전자상 거래의 형태이다.

핵심 Plus

소비자 쇼핑행동
- 옴니채널(OmniChannel) : 소비자가 온라인, 오프라인, 모바일 등 다양한 경로를 이용해 상품을 검색하고 구매할 수 있도록 한 서비스
- 쇼루밍(Showrooming) : 오프라인에서 제품을 살펴보고 구매는 온라인으로 하는 것
- 역쇼루밍(Reverse Show-rooming) 또는 웹루밍(We-brooming) : 온라인에서 제품정보를 얻은 뒤 오프라인 매장에서 구매하는 것
- 모루밍(Morooming) : 오프라인 매장에서 제품을 살펴보다가 즉석에서 모바일로 구매하는 것

② C2B(Customer to Business) : 소비자와 기업 간 전자상거래 형태로 인터넷이 등장하면서 생겨난 새로운 거래관계이다. 소비자가 개인 또는 단체를 구성하여 상품의 공급자나 상품의 생산자에게 가격이나 수량 또는 서비스 등에 관한 조건을 제시하고 구매하는 것을 말한다.

③ C2C(Customer to Customer) : 참여자가 개인들이며, 한 사람이 구매자의 역할을 하고 다른 사람이 판매자의 역할을 하는 전자상거래의 형태이다.

④ B2B(Business to Business) : 참여자가 조직인 전자상거래의 형태이다.

⑤ B2G(Business to Government) : 인터넷에서 이루어지는 기업과 정부 간의 상거래를 말한다. 여기서 G는 단순히 정부뿐만 아니라 지방정부, 공기업, 정부투자기관, 교육기관 등을 의미하기도 한다.

⑥ P2P(Peer to Peer) : 인터넷에서 개인과 개인이 직접 연결되어 파일 등을 공유하는 것을 말한다.

⑦ B2E(Business to Employee) : 기업과 직원 사이의 전자상거래를 말한다. 기업이 서비스를 의뢰하면, 기업들의 복리후생을 대행해주거나 직원들에게 교육을 제공하는 등의 상거래이다.

⑧ O2O(Online to Offline) : **온라인과 오프라인이 결합하는 현상**을 의미하며, 최근에는 주로 전자상거래 또는 마케팅 분야에서 온라인과 오프라인이 연결되는 현상(**옴니채널**)을 말하는 데 사용된다.

(4) 바이럴 마케팅(Viral Marketing)과 버즈 마케팅(Buzz Marketing)

① **바이럴 마케팅** : 바이러스 마케팅(Virus Marketing)이라고도 하는데, 네티즌들이 이메일이나 블로그, 핸드폰 등 전파가 가능한 매체를 통해 자발적으로 특정 기업이나 제품을 홍보할 수 있도록 제작하여 널리 퍼뜨리는 마케팅을 말한다.

② **버즈 마케팅** : 인적인 네트워크를 통하여 소비자에게 상품정보를 전달하는 마케팅을 말한다. 소비자들이 자발적으로 메시지를 전달하게 하여 상품에 대한 긍정적인 입소문을 내게 하는 마케팅기법이다. 꿀벌이 윙윙거리는(Buzz) 것처럼 소비자들이 상품에 대해 말하는 것을 마케팅으로 삼는 것으로, 입소문마케팅 또는 구전마케팅(Word of Mouth)이라고도 한다.

(5) 앰부시 마케팅(Ambush Marketing)

매복 또는 잠복 마케팅이라고도 하는데, 월드컵이나 올림픽 등의 공식후원사가 아닌 기업들이 그 로고를 정식으로 사용하지 않고 비슷한 언어적 유희 등을 교묘히 활용하여 수행되는 마케팅을 말한다.

(6) 캐즘 마케팅(Chasm Marketing)

첨단기술제품이 선보이는 초기 시장에서 주류시장으로 넘어가는 과도기에 일시적으로 수요가 정체되거나 후퇴하는 단절현상을 가리켜 캐즘(Chasm)이라고 하는데 이를 다루는 마케팅이다.

(7) 넛지 마케팅(Nudge Marketing)

종래의 마케팅이 상품의 특성을 강조하고 소비자가 그 상품을 구매할 수 있도록 집중하는 것과 달리 소비자가 선택을 함에 있어서 좀 더 유연하고 부드러운 방식으로 접근하는 마케팅이다. 넛지라는 단어가 '팔꿈치로 슬쩍 찌른다'의 뜻이 있는 것처럼 넛지 마케팅은 **사람들을 원하는 방향으로 유도하되 선택의 자유는 여전히 개인에게 준다는 것**이다. 따라서 특정 행동을 유도하지만 직접적인 명령이나 지시를 동반하지는 않는다.

(8) 코즈 마케팅(Cause Marketing)

기업이 환경·보건·빈곤 등과 같은 사회적인 이슈, 즉 '대의명분(Cause)'을 기업의 이익 추구를 위해 활용하는 것을 말한다. 이러한 코즈 마케팅의 가장 기본적인 유형은 소비자들의 소비를 통해 기부 활동을 하는 것이다. 즉, 소비자들이 재화나 서비스를 구매하면 기업이 돈이나 물건을 기부하는 형태이다. 또한, 코즈 마케팅은 마이클 포터(M. Porter)가 제시한 공유가치창출(CSV ; Creating Shared Value) 전략의 구체적인 실천 방안이라 할 수 있다.

시험문제 미리보기!

STP 전략에 대한 다음 설명 중 가장 적절하지 않은 것은?

① 시장세분화는 통상적으로 지리적, 인구통계적, 심리묘사적 및 행동적 변수들을 기준으로 한다.

② 집중마케팅은 시장선도기업이 이용할 수 있는 전략이다.

③ 차별적 마케팅은 비차별적 마케팅에 비해 비용이 증가할 수 있다.

④ 비차별적 마케팅은 다양한 세분시장에 단일제품으로 소구하는 전략을 의미한다.

⑤ 포지셔닝맵은 시장의 경쟁상황을 파악하고 소비자욕구에 근거하여 시장을 세분화할 수 있는 이점이 있다.

정답 ②

해설 집중마케팅은 후발업체나 소규모 업체 등이 사용할 수 있는 전략이며 완전시장진출전략이 시장선도기업에게 적합한 전략이라고 할 수 있다.

핵심 Check ✓ 마케팅믹스

제 품	소비재, 제품수명주기, 상표
가 격	소비자심리(명성가격, 관습가격, 준거가격, 유보가격과 최저수용가격, 단수가격)
유 통	개방적 유통경로전략, 선택적 유통경로전략, 전속적 유통경로전략
촉 진	광고, PR, 인적판매, 판매촉진

01 제품(Product)   ★★

1. 의의

(1) 제품개념의 수준

소비자의 근원적인 욕망 또는 구체적인 욕구를 충족시켜 줄 수 있는 모든 것을 말한다. 따라서 제품에는 형태를 가지는 재화는 물론 서비스나 아이디어도 포함된다. 필립 코틀러(P. Kotler)는 제품개념을 핵심제품, 실제(유형)제품, 확장제품의 세 가지 수준에서 고려하였으며, 각 수준은 부가적인 고객가치를 창출한다.

① **핵심제품(Core Product)** : 소비자가 제품을 통해 얻고자 하는 기본적인 편익(benefit)을 말한다. 소비자의 기본욕구를 충족가능하게 하는 가장 기본적인 수준의 제품개념으로 본원적 욕구충족을 위한 가장 본질적인 요소이다.
   예 냉장고의 핵심제품 : 차가움, 신선보관
② **실제제품(Actual Product)** : 유형제품(Tangible Product)이라고도 하는데, 핵심제품을 제품화한 것으로 상표명, 품질, 디자인, 제품특징, 포장 등 실제로 구매되는 물리적인 제품을 의미한다. 소비자들이 추구하는 편익을 실현하고 형상화하기 위한 물리적 요소들의 집합으로 포장, 상표명, 품질 및 디자인 등과 같은 가시적(Visible)인 것들이 실제제품에 해당한다. 예 냉장고의 실제제품 : 냉장고
③ **확장제품(Augmented Product)** : 실제제품에 추가적으로 제공되고 구매 이후에 발생하는 모든 부가적인 활동을 의미한다.
   예 냉장고의 확장제품 : 유·무상 수리, 설치, 보증, 사용법 안내 등

(2) 소비재의 유형

제품은 형태의 유무에 따라 재화와 서비스로 구분할 수 있으며, 재화는 다시 소비목적에 따라 소비재와 산업재로 구분할 수 있다. 여기서 소비재는 개인적인 소비를 위해 최종소비자가 구매하는 제품을 의미하는데, 그 **구매동기**에 따라 **편의품, 선매품, 전문품, 미탐색품으로 구분**한다.

핵심 Plus+

제품의 구성요소
제품디자인, 제품기능, 상표명(Brand Name), 로고(Logo), 등록상표(Trade Mark), 포장(Package), 제품관련 서비스 특성 등

① 편의품(Convenience Goods) : 소비자가 손쉽게 바로 구매하는 제품이다. 편의품은 일반적으로 저관여의 특성을 보이기 때문에 소비자는 제품구매를 위해서 큰 노력을 기울이지 않고, 가격이 비교적 저렴하다.

② 선매품(Shopping Goods) : 소비자들이 제품을 구매하기 위해서 가격, 품질, 디자인 등을 비교하여 구매하는 제품이다.

③ 전문품(Specialty Goods) : 소비자가 상품을 쉽게 식별할 수 있는 독특한 특성을 가지고 있고 대체품이 거의 없는 제품이다. 전문품은 일반적으로 고관여의 특성을 보이기 때문에 소비자는 구매를 위해 상당한 노력을 기울이고 구매의사결정까지 오랜 시간이 소요된다.

④ 미탐색품(Unsought Goods) : 소비자들이 제품에 대해 전혀 모르고 있거나 조금 알고 있다 하더라도 평소에는 관심이 별로 없는 제품이다.

(3) 신제품 개발전략

어떤 기업이든 소비자의 급격한 기호변화나 기술의 빠른 발전으로 인해 기존 제품만으로는 지속적인 성장을 기대하기 어렵다. 따라서 변화하는 소비자의 욕구를 반영하고 경쟁에서 살아남기 위해서 신제품의 개발은 지속적으로 요구된다. 신제품 개발과 관련된 전략에는 선제적 개발전략과 대응적 개발전략이 있다.

① 선제적 개발전략(Preemptive Strategy) : 경쟁기업들보다 먼저 신제품을 개발하는 전략이다. 일반적으로 시장을 선점할 수 있는 장점이 있지만 위험이 크다는 단점이 있다.

② 대응적 개발전략(Correspondence Strategy) : **경쟁기업의 신제품을 모방하거나 이를 응용하여 좀 더 향상된 신제품을 개발하는 전략**이다. 일반적으로 위험이 크지 않다는 장점이 있지만 시장을 선점하기 어렵다는 단점이 있다.

(4) 신제품 수용과 확산

① 신제품 수용과정
- 인지(Awareness) : 소비자는 광고 또는 구전에 의하여 신제품에 대한 정보를 처음 접하게 된다. 이 단계에서는 추가적인 제품정보를 탐색할 만큼 그 제품에 대한 충분한 관심을 보이지 않는다.
- 관심(Interest) : 소비자는 신제품광고나 구전에 반복 노출됨에 따라 제품에 대한 관심을 보이게 된다. 이에 따라 신제품이 어떠한 혜택을 제공하는지에 대한 추가적인 정보를 탐색한다.
- 평가(Evaluation) : 소비자는 신제품을 구매할 가치가 있는지, 신제품이 자신의 욕구를 어느 정보 충족시켜 줄 것인지를 판단하게 되며, 이러한 판단에 의해 신제품에 대한 태도를 형성하고 시용구매의 여부를 결정한다. 만약 시용할 가치가 없다고 판단되면 제품구매를 포기할 것이다.
- 시용구매(Trial) : 신제품 구매 시 소비자는 구매에 수반되는 위험을 인식하기 때문에 신제품의 성능에 대한 확신이 설 때까지 시용구매를 하게 된다.
- 수용(Adoption) : 시용구매된 신제품을 사용하여 얻은 경험을 토대로 그 제품을 다시 평가하게 된다. 만약 신제품에 대해 긍정적인 평가(만족)를 하게 되면 그 제품을 수용하게 될 것이며, 신제품에 대해 부정적인 평가(불만족)를 하게 되면 앞으로 제품을 수용하지 않기로 결정하게 될 것이다.

② 신제품 수용자의 유형 : 소비자 수용속도

기업이 제품을 출시하여 시장에서 판매되기 위해서는 먼저 소비자들이 제품을 받아들이는 수용속도를 이해할 필요가 있다. 소비자들이 신제품을 수용하더라도 모두 같은 시점에서 신제품을 수용하지는 않는다. 어떤 소비자는 남보다 먼저 수용하지만, 다른 소비자는 그보다 훨씬 나중에 수용한다. 로저스(Rogers)는 제품의 수용속도에 따라 소비자를 다음과 같이 5개 집단으로 구분하였다.

• **혁신수용층(Innovators)** : 신제품 출시와 더불어 바로 구입하는 소비자계층으로 모험심이 강하고 위험을 감수하면서 새로운 제품을 받아들인다. 전체에서 **2.5%**를 차지한다.

• **조기수용층(Early Adopters)** : 일반적으로 사회의 여론주도자(Opinion Leader)들로서 새로운 제품을 선별적으로 수용한다. 전체에서 **13.5%**를 차지한다.

• **조기다수수용층(Early Majority)** : 보통 사람들보다는 새로운 제품을 먼저 수용하는 소비자계층으로 약간 신중한 편이다. 전체에서 **34%**를 차지한다.

• **후기다수수용층(Late Majority)** : 절반 정도의 소비자들이 제품을 구입한 후에 비로소 구입하는 소비자계층으로 입증된 제품만 구매한다. 전체에서 **34%**를 차지한다.

• **후발(지각)수용층(Laggards)** : 마지막으로 제품을 구입하는 소비자계층으로 전통적인 가치관에 충실하고 매우 보수적인 계층이다. 전체에서 **16%**를 차지한다.

[소비자 수용속도]

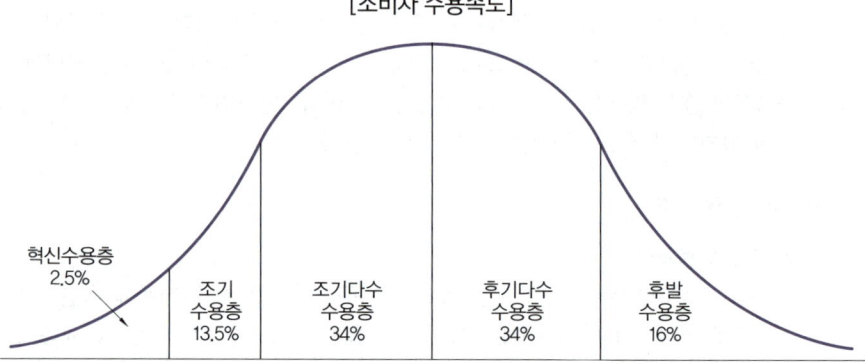

(5) 제품믹스(Product Mix)

기업이 판매하고자 하는 모든 제품들(제품라인 또는 제품계열)의 집합을 의미하며, 제품구색(Product Assortment)이라고도 한다. 여기서 제품라인 또는 제품계열은 물리적 특성, 기능, 유통경로, 소비자 등이 유사하여 동일한 마케팅전략을 사용할 수 있는 제품군을 의미하고, 제품믹스의 너비를 구성하는 하위개념이다. 일반적으로 제품믹스는 폭, 길이, 깊이로 구성되어 있다.

① 제품믹스의 폭(Width of Product Mix) : 기업이 가지고 있는 전체 제품라인의 수를 의미하고 너비(Breadth)라고도 한다.

② 제품믹스의 길이(Length of Product Mix) : 제품믹스 내에 있는 전체 제품의 수를 의미한다.

③ 제품믹스의 깊이(Depth of Product Mix) : 특정 제품계열 내에 있는 한 제품이 파생해 낼 수 있는 추가품목의 수를 말한다.

(6) 제품수명주기(PLC ; Product Life Cycle)

제품수명주기는 제품이 시장에 진입하여 퇴출될 때까지의 순환사이클을 말하는데, 일반적으로 '도입기-성장기-성숙기-쇠퇴기'로 구성되어 있다. 또한, 제품수명주기전략이란 이러한 제품수명주기에 따라 기업이 수행하는 마케팅전략을 말하는데, 기업이 판매하는 제품이 어떤 제품수명주기에 위치하느냐에 따라 수립 또는 실행되는 마케팅전략은 차이가 난다.

[제품수명주기별 특징]

구 분	도입기	성장기	성숙기	쇠퇴기
판 매	적 다	급속성장	최대판매	감 소
원가(고객당)	높 다	평 균	낮 다	낮 다
이 익	적다(또는 적자)	증 대	높 다	감 소
경쟁업자	적 다	점차 증대	점차 감소	감 소

① 도입기(Introduction)

신제품이 처음으로 소개되는 시기를 말한다. 이 시기는 일반적으로 경쟁자의 수가 많지 않음에도 불구하고, 소비자에게 잘 알려져 있지 않기 때문에 제품의 가격은 높은 편이지만 이윤의 폭은 그리 크지 않다. 또한, 이 시기의 소비자층은 혁신수용층 또는 조기수용층이 대부분이기 때문에 판매량이 많지는 않으며, 기업은 구매수요를 발굴하는 것을 마케팅목표로 하여 제품의 품질관리와 유통채널확보에 주력해야 한다. 이 시기에 적절한 가격전략으로는 제조원가에 부대비용을 포함한 원가가산가격전략이 있다.

② 성장기(Growth)

소비자의 구전효과(Word of Mouth)가 확대되면서 제품이 보다 널리 알려지고 판매성장이 가속화되는 시기를 말한다. 이 시기는 매출이 증가함에 따라 조업도가 높아지고 대량생산 및 경험효과 등에 의하여 제조원가가 급속히 감소하기 때문에 이윤이 증가하는 시기이다. 이 시기에는 경쟁자들이 시장에 지속적으로 진입을 시작하기 때문에 기업은 제품의 신뢰성 및 제품의 차별화가 중요하며, 시장점유율의 급속한 성장을 최대한 지속시키기 위해 노력해야 한다. 따라서 이 시기의 마케팅목표는 시장점유율을 확대하는 것이 되고, 이 시기에 적절한 가격전략으로는 시장침투가격전략이 있다.

③ 성숙기(Maturity)

다수의 경쟁자들이 시장에 진입하여 시장성장이 한계에 도달하면서 판매가 둔화되기 시작하는 시기를 말한다. 이 시기는 매출과 이익이 극대화되었다가 감소하는 추세를 보이기 때문에 기업은 시장, 제품 및 마케팅믹스를 수정하는 전략을 수행하고, 상표 및 모델의 다양화를 추구해야 한다. 따라서 이 시기의 마케팅목표는 기존 시장점유율을 유지하는 것이 되고, 이 시기에 적절한 가격전략으로는 경쟁자대응가격전략이 있다.

④ 쇠퇴기(Decline)

새로운 기술개발, 소비자의 기호변화, 신제품의 출시 등으로 인해 판매량이 급격하게 감소하는 시기를 말한다. 이 시기는 유휴시설이 증가하고, 가격하락과 이윤감소현상이 발생하기 때문에 기업은 가격인하, 제품폐기 및 회수절차 등의 시장철수전략을 추진하게 된다. 따라서 이 시기의 마케팅목표는 비용을 최대한 억제하면서 남아 있는 잔존수요로부터 최대한의 수확(Harvest)을 극대화하는 것이 된다.

[제품수명주기별 마케팅전략]

구 분	도입기	성장기	성숙기	쇠퇴기
마케팅 목적	제품인지와 사용의 증대	시장점유율의 확대	이익의 극대화와 시장점유율 방어	비용절감과 투자회수
제 품	기초제품의 제공	제품의 확대	제품의 다양화	취약제품의 폐기
가 격	원가가산가격전략	시장침투가격전략	경쟁대응가격전략	가격인하전략
유 통	선택적 유통	개방적 유통	개방적 유통	선택적 유통 (수익성이 적은 경로의 폐쇄)
광 고	조기수용층과 취급점 의 제품인지도 형성	대중시장에서의 지명과 관심의 형성	상표차이와 혜택의 강조	상표충성도가 높은 고객의 유지에 필요 한 수준으로 줄임
판매촉진	시용확보를 위한 강력한 판매촉진 전개	수요확대에 따른 판매촉진의 감소	상표전환을 유도하기 위한 판매촉진 증대	최저수준으로 감소

2. 상표(Brand)

(1) 의의

특정 기업의 재화나 서비스를 소비자에게 식별시키고 경쟁자들의 것과 차별화시키기 위하여 사용하는 독특한 이름과 상징물들의 결합체를 의미한다. 상표는 소비자의 입장에서는 제품에 대한 정보를 제공해주어 구매를 용이하게 할 수 있으며, 판매자의 입장에서는 제품관리를 체계적으로 할 수 있고, 우수한 제품에 대한 소비자의 상표충성도(Brand Loyalty)를 확보할 수 있도록 해준다. 여기서 상표충성도란 **소비자가 특정 상표를 애용하고 선호하는 심리**를 의미하는데, 특정 상표에 대해 충성도가 높은 소비자는 해당 상표를 반복적으로 구매하게 된다. 상표와 관련된 개념으로는 상표명, 상표마크, 등록상표 등이 있다.

① **상표명(Brand Name)** : 상표의 한 부분으로 발음이 가능한 것(글자, 단어, 숫자 등)을 말한다. 삼성, 현대, LG와 같이 말로 표현 가능한 것들이 여기에 해당된다.

② **상표마크(Brand Mark)** : 상표의 한 부분으로 말로 표현되지 않고 눈으로 볼 수 있는 부분을 말한다. 상표의 로고 등이 여기에 해당된다.

③ **등록상표(Trade Mark) : 법률적으로 보호받아 독점적으로 사용할 수 있는 상표 또는 상표의 일부분**을 말한다. 일반적으로 상표명이나 상표마크로 표현된 상표는 기업의 입장에서는 자산적 가치를 가지지만 모방이 쉬운 특성을 가진다. 따라서 기업들은 상표에 대해 법적으로 보호 받기를 원하고 이러한 법적인 수단이 등록상표가 된다. 회사의 로고 옆에 R(Registered Trade Mark)이라고 표시되어 있으면 법적으로 등록하여 해당 회사만 사용할 수 있다는 의미이다.

(2) 상표개발

① **라인확장(Line Extension)** : 제품범주 내에서 새로운 형태, 색상, 크기, 원료, 향 등의 신제품에 기존 상표를 함께 사용하는 것을 말한다.

② **상표확장(Brand Extension)** : 현재의 상표를 새로운 제품범주의 신제품으로 확장하는 것을 말한다.

③ 복수상표(Multi-Branding) : 동일 제품범주에서 다수의 상표를 도입하는 것을 말한다.

④ 신상표(New Brand) : 새로운 제품범주에 진출하려고 하는 경우에 신제품에 사용할 적절한 기존 상표가 없어 새로운 상표를 개발하는 것을 말한다.

[상표개발전략]

제품범주 / 상표	기존 제품범주	새로운 제품범주
기존 상표	라인(계열)확장 (동일상표로 동일제품범주의 제품을 추가도입)	상표확장(연장) (새로운 범주에 기존의 성공상표를 사용)
새로운 상표	복수상표 (동일제품범주 내에 두 가지 이상의 상표를 사용)	신상표 (새로운 범주에 새로운 상표를 사용)

(3) 상표주체의 결정

① 제조업자상표 : 제조업자가 자신의 상표로 제품을 생산하고 유통시킨 상표를 말한다.

② 유통업자상표 : 유통업자가 자체적으로 제품을 기획하고 제3자에게 위탁하여 생산한 제품을 자신의 상표로 부착하여 판매하는 상표를 말한다. 일명 PB(Private Brand) 또는 중간상상표라고도 한다.

③ 무상표 : 제조업자가 제품판매에 있어서 상표를 부착하지 않고 유통시키는 방법이다. 비록 상표는 없지만 제품내용을 알리는 표찰(Label)은 제품 겉면에 부착한다.

④ 공동상표(Community Trade Mark) : 중소기업체가 상표개발과 마케팅에 충분히 투자할 수 있는 여력이 없는 경우 동종 기업들과 연합하여 공동으로 동일한 상표를 사용하는 경우이다. 국내 각 지역 특산물의 브랜드가 대표적인 공동상표의 예라고 할 수 있다.

(4) 브랜드자산(Brand Equity)

특정 재화나 서비스가 상표를 가짐으로써 발생되는 바람직한 마케팅효과를 의미한다. 즉, 고객이 특정 상표에 대해 갖는 긍정적인 감정으로 인해 형성된 상표가치의 상승분을 말한다. 브랜드자산을 가지고 있는 기업은 새로운 제품을 출시할 때 소비자나 유통업자에 대해 적은 비용을 투입하고도 유사한 마케팅효과를 얻을 수 있어 매출상승과 비용절감이 가능한 경쟁력을 가지게 된다. 브랜드자산은 추상적인 개념이지만 일반적으로 브랜드 인지도(Brand Awareness)와 브랜드 이미지(Brand Image)로 구분할 수 있다. 데이비드 아커(David A. Aaker)에 의하면 브랜드자산은 브랜드 충성도, 브랜드 인지도, 지각된 품질, 브랜드 이미지(연상), 기타 독점적 브랜드자산으로 구성되어 있다.

핵심 Plus+

브랜드 인지도

소비자가 특정 브랜드를 재인(Recognition)하거나 회상(Recall)할 수 있는 능력. 브랜드 인지도는 브랜드 자산의 필요조건에 해당하지만 충분조건은 아님

브랜드 이미지

브랜드 인지도는 양(+)의 인지도와 음(-)의 인지도로 구분될 수 있는데, 일반적으로 기업들은 양(+)의 인지도를 제고하기 위해 노력하게 되고, 이러한 양(+)의 인지도를 브랜드 이미지라고 함. 따라서 브랜드 이미지를 형성하기 위해서는 소비자들이 브랜드와 관련된 연상들에 대해 호의적인 생각을 가지고 있어야 하며, 소비자의 마음 속에 강력하고 독특한 브랜드 연상이 형성되어야 함

마케팅믹스 중 제품에 대한 설명으로 가장 적절하지 않은 것은?

① 제품의 디자인과 품질 등은 유형제품(실제제품)에 속한다.
② 소비재의 제품 분류는 편의품, 선매품, 전문품, 미탐색품 등으로 나누어 볼 수 있다.
③ 설비기구 등의 제품은 산업재 중 자본재에 속한다.
④ 기업이 취급하는 상이한 제품계열의 수를 제품믹스의 길이라고 한다.
⑤ 제품이란 소비자의 근원적인 욕망 또는 구체적인 욕구를 충족시킬 수 있는 모든 것을 말한다.

정답 ④

해설 제품믹스의 폭(너비)은 기업이 취급하는 상이한 제품계열의 수를 의미하고, 제품믹스의 길이는 기
      업이 자사의 제품계열 내에서 취급하는 품목의 총수를 의미하며, 제품믹스의 깊이는 특정 계열, 특
      정 품목 내의 각 제품들의 수를 의미한다.

02 | 가격(Price) ★★★

1. 의의

소비자가 재화 또는 서비스를 구입하기 위해 지불하는 화폐의 양을 말한다. 따라서 가격은 소비
자들이 가장 민감하게 반응하는 부분이며, 시장에서 판매자나 소비자들에게 재화나 서비스
의 가치를 나타내는 기준이 된다. 이러한 가격은 기업입장에서는 수익의 원천이 되지만, 소
비자 입장에서는 비용이 된다. 가격결정에 영향을 미치는 주요 요인으로는 수요(Demand),
원가(Cost), 경쟁환경(Competitive Environment), 법적 요인(Legal Factor) 등이 있다.

2. 가격전략

(1) 가격결정요인과 가격전략

① 수요중심 가격전략
   수요중심 가격전략의 가장 대표적인 방법은 지각가치 가격결정이다. **지각가치 가격결정
   (Perceived-Value Pricing)**이란 고객이 지각하는 제품의 가치에 맞춰 가격을 결정
   하는 방법을 말한다. 이러한 가격결정은 목표소비자들이 자사제품에 대해서 어느 정
   도의 가치를 부여하고 있는지를 조사하여 이에 상응하는 가격을 목표가격으로 책정
   한 다음 제품디자인 및 생산원가를 계획하는 과정을 수반한다. 지각가치 가격결정은
   가격의 개념에 가장 부합되는 가격결정방법이지만, 지각된 가치를 객관적으로 측정
   하기 어렵다는 한계점을 가지고 있다.

② 원가중심 가격전략
   • **원가가산 가격결정(Cost-Plus or Markup Pricing)** : 단위당 원가에 일정비율의 이
     윤(Margin)을 너해 판매가격을 결정하는 방법을 말한다. 이러한 방법은 계산이 쉽
     고 원재료의 가격상승으로부터 판매자를 보호해주는 장점이 있지만, 수요의 가격탄
     력성을 무시하고 있다는 한계점을 가지고 있다.
   • **손익분기 가격결정(Break-Even Point Pricing)** : 제조원가 중 고정비(Fixed Cost)
     를 회수하는데 주안점을 두어 목표이익률이 실현될 수 있게 가격을 결정하는 방법이다.

③ 경쟁중심 가격전략

경쟁중심 가격전략은 자사제품의 원가나 수요보다도 경쟁제품의 가격을 근거로 하여 자사제품의 가격을 결정하는 방법을 의미한다. 경쟁중심 가격전략은 **상대적 고가전략, 상대적 저가전략, 대등가격전략** 등이 있다.

- **상대적 고가전략** : 자사의 명성이 높거나 자사의 브랜드 인지도가 높은 경우에 경쟁 제품보다 높은 가격을 책정하는 전략을 의미한다.
- **상대적 저가전략** : 상대적으로 낮은 가격으로 이윤은 적으나 광범위한 고객을 흡수 하고자 하는 경우, 장기적 이익을 증대하고자 하는 경우, 시장점유율의 확대 및 경쟁기업의 시장침투를 막고자 하는 경우에 사용하게 되는 가격전략이다.
  예 박리다매전략이나 입찰가격전략(Sealed-Bid Pricing) 등
- **대등가격전략** : 경쟁기업의 가격과 대등한 가격으로 가격을 책정하거나 또는 경쟁기업의 가격을 추종해야 되는 경우에 채택하게 되는 가격전략이다. 이 전략에서 가격을 먼저 취하는 기업을 **가격선도자(Price Leader)**라고 하며 그 선도가격에 추종하는 가격을 **추종가격 또는 모방가격(Going-Rate Pricing)**이라고 한다.

(2) 신제품과 가격전략

① 초기 고가전략

스키밍 전략(Market-Skimming Pricing)이라고도 하며, 신제품 도입 초기에 고가격으로 시장에 진입하여 가격에 비교적 둔감한 고소득층의 혁신층(Innovators)과 조기수용층(Early Adopters)을 흡수하고, 점점 가격을 낮추어 중산층과 저소득층까지 공략하는 가격전략을 말한다. 단기간에 많은 이익을 실현하여 초기 투자비를 회수할 목적이거나 아직 경쟁기업이 없는 경우 또는 수요의 가격탄력도가 낮은 경우에 적합하다.

② 초기 저가전략

시장침투 가격전략(Market-Penetration Pricing)이라고도 하며, 신제품 도입 초기에 저가격을 설정하여 신속히 시장에 침투한 후 인지도가 높아지면 가격을 높게 설정하는 가격전략을 말한다. 저렴한 가격으로 시장성장을 촉진하거나 원가우위로 경쟁기업의 진입을 지연시키고자 할 때 또는 수요의 가격탄력도가 높은 경우에 적합하다.

③ 탄력가격전략

가격차별(Price Discrimination)이라고도 하며, 다수의 시장을 대상으로 하는 경우에 세분화된 시장별로 수요의 가격탄력도가 상이하여 시장에 따라 상이한 가격을 설정하는 가격전략으로 특정 소비자나 시기 등에 따라 할인 또는 할증을 적용하는 가격전략이다. 이러한 가격차별이 성공하기 위해서는 다음과 같은 조건이 충족되어야 한다.

- 상이한 소비자 집단 또는 시장 자체가 존재해야 한다.
- **불완전경쟁시장**이어야 한다.
- 각 시장에서 **수요탄력성이 상이**해야 한다.
- 차익거래가 발생하지 않도록 해당 기업이 **상이한 소비자 집단이나 시장을 구분하여 분리**시킬 수 있어야 한다.
- 가격차별 전략을 수행하기 위해 시장을 분리하는 데 드는 비용보다 시장을 분리했을 때 얻게 되는 수입이 더 커야 한다.

(3) 제품믹스와 가격전략

① 사양제품 가격전략(Optional-Product Pricing)

주제품 판매 시 추가하여 제공되는 사양제품의 판매가격을 책정하는 가격전략을 말한다.
  예 자동차 구입 시 선택사양에 따라 가격이 달라지는 경우

② 종속제품 가격전략(Captive Product Pricing)

주제품의 판매보다 주제품과 관련된 종속제품의 판매가 주된 목적인 제품의 가격전략을 말한다. 주제품은 상대적으로 저렴한 가격으로 판매하는 대신 종속제품의 가격을 높게 책정하여 주제품의 손실을 보전하게 된다.

예 프린터와 토너, 면도기와 면도날, 즉석카메라와 인화필름 등

③ 묶음제품 가격전략(Product Bundle Pricing)

기업이 둘 또는 그 이상의 재화나 서비스를 결합하여 할인된 가격으로 판매하는 전략을 말한다. 이러한 가격전략을 사용하여 제품을 제공하는 기업은 핵심제품뿐만 아니라 부수적인 제품의 수요를 창출해 낼 수 있다. 일반적으로 묶음가격은 하나 또는 그 이상의 제품을 개별구매 및 패키지 구매도 할 수 있도록 가격을 책정하게 되는데, 제품의 개별구매 가능 여부에 따라 **개별구매가 가능한 혼합묶음과 개별구매가 불가능한 순수묶음으로 구분**할 수 있다.

예 어학원에서 영어회화 및 문법 강좌를 각각 개설하면서도 영어회화와 문법을 동시에 수강하면 가격을 할인해주는 것

(4) 소비자심리와 가격전략

① 명성(긍지/권위)가격(Prestige Pricing)

가격이 품질과 제품의 지위를 반영한다고 믿는 구매자의 심리를 활용한 가격전략을 말한다. 명성(긍지/권위)가격은 고가격은 고품질이라는 인식에 입각한 **가격-품질연상효과를** 이용한다. 일반적으로 가격이 상승하면 수요가 줄어들지만 명성가격은 가격상승에도 불구하고 수요를 유지하거나 상승시키는 특성을 가지고 있다.

② 관습가격(Customary Pricing)

사회적으로 또는 소비자들이 일반적으로 인정하는 가격으로 기업이 가격을 결정하는 것이 아니라 사회가 인정하는 가격을 기업이 받아들이는 것을 말한다. 이러한 경우에는 가격 자체는 유지한 상태에서 수량 또는 품질을 조정하여 가격상승의 효과를 노리는 경우가 종종 있다.

③ 준거(참고)가격(Reference Pricing)

소비자들이 제품가격의 높고 낮음을 평가할 때 비교기준으로 사용하는 가격을 의미한다. 일반적으로 관습가격이 준거가격으로 사용되는 경우가 많다.

④ 유보가격(Reservation Price)과 최저수용가격(Lowest Acceptable Price)

일반적으로 소비자는 준거가격을 중심으로 유보가격과 최저수용가격 내에서 제품을 구매한다.

• 유보가격 : 소비자가 어떤 제품에 대해 지불할 의사가 있는 최고 가격

• 최저수용가격 : 소비자가 어떤 제품에 대해 의심하지 않도록 하는 최소한의 가격

⑤ 단수가격(Odd Pricing)

소비자들에게 제품가격이 정확한 계산에 의해 가장 낮게 책정되었다는 인식을 심어주기 위해 1,000원 또는 10,000원 등과 같은 가격이 아니라 **단수로 가격을 결정하는 가격전략**을 말한다.

(5) 촉진과 가격전략

① 유인가격(Loss-Leader Pricing) : 잘 알려진 제품의 가격을 대폭 할인함으로써 고객들을 소매점으로 유인하려는 가격 전략을 말한다. 즉, 일단 저가품목에 의해 고객들이 유인된 후에는 할인품목의 단점과 고가품목의 장점을 강조함으로써 고가품목의 판매를

증대시키려는 전략이다. 이러한 가격전략은 일반적으로 소비자가 가격에 대한 정확한 지식을 가지고 있는 일상 생활용품에 대해서 유통업체에서 주로 사용한다. 이에 따라 제조업자는 자사제품이 손실유도품(Loss Leader)으로 전락하는 것을 방지하기 위해 재판매가격유지 전략을 사용할 수 있다.

② **재판매가격유지전략**(Resale Value Maintenance Pricing) : 유통업체와의 계약을 통해 일정 가격으로 거래되도록 하는 가격전략을 말한다. 즉, 재판매가격유지전략은 자사의 제품이 유인가격결정(Loss-Leader)에 빠지는 것을 방지하고 브랜드 가치를 유지하기 위해 사용하는 전략으로 희망 소비자 가격과 같은 것이 여기에 해당한다.

③ **특별행사가격**(Special Event Pricing) : 판매자가 시즌(성탄절, 입학·졸업, 휴가철 등)에 맞추어 더 많은 고객을 끌어들이기 위한 특별행사를 통해 가격을 낮추는 가격전략을 말한다.

④ **현금보상**(Cash Rebates) : 특정 기간 내 판매를 촉진하기 위하여 구매자에게 구입금액의 일부를 돌려주는 가격전략을 말한다. 예를 들어, 백화점에서 일정 금액 이상 구입 시 일정 비율의 상품권을 지급하는 것 등이다.

(6) 가격조정

① **현금할인**(Cash Discount) : 제품 구입 시 대금을 바로 지급할 경우 가격을 할인해주는 방법을 말한다. 현금할인은 외상이나 어음결제로 인한 위험을 줄이고 현금회전을 촉진하기 위한 방법이다.

② **수량할인**(Quantity Discount) : 일정 수량 이상 구매하는 고객에게 가격할인을 해주어 판매량을 증가시키기 위한 방법을 말한다.

③ **기능할인**(Functional Discount) : 중간상할인(Trade Discount)이라고도 하는데, 판매자가 수행해야 할 마케팅 기능(판매, 보관, 기록, 송금 등)을 유통업자가 대행해준 것에 대한 보상으로 할인해주는 방법을 말한다.

④ **계절할인**(Seasonal Discount) : 연중 생산 일정 및 판매계획의 안정성을 확보하고 판매를 증진할 목적으로 비계절 상품구매자에게 할인해주는 방법을 말한다.

⑤ **공제**(Allowance) : 신제품 구매 시 사용하던 기존 제품을 판매자에게 제공할 경우 판매가격에서 이를 차감(공제)해주는 방법을 말한다. 보상판매와 같은 중고품공제(Trade-In Allowance)와 유통업자가 광고나 판매 활성화 프로그램에 참여한 거래처를 보상해주기 위해 구입대금이나 가격을 할인해주는 촉진공제(Promotional Allowance)가 있다.

3. 가격이론

(1) 프로스펙트 이론(Prospect Theory)

사람들은 이득보다 손실에 더 민감하고 기준점을 중심으로 이득과 손해를 평가하며 이득과 손해 모두 효용이 체감한다는 것을 가정하는 이론을 의미한다. 즉, 소비자는 절대치가 아닌 상대적인 변화에 민감하게 반응한다는 것이다. 이는 전통적인 경제학에서 소비자효용(Utility)의 높고 낮음은 소비자가 가지고 있는 절대적 부의 수준(Final Wealth Position)에 의해서 좌우된다고 보는 관점에 반대하여 카네만(Kahneman)과 티버스키(Tversky)에 의해 주장된 이론이다. 프로스펙트 이론은 준거의존성, 민감도 체감성, 손실회피성의 특징을 가진다.

① **준거의존성** : 소비자의 준거점(Reference)을 어디에 두는가에 의해 개인의 효용이 변화하기 때문에 평가대상의 가치가 결정된다고 보는 것이다.

② 민감도 체감성 : 이익이나 손실의 액수가 커짐에 따라 그 민감도는 감소한다는 것이다.

③ 손실회피성(Loss Aversion) : 소비자들은 가격인하로 인한 이익보다 가격인상으로 인한 손해에 훨씬 더 민감하게 반응한다는 것을 말한다. 가격을 내리기는 쉬워도 올리기는 어려운 이유가 바로 손실회피 때문이다.

(2) 웨버의 법칙(Weber's Law)

소비자가 가격변화에 대하여 느끼는 정도가 가격수준에 따라 모두 동일한 것이 아니고 차이가 있다는 이론을 말한다. 즉, 차이의 인식이 절대적이라기보다는 상대적이라는 것이다. 차이를 인식하기 위해 필요한 자극변화는 웨버상수[1](웨버비)로 측정된다.

1) 웨버상수(△ I / I)
소비자가 주관적으로 느낀 가격변화의 크기 또는 변화를 감지할 수 있는 변화의 증가율 또는 감소율

(3) 최소인식가능차이(JND ; Just Noticeable Difference)

소비자들이 가격차이를 느낄 수 있는 최소한의 가격변화를 말한다. 일반적으로 가격을 인하하는 경우의 최소인식가능차이가 가격을 인상하는 경우의 최소인식가능차이보다 큰 현상을 보이는데, 이는 손실회피와 관련되어 있다. 또한, 가격인하는 최소인식가능차이보다 크게 해야 판매가 늘고, 가격인상은 최소인식가능차이보다 작게 해야 소비자의 저항을 줄일 수 있다. 이는 가격인하는 소비자가 쉽게 인식할 수 있도록 해야 하고, 가격인상은 소비자가 쉽게 인식하지 못하도록 해야 하기 때문이다.

시험문제 미리보기!

소비자심리와 가격전략에 대한 다음 설명 중 가장 적절하지 않은 것은?

① 명성가격은 고가격은 고품질이라는 인식에 기본을 둔 가격-품질연상효과를 이용한다.

② 많은 소비자는 가격을 품질의 판단 근거로 삼는다.

③ 관습가격은 기업이 가격을 결정하는 것이 아니라 사회가 인정하는 가격을 기업이 받아들이는 것을 말한다.

④ 일반적으로 관습가격이 준거가격으로 사용되는 경우가 많다.

⑤ 유인가격을 사용하면 소비자들에게 제품가격이 정확한 계산에 의해 가장 낮게 책정되었다는 인식을 심어줄 수 있다.

정답 ⑤

해설 단수가격(Odd Pricing)을 사용하면 소비자들에게 제품가격이 정확한 계산에 의해 가장 낮게 책정되었다는 인식을 심어줄 수 있다.

---

03 유통(Place) ★★

1 의의

(1) 중간상의 필요성

제품을 생산자로부터 소비자에게까지 이전시키는 모든 거래과정과 경로(Channel)를 말한다. 유통에는 생산자와 소비자를 연결시켜 유통을 촉진하는 다수의 개인 또는 조직이 존재하는

데, 이들을 유통기관 또는 중간상이라고 한다. 유통경로에 이러한 유통기관 또는 중간상이 필요한 이유는 다음과 같다.

① 많은 생산자가 최종소비자에게 직접 제품을 유통시킬 만한 능력을 가지고 있지 못하다.

② 목표시장의 고객들이 원하는 시간과 편리한 장소에서 훨씬 용이하게 제품을 구입할 수 있도록 하는 역할을 수행한다. 즉, 제조업체와 소비자에게 **시간효용, 장소효용, 소유효용**을 제공한다.

③ 생산자가 생산한 제품의 구색을 소비자들이 원하는 구색으로 전환시켜 주는 기능을 수행한다.

④ 총거래수 최소의 원리(Principle of Minimum Total Transactions)에 따라 거래의 집중화에 의한 거래접촉 효율성을 달성시켜 준다.

(2) 기능

유통에는 본원적인 기능이라고 할 수 있는 거래기능과 물적유통기능이 있으며, 이러한 본원적인 기능을 지원하는 조성기능이 있다.

① 거래기능(Trade Function)

소유권의 이전과 관계되는 기능을 말하며, 판매기능과 구매기능으로 구분할 수 있다.

- **판매기능(Sales Function)** : 생산자를 대신한 판매활동으로써 판매촉진, 운송, 거래조건 조율기능 등이 있다.
- **구매기능(Buy Function)** : 재판매를 위한 상품구입 및 재생산을 위한 원자재 구입 등의 기능이 있다.

② 물적유통기능(Physical Distribution Function)

재고 이전과 관계되는 기능을 말한다. 유통은 물적유통기능을 통해 소비자들이 원하는 시간과 장소에서 재화와 서비스를 편리하게 구입할 수 있도록 하는 시간적, 장소적 이전을 가능하게 해 준다. 물적유통기능은 보관기능과 운송기능이 있다.

- **보관기능(Custody Function)** : 생산자를 대신하여 제품을 보관하고 소비자에게 즉시 전달할 수 있어 시간적 효용을 높여준다.
- **운송기능(Transport Function)** : 생산지역과 소비지역을 연결시키고 소비자가 원하는 장소에 바로 이동시켜 장소적 효용을 높여준다.

③ 조성기능(Make-Up Function)

거래 및 물적유통기능이 원활하게 이루어지도록 보조하는 모든 기능을 말한다. 여기에는 **위험부담기능**(Risk Charge Function), **금융기능**(Finance Function), **표준화기능**(Standardization Function), **정보제공기능**(Information Function), **구색확보기능**(Assortment Function) 등이 있다.

2. 유통전략

(1) 유통의 유형

유통에는 크게 생산자와 소비자가 직접 거래하는 **직접유통**(Direct Distribution)과 생산자와 소비자 사이에 유통기관을 활용하는 **간접유통**(Indirect Distribution)이 있다. 여기서 생산자가 활용하는 대표적인 유통기관에는 소매상과 도매상이 있다.

- **소매상(Retailer)** : 개인적 또는 비영리적 목적으로 구매하려는 최종소비자에게 재화나 서비스를 판매하는 것에 관련된 활동을 수행하는 상인
- **도매상(Wolesaler)** : 제품을 구입하여 소매상 또는 다른 도매상 및 산업재 생산자에게 재판매하는 개인이나 조직

(2) 유통경로전략

시장, 제품, 생산자 및 경쟁적 요인들을 고려하여 유통기관의 수를 결정하는 것을 말한다. 생산자가 충분한 유통경험과 자금력을 가진 경우, 고가격제품, 산업제품, 부패가능성이 높은 제품을 다루는 경우, 바람직한 도·소매상이 부재한 경우에는 **짧은 유통경로(직접유통)**를 선택한다. 그러나 반대로 고객이 넓은 지역에 분포한 경우, 소량 반복구매하는 경우, 생산자가 유통경험이 부족한 경우 등과 같은 상황에서는 **긴 유통경로(간접유통)**를 선택한다. 이러한 유통경로전략은 생산자와 소비자 사이에 존재하는 유통기관의 수에 따라 다음과 같이 구분할 수 있다.

① **개방적 유통경로전략(Intensive Distribution Strategy)**
집중적 유통경로전략이라고도 하는데, 자사제품에 대해 **모든 판매업자에게 판매를 허용하는 전략**을 말한다. 이를 통해 가능한 한 많은 도매업자와 소매업자를 활용하여 제품을 유통시킬 수 있기 때문에 **편의품(Convenience Goods)의 경우에 많이 활용**된다. 개방적 유통경로전략은 소비자에게 자주 노출되고 쉽게 구매되어 매출증대의 효과는 있지만, 낮은 마진으로 중간상의 통제가 곤란하고 광고 및 촉진활동을 대부분 생산자가 부담해야 하는 단점이 있다.

② **선택적 유통경로전략(Selective Distribution Strategy)**
개방적 유통경로전략과 전속적 유통경로전략의 중간형태로 다수의 중간상 중 일부에게 **선택적으로 판매권한을 부여하는 전략**을 말한다. 소수 중간상만 활용하기 때문에 가격인하는 거의 일어나지 않는 것이 특징이며, 자사의 상표이미지를 제고하고, 고객서비스를 강화하기 위한 목적으로 사용하는 전략이다. 일반적으로 **선매품(Shopping Goods)의 경우에 많이 활용**된다.

③ **전속적 유통경로전략(Exclusive Distribution Strategy)**
배타적 유통경로전략이라고도 하는데, 생산자가 특정 지역 또는 시장에 한하여 **독점적권한을 부여한 도매상과 소매상을 선정하고, 그들에게만 자사제품을 유통시키는 전략**을 말한다. 이때 도매상에게 부여한 권한을 독점판매권(Distributorship)이라 하고, 소매상에게 부여한 권한을 딜러십(Dealership)이라고 한다. 이 전략은 중간상에 대하여 완전한 통제가 가능하고, 중간상과 함께 의사결정과 촉진활동을 수행하여 상표이미지 유지와 마케팅비용을 절감하는 장점을 가지고 있다. 일반적으로 **전문품(Speciality Goods)의 경우에 많이 활용**된다.

(3) 유통경로시스템

① **전통적 유통경로시스템(Conventional Distribution Channel System)**
제조업자, 도매상, 소매상이 서로 지배하지 않고 독립적인 형태로 연결된 유통경로시스템을 말한다. 가장 기본적인 유통경로시스템으로써 각 경로구성원들은 독립적으로 맡은 역할을 수행하기 때문에 경로구성원 간의 연대가 약하고 갈등이 발생했을 때 조정하기 힘든 단점이 있다.

② **수평적 마케팅시스템(HMS ; Horizontal Marketing System)**
동일한 유통경로단계에 있는 두 개 이상의 기업이 자원과 마케팅 프로그램을 결합하여 수행하는 마케팅시스템을 말한다. 이는 각 기업이 단독적으로 효과적이 마케팅활동을 수행하는데 필요한 자본, 마케팅 자원 및 노하우 등을 가지고 있지 않기 때문에 수평적 통합을 통해 시너지 효과를 얻고자 하는 것이 그 목적이다. 또한 이러한 형태의 결합방식을 **공생적 마케팅(Symbiotic Marketing)**이라고도 한다.

③ 수직적 마케팅시스템(VMS ; Vertical Marketing System)

하나의 전체 시스템으로 운영되는 유통경로시스템으로써 제품이 제조업자에서부터 소비자까지 흐르는 과정의 수직적 유통단계를 관리하는 유통망을 의미한다. 수직적 마케팅시스템은 경로 내의 유통기관에 대한 통제력을 강화하여 시장영향력이 최대가 될 수 있도록 하며, 물적유통비용의 절감과 다른 기업과의 판매와 구매과정에서 발생되는 거래비용을 절감할 수 있다. 수직적 마케팅시스템은 유통기관의 소유와 계약형태에 따라 **기업형 VMS, 계약형 VMS, 관리형 VMS**로 구분한다.

- **기업형 VMS** : 유통경로에 있는 기관이 다른 유통기관을 소유한 형태의 수직적 마케팅시스템이다. 소유권을 확보하여 생산과 유통을 연속적으로 결합한 것이다.
- **계약형 VMS** : 수직적 마케팅시스템 중 가장 일반적인 형태로 생산자, 도매상, 소매상은 각각 독립되어 있으나, **상호 간 계약에 의해 수직적으로 통합한 형태**이다. 대표적으로 프랜차이즈가 있다.
- **관리형 VMS** : 위치, 지위, 명성 및 자원 등이 우월한 하나 또는 한정된 수의 기업이 경로 전체의 전략이나 방침을 결정하고 다른 구성원들이 법적으로 자율성을 가지면서 그것에 따르는 수직적 마케팅시스템이다.

④ 복수유통경로시스템(Multi-Channel System)

세분시장마다 다른 유통경로를 사용하는 유통경로시스템을 말한다. 궁극적으로 마케팅노력을 보다 효과적으로 수행하여 비용절감을 통한 시장확대가 목적이다. 최근 들어 시장세분화가 가속화되고 다양한 유통경로 활용이 가능해짐에 따라 둘 이상의 유통경로를 함께 활용하는 것이 가능해졌고, 이로 인해 매출을 증대시킬 수는 있지만 경로 간 갈등이 발생할 가능성이 있다.

⑤ 역유통경로시스템(Reverse Distribution Channel System)

생산자로부터 소비자로 이어지는 전통적 유통경로의 반대 개념으로써, 소비자로부터 생산자로 이어지는 유통흐름을 말한다. 이는 제품을 생산하는 데 필요한 원자재의 순환을 촉진하기 위함인데, 예로 소비자가 빈 병을 소매상에게 되파는 경우나 부품을 재활용하기 위한 도매상의 중고품 보상판매활동이 이에 해당된다.

시험문제 미리보기!

유통경로전략에 대한 다음 설명 중 가장 적절하지 않은 것은?

① 생산자가 충분한 유통경험과 자금력, 고가격제품, 산업제품, 부패가능성이 높은 제품 및 바람직한 도·소매상이 부재한 경우에는 짧은 유통경로(직접유통)를 선택한다.

② 고객이 넓은 지역에 분포한 경우, 소량반복구매, 부족한 유통경험 등과 같은 상황에서는 긴 유통경로(간접유통)를 선택한다.

③ 개방적 유통경로전략은 일반적으로 편의품의 경우에 많이 활용된다.

④ 선택적 유통경로전략은 일반적으로 선매품의 경우에 많이 활용된다.

⑤ 전속적 유통경로전략은 일반적으로 미탐색품의 경우에 많이 활용된다.

정답 ⑤

해설 전속적 유통경로전략은 일반적으로 전문품의 경우에 많이 활용된다.

1. 의의

기업의 재화나 서비스를 소비자들이 구매하도록 유도할 목적으로 해당 재화나 서비스의 성능에 대해 실제 및 잠재 고객을 대상으로 정보를 제공하거나 설득하는 것을 의미한다. 따라서 촉진은 마케팅정보를 전달한다는 관점에서 **마케팅 커뮤니케이션(Marketing Communication)**이라고도 한다. 마케팅 관리자는 소비자들이 구매활동에 이르도록 일련의 단계를 고려하여 순차적으로 긍정적인 반응을 유도해서 커뮤니케이션 목표를 효과적으로 달성할 수 있도록 해야 한다.

2. 촉진믹스(Promotion Mix)

(1) 의의

촉진을 달성하기 위한 수단들의 집합을 의미하고, 그 종류에는 광고, PR, 인적판매, 판매촉진 등이 있다.

① 광고(Advertising)

광고주에 의해 아이디어, 상품 및 서비스 등의 유료형태를 취한 비인적 노출 및 촉진활동을 말한다. 광고는 일반적으로 **공중제시성(Public Presentation)**, **보급성(Pervasiveness)**, **증폭표현성(Amplified Expression)**, **비인성(Impersonality)** 등의 특징을 가진다.

② PR(Public Relations)

촉진을 수행하는 기업이나 조직이 금전적 대가를 지불하지 않고 신문, 잡지, TV, 라디오 등의 뉴스나 기사를 통해 재화와 서비스를 소개함으로써 다양한 이해관계자들로부터 호의를 갖게 하고 소비자의 수요를 자극하는 촉진믹스를 말한다. 즉, 공중의 이익에 입각하여 각 개인이나 조직의 정책 및 절차를 밝혀서 공중의 이해와 동의를 얻기 위하여 계획을 수립하고 실천하는 과정이다. PR은 **저비용과 신뢰성의 특징**을 가진다. 또한, 홍보는 PR보다 좁은 개념이다.

③ 인적판매(Personal Selling)

판매원이 판매를 목적으로 1인 또는 그 이상의 예상구매자들과 직접적인 접촉과 쌍방향 의사소통을 통해 자사의 재화와 서비스를 구매할 수 있도록 권유하고 설득하는 과정을 의미한다. 따라서 인적판매는 **개인적 접촉, 쌍방향 의사소통, 고비용, 최종구매행동 자극** 등의 특징을 가지고 있다.

④ 판매촉진(Sales Promotion)

재화나 서비스의 판매를 촉진하기 위한 비교적 단기적인 동기부여 수단을 총칭하는 개념을 말한다. 판매촉진은 지금 시점에서 구매할 이유를 제공하는 것이 목적이며, 촉진대상에 따라 **소비자 판매촉진과 유통기관 판매촉진으로 구분**할 수 있다.

(2) 견정요인

기업은 촉진활동을 효율적으로 수행하기 위하여 촉진수단 중 하나 또는 그 이상을 적절히 활용하게 되는데, 이러한 촉진수단은 다양한 요인의 영향을 받게 된다.

핵심 Plus +

소비자 판매촉진
- 가격판매촉진 : 쿠폰, 가격할인, 리펀드, 리베이트, 금융서비스 등
- 비가격판매촉진 : 사은품, 견본품, 경연과 추첨, 구매시점전시, 시연회, 애호도 제고 프로그램 등

유통기관 판매촉진
- 가격판매촉진 : 진열수당, 시판대 및 특판대 수당, 구매량에 따른 할인, 가격 할인, 재고금융지원, 협동광고, 유통업체 쿠폰, 촉진지원금, 리베이트 등
- 비가격판매촉진 : 영업사원 인센티브 제도, 영업사원 교육, 경연, 초내회, 사은품, 지징핀 매량에 대한 인센티브, 고객접점 광고물, 응모권 내장, 판매상 지원, 매장관리 프로그램 관리지원, 판매도우미 파견 등

① 촉진대상 제품의 유형
  • 소비재 : 최종 소비를 목적으로 하기 때문에 광고의 중요성이 더욱 크다.
  • 산업재 : 중간 소비를 목적으로 하기 때문에 인적판매의 중요성이 더욱 크다.
② 구매의사결정과정
  • 정보탐색 : 광고나 PR이 가장 바람직한 촉진수단이 된다.
  • 구매행동 : 인적판매나 판매촉진이 가장 바람직한 촉진수단이 된다.
③ 제품수명주기
  • 도입기와 성장기 : 신규 구매자를 통한 시장점유율 확대가 목적이기 때문에 광고나 PR이 적합한 촉진수단이 된다.
  • 성숙기 : 기존 구매자를 대상으로 한 판매촉진이 적합한 촉진수단이 된다.
  • 쇠퇴기 : 판매촉진을 지속적으로 실시하되, 광고는 소비자들이 기억을 상기할 정도로만 실시하면 된다.
④ 푸시 전략과 풀 전략
  • 푸시(Push) 전략 : 제조업자가 최종소비자에게 직접 촉진활동을 하지 않고 유통업자를 통해 촉진하는 방법으로, 주로 유통업자의 힘이 강하고 제조업자의 브랜드 인지도가 낮은 경우에 사용하게 되며, 인적판매나 중간상 판매촉진이 적합한 촉진수단이 될 수 있다.
  • 풀(Pull) 전략 : 제조업자가 최종소비자에게 촉진활동을 함으로써 소비자가 자사제품을 찾도록 하는 전략으로 브랜드 인지도가 높은 기업이 주로 사용하며, 광고나 소비자 판매촉진이 주요한 촉진수단이 될 수 있다.

(3) 통합적 마케팅 커뮤니케이션(IMC ; Integrated Marketing Communication)

다양한 커뮤니케이션 수단들의 전략적인 역할을 비교하고 검토한 후에, 명료성과 일관성을 높여 최대의 커뮤니케이션 효과를 제공하는 것을 목적으로 다양한 수단들을 통합하는 마케팅 커뮤니케이션을 말한다. 통합적 마케팅 커뮤니케이션의 등장배경은 일반적으로 다섯 가지 정도로 요약할 수 있으며, 그 구체적인 내용은 다음과 같다.
  ① TV, 신문, 잡지 등의 대중매체를 이용한 광고의 단가가 크게 인상되었음에도 불구하고, 소비자들이 대중매체를 이용한 광고에 대해서 가지고 있는 신뢰도가 약화되어 가고 있다.
  ② 기업은 광고 이외의 촉진믹스들이 가지는 효과에 대해서 관심을 가지게 되었으며, 기업 간 경쟁의 심화는 이러한 다양한 촉진믹스의 활용을 가속화시켰다.
  ③ 소비자의 욕구가 세분화되고 있는 추세이며, 마케팅 커뮤니케이션을 위한 매체들도 다양하게 세분화되어 가고 있다.
  ④ 과거에는 마케팅활동의 중심이 제조업자에 있었으나, 강력한 유통업체의 등장에 따라 그 중심이 유통업체로 이동하고 있다.
  ⑤ 인터넷, 스마트폰 등 쌍방향 의사소통이 가능한 매체가 활성화됨에 따라 마케팅 커뮤니케이션이 단순하게 제작한 메시지를 대중에게 전달하는 것이 아니라 소비자가 메시지를 탐색하게 유도하는 형태로 변화하게 되면서, 새로운 매체전략의 수립에 대한 필요성이 대두되었다.

3. 광고

(1) 유형

① **부정적 광고(Negative Advertising)** : 부정적이거나 금기시되는 소재를 활용하여 시각적·감정적 충격을 주어 특정 대상에 대해 부정적 느낌과 정보를 전달하는 광고를 의미한다.

② **잠재의식광고(Subliminal Advertising)** : 인간의 잠재의식에 호소하는 광고를 의미한다. 드라마 속의 한 장면을 활용하여 시청자의 잠재된 의식을 자극하고 기억하게 하여 수요를 자극하는 경우가 이에 해당하고, PPL(Product PLacement)광고라고도 한다.

③ **인포머셜(Informercial)** : 정보(Information)와 광고(Commercial)의 합성어로 제품이나 점포에 대한 상세한 정보를 제공하여 소비자의 이해를 돕는 광고기법으로 광고라는 느낌을 최소화하는 방법이다.

④ **티저광고(Teaser Advertisement)** : 초기에는 일부분만 드러내고 호기심을 자극한 후에 점차 전체 모습을 구체화시키는 광고로 처음에는 상품명이나 광고주를 알아볼 수 있는 메시지를 피하게 된다.

⑤ **역광고(Reverse Advertisement)** : 소비자가 자신의 요구를 네트워크에 입력하면 거꾸로 재화나 서비스 공급자가 이를 확인하고 소비자에게 접촉하는 광고를 의미한다. 인터넷의 발달로 가능해진 광고의 형태이다.

⑥ **구매시점(POP)광고(Point Of Purchase Advertisement)** : 매장 내 포스터, 진열대, 간판, 전단지 등을 활용하여 구매의도가 없는 소비자를 자극하고 바로 구매할 수 있도록 유도하는 광고를 의미한다.

⑦ **기본수요광고(Primary Demand Advertisement)** : 특정상표에 대한 광고가 아니라 제품계열의 수요를 증대시키기 위해 신제품 출시 또는 협회 등에서 사용하는 광고를 의미한다.

(2) 소구방식(Appeal Method)

광고가 포함하고 있는 전달메시지를 어떻게 소비자에게 제시할 것인가의 호소방법을 말한다. 가장 대표적인 소구방식에는 이성적 소구와 감성적 소구가 있다.

① **이성적 소구(Rational Appeal)** : 자사의 브랜드가 선택될 수밖에 없는 **합리적인 이유**를 설명하거나 **객관적인 근거**를 제시함으로써 목표소비자에게 제품에 대한 지식과 정보를 제공하는 소구방식을 말한다. 이성적 소구에는 **비교소구, 증언소구, 입증소구 등**이 있다.

② **감성적 소구(Emotional Appeal)** : 소비자로 하여금 이성적인 판단이나 정보제공을 통한 설득보다는 브랜드에 대한 **긍정적인 느낌이나 호의적인 태도(이미지)의 향상**을 목적으로 소비자의 감정을 자극하고 감성에 호소하는 소구방식을 말한다. 감성적 소구에는 **유머소구, 공포소구, 성적소구, 온정소구, 향수소구 등**이 있다.

(3) 광고매체의 선정기준

광고매체를 선정하는 과정에서 고려되어야 하는 요인은 도달범위(Coverage 또는 Reach), 빈도(Frequency), 영향력(Impact), 예산(Budget) 등이다. 광고매체의 선정에 있어서 **정해진 예산 범위 안에서 광고의 도달범위와 빈도는 서로 반비례, 즉 상충관계를 가진다.** 따라서 목표고객과 광고의 목표에 따라 도달범위와 빈도에 대한 적절한 조합이 필요하며 이에 대한 효율적인 의사결정이 이루어져야 한다.

① **도달범위** : 특정 기간 동안에 궁극적으로 **광고에 노출되는 소비자의 숫자**를 의미한다.

핵심 Plus⁺

GRP(Gross Rating Points)
동일한 광고물을 동일한 매체에 방영하는 경우에 일정 기간 동안 매체운용을 통하여 얻어진 각각의 시청률을 모두 합친 수치를 말하고, 시청률(도달범위)과 노출빈도의 곱으로 계산함

② **빈도** : 특정 기간 동안에 개인이 광고에 **노출된 횟수**를 의미한다.

③ **영향력** : 특정 매체를 통하여 특정 광고에 노출된 질적 가치로써 소비자의 변화정도를 의미한다.

④ **예산** : 사용할 수 있는 광고비용으로써의 **금전적 범위**를 의미한다. 예산과 관련된 개념으로 1,000명의 소비자에게 도달하는데 드는 비용(CPM ; Cost Per Mill = Cost Per Thousand Persons Reached)이라는 개념이 있다.

[주요 광고매체별 특징]

매 체	장 점	단 점
신 문	신축성, 적시성, 범위한정 용이, 광범위한 수용성, 높은 신뢰성	짧은 수명, 낮은 재현도, 적은 독자 수
TV	역동성, 감각적 소구, 높은 주의도, 넓은 노출·도달범위	고비용, 과다 광고로 인한 광고 혼잡, 단기적 노출, 청중의 무작위성
라디오	대량이용, 지리적·인구통계적 선별성, 저비용	청각의존에 의한 낮은 주의력, 순간적 노출
잡 지	지리적·인구통계적 선별성, 신뢰성 확보 가능, 장기적 광고 수명	긴 광고 게재 소요시간
옥외광고	신축성, 높은 반복 노출도, 저비용, 저경쟁	청중의 선별 불가능
인터넷	높은 선별성, 상호작용성, 상대적 저비용	낮은 신뢰성

(4) 광고예산의 설정방법

① **가용자원법(지불능력 기준법)** : 기업이 감당할 수 있는 범위 내에서 광고예산을 설정하는 방법이다.

② **매출액비율법** : 전년도의 매출액이나 과거 수년 간의 평균매출액을 기준으로 특정비율을 곱하여 광고예산을 설정하는 방법이다.

③ **이익비율법** : 과거의 이익에 특정 비율을 곱하여 광고예산을 설정하는 방법이다.

④ **경쟁기업대항법** : 경쟁기업이 투입한 광고비에 대항하여 자사의 광고예산을 설정하는 방법이다.

⑤ **목표과업법** : 달성 가능한 목표를 설정하고 이를 달성하기 위해 필요한 과업을 산출하여 광고비를 추정하는 방법으로 과학적인 방법이라고 할 수 있다.

시험문제 미리보기!

다음 촉진믹스 중 최종 소비를 목적으로 하는 소비재에 적합한 촉진믹스로 가장 적절한 것은?

① 광고　　　　　② 애호도 제고 프로그램　　　③ 공중관계
④ 인적판매　　　⑤ 판매촉진

정답　①
해설　최종 소비를 목적으로 하는 소비재에 적합한 촉진믹스는 광고이다.

출제예상문제

❗ 출제예상문제의 중요도를 ★~★★★으로 구분하였습니다. 난이도가 가장 높은 고등급 문제는 ▢최우수▢ 표시하였으니, 최우수 등급을 목표로 하신다면 반드시 학습하시기 바랍니다.

★★

01 산업재 시장의 특징에 대한 다음 설명 중 가장 적절하지 않은 것은?

① 산업재 시장은 더 적은 수, 그러나 더 큰 규모의 구매자를 가지고 있다.
② 산업재 시장에서의 수요는 더 탄력적이다. 즉, 수요가 단기적 가격변화에 많은 영향을 받는다.
③ 산업재 고객은 지역적으로 더 집중되어있다.
④ 산업재 시장에서의 수요는 변화가 심하고, 더 빨리 변동한다.
⑤ 산업재 구매자수요는 최종소비자 수요로부터 나온다.

★★

02 마케팅개념에 대한 다음 설명 중 가장 적절하지 않은 것은?

① 생산개념은 초과수요상황에서 생산만 하면 판매가 이루어지는 것은 큰 문제가 되지 않는다는 개념이다.
② 제품개념은 소비자가 제품의 품질에 관심을 가지는 단계이다.
③ 판매개념은 초과공급상황에서 기업은 재고의 소진에 큰 관심을 가지게 되고, 소비자의 욕구와 선호에 대해서 관심을 기울이는 개념이다.
④ 마케팅개념은 기업이 시장욕구 파악과 장기적 고객만족에 초점을 맞추어야 한다는 개념이다.
⑤ 사회지향적 마케팅개념은 기업이 장기적 고객만족에 초점을 맞추어 소비자와 사회를 위해 기여하려고 한다는 개념이다.

★★★

03 고압적 마케팅과 저압적 마케팅에 관한 다음 설명 중 가장 적절하지 않은 것은?

① 고압적 마케팅은 대량생산된 제품으로 소비자에게 밀어붙여 판매하는 강압적 전략을 사용한다.
② 고압적 마케팅은 기업내부적 관점으로만 접근하여 소비자의 욕구를 외면했다는 비판을 받았다.
③ 저압적 마케팅은 고객을 주도적으로 참여시키는 마케팅활동이다.
④ 저압적 마케팅은 대부분 생산과정 이전에 이루어지는 특성을 가지고 있다.
⑤ 고압적 마케팅은 선행적 마케팅이고, 저압적 마케팅은 후행적 마케팅이다.

04 ★ 소비자 행동을 분석함으로써 얻게 되는 효익에 관한 다음 설명 중 가장 적절하지 않은 것은?

① 경쟁기업과 차별화할 수 있다.

② 추가적인 시장을 확보할 수 있는 기회가 제공된다.

③ 소비자의 개인별 특성을 보다 정확히 구분할 수 있다.

④ 마케팅믹스를 보다 효율적으로 활용할 수 있다.

⑤ 소비자들의 합리적이고 계획적인 구매행위에 도움을 준다.

05 ★★★ 관여도에 대한 다음 설명 중 그 성격이 다른 하나는?

① 소비자는 다양한 정보원을 이용하여 능동적으로 제품 및 상표정보를 탐색하며 탐색동기가 높다.

② 태도변화는 빈번하고 일시적이다.

③ 소비자는 불일치하는 정보에 저항하고 반박주장을 펼친다.

④ 설득을 위하여 메시지의 수보다 메시지의 내용이 더 중요하다.

⑤ 비교쇼핑을 선호하며 의사결정을 통해 점포를 선정한다.

정답 및 해설

01 ②
산업재 시장에서의 수요는 더 비탄력적이다. 즉, 수요가 단기적 가격 변화에 덜 영향을 받는다.

02 ③
판매개념은 초과공급상황에서 기업은 재고의 소진에 큰 관심을 가지지만, 소비자의 욕구와 선호에 대해서는 별로 관심을 기울이지 않는 개념이다.

03 ⑤
고압적 마케팅은 생산시점 이후에 발생하므로 후행적 마케팅이고, 저압적 마케팅은 생산시점 이전에 발생하기 때문에 선행적 마케팅이다.

04 ③
소비자 행동은 소비자 전체를 대상으로 개관적으로 분석하기 때문에 상대적으로 소비자의 개인별 특성을 정확히 구분하기는 어렵다. 즉 소비자 개인보다는 소비자 전체의 특성을 보다 정확히 파악할 수 있다.

05 ②
②번은 저관여에 대한 설명이고, 나머지는 고관여에 대한 설명이다.

06 저관여 제품에 대한 다음 설명 중 가장 적절하지 않은 것은?

① 구매 후 인지부조화 가능성이 고관여 제품보다 상대적으로 낮다.

② 친숙한 상표를 습관적으로 구매하는 경향이 크다.

③ 상표전환이 빈번하다.

④ 값싼 제품이 대부분이어서 구입에 대한 위험이 비교적 낮다.

⑤ 저관여 제품의 구매의사결정은 인지-평가-행동 순으로 발생한다.

07 제품에 대하여 소비자가 비교적 낮은 관여도를 보이며 제품의 상표 간 차이가 미미할 경우에 발생하는 소비자 구매행동으로 가장 적절한 것은?

① 습관적 구매행동   ② 다양성추구 구매행동   ③ 부조화감소 구매행동

④ 복잡한 구매행동   ⑤ 포괄적 구매행동

08 소비자 행동유형에 대한 다음 설명 중 가장 적절하지 않은 것은?

① 소비자는 관여도가 높을수록 일상적 문제해결의 행동을 보이며, 관여도가 낮을수록 포괄적 문제해결의 행동을 보이게 된다.

② 복잡한 구매행동이란 소비자들이 제품의 구매에 있어서 높은 관여를 보이고 각 상표 간 뚜렷한 차이점이 있는 제품을 구매하는 경우에 발생하는 구매행동을 말한다.

③ 부조화감소 구매행동의 경우에는 소비자들이 스스로 상표들의 차이를 판단할 수 있는 능력이 부족하기 때문에 소비자들은 유용한 정보를 얻기 위한 노력을 하지만 최종 구매의사결정은 비교적 빨리 이루어진다.

④ 다양성추구 구매행동을 보이는 소비자들은 잦은 상표전환을 하게 되는데, 상표전환은 기존 상표에 대한 불만족 때문이라기보다는 다양성을 추구하기 위하여 일어나게 된다.

⑤ 일반적으로 제품의 가격이 비교적 낮고 일상적으로 빈번히 구매하는 저관여 제품에 대하여 소비자들은 습관적 구매행동을 보인다.

09 구매 후 소비자가 느끼는 인지부조화를 해소하기 위한 소비자 행동으로 가장 적절하지 않은 것은?

① 구입한 제품을 재평가하여 탈락한 대안들을 무시한다.
② 적극적으로 새로운 정보탐색을 통하여 구입한 제품을 확신한다.
③ 자신에게 불리하거나 불편한 정보들을 회피한다.
④ 정보를 선별적으로 받아들여 구입한 제품에 대한 불만족이 영구적이라고 확신한다.
⑤ 다양한 불만족행동을 표출한다.

10 어떤 평가기준의 낮은 점수가 다른 평가기준의 높은 점수로 보완되지 않은 평가방식을 비보완적 평가방식이라고 하는데, 그 예로 가장 적절하지 않은 것은?

① 사전식 평가방식　　　　　② 속성제거식 평가방식　　　　　③ 결합식 평가방식
④ 분리식 평가방식　　　　　⑤ 보상식 평가방식

정답 및 해설

06 ⑤
저관여 제품의 구매의사결정은 인지-행동-평가 순으로 일어나고, 고관여 제품의 구매의사결정은 인지-평가-행동 순으로 일어난다.

07 ①
제품에 대하여 소비자가 비교적 낮은 관여도를 보이며 제품의 상표 간 차이가 미미할 경우에 발생하는 소비자 구매행동은 습관적 구매행동이다.

08 ①
소비자는 관여도가 높을수록 포괄적 문제해결의 행동을 보이며, 관여도가 낮을수록 일상적 문제해결의 행동을 보이게 된다.

09 ④
불만족이 일시적이라고 확신하기 위한 정보를 선별적으로 받아들여 구입한 제품에 대한 신뢰도를 높이고 인지부조화를 극복하려고 한다.

10 ⑤
비보완적 평가방식에는 사전식, 속성제거식, 결합식, 분리식 평가방식 등이 있다.

★
11 **고객관계관리에 대한 다음 설명 중 가장 적절하지 않은 것은?**

① 개인을 대상으로 한다.

② 쌍방향 의사소통을 특징으로 한다.

③ DB 마케팅을 통하여 시장에 접근한다.

④ 인터넷이라는 채널을 활용한다.

⑤ 마케팅의 목표는 시장점유율 확보이다.

최우수
★★★
12 **소비자 구매의사결정과정에 대한 다음 설명 중 가장 적절하지 않은 것은?**

① 일반적으로 외부탐색비용이 내부탐색비용보다 저렴하기 때문에 소비자들은 내부탐색보다 외부탐색을 우선적으로 수행한다.

② 소비자들이 대안을 평가하는 기준은 소비자의 내면적 구매목적 및 동기가 반영된 제품구매의 목적과 그 제품으로부터 얻고자 하는 효익에 의해서 결정되는데, 그 기준은 객관적일 수도 있고 주관적일 수도 있다.

③ 보완적 평가방식이란 평가하고자 하는 제품들의 중요 속성들을 나열하고 평가할 때 특정 제품이 어떤 평가요소에서 낮은 점수를 받았다 하더라도 다른 평가요소에서는 높은 점수를 받아 만회되고 보완되는 방식을 의미한다.

④ 구매의도가 형성되었다고 해서 즉시 구매로 연결되는 것은 아니다.

⑤ 소비자는 제품의 구매시점이나 사용 중에 만족 또는 불만족을 느끼게 되는데, 이러한 현상은 구매 이전의 기대감과 구매 후 제품사용에 대해서 소비자가 느끼는 불일치 정도의 크기에 따라 결정된다.

★★
13 **빅 데이터 분석에 대한 다음 설명 중 가장 적절하지 않은 것은?**

① 빅 데이터 분석의 가장 대표적인 분석도구는 데이터마이닝이 있다

② 비정형 데이터를 중심으로 한다.

③ 빅 데이터는 양, 속도, 모호성의 특징을 가진다.

④ 데이터 간의 인과관계는 중요하지 않다.

⑤ 높은 처리 복잡도를 특징으로 한다.

14 시장세분화의 기준에 대한 다음 설명 중 가장 적절하지 않은 것은?

① 시장을 세분화하는 기준으로 어떠한 기준이 사용되더라도 시장세분화는 기업전략목표와 부합되어야 한다.

② 세분화된 시장별로 상이한 욕구와 소비패턴이 존재해야 하며, 마케팅전략이나 프로그램을 통해 차별화전략을 구체적으로 실현할 수 있어야 한다.

③ 지리적 기준에 의한 시장세분화는 다른 기준보다 시장을 구분하는 것이 편리하다는 장점이 있으며, 각 지역마다 소비자들 간의 뚜렷한 차이가 나타나는 경우에 매우 효과적인 시장세분화 방법이다.

④ 인구통계적 기준에 의한 시장세분화는 측정이 용이하기 때문에 보편적으로 사용되는 시장세분화 방법이다.

⑤ 시장세분화의 기준은 독립적이기 때문에 동시에 두 개 이상의 기준을 사용하는 것은 불가능하다.

정답 및 해설

11 ⑤
고객관계관리의 마케팅목표는 기존 마케팅개념들과는 달리 고객의 충성도를 제고시킴으로써 고객의 생애가치를 극대화하는 것이다.

12 ①
일반적으로 내부탐색비용이 외부탐색비용보다 저렴하기 때문에 소비자들은 외부탐색보다 내부탐색을 우선적으로 수행한다.

13 ③
빅 데이터는 양, 속도, 다양성의 특징을 가진다.

14 ⑤
두 개 또는 그 이상의 시장세분화기준들을 결합하여 시장세분화하는 것도 가능하다.

15 목표시장의 선정에 대한 다음 설명 중 가장 적절하지 않은 것은?

① 목표시장을 선정하기 전에 세분시장별 매력도를 평가하게 되는데, 가장 대표적으로 고려되는 요인에는 고객, 경쟁기업 및 자사 등이 있다.

② 비차별적 마케팅은 수요의 동질성이 높은 제품에 대해 최대 다수의 구매자를 만족시킬 수 있는 제품과 마케팅믹스를 개발하는 전략으로 제품수명주기상 도입기에 적합하다.

③ 비차별적 마케팅을 수행하는 경우에 기업의 마케팅활동은 전체 시장을 대상으로 하는 것이 아니라 어떤 특정한 집단의 고객들을 대상으로 수행된다.

④ 차별적 마케팅은 제품의 특성이 차이가 나거나, 시장이 이질적인 경우, 경쟁업자가 적극적으로 차별화 전략을 사용하는 경우 및 제품수명주기상 쇠퇴기에 접어든 경우에 유리한 전략이다.

⑤ 집중적 마케팅을 사용하는 경우에 전문화의 이점이 있지만, 위험부담이 높고 지나친 세분화로 인한 집중화는 수익성이 악화될 수 있다.

16 포지셔닝의 과정을 순서대로 배열한 다음 내용 중 가장 적절한 것은?

① 경쟁제품의 위치분석 → 소비자 분석과 경쟁자의 확인 → 자사제품의 포지셔닝 개발 → 포지셔닝의 확인 및 재포지셔닝

② 소비자 분석과 경쟁자의 확인 → 자사제품의 포지셔닝 개발 → 경쟁제품의 위치분석 → 포지셔닝의 확인 및 재포지셔닝

③ 자사제품의 포지셔닝 개발 → 소비자 분석과 경쟁자의 확인 → 경쟁제품의 위치분석 → 포지셔닝의 확인 및 재포지셔닝

④ 자사제품의 포지셔닝 개발 → 경쟁제품의 위치분석 → 소비자 분석과 경쟁자의 확인 → 포지셔닝의 확인 및 재포지셔닝

⑤ 소비자 분석과 경쟁자의 확인 → 경쟁제품의 위치분석 → 자사제품의 포지셔닝 개발 → 포지셔닝의 확인 및 재포지셔닝

최우수

17 포지셔닝에 대한 다음 설명 중 가장 적절하지 않은 것은?

① 포지셔닝의 핵심은 소비자의 제품에 대한 인식체계를 파악해서 자사제품을 경쟁제품과 다른 적절한 위치에 위치시키는 것이다.

② 제품 포지셔닝기법 중 다차원척도법과 컨조인트 분석은 대표적인 질적 방법이다.

③ 다차원척도법과 컨조인트 분석은 제품에 대한 선호가 그 제품의 속성에 의해 묘사될 수 있다고 가정한다.

④ 포지셔닝맵은 시장에 출시된 여러 상표들에 대한 소비자의 생각(경쟁상표들에 대한 지각 및 경쟁관계)을 도표상에 표시한 것을 의미한다.

⑤ 다차원척도법에서는 소비자로 하여금 제품을 총체적으로 비교하게 하는 반면 컨조인트 분석에서는 마케팅 관리자가 직접 관리할 수 있는 구체적인 속성을 비교하게 된다.

18 수요상황별 마케팅전략에 대한 다음 설명 중 가장 적절하지 않은 것은?

① 전환마케팅 : 불건전 수요를 없애는 마케팅

② 개발마케팅 : 잠재적 수요를 실제수요로 바꾸는 마케팅

③ 자극마케팅 : 무수요를 환경의 변화나 제품에 관한 정보를 유포하여 관심을 불러일으키는 마케팅

④ 재마케팅 : 감퇴적 수요를 수요가 침체되거나 하락하기 전 상황으로 복귀시키려는 마케팅

⑤ 동시마케팅 : 불규칙한 수요의 원인을 찾아 수요의 평준화를 모색하는 마케팅

19 인터넷마케팅에 대한 다음 설명 중 가장 적절하지 않은 것은?

① 인터넷 환경이 시간적·공간적 제약이 없기 때문에 기업이 마케팅활동에 소요되는 비용을 절감시켜 준다.

② 인터넷이 쌍방향성 상호작용의 특징을 갖고 있기 때문에 마케팅활동의 성과에 대해서 즉각적이고 객관적인 측정이 가능하다.

③ 소비자의 요구에 따라 추가적인 정보와 수정된 정보를 전달할 수 있게 한다.

④ 개별적인 현재의 고객이나 미래의 잠재고객과 계속적으로 접촉하고 관계를 유지하여 제품구매를 연결시키고, 자사 제품에 대한 충성심을 유발시켜 고정고객을 확보하는 것은 물론 평생고객으로도 유지할 수 있게 해준다.

⑤ 기업의 세계화·국제화를 실현시켜 주는 수단이 된다.

정답 및 해설

15 ③

비차별적 마케팅을 수행하는 경우에 기업의 마케팅활동은 어떤 특정한 집단의 고객들을 대상으로 하는 것이 아니라 전체 시장을 대상으로 수행된다.

16 ⑤

포지셔닝의 과정은 '소비자 분석과 경쟁자의 확인 → 경쟁제품의 위치분석 → 자사제품의 포지셔닝 개발 → 포지셔닝의 확인 및 재포지셔닝'의 순서가 된다.

17 ②

제품 포지셔닝기법 중 다차원척도법과 컨조인트 분석은 대표적인 양적 방법이다.

18 ①

전환마케팅은 부정적 수요를 긍정적 수요로 전환시키는 마케팅을 의미하고, 대항마케팅은 불건전 수요를 없애는 마케팅을 의미한다.

19 ④

④번 설명은 데이터베이스 마케팅에 근거한 고객관계관리와 관련된 설명이다. 물론, 인터넷마케팅의 개념과 전혀 무관한 내용은 아니지만 다른 지문에 비해 그 관련성이 가장 적다.

20 다음은 마케팅개념과 그 특성에 대한 설명이다. 다음 설명 중 가장 적절하지 않은 것은?

① 전사적 마케팅이란 고객의 욕구를 충족시키기 위하여 조직의 최고경영자를 포함한 모든 조직구성원들이 마케팅적 사고와 행동을 하는 것을 말한다.

② 내부 마케팅이란 제품을 누구보다도 잘 알아야 하는 내부고객(종업원)에게 교육과 훈련을 통해 동기부여하고 확신을 갖도록 하는 사내 마케팅활동을 말한다.

③ 데이터베이스 마케팅이란 마케팅활동에 필요한 다양한 정보들을 데이터베이스에 저장하여 마케팅전략에 활용하는 것을 말한다.

④ 대중마케팅이란 네티즌들이 이메일이나 블로그, 핸드폰 등 전파가능한 매체를 통해 자발적으로 특정 기업이나 제품을 홍보할 수 있도록 제작하여 널리 퍼뜨리는 마케팅을 말한다.

⑤ 매복 마케팅이란 월드컵이나 올림픽 등의 공식후원사가 아닌 기업들이 그 로고를 정식으로 사용하지 않고 비슷한 언어적 유희 등을 교묘히 활용하여 수행되는 마케팅을 말한다.

21 제품 중 개인적인 소비를 목적으로 하는 소비재를 편의품, 선매품, 전문품으로 구분할 때 다음 중 그 성격이 다른 하나는?

① 치약   ② 가전제품   ③ 잡지   ④ 손전등   ⑤ 우산

최우수

22 신제품 개발과정에 대한 다음 설명 중 가장 적절하지 않은 것은?

① 신제품 개발과정은 순차적으로 이루어지며, 특정단계가 반복될 수도 있고, 각 단계 간 상호작용도 일어난다.

② 신제품 개발과정에서 아이디어를 창출하는 대표적인 방법은 소비자 대상 표적집단면접, 브레인스토밍 등이 있다.

③ 로저스가 제시한 신제품 확산모형에 의하면, 수용시기에 따른 수용자들의 유형을 혁신자, 조기수용자, 조기다수자, 후기다수자, 지각수용자로 분류하였다.

④ 일반적으로 신제품 도입 초기에는 확산속도가 빨라지다가 일정 시점 이후부터 감속하여 안정화된 상태에 도달함으로써 총수요는 S자의 형태를 띤다.

⑤ 경쟁자가 모방하기 어려운 진입장벽이 있거나, 경쟁자의 자금력이 부족하거나, 소비자 반응에 있어서 위험이 크다고 느껴진다면 신제품의 시장출시를 빠르게 확산시켜야 한다.

23 ★★★ 다양한 상표개발전략 중 제품범주 내에서 새로운 형태, 색상, 크기, 원료, 향 등의 신제품에 기존 상표를 함께 사용하는 상표개발전략을 의미하는 것으로 가장 적절한 것은?

① 라인(계열)확장   ② 상표확장   ③ 복수상표   ④ 신상표   ⑤ 연합상표

24 ★★ 가격결정에 영향을 미치는 요인들에 대한 다음 설명 중 가장 적절하지 않은 것은?

① 가격은 즉각적인 효용을 볼 수 있으나 경쟁자들의 모방도 그만큼 쉽다.
② 시장의 수요가 가격의 상한선을 결정하고, 제품원가가 가격의 하한선을 결정한다.
③ 시장에서의 경쟁이 치열할수록 제품의 가격은 내려가는 경향을 보인다.
④ 가격선도자가 결정한 선도가격에 추종하는 가격을 추종가격 또는 모방가격이라고 한다.
⑤ 수요탄력성이 높을수록 기업은 높은 가격을 책정하여 수익을 증가시키려 한다.

정답 및 해설

20 ④
④번은 바이럴 마케팅에 대한 설명이다.

21 ②
소비재는 그 성격에 따라 편의품, 선매품, 전문품으로 구분할 수 있다. 편의품은 다시 화장지, 치약과 같은 필수품, 잡지나 껌과 같은 충동품, 손전등이나 우산과 같은 긴급품으로 구분할 수 있다. 선매품의 예로는 가전제품이 있으며, 전문품의 예로는 사치품이 여기 해당한다고 할 수 있다.

22 ⑤
경쟁자의 재빠른 진입이 예상된다면 시장출시를 빠르게 확산시키고, 시장에서 기업의 포지셔닝을 조속히 구축해야 한다. 그러나 경쟁자가 모방하기 어려운 진입장벽이 있거나, 경쟁자의 자금력이 부족하거나, 소비자 반응에 있어서 위험이 크다고 느껴진다면 신제품의 시장출시를 서서히 할 수 있다.

23 ①
제품범주 내에서 새로운 형태, 색상, 크기, 원료, 향 등의 신제품에 기존 상표를 함께 사용하는 상표개발전략은 라인(계열)확장이다.

24 ⑤
수요탄력성은 제품의 가격이 변화함에 따라 판매량이 얼마나 변화하는지를 나타내는 지표이다. 따라서 수요탄력성이 높을수록 기업은 낮은 가격을 책정하여 매출을 증대시키고자 하며 이를 통해 수익을 증가시키려 한다.

25 묶음제품 가격전략에 대한 다음 설명 중 가장 적절하지 않은 것은?

① 기업이 둘 또는 그 이상의 재화나 서비스를 결합하여 할인된 가격으로 판매하는 전략이다.

② 제품의 개별구매 가능여부에 따라 개별구매가 가능한 순수묶음과 개별구매가 불가능한 혼합묶음으로 구분할 수 있다.

③ 하나 또는 그 이상의 제품을 개별구매 및 패키지 구매도 할 수 있도록 가격을 책정한다.

④ 가격전략을 사용하여 제품을 제공하는 기업은 핵심제품뿐만 아니라 부수적인 제품의 수요를 창출해낼 수 있다.

⑤ 어학원에서 영어회화 및 문법 강좌를 각각 개설하면서도 영어회화와 문법을 동시에 수강하면 가격을 할인해주는 것이 한 예가 될 수 있다.

26 가격에 대한 다음 설명 중 가장 적절하지 않은 것은?

① 수요의 가격탄력도가 높은 경우에는 시장을 침투하기 위해 저가격을 설정한다.

② 명성가격은 고가격이 고품질이라는 인식에 기본을 둔 가격-품질연상효과를 이용한다.

③ 가격인하는 최소인식가능차이보다 크게 해야 하고, 가격인상은 최소인식가능차이보다 작게 해야 한다.

④ 수요는 가격의 상한선에 영향을 주고 원가는 가격의 하한선에 영향을 준다.

⑤ 기업이 둘 또는 그 이상의 재화나 서비스를 결합하여 할인된 가격으로 판매하는 전략을 종속제품 가격전략이라고 한다.

27 유통은 거래기능, 물적유통기능, 조성기능을 수행한다. 다음 중 동일한 기능끼리 짝지어진 것으로 가장 적절한 것은?

A. 판매기능	B. 위험부담기능	C. 운송기능
D. 표준화기능	E. 구색확보기능	

① A, B, D   ② A, B, E   ③ B, C, D   ④ B, C, E   ⑤ B, D, E

28 유통경로시스템에 대한 다음 설명 중 가장 적절하지 않은 것은?

① 각 경로구성원들이 독립적으로 맡은 역할을 수행하는 경우에는 경로구성원 간의 연대가 약하고 갈등이 발생하였을 경우에 조정이 쉽지 않다.

② 세분시장마다 다른 유통경로를 사용하는 전략은 시장이 구분되어 있기 때문에 경로 간 갈등이 발생할 가능성이 없다.

③ 수직적 마케팅시스템을 형성하게 되면 물적유통비용과 거래비용을 절감할 수 있다.

④ 공생적 마케팅은 수평적 통합을 통해 시너지 효과를 얻고자 하는 것이 그 목적이다.

⑤ 역유통경로시스템은 소비자로부터 생산자로 이어지는 유통흐름을 말한다.

29 촉진믹스 중에서 비용이 비싸지만 구매를 유발시키는 효과적인 수단으로 사용되는 것으로 가장 적절한 것은?

① 광고　　　　② 인적판매　　　　③ 판매촉진　　　　④ 공중관계(PR)　　　　⑤ 대중마케팅

정답 및 해설

25 ②
제품의 개별구매 가능여부에 따라 개별구매가 가능한 혼합묶음과 개별구매가 불가능한 순수묶음으로 구분할 수 있다.

26 ⑤
기업이 둘 또는 그 이상의 재화나 서비스를 결합하여 할인된 가격으로 판매하는 전략을 묶음제품 가격전략이라고 한다.

27 ⑤
거래기능에는 판매기능과 구매기능이 있고, 물적유통기능에는 보관기능과 운송기능이 있으며, 조성기능에는 위험부담기능, 금융기능, 표준화기능, 정보제공기능, 구색확보기능 등이 있다.

28 ②
세분시장마다 다른 유통경로를 사용하는 전략은 매출을 증가시킬 수는 있지만 경로 간 갈등이 발생할 가능성이 있다.

29 ②
인적판매는 비용이 비싸지만 지속적인 관계관리와 쌍방향 커뮤니케이션 등의 빠른 피드백으로 구매를 유발시키는 가장 효과적인 수단이다.

해커스 매경TEST 2주 완성

금융 · 자격증 전문 교육기관 **해커스금융**
fn.Hackers.com

PART 3

회계와 재무관리

제**1**장 회계

■ 학습전략

회계는 회계의 이해, 재무제표의 이해로 구성되어 있으며, 전반적인 내용을 숙지한 다음에 해당 내용을 기반으로 계산문제에 대해서 대비하는 방향으로 준비하여야 한다.

특히, '제1절 회계의 이해'에서는 회계의 순환과정을 중심으로 학습이 이루어져야 하고, '제2절 재무제표의 이해'에서는 전체 내용에 대해서 빠짐없이 학습하는 것이 중요하다.

■ 출제비중

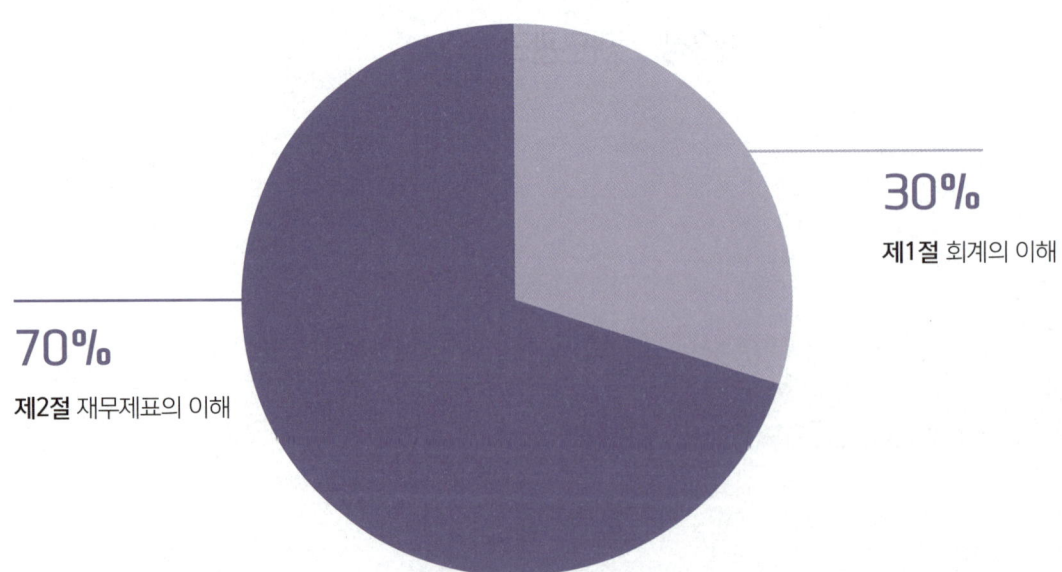

30%
제1절 회계의 이해

70%
제2절 재무제표의 이해

🔳 출제유형

제1장 회계에서는 다양한 재무제표(재무상태표, 포괄손익계산서, 현금흐름표 등)에 대한 해석과 이해를 확인하는 문제가 자주 출제된다. 특히, 재무상태표 항목에 해당하는 자본과 관련된 내용에 대한 다양한 이해와 포괄손익계산서를 통해 순이익을 계산하는 문제가 자주 출제된다.

🔳 학습구성

구 분	출제포인트	중요도
제1절 회계의 이해	1. 회계(Accounting)의 기초개념	★
	2. 회계의 순환과정	★★
	3. 원가·관리회계	★
제2절 재무제표의 이해	1. 재무제표의 작성원칙	★★
	2. 재무상태표와 포괄손익계산서	★★★
	3. 다양한 회계처리	★★

핵심 Check ✓ 회계의 이해

회계정보의 질적 특성	목적적합성과 신뢰성 / 근본적 질적 특성과 보강적 질적 특성
회계의 순환과정	거래의 인식 → 거래분개 → 원장전기 → 수정전시산표 작성 → 결산정리사항(수정분개) → 수정후시산표(정산표) 작성 → 재무제표 작성
기업의 재무상태	자산 = 부채 + 자본
재무제표	재무상태표, 포괄손익계산서, 현금흐름표, 자본변동표, 주석
회계감사	적정의견, 한정의견, 부적정의견, 의견거절
원가 · 관리회계	손익분기점 분석, 레버리지 분석, 전략적 원가관리

01 회계(Accounting)의 기초개념 ★

1. 의의

정보이용자들이 기업에 대해 합리적인 의사결정을 하는 데 유용하도록 기업에 대한 경제적 정보(재무정보)를 식별하고 측정하여 제공하는 일련의 과정을 말한다. 회계의 목적은 특정 기업에 대해 관심을 가지고 있는 여러 이해관계자들이 의사결정을 하는 데 있어 유용한 정보를 제공하는 것이다. 여기서 회계정보이용자는 크게 **내부정보이용자와 외부정보이용자**로 구분할 수 있다.

① **내부정보이용자** : 기업의 경영자나 내부관리자 등이 있으며, 이들은 기업의 경영과 관련된 다양한 의사결정을 위해 회계정보를 필요로 한다.
② **외부정보이용자** : 기업의 주주(투자자), 채권자(대여자) 등이 있으며, 이들은 기업에 대한 투자의사결정이나 자금대여 의사결정을 위해 기업의 회계정보를 필요로 한다.

2. 회계정보의 질적 특성과 분류

(1) 회계정보의 질적 특성

회계정보의 질적 특성은 **일반회계기준과 한국채택국제회계기준(K-IFRS)**에서 차이를 보인다. 일반회계기준의 내용에 따르면 회계정보의 질적 특성은 **목적적합성과 신뢰성**으로 나누어지고, 한국채택국제회계기준의 내용에 따르면 **근본적 질적 특성과 보강적 질적 특성**으로 나누어진다.

핵심 Plus ✚

재무제표
외부정보이용자에게 제공되는 회계정보 제공의 수단. 외부정보이용자는 기업에서 공개한 회계정보에 의존할 수밖에 없는데 만일 기업이 회계정보를 임의로 작성하여 제공한다면 외부정보이용자들의 잘못된 의사결정을 유발할 수 있음. 따라서 외부정보이용자에게 제공하는 회계정보는 사전에 일정한 기준을 정해 놓고 이러한 기준에 따라 작성하고 제공되어야 함

회계기준
사전에 정해진 재무제표의 작성 기준. 현재 우리나라의 회계기준은 상장기업과 금융기관이 적용하는 한국채택국제회계기준과 그 이외의 기업들이 적용하는 일반회계기준으로 이원화되어 있음

구 분	질적 특성		세부 항목
일반회계기준	목적적합성		예측가치, 피드백가치, 적시성
	신뢰성		표현의 충실성, 검증가능성, 중립성
한국채택 국제회계기준	근본적 질적 특성	목적적합성	예측가치, 확인가치, 중요성
		충실한 표현	완전한 서술, 중립적 서술, 오류가 없어야 함
	보강적 질적 특성		비교가능성, 검증가능성, 적시성, 이해가능성

(2) 분류

① 재무회계(Finance Accounting) : 기업의 **외부정보이용자**인 투자자나 채권자 등에게 경제적 의사결정에 유용한 정보를 제공하는 것을 목적으로 하는 회계이다.

② 관리회계(Managerial Accounting) : 기업의 **내부정보이용자**인 경영자에게 경영의사 결정에 유용한 정보를 제공하는 것을 목적으로 하는 회계이다.

구 분	재무회계	관리회계
목 적	외부정보이용자의 경제적 의사결정에 유용한 정보를 제공	기업 내부정보이용자의 경영의사결정에 유용한 정보를 제공
정보이용자	투자자, 채권자 등 외부정보이용자	경영자 등 내부정보이용자
보고수단	재무제표	일정한 형식 없음
작성기준	회계기준	통일된 회계원칙 없음
보고주기	일반적으로 1년	특별한 제한 없음
정보의 특성	과거지향적, 화폐적 정보 중심	미래지향적, 비화폐성 정보도 포함

시험문제 미리보기

회계정보의 질적 특성에 대한 다음 설명 중 가장 적절하지 않은 것은?

① 이해가능성   ② 유동성   ③ 목적적합성

④ 신뢰성   ⑤ 비교가능성

정답   ②

해설   회계정보가 정보이용자에게 유용하기 위해서는 이해가능성, 목적적합성, 신뢰성, 비교가능성의 속성을 가져야 한다.

02 회계의 순환과정 ★★

1. 의의

회계는 일반적으로 '거래의 인식 → 거래분개 → 원장전기 → 수정전시산표 작성 → 결산정리사항 (수정분개) → 수정후시산표(정산표) 작성 → 재무제표 작성'의 순서로 순환하는 과정을 가진다.

2. 기업의 재무상태

(1) 자산 = 부채 + 자본

① **자산** : 기업이 현재 보유하고 있는 경제적 자원, 즉 재산을 말하고, **현금, 상품, 비품, 건물, 토지 등의 재화와 매출채권, 대여금 등의** 채권으로 구성된다.
② **부채** : 기업이 미래에 상대방에게 일정한 금액을 갚아야 할 빚이나 의무를 말한다.
③ **자본** : 기업이 현재 보유하고 있는 자산 중에서 순수한 기업의 몫을 말한다.

(2) 회계상 거래

회계상 거래는 기업의 경영활동에서 자산, 부채, 자본, 수익, 비용의 증감·변화를 일으키는 것을 의미하고, 화폐금액으로 신뢰성 있게 측정 가능하여야 한다. 따라서 계약, 주문서 발송, 종업원 채용 등은 일상생활에서는 거래라고 하지만 자산, 부채, 자본의 증감변화가 일어나지 않으므로 회계에서는 거래로 보지 않는다.

일상적인 거래	회계상 거래	사 례
○	×	상품주문, 건물 임대차계약, 종업원 고용계약, 담보설정 등
×	○	상품이나 현금 등의 도난, 파손, 분실, 화재 등
○	○	상품 판매, 부동산 매매, 자금 차입, 주식발행 등

(3) 거래의 기록

거래가 발생하면 해당 거래를 장부에 기록하게 되는데 이를 부기(Bookkeeping)라고 한다. 부기는 기록계산법의 목적과 방법의 차이에서 단식부기와 복식부기로 구분된다.

① **단식부기** : 재산의 변동만을 단독으로 기록·계산하는 것으로 상식적인 기장을 하는 부기법이다. 재산이나 자본의 정확한 계산을 하는 것보다는 오히려 기장기술이 간편한 것을 바라는 소규모기업에서 쓰이고 있는 데 불과하다.
② **복식부기** : 재산변동을 다른 것과의 유기적 관계로 파악하여 대차평균의 원리 아래서 조직적·합리적으로 기록·계산하는 것이다.

차 변	대 변
자산의 증가	자산의 감소
부채의 감소	부채의 증가
자본의 감소	자본의 증가
비용의 발생	수익의 발생

(4) 재무제표의 종류

회계상 거래는 수없이 많이 발생하고 그 범위도 광범위하므로 이를 그대로 정보이용자에게 제공할 수는 없다. 즉, 기업에서 발생하는 회계상의 거래는 정보이용자들의 의사결정에 유용하도록 일정한 양식으로 가공하여 제공해야 한다. 이에 따라 기업 경영활동의 결과(재무상태, 경영성과 등)를 일정한 양식으로 요약하여 정보이용자에게 전달하는데, 이러한 **정보제공의 수단을** 재무제표라고 한다. 이러한 재무제표는 다음과 같이 크게 5가지 종류가 있다.

① **재무상태표** : 일정 시점 현재 기업의 재무상태(자산, 부채, 자본)에 대한 정보를 제공하는 재무제표이다.

② **포괄손익계산서** : 일정 기간 동안 기업의 경영성과(수익, 비용)에 대한 정보를 제공하는 재무제표이다.

③ **현금흐름표** : 일정 기간 동안 기업의 현금유입과 현금유출에 대한 정보를 제공하는 재무제표이다.

④ **자본변동표** : 일정 시점 현재 기업의 자본크기와 일정 기간 동안 기업의 자본변동에 대한 정보를 제공하는 재무제표이다.

⑤ **주석** : 재무상태표, 포괄손익계산서, 현금흐름표, 자본변동표는 표와 숫자의 요약된 형태로 제공되므로 정보제공방식에 한계가 있다. 이에 따라 표와 숫자의 형태로만 표현하기 어려운 정보들을 서술형 정보를 포함하여 보충적으로 설명하는 재무제표가 필요한데, 이를 주석이라고 한다. 따라서 **주석도 재무제표 중의 하나에 해당**한다.

(5) 회계감사(Auditing)

독립된 제3자가 타인이 작성한 회계기록을 검토하고 회계기록의 적정성에 대하여 의견을 제시하는 것을 의미하고, 주된 목적은 기업의 재무상태 및 경영실적을 판단하는 데 있다. 판단결과에 따라 당해 기업의 이해관계자는 기업의 재무상태와 경영실적을 알 수 있게 된다. 이러한 회계감사의견은 다음과 같다.

① **적정의견** : 재무제표가 회계처리기준에 따라 중요성의 관점에서 적정하게 표시되었다고 판단될 때 표명되는 의견이다.

② **한정의견** : 감사인과 경영자 간의 의견불일치나 감사범위 제한에 따른 영향이 중요하므로 적정의견을 표명할 수는 없지만, 부적정의견을 표명하거나 의견표명을 거절하여야 할 정도로 중요하지 않거나 전반적이지 않을 때 표명하는 의견이다.

③ **부적정의견** : 감사인과 경영자 간의 의견불일치로 인한 영향이 매우 중요하고 전반적인 경우에 표명하는 의견이다.

④ **의견거절** : 감사범위 제한의 영향이 매우 중요하고 전반적이어서 충분하고 적합한 감사증거를 획득할 수 없는 등의 사유로 판단이 불가능한 경우에는 감사의견을 표명하지 않는다.

핵심 Plus⁺

현금흐름

일반적으로 현금흐름은 영업활동, 투자활동, 재무활동으로 인하여 발생한다.

• 영업활동으로 인한 현금흐름 : 경상적인 손익거래와 관련된 현금흐름

• 투자활동으로 인한 현금흐름 : 비유동자산 및 비영업자산의 취득이나 처분과 관련된 현금흐름

• 재무활동으로 인한 현금흐름 : 자본조달 및 상환과 관련된 현금흐름

시험문제 미리보기

> 회계의 순환과정을 순서대로 나열한 것으로 가장 적절한 것은?
>
> | | |
> |---|---|
> | A. 거래인식 | B. 결산정리사항 |
> | C. 거래분개 | D. 수정 후 시산표(정산표) 작성 |
> | E. 수정 전 시산표 작성 | F. 재무제표 작성 |
>
> ① A → B → C → D → E → F
> ② A → B → D → C → E → F
> ③ A → C → B → E → D → F
> ④ A → C → D → B → E → F
> ⑤ A → C → E → B → D → F

정답 ⑤

해설 회계는 '거래인식 → 거래분개 → 수정 전 시산표 작성 → 결산정리사항(수정분개) → 수정 후 시산표(정산표) 작성 → 재무제표 작성'의 순서로 순환하는 과정을 가진다.

1. 손익분기점(Break-Even Point) 분석

(1) 의의

매출액과 비용이 일치하는 매출수준 또는 생산수준을 의미한다. 매출수준(생산수준)이 손익분기점을 초과하는 경우에는 이익이 발생하고 손익분기점에 미달하는 경우에는 손실이 발생한다. 손익분기점 분석에서는 비용을 **변동비와 고정비로 구분**한다. 일반적으로 변동비에 비하여 고정비가 클수록 손익분기점이 높아지게 되고 손익분기점이 높을수록 매출변동이 이익변동에 미치는 영향도 크게 나타난다. 따라서 손익분기점 분석은 **사업위험을 파악하는 데** 이용할 수 있다.

(2) 손익분기점의 도출

손익분기점 분석에서는 비용을 변동비와 고정비로 구분한 후 손익분기점을 도출하는데, 손익분기점은 **총고정비를 단위당 공헌이익(단위당 판매가격 – 단위당 변동비)으로 나눈 값**이다.

$$PQ = vQ + F$$

$$\therefore Q = \frac{F}{P-v}$$

(P: 단위당 판매가격, v: 단위당 변동비, F: 총고정비, Q: 매출수준 또는 생산수준)

(3) 목표이익(TI ; Target Income)을 달성하기 위한 매출수준(생산수준)의 도출

경영자가 원하는 특정 목표이익을 달성하기 위해 필요한 매출수준(생산수준)을 다음과 같이 계산할 수 있다.

$$PQ = vQ + F + TI$$

$$\therefore Q = \frac{F+TI}{P-v}$$

(4) 손익분기매출액의 도출

손익분기매출액은 **총고정비를 단위당 공헌이익율(단위당 공헌이익 ÷ 단위당 판매가격)로 나눈 값**이다.

$$Q = \frac{F}{P-v}$$

$$\therefore PQ = \frac{F}{P-v} \times P = F \times \frac{P}{P-v}$$

2. 레버리지(Leverage) 분석

(1) 의의

타인자본 이용에 따른 이자비용 또는 비유동자산에 대한 투자 때문에 발생하는 감가상각 등의 비용은 영업활동수준(매출액)과는 관계없이 발생하는 비용인데, 이러한 고정비의 부담을

레버리지라고 한다. 즉, 레버리지는 **고정재무비용(이자비용)과 고정영업비용(감가상각비)의 부담정도**를 의미한다.

(2) 레버리지 효과

영업레버리지로 인해 매출액의 변화율보다 영업이익의 변화율이 더 크게 나타나는 것을 **영업레버리지 효과**라고 하고, 재무레버리지로 인해 영업이익의 변화율보다 세후순이익의 변화율이 더 확대되어 나타나는 것을 **재무레버리지 효과**라고 한다. 그리고 이를 결합하여 매출액의 변화율보다 세후순이익의 변화율이 더 확대되는 것을 **결합레버리지 효과**라고 한다.

(3) 레버리지도

① 영업레버리지도(DOL) = 영업이익의 변화율/매출액의 변화율
$$= (매출액 - 변동비)/(매출액 - 변동비 - 고정비)$$
$$= 공헌이익/영업이익(EBIT)$$
② 재무레버리지도(DFL) = 주당순이익의 변화율/영업이익의 변화율
$$= 영업이익/세전이익(= 영업이익 - 이자비용)$$
③ 결합레버리지도(DCL) = 주당순이익의 변화율/매출액의 변화율
$$= 영업레버리지도(DOL) \times 재무레버리지도(DFL)$$
$$= (매출액 - 변동비)/세전이익(= 영업이익 - 이자비용)$$

3. 전략적 원가관리 : 품질원가

쥬란(Juran)은 품질경영에 필요한 비용을 예방원가(Prevention Cost), 평가원가(Appraisal Cost), 실패원가(Failure Cost)로 구분하고, 그중에 예방원가가 가장 저렴하기 때문에 **예방활동에 치중해야 함을 강조**하였다.

(1) 예방원가

예방원가는 **결함이 발생하기 전에 이를 방지하는 것과 관련된 비용**을 말한다. 이는 불량 원인을 제거하기 위한 업무프로세스의 재설계비용, 생산이 용이하게 제품을 설계하는 비용, 지속적인 개선활동을 위해 종업원을 교육시키는 비용 및 품질향상을 위해 공급자와 협력하는 비용 등을 포함한다.

(2) 평가원가

평가원가는 **생산시스템에서 얻은 품질수준을 평가하는 데 필요한 비용**을 말하는데, 품질예방활동을 통해 품질이 향상되면 평가비용이 감소하게 된다.

(3) 실패원가

실패원가는 **실제로 불량이 발견됨으로써 발생하는 비용**을 의미한다. 이러한 실패비용은 불량의 발견시점에 따라 내부실패비용과 외부실패비용으로 구분할 수 있다.

① **내부실패비용(Internal Failure Cost)** : 재화나 서비스의 생산과정 중에서 발생하는 결함에 기인하는 비용으로 결함 있는 제품을 폐기함으로써 발생하는 수율손실과 결함 있는 제품을 보완하기 위한 **재작업비용** 등이 포함된다.
② **외부실패비용(External Failure Cost)** : 제품이 고객에게 전달된 후에 결함이 발견되었을 때 발생하는 비용으로 보증서비스와 소송비용까지 포함한다.

손익분기점 분석에 대한 다음 설명 중 가장 적절하지 않은 것은?

① 매출수량과 생산수량은 동일하다고 가정한다.

② 비용은 재료비와 노무비로 구분한다.

③ 손익분기점이 높을수록 매출변동이 이익변동에 미치는 영향이 크다.

④ 손익분기점에서는 매출액과 비용이 일치한다.

⑤ 매출수준이 손익분기점을 초과하는 경우에는 이익이 발생한다.

정답 ②

해설 비용은 고정비와 변동비로 구분한다.

제2절 | 재무제표의 이해

01 재무제표의 작성원칙 ★★

1. 의의

기업에서 거래가 발생하면 그 거래의 결과가 재무상태표에는 자산, 부채, 자본으로 표시되며, 포괄손익계산서에는 수익이나 비용으로 표시된다. 따라서 재무제표를 작성하기 위해서는 기업에서 발생한 거래를 언제 재무제표에 기록할 것인지를 결정해야 하는데, 이에 대한 이론적인 방법으로 현금주의와 발생주의가 있다.

(1) 현금주의

거래와 관련한 현금이 유입되거나 유출되는 시점에 해당 거래를 재무제표에 기록하는 것을 말한다. 그러나 현금주의에 따라 재무제표를 작성하면 기업의 재무상태와 경영성과를 적정하게 보고하기 어렵다. 왜냐하면 현금의 유출입과 같은 자금의 흐름은 주로 거래처와의 약속이나 기업의 자금운용계획에 따라 결정되기 때문에 기업의 경영활동과 직접적인 관계가 없는 경우가 많기 때문이다.

① 장점 : 해당 기간의 현금의 유입과 유출에 대한 정보를 객관적으로 제공할 수 있다.
② 단점 : 기업의 경영활동의 실태를 재무제표에 정확하게 반영하지 못한다.

(2) 발생주의

기업에서 발생한 거래를 현금유입이나 유출과는 관계없이 거래가 발생한 시점에 재무제표에 반영하는 것을 말한다. 여기서 거래가 발생한 시점이란 해당 거래로 인하여 기업의 재무상태와 경영성과에 변동을 가져오는 결정적인 사건이 발생한 시점을 의미한다. 따라서 발생주의는 기업의 수익·비용 창출행위에 대한 구체적인 정보를 거래가 발생한 시점에 반영하여 제공하기 때문에 이론적으로 현금주의보다 우월한 방법으로 인정된다. 이러한 발생주의의 장단점은 다음과 같다.

① 장점 : 기업의 경영활동의 실태를 적절한 시점에 재무제표에 반영하므로 기간별 재무상태와 경영성과 보고에 적합하다. 또한, 정보이용자들이 재무제표 분석을 통해 기업에 유입 또는 유출될 미래의 현금을 합리적이고 신뢰성 있게 예측할 수 있다.
② 단점 : 거래나 사건이 발생한 사실은 파악할 수 있지만, 금액측정은 현금주의보다 정확성이 떨어지기 때문에 신뢰성 있고 합리적인 금액측정방법이 요구된다. 이에 따라 발생주의에 약간의 수정을 가하여 수익은 실현주의를 적용하고 비용은 수익·비용 대응의 원칙을 적용하여 인식한다.

2. 발생주의 회계 : 수익과 비용의 인식원칙

발생주의는 거래가 발생한 시점에 재무제표에 인식하는 원칙을 말한다. 이러한 발생주의를 포괄손익계산서의 구성요소인 수익과 비용에 대하여 구체적으로 적용하면 다음과 같다.

(1) 수익(실현주의)

비용의 지출과 주주에 대한 배당금 지급의 원천이 된다. 따라서 수익은 단순히 수익이 발생한 시점보다는 수익의 실현이 보다 확실하게 된 시점에 인식할 필요가 있다. 이에 따라 수익은 실현된 시점에 인식하는데, 이를 실현주의라고 한다.

(2) 비용(수익·비용 대응의 원칙)

발생한 시점에 인식한다. 다만, 비용은 수익을 획득하기 위해 희생된 자원의 가치이므로 관련된 수익이 인식되는 시점과 동일한 시점에 인식하여야 경영자의 기간별 경영성과를 적정하게 측정할 수 있을 것이다. 이에 따라 비용은 관련된 수익이 인식되는 회계기간과 동일한 회계기간에 인식해야 하는데, 이를 수익·비용 대응의 원칙이라고 한다.

02 재무상태표와 포괄손익계산서 ★★★

1. 재무상태표

(1) 자산

기업이 현재 보유하고 있는 경제적 자원, 즉 재산을 말하고, 현금, 상품, 비품, 건물, 토지 등의 재화와 매출채권, 대여금 등의 채권으로 구성된다. 기업은 자산을 다양한 형태로 보유할 수 있다. 이러한 자산의 대표적인 사례는 다음과 같다.
① 현금 : 통화(지폐와 주화), 통화대용증권(수표), 요구불예금 등
② 상품 : 타인이 제조한 것을 구입하여 재판매 목적으로 보유하는 물건
③ 제품 : 기업이 직접 제조하여 판매목적으로 보유하는 물건
④ 매출채권 : 정상영업활동(상품과 제품의 제조 및 판매)에서 발생한 외상채권
⑤ 미수금 : 정상영업활동 외의 활동에서 발생한 외상채권
⑥ 대여금 : 나중에 회수하기로 하고 일정기간 동안 빌려준 현금
⑦ 선급금 : 물선 등을 매입하기로 하고 미리 지급한 계약금
⑧ 부동산(토지, 건물) : 기업이 보유하고 있는 땅과 건물
⑨ 기계장치 : 제품생산을 위해 보유하고 있는 생산설비
⑩ 집기비품 : 사무용가구, 컴퓨터 등

핵심 Plus⁺

수익이 실현된 시점
기업이 수익창출활동의 결과로 대가를 수취할 가능성이 높고, 그 대가금액을 신뢰성 있게 측정할 수 있는 시점

유동성 배열법
유동성 순서에 따른 표시방법이 신뢰성 있고 더욱 목적적합한 정보를 제공하는 경우를 제외하고는 자산을 유동자산과 비유동자산, 부채를 유동부채와 비유동부채로 재무상태에 구분하여 표시함. 여기서 유동항목과 비유동항목의 구분은 원칙적으로 1년을 기준으로 함. 즉, 기업이 명확히 식별가능한 영업주기 내에서 재화나 용역을 제공하는 경우에 재무상태표에 유동자산과 비유동자산, 유동부채와 비유동부채를 구분하여 표시함

(2) 부채

기업이 미래에 상대방에게 일정한 금액을 갚아야 할 빚이나 의무를 말한다. 예를 들어, 은행차입금은 은행에게 갚아야 할 빚이므로 부채에 해당하고, 원재료매입 외상채무는 기업이 거래처에게 갚아야 할 빚이므로 부채에 해당한다. 이러한 부채의 대표적인 사례는 다음과 같다.

① **매입채무** : 정상영업활동(상품과 제품의 제조 및 판매)에서 발생한 외상채무
② **미지급금** : 정상영업활동 외의 활동에서 발생한 외상채무
③ **차입금** : 나중에 상환하기로 하고 금융기관과 같은 제3자에게 일정 기간 동안 빌린 현금
④ **선수금** : 제품과 상품 등을 판매하는 과정에서 미리 받은 계약금

(3) 자본

경제적인 관점에서 봤을 때 **기업이 현재 보유하고 있는 재산 중에서** 기업이 갚아야 할 빚을 모두 갚고 남은 **순수한 기업의 몫**을 말하며 **순자산**이라고도 한다. 결과적으로 자본은 기업의 자산에서 부채를 차감한 잔액으로 정의할 수 있으며, 기업의 주인은 주주이므로 자본은 결국 **주주의 몫**이 된다. 그리고 자본은 그 금액을 직접 측정하는 것이 아니라 **자산과 부채의 차액으로 계산**한다.

일반회계기준	K-IFRS	항 목
자본금	납입자본금	보통주자본금, 우선주자본금
자본잉여금		주식발행초과금, 감자차익, 자기주식처분이익 등
자본조정(자본감소)	기타자본 구성요소	자기주식, 주식할인발행차금, 감자차손, 자기주식처분손실 등
자본조정(자본증가)		신주청약증거금, 전환권대가, 주식선택권 등
기타포괄손익누계액		후속적으로 당기순이익으로 재분류가 금지된 항목
기타포괄손익누계액		후속적으로 당기순이익으로 재분류가 가능한 항목
이익잉여금(기처분)	이익잉여금	법정적립금, 임의적립금 등
이익잉여금(미처분)		미처분이익잉여금

① **주식의 종류**
- **보통주(Common Stock)** : 의결권, 배당권, 신주인수권, 잔여재산청구권 등이 부여된 주식
- **우선주(Preferred Stock)** : 이익배당과 잔여재산배분 등 재산상 권리가 보통주보다 우위에 있지만, 의결권이 없는 주식

② **증자** : **신주를 발행하는 거래**이다.
- **유상증자** : 회사가 주주로부터 주금액을 납입 받고 신주를 발행하기 때문에 기업의 순자산이 증가하게 되며, **실질적 증자**라고도 한다.
- **무상증자** : 주금액의 납입 없이 자본잉여금이나 이익준비금을 자본금에 전입하고 증가된 자본금만큼 신주를 발행하는 방법이기 때문에 자본총계는 변함이 없으며, 형식적 증자라고도 한다. 즉, **회사에 실질적인 자본의 증가가 이루어지지 않는 증자**이다.

③ **감자** : **자본금을 감소시키는 자본거래**이다.
- **유상감자(실질적 감자)** : 주주에게 주식을 반환받고 대가를 지불하는 감자. 즉, 주금액의 환급, 주식소각(감자차익 또는 감자차손이 발생)과 같이 자본금의 감소 시 자산의 유출이 수반되는 경우

• 무상감자(형식적 감자) : 주식을 주주에게 대가를 지불하지 않고 자본금을 감소시키는 감자. 회계장부상 자본금은 감소하지만 자산의 유출이 수반되지 않는 경우

(4) 기타 자본거래

① 주식배당

신규발행의 주식으로 대신하는 배당, 즉 이익잉여금을 자본금으로 전입하고 이를 근거로 신주를 발행하여 기존 주주들에게 무상으로 나누어 주는 것을 말한다. 주식배당의 목적은 배당지급에 소요되는 자금을 사내에 유보하여 외부유출을 막고, 이익배당을 한 것과 동일한 효과를 올리는 데 있다. 또한, 주식배당에 의하여 회사의 자본금이 증액되므로 자본구성의 시정에도 유효하며, 주주의 입장에서도 주가가 높은 수준에 있을 때는 현금배당보다 유리하다.

② 자사주 매입(Buy Back)

회사가 자기 회사의 주식을 주식시장 등에서 사들이는 것을 말한다. 자사주 매입은 유통주식물량을 줄여주기 때문에 주가상승요인이 되고 자사주 매입 후 소각을 하면 배당처럼 주주에게 이익을 환원해 주는 효과가 있다. 자사주 매입은 적대적 M&A에 대비해 경영권을 보호하는 수단으로 쓰이기도 한다.

③ 주식분할(Stock Split-Up)

자본금의 증가 없이 발행주식의 총수를 늘리고, 이를 주주들에게 나누어주는 것을 말한다. 지나치게 오른 주가를 투자자가 매입하기 쉬운 수준으로까지 인하하여 유통주식물량을 늘리는 것이 목적이다. 또한, 회사의 영업성적 향상으로 주가가 상승하였을 때 거래의 지장을 없애기 위해 이를 분할하여 적절한 가격으로 시장성을 높이고자할 때, 실질상으로는 배당을 증가시키면서 1주당 배당액을 저하시키고자할 때 또는 합병의 경우에 합병비율을 조절하고자할 때도 이 방법이 흔히 이용된다.

④ 주식병합(Consolidation of Stocks)

기존의 여러 개의 주식을 합하여 그보다 적은 수의 주식으로 하는 회사의 행위(발행주식수를 줄이는 것)를 말한다. 이때 회사의 자본금 및 자산에 아무런 변화가 없이 이미 발행된 주식수가 감소하게 되므로 회사의 입장에서는 주가의 조정이나 주주 관리비의 절감 등으로 기업운영상 효과를 얻을 수 있으나, 투자자의 입장에서는 1주 미만의 주식(단주)이 발생하게 되는데 그 처리방법에 따라서 주주는 이전만큼의 권리를 잃게 되는 경우도 있다.

2. 포괄손익계산서

(1) 수익

기업의 경영활동(재화의 판매, 용역의 제공 등)으로 인한 자산의 증가 또는 부채의 감소에 따른 자본의 증가를 말한다. 단, 주주와의 거래(자본거래)로 인한 자본의 증가는 제외한다. 이러한 수익의 대표적인 사례는 다음과 같다.

① 매출 : 재고자산(상품, 제품)을 판매하고 수령한 대가
② 이자수익 : 타인에게 현금을 일정 기간 동안 빌려주고 수령한 대가
③ 임대료(수익) : 타인에게 토지, 건물 등을 일정 기간 동안 빌려주고 수령한 대가
④ 유형자산처분이익 : 유형자산(토지, 건물, 기계장치, 집기비품 등)을 처분하여 발생한 이익

(2) 비용

기업의 경영활동으로 인한 자산의 감소 또는 부채의 증가에 따른 자본의 감소를 말한다. 단, 주주와의 거래(자본거래)로 인한 자본의 감소는 제외한다. 이러한 비용의 대표적인 사례는 다음과 같다.

① **매출원가** : 판매한 재고자산(상품, 제품)의 구입원가(생산원가)

② **급여** : 임직원에게 근로제공의 대가로 지급한 금액

③ **광고선전비** : 재고자산(상품, 제품)의 판매촉진과 홍보를 위해 지출한 금액

④ **이자비용** : 타인의 현금을 일정 기간 동안 빌려 사용하는 대가로 지급한 금액

⑤ **임차료(비용)** : 타인의 자산을 일정 기간 동안 빌려 사용하는 대가로 지급한 금액

⑥ **유형자산처분손실** : 유형자산(토지, 건물, 기계장치, 집기비품 등)을 처분하여 발생한 손실

(3) 포괄손익계산서의 기본구조

포괄손익계산서

당기 : 20×1년 1월 1일부터 20×1년 12월 31일까지
전기 : 20×0년 1월 1일부터 20×0년 12월 31일까지

구 분	당 기	전 기
매출액	××	××
매출원가	(××)	(××)
매출총이익	××	××
판매비와 관리비	(××)	(××)
영업이익	××	××
영업외손익	××	××
법인세비용차감전순이익	××	××
법인세비용	(××)	(××)
계속영업이익	××	××
당기순이익	××	××
기타포괄손익		
총포괄이익	××	××

시험문제 미리보기

다음 중 재무제표에 해당하는 것으로 가장 적절하지 않은 것은?

① 재무상태표   ② 현금흐름표   ③ 이익잉여금처분계산서

④ 포괄손익계산서   ⑤ 자본변동표

정답 ③

해설 이익잉여금처분계산서는 재무제표에 해당하지 않는다.

1. 자본적 지출과 수익적 지출

(1) 의의

유형자산을 취득하여 사용하는 중에도 그 자산과 관련하여 여러 형태의 비용이 발생한다. 어떤 비용은 그 지출의 효익이 지출한 연도에 끝나는 경우도 있고, 그 지출의 효익이 장래의 일정 기간에 걸쳐서 계속되는 지출도 있다. 이러한 지출에 대하여 자본(자산)화 할 것인지 또는 비용화할 것인지에 따라 자본적 지출과 수익적 지출로 구분할 수 있다.

(2) 회계처리

① **자본적 지출** : 자산의 용역잠재력을 현저히 증가시키는 지출로써 지출한 연도의 비용을 보고하지 않고 자본화, 즉 자산계정에 기록하여 그 자산의 내용연수 동안 각 회계기간에 걸쳐 **원가배분(감가상각)**을 하여야 한다.

② **수익적 지출** : 용역잠재력을 증가시키지 못한 경우로써 단지 당기의 회계기간에 대하여만 효익을 주는 지출을 말한다. 따라서 수익적 지출은 **발생한 시점에 비용으로 처리**한다.

2. 감가상각(Depreciation)

(1) 의의

유형자산의 취득원가에서 잔존가치를 차감한 잔액(감가상각대상금액)을 그 자산의 경제적 효익이 발생하는 기간(내용연수) 동안 체계적이고 합리적으로 배분하는 과정을 말한다.

(2) 감가상각방법

① 정액법 : $\dfrac{(취득원가 - 잔존가치)}{내용연수}$

② 정률법 : (취득원가 - 감가상각누계액) × 상각률

③ 이중체감법 : (취득원가 - 감가상각누계액) × $\dfrac{2}{내용연수}$

④ 연수합계법 : (취득원가 - 잔존가치) × $\dfrac{잔존내용연수}{내용연수}$

⑤ 생산량비례법 : (취득원가 - 잔존가치) × $\dfrac{당기생산량}{총생산가능량}$

3. 재고자산의 취득원가

(1) 의의

재고자산의 취득원가는 매입원가, 전환원가 및 재고자산을 현재의 장소에 현재의 상태로 이르게 하는 데 발생한 모든 원가를 포함한다. 즉, 재고자산은 재고자산을 취득하기 위하여 지출한 금액으로 기록한다.

① 자가제조(제조기업의 제품 취득원가)

= 직접재료원가 + 직접노무원가 + 제조간접원가 = 기초원가 + 제조간접원가

= 직접재료원가 + 전환(가공)원가

② 외부구입(상기업의 상품 취득원가) = 매입가격 + 매입부대비용

핵심 Plus+

감가상각방법의 비교
내용연수 초기에 감가상각을 많이 인식하는 방법(가속 감가상각방법)은 정률법, 이중체감법, 연수합계법 등이 있다. 그리고 정률법과 이중체감법은 장부금액을 기준으로 상각하고, 정액법, 연수합계법, 생산량비례법은 감가상각대상금액을 기준으로 상각한다.

감가상각대상금액
취득원가 - 잔존가치

미상각잔액(장부금액)
취득원가 - 감가상각누계액

(2) 순매입액(당기의 상품 취득원가)의 계산

> 순매입액 = 매입가격 + 매입부대비용
>
> = 총매입액 − 매입에누리와 환출 − 매입할인 + 매입부대비용

① **매입에누리** : 매입한 상품에 파손·부패·결합 등 하자가 있어 판매자가 상품의 가격을 깎아주는 것을 말한다. 또한, 일정 기간 동안 거래되는 수량이나 거래금액에 따라 가격을 깎아주는 것도 매입에누리에 포함된다.
② **매입환출** : 매입한 상품에 파손·부패·결합 등이 발생하여 매입한 상품을 반환하는 것을 말한다.
③ **매입할인** : 외상매입대금을 조기에 결제한 경우에 판매자가 상품의 가격을 깎아주는 것을 말한다.

4. 재고자산의 수량결정과 단위당 취득원가의 결정

(1) 재고자산의 수량결정

판매가능재고자산 중에서 당기 중에 판매된 수량(판매수량)과 기말 현재 보유하고 있는 수량(기말재고수량)을 결정하는 것을 말한다.

① **계속기록법**
   재고자산의 입고(매입)와 출고(판매)가 발생할 때마다 수량을 계속 기록하는 방법이다. 따라서 계속기록법은 판매가능수량 중에서 당기에 실제로 판매된 수량을 차감하여 기말재고수량을 결정한다.
   - **장점** : 재고자산 수량을 적시에 파악할 수 있어 재고자산의 내부관리나 통제목적에 적합하다.
   - **단점** : 재고자산의 입고 및 출고 시마다 수량을 계속 기록해야 하기 때문에 재고자산 매매거래가 빈번한 경우 번거로울 수 있다.
② **실지재고조사법(실사법)**
   보고기간 말에 창고조사를 실시하여 기말재고수량을 먼저 결정하고, 판매가능재고수량 중에서 기말실사수량을 차감한 나머지 수량을 판매수량으로 결정하는 방법이다.
   - **장점** : 판매수량을 기록할 필요가 없기 때문에 장부기록이 간편하고 기말재고자산이 실제수량에 기초하여 보고되기 때문에 외부보고 목적에 충실하다.
   - **단점** : 재고자산 수량을 적시에 파악할 수 없고, 도난, 자연감소 등으로 감소한 재고자산이 당기판매수량에 포함된다.

(2) 단위당 취득원가의 결정

재고자산의 수량결정방법에 따라 재고자산의 당기판매수량과 기말재고수량이 결정되었다면, 각각의 수량에 단위당 원가(매입단가)를 곱하면 재무제표에 보고할 매출원가와 기말재고원가가 결정된다. 그러나 재고자산은 매입과 판매가 빈번하게 발생하고, 매입시점의 단위당 원가도 수시로 변동하는 것이 일반적이기 때문에 판매된 재고자산과 기말재고자산의 단위당 원가를 결정할 때 어려움이 많다. 따라서 이러한 실무적인 어려움을 고려하여 재고자산의 실제 물량흐름과 관계없이 일정한 가정을 통하여 판매된 재고자산과 기말재고자산의 단위당 원가를 결정하게 된다.

① 선입선출법

실제 물량흐름과 관계없이 먼저 매입한 재고자산이 먼저 판매된 것으로 가정하여 판매된 재고자산과 기말재고자산의 단위당 원가를 결정하는 방법이다. 선입선출법은 다른 단위원가의 결정방법과 달리 수량결정방법으로 계속기록법과 실지재고조사법 중 어느 방법을 적용해도 매출원가와 기말재고로 배분되는 금액은 원칙적으로 동일하게 결정된다는 특징이 있다.

② 후입선출법

실제 물량흐름과 관계없이 나중에 매입한 재고자산이 먼저 판매된 것으로 가정하여 판매된 재고자산과 기말재고자산의 단위당 원가를 결정하는 방법이다. 단, 국제회계기준에서는 후입선출법의 사용을 허용하지 않고 있다.

③ 가중평균법

실제 물량흐름과 관계없이 재고자산이 골고루 평균적으로 판매된다고 가정하여 재고자산의 단위당 원가를 결정하는 방법이다. 즉, 가중평균법은 기초재고자산과 기중에 매입한 재고자산의 원가를 가중평균한 평균매입단가를 재고자산의 단위당 원가로 결정하는 방법이다. 가중평균법은 수량결정방법으로 어떤 방법을 적용하는지에 따라 다시 이동평균법[1]과 총평균법[2]으로 나누어진다.

(3) 단위당 취득원가의 결정방법의 비교

물가가 상승하고 기말재고수량이 기초재고수량과 같거나 증가하는 경우를 가정할 때 각 방법의 비교내역은 다음과 같다.

① 기말재고 : 선입선출법 > 이동평균법 > 총평균법 > 후입선출법
② 매출원가 : 선입선출법 < 이동평균법 < 총평균법 < 후입선출법
③ 당기순이익 : 선입선출법 > 이동평균법 > 총평균법 > 후입선출법
④ 법인세비용 : 선입선출법 > 이동평균법 > 총평균법 > 후입선출법
⑤ 순현금흐름 : 선입선출법 < 이동평균법 < 총평균법 < 후입선출법

5. 매출총이익의 계산

(1) 순매출액

순매출액은 일정 기간 동안 소비자에게 판매한 상품가격 총계인 총매출액에서 매출에누리와 환입 및 매출할인을 차감하여 계산한다.

> 순매출액 = 총매출액 − 매출에누리와 환입 − 매출할인

① **매출에누리** : 판매한 상품에 파손·부패·결합 등 하자가 있어 상품의 가격을 깎아주는 것을 말한다. 또한, 일정 기간 동안 거래되는 수량이나 거래금액에 따라 가격을 깎아주는 것도 매출에누리에 포함된다.
② **매출환입** : 판매한 상품에 파손·부패·결합 등이 발생하여 판매한 상품이 반품되는 것을 말한다.
③ **매출할인** : 상품매입자가 판매대금을 조기에 결제한 경우에 상품의 가격을 깎아주는 것을 말한다.

---

1) 이동평균법
수량결정방법으로 계속기록법을 적용한 가중평균법을 말하며, 재고자산을 판매(매입)할 때마다 재고자산의 원가를 평균하는 방법. 즉, 재고자산을 판매할 때 판매 직전의 재고자산 장부금액을 판매 시점의 장부상 수량으로 나눈 평균매입단가(이동평균단가)를 판매된 재고자산의 매입단가로 결정하는 방법

2) 총평균법
수량결정방법으로 실지재고조사법을 적용한 가중평균법을 말하며, 기말에 한번만 재고자산의 원가를 평균하는 방법. 즉, 기말 결산시에 판매가능재고자산의 총금액을 판매가능재고자산의 총수량으로 나눈 평균매입단가(총평균단가)를 당기에 판매된 재고자산과 기말재고자산의 매입단가로 결정하는 방법

(2) 매출원가와 매출총이익

- 매출원가 = 기초상품재고액 + 순매입액 – 기말상품재고액
- 판매가능자산 = 기초상품재고액 + 순매입액
- 매출총이익 = 순매출액 – 매출원가

시험문제 미리보기

유형자산의 장부가액이 5,000,000원이고 감가상각누계액이 2,000,000원이라면 이 자산의 취득원가로 가장 적절한 것은?

① 3,000,000원　　　　　② 4,000,000원　　　　　③ 5,000,000원

④ 6,000,000원　　　　　⑤ 7,000,000원

정답　⑤

해설　유형자산의 장부가액 = 취득원가 – 감가상각누계액

출제예상문제

! 출제예상문제의 중요도를 ★~★★★으로 구분하였습니다. 난이도가 가장 높은 고등급 문제는 최우수 표시하였으니, 최우수 등급을 목표로 하신다면 반드시 학습하시기 바랍니다.

★

01 회계정보의 질적 특성 중 근본적 질적 특성에 해당하는 것으로 가장 적절한 것은?

① 목적적합성   ② 비교가능성   ③ 검증가능성   ④ 적시성   ⑤ 이해가능성

★★

02 관리회계에 관한 설명으로 적절하지 않은 것은?

① 내부정보이용자에게 유용한 정보이다.
② 재무제표 작성을 주목적으로 한다.
③ 경영자에게 당면한 문제를 해결하기 위한 정보를 제공한다.
④ 경영계획이나 통제를 위한 정보를 제공한다.
⑤ 법적 강제력이 없다.

★★★

03 다음 중 회계상 거래에 해당하는 것은?

① 공장에서 원료를 10,000원에 구입하기로 계약하였다.
② 화재로 공장의 20,000원어치의 상품이 소실되었다.
③ 경력직 직원을 월 2,000,000원에 채용하기로 하였다.
④ 회사가 보유 중인 건물을 은행차입금에 대한 담보로 제공하였다.
⑤ 10,000원 상당의 매출계약을 체결하였다.

★★★

04 거래의 결합관계에 대한 다음 설명 중 가장 적절하지 않은 것은?

① (차변) 자산의 증가   (대변) 부채의 증가   ② (차변) 비용의 발생   (대변) 수익의 발생
③ (차변) 부채의 감소   (대변) 자본의 증가   ④ (차변) 비용의 발생   (대변) 자산의 감소
⑤ (차변) 자산의 감소   (대변) 자본의 증가

05 ㈜H기업은 20X2년에 늘어난 업무량으로 인해 직원들의 사무용품 사용량이 급격히 증가하였다. 사무용품을 구입 시마다 비용처리한 금액이 140만 원이다. 20X2년 결산일에 자산으로 계상될 사무용품의 재고를 파악해 보니 40만 원이었다. 사무용품과 관련하여 당사가 처리해야 할 결산조정분개로 가장 타당한 것은?

① (차변) 사무용품   100만 원   (대변) 현금   100만 원
② (차변) 사무용품비   100만 원   (대변) 현금   100만 원
③ (차변) 사무용품   40만 원   (대변) 현금   40만 원
④ (차변) 사무용품비   40만 원   (대변) 사무용품   40만 원
⑤ (차변) 사무용품   40만 원   (대변) 사무용품비   40만 원

06 재무제표에 대한 다음 설명 중 가장 적절하지 않은 것은?

① 재무제표는 재무상태표, 포괄손익계산서, 현금흐름표, 자본변동표로 구성되며, 주석은 재무제표의 범위에 포함되지 않는다.
② 재무제표는 이해하기 쉽도록 간단하고 명료하게 표시되어야 한다.
③ 계속기업을 전제로 재무제표를 작성한다.
④ 재무제표의 질적 특성 중 목적적합성과 신뢰성은 상충관계를 가진다.
⑤ 재무제표의 작성과 표시에 대한 책임은 경영자에게 있다.

정답 및 해설

01 ①
회계정보의 질적 특성은 근본적 질적 특성과 보강적 질적 특성으로 구분할 수 있다. 여기서 근본적 질적 특성에는 목적적합성과 충실한 표현이 있으며, 보강적 질적 특성에는 비교가능성, 검증가능성, 적시성, 이해가능성이 있다.

02 ②
재무제표 작성을 주목적으로 하는 것은 재무회계이다.

03 ②
회계상 거래는 기업의 경영활동에서 자산, 부채, 자본, 수익, 비용의 증감·변화를 일으키는 것을 의미하고, 화폐금액으로 신뢰성 있게 측정가능하여야 한다. 따라서 ①, ③, ④, ⑤는 회계상 거래로 볼 수 없다.

04 ⑤
차변은 자산의 증가, 부채의 감소, 자본의 감소, 비용의 발생을 의미하고, 대변은 자산의 감소, 부채의 증가, 자본의 증가, 수익의 발생을 의미한다.

05 ⑤
사무용품을 구입 시마다 비용처리하였지만, 기말에 사무용품의 재고가 남아 있었기 때문에 사무용품의 재고금액만큼 자산이 증가되고 비용이 감소되어야 한다.

06 ①
재무제표는 재무상태표, 포괄손익계산서, 현금흐름표, 자본변동표로 구성되며, 재무제표의 범위에 주석도 포함된다.

07 회계감사의 감사의견에 포함되지 않는 것은?

① 적정의견   ② 부적정의견   ③ 한정의견   ④ 불한정의견   ⑤ 의견거절

08 A기업 제품의 단위당 판매가격이 10만 원, 단위당 변동비가 5만 원, 총고정비가 500만 원이라면 손익분기점 (BEP) 매출수량으로 가장 적절한 것은?

① 100개   ② 150개   ③ 200개   ④ 250개   ⑤ 300개

09 다음 표를 보고 A회사와 B회사의 각 영업레버리지를 구한 것으로 적절한 것은?

구 분	금 액	
	A기업	B기업
매출액	120,000원	100,000원
변동원가	80,000원	30,000원
고정원가	30,000원	60,000원

① A회사 : 2, B회사 : 5   ② A회사 : 2, B회사 : 7   ③ A회사 : 4, B회사 : 5
④ A회사 : 4, B회사 : 7   ⑤ A회사 : 4, B회사 : 8

10 품질원가의 유형으로 가장 적절하지 않은 것은?

① 예방원가   ② 평가원가   ③ 내부실패원가
④ 외부실패원가   ⑤ 매몰원가

11 발생주의 회계에 대한 다음 서술 중 가장 적절하지 않은 것은?

① 모든 재무제표는 발생기준에 의해 작성된다.

② 현금을 수반한 과거의 거래에 대한 정보도 포함된다.

③ 현금의 수취가 기대되는 자원과 현금을 지급해야 하는 의무에 대한 정보도 제공된다.

④ 매 기간 일정한 방식에 따라 금액을 감소시키는 기간별 배분도 발생기준에 의한 것이다.

⑤ 발생주의 회계에 따라 수익과 비용을 당해 거래 또는 사건이 발생한 시간에 인식한다.

12 자산에 대한 다음 서술 중 가장 적절하지 않은 것은?

① 자산의 취득과 지출의 발생이 반드시 일치해야 한다.

② 물리적 형태가 존재하지 않아도 자산이 될 수 있다.

③ 미래의 경제적 효익이 있어야 자산이 될 수 있다.

④ 기능이 다른 자산은 상호 분리하여 보고하는 것이 바람직하다.

⑤ 재고자산은 판매를 통하여 직접적으로 현금의 유입을 창출한다.

정답 및 해설

07 ④
공인회계사가 기업의 재무제표를 감사한 결과에 대해서 표명하는 의견을 감사의견이라고 하며, 감사의견에는 적정의견, 한정의견, 부적정의견, 의견거절 등이 있다.

08 ①
$$손익분기점\ 매출수량 = \frac{총고정비}{판매가격 - 단위당\ 변동비}$$
$$= \frac{500만\ 원}{10만\ 원 - 5만\ 원} = 100개$$

09 ④
영업레버리지는 공헌이익을 영업이익으로 나눈 값이다. 여기서 공헌이익은 매출액에서 변동원가를 차감한 값이다. 따라서 A회사의 영업

레버리지는 40,000원을 10,000원으로 나눈 4이고, B회사의 영업레버리지는 70,000원을 10,000원으로 나눈 7이다.

10 ⑤
품질원가에는 예방원가, 평가원가, 내부실패원가, 외부실패원가의 4가지가 대표적이다.

11 ①
재무제표에는 재무상태표, 포괄손익계산서, 현금흐름표, 자본변동표가 있는데, 현금흐름표는 현금주의에 의해 작성되는 재무제표이다.

12 ①
자산의 취득과 지출의 발생이 반드시 일치할 필요는 없다.

13 다음 중 유동자산에 해당하는 것을 모두 고른 것은?

A. 현금	B. 현금성자산	C. 매출채권
D. 미수금	E. 재고자산	

① A, B, C   ② A, B, D   ③ A, B, E
④ A, B, C, D   ⑤ A, B, C, D, E

최우수
★★
14 기업이 자사주를 매입하는 동기로 가장 적절하지 않은 것은?

① 채권자를 보호하기 위한 수단이다.
② 기업의 입장에서 자사주 매입을 통한 자본구조의 변경이 배당에 비해 용이한 편이다.
③ 적대적 기업합병·인수(M&A)에 대한 방어수단이 될 수 있다.
④ 일반적으로 배당소득세율이 자본이득세율보다 높으므로 주주의 소득세를 절감할 수 있는 수단이다.
⑤ 경영자 입장에서 배당은 주가를 배당락 주가수준으로 하락시켜 스톡옵션의 가치를 하락시키므로, 배당보다 자사주 매입을 선호하게 된다.

최우수
★★
15 당기 초에 발행된 전환우선주 100주(주당 액면가 5,000원, 주당 발행가액 8,000원)가 당기 중에 모두 보통주로 전환되었다. 전환조건은 전환우선주 1주가 보통주 1.4주(주당 액면가액 5,000원)로 전환된다. 전환우선주 전환 시 증가하는 보통주식발행초과금은 얼마인가?

① 100,000원   ② 140,000원   ③ 500,000원   ④ 700,000원   ⑤ 800,000원

16 ★★

A기업은 7년 전에 기계를 10,000만 원에 구입하였다. 구입했을 시 A기업은 이 기계를 10년 동안 사용하며 10년 후 잔존가치는 없을 것으로 예상하였다. A기업은 이 기계를 현재 4,000만 원에 매각할 예정이다. 기계 처분 시점에서의 현금흐름으로 적절한 금액은 얼마인가? (단, 감가상각비는 정액법으로 계산하며, 법인세율은 25%이다)

① 3,200만 원　　② 3,450만 원　　③ 3,750만 원　　④ 4,250만 원　　⑤ 4,600만 원

17 ★★★

후입선출법을 적용하는 경우의 매출원가와 기말재고자산수량으로 가장 적절한 것은?

- 기초재고자산수량 및 금액 : 200개, 200만 원
- 당기상품매입수량 및 금액 : 500개, 600만 원
- 당기상품매출수량 및 금액 : 600개, 800만 원

	매출원가	기말재고자산수량
①	800만 원	100개
②	700만 원	100개
③	680만 원	100개
④	700만 원	200개
⑤	680만 원	200개

정답 및 해설

13 ⑤

유동자산은 1년 이내에 결제될 것으로 실현되는 경우의 자산이다. 따라서 현금, 현금성자산, 매출채권, 미수금, 재고자산 모두 유동자산에 해당한다.

14 ①

자사주 매입은 현금유출을 수반하기 때문에 채권자를 보호하기 위한 수단이라고 볼 수 없으며, 오히려 채권자의 부를 위협하는 수단이 된다.

15 ①

전환된 보통주의 발행가액 = 전환우선주의 발행가액
　　　　　　　 = 8,000원 × 100주 = 800,000원
전환된 보통주의 액면가액 = 100주 × 1.4 × 5,000원 = 700,000원
∴ 전환우선주 전환 시 증가하는 보통주식발행초과금 = 100,000원

16 ③

현재 기계의 장부가액은 취득원가에서 감가상각누계액을 차감한 3,000만 원이다. 따라서 기계의 매각으로 인한 현금흐름은 매각대금 4,000만 원에서 기계처분이익에 대한 법인세인 250만 원을 차감한 3,750만 원이다.

17 ②

선입선출법은 먼저 구입한 제품을 먼저 판매한다는 가정이고, 후입선출법은 나중에 구입한 제품을 먼저 판매한다는 가정이다. 문제에서는 후입선출법을 가정하고 있기 때문에 당기상품매입(500개)이 먼저 판매된 후에 기초재고자산(100개)이 판매되었다는 것이다. 따라서 매출원가는 당기상품매입금액 600만 원과 기초재고자산 100개에 해당하는 금액인 100만 원의 합인 700만 원이 된다. 또한, 기말재고자산수량은 기초재고자산수량과 당기상품매입수량의 합에서 당기상품매출수량을 차감한 값이기 때문에 100개가 된다.

제2장 재무관리

📖 학습전략

재무관리는 재무관리의 이해, 파생상품과 재무비율 분석으로 구성되어 있으며, 전반적인 내용을 숙지한 다음에 해당 내용을 기반으로 계산문제에 대해서 대비하는 방향으로 준비하여야 한다.

특히, '제1절 재무관리의 이해'에서는 전체 내용에 대해서 빠짐없이 학습하는 것이 중요하고, '제2절 파생상품과 재무비율 분석'에서는 각 파생상품에 대한 개념을 중심으로 학습하고, 재무비율 분석은 각 재무비율을 구하는 공식을 숙지하여 계산할 수 있도록 학습하는 것이 중요하다.

📖 출제비중

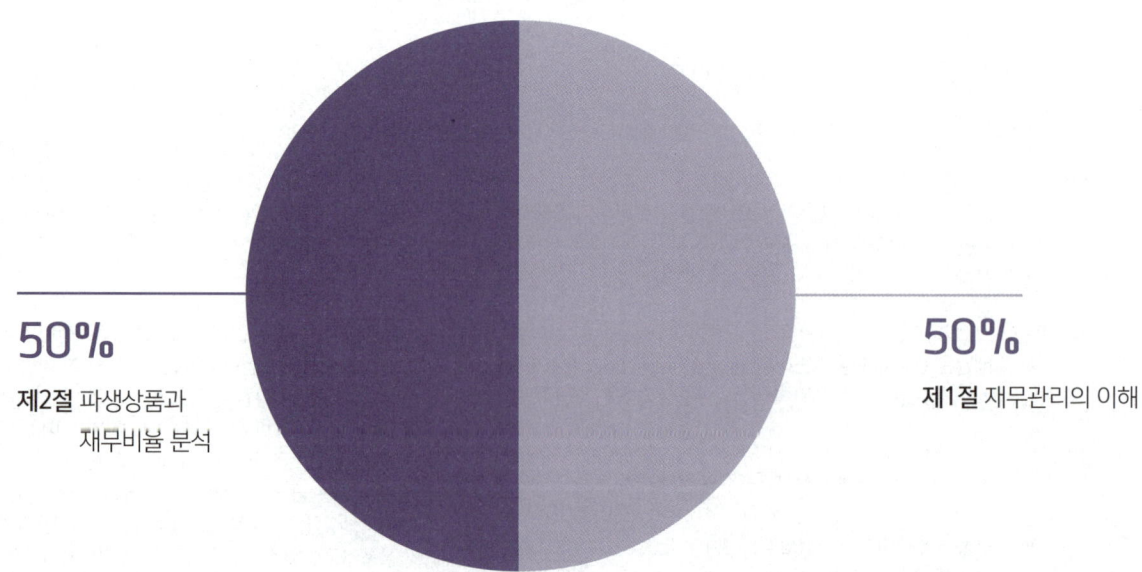

50%
제2절 파생상품과 재무비율 분석

50%
제1절 재무관리의 이해

■ 출제유형

재무관리에서는 재무비율 분석에 대한 문제가 자주 출제된다. 특히, 재무상태표나 포괄손익계산서를 제시하고, 해당 재무제표 내에서 필요한 정보를 찾아서 재무비율을 계산하는 문제가 자주 출제된다.

■ 학습구성

구 분	출제포인트	중요도
제1절 재무관리의 이해	1. 재무관리의 기초개념	★
	2. 자본의 조달	★★
	3. 자본의 운용	★★
제2절 파생상품과 재무비율 분석	1. 파생상품	★★
	2. 재무비율 분석	★★★

재무관리의 구성	자본의 조달과 자본의 운용
재무관리의 목표	주식가치의 극대화, 기업가치의 극대화
자본의 조달	자본조달활동, 효율적 시장가설, 자본비용, 자본구조
자본의 운용	자본예산, 위험과 포트폴리오 이론, 자본자산가격결정모형

01 재무관리의 기초개념 ★

1. 의의

(1) 구성

기업에서 자본을 조달하고 조달된 자본을 운용하는 과정에서 기업이 목표를 달성할 수 있도록 한정된 재무적 자원에 대한 의사결정을 다루는 분야이다. 이러한 재무관리는 그 기능에 따라 크게 자본의 조달과 자본의 운용으로 구분할 수 있다.

① **자본의 조달** : 기업은 필요한 자본을 타인으로부터 또는 스스로 조달하게 되는데, 이러한 자본을 타인자본과 자기자본이라고 하고, **타인자본과 자기자본의 구성비율에 따라 기업의 자본구조가 결정**된다. 따라서 기업이 부담하는 자본비용을 최소화하는 목적을 추구하기 위해 최적의 자본구조를 결정하는 것이 중요한 과제가 된다.

② **자본의 운용** : 자본을 조달하게 되면 기업은 그 자본을 어디에 투자하고 어떻게 관리할 것인지에 대한 자본의 운용에 대해 고민하여야 한다. 왜냐하면 그 결과는 기업의 미래현금흐름에 영향을 주고 이를 통해 기업의 가치에 영향을 줄 수 있기 때문이다. 따라서 기업의 미래현금흐름을 최대화하는 목적을 추구하기 위해 최적의 자산구조를 결정하는 것이 중요한 과제가 된다.

(2) 목표

재무적 활동뿐만 아니라 기업의 다른 모든 활동을 수행함에 있어서 의사결정의 기준은 당연히 기업의 목표달성이다. 일반적으로 재무관리의 목표는 다음의 두 가지 관점에서 파악할 수 있다. 물론, 이 두 가지 목표는 별개의 목표는 아니며, **자기자본(주식)의 가치가 극대화되면 기업의 가치도 극대화되기 때문에 동일한 개념으로 이해할 수 있다.**

① **주식가치이 극대화**

기업의 목표는 기업의 주인이 원하는 것이 되어야 하며, 일반적으로 기업의 주인은 주주(Shareholder)이다. 따라서 주주의 입장에서 재무관리의 목적은 주식가치(주가)의 극대화가 된다. 일반적으로 **주식가치의 극대화는 이해관계자 집단과의 이해와 상충되지는 않는다.**

② 기업가치의 극대화

기업의 가치는 기업의 자산으로부터 얻어지는 미래의 이익이 현재 얼마나 가치를 가지고 있는지를 표시하는 것이다. 미래의 이익은 자기자본 제공자(주주)에게는 배당금이 지급되고, 타인자본 제공자(채권자)에게는 원금과 이자가 지급된다. 따라서 주주에게 지급되는 배당금의 가치는 자기자본(주식)의 가치가 되고, 채권자에게 지급되는 원금과 이자의 가치는 타인자본의 가치가 된다. 결국, **기업의 가치는 자기자본의 가치와 타인자본의 가치를 합한 것**이다.

2. 화폐의 시간가치(Time Value of Money)

(1) 의의

자본시장이 존재하여 자금을 빌려주거나 빌려올 수 있다면 오늘의 100원과 내일의 100원은 그 가치가 다를 것이다. 왜냐하면, 오늘 100원을 예금하면 내일에는 원금 100원과 그 이자를 받을 수 있기 때문이다. 즉, 일반적으로 오늘 100원의 가치는 내일 100원의 가치보다 더 크며, 내일 100원의 가치는 오늘 100원의 가치보다 더 작다. 따라서 개인은 동일한 금액의 현금에 대해서 미래의 현금보다 현재의 현금을 선호하는 **유동성선호(Liquidity Preference)**가 존재하며, 이러한 개념을 화폐의 시간가치라고 한다.

(2) 미래가치(Future Value)

현재의 일정 금액을 미래 시점에서의 가치로 환산하는 것을 의미한다. 예를 들어, 현재 10만 원을 10%의 이자율로 예금한다면 1년의 미래가치는 $100,000 \times (1+10\%)$으로 계산하여 11만 원이 된다.

(3) 현재가치(Present Value)

미래의 일정 금액을 현재 시점에서의 가치로 환산하는 것을 의미하며, 이를 **할인(Discount)**이라고 한다. 그리고 이 때 적용되는 이자율을 **할인율(Discount Rate)**이라고 한다. 예를 들어, 미래의 11만 원을 10%의 이자율로 할인한다면 현재가치는 $110,000/(1+10\%)$으로 계산하여 10만 원이 된다. 또한, 영구연금의 현재가치는 '**연금액/할인율**'로 계산하고, 연금이 매년 일정한 비율로 성장하는 경우의 현재가치는 '**연금액/(할인율−성장률)**'로 계산한다.

시험문제 미리보기

현재 100,000원을 투자하면 매년 말에 10,000원을 영구지급하는 금융상품이 있다면, 그 상품의 순현재가치로 가장 옳은 것은? (단, 연간이자율은 10%이다)

① −100,000원 ② −90,000원 ③ 0원 ④ 90,000원 ⑤ 100,000원

정답 ③

해설 현금유출의 현재가치는 100,000원이고 현금유입의 현재가치는 10,000/0.1이기 때문에 현금유출과 현금유입의 현재가치는 동일하다. 따라서 해당 금융상품의 순현재가치는 0원이다.

02 자본의 조달 ★★

1. 자본조달활동과 효율적 시장가설

(1) 자본조달활동

① **직접금융을 통한 자본조달** : 자본의 수요자인 기업이 주식이나 채권을 발행하여 자본의 공급자인 투자자로부터 직접 자본을 조달하는 것이다. **보통주, 우선주, 회사채, 기업어음**[1] **등의 발행**이 여기에 해당한다.

② **간접금융을 통한 자본조달** : 투자자로부터 특정 기업이 직접 자본을 제공받지 않고 은행 등 금융기관을 통해 간접적으로 자본을 조달하는 것이다. **은행차입, 매입채무, 기업어음 할인 등**이 여기에 해당한다.

(2) 효율적 시장가설

① **약형 효율적 시장가설** : 현재의 주가가 과거의 주가움직임이나 거래량과 같은 역사적 정보를 완전히 반영하고 있다는 가설이다. 따라서 과거의 역사적 정보를 이용한 투자전략으로는 비정상적인 초과수익을 실현하지 못한다.

② **준강형 효율적 시장가설** : 자본시장에서 형성되는 주가는 과거의 역사적 정보뿐만 아니라 공개적으로 이용가능한 모든 정보를 완전히 반영하고 있다는 가설이다. 따라서 과거의 역사적 정보나 공개적으로 이용가능한 정보를 이용하여 비정상적인 초과수익을 실현하지 못한다.

③ **강형 효율적 시장가설** : 주가는 역사적 정보와 공개적으로 이용가능한 정보뿐만 아니라 미공개된 내부정보까지 완전히 반영하고 있다는 가설이다. 따라서 투자자는 어떠한 정보를 이용하더라도 비정상적인 초과수익을 실현하지 못한다.

2. 채권

(1) 의의

채권(Bond)은 **채무자인 발행자가 자금을 조달하기 위해 이자와 원금을 지급할 것을 채권자인 (채권)투자자에게 약속하기 위해 발행하는 증서**이다. 여기서 만기에 상환하는 금액을 액면금액이라고 하고, 매 이자지급일에 지급하는 이자를 액면이자(= 액면금액 × 액면이자율)라고 하며, 이자지급액의 결정을 위해 채권에 표시된 이자율을 액면이자율(표시이자율, 표면이자율)이라고 한다. 채권에는 이표채권, 무이표채권, 영구채권 등이 있는데, 가장 일반적인 채권은 이표채권이다. 이표채권은 채권가격과 액면금액 간의 관계에 따라 할인채, 할증채, 액면채로 구분할 수 있다.

① **할인채(할인발행)** : 액면이자율 < 시장이자율 → 채권가격 < 액면금액
② **액면채(액면발행)** : 액면이자율 = 시장이자율 → 채권가격 = 액면금액
③ **할증채(할증발행)** : 액면이자율 > 시장이자율 → 채권가격 > 액면금액

(2) 말킬(Malkiel)이 채권가격정리

말킬(Malkiel)은 시장이자율과 만기 및 액면이자율이 채권가격에 미치는 영향을 다음과 같이 정리하였다.

① 채권가격은 시장이자율과 반비례(역)의 관계를 갖는다. 즉, 시장이자율이 하락하면 채권가격은 상승하고, 시장이자율이 상승하면 채권가격은 하락한다.

---

1) 기업어음(CP ; Commercial Paper)
은행이 아닌 신용상태가 양호한 기업이 주체가 되어 단기자금조달 목적으로 발행하는 어음. CP를 활용하면 1년 이내의 만기로 담보 없이 발행절차가 간편하기 때문에 기업들은 단기간에 자금을 조달해야 할 경우 CP를 활용함. 또한, 기업이 CP를 발행하면 은행·증권사를 통해 개인이나 기관투자가들이 매입을 함

② 동일한 정도만큼의 시장이자율 상승에 따른 채권가격의 하락폭보다 시장이자율의 하락에 따른 채권가격의 상승폭이 더 크다. 이를 **채권가격의 볼록성**이라고 한다.

③ 만기가 긴 채권일수록 동일한 이자율 변동에 따른 채권가격의 변동폭이 크다.

④ 만기가 긴 채권일수록 이자율 변동에 따른 채권가격의 변동폭이 크지만, 그 변동폭의 차이는 만기가 길어짐에 따라 점차 감소한다.

⑤ 액면이자율이 낮은 채권일수록 이자율 변동에 따른 채권가격의 변동률이 크다.

(3) 시간의 경과에 따른 채권가격의 변동

시간이 경과함에 따라 할증채나 할인채의 가격은 액면금액을 향해 지수적으로 증감한다. 즉, 다른 요인들은 변화가 없는 상태에서 시간이 경과하여 만기에 근접할수록 할증채와 할인채의 할증폭과 할인폭은 감소하며, 시간이 경과함에 따라 채권가격의 변동폭은 점차 증가한다.

(4) 듀레이션

말킬(Malkiel)의 채권가격정리에서와 같이 만기가 긴 채권일수록 이자율 변동에 따른 채권가격의 변동폭이 크다. 즉, 채권의 만기가 길어질수록 이자율 변동에 따른 채권의 가격위험이 커지게 된다. 그런데 채권에 표시된 만기는 동일하다 하더라도 발행조건에 따라 실질적인 만기는 서로 다를 수 있다. 여기서, 듀레이션(Duration)은 **현금흐름의 현재가치 기준 가중평균만기**로써, **채권을 현재가격으로 매입했을 때 투자원금이 현재가치 기준으로 회수되는 데 걸리는 가중평균회수기간**을 의미한다. 그리고 **매기 현금흐름의 현재가치가 전체 현금흐름의 현재가치에서 차지하는 비중에 해당 현금흐름 발생 시까지의 기간을 곱한 값의 합**으로 계산된다. 채권의 듀레이션은 채권의 (잔존)만기와 액면이자율 및 만기수익률(시장이자율) 등에 따라 달라진다. 이러한 여러 가지 요인들이 채권의 듀레이션에 미치는 영향은 다음과 같다.

① 무이표채권의 경우에는 듀레이션이 만기와 일치하기 때문에 듀레이션이 만기와 정비례한다.

② 다른 조건이 동일하다면 만기가 긴 채권일수록 일반적으로 듀레이션이 길다.

③ 다른 조건이 동일하다면 액면이자율이 높은 채권일수록 듀레이션이 짧고, 연간 이자 지급횟수가 많은 채권일수록 듀레이션이 짧다.

④ 동일 채권에 대해서도 만기수익률이 높을수록 듀레이션이 짧다.

3. 자본비용과 자본구조

(1) 자본비용

① 의의

기업이 자기자본 또는 타인자본을 사용하고 자기자본 제공자나 타인자본 제공자에게 지급하는 대가를 의미한다. 이러한 자본비용은 이자율 또는 할인율로 측정되고, 기업의 입장에서는 조달한 자본을 운용하여 벌어야 하는 최소한의 수익률을 의미한다. 반대로, 자본비용은 자본제공자 입장에서는 자신이 제공한 자본에 대해 요구하는 **최소한의 수익률(Required Rate of Return) 또는 기대수익률(Expected Rate of Return)**을 의미한다. 자본비용은 타인자본비용(이자 등)과 자기자본비용(배당 등)으로 구분할 수 있으며, 일반적으로 현금흐름의 변동위험이 커질수록 자본비용은 높아진다.

② 원천별 자본비용
- **타인자본비용(Cost of Debt)** : 부채와 같은 타인자본을 조달할 때 부담해야 하는 자본비용을 말하며, 이자비용이 가장 대표적인 예이다.
- **자기자본비용(Cost of Equity)** : 자기자본을 조달할 때 부담해야 하는 자본비용을 말하며, 배당이 가장 대표적인 예이다.

(2) 자본구조(Capital Structure)

$$\text{WACC} = \text{타인자본비용} \times (1 - \text{법인세율}) \times \frac{\text{타인자본(부채)}}{\text{총자본}} + \text{자기자본비용} \times \frac{\text{자기자본}}{\text{총자본}}$$

① 의의

타인자본과 자기자본의 구성비율을 의미한다. 부채사용기업의 자본비용은 가중평균자본비용이 사용되는데, 여기서 가중평균자본비용(Weighted Average Cost of Capital)은 **타인자본비용과 자기자본비용을 각 원천별 자본이 총자본에서 차지하는 구성비율로 가중평균한 것**이기 때문에 가중평균자본비용은 자본구조의 영향을 받는다.

② 부채사용효과

일반적으로 **타인자본비용이 자기자본비용보다 낮다.** 따라서 기업이 타인자본을 조달하게 되면 가중평균자본비용을 낮출 수 있으며, 이를 통해 기업의 가치를 증가시킬 수 있다. 이것이 바로 기업이 타인자본을 조달함으로 인해 얻게 되는 효익이 된다.

(3) 자본구조이론

① 의의

자본구조이론이란 다른 모든 조건이 동일한 경우 기업의 부채비율의 변화에 따라 기업가치와 가중평균자본비용이 어떻게 변화하는가를 설명하여 주는 이론이다. 즉, 자본구조이론은 **가중평균자본비용을 최소화하는 최적자본구조를 통해 기업가치를 극대화**시키고자 한다. 이러한 자본구조이론의 기본적인 가정은 다음과 같다.
- 기업의 소득에 대한 법인세와 개인소득세는 없다.
- 기업의 자본조달은 자기자본과 타인자본 두 가지만 있다.
- 새로운 투자는 없으며 일정한 기대영업이익을 영속적으로 벌어들인다.
- 기업의 순이익은 모두 배당의 형태로 주주에게 지급된다.
- 기업은 총자본규모의 변화 없이 자본구조를 변화시킬 수 있다.

② MM이론

모딜리아니(F. Modigliani)와 밀러(M. H. Miller)가 주장한 MM이론이란 **세금이 없는 완전자본시장을 가정할 경우 기업가치는 자본구조와 무관하다는 이론**이다. 따라서 기업의 영업이익이 변하지 않는 한 기업가치는 변하지 않는다. 이러한 MM이론은 자본구조이론의 기본적인 가정을 그대로 적용하고, 다음과 같은 가정을 추가하였다.
- 세금이나 거래비용이 존재하지 않는 **완전자본시장**이다.
- 기업을 영업위험이 같은 **동질적 위험집단**으로 분류할 수 있다.
- 기업과 투자자의 부채는 **무위험부채**이다.

③ MM수정이론 : 법인세 고려

MM수정이론이란 법인세가 존재하면 부채를 사용할수록 이자비용이 발생하여 법인세절감효과가 나타나기 때문에 가중평균자본비용이 감소하게 되어 기업가치가 증가하게 된다는 이론이다. 즉, 부채를 100% 사용할 때 기업가치가 극대화된다는 이론이다. 따라서

MM수정이론은 MM이론의 가정에 법인세가 존재한다는 가정을 추가한 것이고, 부채사용기업의 가치는 무부채기업의 가치보다 부채사용에 따라 발생하는 이자비용 감세효과의 현재가치만큼 더 크다는 것이다. 즉 **부채사용기업의 가치는 무부채기업의 가치와 이자비용 감세효과의 현재가치의 합**이 된다.

④ 마이어스(C. Myers)의 자본조달순서이론(Pecking Order Theory)

경영자가 일반투자자들보다 정보의 우위에 있다는 정보의 비대칭을 전제로 기업은 각 자본조달원천을 이용하는 일정한 우선순위를 가지며, '**내부유보자금, 부채발행, 신주발행**'의 순서로 이루어짐을 주장하였다. 그리고 내부유보자금으로 자금을 조달하는 경우에는 기업가치 증가분이 모두 기존의 주주에게 귀속되고, 신주를 발행하는 경우에는 기업가치의 증가분이 기존 주주와 신규 주주가 나누어 가지게 된다. 또한, 부채로 자금을 조달하는 경우에는 기업가치의 증가분이 기존 주주에게 귀속되기는 하지만 부채발행으로 인한 비용은 내부유보자금보다 많은 비용이 발생하므로 내부유보자금이 선호된다.

시험문제 미리보기

자본비용에 대한 다음 설명 중 가장 적절하지 않은 것은?

① 타인자본비용이 자기자본비용보다 높다.

② 타인자본을 많이 사용할수록 기업전체의 자본비용은 낮아진다.

③ 타인자본을 많이 사용할수록 기업의 재무위험이 커진다.

④ 타인자본을 많이 사용할수록 이익이 날 때는 더 큰 이익이 나고 손실이 발생할 때는 더 큰 손실이 발생한다.

⑤ 일반적으로 현금흐름의 변동위험이 커질수록 자본비용은 높아진다.

정답　①

해설　타인자본비용이 자기자본비용보다 낮다.

03 | 자본의 운용 ★★

1. 자본예산(Capital Budgeting)

(1) 의의

기업의 가치를 극대화시킬 수 있는 투자안을 탐색하고 투자안별로 현금흐름을 평가하여 최적 투자안을 선택하는 일련의 과정을 의미한다. 따라서 자본예산의 목표는 기업가치의 극대화가 된다. 자본예산을 통해 투자안을 채택할 때는 투자안들 간의 상호관계에 따라 의사결정기준이 적용되어야 하는데, 투자안들 간의 상호관계는 다음과 같다.

① **독립적 투자안** : 투자안이 독립적이라 함은 특정 투자안의 실행여부가 다른 투자안의 실행여부와 상관없이 결정되는 경우를 의미한다. 이러한 경우에는 개별 투자안별로 투자안의 실행여부를 결정하면 된다.

② **상호배타적 투자안** : 투자안들이 상호배타적이라 함은 특정 투자안을 실행하는 경우 배타적인 다른 투자안은 실행될 수 없음을 의미한다. 이러한 경우에는 상호배타적인 투자안들 중에서 가장 우월한 투자안만을 실행하는 의사결정을 하면 된다.

(2) 투자안의 경제성 분석

① 순현재가치법(Net Present Value Method)
화폐의 시간가치를 고려하여 현금의 순흐름(현금유입 – 현금유출)을 현재가치로 할인한 금액을 기준으로 투자안을 평가하는 방법이다. 따라서 순현재가치법에 의한 투자의사결정은 순현재가치가 0보다 큰 투자안에 투자하도록 의사결정을 내리게 된다. 또한, 순현재가치법은 가치가산의 원리가 성립한다.

② 내부수익률법(Internal Rate of Return)
순현재가치가 0이 되게 하는 수익률을 의미한다. 할인율과 현재가치는 반비례의 관계에 있으므로 할인율이 커질수록 순현재가치는 감소하게 된다. 투자의사결정은 내부수익률과 적절한 할인율을 비교한다. 내부수익률이 적절한 할인율보다 크다면 순현재가치가 0보다 크다는 것을 의미하기 때문에 해당 투자안을 채택하면 기업의 가치가 증가하게 된다.

③ 수익성지수법(Profitability Index Method)
투자로부터 발생하는 현금흐름의 현재가치를 투하자본으로 나눈 값인 수익성지수를 구하여, 수익성지수가 1보다 큰 투자안은 채택하고 1보다 작은 투자안은 기각한다.

④ 회계적이익률법(Accounting Rate of Return Method)
평균이익률법(Average Rate of Return Method)이라고도 하는데, 회계적이익률은 연평균순이익을 연평균투자액으로 나눈 것이다. 따라서 단일 투자안의 회계적이익률이 기업이 미리 선정한 목표이익률보다 높으면 채택하고 다수 투자안의 경우에는 회계적 이익률이 큰 것을 먼저 선택하게 된다. 그러나 이 방법은 화폐의 시간가치를 고려하고 있지 못하고 투자안의 평가를 현금흐름에 의하지 않는다는 문제점을 가진다.

⑤ 회수기간법(Payback Period Method)
투자에 소요되는 자금이 짧은 기간에 그 투자안의 현금흐름으로 회수할 수 있는 투자안을 선택하는 방법이다. 단일 투자안은 기업이 미리 설정한 최장의 회수기간보다 실제 투자안의 회수기간이 짧으면 선택하게 된다. 그러나 이러한 방법은 화폐의 시간가치를 고려하지 못하고 회수기간 이후의 현금흐름을 무시하고 있다는 문제점을 가진다.

2. 위험과 포트폴리오 이론

(1) 위험(Risk)

미래에 나올 결과가 하나로 고정되어 있지 않고 상황에 따라 두 가지 이상의 결과가 가능한 상태를 의미한다. 특히, 재무관리에서 위험은 미래의 수익 또는 미래의 수익률에 대한 변동가능성을 의미한다. 미래의 실제 수익률과 현재 기대하고 있는 미래의 수익률이 다른 정도를 측정함으로써 위험을 측정하게 되는데, 위험을 측정하는 대표적인 방법은 **분산(Variance) 또는 표준편차(Standard Deviation)를 이용**하는 것이다. 이러한 위험은 체계적 위험과 비체계적 위험으로 구분할 수 있다.

① 체계적 위험(Systematic Risk)
분산투자로 인해 제거되지 않는 위험을 말한다. 따라서 **분산불가능위험**이라고도 하며, 이는 시장의 전반적인 상황과 관련하여 인플레이션이나 이자율의 변화 등과 관련된

요인으로 인해 발생하는 위험이기 때문에 **시장위험(Market Risk)** 또는 **베타 위험(Beta Risk)**이라고도 한다.

② **비체계적 위험(Unsystematic Risk)**

분산투자를 통해서 제거가 가능한 위험을 의미한다. 따라서 **분산가능위험**이라고도 하며, 이는 기업의 특수한 상황과 관련하여 종업원의 파업, 법적 문제, 판매의 부진 등과 같은 요인으로 인해 발생하는 위험이기 때문에 **기업 고유의 위험(Firm-Specific Risk)**이라고도 한다.

(2) 포트폴리오(Portfolio) 이론

① **의의**

포트폴리오 이론은 **위험자산만 존재하는 상태에서 포트폴리오를 구성하여 투자하는 경우의 최적선택과정을 설명하는 이론**이다. 여기서 포트폴리오는 분산투자시 분산투자의 대상이 되는 자산의 조합을 말한다. 이 이론은 마코위츠 모형 또는 완전공분산모형이라고도 하는데, 다음과 같은 **가정**을 가지고 있다.

- 모든 투자자는 위험회피형이며 기대효용이 극대화되도록 투자한다.
- 모든 투자자는 평균−분산 기준에 따라 투자한다.
- 모든 투자자는 자산의 미래 수익률분포에 대하여 동질적으로 기대한다.
- 투자기간은 단일 기간이다.

② **포트폴리오의 기대수익률과 위험**

- **포트폴리오의 기대수익률** : $E(R_p) = w_1 E(R_1) + w_2 E(R_2)$
- **포트폴리오의 위험** : $V(R_p) = w_1^2 \sigma_1^2 + w_2^2 \sigma_2^2 + 2w_1 w_2 \sigma_{12}$

③ **공분산**

공분산(σ_{12})은 **두 주식 수익률의 평균적인 움직임에 대한 방향**을 나타낸다. 즉, 공분산이 (+)이면 두 주식의 수익률이 기대수익률을 중심으로 같은 방향으로 움직인다는 것을 의미하고, (−)이면 기대수익률을 중심으로 반대방향으로 움직인다는 것을 의미한다. 또한, 공분산이 0이면 두 주식의 수익률이 서로 상관없이 독립적으로 움직인다는 것을 의미한다. 그러나 공분산은 변수의 변화방향만 보여줄 뿐 측정단위에 따라서 그 크기가 달라지기 때문에 그 이상의 의미를 보여주지는 못한다. 따라서 두 변수가 변화하는 정도의 크기까지 보여주기 위해서 두 자산의 상관관계를 정확히 나타내는 척도가 필요한데 이를 상관계수($-1 \le \rho \le 1$)라고 한다.

④ **포트폴리오의 위험과 기대수익률 간의 관계**

- **상관계수가 +1인 경우** : 포트폴리오의 위험은 그 표준편차와 완전한 양(+)의 선형관계를 가지기 때문에 위험감소효과가 없다.
- **상관계수가 −1인 경우** : 포트폴리오의 위험은 그 표준편차와 절편은 동일하지만 기울기가 반대인 선형관계를 가지기 때문에 **위험감소효과가 최대**이다.
- **상관계수가 −1보다 크고 +1보다 작은 경우** : 위험감소효과가 존재한다. 다만, 현실적으로 대부분의 주식들이 이자율이나 인플레이션 등 시장 전반적인 경기변동에 대해서 같은 영향을 받기 때문에 개별주식 수익률 간의 상관계수는 0에서 1사이의 값을 가진다.

⑤ **포트폴리오의 위험분산효과**

포트폴리오의 기대수익률은 투자비율만 일정하면 상관계수와 관계없이 일정하다. 그러나 포트폴리오의 위험은 투자비율이 일정하더라도 주식 수익률 간의 상관계수에 따라 달라진다. 상관계수가 +1이 아닌 주식으로 포트폴리오를 구성하면 기대수익률은 일정한 상태에서 위험만 줄일 수 있게 되는데 이것을 **포트폴리오 효과 또는 위험분산효과**라고 한다. 다른 조건이 동일하다면 상관계수가 작은 주식으로 포트폴리오를 구성할수록 위험분산효과는 커진다. 또한, **포트폴리오를 구성하는 주식수가 증가할수록 위험은 감소한다.**

3. 자본자산가격결정모형(CAPM ; Capital Asset Pricing Model)

(1) 의의

균형시장상태에서 자본자산의 가격(기대수익)과 위험과의 관계를 살펴보는 모형이다. 이러한 자본자산가격결정모형은 다음과 같은 가정을 가지고 있다.

① 투자자들은 모두 **위험회피형**이며, **기대효용 극대화**를 추구한다.
② **기대수익-위험**, 즉 **평균-분산 기준**을 고려하여 포트폴리오를 선택한다.
③ 자본과 정보의 흐름에 마찰이 없고, 제도적 장애요인도 없다. 즉, 완전자본시장을 가정하기 때문에 세금과 거래비용이 존재하지 않는다.
④ 투자기간은 **단일 기간**으로 본다.
⑤ **무위험자산이 존재**하고 동일한 **무위험이자율**이 적용된다. 즉, 무위험이자율로 무제한 차입 또는 대출이 가능하다.
⑥ 모든 투자자는 투자대상의 미래 수익률의 확률분포에 대하여 **동질적인 예측**을 한다.

(2) 자본시장선과 증권시장선

자본시장선과 증권시장선은 기본적으로 자산의 기대수익률과 자산의 위험 간의 합리적 관계를 설명한다는 점에서 공통점을 갖는다. 두 모형은 자산의 기대수익률이 해당 자산의 체계적 위험에 비례하여 증가한다는 점을 설명하여 주지만 이러한 관계를 적용할 수 있는 대상에 있어서는 큰 차이가 있다.

① **자본시장선(CML ; Capital Market Line)**
   시장포트폴리오와 무위험자산으로 구성되는 효율적 포트폴리오에만 적용할 수 있는 모형이고, 주식이 효율적인지 아닌지를 판단하는 척도가 되기 때문에 **자본시장선 선상에 있는 주식은 효율적**이고 그 **아래는 비효율적**이다.
② **증권시장선(SML ; Stock Market Line)**
   개별자산 또는 포트폴리오의 시장위험에 대한 위험프리미엄의 균형점들을 연결해 놓은 선이다. 증권시장선을 이용하여 특정 주식의 균형기대수익률은 '**무위험이자율 + (시장포트폴리오 기대수익률 - 무위험이자율) × 특정 주식의 베타**'로 구하고, 그 자산이 효율적인 포토폴리오인지 아닌지에 상관없이 모든 자산에 적용할 수 있다. 또한, 증권시장선은 주식이 균형인지 불균형인지를 판단하는 척도이기 때문에 주식이 증권시장선 위에 있으면 **과소평가된 주식**이고 증권시장선 아래에 있으면 **과대평가된 주식**이다.

(3) 베타(β)

시장포트폴리오의 위험, 즉 시장전체의 위험을 1로 보았을 때 개별주식이 가지는 체계적 위험의 크기 또는 시장수익률의 변동에 대한 개별주식 수익률의 민감도를 의미하고, 베타(β)가 1보나 크면 공격적 자산이고 베타가 1보다 작으면 방어적 자산이다. 또한, 베타(β)는 음의 값을 가질 수 있다. 음의 값을 가진다는 것은 베타가 상승할수록 수익률이 하락하는 경우를 의미하는데 대표적인 경우가 보험자산의 경우이다. 그리고 **시장포트폴리오의 베타(β)는 1이다.**

$$\beta_i = \frac{\text{주식 } i \text{의 수익률과 시장수익률과의 공분산}}{\text{시장수익률의 분산}} = \frac{\sigma_{im}}{\sigma_m^2}$$

시험문제 미리보기

자본예산기법 중 순현재가치법과 내부수익률법에 대한 다음 설명 중 가장 적절하지 않은 것은?

① 내부수익률법은 복리계산을 하지 않으므로 순현재가치법보다 열등하다.

② 내부수익률법은 현금이 내부수익률에 의해 재투자된다고 가정한다.

③ 특정 투자안의 수락 타당성에 대해 두 방법은 일반적으로 같은 결론을 제공한다.

④ 순현재가치법은 분석 시점에 초기 투자액이 없는 경우에도 사용할 수 있다.

⑤ 순현재가치법과 내부수익률법은 할인모형이다.

정답   ①

해설   내부수익률법과 순현재가치법은 복리계산을 적용한다.

파생상품	옵션, 스왑, 선물
재무비율 분석	수익성 분석, 성장성 분석, 활동성 분석, 안정성 분석

01 파생상품 ★★

1. 옵션(Option)

(1) 의의

미리 정해진 조건에 따라 일정한 기간 내에 상품이나 유가증권 등의 특정자산을 사거나 팔 수 있는 권리를 말하며 이를 매매하는 것을 옵션거래라고 한다. 이러한 옵션과 관련된 용어는 다음과 같다.

① **기초자산** : 옵션거래의 대상이 되는 자산으로 현물과 선물로 구분된다.
② **행사가격** : 옵션매입자가 권리를 행사할 경우 기초자산의 매입 또는 매도를 위한 가격을 말한다.
③ **만기** : 옵션의 권리를 행사할 수 있는 기간을 말하고, 옵션의 권리를 행사할 수 있는 기간의 마지막 날을 만기일이라고 한다.
④ **옵션 프리미엄** : 옵션매입자의 권리행사에 대한 의무이행대가로 옵션매입자가 옵션매도자에게 지불하는 금액을 말한다.

(2) 유형

① **콜 옵션(Call Option)과 풋 옵션(Put Option)**
옵션은 **특정자산을 살 수 있는 권리가 부여된 콜옵션**과 **특정자산을 팔 수 있는 권리가 부여된 풋옵션**으로 분류된다. 옵션계약에서 정하는 특정자산을 사거나 팔 수 있는 권리는 옵션을 발행하는 자가 이를 매수하는 자에게 부여하고 옵션소유자는 일정 기간 동안 옵션계약에 명시된 사항을 옵션발행자에게 이행토록 요구하거나 또는 요구하지 않아도 되는 조건부청구권을 가지게 된다.
② **유럽형 옵션과 미국형 옵션**
• 유럽형 옵션 : 권리행사가능일을 만료일 당일 하루만으로 한정하는 옵션으로 계약된 만기일이 되어야만 행시할 수 있는 옵션이다.
• 미국형 옵션 : 만기일 이전에 언제든지 권리를 행사할 수 있는 옵션

핵심 Plus

옵션

옵션매입을 Long Position이라고 하고, 옵션매도를 Short Position이라고 한다.

2. 스왑(Swap)

(1) 의의

계약조건 등에 따라 일정 시점에 자금교환을 통해서 이루어지는 금융기법을 말한다. 이러한 거래를 스왑 거래라고 하는데 스왑 거래는 사전에 정해진 가격, 기간에 둘 이상의 당사자가 보다 유리하게 자금을 조달하기 위해 서로 부채를 교환하여 위험을 피하려는 금융기법이다. 스왑 거래의 종류로는 금리스왑, 통화스왑 등이 있다.

(2) 스왑과 선도거래의 차이

스왑은 장외시장에서 거래되고 당사자 간 합의에 의한 계약이라는 관점에서 선도거래와 유사하지만, 선도거래는 만기에 한 번 결제하고 스왑은 미리 정해진 약정 기간마다 결제하는 차이점이 있다. 따라서 스왑은 각 **약정일을 만기일로 하는 여러 개의 선도거래로 구성된 포트폴리오**라고 할 수 있다.

3. 선물(Futures)

(1) 의의

상품이나 금융자산을 미리 결정된 가격으로 미래 일정시점에 인수도할 것을 약속하는 거래를 말한다. 선물의 거래방식은 매매시점, 대금결제, 물건의 인수도 시점에 따라 다른 양식의 거래와 차이가 있다.

- 현물거래 : 매매(가격/거래조건의 결정), 대금결제, 물건의 인수도가 동시에 이루어진다.
- 신용거래(외상거래) : 매매, 물건의 인수도는 동시에 이루어지지만 대금결제는 나중에 이루어진다.
- 선급거래 : 매매와 대금결제가 동시에 이루어지지만 물건의 인수도는 나중에 이루어진다.
- 선물거래 : 매매가 이루어진 후 일정시점이 지나야 대금결제와 물건의 인수도가 동시에 이루어진다.

(2) 선물거래와 선도거래

선물거래와 선도거래는 동일한 거래방식을 가지고 있는데, **선물거래는 거래소 내에서 거래할 수 있는 반면에 선도거래는 거래소 밖에서 이루어진다는 차이**가 있다.

구 분	선물거래	선도거래
시장형태	조직화된 시장(거래소)	비조직적 시장(장외시장)
거래방법	공개호가방식	당사자 간의 직접 계약
거래조건	표준화	당사자 간의 합의
이행보증	거래소가 이행을 보증	당사자의 신용에 좌우
결제방법	일일정산	만기일에 한 번 결제

파생상품에 대한 다음 설명 중 가장 적절하지 않은 것은?

① 풋옵션은 기초자산을 살 수 있는 권리가 부여된 옵션이다.
② 콜옵션은 기초자산 가격이 높을수록 유리하다.
③ 풋옵션은 행사가격이 높을수록 유리하다.
④ 유럽형 옵션은 만기일에만 권리행사가 가능하다.
⑤ 선물은 상품이나 금융자산을 미리 결정된 가격으로 미래 일정시점에 인수도할 것을 약속하는 거래를 말한다.

정답 ①

해설 풋옵션은 기초자산을 팔 수 있는 권리가 부여된 옵션이다. 기초자산을 살 수 있는 권리가 부여된 옵션은 콜옵션이다.

02 재무비율 분석 ★★★

1. 수익성비율

(1) 의의

수익성비율은 **투자한 자본을 이용하여 일정 기간 동안 얼마만큼의 성과를 내었는가를 측정하는 비율**을 의미한다. 즉 **기업의 이익창출능력을 분석하기 위해 이용하는 비율**이며, 주로 매출액 또는 자본에 대한 이익의 비율로 측정한다. 수익성은 과거 또는 비교기업 대비 높을수록 좋으며, 이익의 절대적인 크기보다는 단위당 이익을 나타내는 효율성 지표의 성격을 갖는다.

(2) 재무비율

① 매출액영업이익률 = (영업이익/매출액) × 100%
② 매출액순이익률 = (당기순이익/매출액) × 100%
③ 자기자본이익률(ROE) = (순이익/평균자기자본) × 100%
④ 총자본(총자산)순이익률(ROA) = (순이익/매출액) × (매출액/총자본) × 100%
= (순이익/총자본) × 100%
= 매출액순이익률 × 총자본회전율

2. 성장성비율

(1) 의의

성장성비율이란 **기업의 매출액이나 자산규모가 전년 대비, 동기 대비, 추세 대비 얼마나 증가 또는 감소하였는가를 측정하는 비율**을 의미한다. 즉 기업의 규모나 경영성과가 이전에 비해 얼마나 성장했는지를 분석하기 위해 이용하는 비율이며, 주로 전기 대비 당기의 증가율로 측정한다. 성장성은 기업의 수익성과 함께 기업가치결정에 가장 많은 영향을 미치는 지표이고, 성장성이 높을수록 좋다.

(2) 재무비율

  ① 매출액증가율 = (당기매출액/전기매출액) × 100% − 1
  ② 순이익증가율 = (당기순이익/전기순이익) × 100% − 1
  ③ 총자산증가율 = (당기총자산/전기총자산) × 100% − 1

3. 활동성비율

(1) 의의

활동성비율이란 기업에 투자된 자본을 얼마나 효율적으로 사용하였는가를 측정하는 비율을 의미한다. 즉 기업이 보유하는 자산 활용의 효율성을 분석하기 위해 이용하는 비율이며, 주로 매출액을 관련 자산금액 또는 부채금액으로 나눈 회전율을 이용하여 측정한다. 활동성은 투자된 자본이 1년에 몇 번 회전하였는가를 나타내는 것으로 회전율이 높다는 것은 그만큼 효율성이 높다는 의미이다.

(2) 재무비율

  ① 총자본(총자산)회전율 = 매출액(또는 매출원가)/총자본(또는 총자산)
  ② 매출채권회전율 = 매출액(또는 매출원가)/매출채권
  ③ 재고자산회전율 = 매출액(또는 매출원가)/재고자산

4. 유동성비율

(1) 의의

유동성비율이란 기업의 단기채무 지급능력을 분석하기 위해 이용하는 비율이며, 주로 단기채무의 지급을 위해 단기간 내에 현금화 가능한 자산의 보유정도를 측정하는 비율이다.

(2) 재무비율

  ① 유동비율 = (유동자산/유동부채) × 100%
  ② 당좌비율 = (당좌자산/유동부채) × 100%
       = [(유동자산 − 재고자산)/유동부채] × 100%

5. 안정성비율

(1) 의의

안정성비율(레버리지비율)이란 기업의 장기적인 재무적 안정성을 분석하기 위해 이용하는 비율이며, 주로 타인자본인 부채와 자기자본인 자본의 구성을 나타내는 비율이다. 유동성비율과 안정성비율을 합쳐 안전성비율이라고도 한다.

(2) 재무비율

  ① 부채비율 = (부채/자기자본) × 100%
  ② 자기자본비율 = (자기자본/총자산) × 100%
  ③ 이자보상비율 = (영업이익/이자비용) × 100%

6. 시장가치비율

(1) 의의

시장가치비율이란 기업에 대한 시장에서의 가치평가를 분석하기 위해 이용하는 비율이며, 주로 주식의 시장가치인 주가와 관련된 다른 항목 간의 비율로 측정한다.

(2) 재무비율

　① 주가수익비율(PER) = 주가/주당순이익
　② 주가 대 장부가치비율(PBR) = 주가/주당장부가치

시험문제 미리보기

다음 재무비율 중 성장성 분석에 사용되는 재무비율로 가장 적절한 것은?

① 유동성비율　　　　　　　　② 매출액증가율
③ 총자본회전율　　　　　　　④ 매출액순이익율
⑤ 이자보상배율

정답　②

해설　성장성 분석에 사용되는 재무비율은 매출액증가율이다. 유동성비율과 이자보상배율은 안정성 분석에 사용되는 재무비율이고, 총자본회전율은 활동성 분석에 사용되는 재무비율이며, 매출액순이익율은 수익성 분석에 사용되는 재무비율이다.

fn.Hackers.com

금융 · 자격증 전문 교육기관 **해커스금융**

출제예상문제

★★
01 재무관리의 목표에 대한 다음 설명 중 가장 적절하지 않은 것은?

① 주식가치의 극대화와 기업가치의 극대화는 동일한 개념으로 볼 수 있다.
② 재무활동을 수행함에 있어서 의사결정의 기준은 기업목표의 달성이다.
③ 기업의 가치는 자기자본의 가치와 타인자본의 가치를 합한 것이다.
④ 자기자본의 가치가 극대화되면 기업의 가치도 극대화된다.
⑤ 일반적으로 주식가치의 극대화는 이해관계자 집단의 이해와 상충된다.

★★
02 미래의 일정금액을 현재 시점에서의 가치로 환산하는 것을 의미하는 것으로 가장 적절한 것은?

① 할인　　　　② 유동성 선호　　　　③ 자본예산　　　　④ 현금흐름　　　　⑤ 복리

★★
03 자본조달방법을 직접금융을 통한 자본조달과 간접금융을 통한 자본조달로 구분할 때 그 성격이 동일한 것끼리 짝지어진 것으로 가장 적절한 것은?

<보기>
A. 보통주의 발행	B. 은행차입	C. 매입채무
D. 우선주의 발행	E. 회사채의 발행	F. 기업어음의 할인

① A, B, C　　　　② A, D, F　　　　③ B, C, D　　　　④ B, C, E　　　　⑤ B, C, F

04 ㈜H의 자기자본 시장가치와 타인자본 시장가치는 각각 5억 원이다. 자기자본비용은 16%이고, 세전타인자본비용은 12%이다. 법인세율이 50%일 때 ㈜H의 가중평균자본비용(WACC)은?

① 6% ② 8% ③ 11% ④ 13% ⑤ 15%

최우수

05 투자안의 경제성 평가방법에 관한 설명으로 적절한 것은?

① 회수기간법은 회수기간 이후의 현금흐름을 고려한다.
② 회계적이익률법은 화폐의 시간적 가치를 고려한다.
③ 수익성지수법에 의하면 수익성지수는 투자비/현금유입액의 현재가치이다.
④ 순현재가치법에 의하면 순현재가치는 현금유입액의 현재가치에 투자비를 더한 것이다.
⑤ 내부수익률법에 의하면 개별 투자안의 경우 내부수익률이 자본비용보다 커야 경제성이 있다.

정답 및 해설

01 ⑤
일반적으로 주식가치의 극대화는 이해관계자 집단의 이해와 상충되지 않는다.

02 ①
미래의 일정금액을 현재 시점에서의 가치로 환산하는 것을 할인이라고 한다.

03 ⑤
직접금융을 통한 자본조달에는 보통주, 우선주, 회사채, 기업어음 등의 발행이 있고, 간접금융을 통한 자본조달에는 은행차입, 매입채무, 기업어음의 할인 등이 있다.

04 ③
가중평균자본비용은 16%×0.5+12%(1-50%)×0.5=11%이다. 문제에서 세전타인자본비용을 주었기 때문에 법인세율을 반영하여 세후타인자본비용을 구하여 가중평균자본비용을 계산하여야 한다.

05 ⑤

오답노트
① 회수기간법은 회수기간 이후의 현금흐름을 무시하고 있다.
② 회계적이익률법은 화폐의 시간적 가치를 고려하지 않는다.
③ 수익성지수법에 의하면 수익성지수는 현금유입액/투자비의 현재가치이다.
④ 순현재가치법에 의하면 순현재가치는 현금유입액의 현재가치에 투자비를 뺀 것이다.

06 체계적 위험과 비체계적 위험에 대한 다음 설명 중 가장 적절하지 않은 것은?

① 완전한 위험 소멸이란 존재하지 않는다.

② 비체계적 위험이란 시장의 전반적인 사건과 관계가 없는 위험이다.

③ 체계적 위험이란 거시경제변수에 기인하여 모든 위험자산에 영향을 미치는 변동성을 의미한다.

④ 비체계적 위험에 있어 각 자산의 고유변동성은 포트폴리오에 포함되어 있는 다른 자산의 고유변동성에 의해 영향을 받지 않는다.

⑤ 분산투자가 가능한 상황에서는 일반적으로 체계적 위험을 고려하여 투자한다.

07 포트폴리오 분산투자의 효과에 대한 다음 내용 중 가장 적절한 것은?

① 분산투자로 인해 포트폴리오의 기대수익률은 줄어들게 된다.

② 10종류 이상의 주식을 구입하기 전에는 분산투자효과가 거의 없다.

③ 완전한 분산투자는 모든 위험을 제거한다.

④ 양(+)의 상관계수를 가지는 주식들 사이에는 분산투자효과가 없다.

⑤ 포트폴리오에 포함된 주식의 종류가 많을수록 총위험은 줄어든다.

08 자본자산가격결정모형(CAPM)의 가정으로 가장 적절하지 않은 것은?

① 세금과 거래비용이 존재한다.

② 투자기간은 단일 기간이다.

③ 모든 투자자는 투자대상의 미래 수익률의 확률분포에 대하여 동질적인 예측을 한다.

④ 무위험이자율로 무제한 차입 또는 대출이 가능하다.

⑤ 투자자들은 모두 위험회피형이다.

자본자산가격결정모형(CAPM)에 관한 설명으로 적절한 것을 모두 고른 것은?

<보기>

A. 증권시장선(SML)은 위험자산의 총위험과 기대수익률 간의 선형적인 관계를 나타낸다.
B. 증권시장선의 균형기대수익률보다 낮은 수익률이 기대되는 자산은 과대평가된 자산이다.
C. 무위험자산의 베타는 0이다.
D. 증권시장선에 위치한 위험자산과 시장포트폴리오 간의 상관계수는 항상 1이다.

① A, B
② B, C
③ A, B, C
④ A, C, D
⑤ A, B, C, D

정답 및 해설

06 ④
비체계적 위험에 있어 각 자산의 고유변동성은 포트폴리오에 포함되어 있는 다른 자산의 고유변동성에 의해 영향을 받는다. 이러한 이유에서 비체계적 위험은 분산투자를 통해 제거할 수 있는 위험이 된다.

07 ⑤
오답노트
① 분산투자로 인해 포트폴리오의 기대수익률은 동일하지만, 위험은 낮아진다.
② 상관관계가 1이 아닌 주식은 2종류 이상의 주식만 구입하여도 분산투자효과가 나타난다.
③ 완전한 분산투자는 비체계적 위험을 제거하지만, 체계적 위험(시장위험)은 분산투자를 통해 제거되지 않는 위험이다.
④ 상관계수가 1이 아닌 이상 주식들 사이에는 분산투자효과가 존재한다.

08 ①
자본자산가격결정모형(CAPM)은 세금과 거래비용이 존재하지 않는다고 가정한다.
오답노트
자본자산가격결정모형의 가정은 다음과 같다.
• 투자자들은 모두 위험회피형이며, 기대효용 극대화를 추구한다.
• 기대수익-위험, 즉 평균-분산 기준을 고려하여 포트폴리오를 선택한다.
• 자본과 정보의 흐름에 마찰이 없고, 제도적 장애요인도 없다. 즉 완전자본시장을 가정한다.
• 투자기간은 단일 기간으로 본다.
• 무위험자산이 존재하고 동일한 무위험이자율이 적용된다. 즉 무위험이자율로 무제한 차입 또는 대출이 가능하다.
• 모든 투자자는 투자대상의 미래 수익률의 확률분포에 대하여 동질적인 예측을 한다.

09 ②
오답노트
A. 증권시장선(SML)은 위험자산의 체계적 위험과 기대수익률 간의 선형적인 관계를 나타낸다.
D. 자본시장선에 위치한 위험자산과 시장포트폴리오 간의 상관계수는 항상 1이다.

10 무위험이자율이 5%이고, 시장포트폴리오의 기대수익률이 10%이며, A주식의 베타가 1.2인 경우에 증권시장선 (SML)을 이용하여 A주식의 균형기대수익률을 구한 값은?

① 5% ② 7% ③ 9% ④ 11% ⑤ 13%

11 다음과 같은 종목으로 구성된 포트폴리오의 베타(β) 값으로 가장 적절한 것은?

종 목	베타(β)	투자액
A	0.8	20,000,000원
B	1.6	40,000,000원
C	1.2	40,000,000원

① 1.24 ② 1.28 ③ 1.32 ④ 1.36 ⑤ 1.40

12 옵션에 관한 설명으로 가장 적절하지 않은 것은?

① 옵션이란 약정된 기간 동안에 미리 정해진 가격으로 약정된 증권이나 상품 등을 사거나 팔 수 있는 권리이다.
② 유럽형 옵션은 만기일에만 권리를 행사할 수 있다.
③ 미국형 옵션은 만기일 이전에도 권리를 행사할 수 있다.
④ 콜옵션은 약정된 증권이나 상품 등을 팔 수 있는 권리이다.
⑤ 옵션의 가격을 옵션 프리미엄이라고 한다.

13 ㈜H의 주식을 기초자산으로 하며, 만기가 1개월이고 행사가격이 10,000원인 유럽형 콜옵션이 있다. 이 옵션의 만기일에 ㈜H의 주가가 12,000원인 경우 만기일의 옵션 가치는?

① −2,000원　　　② 0원　　　③ 2,000원　　　④ 10,000원　　　⑤ 12,000원

정답 및 해설

10 ④
증권시장선은 개별자산 또는 포트폴리오의 시장위험에 대한 위험프리미엄의 균형점들을 연결해 놓은 선이다. 증권시장선을 이용하여 특정 주식의 균형기대수익률은 '무위험이자율 + (시장포트폴리오 기대수익률 − 무위험이자율) × 특정 주식의 베타'로 구한다. 따라서 A 주식의 균형기대수익률은 '5% + (10% − 5%) × 1.2 = 11%'이다.

11 ②
$0.8 \times 0.2 + 1.6 \times 0.4 + 1.2 \times 0.4 = 1.28$

12 ④
콜옵션은 특정한 기초자산을 만기일이나 만기일 이전에 미리 정한 행사가격으로 살 수 있는 권리를 말하고, 풋옵션은 특정한 기초자산을 장래의 특정 시기에 미리 정한 가격으로 팔 수 있는 권리를 말한다.

13 ③
유럽형 옵션은 권리행사가능일을 만료일 당일 하루만으로 한정하는 옵션으로 계약된 만기일이 되어야만 행사할 수 있는 옵션이다. 이에 반해 미국형 옵션은 만기일 이전에 언제든지 권리를 행사할 수 있는 옵션이다. 따라서 유럽형 콜옵션의 가치는 주가에서 행사가격을 차감한 것이 되기 때문에 2,000원이다.

14 선도거래에 대한 설명으로 적절한 것을 모두 고른 것은?

<보기>
A. 계약조건이 표준화되어 있다.
B. 장외시장에서 거래가 이루어진다.
C. 만기일에 결제가 이루어진다.
D. 청산소에 의해 일일정산이 이루어진다.
E. 거래상대방의 신용리스크가 직접적으로 노출된다.

① A, B, C
② A, C, D
③ B, C, D
④ B, C, E
⑤ C, D, E

15 기업의 지속가능성장에 대한 다음 설명 중 가장 적절하지 않은 것은?

① 매출이익률이 증가하면 회사가 내부에서 자금을 조달할 수 있는 능력이 증가한다.
② 회사의 총자산회전율이 증가하면 자산 1단위당 발생하는 매출액이 감소한다.
③ 부채비율이 증가하면 회사의 재무레버리지는 증가한다.
④ 순이익 중 배당으로 지급되는 비율이 감소하면 유보율은 증가한다.
⑤ 유동부채가 증가하면 유동성비율이 감소한다.

16 기업의 자산총계가 1,000,000원이고, 자기자본의 총계가 500,000원일 때 해당 기업의 부채비율로 가장 적절한 것은?

① 50%
② 100%
③ 150%
④ 200%
⑤ 250%

17 A기업의 현재 주가는 10,000원이고, 주당순이익은 200원이다. A기업의 주가수익비율로 가장 적절한 것은?

① 0.02　　　　② 0.80　　　　③ 1.25　　　　④ 50　　　　⑤ 100

18 주가수익비율에 대한 다음 설명 중 적절한 것끼리 짝지어진 것은?

> ───〈보기〉───
> A. 다른 조건이 일정하고 주가가 상승하면 PER는 감소한다.
> B. 다른 조건이 일정하고 주당순이익이 증가하면 PER는 감소한다.
> C. 성장이 크게 예상될수록 PER는 증가한다.
> D. 기업가치가 증가하면 PER는 감소한다.

① A, B　　　　② A, C　　　　③ A, D　　　　④ B, C　　　　⑤ B, D

정답 및 해설

14 ④
선물거래와 선도거래는 동일한 거래방식을 가지고 있는데, 선물거래는 거래소 내에서 거래할 수 있는 반면 선도거래는 거래소 밖에서 이루어진다는 차이가 있다. 따라서 A와 D는 선물거래에 해당하고, 나머지는 선도거래에 해당한다.

15 ②
회사의 총자산회전율이 증가하면 자산 1단위당 발생하는 매출액이 증가한다.

16 ②
부채비율은 부채총계를 자기자본총계로 나누어 계산한다. 따라서 부채비율은 '(자산총계 − 자기자본총계)/자기자본총계'로 계산한 100%이다.

17 ④
주가수익비율은 주식가격을 주당순이익으로 나누어서 계산한다. 따라서 A기업의 주가수익비율은 50이다.

18 ④
주가수익비율은 주식가격을 주당순이익으로 나누어서 계산한다. 따라서 기업가치가 증가하게 되면 주가가 상승하기 때문에 PER는 증가한다.

해커스 매경TEST 2주 완성

금융 · 자격증 전문 교육기관 **해커스금융**
fn.Hackers.com

시사용어

250선

시사용어 250선

01 3C

고객(Customer), 경쟁기업(Competitor) 및 자사(Company)

02 3D프린팅

프린터로 평면에 문자나 그림을 인쇄하는 것이 아니라 입체도형을 찍는 것

03 4P

제품(Product), 가격(Price), 유통(Place), 촉진(Promotion)

04 6시그마 (Six Sigma)

1987년 모토로라에 근무하던 마이켈 해리(Mikel Harry)에 의해 창안된 품질경영 혁신기법으로 실제 업무상 실현될 수 있는 가장 낮은 수준의 불량

05 AEC (아세안경제공동체)

2015년 12월 말 출범한 아세안(동남아국가연합) 10개국의 경제공동체

06 BCG매트릭스

보스톤 컨설팅 그룹(Boston Consulting Group)이 고안한 사업 포트폴리오 분석의 한 방법인 포트폴리오 매트릭스를 이용하는 방법으로, 점유율과 성장성을 기준으로 구분하여 4가지로 분류함

07 CeBIT (Center for Bureau, Information, Telecommunication)

독일 하노버에서 매년 개최되는 세계 규모의 정보 통신 기술 전시회

08 CES (The International Consumer Electronics Show) ✿

미국 라스베이거스에서 매년 개최되는 세계 최대의 전자제품 전시회

09 CSR (Corporate Social Responsibility)

기업의 사회적 책임을 의미하며 기업 활동에 영향을 받거나 영향을 주는 직·간접적 이해 당사자에 대해 법적, 경제적, 윤리적 책임을 감당하는 경영 기법

10 DSR (Debt Service Ratio) ✿

개인이 받은 전체 금융부채의 원리금 상환액을 연소득으로 나눈 비율로, 주택담보대출, 신용대출, 카드론 등 모든 대출이 포함됨. DSR을 낮추면 대출이 억제되어 부동산 시장의 수요를 감소시키므로 가격 안정에 도움이 됨

11 ESG경영 ✿

ESG는 기업의 비재무적 요소인 환경(Environment), 사회(Social), 지배구조(Governance)를 뜻하는 것으로, 기업이 환경보호 및 사회공헌 활동을 하며 법과 윤리를 준수하는 경영을 말함

12 ETF (Exchange-Traded Fund)

KOSPI200이나 특정자산을 추종하도록 설계된 상장지수펀드. 해당 주가지수에 편입된 주식의 바스켓(10개 이상의 주식 조합)과 펀드를 동일하게 구성하며, 거래소에 상장해 주식처럼 매매가 가능함

13 FDI (Foreign Direct Investment)

외국인이 다른 나라에 설립된 기존 사업체를 인수하거나 신규 사업체를 설립해 실질적인 영향력을 행사하는 투자로, 외국인직접투자라고도 함

14 G-STAR (Game Show & Trade, All-Round)

부산에서 매년 개최되는 국내 최대 규모의 국제게임전시회

15 IFA (Internationale Funkausstellung)

독일 베를린에서 매년 1주간의 일정으로 열리는 유럽 최대 디지털 오디오 비디오(AV) 멀티미디어 전시회. 전 세계 40여 개국 1,000여 개 업체들이 참가해 PDP·LCD TV, 홈시어터, 셋톱박스, MP3 플레이어, 노트 PC, 모바일기기 등을 전시하여 전 세계 전자제품 동향을 파악할 수 있음

16 IR (Investor Relations)

기업이 투자자들을 대상으로 기업에 대한 포괄적인 정보를 제공하는 홍보활동

17 IRP (Individual Retirement Pension)

근로자가 자신 명의의 계좌에 퇴직금을 적립해 바로 사용하지 않고 은퇴할 때까지 보관·운용할 수 있도록 한 개인형 퇴직연금

18 ITC (국제무역위원회) ✿

주로 정부보조금을 받거나 덤핑으로 미국에 수입된 상품이 자국 산업에 피해를 주었는지의 여부를 판정하는 일을 담당하는 미국 상무기구

19 MaaS (Mobility as a Service)

개별 이동수단을 소유하지 않고 서비스로 소비한다는 개념으로, 개인 교통수단은 물론 열차, 택시, 버스, 차량 공유, 자전거에 이르기까지 모든 교통수단의 정보를 통합해 서비스로 제공함

□ 20 MSCI지수

MSCI Barra가 작성해 발표하는 세계 주가지수로 전세계를 대상으로 투자하는 대형 펀드, 특히 미국계 펀드 운용의 주요 기준임

□ 21 MWC (Mobile World Congress)

전 세계 이동통신사와 휴대전화 제조사 및 장비업체의 연합기구인 GSMA(Global System For Mobile Communication Association)가 주최하는 세계 최대 규모의 이동·정보통신 산업 전시회

□ 22 NFC (Near Field Communication)

가까운 거리에서 다양한 무선 데이터를 교환할 수 있는 통신 기술

□ 23 O2O (Online to Oflilne) ★

온라인과 오프라인을 결합하는 현상

□ 24 OTT (Over-The-Top) ★

개방된 인터넷을 통하여 방송 프로그램, 영화 등 다양한 미디어 콘텐츠를 제공하는 서비스

□ 25 P2P대출

기존의 금융회사를 거치지 않고 온라인 플랫폼을 이용해 개인과 개인이 돈을 빌려주고 이자를 받는 새로운 방식으로 소셜론(Social Loan)이라고 불리며 서비스를 제공하는 플랫폼은 자금의 중개에 대한 수수료만 취할 뿐 대출금에 대한 납부를 보증할 의무를 지지 않음

□ 26 PB (Private Brand)

유통업체에서 제조업체 브랜드 대신 자체 브랜드를 붙여 판매하는 상품

□ 27 PIIGS

유로존에 속한 5개국(포르투갈, 아일랜드, 이탈리아, 그리스, 스페인)으로, 2007~2010년 재정적자 등으로 경제 위기를 겪었다는 공통점이 있음

□ 28 P플랜

법정관리와 워크아웃의 장점을 결합한 사전회생계획제도(Pre-Packaged Plan)의 줄임말로 법원이 강제 채무조정을 통해 해당 기업의 재무구조를 개선한 뒤 채권단이 필요한 자금을 지원하는 구조조정 방식

□ 29 RCEP

아세안 10개국과 한국, 호주, 뉴질랜드, 인도 등 16개국이 참여하는 중국 주도의 다자간 무역 협정으로. 미국 주도의 FTA에 맞서는 성격을 가짐

□ 30 RE100 (Renewable Energy 100%) ★

기업이 사용하는 전력 100%를 태양광, 풍력 등 재생에너지로 충당하겠다는 글로벌 캠페인

□ 31 REITs (Real Estate Investment Trusts)

투자자들로부터 자금을 모아 부동산이나 부동산 관련 자본·지분에 전문적으로 투자하여 발생한 이익을 투자자에게 배당하는 회사나 투자신탁

□ 32 SDR (특별인출권)

국제통화기금(IMF)이 국제금융시장에서 달러화와 금의 문제점 보완을 위해 1969년에 마련한 가상의 국제통화. IMF와 각국 정부·중앙은행 간 거래에 사용됨

□ 33 SPAC (Special Purpose Acquisition Company)

기업인수목적회사를 의미하며 비상장기업 인수합병을 목적으로 설립한 서류상 회사(Paper Company)

□ 34 STP

시장세분화(Segmentation), 목표시장선정(Targeting), 포지셔닝(Positioning)

□ 35 SWOT분석

내부환경이라는 관점에서 기업의 강점(S ; Strength)과 약점(W ; Weakness)에 대한 분석과 외부환경이라는 관점에서 기회(O ; Opportunity)와 위협(T ; Threat)에 대한 분석을 실시하여 현재 기업이 가지고 있는 자원과 역량을 분석하는 기술적 방법

□ 36 TRS (총수익스와프)

기초자산의 위험을 모두 이전하는 대가로 수수료를 받는 거래 방식을 말함. 자산운용사가 증권사에 증거금을 내고 자산을 매입해 손익을 이전받음

□ 37 T-커머스

TV 시청 중에 원하는 제품을 리모컨을 사용해 구매할 수 있는 서비스 및 TV 전자상거래

□ 38 Web 2.0

정보개방을 통해 인터넷 사용자들 간에 콘텐츠를 생산, 재창조, 공유함으로써 정보가치를 지속적으로 증대시키는 것을 목표로 하는 일련의 움직임

□ 39 가명정보

개인정보 일부를 삭제하거나 대체해 추가 정보 없이 개인을 알아볼 수 없도록 한 개인정보

□ 40 가상현실 (VR ; Virtual Reality) ★

어떤 특정한 상황이나 환경을 컴퓨터로 만들어 그것을 사용하는 사람이 실제와 같은 체험을 할 수 있도록 만들어 주는 인간과 컴퓨터 사이의 인터페이스

□ 41 가치주 (Value Stock)

현재가치에 비해 상대적으로 저평가돼 낮은 가격에 거래되는 주식. 가치주는 성장주에 비해 영업실적과 자산가치가 우수함

□ 42 개인종합자산관리계좌 (ISA ; Individual Savings Account)

하나의 계좌로 여러 상품에 투자할 수 있으며 총이익에서 총손실을 차감해 통산이익을 계산하고 이를 기준으로 세금을 매김. 의무가입기간 5년 이내에 해지하거나 돈을 인출할 경우 비과세 혜택을 받을 수 없음

□ 43 거시건전성

개별 금융사의 부실 방지를 목적으로 하는 미시건전성 정책과 달리 경제 전체의 금융 안정을 위해 시스템 리스크를 억제하는 정책

□ 44 경기조정주가수익비율 (CAPE)

노벨경제학상을 수상한 로버트 실러 교수가 창안한 주식가치 평가지표로, S&P500지수와 주당순이익 10년치의 평균값으로 산출한 주가수익비율

□ 45 경제고통지수 (Economic Misery Index) ✭

국민이 피부로 느끼는 경제적 어려움을 나타낸 수치로 미국의 경제학자 오쿤이 착안해 물가상승률(인플레이션율)과 실업률을 합해 계산함

□ 46 고용탄성치

'취업자증가율 ÷ 국내총생산증가율'로 산출되며, 한 산업의 성장이 창출하는 고용의 양을 측정하는 지표. 고용탄성치가 높을(낮을)수록 산업성장에 비해 취업자 수가 많다(적다)는 것인데 최근 우리나라는 고용탄성치가 지속적으로 낮아지고 있는 추세임

□ 47 공급사슬 (Supply Chain)

자재가 재화나 서비스로 전환되는 과정(공급자, 제조)과 재화나 서비스가 고객에게 전달되는 모든 과정(운송 및 보관, 유통 및 판매)에 있는 구성체(요소) 사이의 상호연결된 사슬

□ 48 공매도 (Short Stock Selling)

특정 종목의 주가가 하락할 것으로 예상될 때 해당 주식을 보유하고 있지 않은 상태에서 주식을 빌려 매도주문을 내는 투자전략

□ 49 공포지수 (VIX) ✭

시장상황에 대한 정보, 수급과 함께 주가에 영향을 미치는 요소 중의 하나인 투자자들의 투자심리를 수치로 나타낸 지수로, 예를 들어, VIX 30(%)이라고 하면 앞으로 한 달간 주가가 30%의 등락을 거듭할 것이라고 예상하는 투자자들이 많다는 것을 의미

□ 50 교토의정서

지구온난화 규제와 방지를 위한 국제협약

□ 51 구독경제 ✭

소비자가 회원으로 가입하고 매달 일정 금액을 지불하여 정기적으로 물건을 배송받거나 서비스를 이용하는 경제모델

□ 52 국민부담률 (Total Tax Revenue(% of GDP))

국민이 내는 세금과 국민연금, 산재보험, 건강보험 등 사회보장성 기금을 합한 금액이 국내총생산(GDP)에서 차지하는 비율로 조세부담률에 사회보장부담률을 합한 것임

□ 53 규제 샌드박스 ✭

신규 산업에 대해 일정 기간 규제를 풀어주는 제도. 최근 정부는 4차 산업혁명 등 신산업을 육성하기 위해 규제 샌드박스를 도입함

□ 54 균형성과표 (Balanced Score Card)

기업의 전략적 목표를 일련의 성과측정지표로 전환할 수 있는 종합적인 틀로써 재무적 관점, 고객 관점, 내부프로세스 관점, 학습과 성장관점 등 4개의 범주로 구분하여 성과를 측정하는 것

□ 55 그리드컴퓨팅 (Grid Computing)

지리적으로 분산된 네트워크 환경에서 수많은 컴퓨터와 저장장치, 데이터베이스 시스템 등과 같은 자원들을 고속 네트워크로 연결하여 그 자원을 공유할 수 있도록 하는 방식

□ 56 글로벌 가치사슬 (Global Value Chain)

상품 및 서비스의 설계, 생산, 유통, 사용, 폐기 등 전 범위에 이르는 활동이 여러 국가에 걸쳐 일어나면서 기업 활동이 국제적으로 분업화되는 현상

□ 57 금융연관비율

실물자산에 대한 금융자산의 비율로 경제성장과 금융구조의 관련을 파악하는 자료로 이용됨

□ 58 금융정보분석원 (KoFIU ; Korea Financial Intelligence Unit)

금융기관으로부터 금융정보를 수집하고 분석하여 자금세탁과 같은 의심거래 등에 대한 정보를 법집행기관에 제공하는 역할을 담당하는 금융위원회 소속의 국가기관

□ 59 기술특례상장제도

수익성은 크지 않으나 뛰어난 기술력으로 성장성을 가진 회사가 상장할 수 있도록 상장 기준을 완화해 주는 제도

□ 60 기업어음 (CP ; Commercial Paper)

은행이 아닌 신용상태가 양호한 기업이 주체가 되어 단기자금조달 목적으로 발행하는 어음

□ **61 기저 효과** ✮

경제지표 평가 시 기준시점과 비교시점의 상대적인 수치에 따라 그 결과에 큰 차이가 날 수 있음을 말함. 호황기의 경제 상황을 기준시점으로 현재의 경제 상황을 비교할 경우, 경제지표는 실제보다 위축된 모습을 보임

□ **62 낙수 효과** ✮

부유층의 투자·소비 증가가 저소득층의 소득 증대로까지 영향을 미쳐 소득 양극화가 해소되는 현상

□ **63 넛지마케팅** (Nudge Marketing)

기존의 마케팅이 상품의 특성을 강조하고 소비자가 그 상품을 구매할 수 있도록 집중하는 것과 달리 소비자가 선택을 함에 있어서 좀 더 유연하고 비강제적인 방식으로 접근하는 마케팅

□ **64 네덜란드병**

자원에 의존해 급성장한 국가가 이후 물가 및 환율 상승으로 제조업 경쟁력을 잃고 경제가 침체되는 현상. 자원의 저주라 불리기도 함

□ **65 네트워크슬라이싱** (Network Slicing)

하나의 물리적 코어 네트워크(인증, 데이터전송 등 이동통신 네트워크의 컨트롤타워 역할 담당)를 독립된 다수의 가상 네트워크로 분리한 뒤 각각의 서비스 특성에 맞춘 서비스를 제공하는 것

□ **66 네트워크조직** ✮

기존의 전통적인 계층형 조직과 비교되는 개념으로 조직의 위계적 서열과는 관계없이 조직구성원 개개인의 전문적 지식과 자율권을 기초로 하는 연결조직

□ **67 노이즈마케팅** (Noise Marketing)

자신들의 상품을 고의적 구설수에 휘말리도록 함으로써 소비자들의 이목을 집중시켜 판매를 늘리려는 마케팅

□ **68 녹색편지** (Green Mail)

인수대상기업의 주식을 매집한 후에 적대적 M&A를 포기하는 대가로 프리미엄이 포함된 높은 가격에 주식을 재매입하도록 인수대상기업의 경영자 또는 대주주에게 제안하는 것

□ **69 니치마케팅** (Niche Marketing)

시장의 빈틈을 공략하는 새로운 상품을 시장에 출시함으로써, 다른 특별한 제품 없이도 시장점유율을 유지시켜 가는 판매전략

□ **70 다운사이징** (Downsizing)

조직의 효율, 생산성, 경쟁력을 높이기 위해서 비용구조나 업무흐름을 개선하는 일련의 조치들로 필요가 없는 인원이나 경비를 줄여 낭비적인 요소를 제거하는 것

□ **71 달러 인덱스** (U.S. Dollar Index) ✮

유로(EUR), 일본 엔(JPT), 영국 파운드(GBP), 캐나다 달러(CAD), 스웨덴크로네(SEK), 스위스프랑(CHF)에 대한 달러 가치를 지수화한 것으로, 미국 연방준비제도이사회(FRB)에서 발표함

□ **72 대리인비용** (Agent Cost)

기업의 소유주(주주, 채권자)와 대리인(경영자)과의 상충된 이해관계로 인하여 발생하는 문제를 해결하는 데 드는 비용

□ **73 대외경제협력기금** (EDCF)

개발도상국에 자금을 협력하고 경제개발을 지원하여 경제협력을 증진하고, 우리나라의 국제적 지위 향상에 상응하는 역할을 수행하기 위하여 1987년 6월 1일 설립된 정부의 개발원조자금

□ **74 더블딥** (Double Dip)

경기침체 후 잠시 회복되었다가 다시 침체에 빠지는 이중침체 현상

□ **75 디레버리지** (Deleverage)

레버리지가 지나쳐 투자가 실패로 돌아갈 경우에 감당할 수 없을 손실을 입는 것을 피하기 위해 레버리지를 줄이는 것

□ **76 디마케팅** (Demarketing)

수요가 공급자의 공급능력이나 기대치를 상회하고 있는 상황인 초과수요 상황을 가격상승 등을 통해 의도적으로 수요 자체를 감소시키거나 없애려는 마케팅

□ **77 디엠** (Diem)

페이스북에서 개발한 결제용 암호화폐로, 기존의 암호화폐와 달리 가격 변동성이 거의 없는 스테이블 코인(Stable Coin). '디엠리저브'는 달러, 유로 등으로 발행된 국채나 은행예금으로 구성한 예비자산으로, 언제든지 리저브로 교환될 수 있음

□ **78 디파이** (Decentralized Finance)

블록체인 기술을 바탕으로 한 정부나 기업 등 중앙기관의 통제 없이 인터넷 연결만 하면 금융서비스를 제공받는 탈중앙화 금융을 말함

□ **79 디폴트** (Default) ✮

공·사채나 은행융자 등 계약상 원리금 변제시기·이율·이자 지불시기 등이 확정되어 있으나 채무자가 이자 지불이나 원리금 상환을 계약대로 이행할 수 없는 상황에 빠진 것으로 '채무불이행'이라고도 함

□ **80 딥마인드** (Deep Mind Technologies Limited)

구글의 모기업인 알파벳 주식회사(Alphabet Inc.)의 자회사이자 영국의 인공지능 프로그램 개발회사로 알파고를 개발함

81 딥페이크 (Deepfake)

인공지능 기술을 이용해 특정 인물의 신체나 얼굴을 원하는 영상에 정교하게 합성한 편집물이나 편집기술. 연예인과 정치인 등 유명인부터 일반인까지 편집 대상에 제약을 받지 않아 사회적 문제가 되고 있음

82 라스트마일 (Last Mile)

상품이 목적지까지 전달되는 모든 과정과 필요 요소를 의미함. 최근에는 서비스 차별화를 위해 속도보다 배송품질에 대한 경쟁이 치열해지고 있음

83 라이센싱 (Licensing)

회사가 외국에 있는 다른 회사에 자사의 생산기술, 특허, 등록상표 등을 쓸 수 있는 권리를 부여하고, 그 대가로 사용료를 받는 것

84 래플마케팅 (Raffle Marketing)

상품은 제한적인데 비해 구매하고 싶어하는 사람이 많을 경우 추첨 형식으로 판매하는 방식

85 레드오션 (Red Ocean)

이미 잘 알려진 시장, 즉 기존의 모든 산업

86 레버리지 (Leverage)

자기자본의 이익률을 높이기 위해 타인자본을 차입하는 것

87 로보어드바이저 (Robo-Advisor)

로봇(Robot)과 투자전문가(Advisor)의 합성어로 고도화된 알고리즘과 빅데이터를 통해 사람의 개입없이 대신 모바일 기기나 PC를 통해 포트폴리오 관리를 수행하는 온라인 자산관리 서비스

88 로보틱스 (Robotics) ☆

로봇과 테크닉스(공학)의 합성어로, 로봇에 관한 기술 공학적 연구와 인공지능을 적용하는 종합적 학문분야

89 로빈훗 (RobinHood)

미국의 무료 주식거래용 앱으로 온라인 주식거래에 수수료를 부과하지 않는 대신 고객의 잔고에서 나오는 이자로 수익을 올림

90 로스리더 (Loss Leader)

미끼상품이라고도 하는데, 원가보다 싸게 팔거나 통상의 판매가보다 훨씬 싼 가격으로 판매하는 싱품

91 롱테일(Long-Tail) 법칙

주목받지 못한 사소한 다수가 핵심 소수보다 더 큰 가치를 창출하는 현상

92 리테일테크 (Retailtech)

소매 또는 소매점을 뜻하는 리테일(Retail)과 기술(Technology)의 합성어로, 편의점·마트와 같은 소매점에 첨단 정보통신기술(ICT)을 접목한 것

93 립스틱 효과 (Lipstick Effect)

경기 불황기에 소비자 만족도가 높은 기호품·사치품 판매량이 늘어나는 현상을 뜻함

94 마이크로LED ☆

컬러 필터 없이 스스로 빛을 내는 발광물질로, 크기·형태·해상도에 제약이 없다는 장점이 있음

95 매몰비용 (Sunk Cost)

의사결정을 하고 실행을 한 이후에 발생하는 비용 중 다시 되돌릴 수 없는 비용

96 매트릭스조직

기능에 의해 편성된 조직과 목표(Objectives)에 의해 편성된 조직을 결합하여 두 조직형태의 장점을 살리려는 조직구조의 형태

97 머신러닝 (Machine Learning)

인간이 학습하는 것과 같은 기능을 컴퓨터에서 실현하고자 하는 인공지능 기술 및 기법

98 메르코수르 (MERCOSUR)

브라질, 아르헨티나, 우루과이, 파라과이 등 남미 4개국이 무역장벽을 없애기 위해 1991년 창설한 남미공동시장이자 경제공동체. 2012년 베네수엘라가 정식 가입해 정회원국이 5개국으로 증가함

99 메자닌 (Mezzanine)

메자닌은 건물 1층과 2층 사이에 설치된 중간층을 의미하는 이탈리아어로 채권과 주식의 중간 위험 단계에 있는 전환사채(CB)와 신주인수권부사채(BW)에 투자하는 것

100 메타버스 (Metaverse) ☆

현실세계를 의미하는 'Universe'와 가공이나 추상을 의미하는 'Meta'의 합성어로 현실세계에서 확장되어 사회·경제·문화 활동이 이뤄지는 3차원 가상세계를 일컫는 말

101 모라토리엄 (Moratorium)

통상적으로 외채를 지불할 수 없는 상황을 맞은 국가가 상환 의사는 있지만 일시적으로 채무 상환을 연기하는 방침을 대외적으로 선언하는 것을 말함. 하지만 단기적으로는 한 국가의 지불 능력이 없음을 나타내는 것이어서 사실상 국가 부도를 뜻함

☐ **102 모루밍 (Morooming)**

오프라인 매장에서 제품을 자세히 살펴본 후 즉석에서 모바일로 구매하는 것

☐ **103 모방 효과 (Imitation Effect)**

기업이 광고를 할 때 인기 있는 연예인들을 기용하거나 드라마 속 간접광고(PPL)를 함으로써 브랜드에 대한 친밀감이 높아지고 소비자로 하여금 무의식적으로 광고 속 인물을 모방하여 제품을 사도록 자극하는 것

☐ **104 미닝아웃 (Meaning Out)**

신념을 뜻하는 미닝(Meaning)과 벽장 속에서 나온다는 뜻의 커밍아웃(Coming Out)이 결합된 용어로, 과거에는 남들에게 잘 드러내지 않았던 정치적·사회적 신념이나 가치관을 소비 행위를 통해 적극적으로 표출하는 것

☐ **105 바나듐 (Vanadium)**

차세대 에너지저장장치(ESS)로 각광받고 있는 배터리 소재로 기존 소재와 비교해 수명이 길고 화재 위험이 작다는 장점이 있음

☐ **106 바이럴마케팅 (Viral Marketing)**

바이러스 마케팅(Virus Marketing)이라고도 하는데, 소비자들이 이메일이나 블로그, 핸드폰 등 전파가 가능한 매체를 통해 자발적으로 특정 기업이나 제품을 홍보할 수 있도록 제작하여 널리 퍼뜨리는 마케팅

☐ **107 바이오시밀러 (Bio-Similar)** ✿

특허 기간이 끝난 오리지널 바이오 의약품을 본떠 만든 비슷한 효능의 복제약

☐ **108 박스권**

주가가 일정 범위 안에서 등락을 반복하는 현상

☐ **109 반대매매 (Liquidation)** ✿

증권사의 돈을 빌리거나 신용융자금으로 주식을 매입하고 난 후, 빌린 돈을 약정한 만기 기간 내에 변제하지 못할 경우 대출자의 의사와 관계없이 주식을 강제로 처분하는 매매

☐ **110 방카슈랑스 (Bancassurance)**

은행과 보험사가 다른 금융부문의 판매채널을 통해 종합금융서비스를 제공하는 새로운 금융결합 형태

☐ **111 배당락**

배당기준일이 지나 배당금을 받을 권리가 없어지는 것

☐ **112 백기사 (White Knight)**

적대적 M&A의 대상이 되는 기업의 기존 경영진에게 우호적인 제3자

☐ **113 버즈마케팅 (Buzz Marketing)**

소비자가 자발적으인 입소문을 내어 상품정보를 전달하게 하는 마케팅

☐ **114 버핏지수 (Buffett Indicator)**

GDP 대비 시가총액 비율을 의미하는 말로 주식시장 과열 정도를 측정하기 위한 지표

☐ **115 베이지 북 (Beige Book)**

미(美) 연준(FED)이 매년 8회 정기적으로 발행하는 미국 경제동향 보고서. 민간은 이를 통해 연준의 금리정책 기조 향방을 예측할 수 있음

☐ **116 벤치마킹 (Bench Marking)** ✿

제품이나 업무수행과정 등 경영의 어느 특정부문에서 최고의 성과를 올리고 있는 다른 기업을 선정하고 그 부문에서 우리 기업과 그 기업 사이의 차이를 비교·검토한 후에 학습과 자기혁신을 통해 성과를 올리려는 지속적인 노력

☐ **117 분수 효과 (Foutain Effect)**

저소득층의 소비 증대가 경기 활성화로 이어져 전체 경기를 부양시키는 현상

☐ **118 브로드밴딩 (Broad Banding)**

직무의 중요도나 가치에 따라 유사한 수준의 직무를 묶어 밴드로 설정하고 밴드 내에서 최대임금과 최소임금의 폭을 결정하는 것

☐ **119 블랙스완**

진귀하거나 절대로 존재하지 않을 것이라고 생각했으나 실제 발생하거나 발견되는 현상으로, 브렉시트가 해당됨

☐ **120 블록체인 (Block Chain)** ✿

온라인 금융거래에서 해킹을 막는 기술. 누적된 거래내역 정보가 특정 금융회사의 서버에 집중되지 않고 거래 참여자의 컴퓨터에 동일하게 저장되는 특징이 있음. 비트코인의 거래를 위한 보안 기술로 활용됨

☐ **121 블루오션 (Blue Ocean)**

잘 알려지지 않은 시장, 즉 현재 존재하지 않아서 경쟁이 없는 산업

☐ **122 비스타 (VISTA)** ✿

베트남(Vietnam), 인도네시아(Indonesia), 남아프리카공화국(South Africa), 터키(Turkey), 아르헨티나(Argentina)를 일컫는 용어로, 새로운 이머징마켓을 뜻함

123 빅블러 (Big Blur)

변화의 속도가 빨라지면서 기존에 존재하던 것들의 경계가 융화되는 현상

124 사물인터넷 (IOT ; Internet Of Things) ✰

네트워크를 기반으로 모든 사물을 연결하여 사람과 사물, 사물과 사물 간의 정보를 실시간으로 상호 소통하는 지능형 기술 및 서비스

125 산타랠리 (Santarally)

크리스마스를 전후한 연말과 신년 초에 증시가 강세를 보이는 현상

126 상동적태도 (Stereotyping)

어떤 대상이 속한 집단(종족, 나이, 성별, 출신지역, 출신학교 등)에 대한 지각을 바탕으로 지각대상을 판단하는 지각오류

127 상환전환우선주 (RCPS) ✰

일정 조건에 따라 채권처럼 만기에 투자금 상환을 요청할 수 있는 상환권과 우선주를 보통주로 전환 선택이 가능한 전환권이 있는 주식으로. 국제회계기준(IFRS)에서는 상환의무가 있는 RCPS를 부채로 분류함

128 섀도우보팅 (Shadow Voting)

주주가 주주총회에 참석하지 않아도 투표한 것으로 간주하여 다른 주주들의 투표 비율을 의안 결의에 그대로 적용하는 의결권 대리행사 제도

129 서머랠리 (Summerrally)

매년 6~7월에 주가가 크게 상승하는 것을 일컫는 말로, 펀드매니저들이 여름 휴가를 앞두고 미리 주식을 구매하고 떠나기 때문에 발생하는 현상

130 서비스거부공격 (DoS ; Denial-of-Service Attack)

네트워크 붕괴를 목적으로 다수의 잘못된 통신이나 서비스 요청을 특정 네트워크 또는 웹 서버에 보내는 방식

131 성장회계 (Growth Accounting) ✰

생산에 필요한 투입요소들이 각각 얼마씩 경제성장에 기여했는지를 확인하는 방법

132 세계경제포럼 (WEF ; World Economic Forum)

세계적인 기업가, 경제학자, 저널리스트, 정치인들이 참석해 경제에 대해 토론하는 모임. 매년 1~2월 스위스 다보스에서 개최되어 다보스포럼이라고도 불림

133 세계잉여금

정부의 재정 집행 결과 당초 목표 세수를 초과해 징수됐거나 세출예산보다 적게 지출이 이루어진 경우 남는 금액을 의미함

134 세이프가드 (Safeguard)

특정상품의 수입급증으로부터 국내산업의 피해발생이 우려되는 경우 국내산업을 보호하기 위해서 취하는 긴급수입제한 조치

135 셧다운 (Shutdown) ✰

미국 연방정부 업무를 일시정지(Shutdown)하는 제도. 의회에서 새해 예산안이 통과되지 않으면 국방, 경찰, 소방, 기상예보, 우편, 항공, 전기·수도 등 필수 업무를 제외한 업무가 중단됨

136 소프트 패치 (Soft Patch)

경기 회복 국면에서 성장세가 일시적인 어려움을 겪는 상황

137 쇼루밍 (Showrooming)

오프라인에서 제품을 살펴보고 구매는 온라인으로 하는 것

138 슈퍼그리드 (Super Grid)

거대한 규모의 전력망(그리드)이란 의미로, 대륙 간 혹은 국가 간에 생산된 전력을 서로 연결하고 융통하는 에너지 수송 네트워크

139 슈퍼사이클 (Surper-Cycle) ✰

원자재 등 공급이 제한된 상품의 장기적인 가격 상승 추세

140 스니핑 (Sniffing)

네트워크의 중간에서 전달되는 남의 패킷 정보를 도청하는 해킹

141 스미싱 (Smishing)

SMS와 피싱(Phishing)의 합성어로 문자메시지를 이용하여 개인정보를 훔치는 휴대폰 해킹

142 스왑 (Swap)

계약조건 등에 따라 일정 시점에 서로 다른 자금의 교환을 통해서 이루어지는 금융기법

143 스토킹 호스 (Stalking Horse)

사냥꾼이 몸을 숨기고 사냥감에 접근하기 위해 위장한 말을 의미. 회생 기업이 공개 입찰 전에 인수의향자를 수의계약으로 미리 확보하는 방식

144 스톡옵션 (Stock-Option)

기업이 경영자 및 종업원들에게 장래의 일정한 기간(권리행사기간) 내에 일정한 가격(권리행사가격)으로 일정 수량의 자사주를 매입할 수 있는 권리를 부여하는 제도

□ 145 스트레스 테스트 (Stress Test)

예외적이지만 일어날 가능성이 있는 시나리오를 가정하여 금융시스템의 잠재적 취약성을 측정하고 재무건전성을 평가하는 것

□ 146 스푸핑 (Spoofing)

승인받은 사용자인 것처럼 타인의 신분으로 위장하여 시스템에 접근하거나 네트워크상에서 허가된 주소로 가장하여 접근 제어를 우회하는 공격

□ 147 스프레드 (Spread)

국제금융거래에서 기준이 되는 런던은행 간 금리(Libor)와 실제금리와의 차이

□ 148 아이핀 (I-PIN)

'인터넷 개인 식별 번호'(Internet Personal Identification Number)의 약자로 주민등록번호를 대신하여 인터넷상에서 신분을 확인하는 데 쓰임

□ 149 알고리즘트레이딩 (Algorithmic Trading)

일정한 논리 구조에 따라 이뤄지는 컴퓨터 시스템 거래로 대상은 주식, 주가지수선물, 옵션 등으로 다양함

□ 150 알파고 (AlphaGo)

구글 딥마인드(Google Deepmind)가 개발한 인공지능 바둑 프로그램

□ 151 알파벳 주식회사 (Alphabet Inc)

2015년 10월 2일 구글의 공동 설립자 래리 페이지, 세르게이 브린이 설립하였으며, 미국의 Google을 비롯한 여러 Google 자회사들이 모여서 설립된 복합기업

□ 152 암묵적 계약이론 (Implicit Contract)

실질임금의 경직성에 대한 이론으로 단기적 경제 침체일 때 고용량은 민감하게 반응하지만 실질임금은 크게 변동하지 않는다는 주장

□ 153 애자일 (Agail)

'민첩한' 이란 뜻을 가진 단어로 원래 IT 산업에서 정해진 계획보다 고객이나 시장의 피드백을 빨리 반영해 신속하고 유연하게 소프트웨어 제품을 개발하는 방식을 의미함. 최근 기업들이 조직 체계를 개편하고 운영하는 데 반영하고 있음

□ 154 액면분할

한 장의 증권을 여러 개의 소액증권으로 분할하여 주식수를 증가시키는 것

□ 155 앰부시 마케팅 (Ambush Marketing)

매복 또는 잠복 마케팅이라고도 하는데, 월드컵이나 올림픽 등의 공식후원사가 아닌 기업들이 그 로고를 정식으로 사용하지 않고 비슷한 언어적 유희 등을 교묘히 활용하여 수행되는 마케팅

□ 156 양면형조직 (양손잡이조직)

한쪽은 기존 사업중심으로 안정성을 추구하면서 또 다른 쪽은 혁신적인 새로운 것을 추구하는 조직

□ 157 양자컴퓨터 ✱

데이터를 0 또는 1로만 나타낼 수 있었던 기존의 컴퓨터와 달리 0과 1을 동시에 쓸 수 있는 컴퓨터. 현재의 슈퍼컴퓨터가 수백 년이 걸려도 풀기 어려운 문제를 몇 초 이내의 속도로 풀 수 있을 것으로 전망됨

□ 158 언택트 마케팅 (Untact Marketing) ✱

챗봇과 VR쇼핑 등을 이용해 고객에게 비대면으로 정보를 제공하여 상품이나 서비스를 판매하는 마케팅 기법

□ 159 에너지저장시스템 (ESS) ✱

전력 사용량이 적은 시간에 전기를 비축했다가 사용량이 많은 시간에 공급해 에너지 효율을 높이는 시스템

□ 160 에스크로 (Escrow)

원래 '조건부 양도증서'를 의미하는 법률 용어로, 구매자와 판매자 사이에 신용관계가 불확실할 때 신뢰할 수 있는 제3자가 상거래가 원활히 이뤄질 수 있도록 중개하는 매매 보호 서비스

□ 161 에어드롭 (Airdrop)

항공기나 낙하산에서 식량 등을 투하한다는 의미로, 가상화폐 거래에서는 특정 가상화폐를 보유한 사람에게 추가로 코인을 배분해주는 활동

□ 162 역쇼루밍 (Reverse Showrooming)

온라인에서 제품정보를 얻은 뒤 구매는 오프라인 매장에서 하는 것

□ 163 연말정산

1년간의 총급여액에 대한 근로소득세액을 소득세법에 따라 계산한 뒤 간이세액표에 의해 원천징수한 근로소득세와 비교하여 다음해 차액을 돌려주는 제도

□ 164 예비타당성조사 ✱

사회간접자본(SOC), R&D, 정보화 등 대규모 재정 투입이 예상되는 신규사업에 대해 정책적·경제적 타당성 등을 검토해 사업성을 판단하는 절차

□ 165 오퍼레이션 트위스트 (Operation Twist)

장기국채를 사들이고 단기국채를 매도하여 장기금리를 끌어내리고 단기금리는 올리는 통화정책으로, 중앙은행이 장기국채를 매입하면 장기금리가 하락하여 내수가 활성화되는 효과가 발생해 단기국채 매도는 동시에 이루어지는 장기국채 매입으로 인해 증가하는 통화량에 대한 억제효과가 있음

□ 166 오픈숍 (Open Shop)

조합원이나 비조합원 모두 고용할 수 있으며 조합가입이 고용조건이 아닌 제도

□ 167 옴니채널 (Omni-Channel)

소비자가 온라인, 오프라인, 모바일 등 다양한 채널을 결합해 상품을 검색하고 구매할 수 있도록 한 서비스

□ 168 왓슨 (Watson)

인간의 언어를 이해하고 판단하는 데 최적화된 초고성능 인공지능 슈퍼컴퓨터

□ 169 욜드 (YOLD)

Young Old의 약자로 건강하고 부유하며 활동적인 노후를 즐기며, 은퇴 후 사회적 영향력이 큰 계층

□ 170 용적률

건축물 총면적(연면적)의 대지면적에 대한 백분율을 말함. 용적률을 높이면 건물을 높이 지을 수 있음

□ 171 우회상장

비상장기업이 상장을 위한 심사나 공모주청약 등 절차를 밟지 않고, 증권거래소나 코스닥시장에 상장된 기업과 합병을 통해 곧바로 상장되는 것

□ 172 워크아웃 (Work-Out)

부도로 몰린 기업 중에서 회생시킬 가치가 있는 기업을 살려내는 작업

□ 173 유니온숍 (Union Shop)

사용자가 노동자를 고용할 때는 자유로운 고용이 허락되지만, 일단 고용된 후에는 노동조합의 가입을 의무화하는 제도

□ 174 유비쿼터스 (Ubiquitous)

언제 어디서나 편리하게 네트워크에 접속할 있도록 현실 세계와 가상 세계를 결합시킨 것

□ 175 인공신경망 (Artificial Neural Networks)

인간이 뇌를 통해 문제를 처리하는 방법과 비슷한 방법으로, 문제를 해결하기 위해 수학적 모델로서의 뉴런이 상호 연결되어 네트워크를 형성하는 것

□ 176 인공지능 (Artificial Intelligence)

지식을 저장하고 추론을 하며 인간과 유사한 작업을 하는 소프트웨어와 하드웨어

□ 177 인사이트 펀드 (Insight Fund)

정부가 아닌 민간투자회사가 전 세계를 대상으로 투자대상에 제한을 두지 않고 투자하는 '고위험·고수익' 펀드를 말함

□ 178 인슈어테크 (Insurtech)

보험(Insurance)과 기술(Technology)을 합친 신조어로 데이터 분석, 인공지능 등의 IT 기술을 활용한 보험 혁신 서비스

□ 179 인포데믹 (Infordemic)

Information(정보)와 Epidemic(유행병)의 합성어로 잘못된 정보나 악성루머가 전염병처럼 급속히 퍼져 오히려 혼란을 초래하는 현상

□ 180 인플루언서 마케팅 (Influencer Marketing)

소셜네트워크(SNS)상에서 영향력 있는 인플루언서를 활용한 마케팅 기법. 인기 BJ나 유튜버를 통해 신제품이나 이벤트 등을 자연스럽게 홍보할 수 있어 기업들이 적극적으로 활용하고 있음

□ 181 일대일로 (一帶一路)

중국 중서부, 중앙아시아, 유럽을 경제권역으로 하는 '육상실크로드 경제벨트'(일대)와 중국 남부, 동남아시아의 바닷길을 연결하는 '해상실크로드'(일로)를 통해 아시아경제공동체를 건설하자는 구상. 2013년 시진핑 중국 국가주석의 제안으로 시작함

□ 182 임금피크제

동일한 인건비하에서 고용을 중시하는 방안으로 종업원의 계속고용을 위해 노사가 합의하여 일정 연령을 기준으로 생산성에 맞추어 임금을 하락하도록 조정하는 대신 소정의 기간 동안 고용을 보장해 주는 제도

□ 183 자유무역협정 (FTA)

국가 간 상품의 자유로운 이동을 위해 모든 무역장벽(관세 및 비관세 장벽)을 제거히는 협정

184 잠재성장률

잠재GDP의 변화율로 잠재GDP는 추가적인 인플레이션을 유발하지 않고 한 국가가 달성할 수 있는 최대 생산수준으로 정의되며 장기적 관점에서 일국의 성장잠재력을 평가하는 유용한 지표로 이용됨

185 적대적 M&A

인수기업과 인수대상기업의 경영자 간에 협상을 통해 M&A가 이루어지는 것이 아니라, 인수기업이 인수대상기업 경영자의 의사와 무관하게 M&A를 하는 것

186 조세피난처

법인의 실제 발생소득의 전부 또는 상당 부분에 대하여 조세를 부과하지 않거나, 그 법인의 부담세액이 실제 발생소득의 15/100 이하인 국가나 지역. 즉, 법인세·개인소득세에 대해 전혀 원천징수를 하지 않거나, 과세를 하더라도 아주 낮은 세금을 적용함으로써 세제상의 특혜를 부여하는 장소를 가리킴. 바하마·버뮤다제도 등 카리브해 연안과 중남미에 집중되어 있으며, 이곳에서는 법인세 등이 완전 면제됨

187 좀비(Zombie)기업 ✫

영업활동을 통해 벌어들인 이익(영업이익)으로 이자도 갚지 못하는 부실기업을 의미함. 한계기업이라고도 함

188 주식공개매수 ✫

인수대상기업의 주주들에게 공개적으로 제안하여 주식을 매수함으로써 그 기업의 지배력을 획득하는 방법

189 주택구입부담지수 (K-HAI)

중간소득을 가진 도시근로가구가 표준대출을 받아 중위 가격 주택을 구입할 때의 상환부담을 뜻하는 지표

190 중립금리

경기를 지나치게 부양하지도, 지나치게 냉각시키지도 않고 안정된 상태에서 잠재성장률 수준의 성장을 할 수 있도록 하는 금리 수준

191 증강현실 (AR ; Augmented Reality) ✫

사용자가 눈으로 보는 현실세계에 3차원 가상 물체를 겹쳐 보여주는 기술

192 증권거래세 ✫

유가증권인 주식을 매도할 때 부과되는 세금으로, 거래의 유동성을 높이려면 증권거래세를 인하함

193 지대추구 (Rent-Seeking)

경제주체들이 자기 이익을 위해 비생산적 활동을 경쟁적으로 하는 현상으로 이는 자원 배분의 왜곡을 가져옴

194 직무공유제 (Jobsharing)

둘 또는 그 이상의 근로자가 주당 40시간의 근무시간을 나누어 담당하는 것

195 징벌적 손해배상제도

잘못된 경영 활동으로 발생한 손해에 상응하는 금액만 보상하는 전보적 손해배상제와 달리 행위 자체에 대한 처벌적 성격과 재발 방지 목적으로 더 큰 금액을 배상하는 추가적 손해배상제도

196 차등의결권제도

의결권을 차등적으로 부여하여 보유한 지분율 이상의 의결권을 행사할 수 있는 제도

197 채찍효과 (Bullwhip Effect)

공급사슬 하류(소비자 방향 또는 전방)의 소규모 수요변동이 공급사슬 상류(공급업체 방향 또는 후방)로 갈수록 그 변동폭이 점점 증가해 가는 모습을 묘사적으로 명명한 것으로, 수요왜곡의 정도가 증폭되어 가는 현상을 의미

198 초과이익 환수제

재건축으로 얻는 초과이익을 최대 50%까지 환수하는 제도

199 초광대역

매우 넓은 대역폭(3.1~10.6Ghz)을 사용하는 무선통신 기술. 근거리 통신을 주목적으로 하며, 소비전력이 적고 통신 속도가 빠르다는 장점이 있음

200 최소인식가능차이 (JND ; Just Noticeable Difference)

소비자들이 가격차이를 느낄 수 있는 최소한의 가격변화

201 추가경정예산

한 국가의 1년 예산이 성립해 유효하게 된 연후에 나중에 생긴 부득이한 사유로 인하여 이미 성립된 예산에 추가 편성하는 예산

202 카르텔 (Cartel)

다수의 동종 또는 유사기업이 경쟁을 제한하고 시장의 독점적 지배를 위해 경제적·법률적 독립성을 유지하면서 기업 간 협정을 통해 결합하는 기업집단화의 형태

203 캐시카우 (Cash Cow)

수익창출원, 즉 확실히 돈을 벌어주는 상품이나 사업을 의미

204 커촹반 (科創板)

상하이증권거래소에 개설된 고도 기술 관련 전문 주식 거래소. 중국판 나스닥 시장, 과학혁신판으로 불림

205 코너스톤(Conertstone) 제도

주춧돌이라는 의미로 기업공개(IPO) 시장에서 가격이 확정되기 전에 공모 물량 일부를 기관투자가에게 배정하는 제도로 한국거래소는 공모 시장 안정성을 높이고자 이 제도를 도입함

206 코즈마케팅 (Cause Marketing)

기업이 환경·보건·빈곤 등과 같은 사회적 문제, 즉 '대의명분(Cause)'을 해결하면서 기업의 이익 추구를 위해 활용하는 것

207 콜옵션 (Call Option)

특정자산을 살 수 있는 권리가 부여된 옵션

208 쿼드 (Quad) ☆

미국·인도·일본·호주 등 4개국이 참여하는 비공식 안보회의체

209 클라우드 컴퓨팅 (Cloud Computing)

무형의 형태로 존재하는 자원(데이터, 네트워크, 콘텐츠 등)을 소유하는 것이 아니라 언제 어디서든 인터넷에 접속해서 빌려 쓰는 서비스 방식

210 클로즈드숍 (Closed Shop)

사용자가 노동자를 고용함에 있어서 반드시 노동조합원 중에서 선발해야 하는 제도

211 키로거 (Key Logger)

컴퓨터 사용자의 키보드 움직임을 탐지해 ID나 패스워드, 계좌 번호, 카드 번호 등 주요 개인 중요한 정보를 몰래 빼가는 해킹 공격

212 키오스크 (Kiosk) ☆

본래 옥외에 설치된 대형 천막이나 현관을 뜻하는 터키어(또는 페르시아어)에서 유래된 말로, 업무의 무인자동화를 위해 대중이 편리하게 이용할 수 있도록 공공장소에 설치한 무인단말기를 의미함

213 타임오프제 (Time-Off)

노동조합의 노무관리적 성격이 있는 필수 활동에 한해 노동조합 전임자에게 임금을 지급하면서 근로시간을 면제해 주는 제도

214 탄소중립 ☆

배출한 이산화탄소를 흡수하는 대책을 세워 실질적인 배출량을 '0'으로 만든다는 개념

215 테이퍼링 (Tapering) ☆

출구전략의 일종으로 미국 중앙은행(FED)이 통화유동성 확보를 위해 양적완화 정책의 규모를 점진적으로 축소해나가는 것

216 텔레매틱스 (Telematics)

텔레커뮤니케이션(Telecommunication)과 인포매틱스(Informatics)의 합성어로 자동차와 무선통신을 결합하여 교통 및 편의정보를 제공하는 차량 무선인터넷 서비스

217 토지공개념

토지의 사유권은 인정하되, 토지의 공공성과 합리적 사용을 위해 필요한 경우에 한해 정부가 토지 소유주에게 적절히 제한을 가할 수 있다는 개념

218 투자자 예탁금 ☆

투자자가 금융투자상품 매수를 위해 일시적으로 투자매매업자 또는 투자중개업자에게 맡겨놓은 자금

219 투자자-국가 간 소송 (ISD ; Investor-State Dispute)

기업이 외국에 투자할 때 유치국 정부의 불합리적 정책·법 또는 협정위반 등으로 인해 금전적 피해를 입는 것을 보호하기 위한 장치

220 티핑포인트 (Tipping Point)

'갑자기 뒤집히는 점'이라는 뜻으로, 어떠한 현상이 서서히 진행되다가 작은 요인으로 한순간 퍼지거나 유행하게 되는 것

221 파레토(Pareto) 법칙

결과의 대부분이 소수의 원인에서 일어나는 현상. 80:20 법칙이라고도 함

222 파밍 (Pharming)

사용자가 올바른 웹페이지 주소를 입력해도 가짜 웹페이지로 보내는 피싱(Phishing) 기법

223 파운드리 (Foundry) ☆

반도체의 설계 디자인을 전문으로 하는 기업으로부터 제조를 위탁받아 반도체를 전담하여 생산하는 기업

224 파이브아이즈 (Five Eyes)

미국·영국·캐나다·호주·뉴질랜드 등 영어권 5개국이 참여하고 있는 기밀정보 동맹체

225 파킹 (Parking) ☆

기업매수와 관련하여 주식매집자가 소유 사실을 감추기 위하여 주식을 그의 브로커(또는 증권회사)에게 맡겨 놓은 것

226 패스트 트랙 (Fast Track) ☆

교섭단체 간 이견으로 법안 통과가 어려운 경우, 상임위원회 5분의 3 이상 의원의 동의를 바탕으로 법안을 신속하게 처리하는 제도

227 퍼플오션 (Purple Ocean)

치열한 경쟁시장인 레드오션과 경쟁자가 없는 시장인 블루오션을 조합한 말로, 발상의 전환을 통해 조금 다른 가치를 가진 시장

228 페이고 (Paygo) ✪

'Pay as You Go(번만큼 쓴다)'의 줄임말로 새로운 재정 지출 사업을 추진할 때 기존의 사업 지출을 줄이거나 재원조달 방안을 의무적으로 첨부하도록 하여 재정건전성을 높이려는 것

229 표준특허

어떤 제품이나 상품을 만드는 데 그 특허를 사용하지 않으면 안 되는 특허

230 풀필먼트 서비스 (Fulfillment Service) ✪

물류 전문업체가 위탁을 받아 주문에 맞춰 제품을 선택하고 포장한 뒤 배송까지 마치는 방식. 즉, '검수 → 선택 → 포장 → 배송 → 환불과 교환'까지 한 업체가 담당하는 것을 의미함

231 풋옵션 (Put Option)

특정자산을 팔 수 있는 권리가 부여된 옵션

232 프레이밍효과 (Framing Effect)

제시되는 방법에 따라 사람들의 선택이나 판단이 달라지는 현상으로 특정 사안을 어떤 시각으로 바라보느냐에 따라 해석이 달라진다는 효과

233 프로젝트팀조직

특정 과업 또는 프로젝트를 해결하기 위해 일시적으로 구성되는 조직형태

234 프로토콜 (Protocol) ✪

컴퓨터 간에 데이터를 교환할 때의 통신방법에 대한 규칙과 약속

235 프롭테크 (Proptech)

부동산(Property)과 기술(Technology)의 합성어로, 인공지능, 빅데이터 분석, VR(가상현실) 등 첨단 정보 기술을 기반으로 하는 부동산 서비스

236 프리보드 (Freeboard)

유가증권시장(코스피) 및 코스닥시장에 상장되지 않은 비상장주권의 장외 매매거래를 위해 한국금융투자협회가 개설·운영하는 증권시장

237 플라시보 효과 (Placebo Effect)

약효가 전혀 없는 거짓 약을 진짜 약으로 가장하여 환자에게 복용토록 했을 때 심리적 요인으로 인해 환자의 병세가 호전되는 효과

238 플랫폼 (Platform)

공통의 활용요소를 바탕으로 본연의 역할도 수행하지만, 보완적인 파생 제품을 개발하거나 제조할 수 있는 기반으로 스마트 시대에 인터넷 사업자, 콘텐츠 제공자, 사용자, 기기 제조사 등 다양한 주체들이 만나는 매개지점

239 핀테크 (Fintech) ✪

Finance(금융)와 Technology(기술)의 합성어로, 금융과 IT가 융합된 금융서비스 및 산업의 변화를 통칭한 용어

240 하이브리드 마케팅 (Hybrid Marketing)

서로 다른 업종의 기업들이 함께 협력해 공동 마케팅을 전개하는 것. 협업을 통해 동일한 타깃 고객층을 공략하므로 마케팅 비용을 줄이고 소비자의 흥미를 불러일으켜 브랜드 가치 제고 효과를 얻는 마케팅 기법

241 항셍지수 (Hang Seng Index)

홍콩 증권거래소에 상장된 우량종목을 대상으로 산출한 주가지수

242 홍콩H지수 (HSCEI)

홍콩 거래소에 상장되어 거래되고 있는 주식 중 기준에 의해 분류된 40개 종목으로 구성된 지수

243 해커톤 (Hackathon)

해킹(Hacking)과 마라톤(Marathon)의 합성어로 일정한 시간과 장소에서 프로그램을 해킹(난도 높은 프로그래밍) 하거나 개발하는 행사

244 해피콜 (Happy Call)

소비자가 충분히 이해하고 금융상품을 매입할 수 있도록 판매과정에서 상품 설명이 제대로 됐는지 사후 점검하는 제도. 그동안 보험사만 의무적으로 실시해왔으나, 증권사를 포함한 금융회사 모두 해피콜 제도을 실시함

245 홀로그램 (Hologram)

3차원 영상으로 된 입체적으로 보이는 사진

246 확장실업률

체감실업률을 반영하기 위해 실업률보다 넓은 범위의 실업 인구를 포함한 지표. 시간 관련 추가취업가능자(근로시간이 주당 36시간 이하이면서 추가로 취업을 원하는 사람), 잠재경제활동인구(구직활동 유무에 관계없이 취업을 희망하고 취업이 즉시 가능한 사람), 실업자를 합산하여 산출함

247 환태평양경제동반자협정 (TPP)

아시아·태평양 지역 12개국의 다자간 자유무역협정으로, 무역장벽 철폐와 시장개방을 통한 무역자유화를 목적으로 함

248 황금낙하산 (Golden Parachute)

기존의 경영진이 적대적 M&A로 인해 임기만료 이전에 타인에 의해 해임되는 경우 거액의 보상금을 지급하도록 하는 고용계약

249 회색 코뿔소

예상할 수 있고 파급력이 크지만 사람들이 간과하는 위험을 뜻하는 용어로 코뿔소는 몸집이 커 멀리 있어도 눈에 잘 띄며 진동만으로도 움직임을 느낄 수 있지만 코뿔소가 달려오면 두려움 때문에 아무것도 하지 못하거나 대처 방법을 알지 못해 부인해버리는 것에 비유한 말임

250 후광효과 (Halo Effect)

어떤 대상이 가지는 개인적 특성(지능, 사교성, 용모 등)으로 인해 호의적인 인상이 만들어져 대상에 대한 평가에 좋은 영향을 주는 지각오류

fn.Hackers.com

금융 · 자격증 전문 교육기관 **해커스금융**

출제예상문제

❗ 기출변형 출제예상문제의 중요도를 ★~★★★으로 구분하였습니다. 난이도가 가장 높은 고등급 문제는 최우수 표시하였으니, 최우수 등급을 목표로 하신다면 반드시 학습하시기 바랍니다.

★★★
01 다음의 사례에 해당하는 경제모델은 무엇인가?

아워홈은 최근 자사 온라인몰 아워홈몰에 반복구매 비율이 높은 상품을 위주로 정기배송 품목을 대폭 확대했다. 대상 품목은 아워홈몰 인기 제품인 지리산수, 김치, 후레쉬햄, 홈카페 베이커리, 쌀, 라면, 우유 등 20여개다. 정기배송 날짜 지정이 가능하여 매월 자동 주문, 결제된다.

① 프로토콜경제   ② 렌탈경제   ③ 구독경제
④ 덤벨경제   ⑤ 플랫폼경제

★
02 소셜네트워크(SNS)상에서 영향력 있는 사람들을 활용한 마케팅 기법으로, 인기 BJ나 유튜버를 통해 신제품이나 이벤트 등을 자연스럽게 홍보하거나 제품 이미지를 제고하기 위해 기업들이 활용하는 마케팅 기법은 무엇인가?

① 인플루언서 마케팅   ② 리테일테인먼트 마케팅   ③ 노이즈마케팅
④ 바이럴 마케팅   ⑤ 하이브리드 마케팅

★★★
03 다음의 사례들이 적용한 마케팅기법은 무엇인가?

- 아메리칸익스프레스는 고객이 카드를 사용할 때마다 1센트, 신규로 가입할 때마다 1달러의 성금을 자유의 여신상 복원을 위해 기부했다.
- CJ제일제당은 생수 세품 '미네워터'를 구매하는 소비자들이 제품에 따로 마련된 기부용 바코드나 QR코드를 찍으면 아프리카 어린이들이 마시는 물을 정화하기 위한 작업에 드는 비용으로 100원을 기부했다.

① SEM마케팅   ② 코즈 마케팅   ③ 데이터베이스마케팅
④ 디마케팅   ⑤ 프리마케팅

04 다음 중 ㉠에 들어갈 말로 가장 적절한 것은 무엇인가?

시장 가능성을 보고 은행권도 ㉠ 기반 투자 서비스를 선보이고 있다. 대대수가 투자자 성향에 맞게 펀드를 추천하고 포트폴리오를 제안한다. 일부 은행권은 핀테크 업체와 손잡고 연금투자 서비스를 제공하기도 한다. 신한은행은 '쏠리치', KB국민은행은 '케이봇쌤', 하나은행은 '하이로보', 우리은행은 '우리로보알파', NH농협은행은 'NH로보-프로'라는 이름으로 ㉠을(를) 활용한 자산관리 서비스를 내놨다.

---

① 빅데이터   ② 인공지능   ③ 딥페이크
④ 로보어드바이저   ⑤ 양자컴퓨터

정답 및 해설

01 ③
구독경제는 소비자가 기업의 회원으로 가입하고 매달 일정 금액을 지불하면 정기적으로 물건을 배송받거나 서비스를 이용하는 경제 모델이다.

02 ①
인플루언서 마케팅에 대한 설명이다.

[오답노트]
② 리테일테인먼트 : 소매업(Retail)과 오락(Entertainment)이 결합된 용어로 고객에게 쇼핑과 동시에 즐거운 체험을 하도록 하는 활동
③ 노이즈마케팅 : 자신들의 상품을 각종 구설수에 휘말리도록 함으로써 소비자들의 이목을 집중시켜 판매를 늘리려는 마케팅

④ 바이럴 마케팅 : 네티즌들이 이메일이나 블로그, 핸드폰 등 전파가 가능한 매체를 통해 자발적으로 특정 기업이나 제품을 홍보할 수 있도록 제작하여 널리 퍼뜨리는 마케팅
⑤ 하이브리드 마케팅 : 서로 다른 업종의 기업들이 함께 협력해 공동 마케팅을 펼치는 것

03 ②
코즈 마케팅은 기업이 사익과 공익을 함께 추구하는 마케팅 기법이다.

04 ④
로보어드바이저는 로봇(Robot)과 투자전문가(Advisor)의 합성어로 고도화된 알고리즘과 빅데이터를 통해 인간 프라이빗 뱅커(PB) 대신 모바일 기기나 PC를 통해 포트폴리오 관리를 수행하는 온라인 자산관리 서비스를 말한다.

05 주식시장 과열 정도를 측정하기 위한 지표로, GDP 대비 시가총액 비율을 일컫는 용어는 무엇인가?

① 주택구입부담지수   ② 경제고통지수   ③ 항셍지수
④ H지수   ⑤ 버핏지수

06 다음 중 ㉠에 들어갈 말로 가장 적절한 것은 무엇인가?

지난해 번 돈으로 이자를 갚지 못한 ㉠이 100곳 중 41곳으로 역대 최대를 기록했다. 매출 증가율도 통계작성 이래 10년 만에 처음으로 마이너스를 기록하는 등 역대 최대 감소폭을 보였다. 유가 하락과 코로나19 등의 영향으로 인한 이동제한 조치로 석유정제, 화학제품 등 업종의 부진이 커졌기 때문으로 분석된다.

① 유니콘기업   ② 한계기업   ③ 초국적기업
④ 대표적기업   ⑤ 데카콘기업

07 다음은 어떤 기업이 선언한 문구이다. 해당 사례에 적합한 용어는 무엇인가?

우리는 소프트웨어를 개발하고, 또 다른 사람의 개발을 도와주면서 소프트웨어 개발의 더 나은 방법들을 찾아가고 있다. 이 작업을 통해 우리는 다음을 가치 있게 여기게 되었다.
첫째, 공정과 도구보다 개인과 상호작용을
둘째, 포괄적인 문서보다 작동하는 소프트웨어를
셋째, 계약 협상보다 고객과 협력을 계획에 따르기보다 변화에 대응하기를 가치있게 여긴다.

① 화이트리스트   ② 오픈랜   ③ 알고리즘
④ 트레이드드레스   ⑤ 애자일(Agile)

08 다음 사례와 관련된 마케팅 전략으로 가장 적절한 것은 무엇인가?

> • 코로나19로 관중 입장이 제한되어 멤버십 상품 개발 및 MZ세대 유입을 위해 라이브 응원 방송을 진행한 프로배구단
> • 고객이 직접 방문하지 않아도 앱을 통해 모바일로 추석 명절 선물을 접수할 수 있도록 한 백화점

① 전략적 제휴　　　② 스토리텔링마케팅　　　③ 통합적 마케팅 커뮤니케이션
④ 풀 전략　　　⑤ 언택트 마케팅

정답 및 해설

05 ⑤
버핏지수에 대한 설명이다.

오답노트
① 주택구입부담지수 : 중간 소득을 가진 도시근로가구가 표준대출을 받아 중간가격 주택을 구입할 때의 상환부담을 뜻하는 지표
② 경제고통지수 : 국민이 피부로 느끼는 경제적인 삶의 질을 수치로 나타낸 것
③ 항셍지수 : 홍콩 증권거래소에 상장된 우량종목을 대상으로 산출한 주가지수
④ H지수 : 회사의 등록지는 중국이지만 홍콩에 상장한 기업을 대상으로 산출한 주가지수

06 ②
한계기업은 영업활동을 통해 벌어들인 이익(영업이익)으로 이자도 갚지 못하는 부실기업을 의미하며 좀비기업이라고도 한다.

07 ⑤
애자일은 '민첩한'이란 뜻을 가진 단어로 원래 IT산업에서 정해진 계획보다 고객이나 시장의 피드백을 빨리 반영해 신속하고 유연하게 소프트웨어 제품을 개발하는 방식이다.

08 ⑤
언택트 마케팅은 챗봇이나 VR쇼핑 등을 이용해 고객에게 비대면으로 정보를 제공하고 상품이나 서비스를 판매하는 마케팅 기법으로 최근 대형마트, 백화점, 뷰티산업을 중심으로 확산되고 있다.

09 부유층의 투자와 소비의 증가가 저소득층의 소득 증대로까지 영향을 미쳐 전체 국가적인 경기 부양효과로 나타나는 현상을 무엇이라고 하는가?

① 채찍 효과
② 분수 효과
③ 낙수 효과
④ 프레이밍 효과
⑤ 기저 효과

10 동남아시아국가연합 10개국과 한국, 중국, 일본, 호주, 뉴질랜드, 인도 등 총 16개국의 역내 무역자유화를 위한 세계 최대의 자유무역협정을 무엇이라고 하는가?

① CPTPP
② RCEP
③ APEC
④ OECD
⑤ ASEM

11 특정자산, 지역, 섹터에 구애받지 않고 전 세계를 대상으로 '매력적인' 투자대상을 발굴·투자하는 '고위험·고수익' 펀드를 무엇이라고 하는가?

① 사모펀드
② 엘리펀드
③ 인사이트 펀드
④ 아웃사이드 펀드
⑤ 뮤추얼 펀드

12 재원확보 방안 없이 비용이 수반되는 정책이 많이 나올 경우 향후 국가의 재정건전성에 부정적인 영향을 미칠 수 있기 때문에 생겨난 원칙을 무엇이라고 하는가?

① 페이고   ② 페이스탑   ③ 페이아웃   ④ 팩토링   ⑤ 스프레드

정답 및 해설

09 ③

낙수 효과에 대한 설명이다.

[오답노트]
① 채찍 효과 : 공급사슬 하류의 소규모 수요변동이 공급사슬 상류로 갈수록 그 변동폭이 점점 증가하는 현상
② 분수 효과 : 저소득층의 소비 증대가 전체 경기를 부양시키는 현상
④ 프레이밍 효과 : 틀에 따라 사람들의 선택이나 판단이 달라지는 현상
⑤ 기저 효과 : 경제지표를 평가하는 데 있어 기준시점과 비교시점의 상대적인 수치에 따라 그 결과에 큰 차이가 나타나는 현상

10 ②

역내포괄적경제동반자협정(RCEP)은 캄보디아, 라오스, 미얀마, 인도네시아, 필리핀, 태국, 싱가포르, 브루나이, 말레이시아, 베트남이 속한 동남아시아국가연합(ASEAN)의 10개국과 한국, 중국, 일본, 호주, 뉴질랜드, 인도를 포함한 총 16개국의 역내 무역자유화를 위한 협정이다.

11 ③

인사이트 펀드에 대한 설명이다. 인사이트 펀드는 문제의 특징과 함께 운용자의 투자분석에 따라 투자편입비중이 자유롭게 조절된다.

12 ①

페이고는 'Pay as You Go(돈은 벌어들인 만큼만 쓴다)'의 줄임말로, 비용이 수반되는 정책을 만들 때에는 반드시 재원확보 방안을 함께 마련해야 한다는 원칙을 뜻한다.

[오답노트]
④ 기업이 외상으로 제품을 판매한 후 받은 매출채권이나 어음을 할인된 금액으로 미리 현금화하는 방법
⑤ 국제금융거래에 있어서 기준이 되는 런던은행 간 금리(LIBOR)와 실제금리와의 차이

해커스 매경TEST 2주 완성

실전모의고사

- 제1회 실전모의고사

- 제2회 실전모의고사

- 제3회 실전모의고사 최우수 등급 대비

- 정답 및 해설

- OMR 답안지

 제한시간(90분)에 맞춰 실전처럼 모의고사를 풀어본 후, 정답 및 해설 페이지에 있는 바로 채점 및 성적
분석 서비스 QR코드를 스캔하여 응시 인원 대비 본인의 성적 위치를 확인해보세요.

01 ㈜H컴퓨터는 개인용 PC를 주력 제품으로 하여 다양한 컴퓨터를 생산 및 판매하는 중소기업이다. 이 회사는 20X2년도 사업전략회의를 통하여 개인용 PC를 제외한 사무용 및 산업용 PC의 생산을 중단하고 주력 제품인 개인용 PC 위주로 다양한 모델을 개발하여 개인 PC시장에서의 점유율을 집중적으로 올리는 전략안을 채택하였다. 다음의 마케팅전략유형 내지는 관련된 개념들 중에서 이 회사의 사업전략과 가장 연관이 적은 것은 어느 것인가?

① 시장전문화 전략
② 부분시장도달 전략
③ 집중적 마케팅
④ 비차별적 마케팅
⑤ 위험분산 어려움

02 다음 사례에서 설명하는 가격전략을 의미하는 것으로 가장 옳은 것은?

> M햄버거는 바쁜 직장인을 위해 아침식사 메뉴인 'M아침'을 개발하였다. 'M아침'은 토스트, 감자튀김, 커피로 구성되어 있으며, 그 가격은 3,000원으로 결정하였다. 그런데, 소비자의 욕구를 분석해 본 결과 토스트와 커피 또는 감자튀김과 커피만을 원하는 고객이 있어 개별판매를 병행하기로 하였으며, 토스트는 1,500원, 감자튀김 1,000원, 커피 1,000원으로 가격을 결정하였다.

① 순수묶음
② 혼합묶음
③ 종속제품가격
④ 초기고가격
⑤ 손실유도가격

03 경영학 이론에 대한 다음 설명 중 옳지 않은 설명을 모두 고른 것은?

> ─────〈보기〉─────
> A. 테일러의 과학적 관리법은 작업자를 금전적 수입의 극대화에만 관심을 갖는 경제인으로 가정하고 있다.
> B. 포드는 고임금 저노무비의 원칙을 강조하였다.
> C. 호손연구는 '조명실험 → 배전기 전선작업장 실험 → 면접연구 → 계전기 조립작업장 실험'의 순으로 진행되었다.
> D. 관료제 조직은 규범의 명확화, 노동의 분화, 역량 및 전문성에 근거한 인사, 공과 사의 구분, 계층의 원칙, 문서화 등의 특성을 가진다.
> E. 폐쇄시스템의 경계는 모호하고, 개방시스템의 경계는 명확하다.

① A, B
② B, C
③ B, D
④ A, B, C
⑤ B, C, E

04 BCG 매트릭스의 영역 중 다음 설명에 해당하는 영역으로 가장 옳은 것은?

> • 시장의 성장률은 낮지만, 시장의 점유율은 높은 사업을 말한다.
> • 커다란 이윤과 강한 현금흐름의 상황이지만, 시장의 성장기회가 크지 않다.
> • 제품수명주기로 볼 때 성숙기에 해당한다.

① 물음표
② 개
③ 별
④ 현금젖소
⑤ 야생고양이

05 경영혁신기법에 대한 다음 설명 중 가장 옳지 않은 것은?

① SECI모형에서 사회화는 한 사람의 암묵지가 다른 사람의 암묵지로 변환되는 과정이다.
② 학습조직은 벤치마킹이 확대된 개념이다.
③ 균형성과표는 재무적 관점, 고객관점, 내부프로세스관점, 학습과 성장관점 등 4개의 범주로 구성되어 있다.
④ 포화상태의 치열한 경쟁이 펼쳐지는 기존의 시장에서 새로운 아이디어나 기술 등을 적용함으로써 자신만의 새로운 시장을 만드는 것을 퍼플오션 전략이라고 한다.
⑤ 조직이 쇠퇴하면서 규모가 작아지는 것도 다운사이징의 범위에 해당한다.

06 동기부여에 대한 다음 설명 중 옳지 않은 설명을 모두 고른 것은?

<보기>
A. 매슬로우는 결핍욕구뿐만 아니라 진행욕구의 중요성을 강조하였다.
B. 허쯔버그는 조직구조 측면에서 노사나 인사담당부서를 위생요인 담당부문과 동기요인 담당부문을 통합할 것을 제안하고 있다.
C. 맥클리랜드는 인간의 욕구가 학습된 것이기 때문에 인간의 행동에 영향을 미치는 욕구의 서열은 사람마다 다르다고 주장하였다.
D. 브룸은 동기부여의 강도를 기대감, 수단성, 유의성의 합으로 설명하였다.
E. 데시는 어떤 직무에 대하여 내재적 동기가 유발되어 있는 경우에 외재적 보상이 주어지면 내재적 동기가 감소된다고 주장하였다.

① A, B   ② B, C   ③ B, D
④ A, B, C   ⑤ B, C, E

07 리더십에 대한 다음 설명 중 옳지 않은 설명을 모두 고른 것은?

<보기>
A. 강압적 권력, 보상적 권력, 합법적 권력은 개인이 원래 가지고 있는 특성과 관련되어 있는 권력이다.
B. 구조주도는 부하와의 인간관계를 중시하는 정도를 의미하고, 배려는 과업환경의 구조화된 정도를 의미한다.
C. 하우스에 의하면, 비구조적인 상황에서는 후원적 리더가 적합하고, 일상적이고 구조적인 과업상황에서는 지시적 리더가 적합하다.
D. 한 부서가 희소성을 가지게 되면 그 부서의 대체가능성은 낮아지고 권력은 커진다.
E. 임파워먼트는 의미감, 역량감, 자기결정력, 영향력의 4가지의 차원으로 구성되어 있다.

① A, B   ② B, C   ③ B, D
④ A, B, C   ⑤ B, C, E

08 직무 및 확보관리에 대한 다음 설명 중 가장 옳지 않은 것은?

① 직무평가는 직무분석의 연장이며 단지 직무 자체의 가치를 판단하기 위한 것이지 개개인을 평가하는 것이 아니다.
② 직무순환은 집단을 대상으로 하는 직무확대화를 위한 수평적 및 수직적 측면을 동시에 가지고 있는 직무설계의 형태이다.
③ 인적자원의 수요예측을 상향식 방법으로 수행하게 되면 수요가 과소예측될 가능성이 높다.
④ 인적자원의 과잉이 발생하는 경우에는 직무공유제, 조기퇴직제도, 다운사이징, 정리해고 등의 방법을 통해 대응할 수 있다.
⑤ 지원자들에게 모집대상이 되는 직위나 직책에 대한 정확한 정보가 주어져야 한다는 것을 현실적 직무소개라고 한다.

09 앤소프가 주장한 성장전략 중 새로운 제품을 통해 새로운 시장에 진출하는 전략은?

① 원가우위 전략
② 시장개발전략
③ 다각화전략
④ 제품개발전략
⑤ 시장침투전략

10 STP 전략에서 시장세분화가 필요한 이유로 가장 옳지 않은 것은?

① 다양한 소비자욕구를 보다 잘 충족시킬 수 있다.
② 규모의 경제를 달성할 수 있다.
③ 잠재되어있는 고객의 욕구를 발견하여 새로운 시장을 개발할 수 있다.
④ 각 세분시장에 적합한 상표를 개발함으로써 제품시장에서 높은 매출과 점유율을 실현할 수 있다.
⑤ 자사 상표들 간에 발생할 수 있는 불필요한 경쟁을 피하고 전체시장에서 높은 매출을 실현할 수 있다.

11 X재는 열등재이며 수요, 공급의 법칙을 따른다. 최근 경기 불황으로 소비자들의 소득이 감소했고, 원료비 하락으로 X재의 대체재인 Y재 가격이 내렸다. X재의 가격은 최종적으로 상승했다. 다음 중 옳은 설명은? (단, X재의 공급곡선에는 변화가 없었다)

① X재의 거래량은 감소하였다.
② 변화 전후의 두 균형점은 동일한 수요곡선상에 있다.
③ X재의 판매수입이 증가하였다.
④ Y재가 X재의 보완재였다면 X재의 가격은 하락했을 것이다.
⑤ X재 생산자의 생산자잉여는 감소했다.

12 두 재화를 소비하는 소비자가 효용을 극대화하는 최적 소비묶음을 찾는 과정에 대한 다음의 설명 중 옳은 것은?

<보기>
ㄱ. 두 재화 간의 한계대체율과 두 재화의 상대가격비율이 일치하는 수준에서 효용을 극대화하는 최적 소비묶음이 결정된다.
ㄴ. 한 재화의 소비로부터 얻는 소비자의 한계효용과 그 재화의 가격이 일치하는 수준에서 효용을 극대화하는 최적 소비묶음이 결정된다.
ㄷ. 원점에 대해 볼록한 형태의 무차별곡선의 경우 한계대체율 체감이 성립하므로 예산제약선과 무차별곡선의 접점에서 최적 소비묶음이 결정된다.
ㄹ. 두 재화의 가격과 소비자의 소득이 모두 종전의 1.5배 수준으로 올랐다고 할 때, 예산제약선은 원점에서 더 멀어진 위치로 평행이동한다.

① ㄱ, ㄴ　　② ㄱ, ㄷ　　③ ㄴ, ㄷ
④ ㄴ, ㄹ　　⑤ ㄷ, ㄹ

13 그림은 민간 경제의 흐름을 나타낸 것이다. 이에 대한 설명으로 옳은 것은?

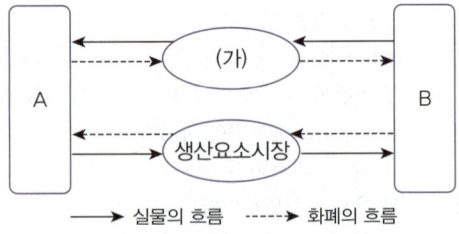

① (가)에서 기업은 공급자, 가계는 수요자이다.
② 임금은 (가)에서 결정된다.
③ A는 조세를 거둬들여 공공재를 생산한다.
④ B는 노동시장에서 공급자이다.
⑤ B는 소비를 통해 만족의 극대화를 추구한다.

14 다음 사례에서 야구 경기 관람의 기회비용은?

주유소에서 아르바이트를 하면 시간당 8,000원, 고깃집에서 아르바이트를 하면 시간당 10,000원을 벌 수 있는 대학생이 아르바이트를 하는 대신에 5시간 동안 8,000원의 입장료를 내고 프로 야구 경기를 관람하였다.

① 50,000원   ② 54,000원   ③ 58,000원
④ 62,000원   ⑤ 66,000원

15 수요의 가격탄력성에 대한 다음 설명 중 옳은 것은?

<보기>
ㄱ. 독점기업은 수요의 가격탄력성이 높은 시장에서 더 높은 가격을 책정하는 것이 판매수입을 증가시키는 데 유리하다.
ㄴ. 똑같은 상품이라 하더라도 단기와 장기를 비교할 때 단기에서 수요의 가격탄력성이 더 작다.
ㄷ. 수요의 가격탄력성이 클수록, 물품세 부과로 인한 경제적 순손실(Deadweight Loss)은 커진다.
ㄹ. 좋은 대체재가 많을수록, 수요의 가격탄력성은 커진다.

① ㄱ, ㄴ   ② ㄱ, ㄹ   ③ ㄴ, ㄷ
④ ㄱ, ㄷ, ㄹ   ⑤ ㄴ, ㄷ, ㄹ

16 다음 표는 두 기업이 선택하는 전략에 따라 발생하는 이윤의 조합을 표시하고 있다. 이와 같은 상황에서 두 기업이 선택할 가능성이 높은 이윤의 조합은? (단, 괄호 안의 첫 번째 숫자는 기업 A의 이윤, 두 번째 숫자는 기업 B의 이윤을 나타낸다)

		기업 B	
		전략 b1	전략 b2
기업 A	전략 a1	(5, 8)	(7, 4)
	전략 a2	(9, 6)	(8, 8)

① (5, 8)   ② (7, 4)   ③ (9, 6)
④ (8, 8)   ⑤ 없음

17 완전경쟁시장에 존재하는 A기업은 고정비용 100원이 들었다. 100개를 생산할 때 평균비용이 2만 원인 경우 조업중단점에 해당하는 상품의 가격은 얼마인가?

① 5,000원   ② 8,000원   ③ 10,000원
④ 15,000원   ⑤ 20,000원

18 A국 정부는 올해부터 생산과정에서 심각한 환경오염을 초래하는 재화에 대해 생산량에 비례해 세금을 물리기로 했다. 다음 중 옳지 않은 것은?

① 재화의 가격이 오를 것이다.
② 현실적으로 이 세금은 최적세율을 찾기 쉬워 실제로 많이 적용되고 있다.
③ 이 세금을 통해 과도하게 생산되고 있는 재화의 생산량이 감소할 것이다.
④ 정부가 부정적인 외부효과로 인한 시장실패를 시정하기 위해 시장에 개입했다.
⑤ 사회적으로 최적인 세금은 재화의 생산이 미치는 부정적인 영향의 크기와 일치해야 한다.

19 무차별곡선의 특징에 대하여 옳은 것은? (단, 두 재화는 모두 효용을 주는 재화이다)

<보기>
ㄱ. 무차별곡선의 기울기는 한계대체율이다.
ㄴ. 원점에서 멀수록 효용이 반드시 큰 것은 아니다.
ㄷ. 소득이 동일한 사람들의 무차별곡선은 동일하지 않을 수 있다.
ㄹ. 무차별곡선은 우하향하며 원점에 대해 오목하다.

① ㄱ, ㄴ   ② ㄱ, ㄷ   ③ ㄴ, ㄷ
④ ㄴ, ㄹ   ⑤ ㄷ, ㄹ

20 시장구조에 대한 다음 설명 중 옳지 않은 것은?

① 자연독점은 규모의 경제가 존재할 때 발생한다.

② 독점적 경쟁시장은 기업들의 제품 차별화와 관련이 깊다.

③ 독점기업의 이윤을 극대화하는 생산량은 한계비용과 한계수입이 일치하는 수준에서 정해진다.

④ 완전경쟁시장의 장기균형상태에서 기술능력이 동일한 기업들의 초과이윤은 0이다.

⑤ 완전경쟁시장에서는 시장 진입과 퇴출이 자유롭기 때문에 기업들이 가격을 자유롭게 결정할 수 있다.

21 소비자가 특정 제품에 대해 가지는 중요성, 관심도와 자신과 관련되었다고 지각하는 정도를 의미하는 것으로 가장 옳은 것은?

① 포지셔닝　　② 전환마케팅

③ 관여도　　　④ 라이프 스타일

⑤ 구매의사결정

22 전략적 제휴에 대한 다음 설명 중 가장 옳지 않은 것은?

① 두 개 이상의 기업이 상호 공동의 관심 또는 목표를 추구하기 위해서 서로 협력하는 전략을 말한다.

② 특별한 관계를 갖고 있지 않았던 기업들이 각자의 독립성을 유지하면서 특정 분야에 한해서 상호보완적이고 지속적인 협력관계를 유지하고자 한다.

③ 둘 또는 그 이상의 기업들이 각각의 약점을 서로 보완하고 경쟁우위를 강화할 수 있다.

④ 본인들의 강점을 공유하기 때문에 직접적인 경쟁관계의 기업과 제휴는 불가능하다.

⑤ 제휴관계에 있는 기업 간에는 대체로 수평적인 관계가 형성된다.

23 현금흐름표에서 재무활동으로 인한 현금흐름에 영향을 미치는 활동으로 가장 옳지 않은 것은?

① 자기주식 취득　　② 유상증자

③ 차입금의 상환　　④ 사채 발행

⑤ 건물의 취득

24 균형성과표(BSC)는 기업의 전략적 목표를 일련의 성과측정지표로 전환할 수 있는 종합적인 틀이다. 균형성과표의 4가지 관점으로 가장 옳지 않은 것은?

① 재무적 관점　　　② 내부프로세스 관점

③ 학습과 성장관점　④ 고객 관점

⑤ 시장 관점

25 최저임금제에 대한 다음 설명 중 가장 옳지 않은 것은?

① 노동시장에서 공급이 과잉일 때 기업은 최저임금 이하의 성과를 창출하는 근로자의 고용을 회피할 가능성이 높다.

② 기업 간 과당경쟁에 의한 임금의 부당한 절하를 방지할 수 있다.

③ 유효수요를 감소시켜 준다.

④ 사회적 정의와 형평의 구현이라는 차원을 반영한다.

⑤ 생계비에도 미달되는 저임금으로 인한 노사분쟁을 예방할 수 있다.

26 다음 자료에 따른 당기수익총액으로 가장 옳은 것은?

- 기초자산 : 50,000원
- 기초부채 : 30,000원
- 기말자산 : 90,000원
- 기말부채 : 40,000원
- 당기비용총액 : 120,000원

① 150,000원 ② 160,000원
③ 170,000원 ④ 180,000원
⑤ 190,000원

27 적대적 M&A와 관련된 전략에 대한 다음 설명 중 가장 옳지 않은 것은?

① 자기주식을 취득하게 되면 인수대상기업의 주식확보를 어렵게 하고 발행주식수도 감소되어 자연히 대주주가 보유하는 주식수를 증가시키는 효과를 얻을 수 있다.

② 파킹은 법률상 제한을 회피할 목적으로 우호적인 관계에 있는 제3자에게 대상기업의 주식을 매입해 일정 기간 보유하도록 하는 것을 말하며, 공격방법에 해당한다.

③ 인수대상기업의 주식을 매집한 후에 적대적 M&A를 포기하는 대가로 프리미엄이 포함된 높은 가격에 주식을 재매입하도록 인수대상기업의 경영자 또는 대주주에게 제안하는 것을 녹색편지라고 한다.

④ 황금낙하산은 기존의 경영진이 적대적 M&A로 인해 임기만료 이전에 타인에 의해 해임되는 경우 거액의 보상금을 지급하도록 하는 고용계약을 말한다.

⑤ 대표적인 독소증권에는 상환우선주, 전환우선주, 신주인수권부사채, 전환사채 등이 있다.

28 조직화에 대한 다음 설명 중 가장 옳지 않은 것은?

① 수평적 분화는 '라인부문의 형성 → 전문스탭의 형성 → 관리스탭의 형성'의 순으로 진행된다.

② 모든 조건이 동일할 경우에 통제의 범위가 좁을수록 수평적 분화가 발생하여 고층구조가 형성되고 통제의 범위가 넓을수록 평면구조가 이루어진다.

③ 계층제의 원칙에는 감독범위의 원칙, 계층단축화의 원칙, 명령일원화의 원칙 등이 있다.

④ 위원회 조직은 경영정책이나 특정한 문제해결에 관련되는 여러 사람들을 각 계층으로부터 선출하여 구성한 위원회가 조직 내에 상시적으로 설치되어 있는 조직형태이다.

⑤ 프로세스 조직은 리엔지니어링에 의해 고객입장에서 기존의 업무처리절차를 재설계하여 획기적인 경영성과를 도모하도록 설계된 조직이다.

29 아래의 정보를 바탕으로 A기업의 입장에서 합병의 순현재가치를 고른 것으로 가장 옳은 것은?

- 합병 전 기업가치 : A기업 260억 원, B기업 10억 원
- 인수가격 : 9억 원
- 합병 후 기업가치 추정액 : 300억 원
- 두 기업 모두 100% 자기자본만으로 구성되어 있음
- 합병은 현금으로 실시하며 다른 조건은 고려하지 않음

① 21억 원   ② 30억 원   ③ 31억 원
④ 40억 원   ⑤ 41억 원

30 주식분할과 주식배당에 대한 다음 설명 중 가장 옳지 않은 것은?

① 주식분할은 지나치게 오른 주가를 투자자가 매입하기 쉬운 수준으로까지 인하하여 유통주식물량을 늘리는 것이 목적이다.

② 주식분할을 하게 되면 자본금이 증가한다.

③ 주식분할이나 주식배당을 하면 주당 순이익은 감소한다.

④ 주식배당을 하면 액면가는 변화하지 않는다.

⑤ 주식배당을 하면 이익잉여금이 감소하고, 자본금이 증가한다.

31 <보기>를 역선택(Adverse Selection)과 도덕적 해이(Moral Hazard)의 개념에 따라 올바르게 구분한 것은?

<보기>
ㄱ. 화재보험에 가입한 건물주가 화재예방을 위한 비용지출을 줄인다.
ㄴ. 건강이 좋지 않은 사람이 민간 의료보험에 더 많이 가입한다.
ㄷ. 실업급여를 받게 되자 구직활동을 성실히 하지 않는다.
ㄹ. 정보를 가지고 있는 자의 자기선택 과정에서 생기는 현상이다.

	역선택	도덕적 해이
①	ㄱ, ㄹ	ㄴ, ㄷ
②	ㄴ, ㄹ	ㄱ, ㄷ
③	ㄱ, ㄴ	ㄷ, ㄹ
④	ㄴ, ㄷ	ㄱ, ㄹ
⑤	ㄷ, ㄹ	ㄱ, ㄴ

32 국제수지에 관한 설명으로 옳지 않은 것은?

① 경상수지의 적자는 꼭 나쁜 것이라고 볼 수 없다.

② 경상수지가 적자일 때 자본수지는 흑자가 될 수도 있다.

③ 경상수지가 흑자라는 것은 외국에서 벌어들인 돈이 외국에 지불한 돈보다 더 많다는 의미이다.

④ 경상수지가 흑자일 때 국가 입장에서는 무조건 좋다.

⑤ 경상수지가 적자라는 것은 외국에서 벌어들인 돈보다 외국에 지불한 돈이 더 많다는 의미이다.

33 다음 중 투표의 역설을 가장 잘 설명하고 있는 것은?

① 다수결투표제가 사회구성원의 선호를 가장 잘 반영한다는 보장이 없다.

② 모든 사람을 만족시키는 투표제도는 존재하지 않는다는 역설적인 현상을 말한다.

③ 개인의 선호는 일관성을 갖더라도 사회 선호는 일관성을 갖지 않는 현상을 말한다.

④ 투표의 역설과 중위투표자 정리는 동시에 발생한다.

⑤ 점수투표제하에서도 투표의 역설이 발생할 가능성이 있다.

34 이 나라의 완전고용 국민소득이 4,000이라고 할 때, 정부지출을 증가시켜 완전고용을 달성하고자 하는 경우의 추가 정부지출규모(A)와 감세정책을 통하여 완전고용을 실현하고자 하는 경우의 감세규모(B)로 옳은 것은? (단, Y는 국민소득이며, 민간소비(C), 조세(T), 투자(I)가 아래와 같고 재정은 균형 상태이다)

$$C = 200 + 0.8(Y - T),\ T = 400,\ I = 400$$

① A: 120, B: 150

② A: 150, B: 120

③ A: 300, B: 450

④ A: 450, B: 300

⑤ A: 800, B: 1,000

35 표는 A국의 국내총생산(GDP)을 나타낸 것이다. 이에 대한 분석으로 옳지 않은 것은?

(20X1년 기준, 단위 : 억 원)

구 분	20X1년	20X2년	20X3년	20X4년
명목GDP	500	550	600	660
실질GDP	500	540	600	680

① 20X1년보다 20X2년에는 물가가 상승하였다.
② 20X2년의 실질 경제성장률은 8%이다.
③ 20X3년 물가수준은 20X1년 물가수준과 동일하다.
④ 20X3년보다 20X4년의 실질 경제성장률이 더 낮다.
⑤ 20X4년에는 20X3년보다 물가가 하락하였다.

36 빈칸에 들어갈 내용으로 옳은 것은?

> 완전경쟁시장에서 이윤극대화를 추구하는 기업은 생산물시장에서 제품가격이 (ㄱ)과 일치하는 수준에서 생산량을 결정한다. 동시에 노동시장에서 임금이 (ㄴ)와(과) 일치하는 수준에서 노동수요를 결정한다.

① ㄱ : 한계비용, ㄴ : 한계생산가치
② ㄱ : 한계비용, ㄴ : 평균생산가치
③ ㄱ : 한계수입, ㄴ : 한계생산가치
④ ㄱ : 한계수입, ㄴ : 평균생산가치
⑤ ㄱ : 한계수입, ㄴ : 한계비용

37 다음의 상황을 타개하기 위해 정부가 취해야 할 재정 정책과 금융 정책으로 적합한 것은?

> 지난달 신규실업자가 60만 명을 넘어서며 같은 달 기준 10년 만에 최대를 기록했다. 신종 코로나바이러스 감염증(코로나19) 사태 여파로 구직활동에 나섰는데도 일자리를 얻지 못한 신규실업자가 늘어난 것으로 풀이된다. 16일 통계청의 구직기간별 실업자 통계에 따르면 지난 7월 구직기간이 3개월 미만인 이른바 '신규 실업자'는 1년 전보다 7만 3천 명 늘어난 60만 6천 명으로 집계됐다……(후략)

	재정 정책	금융 정책
①	소득세 인하	이자율 인상
②	소득세 인상	재할인율 인하
③	법인세 인하	국채 매입
④	법인세 인상	재할인율 인상
⑤	조기 예산 집행	지급준비율 인상

38 물가지수와 관련된 설명 중 옳은 것은?

① 화폐가치는 물가지수에 비례한다.
② 새로 지어 분양한 아파트는 GDP디플레이터에 포함된다.
③ 생산자물가지수(PPI)는 비교연도의 수량을 가중치로 이용한다.
④ 소비자물가지수(CPI)는 수입재 가격 변동이 반영되지 않는다.
⑤ GDP디플레이터는 명목GDP에서 실질GDP를 차감한 것에 100을 곱해 산출한다.

39 (가), (나)에 대한 설명으로 옳은 것은?

> (가) 우리나라 국민의 미국 유학이 증가하였다.
> (나) 우리나라 기업의 특허권과 상표권 판매를 통한 달러 유입이 증가하였다.

① (가)는 원/달러 환율 상승 요인이다.
② (가)는 국내 외환시장에서 달러의 공급 감소 요인이다.
③ (나)는 원화가치 절하 요인이다.
④ (나)로 인해 환율이 변동한다면 이는 미국에 대한 상품 수출에 유리하게 작용한다.
⑤ (가)와 (나)가 동시에 발생하면 원/달러 환율은 상승한다.

40 다음 중 본원통화가 증가하는 경우가 아닌 것은?

① 국제수지 흑자 규모가 늘어난다.
② 정부가 중앙은행에 맡겨둔 예금을 인출한다.
③ 중앙은행이 금융시장에서 유가증권을 매입한다.
④ 정부가 재정자금 수요를 위해 중앙은행으로부터 차입한다.
⑤ 중앙은행이 통화가치 안정을 위해 외환시장에서 달러를 매각한다.

41 A기업의 요약 포괄손익계산서는 다음과 같다. A기업의 영업이익으로 가장 옳은 것은?

계정과목	금액(억 원)
매출액	120
매출원가	60
판매비와 관리비	20
법인세	5

① 30억 원 ② 35억 원 ③ 40억 원
④ 50억 원 ⑤ 60억 원

42 다음 중 경영권방어 수단으로 가장 옳지 않은 것은?

① 흑기사 ② 역공개매수
③ 황금낙하산 ④ 이사임기교차제
⑤ 독소조항

43 소비자 행동에 대한 다음 설명 중 옳지 않은 설명을 모두 고른 것은?

> ─〈보기〉─
> A. 일상적 문제해결은 고객들이 동일제품을 반복구매하여 그 제품에 대한 상당한 경험을 가지고 있고 제품의 성능에 대해 매우 만족하고 있을 때 발생하고, 수정재구매가 일상적 문제해결에 해당한다.
> B. 소비자는 관여도가 높을수록 일상적 문제해결의 행동을 보이며, 관여도가 낮을수록 포괄적 문제해결의 행동을 보이게 된다.
> C. 습관적 구매행동은 구매하는 제품에 대하여 비교적 저관여 상태이며 제품의 각 상표 간 차이가 뚜렷한 제품을 구매하는 경우에 발생하는 구매행동을 말한다.
> D. 관여도는 상대적이고 주관적인 개념이다.

① A, B ② B, C ③ B, D
④ A, B, C ⑤ B, C, D

44 어떤 대상이 속한 집단에 대한 지각을 바탕으로 지각대상을 판단하는 지각오류를 무엇이라고 하는가?

① 후광효과 ② 투영효과
③ 통제의 환상 ④ 자성적 예언
⑤ 상동적 태도

45 마이클 포터의 산업구조분석기법에 대한 다음 설명 중 가장 옳지 않은 것은?

① 동태적 분석에 해당한다.
② 산업의 집중도가 낮을수록 산업 내 경쟁이 치열해져 산업수익률은 낮아지게 된다.
③ 제품차별화 정도가 높을수록 산업수익률은 높아지게 된다.
④ 공급자의 교섭력과 소비자의 교섭력은 수직적인 힘에 해당한다.
⑤ 경쟁기업과의 동질성이 높을수록 산업수익률은 낮아지게 된다.

46 시스템이론에 대한 다음 설명 중 가장 옳은 것은?

① 엔트로피는 전체가 부분의 합보다 크다는 것을 의미한다.
② 시스템은 과정지향성, 전체성, 이인동과성의 속성을 가진다.
③ 폐쇄시스템의 경계는 모호하고, 개방시스템의 경계는 명확하다.
④ 환경이나 상황이 바뀌게 되면 유효한 관리방식이나 조직이 달라져야 한다.
⑤ 하나의 전체시스템은 다수의 하위시스템으로 구성되어 있다.

47 다음 자료에 의하여 정확한 당기순손익을 계산한 것으로 가장 옳은 것은?

• 상품매출이익	70,000원	• 이자수익	50,000원
• 이자비용	60,000원	• 임대수익	40,000원
• 급여	30,000원	• 보험료	20,000원

① 이익 50,000원
② 손실 50,000원
③ 이익 40,000원
④ 손실 40,000원
⑤ 이익 30,000원

48 베타(β)에 대한 다음 설명 중 가장 옳지 않은 것은?

① 베타(β)는 시장수익률의 변동에 대한 개별주식 수익률의 민감도를 의미한다.
② 베타(β)가 1보다 크면 공격적 자산이고 베타(β)가 1보다 작으면 방어적 자산이다.
③ 베타는 음의 값을 가질 수 없다.
④ 시장포트폴리오의 베타(β)는 1이다.
⑤ 베타(β)는 시장포트폴리오의 위험, 즉 시장전체의 위험을 1로 보았을 때 개별주식이 가지는 체계적 위험의 크기를 의미한다.

49 ㈜경영은 공장 건물을 신축하기 위해 ㈜행정으로부터 장부가액이 각각 50,000원과 100,000원인 건물과 토지를 300,000원에 일괄 취득하였다. 취득 즉시 ㈜경영은 기존 건물을 철거하면서 철거비 20,000원을 지출하였고 공장 건물 신축공사를 시작하였다. ㈜경영이 인식할 토지의 취득원가는?

① 150,000원
② 170,000원
③ 300,000원
④ 320,000원
⑤ 470,000원

50 제품수명주기상 (A)영역에 해당하는 설명으로 가장 옳지 않은 것은?

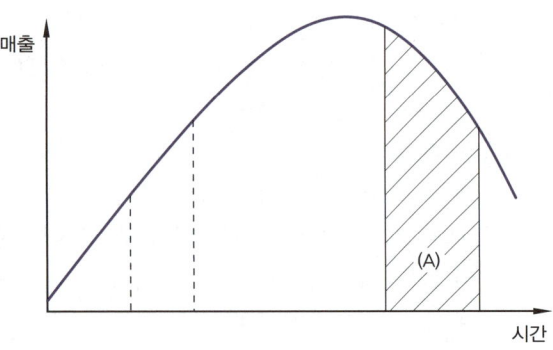

① 판매량의 급격한 감소
② 가격하락과 이윤감소현상 발생
③ 최대한 수확을 극대화시키는 것이 목적
④ 구매수요의 발굴
⑤ 신규고객의 진입 감소

51 호성과 미진은 X재와 Y재만을 소비한다. X재의 가격은 10, Y재의 가격은 20이다. 현재 소비점에서 X재, Y재 소비의 한계효용은 각각 다음과 같다. 다음 설명 중 가장 옳은 것은? (단, 한계효용은 체감한다)

구 분	X재 소비의 한계효용	Y재 소비의 한계효용
호 성	10	5
미 진	3	6

① 호성은 현재 소비점에서 효용극대화를 달성하고 있다.
② 호성은 X재 소비를 줄이고 Y재 소비를 늘려 효용을 증가시킬 수 있다.
③ 호성은 X재 소비를 늘리고 Y재 소비를 줄여 효용을 증가시킬 수 있다.
④ 미진은 X재 소비를 줄이고 Y재 소비를 늘려 효용을 증가시킬 수 있다.
⑤ 미진은 X재 소비를 늘리고 Y재 소비를 줄여 효용을 증가시킬 수 있다.

52 국내총생산(GDP)과 관련된 설명으로 옳은 것은?

① GDP는 특정한 시점의 한 나라의 총생산량이다.
② 폐쇄경제에서는 GDP와 GNI가 같아진다.
③ GDP에 교역조건 변화에 따른 무역 손익을 더하면 GNP가 된다.
④ 한국 기업들의 매출을 모두 더하면 GDP와 같아진다.
⑤ GDP에는 한국 기업이 베트남에서 생산한 재화의 가치도 포함된다.

53 정부가 경기 진작을 위해 소득세를 감면하고 정부 부채를 증가시켰다고 하자. 이런 정책의 효과가 커질 수 있는 조건이 아닌 것은?

① 소득에 대한 한계소비성향이 높다.
② 정부 부채 증가가 이자율 상승을 초래하지 않는다.
③ 소비자들이 먼 미래를 생각하지 않고 현재 중심으로 소비에 임한다.
④ 신용제약에 걸려 은행으로부터 차입하기 어려운 소비자들이 존재한다.
⑤ 소비자들이 정부 부채 증가를 미래에 조세 증가로 메울 것으로 기대한다.

54 다음은 어떤 나라의 고용과 관련한 자료다. 이 자료에 대한 설명으로 옳은 것은?

구 분	20X1	20X6
경제활동참가율	70%	80%
취업률	96%	92%
생산가능인구	10,000명	12,000명

<보기>
ㄱ. 20X6년에 취업자 수는 증가했다.
ㄴ. 20X1년과 20X6년 모두 고용률이 50% 미만이다.
ㄷ. 20X6년에 비경제활동인구는 감소했다.
ㄹ. 20X1년에 비해 총수요는 증가했을 것이다.

① ㄱ, ㄴ   ② ㄱ, ㄷ   ③ ㄴ, ㄷ
④ ㄴ, ㄹ   ⑤ ㄷ, ㄹ

55 미국 달러에 대한 원화 환율이 하락하는 경우, 혜택을 보는 경제주체들만을 모두 고르면?

─────────〈보기〉─────────
ㄱ. 수입 원자재를 이용하지 않는 완제품을 미국에 수출하는 국내 기업
ㄴ. 국내에서 원화로 임금을 받아 미국에 달러로 송금해야 하는 미국 근로자
ㄷ. 국내로 여행 오는 미국 관광객
ㄹ. 미국으로 어학연수를 떠나는 우리나라 학생
ㅁ. 미국 현지에 토지를 구입하여 농장을 지으려는 한국인
ㅂ. 미국 채권을 가지고 있는 국내 투자자

① ㄱ, ㄷ, ㅂ   ② ㄴ, ㄷ, ㅁ
③ ㄴ, ㄹ, ㅁ   ④ ㄱ, ㄹ, ㅂ
⑤ ㄱ, ㄹ, ㅁ

56 다음 표는 각 사람이 하루에 생산할 수 있는 의류와 기계의 양이다. 다음 설명 중 가장 옳은 것은? (단, 생산가능곡선은 가로축에 의류, 세로축에 기계를 표시한다)

구 분	갑	을
의류(벌)	6	8
기계(대)	6	16

① 갑이 의류와 기계 모두 절대우위를 가지고 있다.
② 갑의 생산가능곡선의 기울기가 을의 생산가능곡선의 기울기보다 더 가파르다.
③ 을이 모두 다 잘 만들기 때문에 비교우위론으로는 무역이 불가능하다.
④ 의류 1벌당 기계 1.5대와 교환하면 갑, 을 모두에게 이익이다.
⑤ 갑, 을 모두 특화품목의 기회비용은 작아진다.

57 구축효과(Crowding-Out Effect)에 관한 설명으로 옳은 것은?

─────────〈보기〉─────────
ㄱ. 조세를 인하할 경우 총수요 증가효과가 이자율 상승으로 인한 민간투자의 감소로 상쇄되는 현상을 의미한다.
ㄴ. 조세를 인상할 경우 민간부문의 가처분소득이 감소하여 소비지출이 감소하는 현상을 의미한다.
ㄷ. 정부지출을 확대할 경우 민간부문의 투자지출이 감소하는 현상을 의미한다.
ㄹ. 통화 공급량을 감소시킬 경우 이자율이 상승하여 민간부문의 투자지출이 감소하는 현상을 의미한다.

① ㄱ, ㄴ   ② ㄱ, ㄷ   ③ ㄴ, ㄷ
④ ㄴ, ㄹ   ⑤ ㄷ, ㄹ

58 원화 환율이 오직 구매력평가설에 의해 결정되는 경우 지난 1년 동안 한국 물가가 3%, 미국 물가가 8% 상승했다면 원화 환율(원/달러) 변동 폭은 얼마인가?

① 2% 하락   ② 5% 상승   ③ 5% 하락
④ 11% 상승   ⑤ 11% 하락

59 합리적 기대(Rational Expectations)와 적응적 기대(Adaptive Expectations)에 대한 다음 설명 중 옳지 않은 것은?

① 합리적 기대란 경제주체가 어떤 변수를 예측할 때 현재 이용 가능한 모든 정보를 이용하는 것을 말한다.

② 적응적 기대란 경제주체들이 어떤 변수를 예측할 때 최근에 실현된 변수값을 근거로 기대를 형성하는 것을 말한다.

③ 미래의 변수값에 대한 합리적인 기대를 형성하면 예측오차가 발생하지 않는다.

④ 경제주체들이 현재의 정부정책에 관한 정보를 기대 형성에 활용하는 것은 합리적 기대의 한 예가 될 수 있다.

⑤ 노동자가 올해 인플레이션율이 작년과 동일할 것이라고 예상하는 것은 적응적 기대의 한 예다.

60 국내 쌀시장의 수요곡선과 공급곡선이 다음 그림에서와 같이 주어졌다고 하자. 국제시장의 쌀 가격이 10이고 국내시장의 개방이 국제시장 균형가격에 영향을 미치지 않는다고 할 때 다음 설명 중 옳은 것은?

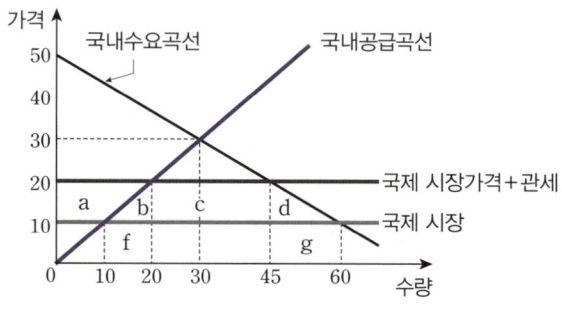

<보기>
ㄱ. 쌀시장 개방 후 국내 소비자들의 쌀 소비량은 60이고 이 중에서 국내균형생산량 10을 뺀 나머지가 수입된다.
ㄴ. 쌀시장 개방 후 10의 관세를 부과하면 국내 생산자잉여는 관세부과 전보다 200 증가한다.
ㄷ. 쌀시장 개방 후 10의 관세를 부과하면 관세부과 전보다 125의 자중손실이 발생한다.
ㄹ. 관세부과로 인한 관세수입은 400이다.

① ㄱ, ㄴ   ② ㄱ, ㄷ   ③ ㄴ, ㄷ
④ ㄴ, ㄹ   ⑤ ㄷ, ㄹ

61 기업의 핵심영역만 보유하고 나머지 부분은 아웃소싱하는 조직으로 가장 옳은 것은?

① 네트워크 조직   ② 행렬 조직
③ 프로젝트팀 조직   ④ 프로세스 조직
⑤ 부문별 조직

62 다음 설명 중 (　　　) 안에 들어갈 용어로 가장 옳은 것은?

> 파레토 법칙은 20%의 우량 고객이 80%의 매출과 이익을 발생시킨다는 것이다. 정보사회에서는 이를 (　　　)(이)란 용어로 표현하기도 한다. 웹 2.0 시대에는 (　　　)을(를) 통하여 상위 20%에게는 어텐션을 추구하고 하위 80%에게는 개인화를 추구하여 모든 웹 사용자를 만족시켜야 한다.

① 크라우드소싱   ② 롱테일
③ 데이터 마트   ④ 빅 데이터
⑤ 사이버 불링

63 다음에서 설명하는 것은 무엇인가?

> 동일한 인건비하에서 고용을 중시하는 방안으로 종업원의 계속고용을 위해 노사 간의 합의를 통해 일정 연령을 기준으로 생산성에 맞추어 임금을 하락하도록 조정하는 대신 소정의 기간 동안 고용을 보장해 주는 제도이다.

① 임금피크제   ② 타임오프제
③ 직무공유제   ④ 브로드밴딩
⑤ 최저임금제

64 직무의 중요도나 가치에 따라 유사한 수준의 직무를 묶어 밴드로 설정하고 밴드 내에서 최대임금과 최소임금의 폭을 결정하는 것을 의미하는 것으로 가장 옳은 것은?

① 직무급   ② 브로드밴딩

③ 차별적 성과급제   ④ 성과급

⑤ 임금수준

65 다음에서 설명하는 것은 무엇인가?

> 제품이나 업무수행과정 등 경영의 어느 특정 부문에서 최고의 성과를 올리고 있는 다른 기업을 선정하고 그 부문에서 우리 기업과 그 기업 사이의 차이를 비교·검토한 후에 학습과 자기혁신을 통해 성과를 올리려는 지속적인 노력이다.

① 다운사이징   ② 리엔지니어링

③ 리스트럭처링   ④ 학습조직

⑤ 벤치마킹

66 다음에서 설명하는 것은 무엇인가?

> 자재가 재화나 서비스로 전환되는 과정(공급자, 제조)과 재화나 서비스가 고객에게 전달되는 모든 과정(운송 및 보관, 유통 및 판매)에 있는 구성체(요소) 사이의 상호연결된 것이다.

① 가치사슬   ② SWOT 분석

③ 공급사슬   ④ VRIO 분석

⑤ 채찍효과

67 온라인에서 제품 정보를 얻은 뒤 오프라인 매장에서 구매하는 것을 의미하는 것으로 가장 옳은 것은?

① 옴니채널   ② 쇼루밍   ③ O2O

④ 역쇼루밍   ⑤ 모루밍

68 자신들의 상품을 각종 구설수에 휘말리도록 함으로써 소비자들의 이목을 집중시켜 판매를 늘리려는 마케팅으로 가장 옳은 것은?

① 넛지 마케팅   ② 니치마케팅

③ 래플마케팅   ④ 앰부시 마케팅

⑤ 노이즈마케팅

69 다음에서 설명하는 것은 무엇인가?

> • 기업의 소유주(주주, 채권자)와 대리인(경영자)과의 상충된 이해관계로 인하여 발생하는 비용이다.
> • 감시비용, 확증비용, 잔여손실 등이 있다.

① 매몰비용   ② 실패비용

③ 대리인비용   ④ 예방비용

⑤ 평가비용

70 다수의 동종 또는 유사기업이 경쟁을 제한하고 시장의 독점적 지배를 위해 경제적 독립성과 법률적 독립성을 유지하면서 기업 간 협정을 통해 결합하는 기업 집단화의 형태를 의미하는 것으로 가장 옳은 것은?

① 트러스트　　　　　② 카르텔
③ 기업의 인수 및 합병　　④ 콘체른
⑤ 전략적 제휴

71 다음에서 설명하는 것으로 가장 적절한 것은?

> 이 비율은 은행의 안정성과 건전성 제고를 위해 위험 자산에 대해 최소 8% 이상 자기자본비율을 유지하게끔 하는 국제적 기준이다.

① BIS　　② LIBOR　　③ BSI
④ CSI　　⑤ EB

72 다음에서 설명하는 것으로 적절한 것은?

> 상장지수펀드라고도 하며 KOSPI200이나 특정 자산을 추종하도록 설계된 펀드이다. 해당 주가지수에 편입된 주식의 바스켓(10개 이상의 주식 조합)과 동일하게 펀드를 구성하고, 이에 따라 발행된 주식이나 수익증권을 한국거래소에 상상해 일반 개인들도 거래할 수 있도록 한 것이다.

① ETF　　② DLS　　③ ELD
④ ELS　　⑤ ETN

73 다음 빈칸에 해당하는 시사 개념은 무엇인가?

> 요즘 국내에서는 세탁, 청소 생필품, 식음료, 반려동물 등 다양한 분야에서 (　　　　) 생태계가 형성되고 있다. (　　　　)는 소비자가 기업의 회원으로 가입하고 매달 일정 금액을 지불하면 정기적으로 물건을 배송받거나 서비스를 이용할 수 있는 경제모델이다.

① 공유경제　　　　　② 긱 경제
③ 온디맨드 경제　　　④ 구독경제
⑤ 플랫폼 경제

74 다음 빈칸에 들어갈 용어로 적절한 것은?

> 시중의 풍부한 유동성으로 인해 전환사채(CB)나 신주인수권부사채(BW) 등 (　　　　) 발행이 잇따라 공모에 성공하고 있다. (　　　　)은(는) 건물 1층과 2층 사이에 있는 라운지 공간을 의미하는 이탈리아어로, 채권과 주식의 중간 위험 단계에 투자하는 것을 의미한다.

① 메자닌　　　　② 리니언시
③ 애자일　　　　④ 코아피티션
⑤ 리브라

75 다음 빈칸에 들어갈 용어로 적절한 것은?

> 스프레드란 국제금융 거래에 있어서 기준이 되는 (　　　　)와 실제 금리와의 차이를 말한다.

① 코픽스(COFIX)
② 리보(LIBOR)
③ MOR
④ 기준금리
⑤ 코리보(KORIBOR)

76 다음에서 설명하는 것으로 적절한 것은?

> 국내시장에서 외국기업보다 자국기업의 활동이 부진한 현상 또는 시장을 개방한 이후 국내시장을 외국계 자금이 대부분 차지하는 것을 가리킨다.

① 잠김 효과
② 윔블던 효과
③ 밴드왜건 효과
④ 로빈후드 효과
⑤ 스파게티볼 효과

77 다음에서 설명하는 것으로 적절한 것은?

> 아시아 개도국들이 사회간접자본을 건설할 수 있도록 자금 등을 지원하기 위해 중국 주도로 설립된 국제금융기구이다.

① 아세안 경제공동체
② 아시아 개발은행
③ 아시아 인프라 투자은행
④ EDCF
⑤ USMCA

78 다음 내용에서 설명하고 있는 제도는?

> 금융기관이 예기치 못한 손실을 영업 과정에서 입는 경우, 정부나 중앙은행의 자금지원 없이도 스스로 일정 정도의 손실을 감당할 수 있도록 최소 자본을 사전적으로 유지하는 제도이다.

① 재판매가격유지제도
② 자기자본규제제도
③ 의무공개매수제도
④ 출자총액제한제도
⑤ 무역구제제도

79 아래에서 설명하는 내용에 해당하는 단어는?

> 중국중서부, 중앙아시아, 유럽을 경제권역으로 하는 육상 실크로드 경제벨트와 중국남부, 동남아시아의 바닷길을 연결하는 해상 실크로드를 통해 아시아경제공동체를 건설하자는 구상이다.

① 일대일로
② 환태평양경제동반자협정
③ 아세안경제공동체
④ 아시아 인프라 투자은행
⑤ 태평양 동맹

80 다음에서 설명하는 용어는?

> 자회사가 채무불이행, 즉 디폴트(Default) 상태일 때 모회사가 지급 능력을 보증해주는 약정이다.

① 텀론　　② 킵웰　　③ 에스크로
④ 업틱룰　　⑤ 포크배럴

01 경영전략에 대한 다음 설명 중 가장 옳지 않은 것은?

① VRIO 분석은 기업이 가지고 있는 자산에 대하여 내부보유가치, 보유한 자산의 희소성, 모방가능성의 정도, 조직의 관점에 입각한다.

② SWOT 분석은 현재 기업이 가지고 있는 자원과 역량을 분석하는 기술적 분석방법이다.

③ 산업구조분석은 수평적 힘으로 산업 내 경쟁, 신규진입자, 대체재의 존재를 고려하고, 수직적 힘으로 공급자와 소비자의 교섭력을 고려하였다.

④ 균형성과표는 주주와 고객을 위한 외부적인 측정치와 내부프로세스의 개선 및 학습과 성장이라는 내부적인 측정치 간의 균형을 이루어야 한다.

⑤ BCG 매트릭스에서 상대적 시장점유율이 1보다 크다는 것은 해당 사업부가 시장에서 가장 높은 성장률을 나타내고 있음을 의미한다.

02 경영자와 기업에 대한 다음 설명 중 가장 옳지 않은 것은?

① 경영자는 '소유경영자 → 고용경영자 → 전문경영자'의 순으로 변화되어 왔다.

② 경영자의 의사결정역할에는 외형적 대표자, 리더, 교신자 등이 있다.

③ 카츠는 경영자가 수행해야 할 역할을 위한 능력을 개념적 능력, 인간적 능력, 기술적 능력의 세 가지로 분류하였다.

④ 합자회사는 무한책임을 지는 출자자와 유한책임을 지는 출자자로 구성되는 기업형태를 말한다.

⑤ 수평적 결합은 같은 산업에서 생산활동단계가 비슷한 기업 간에 이루어지는 통합을 의미한다.

03 다음 설명에 해당하는 전자상거래 유형은?

> • 온라인이 오프라인으로 옮겨 온다는 뜻이다.
> • 온라인과 오프라인이 결합되어 새로운 가치를 만들어내는 전자상거래 방식이다.

① B2C   ② C2C   ③ P2P
④ O2O   ⑤ B2E

04 촉진에 대한 다음 설명 중 가장 옳지 않은 것은?

① 푸시 전략은 제조업자가 최종소비자에게 직접 촉진활동을 하지 않고 유통업자를 통해 촉진하는 방법이고, 풀 전략은 제조업자가 최종소비자에게 촉진활동을 함으로써 소비자가 자사제품을 찾도록 하는 전략이다.

② GRP는 1,000명의 사람에게 도달하는데 드는 비용을 의미한다.

③ 최종 소비를 목적으로 하는 소비재는 다양한 촉진수단 중 광고의 중요성이 더 크며, 중간 소비를 목적으로 하는 산업재의 경우에는 인적판매와 같은 촉진수단이 더 중요해지게 된다.

④ 긍정적 측면만을 전달하는 것을 일면적 메시지라고 하며, 장점과 단점 모두를 제시하는 것을 양면적 메시지라고 한다.

⑤ 고관여 제품의 경우에는 신뢰성이 높은 전문가를 광고모델로 기용함으로써 내면화를 유도할 수 있으며, 저관여 제품의 경우에는 매력도가 높은 유명인이나 일반인을 광고모델로 기용하여 동일화를 유도할 수 있다.

05 기업집단화와 관련된 다음 설명 중 가장 옳지 않은 것은?

① 카르텔에 참여하는 기업들은 경제적 및 법률적으로 완전히 독립되어있기 때문에 협정에 구속력이 없다.

② 트러스트는 기업의 인수 및 합병과 같다고 할 수 있다.

③ 현금흐름의 상관도가 낮은 두 기업을 합병하면 현금흐름을 보다 원활히 할 수 있어 재무위험이 감소되는 등 M&A를 통한 위험분산효과를 얻을 수 있다.

④ 한 기업이 다른 기업 또는 사업의 순자산을 양도받고 다른 기업 또는 사업은 법률적으로 소멸하는 것을 흡수합병이라고 한다.

⑤ 인수대상기업의 주주들은 공개매수를 통해 장내보다 저렴한 가격에 주식을 매수할 수 있다.

06 원래 어떤 재화에 대한 수요·공급함수가 각각 $Q^d = 100 - 2P$, $Q^s = 10 + 4P$ 였으나, 소비자의 선호 변화로 수요함수가 $Q^d = 80 - 3P$로 변화하였다. 가격과 균형수급량의 변화는?

① 5원 상승, 10만큼 감소
② 5원 상승, 20만큼 감소
③ 5원 하락, 15만큼 감소
④ 5원 하락, 20만큼 감소
⑤ 10원 하락, 20만큼 감소

07 다음과 같이 환율 변동 추세가 지속될 경우에 대한 설명으로 옳은 것은?

구 분	20X1년	20X2년
원/달러 환율의 변동률	−1%	−6%
원/엔 환율의 변동률	2%	5%

① 원화 대비 엔화의 가치가 하락한다.
② 달러화 대비 원화의 가치가 하락한다.
③ 우리나라 대미 수출품의 달러화 표시 가격은 하락한다.
④ 우리나라 기업의 달러화 표시 외채 상환부담은 감소한다.
⑤ 일본으로부터 원자재를 수입하는 우리나라 기업의 부담은 감소한다.

08 어떤 상품의 수요곡선은 $P = 14 - 2Q$, 공급곡선은 $P = 8$로 주어졌다고 한다. 정부가 이 상품에 대하여 단위당 2원씩 물품세를 부과할 경우 이러한 조세 부과에 따른 효율성손실을 계산하면?

① 1 　　② 2 　　③ 3 　　④ 4 　　⑤ 5

09 소비이론에 대한 설명으로 옳은 것을 고르면?

<보기>
ㄱ. 케인즈의 소비함수에서 평균소비성향은 소득이 증가함에 따라 감소한다.
ㄴ. 항상소득가설에 의하면 평균소비성향은 현재소득 대비 항상소득 비율에 의존한다.
ㄷ. 생애주기가설에 따르면 현재소득이 증가하면 현재 소비도 반드시 증가한다.
ㄹ. 쿠즈네츠는 단기에서 평균소비성향이 대략 일정하다는 것을 주장하였다.

① ㄱ, ㄴ 　　② ㄱ, ㄷ 　　③ ㄴ, ㄷ
④ ㄴ, ㄹ 　　⑤ ㄷ, ㄹ

10 다음 사례에 대한 옳은 설명을 <보기>에서 고른 것은?

> A국에서는 시장균형가격보다 낮은 수준에서 X재의 정부결정가격을 고시하고, 그 가격보다 높은 가격으로 거래하는 것을 금지하고 있다.

<보기>
ㄱ. X재 시장에 최고가격제가 실시되고 있다.
ㄴ. X재 시장에 초과공급의 문제가 나타나고 있다.
ㄷ. X재가 거래되는 암시장이 형성되었을 가능성이 있다.
ㄹ. X재 수요의 증가는 정부 정책의 부작용을 해소하는 방안이 된다.

① ㄱ, ㄴ   ② ㄱ, ㄷ   ③ ㄴ, ㄷ
④ ㄴ, ㄹ   ⑤ ㄷ, ㄹ

11 허쉬와 블랜차드의 수명주기이론에서 부하의 성숙도가 가장 높은 단계에 적합한 리더십으로 가장 옳은 것은?

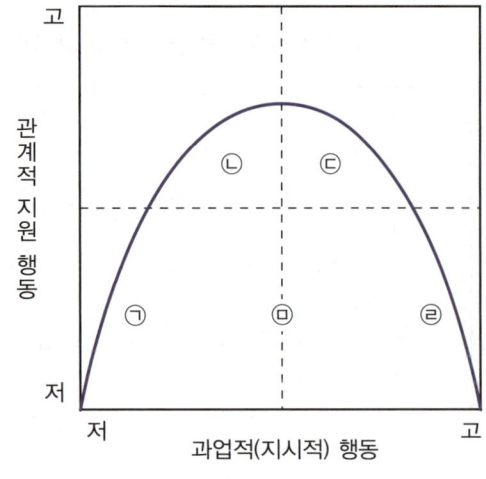

① ㉠   ② ㉡   ③ ㉢   ④ ㉣   ⑤ ㉤

12 산업구조분석에서 산업에 영향을 미치는 다섯 가지 요인으로 가장 옳지 않은 것은?

① 공급자의 교섭력   ② 구매자의 교섭력
③ 산업 간 경쟁   ④ 대체재의 존재
⑤ 진입장벽

13 다음 설명 중 가장 옳지 않은 것은?

① 호손연구는 공식조직은 무시하고 비공식조직만을 강조하였다는 비판을 받았다.
② 테일러는 '경영의 과학화'에 관심을 가졌지만, 페이욜은 '노동의 과학화'에 주로 관심을 가졌다.
③ 포드 시스템은 시장 수요변동에 대처하기 위한 제품이나 생산설비의 변경이 쉽지 않아 유연성이 떨어진다는 한계점을 보인다.
④ 경영정보시스템은 경영자가 의사결정을 수행하는 데 필요한 정보를 제공하는 것을 목적으로 한다.
⑤ 시스템이론에서 엔트로피는 시스템이 쇠퇴하고 소멸되어 가는 과정을 말한다.

14 다음 표는 자동차에 대한 속성점수를 나타낸 것이다. 다음 표를 참조하여 보완적 방식과 사전식 방법을 통해 선택되는 브랜드로 순서대로 열거한 것으로 가장 옳은 것은?

속 성	중요도	브랜드		
		A	B	C
안전성	50	4	5	3
디자인	30	2	4	3
가 격	20	4	2	3

① A, A   ② B, A   ③ B, B
④ C, B   ⑤ C, C

15 제품수명주기 중 성숙기에 해당하는 BCG 매트릭스의 영역으로 가장 옳은 것은?

① 물음표   ② 문제아   ③ 별
④ 현금젖소   ⑤ 개

16 총공급곡선을 이동시키는 원인이 아닌 것은?

─────＜보기＞─────
ㄱ. 수출대상국의 경기 위축
ㄴ. 새롭게 개발된 지식으로 인한 생산성 향상
ㄷ. 무역국 대비 자국화폐 가치 상승
ㄹ. 생산에 필요한 자원들의 급격한 가격 상승

① ㄱ, ㄴ   ② ㄱ, ㄷ   ③ ㄴ, ㄷ
④ ㄴ, ㄹ   ⑤ ㄷ, ㄹ

17 표의 ㉠~㉣에 대한 옳은 설명만을 ＜보기＞에서 있는 대로 고른 것은? (단, 준비 자산은 제외한다)

구 분	지급액	수취액
경상수지	㉠	㉡
금융계정	㉢	㉣

─────＜보기＞─────
ㄱ. 자국민이 해외여행을 위해 지출한 외화는 ㉠에 포함된다.
ㄴ. 자국 상품의 수출액은 ㉡에 포함된다.
ㄷ. 외국 기업에 지급한 특허권 사용료는 ㉢에 포함된다.
ㄹ. 외국 정부가 제공한 차관은 ㉣에 포함된다.

① ㄱ, ㄴ   ② ㄱ, ㄷ   ③ ㄷ, ㄹ
④ ㄱ, ㄴ, ㄹ   ⑤ ㄴ, ㄷ, ㄹ

18 다음 설명 중 옳은 것을 모두 고르면?

─────＜보기＞─────
ㄱ. 한계저축성향을 알면 정부지출승수를 알 수 있다.
ㄴ. 구축효과는 확대재정정책이 이자율을 하락시켜 투자를 증가시키는 현상이다.
ㄷ. 승수효과란 정부구입이 1원 증가하면 총수요는 1원보다 큰 폭으로 증가하는 현상이다.
ㄹ. 정부가 세금을 인하하여 소비지출을 촉진하면 승수효과가 발생할 수 있다.

① ㄱ, ㄴ   ② ㄱ, ㄷ, ㄹ   ③ ㄴ, ㄷ, ㄹ
④ ㄷ, ㄹ   ⑤ ㄱ, ㄴ, ㄷ, ㄹ

19 실업에 대한 설명으로 옳은 것은?

① 실업자는 열심히 직장을 찾다가 구직활동을 포기한 사람이다.
② L은 경제활동인구, E는 취업자 수라면 실업률은 $1-E/L$로 나타낼 수 있다.
③ 구직자들이 직장을 구하는 과정에서 발생하는 실업을 구조적 실업이라 한다.
④ 실업보험은 실업의 고통을 완화해 주고 실업을 감소시킨다.
⑤ 다른 조건이 모두 동일한 상태에서 고교 졸업생 중 취업자는 줄고 대학 진학자가 증가하였다면, 취업률은 감소하지만 고용률은 변화가 없다.

20 다음 설명 중 옳은 것은?

① 두 개의 재화만 생산하는 경제의 생산가능곡선이 원점에 대하여 오목한 경우, 한 재화의 생산을 줄이고 다른 재화의 생산을 늘릴 때, 한계변환율은 체증한다.

② 단기적인 상황에서 MP3 시장의 수요곡선이 좌측으로 이동하면 가격은 하락하고, 거래량도 감소할 것이다. 낮은 가격에서는 공급도 감소할 것이며, 그 결과 공급곡선이 왼쪽으로 이동하여 거래량은 감소하겠지만, 가격은 다시 상승하게 될 것이다.

③ 균형가격보다 낮게 정해진 최저가격은 공급과잉을 초래하여 시장가격을 더 낮아지게 하고, 균형가격보다 높게 정해진 최고가격은 공급부족을 유발하여 시장가격을 더 오르게 한다.

④ 기펜재의 경우 대체효과와 소득효과가 함께 작용하며, 소득효과의 절댓값이 대체효과의 절댓값보다 작기 때문에 수요량의 변화와 가격의 변화가 같은 방향으로 움직이게 한다.

⑤ 두 상품이 완전대체재인 경우 무차별곡선의 형태는 L자형이다.

21 다음 중 선발의 원칙에 해당하는 것으로 짝지어진 것으로 가장 옳은 것은?

<보기>	
A. 적재적소적시의 원칙	B. 인재육성의 원칙
C. 균형의 원칙	D. 적합성의 원칙
E. 형평성의 원칙	F. 효율성의 원칙

① A, B, C   ② A, D, E
③ B, D, E   ④ C, D, E
⑤ D, E, F

22 마케팅믹스에 대한 다음 설명 중 가장 옳지 않은 것은?

① 상표명, 품질, 디자인, 제품특징, 포장 등 실제로 구매되는 물리적인 제품을 실제제품이라고 한다.

② 가격차별이 성공하기 위해서는 차익거래가 발생하지 않아야 한다.

③ 가격-품질연상효과를 이용한 가격전략은 명성가격이다.

④ 신제품 수용과정은 인지, 평가, 관심, 시용구매, 수용의 순서대로 이루어진다.

⑤ 선택적 유통경로전략은 선매품의 경우에 많이 활용된다.

23 다음에서 설명하는 광고의 유형으로 가장 옳은 것은?

> • 초기에는 일부분만 드러내고 호기심을 자극한 후에 점차 전체 모습을 구체화시키는 광고를 의미한다.
> • 처음에는 상표명이나 광고주를 알아볼 수 있는 메시지를 피하게 된다.

① 부정적 광고   ② 잠재의식광고
③ 인포머셜   ④ 티저광고
⑤ 역광고

24 재무제표 중 재무상태표를 통해 파악할 수 있는 정보로 가장 옳지 않은 것은?

① 해당 기업의 자본구조는 어떠한가?
② 현재 기업이 보유하고 있는 현금의 규모는 얼마인가?
③ 현재 기업의 부채비율은 얼마인가?
④ 현재 기업이 보유하고 있는 유동자산과 유동부채의 규모는 얼마인가?
⑤ 올해 수익은 얼마나 달성하였는가?

25 다음 중 재무관리의 목표로 가장 옳지 않은 것은?

① 주식가치의 극대화
② 자기자본가치의 극대화
③ 기업가치의 극대화
④ 이윤의 극대화
⑤ 주주 부의 극대화

26 다음 자료에 대한 분석으로 옳은 것은?

> X재 시장에서 공급이 증가하여 X재 가격이 1% 하락하였다. 표는 이에 따른 갑 ~ 병의 X재 수요량 증가율을 나타낸다.
>
> | 구 분 | 갑 | 을 | 병 |
> |---|---|---|---|
> | 수요량증가율(%) | 0 | 0.5 | 2 |

> ─────〈보기〉─────
> ㄱ. 갑의 X재 수요는 가격에 대해 단위탄력적이다.
> ㄴ. 을의 X재 소비 지출액은 감소한다.
> ㄷ. 병의 X재 소비 지출액은 증가한다.
> ㄹ. 갑, 을, 병의 X재 소비 지출액의 합은 감소한다.

① ㄱ, ㄴ   ② ㄱ, ㄷ   ③ ㄴ, ㄷ
④ ㄱ, ㄴ, ㄷ   ⑤ ㄴ, ㄷ, ㄹ

27 기업 A가 직면하는 X재의 수요곡선은 P=1,200, 한계비용은 $MC=500+\frac{1}{2}Q$이다. 그런데 X재를 생산하면 환경오염이 발생하고 그 비용이 X재 한 단위당 500이다. 이 기업의 ㉠사적 이윤극대화 생산량(Q_m)과 ㉡사회적으로 바람직한 생산량(Q_c)은 각각 얼마인가? (단, P는 가격, Q는 생산량이다)

	㉠	㉡
①	1,400	400
②	1,400	600
③	1,800	400
④	1,800	600
⑤	2,000	800

28 효율성임금가설에 대한 설명으로 옳지 않은 것의 개수는?

> ─────〈보기〉─────
> ㄱ. 효율성임금가설에 의하면 기업의 노동수요는 노동의 한계생산성과 명목임금이 같아지는 수준에서 결정된다.
> ㄴ. 효율성임금가설은 비자발적 실업을 설명하고자 한다.
> ㄷ. 효율성임금가설에 의하면 노동자의 근로의욕은 명목임금의 크기에 의해 결정된다.
> ㄹ. 효율성임금가설에 의하면 노동자의 생산성은 실질임금에 의하여 좌우된다.
> ㅁ. 인적자본이 많이 축적된 근로자의 임금이 그렇지 못한 근로자의 임금과 같아야 한다.

① 0개   ② 1개   ③ 2개   ④ 3개   ⑤ 4개

29 수확체감의 법칙이 작용하고 있을 때 총생산물, 평균생산물, 한계생산물에 대한 설명으로 옳지 않은 것은?

① 총생산물은 감소할 수 있다.
② 평균생산물은 증가할 수 있다.
③ 한계생산물은 반드시 감소한다.
④ 총생산물, 평균생산물과 달리 한계생산물은 증가할 수 있다.
⑤ 한계생산물이 평균생산물보다 크다면 평균생산물은 반드시 증가한다.

30 A재의 가격탄력성이 0.4이며, 가격은 2,000원이다. 정부가 A재 소비량을 20% 감소시키고자 할 때, 가격의 적정 인상분은?

① 1,000원 ② 2,000원 ③ 3,000원
④ 4,000원 ⑤ 5,000원

31 증권시장선에 대한 다음 설명 중 가장 옳지 않은 것은?

① 증권시장선의 기울기는 시장프리미엄을 나타낸다.
② 체계적 위험은 분산투자를 통해 제거가능하다.
③ 총위험에서 체계적 위험이 차지하는 비중이 클수록 증권시장선의 설명력은 증가한다.
④ 개별자산 또는 포트폴리오의 시장위험에 대한 위험 프리미엄의 균형점들을 연결해 놓은 선이다.
⑤ 시장포트폴리오의 베타(β)는 1이다.

32 다음 중 유동비율을 증가시키는 활동으로 가장 옳지 않은 것은?

① 선수금 증가   ② 매출채권 증가
③ 재고자산 증가   ④ 미수금 증가
⑤ 현금 증가

33 ㈜경영은 20X0년 1월 1일에 기계장치를 50만 원에 취득하여 사용하기 시작하였다. 기계장치의 내용연수는 10년이고, 잔존가치는 취득원가의 20%이다. 감가상각방법은 정액법을 사용하며 월할 상각한다. 이때 20X1년 말의 감가상각누계액은 얼마인가?

① 50,000원   ② 60,000원
③ 70,000원   ④ 80,000원
⑤ 90,000원

34 다음 중 마이클 포터가 제시한 국가경쟁우위 다이아몬드 모형의 구성요소에 포함되는 것으로 가장 옳지 않은 것은?

① 요소 조건
② 수요 조건
③ 관련 및 지원 산업
④ 전략 및 구조와 경쟁
⑤ 정부정책

35 인적판매는 판매원이 직접 소비자와 대면하여 쌍방향 의사소통을 통해 재화와 서비스를 구매하도록 권유하고 설득하는 촉진활동이다. 이러한 인적판매의 장점으로 가장 옳지 않은 것은?

① 판매원과 소비자 간의 쌍방향 의사소통이 가능하다.
② 각각의 소비자에게 적합한 서비스와 보다 많은 정보를 정확하게 제공할 수 있다.
③ 광범위한 소비자인식을 발생시킬 수 있다.
④ 시간과 비용의 낭비가 적다.
⑤ 명백하고 즉각적인 피드백이 가능하다.

36 중앙은행이 은행의 법정지급준비율을 낮추었다고 할 때, 다음 중 기대되는 효과로 옳은 것은?

① 수입이 증가하여 무역적자가 감소할 것이다.
② 신용승수가 감소할 것이다.
③ 기업의 투자가 증가할 것이다.
④ 실업률과 인플레이션율이 모두 상승할 것이다.
⑤ 호경기의 대책으로 물가를 낮추는 효과를 가져올 것이다.

37 표는 갑국의 경제 지표를 나타낸다. 이에 대한 분석으로 옳은 것은?

구 분	20X1년	20X2년	20X3년
명목GDP(억 달러)	100	110	120
경제성장률(%)	3	5	5

* 기준연도는 20X1년이고, 물가수준은 GDP디플레이터로 측정함

** 20X1 ~ 20X3년 갑국의 전년 대비 인구 증가율은 3%로 매년 동일함

<보기>
ㄱ. 20X2년과 20X3년의 전년 대비 실질GDP 증가액은 동일하다.
ㄴ. 20X2년의 GDP디플레이터는 100보다 크다.
ㄷ. 20X1년보다 20X3년의 1인당 실질GDP가 작다.
ㄹ. 20X2년, 20X3년 모두 전년보다 물가 수준이 상승하였다.

① ㄱ, ㄴ   ② ㄱ, ㄷ   ③ ㄴ, ㄹ
④ ㄱ, ㄴ, ㄷ   ⑤ ㄴ, ㄷ, ㄹ

38 기업의 생산활동과 생산비용에 대한 설명으로 옳지 않은 것은?

① 평균비용이 증가할 때 한계비용은 평균비용보다 작다.
② 단기에 기업의 총비용은 총고정비용과 총가변비용으로 구분된다.
③ 낮은 생산수준에서 평균비용의 감소추세는 주로 급격한 평균고정비용의 감소에 기인한다.
④ 완전경쟁기업의 경우, 단기에 평균가변비용이 최저가 되는 생산량이 생산중단점이 된다.
⑤ 고정비용이 존재할 경우 평균고정비용은 생산이 증가함에 따라 반드시 감소한다.

39 다음 표는 시장을 양분하고 있는 갑과 을의 전략(가격인하정책과 가격인상정책)에 따른 보수행렬이다. 갑과 을이 전략을 동시에 선택하는 일회성 게임에 관한 설명으로 옳지 않은 것은? (단, 괄호 속의 왼쪽은 갑의 보수, 오른쪽은 을의 보수를 나타낸다)

갑＼을	가격인하정책	가격인상정책
가격인하정책	(500, 500)	(900, 400)
가격인상정책	(300, 800)	(700, 600)

① 갑은 을의 전략과 무관하게 가격인하정책을 선택하는 것이 합리적이다.
② 갑이 가격인상정책을 선택할 것으로 을이 예상하는 경우 을은 가격인상정책을 선택하는 것이 합리적이다.
③ 갑과 을의 합리적 선택에 따른 결과는 파레토 효율적이지 않다.
④ 내쉬균형(Nash Equilibrium)이 한 개 존재한다.
⑤ 을에게는 우월전략이 존재한다.

40 공공재에 관한 설명으로 옳지 않은 것은?

<보기>
ㄱ. 각 개인의 수요를 수직적으로 합하여 공공재의 수요곡선을 도출하는 이유는 공공재의 비경합성 때문이다.
ㄴ. 무임승차문제는 소비의 비경합성으로 인해 발생하며 정부가 그 재화를 공급해야 하는 이유가 된다.
ㄷ. 소비에 있어서 요금을 지불하지 않은 사람을 배제하는 것이 불가능하더라도 소비에 경합성이 작용한다면 시장에서 그러한 재화를 공급하는 것이 가능하다.
ㄹ. 공공부문이 어떤 재화를 공급한다면 그것은 공공재가 되기 위한 충분조건이 된다.

① ㄱ, ㄴ
② ㄱ, ㄷ, ㄹ
③ ㄴ, ㄷ, ㄹ
④ ㄷ, ㄹ
⑤ ㄱ, ㄴ, ㄷ, ㄹ

41 다음 시장세분화의 기준 중 그 성격이 다른 하나는?

① 구매 또는 사용상황
② 라이프스타일
③ 소비자가 추구하는 편익
④ 제품의 사용경험
⑤ 충성도

42 승진에 대한 다음 설명 중 가장 옳은 것은?

① 자격승진은 연공주의나 능력주의에 입각하여 인적자원이 상위직급으로 이동하는 것을 말한다.
② 직급승진을 위해서는 상위직급의 특정직무가 공석이 되어야 한다.
③ 자격승진은 상대평가를 원칙으로 한다.
④ 승진의 원칙에는 적재적소적시의 원칙, 인재육성의 원칙, 균형의 원칙이 있다.
⑤ 조직변화승진은 조직변화를 통해 대용승진의 기회를 확대하는 방법이다.

43 매슬로우의 욕구단계이론에서 세 번째 단계에 해당하는 욕구로 가장 옳은 것은?

① 생리적 욕구
② 존경(자존) 욕구
③ 안전 욕구
④ 소속(사회적) 욕구
⑤ 자아실현 욕구

44 성격에 대한 다음 설명 중 가장 옳지 않은 것은?

① 긍정심리자본은 자기효능감, 희망, 낙관주의, 회복력의 구성요소를 가진다.
② A형의 경우는 인간관계측면에서 유리하고, B형의 경우는 업무처리측면에서 상대적으로 유리하다.
③ 빅 파이브 모형은 성실성, 우호성, 경험에 대한 개방성, 외향성, 신경증성향의 5가지 특성을 고려한다.
④ 통제의 위치에 따라 성격은 내재론자와 외재론자로 구분한다.
⑤ 자존심이 높을수록 직무만족과 동기부여 향상에 긍정적이다.

45 기업의 현금흐름을 증가시키는 활동으로 가장 옳지 않은 것은?

① 유상증자를 실시한다.
② 매출채권을 회수한다.
③ 사채를 발행한다.
④ 자기주식을 취득한다.
⑤ 건물을 매각한다.

46 기업이 제품 18개를 팔 때에는 개당 2만 원을 받을 수 있지만 21개를 팔 때에는 개당 1만 원을 받을 수 있다. 네 번째 노동의 한계수입생산은 얼마인가?
(단, 기타 생산요소는 변하지 않는다고 가정한다)

〈노동 투입과 총생산〉

노동(단위)	0	1	2	3	4	5
총생산(개)	0	8	14	18	21	23

① 1만 원　　② 3만 원　　③ 9만 원
④ 18만 원　　⑤ 21만 원

47 비용곡선들 간의 관계에 관한 다음의 <보기>에서 옳은 것을 고르면?

―――――――〈보기〉―――――――
ㄱ. 평균고정비용은 산출량과 관계없이 일정하다.
ㄴ. 평균비용은 평균가변비용과 평균고정비용의 합으로 계산된다.
ㄷ. 평균가변비용이 증가할 때 한계비용은 평균가변비용보다 크다.
ㄹ. 한계비용이 평균비용보다 클 때 평균비용은 감소할 수 있다.

① ㄱ, ㄴ　　② ㄱ, ㄷ　　③ ㄴ, ㄷ
④ ㄴ, ㄹ　　⑤ ㄷ, ㄹ

48 표는 갑국과 을국이 쌀 1kg과 고기 1kg을 생산하는 데 드는 비용을 나타낸 것이다. 이에 대한 옳은 설명을 고른 것은?

구 분	갑 국	을 국
쌀 1kg	10달러	20달러
고기 1kg	12달러	15달러

―――――――〈보기〉―――――――
ㄱ. 갑국은 쌀과 고기 생산에 모두 절대우위가 있다.
ㄴ. 쌀 1kg과 고기 1kg을 교환하는 조건일 때, 을국의 쌀에 대한 고기의 기회비용은 감소한다.
ㄷ. 각 국가가 비교우위가 있는 재화에 특화하여 무역할 경우 특화품목의 기회비용은 작아진다.
ㄹ. 갑국과 을국이 교역할 경우, 고기 1kg의 교역 조건은 쌀 0.75kg과 1.2kg 사이에서 결정된다.

① ㄱ, ㄴ　　② ㄱ, ㄹ　　③ ㄴ, ㄷ
④ ㄴ, ㄹ　　⑤ ㄷ, ㄹ

49 단기에서 완전경쟁기업과 독점기업에 대한 설명으로 옳은 것은?

<보기>
ㄱ. 한계비용과 한계수입이 일치하는 곳에서 공급량이 결정된다.
ㄴ. 가격이 평균비용 이하로 내려갈 경우 기업은 조업을 중단할 것이다.
ㄷ. 완전경쟁기업의 경우에는 P = MC이지만 독점기업의 경우에는 P > MC이다.
ㄹ. 완전경쟁기업과 달리 독점기업에서는 초과설비가 존재한다.

① ㄱ, ㄴ　　② ㄱ, ㄷ　　③ ㄴ, ㄷ
④ ㄱ, ㄴ, ㄹ　　⑤ ㄱ, ㄷ, ㄹ

50 독점적 경쟁시장에 대한 설명으로 옳지 않은 것은?

① 독점시장과 동일하게 가격이 한계비용보다 크다.
② 개별 기업은 차별화된 상품을 공급하며, 우하향하는 수요곡선에 직면한다.
③ 개별 기업은 자신의 가격책정이 다른 기업의 가격결정에 영향을 미친다고 생각하면서 행동한다.
④ 개별 기업은 단기에는 초과이윤을 얻을 수 있지만, 장기에는 정상이윤을 얻는다.
⑤ 수요곡선이 수평이 아니므로 장기균형점에서 초과설비가 발생한다.

51 다음의 재무비율 중 활동성 분석을 위한 재무비율로 가장 옳은 것은?

① 매출액증가율　　② 매출채권회전율
③ 유동비율　　④ 부채비율
⑤ 당좌비율

52 담배회사가 흡연을 줄이기 위한 담배갑에 혐오스러운 사진이나 경고문구를 표시하는 마케팅기법으로 가장 옳은 것은?

① 동시 마케팅　　② 개발 마케팅
③ 자극 마케팅　　④ 역마케팅
⑤ 대항 마케팅

53 해외시장 진출전략을 수출에 의한 진출, 계약에 의한 진출, 직접투자에 의한 진출로 구분할 때 그 성격이 다른 하나는?

① 그린필드 투자　　② 라이선싱
③ 프랜차이징　　④ 턴키 프로젝트
⑤ 국제하청계약

54 위험과 포트폴리오 이론에 대한 다음 설명 중 가장 옳지 않은 것은?

① 공분산이 (+)이면 두 주식의 수익률이 기대수익률을 중심으로 같은 방향으로 움직인다는 것을 의미한다.
② 상관계수가 +1인 경우에 포트폴리오의 위험은 그 표준편차와 완전한 양(+) 선형관계를 가지기 때문에 위험감소효과가 없다.
③ 포트폴리오를 구성하는 주식수가 증가할수록 위험은 증가한다.
④ 포트폴리오의 기대수익률은 투자비율만 일정하면 상관계수와 관계없이 일정하다.
⑤ 포트폴리오의 위험은 투자비율이 일정하더라도 주식 수익률 간의 상관계수에 따라 달라진다.

55 다음 중 주식회사의 기관에 해당하지 않는 것은?

① 채권단   ② 이사회   ③ 주주총회

④ 감사   ⑤ 대표이사

56 소득불평등도 지수에 관한 설명으로 옳지 않은 것은?

① 10분위 분배율은 0과 2의 값을 가지며 2에 가까울 수록 소득분배가 균등해진다.

② 로렌츠(M. Lorenz)곡선은 하위 몇 %에 속하는 사람들이 전체 소득에서 차지하는 비율을 나타내는 점들의 궤적이다.

③ 지니계수는 로렌츠곡선을 이용해서 계산할 수 있다.

④ 지니계수는 전체 인구의 평균적인 소득격차의 개념을 활용하고 있다.

⑤ 지니계수는 0과 1의 값을 가지며 1에 가까울수록 소득분배가 균등해진다.

57 코즈의 정리에 관한 설명으로 옳지 않은 것은?

① 정부가 소유권을 설정하면, 자발적 거래에 의하여 시장실패가 해결된다는 정리이다.

② 외부효과에 대한 재산권이 누구에게 설정되든지 관계없이 해결 가능하다는 이론이다.

③ 외부불경제의 경우 이해당사자 중 가해자와 피해자를 명확하게 구분하지 않더라도 코즈의 정리를 적용할 수 있다.

④ 외부성 문제해결에 있어서 효율성과 형평성을 동시에 고려하는 해결방안이다.

⑤ 코즈의 정리는 외부성 관련 당사자들이 부담해야 하는 거래비용이 작을 때 적용이 용이하다.

58 다음 표에 대한 분석으로 가장 옳은 것은? (단, 갑, 을국의 수요의 가격탄력성은 탄력적, 비탄력적 중 하나이다)

〈A제품에 대한 국가별 시장 조사 결과〉

구 분	갑 국	을 국
현재 판매량	1,000개	500개
원화로 환산한 현재 가격	1만 원	1만 원
필수재로 인식하는 소비자의 비율	높 다	낮 다
가계의 소비 예산에서 차지하는 비중	작 다	크 다

① A제품을 판매하는 기업은 갑국에서 가격을 내리는 전략을 통해 기업의 판매 수입을 극대화할 것이다.

② 을국에서 A제품의 수요의 가격탄력성은 0보다 크고 1보단 작을 것이다.

③ A제품의 가격이 변화할 때 갑국의 수요량은 을국의 수요량보다 덜 민감하게 나타난다.

④ A제품은 을국보다 갑국에서 대체재가 더 많을 것이다.

⑤ A제품은 을국보다 갑국에서 공산품에 가까울 것이다.

59 다음은 기획재정부와 농림축산식품부가 추진하는 가격규제 정책에 대한 설명이다. 자료에 대한 설명으로 가장 옳지 않은 것은?

> 최근 물가의 급등으로 인해 서민 경제가 어려워지자 기획재정부는 쌀값 안정을 위한 가격규제를 추진하고 있다. 반면 농림축산식품부는 쌀 재배에 따른 생산비 상승에 비해 쌀의 시장가격이 낮게 형성되고 있어 적절한 쌀 가격 보전을 위한 가격규제의 필요성을 요구하고 있다.

> 조건 1. 각 정부 부처는 (가) 또는 (나) 중 어느 하나를 가격규제 정책으로 추진하고 있다.
> 조건 2. (가)는 P_1에서, (나)는 P_2에서 가격규제가 이루어지고 있다.

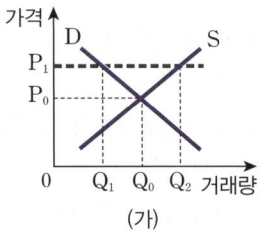 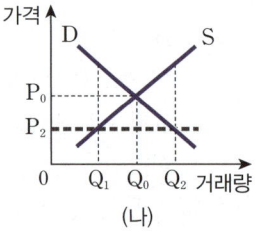

(가) (나)

① 농림축산식품부는 (가)의 가격규제 정책을, 기획재정부는 (나)의 가격규제 정책의 실시를 요구하고 있다.
② 가격규제 이후 시장에서 판매되는 쌀의 거래량은 (가)와 (나)가 같다.
③ 가격규제 이후 시장에서 판매되는 쌀의 총 거래액은 (가)가 (나)보다 더 크다.
④ (나)는 (가)와 달리 암시장이 형성될 수 있다.
⑤ 두 제도 모두 사회적 후생손실이 발생한다.

60 다음은 우리나라의 외환 시장에 영향을 주는 요인들이다. (가)~(라)의 현상이 독립적으로 나타났을 때 우리나라 국민의 생활 모습에 대한 추론으로 가장 옳지 않은 것은? (단, 제시된 것 외에 다른 경제적 요인에는 변화가 없으며, 모든 거래는 달러로 이루어진다고 가정한다)

> <보기>
> (가) 국가신용도 하락으로 외국인의 국내 투자가 지난해의 1/3 수준으로 감소하였다.
> (나) 국내 조류독감 파동으로 달걀과 달걀 가공품의 수입이 지난해보다 5배 증가하였다.
> (다) 한류의 영향으로 문화 예술 저작권의 해외 판매액이 큰 폭으로 증가하였다.
> (라) 국민총소득의 감소로 해외 상품에 대한 1인당 지출이 감소하였다.

① (가), (나) 현상이 동시에 나타나면 우리나라의 경상수지는 일시적으로 개선된다.
② (나), (다) 현상이 동시에 나타나면 우리 정부의 외채 상환부담을 증가시킨다.
③ (다), (라) 현상이 동시에 나타나면 미국으로 수출하는 재화의 가격 경쟁력은 낮아진다.
④ (가)와 (다)는 외환의 공급 측면에, (나)와 (라)는 외환의 수요 측면에 영향을 미친다.
⑤ 위의 네 가지 현상은 한 국가에서 동시에 나타날 수 있다.

61 다음 설명하는 개념으로 가장 옳은 것은?

> • 기업이 환경, 기아, 빈곤, 보건 같은 사회적 이슈를 기업의 이익 추구를 위해 활용하는 마케팅 기법으로 '대의 마케팅'이라고도 불린다.
> • 마이클 포터가 제시한 공유가치창출전략의 구체적인 실천 방안이다.
> • 제품 판매와 기부를 연결하는 게 주요한 특징이다.

① 앰부시 마케팅　　② 뉴로 마케팅
③ 넛지 마케팅　　④ 캐즘 마케팅
⑤ 코즈 마케팅

62 다음에서 설명하는 것은 무엇인가?

> • 1987년 모토롤라에 근무하던 마이켈 해리에 의해 창안된 개념으로 실제 업무상 실현될 수 있는 가장 낮은 수준의 불량을 의미한다.
> • 2ppb 또는 3.4ppm의 불량수준을 의미한다.

① 2시그마　　② 3시그마　　③ 4시그마
④ 5시그마　　⑤ 6시그마

63 유통업체가 제조업체 브랜드 대신 자사 브랜드를 붙여 판매하는 상품을 의미하는 것으로 가장 옳은 것은?

① 신상표　　　　　② 자체상표
③ 공동브랜드　　　④ 패밀리브랜드
⑤ 상표

64 다음 설명에 해당하는 것으로 가장 옳은 것은?

> 공통의 활용요소를 바탕으로 본연의 역할도 수행하지만, 보완적인 파생 제품을 개발하거나 제조할 수 있는 기반으로 스마트 시대에 인터넷 사업자, 콘텐츠 제공자, 사용자, 기기 제조사 등 다양한 주체들이 만나는 매개지점이다.

① 가상현실　　　　② 유비쿼터스
③ 증강현실　　　　④ 사물인터넷
⑤ 플랫폼

65 반도체의 설계 디자인을 전문으로 하는 기업으로부터 제조를 위탁받아 반도체를 생산하는 기업을 무엇이라고 하는가?

① 파운드리　　　　② 공급자
③ 로스 리더　　　　④ REITs
⑤ 알파벳 주식회사

66 다음 빈칸에 들어갈 말로 가장 적절한 것은?

> 서부 텍사스산 원유(WTI)를 기초자산으로 삼고 있는 (　　　)의 대다수가 녹인(Knock-In) 리스크에 노출되면서 이 상품에 투자한 이들이 패닉상태에 빠졌다. 국제 유가가 신종 코로나바이러스 감염증(코로나19) 사태로 인한 수요 감소와 원유시장 선물 만기가 겹치면서 마이너스로 추락했기 때문이다. (　　　)은(는) 증권사에서 주식을 비롯한 실물자산, 금리 등 다양한 기초자산을 토대로 수익을 결정하는 증권이다.

① ETF　　　　② DLS　　　　③ ELD
④ ELS　　　　⑤ ETN

67 다음에서 설명하는 것으로 적절한 것은?

> 창업기업들이 3년쯤 지나면 자금난에 빠지는 현상으로, 창업기업들이 사업화 과정에서 자금조달, 시장진입 등 어려움을 겪으며 통상 3~7년 차 기간에 주저앉게 되는 경우를 일컫는다.

① 루이스 전환점　　② 낙수 효과
③ 데스 밸리　　　　④ 분수 효과
⑤ 리쇼어링

68 달러 인덱스란 6개국 통화에 대한 달러 가치를 지수화한 것이다. 다음 중 달러 인덱스 대상 통화에 해당하지 않는 것은?

① 유로　　　　　　② 일본 엔
③ 영국 파운드　　　④ 중국 위안
⑤ 스웨덴 크로네

69 다음 빈칸에 들어갈 개념으로 적절한 것은?

> 기존의 금융회사를 거치지 않고 별도의 플랫폼을 이용해 개인과 개인이 돈을 빌려주고 이자를 받는 새로운 방식으로 소셜론(Social Loan)이라고도 불린다. (　　　)대출은 서비스를 제공하는 플랫폼은 자금의 중개에 대한 수수료만 취할 뿐 대출금에 대한 납부를 보증할 의무를 지지 않는다.

① O2O　　　② O4O　　　③ P2P
④ B2C　　　⑤ G2C

70 다음에서 설명하는 것으로 적절한 것은?

> 브라질, 아르헨티나, 우루과이, 파라과이 등 남미 국가 간 무역장벽을 없애기 위해 1991년 창설된 남미공동시장이자 경제공동체이다. 2012년 베네수엘라가 정식 가입해 정회원국이 5개국으로 증가하였다.

① RCEP　　　　② CPTPP
③ PIIGS　　　　④ USMCA
⑤ MERCOSUR

71 사용자가 올바른 웹페이지 주소를 입력해도 가짜 웹페이지로 보내는 피싱 기법으로 가장 옳은 것은?

① 스푸핑　　　　② 스니핑
③ 스미싱　　　　④ 서비스 거부 공격
⑤ 파밍

72 다음 설명에 해당하는 것으로 가장 옳은 것은?

> 지리적으로 분산된 네트워크 환경에서 수많은 컴퓨터와 저장장치, 데이터베이스 시스템 등과 같은 자원들을 고속 네트워크로 연결하여 그 자원을 공유할 수 있도록 하는 방식이다.

① NFC　　　　　② 크라우드 컴퓨팅
③ 그리드 컴퓨팅　④ 텔레매틱스
⑤ 메타버스

73 투자자들로부터 자금을 모아 부동산이나 부동산 관련 자본·지분에 투자하여 발생한 수익을 투자자에게 배당하는 회사나 투자신탁을 의미하는 것으로 가장 옳은 것은?

① SPAC　　　② REITs　　　③ PB
④ STP　　　　⑤ ESG

74 변화의 속도가 빨라지면서 기존에 존재하던 것들의 경계가 뒤섞이는 현상을 의미하는 것으로 가장 옳은 것은?

① 파킹　　　　　② 빅 블러
③ 레드오션　　　④ 황금낙하산
⑤ 프리보드

75 현실세계와 같은 사회·경제·문화 활동이 이뤄지는 3차원 가상세계를 일컫는 말로 가장 옳은 것은?

① 인포데믹
② 프롭테크
③ Web 2.0
④ 텔레매틱스
⑤ 메타버스

78 다음 빈칸에 들어갈 말로 알맞은 것은?

> 연방준비제도(Fed)는 경기평가 보고서인 (　　　)을 통해 미국 경기 회복 속도가 '보통 이하'라고 전망했다. '불확실성'이라는 단어가 20차례나 등장했다. Fed는 일부 지역 소매 판매가 정체되고 향후 은행의 연체율 증가가 우려된다는 점을 지적했다.

① 레드북
② 오렌지북
③ 그린북
④ 베이지북
⑤ 블랙북

76 주식시장에서 선물이 현물시장을 좌지우지하는 현상을 일컫는 용어는 무엇인가?

① 턴어라운드
② 블록딜
③ 왝더독
④ 언더독
⑤ 마일스톤 징크스

79 아래에서 설명하는 것으로 적절한 것은?

> 연 2.5~2.6%대 금리의 전환대출용 상품으로 2015년 3월 판매되었다. 변동금리 또는 이자만 부담하는 주택담보대출자가 2%대 고정금리, 분할상환 대출로 변경하기 위한 전환대출용 상품이다.

① 안심전환대출
② 대환대출
③ 보금자리론
④ 햇살론
⑤ 새희망홀씨대출

77 다음에서 설명하는 것으로 적절한 것은?

> 금융기관의 방만한 운영으로 발생한 부실자산이나 채권만을 사들여 별도로 관리하면서 전문적으로 처리하는 구조조정 전문기관이다.

① 배드뱅크
② 굿뱅크
③ 클린뱅크
④ 뱅크런
⑤ 어슈어뱅킹

80 밑줄 친 이것에 들어갈 내용은?

> 국내총생산(GDP)에 세금 수입을 견준 이것은 전년에 이어 역대 최고치를 다시 썼으며 상승 폭도 2000년 이후 최대인 것으로 분석됐습니다.

① 조세부담률
② 잠재성장률
③ 경제성장률
④ 노동소득분배율
⑤ 국내총투자율

01 다음 설명 중 가장 옳지 않은 것은?

① 서비스는 소멸성을 가지지만, 서비스를 소비한 결과인 서비스 효과는 지속성을 가진다.

② 관리과정은 '계획화 → 조직화 → 지휘 → 조정 → 통제'의 순으로 이루어진다.

③ 경영의사결정은 의사결정성격에 따라 정성적 의사결정과 정량적 의사결정으로 구분할 수 있다.

④ 경영환경은 기업이 속해 있는 기업의 경계에 따라 내부환경과 외부환경으로 구분할 수 있다.

⑤ 환경풍부성이 높아지면 환경불확실성은 낮아진다.

02 제품에 대한 다음 설명 중 가장 옳지 않은 것은?

① 확장제품에는 포장, 제품특징, 디자인, 품질수준, 브랜드명 등이 있다.

② 소비재는 편의품, 선매품, 전문품, 미탐색품으로 구분할 수 있다.

③ 포장은 시각적 소구, 정보, 감성적 소구, 취급용이성의 특성을 갖추어야 한다.

④ 신제품 수용과정은 '인지 → 관심 → 평가 → 시용구매 → 수용'의 순으로 이루어진다.

⑤ 신제품 개발과정은 일반적으로 '아이디어 창출 및 심사 → 제품개념 개발 및 테스트 → 마케팅 믹스 개발 → 사업성 분석 → 시제품 생산 → 시장테스트 → 출시'의 순서로 이루어진다.

03 유통에 대한 다음 설명 중 가장 옳지 않은 것은?

① 유통의 기능 중 판매기능과 거래기능은 물적유통 기능에 해당한다.

② 도매상의 유형에는 대리점과 브로커, 제조업자 판매지점 및 사무소가 있다.

③ 생산자가 충분한 유통경험과 자금력, 고가격제품, 산업제품, 부패가능성이 높은 제품 및 바람직한 도·소매상이 부재한 경우에는 짧은 유통경로(직접유통)를 선택한다.

④ 도매상후원 자발적 연쇄점, 소매상 협동조합, 프랜차이즈 조직은 계약형 VMS에 해당한다.

⑤ 관여도가 높은 제품일수록 전속적 유통경로전략이 적합하다.

04 현재 A사가 속해 있는 시장(산업)성장률은 5%이다. 아래의 표를 참조하여 BCG 매트릭스에서 A사가 속해 있는 영역으로 가장 옳은 것은?

항목 \ 회사	A사	B사	C사	기타
시상섬유율	20%	25%	40%	15%

① 물음표   ② 야생 고양이

③ 현금젖소   ④ 별

⑤ 개

05 다음 중 주식회사의 특징으로 가장 옳지 않은 것은?

① 자본조달의 용이성
② 소유권 양도의 용이성
③ 유한책임제도
④ 회사설립절차의 용이성
⑤ 소유와 경영의 분리

06 올해 기상 여건이 좋아 배추와 무 등의 농산물 생산이 풍년을 이루었다. 이 경우 어떤 현상이 발생할 수 있는지 괄호 안에 들어가는 용어를 연결하시오.

> 농산물은 수요의 가격탄력성이 (   )이고 공급의 가격탄력성이 (   )이기 때문에 판매수입이 (   )할 것이다.

① 탄력적, 비탄력적, 증가
② 탄력적, 탄력적, 감소
③ 비탄력적, 비탄력적, 증가
④ 비탄력적, 비탄력적, 감소
⑤ 정답 없음

07 다음 사례에 대한 분석으로 옳은 것은?

> 갑은 A회사에서 연봉 3,000만 원을 받으며 근무하던 중 ㉠200만 원의 비용을 들여 △△자격증을 취득하였다. 이후 B회사로부터 연봉 5,000만 원을 주겠다는 제의를 받았다. A회사는 ㉡출퇴근이 자유롭고, 사원들을 위해 특별 휴가도 보장해주지만, B회사는 ㉢거의 매일 야근을 해야 할 정도로 일이 많다. 갑은 A회사에 남을 것인지, B회사로 옮길 것인지 고민하고 있다.

① ㉠은 갑의 선택과 무관한 비용이다.
② ㉡은 ㉢과 달리 금전적 유인에 해당한다.
③ 갑의 합리적 선택은 B회사로 옮기는 것이다.
④ B회사를 선택할 경우 기회비용은 3,000만 원이다.
⑤ A회사를 선택할 경우 ㉡의 가치는 2,000만 원 미만이어야 한다.

08 다음과 같은 조건에 대하여 옳은 진술을 고르시오.

> • 갑은 매주 5,000원의 용돈을 받고, A과자와 B빵에 용돈을 모두 지출한다.
> • A과자의 가격은 500원이고, B빵은 1,000원이다.
> • 첫째 주에는 A과자 2개와 B빵 4개를 구입하였다.
> • 둘째 주에는 A과자 6개와 B빵 2개를 구입하였다.

① 용돈이 늘어나면 A과자 소비에 따른 기회비용은 증가한다.
② B빵 1개의 소비 증가에 따른 기회비용은 A과자 1개다.
③ A과자 가격이 하락하면 'A과자로 나타낸 B빵 소비에 따른 기회비용'은 커진다.
④ 첫째 주보다 둘째 주에서의 소비가 갑에게 더 큰 만족을 가져다준다.
⑤ 첫째 주에서 둘째 주로의 소비 변화는 A과자의 가격이 하락한 것을 의미한다.

09 경제학 용어에 대한 설명으로 옳은 것은?

> <보기>
> ㄱ. 한계생산물 체감의 법칙은 다른 생산요소가 고정되어 있다고 가정할 때 노동을 증가시키면 총생산물이 감소한다는 것이다.
> ㄴ. 규모에 대한 수익 체증은 동일한 생산요소를 투입했을 때 투입한 것에 비해 더 많은 생산량을 추가적으로 얻는다는 것이다.
> ㄷ. 한계기술대체율은 무차별곡선의 기울기를 의미한다.
> ㄹ. 정상이윤이란 기업으로 하여금 계속해서 그 재화를 생산하도록 하기 위해서 보장되어야 하는 최소한의 비용이다.

① ㄱ, ㄴ   ② ㄱ, ㄹ   ③ ㄴ, ㄷ
④ ㄴ, ㄹ   ⑤ ㄷ, ㄹ

10 그림은 X재의 수요·공급 곡선이다. X재 시장에 참여하는 경제주체의 경제적 잉여에 대한 설명으로 옳지 않은 것은?

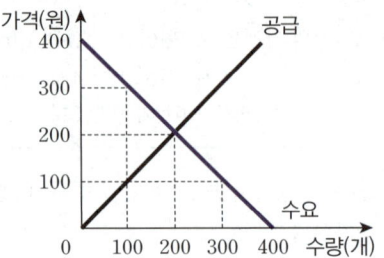

① 가격이 400원일 때의 사회적잉여가 가장 크다.
② 생산량이 200개일 때의 사회적잉여가 가장 크다.
③ 가격이 100원일 때와 300원일 때의 사회적잉여는 같다.
④ 가격이 100원일 때의 소비자잉여는 생산자잉여의 5배이다.
⑤ 공급이 감소하게 되면 반드시 생산자잉여와 소비자잉여 모두 감소한다.

11 산업구조분석과 관련된 다음 설명 중 가장 옳지 않은 것끼리 짝지어진 것으로 가장 옳은 것은?

<보기>
A. 산업에 영향을 미치는 5개 요인은 산업 간 경쟁, 진입장벽, 대체재의 존재, 소비자의 교섭력, 공급자의 교섭력이다.
B. 높은 고정비용이 진입장벽을 형성하는 경우에는 산업수익률이 높아진다.
C. 산업의 집중도가 낮을수록 산업 내 경쟁이 치열해져 산업수익률은 높아지게 된다.
D. 철수장벽의 예로는 특수한 자산, 철수에 따른 고정비 부담, 감정적인 집착, 정부정책, 기업의 전략적 선택 등이 있다.

① A, B ② A, C ③ A, D
④ B, C ⑤ B, D

12 지식경영에 대한 다음 설명 중 가장 옳지 않은 것은?

① 지식경영의 구성요소에는 조직문화, 조직전략, 프로세스, 정보기술 등이 있다.
② 지식경영프로세스는 지식생산, 지식공유, 지식저장, 지식활용의 순서로 이루어진다.
③ SECI모형에서 사회화는 한 사람의 암묵지가 다른 사람의 암묵지로 변환되는 과정이다.
④ 일반적으로 지식의 창출과 공유는 동시에 발생한다.
⑤ 학습조직이 발전된 개념이 지식경영이다.

13 다음 중 거래적 리더십의 구성요소끼리 짝지어진 것으로 가장 옳은 것은?

<보기>
A. 지적 자극   B. 개별적 배려
C. 예외에 의한 관리   D. 조건적 보상
E. 카리스마   F. 자유방임

① A, B, E ② A, C, D
③ B, E, F ④ C, D, F
⑤ D, E, F

14 다음 설명하는 조직구조에 해당하는 것으로 가장 옳은 것은?

• 기업의 규모가 크거나 수행 중인 기존 사업이 잘되고 있을수록 혁신을 도모하기 위해서는 절실히 요구되는 조직구조이다.
• 한쪽은 기존 사업중심으로 안정성을 추구하면서 또 다른 쪽은 혁신적인 새로운 것을 추구하는 조직을 말한다.
• 기존 역량을 활용하면서 새로운 기회를 탐험하는 능력을 가진 조직을 의미한다.

① 양손잡이 조직 ② 위원회 조직
③ 사업부제 조직 ④ 프로세스 조직
⑤ 네트워크 조직

15 모집과 관련된 개념 중 지원자들이 모집과 선발의 각 단계에서 어떻게 인원이 선택되고 축소되는지를 보여주는 비율을 의미하는 것으로 가장 옳은 것은?

① 산출비율
② 선발비율
③ 수용비율
④ 기초비율
⑤ 기초성공률

16 다음 중 기업의 생산비용과 관련된 내용으로 옳은 것은?

① 고정비용(TFC)은 단기와 장기에 모두 존재한다.
② 한계비용(MC)은 평균비용(ATC)의 최저점을 통과한다.
③ 평균고정비용(AFC)은 상수이다.
④ 가변비용(TVC)이란 가변투입요소와 관련된 비용을 의미하며 생산량이 증가함에 따라 커졌다가 작아진다.
⑤ 규모의 경제가 존재하는 경우에는 한계비용이 평균비용보다 항상 더 높다.

17 자연독점에 대한 설명으로 옳은 것은?

<보기>
ㄱ. 규모의 경제가 있을 때 발생할 수 있다.
ㄴ. 완전경쟁시장에 비해 낮은 가격이 유지된다.
ㄷ. 가격을 한계비용과 같게 설정하면 손실이 발생할 수 있다.
ㄹ. 대량생산을 통해 발생할 수 있으므로 경제적 효율성이 증대된다.

① ㄱ, ㄴ
② ㄱ, ㄷ
③ ㄴ, ㄷ
④ ㄴ, ㄹ
⑤ ㄷ, ㄹ

18 표는 어떤 시장의 특징을 조사한 것이다. 이 시장에 대한 옳은 설명을 <보기>에서 고른 것은?

질 문	응 답
신규 기업의 시장에 대한 진입이 자유로운가?	예
특정 재화에 대해 가격차별화가 실시되는 가?	아니오
차별화된 제품이 생산, 소비되는가?	아니오

<보기>
ㄱ. 일반적으로 가격 변화에 둔감한 재화에서 많이 볼 수 있다.
ㄴ. 개별기업의 공급곡선이 시장 전체의 공급곡선과 일치한다.
ㄷ. 특정 기업의 생산비가 감소하면 해당 기업의 판매수입은 증가한다.
ㄹ. 개별기업의 공급능력이 증대되어도 시장가격에 영향을 주지 못한다.

① ㄱ, ㄴ
② ㄱ, ㄷ
③ ㄴ, ㄷ
④ ㄴ, ㄹ
⑤ ㄷ, ㄹ

19 2급 가격차별에 대한 설명으로 가장 옳지 않은 것은?

① 서로 구매의사가 다른 소비자가 있다는 점은 알지만 그 소비자가 누구인지 분별할 수 없을 때 독점기업이 사용할 수 있는 가격차별이다.
② 소비자가 구매하는 재화의 양에 따라 가격을 차별할 수 있다.
③ 독점기업은 1급 가격차별과 마찬가지로 모든 소비자잉여를 확보할 수 있다.
④ 소비자의 구매수량에 따라 서로 다른 가격을 책정한다.
⑤ 지불하고자 하는 의사(Willingness to Pay)가 적은 소비자의 경우에도 일부 소비자잉여를 얻을 수 있다.

20 과점시장(Oligopoly)에 대한 설명으로 옳지 않은 것은?

<보기>
ㄱ. 진입장벽이 높은 편으로 비가격경쟁이 치열하다.
ㄴ. 경쟁심화로 인해 각 기업은 다른 기업에 대해 독립적인 의사결정을 내리게 된다.
ㄷ. 암묵적 담합이 이루어진 경우 과점시장에서 가격과 생산량은 비교적 고정적이다.
ㄹ. 기업들 간에 형성된 암묵적 담합은 카르텔보다 결속력이 강하다.

① ㄱ, ㄴ ② ㄱ, ㄷ ③ ㄴ, ㄷ
④ ㄴ, ㄹ ⑤ ㄷ, ㄹ

21 아래 설명의 (A)와 (B)에 해당하는 것을 연결한 것으로 가장 옳은 것은?

(A) '옆구리를 슬쩍 찌른다.'는 뜻으로 강요에 의하지 않고 유연하게 개입함으로써 선택을 유도하는 방법을 말한다.
(B) 상품을 소비함으로써 그것을 소비할 것으로 여겨지는 계층 및 집단과 동일시되는 현상을 의미한다.

	(A)	(B)
①	넛지 효과	파노플리 효과
②	파노플리 효과	넛지 효과
③	스놉 효과	넛지 효과
④	넛지 효과	스놉 효과
⑤	파노플리 효과	스놉 효과

22 투자안의 경제성 분석방법 중 순현재가치법에 대한 설명으로 가장 옳지 않은 것은?

① 가치가산의 원칙이 성립한다.
② 화폐의 시간가치를 고려한다.
③ 주주의 부의 극대화라는 재무관리의 목표에 가장 적합하다.
④ 계산결과가 비율로 산출된다.
⑤ 평가기준이 객관적이다.

23 다음 자료를 이용하여 A기업의 기초자본액을 구한 것으로 가장 옳은 것은?

• 총수익 : 600,000원	• 총비용 : 400,000원
• 기말자본 : 2,000,000원	• 추가출자 : 500,000원

① 1,000,000원 ② 1,300,000원
③ 1,500,000원 ④ 1,700,000원
⑤ 1,900,000원

24 다음의 자료를 이용하여 제조간접비를 구한 것으로 가장 옳은 것은?

• 기초원가 : 200,000원	• 가공원가 : 160,000원
• 직접재료비 : 80,000원	

① 40,000원 ② 80,000원
③ 120,000원 ④ 240,000원
⑤ 280,000원

25 위험을 체계적 위험과 비체계적 위험으로 구분할 때 아래 그림의 (B)에 해당하는 위험으로 가장 옳은 것은?

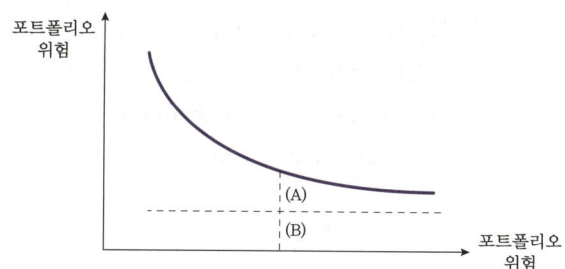

① 경영진의 변동

② 임금협상 결렬로 인한 파업

③ 새로운 해외진출계획

④ 법적 소송

⑤ 인플레이션

26 다음 중 게임이론에 대한 설명으로 옳은 것은?

<보기>

ㄱ. 내쉬균형은 항상 파레토 최적의 자원배분을 보장한다.

ㄴ. 우월전략이란 상대방의 선택에 관계없이 자신에게 최선의 보수를 보장해주는 전략을 말한다.

ㄷ. 내쉬균형이면 우월전략이라고 볼 수 있다.

ㄹ. 죄수의 딜레마는 과점기업들이 공동행위를 할 때 독점이윤을 누리기 어려운 이유를 설명한다.

① ㄱ, ㄴ   ② ㄱ, ㄹ   ③ ㄴ, ㄷ
④ ㄴ, ㄹ   ⑤ ㄷ, ㄹ

27 건전지의 시장 수요량과 공급량은 가격에 대해 다음과 같은 관계를 갖는다고 하자. 건전지 시장이 완전경쟁시장이라면, 개별 기업의 한계수입은 얼마인가?

가 격	0	1	2	3	4	5
수요량	20	18	16	14	12	10
공급량	2	4	6	9	12	15

① 1   ② 2   ③ 3   ④ 4   ⑤ 5

28 상품시장과 생산요소시장이 완전경쟁시장이고, 기업은 이윤극대화를 추구할 때 단기 노동수요에 관한 설명으로 옳은 것을 모두 고른 것은?

<보기>

ㄱ. 임금의 상승은 노동수요를 증가시킨다.

ㄴ. 재화의 가격이 상승하면 노동수요곡선이 우측으로 이동한다.

ㄷ. 노동의 한계생산물이 증가하면 노동수요곡선이 우측으로 이동한다.

ㄹ. 한계생산물가치가 한계수입생산보다 크다.

① ㄱ, ㄴ   ② ㄱ, ㄹ   ③ ㄴ, ㄷ
④ ㄴ, ㄹ   ⑤ ㄷ, ㄹ

29 외부효과(외부성)와 관련된 설명으로 옳은 것은?

<보기>

ㄱ. 긍정적 외부효과가 존재할 때 정부의 정책은 시장의 자원배분효과를 개선할 수 있다.

ㄴ. 외부성을 유발하는 기업과 피해를 보는 기업을 합병하면 외부성을 내부화할 수 있다.

ㄷ. 정부의 정책개입이 없다면 부정적 외부효과가 존재하는 재화는 사회적으로 바람직한 수준보다 과소공급된다.

ㄹ. 생산측면의 긍정적 외부효과는 사적비용이 사회적 비용보다 작다.

① ㄱ, ㄴ   ② ㄱ, ㄷ   ③ ㄴ, ㄷ
④ ㄴ, ㄹ   ⑤ ㄷ, ㄹ

30 주민 3명이 거주 지역에 공원을 세우려고 한다. 주민 갑, 을, 병은 공원이 세워지면 각각 300만 원, 200만 원, 100만 원의 효용을 얻을 수 있다고 생각한다. 정부 개입이 없다면 이 공원 건설은 어떻게 될까? (단, 이 공원은 유지비용이나 입장료가 없다)

① 주민 갑만이 자신의 효용을 밝히고, 그만큼 부담해 300만 원 규모의 공원이 세워질 것이다.

② 주민 아무도 자신의 효용을 밝히지 않고, 아무도 비용을 부담하지 않아 공원은 세워지지 않는다.

③ 주민 갑, 을만이 각각 자신의 효용을 밝히고, 그만큼 부담해 500만 원 규모의 공원이 세워질 것이다.

④ 주민 갑, 을, 병 각각 자신의 효용을 밝히고, 그만큼 부담해 600만 원 규모의 공원이 세워질 것이다.

⑤ 주민 갑, 을, 병 각각 자신의 효용을 밝히고, 그보다 많이 부담해 600만 원 규모보다 큰 공원이 세워질 것이다.

31 현재 3,000원의 배당금을 지급하고 있는 ㈜경영이 앞으로 계속적으로 10%의 성장이 기대될 때, 요구수익률이 20%라면 이 주식의 이론적 주가는 얼마인가?

① 15,000원   ② 30,000원   ③ 33,000원
④ 46,000원   ⑤ 60,000원

32 TV 1대를 만드는 데 비용이 160만 원이고 매출액총이익률이 20%일 때, TV 1대의 가격으로 가장 옳은 것은?

① 180만 원   ② 190만 원   ③ 200만 원
④ 210만 원   ⑤ 220만 원

33 전자상거래의 유형 중 그 연결이 가장 옳지 않은 것은?

① O2O : Organization to Organization
② B2E : Business to Employee
③ P2P : Peer to Peer
④ B2G : Business to Government
⑤ C2C : Customer to Customer

34 시장포트폴리오의 기대수익률이 10%, 무위험이자율이 5%, 주식 A의 기대수익률이 15%이다. 증권시장선이 성립할 때 주식 A의 베타(β)로 가장 옳은 것은?

① 1.0   ② 1.5   ③ 2.0
④ 2.5   ⑤ 3.0

35 소비자가 어떤 제품에 대해 지불할 의사가 있는 최고가격을 무엇이라고 하는가?

① 유보가격   ② 명성가격   ③ 관습가격
④ 참고가격   ⑤ 단수가격

36 아래 그림은 어느 재화에 판매세(재화를 팔 때에 부과되는 세금)를 부과했을 때, 시장에서의 변화를 보여주고 있다. 이에 대한 분석으로 옳은 것은?

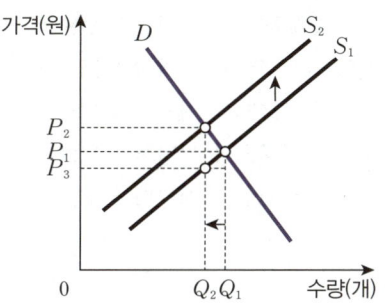

① 소비자가 지출하는 총금액은 증가한다.
② 제품 하나당 부과된 세금은 $P_2 - P_1$이다.
③ 정부의 조세 수입은 $(P_2 - P_1) \times Q_2$가 된다.
④ 세금의 부과는 공급량의 변화를 초래한다.
⑤ 소비자잉여와 생산자잉여 모두 감소한다.

37 소득불평등을 나타내는 여러 지표에 대한 설명 중 옳지 않은 것은?

① 지니계수가 0이면 완전평등, 1이면 완전불평등을 의미한다.
② 로렌츠곡선은 대각선에 가까울수록 소득분배가 평등하다는 의미이다.
③ 십분위분배율은 중간계층의 소득을 잘 반영하지 못하는 단점이 있다.
④ 십분위분배율이 2에 가까워질수록 소득분포가 고르다는 것을 의미한다.
⑤ 십분위분배율은 중간소득계층의 소득정도를 정확히 파악할 수 있는 지표이다.

38 표는 갑국의 소득세제를 나타낸다. 이에 대한 옳은 설명을 <보기>에서 고른 것은?

소득 구간	세 율	
	20X1년	20X2년
5,000달러 이하		10%
5,000달러 초과 30,000달러 이하	15%	20%
30,000달러 초과		35%

* 소득 전체가 과세 대상이고, 20X2년에는 소득이 5,000달러를 초과한 구간에서의 세율을 직전 구간의 소득을 초과한 부분에 대해서만 적용한다. 예를 들어 소득이 10,000달러인 경우 5,000달러는 10%의 세율을 적용하고, 나머지 5,000달러는 20%의 세율을 적용한다.

<보기>
ㄱ. 20X1년에는 소득과 관계없이 납부할 세액이 동일하다.
ㄴ. 20X1년과 달리 20X2년은 누진세율이 적용된다.
ㄷ. 20X1년에 비해 20X2년은 소득재분배 효과가 작다.
ㄹ. 소득이 20,000달러인 사람은 20X1년보다 20X2년에 납부할 세액이 증가한다.

① ㄱ, ㄴ   ② ㄱ, ㄷ   ③ ㄴ, ㄷ
④ ㄴ, ㄹ   ⑤ ㄷ, ㄹ

39 소비함수이론에 대한 설명으로 옳은 것은?

<보기>

ㄱ. 케인즈는 현재의 소비가 가처분소득에 비례하여 증가한다고 보았다.

ㄴ. 생애주기가설에 따르면 인구의 고령화에 따라 국민저축률이 높아진다고 보았다.

ㄷ. 상대소득가설은 다른 사람의 소비에 영향을 받는다고 보았다.

ㄹ. 항상소득가설은 임시소득과 항상소득 모두 소비에 영향을 미치지만 항상소득의 영향이 더 크다고 보았다.

① ㄱ, ㄴ ② ㄱ, ㄷ ③ ㄴ, ㄷ
④ ㄴ, ㄹ ⑤ ㄷ, ㄹ

40 다음은 갑국의 GDP를 계산하기 위한 자료이다. 이에 대한 옳은 설명을 <보기>에서 고른 것은? (단, 갑국은 X, Y재만 생산한다)

(기준연도 : 20X1년)

구 분	20X1년		20X2년	
	가격 (원)	생산량 (개)	가격 (원)	생산량 (개)
X재	100	10	150	10
Y재	200	15	200	15

(가) : (150원 × 10개) + (200원 × 15개) = 4,500원

(나) : (100원 × 10개) + (200원 × 15개) = 4,000원

<보기>

ㄱ. (가)는 명목GDP, (나)는 실질GDP이다.

ㄴ. 20X2년 물가는 상승하였다.

ㄷ. 20X2년 경제성장률은 12.5%이다.

ㄹ. 20X1년 명목GDP보다 20X2년 실질GDP가 크다.

① ㄱ, ㄴ ② ㄱ, ㄷ ③ ㄴ, ㄷ
④ ㄴ, ㄹ ⑤ ㄷ, ㄹ

41 수직적 마케팅시스템을 통합의 정도가 낮은 수준에서 높은 수준으로 순서대로 배열한 것으로 가장 옳은 것은?

① 계약형 VMS < 기업형 VMS < 관리형 VMS
② 계약형 VMS < 관리형 VMS < 기업형 VMS
③ 관리형 VMS < 계약형 VMS < 기업형 VMS
④ 관리형 VMS < 기업형 VMS < 계약형 VMS
⑤ 기업형 VMS < 계약형 VMS < 관리형 VMS

42 가격과 관련된 다음 용어 중 1,000원의 가격인상이 10,000원짜리 제품에서는 크게 여겨지지만, 100,000원짜리 제품에서는 작게 여겨지는 것을 의미하는 것으로 가장 옳은 것은?

① 권위가격
② 가격-품질연상
③ 최소인식가능차이
④ 웨버의 법칙
⑤ 유보가격

43 다음 중 산업재의 특성으로 가장 옳지 않은 것은?

① 소비재에 대한 수요로부터 파생된다.

② 산업재 구매자와 판매자는 서로 각자가 생산한 제품을 판매하고 구매해주는 상호구매가 많다.

③ 산업재의 경우는 직접구매보다는 간접구매를 하는 것이 일반적이다.

④ 산업재는 보통 소비재보다 수는 작지만 규모는 더 큰 구매자에 의해 거래된다.

⑤ 산업재 시장에서의 수요는 소비재 시장에서의 수요에 비해 더 비탄력적이다.

44 인사평가방법에 대한 다음 설명 중 가장 옳지 않은 것은?

① 행동기준평가법은 체크리스트법과 중요사건법을 결합한 것으로 피평가자의 구체적 행동에 근거하여 평가하는 방법이다.

② 서열법은 피평가자의 강약점이나 절대적인 성과 수준을 파악할 수 없다는 단점이 있다.

③ 평정척도법은 다수의 성과차원을 평가하는 방법으로 평정요소의 선정과 각 평정요소별 가중치의 결정, 평정척도의 결정 등이 필요하다.

④ 대조표법은 직무상의 행동을 구체적으로 표현하여 피평가자를 평가하는 방법으로 해당항목에 피평가자가 해당하는 경우에 체크하는 방법이다.

⑤ 강제할당법을 활용하면 가혹화 경향, 중심화 경향, 관대화 경향을 어느 정도 극복할 수 있다.

45 기업집단화에 대한 다음 설명 중 가장 옳지 않은 것은?

① 경제적 독립성과 법률적 독립성의 존재유무에 따라 카르텔, 콘체른, 트러스트로 구분할 수 있다.

② 카르텔은 수평적 통합뿐만 아니라 수직적 통합을 통해 기업집단을 형성한다.

③ 전방통합은 소비자 방향에 있는 기업을 통합하는 것이고, 후방통합은 공급업체 방향에 있는 기업을 통합하는 것이다.

④ 적대적 M&A의 대표적인 공격방법에는 주식공개매수, 백지위임장 투쟁, 차입매수 등이 있다.

⑤ 대표적인 독소증권에는 상환우선주, 전환우선주, 신주인수권부사채, 전환사채 등이 있다.

46 표는 갑국의 고용상황과 관련된 통계이다. 이에 대한 분석으로 옳은 것은? (단, 20X1년과 20X6년의 15세 이상 인구는 변함이 없다)

구 분	경제활동참가율	실업률
20X1년	45	4
20X6년	55	5

*고용률(%) = (취업자/15세 이상 인구) × 100

① 20X1년에 비해 20X6년의 고용률은 증가하였다.

② 20X1년에 비해 20X6년의 실업자 수는 감소하였다.

③ 20X1년에 비해 20X6년에는 취업준비자의 수가 증가하였다.

④ 20X1년에 비해 20X6년의 비경제활동인구 수는 증가하였다.

⑤ 20X1년에 비해 20X6년의 취업자 수는 감소하였다.

47 교환(화폐수량)방정식에 대한 설명으로 옳지 않은 것은?

<보기>
ㄱ. 통화량이 증가하면, 물가는 반드시 상승한다.
ㄴ. 투자를 설명하기 위한 이론이다.
ㄷ. 투기적 화폐수요를 설명하기 위한 이론이다.
ㄹ. 화폐공급증가율의 목표치를 설정할 때 이론적 근거로 활용된다.

① ㄱ, ㄴ   ② ㄱ, ㄷ   ③ ㄴ, ㄷ
④ ㄴ, ㄹ   ⑤ ㄷ, ㄹ

48 다음은 학생들이 '발생 원인에 따른 인플레이션의 종류와 대책'에 대해 조사하여 발표한 내용이다. 옳게 발표한 학생을 <보기>에서 고른 것은?

종류	원인	대책
수요견인 인플레이션	㉠	㉡
㉢	㉣	경영 합리화, 기술 혁신 등

<보기>

갑 : ㉠에는 이자율 인하가 들어갈 수 있어요.
을 : ㉡의 예로 정부지출의 확대를 들 수 있어요.
병 : ㉢에는 비용인상 인플레이션이 들어갈 수 있어요.
정 : ㉣에는 원화가치의 상승이 들어갈 수 있어요.

① 갑, 을   ② 갑, 병   ③ 을, 병
④ 을, 정   ⑤ 병, 정

49 감세정책에 대해 찬성하는 측의 입장을 대변하는 논리가 아닌 것은?

① 래퍼곡선에 따르면 소득세율을 낮추게 되면 소득세수는 증가할 수 있다.
② 법인세율을 낮추면 투자에 긍정적인 영향을 미친다는 연구 결과가 다수 존재한다.
③ 영국의 대처와 미국의 레이건으로 대표되는 신자유주의에서 경제가 활성화되었다고 주장한다.
④ 조세 자체는 사중손실을 발생시켜 경제 전체에 비효율성을 창출한다.
⑤ 세율변화가 경기에 미치는 영향은 장기적으로 나타나며 재정지출 증가가 경기확대에 단기적으로 더 효과적이다.

50 다음 중 한국은행의 통화정책 수단이 아닌 것은?

<보기>

ㄱ. 통화안정증권 매입 및 매각
ㄴ. 시중은행의 법정지급준비율 조정
ㄷ. 시중은행의 총부채상환비율(DTI) 조정
ㄹ. 정부를 통한 대규모 사회간접자본 건설

① ㄱ, ㄴ   ② ㄱ, ㄷ   ③ ㄴ, ㄷ
④ ㄴ, ㄹ   ⑤ ㄷ, ㄹ

51 다음 중 철수장벽에 해당하는 것으로 가장 옳지 않은 것은?

① 제품차별화   ② 고정비 부담
③ 감정적인 집착   ④ 기업의 전략적 선택
⑤ 정부정책

52 동기부여이론에 대한 다음 설명 중 가장 옳지 않은 것은?

① 브룸의 기대이론은 동기부여의 과정이론에 해당한다.
② 브룸의 기대이론에서 기대는 노력했을 때 성과가 나타날 수 있는 주관적 확률이다.
③ 록크의 목표설정이론에 따르면 구체적인 목표보다 일반적인 목표를 제시하는 것이 구성원들의 동기부여에 더 효과적이다.
④ 허쯔버그의 2요인이론에 의하면, 임금을 높여주거나 작업환경을 개선하는 것으로는 종업원의 만족도를 높일 수 없다.
⑤ 맥클리랜드는 인간의 후천적 욕구에 대해서 관심을 가지고 있다.

53 테일러의 과학적 관리법에 대한 다음 설명 중 가장 옳지 않은 것은?

① 고임금 저노무비의 원칙을 주장하였다.
② 관리과정을 계획화, 조직화, 지휘, 조정, 통제의 단계로 구분하였다.
③ 동작연구와 시간연구를 통하여 표준과업량을 설정하였다.
④ 종업원 개인이 달성한 성과에 따라 임금을 차별화하였다.
⑤ 주기적인 동작연구와 시간연구를 위해 기획부를 도입하였다.

54 1년 말 1,000,000원이 발생하고, 이후 매년 말 8%로 성장하는 일정성장영구연금의 현재가치로 가장 옳은 것은? (단, 이자율은 연 10%로 가정함)

① 20,000,000원
② 30,000,000원
③ 40,000,000원
④ 50,000,000원
⑤ 60,000,000원

55 가격전략 중 묶음가격에 대한 설명으로 가장 옳지 않은 것은?

① 하나 또는 그 이상의 제품을 개별 구매 및 패키지 구매도 할 수 있도록 가격을 책정하는 방법을 순수 묶음가격이라고 한다.
② 서비스를 제공하는 데 있어 묶음가격전략을 사용하는 이유는 대부분의 서비스 산업이 제공하는 서비스는 수요측면에서 상호의존적이라는 것이다.
③ 어학원에서 영어회화 및 문법 강좌를 각각 개설하면서도 영어회화와 문법을 동시에 수강하면 가격을 할인해 주는 것이 한 예가 될 수 있다.
④ 묶음판매를 시행하는 주된 이유는 가격차별화를 통해 이익을 증대시키기 위해서이다.
⑤ 묶음가격전략을 사용함으로써 서비스를 제공하는 기업은 핵심 서비스뿐만 아니라 부수적인 서비스의 수요를 창출해 낼 수 있다.

56 다음 중 유동성함정에 대한 설명으로 옳은 것은?

<보기>
ㄱ. 재정정책이 통화정책보다 국민경제에 미치는 효과가 크다는 것이다.
ㄴ. 통화량 공급을 늘려도 더 이상 이자율이 하락하지 않는다.
ㄷ. 재정지출 확대로 인한 구축효과가 우려되는 상황이다.
ㄹ. 채권보유의 기대이익이 극대화되어 있는 상황으로 채권보유가 증가한다.

① ㄱ, ㄴ
② ㄱ, ㄷ
③ ㄴ, ㄷ
④ ㄴ, ㄹ
⑤ ㄷ, ㄹ

57 실제GDP가 잠재GDP보다 큰 경우 정부가 경제안정을 위하여 채택하는 정책으로 옳은 것은?

<보기>
ㄱ. 정부 시책 사업에 자금을 대출해준다.
ㄴ. 통화공급량을 축소시킨다.
ㄷ. 시중은행의 법정지급준비율을 낮춘다.
ㄹ. 공개시장에서 국채를 매각한다.

① ㄱ, ㄴ
② ㄱ, ㄷ
③ ㄴ, ㄷ
④ ㄴ, ㄹ
⑤ ㄷ, ㄹ

58 구매력평가설에 근거하여 각국의 물가수준을 비교하는 지수에는 빅맥지수, 갤럭시지수 등이 있다. 다음의 설명 중 옳지 않은 것은?

┌─────────────〈보기〉─────────────┐
│ ㄱ. 미국의 긴축재정은 우리나라의 빅맥지수를 상승시 │
│   킬 것이다. │
│ ㄴ. 빅맥지수나 카페라테지수가 설명력을 가지는 이유 │
│   는 구매력평가설에 의해서 두 나라 화폐 사이의 │
│   실질환율이 두 나라의 물가지수를 반영하기 때문 │
│   이다. │
│ ㄷ. 삼성과 같은 글로벌 기업은 갤럭시지수에 근거하 │
│   여 각국의 가격을 조정하는 의사결정이 필요할 것 │
│   이다. │
│ ㄹ. 로컬시장에는 다양한 경쟁자들이 존재해 모든 나 │
│   라에서 일물일가의 법칙(Law of One Price)이 │
│   성립할 수 없다. │
└─────────────────────────────┘

① ㄱ, ㄴ   ② ㄱ, ㄷ   ③ ㄴ, ㄷ
④ ㄴ, ㄹ   ⑤ ㄷ, ㄹ

59 그림의 환율 변동 추세에서 이익을 얻게 되는 경제주체만을 〈보기〉에서 있는 대로 고른 것은?

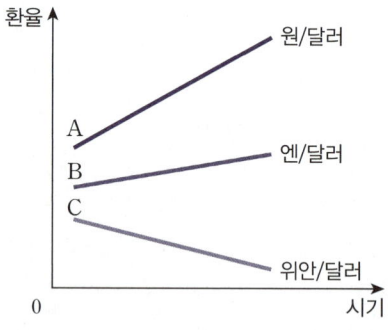

┌─────────────〈보기〉─────────────┐
│ ㄱ. 미국 여행을 하고자 하는 일본인 관광객 │
│ ㄴ. 중국으로부터 원자재를 수입하는 한국 기업 │
│ ㄷ. 미국 시장에서 일본과 경쟁 관계에 있는 한국 기업 │
│ ㄹ. 한국으로부터 원자재를 수입하여 중국에 수출하는 │
│   미국 기업 │
└─────────────────────────────┘

① ㄱ, ㄴ   ② ㄱ, ㄹ
③ ㄷ, ㄹ   ④ ㄱ, ㄴ, ㄷ
⑤ ㄴ, ㄷ, ㄹ

60 두 나라가 모두 변동환율제를 채택하고 있고 자국과 외국 간 자본의 이동이 자유롭다고 할 때 투자수익률(무위험 이자율)이 외국은 5%, 자국은 2%인 경우 국내 투자자의 합리적인 의사결정끼리 짝지어진 것은?

┌─────────────────────────────┐
│ ㄱ. 투자 기간 동안 외국 통화가치의 1% 하락이 예상 │
│   되더라도 투자수익률이 높은 외국에 투자한다. │
│ ㄴ. 투자 기간 동안 외국 통화가치의 2% 하락이 예상 │
│   되더라도 투자수익률이 높은 외국에 투자한다. │
│ ㄷ. 투자 기간 동안 외국 통화가치의 3% 이상 하락이 │
│   예상되더라도 투자수익률이 높은 외국에 투자한다. │
│ ㄹ. 투자 기간 동안 자국의 통화가치가 3% 이상 상승 │
│   할 것으로 예상되더라도 투자수익률이 높은 외국 │
│   에 투자한다. │
└─────────────────────────────┘

① ㄱ, ㄴ   ② ㄱ, ㄷ   ③ ㄴ, ㄷ
④ ㄴ, ㄹ   ⑤ ㄷ, ㄹ

61 노동자가 채용된 후 일정한 수습기간이 지나 정식사원이 되면 노동조합의 가입의무가 있는 숍제도로 가장 옳은 것은?

① 오픈숍   ② 에이전시숍
③ 클로즈드숍   ④ 우선숍
⑤ 유니온숍

62 다음 설명에 해당하는 것으로 가장 옳은 것은?

┌─────────────────────────────┐
│ • 데이터 전송량이 폭증하는 5세대(5G) 핵심기술 중의 │
│   하나이다. │
│ • 하나의 물리적 코어 네트워크를 다수의 독립된 가상 │
│   네트워크로 분리해 각각의 서비스 특성에 맞춘 서비 │
│   스를 제공하는 것이다. │
└─────────────────────────────┘

① 사물인터넷
② 가상현실
③ 머신러닝
④ 인공신경망
⑤ 네트워크 슬라이싱

63 다음 설명에 해당하는 것으로 가장 옳은 것은?

어떤 특정한 상황이나 환경을 컴퓨터로 만들어 그것을 사용하는 사람이 마치 실제 주변 상황이나 환경과 상호작용을 하고 있는 것처럼 만들어 주는 인간과 컴퓨터 사이의 인터페이스이다.

① 가상현실　　　　② 유비쿼터스
③ 증강현실　　　　④ 사물인터넷
⑤ 플랫폼

64 다음에서 설명하는 것은 무엇인가?

공급사슬 하류(소비자 방향 또는 전방)의 소규모 수요 변동이 공급사슬 상류(공급업체 방향 또는 후방)로 갈수록 그 변동폭이 점점 증가해 가는 모습을 묘사적으로 명명한 것으로, 수요왜곡의 정도가 증폭되어 가는 현상을 의미한다.

① 프레이밍 효과　　② 파노플리 효과
③ 후광효과　　　　④ 채찍효과
⑤ 최초효과

65 컴퓨터 간에 정보를 주고받을 때의 통신방법에 대한 규칙과 약속을 의미하는 것으로 가장 옳은 것은?

① 사물인터넷　　　② 홀로그램
③ 프로토콜　　　　④ 로보틱스
⑤ 왓슨

66 다음 중 파이브 아이즈(Five Eyes)에 속하지 않는 국가는?

① 미국　　　　② 영국　　　　③ 프랑스
④ 캐나다　　　⑤ 뉴질랜드

67 다음에서 설명하는 것은 무엇인가?

기업이 경영자 및 종업원들에게 장래의 일정한 기간(권리행사기간) 내에 사전에 약정된 가격(권리행사가격)으로 일정 수량의 자사주를 매입할 수 있는 권리를 부여하는 제도를 의미한다.

① 스톡옵션　　　② 콜옵션　　　③ 풋옵션
④ 선물　　　　　⑤ 스왑

68 다음 설명에 해당하는 것으로 가장 옳은 것은?

PC 또는 개개의 서버가 대규모의 컴퓨터 집합(구름)으로 옮겨간 형태를 말하는 것으로, 군이 PC에 소프트웨어를 내장해 놓지 않아도 인터넷에서 프로그램을 이용할 수 있기 때문에 개인 저장매체에는 기록을 남길 필요가 없어 보안성이 보장되고 비용을 절감할 수 있다.

① NFC
② 클라우드 컴퓨팅
③ 그리드 컴퓨팅
④ 텔레매틱스
⑤ 메타버스

69 컴퓨터 사용자의 키보드 움직임을 탐지해 ID나 패스워드, 계좌 번호, 카드 번호 등과 같은 개인의 중요한 정보를 몰래 빼가는 해킹 공격을 의미하는 것으로 가장 옳은 것은?

① 해커톤

② 스니핑

③ 키 로거

④ 스푸핑

⑤ 서비스 거부 공격

70 특정 종목의 주가가 하락할 것으로 예상되면 해당 주식을 보유하고 있지 않은 상태에서 주식을 빌려 매도주문을 내는 투자전략을 의미하는 것으로 가장 옳은 것은?

① 섀도우 보팅　　　② 워크아웃

③ 반대매매　　　　④ 스왑

⑤ 공매도

71 다음 빈칸에 들어갈 용어는 무엇인가?

> 기업이 온라인을 통해 축적한 기술이나 데이터, 서비스를 상품 조달, 큐레이션 등에 적용해 오프라인으로 사업을 확대하는 차세대 비즈니스 모델이다. (　　　)의 대표 사례는 세계 최대 전자상거래 기업인 아마존의 무인 슈퍼마켓 '아마존 고'를 꼽을 수 있다. 아마존 고는 스마트폰 앱을 설치해 입장하고 계산대에서 결제를 기다리는 대신 들고 나오기만 하면 되는 무인점포로 관심을 모았다.

① 언택트　　　　　② P2P

③ 데이터베이스　　④ O2O

⑤ O4O

72 다음 중 기업 간 전자상거래를 의미하는 용어는?

① B2B　　　② B2C　　　③ B2G

④ G2C　　　⑤ C2C

73 동종업종 또는 유사업종 기업 간 수평적으로 맺는 협정은?

① 트러스트　　② 콘체른　　③ 지주회사

④ 카르텔　　　⑤ 기업활동

74 다음에 해당하는 사례들과 관련된 용어는 무엇인가?

> • 금융감독원의 자료를 보면, 2007년부터 2012년 상반기까지 기프트 카드를 모두 사용하지 못하고 소멸 시효가 경과돼 카드사 수입으로 처리된 카드 수는 201만 개, 금액은 거의 143억 원에 달했다.
> • 음원사이트 중 유료 소비자가 모두 정액제를 구매하지 않는다고 하더라도 정액 상품에서 구매자가 제공량을 다 쓰지 않는 소비자의 규모가 점점 늘고 있다.

① 디레버리지　　　② 땅귀신

③ 네이밍 스폰서　　④ 낙전수입

⑤ 리니언시

75 발광 다이오드(LED)에서 나오는 빛의 파장을 이용하여 정보를 전달하는 가시광 통신(VLC ; Visible Light Communication) 기술의 보조 방식을 말한다. 이것은 조명이 있는 곳이면 어디서나 사용할 수 있으며 인체에 무해하고 짧은 도달 거리, 저비용, 고속 통신, 안정성, 보안성 등 다양한 장점이 있다. 이에 해당하는 용어는 무엇인가?

① WI-FI   ② LI-FI   ③ 아노미
④ 광섬유   ⑤ LED

76 아래에서 설명하는 것으로 적절한 것은?

> 국제통화기금(IMF)이 국제금융시장에서 달러화와 금의 한계를 보완하기 위해 1969년에 마련한 가상의 국제통화이다. IMF와 각국 정부·중앙은행 간 거래에 사용된다.

① 기축통화   ② SDR
③ 일반인출권   ④ GDR
⑤ 외환보유고

77 단기성 외환거래에 부과하는 세금으로 국제 투기자본을 규제하기 위한 방안은?

① 구글세   ② 증권거래세
③ 토빈세   ④ 간접세
⑤ 버핏세

78 다음에서 설명하는 용어는?

> LBO(Leverage Buy Out) 자금 조달 방법 중 하나로, 만기(1년~10년)을 정해놓고 일정에 따라 원금 상환을 요구하는 중·장기 기업 대출이다.

① 테이퍼링   ② 텀론
③ 바이백   ④ 배드뱅크
⑤ 안심전환대출

79 다음에서 설명하는 용어는?

> 통계상의 정규분포도 양쪽 끝(꼬리) 부분을 뜻하는 것으로 양 끝 꼬리 부분의 발생 가능성은 매우 낮지만 일단 발생하면 경제 전체에 큰 영향을 줄 수 있는 위험

① 블랙스완   ② 어닝쇼크
③ 팻 테일 리스크   ④ 서킷브레이커
⑤ 스캘핑

80 다음에서 설명하는 용어는?

> 주식이나 실물 등 자산을 인수한 투자자들이 일정한 가격에 되팔 수 있는 권리를 부여하는 계약

① 풋백옵션   ② 스톡옵션
③ 세이프가드   ④ 리얼옵션
⑤ 콜옵션

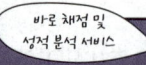

정답 및 해설

제1회 | 실전모의고사

01	④	02	②	03	⑤	04	④	05	⑤
06	③	07	④	08	③	09	③	10	②
11	③	12	②	13	①	14	③	15	⑤
16	④	17	①	18	③	19	②	20	⑤
21	②	22	④	23	②	24	⑤	25	②
26	①	27	①	28	②	29	③	30	②
31	②	32	④	33	③	34	①	35	④
36	①	37	③	38	②	39	①	40	⑤
41	③	42	③	43	④	44	⑤	45	①
46	⑤	47	①	48	③	49	④	50	④
51	③	52	①	53	⑤	54	②	55	③
56	④	57	②	58	③	59	③	60	②
61	①	62	③	63	①	64	②	65	⑤
66	③	67	④	68	⑤	69	③	70	②
71	①	72	①	73	④	74	①	75	②
76	②	77	③	78	②	79	①	80	②

01 마케팅전략　　　　　　정답 ④

문제의 사례는 마케팅전략의 유형 중에서 부분시장도달 전략이자 집중적 마케팅에 해당되며 이 중에서도 시장전문화 전략에 해당되는데, 이 전략은 목표시장의 구매가 급감하는 경우에 위험분산이 힘들다는 특징을 가지고 있다.

02 가격(Price)　　　　　　정답 ②

혼합묶음 가격전략에 대한 설명이다.

03 조직관리이론의 흐름　　　　　　정답 ⑤

B. 고임금 저노무비의 원칙을 강조한 것은 테일러이며, 고임금 저노무비의 원칙은 임금의 증가폭보다 생산성의 증가폭이 더 커야 한다는 원칙이다.

C. 호손연구는 '조명실험 → 계전기 조립작업장 실험 → 면접연구 → 배전기 전선작업장 실험'의 순으로 진행되었다.

E. 폐쇄시스템의 경계는 명확하고, 개방시스템의 경계는 모호하다.

04 사업부 수준의 전략　　　　　　정답 ④

BCG 매트릭스의 각 영역은 다음과 같다. 따라서 문제에서 주어진 설명은 현금젖소에 해당한다.

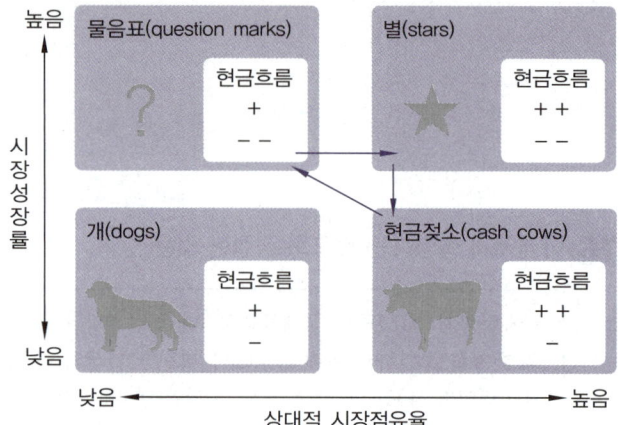

05 경영혁신　　　　　　정답 ⑤

다운사이징은 조직의 효율, 생산성, 경쟁력을 높이기 위해서 비용구조나 업무흐름을 개선하는 일련의 조치들로 필요가 없는 인원이나 경비를 줄여 낭비적인 요소를 제거하는 것을 말한다. 이러한 기법은 조직의 체중을 감량하여 홀가분하게 하여 원활한 활동을 할 수 있도록 하는 것으로 감량경영기업이라고 할 수 있지만, 기업이 의도적으로 실시하는 것이기 때문에 조직이 쇠퇴하면서 규모가 작아지는 것과는 다르다.

06 동기부여(Motivation)　　　　　　정답 ③

B. 허쯔버그는 조직구조 측면에서 노사나 인사담당부서를 위생요인 담당부문과 동기요인 담당부문으로 양분할 것을 제안하고 있다.

D. 브룸은 동기부여의 강도를 기대감, 수단성, 유의성의 곱으로 설명하였다.

07 리더십이론과 유형　　　　　　정답 ④

A. 강압적 권력, 보상적 권력, 합법적 권력은 조직의 공식적 지위와 관련되어 있지만 준거적 권력과 전문적 권력은 개인이 원래 가지고 있는 특성과 관련되어 있다.

B. 구조주도는 과업환경의 구조화된 정도를 의미하고, 배려는 부하와의 인간관계를 중시하는 정도를 의미한다.

C. 하우스에 의하면, 비구조적인 상황에서는 지시적 리더가 적합하고, 일상적이고 구조적인 과업상황에서는 후원적 리더가 적합하다.

08 직무관리 & 확보관리   정답 ③

인적자원의 수요예측을 상향식 방법으로 수행하게 되면 수요가 과대예측될 가능성이 높다.

09 기업 수준의 전략   정답 ③

새로운 제품을 통해 새로운 시장에 진출하는 전략은 다각화전략이다.

10 마케팅전략   정답 ②

규모의 경제는 생산량이 증가함에 따라 단위당 고정원가의 감소로 인해 단위당 원가가 감소하는 현상을 의미한다. 따라서 시장세분화를 하게 되면 규모의 경제를 달성하는 것이 쉽지 않다.

11 시장균형의 이동   정답 ③

X재의 수요가 증가하므로 판매수입이 증가한다. X재가 열등재이므로 불황으로 소비자의 소득이 감소하면 X재의 수요는 증가한다. 한편 원료비 하락으로 X재의 대체재인 Y재 가격이 하락하면 X재의 수요는 감소한다. 그런데, X재의 가격이 최종적으로 상승하였으므로 소득감소로 인한 수요 증가가 대체재인 Y재 가격상승으로 인한 수요 감소폭보다 더 컸음을 의미한다.

오답노트

① 결국 X재의 수요 증가로 수요곡선이 우측이동하고 새로운 균형점에서 X재의 거래량은 증가한다.

② 주어진 조건으로는 변화 전후의 두 균형점이 동일한 수요곡선상에 있었는지는 알 수 없다.

④ Y재가 X재의 보완재였다면 Y재의 가격상승으로 X재 수요가 증가하고, 소득감소로 X재수요가 증가하므로 X재 수요의 대폭 증가로 X재의 가격은 상승한다.

⑤ X재는 최종적으로 가격이 상승하므로 생산자잉여는 증가한다.

12 한계효용이론에서의 소비자선택   정답 ②

ㄱ. 소비자의 효용극대화 조건은 $MRS_{XY} = \dfrac{P_X}{P_Y}$이므로 옳은 설명이다.

ㄷ. 무차별곡선이 원점에 대해 볼록한 형태의 경우 한계대체율 체감의 법칙이 성립한다.

오답노트

ㄴ. 효용극대화 조건은 두 재화의 한계효용의 비율인 한계대체율과 두 재화의 상대가격비가 같아질 때 달성된다. 그러므로 한 재화의 소비로부터 얻는 소비자의 한계효용과 그 재화의 가격이 일치하는 수준에서는 효용극대화 조건을 만족할 수 없다. 소비묶음이 존재하려면 적어도 2개 이상의 재화의 소비에 대한 한계효용과 가격조건을 알아야 한다.

ㄹ. 두 재화의 가격과 소득이 동일하게 오르면 예산제약선은 변하지 않는다.

13 경제순환   정답 ①

생산요소시장에 실물을 제공하는 A는 가계이고, B는 기업이다. (가)는 생산물시장이므로 기업은 공급자, 가계는 수요자이다.

오답노트

② 임금은 생산요소시장에서 결정된다.

③ 조세를 거둬들이는 곳은 정부이다.

④ 노동시장은 생산요소시장이므로 생산요소시장의 공급자는 가계이다.

⑤ 만족의 극대화를 추구하는 것은 가계이다. 기업은 이윤의 극대화를 추구한다.

14 기회비용과 합리적 선택   정답 ③

기회비용은 포기한 가치 중에서 가장 큰 것으로서 명시적 비용 + 암묵적 비용으로 구성된다. 따라서 명시적 비용인 8,000원과 시간당 비용이 큰 10,000×5를 더한 58,000원이 된다.

15 수요의 가격탄력성   정답 ⑤

ㄴ. 똑같은 상품이라 하더라도 단기와 장기를 비교할 때 단기에서 수요의 가격탄력성이 더 작고 장기에서 더 크다.

ㄷ. 수요의 가격탄력성이 클수록, 물품세 부과로 인한 경제적 순손실은 커지고 조세귀착은 작다.

ㄹ. 좋은 대체재가 많을수록, 사치품일수록, 소득에서 차지하는 비중이 클수록 수요의 가격탄력성은 커진다.

오답노트

ㄱ. 독점기업은 우하향하는 수요곡선에 직면하며 수요의 가격탄력성이 높은 시장에서 낮은 가격을 책정하는 것이 유리하다.

16 게임이론   정답 ④

기업 A가 전략 a1을 선택할 경우 기업 B는 전략 b1을 선택하고, 기업 A가 전략 a2을 선택할 경우 기업 B는 전략 b2선택할 때 이윤이 커진다. 반면, 기업 B가 전략 b1을 선택할 경우 기업 A는 전략 a2를 선택하고, 기업 B가 전략 b2을 선택할 경우 기업 A는 전략 a2선택할 때 이윤이 커진다. 그러므로 내쉬균형은 전략 a2, 전략 b2로 (8, 8)이 된다.

17 완전경쟁시장   정답 ③

완전경쟁시장에서 조업중단점은 평균가변비용이다. 총고정비용이 100만 원이므로 총고정비용은 1만 원이다. 평균비용은 평균고정비용 + 평균가변비용으로 이루어지므로 평균비용 2만 원 = 총고정비용 1만 원 + 평균가변비용은 1만 원이다. 따라서 조업중단점은 1만 원이 된다.

18 외부효과(외부성)   정답 ②

'피구세'는 부정적 외부효과를 발생시키는 행위를 억제하기 위한 세금이다. 환경오염(부정적 외부효과)을 초래하는 재화는 사회적으로 필요한 양보다 더 많이 생산된다. 피구세가 부과되면 재화의 시장가격은 오르고, 생산량은 사회적 최적생산량 수준까지 감소할 것이다. 하지만 현실적으로 기업의 비용곡선, 시장수요곡선, 사회적 비용 등을 정확히 파악하기 어려워 실제 피구세의 최적세율을 구하기 어렵다.

19 무차별곡선이론   정답 ②

무차별곡선상의 한 점에서의 기울기는 그 점에서 소비자가 만족수준을 일정하게 유지하면서 한 재화를 다른 재화로 대체할 때 교환되는 두 재화의 비율을 나타낸다. 그러므로 무차별곡선의 기울기는 이 비율인 한계대체율이며 이는 개인에 따라 다르게 나타난다.

> **오답노트**
> ㄴ. 두 재화가 효용재이므로 원점에서 멀수록 효용이 반드시 크다.
> ㄹ. 무차별곡선은 우하향하며 원점에 대해 볼록하다.

20 시장의 개념과 구분   정답 ⑤

완전경쟁시장은 같은 상품을 취급하는 수많은 공급자와 수요자로 구성돼 있어 기업들은 시장가격을 수용할 뿐 결정하진 못한다. 완전경쟁시장에서 기업은 이윤극대화를 위해 시장가격과 한계비용이 일치하는 수준에서 생산량을 결정한다. 기업의 평균총비용이 지속적으로 감소하는 규모의 경제가 존재할 때 자연독점이 일어난다.

21 소비자 행동(Consumer Behavior)   정답 ③

소비자가 특정 제품에 대해 가지는 중요성, 관심도와 자신과 관련되었다고 지각하는 정도를 의미하는 것은 관여도이다.

22 기업 수준의 전략   정답 ④

전략적 제휴는 상호협력을 바탕으로 기술·생산·판매·자본 등 기업 기능의 모든 부분에 걸쳐 2개 또는 다수의 기업이 제휴하는 것을 말한다. 이를테면 기술의 공동개발, 특허의 공동사용, 생산라인·판매라인의 공유, 합작회사 설립 등이 전략적 제휴에 해당한다. 따라서 직접적인 경쟁관계의 기업과 전략적 제휴도 가능하다.

23 회계의 순환과정   정답 ⑤

현금흐름표에서 현금흐름은 영업활동, 투자활동, 재무활동으로 인하여 발생한다.
- 영업활동 : 경상적인 손익거래와 관련된 현금흐름
- 투자활동 : 비유동자산 및 비영업자산의 취득이나 처분과 관련된 현금흐름
- 재무활동 : 자본조달 및 상환과 관련된 현금흐름

따라서 건물의 취득은 투자활동으로 인한 현금흐름에 해당한다.

24 경영혁신   정답 ⑤

균형성과표란 기업의 전략적 목표를 일련의 성과측정지표로 전환할 수 있는 종합적인 틀로써 재무적 관점, 고객 관점, 내부프로세스 관점, 학습과 성장관점 등 4개의 범주로 구분하여 성과를 측정하는 것을 말하며, 카플란이 제시한 개념이다.

25 인사평가(성과관리)와 보상관리   정답 ③

최저임금제는 불황기에 임금수준의 절하를 방지하는 결과가 되어 유효수요의 감소도 방지해준다.

26 재무상태표와 포괄손익계산서   정답 ①

- 기초자본 = 기초자산 − 기초부채
  = 50,000원 − 30,000원 = 20,000원
- 기말자본 = 기말자산 − 기말부채
  = 90,000원 − 40,000원 = 50,000원
- 당기순이익(자본증가액) = 기말자본 − 기초자본
  = 50,000원 − 20,000원 = 30,000원
- 당기순이익 = 수익총액 − 비용총액
- 수익총액 = 당기순이익 + 비용총액
  = 30,000원 + 120,000원 = 150,000원

27 기업 수준의 전략   정답 ①

자기주식을 취득하게 되면 대주주가 보유하는 주식수에는 변함이 없지만, 대주주의 지분을 상승시키는 효과를 얻을 수 있다.

28 조직화와 조직구조   정답 ②

통제의 범위는 한 사람의 관리자가 효과적으로 직접 통제할 수 있는 부하의 수를 의미한다. 모든 조건이 동일할 경우에 통제의 범위가 좁을수록 수직적 분화가 발생하여 고층구조가 형성되고 통제의 범위가 넓을수록 평면구조가 이루어진다.

29 자본의 운용 정답 ③

합병으로 인한 기업가치 증가액(유입)은 40억 원이고 유출은 9억 원이다. 따라서 합병의 순현가는 40억 원에서 9억 원을 차감한 31억 원이다.

30 재무상태표와 포괄손익계산서 정답 ②

주식분할은 자본금의 증가 없이 발행주식의 총수를 늘리고, 이를 주주에게 나누어 주는 것이다.

31 정보의 비대칭성 정답 ②

ㄴ, ㄹ. 역선택은 감추어진 속성을 파악하지 못한 것이다. 건강이 좋지 않은 사람이 민간의료보험에 가입하면 보험회사 입장에서 역선택이 된다.
ㄱ, ㄷ. 도덕적 해이는 감추어진 행동을 파악하지 못한 것이다. 보험이나 실업급여로 인해 행동이 변한 경우 등이 이에 해당한다.

32 국제수지의 균형 정답 ④

경상수지가 흑자일 때 국가입장에서 무조건 좋은 것만은 아니다. 무역마찰이 일어날 수 있다.

33 중위투표자 정리, 투표의 역설 정답 ③

투표의 역설이란 다수결투표제도 하에서 개인들의 선호가 이행성을 충족하더라도 사회선호가 이행성을 충족하지 않는 현상을 말한다.

④ 투표의 역설과 중위투표자 정리는 동시에 발생하지 않는다.
⑤ 점수투표제 하에서는 가장 많은 점수를 얻은 대안이 선택되므로 투표의 역설이 발생하지 않는다.

34 케인즈의 국민소득결정이론 정답 ①

조세수입(T)이 400이고 정부재정이 균형이므로 정부지출(G)은 400이다. 유효수요(AE) = C + I + G = 200 + 0.8(Y − 400) + 400 + 400
= 680 + 0.8Y
Y = AE로 두면 Y = 680 + 0.8Y, 0.2Y = 680이므로 균형국민소득 Y = 3,400이다. 현재의 균형국민소득이 3,400이고 완전고용국민소득이 4,000이므로 완전고용국민소득에 도달하려면 국민소득이 600만큼 증가해야 한다.
정액세만 존재하고 한계소비성향 c = 0.8이므로 정부지출승수 $\frac{dY}{dG}$ = $\frac{1}{1-c}$ = 5이고, 조세승수 $\frac{dY}{dT}$ = $\frac{-c}{1-c}$ = − 4이다. 그러므로 완전고용국민소득에 도달하려면 정부지출을 120만큼 증가시키거나 조세를 150만큼 감면해야 한다.

35 평가방법에 따른 GDP 정답 ④

20X3년의 경제성장률은 (600 − 540) / 540 × 100이고 20X4년은 (680 − 600)/600×100이므로 20X4년이 더 높다.

① 20X1년과 달리 20X2년에는 명목GDP가 실질GDP보다 크므로 물가가 상승하였음을 알 수 있다.
② 20X2년의 실질 경제성장률은 8%이다. $\frac{540 - 500}{500}$ × 100 = 8%
③ 20X1년과 20X3년은 GDP디플레이터가 100으로 일치한다.
⑤ 20X4년에는 GDP디플레이터가 100보다 작으므로 20X3년보다 물가가 하락하였다.

36 완전경쟁시장 정답 ①

기업의 이윤극대화는 MR = MC에서 이루어진다. 완전경쟁시장은 P = MC이므로 제품가격이 한계비용과 일치하는 수준에서 이루어진다. 동시에 한계요소비용인 임금과 한계생산가치가 일치하는 수준에서 노동수요를 결정한다.

37 경기안정화정책 정답 ③

경기침체기에 나타나는 전형적인 현상들이다. 따라서 정부는 확대 재정정책을 통해 공공지출을 늘려야 하므로 소득세·법인세를 인하하고, 예산을 조기에 집행해야 한다. 그리고 경기침체기의 금융 정책으로는 통화량을 늘려야 하므로 이자율과 재할인율은 인하하고, 지급준비율도 낮춰야 한다. 그리고 국채를 매입하여 시중에 유동성을 충분히 공급하여야 한다.

38 물가와 물가지수 정답 ②

새로 지었으므로 GDP에 포함된다. 따라서 GDP디플레이터에 포함된다.

① 화폐가치는 물가지수에 반비례한다.
③④ 소비자물가지수(CPI)와 생산자물가지수(PPI)는 기준 연도의 수량을 가중치로 이용하고 있으며, 수입재의 가격 변동이 반영된다.
⑤ GDP디플레이터는 한 나라 경제의 전반적인 물가수준을 나타내는 지표로, 명목GDP를 실질GDP로 나눠 100을 곱한 수치다. 기준연도의 물가수준 대비 현재 물가수준을 측정하는 것이다.

39 환율의 변동과 결정 정답 ①

(가)는 외환의 수요로 인하여 환율이 상승하고 (나)는 외환의 공급증가로 환율이 하락한다. (가)는 달러 시장에서 수요 증가를 초래하므로 원/달러 환율 상승 요인이다.

② (가)는 달러의 공급이 아닌 수요에 영향을 주는 요인이다.

③ (나)는 외국화폐가 들어왔으므로 외화의 가치가 떨어지고 자국화폐의 가치가 상승한다.

④ (나)로 인해 나타날 수 있는 환율 변동은 환율 하락이다. 환율이 하락하면 대미 상품 수출에 불리하게 작용한다.

⑤ 달러수요와 공급이 동시에 증가할 경우 수요와 공급의 변동 폭을 알아야 환율의 변동 방향을 판단할 수 있다.

40 화폐의 공급 정답 ⑤

본원통화는 중앙은행이 독점적 권한(발권력)을 통해 공급한 통화를 말한다. 중앙은행이 달러를 매각하면 원화가 중앙은행으로 들어오므로 본원통화가 감소한다.

① 국제수지 흑자 규모가 늘어나 달러가 많이 유입되면 달러가 원화로 환전되는 과정에서 돈의 양이 증가한다.

② 본원통화가 증가한다.

③④ 중앙은행이 금융시장에서 유가증권을 매입 또는 매각하는 것을 공개시장 조작이라고 하며, 이는 중앙은행의 통화 정책 중 하나다. 유가증권을 매입하면 시중에 유통되는 자금이 증가한다. 반대로 시중에 통화량이 과도해 경기 과열 우려가 있을 때는 유가증권을 매각한다.

41 재무상태표와 포괄손익계산서 정답 ③

영업이익이란 기업의 주된 영업활동에 의해 발생된 이익으로 매출액에서 매출원가와 판매비 및 일반관리비를 뺀 것을 말한다. 따라서 A기업의 영업이익은 120억 원 – 60억 원 – 20억 원 = 40억 원이다.

42 기업 수준의 전략 정답 ①

흑기사는 경영권 탈취를 돕는 제3자를 의미하기 때문에 경영권방어 수단에 해당하지 않는다.

43 소비자 행동(Consumer Behavior) 정답 ④

A. 일상적 문제해결은 고객들이 동일제품을 반복구매하여 그 제품에 대한 상당한 경험을 가지고 있고 제품의 성능에 대해 매우 만족하고 있을 때 발생하고, 자동재구매가 일상적 문제해결에 해당한다. 수정재구매는 제한적 문제해결에 해당한다.

B. 소비자는 관여도가 높을수록 포괄적 문제해결의 행동을 보이며, 관여도가 낮을수록 일상적 문제해결의 행동을 보이게 된다

C. 습관적 구매행동은 제품에 대하여 소비자가 비교적 낮은 관여도를 보이며 제품의 상표 간 차이가 미미할 경우에 발생하는 구매행동을 말한다. 구매하는 제품에 대하여 비교적 저관여 상태이며 제품의 각 상표 간 차이가 뚜렷한 제품을 구매하는 경우에 발생하는 구매행동은 다양성추구 구매행동이다.

44 조직행동론과 관련된 개념들 정답 ⑤

상동적 태도에 대한 설명이다.

45 산업구조분석 정답 ①

산업구조분석은 정태적 분석이기 때문에 산업이 지속적으로 변화하는 현실을 제대로 설명하기 어렵고, 기업 간 경쟁전략에 의한 상호 영향을 고려하지 못한다는 단점을 가지고 있다.

46 시스템이론과 상황적합이론 정답 ⑤

① 엔트로피는 시스템이 소멸되어 가는 과정을 말하고, 시너지는 전체가 부분의 합보다 크다는 것을 의미한다.

② 시스템은 결과지향성, 전체성, 이인동과성의 속성을 가진다.

③ 폐쇄시스템의 경계는 명확하고, 개방시스템의 경계는 모호하다.

④ 환경이나 상황이 바뀌게 되면 유효한 관리방식이나 조직이 달라져야 한다는 것은 상황이론이다.

47 재무상태표와 포괄손익계산서 정답 ①

당기순손익은 수익 – 비용으로 계산할 수 있다. 문제에서 수익에 해당하는 항목은 상품매출이익, 이자수익, 임대수익이고, 비용에 해당하는 항목은 이자비용, 급여, 보험료이다. 따라서 당기순손익은 수익(70,000원 + 50,000원 + 40,000원 = 160,000원) – 비용(60,000원 + 30,000원 + 20,000원 = 110,000원)을 계산한 이익 50,000원이다.

48 자본의 운용 정답 ③

베타(β)는 음의 값을 가질 수 있다. 음의 값을 가진다는 것은 베타가 상승할수록 수익률이 하락하는 경우를 의미하는데 대표적인 경우가 보험자산의 경우이다.

49 다양한 회계처리 정답 ④

취득원가는 자산을 취득하는 과정에서 발생한 모든 원가를 포함한다. 따라서 ㈜경영이 인식할 토지의 취득원가는 300,000원과 20,000원의 합인 320,000원이다.

50 제품(Product) 정답 ④

(A)영역은 쇠퇴기에 해당한다. 구매수요의 발굴은 도입기에 해당하는 설명이다.

51 무차별곡선이론에서의 소비자균형   정답 ③

주어진 소득수준(예산제약) 내에서 두 재화(X재, Y재)의 1원어치의 한계효용이 같아지는 선택이 효용이 극대화되는 소비자균형점이다. 따라서 1원어치의 한계효용이 큰 재화를 더 소비하고 작은 재화를 덜 소비하면 된다.

호성은 $\dfrac{MU_X(10)}{P_X(10)} > \dfrac{MU_Y(5)}{P_Y(20)}$ 이므로 X재 소비를 늘리고 Y재 소비를 줄여 효용을 증가시킬 수 있다. 미진은 $\dfrac{MU_X(3)}{P_X(10)} = \dfrac{MU_Y(6)}{P_Y(20)}$ 이므로 현재 효용극대화가 되고 있으므로 조정할 필요가 없다.

52 GDP의 측정   정답 ②

GDP는 특정한 시점이 아니라 '일정 기간' 동안 '한 나라' 안에서 생산된 최종 재화와 서비스 가치를 더한 것이다. GDP는 해외에서 생산된 상품 가치나 기업 매출에 포함된 중간재가 포함되지 않는다. GDP에 무역손익을 더하면 국내총소득(GDI)이 된다. GNI는 'GDP + 교역조건변화에 따른 실질무역손익 + 해외 순수취 요소소득'이다. 폐쇄경제에서는 노동과 상품의 국제거래가 발생하지 않으므로 GDP와 GNI가 같아진다.

53 경기안정화정책   정답 ⑤

소득세 감면과 재정지출 증가는 경기 부양을 위한 확대 재정정책에 해당한다. 이때 소득 한계소비성향이 높으면 소비지출이 늘어나 총수요가 추가적으로 증가(승수효과)한다. 확대 재정정책으로 이자율이 올라 민간의 투자나 소비가 줄어들면 총수요가 감소(구축효과)할 수 있다. 소비자가 현재 중심으로 소비하면 현재 소득이 현재 소비에 미치는 영향이 커져 정부의 경기부양 효과가 커진다. 하지만 소비자들이 정부 부채 증가를 미래의 조세로 메울 것으로 기대하는 리카도의 등가 정리가 발생하면 소비가 늘어나지 않아 경기부양 효과는 크지 않게 된다.

54 실업통계   정답 ②

구 분	20X1	20X6
경제활동참가율	70%	80%
경제활동인구	7,000	9,600
비경제활동인구	3,000	2,400
취업률	96%	92%
취업자	6,720	8,832
생산가능인구	10,000명	12,000명

ㄱ. 20X6년에 이 나라의 취업자 수는 6,720에서 8,832로 증가했다.
ㄷ. 20X6년에 이 나라의 비경제활동인구는 3,000에서 2,400으로 감소했다.

오답노트

ㄴ. 20X1년과 20X6년 모두 고용률이 50% 이상이다.
ㄹ. 총수요의 증가 여부는 정확히 알 수 없다.

55 환율의 변동과 결정   정답 ③

원화 환율이 하락하면 원화가치가 상승하여 수출을 제외한 나머지 항목은 모두 유리할 것이다.

ㄴ. 국내에서 원화로 임금을 받아 미국에 달러로 송금해야 하는 미국 근로자는 더 많은 달러를 얻을 수 있으므로 유리하다.
ㄹ. 미국으로 어학연수를 떠나는 우리나라 학생은 동일한 달러를 얻기 위해 더 적은 원화가 필요하므로 유리하다.
ㅁ. 미국 현지에 공장을 건설하려는 국내 기업은 적은 비용으로 달러를 조달할 수 있으므로 유리하다.

오답노트

ㄱ. 수입 원자재를 이용하지 않는 완제품을 미국에 수출하는 국내 기업은 상품가격의 상승으로 불리할 것이다.
ㄷ. 국내로 여행 오는 미국 관광객은 동일한 원화를 받기 위해서 더 많은 달러가 필요하므로 불리하다.
ㅂ. 미국 채권을 가지고 있는 국내 투자자는 동일한 달러로 더 적은 원화를 받으므로 불리하다.

56 절대우위론과 비교우위론   정답 ④

문제에서 주어진 생산물로 기회비용을 표로 나타내면 다음과 같다.

구 분	갑	을
의류(벌)	1의류 = 1기계	8의류 = 16기계 1의류 = 2기계
기계(대)	1기계 = 1의류	1기계 = 1/2의류

의류 1벌의 교역조건은 1기계 < 1의류 < 2기계이므로 의류 1벌당 기계 1.5대와 교환하면 갑, 을 모두에게 이익이다.

오답노트

① 을이 의류와 기계 모두 절대우위를 가지고 있다.
② 갑의 생산가능곡선의 기울기는 의류의 기울기이므로 을의 생산가능곡선의 기울기보다 더 가파르다.
③ 을이 모두 다 잘 만들기 때문에 비교우위론으로만 무역이 가능하다.
⑤ 갑, 을 모두 특화품목의 기회비용은 커진다. 무역 후 특화품목의 가치가 상승하기 때문이다.

57 금융정책   정답 ②

구축효과란 확대재정정책(조세인하, 국공채발행)을 통한 정부지출 증가가 화폐시장에서 화폐의 수요 증가를 통해 이자율을 상승시키므로 기업으로 하여금 자본의 차입을 어렵게 하여 결국 투자를 위축시킨다는 주장이다.

58 환율결정이론   정답 ③

환율이 구매력평가설에 의해 결정된다면 한국의 물가상승률에서 미국의 물가상승률을 차감하면 환율 변동 폭이 된다. 따라서 원화 환율은 5% 하락한다.

59 새고전학파의 정책무력성정리   정답 ③

합리적인 기대를 형성하더라도 예측오차는 발생한다. 한편, 정태적 기대는 적응적 기대의 단기에 관한 경우이므로 ⑤는 맞는 보기이다.

60 보호무역   정답 ②

ㄱ. 쌀시장 개방 후 국내 소비자들의 쌀 소비량은 60이고 이 중에서 국내 균형생산량 10을 뺀 나머지가 수입된다.

ㄷ. 쌀시장 개방 후 10의 관세를 부과하면 관세부과 전보다 b + d의 자중 손실이 발생한다. b = 10 × 10 × 1/2 = 50이고 d = 10 × 15 × 1/2 = 75이다. 따라서 125의 자중손실이 발생한다.

오답노트

ㄴ. 쌀시장 개방 후 10의 관세를 부과하면 국내 생산자잉여는 사다리꼴 a의 면적이므로 (10 + 20) × 10 × 1/2 = 150이다. 관세부과 전보다 150 증가한다.

ㄹ. 관세부과로 인한 관세수입은 c의 면적이므로 10 × 25 = 250이다.

61 시사용어   정답 ①

네트워크 조직은 조직의 규모와 상관없이 전 세계에서 인력과 자원의 획득이 가능하기 때문에 특정한 활동을 낮은 비용으로 수행할 수 있는 외부 기업들을 확보함으로써 생산비를 감소시킬 수 있고 소비자의 요구변화에 신속하고 유연하게 대응할 수 있지만, 협력업체와의 관계 유지 및 갈등 해결에 많은 시간이 소요되고 조직구성원의 충성심과 기업문화가 약하다.

62 시사용어   정답 ②

롱테일은 '긴 꼬리(큰 시장)의 끝 부분에 해당하는 작은 시장과 개별적 요구로 이루어진 다수'를 의미한다. 따라서 롱테일 법칙은 인터넷의 발달로 그동안 수익성이 없어 소외되었던 80%를 기업의 고객으로 만들 수 있다는 의미이다.

오답노트

① 크라우드소싱은 대중을 의미하는 Crowd와 외부를 의미하는 Outsourcing의 합성어로, 소셜 네트워킹 기법을 이용하여 제품이나 지식의 생성과 서비스 과정에 대중을 참여시킴으로써 생산단가를 낮추고 부가가치를 증대하며, 발생된 수익의 일부를 다시 대중에게 보상하는 새로운 경영혁신방법이다.

③ 데이터 마트는 데이터웨어하우스와 사용자 사이에 있는 중간층을 말한다.

④ 빅 데이터는 급증하는 디지털 환경에서 기존의 데이터베이스 시스템으로 처리하기 어려운 대규모의 데이터를 말하며, 많은 양의 정형 데이터의 비정형 데이디기 포함된다.

⑤ 사이버불링은 온라인상에서 특정 대상에게 의도적·반복적으로 적대적 발언 등의 악의적 행위를 하는 것을 말한다.

63 시사용어   정답 ①

임금피크제에 대한 설명이다.

오답노트

⑤ 최저임금제 : 국가가 임금의 최저 수준을 정하고, 이 수준 이상의 임금을 지급하여 저임금 근로자를 보호하는 제도

64 시사용어   정답 ②

브랜드밴딩에 대한 설명이다.

65 시사용어   정답 ⑤

벤치마킹에 대한 설명이다.

오답노트

② 리엔지니어링 : 기업의 구조와 경영방식을 근본적으로 다시 설계하여 경쟁력을 확보하는 경영혁신기법

③ 리스트럭처링 : 경영 환경의 급변으로 위기의식을 느끼기 시작한 기업이 경영 상태를 개선하기 위해 사업의 종류와 내용을 의도적이고 계획적으로 선택하는 경영혁신기법

66 시사용어   정답 ③

공급사슬에 대한 설명이다.

67 시사용어   정답 ④

온라인에서 제품정보를 얻은 뒤 오프라인 매장에서 구매하는 것은 역쇼루밍이다.

68 시사용어   정답 ⑤

노이즈마케팅에 대한 설명이다.

69 시사용어   정답 ③

대리인비용에 대한 설명이다.

70 시사용어   정답 ②

카르텔에 대한 설명이다.

71 시사용어 　　　　　　　　　　　　정답 ①

BIS비율은 BIS(Bank for International Settlement, 국제결제은행)에서 정한 은행의 위험자산 대비 자기자본비율로서, 각국 은행의 안정성과 건전성 제고를 위해 마련된 국제적 기준이다.

> **오답노트**
> ⑤ EB(Exchangeable Bonds) : 교환사채. 즉, 사채권자의 의사에 따라 주식 등 다른 유가증권으로 교환할 수 있는 사채

72 시사용어 　　　　　　　　　　　　정답 ①

ETF에 대한 설명이다.

> **오답노트**
> ② DLS : 다양한 기초자산을 토대로 이 기초자산의 가격변동에 의해 수익이 결정되는 증권
> ③ ELD : 수익률이 코스피200지수에 연동되는 주가지수연동예금
> ④ ELS : 주가연계증권. 개별 주가나 주가지수에 연계되어 투자수익이 결정되는 유가증권
> ⑤ ETN : 상장지수채권. ETF(상장지수펀드)와 마찬가지로 거래소에 상장되어 손쉽게 사고팔 수 있는 채권

73 시사용어 　　　　　　　　　　　　정답 ④

구독경제에 대한 설명이다.

> **오답노트**
> ① 공유경제 : 물품을 서로 대여해주고 차용하여 쓰는 개념으로 인식하여 경제활동을 하는 시스템
> ② 긱 경제 : 필요에 따라 사람을 구해 임시로 계약을 맺고 일을 맡기는 형태의 경제 시스템
> ③ 온디맨드 경제 : 앱과 온라인 네트워크 등 IT 기술로써 수요자의 요구에 즉각 대응하여 제품과 서비스를 제공하는 경제 시스템
> ⑤ 플랫폼 경제 : 4차 산업혁명 시대에 여러 산업에 걸쳐 꼭 필요한 AI, 빅데이터 등 핵심 인프라에 기반한 경제 시스템

74 시사용어 　　　　　　　　　　　　정답 ①

메자닌에 대한 설명이다.

> **오답노트**
> ④ 코아피티션 : 경쟁(Competition)과 협력(Cooperation)을 합성한 말로, 상대를 존중하고 협력하면서 경쟁하는 것을 의미

75 시사용어 　　　　　　　　　　　　정답 ②

스프레드란 국제금융 거래에 있어서 기준이 되는 런던 은행 간 금리인 리보(LIBOR)와 실제 금리 간 차이를 말한다.

> **오답노트**
> ① 코픽스(COFIX) : 은행 대출금리의 기준이 되는 자금조달비용지수로서, 국내 주요 은행이 시장에서 조달하는 수신상품자금의 평균비용을 가중평균하여 산출한다.
> ③ MOR : 금융기관이 대출금리를 정할 때 기준이 되는 금리
> ⑤ 코리보(KORIBOR) : 국내에서 영국 런던 은행 간의 지표금리인 리보를 본떠 도입한 국내 은행 간 단기기기준금리

76 시사용어 　　　　　　　　　　　　정답 ②

윔블던 효과에 대한 설명이다.

> **오답노트**
> ① 잠김 효과 : 새로운 상품이 나와도 기존의 친숙한 제품을 계속해서 사용하게 되는 소비 현상
> ③ 밴드왜건 효과 : 유행에 따라 상품을 구입하는 소비 현상
> ④ 로빈후드 효과 : 불평등을 해소하기 위해 부유층의 부를 재분배할 경우 사회 전체의 부가 감소하는 현상
> ⑤ 스파게티볼 효과 : 여러 나라와 FTA를 동시다발적으로 체결하면서 각 국가의 복잡한 절차와 규정 때문에 FTA 활용률이 저하되는 현상

77 시사용어 　　　　　　　　　　　　정답 ③

아시아 인프라 투자은행에 대한 설명이다.

> **오답노트**
> ② 아시아 개발은행 : 아시아, 태평양 지역의 경제성장 및 경제협력을 증진하고 지역 내 개발도상국 경제개발을 촉진하기 위해 1966년 설립된 국제개발은행
> ④ EDCF : 대외경제협력기금

78 시사용어 　　　　　　　　　　　　정답 ②

자기자본규제제도에 대한 설명이다.

> **오답노트**
> ① 재판매가격유지제도 : 제조업자가 중간도매상이나 소매업자에게 재판매 시에 일정한 가격 이하로는 판매하지 못하도록 계약을 맺고 규제하는 제도
> ③ 의무공개매수제도 : 기업의 인수합병(M&A)이나 지배권을 확보할 수 있는 정도의 주식을 매입할 때, 전부 또는 일정 비율 이상의 주식을 의무적으로 공개매수하도록 하는 제도
> ④ 출자총액제한제도 : 대규모 기업집단에 속하는 회사가 순자산액의 일정비율을 초과해 국내회사에 출자할 수 없도록 한 제도
> ⑤ 무역구제제도 : 무역거래 시 발생할 수 있는 불공정행위로부터 국내산업이 피해를 입지 않도록 보호하는 제도

79 시사용어   정답 ①

일대일로에 대한 설명이다.

오답노트
② 환태평양경제동반자협정 : 2015년 타결된 아시아·태평양 지역 12개
   국 간 자유무역협정
③ 아세안경제공동체 : 동남아 10개국의 모임인 동남아국가연합이 정
   치·경제·사회적 통합을 목표로 2015년 말 출범시킨 경제공동체
④ 아시아 인프라 투자은행 : 아시아 개도국들이 사회간접자본을 건설할
   수 있도록 자금 등을 지원하기 위해 중국 주도로 설립된 국제금융기구
⑤ 태평양동맹 : 경쟁력 강화, 외국인 투자 활성화, 아태지역 국가와 협력
   확대 도모를 위해 중남미 자유무역의 대표적인 4개국이 2012년 결성
   한 연합

80 시사용어   정답 ②

킵웰에 대한 설명이다.

오답노트
① 텀론 : 만기(1~10년)를 정해놓고 일정에 따라 원금 상환을 요구하는
   중·장기 기업 대출
③ 에스크로 : 구매자와 판매자 사이에 신용관계가 불확실할 때 제3자가
   상거래가 원활히 이뤄질 수 있도록 중개하는 매매 보호 서비스
④ 업틱룰 : 주식을 공매도할 경우 시장가격 밑으로는 매도호가를 낼 수
   없도록 하는 규정
⑤ 포크배럴 : 정치인들이 지역주민의 인기에 민감한 나머지 지역구 선심
   사업을 위해 정부의 예산을 최대한 많이 확보하려는 형태

01	⑤	02	②	03	④	04	②	05	⑤
06	④	07	④	08	①	09	①	10	②
11	①	12	③	13	②	14	③	15	④
16	②	17	④	18	②	19	②	20	①
21	⑤	22	④	23	④	24	②	25	④
26	⑤	27	①	28	④	29	④	30	⑤
31	②	32	①	33	④	34	⑤	35	③
36	③	37	③	38	①	39	②	40	③
41	②	42	②	43	④	44	②	45	④
46	②	47	③	48	②	49	⑤	50	③
51	②	52	⑤	53	①	54	②	55	①
56	⑤	57	④	58	③	59	④	60	②
61	②	62	⑤	63	②	64	⑤	65	①
66	②	67	③	68	④	69	③	70	⑤
71	⑤	72	③	73	②	74	②	75	⑤
76	③	77	①	78	④	79	①	80	①

01 사업부 수준의 전략   정답 ⑤

BCG 매트릭스에서 상대적 시장점유율이 1보다 크다는 것은 해당 사업부가 시장에서 가장 높은 시장점유율을 차지하고 있음을 의미한다.

02 기업   정답 ②

- 의사결정역할 : 기업가, 분쟁의 해결자, 자원의 배분자, 협상가 등
- 대인관계역할 : 외형적 대표자, 리더, 교신자 등
- 정보전달역할 : 감시자, 전달자, 대변인

03 마케팅전략   정답 ④

온라인이 오프라인으로 옮겨온다는 뜻을 가진 전자상거래 방식은 O2O이다.

오답노트
① B2C : Business to Customer
② C2C : Customer to Customer
③ P2P : Peer to Peer
⑤ B2E : Business to Employee

04 촉진(Promotion)   정답 ②

GRP는 동일한 광고물을 동일한 매체에 방영하는 경우에 일정기간 동안 매체운용을 통하여 얻어진 각각의 시청률을 모두 합친 수치를 말하고, 시청율(도달범위)과 노출빈도의 곱으로 계산한다. 청중 1,000명에게 광고를 도달시키는데 드는 광고비용을 가리키는 용어는 CPM이다.

05 기업 수준의 전략   정답 ⑤

인수대상기업의 주주들은 공개매수를 통해 장내보다 비싼 가격에 주식을 매도할 수 있다.

06 시장균형의 이동   정답 ④

원래의 수요와 공급함수의 균형가격과 균형공급량은 $100 - 2P = 10 + 4P$이므로 $P = 15$, $Q = 70$이다.
변한 수요함수로 다시 균형가격과 균형거래량을 구하면 $P = 10$, $Q = 50$이 된다. 소비자의 선호 변화로 인해 가격은 5원 하락하고 균형공급량은 20만큼 감소하였다.

07 환율의 변동과 결정   정답 ④

원/엔 환율은 상승하고, 원/달러 환율은 하락하는 추세이다. 원/달러 환율이 하락하는 추세이므로 달러화 표시 외채 상환을 위해 준비해야 하는 원화의 양이 감소하게 된다.

오답노트
① 원화 대비 엔화의 가치가 상승한다.
② 달러화 대비 원화의 가치가 상승한다.
③ 환율하락으로 우리나라 대미 수출품의 달러화 표시 가격은 상승한다.
⑤ 환율상승으로 일본으로부터 원자재를 수입하는 우리나라 기업의 부담은 증가한다.

08 조세의 귀착   정답 ①

우선 수요곡선과 공급곡선이 일치하는 점을 찾아 적정가격과 공급량을 구해보면 $14 - 2Q = 8$이다. 따라서 $Q = 3$, $P = 8$이다. 그런데 정부가 이 상품에 대하여 단위당 2원씩 물품세를 부과할 경우 그래프는 다음과 같다.

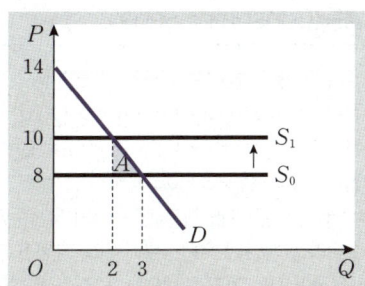

따라서 조세부과에 따른 효율성 손실은 $\frac{1}{2} \times 1 \times 2 = 1$이다.

09 총수요　　　　　　　　정답 ①

ㄷ. 생애주기가설에 따르면 현재소득이 증가할 때 현재소비가 반드시 증가하는 것은 아니다.

ㄹ. 쿠즈네츠는 장기에서 평균소비성향이 대략 일정하다고 주장했다.

10 최고가격제와 최저가격제　　정답 ②

최고가격제에 대한 설명이다. 최고가격제는 가격의 상한선을 정해 소비자를 보호하려는 것이며 가격이 낮아 암시장이 형성될 수 있다.

ㄴ. X재 시장에 초과 수요의 문제가 나타나고 있다.

ㄹ. X재 수요의 증가는 초과 수요가 더 많아져 정부정책의 부작용이 더 심해질 수 있다.

11 리더십의 상황이론과 현대적 리더십이론　　정답 ①

허쉬와 블랜차드에 따르면 부하의 성숙도가 높아짐에 따라 리더십은 '지시형(②) → 설득형(ⓒ) → 참여형(ⓒ) → 위임형(⑤)'의 순서대로 변화한다. 부하의 성숙도는 4단계로 구분되는데, 첫 단계(M1)는 역량과 의지 모두 매우 낮은 단계이고, 두 번째 단계(M2)는 역량은 낮지만 의지가 높은 단계이다. 세 번째 단계(M3)는 역량은 높지만 의지가 낮은 단계이고, 네 번째 단계(M4)는 역량과 의지 모두 높은 단계이다.

12 산업구조분석　　　　　　정답 ③

산업구조분석은 산업을 구성하는 다섯 가지의 힘 중 수평적 힘으로 산업 내 경쟁, 신규진입자(진입장벽), 대체재의 존재를 고려하고, 수직적 힘으로 공급자의 교섭력과 소비자의 교섭력을 고려하였다.

13 고전적 접근법　　　　　　정답 ②

테일러는 '노동의 과학화'에 관심을 가졌지만, 페이욜은 '경영의 과학화'에 주로 관심을 가졌다.

14 소비자 행동(Consumer Behavior)　　정답 ③

• 보완적 방식 : 점수가 가장 높은 B브랜드를 선택한다.
－ A브랜드의 점수 = 4 × 0.5 + 2 × 0.3 + 4 × 0.2 = 3.4
－ B브랜드의 점수 = 5 × 0.5 + 4 × 0.3 + 2 × 0.2 = 4.1
　C브랜드의 점수 = 3 × 0.5 + 3 × 0.3 + 3 × 0.2 = 3
• 사전식 방법 : 소비자가 구매대안에 대한 최고의 우선순위를 먼저 결정하고 만약 동순위라면 차선의 우선순위에 따라 대안을 다시 평가하는 방식이다. 따라서 소비자는 가장 중요도가 높은 속성인 '안전성'의 기준에 따라 점수가 가장 높은 B브랜드를 선택한다.

15 사업부 수준의 전략　　　　정답 ④

제품수명주기는 도입기, 성장기, 성숙기, 쇠퇴기로 구성된다. 도입기에 해당하는 영역은 물음표인데, 물음표는 문제아, 야생고양이 등으로 불리기도 한다. 또한, 성장기에 해당하는 영역은 별이고, 쇠퇴기에 해당하는 영역은 개이다.

16 총공급　　　　　　　　　정답 ②

수출대상국의 경기위축과 자국화폐의 가치 상승은 순수출 감소요인이다.

17 국제수지의 의미와 구성　　　정답 ④

ㄱ. 자국민이 해외여행을 위해 지출한 외화는 서비스수지이므로 ⊙에 포함된다.

ㄴ. 자국 상품의 수출액은 상품수지이므로 ⓒ에 포함된다.

ㄹ. 외국 정부가 제공한 차관은 금융계정이므로 ②에 포함된다.

ㄷ. 외국 기업에 지급한 특허권 사용료는 서비스수지이므로 ⊙에 포함된다.

18 케인즈의 국민소득결정이론　　정답 ②

ㄴ. 구축효과(Crowding-Out Effect)는 확대재정정책의 결과 이자율이 상승함에 따라 민간투자가 감소하는 효과를 뜻한다.

19 실업통계　　　　　　　　정답 ②

취업률 + 실업률 = 100%이므로 옳다.

① 구직활동을 포기한 사람은 비경제활동인구에 포함된다.
③ 구직자들이 직장을 구하는 과정에서 발생하는 실업은 마찰적 실업이다.
④ 실업보험은 실업의 고통을 완화해 주고 실업을 증가시킨다.
⑤ 고용률은 생산가능인구(15세 이상의 인구) 중에서 취업자가 차지하는 비율이므로 고교 졸업생 중 취업자가 줄고 대학진학자가 증가하면 고용률이 낮아진다.

20 생산가능곡선과 기회비용　　정답 ①

② 수요곡선의 이동으로 공급곡선의 이동이 발생하면 공급이 아닌 공급량이 감소한다.
③ 최저가격은 제도 실시 이전의 균형가격보다 높게, 최고가격은 균형가격보다 낮게 설정되어야 의미가 있다.

④ 소득효과로 인한 소비량 감소가 대체효과로 인한 소비량 증가보다 커서, 가격이 하락하더라고 전체적으로 수요량이 감소한다.
⑤ 두 상품이 완전대체재인 경우 무차별곡선의 형태는 직선의 형태를 띤다.

21 확보관리   정답 ⑤

선발의 원칙에는 효율성의 원칙, 형평성의 원칙, 적합성의 원칙이 있다. 적재적소적시의 원칙, 인재육성의 원칙, 균형의 원칙은 전환배치의 원칙에 해당한다.

22 제품(Product)   정답 ④

신제품 수용과정은 인지, 관심, 평가, 시용구매, 수용의 순으로 이루어진다.

23 촉진(Promotion)   정답 ④

티저광고에 대한 설명이다.

① 부정적 광고는 부정적이거나 금기시되는 소재를 활용하여 시각적·감정적 충격을 주어 특정 대상에 대해 부정적 느낌이나 정보를 전달하는 광고이다.
② 잠재의식광고는 인간의 잠재의식에 호소하는 광고이다.
③ 인포머셜은 정보와 광고의 합성어로 제품이나 점포에 대한 상세한 정보를 제공하여 소비자의 이해를 돕는 광고기법으로 광고라는 느낌을 최소화하는 방법이다.
⑤ 역광고는 소비자가 자신의 요구를 네트워크에 입력하면 거꾸로 재화나 서비스 공급자가 이를 확인하고 소비자에게 접촉하는 광고이다.

24 회계의 순환과정   정답 ⑤

재무제표에는 재무상태표, 포괄손익계산서, 현금흐름표, 자본변동표 등이 있다. 그중 포괄손익계산서는 일정 기간 동안 기업실체의 경영성과에 대한 정보를 제공하는 재무제표이다. 따라서 올해 수익의 달성 정도는 포괄손익계산서를 통해 파악할 수 있는 정보이다.

25 재무관리의 기초개념   정답 ④

이윤의 극대화는 재무관리의 목표로 옳지 않다.

26 수요의 가격탄력성   정답 ③

가격의 변화율이 1%이고 수요량의 변화율을 보았을 때 갑은 완전비탄력적, 을은 비탄력적, 병은 탄력적이다. 비탄력적인 경우 가격 하락 시 소비 지출액이 감소하며, 탄력적인 경우 소비 지출액이 증가한다.

ㄱ. 갑의 X재 수요는 가격에 대해 완전비탄력적이다.
ㄹ. 갑, 을, 병의 X재 소비 지출액의 합은 처음가격과 수요량이 제시되어 있지 않으므로 알 수 없다.

27 생산요소시장의 이윤극대화 원리   정답 ①

사적 이윤극대화 생산량(Q_m)은 한계비용곡선(MC)과 가격선이 만나는 점에서 결정되므로 $MC = 500 + \frac{1}{2}Q = 1,200$, Q = 1,400이다.

이때 500의 외부효과가 발생하므로 사회적으로 바람직한 생산량은

= $(500 + 500) + \frac{1}{2}Q = 1,200$, Q = 400이다.

28 정보의 비대칭성   정답 ④

ㄱ. 완전경쟁시장에서 노동의 한계생산성과 명목임금이 같아지는 수준에서 기업의 노동수요가 결정되며 효율성임금가설에서는 효율성임금은 균형실질임금보다 높은 수준에서 경직적으로 유지된다.
ㄷ. 효율성임금가설에 의하면 노동자의 근로의욕은 실질임금의 크기에 의해 결정된다.
ㅁ. 전통적 이론에 해당한다.

29 단기생산함수   정답 ④

수확체감의 법칙이란 가변요소 투입량이 증가하면 한계생산물이 감소하는 현상을 뜻한다. 수확체감의 법칙이 작용하고 있을 때, 감소하는 한계생산물과 달리 총생산물, 평균생산물은 증가할 수도 있고 감소할 수도 있다.

⑤ 한계생산물이 평균생산물보다 크다면 평균생산물은 반드시 증가하고, 반대로 한계생산물이 평균생산물보다 작다면 평균생산물은 반드시 감소한다.

30 수요의 가격탄력성   정답 ①

가격탄력성이란 가격변화에 대해 수요량과 공급량이 얼마나 민감하게 반응하는가를 측정하는 지표이다.

A재 수요의 가격탄력성은 $\frac{수요량의\ 변화율}{가격의\ 변화율}$ = 0.4이다. 담배의 소비량을 20% 감소시키려고 하면 $\frac{20\%}{x}$ = 0.4에서 x = 50%이므로 2,000원의 50%인 1,000원을 인상하여야 한다.

31 자본의 운용   정답 ②

체계적 위험은 분산투자로 인해 제거되지 않는 위험을 말한다. 따라서 분산불가능위험이라고도 하며, 이는 시장의 전반적인 상황과 관련하여 인플레이션이나 이자율의 변화 등과 관련된 요인으로 인해 발생하는 위험이기 때문에 시장위험 또는 베타 위험이라고도 한다.

32 재무비율 분석   정답 ①

유동비율은 유동자산을 유동부채로 나눈 것이다. 따라서 유동비율을 증가시키는 활동은 유동자산을 증가시키거나 유동부채를 감소시키면 된다. 문제에서 주어진 보기 중에 매출채권, 재고자산, 미수금, 현금은 유동자산에 해당하고, 선수금은 유동부채에 해당한다.

33 다양한 회계처리   정답 ④

감가상각대상금액은 취득원가에서 잔존가치를 차감한 400,000원이다. 기계장치의 내용연수가 10년이기 때문에 매년 40,000원의 감가상각비가 계상되며 2년이 경과한 상태이기 때문에 20X1년 말의 감가상각누계액은 80,000원이다.

34 다국적 기업과 글로벌 경영   정답 ⑤

마이클 포터가 제시한 국가경쟁우위 다이아몬드 모형의 구성요소는 요소 조건, 수요 조건, 관련 및 지원 산업, 전략 및 구조와 경쟁이다. 따라서 정부정책은 포함되지 않는다.

35 촉진(Promotion)   정답 ③

인적판매는 일반적으로 한 번에 소수의 소비자를 대상으로 하기 때문에 광범위한 소비자인식을 발생시키는 데는 부적절하다.

36 금융정책   정답 ③

중앙은행이 은행의 법정지급준비율을 낮추면 통화량이 증가하여 이자율이 하락하기에 민간투자가 증가한다.

오답노트
① 중앙은행이 법정지급준비율을 낮추면 이자율이 하락하여 자본유출로 환율이 상승하고, 환율이 상승하면 수출상품의 가격경쟁력 강화로 경상수지가 개선된다.
② 신용승수는 '1/지급준비율'이므로 지급준비율이 낮아지면 신용승수가 증가한다.
④⑤ 이자율 하락으로 소비와 투자가 증가하여 총수요곡선이 우측으로 이동하기에 실업률은 감소하나 인플레이션율은 상승할 것이다.

37 평가방법에 따른 GDP   정답 ③

위의 표를 바탕으로 실질GDP를 구하면 다음과 같다.

구 분	20X1년	20X2년	20X3년
명목GDP(억 달러)	100	110	120
경제성장률(%)	3	5	5
실질GDP	100	105	110.25

오답노트
ㄱ. 20X2년보다 20X3년의 전년 대비 실질GDP 증가액이 크다.
ㄷ. 경제성장률 – 인구증가율 = 1인당 경제성장률이므로 20X1년보다 20X3년의 1인당 실질GDP가 크다.

38 단기비용함수   정답 ①

한계비용이 평균비용보다 크면 평균비용은 증가하기에, 평균비용이 증가하는 구간에서는 한계비용이 평균비용보다 크다.

오답노트
② 단기란 고정요소가 존재하는 기간으로 단기에 기업의 총비용은 총고정비용과 총가변비용으로 구분된다.
③ 평균비용은 평균고정비용과 평균가변비용의 합이다. 평균가변비용보다 평균고정비용이 더욱 급격하게 감소하기에, 낮은 생산수준에서 평균비용의 감소추세는 주로 급격한 평균고정비용의 감소에 기인한다.
④ 완전경쟁기업의 경우, AVC 곡선의 최저점은 생산하는 것과 생산을 하지 않는 것이 동일한 생산중단점이다. 따라서 단기에 평균가변비용이 최저가 되는 생산량이 생산중단점이 된다.
⑤ 고정비용은 생산량과 관계없이 총액이 정해져 있는 것이므로 생산이 증가함에 따라 수량으로 나누는 평균고정비용은 감소한다.

39 게임이론   정답 ②

갑이 가격인상정책을 선택할 것으로 예상한다면 을은 가격인하정책을 선택할 경우 800, 가격인상정책을 선택하면 600의 편익을 얻게 되어 가격인하정책을 선택할 것이다.

40 공공재   정답 ③

ㄴ. 무임승차문제는 소비의 비배재성으로 인해 발생하며 정부가 그 재화를 공급해야 하는 이유가 된다.
ㄷ. 소비에 있어서 요금을 지불하지 않은 사람을 배제하는 것이 불가능하면, 시장에서 그러한 재화를 공급할 수 없다
ㄹ. 충분조건도, 필요조건도 아니다. (정부가 생산하는 재화나 서비스가 모두 공공재의 성격을 갖는 것은 아니며, 정부만이 공공재를 생산하는 것도 아니다)

41 마케팅전략   정답 ②

시장세분화기준에는 지리적 기준, 인구통계적 기준, 심리특성적 기준, 구매행동적 기준이 있다. 그중 라이프스타일은 심리특성적 기준에 해당하며, 나머지는 구매행동적 기준에 해당한다.

42 개발관리(교육훈련)와 인적자원의 이동   정답 ②

직급승진을 위해서는 상위직급의 특정직무가 공석이 되어야 한다.

오답노트

① 직급승진은 연공주의나 능력주의에 입각하여 인적자원이 상위직급으로 이동하는 것을 말한다.
③ 자격승진은 절대평가를 원칙으로 한다.
④ 적재적소주의의 원칙, 인재육성의 원칙, 균형의 원칙은 전환배치의 원칙이고, 승진의 원칙에는 적정성의 원칙(승진기회의 크기), 공정성의 원칙(승진기회의 배분), 합리성의 원칙(공헌의 측정기준)이 있다.
⑤ 조직변화승진은 조직변화를 통해 직급승진의 기회를 확대하는 방법이다.

43 동기부여의 내용이론(Content Theory)   정답 ④

매슬로우의 욕구단계이론에 따르면, 가장 하위욕구인 생리적 욕구가 어느 정도 충족되면 안전 욕구가 중요해지고, 이것이 어느 정도 충족되면 소속(사회적) 욕구, 존경(자존) 욕구, 자아실현 욕구가 순서대로 중요해지게 된다는 것이다.

44 조직행동론과 관련된 개념들   정답 ②

A형의 경우는 업무수행측면에서 유리하고, B형의 경우는 인간관계측면에서 상대적으로 유리하다.

45 회계의 순환과정   정답 ④

자기주식을 취득하면 현금유출이 발생하기 때문에 현금흐름을 감소시킨다.

46 생산요소시장의 이윤극대화 원리   정답 ②

한계수입생산은 $MR \times MP$이다. 따라서 1×3이므로 3만원이 된다.

47 단기비용함수   정답 ③

평균비용은 평균가변비용과 평균고정비용의 합으로 계산된다. 평균가변비용이 증가할 때 한계비용은 평균가변비용보다 크다.

오답노트

ㄱ. 고정비용은 산출량과 관계없이 일정하지만 평균고정비용은 산출량이 증가할수록 감소한다.
ㄹ. 한계비용이 평균비용보다 클 때 평균비용은 반드시 증가해야 한다.

48 절대우위론과 비교우위론   정답 ②

ㄱ. 갑국은 쌀과 고기 생산에 모두 절대우위가 있다.
ㄹ. 갑국과 을국이 교역할 경우, 고기 1kg의 교역 조건은 을국의 국내 교환 비율인 쌀 0.75kg과 갑국의 국내교환 비율인 쌀 1.2kg 사이에서 결정된다.

오답노트

ㄴ. 무역 전 을국은 고기 1kg과 쌀 0.75kg을 교환할 수 있는데, 쌀 1kg과 고기 1kg을 교환하는 조건일 경우 을국의 쌀에 대한 고기의 기회비용은 쌀 0.75kg에서 쌀 1kg으로 증가한다.
ㄷ. 특화품목의 기회비용은 커진다.

49 완전경쟁시장과 독점시장의 비교   정답 ⑤

ㄱ, ㄷ, ㄹ은 옳은 설명이다.

오답노트

ㄴ. 단기에서 가격이 평균비용 이하로 내려가더라도 완전경쟁기업은 평균가변비용보다 낮지 않으면 조업을 중단하지 않으며, 독점기업도 손실을 입을 수 있지만 조업을 중단하지는 않는다.

50 독점적 경쟁시장   정답 ③

기업 간 상호의존성이 크고, 치열한 비가격 경쟁을 보이며, 담합 등의 비경쟁 행위는 과점의 특징이다.

오답노트

① 완전경쟁시장은 $P = MC$이지만 독점시장과 독점적 경쟁시장은 $P > MC$이다.
② 독점적 경쟁의 경우, 기업의 진입과 퇴출은 자유로우나, 가격인상 시 판매량이 감소하기에 기업의 수요곡선은 우하향한다.
④ 개별기업은 단기에는 초과이윤을 얻을 수 있지만, 장기에는 정상이윤을 얻는다. 장기에는 진입과 퇴거가 자유로워 정상이윤만을 획득하고, 독점보다 작지만 초과설비를 보유하여 생산이 비효율적으로 이루어진다.
⑤ 완전경쟁시장을 제외하고는 수요곡선이 수평이 아니기 때문에 초과설비를 보유한다.

51 재무비율 분석   정답 ②

매출액증가율은 성장성 분석을 위한 재무비율이고, 유동비율, 부채비율, 당좌비율은 안정성 분석을 위한 재무비율이다.

52 마케팅전략 　　　　　　　정답 ⑤

대항 마케팅에 대한 설명이다.

53 다국적 기업과 글로벌 경영 　　　정답 ①

그린필드 투자는 직접투자에 의한 진출에 해당하고, 나머지는 계약에 의한 진출에 해당한다.

54 자본의 운용 　　　　　　　　정답 ③

포트폴리오를 구성하는 주식수가 증가할수록 위험은 감소한다.

55 기업 　　　　　　　　　　　정답 ①

채권단은 주식회사의 기관에 해당하지 않는다.

56 소득분배지표 　　　　　　　정답 ⑤

지니계수는 0 ~ 1의 값을 가지며 0에 가까워질수록 소득분배가 잘 이루어진다.

57 코즈의 정리 　　　　　　　　정답 ④

코즈의 정리에 의하면 외부성과 관련된 소유권이 설정되면 외부성에 따른 시장실패가 해소되어 자원배분이 효율적이 된다. 코즈의 정리에서는 소유권이 누구에게 귀속되는 것이 바람직한지에 대해서는 다루지 않으므로 형평성 문제는 고려되지 않는다.

58 수요의 가격탄력성 　　　　　정답 ③

A제품이 갑국에서는 필수재에 가깝고 소비에서 차지하는 비중이 작으므로 수요의 가격 탄력성이 비탄력적이고, 이에 반해 을국에서는 탄력적이다. A제품의 가격이 변화할 때 갑국은 비탄력적이므로 수요량은 을국의 수요량보다 덜 민감하게 나타난다.

[오답노트]
① A제품을 판매하는 기업은 갑국에서는 가격을 올리는 전략을 통해 기업의 판매 수입을 극대화할 것이다.
② 을국에서 A제품의 수요의 가격탄력성은 1보다 클 것이다.
④ A제품은 을국보다 갑국에서 대체재가 더 적을 것이다.
⑤ 공산품과 농산물은 공급의 가격탄력성과 관련이 되어있으므로 위의 자료로는 알 수 없다.

59 최고가격제와 최저가격제 　　　정답 ④

기획재정부는 쌀값이 올라가는 것을 막는 것이므로 최고가격제, 반면 농림축산식품부는 생상비 보전을 위해 최저가격제를 실시하려고 한다. 조건 2의 (가)는 최저가격제, (나)는 최고가격제이다. 암시장은 두 곳에서 모두 형성될 수 있다.

[오답노트]
② 가격규제 이후 시장에서 판매되는 쌀의 거래량은 Q_1으로 (가)와 (나)가 같다.
③ 가격규제 이후 시장에서 판매되는 쌀의 총 거래액은 (가)가 $P_1 \times Q_1$, (나) $P_2 \times Q_1$이므로 (가)가 크다.

60 환율의 변동과 결정 　　　　　정답 ②

(가) 투자감소가 외환의 공급감소로 이어지므로 환율상승, (나) 수입증가로 인한 외화의 수요증가로 환율상승, (다) 예술저작권 해외 판매 증가로 인한 외환의 공급증가로 인한 환율하락, (라) 수입감소로 인한 외환의 수요감소로 환율하락이 나타난다. (나), (다) 현상이 동시에 나타나면 외화의 수요와 공급이 동시에 증가하므로 환율의 변화를 알 수 없다. 따라서 우리 정부의 외채 상환 부담을 반드시 증가시킨다고 볼 수 없다.

[오답노트]
① (가), (나) 현상이 동시에 나타나면 환율이 상승하여 수출이 유리하고 수입이 불리하다. 따라서 우리나라의 경상수지는 일시적으로 개선된다.
③ (다), (라) 현상이 동시에 나타나면 환율이 하락하므로 우리상품의 가격이 상승하여 미국으로 수출하는 재화의 가격경쟁력은 낮아진다.
④ (가)는 공급 감소, (다)는 공급 증가, (나)는 수요 증가 (라)는 수요 감소에 해당한다.
⑤ 한 국가에서 동시에 나타날 수 있다.

61 시사용어 　　　　　　　　　정답 ⑤

코즈 마케팅에 대한 설명이다.

[오답노트]
② 뉴로 마케팅 : 소비자의 무의식적인 상품에 대한 감정이나 구매 행위를 분석하여 마케팅 전략에 활용하는 기법

62 시사용어 　　　　　　　　　정답 ⑤

2ppb 또는 3.4ppm의 불량수준을 의미하는 것은 6 시그마이다.

63 시사용어 　　　　　　　　　정답 ②

유통업체가 제조업체 브랜드 대신 자사 브랜드를 붙여 판매하는 상품은 자체상표(PB)이다.

64 시사용어   정답 ⑤

플랫폼에 대한 설명이다.

65 시사용어   정답 ①

파운드리에 대한 설명이다.

66 시사용어   정답 ②

DLS(Derivative Linked Securities)에 대한 설명이다. 다양한 기초자산을 토대로 이 기초자산의 가격변동에 의해 수익이 결정된다는 특징이 있다.

> 오답노트

③ ELD(Equity Linked Deposit) : 수익률이 코스피200지수에 연동되는 주가지수연동예금
④ ELS(Equity-Linked Securities) : 주가연계증권. 개별 주가나 주가지수에 연계되어 투자수익이 결정되는 유가증권
⑤ ETN(Exchange Traded Note) : 상장지수채권. ETF(상장지수펀드)와 마찬가지로 거래소에 상장되어 손쉽게 사고팔 수 있는 채권

67 시사용어   정답 ③

데스 밸리에 대한 설명이다.

> 오답노트

① 루이스 전환점 : 개발도상국에서 농촌의 잉여노동력이 부족해지면서 임금이 상승하고, 성장세가 꺾이는 현상
⑤ 리쇼어링 : 인건비 등의 이유로 해외로 진출했던 기업이 다시 본국으로 돌아오는 현상

68 시사용어   정답 ④

중국 위안은 포함되지 않는다. 달러 인덱스 대상 통화는 유로(EUR), 일본 엔(JPT), 영국 파운드(GBP), 캐나다 달러(CAD), 스웨덴 크로네(SEK), 스위스 프랑(CHF) 등 6개국 통화이다.

69 시사용어   정답 ③

지문에서 설명하는 것은 P2P대출이다.

> 오답노트

① O2O : 온라인과 오프라인을 연결하여 온라인의 잠재고객을 오프라인으로 유도하는 비즈니스 모델
② O4O : 기업이 온라인으로 축적한 기술, 데이터 등을 통해 오프라인으로 사업을 확대하는 비즈니스 모델
④ B2C : 기업과 소비자 간 전자상거래
⑤ G2C : 정부와 국민 간 전자상거래

70 시사용어   정답 ⑤

메르코수르(MERCOSUR)에 대한 설명이다.

> 오답노트

② CPTPP : 포괄적 · 점진적 환태평양 경제동반자협정
③ PIIGS : 재정위기를 겪고 있는 포르투갈, 이탈리아, 아일랜드, 그리스, 스페인 5개국

71 시사용어   정답 ⑤

파밍에 대한 설명이다.

72 시사용어   정답 ③

그리드 컴퓨팅에 대한 설명이다.

73 시사용어   정답 ②

REITs에 대한 설명이다.

74 시사용어   정답 ②

빅 블러에 대한 설명이다.

75 시사용어   정답 ⑤

메타버스에 대한 설명이다.

76 시사용어   정답 ③

왝더독에 대한 설명이다.

> 오답노트

① 턴어라운드 : 기업의 내실이 크게 개선되어 주가가 급등하고 상대적으로 높은 수익을 투자자에게 안겨주는 종목
② 블록딜 : 매도자와 매수자 간 주식 대량매매거래를 체결해주는 제도
④ 언더독 : 약자로 여겨지는 주체를 뜻하며, 이를 응원하게 되는 현상
⑤ 마일스톤 징크스 : 주가지수가 특정 분기점 도달을 앞두고 주춤하는 현상

77 시사용어   정답 ①

배드뱅크에 대한 설명이다.

② 굿뱅크 : 우량 자산만 운용하는 은행
③ 클린뱅크 : 부실채권이 거의 없고 재무구조가 건전한 은행
④ 뱅크런 : 은행의 예금 지급 불능 상태를 우려하여 고객들이 대규모로 예
  금을 인출하는 상황
⑤ 어슈어뱅킹 : 방카슈랑스와 반대되는 개념이자 보험(Assurance)과 은
  행(Banking)의 합성어로, 은행 상품을 판매하는 보험회사

78 시사용어   정답 ④

베이지북에 대한 설명이다.

③ 그린북 : 기획재정부가 통계청 조사를 기초로 국내외 경기흐름을 분석한
  월간 경제 동향 보고서

79 시사용어   정답 ①

안심전환대출에 대한 설명이다.

80 시사용어   정답 ①

국내총생산에 세금 수입을 견준 것은 조세부담률이다.

② 잠재성장률 : 물가 상승을 유발하지 않고 최대한 이룰 수 있는 경제성장
  률 전망치
③ 경제성장률 : 분기 실질 국내총생산(GDP)의 증가율로, 해당 분기 중 생
  산된 재화나 용역 총량의 증가 속도를 나타내는 지표
④ 노동소득분배율 : 국민소득에서 노동소득이 차지하는 비율
⑤ 국내총투자율 : 국민경제가 구매한 재화 중에서 자산의 증가로 나타난
  부분이 국민 총 처분가능소득에서 차지하는 비율

01	③	02	①	03	①	04	⑤	05	④
06	④	07	①	08	③	09	④	10	①
11	②	12	②	13	④	14	①	15	①
16	②	17	②	18	⑤	19	③	20	④
21	①	22	④	23	②	24	①	25	⑤
26	④	27	④	28	③	29	①	30	②
31	③	32	③	33	①	34	③	35	①
36	⑤	37	⑤	38	④	39	②	40	①
41	③	42	④	43	③	44	①	45	②
46	①	47	③	48	②	49	⑤	50	⑤
51	①	52	③	53	②	54	①	55	①
56	③	57	④	58	①	59	③	60	①
61	⑤	62	⑤	63	①	64	④	65	③
66	①	67	①	68	②	69	③	70	⑤
71	①	72	②	73	④	74	①	75	②
76	②	77	③	78	②	79	③	80	①

01 경영

정답 ③

경영의사결정은 의사결정성격에 따라 정형적(구조적) 의사결정과 비정형적(비구조적) 의사결정으로 구분할 수 있고, 정보의 유형에 따라 정성적 의사결정과 정량적 의사결정으로 구분할 수 있다.

02 제품(Product)

정답 ①

확장제품에는 설치서비스, A/S, 보증, 배달, 신용카드 할부 등이 있다. 포장, 제품특징, 디자인, 품질수준, 브랜드명 등은 유형(실제)제품에 해당한다.

03 유통(Place)

정답 ①

거래기능에는 판매기능과 구매기능이 있고, 물적유통기능에는 보관기능과 운송기능이 있다.

04 사업부 수준의 전략

정답 ⑤

A사의 상대적 시장점유율은 0.5(= 20% ÷ 40%)이다. 그리고 BCG 매트릭스에서 상대적 시장점유율은 1을 기준으로 고·저로 구분하고, 시장(산업)성장률은 10%를 기준으로 고·저로 구분한다. 따라서 A사는 상대적 시장점유율이 낮고, 시장(산업)성장률이 낮은 영역인 개에 속해 있다.

05 기업

정답 ④

주식회사 설립에는 준칙주의가 적용되어 법률이 정한 요건을 갖추고 일정한 절차를 밟아 설립등기를 하여야 비로소 회사가 성립하게 된다.

06 수요의 가격탄력성 & 공급의 가격탄력성

정답 ④

농산물은 수요의 가격탄력성이 비탄력적인 필수재이며, 공급의 가격탄력성이 비탄력적이다. 풍년이 들면 오히려 농부의 소득이 감소하는 현상이 나타날 것이다.

07 기회비용과 합리적 선택

정답 ①

갑이 자격증을 취득하기 위해 지출한 200만 원은 선택과 무관하게 이미 지출되어 회수 불가능한 비용이므로 합리적 선택을 위해 고려해서는 안 되는 비용이다.

오답노트

② ㉡에서 자유로운 출퇴근, 특별 휴가 보장은 모두 비금전적 유인에 해당한다.
⑤ A회사를 선택할 경우 편익은 '3,000만 원 + ㉡'이며 기회비용은 '5,000만 원 + ㉢'으로 ㉡의 가치는 '2,000만 원 + ㉢'보다 커야 한다.

08 기회비용과 합리적 선택

정답 ③

빵과 과자의 가격이 정해져 있으므로 A과자 1개의 기회비용은 B빵 0.5개, B빵 1개의 기회비용은 A과자 2개로 일정하다. A과자 가격이 하락하면 'A과자로 나타낸 B빵 소비에 따른 기회비용'은 커진다. 예를 들어 A과자가 200원으로 하락하면 A과자로 나타낸 B빵의 기회비용은 A과자 2개에서 5개로 커진다. 왜냐하면 1,000원짜리 빵으로 500원짜리는 2개, 200원짜리는 5개 살 수 있기 때문이다. 즉, A과자의 가격이 500원일 때 B빵 1개 소비에 따른 기회비용은 A과자 2개였으나, A과자의 가격이 200원일 때에는 B빵 1개 소비에 따른 기회비용이 A과자 5개가 된다.

오답노트

① 가격이 정해져 있는 경우에는 기회비용의 변화가 없다.
② B빵 소비를 1개 증가시키면, A과자 소비 2개를 포기해야 한다. 즉, B빵 1개 소비 증가에 따른 기회비용은 A과자 2개이다.
④ 둘 다 늘어나거나, 둘 다 줄어든 것이 아니므로 측정할 수 없다.
⑤ 가격이 변하지 않더라도, 용돈을 사용하여 첫째 주와 둘째 주의 소비결합은 가능하기 때문에 가격하락이라고 볼 수 없다.

09 무차별곡선이론

정답 ④

오답노트

ㄱ. 한계생산물 체감의 법칙은 다른 생산요소가 고정되어 있다고 가정할 때 노동을 증가시키면 총생산물의 증가분이 궁극적으로 감소한다는 것이다.
ㄷ. 한계대체율은 무차별곡선의 기울기를 의미한다.

10 잉여 정답 ①

가격이 400원일 때에는 거래가 이루어지지 않는다. 즉, 사회적잉여는 0이 된다. 사회적잉여는 균형가격인 200원일 때 가장 크다.

오답노트

② 균형거래량일 때의 사회적잉여가 가장 크다.

③ 가격이 100원일 때와 300원일 때의 사회적잉여는 모두 3만원으로 같다.

④ 가격이 100원일 때의 소비자잉여는 2만 5천원이고, 생산자잉여는 5천원이다.

⑤ 공급이 감소하게 되면 공급곡선이 왼쪽으로 이동하게 되어 잉여와 관련된 삼각형이 감소하게 된다.

11 산업구조분석 정답 ②

A. 산업에 영향을 미치는 5개 요인은 산업 내 경쟁, 진입장벽(신규진입자의 존재), 대체재의 존재, 소비자의 교섭력, 공급자의 교섭력이다.

C. 산업의 집중도가 낮을수록 경쟁적인 시장이며, 산업의 집중도가 높을수록 독과점시장이 된다. 따라서 산업의 집중도가 낮을수록 산업 내 경쟁이 치열해져 산업수익률은 낮아지게 된다.

12 경영혁신 정답 ②

지식경영프로세스는 지식생산, 지식저장, 지식공유, 지식활용의 순서로 이루어진다.

13 리더십의 상황이론과 현대적 리더십이론 정답 ④

거래적 리더십은 조건적 보상과 예외에 의한 관리를 구성요소로 한다. 또한, 예외에 의한 관리는 평소에는 리더가 부하에 대해서 크게 관심을 가지지 않기 때문에 자유방임도 거래적 리더십의 구성요소로 볼 수 있다.

14 조직(Organization) 정답 ①

양손잡이 조직에 대한 설명이다.

오답노트

② 위원회 조직 : 경영정책이나 특정한 문제해결에 관련되는 여러 사람들을 각 계층으로부터 선출하여 구성한 위원회가 조직 내에 상시적으로 설치되어 있는 것을 말한다.

③ 사업부제 조직 : 경영활동을 제품별, 지역별 또는 고객별 사업부 등의 단위로 분화하고, 독립성을 인정하여 권한과 책임을 위양함으로써 자주적인 이익중심점으로 운영하고자 하는 조직형태를 말한다.

④ 프로세스 조직 : 리엔지니어링에 의해 고객의 입장(고객만족)에서 기존의 업무처리절차를 재설계하여 획기적인 경영성과를 도모하도록 설계된 조직이다.

⑤ 네트워크 조직 : 조직의 개념에 최근 급격하게 발달하고 있는 컴퓨터,

정보통신 등 정보기술을 적용함에 따라 전통적인 의미에서의 조직의 경계와 구조가 허물어져 도입된 개념이다.

15 확보관리 정답 ①

산출비율에 대한 설명이다.

오답노트

② 선발비율 : 지원자 가운데 최종 선발된 인원의 비율을 말한다. 선발비율은 특정집단의 인적자원 중에서 실제로 선발되는 인적자원이 얼마인지를 보여준다.

③ 수용비율 : 선발에 최종합격하고 회사로부터 채용제의를 받은 지원자가 실제로 채용제의를 받아들여 입사하는지를 나타내는 지표인데, 최종합격자 가운데 입사자의 비율로 측정한다.

④ 기초비율 : 지원자들 가운데 선발과정을 거치지 않고 무작위로 선택하여 채용했을 때 일정기간이 경과한 후 업무수행에 성공적인 사람이 얼마나 있는지를 보여주는 비율이다.

⑤ 기초성공률은 기초비율과 동일한 용어이다.

16 단기비용함수 정답 ②

한계비용에 의해 평균비용이 영향을 받는다. 한계비용이 평균비용보다 큰 경우 평균비용이 상승하며 한계비용이 평균비용보다 작은 경우 평균비용은 감소한다. 생산량이 늘어날 때 한계비용이 처음에는 평균비용보다 작지만 동일해진 후 커지므로 반드시 한계비용(MC)은 평균비용(ATC)의 최저점을 통과한다.

오답노트

① 장기와 단기를 구분하는 기준은 고정비용의 존재여부이다. 단기에는 고정비용이 존재하지만 장기에는 고정비용이 존재하지 않는다.

③ 평균고정비용(AFC)은 '총비용/생산량'이므로 고정되어 있지 않다.

④ 가변비용(TVC)이란 가변투입요소와 관련된 비용을 의미하며 생산량이 증가함에 따라 반드시 커진다.

⑤ 규모의 경제가 존재하는 경우에는 평균비용이 감소하는 구간이므로 한계비용이 평균비용보다 항상 더 작다.

17 독점시장에서의 총수입, 평균수입, 한계수입 정답 ②

자연독점은 규모의 경제가 있을 때 발생할 수 있으며 가격을 한계비용으로 설정하면 고정비용을 회수할 수 없으므로 손실이 발생할 수 있다.

오답노트

ㄴ. 독점이므로 완전경쟁시장에 비해 높은 가격이 유지된다

ㄹ. 자연독점은 과소생산 되므로 경제적 비효율성이 발생한다.

18 완전경쟁시장 정답 ⑤

시장진입이 자유롭다는 것에서 경쟁시장임을 알 수 있고, 차별화된 제품이 생산되지 않는다는 것에서 독점적 경쟁시장이 아님을 알 수 있다(마찬

가지로 가격 차별화가 불가능하다는 것에서 독점력이 존재하지 않음을 알 수 있다). 따라서 제시된 자료가 의미하는 시장은 완전경쟁시장이다.

ㄷ. 완전경쟁시장에서 공급이 증가하면 판매량이 증가하므로 개별기업의 판매수입은 증가하게 된다.

ㄹ. 완전경쟁시장에서 개별기업의 수요곡선은 수평이므로 개별기업의 공급 능력이 증대되어도 시장가격에 영향을 주지 못한다.

오답노트
ㄱ. 일반적으로 비경쟁시장의 특징이다.
ㄴ. 독점시장의 특징이다.

19 가격차별   정답 ③

2급 가격차별은 재화의 구매수량에 따라 가격을 차별하는 제도로 공공요금 책정이나 구매를 많이 하는 소비자에 대한 할인(Bulk-Buying Discount) 등에 사용된다. 1급 가격차별은 모든 소비자잉여를 확보할 수 있지만 2급 가격차별은 그렇지 못하다.

20 과점시장   정답 ④

과점시장은 진입장벽이 높은 편이며, 기업들로 하여금 합의에서 이탈하게 할 수 있는 요인이 많다.

ㄴ. 과점시장에서 기업은 상대방의 전략을 고려하여 의사결정을 내리게 된다.

ㄹ. 암묵적 담합은 언제든지 자신의 이익을 위해서 깨질 가능성이 있으므로 카르텔이 결속력이 더 강하다.

21 마케팅전략   정답 ①

(A)는 넛지 효과에 대한 설명이고, (B)는 파노플리 효과에 대한 설명이다. 여기서 파노플리(Panoplie)는 프랑스어로 집합(Set)을 의미한다.

오답노트
스놉 효과는 특정 상품에 대한 소비가 증가하면 그 상품의 수요가 줄어드는 현상을 의미한다.

22 자본의 운용   정답 ④

순현재가치법은 화폐의 시간가치를 고려하여 현금의 순흐름(현금유입-현금유출)을 현재가치로 할인한 금액을 기준으로 투자안을 평가하는 방법이다. 따라서 계산결과가 비율이 아니라 금액으로 산출된다.

23 재무상태표와 포괄손익계산서   정답 ②

기초자본액은 기말자본에서 자본증가액을 차감한 값이다. 여기서 자본증가액은 '총수익 − 총비용 + 추가출자'로 계산할 수 있으며, 그 값은 700,000원이다. 따라서 기초자본액은 1,300,000원이 된다.

24 원가·관리회계   정답 ①

기초원가는 직접재료비와 직접노무비의 합이고, 가공원가는 직접노무비와 제조간접비의 합이다. 따라서 제조간접비는 40,000원이다.

25 자본의 운용   정답 ⑤

체계적 위험은 분산불가능위험을 의미하고, 비체계적 위험은 분산가능위험을 의미한다. 따라서 체계적 위험은 정부의 인플레이션, 경기침체 등 시장전체에 영향을 주는 요소에서 발생하는 위험이고, 비체계적 위험은 경영진의 변동, 파업, 법적 소송, 새로운 해외진출계획 등과 같이 어느 특정 기업만이 가지는 사건이나 상황의 변동 등에서 발생되는 위험이다. 그림에서 (B)에 해당하는 위험은 체계적 위험이다.

26 게임이론   정답 ④

ㄴ, ㄹ은 옳은 설명이다.

오답노트
ㄱ. 내쉬균형이 항상 파레토 최적의 자원배분을 보장하는 것은 아니다.
ㄷ. 우월전략이면 내쉬균형이지만 내쉬균형이면 우월전략이라고 볼 수 없다.

27 완전경쟁시장   정답 ④

주어진 표에서 수요량과 공급량이 일치하는 가격은 4이다. 한편, 완전경쟁시장에서는 P = AR = MR 식이 항상 성립하므로 한계수입은 가격과 같은 4이다.

28 생산요소시장의 이윤극대화 원리   정답 ③

완전경쟁시장의 노동수요는 한계생산물 가치(= P × MP)이다. 따라서 재화의 가격이 상승할수록, 한계생산물이 증가할수록 노동수요가 증가한다.

오답노트
ㄱ. 임금의 상승은 노동수요가 아닌 수요량을 증가시킨다.
ㄹ. 완전경쟁시장은 P = MR이므로 한계생산물가치와 한계수입생산이 동일하다.

29 외부효과(외부성)   정답 ①

ㄱ, ㄴ은 옳은 설명이다.

오답노트
ㄷ. 정부의 정책개입이 없다면 부정적 외부효과가 존재하는 재화는 사회적으로 바람직한 수준보다 과다공급된다.
ㄹ. 생산측면의 긍정적 외부효과는 사적비용이 사회적비용보다 크다.

30 공공재   정답 ②

공원은 공공재이다. 공원이 세워지면 건설비를 부담하지 않은 개인도 이용할 수 있으므로 누구도 자신의 진정한 선호를 밝히지 않으려고 할 것이다. 그러므로 주민들의 자발적인 선택에 의해서는 공원이 세워질 수 없다.

31 재무관리의 기초개념   정답 ③

연금이 매년 일정한 비율로 성장하는 경우의 현재가치는 '연금액/(할인율 - 성장률)'로 계산한다. 따라서 해당 주식의 이론적 주가는 '3,000원 × (1 + 10%)/(20% - 10%)'로 계산한 33,000원이다.

32 재무비율 분석   정답 ③

매출액총이익률은 '(매출액 - 매출원가)/매출액'으로 계산한다. 따라서 TV 1대의 가격은 200만 원(= 160만 원/0.8)이다.

33 마케팅전략   정답 ①

O2O는 Online to Offline을 의미한다.

34 자본의 운용   정답 ③

주식 A의 기대수익률은 '무위험이자율 + (시장포트폴리오의 기대수익률 - 무위험이자율) × β'로 구한다. 따라서 주식 A의 베타(β)는 2.0이다.

35 가격(Price)   정답 ①

소비자가 어떤 제품에 대해 지불할 의사가 있는 최고가격은 유보가격이다.

36 조세의 귀착   정답 ⑤

세금부과로 인해 공급이 감소하여 소비자잉여와 생산자잉여가 모두 감소함을 알 수 있다.

> **오답노트**
> ① 세금부과 전 소비자의 총지출액은 $P_1 \times Q_1$, 세금부과 후 소비자의 총지출액은 $P_2 \times Q_2$이다. 가격은 올랐으나 거래량은 줄었기 때문에, 소비자의 총지출액이 증가했는지, 감소했는지는 알 수 없다.
> ② 제품 하나당 부과된 세금은 $P_2 - P_3$이다.
> ③ 정부의 조세수입은 $(P_2 - P_3) \times Q_2$이다.
> ④ 세금의 부과로 공급곡선이 좌측으로 이동한다.

37 소득분배지표   정답 ⑤

10분위 분배율은 하위 40% 가구의 소득 누적비율을 상위 20% 가구의 소득 누적비율로 나눈 값이다. 따라서 중간에 해당하는 소득계층의 분배상태를 알기 어렵다.

38 조세의 종류   정답 ④

20X1년은 비례세제, 20X2년은 누진세제를 채택하고 있다.

> **오답노트**
> ㄱ. 20X1년에는 소득에 비례하여 납부할 세액이 증가한다.
> ㄷ. 20X2년에는 누진세율이 적용되므로 소득재분배 효과가 20X1년에 비해 크다.

39 총수요   정답 ②

ㄱ, ㄷ은 옳은 설명이다.

> **오답노트**
> ㄴ. 생애주기가설에 따르면 인구의 고령화에 따라 국민저축률이 낮아진다고 보았다.
> ㄹ. 항상소득가설은 항상소득만이 소비에 영향을 미칠 뿐 임시소득은 영향을 미치지 않는다고 보았다.

40 평가방법에 따른 GDP   정답 ①

명목GDP는 측정시점, 실질GDP는 비교시점의 가격으로 GDP를 측정한 것이다.

> **오답노트**
> ㄷ. 생산량의 변동이 없으므로 경제성장률은 0%이다.
> ㄹ. 20X1년 명목GDP와 20X2년 실질GDP는 동일하다.

41 유통(Place)   정답 ③

수직적 마케팅 시스템에서 경로 구성원의 통합화된 정도가 가장 높은 수준은 기업형 VMS이고 가장 낮은 수준은 관리형 VMS이다.

42 가격(Price)   정답 ④

웨버의 법칙이란 소비자가 가격변화에 대하여 느끼는 정도가 가격수준에 따라 모두 동일한 것이 아니고 차이가 있다는 이론을 말한다. 즉, 차이의 인식이 절대적이라기보다는 상대적이라는 것이다.

> **오답노트**
> ① 권위(명성)가격 : 가격이 품질과 제품의 지위를 반영한다고 믿는 구매자의 심리(가격-품질 연상)를 활용한 가격전략이다.
> ② 가격-품질연상 : 고가격은 고품질이라는 인식이다.

③ 최소인식가능차이 : 소비자들이 가격차이를 느낄 수 있는 최소한의 가격변화를 말한다.
⑤ 유보가격 : 은 소비자가 어떤 제품에 대해 지불할 의사가 있는 최고가격을 말한다.

43 마케팅(Marketing)　　정답 ③

산업재의 경우는 간접구매보다는 직접구매를 하는 것이 일반적이다.

44 인사평가(성과관리)와 보상관리　　정답 ①

행동기준평가법은 평정척도법과 중요사건기록법을 혼용하여 보다 정교하게 계량적으로 수정한 방법이다.

45 기업 수준의 전략　　정답 ②

카르텔은 동일업종의 수평적 통합을 통해 기업집단을 형성한다. 이에 반해 콘체른과 트러스트는 수평적 통합뿐만 아니라 수직적 통합을 통해 기업집단을 형성한다.

46 실업통계　　정답 ①

15세 이상 인구를 1,000명으로 가정하면 다음과 같은 표를 유추할 수 있다.

구 분	경제활동참가율 (경제활동인구)	비경제 활동인구	실업률 (실업자 수)	취업률 (취업자 수)
20X1년	45%(450명)	550명	4%(18명)	96%(432명)
20X6년	55%(550명)	450명	5%(27.5명)	95%(522.5명)

위 표에서 보다시피 취업자의 수가 증가하였고 15세 이상 인구는 일정하므로 고용률은 증가하였다.

오답노트
② 실업자 수는 증가하였다.
③ 취업준비자는 비경제활동인구에 해당하므로 감소하였다.
④ 비경제활동인구 수는 감소하였다.
⑤ 취업자 수는 증가하였다.

47 화폐수량설　　정답 ③

ㄴ. 투자가 아닌 거래적 화폐수요를 설명하는 이론이다.
ㄷ. 거래적 화폐수요를 설명하기 위한 이론이다.

48 인플레이션　　정답 ②

갑. 이자율이 인하되면 소비와 투자가 증가하여 수요견인 인플레이션 이 발생할 수 있다.

병. 경영 합리화와 기술 혁신은 비용인상 인플레이션을 해결하는 대책이다.

오답노트
을. 정부지출이 확대되면 총수요가 증가하여 물가가 상승한다.
정. 원화 가치가 상승하면 물가는 하락한다.

49 예산과 조세의 의미　　정답 ⑤

감세정책이 경기활성화에 기여할 것이라고 생각하는 측의 주장은 소득세율 인하가 근로의욕을 증대시켜 노동공급을 증가시킴으로써 세율은 감소해도 전체 소득세수는 증가시킬 수 있다고 보며, 법인세율 인하도 법인의 투자나 경제활동을 자극해 결국 법인세원 증가에 기여할 것이라고 보는 것이다.
세율과 세수의 역(－)의 관계는 래퍼라는 경제학자가 세율에 따라 세수는 역 U자형 형태를 보인다는 논리로도 주장하였다. ⑤는 정부의 개입을 찬성하는 논리이다.

50 금융정책　　정답 ⑤

통화정책의 수단으로는 시장에서 통화안정증권, 환매조건부채권 등 국공채를 매입하거나 매각해 통화량을 조절하는 공개시장조작정책과 시중은행의 법정지급준비율을 조정하는 지급준비율 정책, 그리고 시중은행의 대출한도를 규제하는 대출정책 등이 있다.
ㄷ. 총부채상환비율(DTI)은 주택자금 차입자의 부채상환능력 판단 기준으로 부동산 시장의 과열을 막기 위해 도입한 것이며, 금융감독원에서 이를 감시·감독한다.
ㄹ. 사회간접자본의 건설은 대표적인 재정정책이다.

51 산업구조분석　　정답 ①

철수장벽의 예로는 특수한 자산, 철수에 따른 고정비 부담, 감정적인 집착, 정부정책, 기업의 전략적 선택 등이 있다. 이에 반해, 진입장벽의 예로는 자본소요량, 규모의 경제, 절대적 비용우위, 제품차별화, 유통경로, 정부규제 및 제도 등이 있다.

52 동기부여(Motivation)　　정답 ③

목표설정이론에 따르면 일반적인 목표보다 구체적인 목표를 제시하는 것이 구성원들의 동기부여에 더 효과적이다.

53 고전적 접근법　　정답 ②

관리과정을 계획화, 조직화, 지휘, 조정, 통제의 단계로 구분한 사람은 페이욜이다.

54 재무관리의 기초개념   정답 ④

일정성장영구연금의 가치

$$= \frac{\text{연금액}}{(\text{이자율} - \text{성장률})} = \frac{1{,}000{,}000}{(10\% - 8\%)} = 50{,}000{,}000원$$

55 가격(Price)   정답 ①

묶음가격전략은 구매 방식에 따라 순수 묶음가격과 혼합 묶음가격으로 구분할 수 있다. 순수 묶음가격은 제품을 패키지로만 구매할 수 있도록 하고, 각각의 개별 제품은 구매할 수 없도록 가격을 책정하는 것으로, 여행사의 해외여행 패키지, 스키캠프 등이 이에 해당한다.
반면에, 혼합 묶음가격은 하나 또는 그 이상의 제품을 개별 구매 및 패키지 구매도 할 수 있도록 가격을 책정하는 방법으로 서비스의 경우 개별 서비스를 상호 연결하여 이용할 가능성이 높기 때문에 혼합 묶음가격을 적용하는 경우가 많은데, 패키지로 서비스를 구매하는 고객에 대해서는 서비스를 따로 구매할 때보다 낮은 가격으로 제공한다.

56 유동성 선호설 – 케인즈의 화폐수요이론   정답 ①

ㄷ. 구축효과는 재정정책을 비판하기 위한 논리이다. 유동성함정은 통화정책을 비판하기 위한 논리이다.
ㄹ. 채권보유의 기대이익이 0이므로 모두 화폐로 보유한다.

57 재정정책 & 금융정책   정답 ④

실제GDP가 잠재GDP보다 큰 경우는 경기 호황이다. 따라서 통화량을 감소시켜야 한다.

ㄱ. 정부 시책 사업에 자금을 줄여 통화량을 줄인다.
ㄷ. 시중은행의 법정지급준비율을 높인다.

58 환율결정이론   정답 ①

ㄱ. 미국의 긴축재정은 미국의 물가상승이 우리나라에 비해 상대적으로 적을 것임을 암시한다. 즉, 달러화의 가치가 상대적으로 상승할 것이므로 원화로 표시된 우리나라의 빅맥을 달러화로 표시하면 하락하게 될 것이다.
ㄴ. 구매력평가설에 의하면 두 나라 사이의 실질환율, 즉 국내 재화와 외국 재화의 교환비율은 1이어야 한다. 두 나라의 물가지수는 명목환율에 반영되게 된다.

59 환율의 변동과 결정   정답 ③

화폐가치순으로 나열하면 '위안 > 달러 > 엔 > 원'이다. 화폐가치가 올라갈수록 수출을 빼고 다 유리하다고 생각하면 문제를 풀기 용이하다.

ㄱ. 엔화의 가치가 달러화에 비해 약세 기조이므로 미국에 여행하고자 하는 일본인 관광객은 불리하다.
ㄴ. 위안화 강세 기조이므로, 중국으로부터 원자재를 수입하는 한국 기업은 불리하다.

60 환율결정이론   정답 ①

이자율평가설에 따르면 환율상승률 = 한국의 이자율 − 외국의 이자율이다. 양국 간 이자율 차이가 환율의 기대변화율과 같으면 외국과 국내 투자 간 무차별해진다.
즉, 자국 투자수익률 = 외국 투자 수익률 + 환율의 기대변화율이면 두 국가 간 투자수익률은 같아진다. 사례에서 환율의 기대변화율이 이자율 차이인 3%보다 낮은 경우는 ㄱ과 ㄴ이며, ㄷ과 ㄹ은 이자율 차이보다 높은 경우이다.

61 시사용어   정답 ⑤

유니온숍에 해당한다. 유니온숍은 사용자가 노동자를 고용할 때 자유로운 고용이 허락되지만, 일단 고용된 후에는 노동조합의 가입을 의무화하는 제도이다. 따라서 고용 후에 노동조합을 탈퇴하거나 제명되면 고용을 유지할 수 없다.

62 시사용어   정답 ⑤

데이터 전송량이 폭증하는 5세대(5G) 핵심기술 중의 하나이며, 하나의 물리적 코어 네트워크(인증, 데이터전송 등 이동통신 네트워크의 컨트롤 타워 역할 담당)를 다수의 독립된 가상 네트워크로 분리해 각각의 서비스 특성에 맞춘 서비스를 제공하는 것은 네트워크 슬라이싱이다.

63 시사용어   정답 ①

가상현실에 대한 설명이다.

64 시사용어   정답 ④

채찍효과에 대한 설명이다.

65 시사용어   정답 ③

프로토콜에 대한 설명이다.

66 시사용어   정답 ③

파이브 아이즈는 미국·영국·캐나다·호주·뉴질랜드 등 영어권 5개국이 참여하고 있는 기밀정보 동맹체이다.

67 시사용어   정답 ①

오답노트

④ 선물 : 상품이나 금융자산을 미리 정해진 가격으로 미래 일정시점에 인수도할 것을 약속하는 거래

68 시사용어   정답 ②

클라우드 컴퓨팅에 대한 설명이다.

69 시사용어   정답 ③

키 로거에 대한 설명이다.

70 시사용어   정답 ⑤

공매도에 대한 설명이다.

71 시사용어   정답 ⑤

O4O는 온라인을 오프라인으로 연결하는 현상으로 온라인 노하우를 통해 오프라인의 매출을 증대시키는 것을 의미한다. O2O는 단순히 온라인과 오프라인을 연결하는 서비스를 말한다.

72 시사용어   정답 ①

B2B는 기업 간 거래를 말한다.

오답노트

③ B2G : Business to Government

73 시사용어   정답 ④

카르텔에 대한 설명이다.

74 시사용어   정답 ④

② 땅귀신 : 정치인들이 금융투기세력을 일컫는 말
③ 네이밍 스폰서 : 기업이 비용을 지원하는 대신 명칭에 기업의 이름을 넣는 것

75 시사용어   정답 ②

Li-Fi는 집에서 불을 켜면 인터넷이 켜지는 것과 같은 것으로, 빛에 정보를 실어 전구와 스마트 디바이스 간에 데이터를 송·수신하는 것이다.

76 시사용어   정답 ②

① 기축통화 : 국제외환시장에서 금융 거래 또는 국제 결제의 중심이 되는 통화
③ 일반인출권 : IMF로부터 기금할당액에 비례하여 일반적으로 사용할 수 있는 인출권
④ GDR : Global Depositary Receipts. 즉, 글로벌 주식예탁증서
⑤ 외환보유고 : 한 나라가 일시점에서 보유하고 있는 대외 외환채권의 총액

77 시사용어   정답 ③

① 구글세 : 구글 등 다국적 IT 기업을 대상으로 부과되는 각종 세금
② 증권거래세 : 유가증권인 주식을 매도할 때 부과되는 세금
④ 간접세 : 납세의무자와 조세부담자가 다른 조세
⑤ 버핏세 : 일정액 이상의 재산을 보유하고 있는 자에게 그 순자산액의 일정비율을 비례적 혹은 누진적으로 과세하는 세금

78 시사용어   정답 ②

③ 바이백 : 국채나 회사채를 발행한 국가나 기업이 만기 전에 채권시장에서 채권을 사들임으로써 미리 돈을 갚는 것
④ 배드뱅크 : 금융기관의 방만한 운영으로 발생한 부실자산이나 채권만을 사들여 별도로 관리하면서 전문적으로 처리하는 구조조정 전문기관
⑤ 안심전환대출 : 변동금리 또는 이자만 부담하는 주택담보대출자가 2%대 고정금리, 분할상환 대출로 변경하기 위한 전환대출용 상품

79 시사용어   정답 ③

② 어닝쇼크 : 기업이 실적을 발표할 때 시장에서 예상했던 것보다 저조한 실적을 발표하는 것
④ 서킷브레이커 : 주가가 급락하는 경우 투자자들에게 냉정한 투자판단 시간을 제공하기 위해 시장에서의 모든 매매거래를 일시적으로 중단하는 제도
⑤ 스캘핑 : 주식이나 선물시장에서 하루에도 수십 번 이상 분·초 단위로 거래하여 단기차익을 얻는 매매기법

80 시사용어   정답 ①

④ 리얼옵션 : 불확실성이 높은 상황에서 하나의 대안을 택하기보다 복수의 대안에 대해 소규모 투자를 하는 것

제1회 실전모의고사 OMR 답안지

합격의 기준, 해커스금융
fn.Hackers.com

성명

주민등록번호

수험번호

감독관 확인란

| 1 | 2 | 3 | 4 | 5 | 6 | 7 | 8 | 9 | 10 |

| 21 | 22 | 23 | 24 | 25 | 26 | 27 | 28 | 29 | 30 |

| 11 | 12 | 13 | 14 | 15 | 16 | 17 | 18 | 19 | 20 |

| 31 | 32 | 33 | 34 | 35 | 36 | 37 | 38 | 39 | 40 |

| 41 | 42 | 43 | 44 | 45 | 46 | 47 | 48 | 49 | 50 |

| 61 | 62 | 63 | 64 | 65 | 66 | 67 | 68 | 69 | 70 |

| 51 | 52 | 53 | 54 | 55 | 56 | 57 | 58 | 59 | 60 |

| 71 | 72 | 73 | 74 | 75 | 76 | 77 | 78 | 79 | 80 |

제2회 실전모의고사 OMR 답안지

* 정답은 반드시 컴퓨터용 사인펜을 사용하여 " ● "와 같이 까맣게 표시합니다.

번호	①	②	③	④	⑤	번호	①	②	③	④	⑤	번호	①	②	③	④	⑤	번호	①	②	③	④	⑤
1	①	②	③	④	⑤	21	①	②	③	④	⑤	41	①	②	③	④	⑤	61	①	②	③	④	⑤
2	①	②	③	④	⑤	22	①	②	③	④	⑤	42	①	②	③	④	⑤	62	①	②	③	④	⑤
3	①	②	③	④	⑤	23	①	②	③	④	⑤	43	①	②	③	④	⑤	63	①	②	③	④	⑤
4	①	②	③	④	⑤	24	①	②	③	④	⑤	44	①	②	③	④	⑤	64	①	②	③	④	⑤
5	①	②	③	④	⑤	25	①	②	③	④	⑤	45	①	②	③	④	⑤	65	①	②	③	④	⑤
6	①	②	③	④	⑤	26	①	②	③	④	⑤	46	①	②	③	④	⑤	66	①	②	③	④	⑤
7	①	②	③	④	⑤	27	①	②	③	④	⑤	47	①	②	③	④	⑤	67	①	②	③	④	⑤
8	①	②	③	④	⑤	28	①	②	③	④	⑤	48	①	②	③	④	⑤	68	①	②	③	④	⑤
9	①	②	③	④	⑤	29	①	②	③	④	⑤	49	①	②	③	④	⑤	69	①	②	③	④	⑤
10	①	②	③	④	⑤	30	①	②	③	④	⑤	50	①	②	③	④	⑤	70	①	②	③	④	⑤
11	①	②	③	④	⑤	31	①	②	③	④	⑤	51	①	②	③	④	⑤	71	①	②	③	④	⑤
12	①	②	③	④	⑤	32	①	②	③	④	⑤	52	①	②	③	④	⑤	72	①	②	③	④	⑤
13	①	②	③	④	⑤	33	①	②	③	④	⑤	53	①	②	③	④	⑤	73	①	②	③	④	⑤
14	①	②	③	④	⑤	34	①	②	③	④	⑤	54	①	②	③	④	⑤	74	①	②	③	④	⑤
15	①	②	③	④	⑤	35	①	②	③	④	⑤	55	①	②	③	④	⑤	75	①	②	③	④	⑤
16	①	②	③	④	⑤	36	①	②	③	④	⑤	56	①	②	③	④	⑤	76	①	②	③	④	⑤
17	①	②	③	④	⑤	37	①	②	③	④	⑤	57	①	②	③	④	⑤	77	①	②	③	④	⑤
18	①	②	③	④	⑤	38	①	②	③	④	⑤	58	①	②	③	④	⑤	78	①	②	③	④	⑤
19	①	②	③	④	⑤	39	①	②	③	④	⑤	59	①	②	③	④	⑤	79	①	②	③	④	⑤
20	①	②	③	④	⑤	40	①	②	③	④	⑤	60	①	②	③	④	⑤	80	①	②	③	④	⑤

합격의 기준, 해커스금융
fn.Hackers.com

성명

주민등록번호

수험번호

감독관 확인란

제3회 실전모의고사 OMR 답안지

1	① ② ③ ④ ⑤	21	① ② ③ ④ ⑤	41	① ② ③ ④ ⑤	61	① ② ③ ④ ⑤
2	① ② ③ ④ ⑤	22	① ② ③ ④ ⑤	42	① ② ③ ④ ⑤	62	① ② ③ ④ ⑤
3	① ② ③ ④ ⑤	23	① ② ③ ④ ⑤	43	① ② ③ ④ ⑤	63	① ② ③ ④ ⑤
4	① ② ③ ④ ⑤	24	① ② ③ ④ ⑤	44	① ② ③ ④ ⑤	64	① ② ③ ④ ⑤
5	① ② ③ ④ ⑤	25	① ② ③ ④ ⑤	45	① ② ③ ④ ⑤	65	① ② ③ ④ ⑤
6	① ② ③ ④ ⑤	26	① ② ③ ④ ⑤	46	① ② ③ ④ ⑤	66	① ② ③ ④ ⑤
7	① ② ③ ④ ⑤	27	① ② ③ ④ ⑤	47	① ② ③ ④ ⑤	67	① ② ③ ④ ⑤
8	① ② ③ ④ ⑤	28	① ② ③ ④ ⑤	48	① ② ③ ④ ⑤	68	① ② ③ ④ ⑤
9	① ② ③ ④ ⑤	29	① ② ③ ④ ⑤	49	① ② ③ ④ ⑤	69	① ② ③ ④ ⑤
10	① ② ③ ④ ⑤	30	① ② ③ ④ ⑤	50	① ② ③ ④ ⑤	70	① ② ③ ④ ⑤
11	① ② ③ ④ ⑤	31	① ② ③ ④ ⑤	51	① ② ③ ④ ⑤	71	① ② ③ ④ ⑤
12	① ② ③ ④ ⑤	32	① ② ③ ④ ⑤	52	① ② ③ ④ ⑤	72	① ② ③ ④ ⑤
13	① ② ③ ④ ⑤	33	① ② ③ ④ ⑤	53	① ② ③ ④ ⑤	73	① ② ③ ④ ⑤
14	① ② ③ ④ ⑤	34	① ② ③ ④ ⑤	54	① ② ③ ④ ⑤	74	① ② ③ ④ ⑤
15	① ② ③ ④ ⑤	35	① ② ③ ④ ⑤	55	① ② ③ ④ ⑤	75	① ② ③ ④ ⑤
16	① ② ③ ④ ⑤	36	① ② ③ ④ ⑤	56	① ② ③ ④ ⑤	76	① ② ③ ④ ⑤
17	① ② ③ ④ ⑤	37	① ② ③ ④ ⑤	57	① ② ③ ④ ⑤	77	① ② ③ ④ ⑤
18	① ② ③ ④ ⑤	38	① ② ③ ④ ⑤	58	① ② ③ ④ ⑤	78	① ② ③ ④ ⑤
19	① ② ③ ④ ⑤	39	① ② ③ ④ ⑤	59	① ② ③ ④ ⑤	79	① ② ③ ④ ⑤
20	① ② ③ ④ ⑤	40	① ② ③ ④ ⑤	60	① ② ③ ④ ⑤	80	① ② ③ ④ ⑤

성명

주민등록번호

수험번호

감독관 확인란

해커스
매경TEST
2주 완성

이론+적중문제+모의고사

개정 3판 3쇄 발행 2026년 1월 19일
개정 3판 1쇄 발행 2024년 12월 5일

지은이	서호성, 이인호 공저
펴낸곳	해커스패스
펴낸이	해커스금융 출판팀

주소	서울특별시 강남구 강남대로 428 해커스금융
고객센터	02-537-5000
교재 관련 문의	publishing@hackers.com
	해커스금융 사이트(fn.Hackers.com) 교재 Q&A 게시판
동영상강의	fn.Hackers.com

ISBN	979-11-7244-444-0 (13320)
Serial Number	03-03-01

금융자격증 1위,
해커스금융 fn.Hackers.com

해커스금융

- **무료 동영상강의 제공**
  - 경제 핵심 특강 및 실전모의고사 해설 특강(교재 내 수강권 수록)
  - 이론정리+문제풀이 무료 인강
- 최신 출제경향이 반영된 **매경TEST 온라인 모의고사**(교재 내 응시권 수록)
- **기초경제/경영용어 100선** 등 다양한 무료 학습 콘텐츠
- 내 점수와 석차를 확인하는 **무료 바로 채점 및 성적 분석 서비스**
- 금융 전문 교수님의 **본 교재 인강**(교재 내 할인쿠폰 수록)

주간동아 선정 2022 올해의 교육 브랜드 파워 온·오프라인 금융자격증 부문 1위

금융자격증 **1위 해커스**

자격증 취득을 위해 **해커스금융**을 찾는 이유!

1 시험 직후 공개
무료 가답안 서비스

· 내 답안을 입력하여
실시간 자동 채점 및 합격 예측 가능

2 무료 바로 채점 및
성적 분석 서비스

· 정답/응시자 평균점수 즉시 확인
· 성적분석을 통한 보완점/학습전략 파악

3 31,000개 이상
합격 선배 수강후기

· 합격생들이 전하는 생생한 합격수기
· 단기합격과 고득점 비법 공유

4 24시간 내 답변
교수님께 1:1 질문하기

· 자유롭게 질문하고 궁금증 해결
· 교수님과 연구원이 24시간 내 답변

5 해커스금융
무료강의

· 해커스금융 인기 강의 무료 수강
· 이론/문제풀이 강의 무료 제공

주간동아 선정 2022 올해의 교육 브랜드 파워 온·오프라인 금융자격증 부문 1위

준비부터 합격까지,
끝까지 책임지는 **해커스금융**이기 때문입니다.

▲ 해커스금융
진행 중인 이벤트 모두 보기

합격의 기준, **해커스금융** fn.Hackers.com

해커스
매경TEST
2주 완성 이론+적중문제+모의고사

시험장까지 가져가는

막판 뒤집기
핵심요약노트

해커스금융

막판 뒤집기 핵심요약노트

교재에 수록된 핵심이론을 Topic별로 정리하였습니다. 빈칸 채우기 문제로 개념을 반복하여 학습한 후, OX 문제로 최종 마무리하시길 바랍니다.

Topic 1 | 경제학의 기초

1. 경제활동

01	인간에게 필요한 상품을 만들거나 원래의 가치를 증대시키는 활동 전체
02	생산과정에 참여하여 생산요소를 제공한 대가를 보상받는 활동
03	물질적 욕구의 충족을 위해 분배된 소득으로 재화나 서비스를 구입하여 사용하는 활동

2. 경제주체

구 분	역 할	활동부문
가 계	• 소비활동의 주체 → **04** 추구 • 생산요소의 공급 주체	민간부문
기 업	• 생산활동의 주체 → **05** 추구 • 생산요소의 수요 주체	민간부문
정 부	• 민간부문의 경제활동을 조정, 규제하는 **06** 의 주체 • 소비, 생산의 주체	공공부문
외 국	• 다른 나라의 가계, 기업, 정부를 포괄하는 주체 • 국제 무역의 주체 → 상호 이익의 극대화 추구	해외부문

3. 경제객체

재 화	• 인간의 욕망의 대상이 되는 물질적 수단 • 일정한 효용을 갖는 **07** 의 물건 　[예] 책, 자동차 등
서비스	• 생산이나 소비에 필요한 일. 비물질적 형태의 상품 • 일정한 효용을 갖는 **08** 의 인간 활동 　[예] 의사의 진료, 교사의 수업 등

4. 자원의 희소성

욕구의 무한성	• 인간의 욕구는 기술이 발달하고 사회가 발전함에 따라 더 확대되는 경향이 있음
자원의 유한성	• 인간의 욕구를 충족시켜줄 수 있는 자연자원, 노동, 일자리, 소득, 시간 등의 자원은 한정됨

희소성의 원칙	• 인간의 무한한 욕구를 충족시켜 줄 수 있는 자원은 희소(상대적 부족)하다는 의미 　→ 모든 **09** 의 근본원인
희소성과 재화	• **10** : 희소성과 무관, 경제적 가치가 없는 재화 • **11** : 희소성의 원칙이 지배, 경제적 가치가 있는 재화

5. 경제문제

발생 원인	**12**
의 미	• 자원이 **13** 하기 때문에 경제활동에서 다양한 선택의 문제에 직면하는 것
기본적 경제문제	• 무엇을 얼마나 생산할 것인가? (생산물의 종류와 수량 문제) • 어떻게 생산할 것인가? (생산방법 문제) • 누구에게 분배할 것인가? (소득분배 문제) • 해결방안 : 일반적으로는 효율성의 원칙을 따르고, 분배 문제만큼은 최소한의 인간다운 삶의 보장이라는 형평성까지 고려해야 함

6. 합리적 선택의 기준

14	사람들이 특정한 방식으로 행동하도록 동기를 부여하는 요인이나 제도로 긍정적 요인(명예, 칭찬 등)과 부정적 요인(경제적 처벌, 꾸중 등)이 있음
비 용	선택을 함으로써 치르게 되는 대가, 지불되는 금전적 비용뿐만 아니라 포기되는 가치까지 포함함
편 익	선택을 함으로써 얻게 되는 경제적 이익이나 만족감
합리적 선택	경제주체들이 주어진 여건하에서 추구하는 경제원칙. 즉, 최소의 비용으로 최대의 만족(편익)을 추구하거나, 만족이 일정할 때는 최소의 비용을 들이거나, 같은 비용일 때는 만족을 극대화하려 함
경제원칙	최소비용, 최대만족

7. 기회비용

선택	• 자원의 희소성으로 인해 여러 가지 대안 중 하나를 얻으면 다른 대안을 포기하게 되는 현상
기회비용의 의미	• 어떤 것을 선택함으로써 포기해야 하는 여러 대안들 중 가장 가치 있는 대안
기회비용의 계산	• 어떤 것을 선택한다는 것은 그 대신 무엇인가를 포기해야 함을 의미함 • 기회비용 : **15** (회계학적 비용) + **16** • **17** : 경제활동을 위해 실질적으로 투입된 금전적 비용 • **18** : 화폐 지출을 필요로 하지 않는 비용. 그 시간 동안 자신이 포기한 다른 기회의 가치
19	• 과거에 이미 지출된 금액으로 현 시점에서 기업의 의사결정에 아무런 영향을 미치지 않는 비용 • 합리적 선택과 매몰비용 : 합리적 선택을 위해 회수 불가능한 매몰비용을 고려하지 않음 • 사례 : 어떤 기업이 3억 원의 기술개발 비용을 지출하였는데, 추가적으로 기술개발 완료를 위해 2억 원의 비용이 들 것으로 보임. 그리고 기술개발이 완료되면 3억 원의 수입이 예상된다면 이미 지출한 매몰비용을 고려하지 않고 순편익 1억 원이 발생하므로 기술개발을 해야함 예 놓친 고기가 더 커 보인다. 소 잃고 외양간 고친다.

8. 합리적 선택과정

문제 인식	당면한 문제가 무엇인지를 정확하게 파악한다.
↓	
자료 및 정보 수집	문제와 관련된 정확하고 충분한 자료와 정보를 수집한다.
↓	
대안 탐색	선택할 수 있는 모든 대안들을 찾아본다.
↓	
대안 평가	대안들에 대한 평가 기준을 마련하고 그에 따라 각각의 대안들을 평가한다.
↓	
대안 선택	평가 결과를 바탕으로 최적의 대안을 선택한다.
↓	
반성 및 평가	선택한 대안의 결과를 검토하고 평가한다.

9. 인과의 오류와 구성의 오류

20	A라는 사건이 B라는 사건보다 먼저 발생하였다고 하여 A라는 사건을 B라는 사건의 원인으로 단정하는 경우 예 까마귀 날자 배 떨어진다.
21	부분적으로 옳은 것이 전체적으로 옳다고 착각하는 경우 예 저축의 역설

10. 실증경제학과 규범경제학

실증경제학	있는 그대로의 사실을 확인하고 분석하는 경제학 예 가격이 오르면 수요량이 감소한다.
규범경제학	주관적 판단이 개입되는 경제학 예 국민연금제도는 국민에게 좋은 제도이다.

11. 상관관계와 인과관계

상관관계	두 변수 사이에 한쪽이 변화하면 다른 한쪽도 변화하는 경향이 있음. 완벽한 법칙이 아님
인과관계	한 변수의 변화가 다른 변수의 변화 원인이 됨
예	"소방관의 수가 많은 도시일수록 화재가 많다."는 상관관계는 될 수 있으나 인과관계는 되지 못함

12. 유량변수와 저량변수

유량변수	**22** 을 명시해야 측정할 수 있는 변수 예 국민소득, 국제수지, 소비, 투자, 수요, 공급
저량변수	**23** 에서 측정할 수 있는 변수 예 통화량, 노동량, 환율, 자본량, 외환보유고

13. 명목변수와 실질변수

명목변수	**24** 로 측정된 변수 예 명목GDP, 명목임금
실질변수	**25** 로 측정된 변수. 실물단위이므로 재화와 서비스의 현재가격에 의해 영향을 받지 않음. 따라서 명목변수에 나타난 인플레이션 효과를 제거하고 남은 부분이므로 기준연도의 가격으로 측정함 예 실질GDP, 실질임금

14. 경제체제의 의미와 분류

의미	• 경제문제를 해결하기 위해 희소한 자원의 배분을 결정하고 조직하는 제도나 방식
경제문제 해결방법	• 시장경제체제 : 시장의 자동 조절 기능 • 계획경제체제 : 국가의 계획이나 명령, 통제
소유 형태	• **26** 체제 : 생산수단의 개인적 소유 인정 • **27** 체제 : 생산수단의 국가·공공 단체 소유

[빈칸 정답] **15** 명시적 비용 **16** 묵시적(= 암묵적) 비용 **17** 명시적 비용 **18** 묵시적(= 암묵적) 비용 **19** 매몰비용 **20** 인과의 오류 **21** 구성의 오류 **22** 일정 기간 **23** 일정 시점 **24** 화폐단위 **25** 실물단위 **26** 자본주의 **27** 사회주의

15. 경제체제의 유형

(1) 전통적 경제체제

경제문제 해결방법	전통적 관습, 신념
특 징	급속한 변화에 따른 긴장과 불확실한 의사결정의 불안감이 거의 없음
문제점	자원의 개발이나 기술 발전 제한

(2) 자본주의 경제체제와 사회주의 경제체제

구 분	자본주의	사회주의
생산 수단	• 사유	• 공유 또는 국유
자원 배분	28	29
경제 동기	• 사익추구 (이윤, 효용 극대화)	• 이념, 공익, 사회적 목표
중요 가치	• 효율성	• 형평성
경제운영 주체	• 개별주체(가계, 기업 등)	• 중앙계획당국
의사결정원리	• 분권화	• 중앙집권화
장 점	• 자원배분의 효율성 • 노동의욕 향상 • 개인의 자율성 • 기술혁신, 경제성장	• 공평한 소득분배 • 사익과 공익의 일치 • 경제안정 • 전략산업 육성, 환경 보존
단 점	• 소득분배 불균형 • 경제 불안정 • 사익과 공익의 괴리 • 자연파괴, 인간소외	• 자원배분의 비효율성 • 개인의 자율성 억압 • 근로의욕 저하 • 계획의 비신축성, 성장 둔화
보완책	• 소득분배정책(누진세, 사회보장제도 등)	• 시장경제원리의 부분 도입

16. 자본주의체제의 변천 과정

산업 자본주의	• 시민혁명을 통해 경제활동의 자유 확보, 산업 혁명을 통해 공장제 기계 공업 발전, 애덤 스미스의 시장경제이론 대두 • 특징 : 상품의 생산과정에서 부가가치 형태로 이윤을 얻는 경제활동 중시 • 의의 : 본래의 자본주의는 산업혁명 이후 자리 잡기 시작한 산업자본주의를 의미
독점 자본주의	• 시기 : 19C 후반 ~ 대공황 • 배경 : 거대 독점기업의 등장, 시장 확대를 위한 해외 시장 개척 생산 능력의 증대 ⇨ 과잉 생산 ⇨ 기업 간 경쟁 격화 ⇨ 기업의 이윤 저하 ⇨ 인수·합병 등을 통해 시장을 지배하는 독점 자본이 형성됨 • 특징 : 거대 기업의 시장 지배, 시장의 가격기구 마비, 제국주의 전쟁 발발 • 의의 : 시장경제체제의 한계를 보여줌. 시장 실패를 해결할 정부 개입의 정당성

수정 사본주의	• 시기 : 대공황 ~ 1970년대 • 배경 : 대공황으로 나타난 시장실패를 정부가 시장에 개입하여 해결할 필요성, 케인즈의 혼합 경제이론 제안 • 30 (1929년부터 1930년대 초) : 독점 자본에 의한 과잉 생산과 구매력 부족 → '풍요 속의 빈곤' 발생 • 특징 : 자유방임주의 이념을 보완, 수정히어 계획 경제체제의 일부 원리를 도입. 정부 개입에 따른 부작용 • 의의 : 시장실패 극복, 31 , 자본주의의 인간화 노력

신자유주의	• 배경 : 석유파동 이후 큰 정부의 비효율성 극복 필요(1980년대 이후)
	• 이론 : 공급 중시 경제학, 32
	• 사례 : 대처리즘, 레이거노믹스
	• 특징
	  - 정부에 대한 태도 : 개입 축소, 기구 축소, 33 등
	  - 시장에 대한 태도 : 개인의 자유, 창의성, 시장의 자율성 확대 등
	  - 노동자에 대한 태도 : 노동시장 유연화, 정리해고제, 노조 약화 등
	  - 기업에 대한 태도 : 세금 감면, 규제 완화, 기업 자율 확대 등
	  - 최근 경향 : 세계화·개방화와 함께 전 세계적으로 확대·강화

제3의 길	• 시기 : 정부실패와 시장실패의 동시 극복(1990년대 중반 이후)
	• 이론 : 생산적 복지 노선
	• 사례 : 영국의 토니 블레어, 미국의 클린턴, 한국의 김대중 정부 등
	• 특징
	  - 제1길(수정 자본주의) + 제2길(신자유주의)
	  - 형평성과 효율성 동시 추구
	  - 생산성 향상을 동반하는 복지
	  - 노동 + 복지

17. 다양한 경제목표

34	• 한정된 자원으로 최대의 효과를 추구하며, 목표를 달성하는 것
35	• 사회 구성원들이 공정한 대우를 받는 상태
물가안정	• 인플레이션 : 가계의 구매력 악화, 미래에 대한 불확실성으로 소비와 투자를 억제함 • 디플레이션 : 소비가 이루어지지 않으므로 경기침체에 빠질 가능성이 높음
완전고용	• 경기가 나빠 일자리를 구하지 못하는 실업자가 없는 상태

경제성장	• 국가의 GDP 증가로 인한 국민들의 물질적 풍요 증대 등
경제 목표 간 충돌 (상충관계)	• 효율성과 형평성 : 능력에 따른 보상은 효율성을 높이지만, 형평성은 떨어짐 • 완전고용과 물가안정 : 통화량을 늘리면 완전고용 증대에 도움이 되지만 물가안정을 이루기 어려움

[빈칸 정답] **34** 효율성 **35** 형평성

OX 문제

01 가계와 기업을 민간부문이라고 하고 정부는 공공부문이라고 한다. □ O □ X

02 경제주체는 재화와 서비스로 구성되며, 경제활동의 대상이 되는 것이다. □ O □ X

03 가계는 생산요소시장에서 자본을 제공하고 그 대가로 이자를 획득한다. □ O □ X

04 배달을 위해 자동차를 구입한 것은 소비에 해당한다. □ O □ X

05 분배는 반드시 생산요소에 대한 대가를 의미한다. □ O □ X

06 생산물시장은 재화와 서비스를 거래하는 시장이다. □ O □ X

07 생산요소시장은 노동, 자본, 토지를 거래하는 시장이다. □ O □ X

08 생산물시장의 수요자는 가계, 공급자는 기업이다. □ O □ X

09 생산물시장에서 임금, 이자 등이 결정된다. □ O □ X

10 가계는 생산요소시장의 수요주체이자 생산물시장의 공급주체이다. □ O □ X

11 기업은 생산물시장의 공급주체이자 생산요소시장의 공급주체이다. □ O □ X

12 자원의 희소성은 욕구와 자원 중 욕구가 많다는 절대량의 비교에서 정해진다. □ O □ X

13 자유재와 경제재의 구분은 시대와 장소에 따라 달라질 수 있다. □ O □ X

14 자원이 희귀하다고 해서 반드시 희소한 것은 아니다. □ O □ X

15 기업의 이윤을 주주에게 배당할 것인지, 아니면 직원들에게 성과급으로 지급할지의 문제는 형평성이 중시되는 경제문제이다. □ O □ X

16 기회비용은 선택 시 포기되는 모든 가치의 합으로 나타낸다. □ O □ X

17 경제재와 자유재는 재화의 소비가 효용을 가져다주는지의 여부에 따라 나뉜다. □ O □ X

18 암묵적 비용은 내가 받을 수 있었던 임금, 이자 등을 포함하는 개념이다. □ O □ X

19 암묵적 비용은 시간의 기회비용을 포함한다. □ O □ X

20 합리적 선택 시 매몰비용을 고려하면 안 된다. □ O □ X

21 시장경제체제는 가격기구에 의해 자원배분이 결정된다. □ O □ X

22 사회주의체제는 공평성보다는 효율성을 중시한다. □ O □ X

23 계획경제체제는 경제문제의 의사결정을 개인에게 맡긴다. □ O □ X

24 수정 자본주의는 시민혁명을 통한 경제활동의 자유를 확보하는 과정에서 대두되었다. □ O □ X

25 신자유주의는 정부개입의 축소와 시장의 자율성 확대를 주장한다. □ O □ X

26 생산가능곡선 위의 점은 모두 효율적인 생산을 의미한다. □ O □ X

27 기술이 발전하면 생산가능곡선은 원점에 가까워진다. □ O □ X

28 모든 생산가능곡선은 원점에 대하여 오목한 형태를 가진다. □ O □ X

29 생산가능곡선의 안쪽에서 생산이 이루어지는 경우는 비효율적인 생산이 이뤄지는 것이다. □ O □ X

30 생산가능곡선이 원점에 대하여 오목하다는 것은 기회비용이 체증함을 의미한다. □ O □ X

[OX 정답] **01** O **02** X **03** O **04** X **05** O **06** O **07** O **08** O **09** X **10** X **11** O **12** X **13** O **14** O **15** O **16** X **17** X **18** O **19** O **20** O **21** O **22** X **23** X **24** X **25** O **26** O **27** X **28** X **29** O **30** O

1. 수요와 수요량

수요	• 경제주체가 상품을 구입하려는 구매 의사(욕구) → **01** 으로 나타남
수요량	• 특정 가격을 전제로 상품을 구입하려는 구체적 수량 → **02** 으로 나타남
개별수요곡선	• 개별 경제주체들이 각각의 가격에서 구입하고자 하는 수요량을 나타내는 곡선
시장수요곡선	• 개별수요곡선의 **03** 의 합으로 도출 • 일반적으로 가격과 수요량의 관계를 반영하여 우하향의 모습 • 일반적으로 수요곡선은 시장수요곡선을 의미함
수요법칙	• 가격과 수요량의 **04** (가격이 오르면 수요량 감소, 가격이 내리면 수요량 증가)

2. 수요와 수요량의 변동

구 분	수요량의 변동	수요의 변동
변동 원인	해당 상품의 **05** 변화	소득수준, 선호도, 다른 상품의 가격, 인구수, 광고, 미래에 대한 기대 등 **06** 변화
그래프상의 변화	수요곡선을 따라 점의 이동	수요곡선 전체가 좌측 또는 우측 이동

3. 공급과 공급량

공급	• 경제주체가 상품을 판매하려는 의사(욕구) → **07** 으로 나타남
공급량	• 특정 가격을 전제로 상품을 판매하려는 구체적 수량 → **08** 으로 나타남
개별공급곡선	• 개별 경제주체들이 일정한 가격 수준에서 판매하고자 하는 공급량을 나타내는 곡선
시장공급곡선	• 개별공급곡선의 **09** 의 합으로 도출 • 일반적으로 가격과 공급량의 관계를 반영하여 우상향의 모습 • 일반적으로 공급곡선은 시장공급곡선을 의미함
공급법칙	• 가격과 공급량의 **10** • 상품 가격이 오르면 공급량은 증가 • 가격이 내리면 공급량 감소 [예외] 매석, 노동공급, 투매현상(덤핑현상), 골동품

4. 공급과 공급량의 변동

구 분	공급량의 변동	공급의 변동
변동 원인	해당 상품의 **11** 변화	생산요소의 가격, 기술 혁신, 미래에 대한 기대, 공급자 수 등 **12** 변화
그래프상의 변화	공급곡선을 따라 점이 이동	공급곡선 전체가 좌측 또는 우측 이동

5. 시장균형의 가격

균형가격 (시장가격)	• 시장에서 **13** 하는 상태 (시장균형)에서 결정된 가격 • 시장에서 상품 한 단위와 거래되는 화폐의 단위 • 생산자와 소비자에게 신호등의 역할을 함
균형거래량	• 균형가격에서의 거래량

6. 시장불균형의 가격

14	수요량 < 공급량	시장가격 하락 ⇨ 공급량 감소, 수요량 증가 ⇨ 시장균형가격 회복
15	수요량 > 공급량	시장가격 상승 ⇨ 수요량 감소, 공급량 증가 ⇨ 시장균형가격 회복

7. 시장균형의 이동

구 분	변화방향
수요만 변할 때	• 수요 증가 : 대체재의 가격 상승, 보완재의 가격 하락, 소득 증가, 기호 증가 등 • 수요 감소 : 대체재의 가격 하락, 보완재의 가격 상승, 소득 감소, 기호 감소 등

[빈칸 정답] **01** 곡선 **02** 곡선상의 점 **03** 수평 **04** 반비례 관계 **05** 가격 **06** 가격 외 조건 **07** 곡선 **08** 곡선상의 점 **09** 수평 **10** 비례 관계 **11** 가격 **12** 가격 외 조건 **13** 공급량과 수요량이 일치 **14** 초과 공급 **15** 초과 수요

공급만 변할 때	• 공급 증가 : 생산비 감소(생산 요소의 가격 하락, 기술 혁신 등), 수입 증가 등 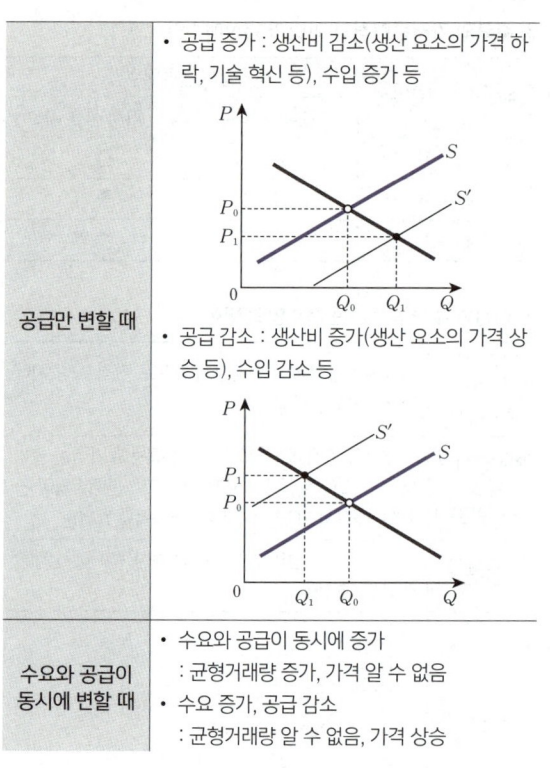 • 공급 감소 : 생산비 증가(생산 요소의 가격 상승 등), 수입 감소 등
수요와 공급이 동시에 변할 때	• 수요와 공급이 동시에 증가 : 균형거래량 증가, 가격 알 수 없음 • 수요 증가, 공급 감소 : 균형거래량 알 수 없음, 가격 상승

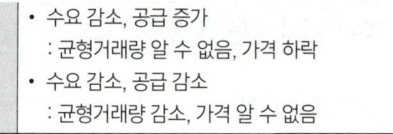

• 수요 감소, 공급 증가
 : 균형거래량 알 수 없음, 가격 하락
• 수요 감소, 공급 감소
 : 균형거래량 감소, 가격 알 수 없음

8. 잉여

소비자잉여	• 소비자가 교환으로 얻는 이익 • 소비자잉여 = 16
생산자잉여	• 생산자가 교환으로 얻는 이익 • 생산자잉여 = 17
사회적잉여	• 사회적잉여 = 생산자 잉여 + 소비자 잉여 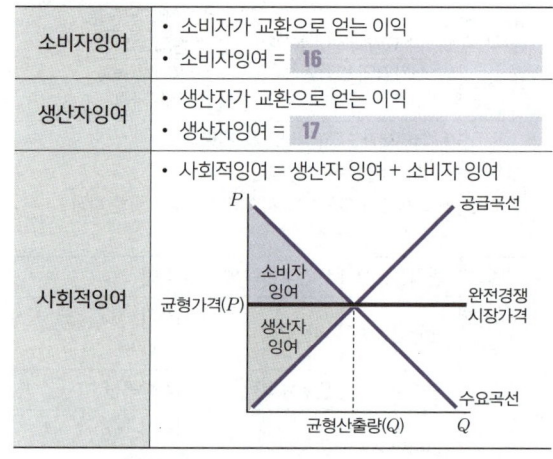

[빈칸 정답] **16** '지불할 용의가 있는 금액 − 실제 지불한 금액'의 합　**17** '실제로 받은 금액 − 최소한 받아야 할 금액'의 합

OX 문제

01 수요는 소비자가 특정 시점에 어떤 상품을 구입하고자 하는 욕구이다.　□ O □ X

02 수요가 증가하면 수요곡선이 우측으로 이동하고, 수요가 감소하면 수요곡선이 좌측으로 이동한다.　□ O □ X

03 시장수요곡선은 개별수요곡선들의 수직 합이다.　□ O □ X

04 상품의 가격변동에 따른 수요곡선상에서의 점의 이동을 수요량의 변동이라고 하고, 상품의 가격이 아닌 다른 요인의 변화로 인한 수요곡선의 이동을 수요의 변동이라고 한다.　□ O □ X

05 소득수준이 높아지면 정상재의 수요는 감소, 열등재의 수요는 증가한다.　□ O □ X

06 어떤 상품의 대체재 가격이 오르면 그 상품의 수요곡선이 좌측으로 이동한다.　□ O □ X

07 공급가격은 시장에서 공급자가 지급받고자 하는 최고가격이다.　□ O □ X

08 공급법칙이 성립하는 예로 노동공급곡선의 후방굴절이 있다.　□ O □ X

09 재화가격의 상승이 예상되면 공급은 감소한다.　□ O □ X

10 시장에서 수요량과 공급량이 동일한 생태를 균형이라고 한다.　□ O □ X

11 초과공급이 일어나면 공급자들끼리 경쟁이 발생하여 가격이 상승한다.　□ O □ X

12 시장균형가격보다 높은 수준에서 가격이 형성되면 초과공급이 발생한다.　□ O □ X

13 수요와 공급이 증가하면 균형가격은 상승한다.　□ O □ X

14 수요가 증가하고 공급이 감소하면 균형가격은 상승한다.　□ O □ X

15 수요가 감소하고 공급이 증가하면 가격은 알 수 없지만 거래량은 감소한다.　□ O □ X

16 수요와 공급이 감소하면 균형가격은 알 수 없고 균형거래량은 감소한다.　□ O □ X

17 시장가격은 소득분배의 형평성이 이루어지도록 기능을 한다.　□ O □ X

18 수요곡선은 재화에 대한 소비자의 한계혜택을 나타낸다.　□ O □ X

19 시장균형에서 생산자잉여와 소비자잉여의 합인 사회적잉여가 극대화된다.　□ O □ X

[OX 정답]　**01** X　**02** O　**03** X　**04** O　**05** X　**06** X　**07** X　**08** X　**09** O　**10** O
11 X　**12** O　**13** X　**14** O　**15** X　**16** O　**17** X　**18** O　**19** O

1. 수요의 가격탄력성

의미	• 상품의 가격 변동에 대한 수요량의 변동 정도		
공식	• 수요의 가격탄력성 : $\dfrac{\|수요량의 변동률(\%)\|}{\|가격의 변동률(\%)\|} = \dfrac{\dfrac{수요량의 변동분}{기존의 수요량}}{\dfrac{가격의 변동분}{기존 가격}}$		
결정 요인	• 대체재가 **01** 탄력적 • 생필품일수록 비탄력적 • 소득에서 차지하는 지출 비중이 클수록 탄력적 • 기간이 **02** 탄력적		
구분	탄력성 = 0	완전비탄력적	수직선
	탄력성 < 1	비탄력적	기울기 **03** 몐 생필품
	탄력성 = 1	단위탄력적	직각쌍곡선
	탄력성 > 1	탄력적	기울기 **04** 몐 사치품
	탄력성 = ∞	완전탄력적	수평선

2. 점탄력성, 호탄력성, 선형 수요곡선의 탄력성

점탄력성	• 한 점에서 계산된 탄력도 • 주어진 함수를 미분하여 계산하는 방법 $\varepsilon_d = \left\| \dfrac{dQ^D/Q^D}{dP/P} \right\| = -\left\| \dfrac{dQ^D}{dP} \right\| \times \dfrac{P}{Q^D}$
호탄력성	• 두 점 사이에서 계산된 탄력도 • 평균가격과 평균수요량을 사용 $\varepsilon_d = -\left\| \dfrac{\Delta Q^D}{\Delta P} \right\| \times \dfrac{P_1 + P_2}{Q_1^D + Q_2^D}$
선형 수요곡선의 탄력성	• $\varepsilon_d = \dfrac{CQ_0}{BQ_0} \times \dfrac{BQ_0}{OQ_0} = \dfrac{CQ_0}{OQ_0}$ $\left(\dfrac{\Delta Q}{\Delta P} : 수요곡선의 접선 \overline{AC}의 기울기의 역수 \right)$ → 삼각형 닮은 꼴의 특성을 이용, $\dfrac{CQ_0}{OQ_0} = \dfrac{P_0O}{AP_0} = \dfrac{BC}{AB}$ (그래프: 수요곡선 A-B-C, 분모/분자 표시)

3. 수요의 가격탄력성과 기업의 총판매수입

수요의 가격탄력성	기업의 총판매수입	
	가격 하락 시	가격 상승 시
$\varepsilon_d > 1$	증가	감소
$\varepsilon_d < 1$	감소	증가
$\varepsilon_d = 1$	불변	불변

4. 직선인 수요곡선과 판매수입의 변화

탄력적인 구간 (A구간)	가격변화에 대해서 민감한 구간으로 가격 하락 시에 판매수입이 증가함
비탄력적인 구간 (B구간)	소비자가 가격에 민감하지 않기 때문에 가격을 올리더라도 크게 수요량이 줄지 않으므로 판매수입이 증가함. 따라서 가격인상전략이 매출액을 늘려줌
결론	직선인 수요곡선의 중점(가격탄력성 = 1)에서 매출액이 극대화됨
그래프	(그래프) • AB 구간 : 가격하락률 < 수요량 증가율, 총지출 증가 • BC 구간 : 가격하락률 < 수요량 증가율, 총지출 증가

5. 수요의 소득탄력성

의미	소득 변화가 재화의 소요에 영향의 크기를 나타냄
공식	$\dfrac{X재 수요량의 변화율(\%)}{소득의 변화율(\%)}$
구분	(그래프: 열등재 / 정상재, $\varepsilon_m = 0$ 필수재, $\varepsilon_m = 1$ 사치재)

6. 수요의 교차탄력성

의 미	X재의 가격변화에 대해 Y재의 수량이 어떻게 변화하는지를 나타냄
공식	$\dfrac{\text{Y재 수요량의 변화율(\%)}}{\text{X재 가격의 변화율(\%)}}$
구 분	보완재 대체재 ←——————→ $\varepsilon_{xy}=0$ 독립재
대체재	$\varepsilon_{xy}>0$ Y재 가격 상승 ⇨ Y재 수요량 감소 ⇨ X재 수요 증가
보완재	$\varepsilon_{xy}<0$ Y재 가격 상승 ⇨ Y재 수요량 감소 ⇨ X재 수요 감소
독립재	$\varepsilon_{xy}=0$ Y재 가격 상승 ⇨ Y재 수요량 감소 ⇨ X재 수요 불변

7. 공급의 가격탄력성

의 미	• 상품의 가격 변동에 대한 공급량의 변동 정도
공식	• $\dfrac{|\text{공급량의 변동률(\%)}|}{|\text{가격의 변동률(\%)}|}=\dfrac{\dfrac{\text{공급량의 변동분}}{\text{기존의 공급량}}}{\dfrac{\text{가격의 변동분}}{\text{기존 가격}}}$
공급의 점탄력도	• 한 점에서 계산된 탄력도 • $\varepsilon_d=\left|\dfrac{dQ^s/Q^s}{dP/P}\right|=\left|\dfrac{dQ^s}{dP}\right|\times\dfrac{P}{Q^s}$
공급의 호탄력도	• 두 점 사이에서 계산된 탄력도 • 평균가격과 평균수요량을 사용 • $\varepsilon_d=\left|\dfrac{\Delta Q^s}{\Delta P}\right|\times\dfrac{P_1+P_2}{Q_1^s+Q_2^s}$
결정요인 (탄력적인 경우)	• 저장이 **05** , 저장 비용이 **06** • 생산 기간이 **07** • 기술 수준의 향상이 빠를수록 • 유휴시설이 많을수록

종 류	탄력성 = 0	완전비탄력적	수직선
	탄력성 < 1	비탄력적	기울기 **08** 예 농축산물
	탄력성 = 1	단위탄력적	기준 역할
	탄력성 > 1	탄력적	기울기 **09** 예 공산품
	탄력성 = ∞	완전탄력적	수평선

8. 선형 공급곡선

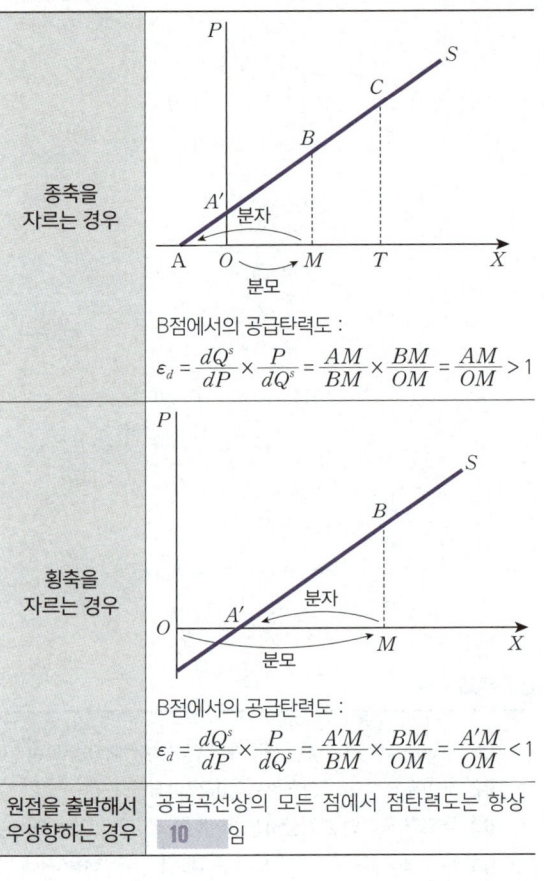

종축을 자르는 경우	(그래프)

B점에서의 공급탄력도 :

$$\varepsilon_d=\frac{dQ^s}{dP}\times\frac{P}{dQ^s}=\frac{AM}{BM}\times\frac{BM}{OM}=\frac{AM}{OM}>1$$

횡축을 자르는 경우	(그래프)

B점에서의 공급탄력도 :

$$\varepsilon_d=\frac{dQ^s}{dP}\times\frac{P}{dQ^s}=\frac{A'M}{BM}\times\frac{BM}{OM}=\frac{A'M}{OM}<1$$

원점을 출발해서 우상향하는 경우	공급곡선상의 모든 점에서 점탄력도는 항상 **10** 임

OX 문제

01 수요의 가격탄력성은 상품가격 변화분에 대한 수요량 변화분의 비율을 의미한다. □ O □ X

02 생필품은 수요의 가격탄력성이 탄력적이다. □ O □ X

03 수요와 공급의 가격탄력성이 비탄력적이면 가격변화가 수량변화보다 심하다. □ O □ X

04 수요의 가격탄력성이 1보다 큰 재화는 가격 하락 시에 기업의 총판매수입이 증가하고 가격 상승 시에는 기업의 총판매수입이 감소한다. □ O □ X

05 대체재가 많을수록 수요의 가격탄력성은 탄력적이다. □ O □ X

06 사치재가 필수재보다 더 탄력적이다. □ O □ X

07 전체 소득에서 차지하는 비중이 작을수록 비탄력적이다. □ O □ X

08 수요의 가격탄력성이 완전비탄력적인 경우, 가격에 관계없이 판매수입이 일정하다. □ O □ X

09 수요의 가격탄력성이 가격수준에 관계없이 일정하다면 수요곡선은 우향하는 직선이 된다. □ O □ X

10 우하향하는 직선인 수요곡선의 경우, 수요곡선의 중점에서 판매수입이 극대화된다. □ O □ X

11 소득이 증가하면 정상재의 수요는 증가한다. □ O □ X

12 대부분의 열등재는 기펜재이다. □ O □ X

13 사치재는 수요의 소득탄력성이 1보다 큰 재화이다. □ O □ X

14 소득탄력성은 소득의 변화 대비 수요의 변화를 의미하므로 공급 측면은 고려되지 않는다. □ O □ X

15 정상재와 열등재의 구분은 수요의 법칙의 성립여부와 관련이 있다. □ O □ X

16 수요의 교차탄력성이 (+)이면 대체재, (−)이면 보완재이다. □ O □ X

17 독립재는 교차탄력성이 음의 값을 갖는다. □ O □ X

18 공산품은 공급의 가격탄력성이 비탄력적인 재화이다. □ O □ X

19 정상재는 소득이 증가함에 따라 수요가 증가하는 재화이고, 열등재는 소득이 증가함에 따라 수요가 감소하는 재화이다. □ O □ X

20 공급의 가격탄력성은 장기보다 단기에 더 탄력적이다. □ O □ X

21 저장시설이 열악하고 저장비용이 클수록 공급의 가격탄력성은 비탄력적이다. □ O □ X

22 직선인 공급곡선의 경우 원점을 통과하면 기울기에 관계없이 공급의 가격탄력성은 단위탄력적이다. □ O □ X

[OX 정답] **01** X **02** X **03** O **04** O **05** O **06** O **07** O **08** X **09** X **10** O **11** O
12 X **13** O **14** O **15** X **16** O **17** X **18** X **19** O **20** X **21** O **22** O

1. 시장의 개념과 구분

개 념	• 재화와 용역을 사려는 사람과 팔려는 사람의 거래가 자유로이 이루어지는 장소나 매개체

시장의 구분

• 거래되는 상품의 종류에 따라
  – 생산물시장 예 농산물시장, 자동차시장 등
  – 생산요소시장 예 노동시장, 자본시장 등
• 시장의 구조에 따라 : 완전경쟁시장과 불완전경쟁시장

```
                        완전        일물일가의 법칙,
                        경쟁    →   완전대체재, 완전한 정보,
                                    완전한 진입자유
                      가격수용자
            시장                    독점적      다수의 대체재, 진입자유,
            구조                →   경쟁     →  상품의 질 경쟁
                      가격결정자
                        불완전      과 점   →  상호의존성, 가격경직성
                        경쟁    →
                                    독 점   →  완전한 진입장벽
```

구 분	완전경쟁시장	독점적 경쟁시장	독점시장	과점시장
공급자의 수	다 수	다 수	하 나	소 수
상품의 질	동 질	01	02	동질, 03
시장 참여	자 유	자 유	제 한	제 한
예	주식시장	주유소, 미용실	전력, 철도	가전제품, 자동차

2. 이윤극대화

총이윤	• 총이윤 = 총수입(TR) − 총비용(TC)
이윤극대화 생산량	• 한계수입(MR) > 한계비용(MC) 　→ 생산량을 04 　 것이 기업에게 유리 • 한계수입(MR) < 한계비용(MC) 　→ 생산량을 05 　 것이 기업에게 유리 • '한계수입(MR) = 한계비용(MC)'인 점에서 생산량을 결정(이윤극대화 조건은 시장형태와 관계없이 항상 적용됨)

3. 완전경쟁시장

성립 요건	• 06 　 : 많은 수의 구매자와 판매자가 있어 모두가 가격을 주어진 것으로 받아들임 • 동질적 재화 : 이 시장에서 거래되는 모든 상품이 동질적이어야 함 • 자원의 완전한 이동성 : 진입장벽이 존재하지 않아 이 시장으로 진입하는 것과 이로부터 이탈하는 것이 완전히 자유로워야 함 • 완전정보 : 이 시장에 참여하는 모든 경제주체가 완전한 정보를 갖고 있어야 함
특 징	• 개별기업은 가격수용자 • 개별기업이 직면하는 수요곡선의 가격탄력성은 무한대(= 수평선) • 일물일가의 법칙 적용

P = MR 성립

가격(P)	수량(Q)	총수입 (TR)	평균수입 (AR)	한계수입 (MR)
100	1	100	100	100
100	2	200	100	100
100	3	300	100	100
100	4	400	100	100

단기 균형	• P > AC : π > 0 → 초과이윤 ⇨ 차기 신규기업 진입 ⇨ 시장공급곡선 우측이동 • P = AC : π = 0 → 정상이윤만 누림 • AVC < P < AC → 단기적으로 고정비용 차감 가능하므로 생산, 장기적으로 중단 • P < AC : π < 0 → 손실 ⇨ 차기 기존기업 철수 ⇨ 시장공급곡선 좌측이동
장기 균형	• 07 　 만 존재함
장 점	• 효율적인 자원배분 : 장·단기에 항상 08 　 가 성립하므로 사회적인 관점에서 가장 효율적 생산이 이루어지며, 사회후생이 극대화 됨 • 09 　 에서 생산 : 장기 균형에서 P = MR = LAC의 요건이 충족되며, 개별기업은 장기평균비용(LAC)의 최저점에서 생산 가능 → 최적 시설 규모에서 최적 산출량만큼의 재화 생산 • 정상 이윤 획득 : 장기에서 개별기업은 정상이윤만 획득 • 의사결정의 10 　 : 모든 경제주체의 경제적 자유와 균등한 기회가 보장됨
단 점	• 완전경쟁시장의 조건을 모두 충족하는 시장은 현실적으로 존재하지 않음 • 자원배분의 효율성은 달성되나 소득분배의 11 　 은 보장되지 않음

[빈칸 정답] **01** 이질 **02** 동질 **03** 이질 **04** 늘리는 **05** 줄이는 **06** 가격수용자
07 정상이윤 **08** P = MC **09** 최적 시설 규모 **10** 분권화 **11** 형평성

4. 독점시장

특징	• 시장지배력 : 독점기업은 시장지배력(Market Power)을 가지며, 가격결정자(Price Setter)로 행동하고 가격차별(Price Discrimination)이 가능 • <u>12</u> 의 수요곡선 : 독점기업이 직면하는 수요곡선은 시장 전체의 수요곡선이며, 독점기업의 공급량은 그 상품에 대한 시장의 총공급량과 일치 • 대체재의 부재 : 아주 밀접한 대체재를 생산하는 경쟁상대 기업으로부터 도전받지 않음
그래프 분석	• 독점기업의 <u>13</u> : P > MR = MC • 독점기업의 <u>14</u> 이 따로 존재하지 않는 이유 : 독점기업은 가격결정자로서 자신이 원하는 바에 따라 공급량을 스스로 결정할 수 있기 때문 • 독점기업의 손실 : P < AC인 경우 손실 발생
단기 균형	• 초과이윤, 정상이윤, 손실 모두 경험 가능
장기 균형	• 초과이윤이 발생하며, 초과설비 보유
P > MR 성립	<table><tr><th>가격(P)</th><th>수량(Q)</th><th>총수입(TR)</th><th>평균수입(AR)</th><th>한계수입(MR)</th></tr><tr><td>100</td><td>1</td><td>100</td><td>100</td><td>100</td></tr><tr><td>90</td><td>2</td><td>180</td><td>90</td><td>80</td></tr><tr><td>80</td><td>3</td><td>240</td><td>80</td><td>60</td></tr><tr><td>70</td><td>4</td><td>280</td><td>70</td><td>40</td></tr></table>
독점적 경제 효과	• 긍정적 측면 – 규모의 경제가 적용되는 경우 생산비용이 감소할 수 있음 – 기술개발과 생산방법의 혁신을 위한 연구개발 투자의 여력이 생겨 국제 경쟁력이 강화될 수 있음 • 부정적 측면 – 사회적 후생손실 발생 : 완전경쟁체제에 비해 생산량은 더 적고 가격은 높아 자원배분이 비효율적임 – 최적 규모로 생산시설을 가동하지 않음으로 인해 자원의 최적 활용에 실패함

독점에 대한 규제	• 독점규제 및 공정거래에 관한 법률 • 가격규제 : 독점기업들에 대한 가격 결정 규제 – <u>15</u> 설정 : 산출량은 효율적이나 기업은 손실을 입게 됨 – <u>16</u> 설정 : 기업은 초과이윤이 없는 정상이윤 상태이나 산출량이 과소생산임 • 국유화 : 철도, 전기, 가스 등 • 경쟁 촉진 정책 : 공기업의 민영화 등

5. 가격차별

의미	• 가격지배력이 있는 기업이 이윤극대화를 위해 동일한 상품을 여러 가지 서로 다른 가격으로 판매하는 행위를 의미함
1급 가격차별	• 의미 : 판매될 상품의 모든 단위에 대해 상이한 가격을 설정하여 소비자가 지불하고자 하는 최고가격을 받아내는 가격차별로서 완전가격차별이라고 함 • 독점기업의 산출량은 완전경쟁시장과 동일하므로 <u>17</u> 은 이루어지지만, 모든 잉여를 독점기업이 차지하게 되어 소득분배는 불공평해짐
2급 가격차별	• 상품을 수량별로 분류하여 서로 다른 가격을 설정하는 가격차별
3급 가격차별	• 의미 : 조조할인과 주말영화, 주중열차와 주말열차의 요금이 다른 것처럼 수요의 가격탄력성이 서로 다른 시장에서 이용하는 가격차별 • 조건 – <u>18</u> 재화이어야 함. 다른 재화가 다른 가격을 가지는 것은 가격차별이 아님 – 판매자가 시장지배력을 지니고 있어야 함 – 서로 다른 고객 또는 시장이 쉽게 구분되어야 함 – 상이한 시장 사이에 상품의 재판매가 불가능해야 함 – 상이한 시장 사이에 <u>19</u> 이 달라야 함 • 이윤극대화 : 일반적으로 탄력성이 큰 시장에 대해서는 낮은 가격, 탄력성이 작은 시장에 대해서는 높은 가격 적용
장점	• 가격차별에 따른 생산량 증가로 자원배분의 비효율이 상당 부분 해소됨 • 3급 가격차별의 경우 가격차별은 가격탄력성이 큰 소비자 그룹에 대해서는 낮은 가격을 책정하는 형태로 이루어지는데, 빈곤하여 가격탄력성이 높게 된 것이라면 이들에게 상대적으로 유리하게 소득이 재분배되는 효과가 있음
단점	• 소비자 차별대우에 따른 불쾌감 초래 • 소비자잉여를 독점기업이 수익으로 전환

6. 독점적 경쟁시장

의미	• 완전경쟁과 독점의 성격이 공존하는 시장
특징	• [20] : 기업이 어느 정도의 시장지배력을 가지도록 함. 단기에 우하향의 수요곡선에 직면(많은 대체재가 존재하므로 수요의 가격탄력도는 큼) • 다수의 판매자 • 기업의 자유로운 진입과 퇴거 • 비가격경쟁의 존재 : 경쟁이 제품 가격보다는 판매 서비스나 품질의 개선, 혹은 광고 등의 형태로 일어남. 과점시장의 그것보다는 약함
독점적 경쟁기업의 균형	• 개별기업이 직면하는 수요곡선 : 독점적 경쟁기업은 제품의 차별화로 약간의 시장지배력을 가지므로 수요곡선이 우하향하나, 다수의 대체재가 존재하므로 독점보다는 탄력적인(완만한) 형태임 • 단기에서는 초과이윤이 가능하나 장기에서는 정상이윤만 획득 가능함 • 완전경쟁시장보다 가격은 높고 산출량은 적음. 그러나 제품의 다양화로 선택의 폭이 넓어짐
평가	• 다양한 재화를 생산하므로 소비자후생이 증가함 • 독점과 마찬가지로 P > MC이므로 자원배분이 비효율적임 • [21] 에 의한 자원의 낭비가 발생함 • 독점보다는 작지만 [22] 가 존재함

7. 과점시장

의미	• 소수의 기업이 상품을 생산, 공급하고 있는 시장
특징	• 상당한 정도의 진입장벽 존재 • 기업 간 [23] 이 큼 : 가격과 생산량 변경이 타 기업에 현저한 영향을 미치므로 경쟁기업들의 반응에 상당히 민감하게 반응함 • 치열한 비가격경쟁과 가격의 경직성 : 위험부담이 큰 가격경쟁은 피하고 광고나 상품 차별화 등 비가격경쟁에 의존하는 경향이 강함 • 담합 또는 기타 공동 행위와 같은 비경쟁행위를 하려는 경향이 강함
평가	• 장점 : 독점기업보다 낮은 가격, 경제 부문 간 특화 • 단점 : 자원의 최적 배분 달성 실패, 광고비 등으로 인한 제품 가격의 상승

8. 게임이론

개념	• 과점시장에서는 한 기업의 가격(생산량)조정이 시장 전체에 영향을 미치므로, 경쟁기업의 가격(생산량)조정을 유발함. 이러한 상호의존성으로 인해 과점기업은 의사결정 시 상대방의 반응까지를 고려해야 하는 전략적인 상황에 직면하게 되고, 이러한 전략적 상황에서 도달 가능한 균형을 분석하기 위한 이론임

게임의 균형 (전체적인 이해)	• 가정 　– 상대방의 전략은 주어져 있고, 서로 예상할 수 있음(공통지식) 　– 비협조적 게임으로 1회만 게임한다고 가정. 협조적인 경우(담합) 또는 게임을 반복하는 경우는 제외함
게임의 균형 (전체적인 이해)	• 내용 　– 갑이 A전략을 선택할 경우, 을의 입장에서 최적 전략이 A'이고(갑의 입장에서도 마찬가지) 갑이 B전략을 선택할 경우, 을의 입장에서 최적 전략이 B일 경우(갑의 입장에서도 마찬가지) 각각 (A, A'), (B, B')의 조합을 내쉬균형이라고 함 　– 만약 (A' = B)일 경우, 즉 갑이 어떤 전략을 선택하든지 을의 최적 전략은 항상 같을 경우, 이러한 을의 전략을 우월전략이라고 함
용의자의 딜레마	(표 아래 참조)

구분		공범 B	
		부인	자백
공범 A	부인	(A부인 6개월 / B부인 6개월)	(A부인 10년 / B자백 석방)
	자백	(A자백 석방 / B부인 10년)	(A자백 2년 / B자백 2년)

• [24] : (자백 / 자백)
• 이유 : 공범 상호 간에는 어떤 경우에도 자백하는 것이 최선의 선택이기 때문임
• 파레토 최적과의 관계 : 우월전략균형이 파레토 최적을 보장하는 것은 아님. 모두 부인을 하게 되면 우월전략균형의 경우보다 높은 보수(6개월 / 6개월)를 얻을 수 있기 때문임

OX 문제

01 완전경쟁시장에서는 다수의 수요자와 공급자가 존재하며, 동질의 상품이 거래되고, 시장의 진입과 탈퇴가 자유
로우며, 거래자들은 시장에 관한 완전한 정보를 공유한다.　　　　　　　　　　　　　　□ O □ X

02 완전경쟁시장에서 평균수입은 가격과 같다.　　　　　　　　　　　　　　□ O □ X

03 완전경쟁시장에서 한계수입은 가격과 같다.　　　　　　　　　　　　　　□ O □ X

04 완전경쟁시장인 경우 장기에 경제적 이윤이 0이다.　　　　　　　　　　　　　　□ O □ X

05 P = MC의 조건은 완전경쟁시장에서만 효율성을 판단하는 기준이다.　　　　　　　　　　　　　　□ O □ X

06 완전경쟁시장에서의 손익분기점은 P = MC인 점이다.　　　　　　　　　　　　　　□ O □ X

07 완전경쟁시장에서는 효율성과 공평성이 동시에 보장된다.　　　　　　　　　　　　　　□ O □ X

08 재화가격이 상승하면 한계비용도 상승한다.　　　　　　　　　　　　　　□ O □ X

09 단기의 완전경쟁시장에서 가격이 평균비용과 평균가변비용의 사이에 있는 경우, 단기적으로는 총고정비용을
조달할 수 있으므로 조업을 중단하지 않는다.　　　　　　　　　　　　　　□ O □ X

10 가격과 한계비용이 동일하다는 것이 독점시장의 특징이다.　　　　　　　　　　　　　　□ O □ X

11 1급 가격차별이 시행되면 재화의 단위에 상관없이 가격이 같게 설정된다.　　　　　　　　　　　　　　□ O □ X

12 완전가격차별인 경우 사중손실은 발생하지 않는다.　　　　　　　　　　　　　　□ O □ X

13 3급 가격차별에서 탄력적인 시장에는 싸게, 비탄력적인 시장에는 비싸게 공급해야 한다.　　　　　　　　　　　　　　□ O □ X

14 독점시장은 공급곡선이 존재하지 않는다.　　　　　　　　　　　　　　□ O □ X

15 독점적 경쟁시장은 현재 가장 많이 존재한다.　　　　　　　　　　　　　　□ O □ X

16 과점시장은 상품 차별화와 비가격경쟁이 치열하게 이루어진다.　　　　　　　　　　　　　　□ O □ X

17 독점적 경쟁시장은 단기에는 독점시장의 성격을, 장기에는 완전경쟁시장의 성격을 가진다.　　　　　　　　　　　　　　□ O □ X

18 과점시장은 소수의 공급자가 존재하며, 경쟁기업 간의 의존 및 영향 관계가 크고, 명시적 혹은 묵시적 담합이
발생하기도 한다.　　　　　　　　　　　　　　□ O □ X

19 죄수의 딜레마 모형을 통해 카르텔 참가 기업들이 담합을 통해 독점이윤을 누리기 어려운 이유를 알 수 있다.　　　　　　　　　　　　　　□ O □ X

20 내쉬균형은 항상 효율적인 자원배분을 가져다준다.　　　　　　　　　　　　　　□ O □ X

[OX 정답] **01** O　**02** O　**03** O　**04** O　**05** O　**06** X　**07** X　**08** O　**09** O　**10** X
11 X　**12** O　**13** O　**14** O　**15** O　**16** X　**17** O　**18** O　**19** O　**20** X

Topic 5 | 시장실패와 정부실패

1. 외부효과

구 분	외부경제 (긍정적 외부효과)	외부불경제 (부정적 외부효과)
의 미	어떤 경제활동이 제3자에게 이익을 주는데도 시장을 통해 대가를 받지 못한 경우	어떤 경제활동이 제3자에게 손해를 주는데도 시장을 통해 대가를 지불하지 않는 경우
수량 비교	효율적 수준보다 **01** 생산 또는 소비	효율적 수준보다 **02** 생산 또는 소비
생산 측면	사적 비용(PMC) **03** 사회적 비용(SMC)	사적 비용(PMC) **04** 사회적 비용(SMC)
기출 사례	과수원, 임업, 아름다운 정원, 신기술 등	환경오염, 흡연, 자동차 매연 등
해결 방안	외부경제 장려 예 보조금, 감세	외부불경제 규제 예 법적 처벌(직접), 조세 부과(간접)
그래프	(그래프: 사적 비용, 사회적 비용, 수요곡선, 현실·최적, 과소 / 사적 수요, 사회적 수요, 현실·최적, 과소)	(그래프: 사회적 비용, 사적 비용, 수요곡선, 최적·현실, 과다 / 사적 수요, 사회적 수요, 최적·현실, 과다)

2. **05**

내 용	협상비용이 무시할 정도로 작고, 협상으로 인한 소득재분배가 각 개인의 한계효용에 영향을 미치지 않는다면 외부성에 관한 권리(재산권)가 어느 경제주체에 귀속되는가와 상관없이 당사자 간의 자발적 협상에 의한 자원 배분은 동일하며 효율적임
결 론	정부의 개입이 아닌 시장주체 간의 자율적 협상을 통한 해결을 중시함

3. 공공재

의미	• 국방, 외교, 치안, 공원, 도로 등과 같이 여러 사람의 공동소비를 위해 생산된 재화와 서비스
특성	• 소비에서의 **06** : 한 사람의 소비가 다른 사람이 소비할 수 있는 기회를 줄이지 않음 • 소비에서의 **07** : 대가를 치르지 않은 사람도 소비에서 배제할 수 없음 • 자본 회수 기간이 길고, 많은 자본이 필요함
공공재의 공급	• 공공재는 비배제성 때문에 무료로 이용하려는 성질로 인하여 자발적인 선호의 표현인 수요곡선을 표출하지 않아 가상수요곡선으로 공공재의 수요곡선을 도출함 • 공공재의 시장수요(사회적 한계편익)곡선은 개별 수요(한계편익)곡선의 **08** 으로 도출함. 이때 시장수요곡선과 공급곡선과의 교점에서 균형가격과 균형량이 결정됨 • 공공재의 공급량이 결정되면 개별 소비자들은 동일한 양을 소비하면서 각각 한계편익만큼의 가격을 지불함 • 공공재의 적정공급 조건 : $MB_A + MB_B = MC$
공공재와 시장실패	• 공공재 부족 문제 : 사회적으로 반드시 생산되어야 하지만 수지가 맞지 않아 시장에서 기업이 생산을 회피함 → 자원 배분의 비효율성 • **09** 문제 : 자발적으로 가격을 지불하지 않고 편익만을 취하고자 하는 심리. 공공재의 특성으로부터 불가피함

해결책	• 정부에 의한 직접 생산
	  – 공공서비스 : 국방, 치안, 보건, 교육 등
	  – 사회간접자본 : 철도, 도로, 항만, 댐 등
	• 공기업 : 정부가 공공재 생산 및 유지·관리를 위해 직접 경영하거나, 출자하여 기업 경영에 영향력을 행사하는 기업

4. 재화의 구분

구 분		경합성	
		있 음	없 음
배제성	있 음	**10** 예 아이스크림, 옷, 막히는 유료 도로	**11** 예 소방 서비스, 케이블 TV, 안 막히는 유료 도로
	없 음	**12** 예 바닷속의 물고기, 환경, 막히는 무료 도로	**13** 예 국방, 기술 지식, 안 막히는 유료 도로

[빈칸 정답] **01** 과소 **02** 과다 **03** > **04** < **05** 코즈의 정리 **06** 비경합성 **07** 비배제성 **08** 수직 합 **09** 무임승차자 **10** 사적재 **11** 요금재 **12** 공유자원 **13** 공공재

막판 뒤집기 핵심요약노트 **15**

5. 정보의 비대칭성

14	• 감춰진 특성의 상황에서 잘못된 선택을 하는 것 • 감춰진 특성의 상황 : 거래 당사자의 특성이나 거래 상품의 품질을 한쪽만 알고 있는 경우 예 중고차시장에서의 중고차 구매자가 중고차 품질을 알지 못함
15	• 감춰진 상황에서 상대방의 행동이 변한 경우 • 감춰진 행동의 상황 : 상대방의 감춰진 행동을 관찰·통제할 수 없는 경우 예 자동차보험 가입 이후 난폭운전을 함

6. 역선택

상황	중고차시장	• 판매자 : 상태 나쁜 차 → 상태 좋다고 속여 판매 • 구매자 : 판매자 불신 → 비싼 값으로 구매하려 들지 않음 ⇨ 상태 좋은 차는 매매되지 않고, 상태 나쁜 차만 매매됨
	보험시장 (금융시장)	• 보험회사 : 운전자 운전습관 알지 못함 → 평균적 사고발생 확률에 근거 → 동일 보험료 책정 • 모범운전자 : 보험가입 → 손해 • 난폭운전자 : 보험가입 → 이익 ⇨ 난폭운전자들만 자동차보험 가입 → 보험료 인상 → 악질 난폭운전자들만 보험가입
	노동시장	• 기업 : 신입사원 업무능력 알지 못함 → 평균 생산성에 근거 → 동일 보수 책정 • 우수인력 : 더 높은 임금 수준 원함 → 취업 기피 • 저급인력 : 현 수준 임금에 만족 → 취업
해결방안	16	• 자신의 우수한 특성, 상품의 우수한 품질을 적극적으로 PR 예 취업 시 자격증 제출, 대학교육 이수, ⓚ마크 표시
	17	• 상대방의 감춰진 특성을 알아내려고 노력 예 자동차보험 가입 시 기혼자·미혼자 구별, 생명보험 가입 시 건강진단서 제출 요구
	18	• 관련자 모두 의무적으로 가입 예 자동차 책임보험, 건강보험, 국민연금
	정보정책	예 허위광고 규제, 성능표시·원산지표시 의무화
	평판	예 항상 고품질의 제품만 판매, 항상 진품만을 판매
	표준화	예 맥도날드, 롯데리아

신용할당	• 은행 대출에 대한 초과수요 → 대출금리 인상 → 위험기업만 대출 ⇨ 대출금리 인상 대신 신용상태 양호한 기업에 대출
19	• 낮은 임금 수준 → 저급인력만 고용 ⇨ 높은 임금 지급 → 고급인력의 유인, 이탈 방지

7. 도덕적 해이

구 분	상 황	해결방안
보험시장	• 화재보험 가입 후 → 건물에 방화 • 상해보험 가입 후 → 다리 절단 • 자동차보험 가입 후 → 교통사고 • 의료보험 가입 후 → 잦은 진단	• 20 : 손실액의 일부만 보상 • 사고기록 점수제
금융시장	• 은행 대출 후 → 위험한 사업에 투자	• 21 (Monitoring) • 담보 : 대출 금액 이상의 담보 설정
노동시장	• 주인이 볼 때만 열심히 일하는 척	• 승진, 보너스 • 효율성 임금

8. 가격통제(최고가격제와 최저가격제)

구 분	최고가격제	최저가격제
의미	• 균형가격이 너무 높다고 판단한 정부가 가격의 22 을 정하고, 그 이상으로 거래하지 못하도록 규제하는 가격통제 정책	• 과잉공급으로 가격이 폭락하는 것을 방지하려는 정부가 가격의 23 을 정하고, 그 이하의 가격으로는 거래하지 못하도록 규제하는 가격통제 정책
목적	• 24 보호	• 25 보호
사례	• 최고이자율제, 아파트 분양가 규제, 고정환율, 독과점기업의 가격규제, 여름철의 숙박비	• 최저임금제, 농산물 가격 지지 정책
부작용	• 초과수요, 암시장(불법거래시장) 발생	• 초과공급 발생 예 실업, 농산물 재고
문제해결	• 배급제(선호반영 안 됨, 공평) • 선착순 판매(선호반영 됨, 불공평)	• 정부가 초과공급 분야에 대한 처리 감당
그래프 분석		

9. 정부의 실패

의미	• 시장의 실패를 보완하기 위한 정부의 개입이 오히려 효율적 자원배분을 악화시키는 현상 • [26] 아래에서 무거운 세금과 관료적인 경직성으로 인한 국민 부담의 증대, 이익 단체 압력에 의한 불필요한 공공지출 증가, 대기업과 정부의 유착, 공기업의 비효율성, 민간부문의 자율과 창의성 저해, 사회복지제도의 부작용 등		
정부 실패 원인	• 정부의 제약된 지식과 정보 • 정치적 과정에서의 제약 • 근시안적 규제 : 시장경제와 같은 [27]의 부족 • 부정부패 등 • 관료 집단의 이기주의		
해결 방안	[28]	• 국가 경쟁력 향상의 필수 조건 • 예외 : 보건, 환경, 소비자 보호, 산업재해방지 등 공익 관련 분야와 직접 관련된 규제는 오히려 강화되어야 함	
	민영화	공기업의 부작용	• 경쟁의 필요성이 절박하지 않아서 조직이 방만해지고 관료화되어 비효율성이 초래됨
		민영화 효과	• 경쟁 원리의 도입으로 서비스의 개선, 가격의 인하, 경영의 효율화 달성
		민영화의 부작용	• 공익성을 지닌 재화와 용역의 안정적인 공급 저해. 공공의 관심사가 민간부문의 책임으로 전가됨
	공무원의 의식 전환		• 국민의 의사에 따르는 새로운 공무원상 정립
	공무원 사회에 경쟁 개념 도입		• 승진, 보수 제도 등의 제도 개선, 경제적 유인 제공
	시민단체 활성화		• 시민단체의 감시, 정책 제안 필요

OX 문제

01 시장 자체의 기능으로 자원이 효율적으로 배분되지 못하는 현상을 시장실패라 한다. □ ○ □ X

02 시장실패는 비효율성을 초래하지만 이것이 정부개입의 이론적 근거는 되지 못한다. □ ○ □ X

03 시장실패의 유형에는 독과점시장, 공공재, 정보비대칭, 외부경제 등이 있다. □ ○ □ X

04 시장실패의 주요한 원인 중 하나는 자연독점에 의한 불완전경쟁이다. □ ○ □ X

05 법률에 의해 독점이 보장되는 경우도 있다. □ ○ □ X

06 독과점은 정부실패의 사례로서 시장경쟁 강화를 통해 해결한다. □ ○ □ X

07 독점시장은 완전경쟁시장에 비해 균형가격은 높고 균형생산량은 낮다. □ ○ □ X

08 외부효과는 한 경제주체의 의도된 행동이 제3자에게 이득이나 손해를 가져다주는 것이다. □ ○ □ X

09 사회적 비용이 사적 비용보다 크고 과다 생산될 때 외부불경제가 발생한다. □ ○ □ X

10 긍정적인 외부효과를 가진 재화나 서비스는 정부의 보조금 제공을 통해 생산량을 증가시킬 필요가 있다. □ ○ □ X

11 부정적 외부효과인 경우 조세를 부과하여 생산량을 줄일 수 있다. □ ○ □ X

12 정부의 개입에 의해 시장실패를 해결하려는 것이 코즈의 정리이다. □ ○ □ X

13 코즈의 정리에서 거래비용이 없다면 재산권의 귀속에 관계없이 자원배분이 효율적이 된다. □ ○ □ X

14 코즈의 정리는 반드시 협상비용이 작거나 없어야 성립한다. □ ○ □ X

15 코즈의 정리는 외부성 문제를 경제주체의 합리성 측면에서 접근하였다는 것에 의의가 있다. □ ○ □ X

16 외부효과의 공적 해결방안으로 조세부과와 보조금 지급이 있다. □ ○ □ X

17 피구세는 시장균형생산량에서 재화 1단위당 외부한계비용만큼의 조세를 의미한다. □ ○ □ X

18 사회적 최적생산량 수준에서의 재화 1단위당 외부한계편익만큼의 보조금을 지급함으로써 외부경제의 문제를 해결할 수 있다. □ ○ □ X

19 외부효과의 내부화는 경제주체가 초래하는 외부효과를 의사결정과정에서 감안하도록 만드는 과정이다. □ ○ □ X

20 공공재의 생산이 이루어진다고 해서 집단구성원 모두에게 소비의 혜택이 공유되는 것은 아니다. □ ○ □ X

21 비배제성과 비경합성을 특징으로 하는 재화는 과다공급되는 경향이 있다. □ ○ □ X

22 공공재는 각 구성원의 한계편익의 합이 한계비용과 같아질 때 생산한다. □ ○ □ X

23 공공재는 비경합성으로 인하여 무임승차문제가 발생한다. □ ○ □ X

24 정부에 의한 직접 생산을 통해 공공재를 공급할 수 있다. □ ○ □ X

25 감추어진 행동은 역선택의 발생 원인이다. □ ○ □ X

26 역선택이 발생했을 때 해결하는 대표적 예시는 신호 발송과 선별을 들 수 있다. □ ○ □ X

27 도덕적 해이의 사례로 팀 구성원이 발표준비를 게을리하는 것, 에어백 설치 이후 운전자의 운전부주의가 증가하는 것을 들 수 있다. □ ○ □ X

28 케이블 TV 방송상품은 경합성이 없고 배제성이 있는 재화이다. □ ○ □ X

29 역선택하에서의 상품은 거래가 되지 않는다. □ ○ □ X

30 역선택은 처음부터 잘못되어 있는 속성을 구하는 것이고, 도덕적 해이는 행동이 변하는 것을 의미한다. □ ○ □ X

31 최고가격제는 균형가격보다 높은 가격수준에 가격상한을 설정하는 제도이다. □ ○ □ X

32 최고가격제를 시행하게 되면 초과공급이 문제가 발생한다. □ ○ □ X

33 최고가격제를 시행하면 가격이 낮아지고 거래량이 감소하므로 사중손실이 발생하며 경제적 후생은 감소한다. □ ○ □ X

34 최저가격제는 가격의 하한선을 설정하는 것으로 최저임금제가 대표적 예이다. □ ○ □ X

35 최저가격제를 실시하면 소비자잉여와 사회적 효율성은 무조건 증가한다. □ ○ □ X

36 최저임금제를 시행하면 기존에 고용된 노동자뿐만 아니라 새로 고용된 노동자들도 혜택을 본다. □ ○ □ X

[OX 정답] 01 ○ 02 X 03 ○ 04 ○ 05 ○ 06 X 07 ○ 08 X 09 ○ 10 ○ 11 ○ 12 X 13 ○ 14 ○ 15 ○ 16 ○
17 ○ 18 X 19 ○ 20 X 21 X 22 ○ 23 X 24 ○ 25 X 26 ○ 27 ○ 28 ○ 29 X 30 ○ 31 X 32 X
33 ○ 34 ○ 35 X 36 ○

Topic 6 | 생산요소시장과 소득분배

1. 가계

의미 역할	• 경제주체로서의 개별 가정 • 기업이 생산한 재화와 서비스를 소비하는 주체 • 기업에서 생산요소를 제공하고 소득을 얻음 • 정부에게 조세를 납부하는 납세자 역할
가계의 경제활동	• 소비지출 : 가계 단위의 가장 기본적인 경제활동 • 가계소득 : 생산에 참여한 대가로 가계가 얻는 소득으로, 소비지출의 원천이 되며 각 가계가 제공한 생산요소의 종류와 질에 따라 그 형태가 달라짐

2. 가계의 소득

구 분		내 용
경상 소득	근로소득	노동의 대가로 얻은 봉급이나 임금
	사업소득	사업을 하여 획득한 이윤이나 부업을 통해 얻은 소득
	재산소득	재산(자본, 주식, 토지, 주택)으로부터 얻는 소득 예 이자, 배당금, 임대료
	01	생산에 직접 참여하지 않고 **02** 으로 얻는 소득 예 정부로부터 받는 각종 연금, 생계비 등의 사회 보장금, 재해 보상금 등
03		예상치 못하거나 **04** 으로 들어오는 소득 예 퇴직금, 복권 당첨금, 상여금, 장학금 등

3. 소비와 저축

소 비	• 욕구 충족을 위해 재화와 서비스를 구입해서 사용하는 경제활동
소비에 영향을 주는 요인	• 소득 및 재산 : 과거 및 현재 소득, 미래 예상 소득, 실물 자산 및 금융 자산의 소유 정도 • 물가수준 : 물가변동으로 인한 재산 및 소득의 실질가치 변화가 소비에 영향을 미침 • 이자율 : 이자율이 높아지면 현재 소비의 기회비용이 증가하므로 소비 감소, 저축 **05** • **06** : 남은 생애에서 얻을 수 있는 소득과 필요한 지출을 고려하여 현재 소비를 결정함 • 사회변동 : 노인인구 증가, 가족구조 변화, 가치관 변화 등
소비와 국민경제	• 적정한 소비는 상품 판매, 생산 증가로 이어져 경제를 성장시킬 수 있지만, 소비 감소는 상품 판매를 위축시켜 생산 감소, 경기침체를 유발할 수 있음

엥겔지수

엥겔지수	• 엥겔지수 = **07** × 100 • 소득이 낮은 계층일수록 엥겔지수가 높음 • 엥겔지수가 40% 이하이면 부유층 　: 소득이 높을 계층일수록 문화 관련 비율이 높음
저 축	• 소득 중 소비하지 않는 부분 • 미래의 소비를 위해 현재의 소비를 줄인 것
저축의 장점	• 적정한 저축은 투자 자금의 원천 　→ 국민경제의 지속적 성장 • 높은 저축률은 외채 의존율을 줄임
저축의 역설	• 저축 증가가 총수요를 줄이고, 생산 위축, 실업 증가, 소득 감소로 이어져서 결국 경제성장에 부정적 영향을 미치는 현상

4. 합리적 소비와 바람직한 소비

합리적 소비	• 주어진 소득 내에서 최대의 만족을 극대화하려는 소비 • 특징 　– 최소비용, 최대만족(효율성의 원칙) 　– 기회비용을 최소화
합리적 소비의 모순	• **08** : 개인적으로 합리적 소비 행위임에도 불구하고, 사회 전체적 차원에서 공익을 저해하는 결과가 될 수 있는 문제 예 사재기로 인한 상품 품귀현상 악화, 자동차 구매에 따른 환경오염
불합리한 소비	과소비	• 자신의 소득을 초과하는 소비, 사회적으로 물가 상승, 저축 감소로 인한 투자 재원의 부족을 초래함
	09	• 경제적·사회적으로 남보다 앞선다는 것을 보여주려는 욕구에서 나오는 소비(Veblen Effect) → 사회적 위화감 조성, 근로 의욕 저하
	10	• 사회의 특정 집단이나 유행을 따라하는 소비(Bandwagon Effect)
	의존 소비	• 본인의 자주적인 판단이 아니라, 기업의 광고 등을 기준으로 하는 소비
	11	• 비대중적 고급 취향의 상품을 구입하여 타인과 자신을 차별화하려는 소비(Snob Effect)
	충동 소비	• 필요하지도 않고 구매 계획도 없지만 가격, 디자인, 포장 등에 이끌려 무의식적으로 하는 소비
바람직한 소비	• 의미 : 만족 극대화 + 공익 추구(사회적 책임, 미래세대 책임) • 종류 : 나눔 소비, 자원 절약 소비, 녹색 소비(또는 지속가능 소비)

[빈칸 정답] **01** 이전소득　**02** 무상　**03** 비경상소득　**04** 일시적　**05** 증가　**06** 생애주기
07 식료품비/소비지출액　**08** 구성의 모순　**09** 과시 소비　**10** 모방 소비　**11** 속물효과

5. 소득분배

소득분배 불평등의 발생원인	• 선천적 능력과 후천적 노력의 차이, 물적 소득의 상속과 증여의 차이, 교육 및 훈련 기회의 차이, 경제체제, 경제정책의 차이, 경기변동 등

로렌츠
곡선
	• 각 소득 계층의 소득비율을 누적한 것
	• 구성
	  – x축 : 가장 가난한 사람부터 순서대로 배열했을 때의 누적인구 비율
	  – y축 : 전체 소득 중의 점유 비율

지니계수	• 지니계수 = $\dfrac{Z의\ 면적}{OTO'의\ 면적}$ $0 \le$ 지니계수 ≤ 1(클수록 불평등)
10분위 분배율	• 10분위 분배율 = $\dfrac{하위\ \boxed{12}\ 계층의\ 소득점유율(\%)}{상위\ 20\%\ 계층의\ 소득점유율(\%)}$ $0 \le$ 10분위 분배율 $\le \boxed{13}$ (작을수록 불평등)
5분위 분배율	• 5분위 분배율 = $\dfrac{상위\ 20\%의\ 계층의\ 소득}{하위\ 20\%의\ 계층의\ 소득}$ $1 \le$ 5분위 분배율 $< \infty$ (클수록 불평등)
앳킨슨 지수	• 앳킨슨지수 = $1 - \dfrac{균등분배\ 대등소득}{평균소득}$ $0 \le$ 앳킨슨지수 ≤ 1 (클수록 불평등)
소득재분배 정책	• 세입 : 누진세, 상속세, 증여세 강화, 직접세의 비중 확대 • 세출 : 사회보험과 공공부조 등의 사회보장제도의 확충, 최저임금제를 통한 저소득층의 소득보장 • 부작용 : 근로의욕 저하, 정부재정부담 가중과 같은 복지병의 발생

6. 정부의 경제적 역할

시장경쟁 촉진	• 독과점기업의 불공정거래 경쟁행위 규제, 소비자 보호 법규제을 통한 시장경제의 질서유지를 통한 경쟁 촉진

생산활동	• 공공재의 공급
	• 시장실패의 문제점 보완
	  – 휘발유, 경유의 세율 인상 ⇨ 가격 인상
	    ⇨ 소비 감소
	  – 합성 세제에 소비세 부과 ⇨ 가격 인상
	    ⇨ 소비 감소
	  – 결과 : 환경오염 방지, 환경오염으로 인한 사회적 비용의 감소, 환경오염 방지시설 투자 확대 등

소득의 재분배	• 세입면 : 개인 소득에 대한 누진 세율을 적용하거나, 사치품에 대한 특별 소비세를 부과함 • 세출면 : 사회 보장비 지출 예 실업수당

경기변동
조절
	• 적극 재정정책(불경기) : 정부의 지출 $\boxed{14}$, 세율 $\boxed{15}$
	  조세 수입↓정부 지출↑ ⇨ 민간 소비↑투자 수요↑
	  ⇨ 경기 회복
	• 긴축 재정정책(호경기) : 정부의 지출 $\boxed{16}$, 세율 $\boxed{17}$
	  조세 수입↑정부 지출↓ ⇨ 민간 소비↓투자 수요↓
	  ⇨ 경기 안정

7. 재정

의미	• 정부의 경제활동을 위한 살림살이 • 정부의 수입 및 지출과 관련된 행동		
구성	세입	조세 수입	• 조세를 통한 수입
		조세 외 수입	• 입장료, 수수료, 벌과금 등
	세출	기능별 (목적에 따라)	• 경제개발비, 사회개발비, 일반행정비, 교육비, 방위비, 지방재정 교부금 등
		경제적 성질별	• 경상적 지출(일상적 지출), 자본적 지출(자산취득 지출), 이전적 지출(사회보장성 지출)
원칙	• 공정성(공평성) : 사회적 약자를 고려하여 자원과 소득을 공정하게 분배 • 투명성 : 예산 편성 과정과 결과를 국민에게 공개 • 효율성 : 가장 적은 예산으로, 우선순위를 정하여 지출을 통해 목적 달성		

8. 예산

예 산	일정 기간(회계 연도)동안 정부의 재정 수입(세입)과 지출(세출)에 대한 계획
원 칙	지출 계획에 따른 수입액 결정
목 표	국민의 복지 수준 향상
예산 편성 과정	예산안 편성(정부) ⇨ 예산안 심의, 의결(국회) ⇨ 예산안 집행(정부) ⇨ 결산 검사(감사원) ⇨ 결산 심사(국회)

9. 조세

의 미	• 정부가 개별적인 대가 없이 법률에 의해 국민으로부터 거두어들이는 수입 • 정부가 제공하는 재화와 서비스에 대한 대가
특 징	• 납세의 강제성 : 시장에서의 물건 구입 여부는 자유이지만, 정부 서비스는 마음에 들지 않아도 세금을 납부해야 함 • 세 부담액 결정의 일방성 : 정부 서비스로부터 혜택을 받은 수준과 상관없이 다른 기준에 의해 담세액 결정함 • 납세에 대한 대가의 불확실성 : 특정 항목의 세금을 제외하고는 납세의 목적이 불분명함 • 세금 지출 용도의 불특정성 : 세금은 반드시 정부가 어떤 서비스를 생산하기 위하여 사용되는 것은 아님 예) 실업수당, 재해 보상금 등
적용 세율	• __18__ : 과세대상금액이 많을수록 높은 세율 적용 • __19__ : 과세대상금액에 관계없이 동일 세율 적용 • 역진세 : 과세대상금액이 증가함에도 불구하고 오히려 세율이 낮아지는 조세

10. 직접세 vs 간접세

구 분	직접세	간접세
의 미	• 납세자 = 담세자 ∴ 조세전가 __20__	• 납세자 ≠ 담세자 ∴ 조세전가 __21__
과세대상	• 소득의 원천이나 재산의 규모	• 소비지출 행위
종 류	• 개인소득 : 개인소득세, 법인세 • 재산규모 : 종합토지세, 재산세 • 재산의 상속·거래 : 상속세, 증여세 등	• 부가가치세, 개별소비세, 주세, 증권거래세

특 징	• __22__ 적용 ⇨ 가처분 소득의 격차 완화(소득 재분배) • 조세 저항이 강하여 조세 징수 곤란 • 저축과 근로 의욕의 저해	• __23__ 적용 ⇨ 저소득층에 불리(조세 부담의 __24__ 초래) • 조세 저항이 약하여 조세 징수 용이 • 상품의 가격 상승으로 물가 상승 우려

11. 조세의 귀착(Tax Incidence)

의 미	• 한 상품에 세금을 매길 때 그 세금을 누가 실질적으로 부담하는지를 측정하는 것

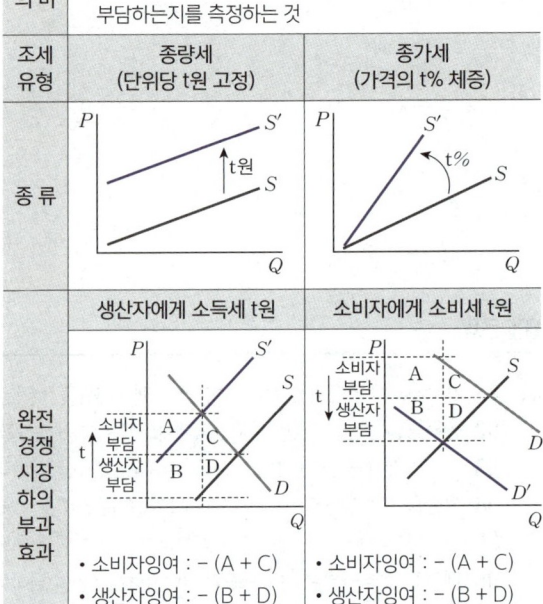

조세 유형	종량세 (단위당 t원 고정)	종가세 (가격의 t% 체증)

완전 경쟁 시장 하의 부과 효과	생산자에게 소득세 t원 • 소비자잉여 : − (A + C) • 생산자잉여 : − (B + D) • 조세수입 : A + B • 사회후생 : − (C + D)	소비자에게 소비세 t원 • 소비자잉여 : − (A + C) • 생산자잉여 : − (B + D) • 조세수입 : A + B • 사회후생 : − (C + D)

즉, 수요가 __25__ 일수록(공급이 __26__ 일수록) 소비세의 소비자 부담은 작아지고 생산자 부담은 커지며, 반대로 공급이 __27__ 일수록(수요가 __28__ 일수록) 소비세의 생산자 부담은 작아지고 소비자 부담은 커짐

[빈칸 정답] **18** 누진세 **19** 비례세 **20** 불가 **21** 가능 **22** 누진세율 **23** 비례세율 **24** 역진성 **25** 탄력적 **26** 비탄력적 **27** 탄력적 **28** 비탄력적

막판 뒤집기 핵심요약노트 **21**

OX 문제

01 생산요소시장이 완전경쟁시장인 경우 한계생산물가치는 한계수입생산과 같다. □ ○ □ X

02 완전경쟁 생산물시장에서 이윤극대화조건은 '한계생산물가치 = 한계요소비용'이다. □ ○ □ X

03 노동의 한계생산성 상승은 노동의 수요곡선을 이동시킨다. □ ○ □ X

04 유행을 따라 남들이 하니까 무작정 따라하는 소비를 밴드왜건 효과라고 한다. □ ○ □ X

05 개인들은 소비 시에 타인의 영향을 받기도 하며 이를 네트워크 효과라고 한다. □ ○ □ X

06 베블렌 효과는 부유층이 사회의 선행자로서 솔선수범하여 근검절약하는 소비패턴을 의미한다. □ ○ □ X

07 고등학교 아이들이 비싼 패딩을 입는 것을 편승 효과라고 하며, 스놉 효과라고도 한다. □ ○ □ X

08 재산소득, 이전소득 등 노력을 하지 않고 얻는 소득을 불로소득이라고 하며 불로소득이 많아질수록 빈부격차는 커질 가능성이 높다. □ ○ □ X

09 저축의 역설은 구성의 모순의 대표적인 예이다. □ ○ □ X

10 10분위 분배율은 0~2의 값을 가지며 클수록 소득분배가 잘되었다는 의미이다. □ ○ □ X

11 지니계수는 0~1의 값을 가지며 0에 가까울수록 소득분배가 잘되었다는 의미이다. □ ○ □ X

12 소비에 부과하는 간접세가 강화되면 로렌츠곡선은 직각에 가까워진다. □ ○ □ X

13 소득이나 재산에 부과하는 세금을 직접세, 소비에 부과하는 세금을 간접세라고 한다. □ ○ □ X

14 일반적으로 직접세는 비례세율을, 간접세는 누진세율을 사용한다. □ ○ □ X

15 간접세는 조세의 역진성이 나타난다. □ ○ □ X

16 부가가치세와 개별소비세는 간접세이다. □ ○ □ X

17 비례세는 조세수입의 증가율과 소득의 증가율이 동일하다. □ ○ □ X

18 세율이 일정하다면 수요와 공급이 탄력적일수록 경제적 순손실이 커진다. □ ○ □ X

19 수요와 공급곡선이 비탄력적일수록 조세부담이 크다. □ ○ □ X

20 조세는 바람직한 것이며 조세부과 시 후생손실은 발생하지 않는다. □ ○ □ X

21 조세를 부과한 만큼 반드시 시장가격은 올라간다. □ ○ □ X

22 재화 X의 공급곡선이 완전히 탄력적이고 수요곡선은 비탄력적일 때 정부가 종량세를 부과하면 소비자가 모두 부담한다. □ ○ □ X

[OX 정답] 01 ○ 02 ○ 03 ○ 04 ○ 05 ○ 06 X 07 X 08 ○ 09 ○ 10 ○ 11 ○
12 ○ 13 ○ 14 X 15 ○ 16 ○ 17 ○ 18 ○ 19 ○ 20 X 21 X 22 ○

1. 국내총생산

의미	• 한 나라 안에서 일정 기간(보통 1년) 동안 새로이 생산한 재화와 서비스의 최종생산물의 시장 가치를 합한 것
계산 방법	• 생산활동을 통해 만들어 낸 부가가치의 합 • 총생산물의 가치 − 중간생산물 • 최종생산물의 가치
유용성	• 한 나라의 경제활동 수준과 국민소득 규모를 파악하는 지표가 됨 • 국가 간의 경쟁력을 비교하는 지표로서 기능함 • 개방경제하에서는 국민총생산에 비해 유용한 국민소득지표로 활용됨
한계	• 시장을 통해서 거래되지 않는 재화와 용역은 제외됨 　예 주부의 가사노동, 지하경제, 농부의 자가 소비 농산물 등 • 삶의 질이나 국민 복지 수준의 정확한 반영 불가능함 • 소득분배 상태 파악이 불가능함 • 여가의 가치가 반영되지 않음 • 환경오염, 교통사고 등의 처리비용도 생산으로 계산됨
GNP와의 관계	• 국민총생산(GNP) : 한 나라의 국민이 일정 기간(보통 1년) 동안 새로이 생산한 재화와 서비스의 최종생산물의 시장 가치를 합한 것 • GDP = GNP + 외국인의 국내 생산액 − 자국민의 국외 생산액 　= GNP − ▢ 01 ▢ （GDP / GNP 벤다이어그램: 외국인의 국내 생산액 / 자국민의 국내 생산액 / 자국민의 국외 생산액）
국민총소득 (GNI)	• GNI : 국민들의 생활수준(후생수준)을 측정하기 위한 소득지표 • 실질GNI = 명목GDP + 국외 순수취 요소소득(국외수취요소소득 − 국외지급요소소득) + 교역조건 변화에 따른 무역손익 • ▢ 02 ▢ = $\dfrac{\text{수출단가}}{\text{수입단가}} \times 100$ （▢ 03 ▢ 과 교역조건은 역관계）
명목GDP와 실질GDP	• 명목GDP : 생산량을 ▢ 04 ▢ 시점의 가격으로 측정하여 화폐 가치로 평가한 것 • 실질GDP : 생산량을 ▢ 05 ▢ 시점의 가격으로 측정하여 화폐 가치로 평가한 것

경제성장률	• ▢ 06 ▢ 　= $\dfrac{\text{금년도 실질GDP} - \text{전년도 실질GDP}}{\text{전년도 실질GDP}} \times 100$ • 1인당 경제성장률 = 경제성장률 − ▢ 07 ▢
실질GDP와 잠재GDP	• ▢ 08 ▢ GDP : 한 나라의 경제가 실제로 생산한 모든 최종생산물을 평가한 것 • ▢ 09 ▢ GDP : 한 나라 국경 안에 존재하는 모든 생산 자원을 정상적으로 고용할 경우 생산 가능한 모든 최종생산물의 시장 가치 → 완전고용 GDP, 완전고용 국민소득 • ▢ 10 ▢ = 실질GDP − 잠재GDP • 잠재GDP의 또 다른 의미 　− 인플레이션을 가속화시키지 않고 실현시킬 수 있는 최대 GDP 　− 자연생산량, 자연GDP. 자연GDP와 결부되는 실업률을 ▢ 11 ▢ 이라 함

2. 국민경제의 순환

의미	• 국민경제의 주체가 재화와 서비스의 생산, 분배, 지출하는 과정을 순환하면서 되풀이하는 것
국민소득의 측면	• 생산국민소득 : 재화와 용역을 생산물시장에 제공한 대가로 얻은 판매액의 합계 　→ 최종생산물의 합계 = ▢ 12 ▢ 의 합 • 분배국민소득 : 노동·토지·자본 등의 생산요소를 생산요소시장에 제공한 대가로 얻은 요소소득의 합계 　→ ▢ 13 ▢ + ▢ 14 ▢ + ▢ 15 ▢ + ▢ 16 ▢ • 지출국민소득 : 생산물 시장에서 재화와 용역을 구입한 대가로 지출한 금액의 합계 → 민간소비지출 + 국내총투자 + 정부소비지출 + ▢ 17 ▢
국민소득 3면 등가의 법칙	• 국민소득 3면 등가의 법칙 : 국민 경제의 전체적 활동은 생산·분배·지출의 어느 측면에서 측정하더라도 같은 금액이 됨 • ▢ 18 ▢ 국민소득 = ▢ 19 ▢ 국민소득 　= ▢ 20 ▢ 국민소득

3. 고전학파의 국민소득결정이론

기본 가정	• 제1가정 : 세이의 법칙 "공급은 스스로 수요를 창출한다." 공급이 되면 그만큼 소득이 창출되고, 이 소득이 수요로 나타남 • 제2가정 : 모든 가격변수(물가, 명목이자율, 명목임금)의 완전 ▢ 21 ▢ • 제3가정 : 노동의 수요와 공급은 실질임금의 함수이며, 완전경쟁시장임. 노동자는 물가변화를 항상 정확히 예상함(완전예견) • 제4가정 : 노동시장에서 수요와 공급의 불일치는 신축적인 명목임금에 의하여 아주 신속히 조절됨. 따라서 노동시장은 항상 균형이라고 보아도 됨

[빈칸 정답] **01** 국외 순수취 요소소득　**02** 교역조건　**03** 환율　**04** 측정　**05** 기준　**06** 경제성장률　**07** 인구증가율　**08** 실질　**09** 잠재　**10** GDP갭　**11** 자연 실업률　**12** 부가가치　**13** 임금　**14** 지대　**15** 이자　**16** 이윤　**17** 순수출　**18** 생산　**19** 분배　**20** 지출　**21** 신축성

국민 소득 결정	• 고전학파의 국민소득결정이론의 골자는 노동시장에서 자율적으로 고용수준이 결정되고(완전고용), 이것이 한 나라 전체의 생산함수와 결합하여 총공급곡선을 결정하며, 이 총공급에 의하여 국민소득이 결정된다는 것

4. 케인즈의 국민소득결정이론

등장배경	• 대공황의 타개라는 실천적인 목표의식을 가지고 등장하여, 대공황에서의 극심한 실업은 생산물에 대한 수요가 부족하기 때문에 발생하는 현상이라고 진단하고, 총수요를 증대시키기 위해 정부지출을 증대시키고, 조세를 감면해주는 등 적극적인 재정정책이 필요하다고 주장함
기본가정	• 충분한 잉여생산능력이 있음
균형 국민소득결정의 기본모형	• 모형의 필요성 : 케인즈의 기본가정을 전제로 총수요(총지출)에 의해 균형국민소득이 결정되어 가는 과정을 구체적으로 검증할 수 있는 분석틀이 필요함 • 기본모형 $Y^D = C + I^D + G + X_N$ $C = a + c(Y - T_0), 0 < c < 1$ (a : 절대소비, c : 한계소비성향) $T = T_0 + tY$ (t : 세율, 만약 정액세라고 한다면 $t = 0$) $I^D = I^0$ (독립투자) $G = G^0$ (정부지출) $X_N = X - M$ (순수출) $X = X_0$ $M = M_0 + mY$ (m : 한계수입성향) $Y^D = $ 총수요(총지출) $Y^D = Y$ (균형조건식) 균형조건식이 의미하는 것은 총수요(총지출)(Y^D)만큼 국내총생산(Y)할 때 균형국민소득이 결정된다는 것 • 균형국민소득결정 과정에 대한 이해 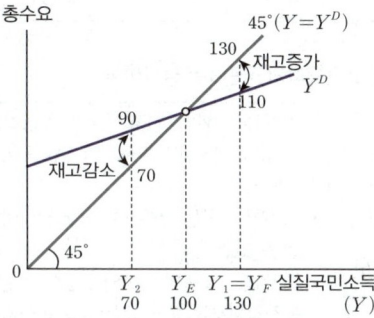 – 45°선까지의 높이가 생산량(총공급)을 나타내고, Y^D까지의 높이가 총수요를 나타냄 – Y_2(2기의 국민소득) : 생산량 < 유효수요이므로, 초과수요 ⇨ 재고감소 ⇨ 부족한 재고를 보충하기 위해 차기 생산량 증가 ⇨ 차기 국민소득 증가함

– Y_1(1기의 국민소득) : 생산량 > 유효수요이므로, 수요부족 ⇨ 재고증가 ⇨ 지나친 재고를 먼저 처리하기 위해 차기 생산량 감소 ⇨ 차기 국민소득 감소함
– 45°선과 총수요곡선이 만나는 점에서 균형국민소득 달성함

5. 승수이론

승수	• 독립투자 증가분에 대한 균형국민소득 증가분의 비율로서, 예를 들어 정부지출이 1원 증가할 경우 균형국민소득이 얼마나 증가하는가를 나타내는 비율을 말함
승수 효과	• 독립지출(독립투자, 정부지출, 절대소비 등)이 증가하면, 균형국민소득은 승수배만큼 증가하게 되는 효과 • 균형국민소득의 변동분 = 독립지출의 변동분 × 승수 ⟮예⟯ 정부지출승수가 5일 때, 정부지출을 100억 원 증가시키면, 균형국민소득은 500억 원 증가하게 되고, 투자승수가 7일 때, 독립투자가 100억 원 증가하면, 균형국민소득은 700억 원 증가하게 된다는 것
승수 도출	• 기본가정(개방경제를 전제로 할 경우) $Y = C + I + G + X - M$ $C = a + c \cdot Y_d = a + c(Y - T)$ (단, Y_d : 처분가능소득, $Y_d = Y - T$) $T = T_0 + tY$ (t : 세율, 만약 정액세라고 한다면 $t = 0$) $I = I_0$ $G = G_0$ $X = X_0$ $M = M_0 + mY$ (m : 한계수입성향) • 도출과정 $Y = C + I + G + X - M = a + c(Y - T_0 - tY) + I_0 + G_0 + X_0 - M_0 - mY$인데 이를 Y에 대해서 풀면, $Y = \dfrac{1}{1 - c(1 - t) + m}[a - cT_0 + I_0 + G_0 + X_0 - M_0]$ • 폐쇄경제, 정액세일 때는 $m = 0, t = 0$이므로 – ▨22▨ 승수 : $\dfrac{dY}{dG} = \dfrac{1}{1 - c}$ – ▨23▨ 승수 : $\dfrac{dY}{dI} = \dfrac{1}{1 - c}$ – ▨24▨ 승수 : $\dfrac{dY}{dT} = \dfrac{-c}{1 - c}$ • 균형재정승수 – ▨25▨ : 세입과 세출이 같을 때 $G = T$를 의미 – ▨26▨ 승수 : $\dfrac{dY}{dG} + \dfrac{dY}{dT} = \dfrac{1 - c}{1 - c} = 1$ – 정액세일 경우에만 1이고 나머지 경우는 1보다 작음

[빈칸 정답] **22** 정부지출 **23** 투자 **24** 조세 **25** 균형재정 **26** 균형재정

OX 문제

01 GDP는 국내에서 생산된 것으로서 해외에서 생산된 것을 포함하지 않는다. □ O □ X

02 GDP는 각 재화의 생산량을 모두 합하여 구한다. □ O □ X

03 올해 재고가 증가하고 다른 항목의 변동은 없을 경우, 올해 GDP는 작년 GDP보다 감소한다. □ O □ X

04 한국에서 생산된 중간재가 미국에 수출되었다면 GDP가 증가한 것이다. □ O □ X

05 생산측면, 분배측면, 지출측면에서 측정한 GDP의 값은 동일하다. □ O □ X

06 GDP는 총생산물의 가치에서 중간생산물의 가치를 제외하여 계산한다. □ O □ X

07 국내총지출은 소비지출, 투자지출, 정부지출, 그리고 순수출로 이루어져있다. □ O □ X

08 해외 순수취 요소소득이 커지면 GNI가 증가한다. □ O □ X

09 명목GDP는 생산량에 변화가 없고 물가만 상승하면 증가하지 않는다. □ O □ X

10 GDP디플레이터는 명목GDP를 실질GDP로 나눈 값이다. □ O □ X

11 GDP디플레이터는 한 경제의 물가수준을 측정하는 지표로도 쓰인다. □ O □ X

12 GDP갭이란 실제GDP와 잠재GDP의 차이를 나타낸다. □ O □ X

13 GDP를 통해 소득분배의 형평성에 대해서는 알 수 없다. □ O □ X

14 자연재해가 발생하여 피해복구사업을 진행하게 되면 삶의 질과 관계없이 GDP는 증가한다. □ O □ X

15 GNI는 교역조건 변화로 인한 실질소득 변화를 반영한다. □ O □ X

16 정부지출승수가 0보다 크면, 국민소득이 정부지출분보다 더 크게 증가한다. □ O □ X

17 한계소비성향이 0.5일 때 국민소득을 400억 원 증가시키기 위해서는 정부지출을 200억 원 증가시켜야 한다. □ O □ X

18 케인즈는 고용의 증대를 위해서 유효수요의 증대를 주장하였다. □ O □ X

19 정부지출승수는 한계소비성향이 클수록 커진다. □ O □ X

20 정부가 조세를 100억 원 징수하고, 정부지출을 100억 원 증가시키면 균형재정이므로 국민소득은 증가하지 않는다. □ O □ X

[OX 정답] **01** O **02** X **03** X **04** O **05** O **06** O **07** O **08** O **09** X **10** X
11 O **12** O **13** O **14** O **15** O **16** O **17** O **18** O **19** O **20** X

1. 화폐의 의미와 기능

화폐	• 일상 거래에서 일반적으로 통용되는 지불 수단
화폐의 기능	• 교환의 매개 수단(가장 본원적인 기능) • 가치의 척도 • 가치 저장 수단(물가가 안정적이어야 가치 저장 기능이 잘 발휘됨) • 장래 지불의 표준 • 회계의 단위
화폐의 발달	• 물품화폐 ⇨ 칭량화폐 ⇨ 주조화폐 ⇨ 신용화폐 ⇨ 전자화폐

2. 통화량과 통화지표

통화량	• 일정 시점에서 시중에 유통되고 있는 화폐의 양 • 통화량이 너무 많으면 인플레이션이 발생할 수 있고, 너무 적으면 거래가 위축될 수 있으므로 통화량을 적정수준으로 유지하는 것은 매우 중요함
통화지표	• 통화(M1) 　- 현금통화(민간보유현금) + 예금통화 　　(요구불예금 : 보통 예금, 당좌예금) • 총통화(M2) 　- 협의 통화(M1) + 저축성예금 + 시장형 금융상품 + 실적배당형 금융상품 + 금융채 + 거주자 외화예금 등 　- 만기 **01** 의 금융상품은 제외

3. 화폐의 공급

본원통화	• 본원통화 　- 중앙은행의 창구를 통하여 시중에 나온 현금으로 예금은행의 신용창조의 토대가 됨 　- 본원통화가 1단위 공급되면 통화량은 본원통화 공급량보다 훨씬 더 크게 증가함 　- 기초통화(Reserve Base) : 중앙은행으로부터 공급되는 현금·중앙은행 부채 　- 고성능통화(High-Powered Money) : 신용창조 과정을 통해 몇 배로 증가 • 본원통화의 공급 경로 　- 정부의 재정 적자 ⇨ 본원통화 증가 　- 예금은행의 차입 증가 ⇨ 본원통화 증가 　- 국제수지 흑자, 차관 도입 ⇨ 외환 유입 ⇨ 원화로 교환 ⇨ 본원통화 증가 　- 중앙은행의 유가증권 구입, 건물 구입 ⇨ 본원통화 증가

• 구성(예시)

본원통화(10억)		
현금통화(2억)	지급준비금(8억)	
현금통화(2억)	시중은행 지급준비금 : **02** (7억)	중앙은행 지급준비예치금 (1억)
03 (9억)		

중앙은행의 기능	• 발권 은행 • 은행의 은행 • 통화 금융 정책의 집행 기관 • 정부의 은행 • 외환관리업무 수행
신용창조	• 신용창조 : 은행이 본원적 예금(예금은행 밖에서 예금은행 조직으로 최초로 흘러 들어온 예금)을 기초로 하여 대출을 통해 예금통화를 창조하는 것 • 파생적 예금(Derivative Deposit) : 본원적 예금에 의해 추가로 창출된 요구불예금 • 신용창조승수 : $\dfrac{1}{\boxed{04}}$ (요구불예금만 존재하며, 예금은행이 필요지급준비금만 보유할 경우, 예금은행은 대출의 형태로만 자금을 운용한다는 가정이 있을 때)

4. 고전학파의 화폐수요이론

고전적 화폐 수량설	• 교환방정식 　- $MV = PY$ 　- 의미 : 교환방정식에서 통화의 유통속도(V)가 일정하여 통화량(M)이 변화할 경우 이에 비례하여 명목국민소득이 변화한다는 것 　- 화폐의 수요 : 거래를 성사시키기 위해서는 명목국민소득의 일정 비율만큼의 화폐가 필요함. 교환의 매개 수단으로서의 화폐의 기능 중시 • 통화공급금증가율 + 유통속도증가율 　= 물가상승률 + **05**
현금잔고 방정식	• $M = kPY$ (k : 마샬의 k) • 가치의 저장기능 중시 : 사람들은 금융자산의 일부를 전부 채권으로 보유하지 않고 일부를 현금으로 보유함

[빈칸 정답] **01** 2년 이상　**02** 시재금　**03** 화폐발행액　**04** 지급준비율(z)　**05** 경제성장률

5. 케인즈의 화폐수요이론

<table>
<tr><td rowspan="1">케인즈의
화폐수요</td><td>

- 유동성 선호설(Theory of Liquidity Preference)
  - 유동성이란 일반적으로 어떤 자산이 그 가치의 손실 없이 얼마나 빨리 교환의 매개 수단으로 교환될 수 있는가 하는 정도. 모든 종류의 자산 중 화폐가 유동성이 가장 큼
  - 케인즈는 유동성을 화폐 자체로 보아 화폐수요를 유동성 선호라고 표현함
  - 케인즈는 유동성 선호의 동기를 거래적 동기, 예비적 동기, 투기적 동기로 구분
- 화폐수요의 동기
  - 거래적 동기 : 일상적인 지출을 위한 화폐수요 소득의 증가 함수
  - 예비적 동기 : 예상하지 못한 지출에 대비하기 위한 화폐수요 소득의 증가 함수
  - **06** 동기 : 장래 수입을 극대화하기 위한 화폐수요, 케인즈의 화폐수요이론에서 가장 중요 이자율의 감소 함수
- 투기적 동기의 화폐수요
  - 사람들이 일상생활에 필요하기 때문에 보유하는 화폐를 활성잔고(Active Balance)라 하고, 활성잔고 이외에 더 보유하고 있는 화폐를 유휴잔고(Idle Balance)라 함. 케인즈는 채권 투자를 위한 기회를 노려 유휴 잔고를 보유한다고 봄

</td><td>

- 채권 가격이 높으면 낮아지기를 기다려 일시적으로 화폐를 소유하게 되는데, 이것이 투기적 동기에 의한 화폐수요임
- 이자율의 상승 ⇨ 채권 가격 하락(채권 수익률 상승) ⇨ 채권 수요 증대 ⇨ 현금 수요 감소
- 이자율의 하락 ⇨ 채권 가격 상승(채권 수익률 하락) ⇨ 채권 수요 감소 ⇨ 현금 수요 증대
- **07**
  - 이자율이 매우 낮은 수준(채권 가격이 매우 높은 수준)이 되면 개인들은 이자율 상승(채권 가격 하락)을 예상하여 화폐수요를 무한히 증대시키게 됨. 이때에는 개인들의 화폐수요곡선이 수평선이 되는 구간(화폐수요의 **08** 이 무한대)이 도출되는데 이를 유동성함정(Liquidity Trap)이라 함
  - 대체로 경기가 극심한 침체상태일 때 발생

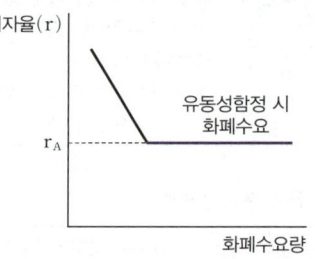

</td></tr>
</table>

[빈칸 정답] **06** 투기적   **07** 유동성함정   **08** 이자율 탄력성

OX 문제

01 화폐는 물가가 안정적일 때 가치의 저장수단으로서의 기능을 잘 발휘한다.   □ O □ X

02 통화의 기능으로는 교환의 매개, 가치 저장, 회계단위 등이 있다.   □ O □ X

03 통화량이 적정수준으로 유지되지 않으면 인플레이션이나 디플레이션이 발생할 수 있다.   □ O □ X

04 본원통화는 화폐발행액과 중앙은행 지급준비예치금의 합으로 이루어진다.   □ O □ X

05 중앙은행이 공개시장조작에 사용하는 통화를 고성능통화라고 한다.   □ O □ X

06 국제수지 흑자규모가 늘어나면 본원통화가 증가한다.   □ O □ X

07 중앙은행이 통화가치 안정을 위해 외환시장에서 달러를 매각하면 본원통화가 증가한다.   □ O □ X

08 중앙은행이 늘린 화폐의 공급량과 실제로 늘어난 통화량은 같다.   □ O □ X

09 고전학파의 화폐수량설에서는 통화량이 늘어나면 물가가 하락한다고 본다.   □ O □ X

10 화폐수량설에서 화폐의 유통속도는 대체로 변하지 않는다고 본다.   □ O □ X

11 케인즈학파 이론에 따르면 중앙은행이 통화 공급을 늘린 경우 장기적으로 물가가 하락한다고 본다.   □ O □ X

12 케인즈의 화폐수요이론에서 투기적 동기는 소득의 비례함수이다.   □ O □ X

13 채권 가격은 이자율에 비례한다.   □ O □ X

14 채권 수익률과 채권 표면금리는 같다.   □ O □ X

15 유동성함정은 통화공급을 늘림으로써 해결할 수 있다.   □ O □ X

16 유동성함정은 대체로 호경기일 때 발생한다.   □ O □ X

[OX 정답] **01** O   **02** O   **03** O   **04** O   **05** O   **06** O   **07** X   **08** X   **09** X   **10** O   **11** X   **12** X   **13** X   **14** X   **15** X   **16** X

Topic 9 | 물가와 실업

1. 총수요와 총수요곡선

총수요	• 총수요 : 한 나라에서 일정 기간 동안 구입하고자 하는 재화와 용역의 총량 • 총수요의 구성 = 민간소비(C) + 민간투자(I) + [01] + 순수출(X – M) • 총수요곡선 : 각각의 물가 수준에서 총수요의 크기를 나타내는 곡선. 물가와 총수요의 크기는 반비례
총수요곡선이 우하향하는 이유	• 이자율 효과 　물가 하락 ⇨ 이자율 하락 ⇨ 소비지출 및 투자지출 증가 ⇨ 총수요(AD) 증가 • 부(Wealth) 효과 　물가 하락 ⇨ 실질적 부의 증대 ⇨ 소비지출 증가 ⇨ 총수요(AD) 증가 • 경상수지 효과 　물가 하락 ⇨ 수출 증가, 수입 감소 ⇨ 순수출 증가 ⇨ 총수요(AD) 증가

2. 총공급과 총공급곡선

총공급	• 총공급 : 한 나라 안에서 일정 기간 동안 판매하고자 하는 재화와 용역의 총량 • 총공급의 크기는 한 나라가 보유한 노동, 자본 등 생산 요소 부존량과 생산기술에 의하여 결정됨 • 총공급곡선 : 각각의 물가수준에서 기업 전체가 생산하는 총생산을 나타내는 곡선으로 물가와 총공급은 비례함
형 태	• 고전학파 : 노동시장에서의 수급 불일치는 매우 신속하게 조정되므로 물가수준이 변하더라도 완전 고용 및 완전고용수준이 항상 그대로 유지됨. 완전고용 국민소득수준에서 수직인 직선, 수직의 총공급곡선이 우측으로 이동하는 경우는 기술 혁신에 의한 생산성의 증가, 자본 축적, 노동력의 증가 등이 일어날 때임 • 케인즈 : 1930년대의 경제 상황을 배경으로 주어진 물가수준을 상승시킴 없이 얼마든지 총공급을 증가시킬 수 있다고 봄. 완전고용 국민소득수준에 도달하기 전에는 유효수요의 크기가 전적으로 균형국민소득을 결정함 • 오늘날의 총공급곡선 　– 물가가 변하지 않는 기간을 단기, 물가와 명목 임금이 시장 상황에 부응하여 완전 신축적으로 변하는 시간을 장기라고 정의하여 단기에는 수평의 케인즈 총공급곡선, 장기에는 수직의 고전학파 총공급곡선을 사용함 　– 물가가 전혀 변하지 않는 기간을 단기라고 정의하는 대신에 물가가 어느 정도 변하는 것을 수용하면서 단기에 우상향의 총공급곡선을 도출함

3. 물가지수

의 미	• 기준 시점의 물가를 100으로 잡고 다른 시점의 물가를 이의 백분비로 표시한 지수. 어느 시점의 물가 지수가 110이라면 이는 기준 시점보다 물가가 10% 오른 것을 의미함
물가지수의 종류	• [02] 물가지수(CPI ; Consumer Price Index) : 서울을 비롯한 주요 도시의 가계가 사용하는 대표적 소비재의 가격 동향을 보여주는 물가지수 • [03] 물가지수(PPI ; Producer Price Index) : 기업 사이에서 거래되는 원자재와 자본재의 가격 동향을 보여주는 물가지수 • [04] : 한 나라 안에서 생산되는 모든 상품의 가격을 고려 대상으로 삼아 산출한 물가지수
물가지수의 용도	• 화폐의 구매력을 측정하는 수단 : 물가가 상승하게 되면 화폐의 구매력은 떨어짐 • 경기 동향의 판단 지표로 사용 : 일반적으로 경기가 좋아지면 수요가 증가하여 물가가 상승하고 경기가 나빠지면 수요가 감소하여 물가가 하락함 • 전반적인 상품의 수급 동향을 판단하기 위한 자료 : 물가지수에는 상품 종류별로 작성된 부문별 지수도 있어 재화 및 서비스의 종류별 물가 동향을 파악할 수 있음 • 명목GDP을 실질GDP으로 환산하는 데 쓰이는 지수로 이용 : 명목GDP을 실질GDP으로 환산하는데 쓰이는 물가지수를 GDP디플레이터라 함
물가변동의 요인	• 생산 원가의 변동, 수요와 공급의 변동, 독과점적 기업 행동 등
물가변동과 국민경제	• 물가는 화폐의 구매력을 결정하므로 국민 경제에 큰 영향을 줌. 물가 안정은 국민 경제의 주요 정책 목표

4. 인플레이션

의 미	• 일반 물가수준이 지속적으로 상승하는 현상을 말함
05	• 고전학파와 통화주의자 　– 원인 : 급격하고 과도한 통화공급의 증가 　– MV = PY에서 V는 지불습관에 의해 고정 　　Y : 완전고용산출량 수준으로서 일정하므로 물가(P)의 지속적 상승. 즉, 인플레이션은 통화량(M)의 증가가 원인임 　– 대책 : 안정적 통화공급(EC방식) 　　프리드만의 k% 준칙 : 통화량 증가율을 매년 경제성장률에 맞추어 일정하게 유지하면 인플레이션의 방지가 가능함. 만약 7~8%의 경제성장률(실질GDP 성장률)이 예측될 경우 통화량 증가율도 7~8%에 고정시켜놓으면 인플레이션 없는 적절한 통화공급이 가능하다고 봄

[빈칸 정답] **01** 정부지출(G)　**02** 소비자　**03** 생산자　**04** GDP디플레이터　**05** 수요견인 인플레이션

06	• 케인즈학파 　－ 원인 : 투자나 정부지출 증가 등 확대재정정책으로 인한 총수요곡선의 우측이동 　－ 대책 : 총수요억제 또는 긴축재정정책이 필요
	• 원인 　－ 임금인상, 이윤인상, 석유파동 등 공급충격으로 생산비가 상승하여 AS곡선이 좌상방이동 　－ 임금인상 인플레이션, 이윤인상 인플레이션, 공급충격 인플레이션 　－ 인플레이션과 함께 산출량 감소로 인한 실업률도 동시에 상승하게 되어 스태그플레이션이 나타남 • 대책 　－ 총공급능력을 증가시키기 위한 정책(AS곡선의 우측이동) 　－ 노동생산성을 증가시키기 위한 기술향상, 교육훈련 등이 필요

5. 인플레이션의 사회적 비용

예상된 인플레이션	• 피셔가설 : 명목이자율 = **07** + (예상)인플레이션율 　－ 예상된 인플레이션의 사회적 비용은 별로 크지 않고, 부의 재분배 효과도 미미함 　－ 실질이자율이 1% 감소하고, 기대물가상승률이 2% 증가한다면, 피셔효과에 의해 명목이자율은 1% 상승함 • 피셔가설의 한계 : 아무리 완벽하게 예상된 인플레이션이라도 어떤 형태의 사회적 비용이 발생할 수 있음 　－ **08** : 인플레이션이 예상되고 있을 때 사람들은 가능한 한 현금보유를 줄이고 금융자산이나 실물자산으로 바꿔 보유하려는 태도를 보이는데, 이렇게 보유하게 된 금융자산이나 실물자산을 한꺼번에 현금화하지 않고 필요할 때마다 조금씩 현금화하기 위해 더욱 잦은 발걸음을 하게 되어 발생하는 거래비용 　－ **09** : 물가변동으로 인해 가격이 인쇄된 카탈로그를 새것으로 바꾸는 데 비용이 들기고 하고, 가격을 변경한 결과 단골손님을 잃을 위험도 있음. 이러한 비용은 완벽하게 예상된 인플레이션의 경우에도 발생하게 됨
예상되지 못한 인플레이션	• 부와 소득의 **10** : 채권자로부터 채무자에게 부가 재분배되고, 급여생활자·연금생활자의 소득이 재분배됨. 즉, 불리해짐 • 경제의 불확실성 증대 : 장기계약 회피, 단기성 위주의 자금 대출 등의 경향이 생기게 됨. 모두 단기계약만을 선호한다면, 때로는 기업이 긴 안목에서 장기 투자계획을 실행에 옮길 필요가 있을 텐데, 장기대출이 불가능해 자금조달을 할 수 없다면 기업들은 머지않아 경쟁력을 상실하게 될 것임

	• 투기의 성행 : 경험적으로 보면 인플레이션하에서 상품별 가격상승률 격차가 상당한 것을 알 수 있음. 가격이 더 많이 오를 것이라고 생각되는 부동산, 골동품, 금 등에 대한 투기가 성행하게 됨

6. 실업

의미	• 일할 능력과 의사가 있음에도 불구하고 일자리를 갖지 못한 상태
실업자	• 조사대상주간 중 수입 있는 일에 전혀 종사하지 못한 자로서, 적극적으로 구직활동을 하고, 즉시 취업이 가능한 자. 30일 이내에 새로운 직장에 들어갈 것이 확실한 취업대기자는 구직활동여부에 관계없이 실업자로 분류
취업자	• 조사대상주간 중 수입을 목적으로 1시간 이상 일한 자 • 자기에게 직접적으로는 이득이나 수입이 오지 않더라도 자기가구에서 경영하는 농장이나 사업체의 수입을 높이는 데 도운 가족종사자로서 주당 18시간 이상 일한 자(무급가족종사자) • 직장 또는 사업체를 가지고 있으나 조사대상 주간 중 일시적인 병, 일기불순, 휴가 또는 연가, 노동쟁의 등의 이유로 일하지 못한 일시휴직자
경제활동 인구	• **11** 이상 인구(노동가능 인구) 중에서 취업자와 실업자 전체
비경제활동 인구	• 생산가능인구수 – 경제활동인구수 • 일할 의사 또는 능력이 없는 경우 • 주부, 학생, 노인, 환자, 실망실업자 등
통계청이 고용상태를 조사하는 방법	지난 1주일 동안 1시간 이상 수입을 목적으로 일을 했나요? — 예 → 취업자 ↓ 아니오 지난 1주일 동안 일자리를 구하기 위해 노력했나요? — 예 → 실업자 ↓ 아니오 → 비경제활동인구
실업과 관련한 표 분석	<table><tr><td colspan="4">전체 인구</td></tr><tr><td colspan="3">생산가능인구(노동가능인구)</td><td rowspan="3">비생산 가능인구</td></tr><tr><td colspan="2">경제활동인구</td><td rowspan="2">비경제 활동인구</td></tr><tr><td>취업자</td><td>실업자</td></tr></table>
주요 공식	• 경제활동 참가율 $= \dfrac{경제활동인구(취업자 + 실업자)}{생산가능인구} \times 100$ • 고용률 $= \dfrac{취업자}{생산가능인구} \times 100$ • ○○실업률 $= \dfrac{○○실업자수}{○○경제활동인구} \times 100$ 　예 청년 실업률, 대졸 여성 실업률

---

7. 실업의 종류와 대책

실업의 종류		의 미	대 책
자발적 실업	**12** 실업	직장 이동 과정에서 일시적으로 생기는 실업	취업 정보 제공
	탐색적 실업	더 나은 일자리를 찾는 과정에서 생기는 실업	
비자발적 실업	**13** 실업	불경기로 노동 수요가 부족하여 생기는 실업	공공사업, 경기 부양책, 정부지출확대
	14 실업	산업구조나 기술의 변동 속에서 생기는 실업	기술교육, 인력 개발

8. 필립스곡선과 스태그플레이션

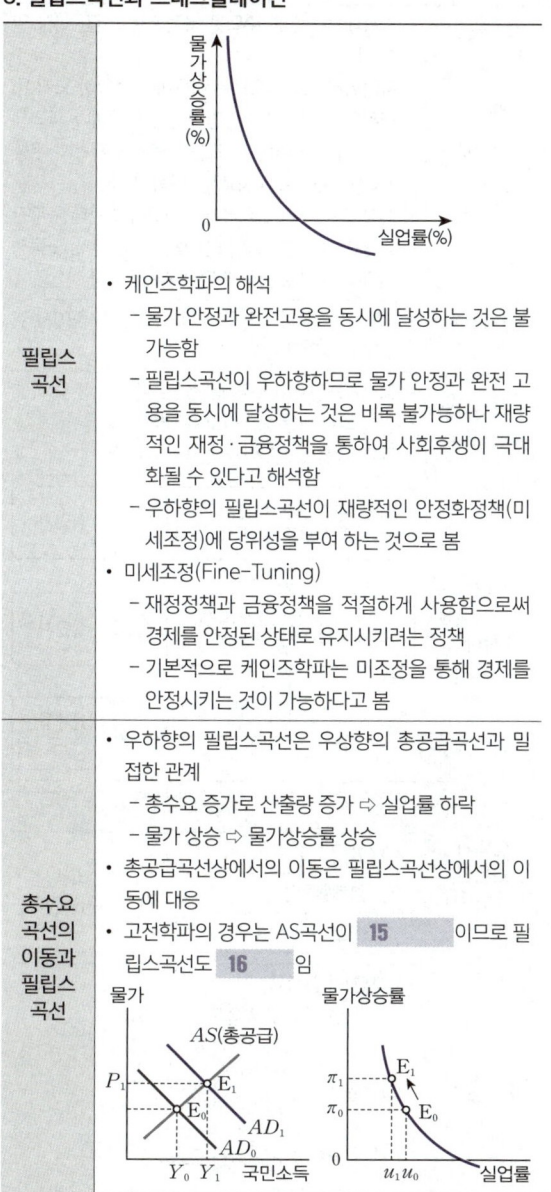

필립스 곡선	• 케인즈학파의 해석
	  – 물가 안정과 완전고용을 동시에 달성하는 것은 불가능함
	  – 필립스곡선이 우하향하므로 물가 안정과 완전 고용을 동시에 달성하는 것은 비록 불가능하나 재량적인 재정·금융정책을 통하여 사회후생이 극대화될 수 있다고 해석함
	  – 우하향의 필립스곡선이 재량적인 안정화정책(미세조정)에 당위성을 부여 하는 것으로 봄
	• 미세조정(Fine-Tuning)
	  – 재정정책과 금융정책을 적절하게 사용함으로써 경제를 안정된 상태로 유지시키려는 정책
	  – 기본적으로 케인즈학파는 미조정을 통해 경제를 안정시키는 것이 가능하다고 봄

총수요 곡선의 이동과 필립스 곡선	• 우하향의 필립스곡선은 우상향의 총공급곡선과 밀접한 관계
	  – 총수요 증가로 산출량 증가 ⇨ 실업률 하락
	  – 물가 상승 ⇨ 물가상승률 상승
	• 총공급곡선상에서의 이동은 필립스곡선상에서의 이동에 대응
	• 고전학파의 경우는 AS곡선이 **15** 이므로 필립스곡선도 **16** 임

물가 〔그래프: AS(총공급), P_1, E_1, E_0, AD_1, AD_0, Y_0 Y_1 국민소득〕

물가상승률 〔그래프: π_1, E_1, π_0, E_0, $u_1 u_0$ 실업률〕

• 1970년대에 들어와 인플레이션율도 높아지고 경기도 침체하는 스태그플레이션 현상이 발생함에 따라 필립스곡선이 우상방으로 이동함. 이에 따라 필립스곡선이 안정적이라고 생각하던 기존의 견해가 붕괴됨

• 스태그플레이션과 자연실업률 가설
  – 비용인상 인플레이션 : 원유 가격 상승 등으로 인해 공급 충격이 발생하면 AS곡선이 좌측으로 이동하므로 스태그플레이션 현상 발생
  – 비용인상 인플레이션과 필립스곡선의 이동

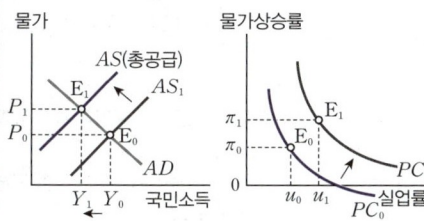

물가 〔그래프: E_1 AS(총공급) AS_1, P_1, P_0, E_0, AD, Y_1 Y_0 국민소득〕

물가상승률 〔그래프: π_1 E_1, π_0 E_0, PC_1, u_0 u_1 실업률 PC_0〕

• 자연실업률 가설
  – 자연실업률 : 노동 시장이 균형을 이루고 있어 취업자와 실업자의 수가 변하지 않는 상태에서의 실업률
  – 자연실업률 가설 : 프리드먼(Friedman)과 펠프스(Phelps)에 의해 제기됨
  – 장기적으로는 확대 재정정책을 실시하더라도 실업률을 자연실업률 이하로 낮추는 것은 불가능하며 결국 물가만 상승하게 된다는 것인 자연실업률 가설의 내용임

• 장기 필립스곡선의 도출
  – 최초에 A점에서 실업을 줄이기 위해 확장 정책을 시행하면 단기적으로 B점으로 이동(물가 이동, 실업률 하락)
  – 장기적으로는 노동자들이 물가가 3% 상승했다는 사실을 알게 되어 기대 물가가 3%로 상향 조정됨. 기대 물가가 상향 조정되면 임금의 상승으로 인해 공급곡선이 좌측으로 이동하고 실업률은 다시 상승하게 됨
  – 따라서 장기 필립스곡선은 자연실업률 수준에서 **17** 의 형태로 도출됨

(스태그플레이션 & 필립스 곡선)

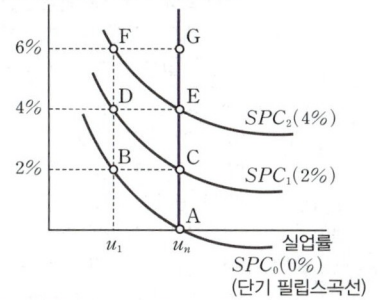

물가상승률 / 장기 필립스곡선 〔그래프: 6% F G, 4% D E SPC_2(4%), 2% B C SPC_1(2%), A, u_1 u_n 실업률, SPC_0(0%) (단기 필립스곡선)〕

[빈칸 정답] **12** 마찰적 **13** 경기적 **14** 구조적 **15** 수직선 **16** 수직 **17** 수직선

OX 문제

01 물가수준이 하락하면 경제주체가 보유한 자산의 실질가치 또한 하락한다. □ O □ X

02 총수요가 증가하면 국민소득도 증가하고, 물가는 상승한다. □ O □ X

03 총공급은 생산요소 부존량과 생산기술에 의해 결정된다. □ O □ X

04 거시경제학에서는 기업의 진입과 퇴출이 자유롭게 일어나는 기간을 장기라고 한다. □ O □ X

05 토빈의 q이론에서 1보다 작은 경우 투자하지 않는 것이 바람직하다. □ O □ X

06 단기 총공급곡선은 우상향하고 장기총공급곡선은 수직이다. □ O □ X

07 소비자물가지수는 국내에서 생산된 모든 상품을 포함한다. □ O □ X

08 소비자물가지수가 GDP디플레이터보다 크다면 수입품의 물가가 더 증가한 것이다. □ O □ X

09 소비자물가지수는 물가상승률을 과대평가하는 경향이 있다. □ O □ X

10 한국은행법 1조에 명시되어 있는 한국은행의 최우선 정책 목표는 물가 안정이다. □ O □ X

11 실질이자율은 명목이자율에서 물가상승률을 뺀 것이다. □ O □ X

12 인플레이션율의 계산에 소비자물가지수는 사용할 수 있지만 생산자물가지수는 사용할 수 없다. □ O □ X

13 케인즈학파는 총수요조절을 위한 긴축재정정책으로 인플레이션에 대응할 수 있다고 본다. □ O □ X

14 수요견인 인플레이션은 소비와 투자 등의 증가에 따른 물가상승이 원인이 되어 발생하는 인플레이션이다. □ O □ X

15 스태그플레이션은 물가상승과 경기침체가 동시에 일어나는 현상이다. □ O □ X

16 스태그플레이션이 발생하면 물가와 실업률이 동시에 상승한다. □ O □ X

17 디플레이션이 발생하면 화폐를 보유한 사람이 실물자산을 보유한 사람보다 유리하다. □ O □ X

18 명목GDP가 실질GDP보다 크다면 기준연도에 비해 물가가 상승한 것이다. □ O □ X

19 인플레이션은 상품의 상대가격 변화를 가져와 자원배분을 왜곡시킴으로써 비효율을 초래한다. □ O □ X

20 예상치 못한 인플레이션이 발생하면 채권자에게는 유리하나 채무자에게는 불리하다. □ O □ X

21 실업률이 증가해도 반드시 취업률이 감소하는 것은 아니다. □ O □ X

22 실업률은 노동가능인구 중에서 직업을 가진 자의 비율을 의미한다. □ O □ X

23 구직포기자는 비경제활동인구에 해당한다. □ O □ X

24 마찰적 실업은 대표적인 비자발적 실업에 해당한다. □ O □ X

25 자연실업률은 경기적 실업과 마찰적 실업이 존재하는 상태이다. □ O □ X

26 필립스곡선은 인플레이션율과 실업률 간에 존재하는 역의 상관관계를 나타내는 곡선이다. □ O □ X

27 케인즈학파는 필립스곡선을 재량적인 재정·통화정책의 옹호수단으로 이용한다. □ O □ X

28 케인즈학파는 필립스곡선을 통해 정부개입의 정당성을 부여한다. □ O □ X

29 자연실업률은 인플레이션을 가속 또는 감속시키지 않는 수준의 실업률을 의미한다. □ O □ X

30 정부가 높은 인플레이션을 감수할 의사가 있다면 낮은 실업률을 장기적으로 달성할 수 있다. □ O □ X

31 자연실업률 수준에서 장기 필립스곡선은 수직이 된다. □ O □ X

32 실업률의 변화에 대응한 인플레이션의 반응이 작아지면 필립스곡선의 기울기가 완만해진다. □ O □ X

33 실업률은 경제활동인구 대비 실업자의 수이다. □ O □ X

34 실업률은 실망실업자를 잡아내지 못하기 때문에 실업률이 과소평가되는 경향이 있다. □ O □ X

35 화폐환상은 실질임금의 변화 없이 명목임금만 오르더라도 경제주체들이 실질임금이 오른 것으로 착각하는 것을 의미한다. □ O □ X

36 자연실업률에 대한 정의는 학자들 간의 협의를 통해 통일되어 있다. □ O □ X

[OX 정답] **01** X **02** O **03** O **04** X **05** O **06** O **07** X **08** O **09** O **10** O **11** O **12** X **13** O **14** O **15** O **16** O **17** O
18 O **19** O **20** X **21** X **22** X **23** O **24** X **25** X **26** O **27** O **28** O **29** O **30** X **31** O **32** O **33** O **34** O
35 O **36** X

1. 경기와 경기변동

경 기	• 국민경제의 총체적 활동수준을 말함 (생산, 투자, 고용, 소비가 얼마나 활발한가?)
경기 순환	• 호경기, 후퇴기, 불경기, 회복기의 네 국면이 일정한 주기로 반복되는 현상

구분	생산	투자	물가	고용(실업)	소비	재고
Ⓐ	최고	최고	최고	최고(최저)	최고	최저
Ⓑ	↓	↓	↓	↓(↑)	↓	↑
Ⓒ	최저	최저	최저	최저(최고)	최저	최고
Ⓓ	↑	↑	↑	↑(↓)	↑	↓

경기 변동 원인	• 총수요의 변동(가계소비, 기업투자, 정부지출, 수출 등의 변동) 　- 총수요 증가 ⇨ GDP 증가(고용 증가, 실업 감소), 물가 상승 ⇨ 경기 활성화 　- 총수요 감소 ⇨ GDP 감소(고용 감소, 실업 증가), 물가 하락 ⇨ 경기 침체 • 총공급의 변동(원자재 가격, 임금 등 생산비 변동 등이 원인) 　- 총공급 증가 ⇨ GDP 증가(고용 증가, 실업 감소), 물가 하락 ⇨ 경기 활성화 　- 총공급 감소 ⇨ GDP 감소(고용 감소, 실업 증가), 물가 상승 ⇨ 경기 침체
경기 예측 방법	• 개별경제지표에 의한 방법 : 국내총생산의 분기별 변화 또는 수출입 관련 지표 등 단일지표로 파악하는 방법 • 종합경제지표에 의한 방법 : 경기종합지수나 경기동향지수 등 여러 개의 개별경제지표를 종합한 것 • 설문조사에 의한 방법 : 기업경기실사지수나 소비자태도지수 등 개별경제주체들의 심리적 변화 측정에 유용

경기 지수	01	• 구인구직비율, 재고순환지표, 기계수주액, 자본재수입액, 종합주가지수, 소비자기대지수, 금융기관유동성 등
	02	• 비농가취업자수, 산업생산지수, 건설기성액, 제조업가동률지수 등
	03	• 이직자수, 상용근로자수, 가계소비지출, 소비재수입액 등

경기 변동의 종류	• 장기파동 : 50 ~ 60년 주기의 경기변동. 기술 혁신, 전쟁, 신자원의 개발 등이 원인. 콘트라티에프(Kontratiev)파동이라고도 함 • 중기파동 : 8 ~ 10년을 주기로 하는 경기변동. 기업의 설비 투자의 변동으로 발생. 쥬글러(Juglar)파동이라고도 함 • 단기파동 : 3 ~ 5년을 주기로 하는 경기변동. 통화 공급이나 이자율의 변동, 기업의 재고 변동 등이 원인으로 작용. 키친(Kitchen)파동이라고도 함

2. 경기 안정화정책

자동 안정화	• 자동 안정 장치 : 경기변동에 따라 자동적으로 경기 안정 효과를 발휘하는 제도적 장치 • 누진세 제도, 실업 보험 제도 등 • 경기 과열 시 세금과 보험료를 많이 내게 되어 경기를 진정시키는 효과가 있음 • 경기 침체 시 소득 감소로 세금은 적게 내고, 실업자가 된 경우에는 보험금을 받게 되어 경기를 부양시키는 효과가 있음
재정 정책	• 정부가 조세(세율)와 정부지출(세출)을 통해 경제의 성장과 성장을 도모하는 정책 • 경기 과열 시 재정정책 : 세율 **04** , 정부지출 **05** (긴축 재정) • 경기 침체 시 재정정책 : 세율 **06** , 정부지출 **07** (확장 재정)

금융 정책		• 중앙은행이 통화량이나 이자율(금리)을 조절하여 경제의 안정적 성장을 도모하는 정책 • 통화량 증가 ⇨ 이자율 하락 ⇨ 소비 증가, 투자 증가 ⇨ 생산 확대, 고용 증대 ⇨ 물가 상승 • 통화량 감소 ⇨ 이자율 상승 ⇨ 소비 감소, 투자 위축 ⇨ 생산 위축, 실업 증가 ⇨ 물가 하락(안정)	
	08	의 미	중앙은행이 일반 은행에 대출 이자율(재할인율)과 대출 규모를 조정하여 통화량을 조절
		영 향	재할인율 인상(인하) ⇨ 은행 대출 감소(증가) ⇨ 통화량 감소(증가)
	09	의 미	시중은행의 고객 인출을 대비하는 법정 지급준비금 비율을 조절하는 정책
		영 향	재할인율 인상(인하) ⇨ 대출 감소(증가) ⇨ 통화량 감소(증가)
	10	의 미	중앙은행이 국·공채 또는 통화안정증권을 매입 또는 매각하여 통화량을 조절하는 정책
		영 향	매각(매입) ⇨ 통화량 감소(증가)

일반적 금융정책	• 재할인율 정책, 지급준비율 정책, 공개시장정책
선별적 금융정책	• 대출 한도제, 이자율 규제, 특정 분야에 대한 저리(낮은 이자) 정책 등

[빈칸 정답] **01** 선행종합지수　**02** 동행종합지수　**03** 후행종합지수　**04** 인상　**05** 축소　**06** 인하
07 확대　**08** 재할인율정책　**09** 지급준비율정책　**10** 공개시장조작

32 합격의 기준, 해커스금융　fn.Hackers.com

3. 경제 안정화정책과 균형국민소득의 변화

재정정책과 균형국민 소득	• 단기 : 정부재정지출 증가 ⇨ 총수요곡선 우측 이동 ⇨ 국민소득 증가, 물가 상승 ⇨ 거래적 동기에 의한 화폐수요 증가 ⇨ 이자율 상승 ⇨ 투자지출 감소 ⇨ 총수요곡선 좌측 이동(승수효과와 구축효과의 발생) • 장기 : 단기에서의 균형 이동 ⇨ 임금이나 다른 생산요소 가격 상승 ⇨ 총수요곡선 좌측 이동
금융정책과 균형국민 소득	• 단기 : 화폐공급 증가, 이자율 하락 ⇨ 투자지출 증가 ⇨ 총수요곡선 우측 이동 ⇨ 국민소득 증가, 물가 상승 • 장기 : 단기에서의 균형 이동 ⇨ 임금과 다른 생산요소의 가격 상승 ⇨ 총수요곡선 좌측 이동 • 통화정책의 전달 경로 • 이자율 탄력성 : 금융정책이 효과를 나타내기 위해서는 이자율 탄력성이 작아야 함(유동성함정이 없어야 함)
통화정책의 전달 경로에 대한 견해 차	• 케인즈 학파 – 통화정책은 이자율 변화를 통해 투자에 영향을 주게 되는데 통화정책의 전달경로가 너무 길고 불확실해 별로 믿을 수 없음 ⇨ 금융 시장이 유동성함정에 빠져 있는 상황에서는 통화량을 아무리 늘려도 이자율이 좀처럼 떨어지지 않음

	– 재정정책의 효과는 한층 더 직접적이고 확실함
	   ⇨ 정부지출의 증가는 곧바로 총수요의 증가로 이어지며 조세의 감면은 가처분소득을 늘려 소비지출 증가를 확실히 가져옴
	• 통화주의자
	   – 화폐는 교환의 매개 수단으로 사용되기 때문에 화폐 공급량의 변화는 이자율의 변화를 거치지 않고도 국민 경제의 총거래량을 직접적으로 변화시킴
	   – 재정지출을 늘리는 것은 <u>11</u> 때문에 경기를 활성화시키는데 별 효과를 거두지 못함

정책시차에 대한 견해 차	• 정책시차 : 정책이 수립·집행되어 실제로 효과가 나타날 때까지는 어느 정도 시간이 흘러야 하는 것이 보통인데 이와 같은 시차를 가리켜 정책 시차라 함 → 내부시차 + 외부시차 • <u>12</u> : 정책 당국이 경기변동을 발생시킨 요인을 찾아내고 관련 정보를 수집해 정책을 수립·입법화하는데 걸리는 시간 • <u>13</u> : 시행된 정책이 실제로 효과를 내기 시작하는 데까지 걸리는 시간 • 케인즈학파 : 금융정책의 외부시차가 길어 재정정책이 더 유효한 정책이라 봄 • 통화주의자 : 재정정책의 내부시차가 길어 금융정책이 한층 더 효과적인 안정화정책이라 봄

[빈칸 정답] **11** 구축효과　**12** 내부시차　**13** 외부시차

OX 문제

01 경기변동은 상승국면과 하강국면이 주기적으로 나타난다. □ O □ X

02 총수요와 총공급이 증가하면 경기가 활성화된다. □ O □ X

03 경기가 상승국면일 때 물가와 실업률은 상승한다. □ O □ X

04 경제변수가 실질GDP와 같은 방향으로 움직일 경우 경기순응적이라고 한다. □ O □ X

05 키친파동은 단기, 콘트라티에프 파동은 장기파동이다. □ O □ X

06 경기 호황 시 실업은 감소하나 물가가 상승한다는 문제가 발생한다. □ O □ X

07 경기실사지수가 95이면 경기가 좋다는 것이다. □ O □ X

08 PMI, ISM은 50을 기준으로 50보다 크면 경기가 좋음을 의미한다. □ O □ X

09 생산자 제품재고지수는 후행종합지수, 코스피지수는 선행종합지수이다. □ O □ X

10 재정정책은 공개시장조작정책과 조세를 도구로 한다. □ O □ X

11 현재가 호경기라면 공개시장조작정책은 매각이고, 현재가 불경기라면 재할인율을 인하할 것이다. □ O □ X

12 정부지출이 증가하면 총공급곡선은 우측으로 이동한다. □ O □ X

13 확장재정정책은 구축효과를 초래한다. □ O □ X

14 경기침체를 해결하는 방법으로 투자세액공제를 이용할 수 있다. □ O □ X

15 시중금리가 오르면 은행의 대출액이 줄어들어 결과적으로 통화량이 감소하게 됨으로써 물가 하락을 초래할 수 있다. □ O □ X

16 예금은행의 중앙은행에 대한 의존도에 따라 재할인율 정책의 효과가 달라진다. □ O □ X

17 중앙은행이 대규모로 국채를 매입하면 통화량이 늘어나 이자율이 하락한다. □ O □ X

18 유동성함정에서는 중앙은행이 통화공급을 확대하고 기준금리를 인하해도 경기부양효과가 나타나지 않는다. □ O □ X

[OX 정답]　**01** O　**02** O　**03** X　**04** O　**05** O　**06** O　**07** X　**08** O　**09** O
10 X　**11** O　**12** X　**13** O　**14** O　**15** O　**16** O　**17** O　**18** O

Topic 11 | 무역

1. 국제거래

의 미	국가 간의 모든 경제적 거래
발생 원인	재화 생산에 유리한 자연 환경, 부존자원, 기술 수순의 차이 → 생산비의 차이 또는 생산물 수요 차이
장 점	생산의 효율성 향상, 규모의 경제 실현, 소비자의 다양한 선택 기회, 부존 자원과 기술 취약 해결, 기술과 정보의 축적
단 점	경쟁력 없는 유치산업의 도태, 국내 경제정책의 자율성 침해, 실업의 발생

2. 국제무역이론

구 분	절대우위론 (국가 간 비교분석)	비교우위론 (상품 간 비교 분석)
학 자	• 애덤 스미스	• 리카르도
차이점	• 두 국가 간에 생산비의 절대적 차이가 발생함을 전제로 **01** 의 상품만을 특화, 생산하여 교환	• 절대우위, 절대열위에 있더라도 생산비가 상대적으로 적게 드는 **02** 의 상품을 특화, 생산하여 교환
공통점	• 국제분업, 자유무역의 이점을 강조	

신무역패턴
이론
	• 제품 생애주기이론(R. Vernon) : 신제품이 출현하고 시간의 경과에 따라 그 제품이 성숙 단계와 표준화 단계를 거치는 과정을 무역의 동태적 변화에 따라 적용한 이론
	   – 신제품 단계 : 고도의 기술을 가진 고급 노동력에 의해 소규모 생산이 이루어지는 단계. 제품을 개발한 선진국이 제품을 생산·수출함
	   – 성숙 단계 : 대량 생산이 이루어지는 단계로 신제품 개발국뿐만 아니라 여타 선진국도 생산 신제품 개발국의 비교우위는 점차 사라지고 모방제품을 생산하는 여타 선진국들의 수출이 증가함
	   – 표준화 단계 : 생산 기술이 완전히 표준화되어 미숙련 노동자에 의한 대량 생산이 가능한 단계. 저임금의 노동자가 풍부한 후진국이 비교 우위를 갖게 되어 오히려 후진국에서 선진국으로 수출이 이루어짐
	• 기술격차론 : 각국 간 생산기술상의 격차가 무역발생의 원인이 되고 무역패턴 결정에 지배적 작용을 한다는 이론
	• 연구개발론 : 무역패턴의 결정요인을 기술 진보 및 기술혁신의 원동력인 연구개발 활동에서 규명한 이론	

3. 교역조건

개념	• 수출상품 1단위와 교환되는 수입상품의 수량 → 수입상품으로 표시한 수출상품의 교환가치 • **03** 교역조건 = $\dfrac{수출단가지수}{수입단가지수} \times 100$
환율의 변동과 교역조건	• 환율이 상승(↑) 하면, 교역조건이 악화(↓) • 환율변동과 교역조건

구 분	대 상	환율 변동	가격 변동	결 과
수 출	삼성전자 TV : 1,000원	$\dfrac{1{,}000원}{1달러}$ ⇨ $\dfrac{2{,}000원}{1달러}$	1\$ ⇨ 0.5\$	수출품 가격 하락
수 입	GM 자동차 : 1,000\$	$\dfrac{2{,}000원}{1달러}$	1,000,000원 ⇨ 2,000,000원	수입품 가격 상승

4. 자유무역

이 점	• 동일한 종류의 재화라 할지라도 나라마다 독특한 특징이 있으므로, 각국의 소비자에게 다양한 소비 기회 제공함 • 비교우위의 재화를 수출할 경우 생산량이 크게 늘어나 규모의 경제를 통해 생산비를 절감할 수 있음 • 자유무역은 경제 활성화(진입 장벽 낮춤 ⇨ 독과점의 폐해 방지)하여 경제 전체의 후생 수준을 높임 • 기술 이동, 아이디어 전파 등을 통해 각국의 기술 개발을 촉진하는 긍정적 파급효과를 가짐
그래프	 • 득을 보는 사람 : **04** 의 기업과 노동자, **05** 의 소비자 • 손해를 보는 사람 : **06** 의 기업과 노동자, **07** 의 소비자

5. 보호무역

의 미	• 관세와 같은 정책을 이용하여 자유무역 시 피해를 보는 산업을 없애고 자국의 산업을 발전시키는 것
필요성	• 자국민의 실업방지, 유치산업보호, 불공정 무역대응, 국가안보

보호무역
정책수단
	• 관세 : 무역을 통해 거래되는 재화에 부과되는 조세
	• 비관세장벽
	   – 수입허가제 : 수입할 리스트를 만들고 리스트에 없는 상품은 수입을 금지하는 방식
	   – 수입담보금제 : 정부가 수입을 허가할 때 수입업자로 하여금 수입 신청 금액의 일부분을 은행에 적립하도록 하는 것. 적립 금액이 높을수록 수입

[빈칸 정답] **01** 절대우위 **02** 비교우위 **03** 순상품 **04** 수출국 **05** 수입국 **06** 수입국 **07** 수출국

- 억제 효과가 있음
  - 구상무역 : 한 나라가 자국의 수출 범위 내에서 상대국의 수입을 허가하는 무역
  - 기준 강화 : 자동차 배기가스 방출량 등을 이유로 수입의 기준을 강화하는 방법
  - 보조금 지급 : 정부가 수출업체에게 보조금을 지급하는 방법. 무역 분쟁을 야기할 수 있음
  - 쿼터제 : 수입 할당량을 정해 놓고 그 이상은 수입하지 않음 예 스크린 쿼터

6. 관세

관 세	• 관세선을 통과하는 상품에 대해 부과하는 조세. 가장 널리 사용되는 무역정책 수단
관세의 경제적 효과	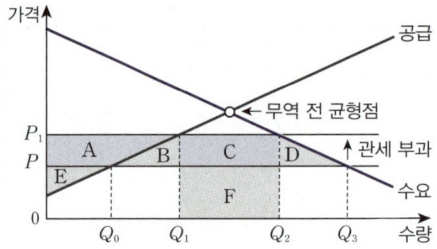 • P : 국제가격 • P_1 : 관세부과 후 국내가격 • $Q_2 - Q_0$: 관세부과 이전 수입량 • $Q_2 - Q_1$: 관세부과 이후 수입량 • 관세부과 후 줄어드는 소비자 잉여 : A + B + C + D • 관세부과 후 늘어나는 생산자 잉여 : A • 관세수입 : C • 관세로 인한 후생손실 : <u>08</u> • 위의 그래프를 통해 알 수 있는 관세의 효과 　- 생산 증가 효과 : 관세를 부과하면 국내 생산량이 증가함 　- 소비 억제 효과 : 관세를 부과하면 국내 수요량이 감소함 　- 재정수입의 증대 : 수입량에 따른 관세 부과는 정부의 재정 수입을 늘려주게 됨 　- 국제수지 개선 효과 : 관세를 부과하면 국제수지가 개선되는 효과를 가져올 수 있음 　- 소비자후생 및 사회적 후생의 손실 : 소비자잉여가 감소하고 사회 전체의 후생이 줄어듦
관세의 종류	• 반덤핑관세 : 특정 국가의 상품이 정상 가격이하로 수입되는 덤핑 행위에 대하여 부과 • <u>09</u> : 수출국에서 직·간접적으로 생산 또는 수출에 대하여 장려금이나 보조금을 지급하였을 때 이를 상쇄하기 위해 부과하는 과세 • 보복관세 : 상대국의 자국 상품에 대한 관세부과에 대항하기 위해 부과 • <u>10</u> : 국내산업의 보호를 위해 긴급한 조치가 필요하거나, 특정 상품의 수입을 제한하기 위해 부과하는 고율의 관세

비관세 장벽	• 수량할당(Quota) : 특정 상품의 수입을 일정량 이상 금지시키는 제도 • 수출자율규제 : 수입국이 수출국에 압력을 가해 수출국이 자율적으로 수출 물량을 일정 수준으로 줄이도록 하는 정책 • 수입과징금 : 수입 억제를 위하여 수입 상품의 일부 내지는 전부를 대상으로 일종의 조세를 부과하는 것 • 수출보조금 : 수출재 생산에 대하여 보조금을 지급하는 것 • 수입허가제 : 수입 품목에 대하여 정부의 허가를 받도록 하는 제도

7. 세계화와 지역화

세계화	• 세계화 : 세계를 무대로 사회 각 분야의 교류가 확대되고, 이에 따른 세계적 규범과 행위 기준이 정립되는 현상. 1990년대 이후 냉전의 종식과 함께 세계는 이념과 체제를 초월한 무한 경제 싱대로 진입하면서 전 세계의 단일 시장화 추구가 가속화됨 • 세계화의 배경 　- 이념 대립을 바탕으로 하던 냉전 체제의 붕괴 　- 교통과 통신 수단의 발달 　- WTO의 출범과 다국적 기업의 활발한 경제활동 증가 • 세계화의 영향 　- 개인과 기업 및 국가 간의 경쟁 심화 　　⇨ 무한 경쟁 시대의 도래 　- 세계적 차원에서의 경제적 효율성은 증대됨 　- 선진국 및 선진국 기업에 유리한 환경 조성 　- 기업이나 개인에 대한 정부의 보호 및 규제 제한 　- 국제 분업의 이익 증대 ⇨ 경제의 대외 의존도 심화
지역화	• 지역주의화(Regionalization) 　- 지역주의화(경제 블록화) : 지리적으로 인접해 있으면서 경제적으로 상호 의존도가 높은 국가들이 공동의 이해 증진을 위해 경제 블록을 형성하는 것. 궁극적으로 회원국 간의 관세 인하나 무역 제한의 철폐를 지향함 　- 지역적 경제통합의 유형

11	가맹국 사이의 관세 철폐, 비가맹국에 대한 독자적인 관세 정책 인정 예 북미자유무역협정(NAFTA)
12	가맹국 간에는 자유무역, 비가맹국에 대한 공동 관세 예 중미공동시장(CACM)
13	관세동맹의 형태에 생산 요소의 자유로운 이동까지 실현 예 유럽공동체(EC)
14	공동 시장의 형태에서 가맹국 간의 재정·금융 정책 상호 협조 예 유럽연합(EU)

[빈칸 정답] **08** B + D　**09** 상계관세　**10** 긴급관세　**11** 자유무역지대　**12** 관세동맹　**13** 공동시장　**14** 경제동맹

- 지역적 경제통합
  - 지역주의의 추세 : 세계 경제 및 무역질서는 UR을 중심으로 한 다자간 자유무역질서를 향해 가고 있는 동시에 다른 한편으로는 지역주의 또는 배타적 협력강화의 방향으로 나아가고 있음
  - 지역주의화 확산의 배경 : 범세계적인 지유무역주의는 그 실현이 용이하지 않기 때문에 이해를 같이 하는 소수 국가 간에 자유무역을 실천하는 것이 용이할 뿐 아니라 이는 다자간 자유무역질서의 구축에도 도움이 된다는 인식이 제고되고 있음. 이런 이유 때문에 지역주의(Regionalism)는 앞으로도 더욱 활성화될 것이며 세계 경제의 다극화 현상(미국 경제의 쇠퇴, EU 및 일본의 성장, 아시아 신흥 공업국의 부각 등)도 심화될 것임

OX 문제

01 한 나라가 모든 재화에 절대적인 우위가 있어도 교역이 이루어질 수 있다. □ O □ X

02 리카르도는 절대우위론을 주장하며 국제거래 시 절대우위의 상품을 생산하여 교환하면 된다고 보았다. □ O □ X

03 비교우위론에 따라 교역이 이루어질 경우, 상품 1단위 생산의 기회비용이 작은 것에 비교우위가 있다. □ O □ X

04 교역조건은 수입상품으로 표시한 수출상품의 교환가치를 나타낸다. □ O □ X

05 자유무역은 경제전체의 후생수준을 높일 수 있다. □ O □ X

06 자유무역이 실시되면 전세계 후생의 합은 증가한다. □ O □ X

07 무역이후 특화품목의 기회비용은 커진다. □ O □ X

08 수입국에서는 생산자잉여가 감소하고 소비자잉여가 증가한다. □ O □ X

09 자유무역을 실시하면 수입국의 소비자, 수출국의 생산자는 이익을 본다. □ O □ X

10 관세를 부과하면 국내생산량이 증가하고 재정수입이 증대되는 효과를 얻을 수 있다. □ O □ X

11 수출국에서 장려금이나 보조금을 지원받은 물품이 수입되어 국내산업이 피해를 입을 경우 이 같은 제품의 수입을 억제하기 위해 부과하는 관세를 상계관세라고 한다. □ O □ X

12 GATT는 보호무역을 추구하기위해 만들어졌다. □ O □ X

13 GATT는 일반협정임에도 불구하고 참가국의 영향력이 컸기 때문에 국제기구로서의 역할을 다했다. □ O □ X

14 WTO는 GATT를 대신하여 국제무역분쟁을 해결할 국제기구로 출범하였다. □ O □ X

15 자유무역지대는 가맹국 사이의 관세를 철폐하되 비가맹국에 대한 독자적인 관세정책은 인정한다. □ O □ X

16 공동시장은 가맹국 간의 재정·금융정책에 대한 상호협조를 포함한다. □ O □ X

[OX 정답] **01** O **02** X **03** O **04** O **05** O **06** O **07** O **08** O **09** O **10** O **11** O **12** X **13** X **14** O **15** O **16** X

Topic 12 | 환율과 국제수지

1. 환율의 의미와 결정

의 미	• 자국 화폐와 외국 화폐의 교환 비율
환율 표시법	• 우리나라는 자국 화폐 표시 환율 채택 → 환율은 외국 화폐의 가격 예 1달러 = 1,000원 or 원/달러 = 1,000원
환율의 종류	• **01** 　– 의미 : 자국화폐와 외국화폐의 교환비율 　– 1달러 = 1000원으로 표기 • **02** 　– 의미 : 한 나라의 재화와 서비스가 다른 나라의 재화와 서비스가 교환되는 비율로 두 나라의 물가를 고려한 환율 　– $\varepsilon = \dfrac{e \times P_f}{P}$ 　（e : 명목환율, P_f : 외국물가, P : 국내물가）
환율 변동	• 원/달러 환율 상승(평가절하) 　: 달러화에 대해 원화의 가치가 **03** • 원/달러 환율 인하(평가절상) 　: 달러화에 대해 원화의 가치가 **04**
외화 **05**	• 외화가 해외로 유출되는 것 예 수입, 해외투자, 해외여행, 외채상환, 해외송금 등
외화 **06**	• 외화가 국내로 유입되는 것 예 수출, 외국인의 국내투자와 국내관광, 차관도입 해외친지의 국내 송금 등
환율 결정	• 외환 시장에서 외화의 수요와 공급이 일치하는 수준에서 결정

2. 환율제도

구 분	고정환율제도	변동환율제도
의 미	• 한 나라의 환율을 정부가 결정, 운영하는 제도	• 외환시장에서 외화의 수요와 공급에 의해 결정되는 제도
장 점	• 환율 운영이 안정적 ⇨ 수출입의 안정적 유지 ⇨ 국민 경제 안정	• 국제수지 불균형을 자동적으로 해결 ⇨ 불균형 해소를 위한 정부 개입 불필요
단 점	• 불균형 해소를 위한 정부 개입 필요 • 무역 분쟁 초래	• 환율의 변동이 수시로 발생 ⇨ 수출입 불안정 • 환투기 초래

3. 환율 변동의 영향

구 분	환율 하락(평가절상)	환율 상승(평가절하)
수 출	수출품 외화표시 가격 상승 ⇨ **07**	수출품 외화표시 가격 하락 ⇨ **08**
수 입	수입품 원화표시 가격 하락 ⇨ 수입에 긍정적 영향 증가	수입품 원화표시 가격 상승 ⇨ 수입에 부정적 영향 증가
국제수지	악 화	개 선
국내물가	수입원자재 가격 안정, 물가 안정	수입원자재 가격 상승, 물가 상승
서비스 분야	해외관광 증가, 해외유학 증가, 외국인 국내관광 감소	해외관광 감소, 해외유학 감소, 외국인 국내관광 증가
외자도입 기업	원화 환산 외채 감소, 외채 상환부담 감소	원화 환산 외채 증가, 외채 상환부담 증가

4. 구매력평가설과 이자율평가설

구매력 평가설 (경상수지 초점)	• 개념 　– 재화와 서비스의 거래, 즉 경상거래가 환율결정에 가장 중요한 역할을 한다고 본다는 입장 　– "국제적 일물일가의 법칙"에 이론적 바탕을 두고, 만약 국제무역에 있어서 수송비나 거래수수료, 정보획득비용, 보호무역장벽 등 일체의 거래비용이 없다고 가정하면, 통화 1단위의 실질가치가 모든 나라에서 동일하도록 환율이 결정된다고 봄 　– 환율은 양국 통화의 구매력이 같아지는 수준에서 환율이 결정되며, 양국의 물가상승률에 차이가 생기면 구매력에 차이가 생기므로 환율이 변한다는 이론 • 빅맥지수(빅맥환율)와 화폐가치의 평가 　예를 들어, 2010년 6월 30일 빅맥 1개의 가격이 한국에서는 3,000원, 미국에서는 3달러라면, 3달러와 3,000원의 구매력은 같음. 따라서 절대적 구매력평가이론에 따른 환율은 1달러당 1,000원(= 3,000원/3달러)임. 구매력 평가환율은 현재 시장환율이 원화의 가치를 적절하게 하고 있는지를 판단하는 기준으로서 이용될 수 있음. 만약 현재 실제 통용환율은 1,500원이라면, 우리나라 원화가치가 구매력 평가환율보다 약 34% 저평가 되어 있음을 보여주고 있음 • 환율의 변화 : 상대적 구매력 평가설 　$\dfrac{\Delta e}{e}$(환율상승률) $= \dfrac{\Delta P}{P}$(자국의 물가상승률) 　　　　$- \dfrac{\Delta P_f}{P_f}$(외국의 물가상승률)

	• 문제점과 평가
	- 문제점 : 생산하는 상품이 동질적일 수 없으므로 일물일가의 법칙이 성립하지 않음. 수많은 비교 역자가 존재함
	- 평가 : 단기적인 환율의 움직임은 잘 나타내고 있지 못하고 있으나 장기적인 환율의 변화주세에는 잘 반영하는 것으로 평가되고, 거래비용이 낮은 선진국들 사이에서는 구매력평가설이 잘 적용되는 것으로 나타남
이자율 평가설 (자본수지 초점)	• 개념 : 이자율이 09 곳으로 외화가 이동하여 환율을 변화시킨다는 것
	• 가정
	- 국가 간 자본이동이 완전하므로 양국에서의 투자 수익률이 10
	- 거래비용이 존재하지 않음
	• 이자율평가설에서의 균형
	- 양국에서의 투자수익률이 동일해질 때까지 자본이 이동함
	- $\frac{\Delta e}{e}$(환율상승률) = i(국내이자율) $- i_f$(외국이자율)
	• 평가
	- 자본통제와 같은 제도적 제약이 존재하거나 거래비용으로 인해 국가 간 자본이동성이 완전하지 못하면 이자율평가설이 성립하지 않음
	- 이자율평가설의 현실성 부합성 여부는 두 나라 간 자본이동이 얼마나 자유로운지, 금융자산이 얼마나 동질적인지에 따라 결정됨

5. 국제수지

의 미	• 1년간 한 나라가 수취한 외화와 지불한 외화의 차액으로 국제수지는 균형을 이룸
거래특성에 의한 구분	• 경상수지 : 일상적인 대외 거래 결과에 따른 외화의 차액 • 자본수지 : 외국과의 자본 거래 결과에 따른 외화의 차액
경상수지	**11** • 상품의 수출과 수입에서 생긴 외화의 차액 • 국제수지에서 가장 큰 비중 • 국민경제의 소득 및 고용과 직접 관련
	12 • 운수, 여행, 통신, 보험, 특허권 사용료 등에서 생긴 외화의 차액
	13 • 임금소득, 대외 자산 및 부채와 관련된 이자, 투자에 대한 배당금 등에서 생긴 외화의 차액
	14 • 아무런 대가 없이 무상으로 주고받는 외화의 차액 ㉕ 해외교포의 국내 송금, 구호금, 무상원조, 국제 기금 출연금

자본·금융 계정	금융계정	• 직접투자, 증권 같은 간접투자 등에서 자본 유출 및 유입의 차액
	자본수지	• 자산 거래에 의한 외화의 차액
준비자산의 증감		• 한국은행이 국제수지의 불균형을 바로잡기 위해 사용할 수 있는 준비자산의 변동으로서, 준비자산은 금·외화차산 능의 형태로 보유함. 중앙은행을 제외한 모든 경제주체들이 각종 대외거래를 한 결과 외화가 부족한 경우에는 중앙은행이 보유하고 있는 준비자산으로 메워야 하고 준비자산은 감소하게 됨 • 준비자산의 증감 = 경상수지 + 자본수지 + 오차 및 누락

6. 국제수지의 균형

균 형	• 외화의 수치 = 외화의 지급 • 흑자나 적자가 없는 상태 • 현실적으로 매번 달성하는 것은 불가능하지만 중장기적 균형 추구
국제수지 흑자 (수취 > 지급)	• 장점 : 소득 증가, 고용 확대, 외채 상환, 국가 신인도 상승, 원자재 안정적 공급, 외국인 투자 확대, 해외 직접투자 확대 • 단점 : 통화량 증대, 물가 상승, 무역 마찰
국제수지 적자 (수취 < 지급)	• 단기적 적자를 무조건 손해라고 볼 필요는 없음 • 만성적 적자, 경기 침체 지속, 통화량 감소, 외채 증가, 국가 신인도 하락, 외환위기 발생

[빈칸 정답] **09** 높은   **10** 동일함   **11** 상품수지   **12** 서비스수지   **13** 본원소득수지   **14** 이전소득수지

OX 문제

01 외환 시장은 외환을 거래하는 시장으로 외환 시장의 가격은 환율이다. □ O □ X

02 기본적으로 환율은 정부의 정책에 따라 결정된다. □ O □ X

03 1$=1,200원이라고 쓰이는 환율은 명목환율이다. □ O □ X

04 실질환율은 두 나라의 물가를 고려한 환율이다. □ O □ X

05 원/달러 환율이 올랐다는 것은 원화가치의 상승을 의미한다. □ O □ X

06 국내물가수준이 상승하면 외환수요는 증가한다. □ O □ X

07 해외물가수준이 상승하면 외환공급은 증가한다. □ O □ X

08 변동환율제도를 채택할 경우 중앙은행의 독자적인 통화정책이 곤란하다. □ O □ X

09 우리나라의 기준금리가 인상되면 해외 자본이 유입되어 국내통화의 가치가 상승한다. □ O □ X

10 국내이자율 하락은 원화가치 하락의 요인이 된다. □ O □ X

11 국내물가수준의 상승은 환율 상승의 요인이 된다. □ O □ X

12 국내물가수준의 하락은 원화가치 상승의 요인이 된다. □ O □ X

13 한국은행이 보유 중이던 미국 달러를 매각하고 자국 통화를 매입하면 한국의 이자율은 하락한다. □ O □ X

14 원/달러 환율이 하락하면 원화가치 상승으로 한국인이 해외여행에서 유리해진다. □ O □ X

15 환율이 하락하면 수출품의 외화 표시 가격이 상승하여 수출이 감소한다. □ O □ X

16 구매력평가설은 국제적 일물일가의 법칙을 바탕으로 한다. □ O □ X

17 구매력평가설에 따르면 한국의 물가상승률이 미국의 물가상승률보다 높다면 명목환율은 상승한다. □ O □ X

18 구매력평가설은 장기적인 환율추이를 분석하는 데 용이하다. □ O □ X

19 이자율평가설은 이자율에 따라 환율이 변화한다는 것이다. □ O □ X

20 한국의 이자율이 5%이고, 미국의 이자율이 10%인 경우 원/달러 환율은 상승한다. □ O □ X

21 브레턴우즈 체제는 고정환율제도를 채택하고 있다. □ O □ X

22 변동환율제도를 채택한 국가는 장기적 계획을 세우기 어렵다는 단점을 가지고 있다. □ O □ X

23 SDR은 단일화폐로 구성되어 있다. □ O □ X

24 국제수지는 경상수지와 무역수지로 나눌 수 있다. □ O □ X

25 국제수지의 구성요소 중 이전소득수지는 아무런 대가 없이 무상으로 주고받은 외화의 차이를 나타낸 것이다. □ O □ X

26 쌍둥이적자는 경상수지와 자본·금융계정이 모두 적자인 상태를 말한다. □ O □ X

27 내국인이 해외 증시에 상장된 외국기업 주식에 투자해 배당금을 받았다면 국제수지 중 본원소득수지에 해당한다. □ O □ X

28 외국에서 우리나라에 유학을 많이 오게 되면 서비스수지가 좋아진다. □ O □ X

[OX 정답] 01 O 02 X 03 O 04 O 05 X 06 O 07 O 08 X 09 O 10 O 11 O 12 O 13 X 14 O
15 O 16 O 17 O 18 O 19 O 20 O 21 O 22 O 23 X 24 X 25 O 26 X 27 O 28 O

Topic 13 | 경영학입문

1. 경영학 이론

경영학과 경영의사결정	• 경영하ᆞ : 기업목표달성을 위한 한정된 자원의 최적배분 의사결정 • 경영의사결정 : 문제의 인식과 목표의 설정 → **01** → 대안의 평가 → 의사결정 • 경영의사결정의 특징 : 복잡함, 다양한 불확실성 존재, 다수의 기준 적용, 의사결정자들의 가치관이나 위험에 대한 선호정도가 다양함
경영의 구성요소와 원리	• 구성요소 : 투입요소, 변환과정, 산출요소 • **02** : 자원의 활용정도, Do Things Right • **03** : 고객만족 또는 조직목표의 달성정도, Do Right Things
경영환경	• 내부환경과 외부환경 • 미시적 환경과 거시적 환경 • 환경불확실성 : 환경복잡성, **04** , 환경풍부성

2. 기업

경영자의 역할 (Mintzberg)	• 의사결정역할 : 기업가, **05** , 자원의 배분자, 협상가 • **06** : 외형적 대표자, 리더, 교신자 • 정보전달역할 : 감시자, **07** , 대변인
경영자의 분류	• 소유와 경영의 분리 : 소유경영자, 고용경영자, 전문경영자 ⇒ 대리인비용(감시비용, **08** , 잔여손실) • 경영자의 계층 : 최고경영자, 중간경영자, 일선경영자 • 직무의 범위 : 총괄경영자(기업전체), 부문경영자(기업의 특정 부문) • 지식의 유형 : 일반경영자(일반지식), 전문경영자(전문지식)
기업의 분류	• 합명회사 : 무한책임사원 다수 • **09** : 무한책임사원 + 유한책임사원 • 유한회사 : 유한책임사원, 소규모 • 주식회사 : 유한책임을 부담하는 주주 ⇒ 자본조달의 용이성, 유한책임제도, 소유권양도의 용이성, **10** , 독립된 실체 등
기업의 역할	• 윤리경영 : 강제성×, 불문율, 암시적인 성격 • 기업의 사회적 책임(Carroll) : 경제적 책임, **11** , 윤리적 책임, 자선적 책임 • 지속가능경영 : 경제적 책임, **12** , 사회적 책임 • ESG경영 : 환경, 사회, **13**

3. 고전적 접근법

테일러의 과학적 관리법	• 동작연구와 시간연구, **14** , 기획부제도, 직능별 직장제도, 작업지도표제도 • 고임금 저노무비의 원칙
15	• 컨베이어벨트 시스템(대량생산, 동시관리) • 봉사주의(지기걱 고임금)
페이욜의 관리과정론	• 경영활동 : 기술활동, 상업활동, 재무활동, 보호활동, 회계활동, 관리활동 • 관리활동 : 계획화 → **16** → 지휘 → 조정 → 통제
17	• 명령, 복종, 합법적 권위(규범), 문서 • 규범의 명확화, 노동의 분화, 역량 및 전문성에 근거한 인사, 공과 사의 구분, 계층의 원칙, 문서화

4. 인간관계접근법과 계량적 접근법

인간관계접근법 (호손연구)	• **18** → 계전기 조립작업장 실험 → 면접연구 → 배전기 전선작업장 실험 • 집단의 분위기, 참가자들에 대한 관심
계량적 접근법	• 계량경영학(경영과학) : 수리적 모형 • 경영정보시스템 : 경영의사결정지원

5. 시스템이론과 상황적합이론

시스템이론	• 전체최적화 = Σ 부분최적화 + **19** • 구성요소 : 투입물, 변환과정, 산출물, 피드백 • 특징 : 결과지향성, 구조성, 기능성, 전체성, 이인동과성 등 • 개방시스템과 폐쇄시스템, 시너지와 엔트로피
20	• 기술과 조직구조 : 우드워드, 톰슨, 페로우 • 환경과 조직구조 : 번즈 & 스탈커, 로렌스, 토쉬

6. 조직

조직형태	• **21** 조직 : 표준화된 절차와 규칙, 분명한 권한구조에 의하여 기계처럼 작동 ⇒ 집권화된 조직구조, 전문화된 과업, 공식화(많은 규칙), 수직적 의사소통, 엄격한 권한계층 • **22** 조직 : 느슨하고 자유롭게 흐르는 유연한 이미지를 갖는 조직 ⇒ 분권화된 조직구조, 권한위양된 역할, 비공식화(적은 규칙), 수평적 의사소통, 협력적 팀워크 • **23** 조직 : 한쪽은 기존 사업중심으로 안정성을 추구하면서 또 다른 쪽은 혁신적인 새로운 것을 추구하는 조직

[빈칸 정답] **01** 대안의 도출 **02** 효율성 **03** 효과성 **04** 환경동태성 **05** 분쟁의 해결자 **06** 대인관계역할 **07** 전달자 **08** 확증비용 **09** 합자회사 **10** 소유와 경영의 분리 **11** 법적 책임 **12** 환경적 책임 **13** 지배구조 **14** 차별적 성과급제 **15** 포드시스템 **16** 조직화 **17** 베버의 관료제 **18** 조명실험 **19** 상호작용(Feedback) **20** 상황적합이론 **21** 기계적 **22** 유기적 **23** 양면형(양손잡이)

목표관리 (MBO)	• 구성요소 : 목표의 설정(SMART 원칙), 참여(경영자+종업원), 피드백(동시통제) • 한계 : 신축성 또는 유연성 결여, 단기적 목표를 강조, 모든 구성원의 참여 어려움, 부문 간에 과다경쟁 발생, ___24___ 성과의 무시 등

7. 조직화와 조직구조

조직화	• 조직구조를 형성하는 과정(일 + 사람 = 조직구조) ⇒ 직무, 직위, 상호관계의 설정, 권한, 책임 • 조직화의 과정 : ___25___ 분화(일) + ___26___ 분화(사람) • 수평적 분화 : 라인부문의 형성(단위적 분화 → 직능적 분화) → 전문스탭의 형성(요소적 분화) → 관리스탭의 형성(과정적 분화) • 수직적 분화 : 최고경영층, 중간경영층, 하위경영층 ⇒ 통제의 범위

조직화의 원칙	• ___27___ 조직화 : X관점(과업중심, Push 이론) ⇒ 분업 또는 전문화의 원칙, 권한과 책임의 원칙, 권한위양의 원칙, 계층제의 원칙(명령일원화의 원칙, 감독범위의 원칙, 계층단축화의 원칙), 스탭조직의 원칙, 직능화 또는 기능화의 원칙, 조정의 원칙 • ___28___ 조직화 : Y관점(사람중심, Pull 이론) ⇒ 통합의 원칙, 행동자유의 원칙, 창의성의 원칙, 업무흐름의 원칙
조직구조의 유형	• 고전적 조직화에 입각한 조직구조 : 라인조직, 라인과 스탭 조직, ___29___ • 현대적 조직화에 입각한 조직구조 : 사업부제(부문별) 조직, 위원회 조직(상설조직), 프로젝트팀 조직(일시조직), 네트워크 조직(가상조직 ⇒ ___30___, 전략적 제휴), 행렬(매트릭스) 조직, 프로세스 조직(고객만족 + 리엔지니어링)

[빈칸 정답] **24** 비계량적인 **25** 수평적 **26** 수직적 **27** 고전적 **28** 현대적 **29** 기능별 조직 **30** 아웃소싱

OX 문제

01 경영의사결정은 '문제의 인식 → 목표설정 → 대안의 평가 → 대안의 도출 → 의사결정'의 순으로 이루어진다. □ O □ X

02 전략적 의사결정은 대부분 정형적 의사결정으로 구성되어 있지만, 일부 비정형적 의사결정이 포함되어 있다. □ O □ X

03 일반적으로 전략적 의사결정은 비정형적 의사결정의 성격을 가진다. □ O □ X

04 서비스는 소멸성을 가지지만 서비스를 소비한 결과인 서비스효과는 지속성을 가진다. □ O □ X

05 경영환경은 시장의 경계를 기준으로 내부환경과 외부환경으로 구분할 수 있으며, 기업의 경계를 기준으로 미시적 환경과 거시적 환경으로 구분할 수 있다. □ O □ X

06 합자회사는 무한책임사원과 유한책임사원으로 구성되어 있으며, 무한책임사원은 출자와 경영을 담당하고 유한책임사원은 출자를 담당한다. □ O □ X

07 주식회사의 의결권은 1주 1표주의를 원칙으로 하고, 협동조합의 의결권은 1인 1표주의를 원칙으로 한다. □ O □ X

08 지속가능경영은 사회적 책임, 법적 책임, 환경적 책임으로 구성되어 있다. □ O □ X

09 테일러의 과학적 관리법은 노동 및 생산의 과학화를 추구한 데 비해 페이욜의 관리과정론은 관리의 과학화를 추구한다. □ O □ X

10 폐쇄시스템의 경계는 경직되고 통과하기 어렵지만 개방시스템의 경계는 좀 더 유연하여 통과하기 쉽다. □ O □ X

11 조직화의 과정 중 수평적 분화는 '라인부문의 형성(단위적 분화와 직능적 분화) → 전문스탭의 형성(요소적 분화) → 관리스탭의 형성(과정적 분화)'의 순서로 진행된다. □ O □ X

12 고전적 조직화는 풀 이론이고, 현대적 조직화는 푸시 이론이다. □ O □ X

13 위원회 조직은 특정 과업을 수행하는 것을 목적으로 형성된 일시조직이고, 프로젝트팀 조직은 특정 과업을 수행하는 것을 목적으로 형성된 상설조직이다. □ O □ X

14 네트워크 조직(=가상조직)은 조직구성원들이 가상적으로 한 공간을 공유하고 프로젝트팀 조직은 조직구성원들이 물리적으로 한 공간을 공유한다. □ O □ X

15 행렬조직의 조직구성원은 보고해야 하는 상급자가 둘 이상이 되며, 이러한 이유에서 역할갈등(특히, 다각적 역할기대)이 발생할 수 있다. □ O □ X

[OX 정답] **01** X **02** X **03** O **04** O **05** X **06** O **07** O **08** X **09** O **10** O **11** O **12** X **13** X **14** O **15** O

Topic 14 | 조직행동론

1. 조직행동론과 관련된 개념들

성격	• 개인이 가지고 있는 독특한 특성 ⇒ 변화가능성 + 지속성 • 결정요인 : 유전적 요인, 상황적 요인, **01**, 사회적 요인 등 • **02** : 개인이 실현할 수 있는 최대한의 잠재력을 실현하기 위한 개인의 긍정적인 심리와 의지의 역할을 강조한 개념 ⇒ 자기효능감, 희망, **03**, 복원력(회복력) • 유형 : A형과 B형(조바심물질), 내재론자와 외재론자(통제의 위치) • 빅 파이브 모형 : 성실성(신뢰감의 수준), 우호성 또는 친화성(타인을 따르는 개인성향), **04** (관심과 열정 및 새로운 것에 대한 호기심의 범위), 외향성(대인관계에 있어서의 편안한 정도), 신경증성향(스트레스에 잘 견디는 정도 ⇒ 정서적 안정성) ⇒ NEOAC 또는 OCEAN
가치관	• 개인이 믿고 따르는 도덕적 신념 • 가치의 유형(Rokeach) : **05** 가치(성취감, 평등한 세상, 행복 등 18가지)와 **06** 가치(야심, 너그러움, 정직, 책임감 등 18가지)
지각	• 환경으로부터 자극이 투입되어 이에 대한 반응을 형성하는 과정 • 지각정보처리모형(지각메커니즘) : **07** → 조직화(집단화, 폐쇄화, 단순화, 전경–배경의 원리) → 해석(주관적) • 지각오류 　– 후광효과와 뿔효과 　– 상동적 태도(Stereotyping, 고정관념) 　– 지각적 방어 　– 투영효과(투사, 주관의 객관화) 　– 자성적 예언(피그말리온 효과) 　– 자존적 편견 　– 통제의 환상 　– 순위효과(최초효과와 최근효과) 　– 대비효과(대조효과) 　– 상관편견(논리적 오류) 　– 관대화·중심화·가혹화 경향 • 귀인(귀속)이론(Heider) 　– 귀인(귀속) : 지각대상이 보인 성과에 대한 원인을 찾아가는 과정(개인이 지각된 상황에 대해 그 원인을 해석하는 인지과정) ⇒ **08** 귀인(피지각자의 능력), **09** 귀인(과업의 난이도, 운 등)

– 입방체이론(공변모형) ⇒ Kelley

귀인의 판단기준	외적 귀인	내적 귀인
합의성(일치성) : 성과와 동료구성원	높음	낮음
10 : 성과와 과업	높음	낮음
11 : 성과와 시간	낮음	높음

– 귀인(귀속)오류 : 행위자–관찰자 효과 ⇒ 자존적 편견

학습	• 반복적인 연습이나 경험을 통해 이루어진 지속적인 행동변화 ⇒ 연습과 경험, 강화, 지속적인 행동변화 • 강화이론(Skinner) : 연속적 강화와 단속적 강화(고정간격법, 변동간격법, 고정비율법, 변동비율법)
태도	• 어떤 대상에 대해서 어느 정도 일관성 있게 반응하려는 준비상태 ⇒ 변화가능성 + 지속성 • 구성요소 : 인지적 요소, **12**, 행동적 요소 • 태도가 구체적인 개념이라면 **13** 은 태도에 비해 보다 광범위하고 포괄적인 개념 • 조직몰입(Myer & Allen) : 정서적 몰입(정서적 애착, 조직동일시), **14** 몰입, 규범적 몰입(도덕적 또는 윤리적 의무감) • **15** : 조직구성원들이 조직 내에서 급여나 상여금 등의 공식적 보상을 받지 않더라도 조직의 발전을 위해서 희생하고 자발적으로 일을 하거나 다른 구성원들을 돕는 행동 및 조직 내의 갈등을 줄이려는 자발적 행동들 ⇒ 조직시민행동–개인(이타주의, 예의)과 조직시민행동–조직(성실성/양심, **16**, 스포츠맨십) • 장의 이론(Lewin) : 서로 상충관계에 있는 태도변화를 억제시키는 요인과 촉진시키는 요인에 의해서 태도가 균형을 유지한다는 이론 ⇒ **17** → 변화(순응 또는 복종, 동일화, 내면화) → 재동결 • 균형이론(Heider) : 균형상태와 불균형 상태 • 인지부조화이론(Festinger) : 접근–접근 갈등, 접근–회피 갈등, 회피–회피 갈등 ⇒ 동기부여이론 중에서 과정이론에 속하는 아담스(Adams)의 **18** 에 영향을 미침

[빈칸 정답] **01** 문화적　**02** 긍정심리자본　**03** 낙관주의　**04** 경험에 대한 개방성　**05** 최종적　**06** 수단적　**07** 선택　**08** 내적　**09** 외적
10 특이성　**11** 일관성　**12** 정서적(감정적) 요소　**13** 가치관　**14** 지속적　**15** 조직시민행동　**16** 시민의식　**17** 해빙　**18** 공정성이론

2. 동기부여의 내용이론

욕구단계이론 (Maslow)	• 욕구구분 : 생리적 욕구, <u>19</u>, 사회적(소속) 욕구, 존중 욕구, 자아실현 욕구 • 특징 : 순서적 중요성(진행만 강조, 동시충족 불가능)
ERG 이론 (Alderfer)	• 욕구구분 : 존재 욕구, 관계 욕구, <u>20</u> • 특징 : 순서적 중요성 없음(진행 + 좌절 - 퇴행, 동시충족 가능)
<u>21</u> (Herzberg)	• 욕구구분 : 위생요인(불만족 요인), 동기요인(만족 요인) • 특징 : 이분법적 접근(불만족, 무만족, 만족)
성취동기이론 (McClelland)	• 욕구구분 : 친교 욕구, <u>22</u>, 성취 욕구 • 특징 : 일부(상위, 사회적, 후천적, 학습된) 욕구

3. 동기부여의 과정이론

기대이론 (Vroom)	동기부여의 강도 = 기대감 × <u>23</u> × 유의성
공정성이론 (Adams)	인지부조화, 준거인물(비교대상) ⇒ 불공정성의 해소
<u>24</u> (Locke)	효과적인 목표 : 구체적인 목표, 목표의 난이도
인지적평가이론 (Deci)	내재적 동기부여와 외재적 동기부여

4. 리더십

의 의	• 일정한 상황에서 목표달성을 위해 리더가 개인이나 집단의 행동에 권력을 행사하는 과정이나 능력 ⇒ 쌍방성, 상대성, 가변성 • 권력의 유형(French & Raven) : 조직의 공식적 지위(강압적 권력, <u>25</u> 권력, 합법적 권력), 개인의 특성(<u>26</u> 권력, 전문적 권력) • 권력수준의 결정요인 : 불확실성의 대처능력, 자원의 조달 및 통제능력, 중심성(핵심적 위치), 대체가능성(희소성)
조직정치와 임파워먼트	• 조직정치 : 개인이나 집단이 원하는 결과를 얻는 데 필요하다고 판단되는 권력을 획득하거나 이를 증가시키기 위해 하는 행동 • 임파워먼트 : 조직구성원들에게 자신이 조직을 위해서 많은 일을 할 수 있는 권력, 힘, 능력 등을 가지고 있다고 확신을 심어주는 과정 ⇒ 의미감, <u>27</u>, 자기결정력, 영향력

5. 리더십의 행동이론

틴넨바움 & 슈미트	• 구분기준 : 리더의 <u>28</u> 과 부하의 자유재량 영역 • 리더의 유형 : 경영자중심(전제적) 리더와 종업원중심(민주적) 리더
오하이오 대학	• 구분기준 : 구조주도와 <u>29</u> • 리더의 유형 : HH, HL, LH, LL
관리격자이론 (Blake & Mouton)	• 구분기준 : 생산에 대한 관심과 <u>30</u> 에 대한 관심 • 리더의 유형 : (1, 1) ~ (9, 9)
PM이론 (Misumi & Perterson)	• 구분기준 : <u>31</u> 와 관계(Mainte-nance) • 리더의 유형 : PM, Pm, pM, pm

6. 리더십의 상황이론

상황적합이론 (Fiedler)	• 리더의 유형 : 과업지향적 리더와 관계지향적 리더 ⇒ <u>32</u> 점수 • 상황변수 : 상황의 호의성(리더-구성원 관계, <u>33</u>, 리더의 직위권력)
경로목표이론 (House)	• 리더의 유형 : 지시적 리더, <u>34</u> 리더, 참여적 리더, 성취지향적 리더 ⇒ 구조주도와 배려 • 상황변수 : 과업환경요소(부하의 과업, 집단의 성격, 조직요소 등)와 부하의 특성(부하의 능력, 통제위치, 욕구와 동기 등)
수명주기이론 (Hersey & Blanchard)	• 리더의 유형 : 지시형, 설득형, <u>35</u>, 위임형 ⇒ 과업지향적 행동과 관계지향적 행동 • 상황변수 : 부하의 성숙도(역량과 의지)

7. 현대적 리더십이론

<u>36</u>	• 내집단(In-Group)과 외집단(Out-Group) ⇒ 두 집단에 대해 각기 다른 관계를 발전
카리스마 리더십	• 리더가 높은 수준의 전문성을 갖추고 있다고 지각하게 함으로써 부하들이 따라오게 하는 리더십 ⇒ 자기확신·환경민감성, 이미지관리·욕구민감성, <u>37</u>, 솔선수범·개인위험 감수, 감정적 호소·비정형적 행동
변혁적 리더십	• <u>38</u> 리더십 : 조건에 의한 보상, 예외에 의한 관리(자유방임) ⇒ X관점(동질적) • 변혁적 리더십 : 카리스마, 개별적 배려, <u>39</u>, 영감적 동기 ⇒ Y관점(이질적)
<u>40</u>	• 타인을 위한 봉사에 초점을 두고 부하와 고객을 우선으로 그들의 욕구를 만족시키기 위해 헌신하는 리더십 ⇒ 조력자

[빈칸 정답] **19** 안전 욕구 **20** 성장 욕구 **21** 2요인이론 **22** 권력 욕구 **23** 수단성 **24** 목표설정이론 **25** 보상적 **26** 준거적 **27** 역량감 **28** 권한 영역 **29** 배려 **30** 인간 **31** 성과(Performance) **32** LPC **33** 과업구조 **34** 후원적 **35** 참여형 **36** 리더-부하 교환이론 **37** 전략적 비전 제시 **38** 거래적 **39** 지적 자극 **40** 서번트 리더십

OX 문제

01 A형 성격은 야심이 크고 경쟁적이며 공격적인 성향을 가지고 항상 시간압박에 쫓기는 성격이며, B형 성격은
물건에 대한 욕심이 별로 없으며 양적인 면보다 질적인 면을 중요시하는 성격이다. □ O □ X

02 A형 성격은 인간관계 측면에서 유리하고, B형 성격은 업무수행 측면에서 유리하다. □ O □ X

03 성격은 통제의 위치에 따라 내재론자와 외재론자로 구분할 수 있으며, 내재론자에 비하여 외재론자는 스스로
통제가 불가능하기 때문에 상대적으로 평소에 걱정을 더 많이 한다. □ O □ X

04 외재론자는 자율적 업무와 참여적 관리스타일이 적합하고, 내재론자는 완전통제된 업무와 지시적 관리스타일이
적합하다. □ O □ X

05 빅 파이브 모형은 성실성, 우호성/친화성, 경험에 대한 개방성, 외향성, 신경증성향/정서적 안정성으로 구성된다. □ O □ X

06 긍정심리자본은 자기효능감, 희망, 낙관주의, 복원력의 4가지 구성요소를 가진다. □ O □ X

07 바람직한 행동을 증가시키기 위한 강화전략에는 긍정적 강화와 부정적 강화가 있으며, 바람직하지 못한 행동을
감소시키기 위한 강화전략에는 소거와 벌이 있다. □ O □ X

08 단속적 강화는 학습의 효과를 단기간 동안에 높일 수 있는 장점이 있으나 강화요인이 중단되면 작동행동도
반복되지 않음으로써 학습의 효과가 감소될 수 있다. □ O □ X

09 태도는 인지적 요소, 정서적 요소, 행동적 요소로 구성되어 있다. □ O □ X

10 가치관이 구체적인 개념이라면 태도는 가치관에 비해 보다 광범위하고 포괄적인 개념이다. □ O □ X

11 조직몰입은 정서적 몰입, 지속적 몰입, 규범적 몰입으로 이루어져 있다. □ O □ X

12 조직시민행동이란 다른 구성원들을 돕는 행동 및 조직 내의 갈등을 줄이려는 비자발적 행동들을 의미한다. □ O □ X

13 조직시민행동의 구성요소 중 이타주의와 예의는 조직 내 다른 구성원을 지향하고, 성실성(양심), 시민의식,
스포츠맨십은 행동의 대상이 조직을 지향한다. □ O □ X

14 매슬로우는 생리적 욕구, 안전욕구, 존경(자존) 욕구, 소속(사회적) 욕구, 자아실현욕구의 순서로 동기부여가
일어난다고 하였다. □ O □ X

15 허쯔버그의 2요인이론에 의하면 임금은 만족을 증가시키지만, 불만족을 감소시키지는 않는다. □ O □ X

16 브룸은 동기부여를 계량화하고자 하였으며, 동기부여의 크기는 양(+), 0, 음(−)의 값을 모두 가질 수 있다. □ O □ X

17 프렌치와 레이븐에 의하면 강압적 권력은 조직의 공식적인 지위와 관련된 권력이다. □ O □ X

18 준거적 권력은 권한이라고도 한다. □ O □ X

19 블레이크와 모튼의 관리격자이론에서 가장 이상적인 리더십은 (9, 9)이다. □ O □ X

20 피들러의 상황적합이론에 의하면 LPC 점수가 높은 리더는 과업지향적 리더이다. □ O □ X

21 허쉬와 블랜차드의 수명주기이론에서 부하의 성숙도가 가장 높은 경우에는 과업지향적 행동이 낮고 관계지향적
행동이 낮은 지시형의 리더가 적합하다. □ O □ X

22 거래적 리더십은 조건적 보상과 예외에 의한 관리가 대표적인 구성요소이며, 변혁적 리더십은 카리스마, 개별적
배려, 지적 자극, 영감적 동기가 대표적인 구성요소이다. □ O □ X

[OX 정답] **01** O **02** X **03** O **04** X **05** O **06** O **07** O **08** X **09** O **10** X **11** O **12** X **13** O **14** X **15** X **16** O **17** O
18 X **19** O **20** X **21** X **22** O

1. 인적자원관리의 변화와 전략적 인적자원관리

인적자원관리의 변화	• 역사적 변화 : 기계적 접근 → [01] 접근 → 전략적(인적자원적) 접근 • 관점적 변화 : 반응적 관리와 선행적 관리, 일원관리와 다원관리, 비용중심과 수익(투자)중심, 연공중심과 능력중심, 표준형 인재관과 이질적 인재관 • [02] 인적자원관리 : 인터넷과 정보기술을 활용하여 인적자원관리를 하는 것 ⇒ 인사기능 개선을 통한 비용 절감, 종업원에 대한 서비스 개선을 통한 종업원 만족도 제고, 인적자원관리의 전략기능 강화, 기업문화 변혁 등
전략적 인적자원관리	• 경영전략과 인적자원관리를 통합하여 함께 수행하는 것으로 인적자원관리를 염두에 두고 경영전략을 형성하고 경영전략을 염두에 두고 인적자원관리를 계획하고 실행하는 것 • 경영전략과의 연결관계 : [03] 연결관계 → 일방적 연결관계 → 쌍방적 연결관계 → [04] 연결관계
인사부서의 역할	• 행정전문가 : 단기적(업무적) – 시스템(프로세스) 관점 • 근로자의 대변인 : 단기적(업무적) – 사람(개인) 관점 • [05] : 장기적(전략적) – 시스템(프로세스) 관점 • 변화담당자 : 장기적(전략적) – 사람(개인) 관점

2. 직무관리

[06]	• 직무수행에 관한 기본정보를 수집, 분석, 정리하는 과정 • 절차 : 배경정보의 수집 → 분석대상 직무의 선정 → 직무정보의 획득 → 직무기술서 작성 → 직무명세서 작성 • 직무분석방법 : 경험법, 관찰법, 질문지법, 면접법, 작업기록법, 중요사건기록법 등 • 직무기술서 : 직무특성분석에 의한 과업요건에 중점을 두고 기록 • [07] : 해당직무를 수행하는 직무수행자가 갖추어야 하는 자격요건(인적특성)
직무평가	• 조직 내의 직무가 지닌 책임도, 중요성, 난이도, 위험성 등을 비교 및 평가하여 각각의 직무에 대한 상대적 가치를 결정 ⇒ 보상결정(직무급)

	• 직무평가방법 : 서열법(교대서열법, 쌍대비교법, 위원회방법), 분류법(직무등급명세표), 점수법, [08] (기준직무 + 상호비교 + 임금) • 개인 또는 집단이 수행할 직무 또는 과업의 수를 결정 ⇒ 전통적 직무설계와 현대적(동기부여적) 직무설계 • 직무전문화 : 한 작업자가 수행하는 다양한 종류의 과업을 숫자 면에서 감소시키는 것 • 직무확대화 : 수평적 직무확대화와 수직적 직무확대화

구 분	[09]	집단 대상
수평적 직무확대화	직무확대 (Job Enlargement)	직무교차 (Overlapped Workplace)
		[10]
수직적 직무확대화	직무충실 (Job Enrichment)	준자율적 작업집단 (Semi-Auton-omous Workgroup)

3. 확보관리

	• 인적자원의 수요예측 → 인적자원의 공급예측 → 인적자원의 조치 • 인적자원의 조치

	인력부족에 대한 대응전략	인력과잉에 대한 대응전략
[11]	• 초과근무확대 • 훈련을 통한 능력개발 • 신규채용 • 임시직 및 계약직원 고용 • 퇴직자 재고용 • 해외생산거점 이전 • 외국인 근로자 채용 • 휴일근무 • 적은 인원이 필요한 직무 재설계	• 다른 직무의 수행이 가능하도록 교육훈련 제공 • 자연 감소 및 신규채용 동결 • 조기퇴직 또는 명예퇴직 유도 • 임시직 및 계약직 축소 • 전출 • 근로시간 단축 • 초과근무 단축 • 정리해고 또는 일시해고 • 직무공유제
모 집	• 내부모집 : 조직 내의 현직 종업원을 대상으로 수행되는 모집활동 • 외부모집 : 조직 외에 있는 인적자원을 대상으로 수행되는 모집활동	

[빈칸 정답] **01** 인간관계적 **02** 전자적 **03** 행정적 **04** 통합적 **05** 전략적 파트너 **06** 직무분석 **07** 직무명세서
08 요소비교법 **09** 개인 대상 **10** 직무순환(Job Rotation) **11** 인적자원계획

<table>
<tr><td rowspan="4">모 집</td><td colspan="3">• 내부모집과 외부모집의 장단점</td></tr>
<tr><td>구분</td><td>장 점</td><td>단 점</td></tr>
<tr><td>내부
모집</td><td>• 지원자에 대한 정확한 평가 가능
• 내부인력의 조직 및 직무지식 활용 가능
• 외부인력 채용에 따르는 위험(조직적응 실패 등)의 제거
• 재직자의 개발동기부여와 장기근속유인 제공
• 적응시간 단축
• 신속한 충원과 충원비용 절감
• 하급직 신규채용 수요 발생</td><td>• 과다경쟁 유발 가능
• 인재선택의 폭이 좁아짐
• 조직의 폐쇄성 강화
• 조직 내 위험요소 존재(불합격자의 불만 등)
• 인력수요를 양적으로 충족시키지 못할 가능성이 높음(내부승진으로 인해 전체 인원이 증가하지 않으므로 항상 일정수의 인력부족 발생 가능)</td></tr>
<tr><td>외부
모집</td><td>• 인재선택의 폭이 넓어짐
• 조직분위기의 쇄신
• 이미 자격을 갖춘 자의 선발로 인한 직무훈련비용 절감
• 인력수요에 대한 양적 충족 가능
• 새로운 지식 및 경험의 축적 가능</td><td>• 기존 종업원과의 마찰 발생 가능
• 많은 적응시간 발생
• 많은 충원시간과 충원비용이 발생
• 내부인력의 승진기회 축소</td></tr>
</table>

• 주요지표 : 산출비율, 선발비율, 수용비율, 기초비율 또는 기초성공률

선 발

• 원칙 : 효율성의 원칙, <u>12</u>, 적합성의 원칙(직무중심, 경력중심, 기업문화중심)
• 선발도구의 유형 : 바이오데이터 분석, 프로파일링, 선발시험, 선발면접(구조적 면접과 비구조적 면접, 위원회 면접과 집단 면접, 상황면접, 스트레스 면접), 평가센터법(합숙) 등
• 선발도구의 적용방법 : 종합적 평가법(보완적 방식), 단계적 제거법(비보완적 방식)
• 선발도구의 신뢰도 분석 : 반복시행에 따른 동일한 결과의 발생 정도 ⇒ 시험-재시험 방법, <u>13</u>, 평가자 간 신뢰도 측정, 내적 일관성에 의한 신뢰도 측정
• 선발도구의 타당도 분석 : 기준타당도(동시타당도, 예측타당도), 내용타당도, <u>14</u>
• 선발오류
  • 1종오류 : 만약 선발되었더라면 만족스러운 성과를 올릴 수 있었던 지원자를 선발도구의 결과가 합격선에 미달하여 실제로 탈락시키는 데에서 발생하는 오류
  • 2종오류 : 선발도구의 결과는 합격선을 초과하였지만 실제성과는 만족스럽지 못한 지원자를 선발하는 데에서 발생하는 오류

---

4. 개발관리(교육훈련)와 인적자원의 이동

개발관리(교육훈련)

• 교육훈련 프로세스 : 교육훈련 필요성(수요) 분석 → 교육훈련 설계 → 교육훈련 실시 → 교육훈련 평가
• 교육장소별 교육훈련 : 직장 내 교육훈련(OJT), 직장 외 교육훈련(Off JT)

<table>
<tr><td>구분</td><td>장 점</td><td>단 점</td></tr>
<tr><td>직장 내
훈련</td><td>• 교육훈련이 현실적이고 실제적임
• 상사나 동료 간의 협동정신이 강화됨
• 교육훈련과 생산이 직결되어 경제적임
• 종업원이 개인적 능력에 따른 교육훈련이 가능함</td><td>• 많은 종업원을 한 번에 훈련시킬 수가 없음
• 작업과 교육훈련 모두 철저하지 못할 가능성이 있음
• 통일된 내용을 가진 교육훈련이 어려움
• 작업수행의 지장을 초래할 수 있음</td></tr>
<tr><td>직장 외
훈련</td><td>• 많은 종업원에게 통일적으로 수행할 수 있음
• 전문적 지도자 밑에서 집중적으로 교육훈련 받을 수 있음
• 직무부담에서 벗어나 교육훈련에만 전념할 수 있음
• 계획적인 교육훈련이 가능함</td><td>• 작업시간의 감소와 교육훈련시설 설치 및 이용에 따른 추가적인 경제적 부담이 발생함
• 교육훈련결과를 현장에서 바로 활용하기가 곤란함</td></tr>
</table>

• Kirkpatrick의 교육평가모형 : 반응, <u>15</u>, 행동, 성과

인적자원의 이동

• 전환배치 : 동일수준의 다른 직무로 <u>16</u> 이동 ⇒ 적재적소시의 원칙, 인재육성의 원칙, <u>17</u>
• 승진 : 조직 내 수직적 상향 이동(권한/책임/보상 증가) ⇒ 직급(역직/직책)승진(<u>18</u> 평가), 자격승진(<u>19</u> 평가), 대용(건조/준)승진(형식적 승진), OC 승진(조직변화를 통한 직급승진의 기회 확대), 직계(직위)승진(직무주의)
• 조직 외 이동(이직) : 자발적 이직과 비자발적 이직

[빈칸 정답] **12** 형평성의 원칙 **13** 대체형식법 **14** 구성타당도 **15** 학습 **16** 수평 **17** 균형의 원칙 **18** 상대 **19** 절대

5. 인사평가(성과관리)와 보상관리

인사평가 (성과관리)	• 인사평가요소 : 성과평가(성과급), 능력평가(직능급), 태도평가(근속연수 ⇒ 연공급) • 인사평가의 구성요건 : 타당성, 신뢰성, 20, 실용성 • 인사평가방법 　- 서열법 : 교대서열법, 쌍대비교법, 대인비교법 　- 21 : 관대화경향, 중심화경향, 가혹화경향, 후광효과 등의 오류가 발생할 가능성 　- 대조표법 : 일반적으로 평가자는 대조표를 작성하여 보고만 할 뿐 그 평가는 인사부서에서 실시 　- 중요사건기록법 : 사건에 대한 기록을 유지하기에 많은 시간이 요구될 뿐만 아니라 어떤 사건을 기록해야 할지에 대한 개념이 평가자에 따라 상이함 　- 행동기준평가법 : 22 + 중요사건기록법(BARS 개발 위원회 구성 → 중요사건의 열거 → 중요사건의 범주화 → 중요사건의 재분류 → 중요사건의 등급화(점수화) → 확정 및 시행) ⇒ 행동기대평가법(우수, 평균, 평균 이하)과 행동관찰평가법(빈도)

인사평가 (성과관리)	- 목표관리법(MBO) : 목표관리의 개념을 이용한 인사평가방법 - 평가센터법 : 합숙 - 자율서술법 : 자기신고서 + 후광효과(자기신고서의 서술방식에 따라 평가가 달라짐) - 23 : 정규분포 + 상대평가 ⇒ 평가대상집단의 성과가 전반적으로 우수하거나 열등한 경우에는 부적합 - 24 (360도 성과피드백) : 피평가자를 관찰하고 있는 주변의 많은 사람들(상급자, 동료, 하급자, 고객, 외부전문가 등)이 평가자가 되어 피평가자를 평가하는 방법
보상관리	• 25 : 생활보장의 원칙, 노동대가의 원칙, 26 • 공정성 : 절차공정성과 배분공정성(내부공정성과 외부공정성) • 임금체계 : 임금지급기준 ⇒ 직무급, 연공급, 직능급, 성과급

[빈칸 정답] **20** 수용성　**21** 평정척도법　**22** 평정척도법　**23** 강제할당법　**24** 다면평가제도　**25** 안정성　**26** 고정임금과 변동임금의 균형원칙

OX 문제

01 인사부서의 역할은 행정전문가, 근로자의 대변인, 변화담당자, 전략적 파트너의 순서로 변화되어 왔다.　□ O □ X

02 직무명세서는 직무특성분석에 의한 과업요건에 중점을 두고 기록되며, 직무기술서는 해당 직무를 수행하는 직무수행자가 갖추어야 하는 자격요건(인적특성)을 그 내용으로 한다.　□ O □ X

03 직무분석과 직무평가의 범위에 현재 직무를 수행하고 있는 직무수행자(담당자)는 포함되지 않는다.　□ O □ X

04 직무확대는 개인을 대상으로 한 수평적 직무확대를 의미하고, 직무충실은 개인을 대상으로 한 수직적 직무확대를 의미한다.　□ O □ X

05 직무순환은 집단을 대상으로 한 수평적 직무확대와 수직적 직무확대의 측면을 동시에 가진 직무설계의 형태이다.　□ O □ X

06 선발도구의 타당도가 확보되면 신뢰도는 확보되지만, 신뢰도가 확보되었다고 해서 타당도가 확보되는 것은 아니다.　□ O □ X

07 기준타당도, 내용타당도, 구성타당도 중 가장 주관적인 타당도는 기준타당도이다.　□ O □ X

08 기준타당도는 현직 종업원을 대상으로 측정되는 동시(현재)타당도와 지원자를 대상으로 측정되는 예측(미래)타당도로 구분할 수 있다.　□ O □ X

09 일반적으로 동시(현재)타당도가 예측(미래)타당도보다 측정하는데 걸리는 시간은 짧지만, 정확성이 떨어진다.　□ O □ X

10 직급승진은 경쟁이 발생하기 때문에 절대평가를 원칙으로 하고 자격승진은 경쟁이 발생하지 않기 때문에 상대평가를 원칙으로 한다.　□ O □ X

11 조직변화승진은 승진대상자에 비해 승진대상직위가 부족한 경우에 조직변화를 통해 승진대상직위를 늘림으로써 인적자원들에게 (직급)승진의 기회를 확대하는 방법이다.　□ O □ X

12 인사평가의 방법 중 강제할당법은 관대화경향, 중심화경향, 가혹화경향, 후광효과 등의 오류가 발생할 수 있다.　□ O □ X

13 인사평가의 방법 중 강제할당법은 평가집단이 전체적으로 우수하거나 열등한 경우에 적합한 방법이다.　□ O □ X

14 인사평가의 방법 중 다면평가제도 또는 360도 성과피드백은 인사평가과정에서 시간과 비용이 많이 발생하며, 피평가자가 인사평가로 인해 받는 스트레스를 증가시킬 수 있는 단점이 있다.　□ O □ X

15 직무급, 연공급, 직능급, 성과급 중 가장 객관적인 임금체계는 연공급이다.　□ O □ X

16 브로드밴딩은 정보기술의 발달로 인해 조직계층 수의 축소와 수평적 조직의 확산에 따라 전통적인 다수의 계층적인 임금구조를 통합하여 보다 폭넓은 임금범위를 갖는 소수의 임금등급으로 축소시키는 것을 말한다.　□ O □ X

[OX 정답] **01** X　**02** X　**03** O　**04** O　**05** O　**06** O　**07** X　**08** O　**09** O　**10** X　**11** O　**12** X　**13** X　**14** O　**15** O　**16** O

1. 경영전략의 이해

경영전략의 기초개념	• 기업의 사명과 목표를 달성하고 경쟁우위를 확보하기 위하여 환경과의 관계를 고려하여 전략을 수립하고 실행하는 과정 ⇒ 조직의 목 적과 직결, 다른 모든 계획의 기본준거틀을 제 공, 비교적 장기적인 계획, 일관성(안정성)의 유지, **01** 경영층에서 수립 • 경영전략의 수준 : 기업전략, 사업전략(전략적 사업단위), 기능전략 • 경영전략 프로세스 : 목표설정 → **02** → 전략수립 → 실행 및 평가

경영혁신	• **03** : 낭비적인 요소의 제거를
	통한 규모의 축소
	• 구조조정 : 기존 프로세스 인정 ⇒ 수정·개량
	• **04** : Zero-Base ⇒ 재설계
	• **05** : Best Practice + 모방
	• 학습조직 : 개인적 수련, 정신모형, 공유비전,
	06 , 시스템 사고
	• 지식경영
	  – 구성요소 : 조직문화, 조직전략, 프로세스,
	    07
	  – 지식경영 프로세스 : 지식생산 → 지식저장
	    → 지식공유 → 지식활용
	  – 지식의 창출 : 형식지와 암묵지의 상호변환
	    (Seci 모형) ⇒ 사회화, 표출화,
	    08 , 내면화
	  – 지식의 공유(상호작용) : 개인수준 → 집단
	    수준 → 조직수준
	• **09** 경영 : 세후영업이익 –
	자본비용(=타인자본비용+자기자본비용)
	• 균형성과표
	  – 균형(Balanced) : 내부/외부, 과거/미래,
	    계량적/비계량적, 단기/장기
	  – 성과표(Scorecard) : **10** 관점(영
	    업이익, 투자수익률, 잔여이익, 경제적 부가
	    가치, 판매성장, 현금흐름 등), 고객 관점(고
	    객만족도, 시장점유율, 고객수익성 등), 내부
	    프로세스 관점(경영시스템, 제품개발, 생산,
	    품질, 적송, 사후 서비스, 정보기술 등),
	    11 관점(직원숙련도, 직원만
	    족, 정보획득 가능성, 연구개발 등)
	• 블루오션 전략 : **12** 오션과 블루오션 ⇒
	퍼플오션

2. 조직자원과 역량의 분석

13	• 기업이 가지고 있는 자원과 역량을 분석하는 기 술적 방법 • 내부환경(강점과 약점)과 외부환경(기회와 위협)
14	• 내부보유가치(Value), 보유한 자산의 희소성 (Rarity), 모방가능성의 성노(Imitability), 조직 (Organization) • 단순히 어떤 자원을 보유하고 있는지를 확인하는 것이 아니라 그 자원을 활용할 능력(Capability) 이 있는지를 보는 것

3. 산업구조분석과 가치사슬분석

산업구조분석	• 수평적인 힘 : 산업 내 경쟁(산업의 집중도, 제 품차별화 정도, 경쟁기업과의 동질성, 산업 내 의 비용구조, 철수장벽, 초과생산능력), 신규진 입자(진입장벽 ⇒ 자본소요량, 규모의 경제, 절 대적 비용우위, 제품차별화, 유통경로, 정부규 제 및 제도 등), **15** 존재 • 수직적인 힘 : 공급자의 교섭력, 소비자의 교섭력
가치사슬	• 가치사슬 : 지원적 활동(기업의 하부구조, **16** , 연구/기술개발, 구입/조 달)과 본원적 활동(내부물류, **17** , 외부물류, 판매 및 마케팅, 사후 서비스) • 분석 : 가치창출활동(직접수행)과 가치비창출 활동(아웃소싱)

4. 사업부 수준의 전략

18 (M. Porter)	• 경쟁우선순위 : 원가(원가우위 전략 ⇒ 규모 의 경제, 학습효과, 투입요소 가격의 자체적 인 차이 및 효율적인 프로세스 등), 고객화 (차별화 전략 ⇒ 프리미엄 전략) • 경쟁범위 : 넓은 시장, 좁은 시장(집중화 전략)

		경쟁우위	
		원가 (저원가 생산)	고객화 (차별화)
경 쟁 범 위	넓은 범위	원가우위 전략	차별화 전략
	좁은 범위	집중화된 원가우위 전략	집중화된 차별화 전략

사업 포트폴리오 분석	• **19** : 시장(산업)성장률과 상대적 시장점유율(현금흐름 기준) ⇒ 물음 표, **20** , 현금젖소, 개 • 전략적 사업계획 그리드(GE 매트릭스, 신호 등 분석) : 산업의 매력도와 사업의 강점(투 자수익률 기준) ⇒ 청신호 지역, 황신호 지 역, 적신호 지역

[빈칸 정답] **01** 최고 **02** 환경분석 **03** 다운사이징 **04** 리엔지니어링 **05** 벤치마킹 **06** 팀학습 **07** 정보기술 **08** 연결화(조합화)
09 경제적 부가가치 **10** 재무적 **11** 학습과 성장 **12** 레드 **13** SWOT 분석 **14** VRIO 분석 **15** 대체재
16 인적자원관리 **17** 생산/운영 **18** 본원적 전략 **19** BCG 매트릭스 **20** 별

5. 기업 수준의 전략

제품-시장 매트릭스	• 시장침투전략 : 기존 제품으로 기존 시장에서 승부하여 시장점유율, 판매량을 제고하는 전략 • [21] : 기존 시장에서 신제품을 출시하는 전략 • 시장개발전략 : 기존 제품으로 새로운 시장을 창출하는 전략 • [22] : 새로운 시장에 새로운 제품을 출시하는 전략
Miles와 Snow의 전략유형	• 공격형(Prospectors) : 신제품 및 신시장 기회를 적극적으로 찾아내고 이용하는 기업군 ⇒ 창의성이 효율성보다 더 중요시되는 동태적이고 급변하는 환경에 적합한 전략 • 방어형(Defenders) : 위험을 추구하거나 새로운 기회를 탐색하기보다는 안정성을 중요시하거나 좁은 제품시장을 정해놓고 제품을 경쟁적인 가격으로 공급하는 기업군 ⇒ 쇠퇴기에 있는 산업이나 안정적인 환경에 있는 조직에 보다 적합한 전략 • [23] : 제한된 범위의 방어전략과 공격전략을 혼합하여 사용하는 기업군 • 반응형(Reactors) : 전략형성에 실패한 기업군
기업집단화	• 결합방향에 따른 분류 : 수평적 결합과 수직적 결합(전방통합과 후방통합) • 독립성에 따른 분류

구분	카르텔	24	트러스트
독립성	경제적 독립성 유지, 법률적 독립성 유지	경제적 독립성 상실, 법률적 독립성 유지	경제적 독립성 상실, 법률적 독립성 상실
존속성	협정기간 동안	자본적 지배	완전한 통일체
구속력	제한적	경영활동의 구속	내부 간섭
결합방법	동일업종의 수평적 결합	수평적/수직적 결합	수평적/수직적 결합

• 적대적 M&A
  - 공격방법(인수기업) : 주식공개매수, 백지위임 장투쟁, 차입매수, 파킹(흑기사) 등
  - 방어방법(피인수기업) : 역공개매수, 의결정족수특약, 황금낙하산, 이사임기교차제, 백기사, 독소조항(상환우선주, [25], 신주인수권부 사채, 전환사채), 자기주식의 취득(자사주 매입 ⇒ 주가상승 및 대주주의 지분율 상승), 왕관의 보석, 불가침협정 등

6. 다국적 기업과 글로벌 경영

해외시장 진출전략	• 수출에 의한 진출 : 간접수출과 직접수출 • [26]에 의한 진출 : 라이선싱, 프랜차이징, 국제하청계약, 턴키 프로젝트, 경영관리 계약 등 • 직접투자에 의한 진출 : 단독투자와 합작투자 ⇒ [27] 투자(회사가 직접 새로운 시장에 자금을 들여 투자하고 운영하는 형태)와 [28] 투자(회사가 이미 설립되어 운영하는 회사를 전략과 사업성에 기반하여 인수하고 그 회사의 사업방향에 적합하게 운영하는 형태)
국가경쟁우위 다이아몬드 모형	• [29] 조건 : 기본요소(천연자원, 기후, 지역), 고급요소(통신 인프라, 숙련된 고급 인력, 기술적 노하우) ⇒ 고급요소가 더 중요 • [30] 조건 : 산업내의 재화나 서비스에 대한 자국 수요가 역량 개발에 영향을 미침 • 관련 및 지원 산업 : 국제적으로 경쟁력 있는 연관 산업과 영향력 있는 공급자의 산업 • 전략 및 구조와 경쟁 : 한 국가 내에서 기업이 어떻게 만들어지고 조직화되며 경영되는지, 또한 자국 경쟁자의 성향은 어떤지를 의미함

[빈칸 정답] **21** 제품개발전략 **22** 다각화전략 **23** 분석형(Analyzers) **24** 콘체른 **25** 전환우선주 **26** 계약 **27** 그린필드 **28** 브라운필드 **29** 요소 **30** 수요

막판 뒤집기 핵심요약노트 **49**

OX 문제

01 다운사이징은 조직의 효율, 생산성, 경쟁력을 높이기 위해서 비용구조나 업무흐름을 개선하는 일련의 조치들로
필요가 없는 인원이나 경비를 줄여 낭비적인 요소를 제거하는 것을 말한다. □ O □ X

02 구조조정은 업무방식을 단순히 개선 또는 보완하는 차원이 아니라 고객만족이라는 전제하에서 업무를 처리하는
방식을 근본적으로 개선하고 업무프로세스 자체를 바꿈으로써 경영효율을 높이는 기법을 말한다. □ O □ X

03 리엔지니어링이란 기업이 장기적으로 치열한 경쟁에서 살아남아 경쟁우위를 확보하기 위해 제품이나 사업의
편성을 변경하고, 사업의 생산 · 판매 · 개발시스템을 구조적으로 변화시키고 재편성하는 등 의도적이고 계획적으로
사업구조를 재구성하는 것을 의미한다. □ O □ X

04 벤치마킹이란 제품이나 업무수행과정 등 경영의 어느 특정부문에서 최고의 성과를 올리고 있는 다른 기업을
선정하고 그 부문에서 우리 기업과 그 기업 사이의 차이를 비교 · 검토한 후에 학습과 자기혁신을 통해 성과를
올리려는 지속적인 노력을 말한다. □ O □ X

05 지식은 '사회화 → 표출화 → 연결화 → 내면화 → 사회화 → …'의 활동들이 순차적이고 지속적으로 순환하는
암묵지와 형식지 간의 상호변환과정을 통해 창출된다. □ O □ X

06 통합적인 지식경영 프레임워크를 성공적으로 수행하기 위해서는 조직문화, 조직전략, 프로세스, 정보기술과
같은 구성요소가 필요하다. □ O □ X

07 기업은 블루오션 전략을 통해 기회를 최대화하고 위험을 최소화하는 것이 가능하다. □ O □ X

08 치열한 경쟁시장인 레드오션과 경쟁자가 없는 시장인 블루오션을 조합한 시장을 퍼플오션이라고 한다. □ O □ X

09 SWOT 분석은 내부환경과 외부환경이라는 관점에서 현재 기업이 가진 자원과 역량을 분석하는 인과적 방법이다. □ O □ X

10 산업구조분석은 동태적 분석이다. □ O □ X

11 가치사슬분석에서 가치비창출부분은 직접 수행하고, 가치창출부분은 아웃소싱한다. □ O □ X

12 BCG 매트릭스에서 상대적 시장점유율은 1보다 클 수 있으며, 상대적 시장점유율이 1보다 크다는 것은 해당
사업부가 시장에서 가장 높은 성장율을 달성하고 있음을 의미한다. □ O □ X

13 수직적 결합은 같은 산업에서 생산단계가 비슷한 기업 간에 이루어지는 통합을 의미하고, 수평적 결합은 한
기업이 생산과정이나 판매경로상 다른 단계에 있는 기업과의 통합을 의미한다. □ O □ X

14 카르텔은 수직적 결합에 해당한다. □ O □ X

15 자기주식의 취득을 통한 적대적 M&A의 방어전략은 대주주의 지분을 상승시키고, 주가를 상승시키는 효과가 있다. □ O □ X

16 수출에 의한 진출에는 라이선싱, 프랜차이징, 국제하청계약, 턴키 프로젝트, 경영관리계약 등이 있다. □ O □ X

[OX 정답] **01** O **02** X **03** X **04** O **05** O **06** O **07** O **08** O **09** X **10** X **11** X **12** X **13** X **14** X **15** O **16** X

Topic 17 | 마케팅

1. 마케팅의 이해

마케팅	• 개인과 조직의 목표를 충족시킬 수 있는 소비자와의 교환을 창조하기 위하여 재화 및 서비스에 대한 개념정립, 가격결정, 촉진 및 유통에 대한 계획을 수립하고 이를 수행하는 과정 • 소비재 마케팅 : ___01___ 소비를 목적으로 하는 소비재를 대상으로 하는 마케팅 • 산업재 마케팅 : ___02___ 소비를 목적으로 하는 산업재를 대상으로 하는 마케팅 ⇒ 조직 간 마케팅 • 서비스 마케팅 : 서비스를 대상으로 하는 마케팅
마케팅개념 (관리철학)	• 마케팅개념(관리철학)의 변화 : ___03___ 개념(초과수요) → 제품개념(제품의 품질에 관심) → ___04___ 개념(초과공급) → 마케팅개념(고객의 욕구파악) → 사회지향적 마케팅개념(마케팅개념 + 기업의 사회적 책임) • 고압적 마케팅(Push Marketing) : 판매개념, ___05___ 마케팅, 후행적 마케팅 • 저압적 마케팅(Pull Marketing) : ___06___ 개념, 순환마케팅, 선행적 마케팅

2. 소비자 행동

의의	• 구매의사결정 ⇒ 사회적 요인(사회계층, 준거집단, 가족 등), 문화적 요인(관습, 가치, 도덕 등), 개인적 요인(인구통계적 요인, 라이프 스타일, 성격, 학습 등) • ___07___ : 소비자가 특정 제품에 대해 가지는 중요성, 관심도와 자신과 관련되었다고 지각하는 정도 ⇒ 고관여와 저관여 • 관여도에 의한 소비자행동의 유형 : 포괄적 문제해결, ___08___ 문제해결(수정재구매), 일상적 문제해결(자동재구매) ⇒ 일상적 문제해결에서 포괄적 문제해결로 갈수록 고관여 • 관여도와 상표 간 차이에 의한 소비자행동의 유형

상표 간 차이 \ 관여도	고관여	저관여
상표 간 큰 차이	복잡한 구매행동	다양성추구 구매행동
상표 간 작은 차이	___09___ 구매행동	습관적 구매행동

구매의사 결정과정	• 욕구(필요)인식 : 자신의 현재 상태와 이상적인 상태 간의 차이를 지각 • 정보(대안)탐색 : 내부탐색과 외부탐색 ⇒ 상기(환기)상표군과 ___10___ 상표군 • 대안평가 : 보완적 방식(Fishbein의 ___11___ 모형, 다속성태도 확장모형)과 비보완적 방식(사전식, ___12___ , 결합식, 분리식 등) • 구매결정 : 가장 선호하는 제품에 대하여 구매의도를 형성하게 되고 구매를 행동으로 옮김 • 구매 후 행동 : 구매 후 인지부조화(만족한 경우에는 재구매행동으로 이어지지만, 불만족한 경우에는 재구매행동을 자제)
고객관계 관리	• 목적 : 고객에 대한 상세한 지식을 토대로 고객들과의 장기적 관계를 구축하고 충성도(애호도)를 제고시킴으로써 고객의 생애가치(한 고객이 처음 구매한 시점부터 그 고객이 특정 기업의 고객으로 남아있는 동안의 총 누적구매액)를 극대화하는 것 • 특징 : 개인화 마케팅, ___13___ 의사소통, 데이터베이스(DB) 마케팅 • 고객과의 관계 : 용의자(Suspect) → 잠재 고객(Prospect) → 사용자(User) → ___14___ → 옹호자(Advocate) • ___15___ : 기업이 여러 가지 제품을 생산하는 경우 한 제품의 고객 데이터베이스를 이용하여 다른 제품의 판매를 촉진하고자 하는 전략 • ___16___ : 브랜드자산을 포괄하는 보다 광의의 개념이며, 기업의 모든 고객들이 가지는 생애가치를 합친 것 ⇒ 객관적 가치, 브랜드 가치, 관계 가치

3. 마케팅전략 : STP 전략

시장 세분화	• 전체 시장을 일정한 기준에 의해 동질적인 세분시장으로 구분하는 과정 • 바람직한 시장세분화가 갖추어야 할 조건 : 측정가능성, 충분한 규모, 접근 가능성, ___17___ , 신뢰성, 실행가능성 • 시장세분화기준 : 지리적 기준, 인구통계적 기준, 심리특성적 기준, ___18___ 기준

목표시장
선정
	• 3C 분석 : 고객, ___19___ , 자사
	• 경쟁의 범위 : 제품형태에 의한 경쟁, 제품범주에 의한 경쟁, ___20___ 에 의한 경쟁, 예산 경쟁 등
	• 유형
	  – 비차별적 마케팅 : 기업이 세분시장들의 차이를 무시하고 하나의 제품을 가지고 전체시장에 접근하는 방법
	  – 차별적 마케팅 : 세분화된 시장들 중에서 각 세분시장마다 다른 제품을 가지고 접근하는 방법
	  – ___21___ 마케팅 : 하나의 세분시장에서 하나 또는 그 이상의 제품을 소비자에게 판매하는 방법

[빈칸 정답] **01** 최종 **02** 중간 **03** 생산 **04** 판매 **05** 선형 **06** 마케팅 **07** 관여도 **08** 제한적 **09** 부조화감소 **10** 고려 **11** 다속성태도 **12** 속성제거식 **13** 쌍방향 **14** 고객(Customer) **15** 교차판매전략(Cross-Selling) **16** 고객자산 **17** 차별적 반응/유효성 **18** 구매행동적 **19** 경쟁기업 **20** 본원적 효익 **21** 집중적

<table>
<tr><td rowspan="4">포지셔닝</td><td>

- 소비자의 마음 속에 자사의 제품을 위치시키는 과정
- 과정 : 소비자분석과 경쟁자의 확인 → 경쟁제품의 위치분석 → 자사제품의 포지셔닝 개발 → 포지셔닝의 확인 및 재포지셔닝
- 차별화의 유형 : 제품 차별화, 서비스 차별화, 유통 경로 차별화, 인적 차별화, 이미지 차별화 등
- 기법
  - <u>22</u> : 포지셔닝 맵 또는 지각도를 작성하는 과정
  - <u>23</u> 분석 : 최적 속성조합

</td></tr>
</table>

4. 마케팅전략 : 기타 마케팅전략

수요상황별 마케팅전략	- 수요확대 : <u>24</u> 마케팅(부정적 수요), 개발마케팅(잠재적 수요), 자극마케팅(무수요), 재마케팅(감퇴적 수요) - 수요안정화 : 동시마케팅(불규칙 수요), 유지마케팅(완전수요) - 수요축소 : 역마케팅(초과수요), 대항마케팅(<u>25</u> 수요)
인터넷마케팅과 전자상거래	- 인터넷을 기반으로 하여 마케팅활동을 수행하는 사이버 공간상의 마케팅 ⇒ 디지털 융합기능, 네트워크 효과, 수확체증의 법칙 등 - 전자상거래 : B2C, C2B, C2C, B2B, B2G, P2P, B2E, O2O 등
바이럴 마케팅과 버즈 마케팅	- 바이럴(바이러스) 마케팅 : 네티즌들이 이메일이나 블로그, 핸드폰 등 전파가 가능한 매체를 통해 자발적으로 특정 기업이나 제품을 홍보할 수 있도록 제작하여 널리 퍼뜨리는 마케팅 ⇒ 온라인 - 버즈 마케팅 : 인적인 네트워크를 통하여 소비자에게 상품정보를 전달하는 마케팅(소비자들이 자발적으로 메시지를 전달하게 하여 상품에 대한 긍정적인 입소문을 내게 하는 마케팅기법) ⇒ 입소문마케팅 또는 구전마케팅(오프라인)
기 타	- <u>26</u> 마케팅 : 월드컵이나 올림픽 등의 공식후원사가 아닌 기업들이 그 로고를 정식으로 사용하지 않고 비슷한 언어적 유희 등을 교묘히 활용하여 수행되는 마케팅 - <u>27</u> 마케팅 : 첨단기술제품이 선보이는 초기시장에서 주류시장으로 넘어가는 과도기에 일시적으로 수요가 정체되거나 후퇴하는 단절현상을 다루는 마케팅 - <u>28</u> 마케팅 : 종래의 마케팅이 상품의 특성을 강조하고 소비자가 그 상품을 구매할 수 있도록 집중하는 것과 달리 소비자가 선택을 함에 있어서 좀 더 유연하고 부드러운 방식으로 접근하는 마케팅

- <u>29</u> 마케팅 : 기업이 환경·보건·빈곤 등과 같은 사회적인 이슈, 즉 '대의명분(Cause)'을 기업의 이익 추구를 위해 활용하는 것

5. 제품

rowspan 의 의	- 제품개념의 수준 : <u>30</u> 제품, 실제제품, 확장제품 - 소비재의 유형 : 편의품, <u>31</u> , 전문품 + 미탐색품 - 신제품 개발전략 : 선제적 개발전략과 대응적 개발전략 - 신제품 수용과정 : 인지 → 관심 → 평가 → <u>32</u> → 수용 - 신제품 수용자의 유형(소비자 수용속도) : 혁신수용층(2.5%) → 조기수용층(13.5%) → 조기다수수용층(34%) → 후기다수수용층(34%) → 후발(지각)수용층(16%) - 제품믹스 : 제품믹스의 폭, 길이, 깊이 - 제품수명주기 : 도입기 → <u>33</u> → 성숙기 → 쇠퇴기

상 표	- 특정 기업의 재화나 서비스를 소비자에게 식별시키고 경쟁자들의 것과 차별화시키기 위하여 사용하는 독특한 이름과 상징물들의 결합체 ⇒ 상표명과 상표마크 + 등록상표(법률적으로 보호받아 독점적으로 사용할 수 있는 상표 또는 상표의 일부분)
	- 상표개발
	  - <u>34</u> : 제품범주 내에서 새로운 형태, 색상, 크기, 원료, 향 등의 신제품에 기존 상표를 함께 사용하는 것
	  - 상표확장 : 현재의 상표를 새로운 제품범주의 신제품으로 확장하는 것
	  - 복수상표 : 동일 제품범주에서 다수의 상표를 도입하는 것
	  - <u>35</u> : 새로운 제품범주에 진출하려고 하는 경우에 신제품에 사용할 적절한 기존 상표가 없어 새로운 상표를 개발하는 것
	- 상표주체의 결정 : 제조업자 상표, 유통업자 상표, 공동상표(중소기업체가 상표개발과 마케팅에 충분히 투자할 수 있는 여력이 없는 경우 동종 기업들과 연합하여 공동으로 상표를 사용하는 경우)
	- 브랜드 자산 : 특정 재화나 서비스가 상표를 가짐으로써 발생되는 바람직한 마케팅효과 ⇒ 브랜드 충성도, 브랜드 <u>36</u> , 지각된 품질, 브랜드 이미지(연상), 기타 독점적 브랜드자산 등

[빈칸 정답] **22** 다차원척도법 **23** 컨조인트 분석 **24** 전환 **25** 불건전 **26** 앰부시(매복/잠복) **27** 캐즘 **28** 넛지 **29** 코즈 **30** 핵심 **31** 선매품 **32** 사용구매 **33** 성장기 **34** 라인확장 **35** 신상표 **36** 인지도

6. 가격

37 과 가격전략	• 수요중심 가격전략 : 지각가치 가격결정(Price－Margin＝Cost ⇒ 가격의 개념에 가장 부합되는 방법이지만, 지각된 가치를 객관적으로 측정하는 것이 어려움) • 원가중심 가격전략 : 원가가산 가격결정(Cost＋Margin＝Price ⇒ 계산이 쉽고 원재료의 가격 상승으로부터 판매자를 보호해 주는 장점이 있지만 수요의 가격탄력성을 무시함) • 경쟁중심 가격전략 : 상대적 고가전략, 상대적 저가전략, 대등가격전략
신제품과 가격전략	• 초기 고가전략(Skimming 전략) : 단기간에 많은 이익을 실현하여 초기 투자비를 회수할 목적이거나 아직 경쟁기업이 없는 경우 또는 수요의 가격탄력도가 낮은 경우에 적합한 전략 • 초기 저가전략(시장침투 가격전략) : 저렴한 가격으로 시장성장을 촉진하거나 원가우위로 경쟁기업의 진입을 지연시키고자 할 때 또는 수요의 가격탄력도가 높은 경우에 적합한 전략 • **38** : 다수의 시장을 대상으로 하는 경우에 세분화된 시장별로 수요의 가격탄력도가 상이하여 시장에 따라 상이한 가격을 설정하는 가격전략 ⇒ 상이한 소비자 집단 또는 시장자체가 존재, 불완전경쟁시장, 수요탄력성이 상이, 차익거래×, 비용＜수익
제품믹스와 가격전략	• 사양제품 가격전략 : 주제품 판매 시 추가하여 제공되는 사양제품의 판매가격을 책정하는 가격전략 • **39** 가격전략 : 주제품의 판매보다 주제품과 관련된 종속제품의 판매가 주된 목적인 제품의 가격전략 • 묶음제품 가격전략 : 기업이 둘 또는 그 이상의 재화나 서비스를 결합하여 할인된 가격으로 판매하는 전략 ⇒ 순수묶음과 혼합묶음
40	• 명성(금지/권위/위신)가격 : 가격이 품질과 제품의 지위를 반영한다고 믿는 구매자의 심리를 활용한 가격전략 ⇒ 가격－품질연상효과 • **41** : 사회적으로 또는 소비자들이 일반적으로 인정하는 가격으로 기업이 가격을 결정하는 것이 아니라 사회가 인정하는 가격을 기업이 받아들이는 것 • 준거(참고)가격 : 소비자들이 제품가격의 높고 낮음을 평가할 때 비교기준으로 사용하는 가격 • 유보가격과 최저수용가격 : 소비자가 어떤 제품에 대해 지불할 의사가 있는 최고가격을 유보가격이라고 하고, 제품가격이 너무 싸면 소비자는 제품에 하자가 있는 것으로 판단하고 구매를 거부하게 되는데, 이러한 가격을 최저수용가격이라고 함 ⇒ 일반적으로 소비자는 준거가격을 중심으로 유보가격과 최저수용가격 내에서 제품을 구매함

가격이론	• **42** : 소비자들에게 제품가격이 정확한 계산에 의해 가장 낮게 책정되었다는 인식을 심어주기 위해 1,000원 또는 10,000원 등과 같은 가격이 아니라 단수로 가격을 결정하는 가격전략 • 프로스펙트 이론(Kahneman & Tversky) : 사람들은 이득보다 손실에 더 민감하고 기준점을 중심으로 이득과 손해를 평가하며 이득과 손해 모두 효용이 체감한다는 것을 가정하는 이론(소비자는 절대치가 아닌 상대적인 변화에 민감하게 반응한다는 것) ⇒ 준거의존성, **43** , 손실회피성 • **44** : 소비자가 가격변화에 대하여 느끼는 정도가 가격수준에 따라 모두 동일한 것이 아니고 차이가 있다는 이론(차이의 인식이 절대적이라기보다는 상대적) ⇒ 차이를 인식하기 위해 필요한 자극변화는 웨버상수(웨버비)로 측정함 • 최소인식가능차이(JND) : 소비자들이 가격차이를 느낄 수 있는 최소한의 가격변화

7. 유통

의의	• 제품을 생산자로부터 소비자에게까지 이전시키는 모든 거래과정과 경로 • 중간상(유통업체)의 필요성 : 생산업체의 유통능력 부족, 시간적·장소적·소유 효용의 제공, 구색전환, 거래의 집중화에 의한 거래접촉 효율성 달성(총거래수 최소의 원리) 등 • 기능 – 거래기능 : **45** 관계되는 기능 ⇒ 판매기능과 구매기능 – 물적유통기능 : 재고이전과 관계되는 기능 ⇒ 보관기능과 **46** 기능 – **47** 기능 : 거래 및 물적유통기능이 원활하게 이루어지도록 보조하는 모든 기능 ⇒ 위험부담기능, 금융기능, 표준화기능, 정보제공기능, 구색확보기능 등
유통전략	• 직접유통 : 생산자와 소비자가 직접 거래하는 유통 • 간접유통 : 생산자와 소비자 사이에 유통기관을 활용하는 유통 ⇒ 도매상(상인도매상, 대리점과 브로커, 제조업자 판매지점 및 사무소), 소매상(점포 소매상, 무점포 소매상) 등 – **48** 유통경로전략 : 자사제품에 대해 모든 판매업자에게 판매를 허용하는 전략 – **49** 유통경로전략 : 다수의 중간상 중 일부에게 선택적으로 판매권한을 부여하는 전략 – **50** 유통경로전략 : 생산자가 특정 지역 또는 시장에 한하여 독점적 권한을 부여한 도매상과 소매상에게만 자사제품을 유통시키는 전략

[빈칸 정답] **37** 가격결정요인 **38** 탄력가격전략(가격차별) **39** 종속(포획)제품 **40** 소비자심리 가격전략 **41** 관습가격 **42** 단수가격 **43** 민감도 체감성 **44** 웨버의 법칙 **45** 소유권의 이전 **46** 운송 **47** 조성 **48** 개방적(집중적) **49** 선택적 **50** 전속적(배타적)

유통경로 시스템	• 전통적 유통경로시스템 : 제조업자, 도매상, 소매상이 서로 지배하지 않고 독립적인 형태로 연결된 유통경로시스템 • 51 마케팅시스템 : 동일한 유통경로단계에 있는 두 개 이상의 기업이 자원과 마케팅 프로그램을 결합하여 수행하는 마케팅시스템(시너지 효과) ⇒ 공생적 마케팅(Symbiotic Marketing) • 52 마케팅시스템 : 하나의 전체 시스템으로 운영되는 유통경로시스템으로써 제품이 제조업자에서부터 소비자까지 흐르는 과정의 수직적 유통단계를 관리하는 유통망(경로 내의 유통기관에 대한 통제력을 강화하여 시장영향력이 최대가 될 수 있도록 하며, 물적유통비용의 절감과 다른 기업과의 판매와 구매과정에서 발생되는 거래비용을 절감) ⇒ 기업형 VMS(소유권), 계약형 VMS(계약), 53 VMS(우월성) • 복수유통경로시스템 : 세분시장마다 다른 유통경로를 사용하는 유통경로시스템 ⇒ 경로 간 갈등이 발생 가능 • 역유통경로시스템 : 소비자로부터 생산자로 이어지는 유통흐름

8. 촉진

의 의	• 기업의 재화나 서비스를 소비자들이 구매하도록 유도할 목적으로 해당 재화나 서비스의 성능에 대해 실제 및 잠재 고객을 대상으로 정보를 제공하거나 설득하는 것 ⇒ 마케팅 커뮤니케이션
촉진믹스	• 광고 : 광고주에 의해 아이디어, 상품 및 서비스 등의 유료형태를 취한 비인적 노출 및 촉진활동 ⇒ 54 , 보급성, 증폭표현성, 비인성 등 • 55 : 촉진을 수행하는 기업이나 조직이 금전적 대가를 지불하지 않고 신문, 잡지, TV, 라디오 등의 뉴스나 기사를 통해 재화와 서비스를 소개함으로써 다양한 이해관계자들로부터 호의를 갖게 하고 소비자의 수요를 자극하는 촉진믹스(공중의 이익에 입각하여 각 개인이나 조직의 정책 및 절차를 밝혀서 공중의 이해와 동의를 얻기 위하여 계획을 수립하고 실천하는 과정) ⇒ 저비용, 신뢰성 등 • 56 : 판매원이 판매를 목적으로 1인 또는 그 이상의 예상구매자들과 직접적인 접촉과 쌍방향 의사소통을 통해 자사의 재화와 서비스를 구매할 수 있도록 권유하고 설득하는 과정 ⇒ 고비용, 개인적 접촉(쌍방향 의사소통, 최종구매행동 자극) • 57 : 재화나 서비스의 판매를 촉진하기 위한 비교적 단기적인 동기부여 수단 ⇒ 소비자 판매촉진과 유통기관 판매촉진

결정요인	• 촉진대상 제품의 유형 : 촉진대상 제품의 유형이 소비재에 가까울수록 58 의 중요성이 더 커지고, 산업재에 가까울수록 59 의 중요성이 더 커지게 됨 • 구매의사결정과정 : '정보탐색'의 과정에서는 광고나 PR이 바람직한 촉진수단이 되고, '구매행동'의 과정에서는 인적판매나 판매촉진이 가장 바람직한 촉진수단이 됨 • 제품수명주기 : 도입기와 성장기에 있는 제품은 일반적으로 신규 구매자를 통한 시장점유율 확대가 목적이기 때문에 광고나 PR이 적합한 촉진수단이 되며, 성숙기에서는 기존 구매자를 대상으로 한 판매촉진이 적합한 촉진수단이 되고, 쇠퇴기에서는 판매촉진을 지속적으로 실시하되, 광고는 소비자들이 기억을 상기할 정도로만 실시하면 됨 • 60 전략 : 제조업자가 최종소비자에게 직접 촉진활동을 하지 않고 유통업자를 통해 촉진하는 전략 ⇒ 주로 유통업자의 힘이 강하고 제조업자의 브랜드 인지도가 낮은 경우에 사용함(판매촉진이 적합한 촉진수단) • 61 전략 : 제조업자가 최종소비자에게 촉진활동을 함으로써 소비자가 자사제품을 찾도록 하는 전략 ⇒ 브랜드 인지도가 높은 기업이 주로 사용함(광고가 주요한 촉진수단)
광 고	• 광고의 유형 : 부정적 광고, 잠재의식 광고, 인포머셜, 티저광고, 역광고, 구매시점(POP) 광고, 기본수요광고(개척광고) 등 • 소구방식 : 62 소구(비교소구, 증언소구, 입증소구 등)와 63 소구(유머소구, 공포소구, 성적소구, 온정소구, 향수소구 등) • 광고매체의 선정기준 : 64 (특정 기간 동안에 궁극적으로 광고에 노출되는 소비자의 숫자), 빈도(특정 기간 동안에 개인이 광고에 노출된 횟수), 65 (특정 매체를 통하여 특정 광고에 노출된 질적 가치로써 소비자의 변화정도), 예산(사용할 수 있는 광고비용으로써의 금전적 범위 ⇒ CPM) • 66 의 설정방법 : 가용자원법(지불능력기준법), 매출액비율법, 이익비율법, 경쟁기업대항법, 목표과업법

[빈칸 정답] **51** 수평적 **52** 수직적 **53** 관리형 **54** 공중제시성 **55** PR **56** 인적판매 **57** 판매촉진 **58** 광고 **59** 인적판매
60 푸시(Push) **61** 풀(Pull) **62** 이성적 **63** 감성적 **64** 도달범위 **65** 영향력 **66** 광고예산

OX 문제

01 판매개념에 기초한 마케팅은 고압적 마케팅이고, 마케팅개념에 기초한 마케팅은 저압적 마케팅이다. □ O □ X

02 소비자는 관여도가 높을수록 일상적 문제해결의 행동을 보이며, 관여도가 낮을수록 포괄적 문제해결의 행동을 보이게 된다. □ O □ X

03 상기상표군에 포함되어 있는 상표의 수는 고려상표군에 포함되어 있는 상표의 수보다 많다. □ O □ X

04 고객관계관리의 주된 목적은 고객에 대한 상세한 지식을 토대로 고객들과의 장기적 관계를 구축하고 충성도를 제고시킴으로써 고객의 생애가치를 극대화하는 것이다. □ O □ X

05 고객관계관리의 관점에서 고객과의 관계는 용의자 → 잠재 고객 → 사용자 → 고객 → 옹호자 순으로 발전된다. □ O □ X

06 교차판매전략은 기업이 여러 가지 제품을 생산하는 경우 한 제품의 고객 데이터베이스를 이용하여 다른 제품의 판매를 촉진하고자 하는 전략이다. □ O □ X

07 빅 데이터는 양, 속도, 다양성의 세 가지 특징을 가지고 있다. □ O □ X

08 고객자산은 객관적 가치, 브랜드 가치, 관계가치라는 세 가지의 하부가치로 구성되어 있다. □ O □ X

09 시장세분화에서 세분화된 시장 내에선 최대한 이질적이어야 하고, 세분화된 시장 간에는 최대한 동질적이어야 한다. □ O □ X

10 시장세분화 기준 중 사회계층은 인구통계적 기준으로 분류될 수도 있다. □ O □ X

11 무수요는 잠재적 시장의 중요부분이 특정 재화나 서비스에 대하여 지식이나 관심이 전혀 없는 상태를 의미하고 개발마케팅과 관련되어 있으며, 잠재적 수요는 명확한 소비자의 욕구는 존재하나 이를 충족할 만한 재화나 서비스가 존재하지 않는 경우를 의미하고 자극마케팅과 관련되어 있다. □ O □ X

12 바이럴 마케팅은 오프라인을 통한 마케팅이고, 버즈 마케팅은 온라인을 통한 마케팅이다. □ O □ X

13 제품개념을 핵심제품, 실제제품, 확장제품의 세 가지 수준에서 고려하였을 때, 가장 넓은 개념은 핵심제품이다. □ O □ X

14 신제품 수용과정은 인지, 평가, 관심, 시용구매, 수용의 순으로 진행된다. □ O □ X

15 소비자 수용속도가 가장 빠른 소비자층은 조기수용층이다. □ O □ X

16 제품수명기 중 이익이 가장 높은 단계는 성장기이다. □ O □ X

17 탄력가격전략 또는 가격차별은 차익거래가 가능한 경우에 적절한 가격전략이다. □ O □ X

18 묶음제품 가격전략은 기업이 둘 또는 그 이상의 재화나 서비스를 결합하여 할인된 가격으로 판매하는 전략을 말하는데, 제품의 개별구매 가능여부에 따라 개별구매가 가능한 순수묶음과 개별구매가 불가능한 혼합묶음으로 구분할 수 있다. □ O □ X

19 관습가격제품은 가격 자체는 유지한 상태에서 수량 또는 품질을 조정하여 가격상승의 효과를 노리게 된다. □ O □ X

20 준거가격 또는 참고가격이란 소비자들이 제품가격의 높고 낮음을 평가할 때 비교기준으로 사용하는 가격을 의미하고, 관습가격이 준거가격으로 사용되는 경우가 많다. □ O □ X

21 유통의 기능 중 거래기능은 재고의 이전과 관계되는 기능을 말하며, 판매기능과 구매기능으로 구분할 수 있다. □ O □ X

22 유통의 기능 중 물적유통기능은 소유권의 이전과 관계되는 기능을 말하며, 시간적 효용을 제공하는 보관기능과 장소적 효용을 제공하는 운송기능이 있다. □ O □ X

23 유통경로전략은 개방적 유통경로전략, 선택적 유통경로전략, 전속적 유통경로전략이 있으며, 고관여제품일수록 전속적 유통경로전략이 많이 활용되고 저관여제품일수록 개방적 유통경로전략이 많이 활용된다. □ O □ X

24 수직적 마케팅시스템(VMS)은 유통기관의 소유와 계약형태에 따라 기업형 VMS, 계약형 VMS, 관리형 VMS로 구분할 수 있는데, 기업형 VMS로 갈수록 통제력이 높아지고 관리형 VMS로 갈수록 유연성이 높아진다. □ O □ X

25 촉진대상 제품의 유형이 소비재에 가까울수록 인적판매의 중요성이 더 커지고, 산업재에 가까울수록 광고의 중요성이 더 커지게 된다. □ O □ X

26 제조업자가 최종소비자에게 직접 촉진활동을 하지 않고 유통업자를 통해 촉진하는 푸시전략은 주로 유통업자의 힘이 강하고 제조업자의 브랜드 인지도가 낮은 경우에 사용하게 되며, 판매촉진이 적합한 촉진수단이 될 수 있다. □ O □ X

27 일반적으로 고관여 제품에는 이성적 소구가 적합하고 저관여 제품에는 감성적 소구가 적합하다. □ O □ X

28 CPM은 청중 100만 명에게 광고를 도달시키는데 드는 광고비용을 가리키는 용어이다. □ O □ X

29 PR은 해당 기업이 메시지 전달시점이나 내용을 통제하기가 쉽지 않으며, 불리한 내용이 소비자에게 알려질 경우에는 수습하기가 매우 곤란하다. □ O □ X

30 인적판매는 촉진이 구매로 연결될 가능성이 상당히 높기 때문에 시간과 비용의 낭비가 적지만, 판매원을 매개로 하여 촉진활동이 수행되기 때문에 비용이 매우 고가이다. □ O □ X

[OX 정답] **01** O **02** X **03** X **04** O **05** O **06** O **07** O **08** X **09** X **10** O **11** X **12** X **13** X **14** X **15** X **16** X **17** X **18** X **19** O **20** O **21** X **22** X **23** O **24** O **25** X **26** O **27** O **28** X **29** O **30** O

1. 회계의 이해

기초개념	• 정보이용자들(내부정보이용자와 외부정보이용자)이 기업에 대해 합리적인 의사결정을 하는 데 유용하도록 기업에 대한 경제적 정보(재무정보)를 식별하고 측정하여 제공하는 일련의 과정
	• 분류
	  – **01** 회계 : 기업의 외부정보이용자인 투자자나 채권자 등에게 경제적 의사결정에 유용한 정보를 제공하는 것을 목적으로 하는 회계
	  – **02** 회계 : 기업의 내부정보이용자인 경영자에게 경영의사결정에 유용한 정보를 제공하는 것을 목적으로 하는 회계
	• 회계정보의 질적 특성
	  – 일반회계기준 : 목적적합성과 **03**
	  – 한국채택국제회계기준 : 근본적 질적 특성과 **04** 질적 특성

회계의 순환과정	• 거래의 인식 → 거래분개 → **05** → 수정전시산표 작성 → 결산정리사항(수정분개) → 수정후시산표(정산표) 작성 → 재무제표 작성 • 기업의 재무상태 : 자산 = 부채 + **06** • 회계상 거래 : 기업의 경영활동에서 자산, 부채, 자본, 수익, 비용의 증감·변화를 일으키는 것을 의미하고, 화폐금액으로 신뢰성 있게 측정가능하여야 함 ⇒ 계약, 주문, 채용, 담보제공 등은 일반적인 거래에는 해당하지만 회계상 거래에는 해당하지 않으며, 화재, 도난, 파손 등은 일반적인 거래에는 해당하지 않지만 회계상 거래에는 해당함 • 거래의 기록 <table><tr><th>차 변</th><th>대 변</th></tr><tr><td>자산의 증가</td><td>자산의 감소</td></tr><tr><td>부채의 감소</td><td>부채의 증가</td></tr><tr><td>자본의 감소</td><td>자본의 증가</td></tr><tr><td>**07** 의 발생</td><td>**08** 의 발생</td></tr></table> • 재무제표의 종류 : 재무상태표, **09** , 현금흐름표, 자본변동표, 주석 • 회계감사 : 적정의견, 한정의견, 부적정의견, **10**

원가관리 회계	• 손익분기점 분석
	  – 손익분기점의 도출 : 총고정비를 단위당 **11** (단위당 판매가격 – 단위당 변동비)으로 나눈 값 ⇒ $Q = \dfrac{F}{P-v}$
	  – 목표이익을 달성하기 위한 매출수준(생산수준)의 도출 ⇒ $Q = \dfrac{F+TI}{P-v}$
	  – 손익분기매출액의 도출 : 총고정비를 단위당 공헌이익률(단위당 공헌이익 ÷ 단위당 판매가격)로

나눈 값 ⇒ $PQ = \dfrac{F}{P-v} \times P = F \times \dfrac{P}{P-v}$

• 레버리지 분석 : 영업레버리지 효과와 재무레버리지 효과
• 품질원가 : 예방원가, **12** , 실패원가

2. 재무제표의 이해

재무제표의 작성원칙	• 현금주의와 **13** 주의 • 발생주의 회계 : 수익과 비용의 인식원칙
14	• **15** 현재 기업의 재무상태(자산, 부채, 자본)에 대한 정보를 제공하는 재무제표 • 자산 : 기업이 현재 보유하고 있는 경제적 자원, 즉 재산 ⇒ 현금, 상품, 제품, 매출채권, 미수금, 대여금, 선급금, 부동산 등 • 부채 : 기업이 미래에 상대방에게 일정한 금액을 갚아야 할 빚이나 의무 ⇒ 매입채무, 미지급금, 차입금, 선수금 등 • 자본 : 기업이 현재 보유하고 있는 자산 중에서 순수한 기업의 몫 ⇒ 기업의 자산에서 부채를 차감한 잔액
자본거래	• 주식의 종류 : 보통주와 **16** • 증자 : 신주를 발행하는 거래 ⇒ 유상증자와 무상증자 • 감자 : 자본금을 감소시키는 자본거래 ⇒ 유상감자와 무상감자 • **17** : 신규발행의 주식으로 대신하는 배당 ⇒ 이익잉여금을 자본금으로 전입하고 이를 근거로 신주를 발행하여 기존주주들에게 무상으로 나누어 주는 것 • 자사주 매입 : 회사가 자기 회사의 주식을 주식시장 등에서 사들이는 것 ⇒ 유통주식물량을 줄여주기 때문에 주가 상승요인이 되고 자사주 매입 후 소각을 하면 배당처럼 주주에게 이익을 환원해 주는 효과 및 적대적 M&A에 대비해 경영권을 보호하는 수단 • **18** : 자본금의 증가 없이 발행주식의 총수를 늘리고, 이를 주주들에게 나누어주는 것 ⇒ 유통주식물량을 늘리는 것이 목적 • **19** : 기존의 여러 개의 주식을 합하여 그보다 적은 수의 주식으로 하는 회사의 행위(발행주식수를 줄이는 것) ⇒ 회사의 자본금 및 자산에 아무런 변화가 없이 이미 발행된 주식수가 감소하게 되므로 회사의 입장에서는 주가의 조정이나 주주 관리비의 절감 등으로 기업운영상 효과를 얻을 수 있음

[빈칸 정답] **01** 재무 **02** 관리 **03** 신뢰성 **04** 보강적 **05** 원장전기 **06** 자본 **07** 비용 **08** 수익 **09** 포괄손익계산서 **10** 의견거절 **11** 공헌이익 **12** 평가원가 **13** 발생 **14** 재무상태표 **15** 일정 시점 **16** 우선주 **17** 주식배당 **18** 주식분할 **19** 주식병합

포괄손익계산서	• ____20____ 기업의 경영성과(수익, 비용)에 대한 정보를 제공하는 재무제표 • 수익 : 기업의 경영활동(재화의 판매, 용역의 제공 등)으로 인한 자산의 증가 또는 부채의 감소에 따른 자본의 증가 ⇒ 매출, 이자수익, 임대료(수익), 유형자산처분이익 등 • 비용 : 기업의 경영활동으로 인한 자산의 감소 또는 부채의 증가에 따른 자본의 감소 ⇒ 매출원가, 급여, 광고선전비, 이자비용, 임차료(비용), 유형자산처분손실 등

3. 다양한 회계처리

자본적 지출과 수익적 지출	• 자본적 지출 : 자산의 용역잠재력을 현저히 증가시키는 지출 ⇒ 지출한 연도의 비용을 보고하지 않고 자본화, 즉 자산계정에 기록하여 그 자산의 내용연수 동안 각 회계기간에 걸쳐 원가배분(감가상각) • 수익적 지출 : 용역잠재력을 증가시키지 못한 경우로써 단지 당기의 회계기간에 대하여만 효익을 주는 지출 ⇒ 발생한 시점에 비용으로 처리
21	• 유형자산의 취득원가에서 잔존가치를 차감한 잔액(감가상각대상금액)을 그 자산의 경제적 효익이 발생하는 기간(내용연수) 동안 체계적이고 합리적으로 배분하는 과정 • ____22____ : 감가상각대상금액(취득원가 – 잔존가치)을 내용연수 동안에 균등하게 배분하는 방법 • 정률법 : 장부금액인 미상각잔액(취득원가 – 감가상각누계액)에 일정률의 상각률을 곱하여 감가상각비를 계산하는 방법 • 이중체감법 : 장부금액인 미상각잔액(취득원가 – 감가상각누계액)에 "2/내용연수"를 곱하여 감가상각비를 계산하는 방법 • 연수합계법 : 감가상각대상금액(취득원가 – 잔존가치)에 '잔존내용연수/내용연수의 합계'를 곱하여 감가상각비를 계산하는 방법 • ____23____ : 예상조업도 또는 예상생산량에 근거하여 그 기간의 감가상각비를 계산하는 방법 ⇒ 감가상각대상금액(취득원가 – 잔존가치)에 '당기생산량/총생산가능량'를 곱하여 감가상각비를 계산하는 방법
24	• 자가제조(제조기업의 제품 취득원가) = 직접재료원가 + 직접노무원가 + 제조간접원가 = 기초원가 + 제조간접원가 = 직접재료원가 + 전환(가공)원가

	• 외부구입(상기업의 상품 취득원가) : 매입가격 + 매입부대비용 • 순매입액 = 매입가격 + 매입부대비용 = 총매입액 – 매입에누리와 환출 – 매입할인 + 매입부대비용
재고자산의 수량결정	• ____25____ : 재고자산의 입고(매입)과 출고(판매)가 발생할 때마다 수량을 계속 기록하는 방법 ⇒ 판매가능수량 중에서 당기에 실제로 판매된 수량을 차감하여 기말재고수량을 결정 • ____26____ : 보고기간 말에 창고조사를 실시하여 기말재고수량을 먼저 결정하고, 판매가능재고수량 중에서 기말 실사수량을 차감한 나머지 수량을 판매수량으로 결정하는 방법
단위당 취득원가의 결정	• 선입선출법 : 실제 물량흐름과 관계없이 먼저 매입한 재고자산이 먼저 판매된 것으로 가정하여 판매된 재고자산과 기말재고자산의 단위당 원가를 결정하는 방법 ⇒ 수량결정방법으로 계속기록법과 실지재고조사법 중 어느 방법을 적용해도 매출원가와 기말재고로 배분되는 금액은 원칙적으로 동일하게 결정된다는 특징 • 후입선출법 : 실제 물량흐름과 관계없이 나중에 매입한 재고자산이 먼저 판매된 것으로 가정하여 판매된 재고자산과 기말 재고자산의 단위당 원가를 결정하는 방법 ⇒ 국제회계기준에서는 후입선출법의 사용을 허용하지 않음 • 가중평균법 : 실제 물량흐름과 관계없이 재고자산이 골고루 평균적으로 판매된다고 가정하여 재고자산의 단위당 원가를 결정하는 방법 ⇒ 기초재고자산과 기중에 매입한 재고자산의 원가를 가중평균한 평균매입단가를 재고자산의 단위당 원가로 결정하는 방법(수량결정방법으로 어떤 방법을 적용하는지에 따라 다시 이동평균법과 총평균법으로 구분)
매출총이익의 계산	• 순매출액 = 총매출액 – 매출에누리와 환입 – 매출할인 • ____27____ = 기초상품재고액 + 순매입액 – 기말상품재고액 • ____28____ = 기초상품재고액 + 순매입액 • 매출총이익 = 순매출액 – 매출원가

[빈칸 정답] **20** 일정 기간 동안 **21** 감가상각 **22** 정액법 **23** 생산량비례법 **24** 재고자산의 취득원가 **25** 계속기록법 **26** 실지재고조사법(실사법) **27** 매출원가 **28** 판매가능자산

막판 뒤집기 핵심요약노트 **57**

OX 문제

01 기업의 외부정보이용자에게 정보를 제공하는 것을 목적으로 하는 회계학은 관리회계이고, 기업의 내부정보 이용자에게 정보를 제공하는 것을 목적으로 하는 회계학은 재무회계이다.　□ O □ X

02 회계는 '거래의 인식 → 거래분개 → 원장전기 → 수정전시산표 작성 → 결산정리사항(수정분개) → 수정후 시산표(정산표) 작성 → 재무제표 작성'의 순서로 순환한다.　□ O □ X

03 기업의 재무상태는 '자산 = 부채 + 자본'으로 표현한다.　□ O □ X

04 회계상 거래는 기업의 경영활동에서 자산, 부채, 자본, 수익, 비용의 증감·변화를 일으키는 것을 의미하고, 화폐금액으로 신뢰성있게 측정가능하여야 한다.　□ O □ X

05 재무제표는 재무상태표, 포괄손익계산서, 현금흐름표, 자본변동표로 구성되며, 주석은 재무제표에 포함되지 않는다.　□ O □ X

06 재무상태표는 일정 기간 동안 기업실체가 보유하고 있는 자산과 부채 및 자본에 대한 정보를 제공하는 재무 제표이다.　□ O □ X

07 포괄손익계산서는 일정 시점 현재 기업실체의 경영성과에 대한 정보를 제공하는 재무제표이고, 수익과 비용 으로 구성된다.　□ O □ X

08 현금흐름표는 일정 기간 동안 기업실체의 현금유입과 현금유출에 대한 정보를 제공하는 재무제표이고, 현금 흐름은 영업활동, 투자활동, 재무활동으로 인하여 발생한다.　□ O □ X

09 자본변동표는 일정 시점 현재 기업실체의 자본크기와 일정 기간 동안 기업실체의 자본변동에 대한 정보를 제공 하는 재무제표이다.　□ O □ X

10 회계감사의견에는 적정의견, 한정의견, 부적정의견, 의견거절이 있다.　□ O □ X

11 손익분기점 분석은 비용을 간접비와 직접비로 구분한다.　□ O □ X

12 손익분기점은 고정비를 단위당 공헌이익(가격 − 단위당 변동비)으로 나눈 값이고, 손익분기매출액은 총고정비를 단위당 공헌이익율(단위당 공헌이익 ÷ 단위당 판매가격)로 나눈 값이다.　□ O □ X

13 영업레버리지도(DOL)가 크다는 것은 영업이익이 많다거나 영업성과가 좋다는 의미이다.　□ O □ X

14 품질원가에는 예방원가, 평가원가, 실패원가가 있다.　□ O □ X

15 수익적 지출은 자산의 용역잠재력을 현저히 증가시키는 지출(원가배분)을 의미하고, 자본적 지출은 용역잠재력을 증가시키지 못한 경우로써 단지 당기의 회계기간에 대하여만 효익을 주는 지출(비용처리)을 의미한다.　□ O □ X

16 감가상각방법에는 정액법, 정률법, 이중체감법, 생산량비례법, 연수합계법이 있으며, 내용연수 초기에 감가상각을 많이 인식하는 방법(가속 감가상각방법)은 정률법, 이중체감법, 연수합계법 등이 있다.　□ O □ X

17 감가상각방법 중 정률법과 이중체감법은 장부금액을 기준으로 상각하고, 정액법, 연수합계법, 생산량비례법은 감가상각대상금액을 기준으로 상각한다.　□ O □ X

18 재고자산의 취득원가는 매입원가, 전환원가 및 재고자산을 현재의 장소에 현재의 상태로 이르게 하는 데 발생한 모든 원가, 즉 재고자산을 취득하기 위하여 지출한 금액으로 기록한다.　□ O □ X

19 기초원가는 직접재료원가와 직접노무원가의 합을 의미하고, 전환(가공)원가는 직접노무원가와 제조간접원가의 합을 의미한다.　□ O □ X

[OX 정답] **01** X　**02** O　**03** O　**04** O　**05** X　**06** X　**07** X　**08** O　**09** O　**10** O
11 X　**12** O　**13** X　**14** O　**15** X　**16** O　**17** O　**18** O　**19** O

Topic 19 | 재무관리

1. 재무관리의 기초개념

의 의	• 구성 : 자본의 조달과 자본의 운영 • 목표 : 주식(자기자본)가치의 극대화≒기업가치의 극대화
01	• 미래가치 : 현재의 일정금액을 미래시점에서의 가치로 환산하는 것 • 현재가치 : 미래의 일정금액을 현재시점에서의 가치로 환산하는 것 ⇒ 할인 • 영구연금의 현재가치 = 연금액/ 02 • 영구연금의 현재가치(매년 일정한 비율로 성장) = 연금액/(할인율 − 성장률)

2. 자본의 조달

자본조달 활동	• 03 을 통한 조달 : 자본의 수요자인 기업이 주식이나 채권을 발행하여 자본의 공급자인 투자자로부터 직접 자본을 조달하는 것 ⇒ 보통주, 우선주, 회사채, 기업어음의 발행 등 • 04 을 통한 조달 : 투자자로부터 특정 기업이 직접 자본을 제공받지 않고 은행 등 금융기관을 통해 간접적으로 자본을 조달하는 것 ⇒ 은행차입, 매입채무, 기업어음 할인 등
효율적 시장가설	• 05 효율적 시장가설 : 현재의 주가가 과거의 주가움직임이나 거래량과 같은 역사적 정보를 완전히 반영 ⇒ 과거의 역사적 정보를 이용한 투자전략으로는 비정상적인 초과수익을 실현하지 못함 • 06 효율적 시장가설 : 자본시장에서 형성되는 주가는 과거의 역사적 정보뿐만 아니라 공개적으로 이용가능한 모든 정보를 완전히 반영 ⇒ 과거의 역사적 정보나 공개적으로 이용가능한 정보를 이용하여 비정상적인 초과수익을 실현하지 못함 • 07 효율적 시장가설 : 주가는 역사적 정보와 공개적으로 이용가능한 정보뿐만 아니라 미공개된 내부정보까지 완전히 반영 ⇒ 투자자는 어떠한 정보를 이용하더라도 비정상적인 초과수익을 실현하지 못함
자본비용과 자본구조	• 자본비용 : 타인자본비용과 자기자본비용 • 자본구조 : 타인자본과 자기자본의 구성비율

3. 자본의 운용

투자안의 경제성 분석	• 08 : 화폐의 시간가치를 고려하여 현금의 순흐름(현금유입현금유출)을 현재가치로 할인한 금액을 기준으로 투자안을 평가하는 방법 ⇒ 가치가산의 원리가 성립 • 09 : 순현재가치가 0이 되게 하는 수익률 ⇒ 투자의 결과 발생하는 현금유입이 투자안의 내부수익률로 재투자될 수 있다고 가정 • 10 : 투자로부터 발생하는 현금흐름의 현재가치(= 현금유입의 현재가치)를 투하자본(= 현금유출의 현재가치)으로 나눈 값 • 11 : 연평균순이익을 연평균투자액으로 나눈 것 ⇒ 화폐의 시간가치를 고려하고 있지 못하고 투자안의 평가를 현금흐름에 의하지 않는다는 문제점 • 12 : 투자에 소요되는 자금이 짧은 기간에 그 투자안의 현금흐름으로 회수할 수 있는 투자안을 선택하는 방법 ⇒ 화폐의 시간가치를 고려하지 못하고 회수기간 이후의 현금흐름을 무시하고 있다는 문제점
위 험	• 미래의 수익 또는 미래의 수익률에 대한 변동가능성 ⇒ 분산 또는 표준편차를 이용하여 측정 • 13 위험 : 분산투자로 인해 제거되지 않는 위험(분산불가능위험) ⇒ 시장위험 또는 베타위험(Beta Risk) • 14 위험 : 분산투자를 통해서 제거가 가능한 위험(분산가능위험) ⇒ 기업 고유의 위험

포트폴리오
이론
	• 위험자산만 존재하는 상태에서 포트폴리오(분산투자시 분산투자의 대상이 되는 자산의 조합)를 구성하여 투자하는 경우의 최적선택과정을 설명하는 이론
	• 포트폴리오의 15
	: $E(R_p) = w_1 E(R_1) + w_2 E(R_2)$
	• 포트폴리오의 16
	: $V(R_p) = w^2_1 \sigma^2_1 + w^2_2 \sigma^2_2 + 2 w_1 w_2 \sigma_{12}$
	• 공분산(σ_{12}) : 두 주식 수익률의 평균적인 움직임에 대한 방향 ⇒ 공분산이 (+)이면 두 주식의 수익률이 기대수익률을 중심으로 같은 방향으로 움직인다는 것을 의미하고, (−)이면 기대수익률을 중심으로 반대방향으로 움직인다는 것을 의미
	• 포트폴리오의 위험과 기대수익률 간의 관계
	  – 상관계수가 +1인 경우 : 포트폴리오의 위험은 그 표준편차와 완전한 양(+) 선형관계를 가지기 때문에 위험감소효과가 없음
	  – 상관계수가 −1인 경우 : 포트폴리오의 위험은 그 표준편차와 절편은 동일하지만 기울기가 반대인 선형관계를 가지기 때문에 위험감소효과가 17

- 상관계수가 -1보다 크고 +1보다 작은 경우 : 위험감소효과가 존재 ⇒ 현실적으로는 대부분의 주식들이 이자율이나 인플레이션 등 시장 전반적인 경기변동에 대해서 같은 영향을 받기 때문에 개별주식 수익률 간의 상관계수는 0에서 1사이의 값을 가짐
- 포트폴리오의 위험분산효과
  - 포트폴리오의 기대수익률은 투자비율만 일정하면 상관계수와 관계없이 일정
  - 포트폴리오의 위험은 투자비율이 일정하더라도 주식 수익률 간의 상관계수에 따라 달라짐
  - 상관계수가 +1이 아닌 주식으로 포트폴리오를 구성하면 기대수익률은 일정한 상태에서 위험만 줄일 수 있음
  - 다른 조건이 동일하다면 상관계수가 작은 주식으로 포트폴리오를 구성할수록 위험분산효과는 커짐
  - 포트폴리오를 구성하는 주식수가 증가할수록 위험은 ╶18╴

자본자산 가격결정 모형

- 모든 투자자가 포트폴리오 이론에 따라 기대효용이 극대화되도록 투자할 때 자본시장이 균형인 상태에서 위험과 기대수익률 사이의 균형관계를 설명하는 이론 ⇒ 균형시장상태에서 자본자산의 가격(기대수익)과 위험과의 관계를 살펴보는 모형
- 가정
  - 투자자들은 모두 ╶19╴ 이며, 기대효용 극대화를 추구함
  - 기대수익-위험 즉, 평균-분산 기준을 고려하여 포트폴리오를 선택함
  - 모든 투자자는 투자대상의 미래 수익률의 확률분포에 대하여 동질적으로 예측함
  - 투자기간은 ╶20╴ 기간
  - 무위험자산이 존재하고 동일한 무위험이자율이 적용 ⇒ 무위험이자율로 무제한 차입 또는 대출이 가능함
  - 자본과 정보의 흐름에 마찰이 없고, 제도적 장애요인도 없음 ⇒ 완전자본시장을 가정하기 때문에 세금과 거래비용이 존재하지 않음
- ╶21╴
  - 완전분산투자된 효율적 포트폴리오의 총위험과 기대수익률의 선형관계
  - 시장포트폴리오와 무위험자산으로 구성되는 효율적 포트폴리오에만 적용할 수 있는 모형
  - 주식이 효율적인지 아닌지를 판단하는 척도가 되기 때문에 자본시장선 선상에 있는 주식은 효율적이고 그 아래는 비효율적
- ╶22╴
  - 모든 자산의 체계적 위험과 기대수익률의 선형관계
  - 개별자산 또는 포트폴리오의 시장위험에 대한 위험프리미엄의 균형점들을 연결해 놓은 선

- 특정 주식의 균형기대수익률 = 무위험이자율 + (시장포트폴리오 기대수익률 - 무위험이자율) × 특정 주식의 베타
- 그 자산이 효율적인 포트폴리오인지 아닌지에 상관없이 모든 자산에 적용
- 주식이 균형인지 불균형인지를 판단하는 척도이기 때문에 주식이 증권시장선 위에 있으면 과소평가된 주식이고 증권시장선 아래에 있으면 과대평가된 주식
- 베타(β) : 시장포트폴리오의 위험, 즉 시장전체의 위험을 1로 보았을 때 개별주식이 가지는 ╶23╴ 위험의 크기 또는 시장수익률의 변동에 대한 개별주식 수익률의 민감도 ⇒ 베타가 1보다 크면 공격적 자산이고 베타가 1보다 작으면 방어적 자산

4. 파생상품과

옵 션

- 미리 정해진 조건에 따라 일정한 기간 내에 상품이나 유가증권 등의 특정자산을 사거나 팔 수 있는 권리
- 특정자산을 살 수 있는 권리가 부여된 ╶24╴ 특정자산을 팔 수 있는 권리가 부여된 ╶25╴ ⇒ 옵션계약에서 정하는 특정자산을 사거나 팔 수 있는 권리는 옵션을 발행하는 자가 이를 매수하는 자에게 부여하고 옵션소유자는 일정기간 동안 옵션계약에 명시된 사항을 옵션발행자에게 이행토록 요구하거나 또는 요구하지 않아도 되는 조건부청구권을 가지게 됨
- ╶26╴ 옵션은 권리행사가능일을 만료일 당일 하루만으로 한정하는 옵션으로 계약된 만기일이 되어야만 행사할 수 있는 옵션이고, ╶27╴ 옵션은 만기일 이전에 언제든지 권리를 행사할 수 있는 옵션

╶28╴

- 계약조건 등에 따라 일정시점에 자금교환을 통해서 이루어지는 금융기법 (사전에 정해진 가격, 기간에 둘 이상의 당사자가 보다 유리하게 자금을 조달하기 위해 서로 부채를 교환하여 위험을 피하려는 금융기법) ⇒ 금리스왑, 통화스왑 등

선 물

- 상품이나 금융자산을 미리 결정된 가격으로 미래 일정 시점에 인수도할 것을 약속하는 거래

구 분	╶29╴	╶30╴
시장형태	조직화된 시장 (거래소)	비조직적 시장 (장외시장)
거래방법	공개호가방식	당사자 간의 직접 계약
거래조건	표준화	당사자 간의 합의
이행보증	거래소가 이행을 보증	당사자의 신용에 좌우
결제방법	일일정산	만기일에 한 번 결제

[빈칸 정답] **18** 감소 **19** 위험회피형 **20** 단일 **21** 자본시장선 **22** 증권시장선 **23** 체계적 **24** 콜옵션(Call Option) **25** 풋옵션(Put Option) **26** 유럽형 **27** 미국형 **28** 스왑

60 합격의 기준, 해커스금융 fn.Hackers.com

5. 재무비율 분석

31	• 투자한 자본을 이용하여 일정기간 동안 얼마만큼의 성과를 내었는가를 측정하는 것 ⇒ 과거 또는 비교기업 대비 높을수록 좋으며, 이익의 절대적인 크기보다는 단위당 이익을 나타내는 효율성 지표의 성격 • 매출액영업이익률 = (영업이익/매출액) × 100% • 매출액순이익률 = (당기순이익/매출액) × 100% • 자기자본순이익률(ROE) = (당기순이익/자기자본) × 100% • 총자본순이익률(ROA) = (당기순이익/매출액) × (매출액/총자본) × 100% = (당기순이익/총자본) × 100% = 매출액순이익률 × 총자본회전율
32	• 기업의 매출액이나 자산규모가 전년대비, 동기대비, 추세대비 얼마나 증가 또는 감소하였는가를 측정하는 것 ⇒ 기업의 수익성과 함께 기업가치결정에 가장 많은 영향을 미치는 지표 • 매출액증가율 = (당기매출액/전기매출액) × 100% – 1 • 순이익증가율 = (당기순이익/전기순이익) × 100% – 1 • 총자산증가율 = (당기총자산/전기총자산) × 100% – 1
33	• 기업에 투자된 자본을 얼마나 효율적으로 사용하였는가를 측정하는 것 ⇒ 투자된 자본이 1년에 몇 번 회전하였는가(회전율은 효율성과 비례) • 총자본(또는 총자산)회전율 = 매출액(또는 매출원가)/총자본(또는 총자산) • 매출채권회전율 = 매출액(또는 매출원가)/매출채권 • 재고자산회전율 = 매출액(또는 매출원가)/재고자산
34	• 자본조달을 통해 기업의 재무구조가 기업활동을 원활히 수행할 수 있도록 안정적으로 구성되어 있는지의 여부를 측정하는 것 ⇒ 효율적인 자본조달의 여부, 부도발생 가능성 등 재무적 위험을 판단하는 것 • 유동비율 = (유동자산/유동부채) × 100% • 부채비율 = (부채/자기자본) × 100% • 이자보상배율 = (영업이익/이자비용) × 100% • 당좌비율 = (당좌자산/유동부채) × 100% = {(유동자산–재고자산)/유동부채} × 100%
기타 재무비율	• 35 = 주가/주당순이익 • 주가 대 장부가치비율(PBR) = 주가/주당장부가치 • 부가가치율 = (부가가치/매출액) × 100%

01 화폐의 시간가치가 중요한 이유는 유동성 선호가 존재하기 때문이다. □ O □ X

02 미래의 일정금액을 현재시점에서의 가치로 환산하는 것을 할인이라고 한다. □ O □ X

03 영구현금의 현재가치는 연금액/할인율로 계산하고, 연금액이 일정률의 성장률을 보이는 경우에는 연금액/
(할인율 − 성장률)로 계산한다. □ O □ X

04 약형 효율적 시장가설, 준강형 효율적 시장가설, 강형 효율적 시장가설 중에 가장 효율적인 시장은 약형 효율적
시장이고, 가장 비효율적인 시장은 강형 효율적 시장이다. □ O □ X

05 간접금융을 통한 자본조달에는 보통주, 우선주, 회사채, 기업어음 등의 발행이 해당하고, 직접금융을 통한
자본조달에는 은행차입, 매입채무, 기업어음 할인 등이 해당한다. □ O □ X

06 현금흐름의 변동위험이 커질수록 자본비용은 낮아진다. □ O □ X

07 타인자본비용이 자기자본비용보다 높다. □ O □ X

08 순현재가치법은 가치가산의 원리가 성립하지 않는다. □ O □ X

09 두 투자안의 순현재가치를 일치시켜 주는 할인율을 내부수익률이라고 한다. □ O □ X

10 독립적인 투자안을 평가하는 경우에 순현재가치법과 내부수익률법의 의사결정결과는 일치하지만, 상호배타적인
투자안을 평가하는 경우에는 순현재가치법과 내부수익률법의 의사결정결과는 일치하지 않을 수 있다. □ O □ X

11 내부수익률법은 투자의 결과 발생하는 현금유입이 투자안의 내부수익률로 재투자될 수 있다고 가정한다. □ O □ X

12 내부수익률이 적정한 할인율보다 크다면 순현재가치가 0보다 크다는 것을 의미하기 때문에 해당 투자안을
채택하면 기업의 가치가 감소하게 된다. □ O □ X

13 수익성지수는 투자로부터 발생하는 현금흐름의 현재가치를 투하자본으로 나눈 값(= 현금유입액의 현재가치를
현금유출액의 현재가치로 나눈 값)이다. □ O □ X

14 회계적이익률은 연평균투자액을 연평균순이익으로 나눈 것이다. □ O □ X

15 위험은 분산 또는 표준편차로 측정한다. □ O □ X

16 위험은 분산투자로 인해 제거되지 않은 위험인 비체계적 위험(분산불가능위험, 시장위험, 베타위험)과
분산투자를 통해서 제거가 가능한 위험인 체계적 위험(분산가능위험, 기업고유의 위험)이 있다. □ O □ X

17 상관계수가 +1인 경우에 포트폴리오의 위험은 그 표준편차와 완전한 양(+)의 선형관계를 가지기 때문에
위험감소효과가 없고, 상관계수가 −1인 경우에 위험감소효과가 최대이다. □ O □ X

18 포트폴리오의 기대수익률은 투자비율만 일정하면 상관계수와 관계없이 일정하다. □ O □ X

19 포트폴리오를 구성하는 주식수가 증가할수록 위험은 증가한다. □ O □ X

20 자본시장선 선상에 있는 주식은 비효율적이고 그 아래는 효율적이다. □ O □ X

21 주식이 증권시장선 위에 있으면 과소평가된 주식이고, 증권시장선 아래에 있으면 과대평가된 주식이다. □ O □ X

22 증권시장선을 이용하여 특정 주식의 균형기대수익률은 '무위험이자율 + (시장포트폴리오의 기대수익률
− 무위험이자율) × 특정 주식의 베타'로 구한다. □ O □ X

23 베타는 시장포트폴리오의 위험, 즉 시장전체의 위험을 1로 보았을 때 개별주식이 가지는 체계적 위험의 크기
또는 시장수익률의 변동에 대한 개별주식 수익률의 민감도를 의미하고, 베타가 1보다 작으면 공격적 자산이고
베타가 1보다 크면 방어적 자산이다. □ O □ X

24 베타는 음의 값을 가질 수 있으며, 음의 값을 가진다는 것은 베타가 상승할수록 수익률이 하락하는 경우를
의미하는데 대표적인 경우가 보험자산의 경우이다. □ O □ X

25 시장포트폴리오의 베타는 0이다. □ O □ X

26 콜옵션은 특정자산을 살 수 있는 권리이고, 풋옵션은 특정자산을 팔 수 있는 권리이다. □ O □ X

27 유럽형 옵션은 계약된 만기일이 되어야만 행사할 수 있는 옵션이고, 미국형 옵션은 만기일 이전에 언제든지
권리를 행사할 수 있는 옵션이다. □ O □ X

28 스왑은 계약조건 등에 따라 일정시점에 자금교환을 통해서 이루어지는 금융기법이다. □ O □ X

29 선도거래는 거래소 내에서 거래할 수 있는 반면 선물거래는 거래소 밖에서 이루어진다는 차이가 있다. □ O □ X

30 주가수익비율은 주당순이익을 주가로 나누어 계산한다. □ O □ X

[OX 정답] **01** O **02** O **03** O **04** X **05** X **06** X **07** X **08** X **09** X **10** O **11** O **12** X **13** O **14** X **15** O
16 X **17** O **18** O **19** X **20** X **21** O **22** O **23** X **24** X **25** X **26** O **27** O **28** O **29** X **30** X

fn.Hackers.com

금융·자격증 전문 교육기관 **해커스금융**